HANDBUCH DER STADT WIEN
93. JAHRGANG

HANDBUCH
DER
STADT WIEN

93.
amtlich redigierter Jahrgang

1979

JUGEND UND VOLK WIEN MÜNCHEN

ISBN 3-7141-6893-1, Jugend und Volk Wien

Die Redaktion erfolgt durch den Magistrat der Stadt Wien. Eigentümer, Herausgeber und Verleger: Jugend und Volk, Verlagsgesellschaft m. b. H., Tiefer Graben 7, 1014 Wien. Alle Rechte vorbehalten. 4421-79/1/20. Alleinige Inseratenwerbung: Jugend und Volk, Telefon 63 04 93. Druck: Druck- und Verlagsanstalt Gutenberg, Wiener Straße 66. 2700 Wiener Neustadt.

Der Bürgermeister der Bundeshauptstadt Wien
Leopold Gratz

Vizebürgermeister Gertrude Fröhlich-Sandner
Landeshauptmann-Stellvertreter, Amtsführender Stadtrat für Bildung, Jugend, Familie

Vizebürgermeister Dr. Erhard Busek
Landeshauptmann-Stellvertreter, Stadtrat

Franz Nekula
Amtsführender Stadtrat für Personal- und Rechtsangelegenheiten

Hans Mayr
Amtsführender Stadtrat für Finanzen und Wirtschaftspolitik

Prof. Dr. Helmut Zilk
Amtsführender Stadtrat für Kultur und Bürgerdienst

a. o. Univ.-Prof. Dr. Alois Stacher
Amtsführender Stadtrat für Gesundheit und Soziales

o. Univ.-Prof. Dipl.-Ing. Dr. techn. Dr. h. c. Rudolf Wurzer
Amtsführender Stadtrat für Stadtplanung

Peter Schieder
Amtsführender Stadtrat für Umwelt und Freizeit

Johann Hatzl
Amtsführender Stadtrat für Wohnen und Stadterneuerung

Josef Veleta
Amtsführender Stadtrat für Vermögensverwaltung, städtische Dienstleistungen, Konsumentenschutz

Heinz Nittel
Amtsführender Stadtrat für Straße, Verkehr und Energie

Dr. Günther Goller
Stadtrat

Dr. Gertrude Kubiena
Stadtrat

Dr. Jörg Mauthe
Stadtrat

Kommerzialrat Wilhelm Neusser
Stadtrat

Hofrat Dr. Hermann Schnell
Amtsführender Präsident des Stadtschulrates

Dr. Fritz Delabro
Kontrollamtsdirektor

Dr. Josef Bandion
Magistratsdirektor

Dipl.-Ing. Anton Seda
Stadtbaudirektor

Dr. Karl Reisinger
Generaldirektor der Wiener Stadtwerke

BÜRGERMEISTER
DER STADT WIEN

Zum Geleit!

Das vorliegende Handbuch berücksichtigt bereits die Geschäftseinteilung des Magistrates, die am 14. Februar 1979 beschlossen wurde. Zugleich mit der neuen Geschäftsordnung wurden auch Schwerpunkte zum Arbeitsprogramm für die bis 1983 laufende Arbeitsperiode des Gemeinderates festgelegt. Damit sind die Weichen für die Weiterentwicklung der Wiener Stadtpolitik in die achtziger Jahre gestellt. Einige wesentliche Aspekte dieser Orientierung – so die Fragen der Energieversorgung, der Stadterneuerung und des öffentlichen Verkehrs – sind im Handbuch ausführlicher dargelegt. Damit erweist es sich natürlich als wichtiger Arbeitsbehelf für die Stadtverwaltung selbst und für alle, die im Kontakt mit ihr für die Zukunft Wiens arbeiten.

Wien, im Mai 1979

INHALTSVERZEICHNIS

I. TEIL
WIEN – ORGANISATORISCH

MAGISTRAT DER STADT WIEN

II. TEIL
WIEN – AKTUELL

ABKÜRZUNGSVERZEICHNIS

ABGB	=	Allgemeines Bürgerliches Gesetzbuch
Abs.	=	Absatz
ADSchVO	=	Allgemeine Dienstnehmerschutz-Verordnung
Art.	=	Artikel
ASVG	=	Allgemeines Sozialversicherungsgesetz
AVG	=	Allgemeines Verwaltungsverfahrensgesetz 1950
BGBl.	=	Bundesgesetzblatt
BStG	=	Bundesstraßengesetz 1971
B-VG	=	Bundes-Verfassungsgesetz
DO	=	Dienstordnung 1966
EDV	=	Elektronische Datenverarbeitung
FPÖ	=	Freiheitliche Partei Österreichs
GBl.	=	Gesetzblatt
GD	=	Generaldirektion der Wiener Stadtwerke
Gesch.-Gr.	=	Geschäftsgruppe
GewO	=	Gewerbeordnung
GRA.	=	Gemeinderatsausschuß
GRWO	=	Gemeindewahlordnung der Stadt Wien
KA	=	Kontrollamt
KFA	=	Krankenfürsorgeanstalt der Bediensteten der Stadt Wien
KFG	=	Kraftfahrgesetz 1967
KPÖ	=	Kommunistische Partei Österreichs
LGBl.	=	Landesgesetzblatt
lit.	=	litera (Buchstabe)
MA	=	Magistratsabteilung
MBA	=	Magistratisches Bezirksamt
MD	=	Magistratsdirektion
MDior	=	Magistratsdirektor
MDP	=	Magistratsdirektion – Präsidialbüro
MD – Büro MDior	=	Magistratsdirektion – Büro des Magistratsdirektors
MDE	=	Magistratsdirektion – Ehrenzeichenkanzlei
MD – KOB	=	Magistratsdirektion – Koordinationsbüro
MD – VA	=	Magistratsdirektion – Verwaltungsakademie
MD – VR	=	Magistratsdirektion – Verwaltungsrevision
MD – VO	=	Magistratsdirektion – Verwaltungsorganisation
MD – ADV	=	Magistratsdirektion – Automatische Datenverarbeitung
MDR	=	Magistratsdirektion – Rechtsmittelbüro
MD – VT	=	Magistratsdirektion – Verwaltungstechnik
MDZ	=	Magistratsdirektion – Zivil- und Strafrechtsangelegenheiten
MD – BD	=	Magistratsdirektion – Stadtbaudirektion
NÖ	=	Niederösterreich
ÖVP	=	Österreichische Volkspartei
PID	=	Presse- und Informationsdienst der Stadt Wien
PO	=	Pensionsordnung 1966
Pr. Z.	=	Präsidialzahl
RGBl.	=	Reichsgesetzblatt
RVZG	=	Ruhe- und Versorgungsgenußzulagegesetz
SPÖ	=	Sozialistische Partei Österreichs
StG.	=	Strafgesetz
StGBl.	=	Staatsgesetzblatt
StVO	=	Straßenverkehrsordnung
VBl.	=	Verordnungsblatt
Vdg.	=	Verordnung
VfGH	=	Verfassungsgerichtshof
Vors.	=	Vorsitzender
VVG	=	Verwaltungsvollstreckungsgesetz
VwGH	=	Verwaltungsgerichtshof
WRG	=	Wasserrechtsgesetz
WStV	=	Verfassung der Bundeshauptstadt Wien (Wiener Stadtverfassung)
WStW – EW	=	Wiener Stadtwerke – Elektrizitätswerke
WStW – GW	=	Wiener Stadtwerke – Gaswerke
WStW – VB	=	Wiener Stadtwerke – Verkehrsbetriebe
WStW – BEST	=	Wiener Stadtwerke – Städtische Bestattung
Z.	=	Ziffer
Zl.	=	Zahl

I. Teil

WIEN
organisatorisch

WIENER LANDTAG

Erster Präsident
Hubert Pfoch

Zweiter Präsident
Fritz Hahn

Dritter Präsident
Otto Schweda

Schriftführer:

Ascherl Franz
Kreiner, Ing. Otto
Prochaska Johannes
Rosenberger Franz
Schindler Elisabeth
Schlick, Dkfm. Sigrun
Seidl Friederike
Tischler Margarete
Wiesinger Leopold

GEMEINDERAT DER STADT WIEN

Vorsitzende:

Mayrhofer Leopold
Lehner Walter
Szöllösi Maria
Hofstetter, Ing. Walter
Ebert, Dkfm. Dr. Erich
Pöder Rudolf

Schriftführer:

Ascherl Franz
Kreiner, Ing. Otto
Prochaska Johannes
Rosenberger Franz
Schindler Elisabeth
Schlick, Dkfm. Sigrun
Seidl Friederike
Tischler Margarete
Wiesinger Leopold

MITGLIEDER DES GEMEINDERATES UND DES LANDTAGES

Aigner, Dkfm. Dr. Adolf (SPÖ)
Alram Bruno (ÖVP)
Ammann, Dkfm. Gerhard (ÖVP)
Andrlik Eveline (SPÖ)
Arthold Josef (ÖVP)
Ascherl Franz (SPÖ)
Bauer, Dkfm. Holger (FPÖ)
Bittner Markus, Prof., Hofrat (ÖVP)
Brosch Hans (SPÖ)
Busek, Dr. Erhard (ÖVP)
Busta Adalbert (SPÖ)
Daller Karl (ÖVP)
Dinhof Herbert (SPÖ)
Dohnal Johanna (SPÖ)
Eberhardt Walter (ÖVP)
Ebert, Dkfm. Dr. Erich, Komm.-Rat (ÖVP)
Edlinger Rudolf (SPÖ)
Fast Franziska (SPÖ)
Flemming, Dr. Marilies (ÖVP)
Freinberger Rudolf (SPÖ)
Fürst Anton (ÖVP)
Gawlik Franz (SPÖ)
Glatzl, Dr. Matthias (ÖVP)
Goller, Dr. Günther (ÖVP)
Haberl Heinrich (SPÖ)
Hahn Fritz (ÖVP)
Hala Josef (SPÖ)
Hampel-Fuchs Maria (ÖVP)
Hanke Erik (SPÖ)
Härtel Gertrude (ÖVP)
Haubenburger Walter, Komm.-Rat (ÖVP)
Heinz Rosa (SPÖ)
Hengelmüller Karl (SPÖ)
Hirnschall, Dr. Erwin (FPÖ)
Hirsch Otto (SPÖ)
Hoffmann Josef, Reg.-Rat (ÖVP)
Hofmann, Ing. Fritz (SPÖ)
Hofstetter, Ing. Walter (SPÖ)
Holub Albert (SPÖ)
Holubarz Kurt (SPÖ)
Jedletzberger Josef, Komm.-Rat, Ök.-Rat (ÖVP)
Kauer, Mag. Robert (ÖVP)
Kneidinger Johann (SPÖ)
Kneisler Wilhelm (SPÖ)
Kopfensteiner Raimund (SPÖ)
Krasser, Dr. Hannes (ÖVP)
Kreiner, Ing. Otto (ÖVP)
Krenn Erika (SPÖ)
Kuhn Maria (SPÖ)
Landsmann Kurt (SPÖ)
Lehner Walter (ÖVP)
Ludwig Hans (SPÖ)
Lustig Gerhard (SPÖ)
Mauthe, Dr. Jörg (ÖVP)
Mayr, Dr. Peter (ÖVP)
Mayrhofer Leopold (SPÖ)
Michalica Josef (SPÖ)
Neusser Wilhelm, Komm.-Rat (ÖVP)
Nowak, Dr. Erwin (SPÖ)
Nußbaum Ernst (SPÖ)
Oblasser Gerhard (SPÖ)
Outolny Ernst (SPÖ)
Pawkowicz, Dipl.-Ing. Dr. Rainer (FPÖ)
Pelzelmayer Otto, Komm.-Rat (ÖVP)
Petrik, Dr. Wolfgang, Prof. (ÖVP)
Peska Franz (SPÖ)
Pfauser Leopoldine (SPÖ)
Pfoch Hubert (SPÖ)
Pluskal, Dipl.-Vw. Karoline, Prof. (SPÖ)
Pöder Rudolf (SPÖ)
Prochaska Johannes (ÖVP)
Rautner Roman (SPÖ)
Rosenberger Franz (SPÖ)
Sallaberger Günther Ewald (SPÖ)
Schaumayer, Dkfm. Dr. Maria (ÖVP)
Schindler Elisabeth (SPÖ)

Schlick, Dkfm. Sigrun (ÖVP)
Schneider Leopold, Komm.-Rat (ÖVP)
Schultz Albert (SPÖ)
Schwarz Leopold (SPÖ)
Schweda Otto (SPÖ)
Seeböck Walter (SPÖ)
Seidl Friederike (SPÖ)
Sevcik Johann (SPÖ)
Smejkal Ingrid (SPÖ)
Stiehl Gertrude (SPÖ)
Strangl Oswald (SPÖ)
Strunz, Dipl.-Ing. DDr. Wolfgang (ÖVP)
Svoboda, Ing. Karl (SPÖ)
Szöllösi Maria (SPÖ)
Tischler Margarete (SPÖ)
Traindl Leopold (ÖVP)
Traxler Gabrielle (SPÖ)
Uhl Ernst (ÖVP)
Vejtisek Ernst (SPÖ)
Wiesinger Leopold, Ob.-Schul-Rat (SPÖ)
Windhab Anton (SPÖ)
Wöber, Dkfm. Dr. Heinz (ÖVP)
Wondratsch Hildegard (SPÖ)
Zeman, Dr. Kurt, Med.-Rat (SPÖ)

VERZEICHNIS DER MITGLIEDER DES GEMEINDERATES (LANDTAGES) NACH DER PARTEIZUGEHÖRIGKEIT

(R = Restmandat)

Sozialistische Partei Österreichs

(62 Mandate)

Aigner, Dkfm. Dr. Adolf
Andrlik Eveline
Ascherl Franz
Brosch Hans
Busta Adalbert
Dinhof Herbert
Dohnal Johanna
Edlinger Rudolf
Fast Franziska
Freinberger Rudolf
Gawlik Franz
Haberl Heinrich
Hala Josef
Hanke Erik
Heinz Rosa
Hengelmüller Karl
Hirsch Otto
Hofmann, Ing. Fritz
Hofstetter, Ing. Walter
Holub Albert
Holubarz Kurt
Kneidinger Johann
Kneisler Wilhelm (R)
Kopfensteiner Raimund (R)
Krenn Erika
Kuhn Maria
Landsmann Kurt
Ludwig Hans
Lustig Gerhard
Mayrhofer Leopold
Michalica Josef
Nowak, Dr. Erwin
Nußbaum Ernst
Oblasser Gerhard
Outolny Ernst
Peska Franz
Pfauser Leopoldine
Pfoch Hubert
Pluskal, Dipl.-Vw. Karoline, Prof.
Pöder Rudolf
Rautner Roman
Rosenberger Franz
Sallaberger Günther Ewald
Schindler Elisabeth
Schultz Albert
Schwarz Leopold
Schweda Otto
Seeböck Walter
Seidl Friederike
Sevcik Johann (R)
Smejkal Ingrid (R)
Stiehl Gertrude
Strangl Oswald
Svoboda, Ing. Karl
Szöllösi Maria
Tischler Margarete
Traxler Gabrielle
Vejtisek Ernst
Wiesinger Leopold, Ob.-Schul-Rat
Windhab Anton
Wondratsch Hildegard
Zeman, Dr. Kurt, Med.-Rat

Österreichische Volkspartei

(35 Mandate)

Alram Bruno (R)
Ammann, Dkfm. Gerhard
Arthold Josef
Bittner Markus, Prof., Hofrat
Busek, Dr. Erhard
Daller Karl
Eberhardt Walter (R)
Ebert, Dkfm. Dr. Erich, Komm.-Rat
Flemming, Dr. Marilies
Fürst Anton (R)
Glatzl, Dr. Matthias
Goller, Dr. Günther
Hahn Fritz
Hampel-Fuchs Maria
Härtel Gertrude
Haubenburger Walter, Komm.-Rat
Hoffmann Josef, Reg.-Rat
Jedletzberger Josef, Komm.-Rat, Ök.-Rat
Kauer, Mag. Robert (R)
Krasser, Dr. Hannes
Kreiner, Ing. Otto
Lehner Walter
Mauthe, Dr. Jörg
Mayr, Dr. Peter
Neusser Wilhelm, Komm.-Rat
Pelzelmayer Otto, Komm.-Rat
Petrik, Dr. Wolfgang, Prof.
Prochaska Johannes
Schaumayer, Dkfm. Dr. Maria
Schlick, Dkfm. Sigrun
Schneider Leopold, Komm.-Rat
Strunz, Dipl.-Ing. DDr. Wolfgang
Traindl Leopold
Uhl Ernst
Wöber, Dkfm. Dr. Heinz

Freiheitliche Partei Österreichs

(3 Mandate)

Bauer, Dkfm. Holger (R)
Hirnschall, Dr. Erwin (R)
Pawkowicz, Dipl.-Ing. Dr. Rainer (R)

VERZEICHNIS DER MITGLIEDER DES GEMEINDERATES (LANDTAGES) NACH WAHLKREISEN

Wahlkreis Zentrum (Innere Stadt, Wieden, Margareten und Mariahilf)

Busek, Dr. Erhard (ÖVP)
Busta Adalbert (SPÖ)
Flemming, Dr. Marilies (ÖVP)
Hirsch Otto (SPÖ)
Krasser, Dr. Hannes (ÖVP)
Neusser Wilhelm, Komm.-Rat (ÖVP)
Schlick, Dkfm. Sigrun (ÖVP)
Seidl Friederike (SPÖ)
Windhab Anton (SPÖ)

Wahlkreis Innen-West (Neubau, Josefstadt und Alsergrund)

Brosch Hans (SPÖ)
Hampel-Fuchs Maria (ÖVP)
Lehner Walter (ÖVP)
Mauthe, Dr. Jörg (ÖVP)
Nowak, Dr. Erwin (SPÖ)
Pöder Rudolf (SPÖ)
Uhl Ernst (ÖVP)

Wahlkreis Leopoldstadt

Andrlik Eveline (SPÖ)
Ascherl Franz (SPÖ)
Hahn Fritz (ÖVP)
Haubenburger Walter, Komm.-Rat (ÖVP)
Hengelmüller Karl (SPÖ)
Lustig Gerhard (SPÖ)

Wahlkreis Landstraße

Goller, Dr. Günther (ÖVP)
Sallaberger Günther Ewald (SPÖ)
Schneider Leopold, Komm.-Rat (ÖVP)
Seeböck Walter (SPÖ)
Tischler Margarete (SPÖ)

Wahlkreis Favoriten

Aigner, Dkfm. Dr. Adolf (SPÖ)
Arthold Josef (ÖVP)
Kreiner, Ing. Otto (ÖVP)
Krenn Erika (SPÖ)
Kuhn Maria (SPÖ)
Ludwig Hans (SPÖ)
Mayrhofer Leopold (SPÖ)
Strangl Oswald (SPÖ)
Svoboda, Ing. Karl (SPÖ)

Wahlkreis Simmering

Holubarz Kurt (SPÖ)
Jedletzberger Josef, Komm.-Rat, Ök.-Rat (ÖVP)
Peska Franz (SPÖ)
Schwarz Leopold (SPÖ)

Wahlkreis Meidling

Hoffmann Josef, Reg.-Rat (ÖVP)
Michalica Josef (SPÖ)
Schindler Elisabeth (SPÖ)
Schweda Otto (SPÖ)

Wahlkreis Hietzing

Ammann, Dkfm. Gerhard (ÖVP)
Rosenberger Franz (SPÖ)

Wahlkreis Penzing

Dinhof Herbert (SPÖ)
Dohnal Johanna (SPÖ)
Edlinger Rudolf (SPÖ)
Glatzl, Dr. Matthias (ÖVP)
Prochaska Johannes (ÖVP)

Wahlkreis Rudolfsheim-Fünfhaus

Gawlik Franz (SPÖ)
Outolny Ernst (SPÖ)
Traxler Gabrielle (SPÖ)
Wöber, Dkfm. Dr. Heinz (ÖVP)

Wahlkreis Ottakring

Fast Franziska (SPÖ)
Oblasser Gerhard (SPÖ)
Pfoch Hubert (SPÖ)
Pluskal, Dipl.-Vw. Karoline, Prof. (SPÖ)
Strunz, Dipl.-Ing. DDr. Wolfgang (ÖVP)

Wahlkreis Hernals

Heinz Rosa (SPÖ)
Nußbaum Ernst (SPÖ)
Petrik, Dr. Wolfgang, Prof. (ÖVP)

Wahlkreis Währing

Hala Josef (SPÖ)
Pelzelmayer Otto, Komm.-Rat (ÖVP)
Traindl Leopold (ÖVP)

Wahlkreis Döbling

Ebert, Dkfm. Dr. Erich (ÖVP)
Hofstetter, Ing. Walter (SPÖ)
Holub Albert (SPÖ)
Schaumayer, Dkfm. Dr. Maria (ÖVP)

Wahlkreis Brigittenau

Härtel Gertrude (ÖVP)
Kneidinger Johann (SPÖ)
Vejtisek Ernst (SPÖ)
Wondratsch Hildegard (SPÖ)
Zeman, Dr. Kurt, Med.-Rat (SPÖ)

Wahlkreis Floridsdorf

Bittner Markus, Prof., Hofrat (ÖVP)
Hofmann, Ing. Fritz (SPÖ)
Landsmann Kurt (SPÖ)
Rautner Roman (SPÖ)
Szöllösi Maria (SPÖ)
Wiesinger Leopold, Ob.-Schul-Rat (SPÖ)

Wahlkreis Donaustadt

Daller Karl (ÖVP)
Freinberger Rudolf (SPÖ)
Hanke Erik (SPÖ)
Schultz Albert (SPÖ)
Stiehl Gertrude (SPÖ)

Wahlkreis Liesing

Haberl Heinrich (SPÖ)
Mayr, Dr. Peter (ÖVP)
Pfauser Leopoldine (SPÖ)

Restmandate

Alram Bruno (ÖVP)
Bauer, Dkfm. Holger (FPÖ)
Eberhardt Walter (ÖVP)
Fürst Anton (ÖVP)
Hirnschall, Dr. Erwin (FPÖ)
Kauer, Mag. Robert (ÖVP)
Kneisler Wilhelm (SPÖ)
Kopfensteiner Raimund (SPÖ)
Pawkowicz, Dipl.-Ing. Dr. Rainer (FPÖ)
Sevcik Johann (SPÖ)
Smejkal Ingrid (SPÖ)

WIENER LANDESREGIERUNG

Landeshauptmann:
Leopold Gratz

Landeshauptmann-Stellvertreter:
Gertrude Fröhlich-Sandner und Dr. Erhard Busek

Die übrigen Mitglieder:

Goller, Dr. Günther
Hatzl Johann
Kubiena, Dr. Gertrude
Mauthe, Dr. Jörg
Mayr Hans
Nekula Franz
Neusser Wilhelm, Komm.-Rat
Nittel Heinz
Schieder Peter
Stacher, Dr. Alois, a. o. Univ.-Prof.
Veleta Josef
Wurzer, Arch. Dipl.-Ing. Dr. techn. Dr. h. c. Rudolf, o. Univ.-Prof.
Zilk, Dr. Helmut, Prof.

Der Landesamtsdirektor:
Dr. Josef Bandion

WIENER STADTSENAT

Vorsitzender: Bürgermeister Leopold Gratz

Vorsitzender-Stellvertreter:
Vizebürgermeister

Die amtsführenden Stadträte:

Fröhlich-Sandner Gertrude, Vizebürgermeister
Hatzl Josef
Mayr Hans
Nekula Franz
Nittel Heinz
Schieder Peter
Stacher, Dr. Alois, a. o. Univ.-Prof.
Veleta Josef
Wurzer, Arch. Dipl.-Ing. Dr. techn. Dr. h. c. Rudolf, o. Univ.- Prof.
Zilk, Dr. Helmut, Prof.

Die Stadträte:

Busek, Dr. Erhard, Vizebürgermeister
Goller, Dr. Günther
Kubiena, Dr. Gertrude
Mauthe, Dr. Jörg
Neusser Wilhelm, Komm.-Rat

VERTRETER WIENS IM BUNDESRAT

Skotton, Dr. Franz, Prof. (SPÖ)
Pisec, Dkfm. Dr. Karl, Komm.-Rat (ÖVP)
Demuth, Dr. Anna (SPÖ)
Heller Kurt (SPÖ)
Sommer Rudolf, Reg.-Rat (ÖVP)
Schmölz Johann (ÖVP)
Suttner Reinhold (SPÖ)
Macher, Dr. Walter (ÖVP)
Hintschig, Dkfm. Alfred, Komm.-Rat (SPÖ)
Matzenauer Johann (SPÖ)
Danzinger, Dr. Erika (ÖVP)
Karny, Mag. Tibor (SPÖ)

GEMEINDERATSAUSSCHÜSSE

Personal- und Rechtsangelegenheiten

Amtsführender Stadtrat: *Franz Nekula* (SPÖ)

Eberhardt Walter (ÖVP)
Hirsch Otto (SPÖ)
Holub Albert (SPÖ)
Kauer, Mag. Robert (ÖVP)
Kopfensteiner Raimund (SPÖ)
Krasser, Dr. Hannes (ÖVP)
Nowak, Dr. Erwin (SPÖ)
Peska Franz (SPÖ)
Pfoch Hubert (SPÖ)
Pöder Rudolf (SPÖ)
Schindler Elisabeth (SPÖ)
Schlick, Dkfm. Sigrun (ÖVP)
Seeböck Walter, Vors. (SPÖ)
Svoboda, Ing. Karl (SPÖ)
Traindl Leopold (ÖVP)

Finanzen und Wirtschaftspolitik

Amtsführender Stadtrat: *Hans Mayr* (SPÖ)

Busta Adalbert, Vors. (SPÖ)
Dinhof Herbert (SPÖ)
Edlinger Rudolf (SPÖ)
Fast Franziska (SPÖ)
Hahn Fritz (ÖVP)
Hoffmann Josef, Reg.-Rat (ÖVP)
Hofstetter, Ing. Walter (SPÖ)
Krasser, Dr. Hannes (ÖVP)
Ludwig Hans (SPÖ)
Mayrhofer Leopold (SPÖ)
Pelzelmayer Otto, Komm.-Rat
Pöder Rudolf (SPÖ)
Sallaberger Günther Ewald (SPÖ)
Schultz Albert (SPÖ)
Wöber, Dkfm. Dr. Heinz (ÖVP)

Bildung, Jugend, Familie

Amtsführender Stadtrat: *Gertrude Fröhlich-Sandner,* Vizebürgermeister (SPÖ)

Ascherl Franz, Vors. (SPÖ)
Bittner Markus, Prof., Hofrat (ÖVP)
Gawlik Franz (SPÖ)
Hampel-Fuchs Maria (ÖVP)
Hanke Erik (SPÖ)
Holubarz Kurt (SPÖ)
Petrik, Dr. Wolfgang, Prof. (ÖVP)
Pfauser Leopoldine (SPÖ)
Prochaska Johannes (ÖVP)
Stiehl Gertrude (SPÖ)
Strangl Oswald (SPÖ)
Traindl Leopold (ÖVP)
Traxler Gabrielle (SPÖ)
Wiesinger Leopold, Ob.-Schul-Rat (SPÖ)
Wondratsch Hildegard (SPÖ)

Kultur und Bürgerdienst

Amtsführender Stadtrat: *Prof. Dr. Helmut Zilk* (SPÖ)

Aigner, Dkfm. Dr. Adolf (SPÖ)
Flemming, Dr. Marilies (ÖVP)
Holubarz Kurt (SPÖ)
Kauer, Mag. Robert (ÖVP)
Landsmann Kurt (SPÖ)
Mauthe, Dr. Jörg (ÖVP)
Pluskal, Dipl.-Vw. Karoline, Prof., Vors. (SPÖ)
Prochaska Johannes (ÖVP)
Schneider Leopold, Komm.-Rat (ÖVP)
Sevcik Johann (SPÖ)
Smejkal Ingrid (SPÖ)
Stiehl Gertrude (SPÖ)
Strangl Oswald (SPÖ)
Windhab Anton (SPÖ)
Wondratsch Hildegard (SPÖ)

Gesundheit und Soziales

Amtsführender Stadtrat: *a. o. Univ.-Prof. Dr. Alois Stacher* (SPÖ)

Andrlik Eveline (SPÖ)
Dinhof Herbert, Vors. (SPÖ)
Dohnal Johanna (SPÖ)
Eberhardt Walter (ÖVP)
Fast Franziska (SPÖ)
Gawlik Franz (SPÖ)
Härtel Gertrude (ÖVP)
Krenn Erika (SPÖ)
Lehner Walter (ÖVP)
Nowak, Dr. Erwin (SPÖ)
Schlick, Dkfm. Sigrun (ÖVP)
Szöllösi Maria (SPÖ)
Traindl Leopold (ÖVP)
Windhab Anton (SPÖ)
Zeman, Dr. Kurt, Med.-Rat (SPÖ)

Stadtplanung

Amtsführender Stadtrat: *o. Univ.-Prof. Arch. Dipl.-Ing. Dr. techn. Dr. h. c. Rudolf Wurzer* (SPÖ)

Alram Bruno (ÖVP)
Arthold Josef (ÖVP)
Ascherl Franz (SPÖ)
Brosch Hans (SPÖ)
Daller Karl (ÖVP)
Haberl Heinrich (SPÖ)
Holub Albert (SPÖ)
Kneisler Wilhelm (SPÖ)
Mayr, Dr. Peter (ÖVP)
Michalica Josef (SPÖ)
Oblasser Gerhard (SPÖ)
Petrik, Dr. Wolfgang, Prof. (ÖVP)
Rosenberger Franz (SPÖ)
Seeböck Walter (SPÖ)
Svoboda, Ing. Karl (SPÖ)

Umwelt und Freizeit

Amtsführender Stadtrat: *Peter Schieder* (SPÖ)

Arthold Josef (ÖVP)
Edlinger Rudolf, Vors. (SPÖ)
Fürst Anton (SPÖ)
Glatzl, Dr. Matthias (ÖVP)
Jedletzberger Josef, Komm.-Rat, Ök.-Rat (ÖVP)
Landsmann Kurt (SPÖ)
Ludwig Hans (SPÖ)
Lustig Gerhard (SPÖ)
Nußbaum Ernst (SPÖ)
Outolny Ernst (SPÖ)
Schwarz Leopold (SPÖ)
Schweda Otto (SPÖ)
Seidl Friederike (SPÖ)
Strunz, Dipl.-Ing. DDr. Wolfgang (ÖVP)
Vejtisek Ernst (SPÖ)

Wohnen und Stadterneuerung

Amtsführender Stadtrat: *Johann Hatzl* (SPÖ)

Andrlik Eveline (SPÖ)
Ebert, Dkfm. Dr. Erich, Komm.-Rat (ÖVP)
Freinberger Rudolf (SPÖ)
Hala Josef (SPÖ)
Heinz Rosa (SPÖ)
Hoffmann Josef, Reg.-Rat (ÖVP)
Hofstetter, Ing. Walter (SPÖ)
Kreiner, Ing. Otto (ÖVP)
Krenn Erika (SPÖ)
Lustig Gerhard, Vors. (SPÖ)
Mayr, Dr. Peter (ÖVP)
Michalica Josef (SPÖ)
Rautner Roman (SPÖ)
Tischler Margarete (SPÖ)
Uhl Ernst (ÖVP)

Vermögensverwaltung, städtische Dienstleistungen, Konsumentenschutz

Amtsführender Stadtrat: *Josef Veleta* (SPÖ)

Ebert, Dkfm. Dr. Erich, Komm.-Rat (ÖVP)
Freinberger Rudolf (SPÖ)
Hampel-Fuchs Maria (ÖVP)
Jedletzberger Josef, Komm.-Rat, Ök.-Rat (ÖVP)
Kneidinger Johann (SPÖ)
Kneisler Wilhelm (SPÖ)
Kuhn Maria (SPÖ)
Outolny Ernst (SPÖ)
Peska Franz (SPÖ)
Sallaberger Günther Ewald, Vors. (SPÖ)
Schaumayer, Dkfm. Dr. Maria (ÖVP)
Schneider Leopold, Komm.-Rat (ÖVP)
Schweda Otto (SPÖ)
Smejkal Ingrid (SPÖ)
Traxler Gabrielle (SPÖ)

Straße, Verkehr und Energie

Amtsführender Stadtrat: *Heinz Nittel* (SPÖ)

Ammann, Dkfm. Gerhard (ÖVP)
Busta Adalbert (SPÖ)
Daller Karl (ÖVP)
Dohnal Johanna (SPÖ)
Haberl Heinrich (SPÖ)
Haubenburger Walter, Komm.-Rat (ÖVP)
Hengelmüller Karl (SPÖ)
Hirsch Otto, Vors. (SPÖ)
Kopfensteiner Raimund (SPÖ)
Kreiner, Ing. Otto (ÖVP)
Kuhn Maria (SPÖ)
Mayr, Dr. Peter (ÖVP)
Oblasser Gerhard (SPÖ)
Rautner Roman (SPÖ)
Schultz Albert (SPÖ)

KONTROLLAUSSCHUSS

Aigner, Dkfm. Dr. Adolf (SPÖ)
Ammann, Dkfm. Gerhard (ÖVP)
Brosch Hans (SPÖ)
Hahn Fritz (ÖVP)
Hengelmüller Karl (SPÖ)
Hirnschall, Dr. Erwin, Vors. (FPÖ)
Kneidinger Johann (SPÖ)
Krasser, Dr. Hannes (ÖVP)
Mayrhofer Leopold (SPÖ)
Pelzelmayer Otto, Komm.-Rat (ÖVP)
Schaumayer, Dkfm. Dr. Maria (ÖVP)
Schindler Elisabeth (SPÖ)
Seidl Friederike (SPÖ)
Tischler Margarete (SPÖ)
Wiesinger Leopold, Ob.-Schul-Rat (SPÖ)
Zeman, Dr. Kurt, Med.-Rat (SPÖ)

IMMUNITÄTSKOLLEGIUM

Ascherl Franz, Vors. (SPÖ)
Busta Adalbert (SPÖ)
Dinhof Herbert (SPÖ)
Gawlik Franz (SPÖ)
Glatzl, Dr. Matthias (ÖVP)
Krasser, Dr. Hannes (ÖVP)
Pelzelmayer Otto, Komm.-Rat (ÖVP)
Pöder Rudolf (SPÖ)
Tischler Margarete (SPÖ)

UNVEREINBARKEITSAUSSCHUSS

Flemming, Dr. Marilies (ÖVP)
Glatzl, Dr. Matthias (ÖVP)
Hirsch Otto (SPÖ)
Hofstetter, Ing. Walter (SPÖ)
Mayr, Dr. Peter (ÖVP)
Nowak, Dr. Erwin (SPÖ)
Outolny Ernst (SPÖ)
Seeböck Walter (SPÖ)
Szöllösi Maria (SPÖ)

GEMEINDERÄTLICHE PERSONALKOMMISSION

Amtsführender Stadtrat: *Franz Nekula* (SPÖ)

Eberhardt Walter (ÖVP)
Hirsch Otto (SPÖ)
Holub Albert (SPÖ)
Kauer, Mag. Robert (ÖVP)
Nowak, Dr. Erwin (SPÖ)
Peska Franz (SPÖ)
Pfoch Hubert (SPÖ)
Schindler Elisabeth (SPÖ)
Schlick, Dkfm. Sigrun (ÖVP)
Seeböck Walter, Vors. (SPÖ)
Svoboda, Ing. Karl (SPÖ)
Traindl Leopold (ÖVP)

BEZIRKSVORSTEHER UND BEZIRKSVERTRETUNGEN

(* = Durchwahl)

1. Bezirk

Innere Stadt
1, Wipplingerstraße 8, Tel. 701*, 708*, 63 07 31*, 214

Bezirksvorsteher:
Ing. Heinrich Anton Heinz, Techn. Rat (ÖVP)

Bezirksvorsteher-Stellvertreter:
Paul Skorepa (ÖVP)
Anton Steier (SPÖ)

Büroleiter: *Günter Wahl,* Verwaltungsoberkommissär

Bezirksvertretung: 30 Bezirksräte

Aust Adolf (ÖVP)
Grundwalt Franz (ÖVP)
Halbritter Karl (SPÖ)
Heinz, Ing. Heinrich Anton, Techn. Rat (ÖVP)
Holzer Rudolf (SPÖ)
Horn Fritz (ÖVP)
Hostasch Johann Ernst (ÖVP)
Kabas, Mag. Hilmar (FPÖ)
Korn Siegfried (ÖVP)
Lang Franz, Komm.-Rat (ÖVP)
Moser, Dr. Jonny (SPÖ)
Mühlegger Johann (ÖVP)
Müller Friedrich (ÖVP)
Nachtnebel Josef (ÖVP)
Petschina, Dipl.-Ing. Peter (ÖVP)
Pribitzer, Dipl.-Ing. Michael (SPÖ)
Rabenseifner Johann (SPÖ)
Ragas, Dr. Kurt (ÖVP)
Rieder Kurt, Komm.-Rat (ÖVP)
Schachinger Margit (ÖVP)
Schlögl Johannes (FPÖ)
Schossmann Hedwig (SPÖ)
Simbrunner Josef (ÖVP)
Steier Anton (SPÖ)
Steinmetz Edmund (ÖVP)
Stodolowsky Juliana (ÖVP)
Stuböck Erwin (SPÖ)
Wiesel Friedrich (ÖVP)
Wiesinger, Dr. Otto (ÖVP)
Wölfle, Dipl.-Ing. Walter (ÖVP)

Verteilung der Mandate: ÖVP 20, SPÖ 8, FPÖ 2

2. Bezirk

Leopoldstadt
2, Karmelitergasse 9, Tel. 702*, 33 16 11*, 224

Bezirksvorsteher:
Rudolf Bednar (SPÖ)

Bezirksvorsteher-Stellvertreter:
Heinz Weißmann (SPÖ)
Franz Lang (ÖVP)

Büroleiter: *Franz Kumhala,* Verwaltungsoberkommissär

Bezirksvertretung: 48 Bezirksräte

Ahorner Rupert (SPÖ)
Bachinger Ludwig (ÖVP)
Baumann Karl (SPÖ)
Bednar Rudolf (SPÖ)
Berger Maria (ÖVP)
Besenböck Raimund (SPÖ)
Bohle Eduard (SPÖ)
Cejka Josef (SPÖ)
Coufalik Erna (SPÖ)
Cvetkovic Jovan (ÖVP)
Darmstädter Walter (SPÖ)
Dobner Peter (SPÖ)
Dolleschal Gert (FPÖ)
Domesle Karl (SPÖ)
Ernsthofer Leopold (SPÖ)
Feige, Ing. Anton (SPÖ)
Gall Josef (ÖVP)
Gorski Kurt (SPÖ)
Guth Johann (SPÖ)
Horniak Heinrich (SPÖ)
Joch Gerhard (SPÖ)
Kadnar Johann (SPÖ)
Kaffarek, Dipl.-Ing. Werner (ÖVP)
Kammerer Karl (SPÖ)
Karger Adolf (ÖVP)
Keller Hans (SPÖ)
Kollar Franz (SPÖ)
König Hans (SPÖ)
Kubik Stefanie (SPÖ)
Kulmann Margaretha (SPÖ)
Lang Franz (ÖVP)
Lasar Siegfried (ÖVP)
Matejcek Kurt (ÖVP)
Mold, Dr. Gottfried (SPÖ)
Nagl Norbert (ÖVP)
Plasser Fritz (ÖVP)
Puchinger Helmut (ÖVP)
Rath Werner (SPÖ)
Römer Johann (FPÖ)
Schmiedbauer, Dr. Jörg (FPÖ)
Schwimmer Renate (ÖVP)
Stabler, Mag. Franz (ÖVP)
Stangl Leopold (SPÖ)
Stöger Josef (KPÖ)
Wallisch Franz (SPÖ)
Walter Norbert (ÖVP)
Weidinger Roman (SPÖ)
Weißmann Heinz (SPÖ)

Verteilung der Mandate: SPÖ 29, ÖVP 15, FPÖ 3, KPÖ 1

3. Bezirk

Landstraße

3, Karl Borromäus-Platz 3, Tel. 703*, 72 51 71*, 204

Bezirksvorsteher:
Jakob Berger (SPÖ)

Bezirksvorsteher-Stellvertreter:
Anton Schmid (SPÖ)
Horst Schindler (ÖVP)

Büroleiter: *Herbert Neuhauser,* Amtsrat

Bezirksvertretung: 48 Bezirksräte

Bacher Franz (ÖVP)
Banjatz Grete (ÖVP)
Bauer Anton (SPÖ)
Beier Charlotte (SPÖ)
Beinhofer, Dr. Ernst (ÖVP)
Bergen Rudolf (SPÖ)
Berger Christine (SPÖ)
Berger Jakob (SPÖ)
Braun Hermine (ÖVP)
Dolinek Kurt (SPÖ)
Dworak Margarete (SPÖ)
Eisert Peter Wolfgang (ÖVP)
Fijala Viktor, Reg.-Rat (FPÖ)
Fried Walther (ÖVP)
Haas Adolf (ÖVP)
Hammer Karl (ÖVP)
Hinsmann Walter, Ob.-Leutnant (ÖVP)
Horn Otto-Michael (FPÖ)
Kaiser Helmut (ÖVP)
Kantor Edith (SPÖ)
Kapaun Franz (SPÖ)
Kiendl Ernst (ÖVP)
Köhldorfer Walter (ÖVP)
Kowal Annemarie (ÖVP)
Kulle, Ing. Gottfried (ÖVP)
Lang Heribert, Komm.-Rat (SPÖ)
Lippert Karl, Komm.-Rat (ÖVP)
Ludl Bruno (SPÖ)
Massnovits Robert (SPÖ)
Puchebner Helmut (ÖVP)
Rasocha Ernst (SPÖ)
Reviczky Günther (SPÖ)
Schindler Horst (ÖVP)
Schmid Anton (SPÖ)
Schmid Johannes (ÖVP)
Schmidt, Dr. Hans (SPÖ)
Schnürer Eva-Maria (ÖVP)
Schreiber Ferdinand (SPÖ)
Seledec Walter (FPÖ)
Tischler Werner (SPÖ)
Tschirf Matthias (ÖVP)
Weisbier Erich (SPÖ)
Wied Franz (SPÖ)
Wolfik Mathias (SPÖ)
Woller Ernst (SPÖ)
Zajic, Ing. Erich (SPÖ)
Zburnik Leopoldine (SPÖ)
Zwettler Felicitas (ÖVP)

Verteilung der Mandate: SPÖ 24, ÖVP 21, FPÖ 3

4. Bezirk

Wieden

4, Favoritenstraße 18, Tel. 724*, 65 47 34*, 222

Bezirksvorsteher:
Herta Haider (ÖVP)

Bezirksvorsteher-Stellvertreter:
Dr. Heinrich Wille (ÖVP)
Alfred Hummel (SPÖ)

Büroleiter: *Maximilian Leitner,* Amtsrat

Bezirksvertretung: 30 Bezirksräte

Bernhart, Dkfm. Ralf (ÖVP)
Bernscherer Milan (SPÖ)
Brandstetter Luise (SPÖ)
Ctibor Josef (ÖVP)
Dippelreiter Roland (ÖVP)
Dytrich Stefanie (SPÖ)
Ehn Eduard (ÖVP)
Emmerling Susanne (ÖVP)
Glanzer, Dr. Siegfried (ÖVP)
Gudenus, Mag. John (FPÖ)
Haider Herta (ÖVP)
Hummel Alfred (SPÖ)
Kartusch Franz (ÖVP)
Kasper Johann (SPÖ)
Langer, Dkfm. Werner (ÖVP)
Leeb Josef (SPÖ)
Lengheimer, DDr. Karl (ÖVP)
Leposa Bernd (ÖVP)
Mareiner Willibald (SPÖ)
Nußbaum Rudolf (SPÖ)
Nußgruber, Ing. Alfred (ÖVP)
Sametz Walter (SPÖ)
Scharner, Ing. Adolf (SPÖ)
Scheikl Hans (ÖVP)
Sevelda, Mag. Karl (FPÖ)
Simunek Friedrich (ÖVP)
Steffl Karl (SPÖ)
Tobola Harald (SPÖ)
Wagesreiter Othmar (ÖVP)
Wille, Dr. Heinrich (ÖVP)

Verteilung der Mandate: ÖVP 16, SPÖ 12, FPÖ 2

5. Bezirk

Margareten

5, Schönbrunner Straße 54, Tel. 704*, 725*, 55 45 85*, 224

Bezirksvorsteher:
Johann Walter (SPÖ)

Bezirksvorsteher-Stellvertreter:
Alois Jaklitsch, Ob.-Schul-Rat (SPÖ)
Mag. Johann Wanzenböck (ÖVP)

Büroleiter: *Engelbert Schwarz,* Oberamtsrat

Bezirksvertretung: 32 Bezirksräte

Bühner Alfons (ÖVP)
Danzer Erich (ÖVP)
Denk, Dr. Willibald (ÖVP)
Engl, Dipl.-Ing Erich (FPÖ)
Esch Kurt (ÖVP)
Felder, Mag. Walter, Ob.-Fin.-Rat (ÖVP)
Hajos Franz (SPÖ)
Heinrich Kurt (SPÖ)
Herzog Johann (FPÖ)
Hipsag Helene (SPÖ)
Hirhager Hanspeter (ÖVP)
Iglauer, Dr. Erika (ÖVP)
Jaklitsch Alois, Ob.-Schul-Rat (SPÖ)
Jerabek Heinz (SPÖ)
Konecny Hermine (SPÖ)
Kröppl Richard (SPÖ)
Lahl Edith (SPÖ)
Ludwig Friedrich (SPÖ)
Lugner Margarete (ÖVP)
Melinger Leopoldine (SPÖ)
Obermann Leopold, Prof., Sekt.-Chef (SPÖ)
Pittner Alfred (SPÖ)
Sailer Ludwig (SPÖ)
Siegl Walter (SPÖ)
Strehle, Ing. Hans, Komm.-Rat (SPÖ)
Tomschitz Inge (ÖVP)
Tuser Karl (SPÖ)
Ullmann Heinz (SPÖ)
Walter Johann (SPÖ)
Wanzenböck, Mag. Johann (ÖVP)
Winkler Rudolf (ÖVP)
Zangerle Richard (SPÖ)

Verteilung der Mandate: SPÖ 19, ÖVP 11, FPÖ 2

6. Bezirk

Mariahilf

6, Amerlingstraße 11, Tel. 726*, 57 95 21*, 39

Bezirksvorsteher:
Franz Blauensteiner, Komm.-Rat (ÖVP)

Bezirksvorsteher-Stellvertreter:
Rudolf Hauser (ÖVP)
Werner Jank (SPÖ)

Büroleiter: *Herbert Doleschel,* Verwaltungsoberkommissär

Bezirksvertretung: 30 Bezirksräte

Berger, Ing. Otto (ÖVP)
Blauensteiner Franz, Komm.-Rat (ÖVP)
Derbel, Dr. Hildegard, Hofrat (SPÖ)
Dörflinger, Dr. Johannes (FPÖ)
Fehringer Friedrich, Prof. (ÖVP)
Greilinger Karl (SPÖ)
Grünwald Oscar (SPÖ)
Hauser Rudolf (ÖVP)
Huttar Alfred (ÖVP)
Hynek, Dr. Otto (SPÖ)
Jank Werner (SPÖ)
Kann Richard (SPÖ)
Kleiner Hubert (ÖVP)
Kleiner Karl (SPÖ)
Knebel Kurt, Komm.-Rat (ÖVP)
Kordik Egon (ÖVP)
Krecek Gerhard (SPÖ)
Lebner Franz (SPÖ)
Pfortner Felix (ÖVP)
Pint, Mag. Kurt (ÖVP)
Pomaroli, Mag. Gerald (FPÖ)
Riener Johann (ÖVP)
Schrenk Bruno (SPÖ)
Schwarz Franz (SPÖ)
Seidl Walter (ÖVP)
Strojil Friedrich (SPÖ)
Weber, Dr. Walter, Ob.-Reg.-Rat (ÖVP)
Weiler Erwin (ÖVP)
Wendler Friedrich (SPÖ)
Zeger, Dr. Norbert (ÖVP)

Verteilung der Mandate: ÖVP 15, SPÖ 13, FPÖ 2

7. Bezirk

Neubau

7, Hermanngasse 24–26, Tel. 706*, 93 76 46*, 222

Bezirksvorsteher:
Josef Karrer, Komm.-Rat (ÖVP)

Bezirksvorsteher-Stellvertreter:
Ing. Heinrich Günsberger, Komm.-Rat (ÖVP)
Walter Wana (SPÖ)

Büroleiter: *Edmund Gstaltmeyr,* Oberamtsrat

Bezirksvertretung: 30 Bezirksräte

Adamecz Maria (ÖVP)
Bammer Christa (SPÖ)
Bauer Heinrich (ÖVP)
Burger Fritz (ÖVP)
Buzek Leopold (SPÖ)
Czerny Rudolf (ÖVP)
Endlicher Kurt (ÖVP)
Gstaltmeyr Edmund jun. (ÖVP)
Günsberger, Ing. Heinrich, Komm.-Rat (ÖVP)
Horak Josef (ÖVP)
Juchasch, Dipl.-Ing. Emil (ÖVP)
Karrer Josef, Komm.-Rat (ÖVP)
Kiefer Harry (SPÖ)
Menhart Elisabeth, Prof. (ÖVP)
Österreicher Rudolf (ÖVP)
Pascher, Dr. Franz (SPÖ)
Polatschek Anna, Amtsdirektor (SPÖ)
Popelka Heinz (SPÖ)
Popelka Katharina (SPÖ)
Reiter, DDr. Erich (FPÖ)
Rudolf Leopold, Komm.-Rat (SPÖ)
Schüller Franz (ÖVP)
Sefcik Walter (SPÖ)
Sittler, Ing. Ernst (ÖVP)
Soucek Franz (ÖVP)
Steindl Wulfdieter (FPÖ)
Tamchina Herbert (SPÖ)
Toifelhardt, Mag. Anton, Prof., Oberstudienrat, Direktor (ÖVP)
Töltl Hans (SPÖ)
Wana Walter (SPÖ)

Verteilung der Mandate: ÖVP 16, SPÖ 12, FPÖ 2

8. Bezirk

Josefstadt

8, Schlesingerplatz 4, Tel. 727*, 42 75 41*, 224

Bezirksvorsteher:
Walter Kasparek (ÖVP)

Bezirksvorsteher-Stellvertreter:
Ludwig Zerzan (ÖVP)
Kurt Blümel (SPÖ)

Büroleiter: *Mag. Gertrude Sugar,* Amtsrat

Bezirksvertretung: 30 Bezirksräte

Blümel Kurt (SPÖ)
Braun, Dr. Hans (ÖVP)
Breisach Ludwig (ÖVP)
Eggelsberger Rudolf (SPÖ)
Emmerling Josef (ÖVP)
Endlicher Edmund, Direktor (SPÖ)
Ertl Gerhart (SPÖ)
Figl Johann (ÖVP)
Gölles, Dkfm. Gerhard (ÖVP)
Gump, Mag. Hans-Peter, Prof. (ÖVP)
Haas Heide-Liese (ÖVP)
Hacker Johann (ÖVP)
Hanusch, Dipl.-Ing. Karl (ÖVP)
Holy Anton (SPÖ)
Jenisch Roswitha (ÖVP)
Jöchtl, Ing. Ludwig (SPÖ)
Kaisler Rudolf (ÖVP)
Kasparek Walter (ÖVP)
Kothbauer Franz, Komm.-Rat (ÖVP)
Moser, Ing. Viktor (SPÖ)
Naplava Franz (FPÖ)
Neubauer Franz (ÖVP)
Paul Johanna (ÖVP)
Pfeiler, Dr. Max (ÖVP)
Quin Rainer (FPÖ)
Robotka Miroslav (SPÖ)
Schey Rudolf (SPÖ)
Söllner Erna (SPÖ)
Zima Hannes (SPÖ)
Zerzan Ludwig (ÖVP)

Verteilung der Mandate: ÖVP 17, SPÖ 11, FPÖ 2

9. Bezirk

Alsergrund

9, Währinger Straße 43, Tel. 709*, 42 35 75*, 222

Bezirksvorsteher:
Wolfgang Schmied (ÖVP)

Bezirksvorsteher-Stellvertreter:
Ilse Hondl (ÖVP)
Karl Schmiedbauer (SPÖ)

Büroleiter: *Siegfried Doppler,* Verwaltungskommissär

Bezirksvertretung: 30 Bezirksräte

Bartosch Hans (ÖVP)
Benke Johann (SPÖ)
Caha Wilhelm (ÖVP)
Freisinger Ernst (SPÖ)
Gass Bernd (ÖVP)
Grosse Karl (FPÖ)
Hondl Ilse (ÖVP)
Kalab, Dipl.-Ing. Walter (ÖVP)
Kastner Eduard, Komm.-Rat (ÖVP)
Kinzl Reinhard (ÖVP)
Kraus Peter (ÖVP)
Lamich Friedrich (SPÖ)
Liska Johann (ÖVP)
Madl Walter (SPÖ)
Maier, Ing. Waldemar (ÖVP)
Maierhofer Richard (SPÖ)
Pilar Alfred (SPÖ)
Pubek Agnes (SPÖ)
Pudschedl, Ing. Kurt (SPÖ)
Salzer Hermann (SPÖ)
Schmidt Margarete (ÖVP)
Schmied Wolfgang (ÖVP)
Schmiedbauer Karl (SPÖ)
Schöckler Hans (SPÖ)
Smejkal Hans (SPÖ)
Smergl Eduard, Komm.-Rat (ÖVP)
Studener Eduard (SPÖ)
Tuma Christa (FPÖ)
Ullmann Theodor (SPÖ)
Wolf Hans (ÖVP)

Verteilung der Mandate: ÖVP 14, SPÖ 14, FPÖ 2

10. Bezirk

Favoriten

10, Keplerplatz 5, Tel. 710*, 64 36 31*, 202

Bezirksvorsteher:
Josef Deutsch (SPÖ)

Bezirksvorsteher-Stellvertreter:
Leopold Prucha (SPÖ)
Walter Kuhn (ÖVP)

Büroleiter: *Hans Peter Wosolsobe,* Verwaltungsoberkommissär

Bezirksvertretung: 50 Bezirksräte

Angerer Josef (SPÖ)
Bauer Rudolf (SPÖ)
Bauer Stefanie (SPÖ)
Belovsky, Ing. Leo, Komm.-Rat (SPÖ)
Benda Alfred (ÖVP)
Beringer Wilhelm (SPÖ)
Bitiste Gottfried (ÖVP)
Brandstetter Johann (SPÖ)
Chytracek Franz (KPÖ)
Deutsch Josef (SPÖ)
Feltein Brigitta (ÖVP)
Frank Walter (FPÖ)
Friedl Josef (SPÖ)
Fuchs Georg (ÖVP)
Gaal Anton (SPÖ)
Gerbasits Josef (SPÖ)
Gmoser Johann (SPÖ)
Hainz Friedrich (SPÖ)
Harwanegg Volkmar (SPÖ)
Höllesberger Franz (SPÖ)
Jakubec Wilhelm (SPÖ)
Kancz Johann (SPÖ)
Krejci Karl (ÖVP)
Kuhn Walter (ÖVP)
Lanz Rudolf (FPÖ)
Maurer, Dkfm. Dr. Ernst (SPÖ)
Melichar Hubert (SPÖ)
Muck Franz (ÖVP)
Müllner Anna (SPÖ)
Perner, Dr. Rotraud (SPÖ)
Pocta, Dipl.-Ing. Adolf (SPÖ)
Polednik Kurt (SPÖ)
Pretsch Rudolf (ÖVP)
Prucha Leopold (SPÖ)
Reichhardt Erwin (SPÖ)
Reitmeier Maria (SPÖ)
Schluschanek Margita (SPÖ)
Slabina Herta (SPÖ)
Slavik Erich (SPÖ)
Spörk Johann, Komm.-Rat (SPÖ)
Strobl Walter (ÖVP)
Titz Günther (SPÖ)
Trinkl Margareta (SPÖ)
Ulrich Klemens (ÖVP)
Utrap Karl (SPÖ)
Vogt Rudolf (ÖVP)
Wawerka Ernst (SPÖ)
Wiche Roman (SPÖ)
Wieser Maria (SPÖ)
Worliczek Karl (SPÖ)

Verteilung der Mandate: SPÖ 36, ÖVP 11, FPÖ 2, KPÖ 1

11. Bezirk

Simmering
11, Enkplatz 2, Tel. 711*, 74 35 86*, 222

Bezirksvorsteher:
Johann Paulas, Komm.-Rat (SPÖ)

Bezirksvorsteher-Stellvertreter:
Otto Mraz (SPÖ)
Prof. Dr. Walter Mertal (ÖVP)

Büroleiter: *Robert Sevcik,* Verwaltungsoberkommissär

Bezirksvertretung: 32 Bezirksräte

Bacher Johann (SPÖ)
Brix Otmar (SPÖ)
Dercsaly Leopold (SPÖ)
Frank Stefanie (SPÖ)
Gagony Rudolf (SPÖ)
Grondinger Franz (SPÖ)
Haas Franz (SPÖ)
Hauptmann Karl (SPÖ)
Hochleutner Josef (ÖVP)
Janoch Hugo (ÖVP)
Klackl Franz (SPÖ)
Mertal, Dr. Walter, Prof. (ÖVP)
Mraz Otto (SPÖ)
Müller Karl (ÖVP)
Neubauer August (SPÖ)
Paul Maria (SPÖ)
Paul Walter (SPÖ)
Paulas Johann, Komm.-Rat (SPÖ)
Peichel Walter (SPÖ)
Prasch Ida (SPÖ)
Schwarz Gisela (SPÖ)
Strauhs Hellmuth (SPÖ)
Theusinger Franz (ÖVP)
Tomonko Stefan (SPÖ)
Trost Margarete (SPÖ)
Umgeher Leopold (ÖVP)
Vorwahlner Josef (ÖVP)
Wiesinger Herbert (SPÖ)
Wittmann Rudolf (SPÖ)
Zabinsky Heinrich (SPÖ)
Zeihsel Gerhard (FPÖ)
Zirkl Walter (SPÖ)

Verteilung der Mandate: SPÖ 24, ÖVP 7, FPÖ 1

12. Bezirk

Meidling
12, Schönbrunner Straße 259, Tel. 712*, 83 16 01*, 205

Bezirksvorsteher:
Ing. Kurt Neiger (SPÖ)

Bezirksvorsteher-Stellvertreter:
Gertrude Vyhnalek (SPÖ)
Hermann Glück (ÖVP)

Büroleiter: *August Novak,* Oberamtsrat

Bezirksvertretung: 42 Bezirksräte

Amler Edith (SPÖ)
Bednar Josef (SPÖ)
Beer, Ing. Walter (SPÖ)
Eksl Stefanie (SPÖ)
Erblich Maria (SPÖ)
Fleischmann Elisabeth (SPÖ)
Frühbauer, Dkfm. Milan (ÖVP)
Gindl Anton (SPÖ)
Glück Hermann (ÖVP)
Grillenhofer Herbert (SPÖ)
Grötzner Erna Regina (ÖVP)
Hanus Ludwig (SPÖ)
Hink, Dr. Robert (ÖVP)
Hradil Franz (SPÖ)
Hufnagl Heinz (SPÖ)
Karl, Mag. Franz (ÖVP)
Klement Anton (ÖVP)
Kral Ferdinand (SPÖ)
Kratochvila Ernst (SPÖ)
Kriz Karl (SPÖ)
Kunes Rudolf (SPÖ)
Machold Gerhard (SPÖ)
Madejski, Dr. Herbert (FPÖ)
Mareiner Leopold (ÖVP)
Mohaupt, Ing. Wilhelm (ÖVP)
Neiger, Ing. Kurt (SPÖ)
Novy Walter (SPÖ)
Panoch, Mag. Eva-Ludmilla (ÖVP)
Prenosil Günter (SPÖ)
Rechberger Maria (ÖVP)
Rosicky Peter (FPÖ)
Rudorfer Karl (SPÖ)
Slechta Ferdinand (SPÖ)
Schodl Fritz (SPÖ)
Steinberger Heinrich (ÖVP)
Stiedry Otto (SPÖ)
Swoboda, Dr. Johannes (SPÖ)
Tobola Ernst (SPÖ)
Truley Udo (ÖVP)
Vyhnalek Gertrude (SPÖ)
Wasinger Lorenz (SPÖ)
Zechner, Mag. Franz (ÖVP)

Verteilung der Mandate: SPÖ 27, ÖVP 13, FPÖ 2

13. Bezirk

Hietzing
13, Hietzinger Kai 1–3, Tel. 713*, 82 26 51*, 225

Bezirksvorsteher:
Elfi Bischof (ÖVP)

Bezirksvorsteher-Stellvertreter:
Mag. Peter Hauser (ÖVP)
Eugen Gutmannsbauer (SPÖ)

Büroleiter: *Walter Hörhager,* Verwaltungsoberkommissär

Bezirksvertretung: 30 Bezirksräte

Apeltauer Walter (ÖVP)
Biedermann, Dkfm. Friedrich (FPÖ)
Bischof Elfi (ÖVP)
Christoph Rudolf (ÖVP)
Darthe Ernestine (ÖVP)
Deschermaier Erich (SPÖ)
Dworak, Ing. Mag. Bernhard (ÖVP)
Eigner, Ing. Eduard (ÖVP)
Fischperer Othmar (SPÖ)
Gangl, Dkfm. Siegfried (ÖVP)
Grabner Anton (ÖVP)
Gutmannsbauer Eugen (SPÖ)
Hauser, Mag. Peter (ÖVP)
Hies Heinrich (SPÖ)
Horvath Elfriede (SPÖ)
Letofsky Herbert (SPÖ)
Nell Wolfgang (SPÖ)
Ofner Brigitte (FPÖ)
Parz, Ing. Alfred (ÖVP)
Regler, Dipl.-Ing. Mag. Roderich Maria (ÖVP)
Schaller Hans (SPÖ)
Schattner, Dr. Bernhard (ÖVP)
Schilling, Dkfm. Hilde (ÖVP)
Schreiner Ernst (SPÖ)
Seifert Heinrich (SPÖ)
Söllinger Walter (ÖVP)
Steiner Josef (SPÖ)
Steinwandtner Felix (ÖVP)
Svatek Franz (SPÖ)
Sveda Hilde (SPÖ)

Verteilung der Mandate: ÖVP 15, SPÖ 13, FPÖ 2

14. Bezirk

Penzing
13, Hietzinger Kai 1–3, Tel. 713*, 82 26 51*, 325

Bezirksvorsteher:
Heinrich Müller, Ob.-Schul-Rat (SPÖ)

Bezirksvorsteher-Stellvertreter:
Peter Eremias (SPÖ)
Johann Gundacker, Zollwacheoberst (ÖVP)

Büroleiter: *Josef Seifert,* Amtsrat

Bezirksvertretung: 40 Bezirksräte

Achitz Karl (SPÖ)
Berger Markus (ÖVP)
Braun Kurt (SPÖ)
Brixler Paul (SPÖ)
Bründl Kurt (ÖVP)
Bucher Walter (SPÖ)
Capra Robert (SPÖ)
Dorrer, Dr. Rosemarie (SPÖ)
Eremias Peter (SPÖ)
Feichtinger Karl (SPÖ)
Gaschler Gerald (FPÖ)
Grosmann Harry (SPÖ)
Grossmann Franz (ÖVP)
Gundacker Johann, Zollwacheoberst (ÖVP)
Hamberger, Dkfm. Joseph (ÖVP)
Haslinger Hermine (SPÖ)
Hiller Ferdinand (SPÖ)
Höfinger Alois (SPÖ)
Hofmann Adolfine (ÖVP)
Hofmann Leopold (ÖVP)
Holzer Karl (SPÖ)
Jaksch Willi (SPÖ)
Kress Michael (ÖVP)
Ladics Anton (SPÖ)
Liendlbauer, Ing. Helmut (ÖVP)
Moritz, Dr. Michaela (SPÖ)
Moser Hildegard (SPÖ)
Müller Heinrich, Ob.-Schul-Rat (SPÖ)
Preißl, Mag. Friedrich, Hofrat, Direktor (ÖVP)
Rainer Eduard (ÖVP)
Satzinger, Dr. Franz (SPÖ)
Schaukowitsch Elisabeth (SPÖ)
Schindler, Ing. Friedrich (ÖVP)
Schirmer Christine (SPÖ)
Sedlacek Johann (SPÖ)
Seiser Franz (ÖVP)
Stark Rudolf (FPÖ)
Stiller Ernst (SPÖ)
Winetzhammer Werner (ÖVP)
Zawiacic Robert (SPÖ)

Verteilung der Mandate: SPÖ 24, ÖVP 14, FPÖ 2

15. Bezirk

Rudolfsheim-Fünfhaus
15, Gasgasse 8–10, Tel. 715*, 83 36 11*, 203

Bezirksvorsteher:
Maximilian Eder (SPÖ)

Bezirksvorsteher-Stellvertreter:
Ernst Richter (SPÖ)
Dkfm. Dr. Hans Strobl (ÖVP)

Büroleiter: *Josef Mottl*, Amtsrat

Bezirksvertretung: 40 Bezirksräte

Bria Franz (SPÖ)
Clostermeyer Heinrich (ÖVP)
Eder Maximilian (SPÖ)
Fenbeck Ludmilla (SPÖ)
Forster Anton (SPÖ)
Frasl Erna (SPÖ)
Gaida Karl (SPÖ)
Haider Gernot (FPÖ)
Hartenthaler Wilhelm (SPÖ)
Hübel Karl (SPÖ)
Huber Karl (SPÖ)
Jaros Josef (SPÖ)
Joichl Friedrich (SPÖ)
Katzbeck Gustav (SPÖ)
Krammer Friedrich (SPÖ)
Langhammer Peter (ÖVP)
Lippert Wilhelm (SPÖ)
Menger Kurt (SPÖ)
Musil Hans (SPÖ)
Neumann Manfred (ÖVP)
Neumann Rudolf (FPÖ)
Ralis Ursula (SPÖ)
Reichel Martha (ÖVP)
Richter Ernst (SPÖ)
Ruisz Leo (SPÖ)
Schermann Roman (ÖVP)
Schinogl Franz (SPÖ)
Serini Alois (SPÖ)
Steinbach Ernst (SPÖ)
Strobl, Dkfm. Dr. Hans (ÖVP)
Subotitsch Margarete (ÖVP)
Thron, Dr. Rudolf (ÖVP)
Tronner Leopold (ÖVP)
Tuma Alexander (ÖVP)
Votter Waltraud (SPÖ)
Wasl Erich (SPÖ)
Willensdorfer Kurt (ÖVP)
Winter Friederike (SPÖ)
Zatlokal Gerhard (SPÖ)
Zimmerl Richard, Prof. (ÖVP)

Verteilung der Mandate: SPÖ 26, ÖVP 12, FPÖ 2

16. Bezirk

Ottakring
16, Richard Wagner-Platz 19, Tel. 716*, 92 26 96*, 203

Bezirksvorsteher:
Josef Srp (SPÖ)

Bezirksvorsteher-Stellvertreter:
Alfred Barton (SPÖ)
Karl Heinz Hasibar (ÖVP)

Büroleiter: *Hans Forster*, Verwaltungsoberkommissär

Bezirksvertretung: 48 Bezirksräte

Barton Alfred (SPÖ)
Conrad Manfred (SPÖ)
Damianik Josef (SPÖ)
Ehm, Ing. Fritz (SPÖ)
Ehm Kurt, Komm.-Rat (SPÖ)
Eigensperger Karl (ÖVP)
Fischer Ernst (ÖVP)
Forster Ilse (SPÖ)
Gaugusch, Mag. Karl (SPÖ)
Goschler Richard (SPÖ)
Grassberger Ernestine (SPÖ)
Harant Herbert (SPÖ)
Hartl Hans (SPÖ)
Hartl Walter (SPÖ)
Hasibar Karl Heinz (ÖVP)
Helly Elisabeth (SPÖ)
Hirt, Ing. Karl (ÖVP)
Honay Fritz (SPÖ)
Kampits Edmund (SPÖ)
Kinn Gertrude (ÖVP)
Michalek Rudolf (SPÖ)
Obadalek Renate (SPÖ)
Papez Heinz (ÖVP)
Partik-Pablé, Dr. Helene (FPÖ)
Pilz Heinrich (SPÖ)
Rabl Helmut (ÖVP)
Rinder Anton (SPÖ)
Sandner Ferdinand (SPÖ)
Schindler Leopoldine (ÖVP)
Schmidt Rosa (SPÖ)
Schmiedeck Otto (SPÖ)
Schnetz, Dr. Elisabeth (SPÖ)
Schuster Otto (SPÖ)
Srp Josef (SPÖ)
Stahlhofer, Ing. Gerhard (ÖVP)
Stratil Robert (ÖVP)
Supalek Ferdinand (SPÖ)
Süsz Franz (SPÖ)
Tatzber Raimund (SPÖ)
Weber Ernst (SPÖ)
Wiedermann Rudolf (SPÖ)
Wippenhammer Richard (SPÖ)
Wolfram Gert (FPÖ)
Wolfsberger Alexander (SPÖ)
Wurstbauer Alfred (ÖVP)
Zavoral Josef (ÖVP)
Zigmund Walter (ÖVP)
Zimmel Frieda (SPÖ)

Verteilung der Mandate: SPÖ 33, ÖVP 13, FPÖ 2

17. Bezirk

Hernals
17, Elterleinplatz 14, Tel. 717*, 43 61 01* (43 16 51*), 313

Bezirksvorsteher:
Robert Pfleger (SPÖ)

Bezirksvorsteher-Stellvertreter:
Ernst Reinold (SPÖ)
Johann Erasmus (ÖVP)

Büroleiter: *Elisabeth Fortelny*, Oberamtsrat

Bezirksvertretung: 30 Bezirksräte

Baumann Franziska (ÖVP)
Blau Robert (SPÖ)
Bock Friedrich (SPÖ)
Bohdal Margarete (SPÖ)
Brenner Josef (SPÖ)
Czeloth Eduard (ÖVP)
Daschl Eduard, Reg.-Rat (SPÖ)
Erasmus Johann (ÖVP)
Galli Walter (ÖVP)
Gintersdorfer Lothar (FPÖ)
Grüner, Ing. Manfred (ÖVP)
Gstaltmeyr Josef (ÖVP)
Hammerschmidt Johann (ÖVP)
Hoppel Oskar (SPÖ)
Hoyda Wilhelm (SPÖ)
Juraczka Franz (ÖVP)
Karwacki Antonie (SPÖ)
Kromer Rudolf (SPÖ)
Lambor Rudolf (SPÖ)
Lorenz Karl Horst (ÖVP)
Menczik Wilhelm, Komm.-Rat (SPÖ)
Mentschik Hans (SPÖ)
Migsch Hans (ÖVP)
Münzner Leopold (SPÖ)
Pfleger Robert (SPÖ)
Reinold Ernst (SPÖ)
Spörck Karl (SPÖ)
Tringler Friedrich (SPÖ)
Wibihal Friedrich (ÖVP)
Woschny Helmut (ÖVP)
Zawodsky, Dr. Ludwig (ÖVP)

Verteilung der Mandate: SPÖ 17, ÖVP 12, FPÖ 1

18. Bezirk

Währing
18, Martinstraße 100, Tel. 718*, 34 25 20*, 223

Bezirksvorsteher:
Dkfm. Hans Hemmelmayer (ÖVP)

Bezirksvorsteher-Stellvertreter:
Adolf Prenner (ÖVP)
Rudolf Janecek (SPÖ)

Büroleiter: *Otto Artner*, Oberamtsrat

Bezirksvertretung: 32 Bezirksräte

Becska, Dkfm. Rudolf (ÖVP)
Beran Gerhard (FPÖ)
Böhm Anton (ÖVP)
Feldbacher Maria (SPÖ)
Figl Anna (ÖVP)
Frad, Dr. Herwig (ÖVP)
Frank Johann (ÖVP)
Glatzl Ferdinand (SPÖ)
Heller Heino (FPÖ)
Hemmelmayer, Dkfm. Hans (ÖVP)
Janecek Rudolf (SPÖ)
Jiresch Günther (ÖVP)
Lodner Franz (ÖVP)
Modler Raimund (SPÖ)
Much Gertrude (SPÖ)
Mühleder, Dr. Ferdinand (ÖVP)
Mündl, Dkfm. Dr. Klaus (ÖVP)
Obermayer Bruno (ÖVP)
Ohsburg Robert (SPÖ)
Palaoro Alois (SPÖ)
Pfannenstiel Herbert (SPÖ)
Prenner Adolf (ÖVP)
Scheuch, Dr. Peter (ÖVP)
Schletzer Ludwig (ÖVP)
Schöllenbauer Josef (SPÖ)
Strauß Johann, Komm.-Rat (ÖVP)
Strobl Josef (SPÖ)
Wagner Herbert (ÖVP)
Weinke, Dr. Fritz (SPÖ)
Weissensteiner Alois (ÖVP)
Welzl Melitta (SPÖ)
Winter Walter (SPÖ)

Verteilung der Mandate: ÖVP 17, SPÖ 13, FPÖ 2

19. Bezirk

Döbling

19, Gatterburggasse 14, Tel. 719*, 36 42 50*, 223

Bezirksvorsteher:

Adolf Tiller (ÖVP)

Bezirksvorsteher-Stellvertreter:

Ludwig Müller (ÖVP)

Richard Stockinger (SPÖ)

Büroleiter: *Friedrich Pohle,* Oberamtsrat

Bezirksvertretung: 36 Bezirksräte

Böck Johanna (SPÖ)
Brachtel, Dr. Walter (SPÖ)
Buchelt Leopold (SPÖ)
Gstaltmeyr Franz (ÖVP)
Gump Luise (ÖVP)
Gurtner Josef (ÖVP)
Haider, Ing. Harald (ÖVP)
Helmer Richard, Direktor (ÖVP)
Hlavac, Dr. Elisabeth (SPÖ)
Hofmann Leo (SPÖ)
Howorka, Ing. Rudolf (ÖVP)
Kainz, Dr. Wolfgang (ÖVP)
Knotek Margarete (SPÖ)
Koppatz Leopold (FPÖ)
Loidolt Ingeborg (SPÖ)
Machinek Johanna (ÖVP)
Marchfeld Gertraud (SPÖ)
Mraz Irma (SPÖ)
Müller Ludwig (ÖVP)
Nußbichler, Mag. Dr. Bruno, Hofrat, Direktor (SPÖ)
Panik Walter (ÖVP)
Pelka, Ing. Gertrude (ÖVP)
Pfeiffer Gerhard (ÖVP)
Plamberger Friedrich (SPÖ)
Redl Karl (ÖVP)
Schmid Johann (SPÖ)
Scholda Hans Karl, Prof. (ÖVP)
Schwarz Egon (SPÖ)
Solonar, Dr. Raimund (ÖVP)
Steiner Walter (SPÖ)
Stockinger Richard (SPÖ)
Strohmaier Alois, Komm.-Rat (SPÖ)
Vyslouzil, Ing. Leopold (SPÖ)
Winkler, Dipl.-Ing. Friedrich (FPÖ)
Zatorski Werner (ÖVP)
Zenger Wilhelm (ÖVP)

Verteilung der Mandate: ÖVP 17, SPÖ 17, FPÖ 2

20. Bezirk

Brigittenau

20, Brigittaplatz 10, Tel. 720*, 33 35 11*, 204

Bezirksvorsteher:

Anton Deistler (SPÖ)

Bezirksvorsteher-Stellvertreter:

Otto Müller (SPÖ)

Rudolf Kafel (ÖVP)

Büroleiter: *Alfred Mandelburger,* Oberamtsrat

Bezirksvertretung: 40 Bezirksräte

Babion Peter (SPÖ)
Baumgartner Sebastian (SPÖ)
Brey Gerhard (ÖVP)
Büchler Josef (ÖVP)
Cilek Ernst (SPÖ)
Curl Friedrich (SPÖ)
Deistler Anton (SPÖ)
Focke Franz (SPÖ)
Grausam Herbert (FPÖ)
Grossmann Herbert (KPÖ)
Haselbach Anna Elisabeth (SPÖ)
Hochenauer Alois (SPÖ)
Holzer Franz (SPÖ)
Inführ Helga (SPÖ)
Kafel Rudolf (ÖVP)
Klaban Wilhelm (ÖVP)
Kovarik Wilhelm (SPÖ)
Kuchar Friedrich (FPÖ)
Lacina Karl (SPÖ)
Lehner Adolf (SPÖ)
Malek Erich (SPÖ)
Manauer, Dr. Karl (SPÖ)
Mandelburger Alfred (SPÖ)
Müller Otto (SPÖ)
Musik Erna, Komm.-Rat (SPÖ)
Neubert, Dr. Ernst (ÖVP)
Nürnberger Rudolf (SPÖ)
Paky Friedrich (ÖVP)
Popovsky Wladimir (SPÖ)
Redl Gerda (SPÖ)
Scharm Josef (SPÖ)
Schönegger Friedrich (ÖVP)
Schwarz Johann (SPÖ)
Sotosek Otto (SPÖ)
Sramek Heinz (SPÖ)
Tomsik Josefa (SPÖ)
Vrana Erhard (SPÖ)
Weiland Otto (ÖVP)
Weinand Therese (SPÖ)
Wieser Renate (ÖVP)

Verteilung der Mandate: SPÖ 28, ÖVP 9, FPÖ 2, KPÖ 1

21. Bezirk

Floridsdorf

21, Am Spitz 1, Tel. 721*, 38 15 04*, 228

Bezirksvorsteher:

Otmar Emerling (SPÖ)

Bezirksvorsteher-Stellvertreter:

Franz Petritsch (SPÖ)

Ing. Karl Marksteiner (ÖVP)

Büroleiter: *Helene Brückler,* Oberamtsrat

Bezirksvertretung: 50 Bezirksräte

Antl Josef (ÖVP)
Bauridl Charlotte (FPÖ)
Berger Hedwig (SPÖ)
Bernold Alfred (SPÖ)
Brunnhuber Anton (ÖVP)
Eder Kurt (SPÖ)
Emerling Otmar (SPÖ)
Fitzbauer Karl (SPÖ)
Fohringer Johann (SPÖ)
Fücsök Josef (SPÖ)
Gmachl Adolf (SPÖ)
Graf Anna (SPÖ)
Grundböck Elfrieda (KPÖ)
Gschiel Josef (SPÖ)
Kandl Fritz (SPÖ)
Knödler Walter (SPÖ)
Koci Josef (SPÖ)
Kopietz Harry (SPÖ)
Krbusek Karl (SPÖ)
Krenn Walter (SPÖ)
Lifka Erich (SPÖ)
Lindner Erich (ÖVP)
Maier Friedrich (SPÖ)
Maier Karl (SPÖ)
Majecsik Therese (SPÖ)
Marksteiner, Ing. Karl (ÖVP)
Mauritsch Johann (ÖVP)
Müller, Dr. Bruno (FPÖ)
Pavlis Josef (SPÖ)
Petritsch Franz (SPÖ)
Pischinger Franz, Direktor (ÖVP)
Plansky Franz (ÖVP)
Reiter Günther (SPÖ)
Schatzl Karl (SPÖ)
Schenekl Adolf (SPÖ)
Schiel Hans (SPÖ)
Schmidtka Ilona (SPÖ)
Schnierer, Dr. Walter (SPÖ)
Steurer Anna (ÖVP)
Trappl Margarete (SPÖ)
Ulbrich Franz (SPÖ)
Vandor Franz (SPÖ)
Vlach Anton (ÖVP)
Wagner Helmut (ÖVP)
Walzhofer Franz (SPÖ)
Weissinger, Ing. Helmut (SPÖ)
Wimmer Friedrich (SPÖ)
Wurschy Karl (ÖVP)
Ziehaus Herbert (SPÖ)
Zimmermann Hedwig (ÖVP)

Verteilung der Mandate: SPÖ 35, ÖVP 12, FPÖ 2, KPÖ 1

22. Bezirk

Donaustadt

22, Kagran, Schrödingerplatz 1, Tel. 722*, 23 35 61*, 222

Bezirksvorsteher:

Rudolf Huber (SPÖ)

Bezirksvorsteher-Stellvertreter:

Leopold Wedel (SPÖ)

Emmerich Fasching, Komm.-Rat (ÖVP)

Büroleiter: *Norbert Bock,* Oberamtsrat

Bezirksvertretung: 40 Bezirksräte

Balogh Johann (KPÖ)
Bannert Bruno (SPÖ)
Brandstätter Franz (ÖVP)
Dampier Karl (SPÖ)
Edler Josef (SPÖ)
Effenberg Franz Karl (SPÖ)
Fasching Emmerich, Komm.-Rat (ÖVP)
Frankenstein Roman (ÖVP)
Graf Rudolf (SPÖ)
Gschweicher Wilhelm (SPÖ)
Hadinec Johann (SPÖ)
Hahn Gertraude (SPÖ)
Harnischfeger Rudolf (ÖVP)
Horvath Franz (SPÖ)
Huber Erich (SPÖ)
Huber Rudolf (SPÖ)
Jakisch Johann (ÖVP)
Joska Manfred (SPÖ)
Jully Hedwig (ÖVP)
Kiesling, Ing. Karl (ÖVP)
Königstätter Anna (SPÖ)
Kospach Gottfried (SPÖ)
Kremnitzer Ferdinand (SPÖ)
Mahr, Ing. Hans (FPÖ)
Nebel, Dipl.-Ing. Michael (SPÖ)
Pesek Leopold (SPÖ)
Prinz Walter (FPÖ)
Psota, Dr. Alfred (SPÖ)
Raab Johann (SPÖ)
Regner Karl (ÖVP)

Riedinger Josef (SPÖ)
Simsa Kurt (SPÖ)
Schabbauer, Ing. Gottfried (ÖVP)
Scheifler Hermine (SPÖ)
Schuster Alois (SPÖ)
Schwab Gertrude (SPÖ)
Unger Mathias (SPÖ)
Wedel Leopold (SPÖ)
Ziegelbecker, Ing. Karl (ÖVP)
Zimper Ernst (SPÖ)

Verteilung der Mandate: SPÖ 27, ÖVP 10, FPÖ 2, KPÖ 1

23. Bezirk

Liesing

23, Liesing, Perchtoldsdorfer Straße 2, Tel. 723*, 86 96 17*, 23

Bezirksvorsteher:
Hans Lackner (SPÖ)

Bezirksvorsteher-Stellvertreter:
Erich Steinbach (SPÖ)
Erwin Diem (ÖVP)

Büroleiter: *Otto Kirschner,* Oberamtsrat

Bezirksvertretung: 34 Bezirksräte

Baar Anton (SPÖ)
Bednar, Dr. Kurt (ÖVP)
Diem Erwin (ÖVP)
Dunkl Johann (SPÖ)
Foletar Friedrich (SPÖ)
Furtenbach, Ing. Erich (ÖVP)
Gerobl Herbert (SPÖ)
Hofbauer Antonie (SPÖ)
Holzer Wilhelm (SPÖ)
Kampfer Rudolf (SPÖ)
Kindler Michael (SPÖ)
Köberl Erwin (SPÖ)
Kollarz Franz (ÖVP)
Krammer Walter (ÖVP)
Lackner Hans (SPÖ)
Lenzenhofer Josef (ÖVP)
Lohmann Josef (ÖVP)
Löschl Marie (ÖVP)
Loss Alfred (ÖVP)
Marx Richard (SPÖ)
Modritzky Walter (SPÖ)
Morawec Ernst (SPÖ)
Neusiedler Walter (SPÖ)
Oettel Adolfine (SPÖ)
Petras Johann (FPÖ)
Pleiner Josef, Komm.-Rat (SPÖ)
Reischl Franz (SPÖ)
Schmelzer Leopold (FPÖ)
Schmidt Peter (SPÖ)
Schmiedmayer, Dipl.-Ing. Heinz-Bodo (ÖVP)
Steinbach Erich (SPÖ)
Steinklammer Hans, Ök.-Rat (ÖVP)
Stuppacher Peter (SPÖ)
Wimmer Hans (SPÖ)

Verteilung der Mandate: SPÖ 21, ÖVP 11, FPÖ 2

Postleitzahlen

(berücksichtigt sind nur die im Abschnitt „Magistrat" angeführten Adressen)

1. Bezirk – 1010
   Ausnahmen:
   Rathaus einschließlich der umliegenden Amtshäuser – 1082
   Amtshaus, 1, Volksgartenstraße 3 – 1016
   Amtshaus, 1, Wipplingerstraße 8 – 1011
   MA 15, 1, Gonzagagasse 23 – 1013
   GD, Ringturm, 1, Schottenring 30 – 1011
2. Bezirk – 1020
3. Bezirk – 1030
   Ausnahmen:
   Amtshaus, 3, Am Modenapark 1–2 – 1031
   MA 47, 3, Vordere Zollamtsstraße 11 – 1031
4. Bezirk – 1040
   Ausnahmen:
   WStW-VB, 4, Favoritenstraße 9–11 – 1041
   WStW-BEST, 4, Goldeggasse 19 – 1041
5. Bezirk – 1050
6. Bezirk – 1060
   Ausnahme: Amtshaus, 6, Grabnergasse 4–6 – 1061
7. Bezirk – 1070
8. Bezirk – 1080
   Ausnahmen:
   Amtshaus, 8, Friedrich Schmidt-Platz 5 – 1082
   Amtshaus, 8, Lange Gasse 30 – 1082
   Amtshaus, 8, Schlesingerplatz 4 – 1081
   WStW-GW, 8, Josefstädter Straße 10–12 – 1081
   KFA, 8, Schlesingerplatz 5 – 1081
9. Bezirk – 1090
   Ausnahmen:
   Allgemeines Krankenhaus – 1097
   WStW-EW, 9, Mariannengasse 4 – 1095
   Fremdenverkehrsverband, 9, Kinderspitalgasse 5 – 1095
10. Bezirk – 1100
    Ausnahme: Betriebskrankenkasse der WStW-VB, 10, Leebgasse 17 – 1101
11. Bezirk – 1110
12. Bezirk – 1120
    Ausnahmen:
    Amtshaus, 12, Niederhofstraße 23 – 1121
    Amtshaus, 12, Schönbrunner Straße 259 – 1121 (nicht MA 6 – Kollaudierungsabteilung)
13. Bezirk – 1130
14. Bezirk – 1140
    Ausnahmen:
    Pulmologisches Zentrum – 1145
    Sämtliche Dienststellen in Hadersdorf-Weidlingau – 1147
15. Bezirk – 1150
    Ausnahme: Elisabeth-Spital – 1152
16. Bezirk – 1160
    Ausnahmen:
    Amtshaus, 16, Richard Wagner-Platz 19 – 1164
    Wilhelminenspital – 1171
17. Bezirk – 1170
    Ausnahmen:
    Amtshaus, 17, Lienfeldergasse 96 – 1171
    MA 49, Revier Neuwaldegg-Sievering – 1173
18. Bezirk – 1180
    Ausnahme: Amtshaus, 18, Martinstraße 100 – 1181
19. Bezirk – 1190
20. Bezirk – 1200
    Ausnahme: Kundendienst der WStW-GW, 20, Denisgasse 39–41 – 1203
21. Bezirk – 1210
    Ausnahme: Amtshaus, 21, Am Spitz 1 – 1211
22. Bezirk – 1220
    Ausnahmen:
    Sämtliche Dienststellen in Aspern – 1224
    Sämtliche Dienststellen in Eßling – 1228
    Sämtliche Dienststellen in Hirschstetten – 1225
    Sämtliche Dienststellen in Kagran – 1222
    Sämtliche Dienststellen in Kaisermühlen – 1223
23. Bezirk – 1230
    Ausnahmen:
    Sämtliche Dienststellen in Erlaa – 1233
    Sämtliche Dienststellen in Inzersdorf – 1232
    Sämtliche Dienststellen in Liesing – 1235
    Sämtliche Dienststellen in Mauer – 1238
    Sämtliche Dienststellen in Rodaun – 1236
    Sämtliche Dienststellen in Siebenhirten – 1234

Dienststellen in:
- Baden – 2500
- Bad Vöslau – 2540
- Biedermannsdorf – 2362
- Ebenfurth – 2490
- Ebreichsdorf – 2483
- Eggenburg – 3730
- Enzesfeld – 2551
- Fischamend – 2401
- Gaming – 3292
- Göstling – 3345
- Gresten – 3264
- Groß-Enzersdorf – 2301
- Gumpoldskirchen – 2352
- Hirschwang – 2652
- Klosterneuburg – 3400
- Laxenburg – 2361
- Marchegg – 2294
- Maria Enzersdorf – 2344
- Maria Lanzendorf – 2326
- Mödling – 2340
  Ausnahme:
  Betriebsstelle der WStW-EW, Achsenaugasse 8 – 2342
- Naßwald – 2661
- Opponitz – 3342
- Orth – 2304
- Perchtoldsdorf – 2380
- Preßbaum – 3021
- Purkersdorf – 3002
- Rannersdorf – 2324
- Salzburg – 5010
- Schwadorf – 2432
- Schwechat – 2320
- Stixenstein – 2631
- St. Andrä an der Traisen – 3130
- Traiskirchen – 2514
- Wiener Neudorf – 2351
- Wildalpen – 8924
- Ybbs an der Donau – 3370
- Zwölfaxing – 2324

MAGISTRAT DER STADT WIEN

Die Rathausgruppe ist unter **42 8 00** mit Durchwahl erreichbar; * bedeutet Durchwahl. Die im Text vorkommenden dreistelligen Kurznummern, die mit der Ziffer 7 oder 8 beginnen (z. B. 701, 720, 801, 820), können nur von Dienststellen in den Gebäuden der Rathausgruppe angerufen werden.

BÜRGERMEISTER UND LANDESHAUPTMANN

Gratz Leopold, 1, Rathaus, 5. Stiege, 1. Stock,
Tür 306b 42 8 01/2111
Sekretariat 2120, 2129

VIZEBÜRGERMEISTER UND LANDESHAUPTMANN-STELLVERTRETER

Fröhlich-Sandner Gertrude, 1, Rathaus, 5. Stiege,
1. Stock, Tür 308j 42 8 01/2115
Sekretariat 2751, 2761
Busek, Dr. Erhard, 1, Rathaus, 5. Stiege, 1. Stock,
Tür 308m 42 8 01/2674
Sekretariat 2675, 2676

LANDTAGSPRÄSIDENTEN

Pfoch Hubert, 1, Rathaus, 5. Stiege, 1. Stock,
Tür 308e 42 8 01/2119, 2905
Hahn Fritz, 1, Rathaus, 5. Stiege, 1. Stock,
Tür 308m 42 8 01/2269
Schweda Otto, 1, Rathaus, 5. Stiege, 2. Stock,
Tür 417 . . . . 42 8 01/2251

AMTSFÜHRENDE STADTRÄTE

(nach Geschäftsgruppen)

Geschäftsgruppe Personal- und Rechtsangelegenheiten

MA 1, 2, 3, 58, 61, 62, 64

Amtsführender Stadtrat *Nekula Franz,* 1, Rathaus,
6. Stiege, Halbstock, Tür 231 . . . . . . 42 8 01/2117
Sekretariat 42 8 02/2980, 2960

Geschäftsgruppe Finanzen und Wirtschaftspolitik

MA 4, 5, 6, 54

Amtsführender Stadtrat *Mayr Hans,* 1, Rathaus,
5. Stiege, 1. Stock, Tür 308b 42 8 01/2113
Sekretariat 42 8 02/2413

Geschäftsgruppe Bildung, Jugend, Familie

MA 11, 13, 56

Amtsführender Stadtrat *Fröhlich-Sandner Gertrude,*
Vizebürgermeister, Landeshauptmann-Stellvertreter, 1, Rathaus, 5. Stiege, 1. Stock,
Tür 308j 42 8 01/2115
Sekretariat 42 8 04/2751, 2761

Geschäftsgruppe Kultur und Bürgerdienst

MA 7, 8, 9, 10

Amtsführender Stadtrat *Zilk, Dr. phil. Helmut, Prof.,*
8, Friedrich Schmidt-Platz 5, 2. Stock, Tür 216,
217 . . . . 42 8 01/2121
Sekretariat 42 8 04/2740, 2749

Geschäftsgruppe Gesundheit und Soziales

MA 12, 14, 15, 17

Amtsführender Stadtrat *Stacher, Dr. Alois,*
a. o. Univ.-Prof., 1, Schottenring 24, 3. Stock,
Tür 311 . . . . 42 8 01/2116, 66 14*, 501
Sekretariat 66 14*, 504, 505

Geschäftsgruppe Stadtplanung

MA 18, 19, 20, 21, 35, 36, 37, 39, 41, 66

Amtsführender Stadtrat *Wurzer, Dipl.-Ing. Dr. techn. Dr. h. c. Rudolf,* Arch., o. Univ.-Prof., 1, Rathaus,
5. Stiege, 2. Stock, Tür 401 . . . . 42 8 01/2124
Sekretariat 42 8 06/3212, 3213

Geschäftsgruppe Umwelt und Freizeit

MA 22, 42, 44, 45, 49, 51, 53, 68

Amtsführender Stadtrat *Schieder Peter,* 1, Rathaus,
4. Stiege, Halbstock, Tür 247c 42 8 01/2118
Sekretariat 42 8 05/4295, 4262

Geschäftsgruppe Wohnen und Stadterneuerung

MA 23, 24, 25, 26, 27, 32, 34, 50, 52

Amtsführender Stadtrat *Hatzl Johann,* 1, Bartensteingasse 9, 2. Stock, Tür 208 . . . . 42 8 01/2110
Sekretariat 42 8 07/4165, 4178

Geschäftsgruppe Vermögensverwaltung, städtische Dienstleistungen, Konsumentenschutz

MA 30, 31, 40, 43, 47, 59, 60, 63, 69

Amtsführender Stadtrat *Veleta Josef,* 1, Rathaus,
4. Stiege, Halbstock, Tür 238 . . . . . . 42 8 01/2126
Sekretariat 42 8 08/4281, 4166

Geschäftsgruppe Straße, Verkehr und Energie

MA 28, 29, 33, 38, 46, 48, 70, Wiener Stadtwerke (Elektrizitätswerke, Gaswerke, Verkehrsbetriebe und Städtische Bestattung)

Amtsführender Stadtrat *Nittel Heinz,* 1, Rathaus,
4. Stiege, Halbstock, Tür 236 . . . . . . 42 8 01/2135
Sekretariat 42 8 08/4180, 4103

STADTRÄTE

Busek, Dr. Erhard, Vizebürgermeister, Landeshauptmann-Stellvertreter, 1, Rathaus, 5. Stiege, 1. Stock,
Tür 308m 42 8 01/4290
Goller, Dr. Günther, 1, Rathaus, 8. Stiege, Halbstock,
Tür 222f 42 8 01/4201
Kubiena, Dr. Gertrude, 1, Rathaus, 8. Stiege, Halbstock, Tür 222c 42 8 01/4203
Mauthe, Dr. Jörg, 1, Rathaus, 8. Stiege, Halbstock,
Tür 222c 42 8 01/4244
Neusser Wilhelm, Komm.-Rat, 1, Rathaus, 8. Stiege,
Halbstock, Tür 222f 42 8 01/4202
Sekretariat 42 8 01/3131, 4204, 4205, 4206, 4207, 4259

KLUBS

Klub der SPÖ-Abgeordneten, 1, Rathaus, 7. Stiege, 2. Stock, Tür 423 . . . 42 8 01
Hofmann, Ing. Fritz, Klubobmann . . . 4200
Windisch, Ing. Kurt, Klubsekretär . . . 2400
Sekretariat . . . 4208, 2099, 4209
Mayrhofer Leopold, 1. Vorsitzender des Gemeinderates . . . 2257

Klub der ÖVP-Abgeordneten, 1, Rathaus, 8. Stiege, Halbstock, Tür 222–227 . . . 42 8 01
Hahn Fritz, Klubobmann . . . 2269
Goller, Dr. Günther, Klubsekretär . . . 4201
Sekretariat . . . 4206
Pressereferent . . . 2094

Klub der FPÖ-Abgeordneten, 1, Rathaus, 7. Stiege, Halbstock, Tür 229 . . . 42 8 01
Hirnschall, Dr. Erwin, Klubobmann . . . 4298
Erhart Herbert, Klubsekretär . . . 4299
Sekretariat . . . 4298

MAGISTRATSDIREKTION

MAGISTRATSDIREKTOR

1, Rathaus, 5. Stiege, 1. Stock, Tür 310, Tel. 42 8 01

Leitung des gesamten inneren Dienstes des Magistrats der Stadt Wien. Oberste Aufsicht über seine Ämter, Anstalten und sonstigen Dienststellen und deren oberste Leitung in Vertretung des Bürgermeisters als Vorstand des Magistrats gemäß § 94 Abs. 4 der Verfassung der Bundeshauptstadt Wien; Unterstützung des Bürgermeisters als Landeshauptmann in den Angelegenheiten der mittelbaren Bundesverwaltung gemäß § 136 der Verfassung der Bundeshauptstadt Wien.

Bandion, Dr. Josef . . . 2141
Sekretariat . . . 2140
Smola Alfred, Pressereferent . . . 2977

Präsidialbüro

1, Rathaus, 5. Stiege, 1. Stock, Tel. 42 8 01

Dienst um die Person des Bürgermeisters, Erledigung der laufenden Bürogeschäfte und persönlichen Aufträge des Bürgermeisters; Bürgerservice des Bürgermeisters: Abwicklung des Parteienverkehrs sowie Bearbeitung und Erledigung der an den Bürgermeister gerichteten Briefe aus der Bevölkerung; Öffentlichkeitsarbeit.
Individuelle Personalangelegenheiten der gewählten Funktionäre des Bundeslandes (der Stadt) Wien, ausgenommen die Anweisung von Gebühren.
Durchführung von Empfängen und Feierlichkeiten.
Betreuung der Gäste der Stadt Wien und Vorbereitung der offiziellen Reisen des Bürgermeisters.
Verkehr mit ausländischen Stellen sowie mit den in Wien ansässigen diplomatischen Vertretungen und Internationalen Organisationen.
Vergabe der Säle im Rathaus.
Veranlassung der Beflaggung von öffentlichen Verkehrsflächen und städtischen Gebäuden.
Übersetzungs- und Dolmetschdienst.
Führung der Bürogeschäfte des Landtages, des Gemeinderates, der Landesregierung und des Stadtsenates; Weiterleitung der in den Bezirksvertretungen gestellten Anträge.
Stenografendienst.

Satrapa, Dr. Peter, Senatsrat . . . 2160
Lemberger, Dr. Ernst . . . 2281
Dolejs Herbert, Oberamtsrat, Regierungsrat . . . 2173
Rendl Albert, Amtsrat . . . 2224
Svoboda Robert, Amtsrat . . . 2136
Jank Werner . . . 3882, 3883
Mahr Hans . . . 2157, 2184
Stimmer Kurt, Redakteur . . . 2958
Sekretariat: *Winkler Georgine* . . . 2120, 3847, 3138
Übersetzungsdienst:
Schlachta Otto, Oberamtsrat . . . 2163
Übersetzer . . . 2164
Goldene Hochzeiten, Geburtstagsehrungen:
Krahsl Maria, Kanzleioberkommissär . . . 2166
Kanzlei:
Ladmann Otto, Kanzleioberkommissär . . . 2168
Gestrab Franz, Kanzleioberoffizial . . . 2229
Protokoll . . . 2129
Landtag, Gemeinderat, Landesregierung, Stadtsenat:
Solt Wolfgang, Oberamtsrat . . . 2162, 2159
Kanzlei . . . 2171
Stenografenbüro, 1, Rathaus, 8. Stiege, 1. Stock, Tür 320
Rothensteiner Franz, Oberamtsrat . . . 2241
Kanzlei . . . 2242

Büro des Magistratsdirektors

1, Rathaus, 5. und 7. Stiege, 1. Stock, Tür 310, 312, 313, 315, Feststiege I, Halbstock, Tür 249 d, Tel. 42 8 01

Mitwirkung an der Gesetzgebung und Vollziehung des Landes in den in der Verfassung der Bundeshauptstadt Wien vorgesehenen Fällen.
Verfassungsrechtliche Angelegenheiten (Verfassungsdienst); rechtliche Angelegenheiten der Grenzen des Stadtgebietes und der Bezirke; Bewilligung zur Führung des Wappens der Stadt Wien.
Überprüfung der Vorlagen von Landesgesetzen, Verordnungen und sonstigen allgemeinen Anordnungen des Magistrats, insbesondere auch hinsichtlich Gesetzestechnik, Verfassungsmäßigkeit und Einklang mit dem Bundes- und Wiener Landes- und Ortsrecht; Stellungnahme zu Entwürfen von Gesetzen, Verordnungen und sonstigen allgemeinen Anordnungen des Bundes oder anderer Gebietskörperschaften (Legistischer Dienst).
Anträge an den Bürgermeister und an den Gemeinderat über die Erlassung und Abänderung der Geschäftsordnung für den Magistrat.
Verlautbarung von Gesetzen, Verordnungen und Kundmachungen im Landesgesetzblatt.
Grundsätzliche Beziehungen zu den Bundesländern und den anderen Gebietskörperschaften auf dem Gebiet der Verfassung und Verwaltung; Vertretung der Interessen der Stadt Wien, soweit sie nicht anderen Dienststellen übertragen ist.
Abschluß von Vereinbarungen mit anderen Bundesländern nach Art. 15a B-VG und nach dem Gebietsänderungsgesetz, gemeinsame Angelegenheiten von Wien und Niederösterreich nach dem Trennungsgesetz mit Ausnahme finanzieller Angelegenheiten.
Grundsätzliche Angelegenheiten der Verbindungsstelle der Bundesländer.
Verkehr mit Dienststellen des Bundes und anderen Gebietskörperschaften, sofern es sich um die Erledigung von wichtigeren oder grundsätzlichen oder solchen Angelegenheiten handelt, die nicht in den regelmäßigen Geschäftsumfang einer Dienststelle oder einer Unternehmung der Stadt Wien fallen.
Generelle Personalangelegenheiten der gewählten Funktionäre des Bundeslandes (der Stadt) Wien.
Personal- und Amtsraumangelegenheiten der Büros der Stadträte und sonstigen gewählten Funktionäre des Bundeslandes (der Stadt) Wien sowie der Klubs der politischen Parteien.
Mitwirkung bei der Verwaltungs- und Betriebsreform und damit zusammenhängenden grundsätzlichen Personalangelegenheiten.
Dienstaufsicht über
- Rechtskundige Bedienstete,
- die Leiter von Magistratsabteilungen,
- Bedienstete der Magistratsdirektion, soweit sie dem höheren Dienst angehören oder Sondervertragsbedienstete sind,
- Bedienstete mit Sonderaufgaben gemäß § 11a der Geschäftsordnung für den Magistrat,
- Redakteure der Stadt Wien.

Zuteilung und Versetzung der vorgenannten Bediensteten sowie Stellenbesetzungen.
Versetzung des Personals zwischen den städtischen Unternehmungen und dem übrigen Magistrat; Zuteilung des Personals an das Kontrollamt auf Grund der Genehmigung des Bürgermeisters.
Prüfung für den rechtskundigen Dienst.
Vorbearbeitung und Evidenthaltung der Delegierung von Funktionären und Bediensteten der Stadt Wien in Kollegialorgane, Organe von wirtschaftlichen Unternehmungen, Vereine u. dgl.
Nominierung von rechtskundigen Bediensteten als Lenkerprüfer oder Sozial- oder Eheberater.
Festlegung von Beförderungsrichtlinien, Globalzahlen für Beförderungen in eine höhere Dienstklasse und ad personam-Beförderungen.
Auszeichnungen (Beförderungen, außerordentliche Stufenvorrückungen), Titelverleihungen und Anerkennungsgaben an städtische Bedienstete mit Ausnahme der Jubiläumsgaben.
Mitwirkung bei Stellensystemisierungen und allen wichtigeren Personalangelegenheiten der städtischen Unternehmungen gemäß § 21 des Statuts für die Unternehmungen der Stadt Wien.
Ausschreibung von Dienstposten.
Festlegung des wesentlichsten Inhaltes von Sonderverträgen.
Anträge an den Bürgermeister auf Bestellung von Bediensteten mit Sonderaufgaben gemäß § 11a der Geschäftsordnung für den Magistrat.
Herausgabe von Erlässen, soweit sie nicht nur im Bereich einer Abteilung oder durch den Stadtbaudirektor für den Bereich der technischen Dienststellen ergehen.

Organisation von Bezirksamtsleiterbesprechungen.
Fachaufsicht über Schlichtungsstellen.
Redaktion des Handbuches der Stadt Wien und des Dienststellen- und Telefonverzeichnisses.
Entsendung von Funktionären und Bediensteten als Vertreter des Bundeslandes (der Stadt) Wien zu Tagungen, Kongressen u. dgl.
Führung des Personenkraftwagenbetriebes mit Ausnahme der technischen Angelegenheiten.
Führung der Bürogeschäfte des Landessanitätsrates für Wien.
Führung der Bürogeschäfte des Betrieblichen Vorschlagswesens.
Führung der Bürogeschäfte der Disziplinarkommission, der Berufungskommission in Disziplinarsachen und der Beschreibungskommission.
Koordination der Angelegenheiten des Zivilschutzes, Katastrophenschutzes und Katastropheneinsatzes.
Angelegenheiten, die dem Magistratsdirektor durch besondere Rechtsvorschriften zugewiesen sind.
Angelegenheiten, die nach der Geschäftseinteilung für den Magistrat nicht ausdrücklich einer anderen Dienststelle zugewiesen sind, sofern nicht eine Dienststelle vom Magistratsdirektor mit der Behandlung der Angelegenheit betraut wird.

Peischl, Dr. Alfred, Obersenatsrat 2142, 2150
Sekretariat 4273
Ponzer, Dr. Josef, Senatsrat 2143
Skyba, Dr. Karl, Senatsrat 2144
Lavicky, Dr. Otto, Magistratsrat 2139
Samek, Dr. Peter, Magistratsrat 4229
Hofer Ernst, Oberamtsrat 2280
Leibl Werner, Amtsrat 2285
Vecernik Alois, Kanzleirat,
Kanzleileiter 2147
Protokoll 2148, 2152
Disziplinarleitstelle 2146
Auszeichnungen und Remunerationen, 1, Rathaus, 5. Stiege, Halbstock, Tür 207
Hofer Ernst, Oberamtsrat 2280, 2288, 4274
Bürogeschäfte des Betrieblichen Vorschlagswesens, 1, Rathaus, 5. Stiege, 2. Stock, Tür 412
Leibl Werner, Amtsrat 2285, 4249

Personenkraftwagenbetrieb, 1, Rathausstraße 8, Parterre, Tür 3 . . . . 2243, 2244
Hofer Ernst, Oberamtsrat 2280
Garage, 1, Friedrich Schmidt-Platz 2245

Beauftragter der Stadt Wien für Verhandlungen mit den ÖBB, 1, Doblhoffgasse 9, 4. Stock, Tür 17
Engelberger, Dipl.-Ing. Otto, Obersenatsrat 3103
Kanzlei 3100

Beratende EDV-Kommission:
Vorsitzender:
Peischl, Dr. Alfred, Obersenatsrat 2142, 2150
Schriftführer:
Leibl Werner, Amtsrat 2285, 4249

Ehrenzeichenkanzlei

1, Rathaus, 5. Stiege, Halbstock, Tür 203, Tel. 42 8 01

Anträge auf Ehrungen nach dem Landesehrenzeichengesetz und dem Gesetz über die Verleihung einer Rettungsmedaille des Landes Wien, durch Verleihung des Ehrenzeichens für Verdienste im Feuerwehr- und Rettungswesen, des Ehrenringes der Stadt Wien, der Ehrenmedaille der Bundeshauptstadt Wien oder in Form von Ernennungen zu Bürgern oder Ehrenbürgern; Anträge auf alle sonstigen Ehrungen durch die Stadt oder das Land Wien, soweit diese nicht einer Magistratsabteilung zugewiesen sind.
Antragstellung für Bundesauszeichnungen.

Sokolowski, Dr. Alfred, Obersenatsrat 2195
Sekretariat 3133
Peczar Wolfgang, Prof., Oberamtsrat 4150
Kanzlei 4158, 4159, 4269

Koordinationsbüro

1, Rathaus, 4. Stiege, Halbstock, Tür 247, Tel. 42 8 01

Grundsätzliche Angelegenheiten der Kooperation, Information und Koordination im Bereich der Stadt Wien.
Entscheidungsvorbereitung der Stadtentwicklungspolitik im Zusammenwirken mit der für die Stadtplanung zuständigen Geschäftsgruppe des Magistrats.

Skopalik, Dr. Walter, Obersenatsrat, Bereichsleiter für Verwaltungsorganisation einschließlich der Organisation der automatischen Datenverarbeitung im Rahmen der Magistratsdirektion 3221
Prambóck, Dkfm. Dr. Erich, Obermagistratsrat . . . 3222
Erasin, Dipl.-Ing. Wilfried, Obermagistratsrat . . . 3217
Pillmeier, Dr. Peter, Magistratsrat 3220
Schussmann, Dr. Elisabeth, Magistratsrat 3226
Kainrath, Dipl.-Ing. Wilhelm, Arch., Stadtbaurat . . 3219
Breit, Dipl.-Ing. Dr. Reinhard 3102
Valentin Alfred, Oberamtsrat 3225
Roth Ernst, Amtsrat 3198
Henesch Hans, Verwaltungsoberkommissär 3216
Kanzlei 3223, 3224, 3265, 3100, 3160

Verwaltungsakademie

1, Reichsratsstraße 17, 6. Stock, Tel. 43 89 08*

Geschäftsführung der Verwaltungsakademie der Stadt Wien.
Ausarbeitung der Vorschriften für die Ausbildung und Prüfung der städtischen Bediensteten.
Ausbildung und Prüfung der städtischen Bediensteten, soweit keine andere Dienststelle zuständig ist, sowie Ausbildung und Prüfung der Bürokaufmannslehrlinge, Lehrlinge des technischen Dienstes und jugendlichen Stenotypisten.
Auflage und Verwaltung von Skripten für Dienstprüfungen.
Organisation und Betreuung des Unterrichtes in Sprachen.
Zuerkennung von Entschädigungen für die Aus- und Weiterbildung der städtischen Bediensteten.
Bereinigung der Wiener Rechtsvorschriften.

Theuer, Dr. Karl, Obersenatsrat 21, 42 8 01/2191
Wanka, Dr. Wendelin, Senatsrat 28, 31
Weinke, Dr. Friedrich, Obermagistratsrat 35
Reichel Gustav, Oberamtsrat 27
Dienstprüfungsangelegenheiten:
Rajchl Heinz, Verwaltungsoberkommissär 34, 42 8 01/2194
Sekretariat 23
Kanzlei 32, 33

Verwaltungsrevision

1, Rathaus, 8. Stiege, Halbstock, Tür 217, Tel. 42 8 01

Inspizierung des Dienstbetriebes der städtischen Ämter und Anstalten in sachlicher und personeller Hinsicht (Revisionen).
Genehmigung der Erteilung der Zeichnungsberechtigung an mehr als vier unterstellte Bedienstete.
Prüfung und Veranlassung von Sofortmaßnahmen auf Grund von Wahrnehmungen, die die Wiener Stadtverwaltung betreffen.
Behandlung von Dienstaufsichtsbeschwerden.
Verkehr mit der Volksanwaltschaft; Kontaktnahme in allen von der Volksanwaltschaft an das Bundesland (die Stadt) Wien herangetragenen Fällen und Vorbearbeitung der an die Volksanwaltschaft gerichteten und die Verwaltung des Bundeslandes (der Stadt) Wien betreffenden Erledigungen.
Mitwirkung bei der Verwaltungs- und Betriebsreform und damit zusammenhängenden grundsätzlichen Personalangelegenheiten, insbesondere Erstattung von Vorschlägen für die Organisation von Verwaltungsvorgängen.
Schaffung, Streichung und Bewertung von Dienstposten im Einvernehmen mit der Verwaltungsorganisation.
Führung der Personalausgleichsstelle.
Dienstaufsicht – soweit sie nicht dem Büro des Magistratsdirektors obliegt – über
Bedienstete des höheren Verwaltungsdienstes mit Ausnahme der Chemiker und Physiker im Bereich der MA 17,
Ärzte, soweit sie nicht im Bereich der MA 11, 15 und 17 verwendet werden,
den Leiter der Lebensmitteluntersuchungsanstalt der Stadt Wien und dessen Stellvertreter,
Erziehungsberater,
Bedienstete der MA 8, 9, 10, 12, 51 und 53,
Fachbeamte des Verwaltungs-, Bücherei-, Erziehungs- und Fürsorgedienstes,
Kanzleibedienstete, Büchereibedienstete, Erzieher, Fürsorgerinnen, Kanzleipraktikanten,

Amtsgehilfen;
Bürokaufmannslehrlinge und Lehrlinge des technischen Dienstes, jugendliche Stenotypisten,
Bedienstete der Wiener städtischen Lager- und Kühlhaus Gesellschaft m. b. H.,
Bedienstete der Magistratsdirektion, soweit sie nicht dem höheren Dienst angehören und auch nicht als Sondervertragsbedienstete im höheren Dienst tätig sind; Bedienstete der automatischen Datenverarbeitung der Verwendungsgruppen C und D in sonstigen Dienststellen des Magistrats.
Zuteilung und Versetzung der vorgenannten Bediensteten sowie Stellenbesetzungen.
Eignungsprüfungen im Rahmen der Dienstaufsicht.
Zuerkennung von Nebengebühren (Personal-, Bau-, Sonder-, Außendienst-, Kassierzulagen, Stenografengebühren, Überstundenvergütungen).
Zuerkennung von Entschädigungen gemäß § 10 Abs. 2 der Reisegebührenvorschrift (Kilometergeld).
Genehmigung von Diensttelefonanschlüssen in Ämtern und Wohnungen.
Genehmigung von Dienst- und Studienreisen.
Maßnahmen auf Grund des Arbeitnehmerschutzgesetzes.

Vorrath, Dr. Hans, Obersenatsrat, Bereichsleiter für Verwaltungsrevision und Sofortmaßnahmen im Rahmen der Magistratsdirektion 2131
Salomon, Dr. Gerhard, Obermagistratsrat 2169
Zörner, Dr. Franz, Magistratsoberkommissär 4270
Baumgartner Friedrich, Oberamtsrat 2215
Gruber Franz, Oberamtsrat 2100
Steininger Josef, Oberamtsrat 2327
Waiss Kurt, Oberamtsrat 2212
Haller Elfriede, Amtsrat 2100
Pieb Peter, Amtsrat 2231
Rupaner Franz, Amtsrat 2234
Fehringer Wolf-Dieter, Verwaltungsoberkommissär . 2175
Gilnreiner Gerhard, Verwaltungsoberkommissär . . 3870
Saulich Harald, Verwaltungsoberkommissär 3860
Lehrlingsreferat 2100
Personalausgleichstelle – Evidenz 2219
Kanzleileiter 2217
Kanzlei 2218

Verwaltungsorganisation

1, Rathaus, 7. Stiege, Halbstock, Tür 210, 212, Tel. 42 8 01

Verwaltungs- und Betriebsreform und damit zusammenhängende grundsätzliche Personalangelegenheiten.
Organisation von Verwaltungsvorgängen.
Vergebung und Betreuung von Aufträgen an private Betriebsberatungen.
Genehmigung der Anschaffung von Drucksorten.
Mitwirkung im Drucksortenkomitee und in der Formularkommission.
Mitwirkung bei der Organisation der Textverarbeitung.
Prüfung von Vorschlägen städtischer Bediensteter zur Vereinfachung und Reform der Verwaltung (Betriebliches Vorschlagswesen).
Genehmigung von Dienst- und Organisationsvorschriften, soweit sie den Wirkungsbereich einer Dienststelle überschreiten.
Anträge an den Bürgermeister und an den Gemeinderat über die Organisation, Auflassung und Errichtung von städtischen Ämtern, Anstalten und sonstigen Dienststellen des Magistrats sowie über die Erlassung und Abänderung der Geschäftseinteilung für den Magistrat.
Mitwirkung bei der Schaffung, Streichung und Bewertung von Dienstposten.
Führung des Registers über die privaten Adressen und Telefonnummern der Dienststellenleiter und ihrer Stellvertreter.
Beschaffung von Räumlichkeiten für Zwecke des Magistrats oder für sonstige Einrichtungen der Stadt Wien.
Vergabe der Amtsräume.
Organisation und Kontrolle der Instandsetzung von Amtsgebäuden und Amtsräumen.
Erteilung von Einfahrtgenehmigungen in die Höfe städtischer Amtshäuser.
Genehmigung der Anschaffung von Telefonanlagen und anderen fernmeldetechnischen Einrichtungen (Funkanlagen usw.).
Genehmigung der Anschaffung von bestimmten technischen Geräten (Kühlschränke, Fernsehgeräte usw.).
Genehmigung der Anschaffung von Personen- und Kombinationskraftwagen.
Führung des Systemisierungsplanes für Kraftfahrzeuge.
Entgegennahme von Meldungen über Schäden an Gemeindevermögen.
Regelung des Postverkehrs und der Aktenübermittlung, zentrale Expedition von Briefen und Akten (Zentralexpedit).

Brunner, Ing. Dr. Friedrich, Senatsrat 2198
(Bereichsleiter: *Skopalik, Dr. Walter,* Obersenatsrat . . . . 3221)
Degner, Dipl.-Ing. Klaus, Oberstadtbaurat 4263
Breiner, Dr. Georg, Magistratsrat 3134
Seiz, Dr. Michael, Magistratsrat 3098
Sedlaczek Karl, Oberamtsrat 2322
Pikal Franz, Verwaltungsoberkommissär 3137
Pohl Cornelius, Verwaltungsoberkommissär 2161
Fikar Alois, Verwaltungskommissär 3821
Brunner Johann, Techn. Kommissär 2193
Nezval Günter, Verwaltungsoberoffizial 3096
Amtsraumlenkung 2193, 3096
Betriebliches Vorschlagswesen 2322
Kanzlei 3099, 4232
Zentralexpedit, Amtshaus, 1, Rathausstraße 14–16, Parterre, Tür 6 . . . . 2151, 2170

Automatische Datenverarbeitung

1, Rathaus, 7. Stiege, Parterre, Tür 15, 1, Rathausstraße 8, Parterre, 2., 3. und 4. Stock, Tel. 42 8 01, 1, Dr. Karl Lueger-Ring 10, Parterre, 1., 5. und 6. Stock, Tel. 733*, 63 96 46*

Automatische Datenverarbeitung.
Erstellen von Vorschlägen über die Organisation von Verwaltungsvorgängen im Einvernehmen mit den zuständigen Dienststellen.
Vorbereitung der erforderlichen technischen Maßnahmen für die Übertragung von Verwaltungsvorgängen auf maschinelle Datenverarbeitung.
Mitwirkung bei der Erstellung von Gutachten über alle für die maschinelle Datenverarbeitung erforderlichen Maschinen und Geräte und deren ständige Anpassung an die Entwicklung sowie über den Abschluß von Wartungsverträgen für diese Maschinen und Geräte, die Anschaffung von Datenträgern und die Auflage von EDV-Drucksorten.
Vergabe von Aufträgen, insbesondere zur Ausarbeitung von Programmen, an einschlägige Unternehmen, Büros oder Fachleute.
Koordination der internen organisatorischen und technischen Maßnahmen des Magistrats sowie zwischen dem Magistrat und Einrichtungen außerhalb des Magistrats auf dem Gebiet der automatischen Datenverarbeitung.

Koloseus, Dipl.-Ing. Lucian, Senatsrat 2020
(Bereichsleiter: *Skopalik, Dr. Walter,* Obersenatsrat . . . . 3221)
Kanzlei 2292

Gruppe 1: Projektentwicklung – hoheitlicher Bereich
Brodesser, Dipl.-Ing. Peter, Stadtbaurat 2074
Machacek, Dipl.-Ing. Otto, Oberstadtbaurat 2235
Zogelmann, Dr. Herbert, Magistratsrat 4253
Wilmersdorf, Dipl.-Ing. Erich, Stadtbaurat 2072
Zekl, Dipl.-Ing. Franz, Stadtbaurat 2022
Oesterle, Mag. Gerlinde, Magistratsoberkommissär 2267
Mittheisz, Dipl.-Ing. Johann, Stadtbaukommissär 733*, 63 96 46*, 49
Kühtreiber, Dr. Silvia 2276
Kaller, Dipl.-Ing. Jürgen 2276
Sack, Dipl.-Ing. Marie 2182

Gruppe 2: Interne Organisation/Verwaltung
Obermaier Siegfried, Amtsrat 2205
Pruckner Friedrich, Oberamtsrat 2021
Zillinger Kurt, Amtsrat 2282

Gruppe 3: Software
Jedlicka, Dr. Heinz 733*, 63 96 46*, 43

Gruppe 4: Anlagen
Binder, Dipl.-Ing. Eberhard, Stadtbaurat 733*, 63 96 46*, 21
Pudschedl Wilhelm, Amtsrat 2204

Gruppe 5: Projektentwicklung – unternehmerischer Bereich
Sack, Dipl.-Ing. Heinz 733*, 63 96 46*, 32
Stadlmayr, Dipl.-Ing. Ernst, Stadtbaurat 2041
Weber, Dipl.-Ing. Peter, Stadtbaurat 733*, 63 96 46*, 24
Novak, Dkfm. Mag. Reinhard, Magistratsoberkommissär 2042
Wiespointner, Dipl.-Ing. Carole . . . 733*, 63 96 46*, 31

Rechtsmittelbüro

1, Rathaus, 8. Stiege, 1. Stock, Tür 322, 323, Tel. 42 8 01

Überprüfung aller vom Magistrat zu erlassenden Rechtsmittelentscheidungen, Überprüfung aller Rechtsmittelakten, die von einer anderen Behörde zu entscheiden sind, vor deren Vorlage.
Überprüfung aller Verfassungs- und Verwaltungsgerichtshofbeschwerden vor deren Einbringung sowie Überprüfung aller den Gerichtshöfen des öffentlichen Rechts vorzulegenden Dienststücke und von Gegenschriften.
Bearbeitung von Berufungen gegen Bescheide und Straferkenntnisse des Magistrats, sofern keine andere Dienststelle zuständig ist.
Bearbeitung der Rechtsmittel an die Abgabenberufungskommission und die Bauoberbehörde.
Führung der Bürogeschäfte der Abgabenberufungskommission, der Bauoberbehörde und des Berufungssenates.
Bearbeitung der Rechtsmittel in Angelegenheiten der Bodenreform und Führung der Bürogeschäfte der Agrarbehörde 2. Instanz.

Miksch, Dr. Alois, Obersenatsrat 2101
König, Dr. Ulrich, Senatsrat 2102
Hrasko, Dr. Helmut, Senatsrat 2177
Macho, Dr. Werner, Obermagistratsrat 2176
Teynor, Dr. Friedrich, Obermagistratsrat 2289
Jankowitsch, Dr. Wolfgang, Magistratsrat 2178
Stoll, Dr. Franz, Magistratsrat 2103
Kanzlei 2190, 2199, 2287

Abgabenberufungskommission

1, Rathaus

Vorsitzender:
Bandion, Dr. Josef, Magistratsdirektor
(Vertreter *Miksch, Dr. Alois,* Obersenatsrat)

Beisitzer:
Hofstetter, Ing. Walter, Gemeinderat
Kreiner, Ing. Otto, Gemeinderat
Sallaberger Günther Ewald, Gemeinderat
Hrasko, Dr. Helmut, Senatsrat
König, Dr. Ulrich, Senatsrat
Jankowitsch, Dr. Wolfgang, Magistratsrat

Stellvertreter der Beisitzer:
Fast Franziska, Gemeinderat
Kneidinger Johann, Gemeinderat
Bartholner, Dr. Wilfried
Teynor, Dr. Friedrich, Obermagistratsrat
Macho, Dr. Werner, Obermagistratsrat
Stoll, Dr. Franz, Magistratsrat

Bauoberbehörde für Wien

1, Rathaus

Vorsitzender:
Gratz Leopold, Landeshauptmann

Ständiger Vertreter des Landeshauptmannes:
Nekula Franz, amtsführender Stadtrat

Mitglieder:
Bandion, Dr. Josef, Magistratsdirektor (ständiger Vertreter *Miksch, Dr. Alois,* Obersenatsrat)
Seda, Dipl.-Ing. Anton, Stadtbaudirektor
Junker, Dr. Ermar, Oberstadtphysikus, Landessanitätsdirektor (ständiger Vertreter *Czermak, Dr. Erwin,* Stadtphysikus)
Durst, Dipl.-Ing. Hugo, Zivilingenieur für Bauwesen, Baurat h. c.
Fucik, Dipl.-Ing. Hans, Architekt, Baumeister
Rollwagen, Dipl.-Ing. Friedrich, Architekt, Baurat h. c., Präsident der Ingenieurkammer für Wien, Niederösterreich und Burgenland

Ersatzmitglieder:
Erfurth, Dipl.-Ing. Alexander, Zivilingenieur für Bauwesen, Baumeister
Fellinger, Dipl.-Ing. Raimund, Ingenieurkonsulent für Vermessungswesen
Strohmaier Alois, Baumeister, Zimmermeister

Berufungssenat

1, Rathaus

Vorsitzender:
Bandion, Dr. Josef, Magistratsdirektor
(Vertreter *Miksch, Dr. Alois,* Obersenatsrat)

Beisitzer:
Hirsch Otto, Gemeinderat
Outolny Ernst, Gemeinderat
Matza Heinrich, Komm.-Rat, Gemeinderat a. D.
König, Dr. Ulrich, Senatsrat
Hrasko, Dr. Helmut, Senatsrat
Benes, Dr. Hermann, Senatsrat

Stellvertreter der Beisitzer:
Nowak, Dr. Erwin, Gemeinderat
Stiehl Gertrude, Gemeinderat
Beinhofer, Dr. Ernst
Schubert, Dr. Walther, Senatsrat
Kö, Dr. Manfred, Obermagistratsrat
Macho, Dr. Werner, Obermagistratsrat

Verwaltungstechnik

1, Rathaus, Feststiege I, Halbstock, Tür 247k–n, Tel. 42 8 01

Vermittlung moderner Managementmethoden.
Erarbeitung von Grundlagen, Richtlinien und Verfahren für die Leistungsbewertung des Personals sowie Vorbereitung der analytischen Dienstpostenbewertung.
Personalforschung, auch im Wege interner Meinungsumfragen.
Festlegung von grundsätzlichen Richtlinien für die Personalwerbung und die Personalauslese.
Mitwirkung bei der Verwaltungs- und Betriebsreform und damit zusammenhängenden grundsätzlichen Personalangelegenheiten, insbesondere Erstattung von Vorschlägen für die Organisation von Verwaltungsvorgängen.
Führung des Dienstpostenplanes.
Entscheidung über die Inanspruchnahme von Diensterfindungen.
Mitwirkung bei der Inspizierung des Dienstbetriebes der städtischen Ämter und Anstalten in sachlicher Hinsicht (Revisionen).
Genehmigung der Anschaffung von Büromaschinen (ausgenommen Schreib- und Rechenmaschinen), Kartothekeinrichtungen, Langstampiglien mit Adressenangaben, Siegeln, Zeitschriften, Gesetzblättern und Amtsliteratur.
Genehmigung der Anschaffung von Gegenständen der Büro- und Arbeitstechnik (Kopiergeräte, Schreibautomaten usw.).
Organisation der Textverarbeitung.

Helmreich, Dr. Harald, Obersenatsrat, Bereichsleiter für moderne Arbeits- und Managementmethoden sowie für Zivil- und Strafrechtsangelegenheiten im Rahmen der Magstratsdirektion 4293
Moser, Dr. Wilfried, Magistratsrat 2211
Breyer Ernst, Oberamtsrat 2138
Eichinger Kurt, Amtsrat 2328
Kanzlei 2145
Dienstpostenplanevidenz 2329, 4231
Dienstpostenplankartei 2222, 2232, 2324
Automatische Textverarbeitung 2295

Zivil- und Strafrechtsangelegenheiten

1, Rathaus, 4. Stiege, Hochparterre, Tür 109, 113 und 114, Tel. 42 8 08

Rechtsberatung der städtischen Dienststellen, insbesondere Mitwirkung beim Abschluß wichtiger oder schwieriger Rechtsgeschäfte, Erstattung von Rechtsgutachten in wichtigen Zivil- und Strafrechtsangelegenheiten.
Vertretung der Interessen der Stadt Wien bei behördlichen Verfahren.
Begutachtung strafrechtlicher Tatbestände zur Wahrung der Stadtinteressen.
Enthebung von der Amtsverschwiegenheit.
Genehmigung der Übermittlung von Akten an Gerichte und Verwaltungsbehörden.
Ausstellung von Vollmachten für die Stadt Wien, ihre Anstalten, Stiftungen und Fonds sowie die Bestellung von Rechtsanwälten.
Genehmigung der Beistellung eines Rechtsanwaltes für städtische Bedienstete.
Vergleichsweise Bereinigung privatrechtlicher Ansprüche, Aktiv- und Passivprozesse der Stadt Wien, ihrer Stiftungen und Fonds, einschließlich der Zwangsvollstreckung, soweit diese Angelegenheiten nicht im Zuge der Amtsvormundschaft der Magistratsabteilung 11 oder zur Hereinbringung von Sozialhilfekosten bzw. Verpflegskosten der Magistratsabteilung 12 bzw. Magistratsabteilung 17 oder im Rahmen der Verwaltung städtischer Wohnhäuser der Magistratsabteilung 52 zugewiesen sind; Geltendmachung von Ansprüchen in Strafprozessen.

Behandlung der Ansprüche nach dem Amtshaftungsgesetz.
Grundverkehrsgeschäfte der Stadt Wien, ihren Anstalten, Stiftungen, Fonds und Unternehmungen, soweit ihre Durchführung nicht anderen Dienststellen übertragen ist, insbesondere Abfassung von Verträgen und Ausfertigung von Vertragsurkunden, grundbücherliche Durchführung, Auszahlung und Einbringung von Kaufschillingen und sonstigen Leistungen; Vergebührung und Versteuerung von Grundbuchsurkunden; Liegenschaftsübernahmen.
Abfassung von Grundbuchseingaben und Vertretung der Stadt Wien bei den Grundbuchsgerichten; grundbücherliche Ersichtlichmachung, Herstellung der Grundbuchsordnung; Durchführung von Grundabteilungen bei städtischen Liegenschaften und deren Überwachung bei fremden Liegenschaften.
Ordnung der Rechtsverhältnisse am öffentlichen Gut.
Behandlung von Verlassenschaften zugunsten der Stadt Wien, ihrer Anstalten, Stiftungen und Fonds.
Überprüfung der Angemessenheit von Anwalts-, Notar- und Sachverständigenkosten.
Prüfung der Gerichtsbeschlüsse bei gerichtlichen Zwangsvollstreckungen in fremde Liegenschaften mit Ausnahme jener für Abgabenforderungen und Vertretung der Stadt Wien in Exekutions-, Konkurs- und Ausgleichsverfahren.
Auskunftserteilung hinsichtlich Gerichtsgebühren und Grundverkehrsabgaben, sofern dies nicht anderen Dienststellen vorbehalten ist.
Gewährung von Hilfen durch die Gemeinde Wien gemeinsam mit der Kammer der gewerblichen Wirtschaft für Wien an die durch den U-Bahn-Bau in ihrer Existenz bedrohten Gewerbeberechtigten.
Beglaubigung von Urkunden.

Sehnal, Dr. Richard, Senatsrat 3671, 3678
(Bereichsleiter: *Helmreich, Dr. Harald,*
Obersenatsrat . . . . 4293)
Pokorny, Dr. Wilhelm, Obermagistratsrat 3682
Bertani, Dr. Hugo, Obermagistratsrat 3684
Eggenhofer, Dr. Walter, Obermagistratsrat 4240
Kirchbaumer, Dr. Michael, Obermagistratsrat . . . 4241
Cerny, Dr. Richard, Magistratsrat 3683
Kummer, Dr. Gerhard, Magistratsrat 3677
Giegerl Kurt 3670
Hofbauer Edeltrude, Amtsrat 3672
Hausner Maria, Kanzleioberkommissär,
Kanzleileiter 3685
Einlaufstelle und Protokoll 3674
Schreibstelle 3679
Beratung und Interessensvertretung der Magistratsdirektion ohne Stadtbaudirektion, Büros der Stadträte, Bezirksvertretungen und magistratischen Bezirksämter
Sehnal, Dr. Richard, Senatsrat 3671, 3678

Dezernat 1:
Beratung und Interessensvertretung der Magistratsdirektion – Stadtbaudirektion und der MA 23, 24, 26, 28, 29, 32 bis 37 und 39
Pokorny, Dr. Wilhelm, Obermagistratsrat 3682

Dezernat 2:
Beratung und Interessensvertretung der MA 1 bis 15, 17, 54 und 56
Bertani, Dr. Hugo, Obermagistratsrat 3684

Dezernat 3:
Beratung und Interessensvertretung der MA 22, 30, 31, 38, 42 bis 49, 51, 53, 68, 70 und der städtischen Unternehmungen
Kirchbaumer, Dr. Michael, Obermagistratsrat . . 4241

Dezernat 4:
Beratung und Interessensvertretung der MA 18 bis 21, 25, 27, 40, 41, 58 bis 64 und 66
Beratung der MA 50, 52 und 69
Eggenhofer, Dr. Walter, Obermagistratsrat 4240

Interessensvertretung der MA 50, 52 und 69 (einschließlich der Abwicklung von Liegenschaftserwerbungen) für die Bezirke 1, 2, 9 bis 11, 13, 14, 16, 17, 20 und für außerhalb Wiens (ohne Wasserbauanlagen) 3683
3 bis 5, 12, 15 und 23 4240
6 bis 8, 18, 19, 21 und 22 3677

Dezernat 5:
Exekutionen und Insolvenzen, Mahnklagen, Kuratorbestellungen, Entbindungen von der Amtsverschwiegenheit, Rechtshilfen, Budget und Rechnungsabschluß
Giegerl Kurt 3670

Dezernat 6:
Schuldscheine
Hofbauer Edeltrude, Amtsrat 3672

Grundbuchssachen, Liegenschaftsverkäufe und Baurechtsbestellungen – Abwicklungen, Zustimmungserklärungen, Verfahren gemäß § 4 Abs. 2 GEStGes. 1955, für die Bezirke 1 bis 14, 16 bis
18, 20 und außerhalb Wiens 3680
19, 21 und 22 3681
15 und 23 3672
Grunderwerbungen für Wasserbauanlagen . . . 3680
Urkunden – Ausfolgungen und Beglaubigungen . 3685
Rechtsverkehr mit dem Finanzamt 4243

Stadtbaudirektion

1, Rathaus, 6. Stiege, Halbstock, Tür 230, Tel. 42 8 05

Grundsätzliche Angelegenheiten der Kooperation und Koordination im technischen Bereich, wie:
Koordinierung der Bauvorbereitung, soweit sie sich über mehrere Geschäftsgruppen erstreckt.
Mitwirkung bei der Erstellung des Finanz- und Investitionsplanes sowie bei der Aufstellung von geschäftsgruppenübergreifenden Zeitplänen und Kosten-Nutzen-Berechnungen.
Mitwirkung bei der Erstellung von Ablaufplänen, insbesondere der Verfassung und Bewirtschaftung von Netzplänen.
Zusammenstellung der notwendigen Budgetmittel bei technischen Dienststellen für geschäftsgruppenübergreifende Projekte.
Abstimmung der Grundlagen für den Voranschlag und den Rechnungsabschluß der technischen Dienststellen.
Koordinierung der Mitarbeit technischer Bediensteter in Instituten, Gremien, Kongressen usw.
Beratung aller technischen Dienststellen des Magistrats und der städtischen Unternehmungen in Ausschreibungs-, Vergabe- und Verdingungsfragen.
Festlegung der allgemeinen Vertragsunterlagen und Ausschreibungsbedingungen für die Vergebung von Bauarbeiten.
Überprüfung der von den technischen Dienststellen auf Preisangemessenheit behandelten Kostenvoranschläge und Rechnungen sowie Evidenthaltung aller Bewegungen auf dem Gebiet der Arbeitslöhne für Bauarbeiten und der Baustoffpreise; Aufstellung von Richtlinien für die Berücksichtigung von Kostenänderungen bei laufenden Verträgen.
Evidenthaltung der von den technischen Dienststellen des Magistrats beschäftigten Auftragnehmer.
Dienstaufsicht – soweit sie nicht dem Büro des Magistratsdirektors obliegt – über das den technischen Dienststellen zugewiesene technische Personal sowie das den anderen Dienststellen zugewiesene technische Personal der Schemata II und IV.
Eignungsprüfungen im Rahmen der Dienstaufsicht.
Ausbildung der technischen Bediensteten und folgende Befähigungs- und Dienstprüfungen:
Bundes-(Staats-)Baudienst,
Höherer technischer Dienst,
Technischer Fachdienst und Fachdienst des Stadtgartenamtes,
sonstiger technischer Dienst,
Ziviltechniker,
konzessionierte Baugewerbe,
konzessionierte Installateurgewerbe.
Einteilung des technischen Aufsichtsdienstes in Theatern, Zirkussen usw. und des technischen Permanenzdienstes, soweit dies nicht schon technischen Dienststellen zugewiesen ist.
Antragstellung an den Landeshauptmann auf Bestellung der Mitglieder der Prüfungskommissionen nach den Kraftfahrvorschriften, auf Bestellung der Dampfkesselprüfungskommissäre, Dampfkesselinspektoren und Bauüberwachungsorgane.
Antragstellung an das zuständige Bundesministerium auf Bestellung von Prüfungskommissären für Betriebswärter nach der Dampfkesselverordnung.
Stellungnahme zur Verleihung technischer Berufstitel durch den Bundespräsidenten und zur Verleihung der Berechtigung zur Führung der Standesbezeichnung „Ingenieur“.

Seda, Dipl.-Ing. Anton,
Stadtbaudirektor 2947, 2914, 2912
Kowarc, Dipl.-Ing. Konrad, Obersenatsrat . 2951, 2922

Kanzlei der Stadtbaudirektion,
1, Rathaus, 8. Stiege, Halbstock, Tür 220
Weinwurm Anna, Kanzleioberkommissär,
Kanzleileiter 2915
Einlaufstelle und Protokoll 2916

Referat 1: Technischer Personaleinsatz
8, Auerspergstraße 15, 1. Stock
Kowarc, Dipl.-Ing. Konrad, Obersenatsrat 2951, 2922
Zeiner Herbert, Oberamtsrat 2929
Kanzlei 2952

Referat 2: Budgetangelegenheiten und Auftragnehmerkataster
1, Stadiongasse 6–8, Parterre
Perko Ernst, Oberamtsrat, Regierungsrat 2936
Kanzlei 2937

Referat 3: Netzplantechnik
1, Doblhoffgasse 9, 3. Stock
unbesetzt 2909
Kanzlei 2940

Referat 4: Verdingungswesen und Baupreisprüfung
1, Stadiongasse 6–8, Parterre
Plachy, Dipl.-Ing. Karl, Senatsrat 2942
Steinbauer, Dipl.-Ing. Wolfgang, Stadtbaurat . . . 2943
Ruso, Ing. Erich, Techn. Oberamtsrat 2087
Graf, Ing. Wilhelm, Techn. Amtsrat 2956
Kraupa, Ing. Rudolf, Techn. Amtsrat 2955
Kanzlei 2062

Referat 5: Technisches Ausbildungs- und Prüfungswesen, Ziviltechnikerangelegenheiten
8, Auerspergstraße 15, 2. Stock
Stenzel, Ing. Rudolf, Techn. Oberamtsrat,
Regierungsrat 2944
Kanzlei 2935

Referat 6: Bauvorbereitung und Baukoordinierung
1, Auerspergstraße 4, 3. Stock
Braun, Dipl.-Ing. Walter, Senatsrat 2921
Scheidl, Dipl.-Ing. Roman, Senatsrat 2918
Reiter, Dipl.-Ing. Norbert, Stadtbaurat 2964
Kanzlei 2917

Referat für Bedienstete mit Sonderaufgaben
Filz, Dipl.-Ing. Ernst, Obersenatsrat, Gruppenleiter hinsichtlich der MA 23, 24, 25, 26, 27, 32, 34 und 40, 1, Rathaus, 4. Stiege, Hochparterre,
Tür 108b 2919
Kanzlei 2910
Gassner, Dipl.-Ing. Franz, Obersenatsrat, Gruppenleiter hinsichtlich der MA 28, 29, 30, 31, 33 und 45, 1, Rathaus, 4. Stiege, Hochparterre,
Tür 115 2925
Demel, Ing. Josef, Techn. Oberamtsrat, Projektleiter für die Aufschließung von Betriebsbaugebieten 2990
Kanzlei 2926

Nagel, Dipl.-Ing. Emil, Senatsrat, Gruppenleiter hinsichtlich der MA 35, 36, 37 und 39, 17, Kalvarienberggasse 33, 1. Stock,
Tür 108 . . . . 835*, 43 16 51*, 211
Mayer, Dipl.-Ing. Hubert, Oberstadtbaurat 412
Gruber, Ing. Alexander, Techn. Oberamtsrat . . . 209
Kanzlei 411
Sitzungszimmer:
1, Rathaus, 4. Stiege, Hochparterre, Tür 113 . . . 2995
Vortragssaal:
8, Buchfeldgasse 6, Parterre 43 89 61/32, 33
Permanenzingenieur:
1, Am Hof 9, 5. Stock,
Tür 511 . . . . 2941, 868*, 63 66 71*, 398

Prüfungskommissionen

Baumeisterprüfungen
Vorsitzender:
Seda, Dipl.-Ing. Anton, Stadtbaudirektor
Stellvertreter:
Filz, Dipl.-Ing. Ernst, Obersenatsrat
Gassner, Dipl.-Ing. Franz, Obersenatsrat

Steinmetzmeister-, Zimmermeister- und Brunnenmeisterprüfungen
Vorsitzender:
Seda, Dipl.-Ing. Anton, Stadtbaudirektor
Stellvertreter:
Filz, Dipl.-Ing. Ernst, Obersenatsrat
Gassner, Dipl.-Ing. Franz, Obersenatsrat

Elektrokonzessionsprüfungen
Vorsitzender:
Neipp, Dipl.-Ing. Leo, Oberstadtbaurat
Stellvertreter:
Buffi, Dipl.-Ing. Ernst, Senatsrat

Konzessionsprüfungen für die Ausführung von Gasrohrleitungen, Beleuchtungseinrichtungen und Wasserleitungen
Vorsitzender:
Buffi, Dipl.-Ing. Ernst, Senatsrat
Stellvertreter:
Neipp, Dipl.-Ing. Leo, Oberstadtbaurat

Staatsbaudienstprüfungen
Vorsitzender:
Seda, Dipl.-Ing. Anton, Stadtbaudirektor
Stellvertreter:
Filz, Dipl.-Ing. Ernst, Obersenatsrat

Ziviltechnikerprüfungen
Vorsitzender:
Seda, Dipl.-Ing. Anton, Stadtbaudirektor
Stellvertreter:
Filz, Dipl.-Ing. Ernst, Obersenatsrat
Gassner, Dipl.-Ing. Franz, Obersenatsrat

Dienstprüfungen
Vorsitzender:
Seda, Dipl.-Ing. Anton, Stadtbaudirektor

GESCHÄFTSGRUPPE PERSONAL- UND RECHTSANGELEGENHEITEN

1, Rathaus, 6. Stiege, Halbstock, Tür 231, Tel. 42 8 02

Personalangelegenheiten der Bediensteten der Stadt Wien; Dienst-, Besoldungs- und Pensionsrecht sowie Kranken- und Unfallfürsorge; Betreuung jugendlicher Bediensteter; rechtliche Angelegenheiten der Landeskultur, des Wasser- und Schiffahrtswesens; Staatsbürgerschafts- und Personenstandswesen; Wahlen und verschiedene Rechtsangelegenheiten; rechtliche Bau-, Energie-, Eisenbahn- und Luftfahrtangelegenheiten.

Zugehörige Magistratsabteilungen:

Magistratsabteilung 1 – Allgemeine Personalangelegenheiten
Magistratsabteilung 2 – Personalamt
Magistratsabteilung 3 – Besoldungsamt
Magistratsabteilung 58 – Rechtliche Angelegenheiten der Landeskultur und des Wasser- und Schiffahrtswesens
Magistratsabteilung 61 – Staatsbürgerschafts- und Personenstandsangelegenheiten
Magistratsabteilung 62 – Wahlen und verschiedene Rechtsangelegenheiten
Magistratsabteilung 64 – Rechtliche Bau-, Energie-, Eisenbahn- und Luftfahrtangelegenheiten.

Amtsführender Stadtrat *Nekula Franz* 2911
Pfeffer Otto, Oberamtsrat 2980
Sekretariat 2960
Kanzlei 2333
Jugendbetreuung 2312
Smola Alfred, Pressereferent 2977

MAGISTRATSABTEILUNG 1

Allgemeine Personalangelegenheiten

1, Rathaus, 7. Stiege, Halbstock, Tür 215, Tel. 42 8 02

Ausarbeitung der die Bediensteten der Gemeinde (des Landes) Wien – ausgenommen Hausbesorger – betreffenden Rechtsvorschriften in folgenden Angelegenheiten:
Dienstrecht;
Besoldungsrecht, einschließlich Nebengebühren und Naturalbezüge;
Pensionsrecht;
Unfallfürsorgerecht;
Arbeitnehmerschutzrecht;
Personalvertretungsrecht.
Ausarbeitung von Kollektivverträgen, Betriebsvereinbarungen und Sondervertragsmustern für Bedienstetengruppen.
Begutachtung solcher Verträge, die von selbständigen Anstalten, Stiftungen oder Fonds der Gemeinde Wien abgeschlossen werden, über Ersuchen der Organe dieser Einrichtungen.
Mitwirkung bei der Verwaltungs- und Betriebsreform.
Grundsätzliche Angelegenheiten der Krankenfürsorgeanstalt der Bediensteten der Stadt Wien und der Sozialversicherung, soweit sie sich auf Gemeindebedienstete auswirken.
Handhabung des Invalideneinstellungsgesetzes 1969 und des § 6 Z. 4 und 5 des Opferfürsorgegesetzes, soweit die Gemeinde (das Land) Wien als Dienstgeber betroffen ist und es sich nicht um Einzelpersonalangelegenheiten handelt.
Grundsätzliche Angelegenheiten betreffend die Beschäftigung ausländischer Arbeitskräfte durch die Gemeinde Wien.
Entscheidung über den Anspruch auf Nebengebühren in grundsätzlichen Fällen, sofern die Zuerkennung nicht durch den Magistratsdirektor erfolgt.
Einzelpersonalangelegenheiten von grundsätzlicher Bedeutung.
Festsetzung der Vergütung für die vom Dienstgeber in Anspruch genommenen Diensterfindungen.
Dienstfreistellung von gewählten Dienstnehmervertretern und Festsetzung der fortzuzahlenden Bezüge.
Kulturelle Betreuung (Veranstaltungen, Schulungskurse, Exkursionen und dergleichen) für Gemeindebedienstete, die das 21. Lebensjahr noch nicht vollendet haben.
Anträge zur Bestellung der im Disziplinar- oder Beschreibungsverfahren tätigen Funktionäre.
Führung der Bürogeschäfte der gemeinderätlichen Personalkommission.

Prochaska, Dr. Peter, Senatsrat 2321
Vesely, Dr. Herbert, Magistratsrat 2320
Grimling Helmut, Oberamtsrat 2298
Wenzel Rudolf, Oberamtsrat 2323
Bereza-Kudrycki Gertrude, Kanzleioberkommissär,
Kanzleileiter 801
Kanzlei 2325

MAGISTRATSABTEILUNG 2

Personalamt

1, Rathaus, 5. Stiege, Halbstock, Tür 202, Tel. 42 8 02

Individuelle dienstrechtliche Angelegenheiten der Bediensteten (ihrer Hinterbliebenen und Angehörigen) der Gemeinde Wien, ausgenommen die Bediensteten (ihre Hinterbliebenen und Angehörigen) der Wiener Stadtwerke und die Hausbesorger der städtischen Wohnhäuser, soweit im folgenden nichts anderes bestimmt ist, insbesondere:

Standesführung.

Aufnahmen in das öffentlich-rechtliche oder privatrechtliche Dienst-(Lehr-) Verhältnis, soweit sie nicht durch Entschließung des Bürgermeisters einer anderen Dienststelle übertragen sind.

Mitwirkung bei der Begutachtung von Dienstverträgen, die von selbständigen Anstalten, Stiftungen oder Fonds der Gemeinde Wien abgeschlossen werden, sofern diese Verträge von vorgegebenen Richtlinien oder Kollektivverträgen wesentlich abweichen.

Verkehr mit den für die Beschäftigung von Ausländern zuständigen Stellen.

Personalwerbung, auch für die Wiener Stadtwerke.

Werbung von Schülern für Schulen nach dem Krankenpflegegesetz, für die Kindergärtnerinnenbildungsanstalt und für ähnliche Einrichtungen; Beratung für Aufnahmebewerber.

An- bzw. Zurechnung von Zeiten, Geltendmachung der Überweisungsbeträge und Überwachung ihres Einganges, Vorschreibung von (besonderen) Pensionsbeiträgen.

Ernennung von Beamten (Pragmatisierung, Überstellung, Überreihung und dergleichen), Vertragsänderung bei Vertragsbediensteten; Ausfertigung der Intimierungsurkunden, wenn dem Magistratsdirektor die Antragstellung an das zuständige Organ zukommt.

Feststellung des Zusatzurlaubes für Versehrte, Feststellung der Tage, die wegen Dienstunfähigkeit nicht auf das Ausmaß des Erholungsurlaubes anzurechnen sind.

Bearbeitung von Ansuchen um Sonderurlaub mit Bezügen, Gewährung von Urlauben ohne Bezüge.

Bearbeitung von Ruhestandsversetzungen.

Durchführung des Verfahrens bei ungenügender Beschreibung.

Disziplinarangelegenheiten, einschließlich der Agenden der in den §§ 58 und 78 der DO. 1966 bezeichneten Dienststellen.

Widmung sowie Änderung und Aufhebung der Widmung von Dienst- und Werkswohnungen, deren Zuweisung sowie Entzug des Benützungsrechtes an denselben, Räumungsaufträge und Feststellung der einmaligen Entschädigung.

Festsetzung der Remunerationen anläßlich von Dienstjubiläen und der Treueentschädigungen, Ausfertigung der Ehrungsurkunden auch für Bedienstete der Wiener Stadtwerke.

Gewährung der Aushilfen für Bedienstete des Dienststandes.

Gleichstellung des ruhegenußfähigen Monatsbezuges mit der Ruhegenußbemessungsgrundlage.

Verweigerung von Begünstigungen und Festsetzung des Kostenersatzes nach §§ 35 und 36 PO. 1966.

Erlassung der Bescheide nach § 63 PO. 1966.

Festsetzung der Versorgung bei Abgängigkeit sowie der Unterhaltsbezüge bei Entlassung des Beamten und der Zuwendungen für Angehörige, Hinterbliebene und andere Personen.

Erlassung abweisender Bescheide nach der PO. 1966 in besonderen Fällen.

Mitwirkung bei der Gewährung von außerordentlichen Zuwendungen.

Festsetzung der Todesfall-, Bestattungskosten- und der Pflegekostenbeiträge, der Abfertigungen, Abfindungen und Sterbekostenbeiträge bei Ausscheiden des Bediensteten aus dem Dienststand.

Handhabung des Unfallfürsorgegesetzes 1967, auch für die gewählten Funktionäre des Landes (der Stadt) Wien und für die Beamten der Wiener Stadtwerke, ausgenommen die Gewährung von Sachleistungen und die Anwendung des § 30.

Geltendmachung von Ansprüchen nach dem Amtshaftungs-, Dienstnehmerhaft- und Organhaftpflichtgesetz gegenüber Bediensteten der Gemeinde Wien, Erklärung des Verzichtes auf Ansprüche nach dem Landesgesetz vom 25. Februar 1972, LGBl. für Wien Nr. 8/1972, oder Antragstellung an die zuständigen Organe.

Dienstfreistellung gemäß § 45 Abs. 1 bis 3 DO. 1966 und ähnlicher Bestimmungen.

Festsetzung der Gebühren der gewählten Funktionäre des Landes (der Stadt) Wien, Feststellung der ihnen oder ihren Hinterbliebenen (Angehörigen) anläßlich ihres Ausscheidens aus der Funktion gebührenden einmaligen und laufenden Bezüge, Festsetzung der an andere Gebietskörperschaften zu überweisenden Pensionsbeiträge, Mitwirkung bei der Überwachung des Einlangens von anderen Gebietskörperschaften überwiesenen Pensionsbeiträgen.

Vertretung der Stadt Wien vor dem Arbeitsgericht sowie im Verfahren vor den Einigungsämtern und Landesinvalidenämtern.

Wahrnehmung der Aufgaben des Amtes der Landesregierung in Personalangelegenheiten der Landeslehrer, ihrer Hinterbliebenen und Angehörigen sowie Angelegenheiten im Sinne des § 42 lit. d des Bundes-Personalvertretungsgesetzes.

Antragstellung auf Befreiung vom Präsenzdienst oder Zivildienst.

Ausfertigung von Dienstlegitimationen.

Ausarbeitung und Bearbeitung von Rechtsmitteln (Gegenschriften) in Personalangelegenheiten.

Schubert, Dr. Walther, Senatsrat 2341
Michelitsch, Dr. Karl, Obermagistratsrat 2342
Heindl, Dr. Peter, Magistratsoberkommissär 2345
Bardach Gertrud, Oberamtsrat, Regierungsrat . . . 2344
Schönhofer Helmut, Oberamtsrat 2351
Hutterer Herbert, Amtsrat 2347
Bombel Felix, Kanzleioberkommissär,
Kanzleileiter 802, 2348
Kanzlei 802, 2348, 2365
Aufnahmedienst:
Bewerbungen 2316, 2317
Anstellungen A bis L 2352
Anstellungen M bis Z 2353
Vordienstzeiten 2202

Disziplinarangelegenheiten A bis L 2342
Disziplinarangelegenheiten M bis Z 2345
Ruhegenußvordienstzeiten 2364
Unfallfürsorge 2349
Standesführungen:
A bis C 2354
D bis Gh 2355
Gi bis Hue 2356
Huf bis Kro 2357
Krp bis Mor 2358
Mos bis Prof 2350
Prog bis Scht 2361
Schu bis Trau 2362
Trav bis Z 2363

MAGISTRATSABTEILUNG 3

Besoldungsamt

1, Rathaus, 4. Stiege, 2. Stock, Tür 447, Tel. 42 8 02

Bezugsverrechnung für die Bediensteten und die gewählten Funktionäre (ihre Hinterbliebenen) der Stadt (des Landes) Wien, ausgenommen die Bediensteten (ihre Hinterbliebenen) der städtischen Unternehmungen und die Hausbesorger der städtischen Wohnhäuser, insbesondere Flüssigmachung
der Aktivbezüge und der Pensionen,
der Nebengebühren und der Gebühren nach der Reisegebührenvorschrift nach Überprüfung,
der Ersatzleistungen,
der einmaligen Entschädigungen bei Räumung einer Dienst- oder Werkswohnung,
der Remunerationen aus Anlaß eines Dienstjubiläums,
der Treueentschädigungen,
der Geldleistungen nach dem Unfallfürsorgegesetz 1967,
der Abfertigungen,
der Todesfall-, Bestattungskosten- und Pflegekostenbeiträge und
der Beihilfen zur Familienförderung und der Wohnungsbeihilfe.

Individuelle Behandlung pensionsrechtlicher Angelegenheiten der Beamten (ihrer Hinterbliebenen und Angehörigen) der Gemeinde Wien, soweit hiefür nicht die Magistratsabteilung 2 zuständig ist und es sich nicht um Beamte (Hinterbliebene und Angehörige) der Wiener Stadtwerke handelt.

Feststellung des Anspruches auf:
Fortzahlung der Bezüge und Nebengebühren bei Dienstverhinderung,
Haushaltszulage,
Ausgleichszulage bei Verwendung auf einem höherwertigen Dienstposten,
Fahrtkostenzuschuß, Dienstzeitkarte und Fahrtkostenpauschale sowie Wohnungsbeihilfe.

Gewährung von Bezugsvorschüssen an Bedienstete (ihre Hinterbliebenen) der Gemeinde (des Landes) Wien.

Gewährung von Geldaushilfen an Personen, die Anspruch auf Ruhe- oder Versorgungsgenuß haben.

Berechnung der Bezüge der nach § 3 Abs. 1 lit. b des Religionsunterrichtsgesetzes bestellten Religionslehrer.

Berechnung und Abrechnung der gesetzlichen Abzüge, der Beiträge zur Krankenfürsorgeanstalt und der Dienstgeberbeiträge.

Angelegenheiten des Einkommensteuer- und Sozialversicherungsrechtes, soweit es die Bezugsverrechnung betrifft.

Angelegenheiten der bargeldlosen Bezugsauszahlung.

Fachliche Aufsicht über die Bezugsverrechnung (ausgenommen Hausbesorger), wenn diese aus organisatorischen Gründen durch andere Dienststellen erfolgt.

Geltendmachung der Ansprüche des Dienstgebers nach dem Epidemiegesetz und dem Tierseuchengesetz.

Vormerkung, Berechnung und Abrechnung der Pfändungen und Zessionen.

Erfassung der Nebengebühren und Berechnung der Ruhe-(Versorgungs-)Genußzulage nach dem Ruhe- und Versorgungsgenußzulagegesetz 1966.

Erfassung der Nebengebühren (Nebengebührenwerte) nach dem Nebengebührenzulagengesetz des Bundes (Landeslehrer); Berechnung und jährliche Bekanntgabe der Nebengebührenwerte und Mitwirkung bei der Berechnung der Nebengebührenzulage.

An- und Abmeldung der zur Pensionsversicherung der Angestellten zugehörigen Vertragsbediensteten zur gesetzlichen Sozialversicherung.

Berechnung und Gewährung der Überweisungsbeträge nach dem ASVG sowie Mitwirkung bei der Überwachung der Eingänge an Überweisungsbeträgen und Überweisungsrenten.

Bewertung der Naturalbezüge sowie der Dienst- und Werkswohnungen für Zwecke der Lohnsteuer und der Sozialversicherung.

Durchführung von Nachversicherungen in der Pensionsversicherung.

Anmeldung von unbehobenen Beträgen und Forderungen beim Verlassenschaftsgericht.

Abschreibung von Übergenüssen bis zur Höhe von 10 v. H. des Gehaltsansatzes der zweiten Gehaltsstufe der Dienstklasse V des Schemas II.

Prüfung der Anordnungsbefugnis und der Zeichnungsberechtigung hinsichtlich der Anweisung der angeführten Zahlungen.

Verfügungen (Zugriff, Veränderung, Löschung, Verknüpfung, Weitergabe usw.) über personenbezogene Daten, soweit sie für Zwecke der Magistratsabteilung 3 in der automatischen Datenverarbeitung gespeichert werden sowie die Aufsicht bei der Ausscheidung von Magnetbändern, auf denen derartige Daten abgespeichert wurden.

Fachaufsicht über jene Tätigkeiten der städtischen Dienststellen, die zur Erfüllung der der Magistratsabteilung 3 übertragenen Aufgaben erforderlich sind.

Rauscher Franz, Direktor des Besoldungsamtes, Hofrat 2371
Vranek Ernst, Oberamtsrat, Regierungsrat 3814
Witzmann Karl, Kanzleioberkommissär, Kanzleileiter 2373
Kanzlei und Einlaufstelle 803
Zentralkataster 2374

Referatsleiter:

Referat I: Organisation, Datenverarbeitung, Innenrevision
Thorwartl Friedrich, Oberamtsrat 2414, 2482
(1, Rathaus, 4. Stiege, 2. Stock, Tür 447)

Referat II: Haushaltszulage und Familienbeihilfe
Vranek Ernst, Oberamtsrat, Regierungsrat 2208, 2209, 3814
(1, Rathaus, 4. Stiege, 2. Stock, Tür 447)

Referat III: Sozialversicherung
Niederdorfer Leo, Amtsrat 2304
(1, Rathaus, 4. Stiege, 2. Stock, Tür 447)

Referat IV: Reisekosten und Nebengebühren
Hajek Karl, Amtsrat 2375
(1, Rathaus, 8. Stiege, 2. Stock, Tür 428)

Referat V: Bezugsvorschüsse, Verbote (Pfändungen, Zessionen und Exekutionen)
Widmann Franz, Oberamtsrat 4108
(1, Rathaus, 8. Stiege, 2. Stock, Tür 428)

Verbote – Beamte 2369
Verbote – Vertragsangestellte 2395
Verbote – Vertragsarbeiter 2395
Verbote – Landeslehrer 2369
Verbote – Pensionen 2395
Bezugsvorschüsse 2319

Gruppenleiter:

Beamte: *Klein Georg,* Oberamtsrat 2376
(1, Rathaus, 7. Stiege, 2. Stock, Tür 422)

Vertragsangestellte: *Bruckner Karl,* Oberamtsrat . . 2388
(1, Rathaus, 8. Stiege, 2. Stock, Tür 428)

Vertragsarbeiter: *Weisgram Franz,* Oberamtsrat . . 2372
(1, Rathaus, 4. Stiege, 2. Stock, Tür 447)

Landeslehrer: *Kukral Walter,* Oberamtsrat 2477
(1, Rathaus, 7. Stiege, 2. Stock, Tür 425)

Pensionen: *Wesely Johann,* Oberamtsrat, Regierungsrat 2340
(1, Rathaus, 4. Stiege, 2. Stock, Tür 442)

Referate	Beamte (Klappe)	Angestellte (Klappe)	Arbeiter (Klappe)
Funktionäre	2368	–	–
Magistratsdirektion	2368	2392	2306
MD-Präsidialbüro	2368	2392	2306
MD-Verwaltungsrevision	2368	2381	2306
MD-Personalausgleichstelle	2368	2381	2306
MD-Automatische Datenverarbeitung	2368	2380	2306
MD-Zivil- und Strafrechtsangelegenheiten	2368	2389	2306
MD-Stadtbaudirektion	2377	2381	2306
Magistratsabteilung 1	2368	2392	2301
Magistratsabteilung 2	2368	2392	2301
Magistratsabteilung 3	2368	2380	2301

Referate	Beamte (Klappe)	Angestellte (Klappe)	Arbeiter (Klappe)
Magistratsabteilung 4	2339	2381	2301
Magistratsabteilung 5	2339	2381	2301
Magistratsabteilung 6	2382	2481	2360
Magistratsabteilung 7	2377	2389	2399
Magistratsabteilung 8	2336	2381	2360
Magistratsabteilung 9	2331	2389	2360
Magistratsabteilung 10, teilbeschäftigte Museumsaufseher	2331	2389	2390
Magistratsabteilung 11 – Zentrale, teilbeschäftigte Hauswarte und Hausarbeiter (siehe auch diverse Heime)	2382	2381	2390
Magistratsabteilung 12	2377	2381	2396
Magistratsabteilung 13	2377	2392	2399
Magistratsabteilung 14	2339	2389	2396
Magistratsabteilung 15	2489	2393	2301
Magistratsabteilung 17, Gruppendirektionen	2083	2481	–
Magistratsabteilung 17 (siehe auch diverse Anstalten)	2083	2481	2396
Magistratsabteilung 18	2377	2381	2399
Magistratsabteilung 19	2377	2381	–
Magistratsabteilung 20, Saisonarbeiter	2368	2381	2390
Magistratsabteilung 21	2377	2381	2396
Magistratsabteilung 22	2336	2381	2396
Magistratsabteilung 23	2377	2381	2399
Magistratsabteilung 24	2377	2381	2399
Magistratsabteilung 25	2377	2381	2399
Magistratsabteilung 26	2377	2381	2306
Magistratsabteilung 27	2377	2381	2399
Magistratsabteilung 28	2339	2393	2396
Magistratsabteilung 29	2377	2393	2396
Magistratsabteilung 30	4107	2393	2496
Magistratsabteilung 31	4107	2380	2496
Magistratsabteilung 32, Heizanlagen Rathaus, Kühlanlage	2370	2380	2306
Magistratsabteilung 32, Heizwerkstätte	2370	2380	2306
Magistratsabteilung 33	2336	2380	2396
Magistratsabteilung 34	2339	2380	2306
Magistratsabteilung 35	2339	2380	2396
Magistratsabteilung 36	2339	2380	2396
Magistratsabteilung 37	2339	2380	2396
Magistratsabteilung 38	2377	2381	2396
Magistratsabteilung 39	2336	2380	2396
Magistratsabteilung 40	2377	2381	2396
Magistratsabteilung 41	2339	2381	2306
Magistratsabteilung 42	2370	2389	2301
Magistratsabteilung 43,	2339	2389	2396
Saisonarbeiter und Lehrlinge der MA 42 u. 43	–	–	2390
Magistratsabteilung 44,			2306
Saisonarbeiter	2370	2389	2390

Referate	Beamte (Klappe)	Angestellte (Klappe)	Arbeiter (Klappe)
Magistratsabteilung 45	2377	2393	2396
Magistratsabteilung 46	2339	2389	2399
Magistratsabteilung 47	2336	–	–
Magistratsabteilung 48,	–	–	2399
Saisonarbeiter	2336	2389	2390
Magistratsabteilung 49	2336	2389	2397
Magistratsabteilung 50	2336	2380	2396
Magistratsabteilung 51	2339	2389	2399
Magistratsabteilung 51, Saisonarbeiter	–	–	2390
Magistratsabteilung 52	2379	2380	2360
Magistratsabteilung 53	2339	2428	2306
Magistratsabteilung 54	2379	2381	2496
Magistratsabteilung 56, teilbeschäftigte Bedienerinnen, Schulwarte und Berufsschulen	2377	2380	2496
Magistratsabteilung 58	2339	2381	2396
Magistratsabteilung 59	2083	2381	2301
Magistratsabteilung 60	2379	2380	2396
Magistratsabteilung 61	2339	2381	2360
Magistratsabteilung 61, Standesämter	2339	2381	2360
Magistratsabteilung 62	2379	2381	2360
Magistratsabteilung 63	2336	2381	2360
Magistratsabteilung 64	2336	2381	2360
Magistratsabteilung 66	2339	2381	–
Magistratsabteilung 68	2339	2381	2301
Magistratsabteilung 69	2083	2381	2360
Magistratsabteilung 70	2339	2389	2360
Magistratische Bezirksämter	2368	2394	2303
Sonstige Dienststellen:			
Akademie für Sozialarbeit	–	2381	2390
Allgemeines Krankenhaus	2331	2393	2397
Anstaltenhauptlager	2331	2481	2306
Baumgarten, Pflegeheim	2489	2392	2397
Baumgartner Höhe, Psychiatrisches Krankenhaus	2083	2334	2301
Biedermannsdorf, Kinderheim	2382	2389	2396
Buchhaltungsabteilungen, s. MA 6			
Büchereien, städtische	2377	2389	2399
Bürokaufmannslehrlinge	–	2380	–
Döbling, Heim für Kinder und Jugendliche	2382	2481	2301
Elisabeth-Spital	2370	2394	2301
Erhebungs- und Vollstreckungsdienst	2382	2481	2360
Floridsdorf, Krankenhaus	2370	2380	2303
Franz Josef-Spital	2489	2380	2396
Frauenmilchsammelstelle	2382	2380	2301
Fremdenverkehrsverband	2377	2428	2399
Gersthof, Orthopädisches Krankenhaus	2370	2380	2396

Referate	Beamte (Klappe)	Angestellte (Klappe)	Arbeiter (Klappe)
Gesellen- und Gesellinnenheim	2382	2381	2396
Glanzing, Kinderklinik	2083	2381	2306
Hafenbetriebsgesellschaft	2377	–	–
Herbergen für Obdachlose	2377	–	2396
Hohe Warte, Kinderheim	2382	2380	2396
Jugendämter	2382	2381	2390
Julius Tandler-Heim	2382	2481	2397
Kagran, Fernheizwerk	2370	–	2306
Kindergärten	2382	2380	2390
Kinderübernahmsstelle	2382	2481	2397
Klosterneuburg, Heim für Kinder und Jugendliche	2382	2389	2396
Klosterneuburg, Pflegeheim	2489	2389	2396
Kollaudierung	2382	2481	2360
Kontrollamt	2368	2392	2396
Lainz, Krankenhaus	2083	2389	2396
Lainz, Pflegeheim	2379	2428	2306
Lehrlingsheime	2382	2334	2360
Liesing, Pflegeheim	2379	2392	2303
„Lindenhof“, Heim für Kinder und Jugendliche	2382	2389	2303
Maria Theresien-Schlössel, Neurologisches Krankenhaus	2370	2380	2303
Mauer, Dr. Adolf Lorenz-Heim	2382	2334	2396
Mautner-Markhof'sches Kinderspital	2379	2381	2306
Modeschule	2377	2380	2399
Musiklehranstalten	2377	2392	2399
Mutter- und Kind-Heim	2382	2381	2396
Pädagogisches Institut	2377	2380	2397
Pensionistenklubs	–	–	2390
Poliklinik, Allgemeine	2489	2380	2303
Pötzleinsdorf, Heim für Kinder und Jugendliche	2382	2481	2301
Preyer'sches Kinderspital	2489	2393	2301
Pulmologisches Zentrum	2489	2380	2303
Rettungs- und Krankenbeförderungsdienst	2489	2389	2306
Rosenhügel, Neurologisches Krankenhaus	2370	2380	2303
Rudolfstiftung, Krankenanstalt	2368	2389	2306
Schulwarte	2377	–	2397
Semmelweis-Frauenklinik	2370	2334	2301
Sophien-Spital	2083	2381	2301
St. Andrä a. d. Traisen, Pflegeheim	2489	2380	2303
Stadt des Kindes	2382	2380	2390
Stadthauptkasse	2382	2481	2360
Stadtschulrat	2377	2389	2399
Wilhelminenspital	2379	2481	2306
Ybbs a. d. Donau, Psychiatrisches Krankenhaus	2370	2380	2303
Zentralkinderheim	2382	2380	2301
Zentralwäscherei	2083	2389	2399

Ruhe- und Versorgungsgenüsse, außerordentliche Zuwendungen

Hilflosenzulagen, Aushilfen an Pensionsempfänger, Todesfallbeitrag 2330, 3880

Referat 101 2480

Referat 102 2307

Referat 103 2385

Referat 104 2386

Referat 105 2386

Referat 106 2385

Referat 107 2387

Referat 108 2387

Referat 109 2785

Landeslehrer: 1, Rathaus, 7. Stiege, 2. Stock, Tür 425

Volks-, Haupt-, Sonder- und Berufsschulen (pragm. Landeslehrer) der Bezirke 1 bis 3, 5, 8, 9, 11, 14, 17, 20 und 22 2483

Volks- und Hauptschulen (pragm. Landeslehrer) der Bezirke 2, 6, 7, 10, 12, 13, 15, 16, 18, 19, 21 und 23 2415

Vertragslehrer nach Entlohnungsschema I L und II L, Volks-, Haupt-, Sonder- und Berufsschulen . . . 2487

Ruhe- und Versorgungsbezüge 2478

MAGISTRATSABTEILUNG 58

Rechtliche Angelegenheiten der Landeskultur und des Wasser- und Schiffahrtswesens

1, Volksgartenstraße 3, 2. Stock, Tel. 42 8 08

Rechtliche Angelegenheiten der Landeskultur allgemeiner, grundsätzlicher und besonderer Art:
Agrarbehörde erster Instanz,
Agrarwesen und Bodenreform,
Grundverkehrswesen,
Angelegenheiten der land- und forstwirtschaftlichen Berufsvertretungen, der land- und forstwirtschaftlichen Berufsausbildung, des land- und forstwirtschaftlichen Arbeits- und Sozialrechts, ausgenommen des Sozialversicherungswesens,
Führung der Geschäfte der Einigungskommission nach der Wiener Landarbeitsordnung,
Angelegenheiten des Feldschutzes, des Pflanzen- und Saatgutschutzes, des Verkehrs mit Futter- und Düngemitteln,
Angelegenheiten des Buschenschanks mit Ausnahme der den magistratischen Bezirksämtern zugewiesenen Angelegenheiten,
Angelegenheiten der Börse für landwirtschaftliche Produkte,
Angelegenheiten des Forstwesens, mit Ausnahme jener in erster Instanz, Ausgabe von Plomben für aus dem Ausland eingeführte Tannenchristbäume,
Bestellung der Forstschutzorgane,
Angelegenheiten des Baumschutzes, ausgenommen die rechtlichen Angelegenheiten in erster Instanz,
Angelegenheiten des Schutzes von Gartenanlagen.
Angelegenheiten des Jagdwesens, ausgenommen die den magistratischen Bezirksämtern und der Magistratsabteilung 49 zugewiesenen Aufgaben.
Angelegenheiten des Fischereiwesens, ausgenommen die den magistratischen Bezirksämtern zugewiesenen Agenden.
Rechtliche Angelegenheiten des Tierschutzes, ausgenommen die den magistratischen Bezirksämtern zugewiesenen Aufgaben.
Land- und Forstwirtschaftsinspektion.
Beistellung von Sachverständigen auf dem Gebiet der Landwirtschaft.
Rechtliche Angelegenheiten der Tierhaltung und Tierzuchtförderung.
Rechtliche Angelegenheiten des Veterinärwesens, insbesondere der Tiermärkte, Schlachthöfe und Kühlhäuser, Vieh- und Fleischuntersuchung, Freibank, Tierkörperverwertung,
Festsetzung der Gebühren und Entgelte auf diesem Gebiet sowie für Leistungen im Rahmen des Schlachthofes,
des Schlachthauszwanges,
der Tierspitäler,
der Landeskammer der Tierärzte und
des Gütezeichens für Fleischwaren.
Rechtliche Angelegenheiten des Wasserrechts, mit Ausnahme der der Magistratsabteilung 35 zugewiesenen Angelegenheiten gemäß § 31a Abs. 1 WRG.
Führung des Wasserbuches.
Rechtliche Angelegenheiten des Hochwasserschutzes.
Mitwirkung in Wasserrechtsangelegenheiten in jenen Fällen, in denen die Stadt Wien als Beteiligte auftritt.
Rechtliche Angelegenheiten des Schiffahrtswesens.
Ausnahmebewilligungen vom Verbot des Befahrens der linksufrigen Donauregulierungsanlagen.
Bearbeitung von Berufungen gegen Straferkenntnisse und -verfügungen sowie von Berufungen gegen Bescheide der Magistratsabteilung 4 und der Magistratsabteilung 31 nach dem Wasserversorgungsgesetz sowie gegen sonstige Bescheide der Dienststellen des Magistrates in allen vorstehend angeführten Angelegenheiten, soweit nicht andere Behörden zuständig sind, und von Berufungen gegen Bescheide in Angelegenheiten der Verordnung betreffend das Verbot von Auftausalzen.
Bearbeitung von Berufungen gegen Bescheide der Magistratsabteilung 59 betreffend Vergabe und Entziehung von ständigen Straßenständen.

Merth, Dr. Roman, Obermagistratsrat 4211
Voigt, Dr. Hans, Magistratsoberkommissär 4212
Goldbacher, Dipl.-Ing. Werner 4216
Schober, Dr. Maria, Magistratsoberkommissär . . . 4219
Dysmas, Dr. Alfred, Magistratskommissär 4220
Hofer Heide, Kanzleikommissär, Kanzleileiter . . . 4213
Kanzlei 858
Wasserrecht 4212, 4219, 4220, 4221
Ölalarm, Gewässeraufsicht, Forstwesen, Jagd 4212
Wasserbuch 4222, 4223
Schiffahrtswesen 4212, 4220
Schiffspatente, Motorbootkennzeichen, Schiffsführerpatente 4221
Rechtliche Angelegenheiten des Veterinärwesens, Tierschutz 4219
Fischerei, Buschenschank, Feldschutz 4220
Fischerei- und Jagdstatistik 4222
Landwirtschaftliches Arbeits- und Sozialrecht 4216, 4219
Land- und Forstwirtschaftsinspektion 4216, 4217
Baumschutz, Schutz von Gartenanlagen . . . 4219, 4220
Agrarbehörde 4220
Agrartechnisches Referat 4216, 4217
Einigungskommission 4219
Wiener Fischereiausschuß, 3, Am Modenapark 1–2, 3. Stock, Tür 310 . . . . 740*, 72 36 41*, 434

MAGISTRATSABTEILUNG 61

Staatsbürgerschafts- und Personenstandsangelegenheiten

1, Rathaus, 8. Stiege, Parterre, Tür 19, und Hochparterre, Tür 105, Tel. 42 8 08

Allgemeine und grundsätzliche Angelegenheiten des Staatsbürgerschaftsrechts, individuelle Angelegenheiten des Staatsbürgerschaftsrechts, soweit ihr Vollziehung der Landesregierung zukommt, ausgenommen die Durchführung der Verwaltungsstrafverfahren in erster Instanz, einschließlich der Bearbeitung von Berufungen gegen Straferkenntnisse der magistratischen Bezirksämter und Vorbearbeitung von Berufungen, die sich gegen administrative Bescheide der Gemeinde sowie von österreichischen Berufskonsulaten bzw. österreichischen diplomatischen Vertretungen im Ausland (Zuständigkeit nach Evidenzstellen) richten.
Individuelle Angelegenheiten des Staatsbürgerschaftsrechtes, soweit ihre Vollziehung in den übertragenen Wirkungsbereich der Gemeinde fällt.
Allgemeine, grundsätzliche und individuelle Angelegenheiten des Ehe-, Namens- und Matrikenrechts.
Entscheidung über Berufungen gegen Bescheide der Bundespolizeidirektion Wien betreffend Änderung von Vornamen.
Führung der Standesämter einschließlich der Wahrnehmung der Aufgaben der Aufsichtsbehörden.
Aufsicht über die Führung konfessioneller Altmatriken und Berichtigung von Eintragungen in diesen Matriken.

Fuhs, Mag. Roland, Senatsrat 3601
Bräutigam, Dr. Robert, Obermagistratsrat 3602
Giendl, Dr. Ilona, Magistratsoberkommissär 3634
Landgraf Engelbert, Oberamtsrat 3603
Müller Gerhard, Oberamtsrat 3610
Wilflingseder Erich, Oberamtsrat 3604
David Wilhelm, Amtsrat 3615
Hieblinger Rudolf, Amtsrat 3620
Willinger Peter Oswald, Amtsrat 3621
Zänger Robert, Amtsrat 3622
Wagl Erika, Kanzleikommissär, Kanzleileiter 861

Personalreferat 3610
Kanzlei und Einlaufstelle 861, 3635
Schreibstelle 3635
Verlagsführer 3609
Kanzlei Staatsbürgerschaftsangelegenheiten 861
Kanzlei Staatsbürgerschaftsevidenz 3616, 3623
Kanzlei Personenstandsangelegenheiten 3609
Staatsbürgerschaftsangelegenheiten,
Referenten . . . 3600, 3618, 3621, 3625, 3638, 3656
Staatsbürgerschaftsevidenzstelle,
Revisoren 3615, 3620, 3622, 3624, 3633
Referenten 3612, 3613, 3614, 3619, 3624, 3628, 3629
Personenstandsangelegenheiten,
Aufsicht über die Standesämter 3604, 3605
Andere Personenstandsangelegenheiten
(insbesondere Namensänderungen) 3606
Zentralkartothek der Standesämter:
Geburtenbuch 3617
Familienbuch 3608
Sterbebuch 3607
Altmatriken des Magistrats bis 1938 3608
Aktenlager, 5, Grüngasse 14 . . . . 57 19 435

Wiener Standesämter:

Innere Stadt, 8, Schlesingerplatz 4
(1., 6., 7., 8., 9. Bezirk) 727*, 42 75 41*
Pleyl Edmund, Oberamtsrat 230
Schubert Leonhard, Amtsrat 231

Brigittenau, 20, Brigittaplatz 10
(2., 20. Bezirk) 720*, 33 35 11*
Frühmann Ernst, Oberamtsrat 247
Landstraße, 3,
Karl Borromäus-Platz 3 . . . . 703*, 72 51 71*
Müller Helmuth, Amtsrat 291
Margareten, 5, Schönbrunner Straße 54
(4., 5., 12. Bezirk, vom 23. Bezirk die
Katastralgemeinden Atzgersdorf
und Liesing) 704*, 725*, 55 45 85*
Eis Leopold, Amtsrat 260
Favoriten, 10, Keplerplatz 5
(10., 11. Bezirk, vom 23. Bezirk die Katastral-
gemeinden Erlaa, Inzersdorf und
Siebenhirten) 710*, 64 36 31*
Teschner Wolfgang, Amtsrat 284
Hietzing, 13, Hietzinger Kai 1–3
(13., 14., 15. Bezirk, vom 23. Bezirk die Katastral-
gemeinden Mauer, Rodaun und
Kalksburg) 713*, 82 26 51*
Jeck Karl, Oberamtsrat 330
Ottakring, 16, Richard Wagner-Platz 19
(16., 17. Bezirk) 716*, 92 26 96*
Walek Heinrich, Amtsrat 270
Währing, 18, Martinstraße 100
(18., 19. Bezirk) 718*, 34 25 20*
Fischer Bruno, Amtsrat 260
Floridsdorf, 21, Am Spitz 1
(21., 22. Bezirk) 721*, 38 15 04*
Blank Walter, Amtsrat 271

MAGISTRATSABTEILUNG 62

Wahlen und verschiedene Rechtsangelegenheiten

1, Rathausstraße 9, 1. und 2. Stock, Tel. 42 8 08

Führung der Wählerevidenz, Organisation und Durchführung von Wahlen sowie von Volksbegehren, Volksabstimmungen und Volksbefragungen; Vorbereitung der Berufung von Ersatzmännern gemäß der GRWO und von Entscheidungen der Wahlbehörden.
Evidenthaltung der Funktionsdauer der gewählten Funktionäre der Gemeinde, soweit nicht eine andere Dienststelle zuständig ist.
Rechtsmittelentscheidungen gegen Verfügungen und Entscheidungen, die sich auf ortspolizeiliche Verordnungen gemäß § 108 WStV gründen.
Angelegenheiten des Zivildienstes, Angelegenheiten nach dem Wehrgesetz, dem Militärleistungsgesetz sowie die Bearbeitung von Berufungen in Familienunterhalts- und Mietzinsbeihilfeangelegenheiten für Wehrpflichtige und Zivildienstleistende.
Vorbereitung von Berufungsentscheidungen gegen Straferkenntnisse der magistratischen Bezirksämter sowie gegen Straferkenntnisse der Bundespolizeidirektion Wien, sofern keine andere Dienststelle dafür zuständig ist.
Handhabung des Ausländergrunderwerbsgesetzes.
Behördliche Angelegenheiten der Stiftungen und Fonds.
Handhabung des Glücksspielgesetzes und des Wiener Sammlungsgesetzes.
Preisangelegenheiten mit Ausnahme von Mietzinsen und Lebensmittelpreisen.
Kultusangelegenheiten mit Ausnahme der Angelegenheiten der konfessionellen Altmatriken und der Entgegennahme der Erklärungen über den Austritt aus staatlich anerkannten Religionsgesellschaften.
Mitwirkung der Gemeinde bei der Bildung der Geschwornen- und Schöffenlisten, allgemeine und grundsätzliche Angelegenheiten der Gemeindevermittlungsämter.
Angelegenheiten nach dem NS-Gesetz (VG 1947).

Stolba, Dr. Walter, Senatsrat 3931
Sokop, Dr. Hans Werner, Obermagistratsrat 3933
Müller, Dr. Tillmann, Magistratsrat 3934
Tauber Franz, Oberamtsrat 3950
Aberle Alois, Kanzleioberkommissär, Kanzleileiter . 862
Kanzlei 3940
Einlaufstelle und Auskünfte 3941
Berufungen, Stiftungen und Fonds, Ausländergrund-
erwerb 3933, 3934
Kultusangelegenheiten, Preisangelegenheiten 3933
Sammlungsangelegenheiten 3934
Geschwornen- und Schöffenlisten 3970
Gemeindevermittlungsämter 3933, 3970

Angelegenheiten nach dem Wehrgesetz 3934
Glücksspiele 3958
Angelegenheiten, die nicht besonders genannt sind . 3934

Wählerevidenz:

Aufsicht 3950
1. bis 3., 8. Bezirk 3951, 3947
4. bis 7. Bezirk 3952, 3944
9. bis 11. Bezirk 3953, 3948
12. bis 14. Bezirk 3954, 3949
15. bis 17. Bezirk 3955, 3938
18. bis 20. Bezirk 3956, 3946
21. bis 23. Bezirk 3957, 3943

MAGISTRATSABTEILUNG 64

Rechtliche Bau-, Energie-, Eisenbahn- und Luftfahrtangelegenheiten

3, Am Modenapark 1–2, 3. und 4. Stock, Tel. 740*, 72 36 31*

Allgemeine und grundsätzliche Angelegenheiten des Bau-, Energie-, Straßen-, Luftfahrt- und Eisenbahnrechts, ausgenommen des Straßenbahnrechts.
Rechtliche Angelegenheiten der Feuerpolizei, soweit nicht andere Dienststellen zuständig sind, und des Energiewesens, soweit nicht andere Dienststellen zuständig sind oder soweit es sich nicht um gewerbebehördliche Angelegenheiten handelt.
Bearbeitung von Berufungen gegen Strafbescheide, soweit es sich nicht um Abgabenstrafen handelt, in Bau-, Energie-, Straßen-, Luftfahrt-, Eisenbahn-, Feuerwehr-, Feuerpolizei-, Katastrophenhilfe- und Strahlenschutzangelegenheiten, soweit nicht Angelegenheiten der medizinischen Heilbehandlung oder gewerbliche Angelegenheiten berührt werden, ferner bei Übertretung der Aufgrabungskundmachung, in Angelegenheiten des Atomhaftpflicht-, des Stadterneuerungs-, des Ziviltechniker- und des Ingenieurgesetzes.
Rechtliche Verfügungen bei Ersatzvornahmen nach dem Verwaltungsvollstreckungsgesetz, soweit nicht die Magistratsabteilung 6 oder die Magistratsabteilung 25 zuständig ist.
Genehmigung von Grundabteilungen.
Abfassung von Grundbuchseingaben, soweit die Magistratsabteilung 64 als Behörde tätig wird, ausgenommen Einverleibungen im Vollstreckungsverfahren, sowie Antragstellung auf Löschung baurechtlicher Verpflichtungen, die von einer anderen Behörde ausgesprochen wurden, auf Antrag dieser Behörde.
Durchführung von Enteignungsverfahren, Einlösungen, Umlegungen und Grenzberichtigungen, soweit nicht die Magistratsabteilung 58 zuständig ist.
Behördliche Festsetzung von Entschädigungen, soweit nicht eine andere Dienststelle zuständig ist.
Behördliche Angelegenheiten des Stadterneuerungsgesetzes.
Behördliche Angelegenheiten des Bodenbeschaffungsgesetzes.
Durchführung des baubehördlichen Genehmigungsverfahrens für Bauten des Bundes, ausgenommen Wohnbauten.
Vorbereitung von Berufungsentscheidungen in Administrativangelegenheiten nach dem Wiener Feuerwehrgesetz.
Bemessung und Vorschreibung von Kanaleinmündungsgebühren und von Anliegerbeiträgen.
Erteilung der Gebrauchserlaubnis im Zusammenhang mit Baubewilligungen.
Bearbeitung von Berufungen hinsichtlich administrativer Bescheide nach dem Gebrauchsabgabegesetz, soweit die Berufung nicht die Abgabe betrifft.
Handhabung des Elektrotechnikgesetzes im Zusammenhang mit der Festbeleuchtung von Straßenzügen zu besonderen Anlässen und bei der Errichtung, Abänderung und Abtragung von Elektrizitätserzeugungs- und -leitungsanlagen.
Administrative Angelegenheiten des Zivilschutzes einschließlich der umfassenden Landesverteidigung, sofern keine andere Dienststelle zuständig ist.
Rechtliche Angelegenheiten des Strahlenschutzes, soweit nicht die Magistratsabteilung 14 (medizinische Heilbehandlung), die Magistratsabteilung 63 (gewerbliche Angelegenheiten) oder die magistratischen Bezirksämter zuständig sind.
Ausstellung von Bestätigungen bzw. Erlassung von Bescheiden durch die Bezirksverwaltungsbehörde nach dem Mietengesetz, ausgenommen Strafamtshandlungen.
Rechtliche Angelegenheiten des Ingenieurkammer- und Ziviltechnikerwesens, insbesondere die Erstattung von Gutachten; Bearbeitung von Berufungen in Ingenieurkammer- und Ziviltechnikerangelegenheiten.
Erstellung von Zweckdienlichkeitsbescheinigungen nach dem Grunderwerbssteuergesetz.

Geuder, Dr. Heinrich, Senatsrat 471
Schiller, Dr. Karl, Obermagistratsrat 472
Marksteiner, Dr. Klaus, Obermagistratsrat 485
Hasenwent, Dr. Friedrich, Magistratsrat 483
Sonnenberg, Dr. Karl, Magistratsrat 482
Groyer, Dr. Eva, Magistratsoberkommissär 475
Schnabl, Dr. Gernot, Magistratskommissär 474
Salomon Franz, Amtsrat 489
Bobak Eva-Maria, Kanzleioffizial, Kanzleileiter . . 480
Kanzlei 479
Grundabteilungen 471, 472, 473, 474, 475, 481, 482, 483, 485, 486, 489
Elektrizitätsangelegenheiten 485, 486
Eisenbahnangelegenheiten 472, 474, 475, 481, 482, 486
U-Bahn-Angelegenheiten 485
Luftfahrtangelegenheiten 475, 481, 486
Angelegenheiten der umfassenden Landesverteidigung 482, 486
Öffentliche Bauten 474, 475, 482, 483, 486
Ersatzvornahmen 470, 473, 488
Tankstellen auf Straßengrund 482
Enteignungen 474, 475, 481, 482, 485, 486
Verwaltungsverfahren nach dem Stadterneuerungs- und dem Bodenbeschaffungsgesetz 474, 475, 482, 483, 485, 486

GESCHÄFTSGRUPPE FINANZEN UND WIRTSCHAFTSPOLITIK

1, Rathaus, 5. Stiege, 1. Stock, Tür 308b, Tel. 42 8 02

Abgabenwesen, Erstellung des Voranschlages und Rechnungsabschlusses der Stadt Wien, Mitwirkung bei der Erstellung des Wirtschaftsplanes der Unternehmungen, Finanzplanung und finanzielle Projektskoordinierung, Wirtschaftspolitik, Wirtschaftsförderung, Rechnungswesen, zentraler Einkauf.

Zugehörige Magistratsabteilungen:
Magistratsabteilung 4 – Allgemeine Finanz- und Wirtschaftsangelegenheiten; Abgaben
Magistratsabteilung 5 – Finanzwirtschaft und Haushaltswesen
Magistratsabteilung 6 – Rechnungsamt
Magistratsabteilung 54 – Zentraler Einkauf

Amtsführender Stadtrat *Mayr Hans* 2310
Pfeffer Johann, Oberamtsrat 2413
Sekretariat 2113
Seitlinger, Mag. Karl, Pressereferent 2311

Wiener Zuwandererfonds (Fonds zur Beratung und Betreuung von Zuwanderern nach Wien), 1, Schottenring 25 . . . . 34 33 46, 34 91 56

MAGISTRATSABTEILUNG 4

Allgemeine Finanz- und Wirtschaftsangelegenheiten; Abgaben

1, Rathaus, 4. Stiege, 2. Stock, Tür 451, Tel. 42 8 02

Finanzangelegenheiten allgemeiner Art und einzelne Finanzangelegenheiten von besonderer und grundsätzlicher Bedeutung.
Vertretung der Stadt Wien in Fragen der Finanzverfassung und des Finanzausgleichs.
Angelegenheiten der Finanz-, Wirtschafts-, Konjunktur- und Arbeitsmarktpolitik.
Grundlagenforschung auf wirtschaftlichem Gebiet.
Maßnahmen zur Förderung der Wirtschaft.
Führung der Bürogeschäfte des Wirtschaftsbeirates.
Erstellung des Voranschlages und der Finanzpläne.
Wahrnehmung der finanziellen Interessen der Stadt Wien unbeschadet der budgetären Verantwortlichkeit der im Einzelfall zuständigen kreditverwaltenden Dienststelle.
Finanzielle Koordination von Projekten.
Angelegenheiten der Landes- und Gemeindeabgaben, und zwar insbesondere
Ankündigungsabgabe,
Anzeigenabgabe, Ausgleichsabgabe auf Lebendvieh, soweit hiefür nicht die Magistratsabteilung 60 zuständig ist,
Ausgleichsabgabe nach dem Wiener Garagengesetz,
Ausgleichsabgabe nach dem Wiener Baumschutzgesetz,
Dienstgeberabgabe, soweit hiefür nicht die Magistratsabteilung 6 zuständig ist,
Feuerschutzsteuer,
Gebrauchsabgabe, soweit hiefür nicht andere Dienststellen zuständig sind,
Gefrorenessteuer, soweit hiefür nicht die Magistratsabteilung 6 zuständig ist,
Getränkesteuer, soweit hiefür nicht die Magistratsabteilung 6 zuständig ist,
Gewerbesteuer nach dem Gewerbeertrag und nach dem Gewerbekapital,
Grundsteuer, soweit hiefür nicht die Magistratsabteilung 6 zuständig ist,
Hundeabgabe, Berufung und Berufungsvorentscheidungen, Abschreibung von Rückständen,
Kanaleinmündungsgebühren, soweit hiefür nicht andere Dienststellen zuständig sind,
Kulturschilling,
Lizitations-Armenprozente,
Lohnsummensteuer, soweit hiefür nicht die Magistratsabteilung 6 zuständig ist,
Müllabfuhrabgabe, soweit hiefür nicht die Magistratsabteilung 6 zuständig ist,
Opferfürsorgeabgabe,
Ortstaxe,
Parkometerabgabe,
Sportgroschen,
Unratsgebühren,
Vergnügungssteuer,
Verwaltungsabgaben, Kommissionsgebühren, soweit hiefür nicht andere Dienststellen zuständig sind,
Wassergebühren,
Zuschläge zu den Wettgebühren.
Angelegenheiten aufgehobener Landes- und Gemeindeabgaben.
Vornahme der Steueraußenprüfung (Revisionsstelle, Überprüfung der ordnungsgemäßen Entrichtung von Landes- und Gemeindeabgaben an Ort und Stelle).
Strafamtshandlungen nach den Abgabengesetzen mit Ausnahme des Hundeabgabegesetzes.
Allgemeine und organisatorische Angelegenheiten der Personenstands- und Betriebsaufnahme.
Mitwirkung bei der Gewährung von Hilfen durch die Gemeinde Wien gemeinsam mit der Kammer der gewerblichen Wirtschaft für Wien an die durch den U-Bahn-Bau in ihrer Existenz bedrohten Gewerbeberechtigten.
Abschluß von Verträgen über Pflegegebühren und Transportkosten mit Sozialversicherungsträgern und anderen Institutionen.
Festsetzung der Pflegegebührensätze für die städtischen Kranken- und Pflegeanstalten und der Transportkosten des Rettungs- und Krankenbeförderungsdienstes.
Administrative Betreuung und wirtschaftliche Verwertung von Diensterfindungen einschließlich des Abschlusses von Lizenzverträgen, soweit hiefür nicht andere Dienststellen zuständig sind.

Horny, Dr. Heinrich, Obersenatsrat, Gruppenleiter hinsichtlich der MA 4, 5, 6 und 54 2411
Scharitzer, Dr. Gerhard, Senatsrat 2406
Messeritsch, Dr. Johann, Senatsrat 2419
Rois, Dr. Susanna, Obermagistratsrat 2429
Gschwindl, Dr. Werner, Magistratsrat 2409
Nussgruber, Dr. Kurt, Magistratsrat 2464
Pelikan, Dr. Herbert, Magistratsrat 2451
Kamhuber, Dr. Karl, Magistratsoberkommissär . . . 2417
Kramhöller, Dr. Josef, Magistratsoberkommissär . . 2403
Theimer, Dr. Ernst, Magistratsoberkommissär . . . 2430
Heiner, Mag. Jolan, Magistratskommissär 4147
Schönberger, Mag. Dr. Katharina, Magistratskommissär 4286
Langendorf, Dkfm. Heinz 2492
Rienesl, Dkfm. Ingeborg 4283
Spacek, Mag. Robert 4139
Windisch, Ing. Mag. Christine 4287
Enzmann Wilhelm, Oberamtsrat 2424
Epler Margarete, Oberamtsrat 2457
Fischer Kurt, Oberamtsrat 2422
Grulich Aloisia, Oberamtsrat 2474
Kansky Karl, Oberamtsrat 2407
Kuna Emil, Oberamtsrat 2410
Mittermayer Rudolf, Oberamtsrat . 831*, 57 75 75*, 232
Mehwald Wilhelm, Oberamtsrat 2446
Unger Erich, Oberamtsrat 2424
Bartsch Karl, Amtsrat 2423
Czernoch Walter, Amtsrat 2425
Grimm Erich, Amtsrat 2459
Haberle Karl, Amtsrat 2424
Hallmer August, Amtsrat 2423
Hüttner Bertram, Amtsrat 2401
Inderin Alfred, Amtsrat 2423
Jirka Andreas 831*, 57 75 75*, 224
Kamaryt Kurt, Amtsrat 2424
Köpf Leopold, Amtsrat 2424
Kubu Karl, Amtsrat 2423
Kuhles Gustav, Amtsrat 2410
Paulisch Wilhelm, Amtsrat 2425
Proksch Theodor, Amtsrat 2423
Randa Ernst, Amtsrat 2423
Schlinger Herbert, Amtsrat 2420
Sirucek Alfred, Amtsrat 2423
Stejskal Franz, Amtsrat 2423
Stern Kurt, Amtsrat 2423
Stumvoll Otto, Amtsrat 2423
Valka Friedrich, Amtsrat 2423
Vanek Hildegard, Amtsrat 2452
Wenger Elfriede, Amtsrat 2441
Zöttl Erich, Amtsrat 2423
Karall Johann, Kanzleioberkommissär, Kanzleileiter 804

Referat 1: Allgemeine Finanzangelegenheiten, Ausgleichsabgabe nach dem Wiener Garagengesetz, Gebrauchsabgaben, Hundeabgabe, Lizitations-Armenprozente, Ortstaxe, Kanaleinmündungsgebühren, Verwaltungsabgaben, Kommissionsgebühren, Stempelgebühren, Abwicklung aufgehobener Abgaben, Personenstands- und Betriebsaufnahme, Mitwirkung bei der Aufstellung von Zeitplänen und Kosten-Nutzenrechnungen
1, Rathaus, 4. Stiege, 2. Stock, Tür 451
Referatsleiter: *Scharitzer, Dr. Gerhard,* Senatsrat . . 2406
Stellvertreter: *Gschwindl, Dr. Werner,* Magistratsrat 2409
Sachbearbeiter 2401, 2403, 2407, 2409, 2417, 2418, 2431, 2465, 2469
Karall Johann, Kanzleioberkommissär, Kanzleileiter 2201

Referat 2: Revisionsstelle
Amtshaus, 1, Ebendorferstraße 1, Halbstock, Tür 105–109
Referatsleiter: *Messeritsch, Dr. Johann,* Senatsrat . . 2419
Stellvertreter: *Kuna Emil,* Oberamtsrat 2410
Sachbearbeiter 2421, 2422, 2424
Binder Anna, Kanzleioberkommissär, Kanzleileiter . 2425

Referat 3: Finanzplanung und Wirtschaftsangelegenheiten
1, Rathaus, 8. Stiege, 2. Stock, Tür 436
Referatsleiter: *Nussgruber, Dr. Kurt,* Magistratsrat . 2464
Stellvertreter: *Rienesl, Dkfm. Ingeborg* 4283
Sachbearbeiter 2270, 2492, 4139, 4140, 4147, 4148, 4282, 4286, 4287
Steidl Gertrude, Kanzleioffizial, Kanzleileiter 4227

Referat 4: Lohnsummensteuer, Gewerbesteuer, Dienstgeberabgabe, Anzeigenabgabe, Ankündigungsabgabe, Strafverfahren nach dem Anzeigenabgabe-, Ankündigungsabgabe-, Dienstgeberabgabe- und Gebrauchsabgabegesetz
Amtshaus, 1, Ebendorferstraße 1, 2. Stock, Tür 301–312
Referatsleiter: *Rois, Dr. Susanna,* Obermagistratsrat 2429
Stellvertreter: *Schlinger Herbert,* Amtsrat 2420
Sachbearbeiter 2294, 2433, 2434, 2435, 2437, 2438, 2471, 2472, 2474, 2484, 2490
Lehner Emma, Kanzleikommissär, Kanzleileiter 2439

Referat 5: Parkometerabgabe, Grundsteuer, Müllabfuhrabgabe, zeitliche Grundsteuerbefreiungen, Ausgleichsabgabe nach dem Wiener Baumschutzgesetz
1, Rathaus, 8. Stiege, 2. Stock, Tür 430
Referatsleiter: *Theimer, Dr. Ernst,* Magistratsoberkommissär 2430
Stellvertreter: *Mehwald Wilhelm,* Oberamtsrat . . . 2446
Sachbearbeiter 2445, 2446, 2447
Grundbesitzabgaben, Amtshaus, 1, Ebendorferstraße 1, 2. Stock, Tür 303
Sachbearbeiter 2470, 2471
Roithner Gisela, Kanzleileiter 2443

Referat 6: Wasser- und Abwassergebühren
1, Rathaus, 8. Stiege, 2. Stock, Tür 430, und 6, Grabnergasse 4–6
Referatsleiter: *Theimer, Dr. Ernst,* Magistratsoberkommissär 2430
Stellvertreter: *Mittermayer Rudolf,* Oberamtsrat 831*, 57 75 75*, 232
Sachbearbeiter . . 831*, 57 75 75*, 223, 224, 225, 226, 227, 228, 229, 230, 238, 239
Roithner Gisela, Kanzleileiter 2443

Referat 7: Getränkesteuer, Gefrorenessteuer, Vergnügungssteuer (Dauerveranstaltungen), Opferfürsorgeabgabe, Sportgroschen
1, Rathaus, 6. Stiege, 2. Stock, Tür 439, 441
Vergnügungssteuer (Einzelveranstaltungen),
1, Volksgartenstraße 3, 3. Stock, Tür 402 . .2455, 2456
Referatsleiter: *Pelikan, Dr. Herbert,* Magistratsrat . 2451
Stellvertreter: *Epler Margarete,* Oberamtsrat 2457
Sachbearbeiter . . 2426, 2427, 2440, 2448, 2452, 2453, 2454, 2458, 2459
Mitterbauer Eva, Kanzleikommissär, Kanzleileiter 2450

MAGISTRATSABTEILUNG 5

Finanzwirtschaft und Haushaltswesen

1, Rathaus, 4. Stiege, 2. Stock, Tür 444–448, Tel. 42 8 03

Angelegenheiten der Finanzwirtschaft und des Haushaltswesens, insbesondere:
Vorbereitung und Durchführung des Voranschlages, Erstellung des Rechnungsabschlusses, Beistellung der Grundlagen für die Finanzstatistik.
Angelegenheiten des Geld- und Kreditwesens, Währungsangelegenheiten, Banken- und Zahlungsverkehr, auch soweit es sich um ausländische Zahlungsmittel handelt.
Angelegenheiten der Anlage und Verwaltung des Geld- und Wertpapiervermögens.
Wahrung der finanziellen Interessen der Stadt Wien bei der Begründung, Verwaltung und dem Verkauf von Anteilsrechten an Gesellschaften und Genossenschaften des Privatrechtes, die im Eigentum der Stadt Wien oder einer ihr gehörenden Eigentumsgesellschaft stehen.
Bestellung bzw. Nominierung der Aufsichtsorgane in diese, einvernehmlich mit der Magistratsabteilung 63.
Angelegenheiten der Aufnahme, Verzinsung und Tilgung von Anleihen und Darlehen.
Zustimmung zur Belastung des städtischen Vermögens.
Gewährung von Darlehen, ausgenommen auf dem Gebiete der Wohnbauförderung und der Wohnungsverbesserung.
Verwaltung der Kreditaktionen einschließlich der Beteiligung an Kreditmaßnahmen anderer Institutionen.
Angelegenheiten der Bürgschaften und Haftungen der Gemeinde (des Landes).
Angelegenheiten der Steuerpflicht der Gemeinde einschließlich der Bestellung und Heranziehung von Wirtschaftstreuhändern.
Angelegenheiten der Subventionen und Beiträge (Mitgliedsbeiträge) mit Ausnahme solcher für kulturelle Zwecke und solcher aus dem Sportgroschen.
Verwaltung der Zuschläge zu den Bundessteuern.
Angelegenheiten der privatrechtlichen Versicherungen der Gemeinde, soweit hiefür nicht die Magistratsdirektion oder die Magistratsabteilung 48 zuständig ist.
Mitwirkung an grundsätzlichen finanziellen Angelegenheiten der Wohnbauförderung und der Wohnungsverbesserung, insbesondere Festsetzung des Gesamtrahmens der Wohnbauförderung.
Finanzielle Angelegenheiten, die Wien und andere Gebietskörperschaften betreffen.
Durchführung des Finanzausgleiches.
Behandlung von Anträgen der Stadt Wien als Rechtsträger öffentlicher Krankenanstalten um Gewährung eines Zweckzuschusses des Bundes und von Kostenersätzen für den klinischen Mehraufwand (einschließlich der Bundes-Hebammenlehranstalt) nach dem Krankenanstaltengesetz – KAG.
Rechtliche Angelegenheiten des Kassenwesens und der Gebarung mit Verwahrnissen (Depositen) und Sicherstellungen (Kautionen).
Wirtschaftliche Aufsicht nach dem Wiener Krankenanstaltengesetz über öffentliche und private Krankenanstalten.
Entgegennahme von Anträgen auf Gewährung von Zuschüssen aus dem Krankenanstalten-Zusammenarbeitsfonds, Prüfung derselben mit Berichterstattung an die Landesregierung.
Vollziehung der Bestimmungen der Vereinbarung gemäß Art. 15a B-VG über die Krankenanstaltenfinanzierung und die Dotierung des Wasserwirtschaftsfonds zwischen Bund und Ländern.
Wahrnehmung des Aufsichtsrechtes hinsichtlich des Jahresvoranschlages und des Rechnungsabschlusses der Ärztekammer für Wien, der Tierärztekammer für Wien und der Landwirtschaftskammer für Wien.
Angelegenheiten der Wiener Landes-Hypothekenbank.
Angelegenheiten gemäß § 7 lit. b und § 23 Zi. 3 der Satzung der Wiener Städtischen Wechselseitigen Versicherungsanstalt.
Sparkassenaufsicht einschließlich der Führung des Sparkassenregisters.
Ausübung des Aufsichtsrechtes über jene Einrichtungen, bei denen die Stadt Wien mit ihrem Vermögen haftet.
Handhabung des Gebührengesetzes.
Wahrnehmung der wirtschaftlichen Belange der Hafen- und Lagereinrichtungen der Stadt Wien.

Krendlesberger, Dr. Helmut, Senatsrat 2601
Höller, Dr. Gerhard, Magistratsrat 2602
Lischka, Dr. Wolfgang, Magistratsrat 2614
Bartosch, Dr. Josef 2609
Preisel Adolf, Oberamtsrat, Regierungsrat 2604
Zeigenhofer Franz, Oberamtsrat 2607
Krsek Josef, Amtsrat 2611
Pecka Erich, Amtsrat 2615
Spiewak Helmut, Amtsrat 2606
Härtinger Hermine, Kanzleioberkommissär,
Kanzleileiter 2603
Kanzlei und Einlaufstelle, Sparkassenregister . . . 805

Subventionen
Lischka, Dr. Wolfgang, Magistratsrat 2614
Haushaltswesen
Preisel Adolf, Oberamtsrat, Regierungsrat 2604
Sachbearbeiter 2606, 2605
Anleihen, Banken- und Zahlungsverkehr, Darlehen, Haftbriefe, Beteiligungen
Zeigenhofer Franz, Oberamtsrat 2607
Sachbearbeiter 2608, 2609, 2610, 2612, 2618
Versicherungen, Sparkassenaufsicht
Krsek Josef, Amtsrat 2611, 2613

MAGISTRATSABTEILUNG 6

Rechnungsamt

1, Rathaus, 5. Stiege, Hochparterre, Tür 101, Tel. 42 8 03

Mitwirkung bei Erlassung von Vorschriften für Rechnungs- und Kassenstellen außerhalb des Rechnungsamtes.
Genehmigung von Bar-, Wertmarken- und Drucksortenverlägen.

I. Buchhaltungsdienst
Buchführung hinsichtlich der voranschlagsmäßigen und durchlaufenden Gebarung sowie der Vermögensnachweisung (Geld- und Mengeninventar).
Verrechnung von übertragenen Bundesgebarungen (gemäß Art. 104 Abs. 2 B-VG) nach den Richtlinien des Bundes.
Führung der Verrechnungs- und Kontokorrentkonten, auch für städtische Unternehmungen und gemischtwirtschaftliche Betriebe.
Mitwirkung bei der Erstellung der Teilvoranschläge und Verfassung der Teilrechnungsabschlüsse.
Mitwirkung bei der Budgetkontrolle und Aufstellung der Jahresrechnung.
Kreditüberwachung und Abgabe von Bedeckungsäußerungen für alle beabsichtigten Ausgaben.
Prüfung aller Zahlungsanordnungen, Rechnungen und Zahlungsverpflichtungen sowie der Geld-, Wertpapier- und Sachgebarungen grundsätzlich vor dem Vollzug, nötigenfalls nach dem Vollzug hinsichtlich der Anordnungsbefugnis, der formellen, sachlichen und rechnerischen Richtigkeit, der Einhaltung des Voranschlages und der geltenden Vorschriften.
Ausfertigung von Rechnungen und Kassenanweisungen, Rückstandsbetreuung.
Aufstellung von Statistiken, Kalkulationen, Rentabilitätsberechnungen und sonstigen Berechnungen im Zusammenhang mit der Buchführung.
Mitwirkung bei Inventuren, Skontrierungen und Skartierungen.
Mitwirkung bei Kollaudierungen, Anbotsverhandlungen und Preisvereinbarungen, Überprüfung sämtlicher Abrechnungen kollaudierter Bauführungen.

II. Abgabenrechnungs- und Kassendienst
Prüfung der formellen, sachlichen und rechnerischen Richtigkeit der Vorschreibungen von Landes- und Gemeindeabgaben.
Datenersterfassung und Datenpflege für die elektronische Abgabenverrechnung.
Bemessungsagenden der Grundbesitzabgaben (Grundsteuer, Unratsgebühren, Müllabfuhrabgaben) und der Hundeabgabe, soweit nicht die Magistratsabteilung 4 zuständig ist.
Gebührstellung, Liquidierung, Verrechnung und Vollzug der Einnahmen und Ausgaben von Landes- und Gemeindeabgaben, Nebengebühren und Strafen sowie sonstiger ordnungsgemäß angeordneter Einnahmen und Ausgaben.
Kontrolle der Datenverarbeitungsergebnisse zum Zweck der Gebarungssicherheit.
Liquidierung, Verrechnung und Vollzug von Einnahmen und Ausgaben in Auftragsangelegenheiten.
Überwachung des rechtzeitigen Einlangens der Steuererklärungen, Ausfertigung von Aufforderungen und Strafanträgen zur Erzwingung der Vorlage.
Maßnahmen, die der Überwachung der ordnungsgemäßen Erklärung und Entrichtung der Getränkesteuer, der Gefrorenessteuer, der Lohnsummensteuer und der Dienstgeberabgabe dienen, ausgenommen die Steueraußenprüfung; weiters Erlassung von Zwangsstrafen.
Behandlung von Ansuchen um Zahlungserleichterungen und um Nachsicht von Nebenansprüchen betreffend Grundbesitzabgabe, Wassergebühren, einmalige Kanalräumungsgebühr, Hundeabgabe, Getränkesteuer, Gefrorenessteuer, Lohnsummensteuer und Dienstgeberabgabe.
Rückstandsüberwachung, Mahnwesen, Einleitung des verwaltungsbehördlichen und gerichtlichen Vollstreckungs- und Sicherungsverfahrens.
Vertretung der Stadt Wien bei Meistbots- und Verkaufserlösverteilungen.
Durchführung des zentralen Zahlungsverkehrs in der Stadthauptkasse.
Führung des Verbotsbuches.
Verwahrung und Evidenthaltung der Zahlungsmittel, Wertpapiere und Depositen.
Anleihenkassendienst.
Evidenz der bei städtischen Dienststellen in Verwendung stehenden Kassen und Kassetten, Veranlassung der Versicherung derselben.
Bestandsführung und Ausgabe der Wertmarken sowie der verrechenbaren und allgemeinen Drucksorten.

III. Erhebungs- und Vollstreckungsdienst
Durchführung verwaltungsbehördlicher Zwangsvollstreckungen.
Bescheidvollstreckung.
Beteiligung an gerichtlichen Zwangsvollstreckungen.
Erhebungen im Zusammenhang mit zwangsweisen Einbringungen.
Versuchsweise Einbringung von privatrechtlichen Forderungen der Stadt Wien.
Mitwirkung bei der Einbringung von Heimsendungskostendarlehen der Bundesministerien für Inneres und für Auswärtige Angelegenheiten.
Erhebungen in Pflegegebühren-, Krankentransportkosten- und Sozialhilfeangelegenheiten.
Mitwirkung beim Strafvollzug über Ersuchen von Verwaltungsbehörden.
Erhebungen im Zusammenhang mit Ansuchen um Befreiung oder Aufschub vom Präsenzdienst.
Einbringung der Kosten für die Ersatzvornahme bei baupolizeilichen Aufträgen.
Erlassung von Vollstreckungsverfügungen und Kostenersatzbescheiden in I. Instanz bei Räumungen.

Spindler Josef, Direktor des Rechnungsamtes, Hofrat 2511
Kadrnoska Friedrich, Oberamtsrat, Regierungsrat . 2512
Veit Ingeborg, Kanzleikommissär,
Kanzleileiter 2513
Kanzlei 806
Terminal und Locherei 2000, 2634

Personalreferat:
Masin Gerhard, Verwaltungsoberkommissär 2515
Sachbearbeiter 2516

Dienstgruppe I: Buchhaltungsdienst
1, Rathaus, 5. Stiege, Hochparterre, Tür 101

Kadrnoska Friedrich, Oberamtsrat, Regierungsrat . 2512
Kirchmeyer Hans, Amtsrat 2517

Buchhaltungsabteilungen:

Zentralbuchhaltung, 1, Rathaus, 5. Stiege, Hochparterre, Tür 101
Dibarbora Stefan, Oberamtsrat 2518
Hollergschwandtner Herbert, Verwaltungsoberkommissär 2510

I Personalbezüge und Gehaltsvorschüsse,
1, Reichsratsstraße 17, 4. Stock,
Tür 11 . . . . 43 89 08*
Wiedersich-Graf Elisabeth,
Oberamtsrat 10, 42 8 03/2671
Vimetal Helmut, Verwaltungsoberkommissär . . 12

II Finanzwesen und Wohnbauförderung,
1, Rathausstraße 9, 2. Stock,
Tür 308 . . . . 42 8 03
Krpalek Hildegard, Oberamtsrat 2520
Jandl Helmut, Verwaltungsoberkommissär . . 2531
Berger Maria, Amtsrat 2532

III Kultur, Sport und Bürgerservice,
8, Friedrich Schmidt-Platz 5, 2. Stock,
Tür 315 . . . . 42 8 03
Rakohl Herbert, Oberamtsrat 2537
Heller Gerlinde, Amtsrat 2536
Kucera Fritz, Amtsrat 2545
Pawlik Margarete, Amtsrat 2538

IV Sozialwesen, Jugendamt,
1, Neutorgasse 18, 2. Stock,
Tür 296 . . . . 66 14*
Angermair Peter, Oberamtsrat 601
Fischer Karl, Amtsrat 602
Palme Eduard, Amtsrat 591
Zimmermann Margareta, Amtsrat 592

V Planung, Wohnhaus-, Verkehrs- und Wasserbau, baubehördliche Angelegenheiten und Heizwerkstätte,
12, Niederhofstraße 23, 3. Stock,
Tür 336 . . . . 746*, 83 66 16*
Ferstl Maria, Amtsrat 401
Hascha Ernestine, Amtsrat 411
Mondl August, Amtsrat 403
Watzke Leopoldine, Amtsrat 413

VI Stadtreinigung und Fuhrpark,
5, Einsiedlergasse 2 . . . . 848*, 55 16 11*
Tamandl August, Oberamtsrat 231
Maindl Ernst, Verwaltungsoberkommissär . . 232

VIII Kanalisation und Wasserwerke,
6, Grabnergasse 4–6,
1. Stock 831*, 57 75 75*
List Leopold, Oberamtsrat 361
Zach Ernst, Verwaltungsoberkommissär . . . 339
Pfister Johann, Amtsrat 337
Bäuml Johann, Amtsrat 338
Weiss Walter, Amtsrat 337

IX Friedhöfe,
1, Werdertorgasse 6, 2. Stock,
Tür 22 . . . . 843, 63 66 76*
Dolezal Ernst, Amtsrat 24
Flaschner Peter, Verwaltungsoberkommissär . 25
Ullmann Theodor, Amtsrat 29

XI Wohn- und Amtsgebäudeverwaltung,
1, Rathausstraße 4, 1. und 2. Stock,
Tür 186 . . . . 42 8 03
Heumesser Alois, Oberamtsrat 2571
Salamon Gertraude, Amtsrat 2574
Chory Anton, Oberamtsrat 2569
Pawlik Johann, Amtsrat 2590
Pösch Lucia, Amtsrat 2507
Stibor Franz, Amtsrat 2580

XII Zentraler Einkauf, Markt- und Veterinärwesen,
Schlachthöfe, 3, Am Modenapark 1–2,
3. Stock 740*, 72 36 31*
Höcherl Viktor, Amtsrat 270
Tkadlec Henriette, Amtsrat 280
Zweigstelle: 16, Hasnerstraße 125 . . . . 92 26 44*
Schlöss, Dkfm. Wolfgang, Amtsrat 07
Bauer Richard, Amtsrat 39

XIII Schulverwaltung,
6, Mollardgasse 87, Hochparterre,
Tür 30 . . . . 856*, 56 16 01*
Thin Stefan, Amtsrat 262
Fabijan Gertraud, Verwaltungsoberkommissär 265

XIV Gesundheitswesen,
3, Am Modenapark 1–2, 5. Stock . 740*, 72 36 31*
Linhart Josef, Oberamtsrat 440
Votava Leopold, Amtsrat 441
König Erich, Amtsrat 455

XV Garten- und Forstwesen, Landwirtschaftsbetrieb, Liegenschaftsverwaltung und Umweltschutz, 1, Volksgartenstraße 3, 5. Stock,
Tür 607 . . . . 42 8 04
Wagner Alfred, Amtsrat 2695
Schmid Verena, Verwaltungskommissär 2686
Svoboda Robert, Amtsrat 2591

XVI Bäder,
7, Hermanngasse 24–26, 2. Stock,
Tür 211 . . . . 844*, 93 76 46*
Neugebauer Willibald, Amtsrat 207
Schneider Hermine 208

Kollaudierungsabteilung,
12, Meidlinger Hauptstraße 4 . . . . . 712*, 83 16 01*
Streichsbier Walter, Oberamtsrat 235
Cach Rudolf, Amtsrat 237
Auer Wilhelm, Amtsrat 239
Baukal Ewald, Amtsrat 239
Dudeschek Karl, Amtsrat 239
Fröhlich Johann, Amtsrat 239
Hlavicka Franz, Amtsrat 239
Kiesswetter Walter, Amtsrat 239
Kneisler Karl, Amtsrat 239
Kremnitzer Ferdinand, Amtsrat 239
Lukas Karl, Amtsrat 239
Matterey Johann, Amtsrat 239
Nakowitz Gottfried, Amtsrat 239
Neuwirth Fritz, Amtsrat 239
Simanek Alois, Amtsrat 239
Simek Franz, Amtsrat 239
Tuschl Fritz, Amtsrat 239
Wiesinger Johann, Amtsrat 239
Litzka Johann 239

Dienstgruppe II: Abgabenrechnungs- und Kassendienst
1, Rathaus, 5. Stiege, Hochparterre, Tür 101

Dietl Alois, Oberamtsrat 2621
Mozelt Helmut, Amtsrat 2622, 2681

Stadtkassen:

1., 8., 9. Bezirk:
1, Wipplingerstraße 8 . . . . . . 701*, 708*, 63 07 31*
Neuwirth Friedrich, Oberamtsrat 241
Hauk Richard, Verwaltungsoberkommissär 242
2., 20. Bezirk:
2, Karmelitergasse 9 . . . . 702*, 33 16 11*
Lapacka Edith, Amtsrat 255
Hösch Herbert, Verwaltungsoberkommissär . . . 256
3., 11. Bezirk:
3, Karl Borromäus-Platz 3 . . . . . . 703*, 72 51 71*
Albustin Ludwig, Amtsrat 241
Minelli Ingrid, Verwaltungsoberkommissär 241
4., 10. Bezirk:
10, Laxenburger Straße 43–47 . . . . 710*, 64 36 31*
Krutisch Rudolf, Amtsrat 275
Zeschek Helene, Verwaltungsoberkommissär . . . 276
5., 6., 7. Bezirk:
7, Hermanngasse 24–26 . . . . 706*, 93 76 46*
Pohl Otto, Oberamtsrat 257
Maier Gerda, Verwaltungsoberkommissär 269
12., 15. Bezirk:
15, Gasgasse 8–10 . . . . 715*, 83 36 11*
Hanzl Fritz, Oberamtsrat 282
Montel Alois, Verwaltungsoberkommissär 283
Szerentsits Alfred, Amtsrat 295
13., 14. Bezirk:
13, Hietzinger Kai 1–3 . . . . 713*, 82 26 51*
Steindl Margarete, Oberamtsrat 200
Horvath Erika, Verwaltungsoberkommissär . . . 201
16., 17. Bezirk:
16, Richard Wagner-Platz 19 . . . . . 716*, 92 26 96*
Pewner Johann, Oberamtsrat 282
Handsur Rudolf, Verwaltungsoberkommissär . . 283
18., 19. Bezirk:
19, Gatterburggasse 14 . . . . 719*, 36 42 50*
Kainrath Wilhelm, Verwaltungsoberkommissär . . 260
Preisel Karl, Verwaltungsoberkommissär 261
21. Bezirk:
21, Am Spitz 1 . . . . 721*, 38 15 04*
Markovich Ludwig, Oberamtsrat 203
Vrchota Heinrich, Amtsrat 253
22. Bezirk:
22, Kagran, Schrödingerplatz 1 . . . . 722*, 23 35 61*
Kainz Gertrude, Amtsrat 260
Eisenstecken Robert, Verwaltungsoberkommissär 261
23. Bezirk:
23, Liesing, Lehmanngasse 3 . . . . . 723*, 86 96 17*
Link Hanna, Amtsrat 61
Repa Christine, Verwaltungsoberkommissär . . . 64

Abgabenhauptverrechnung:
1, Volksgartenstraße 3, 3. Stock
Knezek Albert, Oberamtsrat 2641
Reiskopf Leopold, Amtsrat 2642
Valente Gertrude, Amtsrat 2643

Stadthauptkasse:
1, Rathaus, 5. Stiege, Hochparterre, Tür 104
Weis Konrad, Oberamtsrat 2628
Liquidatur und Verbotsbuch
Ernst Walter, Amtsrat 2623
Girostelle
Dvorak Hedwig, Amtsrat 2620
Verteilerstelle
Sachbearbeiter 2625
Kassenstelle, Hauptkassier
Brunovszky Kurt, Verwaltungsoberkommissär . . 2626
Kassiere 2626, 2627

Drucksortenstelle, verrechenbare Drucksorten
Neubauer Kurt, Kanzleioberkommissär 2636
Drucksortenstelle, allgemeine Drucksorten 2637, 2638

Dienstgruppe III: Erhebungs- und Vollstreckungsdienst
8, Lerchengasse 19 . . . . 43 89 01
Wühl Ferdinand, Oberamtsrat 52
Bejol Adolf, Amtsrat 56
Gerichtserhebungs-Verwertungsgruppe 68, 66
Bescheidvollstreckung 61
Dezernenten, Abgabenvollstreckung:
Bucher Rudolf, Verwaltungsoberkommissär . . . 67
Nowacek Helmut, Verwaltungsoberkommissär . . 62
Zavrel Manfred, Amtsrat 60
Außendienstbeamte (Montag und Donnerstag von 7.30 bis 9 Uhr) 62, 60, 67
Kanzlei 51
Pfändungskataster 64

MAGISTRATSABTEILUNG 54

Zentraler Einkauf

3, Am Modenapark 1–2, Parterre, 1. und 4. Stock, Tel. 740*, 72 36 41*

Beschaffung, Zuweisung und Instandhaltung der sachlichen Erfordernisse für die städtischen Dienststellen und Schulen, ausgenommen die Beschaffung von Spezialerfordernissen, die der Magistratsdirektor einzelnen Dienststellen übertragen hat; Bedarfsprüfung und Verbrauchsüberwachung hinsichtlich der sachlichen Erfordernisse, soweit diese Prüfung nicht dem Magistratsdirektor vorbehalten ist.
Ankauf und Lagerung von Bau- und Werkstoffen und Abgabe derselben an städtische Dienststellen.
Begutachtung der Wiederverwendungsmöglichkeit von Altbaustoffen, ihre Vermittlung an städtische Dienststellen und Veräußerung oder Antragstellung auf Veräußerung von Altbaustoffen.
Einrichtung, Erhaltung und Verwaltung abteilungseigener Betriebsgebäude, Lagerplätze und Förderanlagen.
Verwertung ausgeschiedener gemeindeeigener Sachgüter.
Durchführung der Übersiedlung von Dienststellen und Durchführung von sonstigen Transporten.
Führung der zur Instandhaltung der Sacherfordernisse notwendigen Werkstätten.
Führung des Druckereibetriebes.
Führung der städtischen Bäckerei.
Dienstaufsicht über das zugeteilte Personal, soweit es nicht der Dienstaufsicht des Magistratsdirektors untersteht.

Wezulek, Dr. Johann, Senatsrat 300
Novak, Dr. Hans, Obermagistratsrat 301
Anderschitzky-Schenböck Otto, Techn. Oberamtsrat 378
Beck, Ing. Otto, Techn. Oberamtsrat 370
Stanzel Karl, Oberamtsrat 325, 331
Toninger Walter, Oberamtsrat 92 26 44*, 20
Bülwatsch Karl, Amtsrat 316
Chytil, Ing. Gustav, Techn. Amtsrat 371
Edlinger Eleonore, Amtsrat 308
Kasika Alexander, Amtsrat 337
Obertlik Eugen, Amtsrat 339
Otwald Kurt, Amtsrat 324
Weinert Stefanie, Amtsrat 310
Österreicher, Ing. Christine, Verwaltungsoberoffizial 311
Kratochwil Alfred, Bäckereileiter 92 26 44*, 28
Schwartling Alfred, Druckereileiter 351
Anderka Gertrude, Kanzleikommissär, Kanzleileiter 303
Kanzlei 302, 304, 305, 306, 307
Warengruppe 1: Lebensmittel 309, 310
Edlinger Eleonore, Amtsrat 308
Warengruppe 2: Textilien, Leder, Schuhe 312, 313, 314, 315
Österreicher, Ing. Christine, Verwaltungsoberoffizial 311
Warengruppe 3: Wirtschaftswaren, Eisenwaren, chemische und Elektrowaren, Bereifung 317, 318, 320, 321, 322, 323, 324
Bülwatsch Karl, Amtsrat 316
Warengruppe 4: Papier, Druckaufträge, Kanzleierfordernisse, Büromaschinen 326, 327, 328, 329, 330, 358
Warengruppe 5: Brennstoffe . . 332, 333, 334, 335, 336
Stanzel Karl, Oberamtsrat 325, 331
Warengruppe 6: Amtsmöbel, Schulbedarf und Sachgüterverwertung 338, 339, 340, 341, 342, 343, 344, 345, 359, 361
Kasika Alexander, Amtsrat 337
Warengruppe 7: Baustoffe 371, 373, 375, 376, 377, 378, 379, 380, 381, 382, 383, 384, 385, 389, 390, 391, 392, 393
Beck, Ing. Otto, Techn. Oberamtsrat 370
Druckereibetrieb:
Schwartling Alfred, Druckereileiter 351
Faktor 352
Adressieranlage 355
Buchbinderei 354
Setzerei 353
Zentrallager, 16, Hasnerstraße 123–125 . . . 92 26 44*
Toninger Walter, Oberamtsrat 20
Bäckerei, 16, Hasnerstraße 123–125 . . . . . 92 26 44*
Kratochwil Alfred, Bäckereileiter 28
Brennstoffhauptlager, 2, Praterstern, 4. Kohlenhof 24 13 25
Brennstoff-Expedit Schwechat, Raffinerie Schwechat 77 66 31*, 450
Baustofflagerplatz, 3, Erdberger Lände 90 . . . . . 72 15 90, 72 33 98

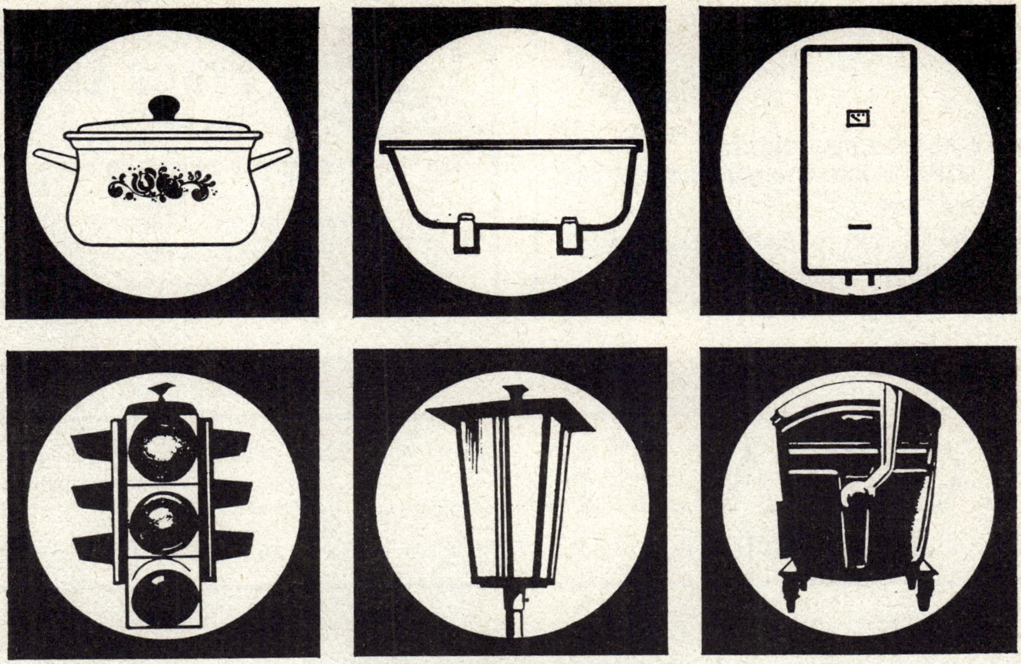

GESCHÄFTSGRUPPE BILDUNG, JUGEND, FAMILIE

1, Rathaus, 5. Stiege, 1. Stock, Tür 308j, Tel. 42 8 04

Bildungspolitik, Jugend, Schulfragen, außerschulische Jugendbetreuung, Koordination sämtlicher Fragen der Familienpolitik.
Zugehörige Magistratsabteilungen:

Magistratsabteilung 11 – Jugendamt
Magistratsabteilung 13 – Bildung und außerschulische Jugendbetreuung
Magistratsabteilung 56 – Städtische Schulverwaltung

Amtsführender Stadtrat *Fröhlich-Sandner Gertrude,* Vizebürgermeister, Landeshauptmann-Stellvertreter . . . 2711
Kühtreiber Werner, Verwaltungsoberkommissär . . . 2751
Sekretariat . . . 4272, 2761
Horvath-Mayerhofer, Dr. Christine, Pressereferent . . . 2974

MAGISTRATSABTEILUNG 11

Jugendamt

1, Schottenring 24, 4. Stock, Tür 454, Tel. 66 14*

Angelegenheiten der öffentlichen Jugendwohlfahrtspflege, des Jugendschutzes und des Kindertagesheimwesens, insbesondere Vollziehung des Jugendwohlfahrtsgesetzes des Bundes und des Landes Wien sowie des Wiener Kindertagesheimgesetzes; Wahrnehmung der Aufgaben des Landes Wien als Sozialhilfeträger, soweit sie die Jugendwohlfahrt betreffen.
Mitwirkung bei der Planung von Kindertagesheimen und Jugendwohlfahrtseinrichtungen.
Verwaltung der Einrichtungen der öffentlichen Jugendwohlfahrtspflege und der Kindertagesheime der Stadt Wien, insbesondere Führung der Kinderübernahmsstelle, Elternschulen, Mutterberatungsstellen, Erziehungsberatungsstellen, Kinder- und Jugendpsychologischen Beratungsstellen, Jugendinformationszentren des Landesjugendreferates, der Institute für Sozialtherapie, der Sonderpädagogischen Ambulanzen und der Sozialpädagogischen Beratungsstellen.
Führung der Ehe- und Familienberatungsstellen sowie der Familienplanungsstellen der Stadt Wien.
Verwaltung der Akademie für Sozialarbeit der Stadt Wien, der Bildungsanstalt für Kindergärtnerinnen der Stadt Wien, des Instituts für Heimerziehung der Stadt Wien und der Kinderpflegerinnenschule der Stadt Wien.
Führung der Sachwalterschaften nach § 198 des Allgemeinen Bürgerlichen Gesetzbuches und nach § 9 des Unterhaltsvorschußgesetzes.
Mitwirkung bei der Jugendgerichts- und Jugendpolizeihilfe sowie bei der Ausübung des Jugendschutzes.
Veranlassung von Verbreitungsbeschränkungen nach dem Bundesgesetz über die Bekämpfung unzüchtiger Veröffentlichungen und den Schutz der Jugend gegen sittliche Gefährdung.
Mitwirkung im Filmbeirat.
Verbindungsdienst zu den Entbindungsanstalten, zur Universitätskinderklinik, zur Universitätsklinik für Neuropsychiatrie des Kindes- und Jugendalters sowie zu den anderen Kinderkrankenhäusern, zum Institut für Tiefenpsychologie und Psychotherapie der Universität Wien, zu den Instituten für Erziehungshilfe, zum Jugendgerichtshof Wien und zu den Magistratsabteilungen 50 und 52.
Aufgaben der Jugendberufsfürsorge, insbesondere Gewährung von Lehrlingsbeihilfen, Verbindungsdienst zu den Berufsschulen, Unterbringung auf Lehr- und Arbeitsplätzen sowie Überprüfung des Ausbildungsfortschrittes; individuelle Betreuung berufstätiger Jugendlicher.
Erteilung von Ausnahmegenehmigungen hinsichtlich der Beschäftigung von Kindern und Jugendlichen.
Jugendpsychologischer Dienst.
Betreuung von Familien mit Kindern unter 18 Jahren auch durch Maßnahmen der Sozialhilfe in Zusammenarbeit mit der Magistratsabteilung 12.
Ausgabe von Jugendfahrscheinen; Bereitstellung von Kinder- und Schüleressen.
Abschluß von Verträgen mit nicht-städtischen Heimen für Kinder und Jugendliche über die Unterbringung städtischer Pflegekinder, einschließlich der Überprüfung der finanziellen Gebarung dieser Heime hinsichtlich der ordnungsgemäßen Verwendung der städtischen Gelder und Festsetzung der Pflegegebühren.
Heimholung und Heimbeförderung Minderjähriger, Einleitung der Repatriierung ausländischer Minderjähriger.
Bearbeitung von Berufungen in Jugendwohlfahrts- und Jugendschutzangelegenheiten sowie in Strafsachen nach dem Wiener Kindertagesheimgesetz.
Führung der Bürogeschäfte des Fonds „Wiener Jugendhilfswerk".
Dienstaufsicht über das zugeteilte Personal, soweit es nicht der Dienstaufsicht des Magistratsdirektors untersteht.

Prohaska, Dr. Walter, Obersenatsrat . . . 411
Graf, Dr. Karl, Obermagistratsrat . . . 440
Estl, Dr. Marianne, Senatsrat . . . 447
Agricola, Dr. Ingeborg, Obermagistratsrat . . . 450
Cerny, Dr. Gerd, Obermagistratsrat . . . 415
Koller, Dr. Hermine, Obermagistratsrat . . . 450
Löwendahl, Dr. Judith, Obermagistratsrat . . . 450
Maager, Dr. Ernst, Obermagistratsrat . . . 63 62 78
Pecko, Dr. Gregor, Obermagistratsrat . . . 450
Schindele, Dr. Franziska, Obermagistratsrat . . . 450
Tschinkel, Dr. Ingeborg, Obermagistratsrat . . . 450
Karlusch, Dr. Heinz, Magistratsrat . . . 450
Muchitsch, Dr. Elvira, Magistratsrat . . . 450
Uhrmann, Dr. Siegfried, Magistratsrat . . . 450
Leirer, Dr. Irmtraut, Magistratsoberkommissär 33 64 022
Prischl, Dr. Annemarie, Magistratsoberkommissär . 450
Friedrich, Dr. Irene, Magistratskommissär . . . 450
Haas, Dr. Brigitte, Magistratskommissär . . . 450
Lacina, Dr. Eva, Magistratskommissär . . . 450
Materazzi, Dr. Christine, Magistratskommissär . . . 450
Blaschko, Dr. Gertraut . . . 74 49 802
Fiebinger, Dr. Wolfgang . . . 450
Friedlmayer, Dr. Stefanie . . . 450
Fürst, Dr. Johanna . . . 450
Haselbacher, Dr. Lieselotte . . . 450
Klima, Dr. Wolfgang . . . 450
Lippert, Dr. Ilse . . . 450
Raffelsberger, Dr. Christa . . . 450
Schmitz, Dr. Ursula . . . 450
Seiter, Dr. Ilse . . . 83 92 03
Wagner, Dr. Siegmund . . . 64 33 22
Derka Walter, Oberamtsrat . . . 414
Kovalovsky Stefan, Oberamtsrat . . . 430
Schwarz Adolf, Oberamtsrat . . . 477
Steszl Johann, Oberamtsrat . . . 416
Acs Gertrude, Amtsrat . . . 462
Franc Eleonore, Amtsrat . . . 461
Grestenberger Josef, Amtsrat . . . 449

Grünn Gertrude, Amtsrat 478
Pablik Irma, Amtsrat 72 36 66
Pellmann Anton, Amtsrat 465
Peschek Hedwig, Amtsrat 452
Satorfy-Scholz Anny, Amtsrat 422
Swoboda Margarete, Amtsrat 455
Tatzer Otto, Amtsrat 481
Zenisek Edith, Amtsrat 480
Dögl Anna, Kanzleioberkommissär, Kanzleileiter . . 424
Kanzlei 425, 427
Personalstelle . . 428, 430, 441, 443, 471, 484, 486, 487

Dezernat I: Rechtsangelegenheiten, Vormundschaftswesen
Cerny, Dr. Gerd, Obermagistratsrat 415
Sachbearbeiter 413, 414

Dezernat II: Jugendwohlfahrt
Graf, Dr. Karl, Obermagistratsrat 440
Sachbearbeiter 444, 466, 451–459, 461, 478

Dezernat III: Kindertagesheime
Schwarz Adolf, Oberamtsrat 477
Sachbearbeiter 422, 423, 436, 437, 448, 460

Dezernat IV: Finanz-, Wirtschafts- und Allgemeine Verwaltung
Steszl Johann, Oberamtsrat 416
Sachbearbeiter 410, 417, 421, 435, 445, 446, 463, 465, 473, 474, 475

Dezernat V: Erholungsfürsorge (Wijug), 1, Neutorgasse 15
Tatzer Otto, Amtsrat 481
Sachbearbeiter . . . 420, 429, 431–434, 438, 482, 483

Dezernat VI: Heime für Kinder und Jugendliche
Heime für Kinder
Acs Gertrude, Amtsrat 462
Heime für Jugendliche
Grestenberger Josef, Amtsrat 449
Sachbearbeiter 419

Dezernat VII: Psychologischer Dienst
Estl, Dr. Marianne, Senatsrat 447
Sachbearbeiter 450
Kinderpsychologische Station,
9, Lustkandlgasse 50 . . . . 34 65 35*, 268, 269

Kinderübernahmsstelle
9, Lustkandlgasse 50 . . . . 34 65 35*
Neubauer Franz, Amtsrat 272
Sachbearbeiter 203, 209, 311, 312, 313

Ausbildungseinrichtungen:
Bildungsanstalt für Kindergärtnerinnen der Stadt Wien, 21, Patrizigasse 2 . . . . 30 13 28
Akademie für Sozialarbeit der Stadt Wien, 21, Freytaggasse 32 . . . . 38 72 51
Institut für Heimerziehung der Stadt Wien, 21, Freytaggasse 32 . . . . 38 71 66
Kinderpflegerinnenschule der Stadt Wien, 18, Bastiengasse 36–38 . . . . 47 15 15*
Sozialpädagogische Grundlagenforschung, 2, Obere Augartenstraße 26–28 . . . . 35 68 772
Wiener Kindertelefon, 1, Schottenring 24 . . . . 63 53 64

Bezirksjugendämter:

1., 8., 9. Bezirk:
9, Währinger Straße 39 . . . . 709*, 42 35 75*
Ondreicska Julius, Amtsrat 288

2. Bezirk:
2, Karmelitergasse 9 . . . . 702*, 33 16 11*
Frühwirt Martha, Oberamtsrat 270
Keck Gerhard, Amtsrat 271

3. Bezirk:
3, Sechskrügelgasse 11 . . . . 703*, 72 51 71*
Starecek Karl, Amtsrat 270

4., 5. Bezirk:
4, Favoritenstraße 18 . . . . 724*, 65 47 34*
Radlecker, Dr. Kurt, Amtsrat 251

6., 7. Bezirk:
6, Amerlingstraße 11 . . . . 726*, 57 95 21*
Golech Erna, Amtsrat 31

10. Bezirk:
10, Laxenburger Straße 43–47 . . . . 710*, 64 36 31*
Trojan Karl, Oberamtsrat 245

11. Bezirk:
11, Enkplatz 2 . . . . 711*, 74 35 86*
Scheck Franz, Amtsrat 240

12. Bezirk:
12, Hufelandgasse 2 . . . . 712*, 83 16 01*
Porits Stefan, Oberamtsrat 261
Brunner Karl, Amtsrat 276

13., 14. Bezirk:
13, Hietzinger Kai 1–3 . . . . 713*, 82 26 51*
Obendrauf Kurt, Amtsrat 260
Chwatal Martha, Amtsrat 271

15. Bezirk:
15, Gasgasse 8–10 . . . . 715*, 83 36 11*
Tetenka Franz, Oberamtsrat 265

16. Bezirk:
16, Arnethgasse 84 . . . . 46 12 38*
Spitzer Friedrich, Oberamtsrat 2

17., 18. Bezirk:
17, Kalvarienberggasse 29 . . . . . 717*, 43 61 01* (43 16 51*)
Scheinost Karl, Oberamtsrat 361

19. Bezirk:
19, Gatterburggasse 14 . . . . 719*, 36 42 50*
Papageorgopoulos Gertrud, Verwaltungsoberkommissär 270

20. Bezirk:
20, Brigittaplatz 10 . . . . 720*, 33 35 11*
Peterka Ernst, Amtsrat 276

21. Bezirk:
21, Am Spitz 1 . . . . 721*, 38 15 04*
Kleinhampl Erich, Oberamtsrat 261

22. Bezirk:
22, Kagran, Schrödingerplatz 1 . . . . 722*, 23 35 61*
Cermak Johanna, Amtsrat 270

23. Bezirk:
23, Liesing, Haeckelstraße 4 . . . . 723*, 86 96 17*
Sieb Hilda, Amtsrat 71
Caba Adelheid, Amtsrat 77

Mutterberatung:

(Die jeweiligen Beratungs- bzw. Kurszeiten sind in den zuständigen Bezirksjugendämtern zu erfahren)

2, Obere Augartenstraße 14/4
2, Obere Donaustraße 97
2, Vorgartenstraße 213
3, Barthgasse 17/4
3, Gänsbachergasse 3 (Herberge für Obdachlose)
3, Sechskrügelgasse 11 . . . . . . 703*, 72 51 71*, 278
4, Favoritenstraße 18 . . . . . . 724*, 65 47 34*, 266
5, Reinprechtsdorfer Straße 1c
6, Amerlingstraße 11 . . . . 726*, 57 95 21*, 45
6, Linke Wienzeile 182/10
8, Schlesingerplatz 4 . . . . 727*, 42 75 41*, 260
9, Sobieskigasse 28–30 . . . . 34 89 365
9, Spitalgasse 23, Ambulanz der Universitäts-Kinderklinik 42 89*
10, Gellertgasse 42 . . . . 64 35 84
10, Gudrunstraße 128 . . . . 710*, 64 36 31*, 251
10, Ober-Laaer Straße 87 . . . . 64 04 763
10, Per Albin Hansson-Sdlg. Ost, Ada Christen-Gasse 2/E
10, Schrankenberggasse 31, Ambulanz . . 64 55 91*, 239
10, Triester Straße 52
10, Wienerfeld-West, Franz Schreker-Gasse 20–22
11, Enkplatz 2 . . . . 711*, 74 35 86*, 269
11, Muhrhoferweg 17/4 . . . . 76 19 795
12, Kastanienallee 2 (Herberge für Obdachlose)
12, Sagedergasse 7/10
12, Tivoligasse 4–6
12, Vierthalergasse 11–17/10
13, Hietzinger Kai 1–3 . . . . . . 713*, 82 26 51*, 278
13, Speisinger Straße 49–53/1
14, Hauptstraße 72 . . . . 84 22 00
14, Linzer Straße 253–255
15, Rosinagasse 4 . . . . 715*, 83 36 11*, 281
15, Wurmsergasse 36
16, Lindauergasse 14
16, Ottakringer Straße 217 . . . . 46 81 252
17, Rhigasgasse 4
18, Antonigasse 102
18, Erndtgasse 27
19, Billrothstraße 42–48
19, Heiligenstädter Straße 82/14
19, Krottenbachstraße 106
20, Pappenheimgasse 27–31
20, Wehlistraße 32–38/2
21, Berlagasse 40/6
21, Freytaggasse 32 . . . . 38 62 05
21, Großfeldsiedlung, Pastorstraße 20/2
21, Josef Flandorfer-Straße 64
21, Mitterhofergasse 2/22
22, Eßling, Eßlinger Hauptstraße 76
22, Hirschstetten, Ziegelhofstraße 32–34/9 . . . 22 24 27
22, Kagran, Lenkgasse 5–7 . . . . 23 22 30
22, Kagran, Lieblgasse 2/33 . . . . 23 30 002
22, Kaisermühlen, Schüttaustraße 12–14/9
22, Stadlau, Hans Steger-Gasse 13/1
23, Atzgersdorf, Reklewskigasse 36
23, Erlaa, Erlaaer Straße 131
23, Inzersdorf, Draschestraße 96
23, Liesing, Färbermühlgasse 5
23, Mauer, Dr. Barilits-Gasse 4
23, Siebenhirten, Baslergasse 21/19

Mutterberatung für serbokroatische Gastarbeiter:

(Die jeweiligen Beratungs- bzw. Kurszeiten sind in den zuständigen Bezirksjugendämtern zu erfahren)

9, Sobieskigasse 28–30 . . . . 34 89 365
10, Gudrunstraße 128 . . . . 710*, 64 36 31*, 251
17, Rhigasgasse 4

Elternschulen:

(Die jeweiligen Beratungs- bzw. Kurszeiten sind in den zuständigen Bezirksjugendämtern zu erfahren)

2, Obere Augartenstraße 14/4
3, Sechskrügelgasse 11 . . . . . . 703*, 72 51 71*, 278
5, Schönbrunner Straße 54/3/308 . . . . . 704*, 725*, 55 45 85*, 253
6, Amerlingstraße 11/3 . . . . . . 726*, 57 95 21*, 45
8, Schlesingerplatz 4 . . . . 727*, 42 75 41*, 260
10, Gudrunstraße 128 . . . . 710*, 64 36 31*, 251
10, Per Albin Hansson-Siedlung Ost, Ada Christen-Gasse 2/H 68 15 93
11, Enkplatz 2/103 . . . . 711*, 74 35 86*, 269
12, Tivoligasse 4–6
13, Hietzinger Kai 1–3 . . . . . . 713*, 82 26 51*, 278
14, Linzer Straße 253–255
15, Rosinagasse 4 . . . . 715*, 83 36 11*, 281
16, Arnethgasse 84 . . . . 46 12 38*, 3
17, Rhigasgasse 4
19, Billrothstraße 42–48
20, Pappenheimgasse 27–31
21, Freytaggasse 32 . . . . 38 62 05
21, Mitterhofergasse 2/22/1 . . . . 39 53 06
22, Kagran, Schrödingerplatz 1 . . 722*, 23 35 61*, 217

Kinder- und Jugendpsychologische Beratungsstellen:

2, Karmelitergasse 9, Montag und Freitag von 13 bis 15.30 Uhr
3, Baumgasse 12, Montag von 16.30 bis 19.30 Uhr
3, Sechskrügelgasse 11, Freitag von 13 bis 15.30 Uhr
4, Favoritenstraße 18, Mittwoch von 16 bis 19 Uhr
6, Linke Wienzeile 82, Donnerstag von 13 bis 15.30 Uhr
9, Sobieskigasse 28–30, Mittwoch von 16.30 bis 19.30 Uhr
9, Währinger Straße 39, Freitag von 13 bis 15.30 Uhr
10, Laxenburger Straße 43–47, Donnerstag von 13 bis 15.30 Uhr
10, Per Albin Hansson-Zentrum, Ada Christen-Gasse 2/F, Montag von 16.30 bis 19.30 Uhr und Freitag von 13 bis 15.30 Uhr
10, Puchsbaumgasse 30–36, Mittwoch von 16.30 bis 19.30 Uhr
11, Enkplatz 2, Montag von 13 bis 15.30 Uhr
12, Hufelandgasse 2, Mittwoch von 13 bis 15.30 Uhr
14, Linzer Straße 251, Dienstag von 16.30 bis 19.30 Uhr, Freitag von 13 bis 15.30 Uhr
15, Gasgasse 8–10, Dienstag von 13 bis 15.30 Uhr
16, Ottakringer Straße 217, Montag von 13 bis 19.30 Uhr
17, Leopold Ernst-Gasse 22, Mittwoch von 13 bis 15.30 Uhr
19, Billrothstraße 42–48, Donnerstag von 13 bis 15.30 Uhr
21, Floridsdorfer Hauptstraße 12, Dienstag und Mittwoch 16.30 bis 19.30 Uhr
21, Freytaggasse 32, Anmeldung Montag von 11 bis 12 und von 16 bis 19 Uhr
21, Großfeldsiedlung, Kürschnergasse 9, Montag von 13 bis 19 Uhr
21, Mitterhofergasse 2/22/1, Mittwoch von 13 bis 15.30 Uhr
22, Kagran, Schrödingerplatz 1, Mittwoch von 13 bis 15.30 Uhr
23, Liesing, Haeckelstraße 4, Mittwoch von 13 bis 19.30 Uhr

Jugendinformationszentren:

6, Dambäckgasse 1 . . 57 72 21, 726*, 57 95 21*, 22, 23
Montag bis Freitag von 12 bis 19 Uhr
17, Rötzergasse 29 . . . . 46 86 69
Montag bis Freitag von 12 bis 19 Uhr
21, Prager Straße 20 . . . . 30 33 89
Montag bis Freitag von 12 bis 19 Uhr

Sozialpädagogische Beratungsstellen der Stadt Wien:

10, Zohmanngasse 28 . . . . 62 62 02
Montag bis Freitag von 8 bis 17 Uhr
20, Wasnergasse 33 . . . . 35 55 30
Montag bis Freitag von 8 bis 17 Uhr

Institute für Sozialtherapie der Stadt Wien:

2, Im Werd 19 . . . . 33 42 66
Anmeldung Montag bis Freitag von 13 bis 17 Uhr für Schulkinder
9, Lustkandlgasse 50 . . . . 34 65 35*, 234
Anmeldung Montag bis Freitag von 13 bis 17 Uhr für Schulkinder
10, Puchsbaumgasse 30–36 . . . . 62 83 245
Anmeldung Montag von 10 bis 19 Uhr für Jugendliche

Beratungsstellen für Eheberatung und Familienplanung der Stadt Wien:

(Telefonische Voranmeldung und Auskünfte Montag und Donnerstag von 13.30 bis 15.30 Uhr, Tel. 63 89 96)
1, Gonzagagasse 23 (Amtshaus), Montag und Donnerstag von 16 bis 18.30 Uhr 63 89 96
12, Meidlinger Hauptstraße 2 (Amtshaus), Mittwoch von 16 bis 18.30 Uhr 712*, 83 16 01*, 246
ausschließlich Familienplanung:
15, Huglgasse 1–3 (Elisabeth-Spital), Montag von 13 bis 15 Uhr 95 65 51*, 265
16, Montleartstraße 37 (Wilhelminenspital), Dienstag und Donnerstag von 13 bis 15 Uhr . 95 25 11*, 202
18, Bastiengasse 36–38 (Ignaz Semmelweis-Frauenklinik), Montag bis Freitag von 8 bis 12 Uhr, Dienstag von 16 bis 18 Uhr 47 15 15*, 306
22, Kagran, Schrödingerplatz 1 (Amtshaus), Mittwoch von 17 bis 19 Uhr 722*, 23 35 61*, 291

Kindertagesheime der Stadt Wien:
(Krippen, Kindergärten, Horte)

1, Fischerstiege 4 . . . . 63 70 304
1, Rudolfsplatz 5b 63 62 78
1, Schottenring 28 . . . . 63 20 425
1, Zedlitzgasse 9 . . . . 52 20 544
2, Aspernallee 2 . . . . 74 21 61
2, Engerthstraße 237 . . . . 24 04 753
2, Fruchtgasse 2 . . . . 24 96 072
2, Handelskai 214/bei Stiege 15 . . . . . . 26 58 282
2, Jungstraße 1 . . . . 24 24 34
2, Kleine Sperlgasse 2a 24 69 772
2, Lassallestraße 40 . . . . 24 20 362
2, Marinelligasse 1 . . . . 24 48 562
2, Obere Augartenstraße 68 . . . . 33 93 30
2, Obere Donaustraße 97–99 . . . . 24 69 482
2, Pazmanitengasse 17 . . . . 24 67 214
2, Rosenpark, Mexikoplatz 28 . . . . 24 25 21
2, Venediger Au 10 . . . . 24 28 115
2, Vereinsgasse 29 . . . . 24 47 262
2, Vivariumstraße 8 . . . . 24 56 663
2, Vorgartenstraße 140 . . . . 26 40 205
2, Vorgartenstraße 191 . . . . 24 29 442
2, Vorgartenstraße 212 . . . . 26 30 804
2, Zirkusgasse 5 . . . . 24 09 812
3, Boerhaavegasse 13 . . . . 73 43 80
3, Dr. Bohr-Gasse 8 . . . . 72 44 87
3, Drorygasse 8/III 72 18 895
3, Erdberger Lände 54 . . . . 73 29 065
3, Erdbergstraße 22 . . . . 73 90 412
3, Erdbergstraße 76 . . . . 72 27 224
3, Klopsteinplatz 6 . . . . 72 20 293
3, Kölblgasse 23 . . . . 73 70 003
3, Landstraßer Hauptstraße 94 . . . . 72 54 67
3, Leonhardgasse 7 . . . . 73 97 364
3, Lustgasse 13–15 . . . . 72 18 255
3, Marxergasse 12 . . . . 73 01 352
3, Stadtpark, Am Heumarkt 73 61 47
4, Favoritenstraße 18 . . . . . 724*, 65 47 34*, 271
4, Graf Starhemberg-Gasse 10 . . . . 65 94 482
4, Rainergasse 23–25 . . . . 65 52 472
4, Schelleingasse 13–15 . . . . 65 02 213
4, Waltergasse 5 . . . . 65 94 463
5, Bacherplatz 4 . . . . 55 27 49
5, Einsiedlergasse 7 . . . . 55 37 143
5, Fendigasse 38 . . . . 55 19 353
5, Margaretengürtel 104 . . . . 55 10 474
5, Pilgramgasse 3 . . . . 55 89 632
5, Reinprechtsdorfer Straße 1c, Heu- und Strohmarkt 55 12 722
5, Stöbergasse 8 . . . . 55 34 152
5, Stöbergasse 14 . . . . 55 59 465
6, Corneliusgasse 6 . . . . 57 70 242
6, Grabnergasse 7–9 . . . . 57 50 733
6, Wallgasse 22 . . . . 56 46 765
7, Faßziehergasse 3 . . . . 93 39 403
7, Lindengasse 57 . . . . 93 19 882
7, Zieglergasse 21 . . . . 93 79 394
8, Josefstädter Straße 93–97 . . . 43 17 152, 43 17 153
8, Lange Gasse 36 . . . . 43 78 874
9, Dreihackengasse 5 . . . . 34 10 112
9, Glasergasse 8 . . . . 34 70 834
9, Grünentorgasse 11 . . . . 34 57 175
9, Gussenbauergasse 5–7 . . . . 34 08 893
9, Latschkagasse 5 . . . . 34 50 143
9, Marktgasse 5 . . . . 34 27 383
9, Marktgasse 44–46 . . . . 34 67 894
9, Währinger Gürtel 74–76, Allgemeines Krankenhaus 42 89*, 4582
9, Währinger Straße 43 . . . . 42 40 412
10, Friesenplatz 1–2 . . . . 64 56 055
10, Herzgasse 89, ... 64 64 602
10, Inzersdorfer Straße 111 . . . . 64 00 675
10, Klausenburger Straße 23 . . . . 62 52 30
10, Laimäckergasse 18 . . . . 64 15 32
10, Laxenburger Straße 51–53 . . . . 64 20 842
10, Lippmanngasse 3 . . . . 68 14 164
10, Migerkastraße 16 . . . . 64 57 812
10, Neilreichgasse 105 . . . . 64 86 095
10, Ober-Laa, Franzosenweg 23 . . . . 68 56 915
10, Per Albin Hansson-Siedlung Nord, Holeyplatz 3 . . . . 68 26 223
10, Per Albin Hansson-Siedlung Ost, Franz Koci-Straße 6/15/3 . . . . 68 20 754
10, Per Albin Hansson-Siedlung Ost, (1), Bergtaidingweg 19 . . . . 68 34 852
10, Per Albin Hansson-Siedlung Ost, (2), Bergtaidingweg 11 . . . . 68 32 042
10, Per Albin Hansson-Siedlung Ost, (3), Wendstattgasse 4a 68 20 485
10, Per Albin Hansson-Siedlung West, Bernadottegasse 59 . . . . 68 27 554
10, Quaringasse 13 . . . . 64 66 785
10, Quaringasse 16 . . . . 64 28 864
10, Triester Straße 114 . . . . 67 48 095
10, Troststraße 68 . . . . 64 84 094
10, Waldmüllerpark 1 . . . . 64 33 22
10, Wienerfeld-Ost, Laxenburger Straße 203–217 . . . . 67 47 602
10, Wienerfeld-West, Gimniggasse 1 . . . . . 67 41 18
10, Wirerstraße 18 . . . . 64 64 715
11, Delsenbachgasse 12 . . . . 74 49 802
11, Ehamgasse 8 . . . . 74 27 653

11, Hasenleitengasse 9 . . . . 76 51 70, 76 51 74 (74 32 16, 74 43 04)
11, Lorystraße 42 . . . . .76 57 813 (74 54 395)
11, Lorystraße 126 . . . . 74 79 413
11, Rinnböckstraße 47 . . . . 74 10 893
11, Sedlitzkygasse 26 . . . . 74 32 37
11, Thürnlhofstraße 19 . . . . 76 21 94
11, Wilhelm Kreß-Platz 33 . . . .76 12 604 (74 49 494)
12, Am Schöpfwerk, Andersengasse 6 . . . . 67 10 224
12, Haebergasse 1 . . . . 83 37 953
12, Hetzendorfer Straße 57 . . . 84 18 482 (83 84 892)
12, Karl Löwe-Gasse 15 . . . . 85 44 434
12, Ruckergasse 21 . . . . 83 47 825
12, Stranitzkygasse 4 . . . . 83 40 842
12, Ulmenhof 25 . . . . 62 98 175
12, Unter-Meidlinger Straße 67 . . . . 64 39 115
12, Wienerbergstraße 16 . . . . 83 98 003
12, Zanaschkagasse 14/43 . . . . 67 50 802
13, Anton Langer-Gasse 39 . . . . 82 59 493
13, Hietzinger Hauptstraße 166 . . . . 82 48 785
13, Hügel-Park, „Andersen"-Kindergarten, Stoesslgasse 8a 82 10 252
13, Klitschgasse 31/16 . . . . 82 98 682
13, Lainzer Straße 148 . . . . 82 19 813
14, Cumberlandstraße 91 . . . . 82 48 745
14, Hadersdorf-Weidlingau 82 . . . . 97 14 893
14, Hägelingasse 11 . . . . 92 27 775
14, Heinrich Collin-Straße 13 . . . . 94 62 17
14, Lautensackgasse 20, Breitnerhof 94 52 61
14, Linzer Straße 128 . . . . 94 54 042
14, Linzer Straße 417 . . . . 94 36 703
14, Meiselstraße 67–69 . . . . 92 20 882
14, Moßbachergasse 20–24 . . . . 94 48 175
14, Penzinger Straße 33 . . . . 82 67 794
14, Richard Kuhn-Weg 1 . . . . 97 16 54
15, Beingasse 19 . . . . 92 22 01
15, Dadlergasse 16 . . . . 83 50 444
15, Fünfhausgasse 16–18 . . . . 83 67 792
15, Johnstraße 54 . . . . 92 27 385
15, Künstlergasse 10 . . . . 83 09 735
15, Siebeneichengasse 15 . . . . 85 61 69
15, Wurmsergasse 10 . . . . 92 79 642
16, Arnethgasse 30 . . . . 46 35 702
16, Brüßlgasse 31 . . . . 92 52 76
16, Gaullachergasse 51 . . . . 42 49 973
16, Haberlgasse 76 . . . . 43 33 77
16, Ludo Hartmann-Platz 1 . . . . 95 16 095
16, Maderspergerstraße 1 . . . . 95 52 985
16, Montleartstraße 36 . . . . 92 80 532
16, Odoakergasse 48 . . . . 46 32 03
16, Possingergasse 65 . . . . 92 19 913
16, Rosa Luxemburg-Gasse 5 . . . . 46 47 102
16, Rosenackerstraße 5 . . . . 46 36 56
16, Seeböckgasse 18 . . . . 46 27 485
16, Seitenberggasse 4–6 . . . . 46 88 013
17, Dornbacher Straße 53 . . . . 46 36 87
17, Kindermanngasse 1 . . . . 43 20 515
17, Roggendorfgasse 6 . . . . 46 34 73
17, Rötzergasse 47 . . . . 46 67 815
17, Wattgasse 96 . . . . 46 38 864
17, Wichtelgasse 67 . . . . 46 45 205
18, Bastiengasse 36–38 . . . . 47 15 15*, 221
18, Ferrogasse 28 . . . . 47 37 425
18, Klettenhofergasse 3 . . . . 42 59 274
18, Paulinengasse 9 . . . . 47 17 265
18, Staudgasse 78 . . . . 47 40 115
19, Bauernfeldgasse 5 . . . . 36 55 203
19, Gatterburggasse 2b 36 65 962
19, Heiligenstädter Straße 82 . . . . 36 38 032
19, Heiligenstädter Straße 86 . . . . 37 38 832
19, Obkirchergasse 8 . . . . 36 67 572
19, Osterleitengasse 14 . . . . 36 28 743
19, Paradisgasse 65a 32 38 362
19, Philippovichgasse 2–5 . . . . 34 86 423
19, Probusgasse 9 . . . . 37 19 684
19, Raimund Zoder-Gasse 2 . . . . 32 27 223
19, Schulsteig 1a 32 10 022
20, Adalbert Stifter-Straße (Dietmayrgasse 10) 33 19 575
20, Dammstraße 7 . . . . 33 28 523
20, Denisgasse 39–41 . . . . 33 52 753
20, Donaueschingenstraße 30 . . . . 33 47 892
20, Gerhardusgasse 7 . . . . 33 48 595
20, Hartlgasse 8 . . . . 33 79 514
20, Kapaunplatz (Fröbel-Kindergarten) 33 86 332
20, Leipziger Straße 33a 35 56 672
20, Leystraße 36 . . . . 33 20 384
20, Pappenheimgasse 16 . . . . 33 77 954
20, Spielmanngasse 3 . . . . 35 18 735
20, Vorgartenstraße 71/I 33 62 722
20, Vorgartenstraße 71/II 33 42 99
20, Winarskystraße 18 . . . . 33 57 142
21, Aistgasse 38 . . . . 38 58 865
21, Ampèregasse 8 . . . . 38 37 962
21, Baumergasse 24 . . . . 39 28 272
21, Bunsengasse 8 . . . . 38 10 452
21, Dunantgasse 13 . . . . 38 59 952
21, Floridsdorfer Markt 5 . . . . 38 29 463
21, Fultonstraße 5–11 . . . . 38 38 304
21, Großfeldsiedlung, Dominik Wölfel-Gasse 15 . . . . 38 63 01
21, Großfeldsiedlung, Kürschnergasse 3 . . . 38 53 31
21, Großfeldsiedlung, Meistergasse 1 . . . . . 38 21 28
21, Großfeldsiedlung, Oswald Redlich-Gasse 48 . . . . 38 22 61
21, Großfeldsiedlung, Walter Schwarzacher-Gasse 5/68 . . . . 38 47 192
21, Jedlersdorfer Straße 96 . . . . 39 53 69
21, Josef Baumann-Gasse 65 . . . . 38 25 482
21, Kugelfanggasse 8a 38 17 012
21, Luckenschwemmgasse 6 . . . . 39 18 003
21, Mengergasse 35 . . . . 38 15 75
21, Mitterhofergasse 2 . . . . 39 51 98
21, Osergasse 1 . . . . 39 27 225
21, Roda-Roda-Gasse 9 . . . . 39 22 052
21, Roggegasse 35 . . . . 39 11 95
21, Schloßhofer Straße 33 . . . . 38 62 34
21, Schöpfleuthnergasse 4a 38 54 162
21, Scottgasse 8 . . . . 39 37 315
21, Tomaschekstraße 42 . . . . 38 72 10
22, Aspern, Benjowskygasse 2–6 . . . . 22 29 092
22, Aspern, Langobardenstraße 207 . . . . . 22 19 564
22, Breitenlee, Pirquetgasse 8 . . . . 22 52 61
22, Hirschstetten, Quadenstraße 8/20 . . . . . 22 50 602
22, Hirschstetten, Quadenstraße 13 . . . . . . 22 18 994
22, Kagran, Bernoullistraße 4 . . . . 23 25 82
22, Kagran, Lieblgasse 2/28 . . . . 23 66 682
22, Kagran, Lieblgasse 2/32 . . . . 23 17 672
22, Kagran, Portnergasse 42 . . . . 23 68 405
22, Kagran, Rennbahnweg 29 . . . . 23 25 49
22, Kagran, Rugierstraße 1 . . . . 22 12 00
22, Kagran, Thonetgasse 42 . . . . 23 36 75
22, Kaisermühlen, Am Kaisermühlendamm 7 . 23 54 665
22, Kaisermühlen, Schüttaustraße 1 . . . . . . 23 58 252
22, Leopoldau, Aderklaaer Straße 6 . . . . . 23 77 992
22, Leopoldau, Eipeldauerstraße 23 . . . . . 23 76 642
22, Stadlau, Erzherzog Karl-Straße 65 . . . . 22 17 994
22, Stadlau, Langobardenstraße 53 . . . . . . 22 14 75
22, Stadlau, Wurmbrandgasse 22 . . . . 22 19 542
23, Alt-Erlaa, Wohnpark Ost, Anton Baumgartner-Straße 67 79 332

23, Alt-Erlaa, Wohnpark West, Anton Baumgartner-Straße 67 79 362
23, Atzgersdorf, Canavesegasse 24 . . . . . . 86 40 413
23, Atzgersdorf, Kirchenplatz 2 . . . . 86 20 472
23, Atzgersdorf, Lastenstraße 15 . . . . 86 20 054
23, Erlaa, Calvigasse 2 . . . . 67 24 112
23, Erlaa, Erlaaer Straße 120 . . . . 67 34 454
23, Inzersdorf, Putzendoplergasse 10 . . . . . 67 23 955
23, Inzersdorf, Triester Straße 199 . . . . . . 67 19 184
23, Liesing, Dirmhirngasse 138 . . . . 86 20 062
23, Liesing, Pülslgasse 28 . . . . 86 99 283
23, Mauer, Dr. Barilits-Gasse 3 . . . . 88 23 912
23, Mauer, Johann Hörbiger-Gasse 43 . . . . 88 18 614
23, Mauer, Peterlinigasse 7 . . . . 88 23 165
23, Rodaun, Breitenfurter Straße 455 . . . . . 88 43 692
23, Siebenhirten, Bernhard Billes-Gasse 8 . . 67 10 133

Sonderkindergärten:

3, Gänsbachergasse 3 . . . . . .78 22 453 (65 68 353)
3, Klopsteinplatz 5 . . . . 72 17 795
12, Endergasse 1 . . . . 84 33 46 (85 21 17)
13, Riedelgasse 5 (Neurologisches Krankenhaus Rosenhügel) 88 25 15*, 345
14, Auer-Welsbach-Park 83 92 03
21, Franklinstraße 28 . . . . 38 41 10

Sonderhorte:

2, Wolfgang Schmälzl-Gasse 15 . . . . 24 40 665
11, Herderplatz 1 . . . . 74 57 795
12, Endergasse 1 . . . . 84 33 46 (85 21 17)
15, Selzergasse 19 . . . . 92 95 185
18, Anastasius Grün-Gasse 10 . . . . 34 57 574
20, Pöchlarnstraße 20 . . . . 33 88 265
22, Kagran, Lorenz Kellner-Gasse 15 . . . . . 23 76 533

Sommerkindergärten:

2, Freudenau, Aspernallee 2 . . . . 74 21 61
10, Laaer Berg-Straße 145 . . . . . 68 11 30, 68 14 033
13, Girzenberg, Angermayergasse 82 14 26
14, Paradies, Hüttelbergstraße 22 . . . . 94 21 93
17, Dornbacher Straße 53 . . . . 46 36 87
18, Pötzleinsdorfer Straße 230 . . . . 44 11 67
19, Himmelstraße 113 . . . . 32 37 094
22, Weißau, Schödlbergergasse 7 . . . . 23 57 87

Tagesheimschulhorte:

2, Vereinsgasse 29 . . . . 24 47 262
2, Vorgartenstraße 191 . . . . 24 29 442
3, Erdbergstraße 76 . . . . 72 27 224
8, Josefstädter Straße 93–97 . . . . 43 17 152
9, Währinger Straße 43 . . . . 42 40 412
10, Herzgasse 89 . . . . 64 64 602
16, Odoakergasse 48 . . . . 46 32 03
17, Wichtelgasse 67 . . . . 46 45 205
18, Klettenhofergasse 3 . . . . 42 59 274
20, Gerhardusgasse 7 . . . . 33 48 595
21, Baumergasse 24 . . . . 39 22 732

Heime für Kinder und Jugendliche:

Therapieheim „Im Werd“
2, Im Werd 19, Tel. 33 55 91

Lehrlingsheim Leopoldstadt
2, Obere Augartenstraße 26–28, Tel. 35 36 78*, 33 51 66
Heimdirektor: *Pratschke Gottfried*

Heim für Jugendliche Rochusgasse
3, Rochusgasse 8, Tel. 72 44 70, 75 31 53
Heimdirektorin: *Quatember Hermine*

Julius Tandler-Heim
9, Lustkandlgasse 50, Tel. 34 65 35*
Heimleiter: *Neubauer Franz,* Amtsrat

Gesellenheim
10, Zohmanngasse 28, Tel. 64 52 81
Heimleiterin: *Bock Ute*

Mutter- und Kind-Heim
11, Pleischlgasse 2, Tel. 76 51 71 (74 12 79)
Heimdirektorin: *Spindler Valerie*

Gesellinnenheim
12, Aichhorngasse 11, Tel. 83 54 65
Heimleiterin: *Paumgartten Friedlinde*

Stadt des Kindes
14, Mühlbergstraße 7, Tel. 97 15 06
Heimleiterin: *Schoebel, Dr. Christa,* Magistratsrat

Zentralkinderheim
18, Bastiengasse 36–38, Tel. 47 15 15*
Heimleiterin: *Bründl, Dr. Margarete,* Obermagistratsrat
Ärztl. Leiter: *Jürgenssen, Dr. Olaf,* Primarius
(Frauenmilchsammelstelle)

Heim für Kinder und Jugendliche Pötzleinsdorf
18, Pötzleinsdorfer Straße 46, Tel. 47 41 33
Heimdirektorin: *Koller, Dr. Wanda*

Lehrmädchenheim Nußdorf
19, Hammerschmidtgasse 22, Tel. 37 12 11
Heimleiterin: *Ratic Ingeborg*

Heim für Kinder und Jugendliche Döbling
19, Hartäckerstraße 26, Tel. 36 42 85
Heimdirektor: *Hauenschild Erwin*

Kinderheim Hohe Warte
19, Hohe Warte 3–5, Tel. 36 31 80*, 36 36 80*
Heimdirektor: *Muchl Robert*

Lehrlingsheim „Am Augarten“
20, Wasnergasse 33, Tel. 33 43 03
Heimdirektor: *Eder Georg*

Dr. Adolf Lorenz-Heim
23, Mauer, Kanitzgasse 8, Tel. 88 11 46*
Heimdirektor: *Danzinger Franz*

Kinderheim Biedermannsdorf
Biedermannsdorf, NÖ, Ortsstraße 56, Tel. 902/62 16*, 0 22 36/62 16*
Heimdirektor: *Hartl Fritz*

„Lindenhof“, Heim für Kinder und Jugendliche
Eggenburg, NÖ, Tel. 0 29 84/35 22, 22 28
Heimdirektor: *Stolfa Roland*

Heim für Kinder und Jugendliche Klosterneuburg
Klosterneuburg, NÖ, Martinstraße 56–58, Tel. 904/22 25, 0 22 43/22 25
Heimdirektor: *Gramelhofer Johann*

Wohngemeinschaften für Kinder und Jugendliche
2, Handelskai 214/15/1, Tel. 26 61 58
2, Obere Donaustraße 17/90, Tel. 35 65 60
18, Scheibenbergstraße 71, Tel. 47 64 73
22, Leopoldau, Eipeldauerstraße 25/55/23, Tel. 23 87 805

MAGISTRATSABTEILUNG 13

Bildung und außerschulische Jugendbetreuung

8, Friedrich Schmidt-Platz 5, 4. Stock, Tel. 42 8 04

Planung, Betreuung und Durchführung von Aktionen und Veranstaltungen der Erwachsenenbildung.
Förderung und Koordinierung von Einrichtungen der Erwachsenenbildung (Verband Wiener Volksbildung, sonstige Vereinigungen u. a.).
Planung und Förderung der Errichtung von Gemeinschaftsbauten für die Erwachsenen- und Jugendbildung.
Aktionen bildungsbetonter Familienarbeit.
Fachliche Mitwirkung bei der Ausarbeitung von Rechtsvorschriften im Bereich der Erwachsenenbildung.
Beratung über Einrichtungen und Möglichkeiten der Erwachsenenbildung für Veranstalter und Einzelpersonen (Bildungsservicestelle).
Planung, Betreuung und Durchführung von Aktionen und Veranstaltungen für Kinder und Jugendliche im außerschulischen Bereich.
Führung eines Zentrums als audio-visuelle Basis der Erwachsenenbildung und außerschulischen Jugendbetreuung (Medienbus, Filmdiskussionen usw.).
Förderung der Jugendorganisationen (Wiener Jugendkreis, Verein Jugendzentren der Stadt Wien, Wiener Landesorganisationen des Bundesjugendringes, Jugendklubs u. ä.) und Durchführung von Veranstaltungen.
Organisation der Mittagsaufsicht in den Polytechnischen Lehrgängen.
Führung des Landesjugendreferates; Zusammenarbeit mit den Bundesländer-Landesjugendreferaten sowie fachlich einschlägigen Einrichtungen des In- und Auslandes.
Führung der städtischen Büchereien, der Musiklehranstalten, der Modeschule der Stadt Wien und der Landesbildstelle.
Dienstaufsicht über das zugeteilte Personal, soweit es nicht der Dienstaufsicht des Magistratsdirektors untersteht.

Foltinek, Dr. Karl, Senatsrat, Hofrat 2900
Kapner, Dr. Gerhardt, Univ.-Doz., Obermagistratsrat 2720
Titz, Dr. Hans, Magistratsrat 2729
Wanasek, Dr. Kurt, Prof. 2744
Ernst Kurt, Amtsrat 2737
Morawec Anna, Kanzleikommissär, Kanzleileiter . . 2904
Kanzlei 813

Gruppe A: Allgemeines

Budget- und Personalangelegenheiten 2737
Personalevidenz, Wirtschaftsangelegenheiten . . . 2742

Gruppe B: Erwachsenenbildung

Volkshochschulen und sonstige Einrichtungen der Erwachsenenbildung 2729

Gruppe C: Landesjugendreferat

Leitung, Planung und Überwachung der Aktionen der außerschulischen Jugenderziehung, Redewettbewerbe
Wanasek, Dr. Kurt, Prof., Landesjugendreferent . . 2744
Organisation und Disposition der außerschulischen Medienerziehung 2745
Veranstaltungen 2746, 2763, 4137, 4268
Verein Wiener Jugendkreis, 8, Friedrich Schmidt-Platz 5 .42 8 04
Geschäftsführender Obmann:
Wanasek, Dr. Kurt, Prof. 2744
Buchhaltung 2764
Kassa 4239
Medienerziehung 2755
Medienzentrum, 7, Zieglergasse 49 . . . . . . 93 02 09

Gruppe D: Lehranstalten

Musiklehranstalten der Stadt Wien
(Konservatorium der Stadt Wien,
Musikschulen der Stadt Wien,
Kindersingschulen der Stadt Wien)
Zentrale und Leitung: 1, Johannesgasse Nr. 4a 52 73 81*, 52 77 47*, 52 42 86*
Müller Josef M., Prof., Obermagistratsrat, Direktor 56
Knecht, Dr. Gertrud, Obermagistratsrat, Bibliothek und Archiv 55
Schwaiger Gerhard, Verwaltungsoberoffizial, Administrative Budget- und Wirtschaftsangelegenheiten 25

Städtische Musikschulen:
2, Czerninplatz 3 . . . . 24 50 824
3, Strohgasse 15 . . . . 73 86 962
5, Bräuhausgasse 50 . . . . 55 49 03
9, D'Orsay-Gasse 8 . . . . 34 89 595
10, Bernhardtstalgasse 19 . . . . –
10, Per Albin Hansson-Siedlung Ost, Ada Christen-Gasse 2 . . . . 68 50 555
11, Herderplatz 1 . . . . 74 57 793
12, Rosasgasse 8 . . . . 83 29 822
15, Schwendergasse 41 . . . . 85 16 464
16, Thaliastraße 44 . . . . 43 07 68
17, Kindermanngasse 1 . . . . 43 20 512
19, Pantzergasse 25 . . . . –
20, Raffaelgasse 13 . . . . 33 63 652
21, Angerer Straße 14 . . . . 38 24 283
22, Kagran, Natorpgasse 1 . . . . –
23, Inzersdorf, Anton Baumgartner-Straße 119 –
23, Liesing, Perchtoldsdorfer Straße 1 . . . . 86 93 71

Institut für Jazz:
1, Johannesgasse 4a 52 73 81*, 52 77 47*, 52 42 86*
Modeschule der Stadt Wien,
12, Hetzendorfer Straße 79 . . . . 84 27 95 (83 11 45)
Baumgartner, Dkfm. Ing. Günter, Magistratsrat, Direktor 2
Sidak Alfred, Oberamtsrat 5

Gruppe E: Institute

Landesbildstelle Wien, 7, Zieglergasse 49 . . . 93 32 24*
Zelinka Franz, Leiter 93 73 11
Innerschulische Filmerziehung 93 32 24*, 94
Außenstellen:
Mitte, 7, Zieglergasse 49 . . . . 93 32 24*, 5
Nordost, 21, Angerer Straße 14 . . . . 38 11 48
Südost, 3, Reisnerstraße 43 . . . . 72 53 96
Südwest, 14, Penzinger Straße 59 . . . . 82 53 34

Städtische Büchereien,
8, Skodagasse 20 . . . . 42 61 63, 42 91 01
Pascher, Dr. Franz, Obermagistratsrat 14
Einlaufstelle 22
Kanzlei 20, 21
Fachreferenten:
Buchankauf 15
Buchbestand, Mitteilungen der Zentrale 16
Buchanlieferung 41
Büchereiverwaltung 13
Personal 17
Kinder- und Jugendbüchereien 26
Zentralkataster 19
Statistik, Katalogisierung 18
Wirtschaftsreferat 31
Druckerei 43
Fachbücherei, Veranstaltungen 28
Wiener Bücherbriefe 32
Pensionistenklub-Büchereien 30
Hauptbücherei:
Horvath Stefan, Verwaltungsoberkommissär . . . 40
Bibliothekare 38, 39
Assistenten 36, 37

Ausleiheraum, Erwachsenenabteilung 35, 44
Kinderabteilung 34
Musikabteilung, Leitung 24
Musikabteilung, Ausleihe 25
Musikabteilung, Arbeitsraum 29
Büchermagazin 42

Zweigstellen:
2, Zirkusgasse 1–3 . . . . 26 54 532
3, Fasangasse 35–37 . . . . 73 68 614
3, Kundmanngasse 30 . . . . 73 00 512
3, Rabengasse 6 . . . . 72 19 254
4, Kolschitzkygasse 9–13 . . . . 65 39 122
5, Pilgramgasse 17 . . . . 55 76 064
5, Siebenbrunnenfeldgasse 13 . . . . 55 12 215
6, Stumpergasse 60 . . . . 56 47 292
7, Neustiftgasse 89–91 . . . . 93 57 503
9, Simon Denk-Gasse 4–6 . . . . 34 57 223
10, Hasengasse 38 . . . . 64 73 122
10, Per Albin Hansson-Siedlung Ost,
Ada Christen-Gasse 2 . . . . 68 59 475
10, Raxstraße 15 . . . . 64 30 592
11, Kaiser-Ebersdorfer Straße 332 76 59 12 (77 69 322)
11, Lorystraße 35–37 . . . . 74 29 795
11, Zippererstraße 14 . . . . 74 65 943
12, Egger-Lienz-Gasse 3 . . . . 83 60 585
12, Hetzendorfer Straße 43–45 . . 84 18 952 (85 30 232)
12, Karl Löwe-Gasse 17 . . . . 83 60 613
13, Faistauergasse 61 . . . . 82 30 013
14, Flötzersteig 113 . . . . 94 24 462
14, Hickelgasse 4–6 . . . . 92 68 135
14, Linzer Straße 309 . . . . 94 26 344
14, Penzinger Straße 150–166 . . . . 82 00 154
15, Felberstraße 42–46 . . . . 92 59 824
15, Hütteldorfer Straße 81a 92 74 353
15, Schwendergasse 39–43 . . . . 85 16 462
16, Grundsteingasse 48–56 . . . . 43 52 09
16, Rosa Luxemburg-Gasse 4 . . . . 46 75 034
16, Schumeierplatz 17 . . . . 95 39 402
17, Elterleinplatz 14 . . 717*, 43 61 01* (43 16 51*), 311
18, Paulinengasse 13 . . . . 47 30 725
18, Weimarer Straße 8–10 . . . . 43 30 942
19, Billrothstraße 32 . . . . 36 67 114
19, Heiligenstädter Straße 155 . . . . 37 31 46
19, Hutweidengasse 24 . . . . 36 27 224
20, Brigittaplatz 1 . . . . 33 70 252
20, Leystraße 53 . . . . 33 53 723
21, Brünner Straße 36 . . . . 30 32 284
21, Großfeldsiedlung, Kürschnergasse 32–34 . . 30 41 62
22, Aspern, Siegesplatz 7 . . . . 22 17 382
22, Kagran, Bernoullistraße 1 . . . . 23 32 37
22, Kaisermühlen, Schüttaustraße 39 . . . . . 23 58 333
22, Stadlau, Erzherzog Karl-Straße 169 . . . . 22 19 294
23, Atzgersdorf, Breitenfurter Straße 292 . . . 86 28 272
23, Inzersdorf, Putzendoplergasse 4 . . . . . . 67 23 262
23, Liesing, Perchtoldsdorfer Straße 2 723*, 86 96 17*, 94
23, Mauer, Speisinger Straße 256 . . . . 88 14 972
23, Rodaun, Willergasse 10 . . . . 88 43 413

Lehrlingsbüchereien:
6, Mollardgasse 87 . . . . 856*, 56 16 01*, 284
12, Längenfeldgasse 13–15 . . . . 83 16 44*, 30
15, Hütteldorfer Straße 7–17 . . . . 92 64 382

Autobusbücherei Nordost,
17, Richthausenstraße 4 . . . . 46 26 28/66

Autobusbücherei Südwest,
17, Richthausenstraße 4 . . . . 46 26 28/66

Ausleihzeiten:
Alle Büchereien: Montag von 10 bis 12 Uhr und von 14 bis 19 Uhr, Donnerstag von 10 bis 12 Uhr und von 14 bis 18 Uhr, Dienstag und Freitag von 14 bis 18 Uhr, Mittwoch und Samstag geschlossen.

Ausnahmen:
Hauptbücherei 8, Skodagasse 20: Montag und Donnerstag von 10 bis 19.30 Uhr, Dienstag und Freitag von 14 bis 19.30 Uhr, Mittwoch und Samstag geschlossen.
11, Kaiser-Ebersdorfer Straße 332: Montag von 10 bis 12 Uhr und von 14 bis 19 Uhr, Donnerstag von 10 bis 12 Uhr und von 14 bis 18 Uhr und Freitag von 14 bis 18 Uhr.
14, Flötzersteig 113: Dienstag von 14 bis 18 Uhr.

Lehrlingsbüchereien:
Montag bis Donnerstag von 9.30 bis 17 Uhr und Freitag von 9.30 bis 15.30 Uhr, Samstag geschlossen.

Autobusbüchereien:
Montag bis Freitag von 15 bis 19 Uhr.

MAGISTRATSABTEILUNG 56

Städtische Schulverwaltung

6, Mollardgasse 87, Hochparterre, Tür 19, Tel. 856*, 56 16 01*

Angelegenheiten des Schulwesens, soweit diese in die Vollziehung des Landes Wien fallen, mit Ausnahme jener auf dem Gebiet des Lehrerdienstrechtes.
Angelegenheiten des land- und forstwirtschaftlichen Schulwesens.
Verwaltung der öffentlichen allgemeinbildenden und berufsbildenden Pflichtschulen einschließlich der Besorgung der Aufgaben, die der Gemeinde Wien als Schulerhalter nach dem Wiener Schulgesetz zustehen.
Verwaltung der Fachschulen für wirtschaftliche Frauenberufe, der Fachschule für Damenkleidermacher, des Pädagogischen Instituts, der Pädagogischen Zentralbücherei und der Uhrmacherlehrwerkstätte der Stadt Wien.
Verwaltung der auf Schulliegenschaften befindlichen Sport- und Spielplätze.
Verwaltung und Erhaltung der Lehrmittel, der Schulmöbel und der erforderlichen Maschinen und Geräte für Lehrzwecke.
Führung des Schulmöbel- und Lehrmittellagers.
Mitwirkung bei der Planung und Durchführung bei baulichen Maßnahmen auf dem Gebiet des Schulwesens.
Führung der Geschäfte der Lehrmittelprüfstelle des Stadtschulrates.
Erwerb und Verwaltung von Gastgewerbeberechtigungen in städtischen Schulen im Einvernehmen mit der Magistratsabteilung 69.
Dienstaufsicht über das zugeteilte Personal, soweit es nicht der Dienstaufsicht des Magistratsdirektors untersteht.

Schink, Dr. Wilhelm, Senatsrat 269
Göller, Dr. Klaus, Obermagistratsrat 274
Alexander, Ing. Karl, Oberamtsrat 260
Dobianer Franz, Oberamtsrat 275
Miessriegel Franz, Oberamtsrat 206
Glaser Werner, Amtsrat 280
Raith Johann, Amtsrat 201
Schmied Anna, Kanzleioberkommissär,
Kanzleileiter 273
Kanzlei 272

Pädagogisches Institut der Stadt Wien,
7, Burggasse 14–16 . . . . 93 62 23
Sretenovic, Dr. Karl, Direktor, Hofrat
Morbeck Gertrude, Amtsrat
Pädagogische Zentralbücherei der Stadt Wien,
7, Burggasse 14–16 . . . . 93 50 363
Sretenovic, Dr. Karl, Direktor, Hofrat
Mayer Erich, Oberamtsrat
Lager, 20, Vorgartenstraße 50 . . . . 33 82 62
Uhrmacherlehrwerkstätte der Stadt Wien,
6, Mollardgasse 87 . . . . 856*, 56 16 01*
Wesely Johann, Direktor 225

GESCHÄFTSGRUPPE KULTUR UND BÜRGERDIENST

8, Friedrich Schmidt-Platz 5, 2. Stock, Tür 216, 217, Tel. 42 8 04

Kulturpolitik, kulturelle Auslandsbeziehungen, Kunst- und Wissenschaftsförderung, Stadt- und Ortsbildpflege, Archiv- und Bibliothekswesen, Museen der Stadt Wien, Bürgerdienst.
Zugehörige Magistratsabteilungen:

Magistratsabteilung 7 – Kulturamt
Magistratsabteilung 8 – Wiener Stadt- und Landesarchiv
Magistratsabteilung 9 – Wiener Stadt- und Landesbibliothek
Magistratsabteilung 10 – Museen der Stadt Wien

Amtsführender Stadtrat *Zilk, Dr. phil. Helmut, Prof.* 2121
Waißenberger Hildegarde, Oberamtsrat 2740
Sekretariat 2749
Kanzlei 4267

Bürgerdienst:
Kottek Heinrich, Verwaltungsoberoffizial 4260, 4266

Außenstelle (Montag bis Mittwoch und Freitag von 7.30 bis 15.30 Uhr, Donnerstag von 7.30 bis 19 Uhr):
10, Laxenburger Straße 43–47 . . 710*, 64 36 31*, 320
11, Enkplatz 2 . . . . 74 52 34, 711*, 74 35 86*, 268
13, Hietzinger Kai 1–3 . . . . 713*, 82 26 51*, 357
16, Richard Wagner-Platz 19 . . . . 92 53 77*, 217
18, Martinstraße 100 . . . . 718*, 34 25 20*, 275
22, Kagran, Schrödingerplatz 1 . . . . 23 85 65*, 269
23, Liesing, Perchtoldsdorfer Straße 2 723*, 86 96 17*, 49
Stadtinformation (Tag und Nacht) 43 89 89
Stadtinformation (Schmidt-Halle) . . 42 8 05/2760, 3930, 4191, 4192, 4193
Rathausführungen 2038

MAGISTRATSABTEILUNG 7

Kulturamt

8, Friedrich Schmidt-Platz 5, Parterre, 2. Stock, Tel. 42 8 04

Rechtliche Angelegenheiten der Geschäftsgruppe Kultur und Bürgerdienst.
Rechtliche und behördliche Angelegenheiten des Veranstaltungswesens (insbesondere Theater, Kinos, Ausstellungen) sowie der Tanzlehranstalten einschließlich des Verwaltungsstrafverfahrens und des Prüfungswesens.
Angelegenheiten des Fremdenverkehrs (Fachgutachten, Fremdenführerprüfungen).
Stadt- und Ortsbilderhaltung aus kulturhistorischer Sicht, insbesondere Gutachten für städtebauliche und baubehördliche Maßnahmen in Schutzzonen, einschlägige Förderungsmaßnahmen einschließlich Verwaltung des Wiener Altstadterhaltungsfonds sowie Ausbau und Führung der Altstadterhaltungsevidenz, denkmalpflegerische Obhut über Freiplastiken und Gedenktafeln, Planung und finanzielle Vorsorge für Festbeleuchtungen.
Vorbereitung der Benennung von Verkehrsflächen, städtischen Gebäuden und Anlagen.
Förderung der Wissenschaft, der Volksbildung (Volksbildungswerk), der bildenden Künste, der Musik, der Literatur, des Theaters und des Films (Wiener Filmförderungsfonds).
Organisation von kulturellen Veranstaltungen auch in Zusammenarbeit mit anderen Bundesländern, insbesondere Ausstellungen, Konzerte, Feiern, internationale Wettbewerbe und Gespräche.
Angelegenheiten der Dr. Karl Renner-Stiftung, Preise der Stadt Wien, Förderungspreise, Kleinkinder-, Kinder- und Jugendbuchpreise.
Angelegenheiten der Begabtenförderung und des Stipendienwerkes der Stadt Wien.
Angelegenheiten der Josef Kainz-Medaille und des Johann Nestroy-Ringes, der Ehrenpensionen und der außerordentlichen Zuwendungen, Ehrenpreise, Ehrengräber und Grabwidmungen, Stellungnahme zu Anträgen auf Verleihung des Berufstitels „Professor".
Mitwirkung bei der Verwaltung und Tätigkeit von Stiftungen für kulturelle Zwecke.
Geschäftsführung des Wiener Festwochenausschusses.
Dienstaufsicht über das zugeteilte Personal, soweit es nicht der Dienstaufsicht des Magistratsdirektors untersucht.

Denscher, Dr. Richard, Senatsrat, Hofrat . . 2721, 2722
Lovecek, Dr. Josef, Obermagistratsrat 2718
Stern, Dr. Robert, Prof., Obermagistratsrat 2723
Tünkl, Dr. Heinz, Obermagistratsrat 2762
Forster, Dr. Michael, Magistratsrat 2872
Freisling, Dipl.-Ing. Josef, Arch., Magistratsrat 2726
Sejka, Dr. Werner, Magistratsrat 2724
Stepan, Dr. Günther, Magistratsrat 2714
Forster, Dr. Michael, Magistratsoberkommissär . . . 2872
Urbach, Dr. Reinhard, Magistratsoberkommissär . . 2730
Rapf Kurt, Prof. 2753
Schmitt Robert, Prof. 2710
Varga, Dr. Jozsef, Prof. 2719
Weishappel Rudolf, Prof. 4146
Müllner Franz, Oberamtsrat 2732
Dorner Karl, Amtsrat 2736
Reischl Franz, Kanzleirat,
Kanzleileiter 807
Kanzlei 2715, 2716

Budget-, Wirtschafts- und Personalangelegenheiten 2738, 2739
Veranstaltungen und Verkehrsflächenbenennungen 2718
Förderung der Wissenschaft und Hochschulfragen . 2719
Literatur 2730
Bildende Kunst, künstlerische Angelegenheiten 2710

Bildende Kunst, Großausstellungen, organisatorische Angelegenheiten . . . 2712
Bildende Kunst, administrative Angelegenheiten . . . 2756
Aufseher . . . 2754
Musik, künstlerische Angelegenheiten . . . 2753
Musik, administrative Angelegenheiten (Veranstaltungen) . . . 2713, 2741
Theater, Film, künstlerische und administrative Angelegenheiten . . . 2723, 4146
Theater-, Kino- und Zirkuskonzessionen, Beleuchterkonzessionen, Tierschauen, anmeldepflichtige Veranstaltungen, Filmvorführer, Filmvorführungen . . . 2732
Filmvorführungsstelle . . . 2727
Anmeldestelle für Veranstaltungen, 1, Volksgartenstraße 3 . . . 2067, 2735, 2769
Spielautomatenkonzessionen . . . 2732, 2734, 2736
Strafsachen . . . 2734
Publikumstanz, Schausteller, Film- und Stehbilderkonzessionen, Varieté- und Boxkonzessionen . . . 2736
Lärmbelästigung . . . 2768
Grundsätzliche Angelegenheiten der Stadtbild- und Denkmalpflege . . . 2720
Administrative Angelegenheiten . . . 2725
Restaurierungen . . . 2726
Fremdenverkehrsangelegenheiten (Fremdenführerprüfungen) . . . 2718
Jugendgästehaus der Stadt Wien, 13, Schloßberggasse 8 . . . 82 31 57
Städt. Campingplatz Wien-West I, 14, Hüttelbergstraße 40 . . . 94 14 49
Städt. Campingplatz Wien-West II, 14, Hüttelbergstraße 80 . . . 94 23 14
Städt. Campingplatz Wien-Süd, 23, Atzgersdorf, Gerbergasse 2 . . . 86 92 18
Internationales Studentenheim der Stadt Wien, 19, Gymnasiumstraße 85, Zufahrt: Vegagasse 20 . . . 34 26 73
Zuwendungen, Ehrenpreise, Grabwidmungen . . . 2731
Stipendienwerk der Stadt Wien, Gedenktagepublizistik . . . 2768
Preise der Stadt Wien, Dr. Karl Renner-Stiftung . . . 2719
Bezirksmuseen . . . 2725

Filmbeirat der Stadt Wien
7, Zieglergasse 49, Tel. 93 15 61

Vertreter des Gemeinderates:
Ascherl Franz, Gemeinderat
Wiesinger Leopold, Gemeinderat, Ob.-Schul-Rat, Direktor
Bittner Markus, Prof., Hofrat, Vizepräsident des Stadtschulrates, Gemeinderat, Direktor

Vertreter des Stadtschulrates für Wien:
Egghard, Dr. Julius, Senatsrat, Stadtschulratsdirektor

Vertreter der Bundespolizeidirektion Wien:
Tatzler, Dr. Franz, w. Hofrat

Fachmann auf dem Gebiet der Erziehung:
Wanasek, Dr. Kurt, Prof.

Fachmann auf dem Gebiet der Jugendfürsorge:
Prohaska, Dr. Walter, Obersenatsrat

Fachmann auf dem Gebiet der Volksbildung:
Kozeluh, Dr. Alfons, Prof.

Vertreter aus dem Kreis der Elternschaft:
Zahradnik Kurt

Vertreter aus dem Kreis der Jugendorganisation:
Koller Peter

Vertreter der Filmwirtschaft:
Blechinger Leopold, Komm.-Rat, Direktor
Spacsek Wilhelm

Prüfungskommission für Filmvorführer

Vorsitzender:
Sejka, Dr. Werner, Magistratsrat
Stellvertreter:
Doleschal, Dipl.-Ing. Manfred, Oberstadtbaurat
Prüfer für Rechtsvorschriften betreffend die Filmvorführertätigkeit:
Müllner Franz, Oberamtsrat
Stellvertreter:
Dorner Karl, Amtsrat
Prüfer für Elektroanlagen sowie für deren Anwendung in Kinobetrieben:
Gabler, Dipl.-Ing. Hubert, Stadtbaurat
Stellvertreter:
Strejcek, Ing. Franz, Techn. Kommissär
Prüfer für Handhabung der Vorführungsapparate und sonstigen Einrichtungen des Bildwerferraumes:
Weyermayr, Ing. Bruno, Techn. Konsulent
Stellvertreter:
Holics, Ing. Viktor, Filmvorführer

Theaterkommission für Wien

Vorsitzender:
Schaffer, Dipl.-Ing. Alfred, Senatsrat
Stellvertreter:
Sejka, Dr. Werner, Magistratsrat
Rechtskundiger Beamter:
Sejka, Dr. Werner, Magistratsrat
Stellvertreter:
Stepan, Dr. Günther, Magistratsrat
Beamter des höheren technischen Dienstes:
Schaffer, Dipl.-Ing. Alfred, Senatsrat
Stellvertreter:
Doleschal, Dipl.-Ing. Manfred, Oberstadtbaurat
Physikatsarzt:
Junker, Dr. Ermar, Oberstadtphysikus, Landessanitätsdirektor
Stellvertreter:
Czermak, Dr. Erwin, Stadtphysikus
Beamter der Feuerwehr im höheren Dienst des Magistrats:
Sanytr, Dipl.-Ing. Anton, Direktor der Feuerwehr der Stadt Wien

Stellvertreter:
Abulesz, Dipl.-Ing. Karl, Senatsrat
Beamter der Bundespolizeidirektion Wien:
Tatzler, Dr. Franz, w. Hofrat
Stellvertreter:
Spanblöchl, Dr. Rudolf, Polizeioberkommissär
Beamter des Arbeitsinspektorates:
Borschke, Dipl.-Ing. Harald, w. Hofrat
Stellvertreter:
Maser, Dipl.-Ing. Sonja, Oberbaurat
Fachmänner auf dem Gebiet des Bauwesens, der Heiz- und Lüftungstechnik und der Elektrotechnik sowie Bühnenfachmänner:
Kiener, Dipl.-Ing. Walter
Stengel, Dipl.-Ing. Walter
Scherer, Dipl.-Ing. Wilhelm
Offner, Dipl.-Ing. Alfred
Riemer, Dipl.-Ing. Walter
Stelzl, Dipl.-Ing. Dr. Peter, Prof.
Winter Hermann, Präsident
Peyerl Heinz, Prof., Komm.-Rat, Direktor

Prüfungskommission für Beleuchter

Vorsitzender und Prüfer für den Prüfungsstoff für das richtige Verhalten eines verantwortlichen Beleuchters im Gefahrenfall:
Doleschal, Dipl.-Ing. Manfred, Oberstadtbaurat
Stellvertreter:
Valentin, Dipl.-Ing. Peter, Oberstadtbaurat
Prüfer für den Prüfungsstoff Elektrotechnik und die richtige Handhabung der beleuchtungstechnischen Einrichtungen:
Vessely, Dipl.-Ing. Karl
Stellvertreter:
Gabler, Dipl.-Ing. Hubert, Stadtbaurat
Prüfer, der den Prüfungsstoff der für die Tätigkeit eines verantwortlichen Beleuchters in Frage kommenden gesetzlichen Bestimmungen zu betreuen hat:
Müllner Franz, Oberamtsrat
Stellvertreter:
Dorner Karl, Amtsrat

MAGISTRATSABTEILUNG 8

Wiener Stadt- und Landesarchiv

1, Rathaus, 6. Stiege, 1. Stock, Tür 329, Tel. 42 8 04

Allgemeine und spezielle Angelegenheiten des Archivwesens einschließlich des Archivschutzes.
Verwahrung der rechtsverbindlichen Urkunden, der Originale der Sitzungsprotokolle der Vertretungskörper der Stadt und des Landes Wien, der beurkundeten Landesgesetze sowie der behördlich genehmigten Stiftungsbriefe.
Erstellung von Richtlinien für die Vorarchivierung im Bereich des Magistrats und Begutachtung der Durchführung; Mitwirkung bei der Begutachtung von Räumlichkeiten, die für Registraturen vorgesehen sind.
Entscheidung über vollständige oder teilweise Vernichtung von Registraturbeständen (auch im Falle erfolgter Mikroverfilmung oder Speicherung in EDV-Anlagen).
Übernahme, Verwaltung, Erhaltung und wissenschaftlich fachgemäße Bearbeitung des archivreifen Registratur- und Plangutes und sonstiger historisch bedeutsamer Materialien physischer und juristischer Personen.
Sammlung von Materialien allgemeinhistorischer und stadtgeschichtlicher Art aus dem Bereich der Stadt Wien.
Führung der Archivbibliothek.
Evidenthaltung der Ehrungen und Verkehrsflächenbenennungen.
Betreuung bzw. Durchführung wissenschaftlicher Forschungen auf dem Gebiet der allgemeinen, vergleichenden und Wiener Stadtgeschichte.
Durchführung von historisch-archivalischen Ausstellungen.
Führung der Nomenklaturkommission des Landes Wien.
Kundmachung von Staatsverträgen durch Auflage zur öffentlichen Einsicht anstelle der Kundmachung im Bundesgesetzblatt.

Czeike, Dr. Felix, Direktor des Wiener Stadt- und Landesarchivs 2701, 2705
Wohlrab, Dr. Hertha, Oberbibliotheksrat 2700
Steiner, Dr. Herbert, Prof.,
Obermagistratsrat 701*, 708*, 63 07 31*, 332
Csendes, Dr. Peter, Archivrat 2702
Banik-Schweitzer, Dipl.-Ing. Dr. techn. Renate,
Magistratsrat 3899
Kretschmer, Dr. Helmut, Archivoberkommissär . . . 2709
Mayer, Dr. Wolfgang, Archivoberkommissär 2789
Lohrmann, Dr. Klaus, Archivkommissär 2788
Liepold, Dr. Konrad 42 04 86
Opll, Dr. Ferdinand 3898
Psarakis, Dr. Brigitta, Bibliothekskommissär 2780
Seliger, Dipl.-Pol. Dr. Maren 3889
Matz Hans, Oberamtsrat 2703
Schirmer Gerhard, Kanzleioberoffizial, Kanzleileiter
(6. Stiege, Hochparterre, Tür 106) 808
Kanzlei 808, 3081
Sekretariat 2701, 2703
Gruppe Stadt- und Landesarchiv
Csendes, Dr. Peter, Archivrat 2702
Referat Landesarchiv:
Kretschmer, Dr. Helmut, Archivoberkommissär . 2709
Meldearchiv 2788
Referat Stadtarchiv:
Csendes, Dr. Peter, Archivrat 2702
Referat Sammlungen:
Mayer, Dr. Wolfgang, Archivoberkommissär . . . 2789
Matz Hans, Oberamtsrat 2703
Referat Historische Archivkörper:
Lohrmann, Dr. Klaus, Archivkommissär 2788
Gruppe Archivbibliothek und Dokumentation
Referat Archivbibliothek:
Wohlrab, Dr. Hertha, Oberbibliotheksrat . 2700, 4135
Büchereinlauf und Protokoll 2780, 4133

Referat Dokumentation (8, Auersperg-
straße 17, 6. Stock):
Seliger, Dipl.-Pol. Dr. Maren 3889
Referent 3886
Historischer Städteatlas Wien
(8, Auerspergstraße 15, 5. Stock):
Banik-Schweitzer, Dipl.-Ing. Dr. techn. Renate,
Magistratsrat 3899
Referent 3898
Kartographie 3890
Landtags- und Gemeinderatsprotokolle 2702
Rechtsverbindliche Urkunden 2790
Kataster der Ehrungen und Verkehrsflächen-
benennungen 2790

Wiener Nomenklaturkommission 2705
Verwaltungsangelegenheiten 2788, 3048
Ausstellungen 2703
Benützerraum, Auskünfte
(6. Stiege, 1. Stock, Tür 328) 2707
Aufseher und Amtsgehilfen 2704, 3043
Zentraldepot, 7, Kandlgasse 30 . . . . . . 8721 – 8724
Hauswart 8721
Depotaufsicht 8722
Buchbinderei 8725
Restaurierwerkstätte 8725
Depot, 8, Buchfeldgasse 6 . . . . 42 77 803

MAGISTRATSABTEILUNG 9

Wiener Stadt- und Landesbibliothek

1, Rathaus, 4. Stiege, 1. Stock, Tür 333, Tel. 42 8 04

Allgemeine und spezielle Angelegenheiten des Bibliothekswesens.
Sammlung von Druckwerken, die für Wien in geschichtlicher, kultureller, kultur- und kunstgeschichtlicher, literarischer sowie rechts- und verwaltungswissenschaftlicher Hinsicht Bedeutung haben.
Sammlung von Autographen und Nachlässen bedeutender Persönlichkeiten.
Sammlung von Musikhandschriften und Notendrucken.
Sammlung von Materialien über Wiener Veranstaltungen und Ereignisse, insbesondere Plakate, Theaterzettel, Konzertprogramme, Flugschriften und Materialien jeder Art bei Wahlen in Gebiets- und Personalkörperschaften.
Sammlung von Wiener Zeitungen und Zeitschriften.
Sammlung von Publikationen des Magistrats.
Sammlung von Schallträgern unter besonderer Berücksichtigung des österreichischen Geistes- und Kulturlebens.
Führung der Amtsbibliothek und der wissenschaftlichen Bibliothek der Stadt und des Landes Wien; Bereitstellung des gesammelten Materials und wissenschaftliche Beratung der Bibliotheksbenützer.
Teilnahme am internationalen Leihverkehr.
Führung der Stadtchronik, des Zeitungsindex und des Gedenktagekatasters.
Abfassung von Biographien; Stellungnahme zu Ehrungen, Titelverleihungen, Verkehrsflächenbenennungen, Ehrenpensionen, a. o. Zuwendungen, Grabwidmungen und dgl.
Veranstaltung von Wechselausstellungen aus den Beständen der Bibliothek; Durchführung von Ausstellungen anläßlich von Gedenktagen bedeutender Wiener Persönlichkeiten; Mitwirkung und Beteiligung an Ausstellungen durch Beratung und Bereitstellung von Leihgaben.
Wissenschaftliche Bearbeitung des gesammelten Materials.
Verwaltung der Kamilla und Wolfgang Waniek-Stiftung.

Patzer, Mag. Dr. Franz, Direktor der Wiener Stadt-
und Landesbibliothek, Hofrat 2771
Nast, Dr. Josefine, Prof., Senatsrat 2787
Arndorfer, Dr. Manfred, Bibliotheksrat 2776
Hilmar, Dr. Ernst, Bibliotheksrat 2779
Obermaier, Dr. Walter, Bibliotheksrat 2772
Würtz, Mag. jur. Herwig, Bibliotheksrat 4170
Barth, Dr. Gerda, Bibliotheksoberkommissär 2060
Kalwoda, Dr. Michael, Bibliotheksoberkommissär . 4170
Koll, Dr. Edith, Bibliotheksoberkommissär 2775
Neunlinger, Dr. Ludwig, Bibliotheksoberkommissär 2775
Brussatti, Dr. Otto, Bibliothekskommissär 4246
Luger, Dr. Johann 3871

Oberhofer Rudolf, Amtsrat 2776
Westenthaler Gisela, Amtsrat 2774
Schindler Margareta, Kanzleioberkommissär,
Kanzleileiter 809, 2773
Kanzlei (Tür 334) 4247
Budget- und Wirtschaftsreferat (Tür 337, 333 f) . . 2774
Druckschriftensammlung (Tür 337, 333 f, 333 g)
Würtz, Mag. jur. Herwig, Bibliotheksrat 4170
Referenten 2775, 2776, 2787
Katalog und Buchentlehnung (Tür 333) 2777
Buchausgabe 2782
Handschriftensammlung (Tür 325, 325 d, 325 e)
Obermaier, Dr. Walter, Bibliotheksrat 2772
Referenten 3871
Katalog und Beratung 2778
Leseraum und Vorraum 3015
Musiksammlung (Tür 325, 325 c)
Hilmar, Dr. Ernst, Bibliotheksrat 2779
Referenten 4246, 2781
Zeitungsindex (Tür 333 e)
Nast, Dr. Josefine, Prof., Senatsrat 2787
Karl Kraus-Archiv (Tür 325)
Luger, Dr. Johann 3871
Rechtswissenschaftliche und Secreta-Sammlung
(Tür 333 g)
Würtz, Mag. jur. Herwig, Bibliotheksrat 4170
Gedenktagekataster, Ehrungen, Biographiensamm-
lung (Tür 333 f)
Arndorfer, Dr. Manfred, Bibliotheksrat 2776
Portheim-Katalog (Tür 333 f)
Barth, Dr. Gerda, Bibliotheksoberkommissär . . . 2060

Theaterzettel-Sammlung, Plakatsammlung, Fernleihe (Tür 333 g)
Koll, Dr. Edith, Bibliotheksoberkommissär 2775
Weltkriegssammlung (Tür 333 g)
Neunlinger, Dr. Ludwig, Bibliotheksoberkommissär 2775
Depotaufsicht (Dachboden, Tür 537, Depot III) . . 2770

Bücherdepot (Dachboden, Tür 537, Depot I) 2784
Musikdepot (Dachboden, Tür 546) 3049
Xeroxkopien, Mikrofilmlabor (Dachboden, Tür 530) 2783
Buchbinderei und Restaurierwerkstätte (2. Hof, Tür 34) 2785

MAGISTRATSABTEILUNG 10

Museen der Stadt Wien

4, Karlsplatz (Maderstraße 2), Tel. 741*, 42 8 04
(Rathausvermittlung)

Erwerb und restauratorische Betreuung von Sammlungsobjekten zur Geschichte Wiens, insbesondere der Topographie, der Porträtkunde, der Volkskunde, der bildenden Kunst, der Archäologie, des Kunstgewerbes, der Mode, des Theaters und dgl.
Errichtung, Verwaltung, Erhaltung und wissenschaftliche Betreuung von Museen und Gedenkstätten der Stadt Wien.
Archäologische Erforschung des Wiener Stadtgebietes.
Führungen durch die Museen der Stadt Wien.
Erteilung von Reproduktionsgenehmigungen.
Fachliche Aufsicht über die Bezirksmuseen.
Erstattung von Fachgutachten, insbesondere im Bereich der bildenden Künste.

Waißenberger, Dr. Robert, Direktor der Museen der Stadt Wien, Hofrat 48
Düriegl, Dr. Günter, Museumsrat 44
Bisanz, Dr. Hans, Obermuseumsrat 43
Deutschmann, Dr. Wilhelm, Museumsrat 42
Harl, Dr. Ortolf, Museumsrat 29
Schusser, Dr. Adelbert 41
Walther, Dr. Susanne, Museumsrat 40
Kassel-Mikula, Dr. Renata, Museumsoberkommissär 30
Witzmann, Dr. Reingard, Museumsoberkommissär . 39
Schertler Josef, Oberamtsrat 35
Sostek Monika, Kanzleioberoffizial,
Kanzleileiter 49
Kanzlei 46
Verwaltung 35

Museen und Gedenkstätten:

Historisches Museum der Stadt Wien,
4, Karlsplatz 42 8 04
Dienstag bis Freitag von 10 bis 16 Uhr, Donnerstag von 10 bis 19 Uhr, Samstag von 14 bis 18 Uhr, Sonn- und Feiertag von 9 bis 17 Uhr, Montag – auch an Feiertagen – geschlossen
Beethoven-Wohnung (Pasqualati-Haus),
1, Mölkerbastei 8 . . . . 63 70 665
Dienstag bis Freitag von 10 bis 16 Uhr, Samstag von 14 bis 18 Uhr, Sonn- und Feiertag von 9 bis 13 Uhr, Montag – auch an Feiertagen – geschlossen
Mozart-Wohnung (Figaro-Haus),
1, Domgasse 5 . . . . 52 40 772
Dienstag bis Freitag von 10 bis 16 Uhr, Samstag von 14 bis 18 Uhr, Sonn- und Feiertag von 9 bis 13 Uhr, Montag – auch an Feiertagen – geschlossen
Römische Ruinen unter dem Hohen Markt, 1, Hoher Markt 3
Dienstag bis Freitag von 10 bis 16 Uhr, Samstag von 14 bis 18 Uhr, Sonn- und Feiertag von 9 bis 13 Uhr, Montag – auch an Feiertagen – geschlossen
Uhrenmuseum der Stadt Wien,
1, Schulhof 2 . . . . 63 22 65
Dienstag bis Freitag von 10 bis 16 Uhr, Samstag von 14 bis 18 Uhr, Sonn- und Feiertag von 9 bis 13 Uhr, Montag – auch an Feiertagen – geschlossen
Schuberts Sterbezimmer, 4, Kettenbrückengasse 6
Dienstag bis Freitag von 10 bis 16 Uhr, Samstag von 14 bis 18 Uhr, Sonn- und Feiertag von 9 bis 13 Uhr, Montag – auch an Feiertagen – geschlossen

Haydn-Museum, 6, Haydngasse 19 . . . . 56 13 07
Dienstag bis Freitag von 10 bis 16 Uhr, Samstag von 14 bis 18 Uhr, Sonn- und Feiertag von 9 bis 13 Uhr, Montag – auch an Feiertagen – geschlossen
Schubert-Museum, 9, Nußdorfer Straße 54 . . 34 59 924
Dienstag bis Freitag von 10 bis 16 Uhr, Samstag von 14 bis 18 Uhr, Sonn- und Feiertag von 9 bis 13 Uhr, Montag – auch an Feiertagen – geschlossen
Modesammlungen des Historischen Museums der Stadt Wien, Schloß Hetzendorf, 12, Hetzendorfer Straße 79 . . . . 84 27 95 (83 11 46)
Beethoven-Wohnungen
19, Probusgasse 6 (Heiligenstädter Testament)
19, Döblinger Hauptstraße 92 (Eroica-Haus)
Dienstag bis Freitag von 10 bis 16 Uhr, Samstag von 14 bis 18 Uhr, Sonn- und Feiertag von 9 bis 13 Uhr, Montag – auch an Feiertagen – geschlossen
Römische Baureste Am Hof, 1, Am Hof 9
Sonntag von 10 bis 12 Uhr
Pratermuseum, 2, Oswald Thomas-Platz 1
Samstag, Sonn- und Feiertag von 14 bis 19 Uhr
Johann Strauß-Wohnung,
2, Praterstraße 54 . . . . 24 02 21
Dienstag bis Freitag von 10 bis 16 Uhr, Samstag von 14 bis 18 Uhr, Sonn- und Feiertag von 9 bis 13 Uhr, Montag – auch an Feiertagen – geschlossen
Virgilkapelle und Sammlung historischer Keramik aus Wien, 1, Stephansplatz, U-Bahn-Station
Dienstag bis Freitag von 10 bis 16 Uhr, Samstag von 14 bis 18 Uhr, Sonn- und Feiertag von 9 bis 13 Uhr, Montag – auch an Feiertagen – geschlossen
Hermesvilla, 13, Lainzer Tiergarten 84 13 24
Mittwoch bis Sonntag von 10 bis 17 Uhr, nur während der Sommermonate

Bezirksmuseen:

Bezirksmuseum Innere Stadt, 1, Wipplingerstraße 8
Freitag von 15 bis 17 Uhr
Bezirksmuseum Leopoldstadt und Circus- und Clownmuseum, 2, Karmelitergasse 9
Mittwoch von 17 bis 19 Uhr, Samstag von 14 bis 17 Uhr, Sonntag von 9 bis 12 Uhr
Bezirksmuseum Landstraße, 3, Sechskrügelgasse 11
Sonntag von 10 bis 12 Uhr
Bezirksmuseum Mariahilf, 6, Gumpendorfer Straße 4
Sonntag von 9.30 bis 12 Uhr

Bezirksmuseum Neubau, 7, Hermanngasse 24–26
Bezirksmuseum Josefstadt, 8, Zeltgasse 7
Mittwoch von 18 bis 21 Uhr, Sonntag von 10 bis 12 Uhr
Bezirksmuseum Alsergrund, 9, Währinger Straße 43
Sonntag von 10 bis 12 Uhr
Bezirksmuseum Favoriten, 10, Per Albin Hansson-Siedlung Ost, Ada Christen-Gasse 2 C
Donnerstag von 17 bis 19 Uhr, Sonntag von 9 bis 12 Uhr
Bezirksmuseum Simmering, 11, Enkplatz 2
Sonntag von 9 bis 12 Uhr
Bezirksmuseum Meidling, 12, Kobingergasse 7
Mittwoch von 17 bis 19 Uhr, Sonntag von 9 bis 12 Uhr
Bezirksmuseum Hietzing, 13, Am Platz 2
Sonntag von 10 bis 12 Uhr
Bezirksmuseum Penzing, 14, Penzinger Straße 59
Sonntag von 10 bis 12 Uhr
Bezirksmuseum Rudolfsheim-Fünfhaus, 15, Rosinagasse Nr. 4–10
jeden 1. und 3. Dienstag von 16 bis 18 Uhr
Bezirksmuseum Ottakring, 16, Richard Wagner-Platz 19
Sonntag von 10 bis 12 Uhr
Bezirksmuseum Hernals, 17, Elterleinplatz 14
Montag von 19 bis 21 Uhr
Bezirksmuseum Währing, 18, Martinstraße 100
Donnerstag von 18 bis 20 Uhr, Sonntag von 10 bis 12 Uhr
Bezirksmuseum Döbling mit dem Salon der Villa Wertheimstein, dem Saar- und Bauernfeld-Zimmer, 19, Döblinger Hauptstraße 96
Samstag von 15.30 bis 18 Uhr, Sonntag von 9.30 bis 12 Uhr
Bezirksmuseum Brigittenau, 20, Raffaelgasse 13
Sonntag von 10 bis 11 Uhr
Bezirksmuseum Floridsdorf, 21, Prager Straße 33
Samstag von 16 bis 18 Uhr, Sonntag von 9.30 bis 12 Uhr
Lobaumuseum, 22, Lobau 256
Sonn- und Feiertag von 13 Uhr bis Einbruch der Dunkelheit
Bezirksmuseum Liesing, 23, Liesing, Perchtoldsdorfer Straße 2
Mittwoch und Samstag von 8 bis 12 Uhr

GESCHÄFTSGRUPPE GESUNDHEIT UND SOZIALES

1, Schottenring 24, 3. Stock, Tür 311, Tel. 66 14*

Gesundheitsvorsorge, Gesundheitsüberwachung, Gesundheitsschutz; Planung, Organisation und Koordination der Kranken- und Pflegeanstalten; soziale Dienstleistungen, Betreuung der älteren Generation, Koordination der Behindertenhilfe.
Zugehörige Magistratsabteilungen:
Magistratsabteilung 12 – Sozialamt
Magistratsabteilung 14 – Sanitätsrechtsangelegenheiten und Sozialversicherung
Magistratsabteilung 15 – Gesundheitsamt
Magistratsabteilung 17 – Anstaltenamt

Amtsführender Stadtrat *Stacher, Dr. Alois,* a. o. Univ.-Prof. 501
Greiner Leopold, Oberamtsrat 504
Böhm Helmut, Amtsrat 500
Sekretariat 503, 505
Zima Hannes, Pressereferent 42 8 05/2948, 66 14*, 502

Sonderaufgaben:
Wilfling, Dkfm. Dr. Siegfried, Bereichsleiter für die Kranken- und Wohlfahrtsanstalten (MA 12, 15 und 17) 508

Kuratorium Wiener Pensionistenheime, 1, Schottenring 25 . . . . 31 25 49

Medizinisch-wissenschaftlicher Fonds des Bürgermeisters der Bundeshauptstadt Wien 1, Schottenring 24, 3. Stock, Tür 311 . . . . 66 14*
Sekretariat 504

MAGISTRATSABTEILUNG 12

Sozialamt

1, Gonzagagasse 23, 1. Stock, Tür 115, Tel. 66 14*

Allgemeine und grundsätzliche Angelegenheiten der Sozialhilfe und der Behindertenhilfe.
Handhabung des Sozialhilfegesetzes (Hilfe zur Sicherung des Lebensbedarfes, Hilfe in besonderen Lebenslagen, Einrichtung und Durchführung von Sozialdiensten) einschließlich der Vorbearbeitung von Berufungen.
Wirtschaftliche Sozialhilfe für Familien mit Kindern unter 18 Jahren in Zusammenarbeit mit der Magistratsabteilung 11.
Spezielle Individual- und Familienhilfe.
Verbindungsdienst zu Krankenanstalten und Pflegeheimen, soweit nicht die Magistratsabteilung 11 oder die Magistratsabteilung 15 zuständig ist.
Verwaltung und Betrieb der Herbergen für Obdachlose.
Führung des Wiener Bahnhofs-Sozialdienstes.
Vertretung des Landes Wien in Sozialhilfekostenangelegenheiten vor Gericht und Verwaltungsbehörden, ausgenommen die der Magistratsabteilung 17 obliegenden Geschäfte.
Begutachtung von Einreiseansuchen von Ausländern vom Standpunkt der Sozialhilfe.
Aufsicht über öffentliche und private Pflegeheime und Wohnheime.
Geltendmachung von Ersatzansprüchen der Sozialhilfe gegenüber anderen Sozialhilfeträgern aufgrund der bestehenden Vereinbarungen.
Vorbereitung der Richtlinien für die den Bezirksvorstehern übertragenen sozialen Dienste.
Entscheidung über die Aufnahme in Pflegeheime der Stadt Wien.
Mitwirkung bei der Errichtung von Pflegeheimen der Stadt Wien; Mitwirkung bei der sozialen Betreuung der Pfleglinge.
Festsetzung des Taschengeldes für in Krankenanstalten und Pflegeheimen untergebrachte Hilfesuchende.
Handhabung des Behindertengesetzes.
Gewährung von Fahrbegünstigungen für Behinderte.
Zusammenarbeit mit den Selbsthilfeverbänden für Behinderte.

Abschluß von Vereinbarungen gemäß Art. 15a Abs. 2 B-VG in Angelegenheiten der Sozialhilfe und Behindertenhilfe.
Mitwirkung bei der Gewährung von Subventionen an Organisationen der freien Wohlfahrtspflege in Angelegenheiten der Sozialhilfe und Behindertenhilfe.
Handhabung des Blindenbeihilfegesetzes.
Entscheidung über wirtschaftliche Tuberkulosehilfe nach dem Tbc-Gesetz; Verrechnung der Kosten der Tbc-Hilfe mit dem Bund und anderen Kostenträgern.
Handhabung des Opferfürsorgegesetzes.
Verteilung der Erträgnisse der Opferfürsorgeabgabe.
Gewährung von Mietzinsbeihilfen gemäß § 26 der Statuten des Wiener Wohnbaufonds.

Mitwirkung bei der Feststellung des Anspruches auf Ausgleichszulagen in der Pensionsversicherung nach dem Allgemeinen Sozialversicherungsgesetz, Gewerblichen Selbständigen-Pensionsversicherungsgesetz und Bauernpensionsversicherungsgesetz.
Ausstellung von Nachweisen über die Familien- und Einkommensverhältnisse zur Erlangung von Begünstigungen.
Stellung von Entmündigungsanträgen.
Verwaltung von Stiftungen mit sozialen Zwecken, ausgenommen die den Magistratsabteilungen 14, 47, 49, 52 und 69 obliegenden Geschäfte.
Handhabung des Schülerbeihilfengesetzes hinsichtlich der Schüler der Bundeshebammenlehranstalten und der Schulen für den medizinisch-technischen Fachdienst.
Mitwirkung bei der Katastrophenhilfe.

Drapalik, Dr. Herbert, Obersenatsrat, Bereichsleiter hinsichtlich des MA 11, 12, 15, 17, 18, 19, 23, 24, 50, 52 und 56 . . . 211, 210
Pröbsting, Dr. Werner, Magistratsrat . . . 230, 226
Bretterbauer, Dr. Adelheid, Magistratskommissär 212, 242
Leitner, Dr. Friedrich, Magistratskommissär . . 633, 620
Reitschmid, Mag. Friederike . . . 223
Binder, Dr. Wilhelmine, vtm. Arzt . . . 249
Bettstein Franz, Oberamtsrat . . . 64 13 31
Hahslinger Paula, Oberamtsrat . . . 234
Mehwald Alfred, Oberamtsrat . . . 227
Weber Anton, Oberamtsrat . . . 246
Weissenberger Franz, Oberamtsrat . . . 641
Blum Gerhard, Amtsrat . . . 43 16 51
Fenzl Rudolfine, Amtsrat . . . 642
Gruber Otto, Amtsrat . . . 247
Grundwald Elfriede, Amtsrat . . . 42 35 75
Haberfellner Ernst, Amtsrat . . . 65 47 34
Herbsthofer Elisabeth, Amtsrat . . . 645
Herzan Hildegard, Amtsrat . . . 250
Hollenberger Hedwig, Amtsrat . . . 64 36 31
Jarolim Otto, Amtsrat . . . 72 51 71
Kaiser Karl, Amtsrat . . . 272
Krammer Wilhelmine, Amtsrat . . . 74 35 86
Kühne Norbert, Amtsrat . . . 635
Rausch Kamilla, Amtsrat . . . 23 35 61
Riemer Elisabeth, Amtsrat . . . 291
Schwanzer Annelies, Amtsrat . . . 256
Slezak Otto, Amtsrat . . . 253
Spannring Fritz, Amtsrat . . . 46 52 44
Wildschütz Ruth, Amtsrat . . . 33 35 11
Fuchs Gottfried, Verwaltungsoberkommissär . . . 244
Kletzander Amalia . . . 236
Huber Theodora, Kanzleioberoffizial, Kanzleileiter . 213
Kanzlei . . . 214, 215, 216, 217, 218, 229, 265, 289, 623, 630
Finanz- und Amtswirtschaft, Statistik
Kletzander Amalia . . . 236, 231, 269
Personalreferat . . . 233

Dezernat I:
Behindertenhilfe, Berufseingliederungs- und Beschäftigungstherapiekurse, Blindenbeihilfen, Fahrbegünstigungen
Mehwald Alfred, Oberamtsrat . . . 227, 221, 222, 224, 232, 285, 296, 622
Behindertenzentrum der Stadt Wien,
16, Seeböckgasse 12–14 . . . 46 52 44
Spannring Fritz, Amtsrat . . . 276, 260, 262
Individuelle Sozialhilfe,
Herzan Hildegard, Amtsrat . . . 250, 239, 259, 267, 276, 277, 281, 282, 284, 287, 292, 626, 628, 629, 632, 636, 637, 648
Außenstelle I,
8, Lerchengasse 19 . . . 43 89 01
Außenstelle II,
12, Schönbrunner Straße 259
(Mittwoch) . . . 712*, 83 16 01*, 333, 331
Außenstelle III,
15, Camillo Sitte-Gasse 6–8 . . . 95 69 71
Außenstelle IV,
21, Holzmeistergasse 14 . . . 38 15 11

Dezernat II:
Allgemeine Sozialhilfe – Dauerleistungen, Aushilfen, Krankenhilfe, Kosteneinziehung und Erstattung, Fachaufsicht, Erdgasumstellung in Sozialfällen, Umschuldung
Weissenberger Franz, Oberamtsrat . . . 641, 220, 228, 625, 635, 642, 646
Hereinbringung von Sozialhilfekosten im Zivilrechtsweg und gegen Sozialversicherungsträger, Aufsicht über Wohn- und Pflegeheime
Bretterbauer, Dr. Adelheid, Magistratskommissär . 212
Kostenersatz
Herbsthofer Elisabeth, Amtsrat . . . 645, 631, 640, 643, 644, 658
Wirtschaftliche Tuberkulosenhilfe, Aufnahme in Pflegeheime
Gruber Otto, Amtsrat . . . 247, 235, 248, 249, 260, 262

Dezernat III:
Soziale Dienste; Pensionistenklubs, Landaufenthalts- und Ausflugsaktion, Heim- und Familienhilfe, Wäschepflegedienst, Wohnungsreinigung, Besucherdienst, Essen auf Rädern u. a.
Weber Anton, Oberamtsrat . . . 246, 238, 240, 241, 243, 251, 252, 254, 255, 261, 274, 290, 294, 298, 621, 657
Herbergen:
Bettstein Franz, Oberamtsrat . . . 64 13 31
Herbergen für Obdachlose:
12, Kastanienallee 2 . . . 64 13 31
Herbergen für Familien:
3, Gänsbachergasse 3 . . . 78 21 29 (65 96 29)
12, Kastanienallee 2 . . . 64 13 31
Herberge für Männer:
20, Meldemannstraße 25–27 . . . 33 24 18
Herberge für Frauen:
12, Kastanienallee 2 . . . 64 13 31

Dezernat IV:
Mietzinsbeihilfen
Fuchs Gottfried, Verwaltungsoberkommissär . . . 244, 253, 257, 268, 275, 283, 295, 297
Opferfürsorge: Anspruchsberechtigungen, Renten, Haftentschädigungen
Hahslinger Paula, Oberamtsrat . . . 234, 219, 225, 256, 258, 263, 264, 266, 270, 272, 273, 278, 291, 293, 299
Stiftungen
Reitschmied, Mag. Friederike . . . 223, 286

Sozialreferate:

1., 8., 9. Bezirk:
9, Währinger Straße 39 . . . 709*, 42 35 75*, 236

2. Bezirk:
2, Karmelitergasse 9 . . . . . 702*, 33 16 11*, 297
3. Bezirk:
3, Karl Borromäus-Platz 3 . . 703*, 72 51 71*, 256
4. Bezirk:
4, Favoritenstraße 18 . . . . . 724*, 65 47 34*, 237
5. Bezirk:
5, Schönbrunner Straße 54 . . . . 704*, 725*, 55 45 85*, 291
6. Bezirk:
6, Amerlingstraße 11 . . . . . . 726*, 57 95 21*, 63
7. Bezirk:
7, Hermanngasse 24–26 . . . 706*, 93 76 46*, 245
10. Bezirk:
10, Gudrunstraße 128 . . . . . 710*, 64 36 31*, 267
11. Bezirk:
11, Enkplatz 2 . . . . 711*, 74 35 86*, 263
12. Bezirk:
12, Meidlinger Hauptstraße 2 . 712*, 83 16 01*, 246
13., 14. Bezirk:
13, Hietzinger Kai 1–3 . . . . 713*, 82 26 51*, 284
15. Bezirk:
15, Gasgasse 8–10 . . . . . . 715*, 83 36 11*, 241
16. Bezirk:
16, Richard Wagner-Platz 19 . 716*, 92 26 96*, 247
17. Bezirk:
17, Elterleinplatz 14 717*, 43 61 01* (43 16 51*), 343
18. Bezirk:
18, Martinstraße 100 . . . . . 718*, 34 25 20*, 296
19. Bezirk:
19, Gatterburggasse 14 . . . . 719*, 36 42 50*, 248
20. Bezirk:
20, Brigittaplatz 10 . . . . . . 720*, 33 35 11*, 234
21. Bezirk:
21, Am Spitz 1 . . . . 721*, 38 15 04*, 233
22. Bezirk:
22, Kagran, Schrödingerplatz 1 722*, 23 35 61*, 203
23. Bezirk:
23, Liesing, Perchtoldsdorfer Straße 2 . . . . 723*, 86 96 17*, 49

Sozialberatungsstellen:

1, Gonzagagasse 23 (Amtshaus), Montag und Donnerstag von 16 bis 18.30 Uhr
2, Karmelitergasse 9 (Amtshaus), Dienstag von 15 bis 18.30 Uhr
3, Baumgasse 12, Donnerstag von 15 bis 18.30 Uhr
4, Favoritenstraße 18 (Amtshaus), Mittwoch von 15 bis 18.30 Uhr
5, Am Hundsturm 18, Donnerstag von 15 bis 18.30 Uhr
6, Magdalenenstraße 13, Mittwoch von 15 bis 18.30 Uhr
7, Hermanngasse 26 (Amtshaus), Mittwoch von 15 bis 18.30 Uhr
8, Schlesingerplatz 4 (Amtshaus), Mittwoch von 15 bis 18.30 Uhr
9, Galileigasse 8 (Volkshochschule), Montag von 15 bis 18.30 Uhr
10, Arthaberplatz 18 (Volkshochschule), Mittwoch von 15 bis 18.30 Uhr
11, Enkplatz 2 (Amtshaus), Mittwoch von 15 bis 18.30 Uhr
12, Meidlinger Hauptstraße 2 (Amtshaus), Mittwoch von 16 bis 18.30 Uhr
13, Hietzinger Kai 1–3 (Amtshaus), Dienstag von 15 bis 18.30 Uhr
14, Dreyhausenstraße 29 (Pensionistenheim), Dienstag von 15 bis 18.30 Uhr
15, Schwendergasse 41/2 (Haus der Begegnung), Donnerstag von 15 bis 18.30 Uhr
16, Richard Wagner-Platz 19 (Amtshaus), Dienstag von 15 bis 18.30 Uhr
17, Elterleinplatz 14 (Amtshaus), Donnerstag von 15 bis 18.30 Uhr
18, Martinstraße 100 (Amtshaus), Mittwoch von 15 bis 18.30 Uhr
19, Gatterburggasse 2a (Haus der Begegnung), Donnerstag von 15 bis 18.30 Uhr
20, Brigittaplatz 10 (Amtshaus), Donnerstag von 15 bis 18.30 Uhr
21, Großfeldsiedlung, Kürschnergasse 9 (Haus der Begegnung), Dienstag von 15 bis 18.30 Uhr
22, Kaisermühlen, Schüttaustraße 2 (Volkshochschule), Mittwoch von 15 bis 18.30 Uhr
23, Liesing, Perchtoldsdorfer Straße 2 (Amtshaus), Donnerstag von 15 bis 18.30 Uhr

Sozialer Notruf:

Telefon 63 11 77 durchgehend in Betrieb

MAGISTRATSABTEILUNG 14

Sanitätsrechtsangelegenheiten und Sozialversicherung

3, Am Modenapark 1–2, 2. Stock, Tür 202–229 B, Tel. 740*, 72 36 31*

Grundsätzliche und individuelle Rechtsangelegenheiten des Gesundheitswesens, soweit sie nicht den Magistratsabteilungen 15 und 17 zugewiesen sind.
Handhabung des Krankenanstaltengesetzes mit Ausnahme der Pflegegebührenangelegenheiten und der wirtschaftlichen Aufsicht über Krankenanstalten.
Erteilung von Betriebsbewilligungen für und von Aufträgen an öffentliche und private Krankenanstalten gemäß § 27 des Arbeitnehmerschutzgesetzes, BGBl. Nr. 234/1972; Zulassung von Abweichungen von den Vorschriften der ADSchVO gemäß § 110 Abs. 2 der ADSchVO für öffentliche und private Krankenanstalten, Apotheken, Kuranstalten, Plasmapheresestellen, Friedhöfe und Bezirksleichenkammern.
Vorbearbeitung von Ansuchen um Bewilligung von medizinischen Untersuchungsanstalten.
Ausübung der Aufsicht über den öffentlichen und privaten Rettungs- und Krankenbeförderungsdienst in sanitärer und technischer Hinsicht, ausgenommen die Gebührenangelegenheiten des öffentlichen Rettungs- und Krankenbeförderungsdienstes; Erteilung der Bewilligungen für den privaten Rettungs- und Krankenbeförderungsdienst.
Rechtsangelegenheiten des Heilvorkommen- und Kurortewesens.
Handhabung des Strahlenschutzgesetzes hinsichtlich der medizinischen Heilbehandlung.
Rekurserhebung gegen Beschlüsse des Bezirksgerichtes im Anhalteverfahren in bezug auf Geisteskranke nach der Entmündigungsordnung.
Vorbearbeitung von Berufungen in Verwaltungsstrafsachen auf dem Gebiet des Gesundheitswesens.
Allgemeine und individuelle Rechtsangelegenheiten einschließlich der Berufungen betreffend die Sanitätspersonen (Ärzte, Apotheker, Dentisten, Hebammen und Krankenpflegepersonen), ausgenommen die Zuerkennung von Entschädigungen für Hebammen während der Teilnahme am Fortbildungskurs für Hebammen.
Vorbereitung der Wahlen in die Ärztekammer für Wien, die Österreichische Dentistenkammer und die Österreichische Apothekerkammer (Pharmazeutische Gehaltskasse).
Angelegenheiten der Standesvertretungen der Ärzte (Ärztekammer für Wien) und der Hebammen, insbesondere Ausübung der staatlichen Aufsicht, Genehmigung ihrer Satzungen, Geschäftsordnungen, Dienst-, Bezugs- und Pensionsordnungen sowie der Umlagen- und Beitragsordnungen mit Ausnahme der Jahresvoranschläge und der Rechnungsabschlüsse.
Periodische Berichterstattung an das Bundesministerium für Gesundheit und Umweltschutz über die öffentlichen Apotheken, die als Witwen- und Deszendentenfortbetriebe geführt werden.

Erteilung der Erlaubnis für Betriebe zur Schädlingsbekämpfung mit hochgiftigen Stoffen; Evidenthaltung dieser Betriebe und ihres Personals, Genehmigung der Durchgasungskammern.
Anordnung allgemeiner Rattenbekämpfungsmaßnahmen.
Entscheidung über Berufungen gegen administrative Aufträge zur Beseitigung von Übelständen nach dem Bundesgesetz betreffend die Verhütung und Verbreitung übertragbarer Krankheiten durch das Überhandnehmen von Ratten und nach der Verordnung vom 10. Dezember 1975 betreffend die Reinhaltung von Gebäuden, Innenhöfen und Einrichtungen zur Tierhaltung sowie die Verwendung von Senk- und Düngergruben, gegen Bescheide nach dem Bäderhygienegesetz, gegen Bescheide nach § 8 des Bazillenausscheidergesetzes und gegen Bescheide nach den §§ 7 oder 17 des Epidemiegesetzes.
Verwaltung der Stiftung zur Förderung der Tuberkulosebekämpfung.
Rekurserhebung gegen Beschlüsse des Bezirksgerichtes im Anhalteverfahren in bezug auf uneinsichtige Tuberkulöse nach dem Tuberkulosegesetz einschließlich der Beschlagnahme von Gegenständen.
Bestellung der Impfärzte zur Durchführung öffentlicher Schutzimpfungen gegen Tuberkulose.
Entscheidung über Ansprüche, die im Zusammenhang mit sanitätspolizeilichen individuellen Verfügungen nach dem Tuberkulosegesetz und nach dem Epidemiegesetz entstanden sind.
Allgemeine und grundsätzliche Angelegenheiten des Leichen- und Bestattungswesens.
Bestellung der Obduktionskommissäre.
Entgegennahme von Anzeigen nach der Magistratskundmachung betreffend die Beisetzung in Leichenkammern und die Aufbahrung von Leichen im Stadtgebiet von Wien.
Entscheidung über die Zuerkennung von Prämien für die Bergung von Wasserleichen; Gewährung von Beiträgen zu den Kosten der über sanitätsbehördliche Anordnung im gerichtsmedizinischen Institut durchgeführten Obduktionen.
Allgemeine Angelegenheiten der Sozialversicherung.
Entscheidung über Anträge und über Rechtsmittel in Angelegenheiten der Allgemeinen Sozialversicherung und sämtlicher Sonderversicherungen sowie der Arbeitslosenversicherung.
Entscheidung über Rechtsmittel gegen Verwaltungsstrafen und administrative Maßnahmen in der Sozialversicherung.
Entscheidung über Rechtsmittel gegen die Vorschreibung von Ausgleichstaxen, die Zulässigkeit von Kündigungen und die Feststellung der Zugehörigkeit zum geschützten Personenkreis nach dem Invalideneinstellungsgesetz.
Entscheidung über Berufungen gegen Bescheide der Bezirksverwaltungsbehörde über Einwendungen gegen Zahlungsaufforderungen nach dem Wiener Krankenanstaltengesetz.
Entscheidung über Rechtsmittel betreffend die Pflicht zur Entrichtung des Wohnbauförderungsbeitrages.
Wahrnehmung der dem Landeshauptmann zukommenden Aufsicht über Krankenkassen.
Vorbereitung der Bestellung der Beisitzer beim Schiedsgericht der Sozialversicherung für Wien.
Mitwirkung bei der Bestellung der in die Verwaltungskörper der Sozialversicherungsträger zu entsendenden Versicherungsvertreter.
Führung der Bürogeschäfte der Obereinigungskommission nach der Wiener Landarbeitsordnung.
Angelegenheiten des Arbeitsrechtes, soweit hiefür nicht eine andere Dienststelle zuständig ist.

Hawla, Dr. Franz, Senatsrat, Bereichsleiter hinsichtlich der MA 14, 15, 17 und 64 200
Cermak, Dr. Johann, Magistratsrat 203
Fiferna, Dr. Gertrude, Obermagistratsrat 225
Anibas, Dr. Karl, Magistratsrat 230
Roth, Dr. Gerhard, Magistratsrat 221
Scherzer, Dr. Kurt, Magistratskommissär 259
Webern, Dr. Gerd, Magistratskommissär 207
Holek Friedrich, Oberamtsrat 224
Seemann Gabriele, Amtsrat 208
Gwihs Helga, Kanzleioffizial, Kanzleileiter 204
Kanzlei 204
Einlaufstelle, Protokoll 222, 223
Schreibstelle 201, 226

MAGISTRATSABTEILUNG 15

Gesundheitsamt

1, Gonzagagasse 23, 2. Stock, Tür 212, Tel. 66 14*

Angelegenheiten des Gesundheitswesens, soweit nicht die Magistratsabteilung 14 oder die Magistratsabteilung 17 zuständig ist.
Aufgaben des Landessanitätsdirektors einschließlich der Direktion der Bundeshebammenlehranstalt.
Aufgaben des leitenden Sanitätsbeamten bei der Handhabung des Krankenpflegegesetzes.
Allgemeine Angelegenheiten der Medizinalstatistik und Führung eigener medizinischer Statistiken; Erstellung von periodischen Sanitätsberichten.
Verhütung, Früherfassung und Bekämpfung von Krankheiten des Menschen, insbesondere der übertragbaren Krankheiten; Gesundheitsvorsorge, Gesundheitserziehung, Impfwesen, Desinfektionswesen.
Beistellung von Sachverständigen sowie Mitwirkung bei der Stadtplanung in Gesundheitsfragen.
Angelegenheiten der Bau-, Arbeits-, Ernährungs-, Wasser-, Verkehrs-, Wohn- und Sporthygiene, Umwelthygiene.
Führung der Hygienisch-bakteriologischen Untersuchungsanstalt der Stadt Wien; Begutachtung und Überwachung der Wasserversorgung, der Gewässer, der öffentlichen Bäder und der Abwässer in hygienischer Hinsicht, Erstattung von Gutachten nach dem Bäderhygienegesetz.
Mitwirkung bei Angelegenheiten des Strahlenschutzes, des Zivilschutzes und des Katastrophenschutzes.
Führung der Desinfektionsanstalt der Stadt Wien.
Vollziehung in erster Instanz: des Tuberkulosegesetzes, soweit nicht die Magistratsabteilung 12 oder die Magistratsabteilung 14 zuständig ist, des Bundesgesetzes über Schutzimpfungen gegen Tuberkulose, soweit nicht die Magistratsabteilung 14 zuständig ist, und des Gesetzes zur Bekämpfung der Geschlechtskrankheiten.
Führung der Gesundenuntersuchungsstellen, der Schwangerenberatungsstellen, der Raucherberatungsstelle, der Psychohygienischen Beratungsstellen, der Tuberkulosefürsorgestellen und der Geschlechtskrankenberatungsstelle der Stadt Wien; ärztlicher Dienst in den Mutterberatungsstellen, Ehe- und Familienberatungsstellen sowie in den Familienplanungsstellen der Stadt Wien.
Ärztliche Säuglings-, Kinder- und Jugendfürsorge; ärztliche Betreuung in den städtischen Kindergärten und Horten.
Ärztliche Körperbehindertenbetreuung; orthopädisch-fachärztliche Betreuung der Körperbehindertenschulen, Durchführung von Sonderturnkursen für haltungsgefährdete Kinder, Früherfassung körperbehinderter Kinder und Jugendlicher, Führung der Untersuchungsstelle für Körperbehinderte.
Ärztliche Betreuung für Nerven- und Gemütskranke sowie für Alkoholkranke und Drogenabhängige; Bekämpfung des Alkoholismus und des Drogenmißbrauches, Überwachung der Pflege und der medizinischen Rehabilitation von nicht in Anstalten untergebrachten Geisteskranken und Schwachsinnigen, Vertretung der Stadt Wien bei den Tagsatzungen im Anhaltungsverfahren, Antragstellung auf Entmündigung.
Angelegenheiten der Schulhygiene; schulärztlicher Dienst in den städtischen Pflichtschulen, Führung der augen- und ohrenärztlichen Untersuchungsstelle für Schulkinder.
Jugendzahnpflege; Führung der Jugendzahnkliniken.
Medizinische Beratung für Tropenreisende; Untersuchung auf Tropentauglichkeit, Führung der Impfstelle.
Sanitäre Überwachung der öffentlichen und privaten Krankenanstalten, der Heilquellen und Kuranstalten sowie der medizinisch-diagnostischen Untersuchungsanstalten; ärztliche Mitwirkung bei der Überwachung der Pflegeheime.
Sanitäre Überwachung der Campingplätze und der Herbergen für Obdachlose.
Evidenthaltung und Überwachung der Berufsausübung der Sanitätspersonen (Ärzte, Dentisten, Apotheker, Krankenpflegepersonal, Personal der medizinisch-technischen Dienste und der Sanitätshilfsdienste sowie Hebammen) und grundsätzliche Angelegenheiten ihrer Ausbildung und Fortbildung aufgrund der einschlägigen gesetzlichen Bestimmungen. Angelegenheiten des Hebammenwesens mit Ausnahme der der Magistratsabteilung 14 zustehenden Rechtsangelegenheiten.
Stellungnahme zu Anträgen auf Verleihung von Auszeichnungen und medizinischen Berufstiteln.
Maßnahmen zur Sicherung der ärztlichen und pflegerischen Versorgung der Bevölkerung; Führung und Einsatz von mobilen Krankenschwestern.
Angelegenheiten der Amtsärzteausbildung (Physikatskurs, Physikatsprüfung).
Überwachung des Apothekenbetriebes, der Drogerien, Drogengroßhandlungen und chemisch-pharmazeutischen Erzeugungsstätten; Überwachung des Gift- und Suchtgiftverkehrs, soweit nicht die magistratischen Bezirksämter zuständig sind, Bekämpfung des Suchtgiftmißbrauches, Außerverkehrsetzung von Arzneimitteln durch individuelle Verwaltungsakte, Versagung von Hausspezialitäten, Überwachung des Heilmittelverkehrs im allgemeinen.
Angelegenheiten des Blutspendewesens; Überwachung der Plasmapheresestellen, Erteilung von Aufträgen nach dem Plasmapheresegesetz zur Beseitigung von Mißständen sowie Führung der Evidenz der Plasmaspender.
Überwachung der Ungeziefer- und Rattenbekämpfung.
Ärztliche Angelegenheiten und sanitäre Überwachung des Leichen- und Bestattungswesens.
Amtsärztlicher Dienst; ärztliche Untersuchung der Gastarbeiter für das Landesarbeitsamt.

Erstellung ärztlicher Gutachten nach dem Opferfürsorgegesetz.
Vertrauensärztlicher Dienst hinsichtlich der Bediensteten des Magistrats der Stadt Wien (soweit eine besondere Regelung getroffen ist, einschließlich der Bediensteten der städtischen Unternehmungen), der Lehrpersonen einschließlich der Lehrer an allgemeinbildenden höheren Schulen und Hochschulen sowie in Angelegenheiten der Sozialhilfe.
Dienstaufsicht über das zugeteilte Personal, soweit es nicht der Dienstaufsicht des Magistratsdirektors untersteht.

Junker, Dr. Ermar, Oberstadtphysikus 511
Krafek, Dr. Anton, Stadtphysikus 527
Czermak, Dr. Erwin, Stadtphysikus 529
Knapp, Dr. Elfriede, Stadtphysikus 525
Krause, Dr. Rita, Stadtphysikus, Hofrat 547
Ortel, Dr. Norbert, Stadtphysikus 532
Vondracek, Dr. Emil, Stadtphysikus, Hofrat 537
Bayer, Dr. Heinz, Oberphysikatsrat 536
Biron, Dr. Franz, Oberphysikatsrat 564
Hawle, Dr. Gertrude, Oberphysikatsrat 521
Kapaun, Dr. Helene, Oberphysikatsrat 549
Kopp, Dr. Wolfgang, Oberphysikatsrat 566
Schmidt, Dr. Paula, Oberphysikatsrat 544
Bruns, Dr. Christine, Physikatsrat 554
Haderer, Dr. Hanna, Physikatsrat . 722*, 23 35 61*, 290
Picker, Dr. Greta, Physikatsrat 540
Zimmermann, Dr. Rudolf, Physikatsrat 530
Zupnik, Dr. Alexander, Physikatsrat 541
Kremeier, Dr. Elisabeth, Physikatsoberkommissär . 524
Binder, Dr. Kurt, Med.-Rat, Univ.-Doz., Primarius, Facharzt 31 53 34
Burggasser, Dr. Edith, Facharzt 62 48 435
Gradl, Dr. Draga, Facharzt 533
Klima, Dr. Hans, Med.-Rat, Facharzt 551
Koppensteiner, Dr. Gebhard, Facharzt 562
Müller, Dr. Maria, Facharzt 31 53 34
Ryvarden, Dr. Gunnar, Univ.-Doz. 42 54 49*, 35
Greutter, Dr. Bruno, vtm. Physikatsarzt . . 42 54 49*, 50
Lucius, Dr. Christa, vtm. Physikatsarzt . . 42 54 49*, 27
Maciejovsky, Dr. Eduard 507
Schön, Dr. Robert, vtm. Physikatsarzt 542
Kleibel, Dr. Edith, vtm. Facharzt 38 15 04*, 260
Schindler, Dr. Raoul, Primarius, tbl. Facharzt 543
Schnack, Dr. Herbert, Univ.-Prof., Primarius, tlb. Facharzt 573
Heintschel, Dr. Hans Günther, Magistratsrat 42 54 49*, 42
Jaksch, Dr. Gertrude, Magistratsrat 42 54 49*, 54
Bolzer, Dipl.-Ing. Wolfgang, Magistratsoberkommissär 42 54 49*, 30
Groß, Dr. Franz, Magistratskommissär . . 42 54 49*, 43
Danneberg Franzi, Amtsrat 563
Wesely Gottfried, Verwaltungsoberkommissär . . . 520
Kerkau Klaus-Dieter, Verwaltungskommissär 518
Pronay Gertrude, Kanzleioberkommissär, Kanzleileiter 512
Einlaufstelle 513
Referat 1, Verwaltungs- und Wirtschaftsangelegenheiten:
Kerkau Klaus-Dieter, Verwaltungskommissär 518, 538, 651
Referat 2, Personalangelegenheiten:
Wesely Gottfried, Verwaltungsoberkommissär 520, 581, 510, 519
Referat 3, Seuchenbekämpfung, Infektionskrankheiten, Schutzimpfungen:
Knapp, Dr. Elfriede, Stadtphysikus 525, 526
Referat 4, Hygienisch-bakteriologische Untersuchungsanstalt, Wasserhygiene, 8, Feldgasse 9 . . . . 42 54 49*
Ryvarden, Dr. Gunnar, Univ.-Doz. 35
Referat 5, Allgemeine Hygiene, Umwelthygiene, Umweltschutz:
Bayer, Dr. Heinz, Oberphysikatsrat 536, 523
Referat 5a, Allgemeine Sanitätsangelegenheiten, Sozialhygiene, Gesundheitsstatistik:
Kremeier, Dr. Elisabeth, Physikatsoberkommissär 524, 523
Referat 6, Krankenanstalten, Leichen- und Bestattungswesen:
Czermak, Dr. Erwin, Stadtphysikus . . . 529, 530, 531
Referat 7, Sanitätspersonen, Apotheken- und Arzneimittelwesen:
Krafek, Dr. Anton, Stadtphysikus 527, 528
Referat 8, Krankenpflege, med.-techn. und Sanitätshilfsdienste, Hebammenwesen:
Hawle, Dr. Gertrude, Oberphysikatsrat 521, 522
Referat 8a, Mobile Krankenschwestern:
Haderer, Dr. Hanna, Physikatsrat 722*, 23 35 61*, 290
Referat 9, Amtsärztliche Untersuchungsstelle:
Vondracek, Dr. Emil, Stadtphysikus, Hofrat . 537, 545
Referat 10, Impfungen für Ausreisende, Tropenmedizinische Beratungsstelle, Rezeptprüfungsstelle:
Krause, Dr. Rita, Stadtphysikus, Hofrat 547, 548
Referat 11, Gesundheitsvorsorge, Gesundenuntersuchungsstellen:
Schnack, Dr. Herbert, Univ.-Prof., Primarius, tlb. Facharzt 573, 574, 661
Referat 12, Psychohygiene:
Schindler, Dr. Raoul, Primarius, tlb. Facharzt . . . 543
Referat 13, Schulärztlicher Dienst:
Ortel, Dr. Norbert, Stadtphysikus 532, 517
Augenärztliche Untersuchungsstelle 533
Ohrenärztliche Untersuchungsstelle 575
Referat 14, Jugendzahnkliniken, 9, Salzergasse 28 . . . . 31 53 34
Binder, Dr. Kurt, Med.-Rat, Univ.-Doz., Primarius, Facharzt
Referat 15, Gesundheitsfürsorge für Mutter und Kind:
Kapaun, Dr. Helene, Oberphysikatsrat 549, 582
Referat 16, Tuberkulosebekämpfung, Gastarbeiteruntersuchungen, 1, Neutorgasse 18, 2. Stock, Tür 271:
Klima, Dr. Hans, Med.-Rat, Facharzt 551, 556, 552, 555
Röntgenstelle des Tuberkulosereferates, 1, Neutorgasse 18, Parterre 559, 561, 562
Schirmbildstelle des Tuberkulosereferates, 1, Neutorgasse 18, Halbstock 576, 558
Calmette-Impfstelle des Tuberkulosereferates, 1, Zelinkagasse 5, 2. Stock, Tür 264 553
Referat 17, Körperbehindertenbetreuung, orthopädische Angelegenheiten, 1, Zelinkagasse 5, Parterre:
Biron, Dr. Franz, Oberphysikatsrat 564, 563
Referat 18, Geschlechtskrankenberatung, 1, Neutorgasse 20, Parterre:
Kopp, Dr. Wolfgang, Oberphysikatsrat . 566, 539, 567

Desinfektionsanstalt,
3, Arsenalstraße 7 . . . . .78 21 07, 78 21 08 (65 21 75, 65 33 07)
Loidolt Alois, Desinfektionsleiter

Hygienisch-bakteriologische Untersuchungsanstalt, Wasserhygiene,
8, Feldgasse 9 . . . . 42 54 49*
Ryvarden, Dr. Gunnar, Univ.-Doz. 35

Gesundenuntersuchungsstellen:

3, Hainburger Straße 57–63 . . . . 72 24 57
9, Lazarettgasse 14 (I. Med. Universitätsklinik, Ambulanz) 42 89*, 4210, 4211
10, Per Albin Hansson-Siedlung Ost, Ada Christen-Gasse 2/C 68 21 60
15, Sorbaitgasse 3 . . . . 92 44 39
16, Montleartstraße 37 (Wilhelminenspital, 1. Med. Abteilung) 95 25 11*, 554
(Vorherige Anmeldung im Gesundheitsamt der Stadt Wien, Referat 11,
1, Zelinkagasse 5/18 . . . . 66 14*, 574, 661)

Raucherberatungsstellen:

1, Schottenring 24 . . . . 66 14*, 661
Anmeldung Montag bis Freitag von 8 bis 11 Uhr
5, Margaretengürtel 96 . . . . 55 11 07
Mittwoch von 15 bis 18 Uhr
11, Simmeringer Hauptstraße 93–95 . . . . . . 74 17 85
Mittwoch von 15.30 bis 18 Uhr
20, Pappenheimgasse 48–52 . . . . 33 93 26, 33 71 68
Montag von 15 bis 18 Uhr

Psychohygienischer Dienst:

Beratungsstellen:
Beratungszeiten täglich von 9 bis 19 Uhr, außer Mittwoch und Samstag
1., 7. bis 9., 16. bis 19. Bezirk:
9, Borschkegasse 1 . . . . 42 67 86
2., 20., 21. Bezirk:
2, Kleine Sperlgasse 2b 24 64 24
3., 4., 11. Bezirk:
3, Hainburger Straße 68–70 . . 72 29 552, 75 23 224
5., 6., 12. bis 15., 23. Bezirk:
12, Längenfeldgasse 20 . . . . 83 76 15
10. Bezirk:
10, Per Albin Hansson-Siedlung Ost, Ada Christen-Gasse 2/G 68 36 95
22. Bezirk:
22, Kagran, Steigenteschgasse 142 . . . . . . 23 12 32

Spezialberatung für Alkoholabhängige:
2, Kleine Sperlgasse 2b 24 64 24
Montag und Donnerstag von 16 bis 19 Uhr
3, Hainburger Straße 68–70 . . . . 72 29 552
(in Zusammenarbeit mit dem Genesungsheim Kalksburg)
Montag, Mittwoch und Donnerstag von 16 bis 19 Uhr
Spezialberatung für Drogenabhängige:
1, Schottenring 24, 2. Stock, Tür 225 . . . 66 14*, 543
Montag, Dienstag und Freitag von 8 bis 12 Uhr
2, Kleine Sperlgasse 2b 24 64 24
Mittwoch und Donnerstag von 16 bis 19 Uhr

Psychometrisches Labor:
(Testuntersuchungen)
3, Hainburger Straße 68–70 . . . . 75 23 224
Montag, Dienstag, Mittwoch und Freitag von 7.30 bis 15.30 Uhr

Jugendzahnkliniken:

Leitung und Depot der Jugendzahnkliniken,
9, Salzergasse 28 . . . . 31 53 34
Dienststunden: Montag bis Freitag von 7.30 bis 15.30 Uhr
10, Erlachgasse 100 . . . . 62 48 435
Ordination: Montag, Mittwoch, Donnerstag, Freitag von 8 bis 15.30 Uhr, Dienstag von 13 bis 15.30 Uhr. Dienststunden: von 7.30 bis 15.30 Uhr
15, Geyschlägergasse 2–12 . . . . 92 79 183
Ordination: Montag bis Freitag von 12.30 bis 15.30 Uhr. Dienststunden: von 7.30 bis 15.30 Uhr
21, Am Spitz 1 . . . . 721*, 38 15 04*, 260
Ordination: Montag, Freitag von 8 bis 15.30 Uhr, Dienstag, Mittwoch, Donnerstag von 12.30 bis 15.30 Uhr. Dienststunden: von 7.30 bis 15.30 Uhr
Expondituren:
18, Währinger Straße 173–181 . . . .47 11 76, 47 12 84
Ordination nur für Schüler der Sonderschule Mittwoch und Freitag von 8 bis 13 Uhr
23, Mauer, Kanitzgasse 8 . . . . 88 11 46*
Ordination nur für Zöglinge des Dr. Adolf Lorenz-Heimes und der Körperbehindertenschule Rodaun
Dienstag von 8 bis 12 Uhr
(Änderungen der Ordinationsstunden werden durch Anschlag am Eingangstor zur jeweiligen Jugendzahnklinik bekanntgegeben)

Schwangerenberatung:

10, Kundratstraße 3 (Franz Josef-Spital) . . . 64 16 91*
Montag und Mittwoch von 14 bis 16 Uhr
13, Wolkersbergenstraße 1 (Krankenhaus Lainz) 84 16 16* (82 26 11*)
Montag bis Freitag von 9 bis 11 Uhr
15, Huglgasse 1–3 (Elisabeth-Spital) 95 65 51*
Donnerstag von 15 bis 17 Uhr, Freitag von 8 bis 10 Uhr
16, Montleartstraße 37 (Wilhelminenspital) . . 95 25 11*
Montag und Mittwoch von 13 bis 16 Uhr

Zentrum für Entwicklungsdiagnostik und cerebrale Bewegungsstörungen:

9, Währinger Gürtel 74–76 . . . . 42 89*, 4307

Spezialambulanz für Entwicklungsdiagnostik und cerebrale Bewegungsstörungen:

10, Gellertgasse 42–48 . . . . 64 35 84

Pädiatrische Kardiologie – Herzambulanz:

9, Währinger Gürtel 74–76 . . . . 42 89*, 4378

Seh- und Hörtestungen:

1, Zelinkagasse 3 (Eingang direkt von der Straße) 66 14*, 582
Montag von 8 bis 11 Uhr
Sehprüfungen für Kinder ab drei Jahren
Hörtestungen für Kinder ab fünf Jahren

Ambulanz für fettsüchtige Kinder:

9, Währinger Gürtel 74–76 . . . . 42 89*, 4321
Montag von 13 bis 15 Uhr, Dienstag und Donnerstag von 9 bis 11 Uhr

Tuberkulosefürsorgestellen:

1., 7., 8., 9., 17. Bezirk:
9, Lazarettgasse 13b 43 33 49, 43 35 76
Ordination: Montag von 8 bis 11 Uhr (nur Schirmbild) und von 13 bis 16 Uhr, Dienstag von 14 bis 16 Uhr, Mittwoch und Donnerstag von 13 bis 16 Uhr. Sprechstunden: Donnerstag von 8 bis 11 Uhr

2., 20. Bezirk:
20, Pappenheimgasse 48–52 . . . 33 93 26, 33 71 68
Ordination: Montag von 14 bis 17 Uhr, Mittwoch von 13 bis 19 Uhr. Sprechstunden: Dienstag und Freitag von 8 bis 11 Uhr

3., 11. Bezirk:
11, Simmeringer Hauptstraße 93–95 . . . . 74 17 85
Ordination: Montag und Mittwoch von 14 bis 16.30 Uhr. Sprechstunden: Dienstag von 8 bis 12 Uhr

4., 5., 6., 12. Bezirk:
5, Margaretengürtel 96 . . . . 55 11 07
Ordination: Montag und Mittwoch von 13 bis 16.30 Uhr, Donnerstag von 8 bis 11 Uhr (nur Schirmbild) und von 14 bis 18 Uhr. Sprechstunden: Mittwoch von 8 bis 12 Uhr

10. Bezirk:
10, Columbusgasse 32–34 . . . . 64 37 17
Ordination: Dienstag und Donnerstag von 14 bis 16.30 Uhr. Sprechstunden: Donnerstag von 8 bis 11 Uhr

13., 14. Bezirk:
14, Gusenleithnergasse 27–29 . . . . 94 21 43
Ordination: Montag von 14 bis 16 Uhr, jeden 1. Montag im Monat bis 18 Uhr, Donnerstag von 13 bis 16 Uhr. Sprechstunden: Mittwoch von 9 bis 12 Uhr

15., 16. Bezirk:
16, Kreitnergasse 43 . . . . 92 56 83
Ordination: Montag und Donnerstag von 13 bis 15.30 Uhr, Dienstag von 13.30 bis 16.30 Uhr, Mittwoch von 13 bis 15 Uhr. Sprechstunden: Dienstag von 8 bis 12 Uhr

18., 19. Bezirk:
18, Währinger Gürtel 141 . . . . 34 42 70
Ordination: Dienstag und Mittwoch von 14 bis 17 Uhr. Sprechstunden: Donnerstag von 8 bis 12 Uhr

21., 22. Bezirk:
21, Am Spitz 1 . . . 721*, 38 15 04*, 242, 246, 241
Ordination: Montag von 13 bis 17 Uhr, Dienstag von 13 bis 15 Uhr (nur Schirmbild), Donnerstag von 14 bis 16 Uhr. Sprechstunden: Montag von 8 bis 12 Uhr

23. Bezirk:
23, Liesing, Breitenfurter Straße 360–368 . 86 34 26
Ordination: Montag von 15 bis 16 Uhr (Kinder), Donnerstag von 14 bis 18 Uhr. Sprechstunden: Dienstag von 8 bis 12 Uhr

Sputum-Untersuchungsstelle, 8, Feldgasse 9 . . 42 54 49

Hauskrankenpflege durch mobile Krankenschwestern:

1, Stadiongasse 6–8/15 . . . . . . 42 8 00*, 3852, 3897
2, Karmelitergasse 9 . . . . 702*, 33 16 11*, 239
10, Erlachgasse 100 . . . . 62 84 224
15, Gasgasse 8–10 . . . . 715*, 83 36 11*, 245
19, Gatterburggasse 14 . . . . . . 719*, 36 42 50*, 285
22, Kagran, Schrödingerplatz 1 . . 722*, 23 35 61*, 294
23, Liesing, Perchtoldsdorfer Straße 2 723*, 86 96 17*, 47

Bezirksgesundheitsämter:

1., 8. Bezirk:
1, Wipplingerstraße 8 . . . . . 701*, 708*, 63 07 31*
Kaindl, Dr. Eva Maria, Physikatsrat 267

2. Bezirk:
2, Karmelitergasse 9 . . . . 702*, 33 16 11*
Wegscheider, Dr. Johann, Stadtphysikus 288

3. Bezirk:
3, Karl Borromäus-Platz 3 . . . . . 703*, 72 51 71*
Mraz, Dr. Kurt, Stadtphysikus 267
Kohnen-Zülzer, Dr. Christian, vtm. Physikatsarzt 268

4., 5. Bezirk:
4, Favoritenstraße 18 . . . . 724*, 65 47 34*
Wager, Dr. Heinrich, vtm. Physikatsarzt 231

6., 7. Bezirk:
6, Amerlingstraße 11 . . . . 726*, 57 95 21*
Bartunek, Dr. Hans, Oberphysikatsrat 59

9. Bezirk:
9, Währinger Straße 39 . . . . 709*, 42 35 75*
Schweeger, Dr. Herbert, Oberphysikatsrat . . . 261

10. Bezirk:
10, Laxenburger Straße 43–47 . . . 710*, 64 36 31*
Brucha, Dr. Erwin, Oberphysikatsrat 242
Blechinger, Dr. Franz, vtm. Physikatsarzt 242

11. Bezirk:
11, Enkplatz 2 . . . . 711*, 74 35 86*
Kreiner, Dr. Heinrich, Oberphysikatsrat 270

12. Bezirk:
12, Hufelandgasse 2 . . . . 712*, 83 16 01*
Luch, Dr. Alfred, Oberphysikatsrat 241

13., 14. Bezirk:
13, Hietzinger Kai 1–3 . . . . 713*, 82 26 51*
Scheitz, Dr. Werner, Physikatsrat 290
Pavelka, Dr. Jana, vtm. Physikatsarzt 291

15. Bezirk:
15, Gasgasse 8–10 . . . . 715*, 83 36 11*
Nurrer, Dr. Elisabeth, Med.-Rat, Stadtphysikus 260

16. Bezirk:
16, Richard Wagner-Platz 19 . . . . 716*, 92 26 96*
Brunner, Dr. Friedrich, Stadtphysikus 260
Gottwald, Dr. Erika, vtm. Physikatsarzt 269

17. Bezirk:
17, Kalvarienberggasse 29 . . . . .717*, 43 61 01* (43 16 51*)
Röttinger, Dr. Renate, Oberphysikatsrat 358

18. Bezirk:
18, Währinger Straße 124 . . . . . . 718*, 34 25 20*
Heinrich, DDr. Walter, Physikatsrat 215

19. Bezirk:
19, Gatterburggasse 14 . . . . 719*, 36 42 50*
Totter, Dr. Anina, Oberphysikatsrat 280

20. Bezirk:
20, Brigittaplatz 10 . . . . 720*, 33 35 11*
Schischlik, Dr. Konrad, Oberphysikatsrat 238

21. Bezirk:
21, Am Spitz 1 . . . . 721*, 38 15 04*
Hein, Dr. Ulrike, Oberphysikatsrat 225

22. Bezirk:
22, Kagran, Schrödingerplatz 1 . . . 722*, 23 35 61*
Haderer, Dr. Hanna, Physikatsrat 290

23. Bezirk:
23, Liesing, Perchtoldsdorfer Straße 2 . . . . 723*, 86 96 17*
Wieninger, Dr. Johann, Oberphysikatsrat 56

Landessanitätsrat für Wien
1, Rathaus, Tel. 42 8 01/2143

Vorsitzender:
Junker, Dr. Ermar, Oberstadtphysikus, Landessanitätsdirektor

Stellvertreter:
Swoboda, Dr. Walter, a. o. Univ.-Prof., Primarius

Ordentliche Mitglieder:
Bucher, Dr. Anton, Med.-Rat, Primarius, Chefarzt
Fellinger, Dr. Karl, Univ.-Prof.
Luger, Dr. Anton, a. o. Univ.-Prof., Primarius
Rockenschaub, Dr. Alfred, Univ.-Doz., Primarius
Sighart, Dr. Herbert, Univ.-Doz., Primarius
Steyrer, Dr. Kurt, Ob.-Med.-Rat, Abgeordneter zum Nationalrat
Zeman, Dr. Kurt, Med.-Rat, Gemeinderat

Außerordentliche Mitglieder:
Deutsch, Dr. Dr. h. c. Erwin, Univ.-Prof.
Eberl, Dr. Rudolf, Univ.-Doz., Primarius
Glück, Dr. Otto, Med.-Rat, Primarius
Neugebauer, Dr. Hermann, Univ.-Doz., Primarius, Präsident der Ärztekammer für Wien
Ullrich, Dr. et Mag. pharm. Wolfgang
Zischka-Konorsa, Dr. Wilhelm, a. o. Univ.-Prof., Primarius

MAGISTRATSABTEILUNG 17

Anstaltenamt

1, Schottenring 24, 3. Stock, Tür 369, Tel. 66 14*

Führung und Verwaltung der städtischen Krankenanstalten und Pflegeheime.
Führung der Krankenpflegeschulen, der Hebammenlehranstalt, der Schulen der medizinisch-technischen Dienste, der physikalisch-technischen Prüfanstalt für Radiologie und Elektromedizin der Stadt Wien, des Wiener städtischen Rettungs- und Krankenbeförderungsdienstes sowie der Zentralwäscherei.
Vorschreibung und Einhebung der Pflegegebühren und der Transportkosten in den städtischen Krankenanstalten sowie der Pfleglingsentgelte in den Pflegeheimen der Stadt Wien mit Ausnahme des Streitverfahrens in Sozialhilfeangelegenheiten.
Vorschreibung und Einhebung der Transportkosten des Rettungs- und Krankenbeförderungsdienstes.
Vertretung der Stadt Wien als Rechtsträger der Anstalten bzw. als Träger der Sozialhilfe zur Hereinbringung der Pflegegebühren, der Pfleglingsentgelte und der Transportkosten vor Gerichten und Verwaltungsbehörden.
Stellung von Entmündigungsanträgen.
Erwerb und Verwaltung von Gastgewerbeberechtigungen in den städtischen Krankenanstalten und Pflegeheimen im Einvernehmen mit der Magistratsabteilung 69.
Bestätigung der Vollstreckbarkeit von Rückstandsausweisen für Pflege- und Sondergebühren einer öffentlichen Krankenanstalt.
Führung der Anstaltsapotheken.
Planung, Errichtung, Betriebsführung und Erhaltung von Wäschereianlagen im Bereich der Magistratsabteilung 17.
Planung, Errichtung, Betriebsführung und Erhaltung von Förderanlagen in Krankenanstalten und Pflegeheimen, soweit diese über den Behandlungs-, Untersuchungs- oder Laborbereich nicht hinausgehen.
Dienstaufsicht über das zugeteilte Personal, soweit es nicht der Dienstaufsicht des Magistratsdirektors untersteht.
Fachspezifische Fort- und Weiterbildung.

Siebensohn, Dr. Hans, Obersenatsrat 340
Muzik, Dr. Oswald, Med.-Rat, Stadtphysikus 315
Kölblinger, Dipl.-Ing. Gerhart, Senatsrat 615
Strausz, Mag. pharm. Marianne, vtm. Apotheker . . 319
Kneusel-Herdliczka, Dr. Oskar 375
Gödel, Dr. Friedrich, Magistratsrat 656
Penewa-Petrow, Dr. Zenka 373
Bilek, Mag. Anton 326
Hladik Josef, Oberamtsrat 334
Schuster, Dkfm. Leo, Oberamtsrat 321
Slaby Wilhelm, Oberamtsrat 357
Gsandtner Ludwig, Amtsrat 337
Herzog Karl, Amtsrat 305
Jaeger Josef, Amtsrat 393
Kocher Helga, Amtsrat 395
Löbl Lieselotte, Amtsrat 302
Loidl Wilhelmine, Amtsrat 307
Molnar Erich, Amtsrat 330
Pfundtner Maria, Amtsrat 302
Schilling Hilda, Amtsrat 382
Schmidt Gertrud, Amtsrat 394
Springsholz Leopoldine, Amtsrat 370
Switil Gertrude, Amtsrat 378
Thenner, Franz, Amtsrat 313
Fally Helmut, Verwaltungsoberkommissär 366
Payer Bernd, Verwaltungsoberkommissär 359
Prusa Werner, Verwaltungsoberkommissär 350
Wansch Friedrich, Verwaltungsoberkommissär . . . 339
Kempel Helmuth, Verwaltungsoberoffizial 344
Hartl Hermine, Oberin 328
Herz Ilse, Oberassistentin 655
Krapfenbauer Rudolf, Kanzleioberkommissär,
Kanzleileiter 347
Kanzlei 348
Medizinische Fachaufsichten
Medizinische Angelegenheiten:
Muzik, Dr. Oswald, Med.-Rat, Stadtphysikus . . . 315
Penewa-Petrow, Dr. Zenka 373
Pharmazeutische Angelegenheiten:
Strausz, Mag. pharm. Marianne, vtm. Apotheker . 319
Schulen und Pflegeaufsicht:
Hartl Hermine, Oberin 328
Medizinisch-technische Angelegenheiten:
Herz Ilse, Oberassistentin 655
Dezernat I: Allgemeine Rechts- und Personalangelegenheiten
derzeit unbesezt 342
Sachgebiet Personal:
Molnar Erich, Amtsrat 330
Referat für Allgemeine Personalangelegenheiten:
Hladik Josef, Oberamtsrat 334
Fally Helmut, Verwaltungsoberkommissär 366
Referat für ärztliches Personal und Apotheker, Physiker, Psychologen, Chemiker
Payer Bernd, Verwaltungsoberkommissär 359
Referat für Kanzlei- und Verwaltungsbeamte
Wansch Friedrich, Verwaltungsoberkommissär . . 339
Referat für Krankenpflegepersonal
Kempel Helmuth, Verwaltungsoberoffizial 344
Referat für Arbeiterpersonal
Gsandtner Ludwig, Amtsrat 337
Dezernat II: Budget- und Wirtschaftsangelegenheiten
Kölblinger, Dipl.-Ing. Gerhart, Senatsrat 615
Schuster, Dkfm. Leo, Oberamtsrat 321
Sachgebiet Allgemeine Angelegenheiten, Planung und Organisation:
Slaby Wilhelm, Oberamtsrat 357
Sachgebiet Budgetangelegenheiten:
Prusa Werner, Verwaltungsoberkommissär 350
Sachgebiet Wirtschaftsangelegenheiten:
Bilek, Mag. Anton 326
Sachgebiet Gebühren:
Kneusel-Herdliczka, Dr. Oskar 375
Gruppendirektionen:
Gruppendirektion I/II - Nord/Ost:
9, Sobieskigasse 31 . . . . 34 65 35*
Verwaltungsdirektor:
Hradsky Josef, Verwaltungsoberkommissär 215
Gruppendirektion III - Süd:
13, Riedelgasse 5 . . . . 88 25 15*
Verwaltungsdirektor:
Engelhardt Wilhelm, Oberamtsrat 307
Gruppendirektion IV - West:
14, Sanatoriumstraße 2 . . . . 94 31 51*
Verwaltungsdirektor:
Denk Hans, Oberamtsrat, Regierungsrat 2400

Kranken- und Wohlfahrtsanstalten

Krankenanstalten:

Allgemeines Krankenhaus der Stadt Wien
9, Alser Straße 4, Tel. 42 89*
(Besuchszeiten: Dienstag, Donnerstag, Samstag, Sonn- und Feiertag von 13.30 bis 15 Uhr, Mittwoch von 18 bis 19 Uhr)

Direktor: *Rode, Dr. Heinrich,* Hofrat
Verwalter: *Padiwy Josef, Prof.,* Oberamtsrat
Materialkanzlei: *Thaller Franz,* Amtsrat
Küchenregie: *Blazek Alfred,* Amtsrat
Personalstelle: *Meisel Liselotte,* Verwaltungskommissär
Pflegegebührenstelle: unbesetzt
Oberin: *Bachofner Waltraude*
Oberschwester: *Kolba Hermine*
Schuloberin: *Schmid Gertrude*

I. Medizinische Universitätsklinik: *Deutsch, Dr. Dr. h. c. Erwin,* Univ.-Prof.; *Schwender Gertrude,* Oberschwester
Institut für Klinische Chemie und Laboratoriumsdiagnostik: *Gabl, Dr. Franz,* Univ.-Prof.
Isotopenlabor: *Frischauf, Dr. Johannes,* Univ.-Prof.
Universitätsklinik für Chemotherapie: *Spitzy, Dr. Karl-Hermann,* Univ.-Prof.

I. Universitätsklinik für Gastroenterologie und Hepatologie: *Wewalka, Dr. Friedrich,* Univ.-Prof.

II. Medizinische Universitätsklinik: *Geyer, Dr. Georg,* Univ.-Prof.; *Auinger Elfriede,* Oberschwester
Isotopenlabor: *Höfer, Dr. Rudolf,* Univ.-Prof.
Röntgenstation: *Kotscher, Dr. Ernst,* Univ.-Doz.

II. Universitätsklinik für Gastroenterologie und Hepatologie und Institut für medizinische Computerwissenschaften: *Grabner, Dr. Georg,* Univ.-Prof.

Kardiologische Universitätsklinik: *Kaindl, Dr. Friedrich,* Univ.-Prof.; *Hafenscher Karoline,* Oberschwester

I. Chirurgische Universitätsklinik: *Fritsch, Dr. Arnulf,* Univ.-Prof.; *Wibiral Rosina,* Oberschwester
Abteilung für plastische Chirurgie: *Millesi, Dr. Hano,* Univ.-Prof.

II. Chirurgische Universitätsklinik: *Navratil, DDr. Johann,* Univ.-Prof.; *Schneeweis Gertrude,* Oberschwester
Abteilung für Kinderchirurgie: *Helmer, Dr. Friedrich,* Univ.-Prof.

I. Universitätsklinik für Unfallchirurgie: *Trojan, Dr. Emanuel,* Univ.-Prof.

II. Universitätsklinik für Unfallchirurgie: *Spängler, Dr. Hans,* Univ.-Prof.

Neurochirurgische Universitätsklinik: *Koos, Dr. Wolfgang,* Univ.-Prof.; *Knippel Gertrude,* Oberschwester

Universitätsklinik für Kiefer- und Gesichtschirurgie: *Wunderer, Dr. Siegfried,* Univ.-Prof.; *Papez Hilde,* Oberschwester

Orthopädische Universitätsklinik: *Chiari, Dr. Karl,* Univ.-Prof.; *Trummer Karoline,* Oberschwester

Urologische Universitätsklinik: *Rummelhardt, Dr. Josef,* Univ.-Prof.; *Lang Adele,* Oberschwester

Institut für physikalische Medizin: *Jantsch, Dr. Hans,* Univ.-Doz.

I. Universitäts-Hautklinik: *Tappeiner, Dr. Josef,* Univ.-Prof.; *Elsinger Herta,* Oberschwester
Abteilung für Verbrennungskrankheiten: *Holubar, Dr. Karl,* Univ.-Prof.

II. Universitäts-Hautklinik: *Niebauer, Dr. Gustav,* Univ.-Prof.; *Jahn Auguste,* Oberschwester

I. Universitäts-Augenklinik: *Hruby, Dr. Karl,* Univ.-Prof.; *Englisch Alice,* Oberschwester

II. Universitäts-Augenklinik: *Slezak, Dr. Hans,* Univ.-Prof.; *Schwarz Martha,* Oberschwester

I. Universitätsklinik für Hals-, Nasen- und Ohrenkrankheiten: *Novotny, Dr. Otto,* Univ.-Prof.; *Morawek Herta,* Oberschwester

II. Universitätsklinik für Hals-, Nasen- und Ohrenkrankheiten: *Burian, Dr. Kurt,* o. Univ.-Prof.

I. Universitäts-Frauenklinik: *Gitsch, Dr. Eduard,* Univ.-Prof.; *Buczolich Christine,* Oberschwester

II. Universitäts-Frauenklinik: suppl. Leiter: *Kratochwil, Dr. Alfred,* Univ.-Prof.; *Wetzstein Hermine,* Oberschwester
Ultraschalldiagnostik-Zentrum: *Kratochwil, Dr. Alfred,* Univ.-Prof.
Strahlenabteilung an der I. und II. Universitäts-Frauenklinik: *Weghaupt, Dr. Karl,* Univ.-Prof.

Universitäts-Kinderklinik: *Zweymüller, Dr. Ernst,* Univ.-Prof.; *Gotthart Edith,* Oberschwester
Abteilung für Neonatologie und angeborene Störungen: *Thalhammer, Dr. Otto,* Univ.-Prof.

Psychiatrische Universitätsklinik: *Berner, Dr. Peter,* o. Univ.-Prof.; *Binder Heinz,* Oberpfleger
Psychosomatische Abteilung: *Ringel, Dr. Erwin,* Univ.-Prof.

Universitätsklinik für Neuropsychiatrie des Kindes- und Jugendalters: *Spiel, Dr. Walter,* Univ.-Prof.; *Jirschik Ingrid,* Oberschwester

Neurologische Universitätsklinik: *Reisner, Dr. Herbert,* Univ.-Prof.; *Nowotny Maria,* Oberschwester
Abteilung für Elektro- und Neuro-Diagnostik: *Pateisky, Dr. Kurt,* Univ.-Prof.

Institut für Psychotherapie und Tiefenpsychologie: *Strotzka, Dr. Hans,* Univ.-Prof.

Universitätsklinik für Strahlentherapie und Strahlenbiologie: *Kärcher, Dr. Karl-Heinz,* Univ.-Prof.; *Mrass Herta,* Oberassistentin

Zentrales Institut für Radiodiagnostik: *Psenner, Dr. Ludwig,* Univ.-Prof.; *Scherner Annemarie,* Oberassistentin

Universitätsklinik für Anaesthesiologie und allgemeine Intensivmedizin: *Mayrhofer-Krammel, Dr. Otto,* Univ.-Prof.

Institut für Blutgruppenserologie: *Speiser, Dr. Paul,* Univ.-Prof.

Institut für pathologische Anatomie: *Holzner, Dr. Heinrich,* Univ.-Prof.

Apotheke I: *Dadak, Mag. pharm. Irene,* Oberpharmazierat

Apotheke II: *Eberl, Mag. pharm. Helene,* Oberpharmazierat

Physikalisch-technische Prüfanstalt für Radiologie und Elektromedizin: *Nell, Dr. Martin,* Obermagistratsrat

Institut für gerichtliche Medizin: *Holczabek, Dr. Wilhelm,* o. Univ.-Prof.

Universitätsklinik für Zahn-, Mund- und Kieferheilkunde: *Keresztesi, Dr. Koloman,* Univ.-Prof., Primarius

Krankenpflegeschule: *Rode, Dr. Heinrich,* Direktor; *Schmid Gertrude,* Schuloberin

Kinderkrankenpflegeschule: *Rode, Dr. Heinrich,* Direktor; *Dyduch Alice,* Schuloberin

Schule für den physikotherapeutischen Dienst: *Rode, Dr. Heinrich,* Direktor; *Jantsch, Dr. Hans,* Univ.-Prof., wissenschaftl. Leiter; *Brenner Christa,* leit. Lehrassistentin

Schule für den medizinisch-technischen Laboratoriumsdienst: *Rode, Dr. Heinrich,* Direktor; *Portele, Dr. Karl,* Hofrat, wissenschaftl. Leiter; *Wimmer Johanna,* leit. Lehrassistentin

Schule für den radiologisch-technischen Dienst: *Rode, Dr. Heinrich,* Direktor; *Psenner, Dr. Ludwig,* Univ.-Prof., wissenschaftl. Leiter; *Kotrc Elfriede,* leit. Lehrassistentin

Schule für den Diätdienst: *Rode, Dr. Heinrich,* Direktor; *Wewalka, Dr. Friedrich,* Univ.-Prof., wissenschaftl. Leiter; *Antonius Michaela,* leit. Lehrassistentin

Schule für den logopädisch-phoniatrisch audiometrischen Dienst: *Rode, Dr. Heinrich,* Direktor; *Schwetz, Dr. Friedrich,* Univ.-Prof., wissenschaftl. Leiter; *Leichtfried Christa,* leit. Lehrassistentin

Schule für den orthopädischen Dienst: *Rode, Dr. Heinrich,* Direktor; *Aichmayr, Dr. Hermann,* Univ.-Doz., wissenschaftl. Leiter; *Holzner Maria-Elisabeth,* leit. Lehrassistentin

Schule für den beschäftigungs- und arbeitstherapeutischen Dienst: *Rode, Dr. Heinrich,* Direktor; *Soucek Max,* leit. Lehrassistent

Schule für den medizinisch-technischen Fachdienst: *Rode, Dr. Heinrich,* Direktor; *Portele, Dr. Karl,* Hofrat, wissenschaftl. Leiter; *Kober Sonja,* leit. Lehrassistentin

Kurs für die Ausbildung als Stationsgehilfen: *Rode, Dr. Heinrich,* Direktor, Kursleiter

Kurs für die Ausbildung als Prosekturgehilfen: *Portele, Dr. Karl,* Hofrat, Kursleiter

Kurs für die Ausbildung als Ordinationsgehilfen: *Portele, Dr. Karl,* Hofrat, Kursleiter

Sonderausbildungskurs zur Heranbildung von leitenden Krankenpflegepersonen: *Rode, Dr. Heinrich,* Direktor, Kursleiter

Sonderausbildungskurs zur Heranbildung von lehrenden Krankenpflegepersonen: *Rode, Dr. Heinrich,* Direktor, Kursleiter

Sonderausbildungskurs für Pflegepersonen für den Dienst auf Intensivpflege- und Dialysestationen: *Mayrhofer-Krammel, Dr. Otto,* Univ.-Prof., Kursleiter

Sonderausbildungskurs für Pflegepersonen im Anaesthesiedienst: *Mayrhofer-Krammel, Dr. Otto,* Univ.-Prof., Kursleiter

Sonderausbildungskurs für Operationsschwestern: *Rode, Dr. Heinrich,* Direktor, Kursleiter

Sonderausbildungskurs für medizinisch-technische Assistentinnen auf dem Gebiet der Cytologie: *Rode, Dr. Heinrich,* Direktor; *Maier Friederike,* leit. Lehrassistentin

Krankenhaus der Stadt Wien – Lainz
13, Wolkersbergenstraße 1, Tel. 84 16 16* (82 26 11*)
(Besuchszeiten: Dienstag, Donnerstag, Samstag, Sonn- und Feiertag von 13.30 bis 15 Uhr, Mittwoch von 18 bis 19 Uhr)
Direktor: *Luger, Dr. Anton,* a. o. Univ.-Prof., Primarius
Verwalter: *Kraus Adolf*
Materialkanzlei: *Hell Roland,* Amtsrat
Küchenregie: derzeit unbesetzt
Personalstelle: *Huber Frieda,* Verwaltungsoberkommissär
Oberin: *Holubek Johanna*
1. Medizinische Abteilung: *Schuster, Dr. Franz,* Primarius; *Spina, Dr. Karl,* Oberarzt; *Bergmann, Dr. Isabella,* Oberarzt; *Krasa Helene,* Oberschwester
2. Medizinische Abteilung mit klinischer Überwachungsstation: *Eberl, Dr. Rudolf,* Univ.-Doz., Primarius; *Dunky, Dr. Attila,* Oberarzt; *Fasching, Dr. Ulrike,* Oberarzt; *Tausch, Dr. Gerhard,* Oberarzt; *Bröll, Dr. Johann,* Oberarzt; *Ginthör Friederike,* Oberschwester
3. Medizinische Abteilung mit Stoffwechselerkrankungen: *Irsigler, Dr. Karl,* a. o. Univ.-Prof., Primarius; *Lalouschek, Dr. Luise,* Oberarzt; *Lageder, Dr. Helmut,* Oberarzt; *Schropper Erna,* Oberschwester
4. Medizinische Abteilung mit Kardiologie: *Enenkel, Dr. Wolfgang,* Univ.-Doz., Primarius; *Nobis, Dr. Hans,* Oberarzt; *Kiss, Dr. Elisabeth,* Oberarzt; *Prachar, Dr. Herbert,* Oberarzt; *Spiel, Dr. Ronny,* Oberarzt; *Stadler Rosina,* Oberschwester

Abteilung für Lungenkrankheiten: *Titscher, Dr. Reinhart,* Ob.-Med.-Rat, Primarius; *Hatzenberger, Dr. Herbert,* Oberarzt; *Seiler, Dr. Petrus,* Oberarzt; *Grubinger, DDr. Richard,* Oberarzt; *Danilewicz, Dr. Ariadne,* Oberarzt; *Hatzenberger, Dr. Anna,* Oberarzt
1. Chirurgische Abteilung: *Denck, Dr. Helmuth,* a. o. Univ.-Prof., Primarius; *Moussong, Dr. Sonja,* Oberarzt; *Bischof, Dr. Martin,* Oberarzt; *Kubiena, Dr. Klaus,* Oberarzt; *Zwintz, Dr. Edgar,* Oberarzt; *Garaguly, Dr. Geza,* Oberarzt; *Himmelbauer Rosalia,* Oberschwester
2. Chirurgische Abteilung: *Heinzmann, Dr. Franz,* Primarius; *Schartel, Dr. Paul,* Oberarzt; *Ceschka, Dr. Walter,* Oberarzt; *Mauermann, Dr. Heinrich,* Oberarzt; *Prachar, Dr. Hannelore,* Assistentin; *Danek Anna,* Oberschwester

Urologische Abteilung: *Gasser, Dr. Georg,* Univ.-Prof., Primarius; *Dienelt, Dr. Karl,* Oberarzt; *Ita, Dr. Heinrich,* Oberarzt; *Rankl Oswaldine,* Oberschwester
Dermatologische Abteilung: *Luger, Dr. Anton,* a. o. Univ.-Prof., Primarius; *Zips, Dr. Artur,* Oberarzt; *Horn, Dr. Friedrich,* Oberarzt; *Babanits Adele,* Oberschwester
Gynäkologisch-geburtshilfliche Abteilung: *Artner, Dr. Josef,* a. o. Univ.-Prof., Primarius; *Kremer, Dr. Hans,* Oberarzt; *Wildenauer, Dr. Georg,* Oberarzt; *Zeibekis, Dr. Nikolaus,* Oberarzt; *Fuchs, Dr. Georg,* Assistent; *Bonifaci Marianne,* Oberschwester
Augenabteilung: *Stepanik, Dr. Josef,* a. o. Univ.-Prof., Primarius; *Osinger, Dr. Kurt,* Oberarzt; *Pronai, Dr. Ingrid,* Oberarzt; *Herzog, Dr. Friedrich,* Oberarzt; *Schwifz, Dr. Ingeborg,* Oberarzt; Oberschwester: derzeit unbesetzt
Hals-, Nasen-, Ohrenabteilung: *Zechner, Dr. Gerd,* Univ.-Prof., Primarius; *Peschke, Dr. Wilhelm,* Oberarzt; *Kittinger, Dr. Gunnar,* Oberarzt; *Balluch, Dr. Helmuth,* Oberarzt; *Gschnait, Dr. Irene,* Assistentin; *Zeilinger Josefa,* Oberschwester
Sonderabteilung für Strahlentherapie: *Alth, Dr. Gerhart,* Primarius; *Kolbabeck, Dr. Heinrich,* Oberarzt; *Koren, Dr. Johann,* Oberarzt; *Brennig, Dr. Karl,* Anstalts-Oberarzt; *Müller, Dr. Gerhard,* Anstalts-Oberarzt; *Wickenhauser, Dr. Irmgard,* Anstalts-Oberarzt; *Lassan Ludmilla,* Oberschwester
Neurologische Abteilung: *Jellinger, Dr. Kurt,* Univ.-Prof., Primarius; *Podiwinsky, Dr. Friedrich,* Anstalts-Oberarzt; *Sunder-Plaßmann, Dr. Edith,* Oberarzt; *Kothbauer, Dr. Peter,* Oberarzt; *Vollmer, Dr. Rembert,* Assistent; *Schmid, Dr. Hans,* Oberarzt; *Paver Berta,* Oberschwester
Zentrallaboratorium: *Fischer, Dr. Michael,* Univ.-Prof., Primarius; *Spendlingwimmer, Dr. Ingomar,* Anstalts-Oberarzt
Zentralröntgeninstitut: *Fochem, Dr. Kurt,* a. o. Univ.-Prof., Primarius, Vorstand; *Klumair, Dr. Johann,* Anstalts-Oberarzt; *Fockler, Dr. Gertrude,* Oberarzt; *Stenzel, Dr. Ingrid,* Oberarzt; *Pflanzer, Dr. Klaus,* Oberarzt; *Kleedorfer, Dr. Dietrich,* Oberarzt; *Selinger Katharina,* Oberassistentin
Institut für Nuklearmedizin: *Ogris, Dr. Emil,* Univ.-Doz., Primarius; *Pirko, Dr. Dorothea,* Anstalts-Oberarzt
Institut für physikalische Medizin: *Dorcsi, Dr. Mathias,* Med.-Rat, Primarius; *Tscholl, Dr. Julia,* Oberarzt
Pathologisch-bakteriologisches Institut: *Wuketich, Dr. Stefan,* Univ.-Doz., Primarius; *Machacek, Dr. Ernst,* Anstalts-Oberarzt; *Böck, Dr. Dorothea,* Anstalts-Oberarzt
Institut für Zahn-, Mund- und Kieferheilkunde: *Rothbauer, Dr. Gerhard,* Primarius; *Abbruzzese, Dr. Gertraud,* Anstalts-Oberarzt
Institut für Anaesthesiologie: *Chowanetz, Dr. Enne,* Primaria
Apotheke: *Freismuth, Mag. pharm. Ludwig,* Senatsrat; Stellvertreter: *Cichocki, Mag. pharm. Martha,* Oberpharmazierat
Krankenpflegeschule: *Luger, Dr. Anton,* a. o. Univ.-Prof., Primarius, Schulleiter; *Popovicz Viktoria,* Schuloberin
Schule für den radiologisch-technischen Dienst: *Fochem, Dr. Kurt,* Univ.-Prof., Primarius, Schulleiter; *Gam Margarete,* leit. Lehrassistentin
Kurs für die Ausbildung als Stationsgehilfen: *Luger, Dr. Anton,* a. o. Univ.-Prof., Primarius, Kursleiter
Kurs für die Ausbildung als Operationsgehilfen: *Heinzmann, Dr. Franz,* Primarius, Kursleiter

Wilhelminenspital der Stadt Wien
16, Montleartstraße 37, Tel. 95 25 11*
(Besuchszeiten: Dienstag, Donnerstag, Samstag, Sonn- und Feiertag von 13.30 bis 15 Uhr, Mittwoch von 18 bis 19 Uhr; Interne Kinderabteilung: Sonn- und Feiertag von 13.30 bis 14.30 Uhr; Kinderinfektionsabteilung: Dienstag, Donnerstag und Sonn- und Feiertag von 14.30 bis 15.30 Uhr)

Direktor: *Stastny, Dr. Rudolf*
Verwalter: *Albrecht Friedrich,* Oberamtsrat
Materialkanzlei: *Jaux Kurt,* Amtsrat
Küchenregie: *Groh Ernst,* Amtsrat
Personalstelle: *Springer Erich,* Amtsrat
Oberin: *Schubert Irene*

1. Medizinische Abteilung: *Schnack, Dr. Herbert,* a. o. Univ.-Prof., Primarius; *Stadler, Dr. Walter,* Oberarzt; *Döpke, Dr. Georg,* Oberarzt; *Kandel, Dr. Paul,* Oberarzt; *Kronberger, Dr. Othmar,* Oberarzt; *Than, Dr. Edith,* Oberarzt
2. Medizinische Abteilung: *Mlczoch, Dr. Felix,* a. o. Univ.-Prof., Primarius; *Moravetz, Dr. Ferdinand,* Univ.-Prof., Oberarzt; *Kohout, Dr. Josef,* Univ.-Doz., Oberarzt; *Schnetz, Dr. Erich,* Oberarzt; *Hanzl, Dr. Erich,* Oberarzt; *Hienerth, Dr. Helmuth,* Oberarzt; *Berger Maria,* Oberschwester
3. Medizinische Abteilung: *Weissel, Dr. Werner,* a. o. Univ.-Prof., Primarius; *Lind, Dr. Hubert,* Oberarzt; *Zimmermann, Dr. Erich,* Oberarzt; *Trauneck, Dr. Walther,* Oberarzt; *Fuchs, Dr. Gerhard,* Oberarzt; *Heiling Hedwig,* Oberschwester
4. Medizinische Abteilung: *Thaler, Dr. Heribert,* a. o. Univ.-Prof, Primarius; *Hauswirth, Dr. Karl,* Oberarzt; *Hrabal, Dr. Isabella,* Oberarzt; *Kiesewetter, Dr. Erich,* Oberarzt; *Reichel, Dr. Wolfgang,* Oberarzt; *Schmid Leopoldine,* Oberschwester
5. Medizinische Abteilung: *Gruber, Dr. Franz,* Primarius; *Pichler, Dr. Otto,* Oberarzt; *Klein, Dr. Karlheinz,* Univ.-Doz., Oberarzt; *Henk, Dr. Werner,* Anstalts-Oberarzt; *Studlar, Dr. Maximilian,* Oberarzt; *Nebosis, Dr. Gottfried,* Oberarzt; *Griebl Maria,* Oberschwester

1. Chirurgische Abteilung mit Unfallabteilung: *Salem, Dr. Georg,* a. o. Univ.-Prof., Primarius; *Nürnberger, Dr. Nikolaus,* Oberarzt; *Lahninger, Dr. Josef,* Oberarzt; *Neugebauer, Dr. Gerhard,* Oberarzt; *Barnas, Dr. Hans,* Oberarzt; *Sonnenschein, Dr. Gerhard,* Oberarzt; *Ott, Dr. Wilhelm,* Oberarzt; *Götz Daria,* Oberschwester
2. Chirurgische Abteilung: *Holub, Dr. Karl,* a. o. Univ.-Prof., Primarius; *Hackl, Dr. Josef,* Oberarzt; *Rokitansky, Dr. Ottokar,* Oberarzt; *Wißgott, Dr. Inga,* Oberarzt; *Thalmann, Dr. Peter,* Oberarzt; *Parkash, DDr. Om,* Oberarzt; *Kaltschmidt Margarethe,* Oberschwester

Gynäkologisch-geburtshilfliche Abteilung: *Baumgarten, Dr. Kurt,* Univ.-Prof., Primarius; *Schröck, Dr. Alexander,* Oberarzt; *Schmidt, Dr. Jutta,* Oberarzt; *Tatschl, Dr. Sylvester,* Oberarzt; *Mazanek, Dr. Peter,* Oberarzt; *Lingard, Dr. Walter,* Assistent; *Pauli Ingeborg,* Oberschwester

Dermatologische Abteilung: *Lindemayr, Dr. Walter,* a. o. Univ.-Prof., Primarius; *Partsch, Dr. Hugo,* Oberarzt; *Lofferer, Dr. Otto,* Univ.-Doz., Anstalts-Oberarzt; *Henk, Dr. Alfhit,* Oberarzt; *Gisel, Dr. Ingrid,* Oberarzt; *Zahlbruckner Hildegard,* Oberschwester

Interne Kinderabteilung: *Stur, Dr. Otto,* Univ.-Doz., Primarius; *Ernst, Dr. Friedrich,* Oberarzt; *Rassl, Dr. Helga,* Oberarzt; *Wallner, Dr. Herta,* Oberarzt; *Morawec, Dr. Edith,* Oberarzt; *Zabransky, Dr. Ulrike,* Oberarzt; *Horvath Henriette,* Oberschwester

Interne Kinderabteilung mit Psychosomatik: *Zimprich, Dr. Hans,* Primarius; *Franek, Dr. Margaretha,* Oberarzt; *Pulgram, Dr. Anni,* Oberarzt; *Kraigher, Dr. Helga,* Oberarzt

Abteilung für interne Kinderkrankheiten und Kinderinfektionskrankheiten: *Weippl, Dr. Gerald,* a. o. Univ.-Prof., Primarius; *Harasek, Dr. Gottfried,* Oberarzt; *Exner, Dr. Heltraut,* Oberarzt; *Kucera, Dr. Helmut,* Oberarzt; *Unger, Dr. Frank,* Oberarzt; *Weidner, Dr. Monika,* Assistent

Urologische Abteilung: *Burkert, Dr. Siegfried,* Primarius; *Köppl, Dr. Harald,* Oberarzt; *Kiesswetter, Dr. Heinz,* Oberarzt; *Flamm, Dr. Johannes,* Oberarzt; *Vögerl Elfriede,* Oberschwester

Abteilung für Plastische und Wiederherstellungschirurgie: *Bruck, Dr. Hans,* Primarius; *Dirnberger, Dr. Franz,* Oberarzt; *Borde, Dr. Christa-Monika,* Oberarzt; *Zischinsky, Dr. Wolfgang,* Oberarzt

Institut für Anaesthesiologie: *Neubauer, Dr. Theodora,* Primaria

Röntgeninstitut: *Garbsch, Dr. Heribert,* a. o. Univ.-Prof., Primarius; *Schlager, Dr. Kurt,* Oberarzt; *Harasta, Dr. Alfred,* Oberarzt; *Schnetz, Dr. Elisabeth,* Oberarzt; *Sapik, Dr. Johann,* Anstalts-Oberarzt; *Schleifer Maria,* Oberassistentin

Institut für Nuklearmedizin: *Mostbeck, Dr. Adolf,* Univ.-Doz., Primarius

Institut für physikalische Medizin: *Chitil, Dr. Wolfgang,* Med.-Rat, Primarius; *Ortner, Dr. Hildegard,* Oberarzt; *Ratkolb, Dr. Otto,* Oberarzt

Pathologisch-bakteriologisches Institut: *Kofler, Dr. Klaus,* Primarius; *Friedrich, Dr. Walter,* Anstalts-Oberarzt; *Brechelmacher, Dr. Gerald,* Anstalts-Oberarzt; *Holler, Dr. Ignaz,* Anstalts-Oberarzt

Zentrallaboratorium: *Bayer, Dr. Peter,* Primarius; *Baumgartner, Dr. Edith,* Anstalts-Oberarzt; *Maranitsch, Dr. Gerda,* Anstalts-Oberarzt

Apotheke: *Strauss, Mag. pharm Gertrude,* Oberpharmazierat; Stellvertreter: *Cekal, Mag. pharm. Henriette,* Pharmazierat

Krankenpflegeschule: *Stastny, Dr. Rudolf,* Direktor, Schulleiter; *Dankovski Liselotte,* Schuloberin; *Bischof Gertrud,* Schuloberin

Schule für den physikotherapeutischen Dienst: *Stastny, Dr. Rudolf,* Direktor, Schulleiter; *Morvay Erika,* leit. Lehrassistentin

Kurs für die Ausbildung als Stationsgehilfen: *Stastny, Dr. Rudolf,* Direktor, Kursleiter

Kurs für die Ausbildung zum Heilbademeister und Heilmasseur: *Chitil, Dr. Wolfgang,* Med.-Rat, Primarius, Kursleiter

Franz Josef-Spital der Stadt Wien
10, Kundratstraße 3, Tel. 64 16 91*
(Besuchszeiten: Dienstag, Donnerstag, Samstag, Sonn- und Feiertag von 13.30 bis 15 Uhr, Mittwoch von 18 bis 19 Uhr)

Direktor: *Müllner, Dr. Theodora*
Verwalter: *Kandler Johann,* Oberamtsrat
Materialkanzlei: *Schörg Josef,* Amtsrat
Küchenregie: *Zechner Günter*
Personalstelle: *Zalud Robert,* Verwaltungsoberoffizial
Oberin: *Brunner Maria*

1. Medizinische Abteilung: *Tragl, Dr. Karl,* Univ.-Doz., Primarius; *Kern, Dr. Helmut,* Anstalts-Oberarzt; *Meissner, Dr. Othmar,* Oberarzt; *Obrowsky, Dr. Louis,* Oberarzt; *Quitzow, Dr. Gerhard,* Oberarzt; *Sokopp, Dr. Brunhilde,* Oberarzt; *Pöschek, Dr. Maria,* Anstalts-Oberarzt; *Hupka, Dr. Johannes,* Assistent; *Preiner Josefine,* Oberschwester
2. Medizinische Abteilung: *Jesserer, Dr. Johann,* a. o. Univ.-Prof., Primarius; *Raimund, Dr. Karl,* Oberarzt; *Bresnik, Dr. Walter,* Oberarzt; *Chlud, Dr. Karl,* Oberarzt; *Wandner, Dr. Georg,* Oberarzt; *Blaha Cäcilia,* Oberschwester
3. Medizinische Abteilung: *Honetz, Dr. Norbert,* a. o. Univ.-Prof., Primarius; *Brichta, Dr. Georg,* Oberarzt; *Pont, Dr. Jörg,* Spitalsoberarzt

Chirurgische Abteilung: *Jelinek, Dr. Robert,* Primarius; *Gruber, Dr. Peter,* Oberarzt; *Schwinger, Dr. Oswald,* Oberarzt; *Behawetz, Dr. Johann,* Oberarzt; *Schwarz, Dr. Gotthard,* Oberarzt; *Schmidt, Dr. Maximilian,* Oberarzt; *Gebauer Helga,* Oberschwester
Gynäkologisch-geburtshilfliche Abteilung: *Grünberger, Dr. Viktor,* a. o. Univ.-Prof., Primarius; *Hinterberger, Dr. Kurt,* Oberarzt; *Kahn, Dr. Karoline,* Oberarzt; *Waidecker, Dr. Franz,* Oberarzt; *Korlath, Dr. Karla-Maria,* Oberarzt; *Stark, Dr. Ami,* Oberarzt; *Resl Ingeborg,* Oberschwester
Hals-, Nasen- und Ohrenabteilung: *Weichselbaumer, Dr. Walter,* Primarius; *Mokosch, Dr. Leopold,* Oberarzt; *Karmel, Dr. Johann,* Oberarzt; *Alram, Dr. Doris,* Oberarzt; *Czadilek, Dr. Adalbert,* Oberarzt; *Weninger Gisela,* Oberschwester
Urologische Abteilung: *Figdor, Dr. Peter,* Univ.-Doz., Primarius; *Überall, Dr. Rudolf,* Oberarzt; *Swoboda, Dr. Gottfried,* Oberarzt; *Julcher, Dr. Hans,* Oberarzt; *Hierath Maria,* Oberschwester
Infektionsabteilung: *Gnan, Dr. Friedrich,* Primarius; *Caucig, Dr. Brunhilde,* Oberarzt; *Felkel, Dr. Walter,* Oberarzt; *Valasek, Dr. Walter,* Oberarzt; *Halla, Dr. Rudolf,* Oberarzt; *Schindler, Dr. Gerhard,* Oberarzt; *Raminger Martha,* Oberschwester
Röntgeninstitut: *Brezina, Dr. Konrad,* Univ.-Doz., Primarius; *Hofbauer, Dr. Josef,* Anstalts-Oberarzt; *Neubauer, Dr. Stefan,* Oberarzt; *Langthaler, Dr. Bernhard,* Oberarzt; *Schützner, Dr. Judith,* Oberarzt
Institut für physikalische Medizin: *Müller, Dr. Michael,* Primarius; *Wlk, Dr. Viktor,* Oberarzt
Pathologisch-bakteriologisches Institut: *Zeitlhofer, Dr. Johann,* a. o. Univ.-Prof., Primarius; *Werner, Dr. Richard,* Anstalts-Oberarzt; *Hromadka, Dr. Adolf,* Anstalts-Oberarzt
Zentrallaboratorium: *Reinhardt, Dr. Ferdinand,* Univ.-Doz., Primarius, *Steger, Dr. Johann,* Ob.-Med.-Rat, Anstalts-Oberarzt
Institut für Anaesthesiologie: *Lechner, Dr. Ludwig,* Primarius
Apotheke: *Altenberg, Mag. pharm. Hildegard,* Oberpharmazierat; Stellvertreter: *Duron, Mag. pharm. Anna,* Oberpharmazierat
Krankenpflegeschule: *Müllner, Dr. Theodora,* Direktor, Schulleiter; *Engelbrechtsmüller Elfriede,* Schuloberin
Kurs für die Ausbildung als Laborgehilfen: *Reinhardt, Dr. E. Ferdinand,* Univ.-Doz., Kursleiter; *Kupetz Johanna,* Stationsassistentin
Kurs für die Ausbildung als Stationsgehilfen: *Müllner, Dr. Theodora,* Direktor, Kursleiter

Krankenanstalt Rudolfstiftung der Stadt Wien
3, Juchgasse 25, Tel. 72 56 61*
(Besuchszeiten: Dienstag, Donnerstag, Samstag, Sonn- und Feiertag von 13.30 bis 15 Uhr, Mittwoch von 18 bis 19 Uhr)
Ärztlicher Leiter: *Huber, Dr. Alfred,* Primarius
Verwalter: *Dollesch Alfred,* Oberamtsrat
Materialkanzlei: *Komzak Franz,* Verwaltungsoberkommissär
Küchenregie: *Fritz Anton*
Personalstelle: *Keindl Willmar,* Verwaltungsoberoffizial
Oberin: *Bizik Hilda*
1. Medizinische Abteilung: *Neumayr, Dr. Anton,* a. o. Univ.-Prof., Primarius; *Schüller, Dr. Johann,* Oberarzt; *Dangl, Dr. Wilhelm,* Oberarzt; *Benko, Dr. Helga,* Oberarzt; *Streubel, Dr. Anton,* Oberarzt; *Peschl, Dr. Leopold,* Oberarzt; *Hartmann Juliana,* Oberschwester
2. Medizinische Abteilung: *Wenger, Dr. Rudolf,* a. o. Univ.-Prof., Primarius; *Fischer, Dr. Juta,* Oberarzt; *Karobath, Dr. Harald,* Univ.-Doz., Oberarzt; *Bucher, Dr. Johann,* Oberarzt; *Mohelsky, Dr. Günter,* Oberarzt; *Madera, Dr. Friedrich,* Oberarzt; *Wittmann Maria,* Oberschwester
1. Chirurgische Abteilung: *Dinstl, Dr. Karl,* Univ.-Doz., Primarius; *Härb, Dr. Hansjörg,* Oberarzt; *Tscholakoff, Dr. Parusch,* Oberarzt; *Platthy, Dr. Georg,* Oberarzt; *Redtenbacher, Dr. Michl,* Oberarzt; *Günter, Dr. Heinz,* Oberarzt; *Deixelberger Margarete,* Oberschwester
2. Chirurgische Abteilung: *Huber, Dr. Alfred,* Primarius; *Spängler, Dr. Walter,* Oberarzt; *Klose, Dr. Wolfgang,* Oberarzt; *März, Dr. Robert*
Dermatologische Abteilung: *Söltz-Szöts, Dr. Josef,* Univ.-Prof., Primarius; *Kropshofer, Dr. Uwe,* Oberarzt; *Kruspl, Dr. Wolfgang,* Oberarzt; *Rauscher, Dr. Erika,* Oberarzt; *Harrer, Dr. Gertrude,* Oberarzt; *Groß, Dr. Werner,* Assistent; *Molari Leopoldine,* Oberschwester
Gynäkologisch-geburtshilfliche Abteilung: *Loew, Dr. Karlheinz,* Primarius; *Schulz, Dr. Wolfgang,* Oberarzt; *Bräuer, Dr. Rudolf,* Oberarzt; *Müller, Dr. Gerda,* Oberarzt; *Ortner, Dr. Wolfgang,* Assistent; *Welzel Hildegard,* Oberschwester
Urologische Abteilung: *Loebenstein, Dr. Heinrich,* Primarius; *Floth, Dr. Herbert,* Oberarzt; *Zinner, Dr. Gerhard,* Oberarzt; *Mayer, Dr. Johann,* Oberarzt; *Struhal, Dr. Gerhard,* Oberarzt; *Sockel Elisabeth,* Oberschwester
Augenabteilung: *Fanta, Dr. Helmut,* a. o. Univ.-Prof., Primarius; *Herold, Dr. Ingeborg,* Oberarzt; *Zotti, Dr. Anneliese,* Oberarzt; *Ortner, Dr. Helmut,* Oberarzt; *Mauritz, Dr. Nora,* Oberarzt; *Weber Hildegard,* Oberschwester
Hals-, Nasen- und Ohrenabteilung: *Glaninger, Dr. Josef,* a. o. Univ.-Prof., Primarius; *Yppen, Dr. Emma,* Oberarzt; *Schak, Dr. Erich,* Oberarzt; *Roithner, Dr. Hans,* Oberarzt; *Kehlendorfer, Dr. Herbert,* Oberarzt; *Alk, Dr. Gunter,* Oberarzt
Neurochirurgische Abteilung: *Brenner, Dr. Heinrich,* Univ.-Prof., Primarius; *Böck, Dr. Friedrich,* Oberarzt; *Wöber, Dr. Gernot,* Oberarzt; *Horcajaya, Dr. José,* Oberarzt
Neurologische Abteilung: *Summer, Dr. Kurt,* Univ.-Doz., Primarius; *Harrer, Dr. Gudrun,* Oberarzt; *Genee, Dr. Pierre*
Nephrologische Abteilung und Dialyse: *Mengele, Dr. Kurt,* Primarius; *Bazant, Dr. Helmut,* Assistent
Institut für Anaesthesiologie: *Benke, Dr. Alexander,* Univ.-Doz., Primarius

Röntgeninstitut: *Stellamor, Dr. Kurt,* Primarius; *Brunnbauer, Dr. Herbert,* Oberarzt; *Hofstätter, Dr. Johanna,* Oberarzt; *Erben, Dr. Wolf-Dietrich,* Oberarzt
Institut für physikalische Medizin: *Heckermann, Dr. Christiane,* Primaria
Pathologisch-bakteriologisches Institut: *Bibus, Dr. Brigitte,* Primaria; *Kosak, Dr. Dieter,* Anstalts-Oberarzt; *Laschtowiczka, Dr. Anna,* Anstalts-Oberarzt
Zentrallaboratorium: *Bostjancic, Dr. Wilhelm,* Primarius
Apotheke: *Stutzenstein, Mag. pharm. Rudolf,* Oberpharmazierat; Stellvertreter: derzeit unbesetzt
Krankenpflegeschule: Schulleiter derzeit unbesetzt; *Magenbauer Irma,* Schuloberin
Kurs für die Ausbildung zum Sanitätsgehilfen: *Beran, Dr. Ottokar,* Chefarzt, Kursleiter
Kurs für die Ausbildung als Stationsgehilfen: Kursleiter derzeit unbesetzt

Elisabeth-Spital der Stadt Wien
15, Huglgasse 1–3, Tel. 95 65 51*
(Besuchszeiten: Dienstag, Donnerstag, Samstag, Sonn- und Feiertag von 13.30 bis 15 Uhr, Mittwoch von 18 bis 19 Uhr)
Direktor: *Kubicek, Dr. Friedrich,* Univ.-Doz., Primarius
Verwalter: *Danek Franz,* Amtsrat
Materialkanzlei: *Neufeld Ernst,* Amtsrat
Küchenregie: *Holub Felix,* Amtsrat
Personalstelle: *Fröschl Brigitte,* Verwaltungsoffizial
Oberin: *Jirka Hermine*
Medizinische Abteilung: *Kubicek, Dr. Friedrich,* Univ.-Doz., Primarius; *Rasch, Dr. Hermine,* Oberarzt; *Rieder, Dr. Herbert,* Oberarzt; *Pexa, Dr. Herbert,* Oberarzt; *Litzlfellner, Dr. Gertraud,* Oberarzt; *Pfleger, Dr. Herwig,* Anstalts-Oberarzt; *Herzog Anna,* Oberschwester
Chirurgische Abteilung: *Keminger, Dr. Kurt,* Univ.-Prof., Primarius; *Schnayder, Dr. Karl,* Oberarzt; *Turcic, Dr. Gerhart,* Oberarzt; *Dworschak, Dr. Huberta,* Oberarzt; *Radlspöck, Dr. Karl,* Oberarzt; *Glatz, Dr. Paul,* Oberarzt; *Prohaska Elfriede,* Oberschwester
Gynäkologisch-geburtshilfliche Abteilung: *Elbau, Dr. Hans,* Primarius; *Benisch, Dr. Richard,* Oberarzt; *Somloi, Dr. Ladislaus,* Oberarzt; *Hermann, Dr. Harald,* Oberarzt; *Prockl, Dr. Karl,* Oberarzt; *Wirlitsch Margarethe,* Oberschwester
Röntgeninstitut: *Merlitschek, Dr. Gerhard,* Primarius; *Roth, Dr. Viktor,* Oberarzt; *Wallner, Dr. Gustav,* Oberarzt
Pathologisch-bakteriologisches Institut und Zentrallaboratorium: *Schmalzer, Dr. Edith,* Primaria; *Baumgartner, Dr. Gertrude,* Anstalts-Oberarzt
Institut für Nuklearmedizin: derzeit unbesetzt
Apotheke: *Seitel, Mag. pharm. Gertrude,* Oberpharmazierat; Stellvertreter: *Epstein, Mag. pharm. Charlotte*
Krankenpflegeschule: *Merlitschek, Dr. Gerhard,* Primarius, Schulleiter; *Soja Marianne,* Schuloberin

Allgemeine Poliklinik der Stadt Wien
9, Mariannengasse 10, Tel. 42 55 71*
(Besuchszeiten: Dienstag, Donnerstag, Samstag, Sonn- und Feiertag von 13.30 bis 15 Uhr, Mittwoch von 18 bis 19 Uhr)
Ärztlicher Leiter: *Zischka-Konorsa, Dr. Wilhelm,* a. o. Univ.-Prof., Primarius
Verwalter: *Katzinger Otto,* Amtsrat
Materialkanzlei: *Schnaidt Ilse,* Verwaltungsoberoffizial
Küchenregie: *Wirth Andrea,* Verwaltungsoberoffizial
Personalstelle: *Riedl Elisabeth*
Oberin: *Stösser Anna*
1. Medizinische Abteilung: *Czitober, Dr. Herbert,* Univ.-Doz., Primarius; *Lachnit, Dr. Edith,* Oberarzt; *Publig, Dr. Werner,* Oberarzt; *Reiterer, Dr. Wolfram,* Oberarzt; *Zavadil Erika,* Oberschwester
2. Medizinische Abteilung, 9, Pelikangasse 16–18: *Tiso, Dr. Bruno,* Univ.-Doz., Primarius; *Treml, Dr. Karl,* Oberarzt; *Feldner-Busztin, Dr. Helga,* Oberarzt; *Anderle, Dr. Klaus,* Oberarzt; *Fitscha, Dr. Peter,* Oberarzt; *Böhmer, Dr. Franz,* Asistent
Chirurgische Abteilung: *Kühlmayer, Dr. Robert,* a. o. Univ.-Prof., Primarius; *Schmidt, Dr. Günther,* Oberarzt; *Thaler, Dr. Hubert,* Oberarzt; *Bartalsky, Dr. Alfred,* Oberarzt; *Kloess, Dr. Heinz-Jürgen,* Oberarzt; *Doberauer, Dr. Beate,* Oberarzt
Urologische Abteilung: *Haschek, Dr. Hans-Horst,* a. o. Univ.-Prof., Primarius; *Reichelt, Dr. Harald,* Oberarzt; *Dworzak, Dr. Walter,* Oberarzt; *Porpaczy, Dr. Peter,* Oberarzt
Hals-, Nasen- und Ohrenabteilung: *Moritsch, Dr. Ernst,* Univ.-Doz., Primarius; *Auinger, Dr. Josef,* Oberarzt; *Hofmann, Dr. Wilhelm,* Oberarzt; *Wolken-Kamieniecki, Dr. Andreas,* Oberarzt; *Kroiss, Dr. Friedrich,* Assistent
Röntgeninstitut: *Pokieser, Dr. Herbert,* Univ.-Prof., Primarius; *Mladek, Dr. Milos,* Oberarzt; *Bolterauer, Dr. Christl,* Oberarzt
Pathologisch-bakteriologisches Institut: *Zischka-Konorsa, Dr. Wilhelm,* a. o. Univ.-Prof., Primarius; *Michalek, Dr. Hilma,* Anstalts-Oberarzt
Institut für Anaesthesiologie: *Trauschke, Dr. Walter,* Primarius
Zahnärztliches Institut: *Gampl, Dr. Othmar,* Primarius
Apotheke: *Stransky, Mag. pharm. Margarete;* Stellvertreter: derzeit unbesetzt

Krankenhaus der Stadt Wien – Floridsdorf
21, Hinaysgasse 1, Tel. 38 16 14
(Besuchszeiten: Dienstag, Donnerstag, Samstag, Sonn- und Feiertag von 13.30 bis 15 Uhr, Mittwoch von 18 bis 19 Uhr)
Ärztlicher Leiter: *Benda, Dr. Leopold,* a. o. Univ.-Prof., Primarius
Verwalter: *Idinger Michael,* Amtsrat
Materialkanzlei: *Horacek Friedrich,* Verwaltungsoberoffizial
Küchenregie: *Dunkl Pauline,* Amtsrat
Personalstelle: *Cervenka Waltraud,* Kanzleiassistent
Oberin: *Türk Johanna*
Chirurgische Abteilung: *Armbruster, Dr. Christian,* Primarius; *Hruby, Dr. Edgar,* Oberarzt; *Blahatek, Dr. Josef,* Oberarzt; *Gorz, Dr. Karl,* Oberarzt; *Fiedler, Dr. Kurt,* Assistent; *Fischer Maria,* Oberschwester
Medizinische Abteilung: *Benda, Dr. Leopold,* a. o. Univ.-Prof., Primarius; *Klösel, Dr. Wolfgang,* Oberarzt; *Näglein, Dr. Elsa,* Oberarzt; *Zenz, Dr. Wolfgang,* Oberarzt; *Nemec, Dr. Heiner,* Assistent; *Praschek Margarethe,* Oberschwester
Röntgeninstitut: *Dossi, Dr. Walter,* Primarius; *Schlosser, Dr. Peter,* Oberarzt

Sophien-Spital der Stadt Wien
7, Apollogasse 19, Tel. 93 85 31*
(Besuchszeiten: Dienstag, Donnerstag, Samstag, Sonn- und Feiertag von 13.30 bis 15 Uhr, Mittwoch von 18 bis 19 Uhr)
Ärztlicher Leiter: *Leodolter, Dr. Ingrid,* Primaria, dzt. beurlaubt
Verwalter: *Pojar Erich,* Amtsrat
Materialkanzlei: *Tomanek Franz,* Amtsrat

Küchenregie: *Spachinger Hedda,* Verwaltungskommissär
Personalstelle: *Kucik Anna,* Kanzleikommissär
Oberin: *Takacs Lucie*
Medizinische Abteilung: *Leodolter, Dr. Ingrid,* Primaria, dzt. beurlaubt; *Heil, Dr. Wilhelm,* Oberarzt; *Frank, Dr. Herbert,* Oberarzt; *Pirker, Dr. Johann,* Oberarzt; *Pfaffenberger, Dr. Dieter,* Oberarzt; *Schuppanz Klothilde,* Oberschwester
Chirurgische Abteilung: *Wenzl, Dr. Marcel,* Univ.-Prof., Primarius; *Schwanzer, Dr. Hellmuth,* Oberarzt; *Schachenhofer, Dr. Kurt,* Med.-Rat, Oberarzt; *Wolf, Dr. Kurt,* Oberarzt; *Kalman, Dr. Thomas,* Oberarzt; *Schneeweis Margarethe,* Oberschwester
Röntgeninstitut: *Deimer, Dr. Emmerich,* Univ.-Doz., Primarius
Apotheke: *Malcher, Mag. pharm. Melanie,* Oberpharmazierat; Stellvertreter: *Grundboeck, Mag. pharm. Adelheid,* Pharmazierat

Pulmologisches Zentrum der Stadt Wien
14, Sanatoriumstraße 2, Tel. 94 31 51*
(Besuchszeiten: Dienstag, Donnerstag, Samstag, Sonn- und Feiertag von 14 bis 16 Uhr, Mittwoch von 18 bis 19 Uhr)
Ärztlicher Leiter: *Sighart, Dr. Herbert,* Univ.-Doz., Primarius
Verwalter: *Weber Ludwig,* Amtsrat
Materialkanzlei: *Graf Leo,* Verwaltungsoberkommissär
Küchenregie: *Kreuzer Leopoldine,* Amtsrat
Personalstelle: *Tiller Peter,* Verwaltungsoffizial
Pflegegebührenstelle: *Weinlich Herbert,* Amtsrat
Oberin: *Novacek Henriette*
1. Interne Lungenabteilung: *Sighart, Dr. Herbert,* Univ.-Doz., Primarius; *Dokulil, Dr. Elfriede,* Anstalts-Oberarzt; *Opl, Dr. Gerhard,* Anstalts-Oberarzt; *Schwarz, Dr. Gertrude,* Anstalts-Oberarzt; *Törzsök, Dr. Laszlo,* Anstalts-Oberarzt; *Wrbka, Dr. Edith,* Anstalts-Oberarzt
2. Interne Lungenabteilung: *Muhar, Dr. Franz,* Univ.-Prof., Primarius; *Denk, Dr. Gerhard,* Anstalts-Oberarzt; *Freisleben, Dr. Rudolf,* Anstalts-Oberarzt; *Mildner, Dr. Josef,* Anstalts-Oberarzt; *Mutschlechner, Dr. Robert,* Anstalts-Oberarzt; *Zwick, Dr. Harmut,* Spitals-Oberarzt

Lungenchirurgische Station: *Denck, Dr. Helmuth,* a. o. Univ.-Prof., Primarius
Orthopädische Abteilung (spezifische Knochenerkrankungen und Rehabilitation): *Pflüger, Dr. Walter,* Primarius; *Häckel, Dr. Hubert,* Anstalts-Oberarzt; *Klare, Dr. Grete,* Anstalts-Oberarzt; *Feßl, Dr. Otto,* Anstalts-Oberarzt; *Bohmann, Dr. Friedrich,* Anstalts-Oberarzt
Pflegeabteilung: *Hahn, Dr. Otto,* Primarius
Oberschwestern: *Lupprick Gertrude,* Karlhaus, Rosenvilla, Wienerwald; *Winter Hildegard,* Kurhaus Marienhaus, Annenheim; *Karpischek Martha,* Austria; *Renner Theresia,* Pav. XVII und Severin
Zentrallaboratorium: *Fischnaller, Dr. Margaretha,* Primaria; *Schwarzenberg, Dr. Edeltraud,* Anstalts-Oberarzt
Röntgeninstitut: *Formanek, Dr. René Herbert,* Primarius
Krankenpflegeschule disloziert vom Wilhelminenspital: *Stastny, Dr. Rudolf,* Direktor, Schulleiter; *Palka Elisabeth,* Schuloberin

Orthopädisches Krankenhaus der Stadt Wien – Gersthof
18, Wielemansgasse 28, Tel. 47 15 01*
(Besuchszeiten: Dienstag, Donnerstag, Samstag, Sonn- und Feiertag von 13.30 bis 15 Uhr, Mittwoch von 18 bis 19 Uhr)
Ärztlicher Leiter: *Neugebauer, Dr. Hermann,* Univ.-Doz., Primarius
Verwalter: unbesetzt
Materialkanzlei: *Jakfalvi Johanna,* Verwaltungsoberkommissär
Küchenregie: *Leitner Hedwig,* Kanzleioffizial
Oberin: *Bahr Margarete*
Abteilung für Wirbelsäulenerkrankungen und Haltungsschäden: *Neugebauer, Dr. Hermann,* Univ.-Doz., Primarius; *Machacek, Dr. Felix,* Oberarzt; *Gloger, Dr. Christiane,* Oberarzt; *Wolner, Dr. Christine,* Oberarzt
Orthopädische Abteilung: *Salzer, Dr. Martin,* Univ.-Prof., Primarius; *Zhuber, Dr. Klaus,* Oberarzt; *Metzenroth, Dr. Heinz,* Oberarzt; *Arbes, Dr. Heinz,* Oberarzt

Ignaz Semmelweis-Frauenklinik der Stadt Wien
18, Bastiengasse 36–38, Tel. 47 15 15*
(Besuchszeiten: Dienstag, Donnerstag, Samstag, Sonn- und Feiertag von 13.30 bis 15 Uhr, Mittwoch von 18 bis 19 Uhr)
Ärztlicher Leiter: *Rockenschaub, Dr. Alfred,* Univ.-Doz., Primarius
Verwalter: *Nowacek Alfred,* Oberamtsrat
Oberin: *Kettler Margarete*
Gynäkologisch-geburtshilfliche Abteilung: *Rockenschaub, Dr. Alfred,* Univ.-Doz., Primarius; *Pfalzner, Dr. Artur,* Oberarzt; *Hauser, Dr. Gernot,* Oberarzt; *Pollak, Dr. Johannes,* Assistent; *Müller-Tyl, Dr. Erich,* Assistent; *Nebenführ-Peter Margarete,* Oberhebamme

Sozialmedizinisches Zentrum – Ost
22, Stadlau, Langobardenstraße 122, Tel. 22 13 95
Krankenpflegeschule disloziert von der Krankenanstalt Rudolfstiftung: *Müllner, Dr. Theodora,* Direktor, Schulleiter; *Götz Helga,* Schuloberin

Neurologisches Krankenhaus der Stadt Wien – Rosenhügel
13, Riedelgasse 5, Tel. 88 25 15*
(Besuchszeiten: Dienstag, Donnerstag, Samstag, Sonn- und Feiertag von 13.30 bis 15 Uhr, Mittwoch von 18 bis 19 Uhr)
Ärztlicher Leiter: *Tschabitscher, Dr. Hellmut,* a. o. Univ.-Prof., Primarius
Verwalter: *Lichtenegger August,* Oberamtsrat
Materialkanzlei: *Kain Franz,* Verwaltungsoberkommissär
Personalstelle: *Hasslinger Gabriele,* Verwaltungsoffizial
Küchenregie: *Mitterhöfer Michael,* Verwaltungsoberkommissär
Oberin: *Antos Margarete*
1. Neurologische Abteilung: *Tschabitscher, Dr. Hellmut,* a. o. Univ.-Prof., Primarius; *Czerwenka-Wenkstetten, Dr. Heribert,* Oberarzt; *Rupprecht, DDr. Anton,* Oberarzt; *Bruck, Dr. Johannes,* Oberarzt; *Sikos, Dr. Georg,* Oberarzt; *Schön Anita,* Oberschwester
2. Neurologische Abteilung: *Spunda, Dr. Christoph,* Primarius; *Roth, Dr. Gottfried,* Oberarzt; *Hausknotz, Dr. Elfriede,* Oberarzt; *Werner, Dr. Erika,* Oberarzt; *Pusch, Dr. Stephan,* Oberarzt

Abteilung für entwicklungsgestörte Kinder: *Rett, Dr. Andreas,* a. o. Univ.-Prof., Primarius; *Krisper, Dr. Heinz,* Anstalts-Oberarzt; *Renner, Dr. Hedwig,* Anstalts-Oberarzt; *Sprengnagel Maria,* Oberschwester
Röntgeninstitut: *Lustig, Dr. Herbert,* Primarius; *Grünwald, Dr. Hubert,* Anstalts-Oberarzt

Neurologisches Krankenhaus der Stadt Wien – Maria Theresien-Schlössel
19, Hofzeile 18–20, Tel. 36 34 55
(Besuchszeiten: Dienstag, Donnerstag, Samstag, Sonn- und Feiertag von 13.30 bis 15 Uhr, Mittwoch von 18 bis 19 Uhr)
Ärztlicher Leiter: *Suchanek-Fröhlich, Dr. Herbert,* Primarius

Verwalter: *Felgenhauer Helmut,* Amtsrat
Materialkanzlei: *Lukas, Ing. Herbert,* Verwaltungskommissär
Küchenregie: *Thaller Elisabeth*
Oberschwester: *Adam Olga*
Abteilung für Neurologie und Grenz-Fälle: *Suchanek-Fröhlich, Dr. Herbert,* Primarius; *Vass, Dr. Karl,* Oberarzt; *Szlemkewijcz, Dr. Myroslawa-Anna,* Oberarzt; *Wunderlich, Dr. Elfriede,* Oberarzt; *Schigutt, Dr. Robert,* Oberarzt; *Balazs, Dr. Susanne,* Oberarzt; *Gatterbauer, Dr. Erich,* Assistent

Gottfried von Preyer'sches Kinderspital der Stadt Wien
10, Schrankenberggasse 31, Tel. 64 55 91*
(Besuchszeiten: Interne Abteilung, Säuglingsabteilung, Isolierabteilung: Montag bis Samstag von 15 bis 18 Uhr, Sonn- und Feiertag von 15 bis 16 Uhr
Frühgeborenenabteilung: Montag bis Samstag von 11 bis 18 Uhr, Sonn- und Feiertag von 15 bis 16 Uhr
Chirurgische Abteilung: Montag bis Samstag von 15 bis 16.30 Uhr, Sonn- und Feiertag von 15 bis 16 Uhr)
Ärztlicher Leiter: *Swoboda, Dr. Walter,* a. o. Univ.-Prof., Primarius
Verwalter: *Gidl Karl,* Amtsrat
Materialkanzlei: *Rauch Christian,* Verwaltungsoffizial
Küchenregie: *Polaschek Brigitte,* Verwaltungskommissär
Oberin: *Steinböck Henriette*
Interne Abteilung: *Swoboda, Dr. Walter,* a. o. Univ.-Prof., Primarius; *Potac, Dr. Walter,* Oberarzt; *Bzoch, Dr. Elfriede,* Oberarzt; *May, Dr. Luise,* Oberarzt; *Sacher, Dr. Michael,* Oberarzt; *Wiedenhofer Rosina,* Oberschwester
Frühgeborenenabteilung: derzeit unbesetzt; *Karalis, Dr. Erika,* Oberarzt; *Blaschek, Dr. Edith,* Oberarzt
Chirurgische Abteilung: *Preier, Dr. Leopold,* Primarius; *Krause, Dr. Alfred,* Oberarzt; *Rappert, Dr. Peter,* Oberarzt; *Rittmannsberger, Dr. Elfriede,* Oberarzt
Kinderkrankenpflegeschule: *Swoboda, Dr. Walter,* a. o. Univ.-Prof., Primarius, Schulleiter; *Wicke Maria,* Schuloberin

Mautner-Markhof'sches Kinderspital der Stadt Wien
3, Baumgasse 75, Tel. 72 16 01*
(Besuchszeiten: täglich von 14 bis 16 Uhr)
Ärztlicher Leiter: dzt. unbesetzt
Verwalter: *Polaschek Franz,* Verwaltungsoberkommissär
Materialkanzlei: *Schneider Wilhelm,* Verwaltungskommissär
Küchenregie: *Staudinger Giselinde,* Kanzleikommissär
Oberin: *Spellitz Maria*
Interne Abteilung: *Stögmann, Dr. Walter,* Univ.-Doz., Primarius; *Czermak, Dr. Johann,* Oberarzt; *Weihs, Dr. Melanie,* Oberarzt; *Hellwig, Dr. Ellen,* Oberarzt; *Holzleitner, Dr. Paul,* Oberarzt; *Horvath Elfriede,* Oberschwester
Chirurgische Abteilung: *Wurnig, Dr. Peter,* Univ.-Doz., Primarius; *Arenz, Dr. Irmgard,* Oberarzt; *Hopfgartner, Dr. Leopold,* Oberarzt; *Kaiser, Dr. Paul,* Oberarzt; *Körner, Dr. Karl,* Assistent; *Axmann Melanie,* Oberschwester

Kinderklinik der Stadt Wien – Glanzing
19, Glanzinggasse 35–39, Tel. 47 42 66, 47 15 76
(Besuchszeiten: täglich von 14.30 bis 16.30 Uhr)
Ärztlicher Leiter: *Rosenkranz, Dr. Alfred,* a. o. Univ.-Prof., Primarius
Verwalter: *Hecht Erhard,* Amtsrat
Materialkanzlei: *Hoza Manfred,* Verwaltungskommissär
Küchenregie: *Weinhapl Karl,* Kanzleioffizial
Oberin: *Führing Elfriede*
Interne Abteilung: *Rosenkranz, Dr. Alfred,* a. o. Univ.-Prof., Primarius; *Krejci, Dr. Annemarie,* Oberarzt; *Pollauf, Dr. Friederike,* Oberarzt; *Felsenreich, Dr. Georg,* Oberarzt; *Moser, Dr. Elisabeth-Gerda,* Oberarzt
Kinderkrankenpflegeschule: *Rosenkranz, Dr. Alfred,* a. o. Univ.-Prof., Primarius, Schulleiter; *Gotschlich Hilde,* Schuloberin

Psychiatrisches Krankenhaus der Stadt Wien – Baumgartner Höhe
14, Baumgartner Höhe 1, Tel. 94 31 51*
(Besuchszeiten: Bei Erwachsenen: Dienstag, Donnerstag, Samstag, Sonn- und Feiertag von 13.30 bis 15.30 Uhr, Montag und Freitag von 17 bis 18 Uhr. Bei Kindern: Dienstag, Donnerstag, Samstag, Sonn- und Feiertag von 13.30 bis 15.30 Uhr, Montag und Freitag von 14 bis 15 Uhr, Mittwoch von 18 bis 19 Uhr)
Direktor: *Gabriel, Dr. Heinz,* Univ.-Doz.
Verwalter: *Budik Bruno,* Oberamtsrat
Materialkanzlei: *Bauer Otto,* Amtsrat
Küchenregie: *Bäumer Gerhard,* Amtsrat
Personalstelle: *Steinkellner Günther,* Verwaltungsoberoffizial
Pflegegebührenstelle: unbesetzt
Pflegevorsteher: *Wawrausek Alfred*
Pflegevorsteher: *Lang Georg*
Pflegevorsteherin: *Biebel Hildegard*
1. Psychiatrische Abteilung: *Plavec, Dr. Josef,* Primarius; *Fritsche, Dr. Erich,* Anstalts-Oberarzt; *Steininger, Dr. Eva,* Anstalts-Oberarzt
Oberschwester: *Artner Annelie,* Heilanstalt Pav. 9; *Tanzenberger Elfriede,* Heilanstalt Pav. 5; *Czech Edith,* Heilanstalt Pav. 3; *Kellner Herta,* Aufnahme Abt. 1
2. Psychiatrische Abteilung: *Gross, Dr. Heinrich,* Primarius; *Kaltenbäck, Dr. Elfriede,* Anstalts-Oberarzt; *Pfolz, Dr. Heinz,* Anstalts-Oberarzt
Oberpfleger: *Moser Josef,* Heilanstalt Pav. 6; *Böhm Erwin,* Aufnahme Pav. 2; *Plazek Karl,* Heilanstalt Pav. 13; *Hulka Konrad,* Heilanstalt Pav. 4; *Friedlmayer Karl,* Heilanstalt Pav. 13a
3. Psychiatrische Abteilung: *Langner, Dr. Erich,* Primarius; *Stössl, Dr. Johann,* Anstalts-Oberarzt; *Leeuwen, Dr. Renate,* Anstalts-Oberarzt
Oberschwester: *Müller Hermine,* Pflegeanstalt Pav. 14; *Eder Stefanie,* Heilanstalt Pav. 12; *Bieder Rosa,* Heilanstalt Pav. 10
4. Psychiatrische Abteilung: *Felger, Dr. Gerhard,* Primarius; *Rohrer, Dr. Tankred,* Anstalts-Oberarzt; *Sigmund, Dr. Charlotte,* Anstalts-Oberarzt
Oberpfleger: *Almer Othmar,* Infektion Pav. 22; *Artner Ernst,* Pflegeanstalt Pav. 16; *Schmidt Koloman,* Pflegeanstalt Pav. 18
5. Psychiatrische Abteilung: *Boysen, Dr. Karlheinz,* Med.-Rat, Primarius; *Kaupeny, Dr. Friedrich,* Anstalts-Oberarzt; *Svrcek-Seiler, Dr. Gerhard,* Anstalts-Oberarzt
Oberschwester: *Ankerl Elfriede,* Pflegeanstalt Pav. 11; *Picher Gertrude,* Kinderabteilung Pav. 15; Pflegeanstalt Pav. 21 dzt. unbesetzt; *Heinz Ernestine,* Infektionsabteilung Pav. 19
6. Psychiatrische Abteilung: *Schinko, Dr. Hellmuth,* Primarius; *Cumburoglu, Dr. Maria,* Anstalts-Oberarzt
Oberpfleger: *Zeiner Wilhelm,* Pflegeanstalt Pav. 20; *Salficky Rudolf,* Heilanstalt Pav. 8
7. Psychiatrische Abteilung: *Schindler, Dr. Raoul,* Primarius; *Alpi, Dr. Ingrid,* Anstalts-Oberarzt; *Heves, Dr. Hans Peter,* Anstalts-Oberarzt
8. Psychiatrische Abteilung: *Haberler, Dr. Herbert,* Primarius; *Erbler, Dr. Anna,* Anstalts-Oberarzt
Oberpfleger: *Kühberger Stefan,* Heilanstalt Pav. 23

Rehabilitationszentrum: *Hartmann, Dr. Otto,* Primarius; *Ratzka, Dr. Günther,* Anstalts-Oberarzt; *Donat, Dr. Heinrich,* Anstalts-Oberarzt
Pathologisch-bakteriologisches Institut: *Hackl, DDr. Hans,* Primarius; *Otupal, Dr. Ingeborg,* Anstalts-Oberarzt; *Godzinski, Dr. Maria,* Anstalts-Oberarzt
Apotheke: *Konhäuser, Mag. pharm. Eugenie,* Senatsrat; Stellvertreter: *Wimpissinger, Mag. pharm. Tatjana,* Oberpharmazierat
Ausbildungsstätte für die psychiatrische Krankenpflege: *Gabriel, Dr. Heinz,* Univ.-Doz., Kursleiter; *Grünberger Josef,* Lehrvorsteher
Kurs für die Ausbildung als Stationsgehilfen: *Gabriel, Dr. Heinz,* Univ.-Doz., Kursleiter

Psychiatrisches Krankenhaus der Stadt Wien – Ybbs an der Donau
Ybbs, Persenbeuger Straße 1–3, NÖ,
Tel. 0 74 12/25 21*
(Besuchszeiten: täglich von 9 bis 11 Uhr und von 13 bis 17 Uhr, weiters auf Vereinbarung)
Direktor: *Müller, Dr. Hans,* Primarius
Verwalter: *Weigl Leopold,* Oberamtsrat
Materialkanzlei: *Lausecker Kurt,* Amtsrat
Küchenregie: *Niemetz Josef,* Amtsrat
Personalstelle: *Eberl Elisabeth,* Kanzleioffizial
Pflegevorsteher: *Mayer Johann*
Pflegevorsteherin: *Mayer Gabriele*
Abteilungsvorstände: *Müller, Dr. Hans,* Primarius; *Wellart, Dr. Karl,* Primarius; *Birnbaum, Dr. Otto,* Primarius; *Leidemann, Dr. Adolf,* Anstalts-Oberarzt; *Brix, Dr. Franz,* Anstalts-Oberarzt
Oberpfleger: *Katzberger Heinrich,* Werkstätte; *Bachtrod Friedrich,* Krankenabteilung XI; *Hochberger Johann,* Belagsabteilung VII; *Hofbauer Franz,* Alkoholikerabteilung XIX; *Kramer Stefan,* Belagsabteilung XV; *Pils Franz,* Arbeitstherapie; *Schnellinger Karl,* Krankenabteilung XVII; *Gamper Alois,* Korridor Abteilung V; *Haselmayer Franz,* Abteilung IX
Oberschwestern: *Brandhofer Anna,* Korridor Abteilung X; *Lang Maria,* Krankenabteilung XVI; *Schatzl Rosa,* Belagsabteilung VIII; *Mottl Hildegard* , Arbeitstherapie; *Hirtl Viktoria,* Korridor Abteilung XVIII; *Hofmann Leopoldine,* Korridor Abteilung VI; *Hofmann Adele,* Belagsabteilung XIV; *Heschl Maria,* Korridor Abteilung XII; *Starz Marie,* Siechenabteilung IV
Ausbildungsstätte für die psychiatrische Krankenpflege: *Müller, Dr. Hans,* Primarius, Direktor, ärztlicher Leiter; *Erhart Ernst,* Lehrvorsteher

Pflegeheime:

Pflegeheim der Stadt Wien – Lainz
13, Versorgungsheimplatz 1, Tel. 84 16 16*
(82 74 11)
(Besuchszeiten: Dienstag, Donnerstag, Samstag, Sonn- und Feiertag von 13 bis 14.30 Uhr, Mittwoch von 18 bis 19 Uhr)
Direktor: *Samec, Dr. Viktor,* Primarius
Verwalter: *Gluttig Kurt,* Oberamtsrat
Materialkanzlei: *Wurzer Gerda,* Amtsrat
Küchenregie: *Steiner Louise,* Amtsrat
Personalstelle: *Götzl Gert,* Verwaltungsoberkommissär
Pflegegebührenstelle: *Danzberger Karl,* Amtsrat
Oberin: *Plescher Adele*

I. medizinische Abteilung (Pav. VII): *Sieberth, Dr. Ernst,* Primarius; *Kiessling, Dr. Heribert,* Oberarzt; *Hofbauer, Dr. Franz,* Anstalts-Oberarzt; *Wollmann Josefine,* Oberschwester
II. medizinische Abteilung (Pav. VIII): *Samec, Dr. Viktor,* Primarius; *Wurst, Dr. Karl,* Anstalts-Oberarzt; *Körner, Dr. Renate,* Anstalts-Oberarzt; *Puschacher, Dr. Ernestine,* Anstalts-Oberarzt; *Jakob Anna,* Oberschwester
III. medizinische Abteilung (Pav. I): *Königstein, Dr. Rudolf,* Univ.-Prof., Primarius; *Hirn, Dr. Sophie,* Oberarzt; *Lehmann Antonia,* Oberschwester
IV. medizinische Abteilung (Pav. X): *Lachnit, Dr. Karl,* Primarius; *Klebl, Dr. Rudolf,* Anstalts-Oberarzt; *Proszowski, Dr. Erich,* Anstalts-Oberarzt; *Rieder, Dr. Lore,* Anstalts-Oberarzt; *Frischauf Helene,* Oberschwester
V. medizinische Abteilung (Pav. IX): *Markes, Dr. Gertrude,* Primaria; *Riess, Dr. Sylvia,* Oberarzt; *Kaukal, Dr. Herbert,* Anstalts-Oberarzt; *Kozak Leopoldine,* Oberschwester
VI. medizinische Abteilung (Pav. VI): *Lhotka, Dr. Erich,,* Primarius; *Lautsch, Dr. Rudolf,* Oberarzt; *Pramer, Dr. Ina,* Anstalts-Oberarzt
VII. medizinische Abteilung (Pav. V): *Pfeiler, Dr. Ferdinand,* Primarius; *Neuwirth, Dr. Herta,* Oberarzt; *Mohl, Dr. Johann,* Anstalts-Oberarzt; *Peyerl Erna,* Oberschwester
VIII. medizinische Abteilung (Pav. I): *Beier, Dr. Alfred,* Primarius; *Schmidt, Dr. Karl,* Oberarzt; *Maurer, Dr. Rudolf,* Anstalts-Oberarzt; *Kurzmeyer Johanna,* Oberschwester
IX. medizinische Abteilung (Pav. XII): *Barousch, Dr. Reinhard,* Primarius; *Tröger Franziska,* Oberschwester

X. medizinische Abteilung: *Lorenz, Dr. Helmut,* Primarius
Neurologische Abteilung (Pav. XI): *Seemann, Dr. Demeter,* Primarius; *Danielczyk, Dr. Walter,* Oberarzt; *Kainz Margareta,* Oberschwester
Dermatologische Abteilung (Pav. XIII): *Saipt, Dr. Otto,* Primarius; *Riess, Dr. Hermann,* Oberarzt; *Ebner Maria,* Oberschwester
Abteilung für tuberkulöse Erkrankungen: *Ebner, Dr. Hans,* Primarius; *Wagner, Dr. Wilhelm,* Anstalts-Oberarzt; *Wächter, Dr. Johann,* Anstalts-Oberarzt; *Neumann Margit,* Oberschwester
Orthopädische Abteilung (Pav. XV): *Erhart, Dr. Otto,* Primarius; *Wagner, Dr. Wolfgang,* Anstalts-Oberarzt
Belagsabteilungen (Pav. IV, XIV): *Artzberger, Dr. Ernst,* Primarius; *Potschka, Dr. Walter,* Oberarzt; *Rada Hedwig,* Oberschwester
Chirurgische Abteilung (Pav. XVI): *Heinzmann, Dr. Franz,* Primarius; *Malcher, Dr. Herwig,* Oberarzt; *Anderle Adele,* Oberschwester
Zentralröntgen (Pav. XIII): *Hensel, Dr. Erich,* Med.-Rat, Primarius; *Rezabek, Dr. Walter,* Oberarzt
Zahnstation: *Geisler, Dr. Friedrich,* Oberarzt
Dislozierter Kurs für die Ausbildung als Stationsgehilfen: *Luger, Dr. Anton,* a. o. Univ.-Prof., Primarius, Kursleiter

Pflegeheim der Stadt Wien – Baumgarten
14, Hütteldorfer Straße 188, Tel. 94 22 51*
(Besuchszeiten: Dienstag, Donnerstag, Samstag, Sonn- und Feiertag von 13.30 bis 15.30 Uhr, Montag und Mittwoch von 18 bis 19 Uhr)
Ärztlicher Leiter: *Twrdy, Dr. Edwin,* Primarius
Verwalter: *Zinnagl Anton,* Oberamtsrat
Materialkanzlei: *Mitteregger Walter,* Amtsrat
Küchenregie: unbesetzt
Personalstelle: *Kath Rudolf,* Verwaltungsoberkommissär
Oberin: *Maximovicz Maria*
Krankenabteilungen: *Twrdy, Dr. Edwin,* Primarius; *Kaitasow, Dr. Georgi,* Primarius; *Herzog, Dr. Edeltraud,* Primaria; *Sburny, Dr. Ingeborg,* Primaria; *Pachner, Dr. Heinrich,* Oberarzt; *Leonhartsberger, Dr. Bedia,* Oberarzt; *Kirnbauer, Dr. Adelheid,* Oberarzt; *Jerabek, Dr. Bozena,* Anstalts-Oberarzt; *Meuser, Dr. Heribert,* Anstalts-Oberarzt; *Streicher, Dr. Viktor,* Anstalts-Oberarzt; *Weber, Dr. Anna,* Anstalts-Oberarzt; *Zgaga, Dr. Norbert,* Anstalts-Oberarzt; *Linhart Margarete,* Oberschwester; *Renner Johanna,* Oberschwester; *Petrak Maria,* Oberschwester, Rochusheim; *Freywald Karl,* Oberpfleger
Dislozierter Kurs für die Ausbildung als Stationsgehilfen: *Stastny, Dr. Rudolf,* Direktor, Kursleiter

St. Rochus-Heim
14, Cumberlandstraße 53, Tel. 82 22 31
verwaltungsmäßig dem Pflegeheim Baumgarten angegliedert

Pflegeheim der Stadt Wien – Liesing
23, Liesing, Perchtoldsdorfer Straße 6, Tel. 86 92 41*
(Besuchszeiten: Dienstag, Samstag, Sonn- und Feiertag von 13 bis 15 Uhr, Mittwoch von 18 bis 19 Uhr)
Verwalter: *Reisinger Leopold,* Oberamtsrat
Materialkanzlei: *Kabelka Ernst,* Amtsrat
Küchenregie: *Polasek Erich,* Verwaltungskommissär
Personalstelle: *Riedl Brigitte,* Kanzleioffizial
Oberin: *Musil Gertrude*
Leitender Arzt der Krankenabteilungen: *Moritz, Dr. Margarete,* Primaria; *Linke, Dr. Paula,* Oberarzt; *Dannemayer, Dr. Ottilie,* Anstalts-Oberarzt

Pflegeheim der Stadt Wien – Klosterneuburg
Klosterneuburg, NÖ, Martinstraße 28–30, Tel. 904/21 25, 0 22 43/21 25
(Besuchszeiten: Dienstag, Donnerstag, Samstag, Sonn- und Feiertag von 13.30 bis 15 Uhr, Mittwoch von 18 bis 19 Uhr)
Ärztlicher Leiter: *Muzik, Dr. Hedwig,* Primaria
Verwalter: *Friedrich Reinhard,* Verwaltungsoberkommissär
Materialkanzlei: *Tima Karl,* Verwaltungsoffizial
Küchenregie: *Bozeczki Erwin,* Kanzleioffizial
Personalstelle: *Kuschei Maria,* Kanzleiassistent
Oberschwester: *Bedlivy Elfriede*
Dislozierter Kurs für die Ausbildung als Stationsgehilfen: Kursleiter dzt. unbesetzt

Pflegeheim der Stadt Wien – St. Andrä an der Traisen
St. Andrä 1, NÖ, Tel. 0 27 82*/22 27*, 22 28*
(Besuchszeiten: täglich von 10 bis 17 Uhr, weiters auf Vereinbarung)
Verwalter: *Svab Otto,* Amtsrat
Materialkanzlei: *Pfeiffer Hedwig,* Amtsrat
Küchenregie: *Stiefsohn Josefa,* Kanzleikommissär
Oberin: *Rauscher Theresia*
Dislozierter Kurs für die Ausbildung als Stationsgehilfen: *Stastny, Dr. Rudolf,* Direktor, Kursleiter

Rettungs- und Krankenbeförderungsdienst der Stadt Wien
3, Radetzkystraße 1, Tel. 72 41 35*, Notruf 144
Ärztlicher Leiter: *Beran, Dr. Ottokar*
Administrativer Leiter: *Lederer Wilhelm,* Oberamtsrat
Materialkanzlei: *Hartberger Gertrud,* Amtsrat
Personalstelle: *Ehrenberger Alfred,* Kanzleiassistent
Filialen:
Arsenal, 3, Arsenalstraße 7 . . . . 78 23 95 (65 33 96*)
Mariahilf, 6, Mariahilfer Gürtel 20 . . . . . . 57 62 44*
Penzing, 14, Baumgartner Straße 11 . . . . . . 94 21 11
Hernals, 17, Lidlgasse 7 . . . . 46 31 11
Floridsdorf, 21, Schöpfleuthnergasse 14–16/1 . 38 53 48
Aspern, 22, Wimpffengasse 8 . . . . 22 22 12
Atzgersdorf, 23, Brunner Straße 3–5 . . . . . . 86 03 24
Nur für Krankentransporte:
Sanitätsstationen:
Arsenal, 3, Hüttenbrennergasse 4 . . . . 65 34 29*
Wienerberg, 12, Pirkebnergasse 2–4 . . . . . . 83 32 55
Hernals, 17, Gilmgasse 18 . . . . 46 21 11
Brigittenau, 20, Gerhardusgasse 3 . . . . 33 41 01

Bettenzentrale:
3, Radetzkystraße 1
verwaltungsmäßig dem Rettungs- und Krankenbeförderungsdienst angegliedert

Anstaltenhauptlager
14, Baumgartner Höhe 1, Tel. 94 31 51*
Materialverwaltung: *Simak Heinrich,* Amtsrat

Zentralwäscherei
14, Steinbruchstraße 35–37, Tel. 94 62 03*
Straka, Ing. Herbert, Techn. Oberamtsrat

GESCHÄFTSGRUPPE STADTPLANUNG

1, Rathaus, 5. Stiege, 2. Stock, Tür 401, Tel. 42 8 06

Planung und Entwicklung der Stadtstruktur, generelle Verkehrsplanung; städtebauliche und architektonische Gestaltung; Flächenwidmungs- und Bebauungsplan als Stadtplanungsinstrument; allgemeine baubehördliche Angelegenheiten; Vermessung, Statistik und Stadtforschung.
Zugehörige Magistratsabteilungen:
Magistratsabteilung 18 – Stadtstrukturplanung
Magistratsabteilung 19 – Stadtgestaltung
Magistratsabteilung 20 – Plan- und Schriftenkammer
Magistratsabteilung 21 – Flächenwidmungs- und Bebauungsplan
Magistratsabteilung 35 – Allgemeine Baupolizeiangelegenheiten
Magistratsabteilung 36 – Bau-, Feuer- und Gewerbepolizei für die Bezirke 1 bis 9 und 20
Magistratsabteilung 37 – Bau-, Feuer- und Gewerbepolizei für die Bezirke 10 bis 19 und 21 bis 23
Magistratsabteilung 39 – Versuchs- und Forschungsanstalt der Stadt Wien
Magistratsabteilung 41 – Stadtvermessung
Magistratsabteilung 66 – Statistisches Amt der Stadt Wien

Amtsführender Stadtrat *Wurzer, Dipl.-Ing. Dr. techn. Dr. h. c. Rudolf,* o. Univ.-Prof. 3211
Kosik Karl-Heinz, Verwaltungsoberkommissär 3212
Sekretariat 3213
Büro:
Fellner, Ing. Hans, Techn. Kommissär 3112
Müller Heinz, Techn. Kommissär 3214
Kanzlei 3232, 3296, 4185
Andraschko Richard, Pressereferent 3999

Koordinationsstelle Donaubereich Wien:
Domany, Dipl.-Ing. Bruno, Stadtbaurat 42 8 05/3199
Schwetz, Mag. Otto 2079
Seidel, Dipl.-Ing. Guido, Arch. 2078
Kanzlei 3112
Ausstellungshalle, 7, Messepalast 93 73 66

MAGISTRATSABTEILUNG 18

Stadtstrukturplanung

1, Rathaus, 5. Stiege, 2. Stock, Tür 401 bis 407, Tel. 42 8 05

Stadtforschung und Erarbeitung von Grundlagen für die räumliche Stadtentwicklungsplanung unter Berücksichtigung des Umlandes.
Ausarbeitung und Fortschreibung des Stadtentwicklungsplanes und von Bezirksentwicklungsplänen in Zusammenarbeit mit den jeweils zuständigen Dienststellen.
Mitwirkung bei der Erstellung von Entwürfen zu Stadtteilplanungen und von Entwürfen zur Abänderung, Aufhebung und Neufestsetzung des Flächenwidmungs- und Bebauungsplanes.
Erstellung von Planungsrichtlinien für die räumliche Verteilung von Wohn- und Erholungsgebieten, Betriebsflächen und Einrichtungen der sozialen und technischen Infrastruktur.
Generelle Verkehrsplanung in Zusammenarbeit mit den zuständigen Dienststellen des Magistrats, insbesondere mit den Wiener Stadtwerken.
Generelle Grünraum- und Erholungsplanung im Einvernehmen mit den zuständigen Dienststellen.
Verkehr mit den Trägern der Planungshoheit von anderen Körperschaften.
Standortplanung für Bauland einschließlich der öffentlichen Einrichtungen, für Verkehrsflächen, für Verkehrsanlagen sowie für Grünland im Einvernehmen mit den jeweils zuständigen Dienststellen.
Ausarbeitung von Studien und generellen Projekten im Rahmen der Stadtstrukturplanung.
Vergebung und Betreuung von Aufträgen im Rahmen der Stadtstrukturplanung.
Vorbereitung und Durchführung von Wettbewerben, Fachausstellungen und Fachveröffentlichungen im Rahmen der Stadtstrukturplanung.
Teilbesorgung der Geschäfte der Auftragsverwaltung des Bundes hinsichtlich der Bundesstraßenverwaltung, nämlich die Erstellung genereller Projekte von Bundesstraßen einschließlich der Erwirkung von Verordnungen gemäß § 4 BStG 1971 im Einvernehmen mit den jeweils zuständigen Dienststellen.

Jawecki, Dipl.-Ing. Dr. techn. Peter, Senatsrat 3197
Kazda, Dipl.-Ing. Gertrude, Senatsrat 3164
Oliwa, Dr. phil. Eva, Oberstadtbaurat 3182
Danner, Dipl.-Ing. Wilhelm, Stadtbaurat 3184
Domany, Dipl.-Ing. Bruno, Stadtbaurat 3199
Fauland, Dipl.-Ing. Adolf, Stadtbaurat 3183
Kotyza, Dipl.-Ing. Georg, Stadtbaurat 3196
Langschwert, Dipl.-Ing. Barbara Gabriele, Stadtbaurat 3994
Lubich, Dipl.-Ing. Götz, Stadtbaurat 4190
Mayerl, Dipl.-Ing. Walter, Stadtbaurat 3145
Reiter, Dipl.-Ing. Friedrich, Stadtbaurat 3194
Schmid, Dipl.-Ing. Dr. techn. Friedrich, Stadtbaurat . 3185
Schopper, Dr. phil. Manfred, Stadtbaurat 3121
Schulz, Dipl.-Ing. Hannes, Stadtbaurat 3122
Wünschmann, Dipl.-Ing. Peter, Stadtbaurat 3178
Binder, Dipl.-Ing. Herbert, Stadtbauoberkommissär 2045
Gehringer, Dipl.-Ing. Rolf, Stadtbauoberkommissär 3993
Indrak, Dipl.-Ing. Ottokar, Stadtbauoberkommissär 3992
Leodolter, Mag. Silvia, Stadtbauoberkommissär . . 3163
Kalss, Dipl.-Ing. Winfried, Stadtbaukommissär . . . 3995
Köberl, Dipl.-Ing. Siegfried, Stadtbaukommissär . . 3124
Dorner, Dipl.-Ing. Alfred 3143
Klopf, Mag. Peter 3851
Lesniewski, Dipl.-Ing. Dr. techn. Janusz 3186
Zepke, Ing. Mag. Karl 3109
Schild Hermine, Kanzleioberkommissär,
Kanzleileiter 818
Kanzlei und Einlaufstelle 2028
Koordination, Preisprüfung, Personal 3164
Informationsaufgaben, Sonderaufgaben 3901
Stadtentwicklungsplan 3196, 4196
ÖROK, Angelegenheiten der Bundesraumordnung und Regionalplanung 3197, 3196
Planungsgemeinschaft Ost 3197, 3122
Generelle Verkehrskonzeption 3178, 3185

Referat 1: Grundlagen, technische Infrastruktur, Kommunikation
Leiter 3196
Sachbearbeiter 3123, 3169, 3902, 3992, 3163, 3101, 3182, 3121

Referat 2: Bezirksentwicklungspläne, Rahmenplanungen
Leiter 4196
Sachbearbeiter 2045, 3851, 3994, 3186, 3162, 3991, 4164

Referat 3: Soziale Infrastruktur, Betriebsstätten
Leiter 3109
Sachbearbeiter 3993, 3195, 2029, 3181, 4134, 3188, 3144

Referat 4: Grünraum, Erholung, Umwelt
Leiter 3199
Sachbearbeiter 3179, 4190, 2023, 3187

Referat 5: Öffentlicher Verkehr
Leiter 3178
Sachbearbeiter 3184, 3183, 3124

Referat 6: Straßenverkehr, Bundesstraßenplanung
Leiter 3185
Sachbearbeiter 3143, 3995, 3165, 3145, 3146, 3194, 3903

MAGISTRATSABTEILUNG 19

Stadtgestaltung

12, Niederhofstraße 23, 5. Stock, Tür 534, Tel. 746*, 83 66 16*

Mitwirkung bei der Erstellung von Entwürfen zu Stadtteilplanungen und von Entwürfen zur Abänderung, Aufhebung und Neufestsetzung des Flächenwidmungs- und Bebauungsplanes.
Vergebung und Betreuung von Aufträgen im Rahmen der Stadtgestaltung.
Erstellung von Entwürfen und Projekten für die Gestaltung öffentlicher Räume.
Verfassung von Entwurfs- und Ausführungsplänen für Neu-, Zu- und Umbauten städtischer Hochbauten, auch fallweise durch Beauftragung von Ziviltechnikern im Einvernehmen mit den jeweils zuständigen Dienststellen.
Architektonische Begutachtung und Beratung im Zuge des Baugenehmigungsverfahrens.
Beratung der städtischen Dienststellen in architektonischen und städtebaulichen Gestaltungsfragen.
Vorbereitung und Durchführung von Architekturwettbewerben.
Prüfung der Preisangemessenheit von Anboten der mit Planungsarbeiten zu beauftragenden Architekten und Zivilingenieure für Hochbauten.

Kolowrath, Ing. Mag. Rudolf, Arch., Senatsrat . . . 271
Zwickl, Ing. Mag. Kurt, Arch., Senatsrat . . . 272
Rameder, Dipl.-Ing. Heinrich, Senatsrat . . . 263
Neubauer, Ing. Mag. Johann, Oberstadtbaurat . . . 284
Preiss, Ing. Mag. Walter, Oberstadtbaurat . . . 275
Schidla, Dipl.-Ing. Gottfried, Oberstadtbaurat . . . 281
Torre, Dipl.-Ing. Irina C., Arch., Oberstadtbaurat . 283
Hälbig, Dipl.-Ing. Rüdiger, Stadtbaurat . . . 261
Pruymann, Dipl.-Ing. Christiane, Stadtbaurat . . . 276
Pal, Dipl.-Ing. Dieter . . . 338
Marchart, Dipl.-Ing. Peter, Stadtbaurat . . . 342
Scasny, Mag. Anna, Stadtbaurat . . . 289
Stiegholzer, Mag. Hermann, Stadtbaurat . . . 278
Foltin, Mag. Klaudius, Stadtbauoberkommissär . . . 259
Matousek, Dipl.-Ing. Josef, Stadtbauoberkommissär 259
Muthsam, Dipl.-Ing. Gerhard, Stadtbauoberkommissär . . . 288
Pelikan, Dipl.-Ing. Peter, Stadtbauoberkommissär . 261
Schraml, Dipl.-Ing. Anton, Stadtbaukommissär . . . 268
Vatter, Dipl.-Ing. Klaus, Stadtbaukommissär . . . 278
Kravina August, Techn. Oberamtsrat . . . 286
Kollmann Karl, Techn. Amtsrat . . . 265
Peller Herta, Techn. Amtsrat . . . 282
Viehtauer Ernst, Techn. Amtsrat . . . 285
Weinhold, Ing. Herta, Techn. Amtsrat . . . 280
Heine Helga, Kanzleioberoffizial, Kanzleileiter . . . 274
Kanzlei . . . 267
Protokoll, Einlaufstelle . . . 273
Rechnungsprotokoll . . . 280
Sekretariat . . . 260

Architektonische Begutachtung und Beratung im Baugenehmigungsverfahren für die Bezirke:
1, 3 bis 9, 18, 19 . . . 275
2, 10, 11, 20 bis 22 . . . 281
12 13 23 . . . 261
14 bis 17 . . . 283
Portale . . . 275
Lichtreklame . . . 279

Abgasstutzen und Fensteränderungen für die Bezirke:
1 bis 9 . . . 279
10 bis 19, 23 . . . 284
20 bis 22 . . . 285

MAGISTRATSABTEILUNG 20

Plan- und Schriftenkammer

1, Rathaus, 7. Stiege, Halbstock, Tür 216, Tel. 42 8 06

Führung der Baueinlagen für die Bezirke 1 bis 9 und 20.
Führung eines Planarchives.
Führung der technisch-wissenschaftlichen Bibliothek; Dokumentation und Verbreitung des Inhaltes von Fachzeitschriften.
Arbeiten auf den Gebieten der Vervielfältigung, der Reprographie, der Fotografie für technische Zwecke und der Mikroverfilmung.
Druck der Karten und Pläne sowie Herstellung von Drucken mit einem Format größer als A 3; Vergebung von Druckarbeiten auf diesem Gebiet.
Technische Fachdienststelle für Vervielfältigung, Reprographie und Mikroverfilmung.
Vergebung von Aufträgen zur Herstellung von Fotografien für technische Zwecke, Mikrofilmen und Lichtpausen.
Beistellung des Vermessungshilfspersonals für andere Dienststellen, ausgenommen die Magistratsabteilung 41.

Bodner, Ing. Karl, Senatsrat 3241
Pohl Konrad, Techn. Oberkommissär 3243
Krammer Hermine, Kanzleioberkommissär, Kanzleileiter 820
Kanzlei 3236
Normen 3242
Zeitschriftenrundlauf 3246
Sondererfordernisse 3243
Baueinlagen 3235, 3239
Handlager für Kanzlei- und Zeichenerfordernisse, Stadtkarten, Planarchiv 3237
Lichtpausen und Plandrucke 3244
Vermessungspersonal, Zeugkammer, 9, Viriotgasse 8 3238
Repro-Anlage, Leiter 4210, 3249

MAGISTRATSABTEILUNG 21

Flächenwidmungs- und Bebauungsplan

1, Rathaus, 5. Stiege, 2. Stock, Tür 406, Tel. 42 8 05

Erstellung von Entwürfen zu Stadtteilplanungen in Abstimmung mit den für den Stadtentwicklungsplan und für die Bezirksentwicklungspläne zuständigen Dienststellen.
Verwaltungs- und plantechnische Ausarbeitung des Flächenwidmungs- und Bebauungsplanes; Prüfung und Erstellung von Bebauungsvorschlägen; Erstellung von Entwürfen zur Verhängung einer zeitlich begrenzten Bausperre sowie zur Festsetzung, zur Abänderung und zur Ergänzung des Flächenwidmungs- und Bebauungsplanes; Verfassung von Anträgen auf Verhängung einer zeitlich begrenzten Bausperre sowie auf Festsetzung, auf Abänderung und auf Ergänzung des Flächenwidmungs- und Bebauungsplanes an den Gemeinderat; Verfassung von Anträgen auf unwesentliche Abänderung und Ergänzung des Flächenwidmungs- und Bebauungsplanes an die örtlich zuständige Bezirksvertretung.
Kundmachung der den Flächenwidmungs- und Bebauungsplan betreffenden Beschlüsse in Schriftform und in Form von Plandokumenten.
Evidenthaltung und Archivierung des Flächenwidmungs- und Bebauungsplanes.
Mitwirkung bei der Information der Öffentlichkeit und Auskunfterteilung über den Flächenwidmungs- und Bebauungsplan.
Mitwirkung bei der Ausarbeitung und Fortschreibung des Stadtentwicklungsplanes und der Bezirksentwicklungspläne.
Entgegennahme von Stellungnahmen zu den zur öffentlichen Einsicht aufgelegten Entwürfen für den Flächenwidmungs- und Bebauungsplan.
Durchführung von Vorarbeiten auf dem Gebiet der Stadterneuerung, insbesondere zur Festsetzung von Assanierungsgebieten in Zusammenarbeit mit den jeweils zuständigen Dienststellen.
Durchführung der Vorarbeiten zur Auswahl und Festsetzung von Bodenbeschaffungsgebieten in Zusammenarbeit mit den jeweils zuständigen Dienststellen.
Vorbereitung und Durchführung von Wettbewerben, die sich aus dem eigenen Geschäftsbereich ableiten lassen.
Vergebung und Betreuung von Aufträgen, die sich aus dem eigenen Geschäftsbereich ableiten lassen.
Mitwirkung bei der Festlegung der Landes- und Bezirksgrenzen.
Führung der Bürogeschäfte des Fachbeirates für Stadtplanung.
Führung der zentralen Adreßdatei einschließlich Vergabe der Code-Nummern für öffentliche Flächen, der Blocknummern und der Netzknoten.
Vorbereitung und Durchführung der räumlichen Abgrenzung der statistischen Zähleinheiten (Zählbezirke, Zählgebiete).

Pohl, Ing. Mag. Friedrich, Arch., Senatsrat 3107
Parzer, Dipl.-Ing. Josef, Senatsrat 3105
Wagentristl, Mag. Ernst, Oberstadtbaurat 3173
Bauer, Dipl.-Ing. Gerhard, Stadtbaurat 3869
Berger, Dipl.-Ing. Horst, Stadtbaurat 3878
Kauzner, Dipl.-Ing. Franz, Stadtbaurat 3167
Koukal, Dipl.-Ing. Helmut, Stadtbaurat 3168
Steiner, Dipl.-Ing. Klaus, Stadtbaurat 3842
Vitzthum, Dipl.-Ing. Georg, Stadtbaurat 3864
Vokaun, Dipl.-Ing. Walter, Stadtbaurat 3171
Widl, Dipl.-Ing. Erich, Stadtbaurat 3172
Gräsel, Dipl.-Ing. Wolfgang, Stadtbauoberkommissär
Hinterleitner, Dipl.-Ing. Ingrid, Stadtbauoberkommissär 3177
Mackerle, Dipl.-Ing. Bernhard, Stadtbauoberkommissär 3834
Mertl, Dipl.-Ing. Manfred, Stadtbauoberkommissär . 3177
Gengelin, Mag. Dipl.-Ing. Wolfgang, Stadtbaukommissär 2027
Kreutz, Dipl.-Ing. Elke, Stadtbaukommissär 3153
Montanari, Dipl.-Ing, Eva, Stadtbaukommissär . . . 3834
Lorenz, Mag. Ing. Horst 3174
Muhrhofer, Dipl.-Ing. Gisela 3841
Staudinger Rosa, Kanzleioberoffizial, Kanzleileiter . 3150
Kanzlei 821, 3190

Referenten für die Bezirke:
1, 9, 17 bis 19 3154
2, 3, 20 3156
4, 5, 10, 11 3158
6 bis 8, 14 bis 16 3155
12, 13, 23 3159
21, 22 3157
Evidenz und Archiv 3180

Fachbeirat für Stadtplanung

Vorsitzender:
Gieselmann, Dipl.-Ing. Dr. techn. Reinhard, Arch., o. Prof.

Mitglieder:
Dorfwirth, Dipl.-Ing. Dr. techn. Josef Raimund, o. Prof.
Eckharter, Dipl.-Ing. Manfred
Haider, Dr. Manfred, Univ.-Prof.
Hufnagl Viktor, Arch.
Knoflacher, Dipl.-Ing. Dr. techn. Hermann, o. Prof.
Machatschek, Dipl.-Ing. Dr. techn. Alois, Arch., Prof.
Moser, Dipl.-Ing. Dr. techn. Friedrich, o. Prof.
Rothauer, Dipl.-Ing. Dr. Herlinde
Swoboda, Dr. Hannes
Wöss, Dr. rer. nat. Friedrich, o. Prof.

MAGISTRATSABTEILUNG 35

Allgemeine Baupolizeiangelegenheiten

17, Kalvarienberggasse 33, 2. Stock, Tür 206, Tel. 835*, 43 16 51*

Technische Angelegenheiten grundsätzlicher Art der Bau- und Feuerpolizei.
Genehmigung und Überwachung von Veranstaltungsstätten, Kinos und Messen hinsichtlich der Sicherheitseinrichtungen; Angelegenheiten des technischen Aufsichtsdienstes in Vergnügungsstätten mit Ausnahme der Bestellung und Einteilung der technischen Aufsichtsbeamten.
Mitwirkung im baubehördlichen Genehmigungsverfahren für Bauten mit Räumen, in denen Menschenansammlungen von mehr als 100 Personen zu erwarten sind.
Mitwirkung im Genehmigungsverfahren bei Grundabteilungen, Grenzberichtigungen und Umlegungen.
Durchführung des baubehördlichen Genehmigungsverfahrens für Bauten der Gebietskörperschaften und anderer öffentlich-rechtlicher Körperschaften, für Bauten auf Eisenbahngrund, für Ausstellungs- und Kultbauten sowie für Bauführungen besonderer Art, soweit nicht die Magistratsabteilung 64 zuständig ist.
Baubehördliche Angelegenheiten der Aufzüge, Kräne, Lager brennbarer Flüssigkeiten, Tanklager aller Art, Tankstellen, Ölfeuerungen sowie der Dampfkessel, Dampfgefäße und Druckbehälter im Sinne der Dampfkesselverordnung.
Dampfkesselprüfungswesen; Dampfkesselbescheinigungsevidenz, Mitwirkung bei der Bestellung von Dampfkesselprüfungskommissären und Dampfkesselinspektoren.
Mitwirkung bei der Bestellung von Aufzugssachverständigen und deren Evidenthaltung.
Technische Angelegenheiten des Sprengmittelwesens und Genehmigung von Sprengungen.
Mitwirkung bei der Handhabung des Baumschutzgesetzes.
Überprüfung der für Lehrzwecke bestimmten Anlagen in den städtischen Schulen auf ihre Betriebssicherheit.
Zulassung von Baustoffen, Bauteilen, Bauarten (Bauweisen), Brandschutzmitteln, Rückschlagsicherungen und dgl.
Grundsätzliche Angelegenheiten der Statik sowie des Wärme- und Schallschutzes; Überprüfung von Bauansuchen in bezug auf Statik sowie Wärme- und Schallschutz; behördliche Überprüfungen gemäß § 127 der Bauordnung für Wien einschließlich der Durchführung oder Überwachung der technischen Beschau von U-Bahn-Bauten.
Beistellung von Amtssachverständigen in behördlichen Verfahren anderer Magistratsdienststellen.
Koordination der Tätigkeit der Amtssachverständigen für die eisenbahnbehördlichen Verfahren bei U-Bahn-Bauten.
Begutachtung des Befähigungsnachweises und des Berechtigungsumfanges von Baugewerbetreibenden sowie Überprüfung der Ansuchen um Zulassung zur Baugewerbeprüfung.
Erteilung von Gebrauchserlaubnissen nach dem Gebrauchsabgabegesetz, soweit nicht die Magistratsabteilung 28, 36, 37, 59 oder 64 zuständig ist; Bemessung der Abgabe; Vorschreibung der Abgabe in jenen Fällen, in denen die Magistratsabteilung 35 für die Erteilung der Gebrauchserlaubnis zuständig ist.
Erteilung von Bewilligungen nach der Straßenverkehrsordnung zur Durchführung von Arbeiten auf und neben der Straße; Bewilligung nach der Straßenverkehrsordnung von Anlagen zu Werbezwecken und Ankündigungstafeln auf Privatgrund neben Verkehrsflächen.
Bemessung und Vorschreibung von Kanaleinmündungsgebühren und Anliegerbeiträgen.
Angelegenheiten des § 31a Abs. 1 Wasserrechtsgesetz, die in die Zuständigkeit des Bürgermeisters als Wasserrechtsbehörde fallen.

Schaffer, Dipl.-Ing. Alfred, Senatsrat 235
Lenz, Dipl.-Ing. Friedrich, Senatsrat 335
Wiesmann, Dipl.-Ing. Egon, Senatsrat
Bek, Dipl.-Ing. Johann, Oberstadtbaurat 239
Doleschal, Dipl.-Ing. Manfred, Oberstadtbaurat . . 210
Goldenberg, Dipl.-Ing. Wilhelm, Oberstadtbaurat . 262
Haas, Dipl.-Ing. Franz, Oberstadtbaurat 266
Kaindl, Dipl.-Ing. Edwin, Oberstadtbaurat 262
Runser, Dipl.-Ing. Ladislaus, Oberstadtbaurat . . . 388
Spandl, Dipl.-Ing. Johann, Oberstadtbaurat 392
Valentin, Dipl.-Ing. Peter, Oberstadtbaurat 267
Zeisberger, Dipl.-Ing. Rudolf, Oberstadtbaurat . . . 246
Bock, Dipl.-Ing. Georg, Stadtbaurat 391
Geiger, Dipl.-Ing. Karl, Stadtbaurat 223
Haschke, Dipl.-Ing. Harald, Stadtbaurat 384
Molin, Dipl.-Ing. Gerhard, Stadtbaurat 389
Schmid, Dipl.-Ing. Ferdinand, Stadtbaurat 239
Sisel, Dipl.-Ing. Dieter, Stadtbaurat 391
Warnicki, Dipl.-Ing. Felix, Stadtbaurat 389
Weigert, Dipl.-Ing. Dr. techn. Wolfgang, Stadtbaurat 262
Burkart, Dipl.-Ing. Kurt, Stadtbauoberkommissär . 384
Hohn, Dipl.-Ing. Heinz, Stadtbauoberkommissär . . 384
Krieghofer, Dipl.-Ing Kurt, Stadtbauoberkommissär 383
Pilat, Dipl.-Ing. Milan, Stadtbauoberkommissär . . 221
Bauer, Dipl.-Ing. Helmut, Stadtbaukommissär . . . 267
Liebermann, Dipl.-Ing. Franz, Stadtbaukommissär . 267
Zisser, Dipl.-Ing. Georg, Stadtbaukommissär 390
Kaupa, Dipl.-Ing. Herbert 239
Klein, Dipl.-Ing. Gustav 262
Polacek, Dipl.-Ing. Anton 221
Salzer, Dipl.-Ing. Karl 265
Vorwahlner, Dipl.-Ing. Ernst 221
Waldegg, Dipl.-Ing. Ernst 384
Banovits, Ing. Gustav, Techn. Amtsrat 390
Reiter Ernst, Techn. Amtsrat 262
Hausner, Ing. Bruno 388
Jindra, Ing. Helmut,
Techn. Oberkommissär 712*, 83 16 01*, 281
Skolnik Anna, Kanzleirat, Kanzleileiter 250
Kanzlei 435
Aufzüge, Dampfkessel, Tankanlagen, Großgaragen, Ölfeuerungen, Sprengmittelwesen – technische Angelegenheiten (A) 223, 261, 265, 266, 387, 388, 389
Grundabteilung – technische Überprüfung (Ga) 241, 246

Öffentliche Bauten, Bauten auf Eisenbahngrund und Kultbauten (öB) 335, 390, 391
Statik, Baustoffzulassungen (S) . . . 239, 221, 383, 384
U-Bahn (U) 392, 262
Theater- und Kinopolizei, technische Sicherheitseinrichtungen bei Menschenansammlungen (V) 210, 267, 268, 382
Amtliche Dampfkesselüberwachung des Landes Wien, Prüfung von Dampfkessel-, Dampfmaschinen- und Motorenwärtern, Rauchplagebekämpfung (D):
8, Friedrich Schmidt-Platz 5 . . . . 42 8 06
Leiter 3722
Dampfkesselprüfungskommissäre 2981, 3722, 3743, 3745, 3772, 3746
Gebrauchserlaubnisse für Verkehrsflächen (G):
12, Theresienbadgasse 3 . . . . 712*, 83 16 01*
Jindra, Ing. Helmut, Techn. Oberkommissär . . . 281
Einlaufstelle 284
Bezirke:
1, 3 bis 5, 11 . . . . 285, 295, 296
2, 9, 19, 20 . . . . 293, 294
6 bis 8, 16 bis 18 . . . . 290, 291, 292
10, 13, 14, 23 . . . . 282, 298
12, 15, 21, 22 . . . . 283, 297
Straßenreklame 284, 293

MAGISTRATSABTEILUNG 36

Bau-, Feuer- und Gewerbepolizei für die Bezirke 1 bis 9 und 20

17, Kalvarienberggasse 33, 3. Stock, Tür 307, Tel. 835*, 43 16 51*
Dezernat für gewerbliche Angelegenheiten, 8, Lerchengasse 19, 3. Stock, Tür 301, Tel. 43 89 01

Alle baubehördlichen Angelegenheiten, soweit nicht die Magistratsabteilung 35 oder die Magistratsabteilung 64 zuständig ist, einschließlich der:
Beantragung von Löschungen und Erteilung der Zustimmung zur Freilassung öffentlich-rechtlicher Verpflichtungen im Grundbuch; Überprüfung von Gerichtsbeschlüssen im Hinblick auf die Bestimmungen der Bauordnung für Wien.
Führung der Liegenschaftsverzeichnisse.
Erteilung der Gebrauchserlaubnis nach dem Gebrauchsabgabegesetz hinsichtlich der Bauteile vor der Baulinie im Zusammenhang mit Baubewilligungen auf der angrenzenden Liegenschaft; Vorschreibung der Abgabe.
Mitwirkung bei der Bekämpfung sanitärer Übelstände.
Bemessung und Vorschreibung von Kanaleinmündungsgebühren und Anliegerbeiträgen.
Feststellung des Ausmaßes der Nutz- und Gehsteigflächen zum Zwecke der Berechnung des Hausbesorgerentgeltes.
Ausstellung von Bescheinigungen gemäß § 5 oder § 12 des Wohnungseigentumsgesetzes 1975.
Handhabung des Wiener Feuerpolizeigesetzes und der nach diesem Gesetz ergangenen Verordnungen.
Beistellung von Amtssachverständigen im gewerbebehördlichen Betriebsanlageverfahren und Mitwirkung bei der Überwachung von gewerblichen Betriebsanlagen, soweit nicht die Magistratsabteilung 35 zuständig ist.
Beistellung von Amtssachverständigen für chemische Angelegenheiten und Giftangelegenheiten in behördlichen Verfahren im ganzen Stadtgebiet.
Mitwirkung bei der Handhabung des Wiener Baumschutzgesetzes.
Mitwirkung bei der Handhabung des Baulärmgesetzes.
Mitwirkung bei der Erstellung der Wohnbaustatistik.
Vermessungstechnische Arbeiten im Zusammenhang mit der Aussteckung der Fluchtlinien und Höhenlagen.

Leiter dzt. unbesetzt 236
Fragner, Dipl.-Ing. Rudolf, Senatsrat 336
Wanivenhaus, Dipl.-Ing. Hugo, Senatsrat 216
Brazdovics, Dipl.-Ing. Kurt, Oberstadtbaurat 253
Ciporanow, Dipl.-Ing. Gertrude, Oberstadtbaurat . . 245
Freismuth, Dipl.-Ing. Johann, Oberstadtbaurat 43 89 01/70
Kaiserreiner, Dipl.-Ing. Karl, Oberstadtbaurat . . . 260
Kämpf, Dipl.-Ing. Ernst, Oberstadtbaurat 217
Kotzian, Dipl.-Ing. Dr. techn. Hermann, Oberstadtbaurat 43 89 01/80
Weinrother, Dipl.-Ing. Robert, Oberstadtbaurat . . . 243
Czermak, Dipl.-Ing. Robert, Stadtbaurat 255
Mock, Dipl.-Ing. Franz, Stadtbaurat 43 89 01/77
Neckar, Dipl.-Ing. Heinz, Stadtbaurat 240
Pimpi, Dipl.-Ing. Heinz, Stadtbaurat 43 89 01/75
Prochaska, Dipl.-Ing. Walter, Stadtbaurat 214
Muchitsch, Dipl.-Ing. Wilhelm, Stadtbaukommissär 43 89 01/74
Rami, Dipl.-Ing. Ewald, Stadtbaukommissär 43 89 01/76
Rentsch, Dipl.-Ing. Karl, Stadtbaukommissär 43 89 01/71
Dedek, Dipl.-Ing. Friederike 215
Eder, Dipl.-Ing. Günther 43 89 01/73
Götz, Dipl.-Ing. Heinz 43 89 01/74
Polesnig, Dipl.-Ing. Valentin 43 89 01/72
Wallner, Dipl.-Ing. Bruno 269
Opravil, Ing. Max, Techn. Oberamtsrat 224
Heine, Ing. Edmund, Techn. Amtsrat 277
Meihsl, Ing. Paul, Techn. Amtsrat 233
Thomas, Ing. Kurt, Tech. Amtsrat 331
Müller Heinz, Techn. Kommissär 222
Rogenhofer, Ing. Bernd, Techn. Kommissär 275
Bösze Helga, Kanzleioberoffizial,
Kanzleileiter 212
Kanzlei 436
Bau- und Benützungsbewilligungen, Baugebrechen und Bauüberwachung für den 1. Bezirk 253
für den 2. bis 5. Bezirk 217
für den 6. bis 9. und 20. Bezirk 216
Vermessungsreferat für den 1. bis 9. und 20. Bezirk . 224

MAGISTRATSABTEILUNG 37

Bau-, Feuer- und Gewerbepolizei für die Bezirke 10 bis 19 und 21 bis 23

17, Kalvarienberggasse 33, 1. Stock, Tür 109–113, 116–118, Tel. 835*, 43 16 51*

Alle baubehördlichen Angelegenheiten, soweit nicht die Magistratsabteilung 35 oder die Magistratsabteilung 64 zuständig ist, einschließlich der:
Beantragung von Löschungen und Erteilung der Zustimmung zur Freilassung öffentlich-rechtlicher Verpflichtungen im Grundbuch; Überprüfung von Gerichtsbeschlüssen im Hinblick auf die Bestimmungen der Bauordnung für Wien.
Führung der Liegenschaftsverzeichnisse.
Erteilung der Gebrauchserlaubnis nach dem Gebrauchsabgabegesetz hinsichtlich der Bauteile vor der Baulinie im Zusammenhang mit Baubewilligungen auf der angrenzenden Liegenschaft; Vorschreibung der Abgabe.
Mitwirkung bei der Bekämpfung sanitärer Übelstände.
Bemessung und Vorschreibung von Kanaleinmündungsgebühren und Anliegerbeiträgen.
Feststellung des Ausmaßes der Nutz- und Gehsteigflächen zum Zwecke der Berechnung des Hausbesorgerentgeltes.
Ausstellung von Bescheinigungen gemäß § 5 oder § 12 des Wohnungseigentumsgesetzes 1975.
Handhabung des Wiener Feuerpolizeigesetzes und der nach diesem Gesetz ergangenen Verordnungen.
Beistellung von Amtssachverständigen im gewerbebehördlichen Betriebsanlageverfahren und Mitwirkung bei der Überwachung von gewerblichen Betriebsanlagen, soweit nicht die Magistratsabteilung 35 zuständig ist.
Mitwirkung bei der Handhabung des Wiener Baumschutzgesetzes.
Mitwirkung bei der Handhabung des Baulärmgesetzes.
Mitwirkung bei der Erstellung der Wohnbaustatistik.
Führung der Baueinlagen.
Vermessungstechnische Arbeiten im Zusammenhang mit der Aussteckung der Fluchtlinien und Höhenlagen.

Bechyna, Dipl.-Ing. Herbert, Senatsrat 237
Ehrlich, Dipl.-Ing. Herbert, Oberstadtbaurat
Artschlag, Dipl.-Ing. Josef, Oberstadtbaurat 272
Naderer, Dipl.-Ing. Helmut, Oberstadtbaurat 276
Gerlinger, Dipl.-Ing. Helmuth, Stadtbaurat 281
Schandl, Dipl.-Ing. Reinhold, Stadtbaurat 273
Schinner, Dipl.-Ing. Herbert, Stadtbauoberkommissär 274
Summer Anna, Kanzleioberkommissär, Kanzleileiter . 437
Kanzlei 271
Vermessungsgruppen für die Bezirke:
10 bis 12 . . . . .279, 278, 273, 283
13, 14, 23 . . . . 270, 274, 395
15 bis 19 . . . . 282, 274
21, 22 . . . . 272, 290

Außenstellen:

10, Laxenburger Straße 43–47 . . . . . 710*, 64 36 31*
Engelke, Dipl.-Ing. Karl, Oberstadtbaurat . . . 235
Bacher, Dipl.-Ing Albert, Stadtbauoberkommissär 238
Hatzinger, Dipl.-Ing. Ferdinand 237
Frasz, Ing. Josef, Techn. Oberamtsrat 239

11, Enkplatz 2 . . . . . 711*, 74 35 86*
Mosser, Dipl.-Ing. Albert, Oberstadtbaurat . . . 280
Wolf, Dipl.-Ing. Ernst, Stadtbaurat 281
Bietak, Dipl.-Ing. Horst, Stadtbaurat 283
Windl, Ing. Mag. Franz, Stadtbaurat 284

12, Schönbrunner Straße 259 . . . . . 712*, 83 16 01*
Klom, Dipl.-Ing. Manfred, Stadtbaurat 251
Dirmhirn, Ing. Mag. Harald, Oberstadtbaurat 253

13, Hietzinger Kai 1–3 (13., 14. Bezirk) 713*, 82 26 51*
Filas, Dipl.-Ing. Johann, Oberstadtbaurat . . . 310
Richter, Dipl.-Ing. Herbert, Stadtbaurat 311
Bletas, Dipl.-Ing. Thanos 319
Hernstorfer, Dipl.-Ing. Wilhelm, Stadtbauoberkommissär 319
Ressel, Dipl.-Ing. Günter, Stadtbaurat 315

15, Gasgasse 8–10 . . . . . 715*, 83 36 11*
Leitgeb, Dipl.-Ing. Franz 251
David-Labor, Dipl.-Ing. Manfred, Stadtbaurat . 255

16, Richard Wagner-Platz 19 . . . . . 716*, 92 26 96*
Messinger, Dipl.-Ing. Helmut, Oberstadtbaurat . 251
Pazicky, Dipl.-Ing. Tibor 258
Winkler, Ing. Mag. Erwin, Stadtbaurat 258
Schlosser, Ing. Kurt, Techn. Oberamtsrat 254

17, Kalvarienberggasse 33 . . . . . 835*, 43 16 51*
Hofmeister, Dipl.-Ing. Lieselotte, Oberstadtbaurat 320
Volkmann, Ing. Gottfried, Techn. Amtsrat . . . 333

18, Martinstraße 100 . . . . . 718*, 34 25 20*
Leopold, Dipl.-Ing. Gerhard, Oberstadtbaurat . 280
Zilka, Dipl.-Ing. Heinz, Stadtbauoberkommissär 281
Schneeweiß, Dipl.-Ing. Christiane, Stadtbaukommissär 282

19, Gatterburggasse 14 . . . . . 719*, 36 42 50*
Sterniste, Dipl.-Ing. Gerhard, Senatsrat 240
Peroutka, Dipl.-Ing. Karl, Stadtbaurat 242
Witschka, Dipl.-Ing. Johann, Stadtbaurat 245

21, Am Spitz 1 . . . . . 721*, 38 15 04*
Marinoff, Dipl.-Ing. Peter, Oberstadtbaurat . . 239
Fuchs, Dipl.-Ing. Heinz, Stadtbaurat 270
Hahn, Dipl.-Ing. Georg, Stadtbauoberkommissär 230
Puchinger Elisabeth, Techn. Amtsrat 238

22, Kagran, Schrödingerplatz 1 . . . . 722*, 23 35 61*
Kummernecker, Dipl.-Ing. Erwin, Oberstadtbaurat 240
Hauser, Dipl.-Ing. Erhard, Oberstadtbaurat . . 242
Beier, Dipl.-Ing. Rudolf, Stadtbaurat 244
Gallistel, Dipl.-Ing. Hans, Stadtbauoberkommissär 243

23, Liesing, Perchtoldsdorfer Straße 2 . 723*, 86 96 17*
Prosser, Dipl.-Ing. Alfred, Oberstadtbaurat . . . 40
Diebitsch, Mag. Karl Heinz, Stadtbaurat 41
Breiter, Dipl.-Ing. Johann, Stadtbaukommissär . 42
Chlada, Ing. Herbert, Techn. Amtsrat 43

MAGISTRATSABTEILUNG 39

Versuchs- und Forschungsanstalt der Stadt Wien

11, Rinnböckstraße 15, Tel. 839*, 74 36 31*

Staatlich autorisierte Versuchs- und Forschungsanstalt.
Durchführung mechanischer, chemischer, biologischer und physikalischer Untersuchungen und Materialprüfungen, amtliche Probenahme, Schiedsanalysen.
Vornahme von Brandversuchen, Schall-, Wärmefluß- und Erschütterungsmessungen, Belastungsversuche an Bauteilen und am Bauwerk.
Begutachtungen von Bau-, Brenn-, Hilfs-, Roh-, Schutz-, Treib- und Werkstoffen, Betriebsmitteln und Bauteilen.
Erprobung und Begutachtung von Bauweisen, Baukonstruktionen und Baumethoden; Berechnung und Ermittlung von bauphysikalischen Kennwerten; Beratung bezüglich der konstruktiven Ausgestaltung von Bauteilen; Werks- und Produktionsüberwachungen.
Untersuchungen von Boden- und Grundwasserproben.
Messungen von Luftverunreinigungen, Lärmbelästigungen, Wasserverunreinigungen und der Wirkungsweise von Neutralisationsanlagen; Untersuchung von Trinkwasser auf Phenole, Kohlenwasserstoffe mit Ausnahme der Chlorkohlenwasserstoffe und auf Schwermetalle; Beratung bei der Vernichtung schädlicher Stoffe und Gifte.
Begutachtung von Schadensfällen.
Ausführung von Entwicklungs- und Forschungsarbeiten.

Schütz, Dipl.-Ing. Dr. techn. Paul, Senatsrat 21
Puchinger, Dipl.-Ing. Otto, Oberstadtbaurat 47
Stibranyi Felix, Kanzleikommissär, Kanzleileiter . . 23
Kanzlei 23
Mechanisch-technisches Laboratorium:
Miedler, Dipl.-Ing. Karl, Stadtbaurat 31
Fleck, Dipl.-Ing. Werner, Stadtbaurat 32
Cipek, Dipl.-Ing. Lambert, Stadtbaukommissär . . . 33
Sachbearbeiter 30, 33, 35
Chemisch-technisches Laboratorium:
Hirhager, Dipl.-Ing. Dr. techn. Robert, Stadtbaurat . 42
Forster, Dipl.-Ing. Dr. techn. Hans-Peter, Stadtbauoberkommissär 51
Reuschel, Dipl.-Ing. Dr. techn. Arnulf-Georg, Stadtbauoberkommissär 26
Proszegger, Dr. Peter 43
Sachbearbeiter 27, 28, 29
Umweltschutz – Luftzentrale, 1, Rathausstraße 8 (nur zeitweise besetzt) 42 8 05/3141
Physikalisch-technisches Laboratorium:
Puchinger, Dipl.-Ing. Otto, Oberstadtbaurat 47
Pfeifer, Dipl.-Ing. Helmut, Stadtbaurat 44
Sachbearbeiter 46
Lärm 74 53 93
Brandversuchshalle 50
Biologisches Laboratorium:
Maurer, Dr. Ludwig 22, 52

MAGISTRATSABTEILUNG 41

Stadtvermessung

1, Rathausstraße 14–16, 4., 5. und 6. Stock, Tel. 42 8 06

Durchführung aller vermessungstechnischen Arbeiten, soweit nicht eine andere Dienststelle zuständig ist.
Vergebung und Betreuung von vermessungstechnischen und kartographischen Arbeiten für die Stadt Wien.
Mitwirkung bei Arbeiten oder bei der Vergabe von Aufträgen mit kartographischem Gehalt.
Feststellung, Vermarkung und planliche Evidenthaltung der Landes- und Bezirksgrenzen; Mitwirkung bei deren Festlegung.
Erd-, Luftbild- und Fernerkundungsmessung.
Herstellung, Fortführung und Neuauflage der vermessungstechnischen Pläne und der städtischen Kartenwerke, letztere einschließlich ihrer kartographischen Bearbeitung.
Herstellung und Ergänzung der städtischen Festpunktnetze und Führen der betreffenden Verzeichnisse.
Führung des Archives der vermessungstechnischen Pläne und Kartenoriginale.
Beistellung des Vermessungshilfspersonals.
Antragstellung auf Genehmigung von Grundabteilungen bei städtischen Grundtransaktionen.

Kling, Dipl.-Ing. Robert, Obersenatsrat 3281
Reischauer, Dipl.-Ing. Rudolf, Senatsrat 3282
Hirn, Dipl.-Ing. Dr. techn. Albert, Oberstadtbaurat . 3275
Hüll, Dipl.-Ing. Hellmuth, Oberstadtbaurat 3283
Ernst, Dipl.-Ing. Peter, Stadtbaurat 3874
Hynst, Dipl.-Ing. Erwin, Stadtbaurat 3855
Kratky, Dipl.-Ing. Karl, Stadtbaurat 3838
Ranftel, Dipl.-Ing. Hans, Stadtbaurat 3228
Werner, Dipl.-Ing. Franz, Stadtbauoberkommissär . 3859
Horak, Ing. Fritz, Techn. Amtsrat 3254
Horcicka, Ing. Martha, Techn. Amtsrat 3857
Frey, Ing. Egon 3286
Vicic Josefine, Kanzleioberkommissär, Kanzleileiter 841
Kanzlei 841, 3272
Allgemeine Vermessungen und Ingenieurgeodäsie (Projektsgrundlagen, Absteckungen usw.) 3228, 3283, 3838
Vermessungen im Liegenschaftswesen (Bodenordnung, Teilungspläne, Grenzen u. dgl.) . . . 3282, 3855
Präzisionsnivellement, Höhenfestpunktnetz 3276
Luftbildmessung 3258, 3275, 3285, 3873, 3876
Sondermessungen (Deformationsmessungen, automatische Kartierung u. a.) 3874
Architekturvermessung 3286
Kartographie 3287
Geodätisches Zeichnen 3278
Plan- und Kartenarchiv, Auskünfte über Festpunkte 3274
Vermessungstechniker . 3128, 3130, 3255, 3271, 3276, 3277, 3279, 3284, 3286, 3289, 3298, 3299
Vermessungszeichner . . . 3128, 3129, 3253, 3271, 3853
Kartographen . . . 3259, 3266, 3288, 3297, 3835, 3836

MAGISTRATSABTEILUNG 66

Statistisches Amt der Stadt Wien

1, Volksgartenstraße 3, 1. Stock, Tür 343, Tel. 42 8 06

Durchführung der Volkszählung und der aufgrund des Bundesstatistikgesetzes vorzunehmenden statistischen Erhebungen (Häuser- und Wohnungszählung, Wohnbaustatistik, Fremdenverkehrsstatistik, landwirtschaftliche Zählungen, Viehzählung u. a.).
Durchführung von besonders angeordneten Zählungen und Stichprobenerhebungen (Mikrozensus).
Statistische Erfassung von Daten, die Wiener Bevölkerung betreffend (Eheschließungen, Geburten, Sterbefälle, Religionsaustritte, Wanderungs-, Staatsbürgerschafts-, Krankenanstaltenstatistik).
Durchführung von Arbeiten auf dem Gebiet der Wirtschaft-, Sozial- und Kulturstatistik.
Beschaffung und Verarbeitung statistischer Unterlagen, die für die städtische Verwaltung benötigt werden, insbesondere Datenbeschaffung und -analyse für Zwecke der Stadt- und Regionalforschung.
Statistische Beratung der städtischen Dienststellen.
Auskunfterteilung in statistischen Angelegenheiten an Behörden und für wissenschaftliche Zwecke.
Herausgabe statistischer Veröffentlichungen (Statistisches Jahrbuch der Stadt Wien, Mitteilungen aus Statistik und Verwaltung der Stadt Wien, Statistisches Taschenbuch der Stadt Wien, Sonderveröffentlichungen).
Herausgabe des Verwaltungsberichtes der Stadt Wien.
Führung eines statistischen Archives.
Führung einer statistischen Bibliothek.

Horak, Mag. rer. nat. Wilhelm, Senatsrat 3201
Satzinger, Dr. Franz, Magistratsrat 3268
Halász, Dr. Ludwig, Magistratsrat 3203
Bayer, Dr. Ingrid, Magistratskommissär 3202
Jax Otto, Amtsrat 3295
König Gustav, Amtsrat 3291
Schubert Ernst 3206
Zalesak Anton 3260
Stellfeld Christine, Kanzleioffizial, Kanzleileiter . . . 866
Kanzlei 3204, 3205
Jahrbuch, Mitteilungen aus Statistik und Verwaltung der Stadt Wien 3201, 3203
Strukturuntersuchungen, statistische Sonderveröffentlichungen 3268, 3269
Kulturstatistik, Schulstatistik 3260
Preisstatistik, Taschenbuch 3206
Wirtschaftsstatistik, Datenbank 3203, 3204, 3250
Fremdenverkehrsstatistik, Staatsbürgerschaftsstatistik 3208, 3209
Verwaltungsbericht, statistische Fachbibliothek und statistisches Archiv 3202
Druckereiangelegenheiten 3291
Bevölkerungsstatistik 3295
Statistik der Geburten und Eheschließungen . . . 3292
Krankenanstalten-Statistik 3293
Statistik der Sterbefälle 3294
Baustatistik, Häuserkartei 3262, 3261
Landwirtschaftsstatistik, Mikrozensus, Sonderzählungen 3267, 3263

GESCHÄFTSGRUPPE UMWELT UND FREIZEIT

1, Rathaus, 4. Stiege, Halbstock, Tür 243, Tel. 42 8 05

Umweltpolitik, Landschaftspflege und Grünflächensicherung; Direktinformation der Bevölkerung, Medienpolitik, Meinungsforschung, Presseförderung; internationaler Informationsaustausch; Sportpolitik, insbesondere Förderung des Breiten-, Leistungs- und Spitzensportes; Freizeitpolitik.
Zugehörige Magistratsabteilungen:
Magistratsabteilung 22 – Umweltschutz
Magistratsabteilung 42 – Stadtgartenamt
Magistratsabteilung 44 – Bäder
Magistratsabteilung 45 – Wasserbau
Magistratsabteilung 49 – Forstamt der Stadt Wien
Magistratsabteilung 51 – Sportangelegenheiten
Magistratsabteilung 53 – Presse- und Informationsdienst
Magistratsabteilung 68 – Feuerwehr und Katastrophenschutz

Amtsführender Stadtrat *Schieder Peter* 2901
Czepl Hans, Verwaltungsoberkommissär 4295
Horak Franz, Verwaltungskommissär 4294
Sekretariat 4262
Stanzel Helga, Pressereferent 2059
Perner Reinhold 2965
Schiller, Ing. Paul 2077

Sitzungszimmer 244 3231
Sitzungszimmer 245 3233

MAGISTRATSABTEILUNG 22

Umweltschutz

1, Bartensteingasse 13, Hochparterre, Tel. 42 8 05

Allgemeine und grundsätzliche Angelegenheiten des Umweltschutzes.
Koordinierung der Aktivitäten auf dem Gebiet des Umweltschutzes.
Vergebung und Betreuung von Forschungs- und Untersuchungsaufträgen auf dem Gebiet des Umweltschutzes im urbanen Bereich.
Mitwirkung an Untersuchungen und Maßnahmen anderer Dienststellen auf dem Gebiet des Umweltschutzes.
Förderungsmaßnahmen auf dem Gebiet des Umwelt- und Naturschutzes einschließlich der Vergebung von Subventionen.
Angelegenheiten des Naturschutzes und der Erhaltung des Landschaftsbildes, insbesondere durch Handhabung einschlägiger Rechtsvorschriften.
Durchführung von Administrativverfahren in erster Instanz nach der Verordnung über die Bekämpfung der Straßenglätte, ausgenommen die Aufhebung des Verbotes hinsichtlich der Anwendung von Auftausalzen bei der Glatteisbekämpfung auf Gehsteigen, Zufahrten, Abstellplätzen und dgl. für die Dauer von höchstens drei Tagen und Bekanntgabe dieser Aufhebung im Österreichischen Rundfunk.
Führung der Bürogeschäfte des Beirates für Fragen des Umweltschutzes in Wien und des Naturschutzbeirates; Bestellung der Naturschutzorgane und Organisation von Maßnahmen für die Durchführung des Dienstes dieser Organe.

Schorsch, Mag. Johann, Magistratsrat 2002
Warlischek, Dr. Kurt, Magistratsoberkommissär . . 2006
Gassner, Dipl.-Ing. Walter, Oberstadtbaurat 2003
Löffler, Dipl.-Ing. Helmut 2096
Weingärtner, Dipl.-Ing. Dr. Sepp, Stadtbauoberkommissär 2016
Czermak, Dr. phil. Beate 2007

Simon Hermine, Kanzleioberkommissär,
Kanzleileiter 822
Kanzlei 2009, 2063
Allgemeine Angelegenheiten 2006, 2005, 2047
Technischer Umweltschutz . . 2003, 2004, 2092, 2096
Naturschutz 2016, 2007, 2018

MAGISTRATSABTEILUNG 42

Stadtgartenamt

3, Am Heumarkt 2b, Tel. 842*, 72 21 71*

Planung, Errichtung und Erhaltung der öffentlichen städtischen Gartenanlagen, des Grünen Praters, der Baumpflanzungen, der sonstigen gärtnerischen Anlagen auf öffentlichen Verkehrsflächen sowie der Grünanlagen der städtischen Wohn- und Amtshäuser (ausgenommen der MA 17), der städtischen Schulen, von städtischen Bädern und von städtischen Spiel- und Sportanlagen.
Teilbesorgung der Geschäfte der Auftragsverwaltung des Bundes hinsichtlich der Bundesstraßenverwaltung, nämlich die Ausarbeitung des Grünflächendetailprojektes sowie die Erhaltung der Baumpflanzungen und der sonstigen gärtnerischen Anlagen auf Bundesstraßen, ausgenommen auf Autobahnen.
Beistellung von Sachverständigen auf dem Gebiet des Gartenwesens.
Ausführung von gärtnerischen Ausschmückungen.
Verwaltung der abteilungseigenen Betriebsgebäude und Objekte des Schulgartens Kagran sowie der gärtnerisch ausgestalteten Flächen, die als Epk oder Sww gewidmet sind.
Herstellung und Erhaltung von Parkeinrichtungen.
Betrieb der städtischen Gärtnereien mit Ausnahme der städtischen Friedhofsgärtnerei sowie Führung der Werkstätte für die Instandsetzung von Maschinen, Werkzeugen und Parkeinrichtungen.
Handhabung des Kulturpflanzenschutzgesetzes (amtlicher Pflanzenschutzdienst) mit Ausnahme der Strafamtshandlungen; phytosanitäre Kontrolle von gärtnerischen und landwirtschaftlichen Produkten bei der Ein- und Ausfuhr und Qualitätskontrolle bei der Einfuhr.
Beratung von Siedlern und Kleingärtnern in gartenfachlichen Angelegenheiten und Ausarbeitung von Mustergestaltungs- und Bepflanzungsplänen für Siedlungs- und Kleingartenanlagen.
Förderung der Kleintierzucht und Prämiierung von Siedlern und Kleingärtnern.

Seidl, Ing. Karl, Direktor des Stadtgartenamtes . . . 20
Schierleitner, Ing. Herbert, Stadtgartenoberamtsrat . 62
Thaler, Ing. Johann, Stadtgartenoberamtsrat 27
Husczawa Franz, Oberamtsrat 21
Hauser, Ing. August, Stadtgartenamtsrat 59
Kabesch, Ing. Erich, Stadtgartenamtsrat 29
Konlechner, Ing. Erich, Stadtgartenamtsrat 47
Heinz Josef, Amtsrat 49
Krätschmer Margarete, Kanzleikommissär,
Kanzleileiter 22
Kanzlei 23

Amtlicher Pflanzenschutzdienst
Referatsleiter: *Widetschek, Dipl.-Ing. Otto,* Stadtgartenoberamtsrat 37
Amtlicher Pflanzenschutzdienst, Expositur Großmarkt Wien-Inzersdorf 67 51 54
Städtischer Reservegarten Hirschstetten, 22, Hirschstetten, Quadenstraße 15
Betriebsleiter: *Urbancik, Ing. Robert,* Stadtgartenkommissär 22 12 02
Städtische Baumschule Albern, 11, Mannswörther Straße 5
Betriebsleiter: *Zederbauer, Ing. Wolfram,* Stadtgartenkommissär 77 62 33
Berufsschulgarten Kagran, 22, Kagran, Siebeckstraße Nr. 14
Betriebsleiter: *Membier, Ing. Nikolaus,* Stadtgartenoberkommissär 23 21 13

Gartenbezirk I (Bezirke 1, 3 – teilweise, 4 bis 9)
1, Stadtpark
Gartenbezirksleiter: *Blazek, Ing. Alfred,* Stadtgartenoberamtsrat 72 65 92
Gartenbezirk II (Bezirke 2, 20 und Prater)
2, Hauptallee 2
Gartenbezirksleiter: *Stöckl, Ing. Hermine,* Stadtgartenamtsrat 24 02 66
Gartenbezirk III (Bezirke 3 – teilweise, 10, 11 und Kurpark)
10, Laaer Berg-Straße 211
Gartenbezirksleiter: *Mandl, Ing. Johann,* Stadtgartenoberkommissär 68 11 70
Gartenbezirk IV (Bezirke 12, 13, 23)
12, Längenfeldgasse 64
Gartenbezirksleiter: *Leder, Ing. Walter,* Stadtgartenoberamtsrat 83 71 81
Gartenbezirk V (Bezirke 14 bis 17)
16, Kongreßpark
Gartenbezirksleiter: *Kreiner, Ing. Anton,* Stadtgartenamtsrat 45 14 195, 46 30 582
Gartenbezirk VI (Bezirke 18, 19)
18, Währinger Park
Gartenbezirksleiter: *Lesel, Ing. Alfred,* Stadtgartenoberkommissär 34 92 57
Gartenbezirk VII (Bezirke 21, 22 und Donaupark)
22, Kaisermühlen, Donauturmstraße 2
Gartenbezirksleiter: *Podsednik, Ing. Leopold,* Stadtgartenamtsrat 23 53 45

MAGISTRATSABTEILUNG 44

Bäder

7, Hermanngasse 24–26, 1. Stock, Tür 122, Tel. 844*, 93 76 46*

Betrieb, Erhaltung und Verwaltung von städtischen Bädern.
Errichtung von Bädern, sofern eine städtische Bauleitung nicht erforderlich ist (Generalleistungsvertrag).
Bauabänderungen und Erweiterungen städtischer Bäder sowie die Errichtung von Zubauten an diese Anlagen, sofern dadurch die Art und der Umfang der Anlage nicht grundlegend verändert wird; Erneuerungen von heiz- und bädertechnischen Anlagen; Mitwirkung in bädertechnischer Hinsicht bei Neubauten und größeren Erweiterungen von bestehenden Anlagen.
Antragstellung für und Verwaltung von gemeindeeigenen Gastgewerbeberechtigungen in städtischen Bädern.
Beistellung von Sachverständigen in Bäderangelegenheiten.

Lauscha, Dipl.-Ing. Herbert, Senatsrat 280
Giehser, Dipl.-Ing. Viktor, Senatsrat 279
Haunzwickl, Dipl.-Ing. Gerd, Stadtbaurat 273
Koryta, Dipl.-Ing. Karl 278
Kratz, Dipl.-Ing. Gerhard 273
Weickert, Ing. Erich, Techn. Oberamtsrat 276
Lorenz, Ing. Leopold, Techn. Amtsrat 275
Linzer Lucia, Kanzleioberoffizial, Kanzleileiter . . . 270
Kanzlei 271

Warmbäder:

(Sh = Schwimmhalle
Sa mit Da = Sauna mit Dampfbad
Wa = Wannenbad
Br = Brause
So = Sonnenbad)
(Betriebszeiten siehe Abschnitt „Der Amtsschimmel hilft!“ Städtische Bäder)

Dianabad (Sh, Sa mit Da, Physikalisches Ambulatorium),
2, Lilienbrunngasse 7–9 . . . . 26 25 16
Amalienbad (Sh, Sa mit Da, Wa, Br, So, Medizinalbäder),
10, Reumannplatz 9 . . . . 64 21 12
Hallenbad Simmering (Sh, Sa)
11, Florian Hedorfer-Straße 76 25 68
Theresienbad (Sh, Sa mit Da, Wa, Br),
12, Hufelandgasse 3 . . . . 83 44 35
Hallenbad Hietzing (Sh, Sa)
13, Atzgersdorfer Straße 82 21 10
Ottakringer Bad (Sh, Sa),
16, Johann Staud-Straße 11 . . . . 94 81 06
Jörgerbad (Sh, Sa mit Da, Wa, Br, So),
17, Jörgerstraße 42–44 . . . . 43 43 05
Hallenbad Döbling (Sh, Sa)
19, Geweygasse 6 . . . . 37 22 18
Hallenbad Floridsdorf (Sh, Sa mit Da, Wa),
21, Franklinstraße 22 . . . . 38 13 47
Apostelbad (Sa, Wa, Br),
3, Apostelgasse 18 . . . . 73 11 71
Einsiedlerbad (Sa, Br)
5, Einsiedlerplatz 18 . . . . 55 71 37
Hermannbad (Sa, Wa, Br),
7, Hermanngasse 28 . . . . 93 20 095
Geiselbergbad (Sa, Wa, Br),
11, Geiselbergstraße 54 . . . . 74 47 343
Ratschkybad (Sa, Br),
12, Ratschkygasse 26 . . . . 83 45 58
Penzinger Bad (Sa, Wa, Br)
14, Hütteldorfer Straße 136 . . . . 94 61 50
Thaliabad (Da, Wa, Br),
16, Friedrich Kaiser-Gasse 11 . . . . 46 42 36
Währinger Bad (Sa, Br)
18, Klostergasse 27 . . . . 47 53 61

Weisselbad (Sa mit Da, Wa, Br), 21, Weisselgasse 5	38 22 63
Bad Liesing (Sa, Wa, Br), 23, Liesing, Perchtoldsdorfer Straße 14–16	86 95 53

Volksbäder:

2, Vereinsgasse 31 (Wa, Br)	24 52 31
8, Florianigasse 24 (Br)	42 17 794
9, Wiesengasse 17 (Br)	34 08 734
10, Gudrunstraße 163a (Br)	64 10 873
15, Reithofferplatz 4 (Br)	92 47 055
20, Treustraße 60 (Br)	33 40 442
22, Stadlau, Genochplatz 11 (Wa, Br)	22 14 77

Sommerbäder:

10, Ludwig von Höhnel-Gasse 2, Bad Laaerberg	68 23 35
12, Hufelandgasse 3, Theresienbad	83 44 35
13, Atzgersdorfer Straße, Sommerbad Hietzing	82 21 10
14, Ferdinand Wolf-Park, Hütteldorfer Bad	94 48 702
14, Hackinger Straße 8, Baumgartner Bad	94 32 65
14, Hauptstraße 41, Bad Hadersdorf-Weidlingau	97 11 45
16, Johann Staud-Straße 11, Ottakringer Bad	94 81 06
16, Julius Meinl-Gasse 7a, Kongreßbad	46 11 63
17, Josef Redl-Gasse 2, Schafbergbad	47 15 93
19, Hohe Warte 8, Bad Hohe Warte	36 35 28
19, Krapfenwaldgasse 73, Bad Krapfenwaldl	32 15 01
21, An der oberen Alten Donau, Angelibad	38 12 71
22, Aspern, Am Mühlwasser, Strandbad Stadlau	22 32 11
22, Kaisermühlen, Arbeiterstrandbadstraße 91, Strandbad Alte Donau	23 53 64
22, Kaisermühlen, Moissigasse 21, Strandbad Gänsehäufel	23 53 92
23, Atzgersdorf, Endresstraße 24–26, Höpflerbad	88 69 66
23, Liesing, Perchtoldsdorfer Straße 14–16, Bad Liesing	86 95 53

Kinderfreibäder:

2, Augarten
2, Max Winter-Platz
3, Kardinal Nagl-Platz
3, Schweizergarten
5, Margaretengürtel
10, Arthaberplatz
10, Gudrunstraße
10, Raxstraße
11, Herderplatz
11, Hyblerpark
12, Ruckergasse
14, Auer-Welsbach-Park
14, Reinlgasse
15, Loeschenkohlgasse 8a (Zentralwerkstätte, Tel. 92 36 89)
16, Hofferplatz
16, Kongreßplatz
17, Lorenz Bayer-Platz
17, Pezzlpark
18, Türkenschanzpark
18, Währinger Park
19, Hintergärtengasse
19, Hugo Wolf-Park
21, Luckenschwemmgasse
21, Roda-Roda-Gasse
22, Hirschstetten, Emichgasse
22, Kagran, Portnergasse
22, Kaisermühlen, Gänsehäufel
23, Inzersdorf, Kinskygasse (Schubertpark)
23, Rodaun, Ambrosweg

MAGISTRATSABTEILUNG 45

Wasserbau

12, Niederhofstraße 23, 2. Stock, Tür 211-234, Tel. 746*, 83 66 16*

Planung, Neu- und Umbau, laufende Überprüfung und Erhaltung von Wasserbauten der Stadt Wien und des Bundes.
Verwaltung des öffentlichen Wassergutes und der Grundstücke der Stadt Wien und des Bundes im Bereich von Gerinnen.
Technische Fachdienststelle in Fragen der Gewässer mit freier Oberfläche und des Grundwassers.
Angelegenheiten des technischen Gewässerschutzes.
Wasserbautechnische Angelegenheiten von Wasserkraftanlagen.
Errichtung und Erhaltung von Löschwasserbrunnen.
Angelegenheiten des technischen Hochwasserschutzes.
Planung, Neu- und Umbau, laufende Überprüfung und Erhaltung von Verkehrswasserbauten und Hafenbahnanlagen.
Führung der Hafenbahnkartei.
Überprüfung von Schiffen, Landungsanlagen und Überfuhren.
Technische Überprüfung sämtlicher in Verwaltung der Wiener Hafenbetriebsgesellschaft stehenden Hafenanlagen.
Kennzeichnung der Schiffahrtsrinne bei Brücken der Stadt Wien und des Bundes über schiffbaren Gewässern, Überwachung der Brückensignale.
Angelegenheiten der Gewässerzustandsaufsicht, Gewässergüteaufsicht, Gewässerpolizei, insbesondere Kontrolle der wasserrechtlich genehmigungspflichtigen Abwasserreinigungsanlagen.
Koordination der wasserwirtschaftlichen Planung als Organ gemäß § 55 des Wasserrechtsgesetzes.
Technische Aufsicht über Vereinigungen von Wasserinteressenten.
Wahrnehmung der Interessen der Stadt Wien in technischen Belangen bei Wasserbauten.
Hydrographischer Dienst.
Hochwasserbekämpfung; Wartung von Einsatzgeräten.
Vertretung der Stadt Wien in der Donauhochwasserschutz-Konkurrenz als Kurie Wien.
Mitwirkung bei der hydrogeologischen Kartierung.
Verwaltung der abteilungseigenen Betriebsgebäude, Unterkünfte, Depots und Lagerplätze.
Teilbesorgung der Auftragsverwaltung des Bundes hinsichtlich der Bundesstraßenverwaltung, nämlich die Erstellung von Vorprojekten und Detailplanung von Wasserbauvorhaben aufgrund des ministeriell genehmigten Straßendetailprojektes.
Beistellung von technischen Amtssachverständigen für die Schiffahrtsbehörde und die Wasserrechtsbehörde.
Erhaltung und Überwachung von Rettungsbooten.

Grösser, Dipl.-Ing. Oskar, Senatsrat 390
Minich, Dipl.-Ing. Walter, Senatsrat 371
Ruppert, Dipl.-Ing. Leo 394
Sonntag, Dipl.-Ing. Friedrich, Oberstadtbaurat . . . 380
Bauer, Dipl.-Ing. Siegfried, Stadtbaurat 384
Gilge, Dipl.-Ing. Reinhold, Stadtbaurat 385
György, Dipl.-Ing. Ladislaus, Stadtbaurat 386
Körperth, Dipl.-Ing Helmut, Stadtbaurat 387
Michlmayr, Dipl.-Ing. Franz, Stadtbaurat 385
Puhrer, Dipl.-Ing. Günther, Stadtbaurat 391
Schiel, Dipl.-Ing. Werner, Stadtbaurat 386
Schulz, Dipl.-Ing. Karl, Stadtbaurat 391
Stündl, Dipl.-Ing. Walter, Stadtbaurat 384
Sukup, Dipl.-Ing. Kurt, Stadtbaurat 365
Weber, Dipl.-Ing. Gerhard, Stadtbaurat 393
Kier, Dipl.-Ing. Franz, Stadtbauoberkommissär . . . 387
Langthaler, Dipl.-Ing. Christoph, Stadtbauoberkommissär 385
Lebeth, Dipl.-Ing. Franz, Stadtbauoberkommissär . 474
Redl, Dipl.-Ing. Walter, Stadtbauoberkommissär . . 365
Unger, Dipl.-Ing. Gerhard, Stadtbauoberkommissär 387
Friedl, Dipl.-Ing. Viktor, Stadtbaukommissär 392
Hirscher Hilda, Kanzleikommissär, Kanzleileiter . . 350
Kanzlei 353
Rechnungsprotokoll 362

Gruppe Donauhochwasserschutz, Hydrologie und Wasserwirtschaft
- Leiter 371
- Referat Donauhochwasserschutz 385
  - Rechtes Donauufer, Referenten 385, 386
  - Linkes Donauufer, Referenten 365, 385
- Referat Hydrologie und Wasserwirtschaft 386
  - Referent 369

Gruppe Gewässeraufsicht und Hochwasserdienst
- Leiter 380
- Referat Gewässeraufsicht 391
- Referenten 391, 474
- Werkmeister 389
- Referat Hochwasserdienst 391
- Referenten 391, 474

Gruppe Schutz- und Verkehrswasserbau
- Leiter 393
- Referat Neubau 384
- Referenten 384, 392
- Referat Erhaltung 384
- Referenten 384, 387
- Referat Schiffahrt und Eisenbahn 394

Lagerhof für Überschwemmungsgeräte, 2, Obere Augartenstraße 4 . . . . 33 55 78
Wienflußaufsichtsstelle, 14, Hauptstraße 3
- Innengebiet 97 13 024
- Außengebiet 97 11 82

Lagerplatz, 19, Grinzinger Straße 151a 37 22 94
Liesingbachaufsichtsstelle, 23, Atzgersdorf, Auer-Welsbach-Straße 44 . . . . 84 25 60
Referat Allgemeines und Preisprüfung 393
- Referent für Personalangelegenheiten 354
- Grundstücksverwaltung, Lagerplätze 468
- Planarchiv 369

Hochwasserbereitschaftsdienst 380
oder 83 02 72 oder 42 8 06/3782

MAGISTRATSABTEILUNG 49

Forstamt der Stadt Wien

1, Volksgartenstraße 3, 4. Stock, Tür 514, Tel. 42 8 08

Planung, Errichtung und Erhaltung von Erholungswaldeinrichtungen; Aufforstungen zur Erweiterung des Wald- und Wiesengürtels und von Windschutzanlagen.
Erstellung des Teilplanes für den Waldentwicklungsplan (Forstliche Raumplanung).
Verwaltung der Quellenschutz- und Wienerwaldforste der Stadt Wien.
Forstliche Betreuung der in Verwaltung städtischer Dienststellen stehenden Wälder.
Bewirtschaftung der stadteigenen Quellenschutz-, Wasserschutz- und Schongebiete; Durchführung von Maßnahmen im Hinblick auf einen optimalen Boden- und Waldzustand zur Gewährleistung eines nachhaltigen Wasserdargebotes.
Bewirtschaftung der Wienerwaldforste im Hinblick auf die Erzielung optimaler Wohlfahrts- und Erholungswirkungen.
Führung von forstlichen Nebenbetrieben (z. B. Sägewerke).
Verwaltung und wirtschaftliche Nutzung der städtischen Eigen- und Gemeindejagden sowie der Fischereieigen- und Fischereipachtreviere mit Ausnahme der Fischereiangelegenheiten im Einzugsgebiet der Wientalwasserleitung.
Ausstellung von Tagesjagdkarten für das Land Wien.
Lohnverrechnung für Forstarbeiter.
Forstliche vermessungstechnische Arbeiten, soweit sie nicht Eigentumsgrenzen berühren.
Errichtung, Verwaltung und Erhaltung von forsttechnischen Bauwerken und Einrichtungen, Materialanlagen, Straßen, Wegen, Brücken und Steigen, soweit nicht andere Dienststellen zuständig sind; Mitwirkung bei der Vertretung der Interessen der Stadt Wien in den Schutz- und Schongebieten gemäß den Verordnungen zum Schutze der Wasservorkommen.
Weideangelegenheiten.
Erwerb und Verwaltung von Gastgewerbeberechtigungen in städtischen Forsten im Einvernehmen mit der Magistratsabteilung 69.
Forst- und Jagdschutzdienst in den Wienerwald- und Quellenschutzforsten der Stadt Wien.
Beistellung von Sachverständigen in Angelegenheiten der Landesforstinspektion, der Forstwirtschaft, der Jagd und Fischerei sowie des Baumschutzes.

Meloun, Dipl.-Ing. Karl, Direktor des Forstamtes der Stadt Wien 4111
Hans, Dipl.-Ing. Wilhelm, Senatsrat 4118
Klug, Dipl.-Ing. Walter, Oberforstrat 0 26 66/250
Prossinagg, Dipl.-Ing. Hermann, Oberforstrat . . . 4123
Schnaubelt, Dipl.-Ing. Johann, Oberforstrat 0 36 36/202
Schreckeneder, Dipl.-Ing. Roland, Oberforstrat 0 22 49/353
Tobola, Dipl.-Ing. Herbert, Oberforstrat 4121
Zupnyk, Dipl.-Ing. Johann, Oberforstrat 84 13 15 (82 54 10)
Ballik, Dipl.-Ing. Dr. Karlheinz, Forstrat 4126
Hanreich, Dipl.-Ing. Irmfried, Forstrat . . 0 26 67/294-1
Prinz, Dipl.-Ing. Karl, Forstrat 0 36 36/202
Schlesinger, Dipl.-Ing. Wolfdieter, Forstrat 0 26 66/250
Janda, Dipl.-Ing. Gerrit, Forstoberkommissär 2617
Redl, Dipl.-Ing. Siegfried, Forstoberkommissär . . . 4124
Woditsch, Dipl.-Ing. Michael, Forstkommissär . . . 4125
Rinzner Emilie, Kanzleioberkommissär, Kanzleileiter 849
Kanzlei 4112
Allgemeine Angelegenheiten, Naturschutz, Landesforstinspektion 4118
Holzverkauf, Jagd, Fischerei 4123
Forstbetriebseinrichtung, Grundstücksverwaltung, Grundtransaktionen 4121
Miet-, Pacht- und Personalangelegenheiten 4122
Forstliche Raumplanung, Waldbau und Erholungswald, Öffentlichkeitsarbeit 4126, 2617

Städtische Forstverwaltungen:

Hirschwang, NÖ 0 26 66/250
Wirtschaftsführer: *Klug, Dipl.-Ing. Walter,* Oberforstrat
Lainz, 13, Hermesvilla, Lainzer Tiergarten 84 13 15 (82 54 10)
Wirtschaftsführer: *Zupnyk, Dipl.-Ing. Johann,* Oberforstrat
Lobau, Groß-Enzersdorf, NÖ, Elisabethstraße 17 . . . . 0 22 49/353
Wirtschaftsführer: *Schreckeneder, Dipl.-Ing. Roland,* Oberforstrat
Naßwald, NÖ 0 26 67/294-1
Wirtschaftsführer: *Hanreich, Dipl.-Ing. Irmfried,* Forstrat
Stixenstein, NÖ 0 26 30/89 42
Wirtschaftsführer: *Klug, Dipl.-Ing. Walter,* Oberforstrat
Wildalpen, Stmk. 0 36 36/202, 13
Wirtschaftsführer: *Schnaubelt, Dipl.-Ing. Johann,* Oberforstrat

MAGISTRATSABTEILUNG 51

Sportangelegenheiten

8, Friedrich Schmidt-Platz 4, 1. Stock, Tel. 42 8 04

Allgemeine und individuelle Sportangelegenheiten.
Angelegenheiten der Sportförderung.
Verwaltung des Wiener Sportfonds nach dem Sportgroschengesetz.
Mitwirkung bei der Festsetzung der Widmung Esp.
Verwaltung von Sport- und Spielplätzen sowie Sporthallen, soweit keine andere Magistratsdienststelle zuständig ist.
Erhaltung von Turn- und Sportgeräten.
Antragstellung auf außerschulische Turnsaalvergabe.
Trainingseinteilung für städtische Schwimmhallen und Kontrolle des Trainingsbetriebes.
Vorbereitung der Ehrung von Sportlern und Sportfunktionären.
Führung der Bürogeschäfte der Landessportorganisation Wien.

Matzke, Dr. Heinrich, Senatsrat 2793
Polaschek Herbert, Amtsrat 2791
Neidhardt Olga, Kanzleikommissär, Kanzleileiter, Einlaufstelle 851
Kanzlei, Auskunft, Turnsaalvergabe 2792
Verwaltung der städtischen Spiel- und Eislaufplätze, der Skipisten Hohe Wand-Wiese und Himmelhof-Wiese, Personalangelegenheiten 2795
Verwaltung städtischer Sportplätze, Budget- und Wirtschaftsangelegenheiten, Subventionen 2797
Turnsaalinventar, Turngeräteeinstellung 2798
Grundangelegenheiten, Verwaltung städtischer Sporthallen 4183
Bauangelegenheiten 4182
Verwaltung städtischer Sportplätze, Planung und Kollaudierung von Spielplätzen, Sportanlagen und Sporthallen, Bauangelegenheiten 2748
Sport- und Spielplatzinventar, Vergabe von Trainingshallen, Statistik 2796
Lehrlingssportaktion 2733
Fahrt zum Schnee, Skiverleih an Schulen 2799
Jugendeislaufaktion 4184
Turnaktion 4187
Sportplatz der offenen Tür 4188
WISTA-Leistungsbestätigung, Schwimmaktion . . . 4189
Betreuung der maschinellen Einrichtungen 2691
Sportplatzrevisor 2692
Amtsgehilfen 2794
Magazin 2758
Skimagazin, 1, Bartensteingasse 9, Souterrain 4177

Außenstellen:
Skipiste, 14, Hohe Wand-Wiese (November bis Februar) 97 11 57
Skilift, 13, Himmelhof-Wiese (November bis Februar) 82 08 233
Fit-Parcours, 19, Am Cobenzl 96a 32 45 182
Jugendsportanlage, 2, Venediger Au 24 81 77
Jugendsportanlage, 15, Loeschenkohlgasse 8b 92 89 963
Jugendsportanlage, 21, Ringelseeplatz 30 31 95
Jugendsportanlage, 22, Hirschstetten, Plankenmaisstraße 22 32 04
Sportanlage, 10, Laxenburger Straße 67 61 16
Sportanlage, 10, Triester Straße 106 . . . . 67 41 30, 67 68 292
Sportanlage, 16, Kendlerstraße 38 . . . . 95 45 11
Sportanlage, 20, Lorenz Müller-Gasse (Spielmanngasse 8) 33 60 722
Sporthalle, 10, Per Albin Hansson-Siedlung Ost (Wendstattgasse 5) 68 36 50
Sporthalle, 11, Kaiser-Ebersdorf (Florian Hedorfer-Straße 24) . . . 76 33 37 (74 31 56)
Sporthalle, 21, Großfeldsiedlung (Pastorstraße 29) 38 21 36
Sporthalle, 22, Kagran, Rennbahnweg - Lieblgasse 4–6 . . . . 23 68 065
Sporthalle, 22, Kagran, Steigenteschgasse 1 . . . 23 61 09
Sporthalle, 23, Atzgersdorf, Steinergasse 86 92 09
Sporthalle, 23, Erlaa, Wohnpark Alt-Erlaa . . . 67 85 54
Sporthalle, 23, Liesing, Perchtoldsdorfer Straße 1 (Haus der Begegnung) 86 95 45

Wiener Landessportrat

Vorsitzender:
derzeit unbesetzt

Stellvertretender Vorsitzender:
derzeit unbesetzt

Wiener Landtag:
derzeit unbesetzt
Ersatz:
derzeit unbesetzt

ASKÖ Landesverband Wien:
Lanc Erwin, Bundesminister, Präsident
Simecek, Dr. Josef, Ministerialrat, Vizepräsident

Ersatz:
Grammanitsch Helmut
Neidel Karl

Allgemeiner Sportverband Österreichs (ASVÖ):
Hanauska Hans, Präsident
Lesek Walter

Ersatz:
Zwettler, Ing. Johann
Wimmer, Dipl.-Ing. Hans

Österreichische Turn- und Sport-Union, Landesverband Wien:
Plaschka Viktor
Vrchoticky Felix

Ersatz:
Pribik, Dr. Alfred
Lindl Wilhelm, Amtsrat

Wiener Fußballverband:
Alexa Wilhelm, Vizepräsident

Ersatz:
Ehrenberger Kurt, Vizepräsident

Magistrat der Stadt Wien:
Matzke, Dr. Heinrich, Senatsrat

Ersatz:
Polaschek Herbert, Amtsrat

Vorsitzender des Landessportfachrates:
Grassinger, Dipl.-Ing. Friedrich, Obersenatsrat i. R.

Ersatz:
Mautner-Markhof, Dkfm. Dr. Marius

Stadtschulrat für Wien:
Föhrmann, Mag. Heinrich, Prof., Fachinspektor
Ersatz:
Lanzelsdorfer Friederike, Regierungsrat, Bezirksschulinspektor

MAGISTRATSABTEILUNG 53

Presse- und Informationsdienst

1, Rathaus, 3. Stiege, Hochparterre, Tel. 42 8 05, Fernschreiber (1) 13240

Verkehr und Vermittlung des Verkehrs mit Vertretern der Publikationseinrichtungen.
Durchführung von Presseförderungsmaßnahmen.
Vergebung von Forschungsaufträgen auf dem Gebiet des Presse- und Informationswesens.
Herstellung von Druckwerken für die Öffentlichkeit.
Herstellung und Verleih von Filmen, Tonbildschauen und anderen audiovisuellen Produkten.
Durchführung von Rundfahrten und Führungen zur Information der Wiener Bevölkerung und der Besucher Wiens.
Direktinformationen der Stadt Wien.
Herausgabe der „Rathaus-Korrespondenz“, des „Amtsblattes der Stadt Wien“, des „Landesgesetzblattes für Wien“, des „Amtlichen Wohnungstausch-Anzeigers“, der Zeitschrift „Wien aktuell“ sowie sonstiger Zeitschriften.
Durchführung von Informationsausstellungen.
Durchführung von Informationsveranstaltungen, soweit nicht der Magistratsdirektor dafür zuständig ist.
Führung einer Hausdruckerei.

Brunnthaler Alois, Prof., Chefredakteur 2970
Prosel Robert, Stellvertretender Chefredakteur . . . 2971
Horvath Elfriede, Kanzleirat, Kanzleileiter 2973
Sekretariat 2939, 2069
Kanzlei 853
Fernschreiber Nr. (1) 13240 . . . . 2986, 3091

Rathaus-Korrespondenz
Redaktion:
Diensthabender Redakteur 2971, 2012
Gabriel, Dr. Martin 2902
Kaps Willibald 2963
Misak Alfred 2979

Pressereferenten:
Andraschko Richard (Stadtplanung) 3999
Bandel, Dr. Hannelore (Wohnen und Stadterneuerung) 4186
Gerlich, Dr. Rudolf (Straße, Verkehr und Energie) 2058
Hofstätter Hans (Sport) 92 66 01
Horvath-Mayerhofer, Dr. Christine (Bildung, Jugend, Familie) 2974
Seitlinger, Mag. Karl (Finanzen und Wirtschaftspolitik) 2311
Smola Alfred (Personal- und Rechtsangelegenheiten, Magistratsdirektor) 2977
Stanzel Helga (Umwelt und Freizeit) 2059
Stimmer Kurt (Bürgermeister) 2958
Weber Leo (Vermögensverwaltung, städtische Dienstleistungen, Konsumentenschutz) 4169
Zima Hannes (Gesundheit und Soziales) 2948

Auslandspresse:
Foitl Martha 2992

Dokumentation:
Lebner Franz, Oberamtsrat 2985, 2983

Redaktion „wien aktuell“:
Burczik Günther, Geschäftsführender Chefredakteur 2972
Sekretariat 2961
Redaktion Amtsblatt der Stadt Wien, Landesgesetzblatt für Wien 2973
Verwaltung „wien aktuell“, Amtsblatt der Stadt Wien, Landesgesetzblatt für Wien 2975
Einlaufstelle 2984
Amtsgehilfen, Expedit, Druckerei 3090

Informationsdienst:
Riedler, Ing. Horst Georg, Redakteur 2938
Sekretariat 2993, 2969
Adam Walter (Ausstellungen, Fotoarchiv) 2968
Dabsch Gerhard (Rundfahrten, Publikationen) . . . 2996
Dobrowolny Eva (Grafik) 2987
Knabel Ferdinand (Organisation) 2966
Kozak Helmut (Organisation) 2957
Pache Peter, Redakteur (Publikationen, Insertionen, Personalwerbung) 2982
Vavrousek Alfred (Ausstellungen, audio-visuelle Medien) 2978
Rundfahrtenbüro 2950

1, Rathaus, 4. Stiege, Halbstock, Tür 243:
Perner Reinhold 2965
Sekretariat 2044, 2077

MAGISTRATSABTEILUNG 68

Feuerwehr und Katastrophenschutz

1, Am Hof 9, Tel. 868*, 63 66 71*, Notruf 122

Hilfeleistung bei Bränden und anderen durch Elementarereignisse verursachten Notständen.
Hilfeleistung für Menschen und Tiere in Zwangslagen.
Wahrnehmung des Katastrophenhilfsdienstes in den Belangen Katastrophenschutz, Katastrophenalarm und Katastropheneinsatz im Sinne des Katastrophenhilfegesetzes.
Sofortmaßnahmen (technische Hilfe) bei der Beseitigung von Verkehrsbeeinträchtigungen; Durchführung von behördlichen Verfahren in erster Instanz, die mit solchen Sofortmaßnahmen im Zusammenhang stehen; Sofortmaßnahmen bei Bau- und anderen technischen Gebrechen (öffentlicher Notstand).
Bergung von Leichen, soweit hiezu besondere technische Maßnahmen erforderlich sind.
Hilfeleistung auf Anforderung von Behörden oder anderen öffentlichen Dienststellen, soweit hiezu besondere technische Maßnahmen oder Sofortmaßnahmen erforderlich sind und soweit hiefür nicht andere Stellen zuständig sind.
Brandsicherheitswachdienst nach dem Wiener Veranstaltungsstättengesetz oder sonstigen gesetzlichen Bestimmungen.
Handhabung der Kehrverordnung mit Ausnahme der Strafamtshandlungen.
Ausbildung und Prüfung von Angehörigen der Wiener Feuerwehren und von Volontären; Ausbildung von Haus- und Betriebsfeuerwehren und von Brandschutzbeauftragten im Rahmen des Wiener Landesfeuerwehrverbandes.
Handhabung des Wiener Feuerwehrgesetzes und der gemäß diesem Gesetz ergangenen Verordnungen in erster Instanz, ausgenommen die Strafamtshandlungen, insbesondere entgeltliche Beistellungen von Personal und Sachmitteln.
Bereitstellung von Sachverständigen für behördliche Verfahren und Brandschutzberatung.
Begutachtung der Löschwasserversorgung nach brandschutztechnischen Gesichtspunkten; Mitwirkung bei der Aufstellung und Instandhaltung von Feuerhydranten.
Führung der historischen Dokumentation; Verwaltung des Feuerwehrmuseums, des Lichtbild- und Filmbestandes sowie der Fachbücherei und der Dokumentationsstelle.
Herstellung von Lichtbildern von Feuerwehreinsätzen.
Herstellung und Instandhaltung der Ausrückepläne der Feuerwehr.
Verwaltung und Erhaltung der abteilungseigenen Liegenschaften und Gebäude sowie deren Einrichtungen, einschließlich der Werks- und Mietwohnungen.
Führung der Rathauswache.
Führung der Werkstättendienste.
Dienstaufsicht über das zugeteilte Personal, soweit es nicht der Dienstaufsicht des Magistratsdirektors untersteht.

Sanytr, Dipl.-Ing. Anton, Direktor der Feuerwehr der Stadt Wien 250
Abulesz, Dipl.-Ing. Karl, Senatsrat
Geschäftsgruppe C: Feuerwehrtechnik, Finanzplanung, EDV 253
Bilina, Dr. Heinrich, Oberbrandrat
Geschäftsgruppe A: Feuerwehrtechnik 251
Meister, Dipl.-Ing. Leopold, Brandrat
Geschäftsgruppe B: Organisation, Gebäudeerhaltung und Personal 252
Walzek, Dipl.-Ing. Herbert, Oberbrandrat
Geschäftsgruppe D: Brandverhütung, Betriebsbrandschutz 254
Palischek, Dr. Friedrich, Brandrat
Büro der Feuerwehrdirektion 255
Kanzlei:
Gauf Elisabeth, Kanzleioberkommissär, Kanzleileiter 257
Gaugusch Friedrich, Amtsrat
Allgemeine Verwaltung und Wirtschaftsangelegenheiten 258
Wache Rathaus, 1, Rathaus 888, 889, 42 8 08
Wolf Robert, Hauptbrandmeister 3900
Feuerwehr-Museum der Stadt Wien, 1, Am Hof 7
(Sonn- und Feiertag von 9 bis 12 Uhr)

Brandschutzsektionen
Sektion I:
Zentralfeuerwache
1, Am Hof 7, 9 und 10
Dirnböck Erich, Oberbrandrat
Allgemeine Personalangelegenheiten, Innendienst 291

Eber, Dipl.-Ing. Hans, Brandoberkommissär
Grundsätzliche Angelegenheiten und Auswertung der EDV 261
Perner, Dipl.-Ing. Dr. Friedrich, Brandkommissär
Allgemeine Angelegenheiten des Feuerwehrdienstes 267
Tschöp, Dipl.-Ing. Franz, Brandkommissär
Gebäudeerhaltung 260
Nebenwache:
Landstraße, 3, Rochusgasse 16 314

Sektion II:
Hauptfeuerwache Leopoldstadt
2, Engerthstraße 216a 392
Smesovsky Karl, Brandrat
Wasserhilfs- und -rettungsdienst, Taucherdienst . 292
Schmid, Dipl.-Ing. Karl, Brandkommissär
Umweltschutz, Körperschutz 295
Nebenwache:
Donaustadt, 22, Kagran,
Erzherzog Karl-Straße 170 324

Sektion III:
Hauptfeuerwache Favoriten
10, Sonnwendgasse 14 393
Schwarz Robert, Oberbrandrat
Branddienst 293
Nebenwachen:
Rudolfshügel, 10, Stefan Fadinger-Platz 37 338
Simmering, 11, Florian Hedorfer-Straße 6 336

Sektion IV:
Hauptfeuerwache Mariahilf
6, Gumpendorfer Gürtel 2 394
Kral Wilhelm, Oberbrandrat
Feuerstätten und Rauchfänge 294
Pamlitschka, Dipl.-Ing. Raimund, Brandkommissär
Feuerstätten und Rauchfänge 264
Nebenwachen:
Altmannsdorf, 12, Rothenburggasse 3 344
Speising, 13, Speisinger Straße 36 340
Penzing, 14, Nisselgasse 14 346
Weidlingau, 14, Mühlbergstraße 6 348
Liesing, 23, Liesing, Siebenhirtenstraße 8–10 . . . 382

Sektion V:
Hauptfeuerwache Hernals
17, Johann Nepomuk Berger-Platz 12 395
Lerch, Dipl.-Ing. Fritz, Brandoberkommissär
Technischer Hilfsdienst 295

Nebenwachen:
Neubau, 7, Hermanngasse 24 316
Steinhof, 16, Johann Staud-Straße 75 354

Sektion VI:
Hauptfeuerwache Döbling
19, Würthgasse 5 396
Peroutka, Dipl.-Ing. Herbert, Brandrat
Allgemeine Angelegenheiten der Brandverhütung 296
Nebenwachen:
Brigittenau, 20, Brigittaplatz 13 318
Grinzing, 19, Cobenzlgasse 63 366
Kahlenbergerdorf, 19, Wigandgasse 25 368
Neustift, 19, Rathstraße 37 364

Sektion VII:
Hauptfeuerwache Floridsdorf
21, Weisselgasse 3 397
Dietl Paul, Brandrat
Betriebsbrandschutz 297
Minihofer Friedrich, Brandrat
Betriebsbrandschutz 297
Steinkellner, Dipl.-Ing. Wolfgang, Brandkommissär
Allgemeine Organisationsangelegenheiten 297
Nebenwachen:
Strebersdorf, 21, Strebersdorfer Platz 1 374
Leopoldau, 21, Leopoldauer Platz 94 376

GESCHÄFTSGRUPPE WOHNEN UND STADTERNEUERUNG

1, Bartensteingasse 9, 2. Stock, Tür 208, Tel. 42 8 07

Hochbau für den Bereich der Stadt Wien, Maschinenbau und Haustechnik in städtischen Objekten; Wohnbaupolitik, Wohnbauförderung, Wohnungsverbesserung; Stadterneuerung, Information und Beratung in Wohnungsangelegenheiten, Verwaltung und Erhaltung städtischer Wohn- und Amtshäuser.

Zugehörige Magistratsabteilungen:
Magistratsabteilung 23 – Gebäude des Sozial- und Gesundheitswesens und verschiedene Nutzbauten
Magistratsabteilung 24 – Städtischer Wohnhausbau
Magistratsabteilung 25 – Technisch-wirtschaftliche Prüfstelle für Wohnhäuser
Magistratsabteilung 26 – Gebäude des Kultur-, Schul- und Sportwesens, Amtsgebäude und verschiedene Nutzbauten
Magistratsabteilung 27 – Erhaltung städtischer Wohnhäuser
Magistratsabteilung 32 – Maschinentechnik, Wärme-, Kälte- und Energiewirtschaft
Magistratsabteilung 34 – Elektro-, Gas- und Wasseranlagen für städtsische Objekte
Magistratsabteilung 50 – Allgemeine und rechtliche Angelegenheiten des Wohnungswesens sowie der Wohnbauförderung und der Wohnungsverbesserung
Magistratsabteilung 52 – Verwaltung der städtischen Wohn- und Amtsgebäude

Amtsführender Stadtrat *Hatzl Johann* 3311
Wotanek Robert, Oberamtsrat 4165
Sekretariat 4178, 4167, 4168
Penca Kurt, Oberamtsrat, Regierungsrat (Wohnen) 3313
Kanzlei 3316, 3809
Kralofsky, Ing. Alois, Techn. Amtsrat (Bauen) 3115
Rauscher Erwin (Koordination für Stadterneuerung) 4261
Roth Ernst, Amtsrat (Koordination für Stadterneuerung) 4261
Bandel, Dr. Hannelore, Pressereferent 4186

MAGISTRATSABTEILUNG 23

Gebäude des Sozial- und Gesundheitswesens und verschiedene Nutzbauten

1, Schottenring 25, 3. und 4. Stock, Tür 310–317, 401–417a, Tel. 747*, 31 16 16*

Errichtung von Neu- und Zubauten, Durchführung von Umbauten, baulichen Abänderungen und Abbrüchen sowie Erhaltung jener Bauobjekte, deren Baukosten auf den Ansätzen (Rubriken) der Magistratsabteilungen 4, 5, 6, 11, 12, 14, 15, 17, 44, 54, 59 oder 60 veranschlagt sind, wenn solche Bauführungen nach dieser Geschäftseinteilung nicht ausdrücklich diesen Dienststellen übertragen sind.

Technische Begutachtung von privaten Kindergärten, Horten, Jugendfürsorgeanstalten, Krankenanstalten und Pflegeheimen.
Bestellung der ständigen Kontrahenten für alle Hochbauarbeiten der Stadt Wien.

Vana, Dipl.-Ing. Heinrich, Senatsrat 21
Ahne, Dipl.-Ing. Josef, Senatsrat 23
Chlup, Dipl.-Ing. Kurt, Senatsrat 25
Foltin, Dipl.-Ing. Rudolf, Senatsrat 42
Jedlicka, Dipl.-Ing. Alfred, Oberstadtbaurat 40
Kluger, Dipl.-Ing. Reinhard, Oberstadtbaurat 22 22 15, 22 23 35
Miller, Dipl.-Ing. Charlotte, Oberstadtbaurat 24
Erlinger, Dipl.-Ing. Johann, Stadtbaurat . 42 89*, 2391
Bock, Ing. Wolfgang, Techn. Oberamtsrat 42 89*, 2371
Fiala, Ing. Robert, Techn. Oberamtsrat 84 16 16* (82 26 11*), 3251
Puchinger, Ing. Leopold, Techn. Oberamtsrat 94 31 51*, 2301
Baumgartner Karl, Techn. Amtsrat . . . 72 36 71*, 227
Brock Leopold, Techn. Amtsrat, Baumeister 95 25 11*, 329
Kleinhampl, Ing. Anton, Techn. Amtsrat . 72 36 71*, 282
Pitsch, Ing. Walter, Techn. Amtsrat 42 89*, 2640
Pospisil Rudolf, Techn. Amtsrat 44
Schwicker, Ing. Hubert, Techn. Amtsrat . 34 65 35*, 249
Wagner, Ing. Otto, Techn. Amtsrat 42 89*, 2374
Witzko Josef, Techn. Amtsrat, Baumeister . 42 89*, 2375
Zoubek, Ing. Paul, Techn. Amtsrat 72 35 18
Kansky Anna, Kanzleioberkommissär, Kanzleileiter 31, 30
Kanzlei, Aktenprotokoll 32
Kanzlei, Rechnungsprotokoll 29
Bäderneubauten sowie Objekte des Marktamtes, des Veterinäramtes und des Markt- und Schlachtbetriebes St. Marx 23
Kranken- und Wohlfahrtsanstalten:
Versorgungsgruppen I und II 42
Versorgungsgruppe III 24
Versorgungsgruppe IV 25

Objekte des Wohlfahrtswesens und sonstige des Gesundheitswesens, der Herbergen für Obdachlose und des Zentralen Einkaufes 40
Technische Betriebsleitungen:
Allgemeines Krankenhaus 42 89*, 2371
Krankenhaus und Pflegeheim Lainz 84 16 16* (82 26 11*), 3251
Franz Josef-Spital, Gottfried von Preyer'sches Kinderspital, Neurologisches Krankenhaus Rosenhügel 64 16 91*, 284
Wilhelminenspital, Elisabeth-Spital, Orthopädisches Krankenhaus Gersthof, Ignaz Semmelweis-Frauenklinik, Neurologisches Krankenhaus Maria Theresien-Schlössel, Kinderklinik Glanzing 95 25 11*, 329
Psychiatrisches Krankenhaus Baumgartner Höhe, Pulmologisches Zentrum, Psychiatrisches Krankenhaus Ybbs a. d. Donau 94 31 51*, 2301
Allgemeine Poliklinik, Sophien-Spital, Krankenhaus Floridsdorf, Mautner-Markhof'sches Kinderspital 34 65 35*, 249
Pflegeheim Baumgarten, St. Rochus-Heim, Pflegeheim Liesing, Pflegeheim St. Andrä a. d. Traisen, Pflegeheim Klosterneuburg 94 22 51*, 331

MAGISTRATSABTEILUNG 24

Städtischer Wohnhausbau

8, Lange Gasse 30, 4. und 5. Stock, Tür 406–414, 506–520, Tel. 737*, 43 89 11*

Errichtung von städtischen Wohnhausbauten einschließlich der zugehörigen Bauten der sozialen Infrastruktur unter besonderer Berücksichtigung der Bedürfnisse der Stadterneuerung; Erwirken der Förderungsbeiträge aus den Mitteln der Wohnbauförderung und Sicherstellen deren ordnungsgemäßer Verwendung.

Vertretung der Stadt Wien in Angelegenheiten der Wohnbauforschung.
Vergebung und Betreuung von Forschungsaufträgen aus städtischen Mitteln auf dem Gebiet der Wohnbauforschung.

Cekal, Dipl.-Ing. Dr. techn. Ernst, Senatsrat 341
Willinger, Dipl.-Ing. Rudolf, Senatsrat 347
Gnam, Dipl.-Ing. Karl, Senatsrat 345
Halama, Dipl.-Ing. Dr. techn. Rudolf, Senatsrat . . . 346
Matejka, Dipl.-Ing. Robert, Senatsrat 343
Stanzel, Ing. Mag. Arthur, Arch., Senatsrat 348
Hofbauer, Dipl.-Ing. Erwin, Oberstadtbaurat 349
Schneider, Dipl.-Ing. Leopold, Oberstadtbaurat . . . 344
Schrom, Dipl.-Ing. Alexander, Oberstadtbaurat . . . 353
Schuster, Mag. Gertrude, Oberstadtbaurat 353
Hößl, Dipl.-Ing. Alfred, Stadtbaurat
Jandak, Dipl.-Ing. Hermann, Stadtbaurat
Chatzioannidis, Dipl.-Ing. Panagiotis
Bartel, Dipl.-Ing. Ferdinand, Stadtbauoberkommissär
Gruber, Dipl.-Ing. Günther, Stadtbauoberkommissär
Lhotzky, Dipl.-Ing. Ralf, Stadtbauoberkommissär
Haberler, Dipl.-Ing. Otto, Stadtbaukommissär
Ehn, Ing. Albert, Techn. Oberamtsrat 351
Sokele, Ing. Kurt, Techn. Oberamtsrat
Ehart, Ing. Hubert, Techn. Amtsrat
Foraschik, Ing. Robert, Techn. Amtsrat 360
Kraus, Ing. Heinrich, Techn. Amtsrat
Matzi, Ing. Franz, Techn. Amtsrat
Pommer, Ing. Erich, Techn. Amtsrat
Popovics, Ing. Johann, Techn. Amtsrat
Schreiber Walter, Techn. Amtsrat
Seebacher, Ing. Herbert, Techn. Amtsrat
Dysmas Charlotte, Kanzleioberkommissär, Kanzleileiter 361
Kanzlei, Einlaufstelle 362
Budget 351
Wohnbauförderung 353
Forschung 353
Verdingungswesen 351
Bauvorbereitung 359
Statistik 366
Material, Fuhrwerk, Dokumentation 357
Winterreferat 349

MAGISTRATSABTEILUNG 25

Technisch-wirtschaftliche Prüfstelle für Wohnhäuser

17, Kalvarienberggasse 33, Parterre, Tür 2, 1. und 3. Stock, Tel. 825*, 43 16 51*

Technisch-wirtschaftliche Prüfung der Förderungswürdigkeit bei der Wohnbauförderung.
Erstellung technisch-wirtschaftlicher Gutachten und Abgabe von Stellungnahmen aufgrund mietrechtlicher Bestimmungen und zur Beurteilung denkmalpflegerischer Mehrleistungen aufgrund der einschlägigen Rechtsvorschriften.
Technisch-wirtschaftliche Prüfung der Förderungswürdigkeit nach dem Wohnbauförderungsgesetz und dem Wohnungsverbesserungsgesetz und Tätigkeit als Bauaufsichtsorgan bei Wohnungsverbesserungen nach den Grundsätzen der Wohnbauförderung.
Überprüfung der Rechnungen als Voraussetzung für die Freigabe von Förderungsmitteln nach dem Wohnbauförderungsgesetz.
Technisch-wirtschaftliche Prüfung der Förderungswürdigkeit bei Sonderaktionen (wie nachträglicher Aufzugseinbau, nachträgliche Kanalanschlüsse, Dachbodenausbau für Mieter, Hotelaktion, Komfortzimmer, „Jederzeit warme Küche") sowie Überwachung der ordnungsgemäßen Ausführung.
Durchführung von Ersatzvornahmen an Bauwerken nach dem Verwaltungsvollstreckungsgesetz.
Durchführung notstandspolizeilicher Maßnahmen gemäß § 129 Abs. 6 der Bauordnung für Wien.

Schwaller, Dipl.-Ing. Kurt, Senatsrat 225
Holzinger, Dipl.-Ing. Johann, Oberstadtbaurat . . . 325
Jungwirth, Dipl.-Ing. Walter, Stadtbaurat 291
Emich, Ing. Otto, Techn. Oberamtsrat 227
Klauser, Ing. Johann, Techn. Oberamtsrat 258
Stochinger, Ing. Hermann, Techn. Oberamtsrat . . . 289
Bozek, Ing. Franz, Techn. Amtsrat 208
Hajek, Ing. Otto, Techn. Amtsrat 295
Mayer Karl, Techn. Amtsrat 414
Schön, Ing. Johann, Techn. Amtsrat 294
Tomaschek, Ing. Johann, Techn. Amtsrat 228
Wolf Franz, Kanzleioberkommissär, Kanzleileiter . 287
Kanzlei 280, 288, 425
Karteiführung 280, 288
Sachgebiet: Ersatzvornahmen, notstandspolizeiliche Maßnahmen 227
Sachgebiet: Wohnbauförderung, Aufzüge 289
Sachgebiet: Altstadterhaltung 325
Sachgebiet: Preisprüfung 258
Sachgebiet: Technische Gutachten über private Wohnbauten für Schlichtungsstellen und Gerichte im Rahmen der mietrechtlichen Bestimmungen und nach dem Wohnungsverbesserungsgesetz einschließlich Dachbodenaktion:
Referatsleiter 325
Leiter der Gruppe Nordost (1. bis 5., 8., 10., 11., 22. Bezirk) 228
Leiter der Gruppe Nordwest (9., 16. bis 21. Bezirk) 295
Leiter der Gruppe Südwest (6., 7., 12. bis 15., 23. Bezirk) 294

MAGISTRATSABTEILUNG 26

Gebäude des Kultur-, Schul- und Sportwesens, Amtsgebäude und verschiedene Nutzbauten

12, Niederhofstraße 23, 3. und 4. Stock, Tür 421, Tel. 746*, 83 66 16*

Errichtung von Neu- und Zubauten, Durchführung von Umbauten, baulichen Abänderungen und Abbrüchen sowie Erhaltung von Gebäuden und sonstigen baulichen Anlagen der Stadt Wien, soweit nicht die Magistratsabteilung 23, 24 oder 27 zuständig oder diese Bauführung nach dieser Geschäftseinteilung nicht ausdrücklich anderen Dienststellen übertragen ist.
Führung der Rathausverwaltung.
Technische Begutachtung von privaten Schulen.
Beistellung von Sachverständigen zur Begutachtung von baulichen Herstellungen, die subventioniert werden.
Technische Beratung der Wiener Stadthalle – Kiba Betriebs- und Veranstaltungs Gesellschaft m. b. H.

Fürnkranz, Dipl.-Ing. Johann, Senatsrat 211
Sekretariat 212
Thaller, Dipl.-Ing. Fritz, Senatsrat 201
Friedl, Ing. Rudolf, Prof., Oberstadtbaurat, akad. Bildhauer 203
Neumayer-Chorin, Dipl.-Ing. Roland, Oberstadtbaurat 200
Plodek, Ing. Franz, Arch., Oberstadtbaurat 225
Prchal, Dipl.-Ing. Franz, Oberstadtbaurat 223
Prochazka, Dipl.-Ing. Erich, Oberstadtbaurat 222
Staufer, Dipl.-Ing. Rudolf, Oberstadtbaurat 210
Hannappi, Dipl.-Ing. Gerhard, Stadtbaurat 241
Schlenz, Dipl.-Ing. Rudolf, Stadtbaurat 202
Hölzl, Ing. Konrad, Techn. Oberamtsrat . 42 8 05/2051
Nitsche, Ing. Walter, Techn. Oberamtsrat 204
Dangl, Ing. Josef, Techn. Amtsrat 246
Malik, Ing. Franz, Techn. Amtsrat 232
Moser, Ing. Viktor, Techn. Amtsrat 205
Pawlik, Ing. Rudolf, Techn. Amtsrat 233
Sturmann Josef, Techn. Amtsrat 245
Zeiner, Ing. Franz, Techn. Amtsrat 238
Zottl, Ing. Gottfried, Techn. Amtsrat 240
Ferchenbauer Karl, Kanzleirat, Kanzleileiter 213
Kanzlei, Schreibstelle 217
Einlaufstelle 216
Kreditevidenz 214
Angebote, Aus- und Abgabe, Rechnungseinlauf . . 337
Sachgebiet I, Gebäude und Denkmäler des Kulturamtes, Sportstätten, Gebäude des Gartenwesens, der Stadtforste, der Stadtreinigung und des Fuhr-

parks, städtische Gastwirtschaften, Gebäude auf Liegenschaften:
Thaller, Dipl.-Ing. Fritz, Senatsrat 201
Sachgebiet II, Neubauten des Schulwesens, diverse Nutzbauten und Erhaltung der Objekte des Landwirtschaftsbetriebes:
Plodek, Ing. Franz, Arch., Oberstadtbaurat 225
Neubauten des Schulwesens:
Prchal, Dipl.-Ing. Franz, Oberstadtbaurat 223
Sachgebiet III, Erhaltung der Schulgebäude, des Pädagogischen Institutes, der Berufs- und Fachschulen, der Amtshäuser und der Dienststellen des Wohlfahrts- und Gesundheitswesens:
Prochazka, Dipl.-Ing. Erich, Oberstadtbaurat . . 222
Sachgebiet IV, Diverse Nutzbauten, Berufsschulen, Objekte der Feuerwehr und der MA 43:
Staufer, Dipl.-Ing. Rudolf, Oberstadtbaurat 210

Rathausverwaltung, 1, Rathaus, 6. Stiege, Hochparterre, Tür 106:
Hölzl, Ing. Konrad, Techn. Oberamtsrat 42 8 05/2051
Kanzlei- und Personalangelegenheiten 2050
Hausinspektor Rathaus 2055
1, Rathaus, Portier Lichtenfelsgasse 2801
1, Rathaus, Portier Felderstraße 2802
1, Rathausstraße 14–16 (Amtshaus), Portier . . . 2803
1, Ebendorferstraße 1 (Amtshaus), Portier 2800
1, Rathausstraße 2, Portier 2806
1, Rathausstraße 4, Portier 2807
1, Doblhoffgasse 6, Portier 2804
1, Bartensteingasse 9, Portier 2809
1, Rathausstraße 9, Portier 2808
8, Friedrich Schmidt-Platz 5, Portier 2805
1, Volksgartenstraße 3, Portier 2894

MAGISTRATSABTEILUNG 27

Erhaltung städtischer Wohnhäuser

1, Doblhoffgasse 6, 4. Stock, Tür 436, Tel. 42 8 08

Erhaltung der im Eigentum der Stadt Wien stehenden Wohnhäuser und von Stiftungshäusern sowie deren technischer Einrichtungen und Vornahme von Umgestaltungen und Verbesserungen dieser Objekte.

Erstellung technischer Gutachten für die städtische Wohnhäuserverwaltung.
Beistellung von Sachverständigen für die Sanierung von Wohnvierteln.
Abbruch von im Eigentum der Stadt Wien stehenden Wohnhäusern und von Stiftungshäusern.

Balbier, Dipl.-Ing. Franz, Senatsrat . . . 3501
Rindt, Dipl.-Ing. Wolfgang, Senatsrat . . . 3502
Schmid, Dipl.-Ing. Dr. techn. Ludwig, Oberstadtbaurat . . . 3590
Kailich, Ing. Johann, Techn. Oberamtsrat . . . 3520
Müllner, Ing. Egon, Techn. Oberamtsrat . . . 3504
Petrzelka, Ing. Franz, Techn. Oberamtsrat . . . 3544
Böhm, Ing. Kurt, Techn. Amtsrat . . . 3548
Breitenbach, Ing. Josef, Techn. Amtsrat . . . 3507
Hartmann, Ing. Anton, Techn. Amtsrat . . . 3093
Hawlik, Ing. Helmut . . . 3506
Lipp, Ing. Erich, Techn. Amtsrat . . . 3566
Mayerweck, Ing. Otto, Techn. Amtsrat . . . 3532
Mesensky, Ing. Ernst, Techn. Amtsrat . . . 3519
Müllner, Ing. Rudolf, Techn. Amtsrat . . . 3526
Pauli, Ing. Werner, Techn. Amtsrat . . . 3520
Steger, Ing. Josef, Techn. Amtsrat . . . 3598
Wind, Ing. Walter, Techn. Amtsrat . . . 3518
Stefan Margarete, Kanzleikommissär, Kanzleileiter . . . 827
Einlaufstelle, Aktenprotokoll . . . 3505
Schreibstelle . . . 827, 3094
Allgemeines Referat:
Referatsleiter . . . 3504
WVG und WBF, Sonderbauten . . . 3526
Verdingungswesen und EDV, Wohnhausbäder, Sonderbauten . . . 3508
Haftschäden und Gewährleistungen . . . 3540, 3507
Althäuser, Altstadterhaltung, Baukoordinierung . . . 3093
Aufzüge – nachträglicher Einbau . . . 3494, 3495, 3594
Kreditevidenz, Rechnungsprotokoll . . . 3533
Zeichenstube . . . 3529
Altstadterhaltung:
Referatsleiter . . . 3590
Revitalisierungsbauten . . . 3593, 3491
Gruppe Nord, Gruppenleiter . . . 3536, 3518
18. Bezirk . . . 3537
19. Bezirk . . . 3517, 3537
20. Bezirk . . . 3519, 3591
21. Bezirk . . . 3510, 3532, 3539, 3542
Gruppe Ost, Gruppenleiter . . . 3566, 3525
1. Bezirk . . . 3509
2. Bezirk . . . 3509, 3513, 3527
3. Bezirk . . . 3513, 3541
4. Bezirk . . . 3541
11. Bezirk . . . 3528, 3534
22. Bezirk . . . 3522, 3523, 3527
Gruppe Süd, Gruppenleiter . . . 3520
10. Bezirk . . . 3497, 3511, 3512, 3530
12. Bezirk . . . 3490, 3514
23. Bezirk, Randgebiete Niederösterreichs . . . 3499, 3546
Gruppe West, Gruppenleiter . . . 3545, 3548
5. Bezirk . . . 3506
6. Bezirk . . . 3506
7. Bezirk . . . 3549
8. Bezirk . . . 3547
9. Bezirk . . . 3524
13. Bezirk . . . 3516
14. Bezirk . . . 3515, 3516, 3549
15. Bezirk . . . 3531
16. Bezirk . . . 3503, 3547, 3549
17. Bezirk . . . 3524
Objekte außerhalb Wiens . . . 3515
Gruppe Elektromechanik:
Gruppenleiter . . . 3544
Aufzüge, alle Bezirke . . . 3538, 3597, 3598
Waschmaschinen, Pumpen, alle Bezirke . . . 3496, 3543
Fernsehantennen . . . 3521
Schadens- und Störungsmeldungen . . . 3500, 3596

MAGISTRATSABTEILUNG 32

Maschinentechnik, Wärme-, Kälte- und Energiewirtschaft

8, Friedrich Schmidt-Platz 5, Mezzanin, Tel. 42 8 06

Planung, Errichtung, Installation, Betriebsführung, Erhaltung und Begutachtung von wärme-, kälte-, lüftungs-, klima- und sonstigen maschinentechnischen Anlagen aller Art, insbesondere
Feuerungsanlagen für alle Brennstoffe,
Kesselanlagen samt Brennstofflagern,
Wärmekraftmaschinen (mit Ausnahme solcher in Kraftfahrzeugen),
Kompressoren und Gebläsen,
Brückenwaagen,
Kränen,
Förderanlagen, soweit nicht die Magistratsabteilung 17 oder die Magistratsabteilung 34 zuständig sind,
Aufzügen ohne direkten elektrischen Antrieb,
Pumpen,
Steuer-, Regel- und Meßeinheiten sowie Elektromotoren bei kompletten Maschinensätzen für alle vorangeführten Fachgebiete,
Wäschereianlagen und -geräte,
jedoch mit Ausnahme der
Anlagen für die elektrische Raumheizung,
gasbefeuerten und elektrischen Warmwassererzeugungsanlagen bis 25 l/min bzw. 1.000 l Speicherung und Leitungsanlagen für Gebrauchswarmwasserversorgung,
gasbefeuerten Zusatzheizanlagen,
Küchen- und Geschirreinigungsanlagen in städtischen Krankenanstalten und Pflegeheimen,
Wäschereianlagen im Bereich der Magistratsabteilung 17,
Waschmaschinen, Wäschezentrifugen und -trockner in städtischen Wohnhausanlagen,
Betriebsführung der in Verwaltung der Magistratsabteilung 44 stehenden Anlagen.
Mitwirkung bei der Planung von wärme-, kälte-, lüftungs-, klima- und sonstigen maschinentechnischen Anlagen, sofern deren Planung, Errichtung, Betriebsführung und Erhaltung vom Geschäftsbereich der Magistratsabteilung 32 ausgenommen ist.
Studien- und Planungsbüro für Anlagen der Energiewirtschaft; statistische Erfassung und ökonomische Auswertung von Daten betreffend die Effizienz dieser Anlagen.
Heizkontrolle und Rauchfangkehrerangelegenheiten in städtischen Objekten, ausgenommen in jenen der Wiener Stadtwerke.
Beistellung von Amtssachverständigen in behördlichen Verfahren.
Führung der Maschinenevidenz.
Betrieb und Erhaltung der Werkstätte für die Instandhaltung maschineller und heiztechnischer Einrichtungen in städtischen Objekten (Heizwerkstätte).
Wartung der heizungs-, lüftungs- und klimatechnischen sowie Warmwasserbereitungsanlagen in städtischen Objekten; Führung eines Bereitschaftsdienstes zur Behebung von Störungen bei solchen Anlagen.

Swaty, Dipl.-Ing. Franz, Obersenatsrat 3710
Sekretariat 3712, 3775
Hold, Dipl.-Ing. Hubert, Oberstadtbaurat 3723
Burian, Dipl.-Ing. Eugen, Senatsrat 3722
Segall, Dipl.-Ing. Herbert, Senatsrat 3743
Nebel, Dipl.-Ing. Michael, Oberstadtbaurat 3997
Zabloudil, Dipl.-Ing. Dr. techn. Otto, Oberstadtbaurat 3745
Bulasikis, Dipl.-Ing. Apostolos, Stadtbaurat 3706
Drachsler, Dipl.-Ing. Johann, Stadtbaurat 3749
Krügler, Dipl.-Ing. Wilfried, Stadtbaurat 3770
Rath, Dipl.-Ing. Alfred, Stadtbaurat 3772
Grundschober, Dipl.-Ing. Gerhard, Stadtbauoberkommissär 3767
Leutner, Dipl.-Ing. Hanns, Stadtbauoberkommissär 3715
Puffer, Dipl.-Ing. Willibald 3755

Beer, Ing. Walter, Techn. Oberamtsrat . . . 3724
Haden, Ing. Johann, Techn. Oberamtsrat . . . 3728
Smetana, Ing. Oskar, Techn. Oberamtsrat . . . 3732
Wagner, Ing. Franz, Techn. Oberamtsrat . . . 68 11 52*, 2
Peters-Engel Franz, Techn. Amtsrat . . . 3733
Reinhardt Gerhard, Techn. Amtsrat . . . 3925, 3756
Ring, Ing. Roman, Techn. Amtsrat . . . 3718
Weinhofer, Ing. Konrad, Techn. Amtsrat . . . 3708
Zehetmayer Hermine, Kanzleileiter . . . 3713
Kanzlei . . . 832, 3719, 3720, 3753, 3754, 3766, 3768
Preisprüfung . . . 3784
Heizwerkstätte, 10, Theodor Sickel-Gasse 4–6 68 11 52*
Betriebsleiter . . . 2
Technisches Büro . . . 4
Kanzlei . . . 3
Wohnhauserhaltung, Betriebskontrolle
Leiter . . . 3756
Werkmeister . . . 3785
Kühlanlagen, Großküchen, Friedhöfe, Verbrennungsanlagen, Markteinrichtungen, Wäschereien (MA 11 und 12)
Leiter . . . 3718
Referenten . . . 3774, 3097
Werkmeister . . . 3759, 3264
Heizanlage Rathaus
Leiter . . . 3925, 3926
Kesselhaus . . . 3928, 3929
Servicegruppe, Sondergeräte
Leiter . . . 3725
Werkmeister . . . 3748
Sondergeräte . . . 3760
Einsatzdienst . . . 3791
Tonband . . . 43 81 10*, 1
Herbergen, Objekte der KFA und MA 42, Kurzentrum Oberlaa, Kulturbauten
Leiter . . . 3725
Referenten . . . 3748, 3788, 3923
Öffentliche Bauten
Leiter . . . 3724
Permanenzdienst . . . 3741
Schulen, Kulturbauten, Sportstätten, Büchereien, Friedhöfe, Forsthäuser, Referatsleiter . . . 3733
Amtshäuser, Wohlfahrtswesen, Kindertagesheime, Lehrlingsheime, Bezirksjugendämter, Mutterberatungsstellen, Gesundheitsämter, Gesundheitsfürsorge, Schulzahnkliniken, Objekte der MA 28, 30, 31 und 48, Referatsleiter . . . 3717
Referenten . . . 3003, 3717, 3729, 3730, 3731, 3733, 3734, 3758, 3794
Werkmeister . . . 3735, 3738, 3739, 3740, 3761, 3762, 3763
Heizkontrolle, Brennstoffgebarung, Servicedienst Klosterneuburg, Kinderheim Biedermannsdorf
Leiter . . . 3763
Rauchfangkehrerangelegenheiten, Rettungs- und Sanitätsstationen, Desinfektionsanstalt und Feuerwehren, Referatsleiter . . . 3784
Referent . . . 3924
Werkmeister . . . 3738, 3752
Krankenanstalten und Pflegeheime
Leiter . . . 3743
Gruppe I (Nord):
Leiter . . . 3997, 42 89*, 2639
Allgemeines Krankenhaus, Allgemeine Poliklinik, Gruppenleitung Nord (ehem. Karolinenspital)
Referent und Werkmeister . . . 3751, 42 89*, 2639
Krankenhaus Floridsdorf, Sophien-Spital
Referent und Werkmeister . . . 3701
Gruppen II (Ost) und IV (West):
Leiter . . . 3749
Psychiatrisches Krankenhaus Baumgartner Höhe, Pulmologisches Zentrum, Elisabeth-Spital, Pflegeheim Baumgarten und St. Rochus-Heim
Referent und Werkmeister . . . 3795
Ignaz Semmelweis-Frauenklinik, Zentralkinderheim, Frauenmilch-Sammelstelle, Orthopädisches Krankenhaus Gersthof, Kinderklinik Glanzing
Referent und Werkmeister . . . 3727
Wilhelminenspital, Neurologisches Krankenhaus Maria Theresien-Schlössel
Referent und Werkmeister . . . 3701
Krankenanstalt Rudolfstiftung, Mautner-Markhof'sches Kinderspital
Referent . . . 3796, 72 56 61*, 375
Werkmeister . . . 3744, 72 56 61*, 376
Gruppe III (Süd):
Leiter . . . 3743
Krankenhaus Lainz, Pflegeheim Lainz, Neurologisches Krankenhaus Rosenhügel, Pflegeheim Liesing
Referent und Werkmeister . . . 3799, 84 16 16* (82 26 11*), 3245, 2237
Franz Josef-Spital, Gottfried von Preyer'sches Kinderspital
Referent und Werkmeister . . . 3922, 64 16 91*, 235
Psychiatrisches Krankenhaus Ybbs a. d. Donau, Pflegeheime St. Andrä a. d. Traisen und Klosterneuburg
Referent . . . 3745
Werkmeister . . . 3773
Allgemeine Planung
Leiter . . . 3767
Referenten . . . 3230, 3715, 3736, 3781
Technische Zeichner . . . 3702, 3750, 3764
Neubau von Spitälern
Leiter . . . 3767
Referenten . . . 3781, 3750, 3706
Werkmeister . . . 3781
Sozialmedizinisches Zentrum – Ost,
Baubüro . . . 22 12 84, 22 22 15, 27, 32, 39, 44, 45
Neubau von Wohnhausanlagen
Leiter . . . 3770
Referenten . . . 3721, 3742, 3765, 3778, 3786
Werkmeister . . . 3002, 3703, 3771

U-Bahn-Bau, Sonderbauten
Leiter 3732
Referenten 3708, 3757, 3792, 3793
Werkmeister 3709, 3716, 3747
Technische Zeichner 3783

Großkläranlagen, Bäder, Hochwasserpumpwerke
Leiter 3770
Referenten 3780
Werkmeister 3789, 3790, 3777

Lebensmitteluntersuchungsstelle, Sanitätszentrum, Nebenbetriebe
Leiter 3718
Referent 3097
Werkmeister 3264

Amtssachverständige und Umweltschutz
Leiter 3710
Referenten 3722, 3745, 3755, 3772
Werkmeister 3773, 3797

Dampfkesselwesen

Amtliche Dampfkesselüberwachung des Landes Wien, Prüfung von Dampfkessel-, Dampfmaschinen- und Motorenwärtern, Rauchplagebekämpfung, 8, Friedrich Schmidt-Platz 5
Leiter 3722

Dampfkesselprüfungskommissäre:
Burian, Dipl.-Ing. Eugen, Senatsrat, Bezirke 4, 6, 7, 9, 17, 18 3722
Segall, Dipl.-Ing. Herbert, Senatsrat, Bezirke 21, 22 . 3743
Zabloudil, Dipl.-Ing. Dr. techn. Otto, Oberstadtbaurat, Bezirke 1, 14, 15, 19, 20 3745
Bulasikis, Dipl.-Ing. Apostolos, Stadtbaurat, alle gemeindeeigenen Dampfkessel 3706
Lukesch, Dipl.-Ing. Heinz, Stadtbaurat, Bezirke 3, 5, 10 2981
Rath, Dipl.-Ing. Alfred, Stadtbaurat, Bezirke 2, 8, 11, 16, 23 3772
Würger, Dipl.-Ing. Johann, Senatsrat i. R., Bezirke 12, 13 3746

Kanzlei der Dampfkesselüberwachung, Dampfkesselbescheinigungsevidenz, Auskünfte, 1, Volksgartenstraße 3 3746

MAGISTRATSABTEILUNG 34

Elektro-, Gas- und Wasseranlagen für städtische Objekte

8, Lange Gasse 30, 1.–4. Stock, Tel. 737*, 43 89 11*

Planung, Errichtung, Installation, Betriebsführung, Erhaltung und Begutachtung von:
- Elektroanlagen aller Art für Stark- und Schwachstrom (einschließlich der elektrischen Heizungen) samt den zugehörigen Geräten und Maschinen und dem Installationsmaterial, soweit keine andere Dienststelle zuständig ist,
- Aufzügen mit elektrischem Antrieb, Fahrtreppen, Fahrsteigen, Rohrpostanlagen, Kleinbahnen und Elektrokarren,
- Blitzschutzanlagen,
- Gebäudeautomations- und Zeitnehmungsanlagen,
- Prozeßrechnern sowie Meß- und Übertragungseinrichtungen, ausgenommen jene für medizinische Anlagen und Geräte,
- Gasanlagen aller Art (einschließlich der medizinischen Gasanlagen) samt den zugehörigen Geräten und dem Installationsmaterial, soweit keine andere Dienststelle zuständig ist.
- Kaltwasser-, Druckwarmwasserleitungs- und Abflußanlagen ab der Übergabestelle, Rohrbrunnen-, Beregnungs- und Pumpenanlagen samt den zugehörigen Geräten, Einrichtungsgegenständen und dem Installationsmaterial,
- städtischen fernmeldetechnischen Anlagen aller Art wie Fernsprech-, Funk-, Personenruf-, Fernseh-, Rundfunkübertragungs-, Verstärker-, Nebenuhren-, Gemeinschaftsantennen-, Kabelfernseh-, Rauchgasmelde- und Einbruchssicherungsanlagen, audiovisuellen Einrichtungen und Anlagen samt den zugehörigen Geräten sowie von städtischen Fernmeldekabelnetzen mit Ausnahme jener der Magistratsabteilung 31 und der Magistratsabteilung 68.

Vertretung der Stadt Wien im fernmeldebehördlichen Genehmigungsverfahren.

Überwachung des Strom-, Gas- und Wasserverbrauches und der laufenden Kosten für die fernmeldetechnischen Anlagen.

Betrieb der privateigenen Elektroanlagen der Stadt Wien mit Ausnahme jener im Bereich der Wiener Stadtwerke.

Betrieb des Hochstrahlbrunnens.

Betrieb der Elektro-, Gas- und Wasseranlagen sowie fernmeldetechnischen Anlagen im Rathaus.

Periodische Überprüfung der nichtmedizinischen Elektrogeräte in den städtischen Krankenanstalten und Pflegeheimen.

Buffi, Dipl.-Ing. Ernst, Senatsrat 211
Blümelhuber, Dipl.-Ing. Dr. techn. Friedrich 221
Blach, Dipl.-Ing. Bruno, Senatsrat 201
Hlinka, Dipl.-Ing. Stefan, Stadtbaurat 305
Hopfgartner, Dipl.-Ing. Josef, Stadtbaurat 226
Steindl, Dipl.-Ing. Gerald, Stadtbaurat 271
Weger, Ing. Dr. phil. Friedrich 241
Auner, Dipl.-Ing. Andreas 317
Fliegenschnee, Dipl.-Ing. Peter 304
Selos, Dipl.-Ing. Peter, Stadtbauoberkommissär . . . 258
Wedl, Dipl.-Ing. Hellmuth 242
Dorn, Dipl.-Ing. Robert, Stadtbaukommissär 305
Knoll, Dipl.-Ing. Gerhard, Stadtbaukommissär . . . 274
Appelt, Ing. Kurt, Techn. Oberamtsrat 301
Brenner, Ing. Josef, Techn. Oberamtsrat 291
Butschowitz, Ing. Egon, Techn. Oberamtsrat 281
Kaiser, Ing. Johann, Techn. Oberamtsrat 222
Lester, Ing. Eduard, Techn. Oberamtsrat 243
Osterberger, Ing. Alfred, Techn. Oberamtsrat 261
Haller, Ing. Ludwig, Techn. Amtsrat 224
Kitzberger, Ing. Walter, Techn. Amtsrat 302
Lampl, Ing. Kurt, Techn. Amtsrat 202
Schaul, Ing. Hermann, Techn. Amtsrat 230
Stich, Ing. Walter, Techn. Amtsrat 286
Tesar, Ing. Franz, Techn. Amtsrat 282
Viktorin, Ing. Johann, Techn. Amtsrat 295

Schertler Hildegard, Kanzleioberkommissär,
Kanzleileiter . . . 212
Kanzlei . . . 214
Baugruppe Allgemeines und Wohnhausbauten:
Blümelhuber, Dipl.-Ing. Dr. techn. Friedrich . . . 221
Vertragsunternehmerangelegenheiten, Überwachung der Lohn- und Preisänderungen
Pauschalien für Strom- und Gasverrechnung . . . 298
Materialbeistellungen . . . 230, 232
Projektierungen . . . 222, 224
Sachbearbeiter . . . 222, 223, 224, 225, 226, 227, 228, 229, 230, 232
Werkmeister . . . 231, 233, 234, 235, 236, 237, 238, 239
Auskunftsstelle . . . 220, 300
Baugruppe Fernmeldewesen und Sonderaufgaben:
Blach, Dipl.-Ing. Bruno, Senatsrat . . . 201
Allgemeine Planungs- und Verwaltungsangelegenheiten, Gebührenverrechnung . . . 201
Fernmeldeanlagen (ohne MA 17), Rathausgruppe, Bezirke 1–3 und 8
Sachbearbeiter und Werkmeister . . . 202, 209
Fernsprechanlage und Radiowerkstätte
Rathaus . . . 42 8 06/877
Sachbearbeiter, Bezirke 6, 7, 9 und 14 bis 19 . . . 205
Sachbearbeiter, Bezirke 4, 5, 10 bis 13 und 20 bis 23 . . . 258, 207
Verrechnung der Fernmeldegebühren (ohne MA 17) . . . 204
Dienstaufsicht der Telefonisten . . . 42 8 06/3808
Fernschreibstelle . . . 42 8 06/895
Fernschreibanschluß: Wien . . . Telex 7 4735
Störungen an Fernmeldeanlagen (ohne MA 17) . . . 42 8 06/3800, 42 52 14
Baugruppe Amts- und Schulhäuser:
Weger, Ing. Dr. phil. Friedrich . . . 241
Sachbearbeiter und Werkmeister . . . 240, 242, 243, 244, 245, 246, 247, 248, 249, 251, 252, 253, 254, 255
Installationen im Rathaus und in den zur Rathausgruppe gehörenden Amtshäusern, Festbeleuchtung:
Lester, Ing. Eduard, Techn. Oberamtsrat . . 243, 244, 42 8 06/3843, 3844
Stromstörungen, Gas- und Wassergebrechen in der Rathausgruppe . . . 243, 244, 42 8 06/3843, 3844
Auskunftstelle . . . 250
Baugruppe Kulturbauten:
Osterberger, Ing. Alfred, Techn. Oberamtsrat . . . 261
Gartenanlagen, Brunnen, Strand- und Kinderfreibäder . . . 262, 263
Sportanlagen, Museen, Gedenkstätten und Gehölzbeleuchtungen . . . 268, 269
Friedhöfe, Forste, Landwirtschaftsbetrieb,
Ottakringer Bad und Schafbergbad . . . 266, 267
Sonstige Bäder . . . 264, 265
Störungsanzeige und Auskunftsstelle . . . 260
Fernmeldetechnische Angelegenheiten (MA 10, 42, 43, 44, 47, 49, 51) . . . 206
Baugruppe Nutzbauten:
Steindl, Dipl.-Ing. Gerald, Stadtbaurat . . . 271
Objekte der MA 30 und 48 . . . 272, 273, 277
Baukanzlei WABAS 80 . . . 76 23 74
Objekte der MA 29 und 60 . . . 274, 275
Sozialmedizinisches Zentrum – Ost . . . 278, 279
Baukanzlei . . . 22 11 97, 22 22 15
Störungsanzeige und Auskunftsstelle . . . 270, 300
Baugruppe Wohlfahrtsanstalten und Feuerwehrgebäude, Objekte der MA 7, 11 (Wijug), 12, 15 und 59:
Butschowitz, Ing. Egon,
Techn. Oberamtsrat . . . 281
Sachbearbeiter . . . 282, 284, 286, 288, 295
Werkmeister . . . 283, 285, 287, 289, 296
Störungsanzeige und Auskunftsstelle . . . 280
Baugruppe U-Bahn-Bau:
Brenner, Ing. Josef, Techn. Oberamtsrat . . . 291
Sachbearbeiter und Werkmeister . . . 292, 293, 294
Baukanzleien
Auskunftsstelle . . . 290
Baugruppe Krankenhäuser:
Appelt, Ing. Kurt, Techn. Oberamtsrat . . . 301
Bezirke 1 bis 9, 11, 20 bis 22 . . . 304
Allgemeines Krankenhaus . . . 304, 318, 42 89*, 2630, 2337, 2338, 2339
Krankenanstalt Rudolfstiftung . . . 311, 312, 317, 72 56 51*, 371, 373, 377
Bezirke 10, 12, 13, 23 . . . 303
Krankenhaus Lainz . . . 313, 319, 84 16 16* (82 26 11*), 3261, 3262, 3263, 3264
Franz Josef-Spital . . . 309, 310, 64 16 91*, 530
Bezirke 14 bis 19 . . 302, 305, 306, 307, 308, 313, 314
Psychiatrisches Krankenhaus Baumgartner Höhe . . . 94 31 51*, 2479
Auskunftsstelle und Störungsanzeigen . . . 300

Gebrechenmeldungen . . . 330
Fernmeldetechnische Angelegenheiten (MA 17)
Rettung Bezirke 10, 12, 13, 23 . . . 203, 208
Bezirke 14 bis 19 . . . 315
Bezirke 1 bis 9, 20 bis 22 . . . 317
Allgemeines Krankenhaus . . . 42 89*, 2338
Verrechnung der Fernmeldegebühren (MA 17) . 200
Störungsanzeigen an Fernmeldeanlagen (MA 17) 200

MAGISTRATSABTEILUNG 50

Allgemeine und rechtliche Angelegenheiten des Wohnungswesens sowie der Wohnbauförderung und der Wohnungsverbesserung

1, Doblhoffgasse 6, 1. Stock, Tür 161, Tel. 42 8 07

Allgemeine und rechtliche Angelegenheiten des Wohnungswesens und des Mietrechtes.
Angelegenheiten der Wohnbauförderung (Bundesförderungen und Wiener Aktionen) und der Wohnungsverbesserung unter besonderer Berücksichtigung der Stadterneuerung sowie Angelegenheiten des Rückzahlungsbegünstigungsgesetzes.
Vormerkung von Wohnungssuchenden.
Vergebung von gemeindeeigenen Wohnungen und Geschäftsräumen.
Vorbereitung der Herausgabe des „Amtlichen Wohnungstausch-Anzeigers".
Bewilligung von Wohnbeihilfen sowie von Stundungen und von Ratenzahlungen für Baukostenbeiträge.
Anerkennung der Gemeinnützigkeit von Bau-, Wohnungs- und Siedlungsvereinigungen (Wohnungsunternehmen) und Aufsicht über diese Unternehmungen.
Aufsicht über das Wohnungsberatungszentrum.
Wahrnehmung des Vorschlagsrechtes der Stadt Wien gegenüber Wohnungsunternehmen für geförderte Wohnungen; Vergabe dieser Wohnungen, soweit der Stadt Wien ein solches Recht zusteht.
Aufgaben als Zentrale Schlichtungsstelle:
a) Nutzwertfestsetzung nach den Bestimmungen des Wohnungseigentumsgesetzes 1975 und des Wohnungseigentumsgesetzes 1948.
b) Entscheidungen über Anträge auf Mietzinserhöhung gemäß dem Zinsstoppgesetz, einschließlich der Ausstellung von Bescheinigungen zur Erlangung der Mietzinsbeihilfe.
c) Entscheidungen über die Mietzinsbildung nach den Bestimmungen des Wohnbauförderungsgesetzes 1968.
d) Entscheidungen über Mietzinserhöhungen bei Durchführung von Arbeiten nach dem Wohnungsverbesserungsgesetz.
Abgabe von Gutachten über die zulässige Höhe des Mietzinses bei Mietobjekten, die dem Mietengesetz nur hinsichtlich der Kündigungsbeschränkungen unterliegen.
Vergebung von bewirtschafteten Wohnungen, die unter Zuhilfenahme von Mitteln des Wohnhaus-Wiederaufbaufonds wiederhergestellt worden sind, nach den Bestimmungen des Neuvermietungsgesetzes.
Vorbereitung der Erlassung der Reinigungs- und der Sperrgeldverordnung.

Maisel, Dr. Otto, Senatsrat 3321
Leinweber, Dr. Erich, Obermagistratsrat 3322
Kreisa Egon, Oberamtsrat 3362
Nagl Walter, Oberamtsrat 43 89 61/22
Bader Hermine, Amtsrat 3351
Gröchenig Anna, Amtsrat 3339
Haller Herta, Amtsrat 3350
Hanus Emil, Amtsrat 43 89 61/31
Heuser Alois, Amtsrat 3351
Profous Margarete, Amtsrat 3390
Studenitsch Franz, Amtsrat 3365
Tauscher Maria, Kanzleioberkommissär,
Kanzleileiter 3323
Kanzlei 850

Gruppe R Rechtsangelegenheiten: 8, Buchfeldgasse 6, 2. Stock 43 89 61
Leinweber, Dr. Erich, Obermagistratsrat 3322
Nagl Walter, Oberamtsrat 22
Zentrale Schlichtungsstelle:
Nagl Walter, Oberamtsrat 22
Referent 30
Kanzlei der Schlichtungsstelle 21

Gruppe V Wohnungsvormerkung: 1, Doblhoffgasse 6
Heuser Alois, Amtsrat 3351
Referent 3350
Kanzlei 3353

Außenstellen:

1., 9. Bezirk:
9, Währinger Straße 43 . . . . 709*, 42 35 75*, 233
2. Bezirk:
2, Karmelitergasse 9 . . . . . 702*, 33 16 11*, 267
3. Bezirk:
3, Karl Borromäus-Platz 3 . . 703*, 72 51 71*, 290
4., 5. Bezirk:
5, Schönbrunner Straße 54 . . . . 704*, 725*, 55 45 85*, 278
6., 7., 8. Bezirk:
7, Hermanngasse 24 . . . . . 706*, 93 76 46*, 255
10. Bezirk:
10, Laxenburger Straße 43–47 710*, 64 36 31*, 273
11. Bezirk:
11, Enkplatz 2 . . . . 711*, 74 35 86*, 278
12. Bezirk:
12, Schönbrunner Straße 259 . 712*, 83 16 01*, 288
13., 14. Bezirk:
13, Hietzinger Kai 1–3 . . . . 713*, 82 26 51*, 352
15. Bezirk:
15, Gasgasse 8–10 . . . . . . 715*, 83 36 11*, 248
16. Bezirk:
16, Richard Wagner-Platz 19 . 716*, 92 26 96*, 248
17. Bezirk:
17, Elterleinplatz 14 . . . . 717*, 43 61 01* (43 16 51*), 352
18. Bezirk:
18, Martinstraße 100 . . . . . 718*, 34 25 20*, 292
19. Bezirk:
19, Gatterburggasse 14 . . . . 719*, 36 42 50*, 254
20. Bezirk:
20, Brigittaplatz 10 . . . . . . 720*, 33 35 11*, 242
21. Bezirk:
21, Am Spitz 1 . . . . 721*, 38 15 04*, 245
22. Bezirk:
22, Kagran, Schrödingerplatz 1 722*, 23 35 61*, 207
23. Bezirk:
23, Liesing, Lehmanngasse 1 . . 723*, 86 96 17*, 48

Gruppe Z Zuweisung: 1, Doblhoffgasse 6, und 1, Bartensteingasse 9
Kreisa Egon, Oberamtsrat . . 3362, 3363, 3368, 3364
Studenitsch Franz, Amtsrat 3365
Referenten 3366, 3374, 3375, 3317, 3376, 3336, 3371, 3369, 3381, 3337

Gruppe S Stundung und Ratenzahlung von Baukostenbeiträgen, Wohnbeihilfen: 1, Doblhoffgasse 6
Gröchenig Anna, Amtsrat 3339
Referenten 3303, 3383, 3382
Informationsstelle für Wohnbeihilfen, 1, Doblhoffgasse 6 . . . . 3304, 3307, 3335, 3301, 3302, 3389, 3385, 3338
Schreibstelle 3331, 3332

Gruppe W Wohnbauförderung: 1, Rathausstraße 2
Leinweber, Dr. Erich, Obermagistratsrat 3322
Profous Margarete, Amtsrat 3390

Referenten (Wohnbauförderung) . 3319, 3387, 3398, 3392, 3395, 3396, 3399
Referenten (Wohnungsverbesserung) . . . 3359, 3394, 3397, 3391
Protokoll und Schreibstelle 3308, 3309, 3328

Gruppe G Aufsicht über die gemeinnützigen Wohnungsunternehmen: 8, Buchfeldgasse 6, 2. Stock
Maisel, Dr. Otto, Senatsrat 3321
Hanus Emil, Amtsrat 43 89 61/31

Wohnungsberatungszentrum, 1, Doblhoffgasse 6
Wohnungsverbesserung 3394, 3397
Wohnbeihilfen 3301, 3302, 3389
Genossenschafts- und Eigentumswohnungen 3329, 3327, 4175, 4176
Finanzierungsberatung 4171, 4172, 4173, 3380
Gemeindewohnungen . . 3346, 3347, 3348, 3349, 3355

MAGISTRATSABTEILUNG 52

Verwaltung der städtischen Wohn- und Amtsgebäude

1, Doblhoffgasse 6, 3. Stock, Tür 335, Tel. 42 8 07

Verwaltung der im Eigentum der Stadt Wien stehenden Wohnhäuser, mit Ausnahme der von der Stadt Wien neu erworbenen, bestandfreien, unbewohnten und für den Abbruch bestimmten Objekte und mit Ausnahme der Personalwohnhäuser.
Verwaltung der Stiftungshäuser.
Personal- und Sozialversicherungsangelegenheiten der Hausbesorger in städtischen Wohn- und Stiftungshäusern.
Verwaltung der Hausbadeanlagen in städtischen Wohnhäusern.
Verwaltung der städtischen Amtshäuser, der städtischen Häuser für verschiedene Zwecke sowie der für Amtszwecke gemieteten Objekte.
Verwaltung der gemeindeeigenen Pfarrhöfe, Gotteshäuser, Kapellen und der städtischen Patronate ausgenommen die Gotteshäuser und Kapellen in Friedhöfen sowie in Krankenanstalten und Pflegeheimen.
Dienstaufsicht über das zugeteilte Personal, soweit es nicht der Dienstaufsicht des Magistratsdirektors untersteht.

Kroll, Dr. Olga, Senatsrat 3411
Schwarz, Dr. Richard, Obermagistratsrat 3412
Kahler, Dr. Elisabeth, Magistratsrat 3426
Pawlowsky Oswald, Oberamtsrat 3466
Reiterer Hermann, Oberamtsrat 3416
Caha Alice, Amtsrat 3488
Fahsl Gertrude, Amtsrat 3452
Falzberger Josef, Amtsrat 3430
Holzapfel Karl, Amtsrat 3435
Netousek Christine, Amtsrat 3442
Neumüller Rudolf, Amtsrat 3445
Prenner Hildegard, Amtsrat 3417
Mödinger Andreas, Verwaltungsoberkommissär . . 3468
Zivny Anton, Verwaltungsoberkommissär 3451
Galgoczy Edith, Kanzleioberkommissär, Kanzleileiter 3413
Kanzlei 852, 3415, 3489
Allgemeines Referat I:
Reiterer Hermann, Oberamtsrat . . . 3416, 3401, 3484
Allgemeines Referat II:
Caha Alice, Amtsrat 3488, 3480, 3455
Verwaltung der städtischen Wohnhäuser:
Gruppe Ost:
Netousek Christine, Amtsrat 3442
2. Bezirk 3419, 3425, 3472, 3477
3. Bezirk 3465, 3477

11. Bezirk 3419, 3420, 3454
22. Bezirk 3419, 3424, 3425, 3454, 3459

Gruppe Süd:
Prenner Hildegard, Amtsrat 3417
10. Bezirk 3427, 3428, 3429, 3449, 3463, 3481
12. Bezirk 3421, 3428, 3429, 3483
23. Bezirk 3421, 3429, 3479

Gruppe West:
Mödinger Andreas, Verwaltungsoberkommissär . 3468
1. Bezirk 3469
4. Bezirk 3461, 3422
5. und 6. Bezirk 3485, 3486, 3475
7. und 8. Bezirk 3469
9. Bezirk 3436, 3469
13. Bezirk 3461, 3436, 3475
14. Bezirk 3408, 3432, 3485, 3475, 3486
15. Bezirk 3462, 3475
16. Bezirk 3408, 3422
17. Bezirk 3461, 3469
Stiftungs- und Anteilhäuser 3475

Gruppe Nord:
Pawlowsky Oswald, Oberamtsrat 3466
18. Bezirk 3476, 3487
19. Bezirk 3410, 3431, 3487
20. Bezirk 3418, 3470, 3487
21. Bezirk 3474, 3476, 3482, 3487, 3493
Hausinspektorenreferat 3434
Referat Lohnverrechnung für Hausbesorger . 3435, 3414, 3423, 3437, 3438, 3464, 3407
Kasse 3439
Wirtschaftsreferat, 1, Rathausstraße 2 . . . . 3430, 3441, 3443, 3444, 3450, 3460, 3473, 3492
Zentralreferat Hausbesorger und Wohnungstausche 3445, 3446, 3447, 3458
Verwaltung der städtischen Amtshäuser, 1, Rathausstraße 2
Zivny Anton, Verwaltungsoberkommissär 3451
Bezirksreferenten 3433, 3448
Referent für Hauspersonal (Hausbesorger, Hausarbeiter, Bedienerinnen usw.) 3452
Arbeits- und sozialrechtliche Betreuung, Materialbeschaffung 3440, 3467

GESCHÄFTSGRUPPE VERMÖGENSVERWALTUNG, STÄDTISCHE DIENSTLEISTUNGEN, KONSUMENTENSCHUTZ

1, Rathaus, 4. Stiege, Halbstock, Tür 238, Tel. 42 8 08

Beteiligungen der Stadt Wien an privatwirtschaftlichen Unternehmungen; Liegenschaftswesen und Bodenbeschaffungspolitik; Versorgung der Bevölkerung mit Wasser; Abwasserbeseitigung; Friedhofsverwaltung; Landwirtschaftsbetrieb; Angelegenheiten des Ernährungswesens, Wahrung der Konsumenteninteressen, Preiskontrolle.
Zugehörige Magistratsabteilungen:
Magistratsabteilung 30 – Kanalisation
Magistratsabteilung 31 – Wasserwerke
Magistratsabteilung 40 – Technische Grundstücksangelegenheiten
Magistratsabteilung 43 – Städtische Friedhöfe
Magistratsabteilung 47 – Landwirtschaftsbetrieb der Stadt Wien
Magistratsabteilung 59 – Marktamt
Magistratsabteilung 60 – Veterinäramt, Lebensmitteluntersuchungsanstalt, Markt- und Schlachtbetrieb St. Marx
Magistratsabteilung 63 – Beteiligungen an privatrechtlichen Unternehmungen, Gewerbewesen und rechtliche Angelegenheiten des Ernährungswesens
Magistratsabteilung 69 – Rechtliche und administrative Grundstücksangelegenheiten

Amtsführender Stadtrat *Veleta Josef* 4161
Eschner Otto, Oberamtsrat 4281
Sekretariat 4284
Wolfgring, Ing. Robert, Techn. Oberamtsrat 4166
Weber Leo, Pressereferent 4169

MAGISTRATSABTEILUNG 30

Kanalisation

6, Grabnergasse 4–6, 2. Stock, Tür 473–475, Tel. 830*, 57 75 75*

Planung, Errichtung, Verwaltung, Betrieb und Erhaltung der öffentlichen Schmutz- und Mischwasserkanäle sowie von öffentlichen Regenwasserkanälen von Sonderbauwerken der öffentlichen Abwasserbeseitigung, aller öffentlichen Abwasserreinigungsanlagen sowie aller abteilungseigenen Objekte und maschinentechnischen Einrichtungen und Ausrüstungen.
Mitwirkung bei Planung, Beschaffung, Errichtung und Erhaltung der abteilungsspezifischen elektrotechnischen Einrichtungen und Ausrüstungen für öffentliche Abwasserbeseitigungseinrichtungen.
Betrieb und Erhaltung des abteilungseigenen Fuhrparkes.
Technische Fachdienststelle für alle Abwasserbeseitigungsfragen.
Beistellung von Amtssachverständigen, Erstellung von Kanal- und Senkgrubenbefunden.
Begutachtende Dienststelle des Landes Wien in Angelegenheiten des Wasserwirtschaftsfonds.
Überwachung des in die Kanäle einzuleitenden Abwassers ausgenommen in hygienischer Hinsicht, einschließlich amtlicher Probeentnahmen.
Räumung von Hauskanälen, Senk- und Sickergruben, von Abscheidern aller Art sowie von Hauskläranlagen.
Räumung der Wasserlaufkanäle mit Ausnahme der Straßenwassereinlaufschächte.
Bestellung der ständigen Kontrahenten für Aufgaben der Abwasserbeseitigung.
Verwaltung der abteilungseigenen Liegenschaften.
Führung des abteilungseigenen Planbestandes.

Stich, Dipl.-Ing. Karl, Senatsrat 421
Mehl, Dipl.-Ing. Rüdiger, Senatsrat 437
Adam, Dipl.-Ing. Gerhard, Oberstadtbaurat 444
Farsky, Dipl.-Ing. Attila, Oberstadtbaurat 445
Regner, Dipl.-Ing. Erich, Oberstadtbaurat 427
Szvetits, Dipl.-Ing. Karl, Oberstadtbaurat 422
Bortenschlager, Dipl.-Ing. Peter, Stadtbaurat 430
Jäger, Dipl.-Ing. Wilhelm 428
Petroulakis, Dipl.-Ing. Marinos, Stadtbaurat 446
Kaufmann, Dipl.-Ing. Herbert, Stadtbauoberkommissär 497
Smetaczek, Dipl.-Ing. Alois, Stadtbaukommissär . . 435
Süss, Ing. Josef, Techn. Oberamtsrat 447
Ott, Ing. Karl, Techn. Oberamtsrat 439

Kelnhofer, Ing. Franz, Techn. Amtsrat 450
Mang, Ing. Franz, Techn. Amtsrat 431
Pilz, Ing. Richard, Techn. Amtsrat 449
Zech, Ing. Kurt, Techn. Amtsrat 488
Böhm Gertrude, Kanzleioberkommissär,
Kanzleileiter 423
Kanzlei 424, 425, 426, 456
Projektionsleiter 439
Planungsbüro:
Szvetits, Dipl.-Ing. Karl, Oberstadtbaurat 422
Planung 430, 465, 435, 497, 412
Plankammer 432, 433,
441, 457, 458, 461, 480, 481, 482, 483
Baugruppe Allgemeiner Kanalbau:
Farsky, Dipl.-Ing. Attila, Oberstadtbaurat 445
Baugruppe Hauptkläranlage und Donaukanalbereich:
Mehl, Dipl.-Ing. Rüdiger, Senatsrat 437
Baugruppe Donaubereich:
Adam, Dipl.-Ing. Gerhard, Oberstadtbaurat . . . 444
Bauinspizienten 431,
439, 440, 443, 444, 445, 446, 466,
467, 471, 472, 484, 491, 493, 497,
Baupolizeiliche Angelegenheitenß
Regner, Dipl.-Ing. Erich, Oberstadtbaurat 427
Referenten: 428, 429, 476
Kanalbetrieb:
Süss, Ing. Josef, Techn. Oberamtsrat 447
Kanzlei 459, 474
Pumpwerke:
Kaiser-Ebersdorf, 11, Zinnergasse
K.-Nr. 530 . . . . 76 21 36
Floridsdorf, 21, Floridsdorfer Hauptstraße 1a 38 15 81
Schirlinggrund, 22, Aspern 22 13 35
Kaisermühlen, 22, Kaisermühlen, Gänsehäufelgasse 2 . . . . 23 53 55
Stadlau, 22, Stadlau, An der unteren Alten Donau 132 . . . . 23 12 67
Kläranlagen:
11, Kaiser-Ebersdorf, Margetinstraße (Hauptkläranlage) 76 16 71
23, Inzersdorf-Blumental, 23, Inzersdorf, Großmarktstraße 5 . . . . 67 31 81*, 67 15 57*
Hauptsammelkanalbetrieb I:
19, Eduard Pötzl-Gasse 4 . . . . 36 46 68
Hauptsammelkanalbetrieb II:
22, Stadlau, Waldrebengasse 3 . . . . 22 16 97
Bezirksbetriebslokale (Anmeldung für Hauskanalgebrechen) für die Bezirke:
1, 2, 20:
20, Heistergasse 8–10 . . . . 33 71 54
3, 11:
11, Kopalgasse 1 . . . . 74 23 33
4 bis 6, 10, 12:
10, Windtenstraße 1 . . . . 62 02 24, 64 32 59
7, 8, 15, 16:
16, Brüßlgasse 4 . . . . 92 13 35, 92 56 18
9, 19:
9, Salzergasse 34–38 . . . . 34 53 16
13, 14:
14, Hackinger Straße 3 . . . . 94 82 86
17, 18:
18, Paulinengasse 15 . . . . 47 12 60
21:
21, Floridsdorfer Hauptstraße 1a 38 13 18, 38 14 96
22:
22, Stadlau, Waldrebengasse 3 . . . . 22 16 97
23:
23, Atzgersdorf, Brunner Straße 3–5 . . . . 86 93 12, 86 93 72
Bereitschaftsdienst (Montag bis Freitag von 7 bis 17 Uhr und Samstag von 7 bis 12 Uhr) 455
übrige Zeit: 6, Grabnergasse 2 . . . . 462, 485
Betriebslokale für den Senkgrubenräumungsbetrieb für die Bezirke:
1 bis 3, 11, 20 bis 22:
22, Stadlau, Waldrebengasse 3 . . . . 22 16 97
4 bis 6, 10, 12, 23:
10, Windtenstraße 1 . . . . 62 02 24
7 bis 9, 13 bis 19:
14, Hackinger Straße 3 . . . . 94 82 86

MAGISTRATSABTEILUNG 31

Wasserwerke

6, Grabnergasse 4–6, Tel. 831*, 57 75 75*

Versorgung der Stadt Wien mit Trinkwasser mittels öffentlicher Wasserversorgungsanlagen.
Planung, Errichtung, Betrieb, Erweiterung, Erhaltung und Verwaltung der öffentlichen Wasserversorgungsanlagen bis zur Übergabestelle sowie Verwaltung der der öffentlichen Wasserversorgung unmittelbar dienenden Grundstücke und der abteilungseigenen Objekte.
Trinkwasserversorgung in Not- und Katastrophenfällen.
Handhabung des Wasserversorgungsgesetzes und der aufgrund dieses Gesetzes erlassenen Verordnungen mit Ausnahme der Wassergebühren und der Strafamtshandlungen.
Vertretung der Interessen der Stadt Wien in den Schutz- und Schongebieten gemäß den Verordnungen zum Schutz der Wasservorkommen.
Mitwirkung bei der Bewirtschaftung der stadteigenen Wasserschutz- und Schongebiete und bei der Durchführung von Maßnahmen im Hinblick auf einen optimalen Boden- und Waldzustand zur Gewährleistung eines nachhaltigen Wasserdargebotes.
Mitwirkung bei Grundtransaktionen für Wasserversorgungszwecke.
Beistellung von Amtssachverständigen in behördlichen, die Wasserversorgung berührenden Verfahren.
Vertretung der Interessen der Stadt Wien auf dem Gebiet der Wasserversorgung in Interessengemeinschaften und Verbänden.
Erwerb von Dienstbarkeitsrechten für Wasserversorgungsanlagen.
Planung, Errichtung, Betrieb, Erhaltung und Verwaltung der Wasserleitungskraftwerke und der damit in Zusammenhang stehenden Hochspannungsanlagen bis zu den Übergabestellen.
Überwachung und Untersuchung des Trinkwassers aus den öffentlichen Wasserversorgungsanlagen, ausgenommen in hygienischer und bakteriologischer Hinsicht.
Aufstellung und Instandhaltung von Feuerhydranten, unter Mitwirkung der Magistratsabteilung 68.
Definitive Straßeninstandsetzung nach Aufgrabungen der Wasserwerke.
Fischereiangelegenheiten im Einzugsgebiet der Wientalwasserleitung.
Führung des Lagerbuches für den Wasserleitungsbetrieb.
Betrieb der Wasserleitungsmuseen.

Kling, Dipl.-Ing. Alfred, Senatsrat 259
Joachimsthaler, Dipl.-Ing. Max, Senatsrat 345
Steinwender, Dipl.-Ing. Peter, Senatsrat 348
Maschek, Dipl.-Ing. Herbert, Senatsrat 316
Hruza, Dipl.-Ing. Peter, Oberstadtbaurat 312
Suchomel, Dipl.-Ing. Peter, Oberstadtbaurat 350
Stingl, Dipl.-Ing. Wolfgang, Oberstadtbaurat 382
Auracher, Dipl.-Ing. Siegfried, Stadtbaurat 317
Hofbauer, Dipl.-Ing. Peter, Stadtbaurat 401
Laaha, Dipl.-Ing. Franz, Stadtbaurat 321
Leiner, Dipl.-Ing. Roland, Stadtbaurat 371
Pleyer, Dipl.-Ing. Hans, Stadtbaurat 252
Ricica, Dipl.-Ing. Kurt, Stadtbaurat 359
Till, Dipl.-Ing. Erich, Stadtbaurat 402
Haas, Dipl.-Ing. Herbert, Stadtbaukommissär 347
Donner Josef, Oberamtsrat, Regierungsrat 279
Kozian, Ing. Kurt, Techn. Oberamtsrat 269
Zöhrer, Ing. Willibald, Techn. Oberamtsrat 284
Adamek, Ing. Franz, Techn. Amtsrat 332
Benesch, Ing. Wolfgang, Techn. Amtsrat 291
Gaisbauer, Ing. Rudolf, Techn. Amtsrat 356
Rosendorf, Ing. Erich, Techn. Amtsrat 329
Schrems, Ing. Emil, Techn. Amtsrat 354
Vejmelka, Ing. Walter, Techn. Amtsrat 333
Fischer Liane, Kanzleioberkommissär, Kanzleileiter 262
Kanzlei, Protokoll 299

Betriebsabteilungen:

A 1: Rechtsangelegenheiten: Wasser-, bau-, berg-, energie-, eisenbahn-, naturschutz-, zivil- und andere rechtliche Verfahren, Erwirkung behördlicher Konsense, Grundverwaltung, Versicherungsfälle, Schadenersatzansprüche, Servitute, alle Rechtsangelegenheiten der Verbundwirtschaft, Wasserabgabe außer Wien, Handhabung des Wasserversorgungsgesetzes, des Quellenschutzes, der Wassertarife und die rechtlichen Projektionsvorbereitungen, Abschluß aller Verträge, Prozesse, Fischereilizenzen, Zahlungserleichterungen, Mitgliedschaften bei Organisationen, Vereinen und Konkurrenzverbänden, fremde Projekte und Führung des Lagerbuches

Donner Josef, Oberamtsrat, Regierungsrat 279
Sachbearbeiter 277, 275, 272
Schreibstelle 276, 274

A 2: Allgemeine und Personalangelegenheiten:

Stingl, Dipl.-Ing. Wolfgang, Oberstadtbaurat 382
Gruppe 1: Kanzlei 262
Protokoll 299
Expedit, Registratur 383
Schreibstelle 404
Betriebskasse 296
Gruppe 2: Personalangelegenheiten 280
Lohn- und Gebührenverrechnung . . . 281, 282, 283
Gruppe 3: Hausverwaltung 385
Gruppe 4: Kfz-Park, Fahrdienstleitung 263, 260
Gruppe 5: Materialeinkauf und Rohrlager: Beurteilung, Beschaffung und Prüfung von Leitungsbaustoffen und Rohrleitungsbestandteilen, Armaturen und Spezialerfordernissen des Wasserversorgungsbetriebes

Rohrlager: 14, Guldengasse 2 . . . . 94 14 42
Preisprüfungskommission
Vorsitz: *Stingl, Dipl.-Ing. Wolfgang,* Oberstadtbaurat 382

B 1: Planungs- und Bauabteilung: Grundlagenforschung; hydrogeologische und wasserwirtschaftliche Untersuchungen; Erschließung neuer Wasservorkommen; Vorbereitung, Projektierung und Durchführung von Großbauvorhaben; amtstechnische und wasserwirtschaftliche Angelegenheiten der Wasserversorgung; Begutachtung fremder Wasserversorgungsentwürfe; Planarchiv
Joachimsthaler, Dipl.-Ing. Max, Senatsrat 345
Leiner, Dipl.-Ing. Roland,
Stadtbaurat 371
Bau- und Projektierungsgruppen:
Till, Dipl.-Ing. Erich, Stadtbaurat 402
Ricica, Dipl.-Ing. Kurt, Stadtbaurat 359
Gaisbauer, Ing. Rudolf, Techn. Amtsrat 356
Technisch-administrative Gruppe 357, 370
Konstruktions-, Zeichen- und Kartographisches
Büro, Planarchiv 351
Zeichensaal I 374
Zeichensaal II 323
Planarchiv 379

B 2: Wasserwirtschaft: Apparatenzentrale für Fernregistrierung und Fernsteuerung, kurz- und langfristige Disposition
Betrieb der Behälter, Kraft- und Hebewerke, Grundwasserwerke, Drucksteigerungswerke, Trinkwasserdesinfektion, Starkstrom-Maschinenbau, Informationstechnik und Kabelnetz, Betriebsstatistik
Suchomel, Dipl.-Ing. Peter, Oberstadtbaurat 350
Pleyer, Dipl.-Ing. Hans, Stadtbaurat 252
Gruppe Wasserwirtschaft:
Apparatenzentrale 216, 265
Gruppe Maschinenanlagen, Starkstromtechnik und Desinfektionsanlagen:
Schrems, Ing. Emil, Techn. Amtsrat 354
Gruppe Informationstechnik, Fernmelde- und Fernsteuerungsanlagen, Elektronik, Kabelnetz:
Kozian, Ing. Kurt, Techn. Oberamtsrat 269
Bau- und Anlagenerhaltung 212, 213, 214
Kabeldienst 255, 295
Elektrolager 207, 208
Betriebsstatistik und Finanzgebarung 242

B 3: Rohrnetz: Betrieb, Erhaltung und Ausbau des Rohrnetzes, Störungsdienst, Gebrechenfahndungsdienst, Notstandseinsatz
Aufgrabungsevidenz
Maschek, Dipl.-Ing. Herbert, Senatsrat 316
Hruza, Dipl.-Ing. Peter, Stadtbaurat 312
Bau- und Bezirksgruppenleiter für die Bezirke:
1 bis 3, 6, 7, 10, 11, 15, 20 bis 22:
Hruza, Dipl.-Ing. Peter, Oberstadtbaurat 312
4, 5, 8, 9, 12 bis 14, 16 bis 19, 23:
Auracher, Dipl.-Ing. Siegfried, Stadtbaurat 317
Betriebs- und Bauinspizienten für die Bezirke:
1, 2, 6, 7, 15, 20 330
3, 10, 11 333
4, 5, 12, 23 (ohne Mauer) 358
8, 9, 17 bis 19 372
13, 14, 16, 23 (nur Mauer) 313
21, 22 329
Betriebsoberinspektoren für die Bezirke:
1, 2, 6, 7, 15, 20 bis 22 406
3 bis 5, 10 bis 12, Liesing, Inzersdorf 314
8, 9, 13, 14, 16 bis 19, Mauer 406

U-Bahn-Bau, Aufschließung von Betriebsbaugebieten:
Adamek, Ing. Franz, Techn. Amtsrat 332
Störungsdienst: Bereitschaftsingenieur (außerhalb der Amtsstunden) 200
Einsatzgruppen 201, 202
Aufgrabungsevidenz, Auskunft, Materialgebarung 388, 389
Gebrechenfahndungsdienst 315

C: Quellengebiete und Fernleitungen:
Betrieb, Erhaltung und Ausbau der Wassergewinnungsanlagen, Kraft- und Hebewerke und sonstiger Objekte in den Quellengebieten der I. und II. Wiener Hochquellenleitung sowie des Wientalwasserwerkes und der zugehörigen Fernleitungen; Wahrnehmung der Interessen und des Quellenschutzes außerhalb Wiens
Steinwender, Dipl.-Ing. Peter, Senatsrat 348
Laaha, Dipl.-Ing. Franz, Stadtbaurat 321
Betriebsleitungen:
I. Hochquellenleitung:
Laaha, Dipl.-Ing. Franz, Stadtbaurat 321
II. Hochquellenleitung:
Hofbauer, Dipl.-Ing. Peter, Stadtbaurat 401
I. Quellengebiet – Hirschwang 0 26 66/548
II. Quellengebiet – Wildalpen 0 36 36/20 20
Wientalwasserwerk 0 22 33/22 23
Hofbauer, Dipl.-Ing. Peter, Stadtbaurat 401

D: Anschlußleitungen und Verbrauchsanlagen, Wasserzählung:
1. Herstellung, Erhaltung und Betrieb von Anschlußleitungen
2. Überwachungsbehörde für Verbrauchsleitungen (Inneninstallationen)
3. Baupolizeiliche Anzeige- und Genehmigungsstelle für Verbrauchsleitungen (Inneninstallationen)
4. Zulassungsstelle für Installationsmaterialien und für wasserverbrauchende Geräte aller Art
5. Referat für die Wiederinstandsetzung von öffentlichen Verkehrsflächen nach Aufgrabungen
6. Fachstelle für Erdungsfragen im Zusammenhang mit Wasserleitungsanlagen
7. Gebrechensuchdienst
8. Wasserzähler

Zöhrer, Ing. Willibald,
Techn. Oberamtsrat 284
Benesch, Ing. Wolfgang, Techn. Amtsrat 291
Bezirksreferenten (Ref. 1 bis 3) für die Bezirke:
1, 6, 7, 15, 18, 19 . . . . 218, 365
2, 20 bis 22 . . . . 267, 288, 294
3 bis 5, 11, 12 . . . . 291, 293
8, 9, 14, 16, 17 . . . . 289, 292
10, 13, 23 . . . . 285, 278
Referat 4 und 6: Zulassung von Geräten und Werkstoffen, Erdungsprobleme 284
Referat 5: Straßeninstandsetzung 273, 290
Referat 7: Gebrechensuchdienst 237
Referat 8: Wasserzähler:
a) Beschaffung, Erhaltung, Neueinschaltung und periodischer Austausch der Wasserzähler
b) Betrieb der Wasserzählerwerkstätte; Überholung der WZ.
c) Wasserzählerprüfstation, Nacheichung der WZ 233

Sachbearbeiter 234, 235, 236
Wasserzählerwerkstätte, Prüfanstalt, 5, Spengergasse 45 . . . . 55 81 24

F: Bezirksdienststellen der Betriebsabteilungen B 3 und D:

Für die Bezirke:
1, 6, 7, 15:
7, Lindengasse 61–63 . . . . 93 54 41, 93 54 19
2, 20:
2, Große Pfarrgasse 16–20 . . . . 33 75 42, 33 75 39
3, 11:
3, Leonhardgasse 9/2 . . . . 73 61 69, 72 15 97
4, 5, 12:
12, Arndtstraße 30/3 . . . . 83 26 95, 83 75 48
8, 9, 17:
8, Albertplatz 7 . . . . 42 91 51, 43 44 20
10, 23 (ohne Mauer):
23, Inzersdorf,
Hochwassergasse 60/1 . . . . . .67 26 99, 67 21 50
13, 23 (nur Mauer):
23, Mauer, Dr. Barilits-
Gasse 2–4/6 . . . . 88 21 78, 88 21 79
14, 16:
14, Hütteldorfer Straße 142 . . . 94 31 29, 94 43 76
18, 19:
19, Hardtgasse 16–30/23 . . . . . 34 53 34, 34 62 64
21:
21, Schöpfleuthnergasse 8–16/11/1 38 15 67, 38 13 10
22:
22, Stadlau, Tietzestraße 2/11 . . 22 22 13, 22 22 08

G: Bereitschaftsdienst (Störungsanmeldung):

6, Grabnergasse 6 . . . . 831*, 57 75 75*

Magistratsabteilung 6, Buchhaltungsabteilung VIII (Kanalisation und Wasserwerke):

List Leopold, Oberamtsrat 361
Einnahmeverrechnung . . 335, 336, 338, 363, 366, 489
Rechnungsprüfung, Rechnungsprotokoll, Zahlungsaufträge und Ausgangsfakturen . . . 337, 341, 342, 363
Buchungsmaschine 364
Einlaufstelle 362

MAGISTRATSABTEILUNG 40

Technische Grundstücksangelegenheiten

1, Rathausstraße 14–16, 1. Stock, Tür 208b, Tel. 42 8 08

Technische Mitwirkung bei Grundstücksangelegenheiten allgemeiner und grundsätzlicher Art.
Begutachtung und Bewertung bebauter und unbebauter Grundstücke.
Begutachtung der Zweckmäßigkeit des An- und Verkaufes, der Nutzung und Verwertung von Liegenschaften für die Stadt Wien und ihrer Fonds.
Prüfung der Preisangemessenheit von Grundstücken, insbesondere gemäß dem Wohnbauförderungs-, dem Wohnungsverbesserungs-, dem Stadterneuerungs-, dem Bodenbeschaffungs- und dem Ausländergrunderwerbsgesetz.
Ausarbeitung von Stellungnahmen zu Abänderungen der Flächenwidmungs- und Bebauungspläne in den Gemeinden des Wiener Umlandes hinsichtlich des dort befindlichen Grundbesitzes der Stadt Wien.
Feststellung fiktiver Neubaukosten für Versicherungszwecke (Brandschaden usw.).
Führung der Zentralen Liegenschaftsevidenz.
Festlegung der Verwaltungszuständigkeit für städtische Grundstücke im Einzelfall.
Technische Mitwirkung bei der Einheitsbewertung städtischer Grundstücke.
Technische Mitwirkung und Veranlassung bei der Herstellung der Grundbuchordnung, insbesondere Antragstellung bei Eigenparzellierungen.
Durchführung von Miet- und Nutzwertberechnungen.
Vermessungstechnische Arbeiten zur Festlegung von Teilpachtflächen und der Verwaltungszuständigkeit für Teilflächen städtischer Grundstücke.

Podirsky, Dipl.-Ing. Heinrich, Senatsrat 3641
Mayer, Dipl.-Ing. Dr. jur. Heinz, Oberstadtbaurat . 3642
Ent, Dipl.-Ing. Ilse, Oberstadtbaurat 3658
Kaider, Dipl.-Ing. Karl, Oberstadtbaurat 3659
Kainz, Dipl.-Ing. Erich, Oberstadtbaurat 3660
Schober, Dipl.-Ing. Elfriede, Oberstadtbaurat 3667
Drabek, Dipl.-Ing. Stefan, Stadtbaurat 3650
Krassel, Dipl.-Ing. Peter, Stadtbaurat 3648
Fleischinger, Dipl.-Ing. Eva, Stadtbauoberkommissär 3666
Satke, Dipl.-Ing. Martin, Stadtbaukommissär 3578
Loskot, Ing. Willibald, Techn. Oberamtsrat 3664
Weber, Ing. Friedrich, Techn. Oberamtsrat 3665
Binder, Dipl.-Ing. Johann, Techn. Amtsrat 3675
Rompolt Elfriede, Kanzleioberoffizial, Kanzleileiter 3643
Kanzlei 840, 3663
Liegenschaftstransaktionen, Liegenschaftsbewertungen und Pachtangelegenheiten . 3578, 3642, 3651, 3655, 3658, 3660, 3662, 3664, 3666, 3667, 3668
U-Bahn, Stadterneuerung 3595, 3665
Zentrale Liegenschaftsevidenz (ZLE)
ZLE-Datenkoordinierung 3569, 3661, 3626, 3645, 3646, 3648, 3650, 3659
ZLE-Schriftoperat 3563, 3567, 3568
ZLE-Planoperat 3551, 3653, 3654
ZLE-Flächenaufteilung 3592, 3649, 3551
Mietwertparifikation 3652, 3657, 3588, 3595

MAGISTRATSABTEILUNG 43

Städtische Friedhöfe

1, Werdertorgasse 6, Tel. 843, 63 66 76*

Planung, Errichtung, Erhaltung, Verwaltung und Betrieb der städtischen Friedhöfe, Urnenhaine, Friedhofsgebäude, Feuerhallen, Leichenkammern und der sonstigen Gebäude und Liegenschaften der Friedhofsverwaltung.
Anlage, Zuweisung und Evidenthaltung der Grabstellen (Erd- und Feuerbestattung).
Evidenthaltung der in städtischen Friedhöfen und Urnenhainen Bestatteten.
Ermittlung und Einhebung von Entgelten für die Grabstellen.
Durchführung von Beerdigungen, Enterdigungen und Einäscherungen.
Beistellung und Anlage der Ehrengräber der Stadt Wien sowie Durchführung der Ausschmückung und Pflege der von der Stadt Wien in Obhut übernommenen Grabstellen.
Ausschmückung und Pflege der Kriegs- und Opfergräber in den städtischen Friedhöfen und Urnenhainen sowie der Gräber von Soldaten, Kriegsgefangenen und zwangsweise nach Österreich gebrachten Staatsangehörigen im gesamten Stadtgebiet.
Ausführung noch bestehender Graberhaltungswidmungen.
Erstellung des Entwurfes und Handhabung der Friedhofsordnung für die Friedhöfe und Urnenhaine sowie des Tarifes für die Bestattungsanlagen der Stadt Wien.
Erlassung und Handhabung von Kundmachungen über die Benützung der städtischen Friedhöfe und Urnenhaine sowie über die Auflassung und Umwandlung von Grabstellen.
Bestellung von ständigen Unternehmern für Friedhofsarbeiten (Friedhofskontrahenten).
Bestellung von Wärterinnen der Bezirksleichenkammern.
Betriebsführung der Städtischen Friedhofsgärtnerei und der Städtischen Steinmetzwerkstätte.

Lang, Dipl.-Ing Augustin, Senatsrat 20
Bukovnik, Dipl.-Ing. Viktor, Senatsrat 21
Strelec, Mag. Josef, Arch., Senatsrat 31
Dworak, Dipl.-Ing. Daland, Oberstadtbaurat 30
Kollmann Walter, Oberamtsrat 46
Bauer, Dr. Johann, Amtsrat 47
Fahsl Alois, Amtsrat 82 31 07
Keller Eduard, Amtsrat 32
Kolar Johann, Amtsrat 74 35 41*, 22
Kranzer Friedrich, Amtsrat 39 13 61
Marchtrenker Walter, Techn. Amtsrat 41
Schubert Fritz, Amtsrat 46
Schulz Roland, Amtsrat 65
Zink Johann, Amtsrat 53
Bock Gisela, Kanzleioberkommissär, Kanzleileiter . 22
Kanzlei 23, 59
Technisches Referat: *Dworak, Dipl.-Ing. Daland,* Oberstadtbaurat 30, 31, 32, 33, 34, 35
Gartenreferat: *Marchtrenker Walter,* Techn. Amtsrat 40, 41, 42
Tarif- und Grabrechtsstelle: *Kollmann Walter,* Oberamtsrat 46, 47, 48, 49, 50, 51, 52, 53, 54, 55, 56, 57
Kassa 49
Wirtschaftsangelegenheiten 37, 38
Personalangelegenheiten: *Schulz Roland,* Amtsrat 64, 65

Städtische Friedhöfe:

(Besuchszeiten: Jänner, Februar, November und Dezember von 8 bis 17 Uhr; März, April, September und Oktober von 7 bis 18 Uhr; Mai, Juni, Juli und August von 7 bis 19 Uhr)

Altmannsdorf, 12, Stüber-Gunther-Gasse K.-Nr. 206 . . . . 67 27 413
Aspern, 22, Langobardenstraße K.-Nr. 253 . . . 22 13 17
Atzgersdorf, 23, Reklewskigasse 25 . . . . 86 93 80
Baumgarten, 14, Waidhausenstraße 52 . . . . . 94 14 16
Breitenlee, 22, Breitenleer Straße P. 1
Döbling, 19, Hartäckerstraße 65 . . . . 47 51 94
Dornbach, 17, Alszeile 28 . . . . 46 75 632
Erlaa, 23, Erlaaer Straße 86 . . . . 67 29 793
Eßling, 22, Schafflerhofstraße P. 368 . . . . . 22 59 633
Gersthof, 18, Möhnergasse 1 . . . . 47 14 78
Grinzing, 19, An den langen Lüssen 2 . . . . . . 32 31 92
Groß-Jedlersdorf, 21, Strebersdorfer Straße 4 . 39 12 33
Hadersdorf-Weidlingau, 14, Friedhofstraße Nr. 12–14 . . . . 97 13 735
Heiligenstadt, 19, Wildgrubgasse 20 . . . . . . 32 28 144
Hernals, 17, Leopold Kunschak-Platz 7 . . . . . 46 33 62
Hetzendorf, 12, Elisabethallee 2 . . . . 83 29 453
Hietzing, 13, Maxingstraße 15 . . . . 82 31 07
Hirschstetten, 22, Quadenstraße K.-Nr. 135 . . 22 13 46
Hütteldorf, 14, Samptwandnergasse 6 . . . . . . 94 31 73
Inzersdorf, 23, Kolbegasse 264 . . . . 67 22 69
Jedlesee, 21, Liesneckgasse 246 . . . . 38 51 61
Kagran, 22, Goldemundweg 134 . . . . 23 41 455
Kaiser-Ebersdorf, 11, Thürnlhofstraße 350 . . . 76 35 315 (77 86 655)
Kalksburg, 23, Zemlinskygasse 26 . . . . 88 42 23
Lainz, 13, Würzburggasse 28 . . . . 82 60 555
Leopoldau, 21, Leopoldauer Platz P. 263/2
Liesing, 23, Siebenhirtenstraße K.-Nr. 402 . . . 86 01 75
Mauer, 23, Friedensstraße 16 . . . . 88 51 54
Meidling, 12, Haidackergasse 154 . . . . 83 34 86
Neustift, 18, Pötzleinsdorfer Höhe 44 14 44
Ober-Laa, 10, Friedhofstraße 68 57 754
Ober-St. Veit, 13, Gemeindeberggasse K.-Nr. 344 . . . . 84 12 953 (82 50 543)
Ottakring, 16, Gallitzinstraße 5 . . . . 92 14 44
Pötzleinsdorf, 18, Starkfriedgasse 59–61 . . . 47 27 192
Rodaun, 23, Leinmüllergasse 20 . . . . 88 42 23
Siebenhirten, 23, Pollakgasse P. 208
Sievering, 19, Nottebohmstraße 51 . . . . 44 13 97
Simmering, 11, Unter der Kirche K.-Nr. 597 . . . . 76 31 70 (74 22 74)
Stadlau, 22, Gemeindeaugasse 22 23 14
Stammersdorf-Ort, 21, Clessgasse bei Nr. 70
Stammersdorfer Zentralfriedhof, 21, Stammersdorfer Straße 244–260 . . . . . 39 13 61
Strebersdorf, 21, Anton Haberzeth-Gasse
Südwestfriedhof, 12, Hervicusgasse 44 . . . . . . 83 45 60
Süßenbrunn, 22, Friedhofweg
Zentralfriedhof, 11, Simmeringer Hauptstraße 234 . . . . . 74 35 41*
Simmeringer Feuerhalle, 11, Simmeringer Hauptstraße 337 . . . . . . 74 32 51

Städtische Bezirksleichenkammern:

10, Gudrunstraße 199 . . . . 64 48 273
21, Stammersdorfer Straße 244–260 . . . . . . 39 13 61

Städtische Friedhofsgärtnereien:

Hernalser Friedhof, 17, Leopold Kunschak-Platz 7 . . . . 46 33 62
Hietzinger Friedhof, 13, Maxingstraße 15 . . . . 82 31 07
Neustifter Friedhof, 18, Pötzleinsdorfer Höhe . . 44 14 44
Ottakringer Friedhof, 16, Gallitzinstraße 5 . . . 92 14 44
Stammersdorfer Zentralfriedhof, 21, Stammersdorfer Straße 244–260 . . . . 39 13 61
Südwestfriedhof, 12, Hervicusgasse 44 . . . . . 83 45 60
Zentralfriedhof, 11, Simmeringer Hauptstraße Nr. 234 . . . . 74 35 41*
Simmeringer Feuerhalle, 11, Simmeringer Hauptstraße 337 . . . . 74 32 51

Städtische Steinmetzwerkstätte:

11, Simmeringer Hauptstraße 339 . . . . 74 12 01

MAGISTRATSABTEILUNG 47

Landwirtschaftsbetrieb der Stadt Wien

3, Vordere Zollamtsstraße 11, Tel. 72 24 99, 73 22 87

Verwaltung und Bewirtschaftung der stadteigenen Ökonomien und gepachteten Flächen sowie Betrieb von Buschenschenken.
Bewirtschaftung von städtischen Grundstücken, auch in Streulage, sofern eine landwirtschaftliche Nutzung vertretbar oder zweckmäßig ist.
Anwerbung und Aufnahme von in- und ausländischen landwirtschaftlichen Saisonarbeitern.
Gehalts- und Lohnverrechnung für Gutsangestellte und Landarbeiter.
Führung von Werkstätten für die Instandhaltung landwirtschaftlicher Maschinen, Geräte und Fahrzeuge.

Vincze, Dipl.-Ing. Herfried
Pichur, Dipl.-Ing. Franz
Gutsdomäne Eßling 22 55 914
Labus, Ing. Boris, Verwalter
Gutsdomäne Rutzendorf 0 22 15/268
Mayer Karl, Verwalter
Gutsdomäne Orth a. d. Donau 0 22 12/281
Rehacek Ernst, Verwalter
Gutsdomäne Schloßhof 0 22 85/61 32
Unterberger Franz, Verwalter
Stadtgut Lobau 0 22 49/300
Mayer Karl, Verwalter
Stadtgut Wallhof 77 62 23
Kaindl Franz, Verwalter
Stadtgut Cobenzl 32 58 05
Duhan Johannes, Verwalter
Stadtgut Magdalenenhof 39 42 00
Cerny, Ing. Herbert, Verwalter
Stadtgut Laxenburg 0 22 36/72 14
Lüftenegger Anton, Verwalter
Stadtgut Vösendorf 67 16 83
Lüftenegger Anton, Verwalter
Stadtgut Lindenhof 0 29 84/35 22
Ziegler, Ing. Franz, Verwalter

MAGISTRATSABTEILUNG 59

Marktamt

3, Am Modenapark 1–2, 2. Stock, Tel. 740*, 72 36 31*

Aufsichtsdienst auf dem Gebiet des Konsumentenschutzes, insbesondere bezüglich der folgenden Gesetze und der aufgrund dieser Gesetze erlassenen Verordnungen:
Lebensmittelgesetz 1975, Gewerbeordnung 1973, Maß- und Eichgesetz 1950, Preisgesetz, Qualitätsklassengesetz, Gesetz gegen den unlauteren Wettbewerb, Weingesetz, Bazillenausscheidergesetz und Wiener Buschenschankgesetz.
Verwaltung der Märkte der Stadt Wien, insbesondere Errichtung, Erhaltung, Zuweisung und Entziehung von Marktstandplätzen und Markteinrichtungen, Einhebung der Gebühren und Entgelte, Verwaltung der Erweiterungsfläche und der Anschlußbahnanlage für den Großmarkt Wien-Inzersdorf.
Einrichtung und Betrieb von städtischen Brückenwaagen und Einhebung der Entgelte.
Erhebungen für den Verbraucherpreisindex sowie über Preise und Zufuhren, Marktbeobachtungsdienst einschließlich der Überwachung der Lebensmittelversorgung und Marktnachrichtendienst.
Allgemeiner Erhebungsdienst, insbesondere solcher wirtschaftlicher Art.
Konsumentenberatung für Waren, die dem Lebensmittelgesetz unterliegen.
Zulassung, Widerruf der Zulassung und Überwachung der Markthelfer.
Vergebung, Entziehung und Überwachung von beweglichen Verkaufsständen auf Grundstücken mit öffentlichem Verkehr einschließlich der Erteilung der Gebrauchserlaubnis mit Ausnahme von Zeitungsständen.
Die vorstehenden Aufgaben sind nur insoweit wahrzunehmen, als sie nicht in die Zuständigkeit des Markt- und Schlachtbetriebes der Magistratsabteilung 60 fallen.
Dienstaufsicht über das zugeteilte Personal, soweit es nicht der Dienstaufsicht des Magistratsdirektors untersteht.

Samsinger, Dr. Otmar, Direktor des Marktamtes . . 241
Harwalik Johann, Oberamtsrat 242
Buchmann Ernst, Oberamtsrat 250
Fingl Walter, Oberamtsrat 249
Schmatzer Heinrich, Oberamtsrat, Regierungsrat . . 244
Berger Paul, Amtsrat 247
Neuber Johann, Amtsrat 251
Novak Ernst, Amtsrat 246
Novak Kurt, Amtsrat 252
Lembacher Werner, Verwaltungsoberkommissär . . 248
Toyfl Irmgard, Kanzleioberkommissär, Kanzleileiter 254
Kanzlei 254
Lebensmittelpolizei 246, 247, 248
Ernährungstechnische Fragen 244, 245
Laboratorium 244, 245
Verwaltung der Märkte, Eichpolizei 249
Gewerbeangelegenheiten, Landeskultur, Naturschutz, Preis- und Versorgungsangelegenheiten, Statistik, Straßenstände 251, 252, 257
Betriebswirtschaftliche und Verrechnungsangelegenheiten, Budget 250

Marktamtsabteilungen:

1. Bezirk:
1, Wipplingerstraße 8 . . . . . 701*, 708*, 63 07 31*
Redl Friedrich, Oberamtsrat 234
Schnabel, Ing. Wilhelm, Amtsrat 235

2. Bezirk:
2, Karmelitermarkt, Amtsgebäude 33 31 91
Riedel Walter, Oberamtsrat
Marktaufsicht Vorgartenmarkt,
2, Ennsgasse 8 . . . . 24 57 685

3. Bezirk:
3, Karl Borromäus-Platz 3 . . . . . 703*, 72 51 71*
Morawetz Franz, Oberamtsrat 261
Heindl Kurt, Amtsrat 262
Marktaufsicht Augustiner Markt 73 90 775
Landstraßer Markt, 3, Invalidenstraße 2 . . 73 17 51

4. bis 7. Bezirk:
4, verlängerte Kettenbrückengasse,
Amtsgebäude
Naschmarkt 57 73 31, 57 73 65
Graf Walter, Oberamtsrat 20
Engelmann Viktor, Amtsrat 29
Mildner Herbert, Amtsrat 28
Brückenwaage, 5, Siebenbrunnenfeldgasse 55 19 432

8., 9. Bezirk:
9, Nußdorfer Straße 22, Markthalle 34 32 48
Altmann Eduard, Amtsrat
Artner Alfred, Amtsrat
Holzer Walter, Amtsrat

10. Bezirk:
10, Viktor Adler-Markt,
Amtsgebäude 64 27 77
Lorenz Franz, Oberamtsrat 64 27 63
Schmid, Ing. Ernst, Amtsrat

11. Bezirk:
11, Lorystraße, Simmeringer Markt,
Amtsgebäude, Brückenwaage 74 33 01
Kampfmüller Oskar, Amtsrat

12. Bezirk:
12, Hufelandgasse 2 . . . . 712*, 83 16 01*
Plsek Karl, Amtsrat 231
Leopold Othmar, Amtsrat 232
Marktaufsicht Meidlinger Markt, Brückenwaage,
12, Niederhofstraße 83 31 81

13., 14. Bezirk:
13, Hietzinger Kai 1–3 . . . . 713*, 82 26 51*
Lemmerer Franz, Amtsrat 340
Gnadlinger Franz, Amtsrat 341

15. Bezirk:
15, Dadlergasse 1–3 . . . . . . .83 43 13, 83 54 31
Tometz Eduard, Amtsrat
Marktaufsicht Meiselmarkt, Brückenwaage,
15, Meiselmarkt 92 33 51

16. Bezirk:
16, Yppenmarkt, Amtsgebäude 42 61 74
Schön Heinrich, Oberamtsrat 42 49 655
Müller Herbert, Amtsrat

17. Bezirk:
17, Elterleinplatz 14 . .717*, 43 61 01* (43 16 51*)
Fischer August, Amtsrat 359

18. Bezirk:
18, Martinstraße 100 . . . . 718*, 34 25 20*
Stöger, Dkfm. Otto, Oberamtsrat 270

19. Bezirk:
19, Gatterburggasse 14 . . . . . . 719*, 36 42 50*
Pardy Gottfried, Amtsrat 251

20. Bezirk:
20, Brigittaplatz 10 . . . . 720*, 33 35 11*
Enslein Walter, Amtsrat 241
Kaina Heinrich, Amtsrat 244
Marktaufsicht Hannovermarkt, Brückenwaage,
20, Hannovermarkt 33 22 45

21. Bezirk:
21, Floridsdorfer Markt,
Schlingerhof 38 15 80, 38 15 89
Steurer Gottfried, Oberamtsrat

22. Bezirk:
22, Kagran, Schrödingerplatz 1 . . . 722*, 23 35 61*
Scholz Karl, Verwaltungsoberkommissär 250

23. Bezirk:
23, Liesing, Lehmanngasse 3 . . . . 723*, 86 96 17*
Popp Hans, Amtsrat 79
Gärtner Ferdinand, Amtsrat 70
Großmarkt Wien-Inzersdorf,
23, Inzersdorf, Laxenburger Straße 365 . . 67 35 31
Stransky Paul, Oberamtsrat 21
Wichtl Ferdinand, Amtsrat 22
Brückenwaage 32
Blumengroßmarkt,
23, Inzersdorf, Laxenburger Straße 365 . . 67 35 31

MAGISTRATSABTEILUNG 60

Veterinäramt, Lebensmitteluntersuchungsanstalt, Markt- und Schlachtbetrieb St. Marx

3, Viehmarktgasse 5–7, Tel. 72 36 71*

Allgemeine Angelegenheiten des Veterinärwesens mit Ausnahme der der Magistratsabteilung 58 vorbehaltenen rechtlichen Angelegenheiten und der den magistratischen Bezirksämtern zukommenden veterinärbehördlichen Aufgaben.
Allgemeine Angelegenheiten des Tierschutzes, ausgenommen die der Magistratsabteilung 58 und den magistratischen Bezirksämtern vorbehaltenen rechtlichen Angelegenheiten.
Verhütung und Bekämpfung von Tierseuchen.
Beistellung von tierärztlichen Amtssachverständigen.
Veterinärbehördliche Überwachung der Tiermärkte, Tierauktionen, Tierschauen und Tierausstellungen, der Kühlhäuser, der Freibank, der Tierkörperverwertungsanstalt, der Tierspitäler und der Tierschutzhäuser; tierärztliche Überwachung von Tierhaltungsbetrieben und von einschlägigen Gewerbebetrieben, in welchen tierische Rohstoffe verarbeitet werden; Abgabe von Gutachten und fachliche Mitwirkung bei der Genehmigung solcher Anstalten, Betriebe, Einrichtungen und Veranstaltungen.
Ausbildung und Prüfung der Laienfleischbeschauer (Trichinenschauer) sowie Abnahme der Hufbeschlagsprüfung.
Amtstierärztlicher Dienst, unter anderem Evidenthaltung und Überwachung der Berufsausübung der Tierärzte, Überwachung der tierärztlichen Hausapotheken, der Gebarung mit Suchtgiften durch Tierärzte, des Verkehrs mit Tierimpfstoffen und Arzneimitteln, Überwachung des Huf- und Klauenbeschlages und des Viehschnittes.
Vieh- und Fleischbeschau, Überbeschau, tierärztliche Grenzkontrolle mit Nachkontrolle im Inlandsbestimmungsort, Trichinenschau und Befundüberprüfung; Zulassung und Überwachung von Exportbetrieben.
Überwachung des Verkehrs mit Lebensmitteln tierischer Herkunft im Rahmen des amtstierärztlichen Dienstes; Hygienekontrolle in Schlachtbetrieben, Fleischindustriebetrieben, Fleischhauerbetrieben größeren Umfangs, Geflügelschlachtbetrieben und Geflügelzerlegebetrieben, Wildsammelstellen und Wildzerlegebetrieben, öffentlichen und privaten Kühlhäusern, Darmputzereien, Darmhandlungen, Verbrauchermärkten mit eigenen Frischfleischabteilungen und Großküchen.
Überwachung des Kuhmilchverkehrs (Meiereibetriebe und Sammelmolkereien) und der Babymilcherzeugung einschließlich der entsprechenden Untersuchungen der Milch und der periodischen klinischen Untersuchung der eingestellten Rinder.
Beistellung von Sachverständigen im Rahmen der Tierzuchtförderung; veterinärmedizinische Begutachtung von Statuten für Züchtervereine.
Mitwirkung bei der Festsetzung der Entgelte, der Gebühren für die tierärztlichen Untersuchungen, der Kosten für die Untersuchungen im Inlandsbestimmungsort und der Ausgleichsabgabe; Bemessung und Einhebung dieser Entgelte und Kosten sowie der Gebühren und Ausgleichsabgabe.
Handhabung des Mastkreditgesetzes.
Führung der Veterinärstatistik.
Instruktion von Studierenden an der veterinärmedizinischen Universität und Abhaltung von Kursen für die Ausbildung von Tierärzten zur Vornahme der bakteriologischen Fleischuntersuchung sowie zur Fortbildung der Amtstierärzte und Lebensmittelpolizeiorgane.
Begutachtung der Anträge auf Verleihung des Berufstitels „Veterinärrat".
Führung der Lebensmitteluntersuchungsanstalt der Stadt Wien.
Untersuchungen und Kontrollen der Voraussetzungen des „Gütesiegels der Stadt Wien für Fleisch und Fleischwaren".
Führung und Erhaltung des Markt- und Schlachtbetriebes St. Marx und seiner Einrichtungen.
Besorgung folgender Aufgaben im Markt- und Schlachtbetrieb St. Marx: Führung der Markt- und Lebensmittelstatistik; Ausübung der Markt- und Lebensmittelpolizei; Zulassung, Widerruf der Zulassung und Überwachung der Markthelfer; Vollziehung der Richtmärkteverordnung.
Dienstaufsicht über das zugeteilte Personal, soweit es nicht der Dienstaufsicht des Magistratsdirektors untersteht.

Jurcik, Dr. Walter, Veterinärdirektor 241
Jakisch, Dr. Herwig, Senatsrat 232
Sekretariat 356
Personalangelegenheiten:
Mader Erwin, Verwaltungsoberkommissär 374
Wirtschaftsangelegenheiten:
Malonofsky Johann, Oberamtsrat 268
Zimmermann Margareta, Kanzleioberoffizial,
Kanzleileiter 275
Kanzlei 375

Veterinäramt:

3, Viehmarktgasse 5–7, Tel. 72 36 71*
Veterinärangelegenheiten der Bezirke:
Jakisch, Dr. Herwig, Senatsrat 232
Tierschutz, Tierzucht, Tbc- und Brucellosebekämpfung, Veterinärstatistik:
Pfaffel, Dr. Alfred, Oberveterinärrat 233

Veterinäramtsabteilungen:

1., 8. Bezirk:
1, Salvatorgasse 7 . . . . 701*, 708*, 63 07 31*
Honisch, Dr. Karl, Senatsrat 232

2., 20. Bezirk:
2, Rotensterngasse 27 . . . . . 24 21 45, 24 28 765
Zaloudek, Dr. Adolf, Senatsrat
Sehn, Dr. Karl, Oberveterinärrat
Horvatic, Dr. Peter, Oberveterinärrat

3., 10., 11. Bezirk:
10, Laxenburger Straße 43–47 . . . 710*, 64 36 31*
Jeitler, Dr. Alfred, Oberveterinärrat 292
Kolinko, Dr. Otto, Oberveterinärrat 292
Heinzel, Dr. Hans Günther, Veterinärrat 292
Expositur: 11, Enkplatz 2 . . . . . . 711*, 74 35 86*
Geigenmüller, Dr. Hermann, Veterinärrat . . . 265

4., 5., 6., 7., 12. Bezirk:
5, Schönbrunner Straße 54 . . 704*, 725*, 55 45 85*
Reinhold, Dr. Gunther, Senatsrat 289
Gratze, Dr. Helmut, Oberveterinärrat 288
Adam, Dr. Hubert, Oberveterinärrat 287
Schuller, Dr. Kurt, Oberveterinärrat 286
9., 18., 19. Bezirk:
18, Martinstraße 100 . . . . 718*, 34 25 20*
Zechner, Dr. Hermann, Senatsrat 290
Vater, Dr. Maximilian, Oberveterinärrat 291
13., 14., 15. Bezirk:
13, Hietzinger Kai 1–3 . . . . 713*, 82 26 51*
Schiel, Dr. Otto, Senatsrat 350
Hückel, Dr. Robert, Oberveterinärrat 351
16., 17. Bezirk:
16, Richard Wagner-Platz 19 . . . . 716*, 92 26 96*
Bayer, Dr. Erich, Senatsrat 280
Dostal, Dr. Johannes, Oberveterinärrat 237
21. Bezirk:
21, Am Spitz 1 . . . . 38 11 88
Tögel, Dr. Ferdinand, Senatsrat
Sommerauer, Dr. Bruno, Oberveterinärrat
22. Bezirk:
22, Kagran, Schrödingerplatz 1 . . . 722*, 23 35 61*
Maresch, Dr. Johann, Oberveterinärrat 297
Duda, Dr. Ernst, Tierarzt 298
23. Bezirk:
23, Liesing, Lehmanngasse 1 . . . . 723*, 86 96 17*
Kopf, Dr. Norbert, Oberveterinärrat 30
Gavaric, Dr. Miladin, Oberveterinärrat 30
Tierkörperverwertungsanstalt,
11, Simmeringer Lände 208 . . . . 77 61 95
Hartmann, Dr. Friedrich, Senatsrat i. R.
Lebensmitteluntersuchungsanstalt der Stadt Wien,
3, Viehmarktgasse 1–3 . . . . . 73 24 92, 72 36 71*
Psota, Dr. Alfred, Senatsrat, Direktor 221
Nowotny, Dr. Friedrich, Oberveterinärrat 218
Brandl, Dr. Bruno, Oberveterinärrat 373
Trost, Dr. Walter, Oberveterinärrat 222
Frühling, Dr. Raimund, Magistratsrat 223
Gyimothi, Dr. Johann, Veterinärrat 284
Hasitschka, Dr. Peter, Veterinärrat 222
Außerlechner, Dr. Georg, Tierarzt 354
Grestenberger, Dr. Erwin, Tierarzt 222
Merkl, Dr. Herta, Tierarzt 372
Nowak, Dipl.-Ing. Herbert 229
Bakteriologisches Laboratorium, Auskünfte . . . 222
Chemisches Laboratorium 350, 351
Organoleptik 352
Serologisches Laboratorium 372
Histologisches Laboratorium 354
Fischlaboratorium 353
Hygienekontrolle 373
Probeneinbringung 355
Kanzlei 281

Markt- und Schlachtbetrieb St. Marx:
3, Viehmarktgasse 5–7, Tel. 72 36 71*

Betriebsangelegenheiten, Betriebsansiedlung
Kallab, Dr. Kurt, Senatsrat 361
Viehmärkte und Direkteinbringung von Schlachttieren:
Gaul, Dr. Karl, Senatsrat 242
Walli, Dr. Alfred, Oberveterinärrat 242
Waldhauser, Dr. Otto, Oberveterinärrat 243
Mikolasch, Dr. Wilhelm, Tierarzt 244
Wenzl, Dr. Karl, Tierarzt 243
Schlachthof, Trichinenschau:
Bartha, Dr. Friedl, Senatsrat 215
Nader, Dr. Oswin, Oberveterinärrat 261
Pischinger, Dr. Karl, Oberveterinärrat 260
Binder, Dr. Otto, Veterinärrat 264
Hansy, Dr. Helmut, Veterinärrat 264
Gratze, Dr. Walter, Tierarzt 264
Haberler, Dr. Werner, Tierarzt 260
Reisinger, Dr. Günter, Tierarzt 264
Schörner, Dr. Gustav 264
Fleischgroßmarkt, Direkte Überbeschau:
Leszczuk, Dr. Herbert, Senatsrat 368
Freiler, Dr. Robert, Oberveterinärrat 362
Kolinko, Dr. Artur, Oberveterinärrat 364
Ramsauer, Dr. Alfred, Oberveterinärrat 231
Hanna, Dr. Abdul-Ahad, Veterinärrat 364
Jakisch, Dr. Gerhard, Tierarzt 364
Negrin, Dr. Erich, Tierarzt 364
Szkiba, Dr. Andreas, Tierarzt 364
Technische Angelegenheiten:
Fellner, Ing. Oswald, Techn. Amtsrat 341
Betriebskassa 273

MAGISTRATSABTEILUNG 63

Beteiligungen an privatwirtschaftlichen Unternehmungen, Gewerbewesen und rechtliche Angelegenheiten des Ernährungswesens

1, Wipplingerstraße 8, 1. Stiege, 1. Stock, Tür 137, Tel. 701*, 708*, 63 07 31*

Wahrnehmung der Gesellschafterrechte bei Beteiligungen der Stadt Wien an privatwirtschaftlichen Unternehmen, soweit diese im Eigentum oder in Verwaltung der Wiener Allgemeinen Beteiligungs- und Verwaltungsges. m. b. H. stehen, und nicht die Magistratsabteilung 5 zuständig ist; Bestellung bzw. Nominierung der Aufsichtsorgane in diese, einvernehmlich mit der Magistratsabteilung 5.
Allgemeine und grundsätzliche Rechtsangelegenheiten auf den Gebieten des Gewerberechtes (einschließlich des gewerblichen Marktwesens), des Ernährungswesens und des Preisrechtes (Abschöpfung von Mehrerlösen bei Brotgetreide und Mahlprodukten, Preisangelegenheiten der Lebensmittel).
Angelegenheiten, zu deren Besorgung nach den in der Folge aufgezählten Gesetzen und den dazu ergangenen Verordnungen der Landeshauptmann zuständig ist, einschließlich der Bearbeitung von Rechtsmitteln im Administrativ- und Strafverfahren, soweit diese Geschäfte nicht anderen städtischen Dienststellen zugewiesen sind:
Arbeitnehmerschutzgesetz,
Arbeitsinspektionsgesetz,
Arbeitszeitgesetz,
Ausverkaufsordnung,
Bäckereiarbeitergesetz,
Bauarbeiter-Urlaubsgesetz,
Berufsausbildungsgesetz,
Börsensensalgesetz,
Gelegenheitsverkehrsgesetz,
Gewerbeordnung 1973,
Güterbeförderungsgesetz,
Heimarbeitsgesetz,
Gesetz über die Beschäftigung von Kindern und Jugendlichen,
Ladenschlußgesetz,
Lebensmittelgesetz,
Markenschutzgesetz,
Marktordnungsgesetz,
Maß- und Eichgesetz,
Musterschutzgesetz,
Mutterschutzgesetz,
Bundesgesetz über die Nachtarbeit der Frauen,

Patentgesetz,
Preisgesetz,
Qualitätsklassengesetz,
Ratengesetz,
Rohrleitungsgesetz hinsichtlich des Konzessionsverfahrens sowie der einschlägigen Strafbestimmungen,
Sicherheitsfilmgesetz,
Gesetze betreffend die Sonn- und Feiertagsruhe,
Strahlenschutzgesetz, soweit sich seine Anwendung auf gewerbliche Betriebsanlagen bezieht,
Gesetz gegen den unlauteren Wettbewerb,
Weingesetz,
Wirtschaftstreuhänder-Berufsordnung.
Bearbeitung von Rechtsmitteln an den Berufungssenat auf dem Gebiet des Gewerberechtes.
Angelegenheiten des Betriebsaktionen-Verbotsgesetzes und des Buchmacher- und Totalisateurwesens, soweit nicht die Magistratsabteilung 4 zuständig ist.
Ausarbeitung von Marktgebührentarifen.
Führung des Zentralgewerberegisters und des Verwaltungsstrafkatasters.

Leitner, Dr. Franz, Senatsrat 271
Stroblberger, Dr. Erwin, Obermagistratsrat 272
Frank, Dr. Werner, Obermagistratsrat 335
Hanausek, Dr. Eleonore, Obermagistratsrat 274
Celar, Dr. Peter, Magistratsrat 275
Schuller, DDr. Martha, Magistratsrat 336
Vetiska, Dr. Herbert, Magistratsrat 273
Maukner, Dr. Roman, Magistratsoberkommissär . . 265
Plametzberger, Dr. Henriette, Magistratsratskommissär 253
Kovarik Johann, Oberamtsrat 321
Holzer Georg, Amtsrat 323
Pölzl Eduard, Amtsrat 277
Vesely Franz, Amtsrat 278
Blosel Alfred, Kanzleioberkommissär, Kanzleileiter . 270
Kanzlei 280, 281

Allgemeine Angelegenheiten des Gewerbe-, Preis- und Lebensmittelrechtes 273
Betriebsanlagen 275
Berufungen in Gewerbeangelegenheiten . . . 253, 265, 272, 274, 275, 335, 336
Individuelle Angelegenheiten des Lebensmittelrechtes 265, 335
Konzessionierte Gewerbe, Gleichstellungen, Nachsichten 276, 277, 278, 285

Zentralgewerberegister

(2. Stiege, 3. Stock, Tür 305)
Kovarik Johann, Oberamtsrat 321
Holzer Georg, Amtsrat 323

MAGISTRATSABTEILUNG 69

Rechtliche und administrative Grundstücksangelegenheiten

Amtshaus, 1, Ebendorferstraße 1, 3. Stock, Tür 402, Tel. 42 8 08

Grundsätzliche Angelegenheiten des Grundstückswesens.
Erwerb von Grundstücken für die Stadt Wien durch Kauf (auch im Wege von Versteigerungen), Tausch, Schenkung und sonstige Rechtsgeschäfte sowie Veräußerung städtischer Grundstücke, ausgenommen Transaktionen für die Wiener Stadtwerke und für die Auftragsverwaltung des Bundes.
Mitwirkung beim Erwerb von Grundstücken für die Stadt Wien im Erbwege.
Erwerb und Veräußerung von Grundstücken für Anstalten, Stiftungen und Fonds der Stadt Wien auf Ersuchen der für die Verwaltung dieser Einrichtungen zuständigen Dienststellen.
Bestellung und Auflösung von Baurechten auf städtischen Grundstücken sowie Verwaltung dieser Baurechte; Gewährung von Bauzinsermäßigungen.
Antragstellung auf Enteignung von Grundstücken und dinglichen Rechten für Zwecke der Stadt Wien, ausgenommen für die Wiener Stadtwerke und in der Auftragsverwaltung des Bundes; Antragstellung auf Einleitung von Zwangstausch- und Umlegungsverfahren; Vertretung der Stadt Wien in diesen Angelegenheiten vor Verwaltungsbehörden und Gerichten.
Erwerb von Superädifikaten für die Stadt Wien sowie Veräußerung städtischer Superädifikate, ausgenommen Transaktionen für die Wiener Stadtwerke und in der Auftragsverwaltung des Bundes.
Abschluß von Verwaltungsübereinkommen mit den Wiener Stadtwerken über Grundstücke.
Erwerb von Dienstbarkeitsrechten für die Stadt Wien, soweit dies nicht anderen Dienststellen vorbehalten ist.
Abschluß von Schadloshaltungsverträgen im Rahmen der Baureifmachung.
Wahrnehmung der Interessen der Gemeinde nach dem Bodenbeschaffungs- und nach dem Stadterneuerungsgesetz, soweit nicht die Magistratsabteilung 21 zuständig ist.
Freimachung von Liegenschaften für städtische Aufgaben.
Verwaltung von städtischen Grundstücken, soweit nicht eine Zuordnung der Verwaltungszuständigkeit zu einer fachbezogenen Dienststelle gegeben ist.
Verwaltung von unbebauten Stiftungsliegenschaften, soweit nicht die Vermögenssubstanz betroffen wird.
Koordination aller das städtische Kleingarten- und Erntelandwesen betreffenden Angelegenheiten (Koordinationsstelle für städtische Kleingärten), insbesondere Mitwirkung bei der Festlegung und Auflassung von Flächenwidmungen für Kleingärten und Gartensiedlungen.
Mitwirkung an der Projektierung und Aufschließung von Kleingärten und Gartensiedlungen.
Verwaltung der städtischen Kleingartenanlagen und Gartensiedlungen sowie des städtischen Erntelandes.
Gewährung von Krediten an Siedler, Kleingartenvereine und deren Verbände.
Erwerb und Verwaltung von Gastgewerbeberechtigungen, soweit hiefür keine andere Dienststelle zuständig ist; Mitwirkung bei den in die Zuständigkeit anderer Dienststellen fallenden Gastgewerbeberechtigungen.

Sieb, Dr. Viktor, Senatsrat 3691
Klesel, Dr. Herbert, Obermagistratsrat 3693
Globits, Dr. Sebastian, Obermagistratsrat 3692
Schuster, Dr. Johann, Obermagistratsrat 3694
Stanka, Dr. Franz Josef, Obermagistratsrat 3697
Bruckbauer, Dr. Otto, Magistratsrat 3689
Pichler, Dr. Marius 3696
Rytina, Dr. Heinz, Magistratsrat 3552
Chylik, Dr. Kurt-Peter, Magistratskommissär 3698
Schmid, Dr. Adalbert, Magistratskommissär 3698
Kaltofen, Ing. Friedrich, Techn. Oberamtsrat 3669
Mönig, Ing. Walter, Oberamtsrat 3570
Dacho Erwin, Amtsrat 3550
Fraz Hertha, Kanzleioberkommissär, Kanzleileiter . 3699
Kanzlei 869
Schreibstelle 3630, 3632, 3564, 3587
Grundtransaktionen:
Referenten für die Bezirke:
1, 2, 17, 20 und außerhalb Wiens 3697
3 bis 5, 23 3694
6, 7 3585
8 2076
9 3559
10 3561
11 (Kaiser-Ebersdorf, Albern) 3553
11 (Simmering), 15 3557
12, 13 3558
14, 16, 18, 19 3695
21 (Leopoldau, Stammersdorf) 3555
21 (Groß-Jedlersdorf I und II, Jedlesee, Schwarzlackenau) 3554
21 (Floridsdorf, Donaufeld, Strebersdorf) 3560
22 (Eßling, Hirschstetten, Breitenlee, Süßenbrunn, Kaiser-Ebersdorf Herrschaft, Landesjägermeisteramt) 3560

22 (Aspern, Kaisermühlen) 3550
22 (Kagran, Stadlau) 2070
Stadterneuerung, Assanierungsgebiete 1 bis 16, U-Bahn, U6 (12, 23), Südrandbebauung . . . 3586
Stadterneuerung, Assanierungsgebiete 17 bis 23, U-Bahn, U1 (1, 2, 4, 10, 22), U2 (1, 2, 19), U3 (3, 7, 9, 11), U4 (1, 3, 5, 9, 12, 13, 19), Mitwirkung bei U6 (12, 23) 3565
Bundestransaktionen, ÖBB-Transaktionen 3696
Transaktionen mit Religionsgemeinschaften . . . 3698
Verkäufe an Betriebe 1 bis 23 3689

Baureifmachungen:

Referenten für die Bezirke:
1, 2 (ohne Praterverwaltung), 6, 7, 17, 20, außerhalb Wiens 3585
3, 4, 5, 23 3556
8, 14, 18 2076
9, 16, 19 3559
10 3561
11 (Simmering), 15 3557
11 (Kaiser-Ebersdorf, Albern) 3553
12, 13 3558
21 (Leopoldau, Stammersdorf) 3555
21 (Groß-Jedlersdorf I und II, Jedlesee, Schwarzlackenau 3554
21 (Floridsdorf, Donaufeld, Strebersdorf) 3560
22 (Eßling, Hirschstetten, Breitenlee, Süßenbrunn, Kaiser-Ebersdorf Herrschaft, Landesjägermeisteramt) 3560
22 (Aspern, Kaisermühlen) 3560
22 (Kagran, Stadlau) 2070

Grundfreimachungen:

Referatsleiter:
Kaltofen, Ing. Friedrich, Techn. Oberamtsrat . . . 3669
Referenten .3571, 3575

Siedlungs- und Kleingartenwesen:

Leiter der Koordinationsstelle für städtische Kleingärten, Kontaktperson zum Büro des Stadtrates für Straße, Verkehr und Energie in U-Bahn-Angelegenheiten 3692

Referatsleiter:
Mönig, Ing. Walter, Oberamtsrat
Aufgaben der Kleingartenkoordination, Kreditvergabe an den Zentralverband und Landesverband, Grundtransaktionen und Verwaltung, Bezirke 21 und 22 3570
2, 3, 10 bis 14, 16 bis 20 und 23 3673

Verwaltung aller Erntelandgrundstücke und Kleingärten gegen jederzeitigen Widerruf, Grundsteuerangelegenheiten im Bereich der Kleingartenverwaltung 3589
Baurechte für gewerbliche Zwecke incl. Verwaltung, Veräußerung und Bauplatzschaffung 3580
Baurechte für Wohnbaugenossenschaften, Einzelbaurechte incl. Verwaltung, Veräußerung und Bauplatzbeschaffung, Fertigstellungskredite für Siedlerstellen, Bauzinsermäßigungen in den Bezirken
1 bis 20 und 23 3581
2 und 22 3579

Technische Mitwirkung im Siedlungs- und Kleingartenwesen:

Referenten für die Bezirke:
2, 3, 10 bis 13, 20 bis 23 3576
14 bis 19 3573

Verpachtung und Verwaltung städtischer Gast- und Schankgewerbekonzessionen 3689

Liegenschaftsverwaltung:

Referenten für die Bezirke:
1, 2, 6, 7, 17, 20 und außerhalb Wiens 3585
3 bis 5, 23 3556
8, 14, 18 2076
9, 16, 19 3559
10 3561
11 (Simmering), 15 3557
11 (Kaiser-Ebersdorf, Albern) 3553
12, 13 3558
21 (Leopoldau, Stammersdorf) 3555
21 (Groß-Jedlersdorf I und II, Jedlesee, Schwarzlackenau, Praterverwaltung) 3554
21 (Floridsdorf, Donaufeld, Strebersdorf) 3560
22 (Eßling, Hirschstetten, Breitenlee, Süßenbrunn, Kaiser-Ebersdorf Herrschaft, Landesjägermeisteramt) 3560
22 (Aspern, Kaisermühlen) 3550
22 (Kagran, Stadlau) 2070

GESCHÄFTSGRUPPE STRASSE, VERKEHR UND ENERGIE

1, Rathaus, 4. Stiege, Halbstock, Tür 236, Tel. 42 8 08

Verkehrskoordination, technische und rechtliche Verkehrsangelegenheiten; Verwaltung und Bau der Bundes- und Gemeindestraßen, Brückenbau, öffentliche Beleuchtung; Stadtreinhaltung; Energieplanung und -koordinierung, Strom- und Gasversorgung; öffentlicher Nahverkehr, Städtische Bestattung.

Zugehörige Dienststellen:

Magistratsabteilung 28 – Straßenverwaltung und Straßenbau
Magistratsabteilung 29 – Brückenbau
Magistratsabteilung 33 – Öffentliche Beleuchtung, Elektrizitätswesen und brennbare Gase
Magistratsabteilung 38 – U-Bahn-Bau
Magistratsabteilung 46 – Verkehrsorganisation und technische Verkehrsangelegenheiten
Magistratsabteilung 48 – Stadtreinigung und Fuhrpark
Magistratsabteilung 70 – Rechtliche Verkehrsangelegenheiten
Wiener Stadtwerke
mit den Teilunternehmungen
Elektrizitätswerke
Gaswerke
Verkehrsbetriebe
Städtische Bestattung
unter der Leitung der Generaldirektion der Wiener Stadtwerke und der Direktionen der Teilunternehmungen

Amtsführender Stadtrat *Nittel Heinz* 4101
Köhler Reinhold, Verwaltungsoberkommissär 4180
Sekretariat 4103
Ehm, Ing. Friedrich, Techn. Oberkommissär 4163
Schwarz, Ing. Kurt, Techn. Oberamtsrat 42 8 06/3215
Kanzlei 42 8 05/4181
Gerlich, Dr. Rudolf, Pressereferent 42 8 05/2058
Ziehensack Walther F. . . . .

Koordination der Angelegenheiten des U-Bahn-Baues:
Parrer, Ing. Friedrich, Senatsrat 42 8 01/2991

MAGISTRATSABTEILUNG 28

Straßenverwaltung und Straßenbau

17, Lienfeldergasse 96, Tel. 828*, 46 16 91*

Verwaltung der für den öffentlichen Verkehr bestimmten Grundflächen, soweit diese Flächen nicht von anderen Rechtsträgern herzustellen und zu erhalten sind.
Detailplanung und Errichtung der Straßenneu- und Umbauten einschließlich der Kunstbauten und Nebenanlagen, soweit nicht eine andere Dienststelle zuständig ist.
Straßenerhaltung; auf Autobahnen auch Reinigung, Winterdienst und Grünflächenpflege.
Mitwirkung an generellen Planungen der Magistratsabteilungen 18, 19, 21 und 46, soferne Auswirkungen auf den Straßenbau zu erwarten sind.
Fachtechnische Beratung für Straßenbauvorhaben der Stadt Wien und des Bundes auf nichtöffentlichen Verkehrsflächen bzw. deren Durchführung.
Mitwirkung bei Straßengrundtransaktionen und Dienstbarkeitsbestellungen hinsichtlich der Gemeindestraßen; Abschluß von Grundbenützungsübereinkommen mit Privaten für Zwecke des Straßenbaues, soweit nicht besondere rechtliche Fragen vorliegen; Vorbereitung der und Antragstellung auf Straßengrundtransaktionen und Dienstbarkeitsbestellungen sowie Antragstellung auf Enteignung hinsichtlich der Bundesstraßen.
Wahrnehmung der Interessen der Stadt Wien bei noch nicht in den physischen Besitz der Stadt Wien übernommenen Straßenflächen des öffentlichen Gutes und hinsichtlich nichtöffentlicher Straßen.
Handhabung der einschlägigen Bestimmungen des Bundesstraßengesetzes, der Straßenverkehrsordnung, der Bauordnung für Wien und der Gehsteigverordnung, soweit diese Geschäfte nicht anderen Dienststellen zugewiesen sind.
Federführende Dienststelle hinsichtlich der Geschäfte der Auftragsverwaltung des Bundes im Bereich der Bundesstraßenverwaltung, nämlich die Ausarbeitung des baureifen Straßendetailprojektes auf der Grundlage des ministeriell genehmigten generellen Projektes, Erwirken der entsprechenden Genehmigungen, Abschluß von Verträgen über Kostenteilung gemäß § 9 des Bundesstraßengesetzes unter Mitwirkung der Magistratsdirektion (MD-Zivil- und Strafrechtsangelegenheiten) und der Magistratsabteilung 4.
Detailprojektierung, Errichtung, Erhaltung und Verwaltung der Anlagen zur Regelung und Sicherung des Verkehrs auf Autobahnen, wie Verkehrslichtsignalanlagen und Verkehrsleiteinrichtungen, mit Ausnahme der Bodenmarkierungen, im Einvernehmen mit den zuständigen Fachdienststellen.
Mitwirkung bei der Bekanntgabe und Aussteckung der Gehsteige.
Mitwirkung bei der Festlegung von Straßenhöhenkoten und Höhenbestimmungen für Baulinien, Straßenflucht- und Verkehrsfluchtlinien aufgrund der generellen Höhen des Bebauungsplanes in besonderen Fällen.
Mitwirkung bei der Festlegung von Anliegerbeiträgen.
Trassenfestlegung für Straßeneinbauten.
Koordination von Maßnahmen, die eine Inanspruchnahme der öffentlichen Verkehrsflächen zur Folge haben, insbesondere solcher der Einbautendienststellen; Handhabung der Aufgrabungskundmachung; Evidenthaltung der Aufgrabungen.
Erteilung der Gebrauchserlaubnis für jene Arten des Gebrauches von Straßengrund, welche im Tarif des Gebrauchsabgabegesetzes nicht ausdrücklich angeführt sind.
Mitwirkung bei der Bestellung von Dienstbarkeiten und Baurechten für unter- und oberirdische Bauanlagen im Straßenbereich.
Ausschreibung und Antragstellung auf Genehmigung der Kontrahententarife; Bestellung der Kontrahenten für Straßenbauarbeiten.
Errichtung, Erhaltung und Verwaltung von Autobahnmeistereien und Stützpunkten, Werkstätten und Lagerplätzen.
Führung der Straßenstatistik.
Vermessungstechnische Arbeiten für Ergänzungsmaßnahmen und zur Leistungsfeststellung bei Straßenbauten sowie zur Bestandsaufnahme bei der Straßenerhaltung.

Jeschke, Dipl.-Ing. Dr. techn. Josef, Senatsrat, . . . 220
Gleissner, Dipl.-Ing. Wilhelm, Senatsrat 218
Eyer, Dipl.-Ing. Oswald, Senatsrat 272
Kment, Dipl.-Ing. Wilhelm, Senatsrat 277
Proksch, Dipl.-Ing. Ferdinand, Senatsrat 202
Rudoll, Dipl.-Ing. Edmund, Senatsrat 230
Bottig, Dipl.-Ing. Peter, Oberstadtbaurat 267
Groz, Dipl.-Ing. Franz, Oberstadtbaurat 280
Hoyer, Dipl.-Ing. Ernest, Oberstadtbaurat 254
Knappe, Dipl.-Ing. Rudolf, Oberstadtbaurat 257
Körber, Dipl.-Ing. Heinz, Oberstadtbaurat 285
Melzer, Dipl.-Ing. Gustav, Oberstadtbaurat 278
Schreitl, Dipl.-Ing. Alfred, Oberstadtbaurat 243
Agneter, Dipl.-Ing. Ernst, Stadtbaurat 313
Ellermann, Dipl.-Ing. Wolfgang, Stadtbaurat 341
Engstberger, Dipl.-Ing. Walter, Stadtbaurat 316
Hoffmann, Dipl.-Ing. Friedrich, Stadtbaurat 276
Koller, Dipl.-Ing. Johann, Stadtbaurat 279
Langenberger, Dipl.-Ing. Ludwig, Stadtbaurat . . . 217
Mager, Dipl.-Ing. Gerhard, Stadtbaurat 249
Manhart, Dipl.-Ing. Karl, Stadtbaurat 294
Petrag, Dipl.-Ing. Herbert, Stadtbaurat 265
Prochazka, Dipl.-Ing. Anton, Stadtbaurat 284
Graf, Dipl.-Ing. Karl, Stadtbaukommissär 337
Krzizek, Dipl.-Ing. Rudolf, Stadtbaukommissär . . . 304
Pein, Dipl.-Ing. Friedrich, Stadtbaukommissär . . . 286
Wurzenberger, Dipl.-Ing. Milada, Stadtbaukommissär 289

Friedl, Ing. Gerhart, Techn. Oberamtsrat 241
Kautz, Ing. Alfred, Techn. Oberamtsrat 264
Riha, Ing. Norbert, Techn. Oberamtsrat 222
Sauer, Ing. Anton, Techn. Oberamtsrat 255
Wiesböck, Ing. Gerhard, Techn. Oberamtsrat 205
Chalupsky, Ing. Hans, Techn. Amtsrat 245
Hufnagl, Ing. Bruno, Techn. Amtsrat 240
Pribyl, Ing. Erich, Techn. Amtsrat 246
Springsholz Ernst, Amtsrat 221
Svoboda, Ing. Karl, Techn. Amtsrat 295
Ebner Friederike, Kanzleioberkommissär,
Kanzleileiter 224
Kanzlei 223
Ausschreibungs- und Personalreferat 219, 221
Gruppe Bundesstraßen – Autobahnen . . 272, 278, 268
Gruppe Neubau 277
Gruppe Straßengrundverwaltung 267
Gruppe Projektierung, Aufschließungsstraßen 222, 295, 285
Gruppe Aufgrabungen und Statistik 205
Straßenerhaltung und Gehsteige für die Bezirke:
1, 8, 16, 17 202
2 bis 5, 11, 20 230
6, 7, 14, 15 257
9, 18, 19 218
10, 12, 13, 23 243
21, 22 254
Straßenwalzenbetrieb, Maschinenmeister 241, 207
Straßenwalzenbetrieb, 14,
Heinrich Collin-Straße 9 . . . . 94 14 17
Lagerplätze für die Bezirke:
1, 8, 17:
16, Heigerleinstraße 56 . . . . 46 42 31
2, 20:
20, Wehlistraße 66, bei Durchlaufstraße . . 33 99 295
3:
3, Döblerhofstraße, verlängerte Baumgasse . 73 73 42
4, 5:
10, Gudrunstraße 192 . . . . 64 65 272
6, 7, 14, 15:
14, Kefergasse bei Hadikgasse 94 13 49
9, 18, 19:
19, Heiligenstädter Lände 7 (Gürtelbrücke – Spittelauer Lände) 36 62 31
10:
10, Neilreichgasse, unter Autobahnbrücke . . 67 31 06
11:
11, Lindenbauergasse 21 . . . . 76 41 725 (74 76 275)
12:
10, Eibesbrunnergasse, Zufahrt Wienerberger Straße 62 15 58
13:
13, Schönbachstraße – Stranzenberggasse . . 82 02 56
16:
16, Kendlerstraße 47 . . . . 95 47 55
21:
21, Siemensstraße 109 . . . . 38 63 77
22:
22, Autobahnbrücke Kaisermühlen, Espenmais 22 14 49
23:
23, Liesing, An den Steinfeldern 2 . . . . . . 86 02 64
Autobahnmeisterei Inzersdorf, 23, Sterngasse . 67 71 73

Projektleiter für den Umbau der Floridsdorfer Hauptstraße:
Prochazka, Dipl.-Ing. Anton, Stadtbaurat 284

MAGISTRATSABTEILUNG 29

Brückenbau

12, Niederhofstraße 23, 2. Stock, Tür 201–210 und 235–253, Tel. 746*, 83 66 16*

Planung, Neu- und Umbau, laufende Überprüfung und Erhaltung von Brükken, Verkehrsbauwerken und Durchlässen der Stadt Wien und des Bundes.
Führung der Brückenkartei und des Brückenarchives.
Verwaltung der abteilungseigenen Betriebsgebäude, Unterkünfte, Depots und Lagerplätze.
Teilbesorgung der Auftragsverwaltung des Bundes hinsichtlich der Bundesstraßenverwaltung, nämlich die Erstellung von Vorprojekten und Detailplanung von Verkehrsbauwerken, Tunnelanlagen und Brückenbauvorhaben aufgrund des ministeriell genehmigten Straßendetailprojektes.
Beistellung von technischen Amtssachverständigen in Brücken- und Grundbauangelegenheiten.
Führung des Baugrundkatasters.
Geologisch-geotechnische und hydrogeologische Kartierung.
Technische Fachdienststelle in Fragen des Grundbaues, der Bodenmechanik und der Geologie; Ermittlung und Feststellung der Gründungsart und der zulässigen Bodenbeanspruchung für Bauvorhaben der Stadt Wien und des Bundes; Veranlassung oder Durchführung der erforderlichen Bohrungen, Bodenuntersuchungen und bodenmechanischen Berechnungen; Führung des Probenlagers.
Technische Fachdienststelle für Tiefbohrungen zur Erschließung von Wässern für Heil- und Nutzzwecke.
Planung, Überwachung und Begutachtung von Sanierungsmaßnahmen zur Behebung von durch Setzungen verursachten Gebrechen an städtischen Baulichkeiten und zur Stabilisierung von Rutschböden.

Gloss, Dipl.-Ing. Herbert, Senatsrat 370
Proksch, Dipl.-Ing. Erwin, Oberstadtbaurat 395
Suchanek, Dipl.-Ing. Hans 372
Deninger, Dipl.-Ing. Horst, Stadtbaurat 476
Gstöttner, Dipl.-Ing. Hans, Stadtbaurat 396
Hufnagel, Dipl.-Ing. Walter, Stadtbaurat 392
Martak, Dipl.-Ing. Lothar, Stadtbaurat 377
Pelz, Dipl.-Ing. Dr. techn. Josef, Stadtbaurat 355
Plachy, Dr. Heribert, Stadtbaurat 379
Radl, Dipl.-Ing. Fritz, Stadtbaurat 396
Wechtl, Dipl.-Ing. Günther, Stadtbaurat 381
Bresslauer, Dipl.-Ing. Gert, Stadtbauoberkommissär 368
Friedrich, Dipl.-Ing. Walter, Stadtbauoberkommissär 476
Melzer, Dipl.-Ing. Hans, Stadtbauoberkommissär . . 480
Morpurgo, Dipl.-Ing. Helmut, Stadtbauoberkommissär 479
Simacek, Dipl.-Ing. Franz, Stadtbauoberkommissär . 368
Sochatzy, Dipl.-Ing. Gerhard, Stadtbauoberkommissär 483
Ivenz, Dipl.-Ing. Eduard 479
Patzer, Dipl.-Ing. Harald, Stadtbaukommissär . . . 483
Vogl, Dipl.-Ing. Heinz, Stadtbaukommissär 479
Winter, Dipl.-Ing. Eduard, Stadtbaukommissär . . . 368
Riesner, Ing. Willfried, Techn. Oberamtsrat 373
Foller, Ing. Robert, Techn. Amtsrat 372

Eberhardt Gisela, Kanzleioffizial, Kanzleileiter . . . 353
Kanzlei 353
Rechnungsprotokoll 362
Unterabteilung Sonderaufgaben, Allgemeines und Preisprüfung:
Hufnagel, Dipl.-Ing. Walter, Stadtbaurat 392
Referenten 356, 357
Konstruktionsbüro 365, 366
Xerox-Anlage 364
Unterabteilung Brückenbau:
Pelz, Dipl.-Ing. Dr. techn. Josef, Stadtbaurat . . . 355
Referenten 354, 368, 372, 373, 374, 476
Außenstelle für die Brückenerhaltung und Brükkenüberprüfung, 19, Grinzinger Straße 151a 37 33 92, 37 33 96
Projektleiter für den Neubau der Floridsdorfer Brücke, der Reichsbrücke und der 5. Donaubrücke:
Pelz, Dipl.-Ing. Dr. techn. Josef, Stadtbaurat . . . 355
Unterabteilung Grundbau:
Proksch, Dipl.-Ing. Erwin, Oberstadtbaurat . . . 395
Referenten . . 341, 377, 379, 381, 382, 396, 483, 487
Baugrundkataster 397, 398
Bodenprobenlager Gürtelbrücke im 20. Bezirk (unter der Auffahrtsrampe)

MAGISTRATSABTEILUNG 33

Öffentliche Beleuchtung, Elektrizitätswesen und brennbare Gase

3, Senngasse 2, Tel. 833*, 78 26 29* (65 66 41*)

Planung, Errichtung, Betriebsführung und Erhaltung der öffentlichen Beleuchtung, der öffentlichen Uhren und der Anstrahlungsanlagen für Baudenkmäler.
Sicherheitstechnisch-behördliche Angelegenheiten nach dem Elektrotechnikgesetz und den aufgrund dieses Gesetzes erlassenen Verordnungen, soweit nicht die Magistratsabteilung 64 zuständig ist.
Beistellung von Amtssachverständigen auf dem Gebiet der Elektrotechnik.
Sicherheitstechnisch-behördliche Angelegenheiten betreffend brennbare Gase nach dem Wiener Gasgesetz, dem Gasregulativ und der Flüssiggasverordnung, soweit nicht die Magistratsabteilung 35 zuständig ist.
Teilbesorgung der Geschäfte der Auftragsverwaltung des Bundes hinsichtlich der Bundesstraßenverwaltung, nämlich die Erstellung des Beleuchtungsprojektes.

Neipp, Dipl.-Ing. Leo, Oberstadtbaurat 21
Gabler, Dipl.-Ing. Hubert, Oberstadtbaurat 33
Lorenz, Dipl.-Ing. Paul, Stadtbaurat 34
Springs, Dipl.-Ing. Walter, Stadtbaurat 30
Vesely, Dipl.-Ing. Karl 32
Meyer, Ing. Franz, Techn. Oberamtsrat 42
König, Ing. Richard, Techn. Amtsrat 54
Libowitzky, Ing. Anton, Techn. Amtsrat 68
Schober, Ing. Harald, Techn. Kommissär 41
Hafner, Ing. Heinrich, Techn. Oberoffizial 61
Nestreba Leopold, Kanzleikommissär, Kanzleileiter . 24
Kanzlei 22, 23
Lichttechnik, Versuchsraum:
Gabler, Dipl-Ing. Hubert, Oberstadtbaurat 33
Sachbearbeiter und Werkmeister 31, 62, 63
Öffentliche Beleuchtung:
Zentralreferent 41
Referenten und Werkmeister 27, 28, 37, 38, 43, 45, 46, 63
Zeichensaal 26, 58
Zentralreferent Fremdkredite 61
Referenten und Werkmeister . . . 47, 48, 49, 51, 52, 53
Passagen, Notstromanlagen 39
Provisorische Verkehrslichtsignalanlagen 40
EDV-Erfassung, Anlagenevidenz,
Zentralschaltung 63, 69
Zentralreferent Statik, Material, Werkstätten 30
Materialeinkauf 54
Materialgebarung 55
Materiallager 56, 57
Verträge, Preise und Verdingungswesen 42
Anstrich 68
Werkstättenleiter 50
Uhren und Anstrahlungen 33, 39
Lichttechnik, Versuchsraum 33, 62, 64
Behördliche Gruppe:
Zentralreferent Bezirke 9, 10, 16 bis 19 32
Sachbearbeiter und Werkmeister Bezirke 1, 4, 5, 8 . 31
Sachbearbeiter und Werkmeister Bezirke 6, 7,
12 bis 15, 23 . . . . 36, 59
Sachbearbeiter und Werkmeister Bezirke 2, 3, 11,
20 bis 22 . . . . 34, 35
Störungsdienst Öffentliche Beleuchtung
WStW-E-Werke, Abt. B/5 . . . . . . 751, 43 80*, 737
oder 33 35 73

MAGISTRATSABTEILUNG 38

U-Bahn-Bau

12, Niederhofstraße 23, 3. Stock, Tür 344–347, Tel. 746*, 83 66 16*

Detailplanung, Neu-, Zu- und Umbau von U-Bahn-Bauwerken und von im Zusammenhang mit U-Bahn-Anlagen stehenden Verkehrsbauwerken einschließlich der Veranlassung der Herstellung und Umlegung von Einbauten im Einvernehmen mit den Wiener Stadtwerken – Verkehrsbetriebe und den zuständigen Fachdienststellen.
Ausarbeitung der Unterlagen für die erforderlichen Grundfreimachungen.
Erstellung der Unterlagen für die eisenbahnbehördlichen, die wasserrechtlichen, die verkehrsbehördlichen und baubehördlichen Genehmigungsverfahren im Zuge des U-Bahn-Baues.
Koordination aller bei den Vorarbeiten für den U-Bahn-Bau und bei den Rohbauarbeiten des U-Bahn-Baues tätigen städtischen Dienststellen, ausgenommen die generelle Planung.
Federführung in der Arbeitsgruppe „U-Bahn-Ausbau".
Führung der Kreditübersicht für den gesamten U-Bahn-Planungs- und U-Bahn-Baubereich einschließlich Beschaffung der Betriebsmittel.

Döllerl, Dipl.-Ing. Anton, Senatsrat 351
Huber, Dipl.-Ing. Leo, Senatsrat 375
Hinkel, Dipl.-Ing. Walter, Senatsrat 376
Blab, Dipl.-Ing. Dr. techn. Wilhelm, Oberstadtbaurat 438
Hondl, Dipl.-Ing. Dr. techn. Albert, Oberstadtbaurat 437
Danzmayr, Dipl.-Ing. Fritz, Stadtbaurat 66 16 95*
Deix, Dipl.-Ing. Franz, Stadtbaurat 438
Johannides, Dipl.-Ing. Helmut, Stadtbaurat . . 24 75 97*
Köck, Dipl.-Ing. Michael, Stadtbaurat 66 16 95*
Liebsch, Dipl.-Ing. Helmut, Stadtbaurat 66 16 95*
Muchsel, Dipl.-Ing. Herbert, Stadtbaurat . . . 24 75 97*
Martin, Dipl.-Ing. Harald, Stadtbaurat 66 16 95*
Stelzl, Dipl.-Ing. Helmut, Stadtbaurat 438
Lieb, Dipl.-Ing. Wolf-Dieter, Stadtbauoberkommissär 66 16 95*
Morawetz, Dipl.-Ing. Reinhard, Stadtbauoberkommissär 66 16 95*
Philipp, Dipl.-Ing. Ekkehard, Stadtbauoberkommissär 66 16 95*
Scharf, Dipl.-Ing. Alfred, Stadtbauoberkommissär 26 55 21*
Treiber, Dipl.-Ing. Karl, Stadtbauoberkommissär 56 61 28
Wenhardt, Dipl.-Ing. Josef, Stadtbaukommissär 43 16 38*, 52
Stollwerck, Dipl.-Ing. Felix 438
Winkler, Dipl.-Ing. Ferdinand 26 55 21*
Cerny, Ing. Otto, Techn. Amtsrat 43 16 38*
Rekker, Ing. Walter, Techn. Amtsrat 62 37 78*
Divis Stefanie, Kanzleioberkommissär, Kanzleileiter 363
Kanzlei 359
Rechnungsprotokoll 352
Sekretariat 352, 470
Bauabschnitt I „Karlsplatz"
Hinkel, Dipl.-Ing. Walter, Oberstadtbaurat 57 94 39, 56 61 28, 57 97 35
Bauabschnitt III „Stephansplatz–Schwedenplatz–Nestroyplatz" 26 21 16*
Hondl, Dipl.-Ing. Dr. techn. Albert, Oberstadtbaurat 66 16 95*
Baukanzlei Schwedenplatz 66 16 95*
Bauabschnitt IV „Praterstern"
Blab, Dipl.-Ing. Dr. techn. Wilhelm, Oberstadtbaurat 24 75 97*
Bauabschnitt VI „Ringturm–Maria Theresien-Straße–Universität–Landesgerichtsstraße"
Stelzl, Dipl.-Ing. Helmut, Stadtbaurat 43 16 38*
Bauabschnitt VII E/O
Unterwerk Ober-St. Veit 85 95 84*
Bauabschnitt VII E/H
Unterwerk Hietzing 85 83 11*
Bauabschnitt VIII
Unterwerk Rathaus 43 32 03*
Bauabschnitt X „Mexikoplatz O. Nr. 5"
Deix, Dipl.-Ing. Franz, Stadtbaurat 26 55 21*
Bauabschnitt XI „Kaisermühlen–Alte Donau"
Stollwerck, Dipl.-Ing. Felix 23 71 52*
Bauabschnitt XII „Zentrum Kagran"
Hinkel, Dipl.-Ing. Walter, Oberstadtbaurat . 23 45 64*

MAGISTRATSABTEILUNG 46

Verkehrsorganisation und technische Verkehrsangelegenheiten

12, Niederhofstraße 23, 1. Stock, Tür 136, Tel. 746*, 83 66 16*

Ausarbeitung von Plänen zur Organisation und Regelung des Straßenverkehrs unter Berücksichtigung des bestehenden Straßennetzes und der generellen Verkehrsplanung.
Projektierung von Verkehrsmaßnahmen als Grundlage für die Tätigkeit der Straßenverkehrsbehörde einschließlich der dazu erforderlichen Verkehrserhebungen und -zählungen.
Detailprojektierung, Errichtung, Erhaltung und Verwaltung der Anlagen zur Regelung und Sicherung des Verkehrs, wie Verkehrslichtsignalanlagen und Verkehrsleiteinrichtungen im Straßenraum, einschließlich der Bundesstraßen mit Ausnahme der Autobahnen, im Einvernehmen mit den einschlägigen Fachdienststellen, hinsichtlich der Bodenmarkierung auch auf Autobahnen.
Erlassung von verkehrsregelnden Verordnungen und Durchführung sonstiger Verkehrsmaßnahmen.
Einzelgenehmigung von Kraftfahrzeugen und Anhängern sowie von Änderungen an genehmigten Kraftfahrzeugen und Anhängern.
Wiederkehrende und besondere Überprüfung von Kraftfahrzeugen.
Eingeschränkte Zulassung von Kraftfahrzeugen und Anhängern sowie Bewilligung von Transporten mit Übermaßen und Übergewichten sowie Bewilligung zum Ziehen nicht zugelassener Fahrzeuge.
Genehmigung von einzelnen und Typen von Kraftfahrzeugen mit 10 km/h Höchstgeschwindigkeit.
Erteilung von Ausnahmegenehmigungen für Kraftfahrzeuge nach dem KFG 1967 im Auftrag des zuständigen Bundesministeriums.
Erteilung der Genehmigung zur Führung von Blaulicht und Folgetonhorn.
Ermächtigung von Vereinen und Gewerbetreibenden zur Abgabe von Gutachten für die wiederkehrende und besondere Überprüfung sowie zur wiederkehrenden Begutachtung von Kraftfahrzeugen.
Mitwirkung in technischer Hinsicht bei der Fahrschulaufsicht.
Führung der Bürogeschäfte des Beirates für Verkehr.
Antragstellung an den Landeshauptmann auf Bestellung von rechtskundigen Sachverständigen nach den kraftfahrrechtlichen Vorschriften.
Geschäftsstelle für technische Sachverständige nach dem KFG 1967.
Beistellung von Amtssachverständigen für die Begutachtung von Kraftfahrzeugen für körperbehinderte Lenkerberechtigungsanwärter; Ausstellung von Ausnahmegenehmigungen für Invalide betreffend Parkerleichterungen gemäß StVO.
Beistellung von Amtssachverständigen im Verfahren betreffend eisenbahnrechtliche Baubewilligungen und Betriebsbewilligungen für Eisenbahnen und Eisenbahnkreuzungen mit Straßen.
Erteilung von Ausnahmebewilligungen für Fahrzeuge oder Ladungen mit Übermaßen oder Übergewichten, von Verkehrsgeboten und -verboten, für Ladetätigkeiten sowie vom Wochenendfahrverbot.
Erteilung der Ausnahmebewilligung von der winterlichen Gehsteigbetreuungspflicht.
Erteilung der Bewilligung sportlicher Veranstaltungen auf Straßen sowie Vorbereitung der Erteilung der Bewilligung solcher Veranstaltungen, die in Wien beginnen und sich auf zwei oder mehrere Bundesländer erstrecken.
Erteilung der Bewilligung von Arbeiten auf oder neben der Straße mit Festlegung der damit verbundenen befristeten Verkehrsmaßnahmen und -koordination unter Berücksichtigung des Gesamtverkehrs.
Mitwirkung bei der Festlegung von Verkehrsmaßnahmen im Verfahren zur Erteilung von Gebrauchserlaubnissen auf Straßen.
Festlegung von Standplätzen des Platzfuhrwerksgewerbes (Taxigewerbes) und des Ausflugwagen-(Stadtrundfahrten-)Gewerbes und Mitwirkung in Angelegenheiten von Haltestellen des Linienverkehrs.
Verkehrstechnische Begutachtung von Projekten des Straßen- und Brückenbaues.
Beistellung von Amtssachverständigen in Verkehrsfragen in bau- und gewerbebehördlichen Angelegenheiten.
Beistellung von Sachverständigen in Luftfahrtangelegenheiten.
Teilbesorgung der Geschäfte der Auftragsverwaltung des Bundes hinsichtlich der Bundesstraßenverwaltung, nämlich die Projektierung von Einrichtungen zur Regelung und Sicherung des Verkehrs aufgrund des Straßendetailprojektes.

Schmidl, Dipl.-Ing. Hans, Oberstadtbaurat 301
Libowitzky, Dipl.-Ing. Eugen, Senatsrat 290
Janovsky, Dipl.-Ing. Walter, Senatsrat 303
Kalab, Dipl.-Ing. Walter, Oberstadtbaurat 300
Kirste, Dipl.-Ing. Daniel, Oberstadtbaurat 473
Burian, Dipl.-Ing. Helmut, Stadtbaurat 335
Kaucký, Dipl.-Ing. Heinz, Stadtbaurat 333
Schmidt, Dipl.-Ing. Friedrich, Stadtbaurat 336
Glaser, Dipl.-Ing. Ernst, Stadtbauoberkommissär . . 433
Pecinovsky, Dipl.-Ing. Wolfgang, Stadtbauoberkommissär 471
Pfleger, Dipl.-Ing. Dr. techn. Ernst, Stadtbaukommissär 291
Ruhnau, Ing. Walter, Techn. Oberamtsrat 323
Berger, Ing. Rudolf, Techn. Amtsrat 314
Neunteufel, Ing. Josef, Techn. Amtsrat 322
Silovsky, Ing. Wilhelm, Techn. Amtsrat 320
Tucek, Ing. Otto, Techn. Amtsrat 307
Dorfleutner Hildegard, Kanzleioberkommissär, Kanzleileiter 313

Prüfstelle für Kraftfahrzeuge,
3, Schlechtastraße 4 . 78 25 15* (65 25 16*, 65 19 51*)
Sanitzer, Dipl.-Ing. Johann, Oberstadtbaurat . . . 21
Hofmann, Dipl.-Ing. Heinz, Stadtbaurat 54
Liemert Anna, Kanzleioberoffizial 52

MAGISTRATSABTEILUNG 48

Stadtreinigung und Fuhrpark

5, Einsiedlergasse 2, Tel. 848*, 55 16 11*

Reinigung der Fahrbahn, mit Ausnahme der Autobahnen und der Marktflächen, Abfuhr des Straßen- und Marktkehrichts, Staub- und Unkrautbekämpfung, Reinigung der Denkmalbrunnen, Wassereinlaufschächte und Straßengräben (auch im Rahmen der Teilbesorgung der Geschäfte der Auftragsverwaltung des Bundes hinsichtlich der Bundesstraßenverwaltung).
Schneebeseitigung auf Fahrbahnen, Schneeabfuhr, Bestreuung der Fußgängerübergänge und Fahrbahnen (mit Ausnahme der Autobahnen) bei Glätte, auch im Rahmen der Teilbesorgung der Geschäfte der Auftragsverwaltung des Bundes hinsichtlich der Bundesstraßenverwaltung.
Absicherung von Gefahrenstellen auf öffentlichen Verkehrsflächen und provisorische Behebung kleiner Straßenschäden, ausgenommen auf Autobahnen (notstandspolizeiliche Maßnahmen).
Einsammeln und Abfuhr von Müll.
Planung, Betrieb und Erhaltung der städtischen Mülldeponien und von Müllverbrennungsanlagen.
Beistellung von Amtssachverständigen für Müllbeseitigungseinrichtungen.
Technische Fachdienststelle für städtische Kraftfahrzeuge mit Ausnahme der Erteilung von Einzelgenehmigungen.
Aufhebung des Verbotes hinsichtlich der Anwendung von Auftausalzen bei der Glatteisbekämpfung auf Gehsteigen, Zufahrten, Abstellplätzen und dgl. für die Dauer von höchstens drei Tagen; Bekanntgabe dieser Aufhebung im Österreichischen Rundfunk.
An- und Verkauf, Betreuung, Erwirkung der Zulassung und Besorgung der Steuer- und Versicherungsangelegenheiten (einschließlich der Schadensabwicklung nach Unfällen) der städtischen Kraftfahrzeuge, wobei Fahrzeuge der Wiener Stadtwerke und Feuerwehrfahrzeuge, letztere jedoch nicht hinsichtlich des Verkaufs, ausgenommen sind.
Wiederkehrende Überprüfung aller Kraftfahrzeuge der Stadt Wien mit Ausnahme der Fahrzeuge der Magistratsabteilung 68 und der Wiener Stadtwerke.
Erbringung von Fahrleistungen für Dienststellen des Magistrates mit Ausnahme der Wiener Stadtwerke und Vergebung von Fuhrwerksarbeiten und Überprüfung der Rechnungen von Fuhrwerksleistungen.
Verwaltung und Erhaltung der abteilungseigenen Betriebseinrichtungen, Gebäude und Liegenschaften.
Planung und Errichtung öffentlicher Bedürfnisanstalten sowie Betriebsaufsicht über diese.
Anbringung und Erhaltung von Tafeln zur Bezeichnung von Verkehrsflächen.
Entfernung von Verkehrshindernissen, Fahrzeugwracks und von auf öffentlichen Verkehrsflächen verkehrsbeeinträchtigend abgestellten Fahrzeugen, ausgenommen technische Hilfeleistung bei Verkehrsstörungen; Durchführung der in diesem Zusammenhang stehenden behördlichen Verfahren in erster Instanz.
Mitwirkung in Fragen der Straßenpolizei und des Verkehrswesens, soweit sie Angelegenheiten der Stadtreinigung betreffen.
Vorschreibung der Kosten für die Reinigung von öffentlichen Verkehrsflächen.

Seitl, Dipl.-Ing. Ludwig, Obersenatsrat 241, 242, 200, 258
Prosser, Dipl.-Ing. Otto, Oberstadtbaurat 261, 262
Arnfelser, Dipl.-Ing. Franz, Stadtbaurat 247, 251
Zika, Dipl.-Ing. Adalbert, Stadtbaurat 271, 272
Kuderna Erwin, Oberamtsrat 221
Zapletal, Ing. Hubert, Techn. Oberamtsrat . 94 85 01*, 5
Nemetz, Ing. Kurt, Techn. Amtsrat 278
Zeschek Heinrich, Amtsrat 62 45 41, 64 19 872
Handschuh August, Kanzleikommissär, Kanzleileiter 268
Kanzlei 264

Kraftfahrzeugverwahrstelle (Abschleppgruppe):

10, Eibesbrunnergasse 9 . . . . . 62 45 41, 64 19 872

Mülleinsammlung und -verwertung:

Müllableerplätze:
22, Rautenweg
Zwölfaxing, Kasernenstraße, NÖ
Müllgefäße-Reparaturwerkstätte:
20, Traisengasse 8 . . . . 33 25 27
Müllverbrennungsanlage:
16, Flötzersteig 94 85 01*

Fuhrpark:

Garagen:
1, Friedrich Schmidt-Platz . . 42 8 01/2245, 42 27 07
5, Einsiedlergasse 2 . 848*, 55 16 11*, 321, 55 13 74
17, Richthausenstraße 2 . . . . 46 32 02
20, Leystraße 87 . . . . 33 11 61*
Hauptwerkstätte:
17, Lidlgasse 5 . . . . 46 26 28*, 46 31 28

Straßenreinigung:

Betriebsstelle 55 13 87
Bereitschaftsdienst,
5, Einsiedlergasse 2 . 55 11 93, 848*, 55 16 11*, 330
1, Cobdengasse 2 (Zedlitzhalle) 52 93 32
1, Fischerstiege 1–7 . . . . 63 90 342
1, Rathausstraße 2 (Tag) . . . 42 8 06/3885, 93 16 74
1, Rathausstraße 2 (Nacht) . 42 8 06/3884, 93 15 94
2, Dresdner Straße 119 . . . . 24 14 97
2, Floßgasse 16 . . . . 33 22 34
2, Handelskai 392 . . . . 24 06 264
2, Stoffellagasse 7a 24 31 57
2, Wehlistraße 133 . . . . 24 23 85
3, Barthgasse 13 . . . . 72 11 98
3, Erdbergstraße 7 . . . . 73 24 03
3, Grasbergergasse 3 . . . . 78 13 88 (75 34 61)
3, Khunngasse 8–10 . . . . 73 01 864
3, Riesgasse 4 . . . . 73 28 053
4, Graf Starhemberg-Gasse 13 . . . . 65 94 213
5, Diehlgasse 26 . . . . 55 13 34
6, Gumpendorfer Straße 86 . . . . 56 43 92
6, Magdalenenstraße 12 . . . . 57 87 65
7, Lindengasse 63 . . . . 93 97 662
8, Pfeilgasse 47–49 . . . . 43 36 06
9, Badgasse 15–19 . . . . 34 39 865
9, Müllnergasse 20 . . . . 34 70 733
9, Währinger Straße 43 . . . . 43 37 25
10, Gudrunstraße 128 . . . . 64 61 45
10, Klausenburger Straße 21 . . . . 64 69 675
10, Ober-Laaer Straße 87 . . . 68 52 612 (64 65 222)
10, Sonnleithnergasse 30 . . . . 64 38 734

11, Hugogasse 20	74 33 06
11, Kaiser-Ebersdorfer Straße 310	76 32 292 (77 69 022)
11, Simmeringer Hauptstraße 32	74 13 92
12, Aßmayergasse 13	83 19 233
12, Kastanienallee 3	64 19 683
12, Schlöglgasse 42	84 35 59 (83 44 33)
12, Tivoligasse 13	83 90 182
13, Glasauergasse 6	82 47 795
13, Lainzer Straße 168	82 14 64
13, Trauttmansdorffgasse 22–24	82 16 77
14, Cervantesgasse 15–17	92 21 50
14, Mauerbachstraße 27	97 13 365
14, Phillipsgasse 8	82 08 115
14, Waidhausenstraße 2	94 39 363
14, Wolfersberggasse 13–17	94 26 694
14, Zehetnergasse 7–9	94 33 72
15, Goldschlagstraße 91	95 18 423
15, Loeschenkohlgasse 13	95 41 91
15, Rosinagasse 16	83 19 303
16, Haberlgasse 76	43 27 722
16, Kendlerstraße 47	95 41 93
16, Liebhartsgasse 19–21	92 18 924
16, Seitenberggasse 48	46 39 172
16, Thaliastraße 113	92 28 905
17, Elterleinplatz 5	43 20 513
17, Neuwaldegger Straße 19	46 10 062
17, Richthausenstraße 4	46 13 93
18, Pötzleinsdorfer Straße 100	47 47 504
18, Semperstraße 64	34 29 013
18, Simonygasse 2b	47 30 292
19, Celtesgasse 4	44 18 512
19, Feilergasse 3	32 20 035
19, Grinzinger Straße 151 – Depot	37 26 06
19, Grinzinger Straße 151 – Werkstätte	37 12 84
19, Guneschgasse 10	34 66 85
19, Krottenbachstraße 6	36 41 02
20, Leystraße 21	33 38 353
20, Treustraße 62	33 40 445
21, Aistgasse 27	38 81 344
21, Baumergasse 69	39 24 272
21, Fultonstraße 10	38 52 49
21, Lottgasse 1	30 34 893
21, Pastorgasse 20	38 74 04
21, Prager Straße 58	38 71 96
21, Rußbergstraße 89	39 12 25
21, Stammersdorfer Straße 50	39 19 832
22, Aspern, Wimpfengasse 6	22 34 023
22, Breitenlee, Breitenleer Straße 268	22 69 522
22, Eßling, Gartenheimstraße 12	22 39 683
22, Hirschstetten, Guido Lammer-Gasse 1	22 33 15
22, Kagran, Kagraner Platz 29	23 51 97
22, Kaisermühlen, Schiffmühlenstraße 46	23 58 262
22, Neu-Kagran, Viktor Kaplan-Straße 21	22 58 473
22, Stadlau, Wurmbrandgasse 18–22	22 19 544
22, Stadlau, Zschokkegasse 48	22 19 932
23, Atzgersdorf, Brunner Straße 1–3	86 03 72
23, Erlaa, Erlaaer Straße 154	67 38 815
23, Inzersdorf, Draschestraße	67 55 883
23, Inzersdorf, Großmarkt	67 48 204
23, Inzersdorf, Hochwassergasse 29	67 33 88
23, Liesing, Dr. Neumann-Gasse 8	86 98 033
23, Mauer, Marktgemeindegasse 44–50	88 12 20
23, Rodaun, Breitenfurter Straße 485	88 43 794
23, Siebenhirten, Ketzergasse 103	86 14 373
Buchhaltung	848*, 55 16 11*, 231

MAGISTRATSABTEILUNG 70

Rechtliche Verkehrsangelegenheiten

9, Viriotgasse 8, Tel. 42 8 06

Allgemeine und grundsätzliche Angelegenheiten des Straßenpolizei- und Kraftfahrrechtes sowie des Kraftfahrlinien- und Straßenbahnrechtes (ausgenommen U-Bahn).
Mitwirkung bei der Ausarbeitung neuer Straßenregulierungsprojekte im Hinblick auf die Führung von Kraftfahrlinien.
Beistellung von Sachverständigen in Verkehrsangelegenheiten.
Administrativ-behördliche Angelegenheiten der Straßenbahn (ausgenommen der U-Bahn) und der Kraftfahrlinien.
Angelegenheiten der Fahrschulen und der Fahrlehrer.
Vorlage von Berufungen gegen Bescheide einschließlich Straferkenntnisse und -verfügungen der Bundespolizeidirektion Wien und der Dienststellen des Magistrats in Straßenpolizei-, Kraftfahrrechts- und Kraftfahrlinienangelegenheiten.

Beneš, Dr. Hermann, Senatsrat 3910
Kö, Dr. Manfred, Obermagistratsrat 3911
Lauer, Dr. Otto, Obermagistratsrat 3914
Pichler, Dr. Gilbert, Obermagistratsrat 3913
Schwarzberger, Dr. Johann, Magistratsrat 3919
Berger, Dr. Manfred, Magistratsoberkommissär . . . 3917
Fuchs, Dr. Peter, Magistratsoberkommissär 3920
Neumayer, Dr. Walter, Magistratsoberkommissär . . 3927
Illetschko, Mag. Ludwig 3908
Kerschbaum, Dr. Franz 3915
Samwald Alfred, Oberamtsrat 3916
Hotwagner Elisabeth, Kanzleioberkommissär,
Kanzleileiter 870
Kanzlei 870
Fahrschulen, Fahrlehrer, Kraftfahrlinien 3918

Wiener Stadtwerke

(Elektrizitätswerke, Gaswerke, Verkehrsbetriebe und Städtische Bestattung)

GENERALDIREKTION

Ringturm, 1, Schottenring 30, 15.—18. Stock, Tel. 63 66 06

Reisinger, Dr. Karl,
Generaldirektor 611, 42 8 01/2128
Widhalm, Dr. Alois, Obersenatsrat 612, 2271
Sekretariat 618
Podhrasnik Peter, Amtsrat 617
Sektion für Personalangelegenheiten:
Widhalm, Dr. Alois, Obersenatsrat 612, 2271
Wurst, Dr. Alfred, Senatsrat 613
Hirschl, Dr. Erwin, Magistratsrat 614
Schwarz Willibald, Oberamtsrat 625
Referat für Organisation, Revision und Datenverarbeitung:
Höcht, Dkfm. Dr. Helge, Obermagistratsrat . . . 620
Obentraut, Ing. Dr. Michael,
Magistratsoberkommissär 628
Finanz- und Wirtschaftssektion:
Zidek, Dr. Bruno, Obersenatsrat 621, 3022
Markl, Dkfm. Dr. Alfons, Obermagistratsrat . . . 622
Fertinger, Dr. Christian,
Magistratskommissär 637
Energiewirtschaftliches Referat:
Eisnecker, Ing. Robert, Obermagistratsrat 624
Weiss, Mag. Wolfgang, Magistratskommissär . . . 623
Bautechnisches Referat, 15, Zinckgasse 27 . . . 92 16 56
Hrouda, Dipl.-Ing. Ernst, Senatsrat 31
Public-Relations-Referat:
Laa, Dr. Harald, Obermagistratsrat 635, 2272

Generaldirektion-Zentralverwaltung:

Rechts- und Verwaltungsabteilung:
6, Rahlgasse 3 . . . . 753*, 65 36 91*, 65 46 81*
Siedle, Dr. Udo, Obermagistratsrat 936
Manhart, Dr. Herbert, Obermagistratsrat 931
Rosenberger, Dr. Adolf, Magistratsrat 933
Cenek Karl, Amtsrat 925
Haas Johann, Amtsrat 962
Soucek Karl, Amtsrat 961
Zwettler Karl, Amtsrat 928
9, Mariannengasse 4 . . . . 751, 43 80*
Koutny, Dr. Wilhelm, Magistratsoberkommissär . 3831
8, Josefstädter Straße 10–12 . . . . . . .752*, 43 09*
Prymas, Dr. Edith, Obermagistratsrat 266
Gebäudeverwaltung:
8, Josefstädter Straße 10–12 . . . . . . .752*, 43 09*
Holovlasky Oskar, Amtsrat 329
Abteilung für Innenrevision:
8, Josefstädter Straße 10–12 . . . . . . .752*, 43 09*
Schulz, Dkfm. Dr. Franz, Obermagistratsrat . . . 210
Kollmann Karl, Amtsrat 358
Mossburger, Mag. Roman, Magistratskommissär . 357
Rechenzentrum:
9, Mariannengasse 4 . . . . 751, 43 80*
Streit, Dipl.-Ing. Dr. techn. Siegfried, Oberstadtbaurat 3881
Sitta, Dipl.-Ing. Johann, Stadtbauoberkommissär . 3890
Lattmanig, Dipl.-Ing. Johann, Stadtbaukommissär 3899
Porits, Dipl.-Ing. Andreas, Stadtbaukommissär . . 3899
Koudela, Ing. Erich, Oberamtsrat 3801
Schneider Franz, Oberamtsrat 3894
Waclawek Friedrich, Oberamtsrat 3887
Dosek Georg, Amtsrat 3890
Eminger Franz, Amtsrat 3893
Hajny, Ing. Friedrich, Techn. Amtsrat 3883
Klinger Franz, Amtsrat 3878
König Walter, Amtsrat 3807
Los Hermann, Amtsrat 3894
Winter Walter, Amtsrat 3879
Gehaltsverrechnung:
4, Favoritenstraße 9–11 . . 753*, 65 36 91*, 65 46 81*
Kaspar Johann, Oberamtsrat 332
Jarolim Otto, Oberamtsrat 475
Fohn Hedwig, Amtsrat 638
Kasper Johann, Amtsrat 437
Löwenstein Karl, Amtsrat 459

Prechtl Rudolf, Amtsrat 625
Prusa Franz, Amtsrat 405
Renner Josef, Amtsrat 482
Schreiner Grete, Amtsrat 445
Tomek Franz, Amtsrat 218
Pensionsabteilung:
4, Favoritenstraße 9–11 . . 753*, 65 36 91*, 65 46 81*
Eckelberg Franz, Oberamtsrat 291
Zeman Walter, Amtsrat 469
Stockinger Heinrich, Amtsrat 266
Zeihs Rudolf, Amtsrat 266
Einkaufsabteilung:
8, Josefstädter Straße 10–12 . . . . . . .752*, 43 09*
Morbeck, Ing. Erich, Techn. Oberamtsrat 533
Anderl Friedrich, Oberamtsrat 269
Gmainer Josef, Amtsrat 294
Heger, Ing. Rudolf, Techn. Amtsrat 292
Körber Franz, Amtsrat 297
Ossinger Willibald, Amtsrat 288
Pecker Martin, Amtsrat 243

Rabl Franz, Amtsrat 291
Schwerwacher Gottfried, Amtsrat 286
Vodacek Fritz, Amtsrat 503
Wallner, Ing. Alfred, Techn. Amtsrat 256
Abteilung für Materialbewirtschaftung:
8, Josefstädter Straße 10–12 . . . . . . .752*, 43 09*
Golech Eduard, Amtsrat 216
Fraihsl Erich, Amtsrat 258
Peltz Karl, Amtsrat 208
Kollaudierungsabteilung:
8, Josefstädter Straße 10–12 . . . . . . .752*, 43 09*
Wallner Franz, Oberamtsrat 565
Thoma Franz, Amtsrat 353
Bernhardt Walter, Amtsrat 564
Groß Anton, Amtsrat 564
Kalinski Johann, Amtsrat 353
Klein Friedrich, Amtsrat 564
Pietsch Walter, Amtsrat 590
Solar Johann, Amtsrat 590
Zugarek Josef, Amtsrat 353

WIENER STADTWERKE – ELEKTRIZITÄTSWERKE

Direktion und sämtliche Abteilungen, soweit nicht eine andere Anschrift bzw. Telefonnummer angegeben:
9, Mariannengasse 4–6, Tel. 751, 43 80*

Popper, Dipl.-Ing. Arnold, Direktor 3111
Kastl, Dipl.-Ing. Helmut, Techn. Vizedirektor 3112
Göbel, Dkfm. Walter, Kaufm. Vizedirektor 3113
Wiedhalm, Ing. Karl, Techn. Oberamtsrat, Direktionssekretär 3114
Kraftwerksplanung, Sonderaufgaben, Sicherheitstechnischer Dienst, Fachbücherei:
Palme, Dipl.-Ing. Thorvik, Stadtbaurat 3131
Brugger, Dipl.-Ing. Georg, Stadtbaurat 3136
Österreicher, Ing. Josef, Techn. Amtsrat, Sicherheitsreferent 3141
Kraftwagenbetrieb:
Pousek, Ing. Norbert, Techn. Amtsrat 3151
Forster Alfred, Amtsrat 3153
Zentralgarage: 2, Obere Donaustraße 21–27 . 33 51 50

Betrieb und Ausbau der kalorischen Kraftwerke, Umspann- und Unterwerke und der Wasserkraftwerke:

Kastl, Dipl.-Ing. Helmut, Techn. Vizedirektor, Gruppenleiter 3112
Kraftwerk Simmering:
11, Simmeringer Lände 2 . . . . 76 15 01*, 76 31 12*
Knorr, Dipl.-Ing. Robert, Senatsrat 422
Franz, Dipl.-Ing. Erhard, Oberstadtbaurat 411
Wieser, Dipl.-Ing. Rudolf 420
Gockner, Dipl.-Ing. Ludwig 412
Sonnabend, Ing. Friedrich, Techn. Amtsrat 426
Vogler, Ing. Johann, Techn. Amtsrat 414, 477
Swoboda, Dr. Walter 418
Blanarik Robert, Amtsrat 404
Kraftwerk Donaustadt:
22, Steinspornweg 22 16 81*
Pöltner, Dipl.-Ing. Richard, Oberstadtbaurat . . . 201
Koudelka, Dipl.-Ing. Georg, Oberstadtbaurat . . 202
Brunner, Dipl.-Ing. Rudolf, Stadtbaurat 203
Betrieb, Projektierung und Ausbau von Umspann-, Unter- und Wasserkraftwerken sowie von Netzschaltanlagen:
Lemmerer, Dipl.-Ing. Walter, Senatsrat 3181

Hinterecker, Dipl.-Ing. Ernst, Oberstadtbaurat . . 3182
Vogler, Dipl.-Ing. Knuth, Stadtbaurat 3183
Schubert, Dipl.-Ing. Josef, Stadtbaurat 3107
Zankel, Dipl.-Ing. Franz, Stadtbaurat 3186
Braunsdorfer, Dipl.-Ing. Heinz, Stadtbaurat . . . 3109
Maurer, Dipl.-Ing. Herbert, Stadtbaurat 3184
Reisinger, Dipl.-Ing. Franz, Stadtbauoberkommissär 3187
Wolf, Dipl.-Ing. Paul, Stadtbauoberkommissär . . 3189
Brehmer, Dipl.-Ing. Reinhard, Stadtbaukommissär 3108
Hecht, Ing. Josef, Techn. Amtsrat 3108
Kramer, Ing. Friedrich, Techn. Amtsrat 3188
Pecher, Ing. Helmut, Techn. Amtsrat 3109
Mircescu Erwin, Amtsrat 3194
Betrieb und Erhaltung von Gleichrichteranlagen und ferngesteuerten Umspann- und Unterwerken:
Preissler Hubert, Betriebsoberinspektor 3100
Fernsteuerung:
Bartes Josef, Betriebsoberinspektor 3199
Umspannwerke:
Baden: Baden, Waltersdorfer Straße 24, NÖ 905/80 85 12, 0 22 52/80 85 12
Ebenfurth: Ebenfurth, Wiener Neustädter Straße 29, NÖ. 0 26 24/22 02, 22 20
Simon Josef, Betriebsoberinspektor
Eisenstadtplatz: 10, Favoritenstraße 189
Enzesfeld: Enzesfeld, Hirtenberger Straße, NÖ.
Gaudenzdorf: 12, Schönbrunner Straße 162–168
Gresten: Gresten, Wieselburger Straße 20, NÖ. 0 74 87/23 77
Allmer Adolf, Betriebskontrollor
Heiligenstadt: 19, Heiligenstädter Straße Nr. 70–72
Kagran: 22, Kagran, Breitenleer Straße, gegenüber Nr. 7
Kaiser-Ebersdorf: 11, Alberner Straße 8
Kendlerstraße: 16, Kendlerstraße 40
Klosterneuburg: Klosterneuburg, Aufeldgasse 9, NÖ.

Leopoldau: 21, Siemensstraße 75
Liesing: 23, Liesing, Brunner Straße 52
Michelbeuern: 9, Währinger
Gürtel 78 . . . . 42 01 87
Keil Ortwin, Betriebsoberinspektor
Neubad: 1, Neubadgasse 6
Nord: 21, Jedleseer Straße 45 . . . . 38 14 19
Naider Josef, Betriebsoberinspektor
Stadlau: 22, Aspern, Erzherzog Karl-Straße
Nr. 150
Süd: 12, Pottendorfer Straße 30 . . . . 83 31 54
Hupp Johann, Betriebsoberinspektor
Südost: 10, Unter-Laa, Johannesberg
Traiskirchen: Traiskirchen, Steinfeldgasse 19, NÖ.
West: 13, Hofjagdstraße 3 . . . . 97 11 09
Strojil Friedrich, Betriebsoberinspektor
Wiener Neudorf: Wiener Neudorf, Friedrich
Schiller-Straße 43, NÖ. 902/84 47 19,
0 22 36/84 47 19
Zedlitzhalle: 1, Liebenberggasse 5

Umspann- und Unterwerke:
Favoriten: 10, Humboldtgasse 1–5 . . . . . . 64 31 17
Machalek Johann, Betriebsoberinspektor
Handelskai: 2, Wachaustraße 28
Kaunitzgasse: 6, Kopernikusgasse 5 . . . . . . 57 22 59
Hayder Herbert, Betriebsoberinspektor
Leopoldstadt: 2, Obere Augartenstraße 14a . 33 36 66
Fürnkranz Alfred, Betriebsoberinspektor
Mariahilf: 6, Theobaldgasse 6
Ottakring: 16, Arnethgasse 24–26 . . . . . . 46 24 76
Penzing: 14, Gurkgasse 27–29
Schmelz: 15, Hackengasse 32
Speising: 13, Feldkellergasse 3
Währing: 18, Schulgasse 81–83
Weißgerber: 3, Geusaugasse 16 . . . . 73 26 83
Zimper Ernst, Betriebsoberinspektor

U-Bahn:
Leitstelle, 4, Karlsplatz 3101, 3103
Unterwerke:
10, Reumannplatz 411
4, Südtiroler Platz 412
4, Karlsplatz 413
2, Nestroyplatz
19, Heiligenstädter Platz
19, Wasserleitungswiese 448
1, Schottenring
3, Hauptzollamt 446

Unterwerke:
Alsergrund: 9, Höfergasse 2–12
Döbling: 19, Billrothstraße 7
Floridsdorf: 21, Kahlgasse 7
Hütteldorf: 14, Bahnhofstraße 1a
Landstraße: 3, Grasbergergasse 5
Niernbergergasse: 11, Simmeringer Hauptstraße 162
Sechshaus: 15 Rauchfangkehrergasse 41
Thury: 9, Währinger Gürtel, gegenüber 114

Netzschaltanlagen:
Ebreichsdorf: Ebreichsdorf, Wiener Straße, gegenüber 114, NÖ.
Eßling: 22, Eßling, Raphael Donner-Allee
Fischamend, Markt Fischamend, Hainburger Straße 63a, NÖ.
Gumpoldskirchen: Gumpoldskirchen, Wiener Straße 156, NÖ.
Lobau: 22, Stadlau, Kanalstraße 74 . . . . . . 22 14 73
Maria Lanzendorf: Maria Lanzendorf, Himberger Straße, NÖ.
Perchtoldsdorf: Perchtoldsdorf, Herzogbergstraße 4, NÖ.
Rannersdorf: Rannersdorf, Hähergasse 12, NÖ.
Schwadorf: Schwadorf, Wienerherbergstraße, NÖ.
Spittelau: 9, Spittelauer Lände 45 . . . . 31 15 11
Vöslau-Thermalbad: Bad Vöslau, Badner Straße 12, NÖ.

Wasserkraftwerke:
Gaming: Kienberg-Gaming,
Pockau 46, NÖ. 0 74 85/258
Fadinger Karl, Betriebskontrollor
Göstling (Wehranlage),
Ober-Kogelsbach 8, NÖ. 0 74 84/290
Opponitz: Opponitz,
Schwarzenbach 16, NÖ. 0 74 42/22 05 11
Folger Ludwig, Betriebsoberinspektor

Lastverteiler:
Schafhauser, Ing. Johann,
Techn. Oberamtsrat 3171
Celeric, Dipl.-Ing. Franz, Oberstadtbaurat 3172
Schimkowitsch, Dipl.-Ing. Georg, Stadtbaurat . . 3175
Bogner, Ing. Rudolf, Techn. Amtsrat 3170
Jerabek, Ing. Ernst, Techn. Amtsrat 3170
Pammer, Ing. Leopold, Techn. Amtsrat 3170
Pflug, Ing. Walter, Techn. Amtsrat 3170
Rypal, Ing. Karl, Techn. Amtsrat 3170
Rypar, Ing. Heinrich, Techn. Amtsrat 3170
Siller, Ing. Heinz, Techn. Amtsrat 3170

Chemisches Laboratorium:
Szoldatics, Dr. phil. Edith, Oberstadtbaurat 3176

Betrieb und Ausbau der Kabel- und Freileitungsnetze:

Proksch, Dipl.-Ing. Anton, Oberstadtbaurat 3261
Planungsbüro und Sonderaufgaben:
Binder, Dipl.-Ing. Dr. techn. Heinzfriedrich,
Oberstadtbaurat 3264
Spitzl, Dipl.-Ing. Werner, Stadtbauoberkommissär 3329
Kreutzer, Dipl.-Ing. Gerhard, Stadtbaukommissär 3263
Betrieb und Ausbau der Drehstromnetze Ost:
Swoboda, Ing. Fritz, Techn. Oberamtsrat 3271
Schindler, Ing. Alfred, Techn. Amtsrat 3276
Venz, Ing. Herbert, Techn. Amtsrat 3277
Bogner, Ing. Franz, Techn. Amtsrat 3278
Tobias, Ing. Otto, Techn. Amtsrat 3275

Betrieb und Ausbau der Drehstromnetze West, 110 kV- und 380 kV-Kabelnetz:
Jakob, Ing. Kurt, Techn. Oberamtsrat 3281
Foidl, Ing. Hermann, Techn. Amtsrat 3285
Kielmeyer, Ing. Heinrich, Techn. Amtsrat 3283
Leinfellner, Ing. Walter, Techn. Amtsrat 3284
Zeiller, Dipl.-Ing. Richard, Stadtbaurat 3282
Drehstromnetz-Mitte, Bahn- und Fernwirknetze:
Mader, Ing. Hubert, Senatsrat, Regierungsrat . . . 3200
Czermak, Ing. Karl, Techn. Oberamtsrat 3294
Hofmann, Ing. Robert, Techn. Amtsrat 3296
Reisinger, Dipl.-Ing. Helmut, Stadtbaurat 3298
Liebl, Dipl.-Ing. Hans, Stadtbauoberkommissär . 3299
Eichinger, Ing. Emmerich, Techn. Amtsrat 3297
Hofer, Ing. Robert, Techn. Amtsrat 3283
Sehnalek, Ing. Kurt, Techn. Amtsrat 3297
Ullmann, Ing. Walter, Techn. Amtsrat 3296
Betrieb und Ausbau der Überlandnetze (mit Ausnahme der Ortsnetze), der Freileitungsnetze in Wien und der Fernleitungen:
Prazma, Ing. Karl, Techn. Oberamtsrat 3311
Wiesenwasser, Ing. Friedrich, Techn. Amtsrat 3312, 3316
Mayerhofer, Ing. Franz, Techn. Amtsrat 3313
Wais, Ing. Kurt, Techn. Amtsrat 3313
Vavra, Ing. Johann, Techn. Amtsrat . . . 3313, 3318
Öffentliche Beleuchtung:
2, Obere Donaustraße 21–27 . . 751, 43 80*, 33 35 73
Böhm, Ing. Josef, Techn. Amtsrat 3321
Ryba, Ing. Johann, Techn. Kommissär 3323
Planung, Errichtung, Ausbau und Erhaltung von Umspanneranlagen:
Holoubek, Ing. Walter, Techn. Oberamtsrat . . . 3331
Kögler, Ing. Karl, Techn. Amtsrat 3330
Kainz, Ing. Johann, Techn. Amtsrat 3334
Hausanschlüsse, Planherstellung, Kabelaufsicht, Aufgrabung und Wiederherstellung:
Strasky, Ing. Otto, Techn. Oberamtsrat 3361
Jordan, Ing. Kurt, Techn. Amtsrat 3361
Meß- und Relaisstelle, Tonfrequenzrundsteueranlagen (TRA):
derzeit unbesetzt 3381
Zimmerl, Ing. Ludwig, Techn. Oberamtsrat 3386
Loidhold, Dipl.-Ing. Josef, Oberstadtbaurat . . . 3389
Kasztler, Dipl.-Ing. Martin, Stadtbaurat 3385
Reiter, Ing. Dr. Alfred, Techn. Amtsrat 3382
Hruby, Ing. Franz, Techn. Amtsrat 3384
Aron, Ing. Anton, Techn. Amtsrat 3385
Umschaltung, Fernsprech- und Funkanlagen:
Hinn, Ing. Friedrich, Techn. Oberkommissär . . . 3391
Paul, Ing. Otto, Techn. Amtsrat 3469

Kundendienst:

Tollara, Dipl.-Ing. Kurt, Senatsrat 3400
Stromlieferungsverträge, Strompreise:
Dressler, Dipl.-Ing. Günther, Oberstadtbaurat . . 3410
Paul, Ing. Otto, Techn. Amtsrat 3469
Nagl, Ing. Herbert, Techn. Amtsrat 3419
Valenta, Dr. Rudolf, Oberstadtbaurat 3486
Beutler, Dkfm. Mag. Helmut, Magistratsrat 3467
Völker, Dipl.-Ing. Heinrich 3465
Mayer Elisabeth, Amtsrat 3416
Spanihel Petronilla, Amtsrat 3487
Technischer Kundendienst für Tarifabnehmer und Zählerdokumentation:
Lehner, Ing. Rudolf, Techn. Oberamtsrat 3450
Chowanetz, Ing. Heinrich, Techn. Amtsrat 3430
Pejrimovsky, Ing. Rudolf, Techn. Oberamtsrat . . 3403
Binder, Ing. Karl, Techn. Amtsrat 3454
Fousek, Ing. Alfred, Techn. Amtsrat 3408
Szmilek, Ing. Emil, Techn. Amtsrat 3414
Hansel, Ing. Gustav, Techn. Amtsrat 3464
Bruckner, Ing. Eduard, Techn. Amtsrat 3484
Fieber, Ing. Gerhard, Techn. Amtsrat 3474
Lenger, Ing. Hans, Techn. Amtsrat 57 53 50
Reinisch, Ing. Matthias, Techn. Amtsrat 3425
Pilar Alfred, Amtsrat 3440
Beratungsstelle, 6, Mariahilfer Straße 41–43 . 57 53 50
Großabnehmeranlagen:
Loidolt, Dipl.-Ing. Franz, Oberstadtbaurat 3511
Wolf, Ing. Karl, Techn. Amtsrat 3515, 3516
Fedyk, Ing. Adolf, Techn. Amtsrat 3515
Heinzl, Ing. Rudolf, Techn. Amtsrat 3513
Lorenz, Ing. Adolf, Techn. Amtsrat 3515, 3516
Pesan, Ing. Rudolf, Techn. Amtsrat 3517
Nowak, Ing. Franz, Techn. Amtsrat 3513, 3514
Betrieb der Ortsnetze im Überlandnetz samt vollständigem Kundendienst:
Altnöder, Ing. Karl, Techn. Oberamtsrat 3521
Knezek, Ing. Felix, Techn. Amtsrat 3528
Blaich, Ing. Rudolf, Techn. Amtsrat 3529
Kranebitter Fritz, Amtsrat 3523
Betriebsstellen:
Baden, Conrad von Hötzendorf-Platz 5,
NÖ. 905/20 87, 44 75, 0 22 52/20 87, 44 75
Reiterer, Ing. Franz, Techn. Amtsrat
Klosterneuburg, Stadtplatz 10,
NÖ. . . 904/21 48*, 24 28*, 0 22 43/21 48*, 24 28*
Wlcek, Ing. Franz, Techn. Oberkommissär
Liesing, 23, Liesing, Dirmhirngasse 132 . . . 86 96 94
Nitsch, Ing. Maximilian, Techn. Oberkommissär
Mödling, Achsenaugasse 8,
NÖ. 902/25 26, 0 22 36/25 26
Bauer, Ing. Franz, Techn. Oberkommissär
Purkersdorf, Wienzeile 9,
NÖ. 0 22 31/33 61, 37 40, 97 12 32
Seebauer, Ing. Walter, Techn. Oberkommissär
Schwechat, Sendnergasse 13–15,
NÖ. 77 61 25*, 77 61 01*
Gansterer, Ing. Josef, Techn. Amtsrat
Stammersdorf, 21,
Stammersdorfer Straße 33 . . . . 39 13 16
Schubert, Ing. Anton, Techn. Amtsrat
Physikalisches Laboratorium:
2, Obere Augartenstraße 14a 33 14 89
Sailer, Dipl.-Ing. Dr. techn. Karl, Hofrat
Scharf, Dipl.-Ing. Helga, Stadtbaurat
Stärker, Dipl.-Ing. Helmut, Stadtbaurat
Zählerdienst: 9, Mariannengasse 27 . . . . . . 42 16 56*
Petrzelka, Ing. Heinrich, Techn. Oberamtsrat . . . 10
Gosch, Ing. Erich, Techn. Amtsrat 52

Verwaltungsdienst:

Personalangelegenheiten:
Wukovits Walter, Oberamtsrat 3561
Barton Alfred, Oberamtsrat 3822
Schleritzko Hans, Verwaltungsoberkommissär . . 3562
Reich Elisabeth, Amtsrat 3566
Betriebsärztlicher Dienst:
Schobner, Dr. Kurt, Obermedizinalrat 3571
Sozialreferat:
Starkbaum Otto, Amtsrat 3576
Poststelle, Archiv:
Sporrer Ernst, Kanzleioberkommissär 3581

Kaufmännischer Dienst:

Göbel, Dkfm. Walter, Kaufm. Vizedirektor 3113
Haupt- und Detailbuchhaltung, Steuerangelegenheiten:
Weber Anton, Oberamtsrat 3661
Klutz Robert, Amtsrat 3664

Platzer Gertrude, Oberamtsrat 3662
Rockenbauer, Dkfm. Raimund, Magistratskommissär 3674
Soecknik, Mag. Roland, Magistratskommissär . . 3663
Breiner Karl, Amtsrat 3665
Lux Johann, Amtsrat 3668
Betriebswirtschaftliche Abteilung, Statistik, Büromaschinenreferat:
Lengenfelder Karl, Oberamtsrat 3671
Heil Elfriede, Amtsrat 3672
Energiewirtschaft:
Zeiller Rudolf, Oberamtsrat 3676
Rechnungsprüfung und -liquidatur:
Martinek Ernst, Oberamtsrat 3691
Stumm Wilhelm, Amtsrat 3692
Verrechnungsstelle für sonstige Lieferungen und Leistungen, Versicherungsangelegenheiten:
Stitzle Johann, Amtsrat 3697
Thür Anna, Verwaltungsoberkommissär 3689
Gas- und Stromverrechnung:
Schmidt Franz, Oberamtsrat 3651
Eigner Franz, Oberamtsrat 3652
Sandner Ferdinand, Oberamtsrat 3821
Winter Anton, Oberamtsrat 3655
Zucker Walter, Oberamtsrat 3654
Hackel Walter, Amtsrat 3713
Kaltenecker Josef, Amtsrat 3656
Letofsky Othmar, Amtsrat 3755
Plocek Johann, Amtsrat 3648
Praetorius Ernst, Amtsrat 3753
Prochazka Jaroslav, Amtsrat 3658
Schrenk Josef, Amtsrat 3648
Schürer Franz, Amtsrat 3719
Steger Johann, Amtsrat 3657
Zeiller Gottfried, Amtsrat 3717
Hauptkassa:
Syrovatka Jaroslav, Oberamtsrat 3746

Bauangelegenheiten:

15, Zinckgasse 27 . . . . 92 16 56
Hoch-, Tief-, Wasser- und Eisenbahnbau, Geodäsie:
Kuntner, Dipl.-Ing. Walter, Senatsrat 3771, 92 16 56/15
Schediwy, Dipl.-Ing. Raimund, Oberstadtbaurat 92 16 56/37
Schwarz, Dipl.-Ing. Hans, Oberstadtbaurat 3788
Tongisch, Dipl.-Ing. Erich, Stadtbaurat . . 92 16 56/52
Komarek, Ing. Erich, Techn. Amtsrat . . . 92 16 56/56
Mansky Herbert, Amtsrat 92 16 56/10
Schwarz, Ing. Friedrich, Techn. Amtsrat . 92 16 56/54
Kerb, Ing. Paul, Techn. Amtsrat 92 16 56/22
Gebäudeerhaltung: 9, Mariannengasse 4 . . 751, 43 80*
Radowisch, Ing. Otto, Techn. Amtsrat 3770

WIENER STADTWERKE – GASWERKE

Direktion und sämtliche Abteilungen, soweit nicht eine andere Anschrift bzw. Telefonnummer angegeben:

8, Josefstädter Straße 10–12, Tel. 752*, 43 09*

Scholle, Dipl.-Ing. Dr. techn. Josef, Direktor 562
Schlauer, Dipl.-Ing. Rudolf, Vizedirektor 543
Allgemeine Direktionsangelegenheiten
Medek, Ing. Robert, Techn. Oberamtsrat 320
Sicherheitstechnischer Dienst:
Kölbl, Ing. Walter, Techn. Amtsrat 580
Rechtsreferat 266

Geschäftsgruppe I:

Allgemeine Verwaltungsangelegenheiten:
Scholle, Dipl.-Ing. Dr. techn. Josef, Direktor . . . 562
Personal- und Verwaltungsangelegenheiten:
Angrosch, Mag. Franz, Oberamtsrat 535
Marsalek Edith, Amtsrat 340
Direktionsärztliche Dienststelle:
Fraundorfer, Dr. Franz, Direktionsarzt 514

Geschäftsgruppe II:

Gasvertrieb, Technische Beratung, Werbung, Kundendienst, Gebäudeerhaltung, Autorisierte Prüf- und Versuchsanstalt, Gebrechenbehebung, Gaszählermontage, Kraftfahrzeuge:
Schlauer, Dipl.-Ing. Rudolf, Vizedirektor 543
Autorisierte Prüf- und Versuchsanstalt:
11, Eyzinggasse 12 . . . . 74 16 31*
Nedbalek, Dr. phil. Ernst, Oberstadtbaurat 610
Grohmann, Dipl.-Ing. Herbert 650
Heger, Ing. Karl, Techn. Amtsrat 630
Gaseinrichtung, Gasvertrieb:
Müllner, Ing. Franz, Techn. Oberamtsrat 585
Hiller Johann, Techn. Amtsrat 312
Pawelka, Ing. Adolf, Techn. Amtsrat 505
Deisinger, Dipl.-Ing. Herbert, Stadtbaurat 311
Gebrechenbehebungsdienst, Hausverwaltung außerhalb der Werke:
Kammerhofer, Ing. Franz, Techn. Oberamtsrat . . 200
Beratungsstelle Mariahilf,
6, Mariahilfer Straße 63 . . . . 57 96 01
Hauptmagazin und Werkstätte: 19, Döblinger Gürtel, Stadtbahnviadukt 354 . . . . 34 75 01
Waiß, Ing. Alfred, Techn. Oberamtsrat . 34 75 01, 74 16 31*, 438, 533
Gaszählerwechseldienst, Lager und Kartei:
11, Eyzinggasse 12 . . . . 74 16 31*
Erdgasabteilung:
Tesarik, Ing. Kurt, Techn. Oberamtsrat 300
Westermayer, Ing. Viktor, Techn. Amtsrat 317
Geschäftsstelle Meidling:
12, Theresienbadgasse 3 . . . . 83 35 41*, 83 02 31
Miksch, Ing. Viktor, Techn. Oberamtsrat 3
Rimesch, Ing. Ernst, Techn. Amtsrat 009
Außenstelle Mödling, Hauptstraße 68,
NÖ. 902/45 65, 42 03, 0 22 36/45 65, 42 03
Geschäftsstelle Brigittenau:
20, Denisgasse 39–41 . . . . 33 35 21, 33 13 46
Cvancara, Ing. Gottlieb, Techn. Oberamtsrat . . . 10
Kickinger, Ing. Kurt, Techn. Amtsrat 24

Geschäftsgruppe III:

Gasverteilung, Gasspeicherung, Regleranlagen, Behälter, Hauptrohrnetz, Bauangelegenheiten:
Rumler, Dipl.-Ing. Gunther, Senatsrat 523
Medosch Erwin, Amtsrat 589
Müllner Elfriede, Amtsrat 589
Hauptrohrnetz:
Bayonas, Ing. Richard, Techn. Oberamtsrat . . . 277
Dirnberger, Ing. Ludwig, Techn. Amtsrat 386

Koch, Ing. Herbert, Techn. Amtsrat 386
Radda, Ing. Alfred, Techn. Amtsrat 382
Ramirer, Ing. Karl, Techn. Amtsrat 544
Stech, Ing. Franz, Techn. Amtsrat 558
Sucharkiewicz, Dipl.-Ing. Leopold, Stadtbaurat . . 544

Bauangelegenheiten:
Lebeda, Ing. Erich, Techn. Oberamtsrat 263
Hoeller, Ing. Walter, Techn. Amtsrat 254

Regler- und Behälteranlagen außerhalb der Werke:
Getzinger, Ing. Ernst, Techn. Oberamtsrat 549
Kühn, Ing. Adolf, Techn. Amtsrat 319
Kulf, Ing. Rudolf, Techn. Amtsrat 276
Behälter Wienerberg 64 34 92
Behälter Baumgarten 94 11 48
Behälter Brigittenau 33 36 62
Regler-Werkstätte 34 91 51
Elektrowerkstätte der Regler 34 25 84

Geschäftsgruppe IV:

Erdgas-Großregler-, Verteiler- und Speicheranlagen
Scholle, Dipl.-Ing. Dr. techn. Josef, Direktor . . . 562
Dienststelle Simmering: 11, Eyzinggasse 12 . . 74 16 31*, 74 35 11*
Ruhland, Dipl.-Ing. Robert, Senatsrat 412
Redl, Ing. Walter, Techn. Oberamtsrat 447
Schmutzer Gerhard, Amtsrat 445

Dienststelle Leopoldau:
21, Pfendlergasse 39 16 11*, 39 13 97*
Scherer, Dipl.-Ing. Dr. techn. Otto, Senatsrat . . . 200
Himsl, Ing. Ferdinand, Techn. Oberamtsrat 239
Hammerschmid, Ing. Kurt, Techn. Oberamtsrat . 248
Melzer, Ing. Herbert, Techn. Amtsrat 234
Inger Gertrude, Amtsrat 240

Geschäftsgruppe VI:

Kaufmännischer Dienst:
Schwaiger, Dkfm. August 559
Buchhaltung:
Grillenhofer Herbert, Verwaltungsoberkommissär 262
Lenhart Karl, Amtsrat 579
Werbowsky, Dkfm. Theodor, Magistratsrat 575
Schmoll Kurt, Amtsrat 573
Betriebswirtschaftliche Abteilung:
Jurin Franz, Oberamtsrat 273
Fuchs Arthur, Amtsrat 337
Abrechnung für Großkonsum, Sonderabnehmer und Gaseinrichtung, Rechnungsprüfung:
Halling Karl, Oberamtsrat 238
Weik Anton, Amtsrat 236
Sassmann Helmut, Amtsrat 205
Hauptkassa:
Plefka Ernst, Amtsrat 513
Schalling Franz, Amtsrat 283
Wetter Stefanie, Amtsrat 530

WIENER STADTWERKE – VERKEHRSBETRIEBE

Direktion und sämtliche Abteilungen, soweit nicht eine andere Anschrift bzw. Telefonnummer angegeben:
4, Favoritenstraße 9–11, Tel. 753*, 65 36 91*, 65 46 81*

Cabana, Dipl.-Ing. Rudolf, Direktor, verantwortlicher Betriebsleiter für den Straßenbahn- und Stadtbahnbetrieb 280
Maier, Dipl.-Ing. Arnulf, Techn. Vizedirektor 322
Wilhelm, Dr. Friedrich, Kaufm. Vizedirektor 237
Dienststelle für Überprüfungsangelegenheiten:
4, Taubstummengasse 10
Gatterwe Karl, Amtsrat 319
Sicherheitstechnischer Dienst:
Kaida, Ing. Franz, Techn. Oberkommissär 664

Personalgruppe:

Irlbek, Dr. Alfred, Senatsrat 282
Abteilung für Personalangelegenheiten:
Irlbek, Dr. Alfred, Senatsrat 282
Joklik, Dr. Felix, Magistratsrat 426
Kabelka, Dr. Raimund, Magistratsrat 613
Lüders Otto, Amtsrat 214
Prazsky Franz, Amtsrat 431
Direktionskanzlei (Zentrale Posteinlaufstelle):
Potzmann Johann, Kanzleioberkommissär 252
Direktionsärztliches Büro:
4, Taubstummengasse 10
Pfob, Dr. Edmund, leitender Direktionsarzt . . . 253
Mayerweg, Dr. Elimar, Direktionsarzt 650
Gröger, Dr. Günter, Direktionsarzt 349
Betriebskrankenkasse: 10, Leebgasse 17 . . . . 64 11 71
Neubauer Karl, Oberamtsrat 10
Kopfensteiner Raimund, Oberamtsrat 316, 327
Kalcik Ruth, Amtsrat 28
Lochmann Friedrich, Amtsrat 19
Schmelzer Karl, Amtsrat 12

Kaufmännische Gruppe:

Wilhelm, Dr. Friedrich, Kaufm. Vizedirektor 237
Betriebswirtschaftliche Abteilung:
Keibl, Mag. Dkfm. Reinhard, Obermagistratsrat . 658
Schertler Otto, Amtsrat 242
Buchhaltung:
Menzel Walter, Oberamtsrat 646
Berg Ernst, Oberamtsrat 301
Samec, Mag. Rudolf, Magistratskommissär 695
Somek Gottfried, Oberamtsrat 435
Pall Anna, Amtsrat 309
Slawik Max, Amtsrat 400
Zauner Hans-Peter, Amtsrat 304
Hauptkassa:
Rosen Ernestine, Oberamtsrat 306
Abteilung für Tarifangelegenheiten, Kartenausgabe und Fahrbegünstigungen: 6, Rahlgasse 3
Vojtech, Dkfm. Gustav, Oberamtsrat 919
Kann Richard, Amtsrat 914
Schmid Eduard, Amtsrat 937
Auskünfte zu Tarifangelegenheiten 57 32 70

Gruppe Betriebs- und Verkehrsangelegenheiten:

Helscher, Dipl.-Ing. Johann, Senatsrat 499
Bahnhof- und Garagenleitungen:
Dienstl, Dipl.-Ing. Johann, Stadtbauoberkommissär 446
Grüner, Dipl.-Ing. Anton, Stadtbaukommissär . . 446
Machala, Dipl.-Ing. Fritz, Stadtbauoberkommissär 446
Maschek, Dipl.-Ing. Hans, Stadtbaukommissär . . 446
Rudelstorfer, Dipl.-Ing. Dietrich, Stadtbaurat . . . 446

Blaha, Ing. Ernest, Techn. Amtsrat 446
Schuster, Ing. Manfred, Techn. Amtsrat 446
Skarek, Ing. Walter, Techn. Amtsrat 446
Betriebsabteilung:
Findeis, Dipl.-Ing. Ernst, Oberstadtbaurat 455
Gebert, Dipl.-Ing. Josef, Oberstadtbaurat 334
Lang, Ing. Willibald, Techn. Amtsrat 455
Betriebsüberwachung:
Hlavacsek, Ing. Wilhelm, Techn. Amtsrat 245
Verkehrsabteilung:
Grois, Dipl.-Ing. Günther, Oberstadtbaurat 233
Duschet Kurt, Amtsrat 233, 235
Mikyska Otto, Amtsrat 235
Mildner Otto, Amtsrat 235
Klein Otto, Amtsrat 235
Maier Willibald, Amtsrat 235
Abteilung für Autobusbetrieb:
Göttlicher, Dipl.-Ing. Josef, Senatsrat, Leiter des Betriebsdienstes für den Kraftfahrlinienbetrieb . . 243
Löffler, Dipl.-Ing. Heinz, Stadtbaurat 243
Abteilung für Öffentlichkeitsarbeit, Kundendienst und Unfallangelegenheiten:
Hautzenberger, Ing. Alois, Techn. Oberamtsrat . . 207
Schulungsangelegenheiten:
Schieferdecker, Ing. Friedrich, Techn. Amtsrat . . 741
Koll, Ing. Friedrich, Techn. Amtsrat 259
Dauer Norbert, Amtsrat 201
Fahrplanbüro:
Kruthy Robert, Oberamtsrat 458
Mejchar Leopold, Amtsrat 273
Wilk Franz, Amtsrat 472
Zeichenbüro und Druckerei:
Homolka Rudolf, Amtsrat 234

Gruppe U-Bahn-Anlagen:

19, Heiligenstädter Lände 7–9, Tel. 36 35 55*
Buchsbaum, Dipl.-Ing. Friedrich, Senatsrat 15
Abteilung für bautechnische Angelegenheiten der U-Bahn:
Spitzer, Dipl.-Ing. Alexander, Oberstadtbaurat . . 17
Georgiev, Dipl.-Ing. Georg 37
Florian, Dipl.-Ing. Peter, Stadtbaurat 34
Höchtl, Dipl.-Ing. Erich, Stadtbauoberkommissär 17
Reichart, Dipl.-Ing. Herbert, Stadtbaurat 36
Valenta, Dipl.-Ing. Gerhard, Stadtbaurat 31
Stockinger, Dipl.-Ing. Hans, Stadtbaurat 37
Wolf, Dipl.-Ing. Werner, Stadtbauoberkommissär 35
Lindauer Johann, Amtsrat 33
Abteilung für Betriebsangelegenheiten der U-Bahn:
Schorn, Dipl.-Ing. Wolfgang, Oberstadtbaurat . . 16
Winter, Dipl.-Ing. Erwin, Stadtbaurat 26

Dlouhy, Dipl.-Ing. Gerhard, Stadtbaurat 23
Pescher, Dipl.-Ing. Heinz, Stadtbaurat 18
Pevetz, Dipl.-Ing. Dietmar, Stadtbaukommissär . . 20
Richter, Dipl.-Ing. Hans 26

Wagen- und betriebstechnische Gruppe:

Pall, Dipl.-Ing. Herbert, Senatsrat 257
Abteilung für Wagenrevisionswerkstätten und Wagenverteilung:
Lehotzky, Dipl.-Ing. Peter, Oberstadtbaurat . . . 619
Martl, Dipl.-Ing. Gerhard, Stadtbaurat 339
Scheck, Dipl.-Ing. Peter, Stadtbaurat 668
Moser, Dipl.-Ing. Horst, Stadtbauoberkommissär 668
Richter, Dipl.-Ing. Johann 495
Nestler, Ing. Raimund, Techn. Amtsrat 447
Abteilung für elektrische Anlagen:
12, Längenfeldgasse 23 . . . . 83 32 29*
Steiner, Dipl.-Ing. Kurt, Oberstadtbaurat 10
Berberov, Dipl.-Ing. Dimtscho, Stadtbaurat 16
Schartel, Dipl.-Ing. Alois, Stadtbaurat 13
Fuchs Franz, Amtsrat 23
Stavjanik, Ing. Kurt, Techn. Amtsrat 14
Abteilung für Kraftwagentechnische Angelegenheiten:
Pavlik, Ing. Bruno, Techn. Oberamtsrat 410
Schödl, Dipl.-Ing. Hans, Stadtbaurat 693

Gruppe Zentralwerkstätte:

11, Simmeringer Hauptstraße 252 . 77 66 61*, 77 84 52*
Zimmerl, Dipl.-Ing. Günther, Oberstadtbaurat . . . 300
Detailwerkstätten:
Hoffmann, Dipl.-Ing. Heinz, Oberstadtbaurat . . 302
Pongracz, Dipl.-Ing. Romanus, Stadtbaukommissär 360
Kaiser, Ing. Karl, Techn. Amtsrat 350
Montagewerkstätten:
List, Dipl.-Ing. Hans, Oberstadtbaurat 301
Kreisel, Ing. Kurt, Techn. Amtsrat 340
Kubin, Ing. Peter, Techn. Amtsrat 310
Betriebsdienst:
Männer, Ing. Ernest, Techn. Oberamtsrat 303
Polke, Ing. Emil, Techn. Amtsrat 203
Arbeitsvorbereitung:
Hirschl, Ing. Johann, Techn. Oberamtsrat 304
Herlitschka, Ing. Karl, Techn. Amtsrat 204
Pawelak Karl, Techn. Amtsrat 330
Sindelar, Ing. Anton, Techn. Amtsrat 311
Konstruktion:
Held, Ing. Otto, Techn. Oberamtsrat 305

Nowotny, Dipl.-Ing. Ernst, Stadtbaurat 205
Schilhavy, Dipl.-Ing. Horst, Stadtbaurat 353
Solinger, Ing. Herbert 353
Technische Überprüfung:
Michlmayr, Dipl.-Ing. Josef, Oberstadtbaurat . . 306
Behal, Ing. Helmut, Techn. Amtsrat 206
Wirtschaft:
Tuma Ernst, Amtsrat 307
Borenich Josef, Amtsrat 370
Melkowitsch Hermann, Amtsrat 370

Bautechnische Gruppe:

Maier, Dipl.-Ing. Arnulf, Techn. Vizedirektor 322
Abteilung für Gleisbau:
Hofer, Dipl.-Ing. Johann, Senatsrat 264
Eder, Dipl.-Ing. Alfred, Oberstadtbaurat 217
Konvicka, Dipl.-Ing. Stefan, Oberstadtbaurat . . . 486
Georgiadis, Dipl.-Ing. Charolambos, Stadtbaurat 326
Kaniak, Ing. Egon, Techn. Oberamtsrat 641
Charvat, Ing. Eduard, Techn. Amtsrat 326
Gnan, Ing. Leopold, Techn. Amtsrat 465
Hauenschild, Ing. Josef, Techn. Amtsrat 200
Sögner, Ing. Herbert, Techn. Amtsrat 641
Abteilung für Tiefbau und Planung:
Sailler, Dipl.-Ing. Josef, Oberstadtbaurat 325
Storm, Dipl.-Ing. Otto, Oberstadtbaurat 328
Mück, Dipl.-Ing. Friedrich, Oberstadtbaurat . . . 247
Brandstetter, Dipl.-Ing. Werner, Stadtbaurat . . . 674
Berger, Dipl.-Ing. Paul, Stadtbaukommissär . . . 232
Hangel, Dipl.-Ing. Hans, Stadtbauoberkommissär 694
Schnabl, Dipl.-Ing. Walter, Stadtbauoberkommissär 694
Gröschl, Ing. Karl, Techn. Amtsrat 642
Rottal Friedrich, Techn. Amtsrat 657
Abteilung für Hochbau- und Gebäudeerhaltung:
15, Zinckgasse 27 . . . . 92 16 56
Ulovec, Dipl.-Ing. Alfred, Senatsrat 27
Korosec, Dipl.-Ing. Anton, Oberstadtbaurat . . . 32
Langer, Dipl.-Ing. Benedikt 26
Schultze, Dipl.-Ing. Wilhelm, Oberstadtbaurat . . 26
Matiasek, Dipl.-Ing. Walter, Stadtbaurat 39
Wimmer, Dipl.-Ing. Herbert, Stadtbauoberkommissär 29
Klein, Ing. Oswald, Techn. Amtsrat 24
Blazek, Ing. Viktor, Techn. Amtsrat 19
Hudecek, Ing. Walter, Techn. Amtsrat 20
Lorenz Albert, Techn. Amtsrat 47
Erhaltungsstelle für Hochbau:
12, Aßmayergasse 57 . . . . 83 76 49*
Schörg, Ing. Robert, Techn. Amtsrat, 15, Zinckgasse 25 . . . . 92 16 56/57
Kreditevidenz:
Plaschka Ferdinand, Amtsrat 687
Oberbauwerkstätte: 12, Aßmayergasse 55 . . 83 76 49*
Schreier, Dipl.-Ing. Kurt, Oberstadtbaurat 01

Betriebsbahnhöfe:

Breitensee, 14, Hütteldorfer Straße 112 . . . . 92 24 01*
Wagenrevision 92 24 02*
Brigittenau, 20, Wexstraße 13–15 . . . . 33 71 34*
Wagenrevision 33 25 93*
Erdberg, 3, Erdbergstraße 109 . . . . 72 12 01*
Wagenrevision 72 12 02*
Favoriten, 10, Gudrunstraße 153 . . . . 64 12 06*
Wagenrevision 64 12 07*
Floridsdorf, 21, Gerichtsgasse 5 . . . . 38 16 88*
Wagenrevision 30 16 88*
Gürtel, 18, Währinger Gürtel 131 . . . . 34 54 81*
Wagenrevision 34 54 82*
Hernals, 17, Hernalser Hauptstraße 138 . . . 46 13 56*
Wagenrevision 46 13 57*
Ottakring, 16, Maroltingergasse 47–49 . . . . 92 55 30*
Wagenrevision 92 55 39*
Rudolfsheim, 15, Schwendergasse 51 . . . . . 83 53 60*
Wagenrevision 83 53 69*
Simmering, 11, Simmeringer Hauptstraße 156 . . . . 74 22 91*
Wagenrevision 74 22 92*
Speising, 13, Hetzendorfer Straße 188 . . . . 82 51 49*
Vorgarten, 2, Vorgartenstraße 152a . 24 23 54*, 24 12 27
Wagenrevision 24 52 68*, 24 71 32
Währing, 18, Kreuzgasse 72 . . . . 47 23 84*

Wagenabfertigungen:

Aßmayergasse, 12, Aßmayergasse 57 . . . . . . 83 76 49
Dörfelstraße, 12, Dörfelstraße 8 . . . . 85 83 45
Dresdner Straße, 20, Höchstädtplatz 33 33 57
Elderschplatz, 2, Elderschplatz (Kiosk) 26 22 77
Erzherzog Karl-Straße, 22, Kagran, Erzherzog Karl-Straße 65 36 91*, 778
Floridsdorf, 21, Franz Jonas-Platz 38 16 88, 38 71 84
Freudenau, 2, Freudenau 74 23 00
Gersthof, 18, Gersthofer Straße 47 23 84
Grinzing, 19, Grinzinger Allee 26 . . . . 32 23 74
Gürtel, 18, Währinger Gürtel 131 . . . . 31 15 83
Hauptallee, 2, Prater-Hauptallee 24 04 152
Hofwiesengasse, 13, Hofwiesengasse 82 51 49
Kagran, 22, Wagramer Straße 65 36 91*, 777
Kaisermühlen, 22, Schüttauplatz 23 53 34
Leberstraße-Landstraßer Hauptstraße, 3, Leberstraße 72 15 40
Liechtensteinstraße, 9, Liechtensteinstraße 135 . 34 54 82
Nußdorfer Straße, 9, Nußdorfer Straße 79 . . . 34 54 82
Reumannplatz, 10, Reumannplatz . . . 65 36 91*, 602
Schottenhof, 16, Ottakringer Straße 92 55 30
Sechshauser Gürtel, 15, Stadtbahnstation Gumpendorfer Straße 65 36 91*, 566
Stadion, 2, Stadionschleife 24 42 30
Stadionbrücke, 3, Fruethstraße 1 . . . . 72 12 01
Stefan Fadinger-Platz, 10, Raxstraße 64 12 06
Sternwartestraße, 18, Währinger Gürtel, Stadtbahnbogen 145 . . . . 34 54 82
Südbahn, 3, Arsenalstraße, gegenüber Südbahn, Ankunft 64 12 06
Taubergasse, 17, Taubergasse 46 13 56
Wallensteinplatz, 20, Wallensteinplatz 33 71 34

Kontrollbezirke:

Dienstraum Praterstern, 2, Praterstern (Revisoren-Kontrollbezirk 1) 24 13 92
Revisoren-Kontrollbezirke 2 und 3: 9, Stadtbahnstation Alser Straße . . . 65 36 91*, 711
Revisoren-Kontrollbezirk 4: 6, Stadtbahnstation Gumpendorfer Straße 65 36 91*, 712
Revisoren-Kontrollbezirk 5: 6, Unterfahrung Mariahilfer Straße 65 36 91*, 545
Revisoren-Kontrollbezirk 6: 2, Endstelle Prater-Hauptallee 24 04 152
Revisoren-Kontrollbezirk 7: 1, Stephansplatz 52 82 43/35
Betriebsüberwachung Landstraße, 3, Stadtbahnstation Landstraßer Hauptstraße . . . 65 36 91*, 713
Betriebsüberwachung Schottentor, 1, Schottenpassage bei Rolltreppe 1 . . . . 42 81 60
Betriebsüberwachung St. Marx, 3, Landstraßer Hauptstraße 173, 2. Stiege 72 15 92

Diensthütte Schmerlingplatz,
1, Volksgartenstraße 93 21 97
Revisoren-Kontrollbezirk, Funkwagendienst,
4, Favoritenstraße 9 . . . . 65 36 91*, 648

Wiener elektrische Stadtbahn:

Alser Straße, Wagenabfertigung 65 36 91*, 710
Hietzing, „Stellwerk" 82 34 97
Hütteldorf, „Bahnhof", Verkehrskanzlei 65 36 91*, 715
Meidlinger Hauptstraße, „Stellwerk" 83 43 25
Michelbeuern, „Betrieb" und „Stellwerk" . . . 42 93 40
Michelbeuern, „Wagenrevision" 42 72 54
Signalwerkstätte 36 35 55
Lichtwerkstätte, Nußdorfer Straße . . . 65 36 91*, 723

U-Bahn:

Reumannplatz 62 41 16*
Reumannplatz, „Stellwerk" 62 41 15
Taubstummengasse 65 83 54*
Taubstummengasse, „Stellwerk" 65 91 06
Karlsplatz 56 35 14*
Stephansplatz 52 82 43*
Schottenring 63 74 57*
Schottenring, „Stellwerk" 63 75 78
Friedensbrücke 31 54 81*
Friedensbrücke, „Stellwerk" 34 23 67
Betriebsbahnhof Wasserleitungswiese 36 35 55*
„Verkehrskanzlei" 36 12 15
„Stellwerk" 36 46 76

Autobusbetrieb

Betriebsgarage Vorgartenstraße, 2, Vorgartenstraße 152a 24 52 68*, 24 23 54*, 24 71 32
Betriebsgarage Raxstraße, 10, Sahulkastraße 2 . . . . 64 41 37*
Betriebsgarage Schanzstraße, 15, Schanzstraße 6–10 . . . . 92 61 36*, 92 36 48*
Betriebsgarage Spetterbrücke, 16, Paltaufgasse 2 . . . . 92 24 40*
Betriebsgarage Grinzing, 19, Grinzinger Allee 26 . . . . 32 23 74*, 32 23 75*
Grinzing (Endstelle), 19, Straßergasse 5 . . . . 32 20 965
Kahlenberg (Endstelle), 19, Höhenstraße 32 31 61
Stadlau, 22, Vernholzgasse 22 52 56
Silbergasse, 19, Silbergasse 4 . . . . 36 46 82
Stephansplatz, 1, Stephansplatz 65 36 91*, 662

Bahnmeisterkanzleien der Bahnerhaltung:

Strecke 1, 9, Betriebsbahnhof Wasserleitungswiese 36 35 55*, 75
Strecke 2, 12, Stadtbahnstation Meidlinger Hauptstraße 65 36 91*, 721
Strecke 3, 3, Bahnhof Erdberg 72 12 01
Strecke 4, 11, Bahnhof Simmering 74 22 91*
Strecke 5, 10, Bahnhof Favoriten 64 22 52
Strecke 6, 12, Wolfganggasse 57 . . . . 83 36 63
Strecke 7, 15, Bahnhof Rudolfsheim 83 53 60*
Strecke 8, 16, Bahnhof Ottakring 92 55 39*
Strecke 9, 18, Bahnhof Währing 47 23 84
Strecke 10, 21, Bahnhof Floridsdorf 38 16 88*
Strecke 11/12, 2, Bahnhof Vorgarten 24 23 54*

WIENER STADTWERKE – STÄDTISCHE BESTATTUNG

Direktion: 4, Goldeggasse 19, Tel. 65 16 31

Jerusalem, Dr. Hans, Obersenatsrat, Direktor 31
Knispel, Dkfm. Franz, Senatsrat, Direktionssekretär 52
Molinari, Mag. Dkfm. Arno, Magistratsrat 39
Blazek Leopold, Amtsrat 56
Krenn Franz, Verwaltungskommissär 40
Aufnahmedienst:
Matzi Kurt, Oberamtsrat 25
Eilenberger Walter, Amtsrat 22
Bestattungsdienst:
Kubu Alfred, Oberamtsrat 20
Buchhaltung:
Stefan Herbert, Verwaltungskommissär 36
Wirtschaftsstelle:
Schweitzer Rupert, Verwaltungsoberkommissär . . 44
Betriebsstelle Zentralfriedhof,
11, Simmeringer Hauptstraße 234,
2. Tor, Halle I 74 22 25
Betriebsstelle Feuerhalle Simmering,
11, Simmeringer Hauptstraße 337 . . . . . . 74 33 17
Betriebsstelle Floridsdorf,
21, Prager Straße 33 . . . . 38 13 21

Sargerzeugungsbetrieb, 23, Atzgersdorf,
Breitenfurter Straße 176 . . . . . 84 21 05 (83 43 76)
Parisch Johann, Betriebsleiter
Anmeldestellen für Todesfälle:
3, Ungargasse 41 . . . . 72 46 46
4, Goldeggasse 19 . . . . 65 16 31
5, Schönbrunner Straße 54 (Bezirksamt) 55 47 98, 55 71 14
8, Schlesingerplatz 4 (Bezirksamt) 42 74 96, 42 81 83
10, Gudrunstraße 128 (Bezirksamt) 64 31 60, 64 34 25
13, Hietzinger Kai 1–3 (Bezirksamt) 82 63 37
16, Richard Wagner-Platz 19 (Bezirksamt) 92 12 18, 92 61 68
18, Martinstraße 100 (Bezirksamt) 34 12 79, 34 63 83
20, Brigittaplatz 10 (Bezirksamt) 33 32 91, 33 32 92
21, Prager Straße 33 . . . . 38 34 15, 38 34 16
Schwechat, Rathausplatz 9, NÖ. 77 76 71

MAGISTRATISCHE BEZIRKSÄMTER

Wenn keine andere Adresse bzw. Telefonnummer angegeben, gilt die des magistratischen Bezirksamtes

Aufgaben, die den magistratischen Bezirksämtern als Gemeinde oder Bezirksverwaltungsbehörde zugewiesen sind:
Gewerbeangelegenheiten.
Angelegenheiten des Strahlenschutzes in Gewerbebetrieben.
Beistellung von Sachverständigen auf dem Gebiet des Gewerberechtes bei der Überprüfung pharmazeutischer Erzeugungsbetriebe.
Handhabung des Musterschutzgesetzes.
Erteilung von Nachsichten von den Zulassungsbedingungen für die Lehrabschlußprüfungen nach dem Berufsausbildungsgesetz.
Aufgaben nach dem Mietengesetz und gleichartigen Rechtsvorschriften, soweit nicht die Zentrale Schlichtungsstelle der Magistratsabteilung 50 zuständig ist. Ausstellung von Bescheinigungen für Anträge auf Mietzinsbeihilfe einschließlich der Erteilung von Rechtsauskünften in diesen Angelegenheiten.
Wahrnehmung des Dienstnehmerschutzes einschließlich der Erteilung von Betriebsbewilligungen nach dem Arbeitnehmerschutzgesetz in nichtgewerblichen Betrieben, soweit keine andere Dienststelle des Magistrats zuständig ist.
Bewilligung von freiwilligen Feilbietungen beweglicher Sachen und Feilbietungen nach dem Verlassenschaftspatent und Entsendung von Lizitationskommissären.
Erteilung der Befugnis für einen Ausrufer nach der Feilbietungsordnung 1786.
Ausstellung von Giftbezugsbewilligungen und Giftbezugsscheinen nach dem Giftgesetz.
Handhabung des Bazillenausscheider- und des Epidemiegesetzes, ausgenommen die Festsetzung der Entschädigung für Verdienstentgang.
Bekämpfung sanitärer Übelstände und von Verunreinigungen von Privatgrundstücken einschließlich der individuellen Rechtsangelegenheiten der Rattenbekämpfung.
Entscheidung über Einwendungen gegen eine Zahlungsaufforderung nach dem Wiener Krankenanstaltengesetz.
Erlassung von Kostenbescheiden nach straßenpolizeilichen Vorschriften, wenn gegen einen nach § 57 AVG erlassenen Bescheid Vorstellung erhoben wurde.
Bewilligung der Enterdigung sowie der Überprüfung von Leichen, ausgenommen innerhalb von Friedhöfen.
Genehmigung der Verwendung von Kraftfahrzeugen zur Beförderung von Tieren und bescheidmäßige Sperre einer Betriebsanlage nach dem Tierseuchengesetz.
Handhabung des Bäderhygienegesetzes.
Erteilung der Bewilligung zur Selbsträumung von Senkgruben, Hauskläranlagen und Abscheidern.
Entgegennahme der Erklärungen über den Austritt aus staatlich anerkannten Religionsgesellschaften.
Legalisierung von Unterschriften auf Personenstandsurkunden aus den konfessionellen Altmatriken.
Handhabung des Buschenschankgesetzes.
Handhabung des Fischerei-, des Tierschutz- und des Jagdgesetzes, einschließlich der Ausstellung von Jagdkarten.
Handhabung des Baumschutzgesetzes.
Rechtliche Angelegenheiten des Forstgesetzes.
Einreichstelle für die Bewilligung des Pflanzenbaues zur Suchtgiftgewinnung nach der Suchtgiftverordnung 1947.
Angelegenheiten des Familienunterhaltes und der Mietzinsbeihilfe für Wehrpflichtige; Angelegenheiten des Familienunterhaltes, der Mietzinsbeihilfe sowie der Familienbeihilfe für Zivildienstleistende.
Handhabung des Bauarbeiter-Urlaubsgesetzes.
Erledigung von Rechtshilfeersuchen nach den sozialversicherungsrechtlichen Vorschriften.
Erlassung von Bescheiden gemäß § 10 Abs. 1 des Wiener Jugendschutzgesetzes.
Sicherstellung von Fahrnissen.
Wahrnehmung der Aufgaben der Ortspolizei nach dem Personenstandsgesetz (§§ 25, 35, 39).
Durchführung der Personenstands- und Betriebsaufnahme.
Ausstellung der Lohnsteuerkarten und Berichtigung von Eintragungen.
Vorbereitungsarbeiten für die Erstellung der Geschwornen- und Schöffenliste.
Ausstellung von Bestätigungen aus den Unterlagen der ehemaligen Kartenstelle.
Mitwirkung bei statistischen Erhebungen.
Durchführung der Verwaltungsstrafverfahren, soweit keine andere Dienststelle des Magistrats zuständig ist, ausgenommen die Erlassung von Organstrafverfügungen.
Handhabung des Verwaltungsvollstreckungsgesetzes, soweit keine andere Dienststelle des Magistrats zuständig ist.
Mitwirkung bei der Vorbereitung und Durchführung von Wahlen, Volksbegehren, Volksabstimmungen und Volksbefragungen.
Mitwirkung bei der Verwaltung des Bezirksamtshauses.

1., 8. BEZIRK

1, Wipplingerstraße 8 . . . 701*, 708*, 63 07 31* . . . Portier . . . 213

Leiter unbesetzt . . . 225
Weber, Dr. Karl, Obermagistratsrat . . . 223
Hogl, Dr. Irmengard, Magistratsrat . . . 228
Seltenheim Erika, Kanzleioberkommissär,
Kanzleileiter . . . 209, 238
Kanzlei
Auskunft . . . 220, 353
Einlaufstelle . . . 220, 353
Expedit . . . 209, 229
Schlichtungsstelle-Protokoll . . . 239
Schreibstelle . . . 201
Strafprotokoll . . . 220, 353
Strafvollzug . . . 227
Registratur . . . 208
Sitzungszimmer . . . 260

Referate des magistratischen Bezirksamtes:

Baustrafen . . . 223, 228
Betriebsanlagen . . . 223, 228
Bodennutzung . . . 201
Effektensicherstellung . . . 222
Familienunterhalt . . . 204, 205, 207, 217, 222, 224, 226, 230, 290
Feuerpolizeiliche Revisionen . . . 223, 228
Fischereiangelegenheiten . . . 227
Gewerbeangelegenheiten . . . 204, 205, 207, 217, 222, 224, 226, 230, 290
Gewerbepolizeiliche Revisionen . . . 223, 228
Giftbezugsbewilligungen . . . 224
Jagdangelegenheiten . . . 227
Lohnsteuerkarten . . . 219
Religionsaustritte . . . 227
Sanitäre Übelstände . . . 204, 205, 207, 217, 222, 224, 226, 230, 290
Schlichtungsstelle . . . 228
Verwaltungsstrafverfahren . . . 204, 205, 207, 217, 222, 223, 224, 226, 228, 230, 290
Viehzählung . . . 219
Werkverkehrskarten . . . 227
Zuständigkeit für ganz Wien:
Taxi-, Mietwagen-, Hotelwagen- und Fiakergewerbe . . . 204, 205, 207, 217, 222, 224, 226, 230, 290

Außenstellen von Magistratsabteilungen:

Bezirksgesundheitsamt für den 1., 8. Bezirk,
Kaindl, Dr. Eva Maria, Physikatsrat 267
Kanzlei 266
Sanitätsrevisor 268
Bezirksjugendamt für den 1., 8. Bezirk
siehe 9. Bezirk
Marktamtsabteilung für den 1. Bezirk,
Redl Friedrich, Oberamtsrat 234
Schnabl, Ing. Wilhelm, Amtsrat 235
Referenten 235, 236
Marktamtsabteilung für den 8. Bezirk
siehe 9. Bezirk
Sozialreferat für den 1., 8. Bezirk
siehe 9. Bezirk
Stadtkasse für den 1., 8., 9. Bezirk,
Neuwirth Friedrich, Oberamtsrat 241
Hauk Richard, Verwaltungsoberkommissär 242
Zwangsvollstreckungen 250, 251
Verrechnungsbuchhalter, Strafen 240
Grundbesitzabgaben 254
Wassergebühren 246, 254
Abwassergebühren 254
Hundeabgabe 258
Gebrauchsabgabe 245, 258
Lohnsummensteuer 244, 247, 249, 257, 259
Dienstgeberabgabe 244, 247, 249, 257, 259
Getränke- und Gefrorenessteuer 243
Standesamt Innere Stadt (1., 6., 7., 8., 9. Bezirk),
8, Schlesingerplatz 4 . . . . 727*, 42 75 41*
Pleyl Edmund, Oberamtsrat 230
Schubert Leonhard, Amtsrat 231
Kanzlei 232
Aufgebote 231
Ehefähigkeitszeugnisse 233
Eheschließungen 231, 234
Familienbuch 232
Geburtenbuch 237, 239
Sterbebuch 237, 238
Buch für Todeserklärungen 241
Veterinäramtsabteilung für den 1., 8. Bezirk,
1, Salvatorgasse 7
Honisch, Dr. Karl, Senatsrat 232
Vormerkstelle des Wohnungsamtes für den 1. Bezirk
siehe 9. Bezirk
Vormerkstelle des Wohnungsamtes für den 8. Bezirk
siehe 6., 7. Bezirk

2. BEZIRK

2, Karmelitergasse 9 . . . 702*, 33 16 11* . . . Portier . . . 250

Dolezel, Dr. Otto, Senatsrat 230
Wendlinger, Dr. Hermann, Obermagistratsrat 231
Lang, Dr. Johann 234
Zinburg Gerhard, Oberamtsrat 243
Franke Edith, Kanzleikommissär, Kanzleileiter . . . 232
Kanzlei 233
Auskunft 233
Einlaufstelle 233
Expedit 237
Schlichtungsstelle-Protokoll 235
Schreibstelle 246
Strafprotokoll 246
Strafvollzug 238
Registratur 237

Referate des magistratischen Bezirksamtes:

Baustrafen 231, 234
Betriebsanlagen 231, 234
Bodennutzung 245
Effektensicherstellung 241
Familienunterhalt 241, 245
Feuerpolizeiliche Revisionen 231, 234
Fischereiangelegenheiten 241
Gewerbeangelegenheiten 240, 241, 243, 244, 245
Gewerbepolizeiliche Revisionen 231, 234
Giftbezugsbewilligungen 240, 241 243, 244, 245
Jagdangelegenheiten 241
Lohnsteuerkarten 247
Religionsaustritte 245
Sanitäre Übelstände 245
Schlichtungsstelle 231, 234
Verwaltungsstrafverfahren 231, 234, 240,
241, 243, 244, 245
Viehzählung 245
Werkverkehrskarten 240, 241, 243, 244, 245

Außenstellen von Magistratsabteilungen:

Bezirksgesundheitsamt für den 2. Bezirk,
Wegscheider, Dr. Johann, Stadtphysikus 288
Kanzlei 290
Sanitätsrevisoren 291, 292
Bezirksjugendamt für den 2. Bezirk,
Frühwirth Martha, Oberamtsrat 270
Keck Gerhard, Amtsrat 271
Kanzlei 272, 275
Auskunft 269
Erziehungsberatung 284
Fürsorgerinnen
Funktionsfürsorgerin 277
Sprengelfürsorgerinnen 278, 279, 280,
281, 282, 283, 286, 287, 289
Rechnungsführung 254, 273
Vormünder 271, 274, 276
Marktamtsabteilung für den 2. Bezirk,
2, Karmelitermarkt, Amtsgebäude 33 31 91
Riedel Walter, Oberamtsrat
Marktaufsicht Vorgartenmarkt,
2, Ennsgasse 8 . . . . 24 57 685
Sozialreferat für den 2. Bezirk,
Hauptreferent 293
Referenten 294, 295, 296, 298
Kanzlei 297, 299
Stadtkasse für den 2., 20. Bezirk,
Lapacka Edith, Amtsrat 255
Hösch Herbert, Verwaltungsoberkommissär . . . 256

Zwangsvollstreckungen 263
Verrechnungsbuchhalter, Strafen 258
Grundbesitzabgaben 253, 258
Wassergebühren 260, 262
Abwassergebühren 260, 262
Hundeabgabe 260
Gebrauchsabgabe 260, 262
Lohnsummensteuer 257, 261
Dienstgeberabgabe 257, 261
Getränke- und Gefrorenessteuer 257

Standesamt für den 2. Bezirk siehe 20. Bezirk,
Standesamt Brigittenau
Veterinäramtsabteilung für den 2., 20. Bezirk,
2, Rotensterngasse 27 . . . . 24 21 45, 24 28 765
Zaloudek, Dr. Adolf, Senatsrat
Sehn, Dr. Karl, Oberveterinärrat
Horvatic, Dr. Peter, Oberveterinärrat
Vormerkstelle des Wohnungsamtes für den 2. Bezirk,
Referenten 267, 268

3. BEZIRK

3, Karl Borromäus-Platz 3 . . . 703*, 72 51 71* . . . Portier . . . 250

Helnwein, Dr. Erich, Senatsrat 220
Schlosser, Dr. Helga, Magistratsrat 233
Wladar, Dr. Margit, Magistratskommissär 234
Voith Bruno, Oberamtsrat 225
Kränzl Leopoldine, Kanzleioberkommissär,
Kanzleileiter 228
Kanzlei
Auskunft 229

Einlaufstelle 229
Expedit 221
Schlichtungsstelle-Protokoll 224
Schreibstelle 230
Strafprotokoll 229
Strafvollzug 221
Registratur 231
Sitzungszimmer 236

Referate des magistratischen Bezirksamtes:

Baustrafen 233
Betriebsanlagen 233
Bodennutzung 237
Effektensicherstellung 225
Familienunterhalt 222, 223, 225, 226, 227
Feuerpolizeiliche Revisionen 233
Fischereiangelegenheiten 222, 223, 225, 226, 227
Gewerbeangelegenheiten 222, 223, 225, 226, 227
Gewerbepolizeiliche Revisionen 233
Giftbezugsbewilligungen 222, 223, 225, 226, 227

Jagdangelegenheiten 222, 223, 225, 226, 227
Lohnsteuerkarten 237
Religionsaustritte 222, 223, 225, 226, 227
Sanitäre Übelstände 222, 223, 225, 226, 227
Schlichtungsstelle 224, 233
Verwaltungsstrafverfahren 222, 223, 225,
226, 227, 233
Viehzählung 237
Werkverkehrskarten 221

Außenstellen von Magistratsabteilungen:

Bezirksgesundheitsamt für den 3. Bezirk,
Mraz, Dr. Kurt, Stadtphysikus 267
Kohnen-Zülzer, Dr. Christian, vtm. Physikatsarzt . 268
Kanzlei 269
Sanitätsrevisoren 260
Bezirksjugendamt für den 3. Bezirk,
3, Sechskrügelgasse 11,
Starecek Karl, Amtsrat 270
Kanzlei 281
Auskunft 277
Erziehungsberatung 274
Fürsorgerinnen
Funktionsfürsorgerin 274
Sprengelfürsorgerinnen 275, 276, 278, 279,
282, 283, 284, 286
Rechnungsführung 280
Vormünder 271, 272, 273, 285
Marktamtsabteilung für den 3. Bezirk,
Morawetz Franz, Oberamtsrat 261
Heindl Kurt, Amtsrat 262
Referenten 262, 263
Marktaufsicht Augustinermarkt 73 90 775
Landstraßer Markt, 3, Invalidenstraße 2 . . . 73 17 51
Sozialreferat für den 3. Bezirk,
Hauptreferent 251
Referenten 252, 253, 254, 255
Kanzlei 256

Stadtkasse für den 3., 11. Bezirk,
Albustin Ludwig, Amtsrat 240
Minelli Ingrid, Verwaltungsoberkommissär 241
Zwangsvollstreckungen 257
Verrechnungsbuchhalter, Strafen 243
Grundbesitzabgaben 247, 248
Wassergebühren 288
Abwassergebühren 288
Hundeabgabe 288
Gebrauchsabgabe 288
Lohnsummensteuer 244, 246
Dienstgeberabgabe 244, 246
Getränke- und Gefrorenessteuer 242
Standesamt Landstraße,
Müller Helmuth, Amtsrat 291
Kanzlei 292
Aufgebote 291, 292
Ehefähigkeitszeugnisse 291, 292
Eheschließungen 291, 292
Familienbuch 292
Geburtenbuch 293
Sterbebuch 293
Veterinäramtsabteilung für den 3. Bezirk
siehe 10. Bezirk
Vormerkstelle des Wohnungsamtes für den 3. Bezirk,
Referenten 290, 299

4., 5. BEZIRK

5, Schönbrunner Straße 54 . . . 704*, 725*, 55 45 85* . . . Portier . . . (Loge und Wohnung) 250

Pichl, Dr. Herbert, Senatsrat . . . 230
Hostialek, Dr. Ingrid, Obermagistratsrat . . . 231
Kirchmayer, Dr. Wolfgang . . . 247
Moser Charlotte, Amtsrat . . . 242
Pollerus Othmar, Amtsrat . . . 243
Wenisch Johann, Kanzleirat, Kanzleileiter . . . 232
Kanzlei
Auskunft . . . 233
Einlaufstelle . . . 233
Expedit . . . 236
Schlichtungsstelle-Protokoll . . . 236
Schreibstelle . . . 237
Strafprotokoll . . . 233
Strafvollzug . . . 235
Registratur . . . 238
Schlichtungszimmer . . . 239

Referate des magistratischen Bezirksamtes:

Baustrafen . . . 247
Betriebsanlagen . . . 231, 247
Bodennutzung . . . 255
Effektensicherstellung . . . 232
Familienunterhalt . . . 240, 241, 242, 243, 246
Feuerpolizeiliche Revisionen . . . 231, 247
Fischereiangelegenheiten . . . 235
Gewerbeangelegenheiten . . . 240, 241, 242, 243, 246
Gewerbepolizeiliche Revisionen . . . 231, 247
Giftbezugsbewilligungen . . . 240, 241, 242, 243, 246
Jagdangelegenheiten . . . 235
Lohnsteuerkarten . . . 255
Religionsaustritte . . . 255
Sanitäre Übelstände . . . 240, 241, 242, 243, 246
Schlichtungsstelle für den 4. Bezirk . . . 247
Schlichtungsstelle für den 5. Bezirk . . . 231
Verwaltungsstrafverfahren 240, 241, 242, 243, 246, 247
Viehzählung . . . 255
Werkverkehrskarten . . . 235

Außenstellen von Magistratsabteilungen:

Bezirksgesundheitsamt für den 4., 5. Bezirk,
4, Favoritenstraße 18 . . . 724*, 65 47 34*
Wager, Dr. Heinrich, vtm. Physikatsarzt . . . 231
Kanzlei . . . 232
Sanitätsrevisoren . . . 230, 233, 234
Bezirksjugendamt für den 4., 5. Bezirk,
4, Favoritenstraße 18 . . . 724*, 65 47 34*
Radlecker, Dr. Kurt, Amtsrat . . . 251
Kanzlei . . . 252
Auskunft . . . 261, 266
Erziehungsberatung . . . 241, 254
Fürsorgerinnen
Funktionsfürsorgerin . . . 253
Sprengelfürsorgerinnen . . . 254, 255, 256, 257, 258, 261
Rechnungsführung . . . 265
Vormünder . . . 260, 262, 263, 264
Marktamtsabteilung für den 4. – 7. Bezirk,
4, verlängerte Kettenbrückengasse, Amtsgebäude
Naschmarkt . . . 57 73 31, 57 73 65
Graf Walter, Oberamtsrat . . . 20
Engelmann Viktor, Amtsrat . . . 29
Mildner Herbert, Amtsrat . . . 28
Brückenwaage, 5, Siebenbrunnenfeldgasse . 55 19 432
Sozialreferat für den 4. Bezirk,
4, Favoritenstraße 18 . . . 724*, 65 47 34*
Hauptreferent . . . 236
Referenten . . . 235, 237
Sozialreferat für den 5. Bezirk,
Hauptreferent . . . 290
Referenten . . . 291, 292
Stadtkasse für den 4. Bezirk siehe 10. Bezirk
Stadtkasse für den 5. Bezirk siehe 6., 7. Bezirk
Standesamt Margareten (4., 5., 12. Bezirk, Atzgersdorf und Liesing),
Eis Leopold, Amtsrat . . . 260
Kanzlei . . . 263
Aufgebote . . . 260, 261, 264
Ehefähigkeitszeugnisse . . . 261, 264
Eheschließungen . . . 260, 261, 264
Familienbuch . . . 261, 262
Geburtenbuch . . . 264
Sterbebuch . . . 265
Veterinäramtsabteilung für den 4., 5., 6., 7., 12. Bezirk,
Reinhold, Dr. Gunther, Senatsrat . . . 289
Gratze, Dr. Helmut, Oberveterinärrat . . . 288
Adam, Dr. Hubert, Oberveterinärrat . . . 287
Schuller, Dr. Kurt, Oberveterinärrat . . . 286
Vormerkstelle des Wohnungsamtes für den 4., 5. Bezirk,
Referenten . . . 277, 278

5. BEZIRK

siehe 4., 5. Bezirk

6., 7. BEZIRK

7, Hermanngasse 24–26 . . . 706*, 93 76 46* . . . Portier . . . 250

Straßmann, Dr. Gerta, Senatsrat . . . 230
Fuchs, Dr. Joseph, Obermagistratsrat . . . 231
Terl, Dr. Annemarie, Magistratsoberkommissär . . . 237
Kail Ulrika, Amtsrat . . . 246
Rollett Gertraude, Amtsrat . . . 246
Gaßner Gertrud, Kanzleirat, Kanzleileiter . . . 232
Kanzlei
Auskunft . . . 290
Einlaufstelle . . . 233, 290
Schlichtungsstelle-Protokoll . . . 247
Schreibstelle . . . 234
Strafprotokoll . . . 233
Strafvollzug . . . 233
Registratur . . . 235
Sitzungszimmer . . . 248

Referate des magistratischen Bezirksamtes:

Baustrafen 231, 237
Betriebsanlagen 231, 237
Bodennutzung 238
Effektensicherstellung 246
Familienunterhalt 238, 239, 240, 241, 246, 288
Feuerpolizeiliche Revisionen 231, 237
Gewerbeangelegenheiten . 238, 239, 240, 241, 246, 288
Gewerbepolizeiliche Revisionen 231, 237
Giftbezugsbewilligungen . 238, 239, 240, 241, 246, 288
Jagdangelegenheiten 240
Lohnsteuerkarten 242, 243
Religionsaustritte 242, 243
Sanitäre Übelstände 238, 239, 240, 241, 246, 288
Schlichtungsstelle 231, 237
Verwaltungs-
strafverfahren 238, 239, 240, 241, 246, 288
Viehzählung 238
Werkverkehrskarten 242, 243

Außenstellen von Magistratsabteilungen:

Bezirksgesundheitsamt für den 6., 7. Bezirk,
6, Amerlingstraße 11 . . . . 726*, 57 95 21*
Bartunek, Dr. Hans, Oberphysikatsrat 59
Kanzlei 50
Sanitätsrevisoren 61
Bezirksjugendamt für den 6., 7. Bezirk,
6, Amerlingstraße 11 . . . . 726*, 57 95 21*
Golech Erna, Amtsrat 31
Kanzlei 49
Auskunft 53
Erziehungsberatung 35
Fürsorgerinnen
Funktionsfürsorgerin 45, 57
Sprengelfürsorgerinnen 54, 55, 56
Rechnungsführung 20
Vormünder 46, 47, 48
Marktamtsabteilung für den 6., 7. Bezirk
siehe 4., 5. Bezirk
Sozialreferat für den 6. Bezirk,
6, Amerlingstraße 11 . . . . 726*, 57 95 21*
Hauptreferent 62
Referenten 63, 67
Sozialreferat für den 7. Bezirk,
Hauptreferent 244
Referenten 245, 254
Stadtkasse für den 5., 6., 7. Bezirk,
Pohl Otto, Oberamtsrat 257
Maier Gerda, Verwaltungsoberkommissär 269
Zwangsvollstreckungen 261
Verrechnungsbuchhalter, Strafen 263
Grundbesitzabgaben 258, 259
Wassergebühren 265, 268
Abwassergebühren 265, 268
Hundeabgabe 265, 268
Gebrauchsabgabe 265, 268
Lohnsummensteuer 252, 253, 262, 266, 267
Dienstgeberabgabe 252, 253, 262, 266, 267
Getränke- und Gefrorenessteuer 264
Standesamt für den 6., 7. Bezirk
siehe 1., 8. Bezirk, Standesamt Innere Stadt
Veterinäramtsabteilung für den 6., 7. Bezirk
siehe 4., 5. Bezirk
Vormerkstelle des Wohnungsamtes für den
6., 7., 8. Bezirk,
Referenten 255, 256

7. BEZIRK

siehe 6., 7. Bezirk

8. BEZIRK

siehe 1., 8. Bezirk

9. BEZIRK

9, Währinger Straße 39 . . . 709*, 42 35 75* . . . Portier . . . 250
Portier 9, Währinger Straße 43 . . . 259

Hortig, Dr. Erika, Senatsrat 230
Slovak, Dr. Friedrich, Magistratsrat 231
Sciri, Dr. Sonja 243
Saller Erich, Oberamtsrat 249
Pfalzer Margarethe, Kanzleioberkommissär,
Kanzleileiter 245
Kanzlei
Auskunft 255
Einlaufstelle 255
Expedit 255
Schlichtungsstelle-Protokoll 247
Schreibstelle 232
Strafprotokoll 255
Strafvollzug 252
Registratur 253

Referate des magistratischen Bezirksamtes:

Baustrafen 231, 243
Betriebsanlagen 231, 243
Bodennutzung 251
Effektensicherstellung 240
Familienunterhalt 240
Feuerpolizeiliche Revisionen 231, 243
Fischereiangelegenheiten 248
Gewerbeangelegenheiten 240, 246, 248, 249
Gewerbepolizeiliche Revisionen 231, 243
Giftbezugsbewilligungen 240, 246, 248, 249
Jagdangelegenheiten 248
Lohnsteuerkarten 251

Religionsaustritte 249
Sanitäre Übelstände 240
Schlichtungsstelle 231, 243
Verwaltungsstrafverfahren 240, 246, 248
Viehzählung 251
Werkverkehrskarten 252
Zuständigkeit für ganz Wien:
Ortspolizei 247

Außenstellen von Magistratsabteilungen:

Bezirksgesundheitsamt für den 9. Bezirk,
Schweeger, Dr. Herbert, Oberphysikatsrat 261
Kanzlei 262
Sanitätsrevisoren 263
Bezirksjugendamt für den 1., 8., 9. Bezirk,
Ondreicska Julius, Amtsrat 288
Kanzlei 282
Auskunft 213
Erziehungsberatung 271
Fürsorgerinnen
Funktionsfürsorgerin 271
Sprengelfürsorgerinnen . . . 270, 273, 278, 279, 280, 283, 285
Rechnungsführung 284, 287
Vormünder 215, 216, 277, 286
Marktamtsabteilung für den 8., 9. Bezirk,
9, Nußdorfer Straße 22, Markthalle 34 32 48, 31 25 76
Altmann Eduard, Amtsrat
Artner Alfred, Amtsrat
Holzer Walter, Amtsrat
Sozialreferat für den 1., 8., 9. Bezirk,
Hauptreferent 237
Referenten 234, 235, 238, 239, 266
Kanzlei 236
Stadtkasse für den 9. Bezirk siehe 1., 8. Bezirk
Standesamt für den 9. Bezirk siehe 1., 8. Bezirk, Standesamt Innere Stadt
Veterinäramtsabteilung für den 9. Bezirk siehe 18. Bezirk
Vormerkstelle des Wohnungsamtes für den 1., 9. Bezirk,
9, Währinger Straße 43,
Referenten 233

10. BEZIRK

10, Laxenburger Straße 43–47 . . . 710*, 64 36 31* . . . Portier . . . 293
Portier 10, Keplerplatz 5 . . . 294

Jankovic, Dr. Kurt, Senatsrat 211
Zluwa, Dr. Brigitte, Magistratsrat 219
Preisel, Dr. Erika, Magistratsrat 232
Kasperak, Mag. Kurt 220
Rädler Robert, Oberamtsrat 217
Zourek Karl, Kanzleirat,
Kanzleileiter 214
Kanzlei
Auskunft 221
Einlaufstelle 221
Expedit 221
Schlichtungsstelle-Protokoll 226
Schreibstelle 222
Strafprotokoll 226
Strafvollzug 223
Registratur 225

Referate des magistratischen Bezirksamtes:

Baustrafen 219, 232
Betriebsanlagen 219, 232
Bodennutzung 224, 329
Buschenschank 212, 215, 216, 217, 218, 295
Effektensicherstellung 295
Familienunterhalt 212, 215, 216, 217, 218, 295
Feuerpolizeiliche Revisionen 219, 232
Fischereiangelegenheiten 216
Gewerbeangelegenheiten 212, 215, 216, 217, 218, 295
Gewerbepolizeiliche Revisionen 219, 232
Giftbezugsbewilligungen 212, 215, 216, 217, 218, 295
Jagdangelegenheiten 216, 223
Lohnsteuerkarten 224, 329
Religionsaustritte 212, 215, 216, 217, 218, 295
Sanitäre Übelstände 218
Schlichtungsstelle 219, 232
Verwaltungsstrafverfahren 212, 215, 216, 217, 218, 295
Viehzählung 224, 329
Werkverkehrskarten 223

Außenstellen von Magistratsabteilungen:

Baupolizei – Außenstelle für den 10. Bezirk,
Engelke, Dipl.-Ing. Karl, Oberstadtbaurat 235
Bacher, Dipl.-Ing. Albert, Stadtbauoberkommissär 238
Hatzinger, Dipl.-Ing. Ferdinand 237
Frasz, Ing. Josef, Techn. Oberamtsrat 239
Kanzlei 236
Archiv 241
Referenten 237, 238, 239, 241
Werkmeister 238, 239, 241
Bezirksgesundheitsamt für den 10. Bezirk,
Brucha, Dr. Erwin, Oberphysikatsrat 242
Blechinger, Dr. Franz, vtm. Physikatsarzt 242
Kanzlei 243
Sanitätsrevisoren 244
Bezirksjugendamt für den 10. Bezirk,
Trojan Karl, Oberamtsrat 245
Kanzlei 252
Auskunft 258

Erziehungsberatung 255
Fürsorgerinnen
Funktionsfürsorgerin 263
Sprengelfürsorgerinnen 209, 213, 253, 254, 255, 256, 257, 260, 262, 263, 264
Rechnungsführung 259, 296
Vormünder 246, 247, 248, 249
Marktamtsabteilung für den 10. Bezirk,
10, Viktor Adler-Markt, Amtsgebäude 64 27 77
Lorenz Franz, Oberamtsrat 64 27 63
Schmid, Ing. Ernst, Amtsrat
Sozialreferat für den 10. Bezirk,
10, Gudrunstraße 128,
Hauptreferent 265
Vertretung des Hauptreferenten 266
Referenten 266, 268, 269, 270
Kanzlei 267, 271
Stadtkasse für den 4., 10. Bezirk,
Krutisch Rudolf, Amtsrat 275
Zeschek Helene, Verwaltungsoberkommissär . . . 276
Zwangsvollstreckungen 231
Verrechnungsbuchhalter, Strafen 229
Grundbesitzabgaben 278
Wassergebühren 281
Abwassergebühren 281
Hundeabgabe 279
Gebrauchsabgabe 279
Lohnsummensteuer 233, 282
Dienstgeberabgabe 233, 282
Getränke- und Gefrorenessteuer 280
Standesamt Favoriten (10., 11. Bezirk, Erlaa, Inzersdorf und Siebenhirten), 10, Keplerplatz 5,
Teschner Wolfgang, Amtsrat 284
Kanzlei 285
Aufgebote 286
Ehefähigkeitszeugnisse 284
Eheschließungen 287
Familienbuch 287
Geburtenbuch 287
Sterbebuch 287
Veterinäramtsabteilung für den 3., 10., 11. Bezirk,
Jeitler, Dr. Alfred, Oberveterinärrat 292
Kolinko, Dr. Otto, Oberveterinärrat 292
Heinzel, Dr. Günther, Veterinärrat 292
Vormerkstelle des Wohnungsamtes für den 10. Bezirk,
Referenten 273, 274

11. BEZIRK

11, Enkplatz 2 . . . 711*, 74 35 86* . . . Portier . . . 250

Ecker, Dr. Gerhard, Senatsrat 230
Merta, Dr. Brigitta, Magistratsrat 231
Hörmann Franziska, Kanzleikommissär, Kanzleileiter 232
Kanzlei
Auskunft 234
Einlaufstelle 234
Expedit 232
Schlichtungsstelle-Protokoll 234
Schreibstelle 233
Strafprotokoll 234
Strafvollzug 234
Registratur 236

Referate des magistratischen Bezirksamtes:

Baustrafen 231
Betriebsanlagen 231
Bodennutzung 258
Effektensicherstellung 255
Familienunterhalt 255, 256, 257
Feuerpolizeiliche Revisionen 231
Fischereiangelegenheiten 255
Gewerbeangelegenheiten 255, 256, 257
Gewerbepolizeiliche Revisionen 231
Giftbezugsbewilligungen 255, 256, 257
Jagdangelegenheiten 256, 257
Lohnsteuerkarten 258
Religionsaustritte 255, 256, 257
Sanitäre Übelstände 255, 256, 257
Schlichtungsstelle 231
Verwaltungsstrafverfahren 231, 255, 256, 257
Viehzählung 258
Werkverkehrskarten 255, 256, 257

Außenstellen von Magistratsabteilungen:

Baupolizei – Außenstelle für den 11. Bezirk,
Mosser, Dipl.-Ing. Albert, Oberstadtbaurat 280
Wolf, Dipl.-Ing. Ernst, Stadtbaurat 281
Bietak, Dipl.-Ing. Horst, Stadtbaurat 283
Windl, Ing. Mag. Franz, Stadtbaurat 284
Kanzlei 282
Werkmeister 285, 286, 287
Referat Wildes Bauen 287
Bezirksgesundheitsamt für den 11. Bezirk,
Kreiner, Dr. Heinrich, Oberphysikatsrat 270
Kanzlei 272
Sanitätsrevisoren 271
Bezirksjugendamt für den 11. Bezirk,
Scheck Franz, Amtsrat 240
Kanzlei 248
Auskunft 252
Erziehungsberatung 249
Fürsorgerinnen
Funktionsfürsorgerin 249
Sprengelfürsorgerinnen . . . 241, 242, 246, 247, 253
Rechnungsführung 245
Vormünder 243, 251, 254
Marktamtsabteilung für den 11. Bezirk,
11, Lorystraße, Simmeringer Markt, Amtsgebäude,
Brückenwaage 74 33 01
Kampfmüller Oskar, Amtsrat
Sozialreferat für den 11. Bezirk,
Hauptreferent 260
Referenten 261, 262
Kanzlei 263
Stadtkasse für den 11. Bezirk siehe 3. Bezirk
Standesamt für den 11. Bezirk siehe 10. Bezirk, Standesamt Favoriten
Veterinäramtsabteilung für den 11. Bezirk siehe 10. Bezirk
Expositur,
Geigenmüller, Dr. Hermann, Veterinärrat 265
Vormerkstelle des Wohnungsamtes für den 11. Bezirk,
Referenten 278

12. BEZIRK

12, Schönbrunner Straße 259 . . . 712*, 83 16 01* . . . Portier . . . 250
Portier 12, Hufelandgasse 2 . . . 317

Kuca, Dr. Alois, Obermagistratsrat 211
Albrecht, Mag. Dr. Peter, Magistratskommissär . . . 212
Mayer Vera, Amtsrat 223
Schiessling Margarethe, Kanzleioberkommissär,
Kanzleileiter 213
Kanzlei
Auskunft 216
Einlaufstelle 215
Expedit 216
Schlichtungsstelle-Protokoll 214
Schreibstelle 218
Strafprotokoll 215
Strafvollzug 214
Registratur 219
Sitzungszimmer 217

Referate des magistratischen Bezirksamtes:

Baustrafen 212
Betriebsanlagen 212
Bodennutzung 226
Effektensicherstellung 226
Familienunterhalt 221, 223, 225
Feuerpolizeiliche Revisionen 212
Fischereiangelegenheiten 221, 223, 225
Gewerbeangelegenheiten 221, 223, 224, 225
Gewerbepolizeiliche Revisionen 212
Giftbezugsbewilligungen 224
Jagdangelegenheiten 221, 223, 225
Lohnsteuerkarten 226
Religionsaustritte 221, 223, 225
Sanitäre Übelstände 221, 223, 225
Schlichtungsstelle 217
Verwaltungsstrafverfahren 212, 221, 223, 225
Viehzählung 226
Werkverkehrskarten 226

Außenstellen von Magistratsabteilungen:

Baupolizei – Außenstelle für den 12. Bezirk,
Klom, Dipl.-Ing. Manfred, Stadtbaurat 251
Dirmhirn, Ing. Mag. Harald,
Oberstadtbaurat 253
Kanzlei 252
Archiv 258
Referent 253
Werkmeister 257, 254, 255, 256
Bezirksgesundheitsamt für den 12. Bezirk,
12, Hufelandgasse 2,
Luch, Dr. Alfred, Oberphysikatsrat 241
Kanzlei 242
Sanitätsrevisoren 243, 244
Bezirksjugendamt für den 12. Bezirk,
12, Hufelandgasse 2,
Porits Stefan, Oberamtsrat 261
Brunner Karl, Amtsrat 276
Kanzlei 262
Auskunft 264
Erziehungsberatung 266
Fürsorgerinnen
Funktionsfürsorgerin 263
Sprengelfürsorgerinnen . . . 265, 266, 271, 272, 273, 274, 275, 279
Rechnungsführung 267
Vormünder 276, 277
Marktamtsabteilung für den 12. Bezirk,
12, Hufelandgasse 2,
Plsek Karl, Amtsrat 231
Leopold Othmar, Amtsrat 232
Referenten 233, 234
Marktaufsicht Meidlinger Markt, Brückenwaage,
12, Niederhofstraße 83 31 81
Sozialreferat für den 12. Bezirk,
12, Meidlinger Hauptstraße 2,
Hauptreferent 245
Referenten 247, 248, 249
Kanzlei 246
Kassa 246
Stadtkasse für den 12. Bezirk siehe 15. Bezirk
Standesamt für den 12. Bezirk siehe 4., 5. Bezirk,
Standesamt Margareten
Veterinäramtsabteilung für den 12. Bezirk
siehe 4., 5. Bezirk
Vormerkstelle des Wohnungsamtes für den
12. Bezirk,
Referenten 288, 289

13., 14. BEZIRK

13, Hietzinger Kai 1–3 . . . 713*, 82 26 51* . . . Portier Stiege 1 . . . 250
Portier Stiege 3 . . . 251

Mayer, Dr. Georg, Senatsrat 230
Neugebauer, Dr. Ernst, Obermagistratsrat 231
Neugebauer, Dr. Elisabeth, Magistratskommissär . . 239
Hrusa, Dr. Silvia 240
Reiter Ingeborg, Kanzleioberkommissär,
Kanzleileiter 232
Kanzlei
Auskunft 233, 234
Einlaufstelle 233, 234
Expedit 234
Schlichtungsstelle-Protokoll 235
Schreibstelle 237
Strafprotokoll 233
Strafvollzug 234
Registratur 238
Verhandlungszimmer 235

Referate des magistratischen Bezirksamtes:

Baustrafen 231, 239, 240
Betriebsanlagen 231, 239, 240
Bodennutzung 246
Effektensicherstellung 232, 299
Familienunterhalt 241, 242, 243, 244, 245
Feuerpolizeiliche Revisionen 231, 239, 240
Fischereiangelegenheiten 241, 242, 243, 244, 245
Gewerbeangelegenheiten 241, 242, 243, 244, 245
Gewerbepolizeiliche Revisionen 231, 239, 240
Giftbezugsbewilligungen 241, 242, 243, 244, 245
Jagdangelegenheiten 241, 242, 243, 244, 245
Lohnsteuerkarten 246
Religionsaustritte 241, 242, 243, 244, 245
Sanitäre Übelstände 241, 242, 243, 244, 245
Schlichtungsstelle 231, 239, 240
Verwaltungsstrafverfahren . . . 241, 242, 243, 244, 245
Viehzählung 246
Werkverkehrskarten 241, 242, 243, 244, 245

Außenstellen von Magistratsabteilungen:

Baupolizei – Außenstelle für den 13., 14. Bezirk,
Filas, Dipl.-Ing. Johann, Oberstadtbaurat 310
Richter, Dipl.-Ing. Herbert, Stadtbaurat 311
Bletas, Dipl.-Ing. Thanos 319
Hernstorfer, Dipl.-Ing. Wilhelm, Stadtbauoberkommissär 319
Ressel, Dipl.-Ing. Günter, Stadtbaurat 315
Kanzlei 312
Archiv 359
Referenten 311, 314, 315, 316, 317, 318
Schreibstelle 313
Werkmeister 318, 328, 329, 356
Bezirksgesundheitsamt für den 13., 14. Bezirk,
Scheitz, Dr. Werner, Physikatsrat 290
Pavelka, Dr. Jane, vtm. Physikatsrat 291
Kanzlei 292
Sanitätsrevisoren 293, 294, 295
Bezirksjugendamt für den 13., 14. Bezirk,
Obendrauf Kurt, Amtsrat 260
Chwatal Martha, Amtsrat 271
Kanzlei 262
Auskunft 277
Erziehungsberatung 271
Fürsorgerinnen
Funktionsfürsorgerin 271
Sprengelfürsorgerinnen 267, 270, 272, 273, 274, 275, 276
Rechnungsführung 268
Vormünder 261, 263, 264, 265, 266
Marktamtsabteilung für den 13., 14. Bezirk,
Lemmerer Franz, Amtsrat 340
Gnadlinger Franz, Amtsrat 341
Referenten 341, 342
Sozialreferat für den 13., 14. Bezirk,
Hauptreferent 280
Referenten 281, 282, 283, 284
Kanzlei 284, 285
Stadtkasse für den 13., 14. Bezirk,
Steindl Margarete, Oberamtsrat 200
Horvath Erika, Verwaltungsoberkommissär . . . 201
Zwangsvollstreckungen 203
Verrechnungsbuchhalter, Strafen 202
Grundbesitzabgaben 213, 214, 215, 219, 289
Wassergebühren 208, 209, 355
Abwassergebühren 208, 209, 355
Hundeabgabe 208, 209, 355
Gebrauchsabgabe 208, 209, 355
Lohnsummensteuer 204, 205, 206, 207, 218
Dienstgeberabgabe 204, 205, 206, 207, 218
Getränke- und Gefrorenessteuer . . . 204, 205, 206, 207, 218
Standesamt Hietzing (13., 14., 15. Bezirk, Mauer, Rodaun und Kalksburg),
Jeck Karl, Oberamtsrat 330
Kanzlei 332, 333, 336, 339
Aufgebote 331, 338
Ehefähigkeitszeugnisse 331, 338
Familienbuch 336
Geburtenbuch 335
Sterbebuch 334
Veterinäramtsabteilung für den 13., 14., 15. Bezirk,
Schiel, Dr. Otto, Senatsrat 350
Hückel, Dr. Robert, Oberveterinärrat 351
Vormerkstelle des Wohnungsamtes für den 13., 14. Bezirk,
Referenten 352, 353

14. BEZIRK

siehe 13., 14. Bezirk

15. BEZIRK

15, Gasgasse 8–10 . . . 715*, 83 36 11* . . . Portier . . . 250

Klein, Mag. Gertrude, Obermagistratsrat 220
Handl, Dr. Waltraud, Magistratsrat 222
Marx, Dr. Rudolf, Magistratskommissär 221
Kent Antonis, Amtsrat 235
Nitsche Gertrude, Kanzleioberkommissär, Kanzleileiter 223
Kanzlei
Auskunft 224
Einlaufstelle 224
Expedit 224
Schlichtungsstelle-Protokoll 236
Schreibstelle 227
Strafprotokoll 224
Strafvollzug 224
Registratur 228
Sitzungszimmer 229

Referate des magistratischen Bezirksamtes:

Baustrafen 221, 222
Betriebsanlagen 221, 222
Bodennutzung 233
Buschenschank 232, 233, 234, 235
Effektensicherstellung 235
Familienunterhalt 232, 233, 234, 235
Feuerpolizeiliche Revisionen 221, 222
Fischereiangelegenheiten 235
Gewerbeangelegenheiten 232, 233, 234, 235
Gewerbepolizeiliche Revisionen 221, 222

Giftbezugsbewilligungen 222
Jagdangelegenheiten 235
Lohnsteuerkarten 226
Religionsaustritte 233
Sanitäre Übelstände 232, 233, 234, 235
Schlichtungsstelle 221, 222, 236
Verwaltungsstrafverfahren 221, 222, 232, 233, 234, 235
Viehzählung 233
Werkverkehrskarten 226

Außenstellen von Magistratsabteilungen:

Baupolizei – Außenstelle für den 15. Bezirk,
Leitgeb, Dipl.-Ing. Franz 251
David-Labor, Dipl.-Ing. Manfred, Stadtbaurat . . 255
Kanzlei 257
Archiv 257
Werkmeister 252, 253, 254, 256

Bezirksgesundheitsamt für den 15. Bezirk,
Nurrer, Dr. Elisabeth, Med.-Rat, Stadtphysikus . . 260
Kanzlei 263
Sanitätsrevisoren 262

Bezirksjugendamt für den 15. Bezirk,
Tetenka Franz, Oberamtsrat 265
Kanzlei 277
Auskunft 278
Erziehungsberatung 280
Fürsorgerinnen
Funktionsfürsorgerin 270
Sprengelfürsorgerinnen 271, 272, 273, 274, 275, 276
Rechnungsführung 279
Vormünder 266, 267, 268, 269

Marktamtsabteilung für den 15. Bezirk,
15, Dadlergasse 1–3 . . . . 83 43 13, 83 54 31
Tometz Eduard, Amtsrat
Marktaufsicht Meiselmarkt, Brückenwaage,
15, Meiselmarkt 92 33 51

Sozialreferat für den 15. Bezirk,
Hauptreferent 240
Referenten 217, 242
Kanzlei 241

Stadtkasse für den 12., 15. Bezirk,
Hanzl Fritz, Oberamtsrat 282
Montel Alois, Verwaltungsoberkommissär 283
Szerentsits Alfred, Amtsrat 295
Zwangsvollstreckungen 284
Verrechnungsbuchhalter, Strafen 293
Grundbesitzabgaben 292, 294, 295
Wassergebühren 296, 297, 298
Abwassergebühren 296, 297
Hundeabgabe 296, 297, 298
Gebrauchsabgabe 296, 297, 298
Lohnsummensteuer 287, 288, 289, 290
Dienstgeberabgabe 287, 288, 289, 290
Getränke- und Gefrorenessteuer 291

Standesamt für den 15. Bezirk
siehe 13., 14. Bezirk, Standesamt Hietzing

Veterinäramtsabteilung für den 15. Bezirk
siehe 13., 14. Bezirk

Vormerkstelle des Wohnungsamtes für den 15. Bezirk,
Referenten 248, 249

16. BEZIRK

16, Richard Wagner-Platz 19 . . . 716*, 92 26 96* . . . Portier . . . 250

Vojik, Dr. Alfred, Senatsrat 220
Besta, Dr. Elga, Obermagistratsrat 221
Stockinger Edith, Kanzleioberkommissär,
Kanzleileiter 223
Kanzlei
Auskunft 225
Einlaufstelle 225

Expedit 233
Schlichtungsstelle-Protokoll 236
Schreibstelle 224
Strafprotokoll 225
Strafvollzug 238
Registratur 228
Sitzungszimmer 230

Referate des magistratischen Bezirksamtes:

Baustrafen 221, 222
Betriebsanlagen 221, 222
Bodennutzung 234
Buschenschank 232
Effektensicherstellung 231
Familienunterhalt 229, 231, 232, 234, 235
Feuerpolizeiliche Revisionen 221, 222
Fischereiangelegenheiten 232
Gewerbeangelegenheiten 229, 231, 232, 234, 235
Gewerbepolizeiliche Revisionen 221, 222

Giftbezugsbewilligungen 232
Jagdangelegenheiten 232
Lohnsteuerkarten 226
Religionsaustritte 229, 231, 232, 234, 235
Sanitäre Übelstände 229, 234, 235
Schlichtungsstelle 221, 222
Verwaltungsstrafverfahren . . . 229, 231, 232, 234, 235
Viehzählung 235
Werkverkehrskarten 229, 231, 232, 234, 235

Außenstellen von Magistratsabteilungen:

Baupolizei – Außenstelle für den 16. Bezirk,
Messinger, Dipl.-Ing. Helmut, Oberstadtbaurat . . 251
Pazicky, Dipl.-Ing. Tibor 258
Winkler, Ing. Mag. Erwin, Stadtbaurat 258
Schlosser, Ing. Kurt, Techn. Oberamtsrat 254
Kanzlei 257, 264
Referenten 253, 254
Werkmeister 252, 255
Bezirksgesundheitsamt für den 16. Bezirk,
Brunner, Dr. Friedrich, Stadtphysikus 260
Gottwald, Dr. Erika, vtm. Physikatsarzt 269
Kanzlei 263
Sanitätsrevisoren 262
Bezirksjugendamt für den 16. Bezirk,
16, Arnethgasse 84 . . . . 46 12 38*
Spitzer Friedrich, Oberamtsrat 2
Kanzlei 76
Auskunft 3
Erziehungsberatung 702, 703
Fürsorgerinnen
Funktionsfürsorgerin 703
Sprengelfürsorgerinnen 4, 77, 78, 79, 704, 705, 707, 7001
Rechnungsführung 701
Vormünder 5, 6, 74, 75, 706
Marktamtsabteilung für den 16. Bezirk,
16, Yppenmarkt, Amtsgebäude,
Schön Heinrich, Oberamtsrat 42 49 655
Müller Herbert, Amtsrat 42 61 74
Sozialreferat für den 16. Bezirk,
Hauptreferent 240
Referenten 242, 244, 245
Kanzlei, Kassa 247
Stadtkasse für den 16., 17. Bezirk,
Pewner Johann, Oberamtsrat 282
Handsur Rudolf, Verwaltungsoberkommissär . . 283
Zwangsvollstreckungen 284
Verrechnungsbuchhalter, Strafen 287
Grundbesitzabgaben 278, 289, 295
Wassergebühren 294
Abwassergebühren 294
Hundeabgabe 294
Gebrauchsabgabe 294
Lohnsummensteuer 291, 293
Dienstgeberabgabe 291, 293
Getränke- und Gefrorenessteuer 288, 290
Standesamt Ottakring (16., 17. Bezirk),
Walek Heinrich, Amtsrat 270
Kanzlei 275
Aufgebote 270, 271
Ehefähigkeitszeugnisse 271
Eheschließungen 270, 271
Familienbuch 275, 276
Geburtenbuch 272, 273, 274
Sterbebuch 272, 273, 274
Veterinäramtsabteilung für den 16., 17. Bezirk,
Bayer, Dr. Erich, Senatsrat 280
Dostal, Dr. Johannes, Oberveterinärrat 237
Vormerkstelle des Wohnungsamtes für den 16. Bezirk,
Referenten 248, 249

17. BEZIRK

17, Elterleinplatz 14 . . . 717*, 43 61 01* (43 16 51*) . . . Portier . . . 355

Paulhart, Dr. Günther, Senatsrat 316
Obermeier, Dr. Gertraud, Magistratskommissär . . . 317
Enzendorfer Erna, Kanzleioberkommissär,
Kanzleileiter 319
Kanzlei
Auskunft 357
Einlaufstelle 356
Expedit 357
Schlichtungsstelle-Protokoll 310
Schreibstelle 324
Strafprotokoll 356
Registratur 327

Referate des magistratischen Bezirksamtes:

Baustrafen 317
Betriebsanlagen 317
Bodennutzung 347
Buschenschank 322
Effektensicherstellung 322
Familienunterhalt 321, 322, 323
Feuerpolizeiliche Revisionen 317
Fischereiangelegenheiten 322
Gewerbeangelegenheiten 321, 322, 323
Gewerbepolizeiliche Revisionen 317
Giftbezugsbewilligungen 317
Jagdangelegenheiten 322
Lohnsteuerkarten 347
Religionsaustritte 323
Sanitäre Übelstände 321
Schlichtungsstelle 317
Verwaltungsstrafverfahren 321, 322, 323
Viehzählung 347
Werkverkehrskarten 321, 322, 323

Außenstellen von Magistratsabteilungen:

Baupolizei – Außenstelle für den 17. Bezirk,
17, Kalvarienberggasse 33 . . . . . . 835*, 43 16 51*
Hofmeister, Dipl.-Ing. Liselotte, Oberstadtbaurat . 320
Volkmann, Ing. Gottfried, Techn. Amtsrat 333
Referent 333
Kanzlei 329
Bezirksgesundheitsamt für den 17. Bezirk,
17, Kalvarienberggasse 29,
Röttinger, Dr. Renate, Oberphysikatsrat 358
Kanzlei 351
Sanitätsrevisoren 340

Bezirksjugendamt für den 17., 18. Bezirk,
17, Kalvarienberggasse 29,
Scheinost Karl, Oberamtsrat 361
Kanzlei 368
Auskunft 372
Erziehungsberatung 373
Fürsorgerinnen
Funktionsfürsorgerin 366
Sprengelfürsorgerinnen 360, 363, 367, 369, 371, 373, 374
Rechnungsführung 362, 379
Vormünder 365, 375, 376, 377, 378
Marktamtsabteilung für den 17. Bezirk,
Fischer August, Amtsrat 359
Referenten 350
Sozialreferat für den 17. Bezirk,
Hauptreferent 338
Referenten 342
Kanzlei und Referent 343
Stadtkasse für den 17. Bezirk siehe 16. Bezirk
Standesamt für den 17. Bezirk siehe 16. Bezirk, Standesamt Ottakring
Veterinäramtsabteilung für den 17. Bezirk siehe 16. Bezirk
Vormerkstelle des Wohnungsamtes für den 17. Bezirk,
Referenten 352

18. BEZIRK

18, Martinstraße 100 . . . 718*, 34 25 20* . . . Portier . . . 250

Wiltschegg-Binder, Dr. Helmut, Senatsrat 230
Fischer, Dr. Hildegard, Magistratsrat 231
Urban Ulrike, Kanzleioffizial, Kanzleileiter 232
Kanzlei
Auskunft 234
Einlaufstelle 234
Expedit 241
Schlichtungsstelle-Protokoll 233
Schreibstelle 235
Strafprotokoll 234
Strafvollzug 233
Registratur 241

Referate des magistratischen Bezirksamtes:

Baustrafen 231
Betriebsanlagen 231
Bodennutzung 243
Buschenschank 240
Effektensicherstellung 243
Familienunterhalt 238, 239, 240
Feuerpolizeiliche Revisionen 231
Fischereiangelegenheiten 240
Gewerbeangelegenheiten 238, 239, 240
Gewerbepolizeiliche Revisionen 231
Giftbezugsbewilligungen 240
Jagdangelegenheiten 240
Lohnsteuerkarten 243
Religionsaustritte 239
Sanitäre Übelstände 238, 239, 240
Schlichtungsstelle 231
Verwaltungsstrafverfahren 231, 238, 239, 240
Viehzählung 243
Werkverkehrskarten 239

Außenstellen von Magistratsabteilungen:

Baupolizei – Außenstelle für den 18. Bezirk,
Leopold, Dipl.-Ing. Gerhard, Oberstadtbaurat . . 280
Zilka, Dipl.-Ing. Heinz, Stadtbauoberkommissär . 281
Schneeweiß, Dipl.-Ing. Christiane, Stadtbaukommissär 282
Kanzlei 284
Archiv 286
Sachbearbeiter 283, 285
Bezirksgesundheitsamt für den 18. Bezirk,
18, Währinger Straße 124,
Heinrich, DDr. Walter, Physikatsrat 215
Kanzlei 216
Sanitätsrevisoren 217, 218
Bezirksjugendamt für den 18. Bezirk siehe 17. Bezirk
Marktamtsabteilung für den 18. Bezirk,
Stöger, Dkfm. Otto, Oberamtsrat 270
Referenten 271, 272
Sozialreferat für den 18. Bezirk,
Hauptreferent 295
Referenten 296, 297, 298
Stadtkasse für den 18. Bezirk siehe 19. Bezirk
Standesamt Währing (18., 19. Bezirk),
Fischer Bruno, Amtsrat 260
Kanzlei 262
Aufgebote 260, 261
Ehefähigkeitszeugnisse 260, 261
Eheschließungen 260, 261, 262
Familienbuch 262
Geburtenbuch 263
Sterbebuch 263
Veterinäramtsabteilung für den 9., 18., 19. Bezirk,
Zechner, Dr. Hermann, Senatsrat 290
Vater, Dr. Maximilian, Oberveterinärrat 291
Vormerkstelle des Wohnungsamtes für den 18. Bezirk,
Referent 292

19. BEZIRK

19, Gatterburggasse 14 . . . 719*, 36 42 50* . . . Portier . . . 250

Siegl, Dr. Franz, Senatsrat 230
Buchinger, Dr. Dieter, Magistratsrat 231
Merk Helmut, Amtsrat 237
Bauer Hedwig, Kanzleikommissär, Kanzleileiter . . 232
Kanzlei
Auskunft 256
Einlaufstelle 233
Expedit 256
Schlichtungsstelle-Protokoll 235
Schreibstelle 235
Strafprotokoll 233
Strafvollzug 234
Registratur 256

Referate des magistratischen Bezirksamtes:

Baustrafen . . . 231
Betriebsanlagen . . . 231
Bodennutzung . . . 239
Buschenschank . . . 257
Effektensicherstellung . . . 234
Familienunterhalt . . . 237, 238, 257
Feuerpolizeiliche Revisionen . . . 231
Fischereiangelegenheiten . . . 238
Gewerbeangelegenheiten . . . 237, 238, 257
Gewerbepolizeiliche Revisionen . . . 231
Giftbezugsbewilligungen . . . 237
Jagdangelegenheiten . . . 237, 238
Lohnsteuerkarten . . . 239
Religionsaustritte . . . 238
Sanitäre Übelstände . . . 237
Schlichtungsstelle . . . 231
Verwaltungsstrafverfahren . . . 237, 238, 257
Viehzählung . . . 239
Werkverkehrskarten . . . 257

Außenstellen von Magistratsabteilungen:

Baupolizei – Außenstelle für den 19. Bezirk,
Sterniste, Dipl.-Ing. Gerhard, Senatsrat . . . 240
Peroutka, Dipl.-Ing. Karl, Stadtbaurat . . . 242
Witschka, Dipl.-Ing. Johann, Stadtbaurat . . . 245
Kanzlei . . . 244
Referenten . . . 243, 249
Werkmeister . . . 241, 243, 249
Bezirksgesundheitsamt für den 19. Bezirk,
Totter, Dr. Anina, Oberphysikatsrat . . . 280
Kanzlei . . . 281
Sanitätsrevisoren . . . 282
Bezirksjugendamt für den 19. Bezirk,
Papageorgopoulos Gertrud, Verwaltungsoberkommissär . . . 270
Kanzlei . . . 272
Auskunft . . . 274
Erziehungsberatung . . . 285
Fürsorgerinnen
Funktionsfürsorgerin . . . 275
Sprengelfürsorgerinnen . . . 271, 276, 277, 279
Rechnungsführung . . . 258
Vormünder . . . 273, 278
Marktamtsabteilung für den 19. Bezirk,
Pardy Gottfried, Amtsrat . . . 251
Referenten . . . 252
Sozialreferat für den 19. Bezirk,
Hauptreferent . . . 246
Referenten . . . 247, 248
Kassa . . . 248
Stadtkasse für den 18., 19. Bezirk,
Kainrath Wilhelm, Verwaltungsoberkommissär . . . 260
Preisel Karl, Verwaltungsoberkommissär . . . 261
Zwangsvollstreckungen . . . 284
Verrechnungsbuchhalter, Strafen . . . 263
Grundbesitzabgaben . . . 262, 269, 286
Wassergebühren . . . 292
Abwassergebühren . . . 292
Hundeabgabe . . . 265
Gebrauchsabgabe . . . 265
Lohnsummensteuer . . . 267, 289
Dienstgeberabgabe . . . 266, 287
Getränke- und Gefrorenessteuer . . . 268
Standesamt für den 19. Bezirk siehe 18. Bezirk, Standesamt Währing
Veterinäramtsabteilung für den 19. Bezirk siehe 18. Bezirk
Vormerkstelle des Wohnungsamtes für den 19. Bezirk,
Referenten . . . 253, 254

20. BEZIRK

20, Brigittaplatz 10 . . . 720*, 33 35 11* . . . Portier . . . 279

Klein, Dr. Helga, Obermagistratsrat . . . 209
Meixner, Dr. Otto . . . 210
Sedmik, Dr. Margarita, Magistratskommissär . . . 210
Winkler Ekhard, Amtsrat . . . 222
Lenz Elisabeth, Kanzleikommissär, Kanzleileiter . . . 211
Kanzlei
Auskunft . . . 212
Einlaufstelle . . . 212
Schlichtungsstelle-Protokoll . . . 216
Schreibstelle . . . 214
Strafprotokoll . . . 212
Strafvollzug . . . 213
Registratur . . . 215
Sitzungszimmer . . . 225

Referate des magistratischen Bezirksamtes:

Baustrafen . . . 210, 223
Betriebsanlagen . . . 210, 223
Bodennutzung . . . 218
Effektensicherstellung . . . 211, 219
Familienunterhalt . . . 219, 220, 221, 222
Feuerpolizeiliche Revisionen . . . 210, 223
Fischereiangelegenheiten . . . 220
Gewerbeangelegenheiten . . . 219, 220, 221, 222
Gewerbepolizeiliche Revisionen . . . 210, 223
Giftbezugsbewilligungen . . . 219, 220, 221, 222
Jagdangelegenheiten . . . 220
Lohnsteuerkarten . . . 218
Religionsaustritte . . . 219, 220
Sanitäre Übelstände . . . 219, 220, 221, 222
Schlichtungsstelle . . . 210, 223
Verwaltungsstrafverfahren . . . 219, 220, 221, 222
Viehzählung . . . 218
Werkverkehrskarten . . . 219, 220, 221, 222

Außenstellen von Magistratsabteilungen:

Bezirksgesundheitsamt für den 20. Bezirk,
Schischlik, Dr. Konrad, Oberphysikatsrat 238
Kanzlei 239
Sanitätsrevisoren 240

Bezirksjugendamt für den 20. Bezirk,
Peterka Ernst, Amtsrat 276
Kanzlei 277
Erziehungsberatung 280
Fürsorgerinnen
Funktionsfürsorgerin 281
Sprengelfürsorgerinnen . . . 237, 282, 283, 284, 285, 286, 287, 288, 289, 290, 291, 299
Rechnungsführung 297, 298
Vormünder 292, 293, 294, 295, 296

Marktamtsabteilung für den 20. Bezirk,
Enslein Walter, Amtsrat 241
Kaina Heinrich, Amtsrat 244
Referenten 245
Marktaufsicht Hannovermarkt, Brückenwaage, 20, Hannovermarkt 33 22 45

Sozialreferat für den 20. Bezirk,
Hauptreferent 231
Referenten 232, 233, 235
Anmeldung 236
Kanzlei, Kassa 234

Stadtkasse für den 20. Bezirk siehe 2. Bezirk

Standesamt Brigittenau (2., 20. Bezirk),
Frühmann Ernst, Oberamtsrat 247
Kanzlei 250
Aufgebote 247, 248, 249
Ehefähigkeitszeugnisse 247, 248
Eheschließungen 247, 248, 249
Familienbuch 250
Geburtenbuch 251
Sterbebuch 251

Veterinäramtsabteilung für den 20. Bezirk siehe 2. Bezirk

Vormerkstelle des Wohnungsamtes für den 20. Bezirk,
Referenten 242

21. BEZIRK

21, Am Spitz 1 . . . 721*, 38 15 04* . . . Portier . . . 213

Schrems, Dr. Otto, Senatsrat 200
Polacek, Dr. Gerhard, Magistratsrat 240
Lamprecht Konrad, Oberamtsrat 244
Marschall Eleonore, Kanzleioberkommissär, Kanzleileiter 219
Kanzlei
Auskunft 249
Einlaufstelle 249
Schlichtungsstelle-Protokoll 248
Schreibstelle 248
Strafprotokoll 249
Strafvollzug 249
Registratur 247

Referate des magistratischen Bezirksamtes:

Baustrafen 240
Betriebsanlagen 240
Bodennutzung 278
Buschenschank 208, 244
Effektensicherstellung 244
Familienunterhalt 208, 243
Feuerpolizeiliche Revisionen 240
Fischereiangelegenheiten 208, 243
Gewerbeangelegenheiten 208, 243, 244
Gewerbepolizeiliche Revisionen 240
Giftbezugsbewilligungen 208, 243
Jagdangelegenheiten 243
Lohnsteuerkarten 278
Religionsaustritte 208, 243
Sanitäre Übelstände 208, 243, 244
Schlichtungsstelle 240
Verwaltungsstrafverfahren 208, 243, 244
Viehzählung 278
Werkverkehrskarten 208, 243, 244

Außenstellen von Magistratsabteilungen:

Baupolizei — Außenstelle für den 21. Bezirk,
Marinoff, Dipl.-Ing. Peter, Oberstadtbaurat . . . 239
Fuchs, Dipl.-Ing. Heinz, Stadtbaurat 270
Hahn, Dipl.-Ing. Georg, Stadtbauoberkommissär . 230
Puchinger Elisabeth, Techn. Amtsrat 238
Kanzlei 250
Archiv 215
Werkmeister 211, 212, 230, 270
Gehsteigreferat 221
Wildes Bauen 221

Bezirksgesundheitsamt für den 21. Bezirk,
Hein, Dr. Ulrike, Oberphysikatsrat 225
Kanzlei 223
Sanitätsrevisoren 224

Bezirksjugendamt für den 21. Bezirk,
Kleinhampl Erich, Oberamtsrat 261
Kanzlei 229
Auskunft 265
Erziehungsberatung 201
Fürsorgerinnen
Funktionsfürsorgerin 201
Sprengelfürsorgerinnen 206, 235, 262, 263, 264, 280, 281, 282, 283, 287, 289, 296, 298
Rechnungsführung 266
Vormünder 217, 267, 268, 269, 284, 285

Marktamtsabteilung für den 21. Bezirk,
21, Floridsdorfer Markt,
Schlingerhof 38 15 80, 38 15 89
Steurer Gottfried, Oberamtsrat

Sozialreferat für den 21. Bezirk,
Hauptreferent 216
Referenten 231, 232
Kanzlei 233

Stadtkasse für den 21. Bezirk,
Markovich Ludwig, Oberamtsrat 203

Vrchota Heinrich, Amtsrat 253
Zwangsvollstreckungen 255
Verrechnungsbuchhalter, Strafen 258
Grundbesitzabgaben 279
Wassergebühren 257
Abwassergebühren 257
Hundeabgabe 257
Gebrauchsabgabe 257
Lohnsummensteuer 251
Dienstgeberabgabe 251
Getränke- und Gefrorenessteuer 251
Standesamt Floridsdorf (21., 22. Bezirk),
Blank Walter, Amtsrat 271
Kanzlei 273
Aufgebote 275, 276
Ehefähigkeitszeugnisse 271, 275, 276
Eheschließungen 271, 275, 276
Familienbuch 275, 276
Geburtenbuch 276
Sterbebuch 276
Veterinäramtsabteilung für den 21. Bezirk . . . 38 11 88
Tögel, Dr. Ferdinand, Senatsrat
Sommerauer, Dr. Bruno, Oberveterinärrat
Vormerkstelle des Wohnungsamtes für den
21. Bezirk,
Referenten 202, 245

22. BEZIRK

22, Kagran, Schrödingerplatz 1 . . . 722*, 23 35 61* . . . Portier . . . 219

Stussak, Dr. Josef, Senatsrat 230
Knöfler, Dr. Peter, Obermagistratsrat 231
Schejbal Gustav, Oberamtsrat 237
Königstätter Anna, Kanzleioberkommissär, Kanzleileiter 232
Kanzlei
Auskunft 233
Einlaufstelle 233
Expedit 233
Schlichtungsstelle-Protokoll 233
Schreibstelle 234, 239
Strafprotokoll 233
Strafvollzug 233
Registratur 227
Sitzungszimmer 228

Referate des magistratischen Bezirksamtes:

Baustrafen 231
Betriebsanlagen 231
Bodennutzung 232
Buschenschank 235, 236, 237, 238
Effektensicherstellung 232
Familienunterhalt 235, 236, 237, 238
Feuerpolizeiliche Revisionen 231
Fischereiangelegenheiten 235, 236, 237, 238
Gewerbeangelegenheiten 235, 236, 237, 238
Gewerbepolizeiliche Revisionen 231
Giftbezugsbewilligungen 231
Jagdangelegenheiten 235, 236, 237, 238
Lohnsteuerkarten 229
Religionsaustritte 235, 236, 237, 238
Sanitäre Übelstände 235, 236, 237, 238
Schlichtungsstelle 231
Vergnügungssteuer 232
Verwaltungsstrafverfahren 235, 236, 237, 238
Viehzählung 232
Werkverkehrskarten 235, 236, 237, 238

Außenstellen von Magistratsabteilungen:

Baupolizei – Außenstelle für den 22. Bezirk,
Kummernecker, Dipl.-Ing. Erwin,
Oberstadtbaurat 240
Hauser, Dipl.-Ing. Erhard, Oberstadtbaurat . . . 242
Beier, Dipl.-Ing. Rudolf, Stadtbaurat 244
Gallistel, Dipl.-Ing. Hans, Stadtbauoberkommissär 243
Referent 249
Kanzlei 241
Schreibstelle 254, 255
Werkmeister 245, 246, 247, 248, 249
Bezirksgesundheitsamt für den 22. Bezirk,
Haderer, Dr. Hanna, Physikatsrat 290
Kanzlei 291
Sanitätsrevisoren 292
Bezirksjugendamt für den 22. Bezirk,
Cermak Johanna, Amtsrat 270
Kanzlei 280
Auskunft 275, 284
Erziehungsberatung 281, 283
Fürsorgerinnen
Funktionsfürsorgerin 279
Sprengelfürsorgerinnen 273, 274, 276, 277, 278, 281, 285, 286, 287
Rechnungsführung 288
Vormünder 271, 272, 282, 289
Marktamtsabteilung für den 22. Bezirk,
Scholz Karl, Verwaltungsoberkommissär 250
Referenten 251
Sozialreferat für den 22. Bezirk,
Hauptreferent 200
Referenten 201, 202, 204
Kanzlei 203
Stadtkasse für den 22. Bezirk,
Kainz Gertrude, Amtsrat 260
Eisenstecken Robert, Verwaltungsoberkommissär 261
Zwangsvollstreckungen 256
Verrechnungsbuchhalter, Strafen 264
Grundbesitzabgaben 266
Wassergebühren 265
Abwassergebühren 265
Hundeabgabe 265
Gebrauchsabgabe 265
Lohnsummensteuer 257
Dienstgeberabgabe 257
Getränke- und Gefrorenessteuer 257
Standesamt für den 22. Bezirk siehe 21. Bezirk,
Standesamt Floridsdorf
Veterinäramtsabteilung für den 22. Bezirk,
Maresch, Dr. Johann, Oberveterinärrat 297
Duda, Dr. Ernst, Tierarzt 298
Vormerkstelle des Wohnungsamtes für den
22. Bezirk,
Referenten 207, 208

23. BEZIRK

23, Liesing, Perchtoldsdorfer Straße 2 . . . 723*, 86 96 17* . . . Portier . . . 91

Wolf, Dr. Wolfgang, Senatsrat . . . 31
Renner, Mag. Dr. Walther . . . 92
Messinger, Dr. Heinrich . . . 37
Losenicky Friedrich, Oberamtsrat . . . 39
Dworak Anna, Kanzleioberkommissär, Kanzleileiter . . . 32
Kanzlei
  Auskunft . . . 36
  Einlaufstelle . . . 36
  Expedit . . . 35
  Schlichtungsstelle-Protokoll . . . 36
  Schreibstelle . . . 31, 51
  Strafprotokoll . . . 32
  Strafvollzug . . . 33
Registratur . . . 99

Referate des magistratischen Bezirksamtes:

Baustrafen . . . 37, 92
Betriebsanlagen . . . 37, 92
Bodennutzung . . . 34
Buschenschank . . . 34
Effektensicherstellung . . . 32
Familienunterhalt . . . 38, 39
Feuerpolizeiliche Revisionen . . . 37, 92
Fischereiangelegenheiten . . . 27, 38
Gewerbeangelegenheiten . . . 27, 38, 39
Gewerbepolizeiliche Revisionen . . . 37, 92
Giftbezugsbewilligungen . . . 27, 38, 39
Jagdangelegenheiten . . . 27, 38
Lohnsteuerkarten . . . 34
Religionsaustritte . . . 27, 38, 39
Sanitäre Übelstände . . . 27, 38, 39
Schlichtungsstelle . . . 92
Vergnügungssteuer . . . 27, 38, 39
Verwaltungsstrafverfahren . . . 27, 37, 38, 39, 92
Viehzählung . . . 34
Werkverkehrskarten . . . 27, 38, 39

Außenstellen von Magistratsabteilungen:

Baupolizei – Außenstelle für den 23. Bezirk,
  Prosser, Dipl.-Ing. Alfred, Oberstadtbaurat . . . 40
  Diebitsch, Mag. Karl-Heinz, Stadtbaurat . . . 41
  Breiter, Dipl.-Ing. Johann, Stadtbaukommissär . . 42
  Chlada, Ing. Herbert, Techn. Amtsrat . . . 43
  Kanzlei . . . 46
  Referenten . . . 41, 42, 43, 45, 54, 95
  Werkmeister . . . 28, 44, 45, 55, 93, 98
Bezirksgesundheitsamt für den 23. Bezirk,
  Wieninger, Dr. Johann, Oberphysikatsrat . . . 56
  Kanzlei . . . 29
  Sanitätsrevisor . . . 57
Bezirksjugendamt für den 23. Bezirk,
  23, Liesing, Haeckelstraße 4,
  Sieb Hilda, Amtsrat . . . 71
  Caba Adelheid, Amtsrat . . . 77
  Pitro Friedrich, Amtsrat . . . 72
  Kanzlei . . . 97
  Auskunft . . . 58
  Erziehungsberatung . . . 78
  Fürsorgerinnen
    Funktionsfürsorgerin . . . 78
    Sprengelfürsorgerinnen . . . 75, 76, 77, 59
  Rechnungsführung . . . 74
  Vormünder . . . 72, 73
Marktamtsabteilung für den 23. Bezirk,
  23, Liesing, Lehmanngasse 3,
  Popp Hans, Amtsrat . . . 79
  Gärtner Ferdinand, Amtsrat . . . 70
  Referenten . . . 70
  Großmarkt Wien-Inzersdorf,
  23, Inzersdorf, Laxenburger Straße 365 . . . 67 35 31
  Stransky Paul, Oberamtsrat . . . 21
  Wichtl Ferdinand, Amtsrat . . . 22
  Blumengroßmarkt,
  23, Inzersdorf, Laxenburger Straße 365 . . . 67 35 31
Sozialreferat für den 23. Bezirk,
  Hauptreferent . . . 52
  Referenten . . . 53
  Kanzlei . . . 53
Stadtkasse für den 23. Bezirk,
  23, Liesing, Lehmanngasse 3,
  Link Hanna, Amtsrat . . . 61
  Repa Christine, Verwaltungsoberkommissär . . . 64
  Zwangsvollstreckungen . . . 63
  Verrechnungsbuchhalter, Strafen . . . 62
  Grundbesitzabgaben . . . 65, 66
  Wassergebühren . . . 69
  Abwassergebühren . . . 69
  Hundeabgabe . . . 69
  Gebrauchsabgabe . . . 69
  Lohnsummensteuer . . . 67
  Dienstgeberabgabe . . . 68
  Getränke- und Gefrorenessteuer . . . 67
Standesamt für Atzgersdorf und Liesing
  siehe 4., 5. Bezirk, Standesamt Margareten
Standesamt für Erlaa, Inzersdorf und Siebenhirten
  siehe 10. Bezirk, Standesamt Favoriten
Standesamt für Mauer, Rodaun und Kalksburg
  siehe 13., 14. Bezirk, Standesamt Hietzing
Veterinäramtsabteilung für den 23. Bezirk,
  23, Liesing, Lehmanngasse 1,
  Kopf, Dr. Norbert, Oberveterinärrat . . . 30
  Gavaric, Dr. Miladin, Oberveterinärrat . . . 30
Vormerkstelle des Wohnungsamtes für den 23. Bezirk,
  23, Liesing, Lehmanngasse 1,
  Referenten . . . 48

KONTROLLAMT

Gruppe Gebarungskontrolle: 1, Rathausstraße 9, 2. Stiege, 3. und 4. Stock, Tür 413, Tel. 42 8 04
Gruppe Sicherheitskontrolle: 1, Rathausstraße 14, 4. Stock, Tel. 42 8 04

Gebarungskontrolle:
Prüfung der gesamten Gebarung der Gemeinde (mit Ausnahme der für die Gebarung maßgebenden Beschlüsse der zuständigen Kollegialorgane) und der von Organen der Gemeinde verwalteten, mit Rechtspersönlichkeit ausgestatteten Fonds und Stiftungen auf die ziffernmäßige Richtigkeit, Ordnungsmäßigkeit, Sparsamkeit, Wirtschaftlichkeit und Zweckmäßigkeit.
Prüfung der Gebarung von wirtschaftlichen Unternehmen, an denen die Gemeinde mehrheitlich beteiligt ist; ist ein solches wirtschaftliches Unternehmen an einem anderen Unternehmen mehrheitlich beteiligt, so erstreckt sich die Prüfung auch auf dieses andere Unternehmen.
Prüfung der Gebarung von Einrichtungen (wirtschaftliche Unternehmen, Vereine und dgl.), an denen die Gemeinde in anderer Weise als gemäß § 73 Abs. 2 der Verfassung der Bundeshauptstadt Wien beteiligt ist oder in deren Organen die Gemeinde vertreten ist sowie Prüfung der Gebarung von Einrichtungen, die Zuwendungen aus Gemeindemitteln erhalten oder für die die Gemeinde eine Haftung übernimmt, soweit sich die Gemeinde eine Kontrolle vorbehalten hat.
Prüfung der gesamten Haushalts- und Wirtschaftsführung der Gemeinde, der städtischen Unternehmungen und der übrigen angeführten Unternehmen und Einrichtungen in formeller und sachlicher Hinsicht, unter Bedachtnahme auf die Möglichkeit der Verminderung oder Vermeidung von Ausgaben bzw. der Erhöhung oder Schaffung von Einnahmen sowie überhaupt auf die Interessen der Stadt Wien, insbesondere:
Prüfung der Einnahmen und Ausgaben einschließlich der Vermögensgebarung;
Prüfung der buchmäßigen Aufzeichnungen;
Prüfung der Einhaltung des Voranschlages und der Wirtschaftspläne;
Prüfung der Jahresabschlüsse;
Prüfung der Kassenbestände;
Prüfung der Sachbestände;
Prüfung der Maßnahmen der einzelnen Dienststellen (Einrichtungen) zur Gewährleistung der Gebarungssicherheit und der damit im Zusammenhang stehenden Verwaltungssicherheit;
Organisations- und Wirtschaftlichkeitsprüfungen;
gutächtliche Mitwirkung bei Organisationsfragen oder Regelungen des Haushalts-, Rechnungs- und Kassenwesens.
Sicherheitskontrolle:
Prüfung der den Organen der Gemeinde obliegenden Vollziehung der sich auf die Sicherheit des Lebens oder der Gesundheit von Menschen beziehenden behördlichen Aufgaben (mit Ausnahme der für die Sicherheit maßgebenden Beschlüsse der zuständigen Kollegialorgane).
Prüfung, ob bei den von den Organen der Gemeinde verwalteten Einrichtungen und Anlagen, von denen eine Gefahr für die Sicherheit des Lebens oder der Gesundheit von Menschen ausgehen kann, ausreichende, angemessene und ordnungsgemäße Sicherheitsmaßnahmen getroffen wurden.

Delabro, Dr. Fritz, Kontrollamtsdirektor 2831
Süss, Dr. Gertrud, Obersenatsrat 2839
Bauer, Dr. Wilhelm, Senatsrat 2843
Dienes, Dr. Harald, Senatsrat 2821
Ehn, Dkfm. Mag. Adolf, Senatsrat 2864
Horner, Dipl.-Ing. Otto, Senatsrat 2866
Krauss, Dipl.-Vw. Dr. Alfons, Senatsrat 2842
Rieger, Dkfm. Mag. Alfred, Senatsrat 2825
Sailer, Dkfm. Dr. Matthias, Senatsrat 2845
Strasil, Dipl.-Ing. Gustav, Senatsrat 2838
Struger, Dipl.-Ing. Willibald, Senatsrat 2865
Trinbacher, Dipl.-Ing. Dr. techn. Edmund, Senatsrat 2849
Vogel, Dr. Martin, Senatsrat 2835
Groiss, Dipl.-Ing. Gottfried, Oberbaurat 2892
Prohaska, Ing. Dr. Ferdinand, Obermagistratsrat . . 2891
Schnierer, Dr. Walter, Obermagistratsrat 2093
Puller, Dipl.-Ing. Dr. Ludwig, Stadtbaurat 2810
Gloß, Dkfm. Dr. Franz, Magistratsrat 2836
Hauke, Dkfm. Dr. Eugen, Magistratsrat 2819
List, Mag. Dr. Alois, Magistratsrat 2863
Filz, Dkfm. Mag. Elisabeth, Magistratsoberkommissär 2851
Frosch, Dipl.-Ing. Eduard, Stadtbauoberkommissär 3893
Schreidl, Dipl.-Ing. Rudolf, Stadtbauoberkommissär 2876
Sonntagbauer, Dkfm. Dr. Hans, Magistratsoberkommissär 2848
Biwald, Dr. Rudolf, Magistratskommissär 3803

Baumhauer, Dipl.-Ing. Kurt 2813
Bleyer, Dkfm. Monika 2871
Heczko, Dipl.-Ing. Kurt 3891
Jahn, Dipl.-Ing. Hans 3892
Lödl, Mag. Manfred 2856
Löwy, Mag. Kurt 2826
Marold, Mag. Otto 2870
Steiner, Dkfm. Kurt 3820
Weinfurter, Mag. Monika 2851
Beschta Johann, Oberamtsrat 2820
Chylik Kurt, Oberamtsrat 2846
Denscher Kurt, Oberamtsrat 2811
Frey, Ing. Josef, Techn. Oberamtsrat 2828
Hauser Johann, Oberamtsrat 2861
Koch Otto, Oberamtsrat 2827
König Josef, Oberamtsrat 2848
Kopta, Ing. Anton, Techn. Oberamtsrat 2840
Kornek Josef, Oberamtsrat 2829
Krammer Gustav, Oberamtsrat 3113
Kratschmer, Ing. Kurt, Techn. Oberamtsrat 2852
Slovak Othmar, Oberamtsrat 2869
Speil Robert, Oberamtsrat 2822
Sturm Manfred, Oberamtsrat 2823
Sündermann Alfred, Oberamtsrat 2844
Süsz Franz, Oberamtsrat 2847
Taussig Walter, Oberamtsrat 2862
Wenzl, Ing. Walter, Techn. Oberamtsrat 2853
Winklmüller Alfred, Oberamtsrat 2850
Cozzarini, Ing. Aurel, Techn. Amtsrat 2857
Hild Eduard, Amtsrat 2862
Holak Viktor, Amtsrat 3827
Kratochvil Herbert, Amtsrat 2817
Enser, Ing. Johann, Baumeister 2854
Vichta, Ing. Walter, Baumeister 2858
Tampermeier Hilde, Kanzleikommissär, Kanzleileiter 2837
Kanzlei 2833

Gruppe „Gebarungskontrolle"

Süss, Dr. Gertrud, Obersenatsrat 2839
Abteilung I: Kontrolle der Magistratsdirektion und der MA 1 bis 10, 13, 50 (Wohnbauförderung), 51, 53, 61, 62, 63 (ohne rechtliche Angelegenheiten des Ernährungswesens und ohne Beteiligungen), 64, 66, 68, der magistratischen Bezirksämter, der Bezirksvertretungen, kulturell-wirtschaftlichen Beteiligungen der Stadt Wien,

der Stiftung „Genesungsheim" sowie der Wiener Landwirtschaftskammer
Vogel, Dr. Martin, Senatsrat 2835
Abteilung II: Kontrolle der MA 11, 12 (ohne Herbergen), 14, 15, 17 (ohne Zentralwäscherei), des Kuratoriums Wiener Pensionistenheime, des Kuratoriums Wiener Jugendheime und des Fonds zur Beratung und Betreuung von Zuwanderern nach Wien
Süss, Dr. Gertrud, Obersenatsrat 2839
Abteilung III: Kontrolle der MA 12 (Herbergen), 17 (Zentralwäscherei), 22, 30, 31, 35, 36, 37, 40, 42, 43, 44, 46, 48, 49, 50 (ohne Wohnbauförderung), 52, 54, 56, 58, 59, 60, 63 (rechtliche Angelegenheiten des Ernährungswesens), 69, 70
Krauss, Dipl.-Vw. Dr. Alfons, Senatsrat 2842
Abteilung IV: Kontrolle der städtischen Unternehmungen und wirtschaftlichen Beteiligungen, Anstalten mit eigenem Statut, Vereine sowie der MA 47 und 63 (Beteiligungen)
Sailer, Dkfm. Dr. Matthias, Senatsrat 2845

Gruppe „Sicherheitskontrolle"
Trinbacher, Dipl.-Ing. Dr. techn. Edmund, Senatsrat 2849
Abteilung V: Kontrolle der MA 18 bis 21, 23 bis 29, 32, 33, 34, 38, 39, 41, 45, Bauwirtschaftskontrolle für alle Geschäftsgruppen einschließlich der städtischen Unternehmungen und wirtschaftlichen Beteiligungen
Trinbacher, Dipl.-Ing. Dr. techn. Edmund, Senatsrat 2849
Abteilung VI: Kontrolle der Sicherheit städtischer Anlagen und Einrichtungen
Strasil, Dipl.-Ing. Gustav, Senatsrat 2838, 3824
Abteilung VII: Kontrolle behördlicher Sicherheitsangelegenheiten
Horner, Dipl.-Ing. Otto, Senatsrat 2866

KRANKENFÜRSORGEANSTALT DER BEDIENSTETEN DER STADT WIEN

8, Schlesingerplatz 5, Tel. 42 36 51*

Koling, Dr. jur. Walter, Direktor 20
Kukral Franz, Direktionssekretär, Regierungsrat . . 21
Kugel, Dr. Leopold, Obermedizinalrat, Chefarzt . . 60
Schiesbühl, Dr. phil. Lydia, Abteilungsleiter, Rechnungsprüfungsstelle 40
Schlüter Lothar, Abteilungsleiter, Personalbüro 25
Wedl Günther, Abteilungsleiter, Buchhaltung 34
Pomper Elisabeth, Abteilungsleiter, Einreichstelle 70
M. Nr. 1–7.000 71
M. Nr. 7.001–14.000 72
M. Nr. 14.001–21.000 73
M. Nr. 21.001–30.000 74
M. Nr. 30.001–37.000 75
M. Nr. 37.001–53.000 76
M. Nr. 53.001–61.000 77
M. Nr. 61.001–Schluß 78
Mitgliederevidenz 79
Hartl Wilhelm, Kassier 55
Referat für erweiterte Heilfürsorge 54
Diabetiker-Ambulanz, Elektrokardiogramm, Gesundenuntersuchung 64, 66
Laboratorium 65
Blutabnahme und Materialübergabe: Montag bis Freitag von 7.30 bis 9 Uhr
Wirtschaftsreferat 29
Sanatorium Hera, 9, Löblichgasse 14 . . . . . . 34 55 01
(Besuchszeiten täglich von 14 bis 16 Uhr und von 18 bis 19 Uhr)
Kugel, Dr. Leopold, Obermedizinalrat, Chefarzt
Nimmerrichter Walter, Verwalter
Fikis Sonja, Oberschwester
Facharzt für Augenheilkunde, 9, Lustkandlgasse 24
Sprechstunden: Montag bis Freitag von 13 bis 16.30 Uhr
Facharzt für Chirurgie, 9, Lustkandlgasse 24
Sprechstunden: Montag bis Freitag von 10.30 bis 12.30 Uhr, bei Unfällen jederzeit Löblichgasse 14
Facharzt für Gynäkologie und Geburtshilfe (Schwangerenberatung), 9, Lustkandlgasse 24
Sprechstunden: Montag bis Freitag von 8 bis 10 Uhr
Facharzt für Hals-, Nasen- und Ohrenkrankheiten, 9, Lustkandlgasse 24
Sprechstunden: Montag bis Donnerstag von 13 bis 16.30 Uhr, Freitag von 8 bis 11.30 Uhr
Facharzt für innere (Gefäß-) Erkrankungen, 9, Löblichgasse 16, rechte Stiege
Sprechstunden: Montag bis Freitag von 7.30 bis 12 Uhr und von 13 bis 14 Uhr
Facharzt für Neurologie, 9, Lustkandlgasse 24
Sprechstunden: Montag, Mittwoch und Donnerstag von 8.30 bis 11.30 Uhr, Dienstag und Freitag von 15 bis 16.30 Uhr
Facharzt für Orthopädie, 9, Lustkandlgasse 24
Sprechstunden: Montag, Mittwoch und Freitag von 8 bis 13 Uhr, Dienstag und Donnerstag von 11 bis 13 Uhr
Facharzt für Röntgenologie, 9, Löblichgasse 14
Schalterdienst und Anmeldung: Montag bis Freitag von 8 bis 15.30 Uhr
Facharzt für Urologie, 9, Lustkandlgasse 24
Sprechstunden: Montag bis Freitag von 8.30 bis 10.30 Uhr
Laboratorium im Sanatorium Hera, 9, Löblichgasse 16, rechte Stiege
Blutabnahme und Materialübergabe: Montag bis Freitag von 7.30 bis 9.30 Uhr
Mutterberatung, 9, Lustkandlgasse 24
Sprechstunden: Dienstag von 11 bis 12 Uhr, Donnerstag von 8.30 bis 9.30 Uhr
Rheumaberatungsstelle-Elektrophysikalisches Institut, 9, Löblichgasse 16, rechte Stiege
Behandlungen: Montag bis Freitag von 7 bis 16 Uhr. Ärztliche Untersuchung: Montag bis Freitag von 7.30 bis 15.30 Uhr
Rheumaberatungsstelle-Elektrophysikalisches Institut Simmering, 11, Enkplatz 2 . . . . . . 74 32 63
Behandlungen: Montag und Mittwoch von 7.30 bis 16 Uhr, Dienstag und Donnerstag von 7.30 bis 15 Uhr, Freitag von 7.30 bis 15.30 Uhr. Ärztliche Untersuchung: Montag bis Freitag von 8 bis 9.30 Uhr
Rheumaberatungsstelle-Elektrophysikalisches Institut Floridsdorf, 21, Am Spitz 1 . . . . . . 38 31 59

Behandlungen: Montag und Mittwoch von 7.30 bis 16 Uhr, Dienstag und Donnerstag von 7.30 bis 15 Uhr, Freitag von 7.30 bis 15.30 Uhr. Ärztliche Untersuchung: Montag bis Freitag von 10.30 bis 12 Uhr

Zahnambulatorium, 9, Säulengasse 23

Zahnambulatorium Simmering, 11, Enkplatz 2 . . . . 74 32 63

Zahnambulatorium Floridsdorf, 21, Am Spitz 1 . . . . 38 31 59

Ordinationszeiten aller Zahnambulatorien: Montag bis Freitag von 7.15 bis 18 Uhr. Samstag **nur** im Zahnambulatorium 9, Säulengasse 23, von 7.15 bis 12 Uhr

Station für Kieferregulierungen, 9, Lustkandlgasse 24
Sprechstunden: Montag, Mittwoch und Freitag von 12.45 bis 18 Uhr

GEWERKSCHAFT DER GEMEINDEBEDIENSTETEN ÖSTERREICHS

9, Maria Theresien-Straße 11, Tel. 34 36 00
Sekretariat der Hauptgruppe I, 1, Rathaus, 6. Stiege, Parterre, Tür 20, 42 8 04/2880, 2881, 2882, 2883

STADTSCHULRAT FÜR WIEN

Wenn keine andere Anschrift bzw. Telefonnummer angegeben:
1, Dr. Karl Renner-Ring 1, Tel. 758, 93 46 16

Präsident:
Gratz Leopold, Landeshauptmann von Wien

Amtsführender Präsident:
Schnell, Dr. phil. Hermann, Hofrat, Abgeordneter zum Nationalrat 213, 320

Vizepräsident:
Bittner, Mag. Markus, Direktor, Hofrat, Landtagsabgeordneter 331

Amt des Stadtschulrates für Wien:
Amtsdirektion:

Egghard, Dr. jur. Julius, Senatsrat, Stadtschulratsdirektor 238

Präsidialbüro: *Ullmann Friedrich,* Amtsdirektor, Regierungsrat 215

a) Sekretariat des amtsführenden Präsidenten:
Cermak Anna, Kanzleirat 213

b) Sekretariat des Vizepräsidenten:
Dösinger Edith 227

c) Sekretariat des Kollegiums:
Zivny Ernst, Oberamtsrat, Regierungsrat 259

d) Sekretariat des Präsidiums 253, 220

e) Referat für Presse und Information:
Andreas Kurt, Hauptschuldirektor 245

f) Haus- und Materialverwaltungsstelle:
Prinz Rudolf 229

g) Amtsdruckerei:
Traxler Gerhard 208

Buchhaltung: *Horvath Johann,* Amtsdirektor 277

Fachinspektorate:

Für Leibeserziehung:
Föhrmann Heinrich, Prof. 293
Wurz Hildegard, Prof. 204

Für Kunsterziehung:
Kühmayer Leo, Prof., Hofrat 288
Banner Gertrude, Prof. 288

Für Musikerziehung:
Knaus, Dr. phil. Herwig, Prof. 297
Kabrda Rudolf, Prof. 297

Referat für den pädagogisch-psychologischen Dienst:
Kraft, Dr. phil. Johann, w. Hofrat 222

Referat für Angelegenheiten der Elternvereine:
Andreas Kurt, Oberschulrat, Hauptschuldirektor 212

Verbindungsstelle zum Magistrat der Stadt Wien:
Reisinger Franz, Hauptschuldirektor, Oberschulrat 257

Abteilung I
Landesschulinspektoren:

Sretenovic, Dr. phil. Karl, Hofrat, Abteilungsleiter . 236
Boder, Dr. phil. Leopold 246

Fachinspektorate:

Für Mädchenhandarbeit:
Hansal Gertrud (Insp.-Bez. I, II, III, X, XI, XII, XIII, XV) 224
Enge Frieda (Insp.-Bez. IV, VI, VII, VIII, IX, XIV, XVI) 224

Fachberater:

Für Englisch:
Kafka, Dr. phil. Herta, Sprachoberlehrer 214

Für Knabenhandarbeit:
Tanzer Kurt, Hauptschuldirektor 214

Personalangelegenheiten:
Rabenseifer Ferdinand, Oberschulrat, Amtsdirektor 244

Lehr- und Lernmittel, Schullandwochen, Schülerschikurse, Schülerstatistik, Schülerunfälle:
Swoboda Friedrich 203

Schulbesuch, Externistenprüfungen, Zeugnisse und Schulbesuchsbestätigungen, Schülerschikurse:
Schimacek Leopold, Revident 249

Prüfungskommission für Volks-, Haupt- und Sonderschulen:
Hofstätter Heinrich, Amtsrat 93 22 31
Getzinger Friederike, Kanzleikommissär, Kanzleileiter 240

Beratungsstelle des pädagogisch-psychologischen Dienstes für die allgemeinbildenden Pflichtschulen:
8, Burggasse 14 . . . . .93 62 22, 93 63 26
Speierl, Dr. phil. Hertha, Prof.

Bezirksschulinspektoren:

1. Bezirk (I. Insp.-Bez.):
3, Karl Borromäus-Platz 3 . . . . 72 12 33
Lanzelsdorfer Friederike, Regierungsrat
2. Bezirk (II. Insp.-Bez.):
2, Karmelitergasse 9 . . . . 33 92 96
Pesl Otto
3. Bezirk (I. Insp.-Bez.):
3, Karl Borromäus-Platz 3 . . . . 72 12 33
Lanzelsdorfer Friederike, Regierungsrat

4., 5. Bezirk (VII. Insp.-Bez.):
5, Schönbrunner Straße 54 . . . . 55 81 10
Tloust Franz, Oberschulrat

6. Bezirk (VIII. Insp.-Bez.):
12, Schönbrunner Straße 259 . . . . 83 72 48
Leitgeb Walther
7. Bezirk (IV. Insp.-Bez.)
15, Gasgasse 8–10 . . . . 83 34 03
Eisinger Franz
8., 9. Bezirk (XI. Insp.-Bez.):
8, Schlesingerplatz 4 . . . . 42 81 72
Egger Traude, Prof.
10. Bezirk (VI. Insp.-Bez.):
10, Laxenburger Straße 43–47 . . . . 64 32 40
Prosl Alfred, Regierungsrat
11. Bezirk (III. Insp.-Bez.):
11, Enkplatz 2 . . . . 74 23 49
Fussek, Dr. Alexander
12. Bezirk (VIII. Insp.-Bez.):
12, Schönbrunner Straße 259 . . . . 83 72 48
Leitgeb Walther
13. Bezirk (XVI. Insp.-Bez.):
23, Liesing, Lehmanngasse 1 . . . . 86 93 63
Krenn Wilhelm
14. Bezirk (IX. Insp.-Bez.):
13, Hietzinger Kai 1–3 . . . . 82 15 73
Sommergruber, Dr. phil. Wilhelm
15. Bezirk (IV. Insp.-Bez.):
15, Gasgasse 8–10 . . . . 83 34 03
Eisinger Franz
16. Bezirk (X. Insp.-Bez.):
16, Richard Wagner-Platz 19 . . . . 92 42 23
Mathauser Hermann
17. Bezirk (XI. Insp.-Bez.):
8, Schlesingerplatz 4 . . . . 42 81 72
Egger Traude, Prof.
18., 19. Bezirk (XII. Insp.-Bez.):
18, Schopenhauerstraße 81 . . . . 34 72 53
Bannert Herbert
20. Bezirk (XIII. Insp.-Bez.):
20, Brigittaplatz 10 . . . . 33 82 93
Heindl Kurt
21. Bezirk (XIV. Insp.-Bez.):
21, Am Spitz 1 . . . . 38 16 50
Löppert Margarete
22. Bezirk (XV. Insp.-Bez.):
22, Kagran, Schrödingerplatz 1 . . . . 23 31 45
Navratil Frieda, Regierungsrat
23. Bezirk (XVI. Insp.-Bez.):
23, Liesing, Lehmanngasse 1 . . . . 86 93 63
Krenn Wilhelm
Sonderschulinspektorat:
15, Goldschlagstraße 14–16 . . . . 85 51 70
Waser Johann
Vorsitzender der Amtsgemeinschaft der Bezirksschulinspektoren:
Gratzenberger Franz, Regierungsrat 235

Abteilung II
Landesschulinspektoren:
Gerhold, Mag. Leopold, Hofrat, Abteilungsleiter . . 267
Guby Edwin 327
Hadamovsky, Dr. phil. Wilhelm, Hofrat 275
Janisch, Dr. phil. Ernestine, Hofrat 248
Hasenmayer, Dr. phil. Herbert, Hofrat 262
Nowotny, Dr. phil. Ernst, Hofrat 211
Maringer Otto 218
Personalreferenten:
Austeda, Dr. phil. Franz, Hofrat 270
Spitaler, Dr. phil. Hermann, Hofrat 272
Pädagogische Angelegenheiten:
Schneider, Dr. phil. Oskar, Oberrat 206
Gump, Mag. Hans-Peter, Prof. 269
Wieser, Dr. phil. Alfred, Oberrat 296
Sachaufwand der Schulen und allgemeine Gebäudeangelegenheiten:
Geiser Erich, Prof. 210
Schulärztliche Angelegenheiten:
Haslauer, Dr. Othmar, Ob. Med.-Rat 260
Weninger Hermine, Fachinspektor, Kanzleileiter . . 266
Beratungsstelle des Pädagogisch-psychologischen Dienstes für die allgemeinbildenden höheren Schulen:
19, Gymnasiumstraße 79 . . . . 34 25 61
Brandner, Dr. phil. Vikoria, Rat

Abteilung III
15, Hütteldorfer Straße 7–17, Tel. 92 21 78*

Landesschulinspektoren:
Mittlere und höhere kaufmännische Schulen, kaufmännische Berufsschulen:
Vogelsinger, Dr. Ernst, Hofrat,
Abteilungsleiter 92 21 78*, 7
Berufsbildende Pflichtschulen, berufsbildende mittlere und höhere Schulen:
Schön Horst 92 21 78*, 3
Fachschulen für wirtschaftliche Frauenberufe, Höhere Lehranstalt für wirtschaftliche Frauenberufe:
Schlösinger Eva, Hofrat 92 21 78*, 5
Höhere technische Bundeslehr- und Versuchsanstalten:
Just, Dipl.-Ing. Robert 92 21 78*, 02

Berufsschulinspektoren:
Inspektion I: 6, Mollardgasse 87 . . . . . 856*, 56 16 01*
Mayrhofer, Ing. Heinrich 211, 247
Inspektion II: 15, Hütteldorfer Straße 7–17 . . 92 21 78*
Charvat Leopold, Regierungsrat 09
Inspektion III: 6, Mollardgasse 87 . . . . 856*, 56 16 01*
Steiner, Ing. Josef, Prof. 217
Inspektion IV: 12, Längenfeldgasse 13–15 . . 83 16 44*
Jilg Franz, Oberschulrat 22
Inspektion V: 6, Mollardgasse 87 . . . . 856*, 56 16 01*
Reif, Ing. Kurt 240, 250

Fachinspektorate:
Für mittlere und höhere kaufmännische Lehranstalten,
15, Hütteldorfer Straße 7–17 . . . . 92 21 78*
Goldmann, Dr. phil. Heinrich, Prof. 01
Für höhere technische Lehranstalten,
15, Hütteldorfer Straße 7–17 . . . . 92 21 78*
Petricek, Dr. phil. Walter 04
Fachinspektion für den hauswirtschaftlichen Fachunterricht,
15, Hütteldorfer Straße 7–17 . . . . 92 21 78*
Fetzmann Eva, Studienrat 06
Personalreferenten:
Maurer Stefan 003
Petrik Josef, Prof. 04
Puchinger Günther, Oberstudienrat 05
Pädagogische Angelegenheiten:
Scheidl, Dr. phil. Ernst, Oberstudienrat 9
Schulstrafen und Privatschulreferat:
Schwarz Rudolf, Amtsrat 008
Schulgemeindereferat:
Pec, Ing. Adolf, Berufsschuloberlehrer 92 31 34
Statistik und Schulbesuchsbefreiungen:
Hildebrand Oswald, Schulrat, Berufsschuloberlehrer 07
Schulärztliche Angelegenheiten:
Haslauer, Dr. Othmar, Ob. Med.-Rat . . . 93 46 16/260

Kaiblinger Leopold, Fachinspektor, Kanzleileiter 009

Beratungsstelle des pädagogisch-psychologischen Dienstes für die berufsbildenden Pflichtschulen: 6, Mollardgasse 87 . . . . 856*, 56 16 01*

Schöler, Dr. med. Ilse, Prof. 281

für die berufsbildenden mittleren und höheren Schulen: 15, Hütteldorfer Straße 7–17 . . . . 92 21 78*

Winkler, Dr. phil. Herbert, Kommissär 06

Abteilung IV

Politzer, Dr. jur. Leopold, Senatsrat, Abteilungsleiter 221

Dezernat I:

Satzinger, Dr. jur. Elisabeth, Magistratskommissär . 219

Stejskal Fritz, Amtsoberrevident 232

Dezernat II:

Reiter, Dr. jur. Wolfgang, Magistratsoberkommissär 271

Dezernat III:

15, Hütteldorfer Straße 7–17 . . . . 92 21 78*

derzeit unbesetzt 005

Allgemeinbildende Pflichtschulen

I. Öffentliche Schulen:

(K = Knaben
M = Mädchen
VS = Volksschule
HS = Hauptschule
So = Sonderschule
PL = Polytechnischer Lehrgang)

1. Vorschulklassen

VS	1, Zedlitzgasse 9
VS	2, Czerninplatz 3
VS	2, Darwingasse 14
VS	2, Leopoldsgasse 3
VS	2, Vorgartenstraße 210
VS	2, Wolfgang Schmälzl-Gasse 13
VS	3, Dietrichgasse 36
VS	3, Erdbergstraße 76
VS	3, Eslarngasse 23
VS I	3, Kleistgasse 12
VS	3, Kolonitzgasse 15
VS	3, Petrusgasse 10
VS	3, Reisnerstraße 43
VS	3, Strohgasse 15
VS	4, Graf Starhemberg-Gasse 8
VS	5, Einsiedlergasse 7
VS	5, Gassergasse 46
VS	6, Sonnenuhrgasse 3
VS	6, Gumpendorfer Straße 129 (priv.)
VS	7, Zieglergasse 21
VS	8, Lange Gasse 36
VS	8, Zeltgasse 7
VS	9, Galileigasse 3
VS	9, Galileigasse 5
VS	9, Gilgegasse 12
VS II	10, Herzgasse 87
VS	10, Klausenburger Straße 25
VS	10, Knöllgasse 59
VS	10, Laimäckergasse 17
VS I	10, Per Albin Hansson-Siedlung Ost, Wendstattgasse 3
VS	10, Schrankenberggasse 32
VS	10, Selma Lagerlöf-Gasse 20
VS	11, Braunhubergasse 3
VS	11, Brehmstraße 9
VS I	11, Florian Hedorfer-Straße 20
VS	11, Hoefftgasse 7
VS I	11, Miltnerweg 14
VS	11, Münnichplatz 6
VS	12, Deckergasse 1
VS	12, Johann Hoffmann-Platz 20
VS	12, Ruckergasse 42
VS	13, Auhofstraße 49
	Expositur: VS 13, Amalienstraße
VS	14, Breitenseer Straße 31 (priv.)
VS	14, Diesterweggasse 30
VS	14, Felbigergasse 97
VS	14, Linzer Straße 419
VS	14, Zennerstraße 1
VS	15, Johnstraße 40
VS	15, Ortnergasse 4
VS	16, Herbststraße 86
VS	16, Landsteinergasse 4
VS	16, Liebhartsgasse 19–21
VS	16, Odoakergasse 48
VS	17, Halirschgasse 25
VS	17, Rötzergasse 2–4
VS I	17, Wichtelgasse 67
VS	18, Bischof Faber-Platz 1
VS	18, Köhlergasse 9
VS	18, Schuhmanngasse 17 (priv.)
VS	18, Schulgasse 57
VS	19, Celtesgasse 2
VS	19, Pantzergasse 25
VS	19, Mannagettagasse 1
VS II	20, Gerhardusgasse 7
VS I	20, Greiseneckergasse 29
VS	20, Leystraße 34
VS	20, Leystraße 36
VS	21, Brünner Straße 139
VS	21, Dr. Albert Geßmann-Gasse 32
VS	21, Großfeldstraße
VS	21, Herzmanovsky-Orlando-Gasse
VS	21, Pastorstraße
VS	21, Prießnitzgasse 1
VS	21, Schillgasse 31
VS	21, Theodor Körner-Gasse 25
VS I	21, Wassermanngasse

VS II 21, Wassermanngasse
VS 22, Aspern, Asperner Heldenplatz 3
VS 22. Aspern, Schrebergasse 39
VS 22, Hirschstetten, Konstanziagasse 24
VS I 22, Hirschstetten, Prinzgasse 3
VS II 22, Kagran, Georg Bilgeri-Straße 13
VS I 22, Kagran, Lieblgasse 4
VS II 22, Kagran, Lieblgasse 4
VS 22, Kagran, Meißnergasse 1
VS 22, Kaisermühlen, Schüttauplatz 18
VS 22, Stadlau, Hardeggasse 65 (priv.)
VS 22, Stadlau, Langobardenstraße 56
VS II 23, Atzgersdorf, Prückelmayrgasse 6
Expositur: 23, Atzgersdorf, Canavesegasse
VS 23, Erlaa, Erlaaer Straße 74
VS 23, Inzersdorf, Anton Baumgartner-Straße 119
VS 23, Rodaun, Fürst Liechtenstein-Straße 17
So für schwerhörige Kinder
4, Waltergasse 16
So für sprachgestörte Kinder
17, Kindermanngasse 1
Expositur: 10, Quellenstraße 52
Expositur: 21, Prießnitzgasse 1
Heilstättenschule
17, Kindermanngasse 1
So für körperbehinderte Kinder
17, Pezzlgasse 29
So für körperbehinderte Kinder
18, Währinger Straße 173–181

2. Volks- und Hauptschulen

VS 1, Börsegasse 5 . . . . 63 11 51
März Hertha, Oberschulrat
HS 1, Renngasse 20 . . . . 63 11 45
Schermann Roman
VS 1, Zedlitzgasse 9 . . . . 52 74 95
Heinisch Margarete
VS 2, Aspernallee 5 . . . . 74 23 53
(Ganztagsschule)
Rockenbauer Maria
HS 2, Blumauergasse 21 . . . . 24 73 80
Handl Maria
VS 2, Czerninplatz 3 . . . . 24 42 21
Klimosch Wilhelm, Oberschulrat
VS 2, Darwingasse 14 . . . . 24 13 94
Nagl Gertrud
HS 2, Feuerbachstraße 1 . . . . 26 53 58
Reysach Annemarie
HS 2, Feuerbachstraße 3 . . . . 24 02 15
Scholz Friedrich
Expositur: 2, Max Winter-Platz 1 . 24 40 663
VS 2, Holzhausergasse 7 . . . . 26 51 77
(Standschule)
Hauke Elfriede
VS 2, Kleine Sperlgasse 2a 26 61 83
Grömansperg Margareta
HS 2, Kleine Sperlgasse 2a 24 53 35
Ungersböck Johann
VS 2, Leopoldsgasse 3 . . . . 35 22 18
Ramharter Erika, Oberschulrat
VS 2, Novaragasse 30 . . . . 24 72 73
Gatterer Ludwig, Oberschulrat
HS 2, Obere Augartenstraße 38 . . . . . . 35 63 01
Zoubek Eduard
HS 2, Pazmanitengasse 26 . . . . 24 44 20
Schlegel Franz
VS 2, Schönngasse 2 . . . . 24 84 70
Strahammer Friedrich
VS 2, Vereinsgasse 29 . . . . 24 32 94
(Heimschulklassen)
Kadensky Margarete
VS 2, Vorgartenstraße 191 . . . . 26 12 25
(Heimschulklassen)
Brunner Elfriede
VS 2, Vorgartenstraße 210 . . . . 26 53 79
(5 Tage-Schule)
Gutjahr Charlotte
VS 2, Wehlistraße 178 . . . . 26 61 63
Schrems Liane
VS 2, Wittelsbachstraße 6 . . . . 73 46 62
Evanzin Elisabeth, Schulrat
HS 2, Wittelsbachstraße 6 . . . . 73 64 43
Schneider Wilhelm, Oberschulrat
VS 2, Wolfgang Schmälzl-Gasse 13 . . . . 24 83 26
Hofmann Robert
VS 3, Dietrichgasse 36 . . . . 72 28 262
Wiedermann Helga
HS 3, Dietrichgasse 36 . . . . 72 13 35
Brader Franz
VS 3, Erdbergstraße 76 . . . . 72 27 223
(Heimschulklassen)
Höllriegl Hermine
VS 3, Eslarngasse 23 . . . . 73 44 69
Wuchte Margaretha, Schulrat
HS 3, Hainburger Straße 40 . . . . 73 02 302
Philipp Edmund
HS 3, Hegergasse 20 . . . . 73 57 11
Weiß Theodor, Oberschulrat
HS I 3, Hörnesgasse 12 . . . . 73 60 295
Ruzicka, Dr. August
HS II 3, Hörnesgasse 12 . . . . 73 68 952
Schneditz Maria
VS I 3, Kleistgasse 12 . . . . 75 57 31
Sommerbauer Erika
VS II 3, Kleistgasse 12 . . . . 75 57 04
Nieder Hermine, Oberschulrat
HS 3, Kölblgasse 23 . . . . 73 26 16
Teuscher Herta
VS 3, Kolonitzgasse 15 . . . . 73 44 51
Beran Gertrud
VS 3, Löwengasse 12b 73 13 47
Österreicher Herbert
VS 3, Petrusgasse 10 . . . . 72 17 793
Krobot Isabella
VS 3, Reisnerstraße 43 . . . . 75 51 54
Schornböck Helga
VS 3, Strohgasse 15 . . . . 75 51 22
Prskawetz Elfriede
VS 4, Graf Starhemberg-Gasse 8 . . . . . . 65 74 37
Pollaschek Elisabeth
VS 4, Phorusgasse 10 . . . . 57 70 763
Konvicka Georg
VS 4, Schäffergasse 3 . . . . 57 62 16
Hauk Gertrude
HS 4, Schäffergasse 3 . . . . 57 62 42
Becker Elfriede, Schulrat
HS 4, Schaumburgergasse 7 . . . . 65 74 40
Strouhal Johann
VS 4, Sankt Elisabeth-Platz 8 . . . . 65 75 86
Richter Hellmut

VS	5, Einsiedlergasse 7 ... 55 57 10 *Jaklitsch Alois,* Oberschulrat	
HS	5, Embelgasse 46–48 ... 55 23 39 *Hödl Franz*	
HS	5, Gassergasse 44 ... 55 53 99 *Teufel Franz*	
VS	5, Gassergasse 46 ... 55 25 82 *Radisslovich Margarete*	
VS	5, Margaretenstraße 103 ... 55 75 54 (Standschule) *Jellinek Hermine*	
VS	5, Stolberggasse 53 ... 55 49 06 *Herzog Ernestine*	
HS	5, Viktor Christ-Gasse 24 ... 55 83 56 *Hany Walter*	
VS	6, Corneliusgasse 6 ... 57 01 23 *Pichler Maria*	
VS	6, Gumpendorfer Straße 4 ... 56 41 60 *Vones Mathilde*	
HS	6, Loquaiplatz 4 ... 57 62 98 *Bahr Alfred*	
VS	6, Mittelgasse 24 ... 57 67 21 dzt. unbesetzt	
VS	6, Sonnenuhrgasse 3 ... 57 33 33 *Mitteregger Auguste*	
HS	7, Neubaugasse 42 ... 96 15 94 *Mautner Erich*	
VS	7, Neustiftgasse 100 ... 96 19 77 *Malina Anna*	
HS	7, Neustiftgasse 100 ... 96 19 78 *Syrovy Margareta*	
VS	7, Stiftgasse 35 ... 96 19 76 *Kerschbaumer Maria*	
VS	7, Zieglergasse 21 ... 96 15 93 *Rausch Rosa* Expositur: 7, Zollergasse 41	
VS	8, Lange Gasse 36 ... 43 91 85 *Lampel Helga*	
VS	8, Pfeilgasse 42b ... 43 55 653 (Heimschulklassen) *Werfer, Dipl.-Ing. Helmut,* Oberschulrat	
HS	8, Pfeilgasse 42b ... 42 37 654 *Schindler Alois,* Schulrat	
VS	8, Zeltgasse 7 ... 42 88 80 *Bünzli Editha*	
VS	9, Galileigasse 3 ... 34 41 39 *Lebenich Eleonora*	
VS	9, Galileigasse 5 ... 34 74 35 *Sladek Katharina,* Oberschulrat	
VS	9, Gilgegasse 12 ... 42 54 33 *Seyffertitz Leopoldine*	
HS I	9, Glasergasse 8 ... 34 92 77 *Rauscher Leo*	
HS II	9, Glasergasse 8 ... 34 74 08 *Harnisch, Dr. Martha*	
VS	9, Grünentorgasse 9 ... 34 70 052 *Pfleger Helene*	
VS	9, Marktgasse 31 ... 31 52 05 (Standschule) *Edtstadtler Othmar*	
VS	9, Währinger Straße 43 ... 42 24 72 (Heimschulklassen) *Caffou Elfriede,* Oberschulrat	
VS	10, Alxingergasse 82 ... 64 01 44 *Saleta Viktor,* Oberschulrat	
VS I	10, Bernhardtstalgasse 19 ... 62 01 94 *Wutka Johann*	
VS II	10, Bernhardtstalgasse 19 ... 64 15 75 *Holzmann Kurt*	
VS	10, Carl Prohaska-Platz 1 ... 67 41 22 (Ganztagsschule) *Reisinger Gertrude*	
VS I	10, Georg Wilhelm Papst-Gasse 2 ... 64 00 945 *Leopold Karl,* Oberschulrat	
VS II	10, Georg Wilhelm Papst-Gasse 2 ... 62 65 205 *Knall Maria*	
HS	10, Georg Wilhelm Papst-Gasse 2a ... 64 12 96 *Altenhuber Karl*	
VS	10, Hebbelplatz 2 ... 64 17 87 *Freiberger Margarethe*	
HS I	10, Herzgasse 27 ... 64 32 34 (Integrierte Gesamtschule) *Schmetterer Georg,* Oberschulrat	
HS II	10, Herzgasse 27 ... 62 44 83 *Wolf Edgar*	
VS I	10, Herzgasse 87 ... 64 10 884 (Heimschulklassen) *Schüssler Walter*	
VS II	10, Herzgasse 87 ... 64 64 604 *Leibl Walter*	
HS	10, Josef Enslein-Platz 1–3 ... 67 71 01 *Gammer Alfred,* Schulrat	
HS	10, Kempelengasse 20 ... 64 42 36 *Schimek Othmar*	
VS	10, Keplergasse 11 ... 62 45 86 (Standschule) *Lutz Hermine*	
VS	10, Keplerplatz 7 ... 64 15 36 *Vanecek Maria*	
VS	10, Klausenburger Straße 25 ... 64 42 68 *Kaltner Alfred*	
VS	10, Knöllgasse 59 ... 64 01 29 *Patzl Alfred*	
HS	10, Knöllgasse 61 ... 64 01 24 dzt. unbesetzt	
VS	10, Laaer Berg-Straße 170 ... 68 14 243 *Körber Wilhelmine*	
VS	10, Laimäckergasse 17 ... 64 17 41 *Scharf Franz,* Oberschulrat	
HS I	10, Leibnizgasse 33 ... 64 35 11 *Duchon Otto,* Schulrat	
HS II	10, Leibnizgasse 33 ... 64 13 45 *Kickinger Karl*	
VS	10, Ober-Laaer Platz 1 ... 68 52 352 *Mrazek Stephanie*	
VS	10, Per Albin Hanson-Siedlung Ost, Ada Christen-Gasse 9 ... 68 31 26 *Endlicher Edmund*	
VS I	10, Per Albin Hansson-Siedlung Ost, Wendstattgasse 3 ... 68 16 60 *Kapp Gerta*	
VS II	10, Per Albin Hansson-Siedlung Ost, Wendstattgasse 3 ... 68 21 47 *Martinetz Johanna*	
HS	10, Per Albin Hansson-Siedlung Ost, Wendstattgasse 3 ... 68 15 61 (Standschule) *Schwerwacher Herta*	
HS I	10, Per Albin Hansson-Siedlung Ost, Wendstattgasse 5 ... 68 35 65 (Integrierte Gesamtschule) *Rottenberg Max*	
HS II	10, Per Albin Hansson-Siedlung Ost, Wendstattgasse 5 ... 68 35 64 (Sporthauptschule) *Hofmann Walter*	
VS	10, Quellenstraße 54 ... 64 24 44 *Schäffer Franz*	

VS 10, Schrankenberggasse 32 . . . . 64 14 65
Waglechner Gertraud

VS 10, Selma Lagerlöf-Gasse 20 . . . . . . 68 23 66
Hak Anny

VS 11, Braunhubergasse 3 . . . . 74 17 24
Meschnark Margarete

VS 11, Brehmstraße 9 . . . . 74 14 46
Teichmann Viktor, Oberschulrat

HS I 11, Enkplatz 4 . . . . .74 52 42
(Integrierte Gesamtschule)
Krones Elisabeth, Oberschulrat

HS II 11, Enkplatz 4 . . . . 74 17 71
Roller Walter

VS 11, Florian Hedorfer-Straße 20 . . . . .76 46 123 (74 79 723)
Hödl Helga

HS I 11, Florian Hedorfer-Straße 26 . . . . .76 46 102 (74 61 922)
Haupt Otto

HS II 11, Florian Hedorfer-Straße 26 . . . . 74 79 722
Latzelsberger Gertrude

HS 11, Hasenleitengasse 7 . . . . 76 51 73 (74 71 87)
(Ganztagsschule)
Gross Robert

VS 11, Herderplatz 1 . . . . 74 71 18
(Standschule)
Wimmer Charlotte

VS 11, Hoefftgasse 7 . . . . . . 76 17 47 (77 91 80)
Riedl Josefine

HS 11, Hoefftgasse 7 . . . . . . 76 17 07 (77 93 67)
Jirovec Alfred

VS 11, Kaiser-Ebersdorfer Straße 65 . . . . .76 46 103 (74 61 923)
Grohmann Rosa

VS I 11, Miltnerweg 14 . . . . 76 28 252
Proksch Herta

VS II 11, Miltnerweg 14 . . . . –
dzt. unbesetzt

VS 11, Molitorgasse 11 . . . . 74 17 07
Schwab Erwin, Oberschulrat

VS 11, Münnichplatz 6 . . . . 76 23 54
Peter Erna

HS 11, Pachmayergasse 6 . . . . 74 41 61
Kycelt Karl, Oberschulrat

HS 11, Rzehakgasse 7 . . . . 76 28 002
(Haeckelschule)
Hofmann Franz

VS 11, Rzehakgasse 9 . . . . 76 23 65
Mayerhofer Edith

VS 11, Simoningplatz 2 . . . . 74 23 97
Gagony Rudolf

VS 11, Wilhelm Kreß-Platz 32 . . . . 76 11 07
Starnberger Walthraute

VS 12, Bischoffgasse 10 . . . . 85 81 83
Schuller Karl

VS 12, Deckergasse 1 . . . . 83 48 124
Nowak Edeltrud

VS 12, Haebergasse 1a 85 81 55
Sykora Franz

HS 12, Hermann Broch-Gasse 2 85 81 56 (83 39 545)
Maresch Karl, Oberschulrat

HS 12, Herthergasse 28 . . . . 83 95 62
Lechner Hans

VS 12, Hetzendorfer Straße 138 . 84 35 98 (83 65 93)
Koblitz Elisabeth
Expositur: 12, Hermann Broch-Gasse 2

HS 12, Johann Hoffmann-Platz 19 . . . . . 83 22 66
(Standschule)
Finder Richard

VS 12, Johann Hoffmann-Platz 20 . . . . . 85 81 78
Mellich Maria

VS 12, Karl Löwe-Gasse 20 . . . . 85 14 07
Ofenböck Margarete

VS 12, Nymphengasse 7 . . . . 85 62 45
Alscher Franz, Oberschulrat

VS 12, Rothenburgstraße 1 . . . . 83 77 242
Redl, DDr. Erwin
Expositur: 12, Am Schöpfwerk

VS 12, Ruckergasse 42 . . . . 85 81 79
Switil Anton, Oberschulrat

HS 12, Ruckergasse 44 . . . . 85 51 87
Mrazek Walter

HS 12, Singrienergasse 23 . . . . 83 75 63
Jordan Herta

HS 12, Steinbauergasse 27 . . . . 83 75 80
Behringer, Dr. Gertrude, Oberschulrat

HS 13, Amalienstraße 31–33 . . . . 82 32 63
Heger Johann

VS 13, Am Platz 2 . . . . 82 73 68
(Standschule)
Werderitsch Emma
Expositur: 13, Wattmanngasse 75
(Elisabethallee)

VS 13, Auhofstraße 49 . . . . 85 97 11
Mlejnek Emil
Expositur: 13, Auhofstraße 78f . . 82 47 842

VS 13, Dr. Schober-Straße 1 84 10 984 (82 69 704)
Huber, Dr. Charlotte

VS I 13, Hietzinger Hauptstraße 166 . . . . . 85 97 17
Kröpl Franz, Oberschulrat

VS II 13, Hietzinger Hauptstraße 166 . . . . . 85 97 18
Österreicher Margarete

VS 13, Speisinger Straße 44 . . . . 82 30 685
Mauersperger Erna

VS 13, Steinlechnergasse 5–7 . . . . 85 97 11
Breuer, Dr. Josefa

HS 13, Veitingergasse 9 . . . . 82 12 30
(Otto Glöckel-Schule)
Anderle Johann

VS 14, Diesterweggasse 30 . . . . 85 99 70
(Standschule)
Dobiasovsky Gertrude

VS 14, Felbigergasse 97 . . . . 94 85 84
Hiltgartner Ludmilla

VS 14, Hauptstraße 70 . . . . 97 26 59
Sloboda Alois
Expositur: Wimmersdorf

HS 14, Hauptstraße 80 . . . . 97 25 77
Bedlan Franz
Expositur: Wimmersdorf

HS 14, Hochsatzengasse 22–24 . . . . 94 42 03
(Ganztagsschule)
Kleppich Wilhelm, Oberschulrat

VS 14, Karl Toldt-Weg 12 . . . . 94 86 65
Zotter Johanna

VS 14, Linzer Straße 232 . . . . 94 85 57
Seidl Ella

VS 14, Linzer Straße 419 . . . . 94 85 86
Storkan Ingeborg

VS 14, Lortzinggasse 2 . . . . 92 78 484
Fournes Ida

HS 14, Lortzinggasse 2 . . . . 92 32 79
Beigel Andreas

HS 14, Märzstraße 178 . . . . 92 28 344
Nemetz Josef, Oberschulrat

VS 14, Märzstraße 180 . . . . 92 69 725
Jedliczka Gertraud

VS 14, Mondweg 73–83 . . . . 94 49 942
Schuller Maria

HS	14, Spallartgasse 18 (Integrierte Gesamtschule) *Hülbig Alfred*	95 45 51
VS	14, Zennerstraße 1 *Kinmayer Brunhilde*	92 29 874
VS	15, Benedikt Schellinger-Gasse 1–3 *Brandtner Leopoldine*	92 34 03
HS	15, Friedrichsplatz 4 *Polzer Richarda,* Schulrat	83 92 10
VS	15, Friedrichsplatz 5 (Standschule) *Winter Maria*	85 14 76
VS	15, Friesgasse 10 *Maranitsch Hildegard,* Oberschulrat	85 61 81
VS	15, Goldschlagstraße 14–16 *Müller Anna*	92 46 09
VS	15, Johnstraße 40 *Zoubek Ida,* Oberschulrat	92 24 87
VS	15, Meiselstraße 19 *Penicka Franz,* Oberschulrat	95 47 53
VS	15, Ortnergasse 4 *Zehetner Gertrude*	83 71 63
HS	15, Schweglerstraße 2–4 *Annerl Werner*	92 61 49
HS	15, Sechshauser Straße 71 *Helmer Oswald*	85 75 93
HS	15, Selzergasse 25 *Huttarsch Leopold*	92 52 93
VS	16, Gaullachergasse 49 *Preissler Gertrude*	43 01 03
VS	16, Grubergasse 4 *Schuster Josef*	46 11 71
HS	16, Grundsteingasse 48 (Standschule) *Soukup Eleonore*	43 01 80
HS	16, Grundsteingasse 56 *Polak Johann,* Oberschulrat	43 99 86
VS	16, Herbststraße 86 *Bauer Martha*	95 51 77
HS	16, Herbststraße 86 *Rechberger Alexander*	92 14 30
VS	16, Julius Meinl-Gasse 1 *Schaffer Edith*	46 35 423
VS	16, Koppstraße 75 *Wacza Ernst,* Oberschulrat	92 14 53
HS	16, Koppstraße 75 *Anlanger Leopold*	95 51 75
VS	16, Landsteinergasse 4 *Strobl Eveline*	92 89 862
VS	16, Liebhartsgasse 19–21 *Bozdech Elfriede*	92 14 60
VS	16, Lorenz Mandl-Gasse 58 *Smerda Paul,* Oberschulrat	92 84 263
VS	16, Odoakergasse 48 (Tagesheimschule) *Preissler Hans,* Oberschulrat	46 35 422
HS	16, Roterdstraße 1 (Ganztagsschule) *Boußka Werner,* Schulrat	46 34 37
HS	16, Wiesberggasse 7 dzt. unbesetzt Expositur: 16, Landsteinergasse 4	95 72 32
HS	17, Arzbergergasse 2 *Vybiral Gottfried,* Schulrat	46 30 825
HS	17, Geblergasse 29–31 *Rassl Wilfried*	43 01 04
VS	17, Halirschgasse 25 *Heuer Katharina,* Schulrat	46 40 982
VS	17, Kindermanngasse 1 *Schuster Hedwig*	43 99 87
VS	17, Knollgasse 6 *Stiegler Helene*	46 19 843
HS	17, Redtenbachergasse 79 *Allerberger Hans*	46 19 653
VS	17, Rötzergasse 2–4 *Kozelauch Hermine,* Oberschulrat	43 01 00
VS I	17, Wichtelgasse 67 (Heimschulklassen) *Landt Rudolf*	46 23 45
VS II	17, Wichtelgasse 67 *Neugebauer Reinhilde*	45 15 56
HS	18, Alsegger Straße 45 *Stögermayer Erich,* Oberschulrat	47 13 44
VS	18, Bischof Faber-Platz 1 *Kasche Ilse*	47 62 24
VS	18, Cottagegasse 17 *Stöger Charlotte*	31 57 81
VS	18, Klettenhofergasse 3 (Heimschulklassen) *Elbert Hertha*	43 49 922
VS	18, Köhlergasse 9 *Pacak Melitta*	47 63 17
VS	18, Scheibenbergstraße 63 *Grösser Maria*	47 63 69
HS	18, Schopenhauerstraße 79 (Standschule) *Dober Robert*	47 61 18
VS	18, Schulgasse 57 *Laube Walter*	43 99 89
VS	19, Celtesgasse 2 *Eder Rudolf* Expositur: Altenberg	44 16 554
VS	19, Flotowgasse 25 *Fritsch Franz,* Oberschulrat Expositur: 19, In der Krim 6	32 34 66
VS	19, Grinzinger Straße 84–88 *Rötzer Hedwig*	37 11 49
HS	19, In der Krim 6 *Philpot, Dr. Maria*	36 56 41
VS	19, Kreindlgasse 24 *Radelmacher Maria*	36 32 03
VS	19, Krottenbachstraße 108 *Dirnbacher Hermine,* Oberschulrat	32 56 05
VS	19, Mannagettagasse 1 *Sojka Elisabeth*	32 23 57
VS	19, Oskar Spiel-Gasse 3 *Schindler Anna Maria*	37 25 02
HS	19, Oskar Spiel-Gasse 3 *Wosika Karl* Expositur: Altenberg	37 36 53
VS	19, Pantzergasse 25 *Nagy Margarete*	34 27 592
HS	19, Pyrkergasse 14–16 *Helmer Richard*	36 22 86
VS	19, Windhabergasse 2 *Prinz Robert*	32 23 10
VS	20, Allerheiligenplatz 7 *Prochazka Pauline*	33 71 84
VS I	20, Gerhardusgasse 7 *Herwei Waltraud*	33 40 443
VS II	20, Gerhardusgasse 7 (Standschule, Heimschulklassen) *Wohlleb Karl,* Oberschulrat	33 48 592
VS I	20, Greiseneckergasse 29 *Hubmann Liselotte*	33 22 26
VS II	20, Greiseneckergasse 29 *Bradel Berta,* Oberschulrat	33 79 515
HS	20, Greiseneckergasse 31 *Sulzbacher Irmgard*	35 53 54

HS 20, Leipziger Platz 1 . . . . 35 53 49
Schwab Karl, Oberschulrat

HS 20, Leipziger Platz 2 . . . . 33 40 582
Danek Franz

VS 20, Leystraße 34 . . . . 33 20 385
Spann Franz

VS 20, Leystraße 36 . . . . 33 10 492
(5 Tage-Schule)
Rotter Edeltraud, Oberschulrat

VS 20, Pöchlarnstraße 12 . . . . 33 31 52
Kühnl Johanna

HS 20, Pöchlarnstraße 14 . . . . 33 88 195
Suchy Walter

VS I 20, Spielmanngasse 1 . . . . 33 62 552
Schirmbrand Stefanie, Oberschulrat

VS II 20, Spielmanngasse 1 . . . . 33 71 51
(Ganztagsschule)
Mally Irene

VS 20, Staudingergasse 6 . . . . 35 63 49
Karl Theresia

HS 20, Staudingergasse 6 . . . . 33 33 12
Mörz Isabella

HS 20, Stromstraße 40 . . . . 33 51 42
Mückstein Herta, Schulrat

HS 20, Vorgartenstraße 42 . . . . 33 16 91
Hein Walter

HS 21, Aderklaaer Straße 2 . . . . 38 11 95
Tomann Erika

HS I 21, Adolf Loos-Gasse 2 . . . . 38 74 11
Mörwald Josef, Oberschulrat

HS II 21, Adolf Loos-Gasse 2 . . . . 38 82 492
Hartmann Selma

VS 21, Autokaderstraße 38 15 74
Loder Martha

VS 21, Berzeliusgasse 2 . . . . 39 35 62
(Standschule)
Kerschbaumer Leopold, Schulrat

VS 21, Brünner Straße 139 . . . . 39 28 274
(Heimschulklassen)
Mahel Otto

VS 21, Coulombgasse 9 . . . . 38 30 125
Theumer Maria

HS 21, Deublergasse 19 . . . . 38 13 78
Pischinger Franz

HS 21, Deublergasse 21 . . . . 38 10 455
Hirnschall Margareta

VS I 21, Dopschstraße 38 33 02
Bous Hildegard

VS II 21, Dopschstraße 38 62 82
(Ganztagsschule)
Zips Ernestine

VS 21, Dr. Albert Geßmann-Gasse 32 . . 39 22 412
Graf Edith

VS 21, Dr. Skala-Straße 43–45 . . . . . . 39 31 632
Bradl Margarete

HS 21, Dr. Skala-Straße 43–45 . . . . . . 39 31 633
Hulesch Adalbert, Oberschulrat

VS 21, Dunantgasse 2 . . . . 38 13 95
Hoche Herta

VS 21, Großfeldstraße 38 63 68
Pichler Gertrude

VS 21, Herzmanovsky-Orlando-Gasse . . 38 64 842
Greiner Gertrude

HS 21, Herzmanovsky-Orlando-Gasse . . . 38 73 69
Hamp Friedrich

VS 21, Irenäusgasse 2 . . . . 39 35 70
(Ganztagsschule)
Kutra Johann, Oberschulrat

VS 21, Jochbergengasse 15 . . . . 39 25 61
Fessel Haide

HS 21, Jochbergengasse 13 . . . . 39 35 75
(Standschule)
Trenner Johann

HS 21, Kinzerplatz 9 . . . . 30 11 80
Harrer, Dr. Karl, Oberschulrat

VS 21, Lavantgasse 35 . . . . 38 58 862
Klasna Friedrich

HS 21, Leopold Ferstl-Gasse 9 . . . . 38 13 63
Böck Franziska

HS 21, Mengergasse 33 . . . . 38 32 84
Spitaler Johanna

VS 21, Ostmarkgasse 30 . . . . 38 54 182
Sedlacek Maria

VS 21, Pastorstraße 29 . . . . 38 46 553
Hensler Franz, Oberschulrat

HS 21, Pastorstraße 29 . . . . 30 13 17
(Integrierte Gesamtschule)
Schamschula Gottfried

VS 21, Prießnitzgasse 1 . . . . 38 22 37
Kahl Nelly, Oberschulrat

HS 21, Reisgasse 1 . . . . 39 17 825
Lang Karl, Oberschulrat

HS 21, Roda-Roda-Gasse 5 . . . . 39 41 53
Pirringer Martin

VS 21, Schillgasse 31 . . . . 30 26 94
Holzinger Wilhelm

VS 21, Theodor Körner-Gasse 25 . . . . . 38 13 72
Hinkel Raimund

VS I 21, Wassermanngasse 12 . . . . 38 63 44
Kaufmann Josef

VS II 21, Wassermanngasse 12 . . . . 38 61 40
Keciklig Hildegard

VS 22, Aspern, Asperner Heldenplatz 3 . . . 22 14 99
Peyrer Elfriede

HS 22, Aspern, Oberdorfstraße 2 . . . . . 22 11 65
Kahlhammer Johann

VS 22, Aspern, Schrebergasse 39 . . . . . 22 52 12
(5 Tage-Schule)
Pfeifer Maria, Oberschulrat

VS 22, Breitenlee, Breitenleer Straße
Nr. 263 . . . . 22 10 902
Bräuer Hermann
Expositur: 22, Hirschstetten,
Plankenmaisstraße

VS 22, Eßling, Hauptstraße 97 . . . . . . 22 18 652
(5 Tage-Schule)
Dobianer Herta

VS 22, Hirschstetten, Konstanziagasse 24 . . 22 21 49
Müllbauer Edith

HS 22, Hirschstetten, Konstanziagasse 50 . . 22 13 87
Domes Alois

HS 22, Hirschstetten, Plankenmaisstraße 30 22 21 67
(Integrierte Gesamtschule)
Kalser Hans

VS I 22, Hirschstetten, Prinzgasse 3 . . . . . 22 52 96
Horak Helmut

VS II 22, Hirschstetten, Prinzgasse 3 . . . . . 22 63 16
Jully Hedwig

HS I 22, Hirschstetten, Prinzgasse 3 . . . . . 22 52 97
Bradel Hermann

HS II 22, Hirschstetten, Prinzgasse 3 . . . . . 22 14 43
Janovsky Franz

HS 22, Kagran, Afritschgasse 56 . . . . . 23 12 39
Schaffer Johann
Expositur: 22, Kagran, Wintzingerode-
straße 1–3 . . . . 23 73 81

HS 22, Kagran, Anton Sattler-Gasse 93 . . . 23 47 81
(Integrierte Gesamtschule mit Ganztagsbetrieb)
Frassl Ernest

VS I 22, Kagran, Georg Bilgeri-Straße 13 . . 23 83 11
Hajek Sonja
VS II 22, Kagran, Georg Bilgeri-Straße 13 . . 23 83 19
Hoch Elfriede
HS 22, Kagran, Georg Bilgeri-Straße 13 . . 23 83 12
Pejsa Franz
VS 22, Kagran, Klenaugasse 12 . . . . 23 36 74
Bedlan Edith
VS I 22, Kagran, Lieblgasse 4 . . . . 23 61 25
Lehrl Felicitas
VS II 22, Kagran, Lieblgasse 4 . . . . 23 61 94
Pühringer Maria
HS 22, Kagran, Lieblgasse 4 . . . . 23 63 51
Wallisch Franz
VS 22, Kagran, Meißnergasse 1 . . . . 23 21 31
(Standschule)
Strobl Günther, Oberschulrat
VS I 22, Kagran, Natorpgasse 1 . . . . 23 83 14
Ritschka Friederike
VS II 22, Kagran, Natorpgasse 1 . . . . 23 83 15
Höppel Johanna
Expositur: 22, Kagran, Afritschgasse 56
VS 22, Kaisermühlen, Schüttauplatz 18 . . . 23 53 30
Stangl Lucia
HS 22, Kaisermühlen, Schüttaustraße 42 . . 23 53 67
Hefner Alfred, Oberschulrat
VS 22, Leopoldau, Aderklaaer Straße 4 . . . 23 71 54
Jagenbrein Stefanie
VS 22, Stadlau, Langobardenstraße 56 . . . 22 63 13
Falgenhauer Margarete
VS 23, Atzgersdorf, Kirchenplatz 2–3 . . . . 86 41 33
(Standschule)
Pöltner Maria, Oberschulrat
VS I 23, Atzgersdorf, Prückelmayrgasse 6 . . 88 31 13
Dangl Margaretha, Oberschulrat
Expositur: 23, Atzgersdorf, Canavesegasse
VS II 23, Atzgersdorf, Prückelmayrgasse 6 . 88 16 815
Dobrovolny Rosa
Expositur: 23, Atzgersdorf, Canavesegasse

HS 23, Atzgersdorf, Steinergasse 25 . . . . . 86 22 33
(Integrierte Gesamtschule)
Mantler Leopold
VS 23, Erlaa, Erlaaer Straße 74 . . . . 67 25 78
Slama Charlotte
VS 23, Erlaa, Wohnpark Alt-Erlaa 67 77 34
(Ganztagsschule)
Millian Hedwig
VS 23, Inzersdorf, Anton Baumgartner-Straße 119 . . . . 67 16 64
Bodenstein Horst
HS 23, Inzersdorf, Anton Baumgartner-Straße 119 . . . . 67 62 51
(Integrierte Gesamtschule)
Garn Herbert
VS 23, Inzersdorf, Draschestraße 96 . . . . 64 51 93
Dostal Olga
HS 23, Liesing, Dirmhirngasse 29 . . . . . . 86 92 44
(Integrierte Gesamtschule)
Kirchmayer Oskar
VS 23, Liesing, Pülslgasse 28 . . . . 86 09 244
Langhammer Johann
VS I 23, Mauer, Bendagasse 1–2 . . . . . . 88 23 162
Ritter Friedlinde
VS II 23, Mauer, Bendagasse 1–2 . . . . . . 88 40 665
Letofsky Herbert
HS 23, Mauer, Bendagasse 1–2 . . . . . . 88 23 163
Mandl Johann
Expositur: 23, Inzersdorf, Draschestraße 96 . . . . 67 77 60
VS 23, Rodaun, Fürst Liechtenstein-Straße 17 . . . . 88 44 712
Stary Elfriede
VS 23, Siebenhirten, Baslergasse 43 . . . . 67 28 672
Hamberger Ewald
BRG 23, Mauer, Anton Krieger-Gasse 25 . . . 88 52 52
Breiner, Prof. Dr.
Schulversuch
Integrierte Gesamtschule 88 54 792

3. Sonderschulen

2, Wittelsbachstraße 5 . . . . 24 92 67
(Bundes-Blindenerziehungsinstitut)
Benesch, Dr. Friedrich
13, Speisinger Straße 105 . . . . 82 22 76
(Bundes-Taubstummeninstitut)
Willer Alfred
Expositur: 13, Amalienstraße 31–33
Expositur: 13, Veitingergasse 9
Expositur: Kaltenleutgeben

Sonderschulen für schwerstbehinderte Kinder

2, Schwarzingergasse 4 . . . . 33 93 27
(Tagesheimschule)
Schellander Johanna
3, Paulusgasse 9–11 . . . . 72 22 55
(Tagesheimschule)
Zmatlik Othmar
14, Kienmayergasse 41 . . . . 92 62 72
(Tagesheimschule)
Pietsch Elfriede
Expositur: 14, Meiselstraße 47

Allgemeine Sonderschulen

2, Holzhausergasse 5 . . . . 26 51 24
Rihs Herbert
2, Wolfgang Schmälzl-Gasse 15 . . . . 24 13 70
(Tagesheimschule)
Brandstetter Leopold

3, Paulusplatz 4 . . . . 72 68 90
Magerl Wilhelmine
3, Petrusgasse 10 . . . . 75 19 054
Schwarzmann Franz
5, Diehlgasse 2 . . . . 55 27 82
(Standschule)
Hellmich Bertha, Oberschulrat
Expositur: 5, Embelgasse 46–48
6, Spalowskygasse 5 . . . . 57 91 76
Fürnsinn Bertram
10, Quellenstraße 52 . . . . 62 11 48
Gaugl Karl, Oberschulrat
Expositur: 10, Schrankenberggasse 32
10, Sonnleithnergasse 32 . . . . 62 11 49
Fellner Viktor
Expositur: 10, Alxingergasse 82
11, Florian Hedorfer-Straße 22 76 33 36 (74 53 55)
Zimmel Othmar
11, Herderplatz 1a 74 51 34
Miklos Ludwig
12, Rosasgasse 8 . . . . 83 42 73
Enenkel Kurt
Expositur: 12, Bischoffgasse 10
Expositur: 12, Deckergasse
Expositur: 12, Karl Löwe-Gasse 20
14, Meiselstraße 47 . . . . 92 36 54
Weitschacher Werner
Expositur: 13, Veitingergasse 9

15, Kröllgasse 20 . . . . 92 32 33
Mayr Heinrich
Expositur: 15, Johnstraße 40
16, Lorenz Mandl-Gasse 56 . . . . . . 92 84 303
Hammetter Maria
16, Schinnaglgasse 3–5 . . . . 92 11 62
(Standschule)
dzt. unbesetzt
17, Kastnergasse 29 . . . . 45 23 52
Powischer Martha
18, Anastasius Grün-Gasse 10 . . . . . . 34 52 92
Lorenz Gertrud
Expositur: 19, Pantzergasse 25 . . 31 29 062
20, Treustraße 9 . . . . 33 25 87
(Standschule)
Krämer Fritz, Oberschulrat
Expositur: 20, Raffaelgasse 13
20, Vorgartenstraße 95–97 . . . . 33 22 46
Missbichler Wilhelm
Expositur: 20, Leystraße 34
Expositur: 20, Pöchlarnstraße 12
21, Adolf Loos-Gasse 2 . . . . 38 74 36
Willner Wilhelm
Expositur: 21, Wassermanngasse 12
21, Coulombgasse 9 . . . . 30 33 43
Schneider Bertraud, Oberschulrat
Expositur: 21, Wenhartgasse 34
21, Franklinstraße 27–33 . . . . 30 31 68
Neurath Johann
Expositur: 21, Prießnitzgasse 1
22, Kagran, Lorenz Kellner-Gasse 15 . . 23 43 11
Kaspar Leonhard
Expositur: 22, Kagran, Afritschgasse 56
22, Stadlau, Steinbrechergasse 6 . . . . . 23 63 92
(Standschule)
Hercik Johann
Expositur: 22, Kaisermühlen, Schüttauplatz 18
23, Atzgersdorf, Canavesegasse 24 . . . 86 35 94
Bieler Robert
Biedermannsdorf, Ortsstraße
Nr. 56 . . . . 0 22 36/83 07 03
(Heimschule)
Werni Anna
Klosterneuburg, Martinstraße
Nr. 58 . . . . 902/22 25, 0 22 43/22 25
(Heimschule)
Wilfert Helly

Sonderschulen für körperbehinderte Kinder

VS 17, Pezzlgasse 29 . . . . 42 23 43
So (Tagesheimschule)
Kantner Karl
VS 18, Währinger Straße 173–181 . . . . . 47 11 76
So (Tagesheimschule)
Kantner Erika, Oberschulrat
HS 18, Währinger Straße 173–181 . . . . . 47 12 84
Graf Erwin, Oberschulrat
VS 23, Mauer, Kanitzgasse 8 . . . . 88 11 47*
So (Heimschule)
Danzinger Franz, Oberschulrat

Heilstättenschule

VS 17, Kindermanngasse 1 . . . . 42 72 77
(Heimschule)
Mehofer Josef
Expositur: 3, Baumgasse 5 (Mautner-Markhof'sches Kinderspital)
Expositur: 9, Kinderspitalgasse 6 (St.-Anna-Kinderspital)
Expositur: 9, Lazarettgasse 14 (I. und II. Klinik für Hals-, Nasen- und Ohrenkrankheiten, II. Chirurgische Universitätsklinik)
Expositur: 9, Lustkandlgasse 50 (Kinderübernahmsstelle)
Expositur: 9, Spitalgasse 2 (Orthopädische Universitätsklinik, I. und II. Chirurgische Universitätsklinik, Urologische Universitätsklinik, Universitäts-Hautklinik)
Expositur: 9, Währinger Gürtel 74–76 (Neuropsychiatrische Klinik, Universitäts-Kinderklinik)
Expositur: 10, Schrankenberggasse 31 (Gottfried von Preyer'sches Kinderspital)
Expositur: 13, Riedlgasse 5 (Neurologisches Krankenhaus Rosenhügel)
Expositur: 13, Speisinger Straße 109 (Orthopädisches Spital)
Expositur: 14, Baumgartner Höhe 1 (Psychiatrisches Krankenhaus, Pavillon 15)
Expositur: 14, Sanatoriumstraße 2 (Pulmologisches Zentrum)
Expositur: 16, Montleartstraße 37 (Wilhelminenspital)
Expositur: 19, Glanzinggasse 37 (Kinderklinik Glanzing)

Sondererziehungsschulen

VS 13, Hackinger Kai 15 . . . . 82 25 98
HS (Heimschule)
So *Lux Robert*
VS 9, Galileigasse 3 . . . . 34 21 70
HS (Heimschule)
So *Schindl Walter*
Expositur: 3, Rochusgasse 8
Expositur: 20, Wehlistraße 178
Expositur: Eggenburg (Heim für Kinder und Jugendliche „Lindenhof")
VS 19, Hohe Warte 3–5 . . . . 36 28 375
HS (Heimschule)
Prakisch Erich

Sonderschule für schwerhörige Kinder

VS 4, Waltergasse 16 . . . . 65 75 42
HS (Tagesheimschule)
Beer Rudolf

Sonderschule für sehbehinderte Kinder

VS 15, Zinckgasse 12–14 . . . . 92 51 91
HS *Zigo, Dr. Edeltraud*

Sonderschule für sprachgestörte Kinder

VS 17, Kindermanngasse 1 . . . . 42 03 28
Aschenbrenner Johann (Sprechstunde: Donnerstag von 10 bis 12 Uhr)

a) Sprachheilklassen

10, Quellenstraße 54 . . . . 64 24 44
17, Kindermanngasse 1 . . . . 42 03 28
21, Prießnitzgasse 1 . . . . 38 13 28

b) Sprachheilkurse

1, Zedlitzgasse 9 . . . . 52 74 95
(Montag von 8 bis 13 Uhr, Donnerstag von 8 bis 12 Uhr)
2, Czerninplatz 3 . . . . 26 42 21
(Montag von 10 bis 13 Uhr, Donnerstag von 9 bis 12 Uhr)
2, Vorgartenstraße 191 . . . . 26 12 25
(Montag und Samstag von 8 bis 12 Uhr, Begehstunde: Donnerstag von 8 bis 9 Uhr)

2, Wittelsbachstraße 6 . . . . 73 46 62
(Dienstag von 8 bis 12 Uhr, Freitag von 8 bis 11 Uhr)

3, Dietrichgasse 36 . . . . 72 28 262
(Mittwoch und Samstag von 8 bis 11 Uhr, Begehstunde: Dienstag von 8 bis 9 Uhr)

3, Erdbergstraße 76 . . . . 72 27 223
(Montag von 8 bis 10 Uhr, Donnerstag von 8 bis 12 Uhr)

3, Kolonitzgasse 15 . . . . 73 44 51
(Dienstag von 9 bis 12 Uhr, Freitag von 8 bis 12 Uhr)

4, Sankt Elisabeth-Platz 8 . . . . 65 75 86
(Mittwoch von 9 bis 13 Uhr, Samstag von 9 bis 12 Uhr, Begehstunde: Samstag von 8 bis 9 Uhr)

5, Stolberggasse 53 . . . . 55 49 06
(Montag von 9 bis 13 Uhr, Freitag von 10 bis 13 Uhr)

6, Gumpendorfer Straße 4 . . . . 56 41 60
(Mittwoch und Samstag von 8 bis 11 Uhr)

7, Neustiftgasse 100 . . . . 96 19 77
(Montag von 8 bis 12 Uhr, Donnerstag von 9 bis 12 Uhr, Begehstunde: Donnerstag von 8 bis 9 Uhr)

8, Pfeilgasse 42b 43 55 653
(Dienstag und Freitag von 8 bis 12 Uhr)

9, Galileigasse 3–5 . . . . 34 41 39
(Montag und Donnerstag von 8 bis 12 Uhr)

9, Grünentorgasse 9 . . . . 34 70 052
(Dienstag von 9 bis 12 Uhr, Freitag von 8 bis 12 Uhr)

9, Marktgasse 31 . . . . 31 52 05
(Mittwoch von 10 bis 13 Uhr, Samstag von 8 bis 11 Uhr, Begehstunde: Dienstag von 8 bis 9 Uhr)

9, Währinger Straße 43 . . . . 42 24 72
(Mittwoch von 9 bis 13 Uhr, Samstag von 8 bis 11 Uhr, Begehstunde: Mittwoch von 8 bis 9 Uhr)

10, Georg Wilhelm Pabst-Gasse 2 . . . 64 00 945
(Dienstag von 8 bis 12 Uhr, Freitag von 8 bis 11 Uhr)

10, Klausenburgerstraße 25 . . . . 64 42 68
(Dienstag von 9 bis 13 Uhr, Donnerstag von 9 bis 12 Uhr)

10, Laimäckergasse 17 . . . . 64 17 41
(Montag von 9 bis 13 Uhr, Donnerstag von 8 bis 12 Uhr)

10, Ober-Laaer Platz 1 . . . . 68 55 73
(Mittwoch von 8 bis 12 Uhr, Samstag von 8 bis 11 Uhr, Begehstunde: Montag von 8 bis 9 Uhr)

10, Per Albin Hansson-Siedlung Ost, Wendstattgasse 5 . . . . 68 16 60
(Dienstag und Freitag von 8 bis 12 Uhr)

11, Braunhubergasse 3 . . . . 74 41 66
(Montag von 9 bis 13 Uhr, Donnerstag von 8 bis 12 Uhr)

11, Florian Hedorfer-Straße 20 . . . . 76 46 123 (74 79 723)
(Montag von 9 bis 13 Uhr, Donnerstag von 8 bis 11 Uhr)

11, Herderplatz 1 . . . . 74 71 18
(Dienstag von 9 bis 12 Uhr, Freitag von 8 bis 11 Uhr)

11, Münnichplatz 6 . . . . 76 23 54
(Dienstag und Freitag von 8 bis 12 Uhr)

11, Simoningplatz 2 . . . . 74 23 97
(Mittwoch von 8 bis 12 Uhr, Samstag von 8 bis 11 Uhr, Begehstunde: Montag von 8 bis 9 Uhr)

11, Wilhelm Kreß-Platz 32 . . . . 76 11 07
(Mittwoch und Samstag von 8 bis 11 Uhr, Begehstunde: Mittwoch von 11 bis 12 Uhr)

12, Bischoffgasse 10 . . . . 85 81 83
(Mittwoch von 8 bis 12 Uhr, Samstag von 9 bis 12 Uhr, Begehstunde: Samstag von 8 bis 9 Uhr)

12, Hetzendorfer Straße 138 . . . . . . 83 40 423
(Dienstag von 9 bis 12 Uhr, Freitag von 8 bis 12 Uhr, Begehstunde: Dienstag von 8 bis 9 Uhr)

12, Rothenburgstraße 1 . . . . 83 77 242
(Montag und Donnerstag von 8 bis 12 Uhr)

13, Hietzinger Hauptstraße 166 . . . . . 85 97 17
(Mittwoch und Samstag von 8 bis 12 Uhr)

14, Linzer Straße 419 . . . . 94 85 86
(Donnerstag von 8 bis 12 Uhr, Samstag von 8 bis 11 Uhr, Begehstunde: Mittwoch von 8 bis 9 Uhr)

14, Märzstraße 180 . . . . 92 69 725
(Montag von 10 bis 13 Uhr, Mittwoch von 9 bis 13 Uhr)

14, Mondweg 73 . . . . 94 49 942
(Dienstag von 10 bis 13 Uhr, Freitag von 8 bis 12 Uhr)

15, Goldschlagstraße 14 . . . . 92 46 09
(Montag von 10 bis 13 Uhr, Donnerstag von 8 bis 12 Uhr)

15, Ortnergasse 4 . . . . 83 71 63
(Mittwoch von 8 bis 11 Uhr, Samstag von 8 bis 12 Uhr, Begehstunde: Mittwoch von 11 bis 12 Uhr)

16, Gaullachergasse 49 . . . . 43 01 03
(Mittwoch und Samstag von 8 bis 12 Uhr, Begehstunde: Freitag von 11 bis 12 Uhr)

16, Julius Meinl-Gasse 1 . . . . 46 35 423
(Dienstag von 8 bis 12 Uhr, Freitag von 8 bis 11 Uhr)

16, Lorenz Mandl-Gasse 58 . . . . . . 92 48 263
(Montag von 8 bis 11 Uhr, Donnerstag von 9 bis 12 Uhr)

17, Kindermanngasse 1 . . . . 42 03 28
(Donnerstag von 8 bis 12 Uhr, Samstag von 8 bis 11 Uhr)

17, Wichtelgasse 67 . . . . 45 15 56
(Donnerstag von 8 bis 13 Uhr, Samstag von 8 bis 12 Uhr)

18, Bischof Faber-Platz 1 . . . . 47 62 24
(Dienstag von 10 bis 13 Uhr, Freitag von 8 bis 11 Uhr, Begehstunde: Freitag von 11 bis 12 Uhr)

18, Köhlergasse 9 . . . . 47 63 17
(Montag und Donnerstag von 10 bis 13 Uhr)

19, Grinzinger Straße 84 . . . . 37 11 49
(Montag von 10 bis 13 Uhr, Donnerstag von 8 bis 11 Uhr)

19, Krottenbachstraße 108 . . . . 32 56 05
(Dienstag und Freitag von 10 bis 13 Uhr)

19, Pantzergasse 25 . . . . 34 27 592
(Mittwoch und Samstag von 8 bis 11 Uhr, Begehstunde: Donnerstag von 11 bis 12 Uhr)

19, Windhabergasse 2 . . . . 32 23 10
(Dienstag und Freitag von 8 bis 10 Uhr)

20, Gerhardusgasse 7 . . . . 33 40 443
(Montag und Donnerstag von 8 bis 12 Uhr)

20, Spielmanngasse 1/II 33 71 51
(Montag von 8 bis 12 Uhr, Donnerstag von 9 bis 12 Uhr, Begehstunde: Donnerstag von 8 bis 9 Uhr)

20, Staudingergasse 6 . . . . 35 63 49
(Mittwoch von 9 bis 12 Uhr, Samstag von 8 bis 11 Uhr, Begehstunde: Mittwoch von 8 bis 9 Uhr)

21, Berzeliusgasse 2 . . . . 39 35 62
(Montag und Donnerstag von 9 bis 12 Uhr)
21, Brünner Straße 139 . . . . 39 28 274
(Montag und Donnerstag von 8 bis 9 Uhr)
21, Großfeldstraße 38 63 68
(Dienstag von 8 bis 11 Uhr, Freitag von 8 bis 12 Uhr)
21, Prießnitzgasse 1 . . . . 38 22 37
(Mittwoch von 8 bis 12 Uhr, Samstag von 8 bis 11 Uhr, Begehstunde: Freitag von 8 bis 9 Uhr)
21, Schillgasse 31 . . . . 30 26 94
(Dienstag von 9 bis 13 Uhr, Freitag von 9 bis 12 Uhr)
21, Theodor Körner-Gasse 25 . . . . . . 38 13 72
(Mittwoch von 8 bis 12 Uhr, Samstag von 8 bis 11 Uhr)
21, Wassermanngasse 12/1 . . . . 38 63 44
(Dienstag von 9 bis 12 Uhr, Freitag von 10 bis 13 Uhr)
22, Aspern, Schrebergasse 39 . . . . . . 22 52 12
(Montag und Donnerstag von 8 bis 12 Uhr)
22, Hirschstetten, Prinzgasse 3/II 22 63 16
(Dienstag und Freitag von 8 bis 12 Uhr)
22, Kagran, Klenaugasse 12 . . . . 23 36 74
(Montag von 10 bis 13 Uhr, Donnerstag von 8 bis 10 Uhr)
22, Kagran, Lieblgasse 4/II 23 61 94
(Dienstag von 8 bis 11 Uhr, Freitag von 9 bis 12 Uhr)
22, Kagran, Natorpgasse 1/II 23 83 15
(Mittwoch von 9 bis 12 Uhr, Samstag von 8 bis 11 Uhr, Begehstunde: Mittwoch von 8 bis 9 Uhr)
22, Kaisermühlen, Schüttauplatz 18 . . . 23 53 30
(Mittwoch von 8 bis 12 Uhr, Samstag von 8 bis 11 Uhr, Begehstunde: Freitag von 8 bis 9 Uhr)
23, Atzgersdorf, Kirchenplatz 2/3 . . . . 86 41 33
(Montag und Donnerstag von 8 bis 12 Uhr)
23, Erlaa, Wohnpark Alt-Erlaa 67 77 34
(Mittwoch von 8 bis 12 Uhr, Freitag von 9 bis 12 Uhr, Begehstunde: Freitag von 8 bis 9 Uhr)
23, Inzersdorf, Draschestraße 96 . . . . 67 51 93
(Montag und Donnerstag von 8 bis 12 Uhr)
23, Mauer, Bendagasse 1–2/I 88 23 162
(Montag und Samstag von 8 bis 11 Uhr, Donnerstag von 8 bis 12 Uhr)
23, Rodaun, Fürst Liechtenstein-Straße 17 . . . . 88 44 713
(Dienstag von 8 bis 13 Uhr, Samstag von 8 bis 11 Uhr)

c) Sprachheilkurse an Sonderschulen

2, Holzhausergasse 5 . . . . 26 51 24
(Samstag von 8 bis 10 Uhr)
3, Paulusplatz 4 . . . . 72 68 90
(Montag von 10 bis 12 Uhr)
3, Petrusgasse 10 . . . . 75 19 054
(Mittwoch von 11 bis 13 Uhr)
5, Diehlgasse 2 . . . . 55 27 82
(Freitag von 8 bis 10 Uhr)
6, Spalowskygasse 5 . . . . 57 91 76
(Mittwoch von 11 bis 13 Uhr)
10, Quellenstraße 52 . . . . 62 11 48
(Montag von 8 bis 9 Uhr, Dienstag von 9 bis 10 Uhr)
10, Sonnleithnergasse 32 . . . . 62 11 49
(Dienstag von 11 bis 12 Uhr, Donnerstag von 8 bis 9 Uhr)
11, Florian Hedorfer-Straße 20 . . . . 76 33 36 (74 53 55)
(Montag von 8 bis 9 Uhr, Donnerstag von 11 bis 12 Uhr)
11, Herderplatz 1a 74 51 34
(Dienstag von 8 bis 9 Uhr, Freitag von 11 bis 12 Uhr)
14, Meiselstraße 47 . . . . 92 36 54
(Dienstag von 8 bis 10 Uhr)
15, Kröllgasse 20 . . . . 92 32 33
(Montag von 8 bis 10 Uhr)
16, Lorenz Mandl-Gasse 56 . . . . . . 92 48 303
(Montag von 11 bis 12 Uhr, Donnerstag von 8 bis 9 Uhr)
17, Kastnergasse 29 . . . . 45 23 52
(Mittwoch von 8 bis 10 Uhr)
18, Anastasius Grün-Gasse 10 . . . . . . 34 52 92
(Dienstag von 8 bis 10 Uhr)
20, Treustraße 9 . . . . 33 25 87
(Montag von 8 bis 10 Uhr)
20, Vorgartenstraße 95 . . . . 33 22 46
(Montag von 8 bis 10 Uhr)
21, Adolf Loos-Gasse 2 . . . . 38 74 36
(Dienstag von 8 bis 9 Uhr, Freitag von 9 bis 10 Uhr)
21, Coulombgasse 9 . . . . 30 33 43
(Dienstag und Freitag von 8 bis 9 Uhr)
21, Franklinstraße 27–33 . . . . 30 31 68
(Dienstag von 11 bis 13 Uhr)
22, Kagran, Lorenz Kellner-Gasse 15 . . 23 43 11
(Montag von 8 bis 10 Uhr, Donnerstag von 10 bis 12 Uhr)
22, Stadlau, Steinbrechergasse 6 . . . . . 23 63 92
(Dienstag von 11 bis 13 Uhr)
2, Schwarzingergasse 4 . . . . 33 93 27
(Sonderschule für schwerstbehinderte Kinder)
(Mittwoch von 8 bis 12 Uhr und von 13 bis 15 Uhr, Freitag von 8 bis 12 Uhr)
2, Wittelsbachstraße 5 . . . . 24 45 67
(Bundes-Blindenerziehungsinstitut)
(Freitag von 13.30 bis 18 Uhr)
3, Paulusgasse 7 . . . . 72 22 55
(Sonderschule für schwerstbehinderte Kinder)
(Dienstag von 8 bis 13 Uhr und von 13.55 bis 16 Uhr, Freitag von 13.55 bis 16 Uhr)
4, Waltergasse 16 . . . . 65 75 42
(Sonderschule für schwerhörige Kinder)
(Montag von 14 bis 16 Uhr, Dienstag und Freitag von 8.30 bis 12.30 Uhr, Mittwoch von 14 bis 18 Uhr)
13, Riedelgasse 5 . . . . 88 25 15*
(Heilstättenschule Neurologisches Krankenhaus Rosenhügel)
(Montag von 14.20 bis 16 Uhr)
14, Baumgartner Höhe 1 . . . . 94 31 51*
(Heilstättenschule Psychiatrisches Krankenhaus Baumgartner Höhe)
(Montag von 8 bis 10 Uhr)
17, Pezzlgasse 29 . . . . 42 23 43
(Volksschule für körperbehinderte Kinder)
(Montag, Mittwoch und Freitag von 8 bis 12 Uhr)
18, Währinger Straße 173–181 . . . . . 47 11 76
(Volksschule für körperbehinderte Kinder)
(Montag, Dienstag, Donnerstag und Freitag von 8 bis 12 Uhr)
19, Hohe Warte 3–5 . . . . 36 28 375
(Volksschule für verhaltensgestörte Kinder)
(Montag und Donnerstag von 13.25 bis 15.05 Uhr)
23, Mauer, Kanitzgasse 8 . . . . 88 11 47*
(Volksschule für körperbehinderte Kinder)
(Dienstag und Freitag von 8 bis 12.30 Uhr, Mittwoch von 8 bis 13 Uhr)

4. Polytechnische Lehrgänge

a) Selbständige Polytechnische Lehrgänge

2, Max Winter-Platz 2 . . . . 24 74 41
Fuchs Herbert, Oberschulrat

3, Hainburger Straße 40 . . . . 73 46 34
(Integrierte Gesamtschule)
Löschner Josef
Expositur: 3, Hörnesgasse 12/I
Expositur: 3, Hörnesgasse 12/II

10, Erlachgasse 91 . . . . 62 15 17
Pinter Herbert
Expositur: 10, Josef Enslein-Platz 1–3 67 76 84

10, Pernerstorfergasse 30 . . . . 62 44 76
Arnberger Ernst
Expositur: 10, Kempelengasse 20 . . 64 31 36

12, Fockygasse 20 . . . . 85 71 28
Ecker Johann

12, Malfattigasse 17 . . . . 85 71 27
(Integrierte Gesamtschule)
Ziegler Christine
Expositur: 23, Erlaa, Wohnpark Alt-Erlaa

15, Benedikt Schellinger-Gasse 1–3 . . . 92 36 25
Trojanek Johann

18, Schopenhauerstraße 81 . . . . 47 61 10
Angerer Friedrich
Expositur: 17, Redtenbachergasse 29 . . . . 46 78 692

20, Vorgartenstraße 95–97 . . . . 33 25 13
(Integrierte Gesamtschule)
Prüller Othmar
Expositur: 21, Autokaderstraße
Expositur: 21, Roda-Roda-Gasse 5. 39 24 433

22, Kagran, Wintzingerodestraße 1–3 . . 23 73 82
Pachler Albert
Expositur: 22, Kagran, Schüttaustraße 42 . . . . 23 71 80

b) Polytechnische Lehrgänge an Sonderschulen

2, Wolfgang Schmälzl-Gasse 15 . . . . 24 13 70
(Allgemeine Sonderschule)

5, Diehlgasse 2 . . . . 55 27 82
(Allgemeine Sonderschule)

10, Quellenstraße 52 . . . . 62 11 48
(Allgemeine Sonderschule)

12, Rosasgasse 8 . . . . 83 42 73
(Allgemeine Sonderschule)

15, Kröllgasse 20 . . . . 92 32 33
(Allgemeine Sonderschule)

16, Schinnaglgasse 3–5 . . . . 92 11 62
(Allgemeine Sonderschule)

17, Kastnergasse 29 . . . . 45 23 52
(Allgemeine Sonderschule)

20, Treustraße 9 . . . . 33 25 87
(Allgemeine Sonderschule)

21, Coulombgasse 9 . . . . 30 33 43
(Allgemeine Sonderschule)

2, Wittelsbachstraße 5 . . . . 24 92 67
(Bundes-Blindenerziehungsinstitut)

II. Privatschulen

1. Volks- und Hauptschulen

VS 1, Judenplatz 6 . . . . 63 95 84
Simmer Norbert
Expositur: 10, Quellenstraße 87 . . . 64 01 33

VS 2, Malzgasse 16 . . . . 33 91 27
HS *Haschberger Hubert*

VS 2, Obere Augartenstraße 34 . . . . . . 33 32 02
MHS *Schreiber Anna*

MVS 3, Erdbergstraße 70 . . . . 73 53 31
MHS *Fraberger Klementine*

VS 3, Rennweg 31 . . . . 72 62 46
Szakonyi Andrea

VS 3, Sebastianplatz 3 . . . . 75 37 133
HS *Hansal Maria*

VS 4, Karlsplatz 14 . . . . 65 27 53
HS *Heiss Heide*

HS 4, Karlsplatz 14 . . . . 65 96 34
Eichinger Hans

KVS 4, Ziegelofengasse 2 . . . . 56 25 193
Hoffmann Otto

VS 6, Gumpendorfer Straße 129 . . . . . . 57 14 46
Mayer Herwig

MVS 6, Liniengasse 21 . . . . 57 24 46
MHS *Wicke Sophie*

VS 7, Burggasse 37 . . . . 93 03 93
Reimitz Margarete

MVS 7, Kenyongasse 4–8 . . . . 93 41 53
MHS *Schmid Theresia*

KVS 8, Piaristengasse 43 . . . . 43 22 60
Thaler P. Hartmann

VS 10, Alxingergasse 8 . . . . 64 37 45
Washietl Elisabeth
MHS *Steiner Theresia*

KVS 10, Ludwig von Höhnel-Gasse 17–19 . . 68 11 95
Bertel Ilga

MV 13, Schloßberggasse 17 . . . . 82 36 91
HS *Neubauer Aloisia*
Löschl Margarete

VS 14, Breitenseer Straße 31 . . . . 92 13 43
Mick Hildegard

VS 15, Friesgasse 4–8 . . . . 83 21 76
MHS *Vodermayer Adele*

KVS 15, Gebrüder Lang-Gasse 6 . . . . 83 16 92
KHS *Reitinger Hubert*

VS 18, Antonigasse 72 . . . . 46 24 66
MHS *Perlinger Margarete*

MVS 18, Lacknergasse 89 . . . . 47 21 80
MHS *Blochberger Ernestine*

KVS 18, Scheidlstraße 2 . . . . 47 23 54
Kerschbaummayr, Dr. Franz

KVS 18, Schopenhauerstraße 44 . . . . 43 11 73
KHS *Virag Andreas*

VS 18, Schumanngasse 17 . . . . 42 65 48
Gerstner Herta

18, Semperstraße 45 . . . . 34 56 94
KVS *Schwamberger, Dr. Michael*
KHS *Ginner Franz*

VS 19, Alfred Wegener-Gasse 10 . . . . . . 32 21 07
Masen Wilhelmine

MHS 19, Alfred Wegener-Gasse 10 . . . . . . 32 21 07
Dohnalek Sonja

MVS 19, Döblinger Hauptstraße 83 . . . . . . 36 42 69
Lis Margaretha Maria

KVS 21, Anton Böck-Gasse 20 . . . . 39 25 16
KHS *Schönberger Anton*

VS 22, Kaisermühlen, Schödlbergergasse 20 23 53 99
Heumel Hildegard

VS 22, Stadlau, Hardeggasse 65 . . . . 22 14 93
Peischl Margarete
VS 23, Atzgersdorf, Endresstraße 100 . . . 88 12 75
Zimmermann Eleonore
MVS 23, Mauer, Franz Asenbauer-Gasse 51 . 88 21 25
MHS *Fussek Ingeborg*
VS 23, Rodaun, Willergasse 55 . . . . 88 41 43
MHS *Maschl Martha*
Jarosch Hertha

2. Sonderschule

19, Am Himmel-Gspöttgraben 32 31 16
(Allgemeine Sonderschule, Heimschule)
Pant Anneliese
19, Stefan Esders-Platz 1 . . . . 32 31 89
(Allgemeine Sonderschule, Heimschule)
Schatz Malvine

III. Schulen mit ausländischem Lehrplan

VS 9, Liechtensteinstraße 37a 34 22 41
HS (Französisches Lyceum)
VS 19, Grinzinger Straße 95 . . . . 37 12 17
HS (English Language School)
VS 19, Salmannsdorfer Straße 45–47 . . . . 44 27 63
HS (American International School)

Bildungsanstalten für Arbeitslehrerinnen und Kindergärtnerinnen, Institut für Heimerziehung, Bundesanstalt für Leibeserziehung

I. Öffentliche Schulen

17, Kalvarienberggasse 28 . . . . 43 67 26
(Bundes-Bildungsanstalt für Arbeitslehrerinnen)
Kunz Frieda, Regierungsrat

10, Ettenreichgasse 45c 62 91 92*, 294
(Bundes-Bildungsanstalt für Kindergärtnerinnen)
Zeman, Dr. Herta, Regierungsrat

II. Privatschulen

7, Kenyongasse 4–8 . . . . 93 41 53
(Bildungsanstalt für Arbeitslehrerinnen „Mater Salvatoris“ der Kongregation der Töchter des göttlichen Heilandes)
Brandl, Mag. Christine
7, Kenyongasse 4–8 . . . . 93 41 53
(Bildungsanstalt für Kindergärtnerinnen „Mater Salvatoris“ der Kongregation der Töchter des göttlichen Heilandes)
Brandl, Mag. Christine
19, Döblinger Hauptstraße 83 . . . . . . 36 42 69
(Bildungsanstalt für Kindergärtnerinnen „Maria Regina“ der Schwestern vom armen Kinde Jesus)
Staniek, Mag. Elisabeth
21, Patrizigasse 2 . . . . 30 13 28
(Bildungsanstalt für Kindergärtnerinnen)
Korntheuer Gertrude, Oberschulrat
21, Freytaggasse 32 . . . . 38 71 660
(Institut für Heimerziehung der Stadt Wien)
Petak, Dr. Irmgard
15, Possingergasse 2 . . . . 92 26 61*, 55
(Bundesanstalt für Leibeserziehung)
Nowak, Mag. Franz

Übungsschulen der Pädagogischen Akademien

VS 10, Ettenreichgasse 45c 62 91 92*, 276
(Übungsschule der Pädagogischen Akademie des Bundes)
Dostal Karl, Prof., Abteilungsvorstand
HS 10, Hebbelplatz 1 . . . . 64 31 18
(Übungsschule der Pädagogischen Akademie des Bundes)
Svolba Erich, Prof., Abteilungsvorstand

21, Mayerweckstraße 1 . . . . 39 25 92
(Übungsschule der Pädagogischen Akademie der Erzdiözese Wien)
VS *Freund, Mag. Josef,* Abteilungsvorstand
HS *Kaufmann Erwin, Prof.,* Abteilungsvorstand

a) Öffentliche Berufsschulen

Bäcker und Konditoren, Fleischer
Bäcker, Bonbon- und Konfektmacher, Brauer und Mälzer, Destillateur, Getreidemüller, Konditor (Zuckerbäkker), Lebzelter und Wachszieher, Molker und Käser, Obst- und Gemüsekonservierer
6, Mollardgasse 87 . . . . 56 16 01*, 224
Wollrab Karl, Schulrat
Expositur: 3, Viehmarktgasse 3 . . . . 72 58 74
Fleischer, Tierpfleger

Baugewerbe
Bautechnischer Zeichner, Betonbauer, Betonwarenerzeuger, Brunnenmacher, Dachdecker, Hafner, Kunststeinerzeuger, Maurer, Pflasterer, Platten- und Fliesenleger, Rauchfangkehrer, Steinholzleger und Spezialestrichhersteller, Steinmetz, Stukkateur, Terrazzomacher, Wärme-, Kälte- und Schallisolierer
22, Kagran, Wagramer Straße 65 . . . . 23 21 11
Eigner Karl

Bekleidungs- und Textilgewerbe
Damenkleidermacher, Dessinateur für Stoffdruck, Fotogravurzeichner, Gold-, Silber- und Perlensticker, Großmaschinensticker, Handschuhmacher, Herrenkleidermacher, Hutmacher, Kappenmacher, Kürschner, Lederbekleidungserzeuger, Maschinsticker, Miedererzeuger, Modisten, Orthopädieschuhmacher, Posamentierer, Präparator, Rauhwarenzurichter, Schuhmacher, Strickereizeichner, Stoffdrucker, Strickwarenerzeuger, Textilmusterzeichner, Wäschenäher, Wäschewarenerzeuger, Wirkwarenerzeuger
12, Längenfeldgasse 13–15 . . . . 83 16 44*, 25
Gratzenberger Rosa, Oberschulrat

Bürokaufleute
Bürokaufleute, ausgenommen Lehrlinge der Hoheitsverwaltungen
15, Kauergasse 3 . . . . 83 25 63
Schwarzinger Franz

Büro- und Industriekaufleute
Industriekaufmann, Bürokaufmann, Bürokaufleute der Gemeinde Wien, der Bundesforste und der Bundestheater, Industriekaufleute der Wiener Verkehrsbetriebe, der E- und Gaswerke und der Städtischen Bestattung
5, Castelligasse 9 . . . . 55 61 57
Ulzer Otto

Chemische-, leder- und papierverarbeitende Berufe und Tapezierer
Buchbinder, Bürsten- und Pinselmacher, Chemielaborant, Chemiewerker, Chemischputzer, Etui-Kassettenerzeuger, Fahrzeugtapezierer (Fahrzeugsattler), Kartonagewarenerzeuger, Ledergalanteriewarenerzeuger und Taschner, Leder- und Lederwarenfärber, Papiermacher, Polsterer, Rotgerber, Sattler und Riemer, Schädlingsbekämpfer, Tapezierer und Bettwarenerzeuger, Textilveredler, Weiß- und Sämischgerber
15, Hütteldorfer Straße 7–17 . . . . . . 92 26 91*, 29
Stecher Ottokar

Einzelhandel I
Einzelhandelskaufmann (Elektro- und Radiowaren, Fische, Juwelen, Lebens- und Genußmittel, Milch, Obst und Gemüse, Süßwaren, Tabak, Uhren)
5, Viktor Christ-Gasse 10 . . . . 55 63 99
Lichal Walter

Einzelhandel II
Einzelhandelskaufmann (Textilien und Pelze)
15, Hütteldorfer Straße 7–17 . . . . . . 92 26 91*, 34
Guttenbrunner Maximilian, Oberschulrat

Einzelhandel III
Buchhändler, Musikalienhändler, Drogist, Einzelhandelskaufmann (Chemikalien, Farb-, Papier- und Parfümeriewaren, ärztlicher, zahnärztlicher und Laborbedarf, Zeitungen und Zeitschriften), Fotokaufmann, Großhandelskaufmann (Foto- und Drogenhandel), lehrgangsmäßig: Reisebüroassistent
15, Hütteldorfer Straße 7–17 . . . . . . 92 26 91*, 36
Gieler Robert, Oberschulrat

Einzelhandel IV
Einzelhandelskaufmann (Bijouteriewaren, Büro- und Nähmaschinen, Eisen- und Metallwaren, Fahrräder, Glas, Gummiwaren, Haus- und Küchengeräte, Holz, Keramik, Kohlen, Kraftfahrzeuge, Lederwaren, Maschinen, Möbel, Tierpflegeartikel, Plastik- und Porzellanwaren, Schuhe, Sport-, Spiel- und Korbwaren, Zauber- und Scherzartikel), Waffen- und Munitionshändler
15, Goldschlagstraße 113 . . . . 92 45 40
Brabenetz Ing. Karl, Schulrat

Einzelhandel und Spediteure
Einzelhandelskaufmann, Heimtextilien (Teppiche, Bodenbeläge, Vorhänge), Kindermoden, Kaufhäuser in Konzernen
12, Längenfeldgasse 13–15 . . . . 83 16 44*, 27
Eberhard Günter

Elektromechanik
Elektromechaniker und -maschinenbauer, Elektromechaniker für Schwachstrom, Elektromechaniker für Starkstrom
6, Mollardgasse 87 . . . . 56 16 01*, 241
Hroschek, Dipl.-Ing. Franz, Regierungsrat

Elektrotechnik I
Betriebselektriker, Starkstrommonteur, Elektroinstallateur
6, Mollardgasse 87 . . . . 56 16 01*, 239
Horner Reinhard

Elektrotechnik II
Betriebselektriker, Starkstrommonteur, Elektroinstallateur
6, Mollardgasse 87 . . . . 56 16 01*, 231
Hoffmann, Ing. Rudolf

Fertigungstechnik
Bootbauer, Büchsenmacher, Dreher, Formenbauer, Former und Gießer, Fräser, Galvaniseur, Gelbgießer, Metall- und Eisengießer, Metallschleifer und Galvaniseur, Modellschlosser, Präzisionsschleifer, Waffenmechaniker, Werkzeugmacher, lehrgangsmäßig: Kunststoffverarbeiter
6, Mollardgasse 87 . . . . 56 16 01*, 228
Watzke, Ing. Kurt, Oberschulrat

Friseure I
Friseur und Perückenmacher
14, Goldschlagstraße 137 . . . . 92 44 24
Grigar Franz

Friseure II
Friseur und Perückenmacher, Fußpfleger, Schönheitspfleger (Kosmetiker), Masseur
14, Goldschlagstraße 137 . . . . 92 44 90
Zottl Otto, Oberschulrat

Gärtner und Floristen
Friedhofs- und Ziergärtner, Landschaftsgärtner (Garten- und Grünflächengestalter), Blumenbinder und -händler (Floristen)
22, Kagran, Siebeckstraße 14 . . . . 23 21 14
Milzauschek, Ing. Robert, Oberschulrat

Gastgewerbe
Hotel- und Gastgewerbeassistent, Kellner, Koch
12, Längenfeldgasse 13–15 . . . . 83 16 44*, 71
Riedl Ludwig

Goldschmiede, Uhrmacher und verwandte Berufe
Diamantschleifer, Edelsteinschleifer, Emailleur, Gold-, Silber- und Metallschläger, Gold- und Silberschmied und Juwelier, Graveur, Gürtler, Metalldrücker, Uhrmacher, Zinngießer, Ziseleur
6, Sonnenuhrgasse 5 . . . . 57 67 97
Pichler Johann

Grafische Gewerbe
Drucker, Druckformenhersteller, Flachdrucker, Fotograf, Fotolaborant, Hochdrucker, Kartolithograf, Kupferdrucker, Lithograf (Fototonätzer), Notenstecher, Reproduktionsfotograf, Schriftgießer und Stereotypeur, Setzer, Siebdrucker, Stempelerzeuger und Flexograf, Stereotypeur und Galvanoplastiker, Tiefdruckformenhersteller
15, Hütteldorfer Straße 7–17 . . . . . . 92 26 91*, 32
Reissberger Karl, Prof.

Großhandel I
Großhandelskaufmann (Baustoffe, Bijouteriewaren, Felle, Gummiwaren, Häute, Holz, Kohle, Kunststoffe, Lederwaren, Linolwaren, Möbel, Öfen, Öle, Papier-, Kurz-, Spiel-, Sport- und Galanteriewaren, Pelze, Plastikwaren, Textilien, Waren aller Art), Großhandel mit Bau- und Brennstoffen, Erdöl, Holzwaren, Bijouterie, Galanteriewaren, Spiel- und Sportwaren, Gummi, Leder, Plastik, Fellen, Textilien, Pelzen, Seilerwaren, Papier und Papierwaren, Büroartikeln und Möbeln, Verlagsanstalten mit Musikalien, Zeitschriften, technischen Artikeln, Waren aller Art, Lehrlinge in Banken
15, Kauergasse 5 . . . . 83 91 24
Schneider Herta

Großhandel II
Großhandelskaufmann (Chemikalien, Eisenwaren, Elektrowaren, Haus- und Küchengeräte, Kraftfahrzeuge, Maschinen, Metalle, Nahrungs- und Genußmittel, Rundfunkgeräte, technische Artikel, Werkzeuge, Uhren), Großhandel mit Chemikalien, Parfüms, Drogen, Farben, Fotoartikeln, Eisenwaren, sanitären Einrichtungen, Ärztebedarf, Waffen, Elektrogeräten, Radios, Haus- und Küchengeräten, Uhren, Juwelen, optischen Artikeln, Fahrzeugen, Maschinen und Werkzeugen, Nahrungs- und Genußmitteln, Samen und Futtermitteln
16, Kreitnergasse 32 . . . . 92 33 66
Kubik Irene, Oberschulrat

Holzbearbeitung und Musikinstrumentenerzeugung
Binder, Korb- und Möbelflechter, Modelltischler (Formentischler), Säger, Segelflugzeugbauer, Skierzeuger, Tischler, Wagner, Zimmerer, lehrgangsmäßig: Blechblasinstrumentenerzeuger, Drechsler, Harmonikamacher, Harmoniumerzeuger und Erzeuger von ähnlichen Musikinstrumenten, Holzblasinstrumentenerzeuger, Klaviermacher, Orgelbauer, Streich- und Saiteninstrumentenerzeuger
15, Hütteldorfer Straße 7–17 . . . . . . 92 26 91*, 24
Meidl Robert

Industriekaufleute
Industriekaufmann, Maschinen, Stahlindustrie, metallverarbeitende Industrie, Bergbau, Elektroindustrie, Gummi- und Kunststoffindustrie, chemische Industrie, Holzindustrie, Papierindustrie, Nahrungs- und Genußmittelindustrie, Leder- und lederverarbeitende Industrie, optische und feinmechanische Geräte, keramische, Glas- und Baustoffindustrie, Fahrzeugindustrie
16, Panikengasse 31 . . . . 92 43 85
Bobik Alfred, Oberschulrat

Kraftfahrzeugtechnik I
Kraftfahrzeugelektriker, Landmaschinenmechaniker, Luftfahrzeugmechaniker, Vulkaniseur
6, Mollardgasse 87 . . . . 56 16 01*, 283
Klampfer, Ing. Alfred

Kraftfahrzeugtechnik II
Kraftfahrzeugelektriker, Kraftfahrzeugmechaniker
6, Mollardgasse 87 . . . . 56 16 01*, 220
Klima, Ing. Viktor

Maler und Kunstgewerbe
Figurenkeramformer, Geschirrkeramformer, Glasmaler, Keramiker, Kerammaler, Kerammodellabgießer, Lakkierer, Maler und Anstreicher, Porzellanmaler, Schilderhersteller, Technokeramformer, Vergolder und Staffierer
15, Hütteldorfer Straße 7–17 . . . . . . 92 26 91*, 28
Hykade Alfred, Oberschulrat

Maschinenschlosser
Maschinenschlosser
6, Mollardgasse 87 . . . . 56 16 01*, 238
Benedict, Ing. Karl

Mechaniker, Glaser und Optiker
Bandagist, Büromaschinenmechaniker, Chirurgieinstrumentenerzeuger, Feinmechaniker, Feinoptiker, Glasbläser und Glasinstrumentenerzeuger, Glaser, Glasgraveur, Glasschleifer und Glasbeleger, Hohlglasfeinschleifer (Kugler), Kühlmaschinenmechaniker, Mechaniker, Optiker, Orthopädiemechaniker, Physiklaborant, Textilmechaniker, Waagenhersteller, Werkstoffprüfer (Physik), lehrgangsmäßig: Verpackungsmittelmechaniker
6, Mollardgasse 87 . . . . 56 16 01*, 279
Hauser Karl

Nachrichtentechnik
Fernmeldemonteur, Radio- und Fernsehmechaniker, Meß- und Regelmechaniker, Nachrichtenelektroniker
6, Mollardgasse 87 . . . . 56 16 01*, 226
Gindra, Ing. Albert

Sanitär- und Heizungstechnik
Gasinstallateur, Gas- und Wasserleitungsinstallateur, Rohrleitungsmonteur, Zentralheizungsbauer
6, Mollardgasse 87 . . . . 56 16 01*, 270
Wahserab, Ing. Alfred

Schlosser
Bauschlosser, Bergwerkschlosser-Maschinenhäuer, Betriebsschlosser, Binnenschiffer, Fahrzeugfertiger, Formschmied, Hüttenwerkschlosser, Messerschmied, Schiffbauer, Schlosser, Schmied, Stahlbauschlosser, Universalhärter, Universalschweißer
6, Mollardgasse 87 . . . . 56 16 01*, 229
Krill Edwin, Oberschulrat

Spengler und Karosseure
Blechschlosser, Karosseur, Kupferschmied, Spengler
6, Mollardgasse 87 . . . . 56 16 01*, 227
Meinzl Helmut

Technische Zeichner und Zahntechniker
Technische Zeichner (Maschinen-, Stahlbau-, Heizungs- oder Elektrotechnik), Zahntechniker
12, Längenfeldgasse 13–15 . . . . 83 16 44*, 26
Zierhofer, Ing. Richard

Zentrale Lehrwerkstätte der Berufsschulen für metallverarbeitende Berufe
Metallverarbeitende Lehrberufe
6, Mollardgasse 87 . . . . 56 16 01*, 212
Schneider Leopold

b) Private Berufsschulen

Brauer, Mälzer und Destillateure an der Versuchsstation für das Gärungsgewerbe
lehrgangsmäßig: Brauer und Mälzer, Destillateur
18, Michaelerstraße 25 . . . . 34 36 74
Püspok, Dipl.-Ing. Dr. Josef, Doz.

Berufsschule der Firma Julius Meinl AG
ganzjährig: Einzelhandelskaufmann (Nahrungsmittelhandel)
13, Hietzinger Hauptstraße 17 . . . . 82 12 56
Lichal Walter

Mittlere und höhere berufsbildende Frauenschulen, Lehranstalten für Fremdenverkehrsberufe, Lehranstalten für Sozialberufe

Höhere Bundeslehranstalt für wirtschaftliche Frauenberufe
Haushaltungsschule (1jährig), Hauswirtschaftsschule (2jährig), Fachschule für wirtschaftliche Frauenberufe (3jährig), Höhere Lehranstalt für wirtschaftliche Frauenberufe (5jährig)
19, Straßergasse 37–39 . . . . 32 21 81*, 212
Schlemmer, Mag. Candida, Hofrat

Höhere Bundeslehranstalt für wirtschaftliche Frauenberufe
Fachschule für wirtschaftliche Frauenberufe (3jährig), Höhere Lehranstalt für wirtschaftliche Frauenberufe (5jährig)
4, Wiedner Gürtel 68 . . . . 65 61 65
Proksch, Mag. Gertrude, Prof.

Höhere Lehranstalt für wirtschaftliche Frauenberufe der Schulschwestern Haushaltungsschule (1jährig), Fachschule für wirtschaftliche Frauenberufe (3jährig), Höhere Lehranstalt für wirtschaftliche Frauenberufe (5jährig)
3, Erdbergstraße 70 . . . . 73 53 31
Eder, Dkfm. Herta, Hofrat

Fachschule der Stadt Wien für wirtschaftliche Frauenberufe
Haushaltungsschule (1jährig), Fachschule für wirtschaftliche Frauenberufe (3jährig)
9, Hahngasse 35 . . . . 34 92 96
Propst Maria
Expositur: Klosterneuburg
Haushaltungsschule (1jährig)

Fachschule der Stadt Wien für wirtschaftliche Frauenberufe
Haushaltungsschule (1jährig), Fachschule für wirtschaftliche Frauenberufe (3jährig)
12, Dörfelstraße 1 . . . . 83 62 52
Wohlmuth Gertrude

Fachschule für wirtschaftliche Frauenberufe der Dominikanerinnen
Fachschule für wirtschaftliche Frauenberufe (3jährig)
13, Auhofstraße 177 . . . . 82 36 92
Boisits Sr. Martina

Fachschule für wirtschaftliche Frauenberufe des Instituts Sankta Christiana
Haushaltungsschule (1jährig), Fachschule für wirtschaftliche Frauenberufe (3jährig)
23, Rodaun, Willergasse 55 . . . . 88 41 43*, 22
Sucharipa Sr. Franziska

Bundeslehranstalt für Bekleidungsgewerbe
Fachschule für Wäschewarenerzeuger (3jährig), Fachschule für Kunststicker (3jährig), Fachschule für Damenkleidermacher (4jährig), Meisterklasse für Damenkleidermacher (1jährig), Direktricenlehrgang (1 Semester), Lehrgang für Textilrestauratoren (1jährig), Höhere gewerbliche Lehranstalt, Höhere Abteilung für Mode und Kunstgewerbe (5jährig)
16, Herbststraße 104 . . . . 92 53 93
Rauch, Dr. Gertrude, Hofrat

Bundesfachschule für Bekleidungsgewerbe und wirtschaftliche Frauenberufe
Fachschule für Damenkleidermacher (4jährig), Fachschule für Herrenkleidermacher (4jährig), Bekleidungstechnische Fachschule für Gewerbe und Industrie (4jährig), Meisterklasse für Damenkleidermacher (1jährig), Meisterklasse für Herrenkleidermacher (1jährig), Höhere gewerbliche Lehranstalt, Höhere Abteilung für Bekleidungswirtschaft (5jährig)
9, Michelbeuerngasse 6–8 . . . . 42 04 16
Gnan Gerta
Expositur: 13, Speisinger Straße 105 . . . . . 92 22 76
Fachschule für Damenkleidermacher für taubstumme Mädchen (4jährig)

Fachschule der Stadt Wien für Damenkleidermacher
Fachschule für Damenkleidermacher (4jährig)
15, Siebeneichengasse 17 . . . . 83 54 30
Trimmel Elisabeth

Modeschule der Stadt Wien
Modeentwurf und Damenkleidermachen (5jährig), Modell-Modisterei (5jährig), Strick- und Wirkmode (5jährig), Modell-Lederwaren (5jährig), Textilentwurf und -druck (5jährig)
12, Hetzendorfer Straße 79 . . . . 84 27 95 (83 11 45)
Baumgartner, Dkfm. Ing. Günter

Gastgewerbefachschule des Schul- und Förderungsvereines der Wiener Gastwirte
Gastgewerbefachschule Spezialrichtung Köche (3jährig)
1, Judenplatz 3–4 . . . . 63 37 04*, 30
Mayer Eduard, Studienrat

Fremdenverkehrsschulen der Kammer der gewerblichen Wirtschaft für Wien
Höhere Lehranstalt für die Fremdenverkehrswirtschaft (5jährig), Fachschule für die Fremdenverkehrswirtschaft (3jährig), Maturantenlehrgang (2jährig)
19, Peter Jordan-Straße 78–80 . . . . 47 15 38*, 212
Blohberger, Dkfm. Dr. Günter

Fachschule für Sozialarbeit, Jugendleiterschule des Seminars für Kirchliche Berufe
Jugendleiterschule (2jährig), Pastoral-Katechetischer Lehrgang (1jährig)
13, Wolfrathplatz 2 . . . . 82 53 70
Moritz, Dr. Hans, Prof.

Bundesakademie für Sozialarbeit
Vorbereitungslehrgang für Nichtmaturanten (1jährig), Lehranstalt für gehobene Sozialberufe (4 Semester)
7, Burggasse 14–16 . . . . 93 02 86
Lessing, Dr. Friederike

Akademie für Sozialarbeit der Stadt Wien
Lehranstalt für gehobene Sozialberufe (4 Semester)
21, Freytaggasse 32/2 . . . . 38 72 51
Simon, Dr. Maria

Akademie für Sozialarbeit für Berufstätige der Caritas (Abendschule)
Abendschule (6 Semester)

9, Seegasse 30 . . . . 34 21 06
Steinhauser, Dr. Werner
Religionspädagogische Akademie der Erzdiözese Wien
Religionspädagogische Akademie (4 Semester), Sonderform für Berufstätige (8 Semester), Religionspädagogische Lehranstalt / Normalform (4 Semester), Sonderform für Berufstätige (8 Semester), Religionspädagogische Akademie / Privatistenlehrgang (4jährig), Religionspädagogische Lehranstalt / Privatistenlehrgang (4jährig)
Expositur: Salzburg,
Kapitelplatz 2 . . . . . . 0 62 22/42 5 91, 996/42 5 91
Religionspädagogische Akademie / Privatistenlehrgang (4jährig), Religionspädagogische Lehranstalt / Privatistenlehrgang (4jährig)
Expositur: Klagenfurt, Rudolfsbahner
Gürtel 2 . . . . 0 42 22/80 9 44, 994/80 9 44
Religionspädagogische Akademie / Privatistenlehrgang (4jährig), Religionspädagogische Lehranstalt / Privatistenlehrgang (4jährig)
7, Burggasse 37 . . . . 93 75 68*, 14
Hanel, Dr. Anton, Prof.
Ausbildungszentrum für Ehe- und Familienberater der Erzdiözese Wien
(3jährig)
3, Ungargasse 3/1 . . . . 73 54 19
Ramberger Helga, Diplomfürsorgerin
Kinderpflegerinnenschule der Stadt Wien
Kinderpflegerinnenschule (3jährig)
18, Bastiengasse 36–38 . . . . 47 15 15*, 234
Jürgenssen, Dr. Olaf, Primarius
Fachschulen für Sozialberufe der Caritas der Erzdiözese Wien
Fachschule für Sozialarbeit (3jährig), Fachschule für Altendienste (1jährig), Familienhelferinnenschule (2jährig), Schule für Sozialdienste (2jährig), Speziallehrgang für Behindertenarbeit (1jährig)
9, Seegasse 30 . . . . 34 21 06
Teuschl Sr. Hildegard
Evangelische Frauenschule für kirchlichen und sozialen Dienst
(3jährig)
18, Severin Schreiber-Gasse 1 . . . . 47 13 06
Hladky Maria
Private Lehranstalt für Kosmetik, Massage und Fußpflege
Kosmetik (1jährig), Massage (1jährig), Fußpflege (1jährig)
1, Ebendorferstraße 6/III 43 31 51
Harrer, Dr. Karl
Private Lehranstalt für Kosmetik, Massage und Fußpflege „Hradetzky"
Kosmetik (1jährig)
7, Westbahnstraße 31 . . . . 93 47 64
Jandl Eva

Mittlere und höhere technische Lehranstalten

Höhere technische Bundes-Lehr- und Versuchsanstalt Wien I
Höhere Abteilungen für Maschinenbau, Elektrotechnik, elektrische Nachrichtentechnik und Elektrotechnik, Hochbau, Tiefbau, Flugtechnik (5jährig), Fachschule für Maschinenbau, Fachschule für elektrische Nachrichtentechnik und Elektronik, Baufachschule (4jährig), Bauhandwerkerschule für Maurer (3jährig, Wintersemester), Bauhandwerkerschule für Maurer (3jährig, Wintersemester), Bauhandwerkerschule für Zimmerer (3jährig, Wintersemester), Kollegs für Maschinenbau (5 Semester), Elektrotechnik (4 Semester), Bautechnik, Fachrichtung Hochbau (4 Semester), Bautechnik, Fachrichtung Tiefbau (4 Semester), Höhere technische Lehranstalt für Berufstätige, Fachrichtungen für Maschinenbau, Hochbau, Elektrotechnik, Nachrichtentechnik (4jährig), Abiturientenlehrgang für Vermessungstechnik für Berufstätige (1jährig), Versuchsanstalten für Baustoffe, Erdbau und Bodenmechanik
1, Schellinggasse 13 . . . . 53 16 11
Riedl, Dipl.-Ing. Paul, Oberstudienrat
Höhere technische Bundeslehranstalt Wien IV
Höhere Abteilungen für Maschinenbau, Elektrotechnik (5jährig), Fachschule für Maschinenbau (4jährig)
4, Argentinierstraße 11 . . . . 65 83 39
Pawlowitz, Dipl.-Ing. Kurt, Hofrat
Höhere technische Bundeslehranstalt Wien X
Höhere Abteilungen für Maschinenbau, Elektrotechnik, Gießereitechnik (5jährig), Fachschule für Elektrotechnik (4jährig)
10, Pernerstorfergasse 81 . . . . 64 13 90
Hailzl, Dipl.-Ing. Karl, Hofrat
Technisch-gewerbliche Abendschule der Arbeiterkammer Wien
Werkmeisterlehrgänge für Berufstätige für Elektronik, Elektrotechnik, Maschinenbau, Kraftfahrzeugtechnik, Baugewerbe, Kurse für Industrielle Elektronik, Heizer, Betriebsleiter, Maschinen- und Motorenwartung
4, Plößlgasse 13 . . . . 65 35 50
Leitner, Ing. Erwin
Höhere technische Bundeslehranstalt und Bundeshandelsschule Wien V
Höhere Abteilung für Betriebstechnik (5jährig), Fachschule für Betriebstechnik und Mechanik (4jährig), Fachschule für Ledergalanteriewarenerzeugung (3jährig)
5, Geigergasse 5–9 . . . . 55 41 67
Reitmeier, Mag. Dr. Josef
Werkmeisterschule für Berufstätige des Wirtschaftsförderungsinstitutes der Kammer der gewerblichen Wirtschaft für Wien
Werkmeisterschulen für Berufstätige für Bauwesen/Baupoliere, Chemie, Elektrotechnik, Lebensmitteltechnologie, Maschinenbau
18, Währinger Gürtel 97 . . . . 34 66 22*, 21
Steinringer, Dr. Johann

Handelsschulen

Handelsschule I
des Fonds der Wiener Kaufmannschaft
1, Akademikerstraße 12 . . . . 65 73 30
Kulhanek, Dkfm. Anna, Prof.
Handelsschule III
des Fonds der Wiener Kaufmannschaft
8, Hamerlingplatz 5–6 . . . . 43 23 47
Toifelhardt, Mag. Anton, Oberstudienrat
Handelsschule IV
des Fonds der Wiener Kaufmannschaft
8, Schönborngasse 3–5 . . . . 43 45 14
Pongratz, Dr. Edith, Oberstudienrat
Handelsschule V
des Fonds der Wiener Kaufmannschaft
2, Untere Augartenstraße 9 . . . . 33 12 41
Kotzmuth, Dkfm. Dhdl. Helene, Oberstudienrat
Handelsschule VII
des Fonds der Wiener Kaufmannschaft
21, Franklinstraße 24 . . . . 38 15 76
Burger, Mag. Henriette, Prof.

Höhere technische Bundeslehranstalt und Bundeshandelsschule Wien V
Vorbereitungslehrgang für die Handelsschulen (1jährig), Handelsschule (3 Klassen), Betriebswirtschaftlicher Lehrgang (2 Semester)
5, Geigergasse 5–9 . . . . 55 41 67
Reitmeier, Mag. Dr. Josef

Handelsschule der Töchter der Göttlichen Liebe – Marienanstalt
3, Fasangasse 4 . . . . 72 34 63
Mohl, Dr. Anna, Hofrat

Handelsschule für Mädchen der Kongregation der Armen Schulschwestern von Unserer Lieben Frau
15, Friesgasse 4–8 . . . . 83 21 76
Rotter Friederike

Handelsschule Deutsch
angeschlossen Büroschule (1jährig), Büro- und Verwaltungsschule (2jährig), Schule für den Kredit- und Versicherungskaufmann (3jährig)
9, Hörlgasse 3 . . . . 34 75 58
Halasz, Dr. Gideon, Regierungsrat

Handelsschule des Berufsförderungsinstituts
angeschlossen EDV-Schule (2 Semester)
4, Plößlgasse 13 . . . . 65 11 88
Schmidl, Mag. Dr. Ernst

Handelsschule Weiss
angeschlossen Büroschule (1jährig), Büro- und Verwaltungsschule (2jährig), Handelsschule für Berufstätige (2jährig)
1, Getreidemarkt 16 . . . . 57 65 35
Kühling, Dkfm. Kurt-Hans

Handelsschule Neumann
angeschlossen Büroschule (1jährig), Büro- und Verwaltungsschule (2jährig)
7, Neubaugasse 36 . . . . 93 65 52
Schlesinger, Dkfm. Margarete, Hofrat

Spar-Cassen-Schule der Ersten Österreichischen Spar-Casse
(1jährig)
1, Wipplingerstraße 24–26 . . . . 63 81 22
Meusburger, Mag. Herbert

Handelsakademien

Bundeshandelsakademie und Bundeshandelsschule Wien X
10, Pernerstorfergasse 79–81 . . . . 62 51 91
Nussbichler, Mag. Dr. Bruno

Bundeshandelsakademie und Bundeshandelsschule Wien XII
12, Hetzendorfer Straße 66 . . . . 85 83 29
Degiorgio, Dkfm. Mag. Dr. Manfred
Expositur:
23, Liesing, Anton Krieger-Gasse 25 . . . . . 88 52 30
Frank, Dkfm. Thea, Prof.

Bundeshandelsakademie und Bundeshandelsschule Wien XXII
22, Stadlau, Stadlauer Straße 51 . . . . 22 61 91
Ulreich, Dkfm. Mag. Gustav

Handelsakademie I
des Fonds der Wiener Kaufmannschaft
1, Akademiestraße 12 . . . . 65 81 00
Moos, Dkfm. Mag. Hermann, Hofrat

Handelsakademie II
des Fonds der Wiener Kaufmannschaft
8, Hamerlingplatz 5–6 . . . . 43 23 47
Toifelhardt, Mag. Anton, Oberstudienrat

Handelsakademie III
des Fonds der Wiener Kaufmannschaft
8, Schönborngasse 3–5 . . . . 43 45 14
Pongratz, Dr. Edith, Oberstudienrat

Handelsakademie V
des Fonds der Wiener Kaufmannschaft
21, Franklinstraße 24 . . . . 38 15 76
Mayer, Mag. Augustine, Hofrat

Handelsakademie der Kongregation der Töchter der Göttlichen Liebe – Marienanstalt
3, Fasangasse 4 . . . . 72 34 63
Mohl, Dr. Anna, Hofrat

Handelsakademie des Berufsförderungsinstituts
4, Plößlgasse 13 . . . . 65 11 88
Schmidl, Dr. Ernst

Abiturientenlehrgang an der Bundeshandelsakademie Wien XII
12, Hetzendorfer Straße 66 . . . . 85 83 29
Degiorgio, Dkfm. Mag. Dr. Manfred

Abiturientenlehrgang an der Handelsakademie I des Fonds der Wiener Kaufmannschaft
1, Akademiestraße 12 . . . . 65 81 00
Moos, Dkfm. Mag. Hermann, Hofrat

Abiturientenlehrgang an der Handelsakademie II des Fonds der Wiener Kaufmannschaft
8, Hamerlingplatz 5–6 . . . . 43 23 47
Toifelhardt, Mag. Anton, Oberstudienrat

Abiturientenlehrgang für Berufstätige an der Handelsakademie III des Fonds der Wiener Kaufmannschaft
8, Schönborngasse 3–5 . . . . 43 45 14
Pongratz, Dr. Edith, Oberstudienrat

Handelsakademie für Berufstätige des Berufsförderungsinstituts
4, Plößlgasse 13 . . . . 65 11 88
Schmidl, Mag. Dr. Ernst

Krankenpflegeschulen

Erstes Ausbildungsjahr im Krankenpflegefachdienst an der Kranken- und Kinderkrankenpflegeschule der Stadt Wien am Allgemeinen Krankenhaus
9, Alser Straße 4 . . . . 42 89*, 4600
Rode, Dr. Heinrich, Hofrat, Direktor

Erstes Ausbildungsjahr im Krankenpflegefachdienst an der Krankenpflegeschule der Stadt Wien, Rudolfstiftung
3, Boerhaavegasse 13 . . . . 72 56 61*, 345
unbesetzt

Erstes Ausbildungsjahr im Krankenpflegefachdienst der Stadt Wien Wilhelminenspital
16, Montleartstraße 37 . . . . 95 25 11*, 351
Stastny, Dr. Rudolf, Direktor
Expositur: 17, Wurlitzergasse 89 . . . . 46 03 92
Bischof Gertrude, Schuloberin

Erstes Ausbildungsjahr im Krankenpflegefachdienst an der Krankenpflegeschule der Stadt Wien Elisabeth-Spital
15, Huglgasse 1–3 . . . . 95 65 51*, 398
Merlitschek, Dr. Gerhard, Primarius

Erstes Ausbildungsjahr im Krankenpflegefachdienst an der Krankenpflegeschule der Stadt Wien Krankenhaus Lainz
13, Jagdschloßgasse 25 . . 84 16 16* (82 26 11*), 272
Luger, Dr. Anton, Prof., Direktor

Erstes Ausbildungsjahr im Krankenpflegefachdienst an der Krankenpflegeschule der Stadt Wien Rudolfstiftung
22, Stadlau, Langobardenstraße 122 . . . . . 22 14 92
Müllner, Dr. Theodora, Direktor

Verschiedene private Lehranstalten mit Öffentlichkeitsrecht

Konservatorium der Stadt Wien
1, Johannesgasse 4a 52 73 81
Weiss Erwin, Prof., Senatsrat

Konservatorium für Musik und Dramatische Kunst
4, Mühlgasse 28–30 . . . . 57 57 49
Schmid Jaro, Prof.

Horak-Konservatorium für Musik und darstellende Kunst
1, Hegelgasse 3 . . . . 52 34 85
Sedlak Adolf, Prof.

Schauspielschule Helmut Krauss
1, Weihburggasse 9 . . . . 52 43 24
Krauss, Dr. Wolfgang

Wiener Kunstschule des Vereins „Wiener Kunstschule“
9, Lazarettgasse 27 . . . . 42 43 29
Matejka-Felden Gerda, o. Hochschulprofessor

Schule für elektronische Datenverarbeitung des Berufsförderungsinstituts
4, Plößlgasse 13 . . . . 65 11 88
Schmidl, Dr. Ernst

Schule für Datenverarbeitungskaufleute Peter Dala
3, Salmgasse 6 . . . . 73 16 67
Tikal Josef, Oberstudienrat

Berufspädagogisches Institut des Bundes in Wien
Lehrgänge für Lehrer an gewerblichen und kaufmännischen Berufsschulen, für Lehrer des gewerblichen Fachunterrichtes an mittleren und höheren Lehranstalten, für Lehrer in Stenotypie und Phonotypie
7, Neustiftgasse 95–99 . . . . 93 54 58
Remmel, Mag. Dr. Leo

Religionspädagogisches Institut der Erzdiözese Wien
1, Stephansplatz 3 . . . . 52 64 72*, 34
Anhell, Dr. Ferdinand

ÖSTERREICHISCHER STÄDTEBUND

1, Rathaus, 5. Stiege, 2. Stock, Tür 417, Tel. 42 8 01

Schweda Otto, Generalsekretär 2251
Walter, Dr. Herbert, Senatsrat 2253
Sekretariat 2236, 2237, 2259
„Österreichische Gemeinde-Zeitung“ 2254

FREMDENVERKEHRSVERBAND FÜR WIEN

9, Kinderspitalgasse 5, Tel. 43 16 08

Präsident:
Fröhlich-Sandner Gertrude,
Vizebürgermeister 42 8 01/2711, 2115
Vizepräsident:
Scheiner Otto, Komm.-Rat, Generaldirektor . 26 25 11
Geschäftsführung:
Krebs, Dr. Helmut, Senatsrat, Landesfremdenverkehrsdirektor 14
Sekretariat 43, 44

Referate:
Administration 29
Presse und Public-Relations 18
Verkaufsförderung 35
Auslandsveranstaltungen 46
Auskunftsdienst 53
Information Opernpassage 12, 13
Ausstellungsdepot, 2, Engerthstraße 150 . . . . 24 55 02

Fachausschüsse:
Auskunftsdienst 53
Kongreßförderung 21
Kategorisierung Wiener Beherbergungsbetriebe . . 26
Kategorisierung gastgewerblicher Betriebe 44

ZENTRALSPARKASSE UND KOMMERZBANK, WIEN

3, Vordere Zollamtsstraße 13, Tel. 72 92*, 72 91*

Fernschreiber:

Zahlungsverkehr Inland 01-2002
Zahlungsverkehr Ausland 01-3256, 01-3167
Devisen- und Valutenhandel 01-2476/77
Dokumentengeschäft 01-3615
Wertpapiergeschäft, Auskünfte 01-1251

Staatskommissäre:

Staatskommissär:
Bauer, Dkfm. Franz, beeid. Wirtschaftsprüfer und Steuerberater
Ständiger Staatskommissär-Stellvertreter:
Meyer Johann, Ministerialrat, Hofrat

Direktion:

Satzungsdirektoren:
Vak, Dr. Karl, Generaldirektor, Sparkassenleiter
Haiden, Dr. Alfons, Generaldirektor-Stellvertreter, Sparkassenleiter-Stellvertreter
Lugmayr Herbert, Direktor, Sparkassenleiter-Stellvertreter
Penninger, Dr. Josef, Direktor, Syndikus, Sparkassenleiter-Stellvertreter
Riedl, Dkfm. Dr. Romuald, Direktor, Sparkassenleiter-Stellvertreter
Stellvertretende Satzungsdirektoren:
Fiala, Dr. Rudolf, Direktor
Höfinger Paul, Direktor
Wagner, Dkfm. Gerhard, Direktor
Zelezny Friedrich, Direktor
Direktoren:
Krieger Franz, Direktor
Hekele Felix, Direktor
Damisch Karl, Prof., Direktor
Kurzweil Friedrich, Direktor
Wenz Otto, Direktor

Verwaltungsausschuß:

Vorsitzender:
Gratz Leopold, Bürgermeister der Stadt Wien
Ständiger Vorsitzender-Stellvertreter:
Busta Adalbert, Gemeinderat
Mitglieder:
Ebert, Dkfm. Dr. Erich, Komm.-Rat, Gemeinderat
Hofstetter, Ing. Walter, Gemeinderat
Lackner Hans, Bezirksvorsteher
Mühlbacher Kurt, Komm.-Rat, Abgeordneter zum Nationalrat
Raidl, Dkfm. Dr. Claus J., Prokurist

Hauptanstalt:
3, Vordere Zollamtsstraße 13
Zweigstellen:

1, Wipplingerstraße 4
1, Schottenring 1
1, Schottenring 30
1, Operngasse 8
1, Stephansplatz 2
1, Franz Josephs-Kai 21
2, Taborstraße 17
2, Praterstraße 50
2, Rueppgasse 26
2, Ennsgasse 5
3, Landstraßer Hauptstraße 76
3, Modezentrum
3, Erdbergstraße 126–130
3, Radetzkystraße 14
3, Rennweg 37
3, Rennweg 95
4, Wiedner Hauptstraße 38
4, Favoritenstraße 70
4, Operngasse 20b
5, Reinprechtsdorfer Straße 8
5, Schönbrunner Straße 107
5, Margaretenstraße 65
5, Margaretengürtel 118
6, Gumpendorfer Straße 77
7, Mariahilfer Straße 70
7, Siebensterngasse 42
7, Lerchenfelder Straße 45
7, Burggasse 120
8, Josefstädter Straße 64
9, Alserbachstraße 11
9, Alser Straße 16
10, Laxenburger Straße 49–51
10, Quellenstraße 79–83
10, Quellenplatz 6
10, Favoritenstraße 118
10, Favoritenstraße 239, Hansson-Zentrum
10, Favoritenstraße 210
10, Gudrunstraße 177
10, Sibeliusstraße 9
10, Wienerbergstraße 6
10, Troststraße 92
11, Kaiser-Ebersdorfer Straße/Florian Hedorfer-Straße
11, Simmeringer Hauptstraße 98
12, Koppreitergasse 2
12, Meidlinger Hauptstraße 35
12, Niederhofstraße 11
12, Sagedergasse 22
13, Hietzinger Hauptstraße 22
13, Speisinger Straße 42
13, Lainzer Straße 133
14, Linzer Straße 28
14, Hadersdorfer Hauptstraße 5
14, Hütteldorfer Straße 268–274
14, Hütteldorfer Straße 161
15, Sparkassaplatz 4
15, Märzstraße 45
15, Schanzstraße 2–4
16, Maroltingergasse 94
16, Richard Wagner-Platz 16
16, Schuhmeierplatz 13
16, Hofferplatz 8
16, Wilhelminenstraße 70
17, Hernalser Hauptstraße 72–74
17, Hernalser Hauptstraße 127
18, Währinger Straße 109–111
18, Gersthofer Straße 73
19, Döblinger Hauptstraße 14
19, Gatterburggasse 23
19, Cobenzlgasse 4
19, Krottenbachstraße 36–40
19, Heiligenstädter Straße 141
20, Wallensteinstraße 14
20, Allerheiligenplatz 11
20, Adalbert Stifter-Straße 33a
21, Am Spitz 11
21, Donaufelder Straße 10
21, Rußbergstraße 12
21, Großfeld-Zentrum
21, Brünner Straße 138
22, Hirschstetten, Emichgasse 4

22, Stadlau, Stadlauer Straße 27
22, Kaisermühlen, Schüttaustraße 14
22, Kagran, Donaustadtstraße 1, Donau-Zentrum
22, Kagran, Siebenbürgerstraße 4
22, Kagran, Wagramer Straße 25
23, Atzgersdorf, Levasseurgasse 7–9
23, Inzersdorf, Triester Straße 138
23, Inzersdorf, Laxenburger Straße 365 (Großmarkt)
23, Liesing, Breitenfurter Straße 360–368
23, Mauer, Endresstraße 119
23, Rodaun, Ketzergasse 463
23, Siebenhirten, Ketzergasse 105
23, Erlaa, Wohnpark Alt-Erlaa, Anton Baumgartner-Straße 44
Perchtoldsdorf, NÖ, Marktplatz 14a
Maria Enzersdorf a. G., NÖ, Hauptstraße 2
Mödling, NÖ, Schrannenplatz 6
Mödling, NÖ, Wiener Straße 27
Gumpoldskirchen, NÖ, Wiener Straße 62
Purkersdorf, NÖ, Hauptplatz 3
Klosterneuburg, NÖ, Niedermarkt 21
Schwechat, NÖ, Wiener Straße 36–38
Guntramsdorf, NÖ, Hauptstraße 18
Hinterbrühl, NÖ, Hauptstraße 70b
Brunn a. G., NÖ, Leopold Gattringer-Straße 22
Vösendorf, NÖ, Ortsstraße 15
Wiener Neudorf, NÖ, Rathausplatz 4
Klosterneuburg, NÖ, Weidlinger Straße 4
Preßbaum, NÖ, Hauptstraße 54

Kreditverein der Zentralsparkasse und Kommerzbank, Wien
4, Operngasse 20b, Tel. 57 35 28
Ausschußobmann: *Bartl Josef,* Komm.-Rat

Kreditverein der Zentralsparkasse und Kommerzbank, Wien für Mödling und Umgebung
Mödling, Schrannenplatz 6, NÖ, Tel. 902/41 51, 41 52, 0 22 36/41 51, 41 52
Ausschußobmann: *Horny, Dr. Heinrich,* Bürgermeister

Servicestellen:
3, Stielgasse 2
Mauerbach, NÖ, Hauptstraße 105

WIENER STÄDTISCHE WECHSELSEITIGE VERSICHERUNGSANSTALT

Ringturm, 1, Schottenring 30, Tel. 63 39*

Aufsichtsrat:

Vorsitzender:
Gratz Leopold, Bürgermeister der Stadt Wien
Vorsitzender-Stellvertreter:
Heller Kurt, Bundesrat
Mitglieder:
Buchner, Dr. Hans, Generaldirektor, Vorsitzender des Vorstandes der Chemie Linz AG
Daller Karl, Gemeinderat
Deistler Anton, Bezirksvorsteher des 20. Bezirkes
Emerling Otmar, Bezirksvorsteher des 21. Bezirkes
Hlawka Maria, Landtagspräsident a. D.
Hoffmann Josef, Regierungsrat, Gemeinderat
Pelzelmayer Otto, Gemeinderat
Svoboda, Ing. Karl, Techn. Oberamtsrat
Zemann, Dr. Kurt, Stadtphysikus, Medizinalrat, Gemeinderat

Generaldirektion:

Binder Otto, Generaldirektor, Vorsitzender des Vorstandes
Göttlicher, Dkfm. Dr. Erich, Generaldirektor-Stellvertreter, Mitglied des Vorstandes
Stadler, Dr. Herbert, Direktor, Mitglied des Vorstandes

GEMISCHTWIRTSCHAFTLICHE GESELLSCHAFTEN

a) unter Beteiligung der Gemeinde Wien (ohne Wiener Allgemeine Beteiligungs- und Verwaltungsges. m. b. H.)

Aktiengesellschaft der Wiener Lokalbahnen, 12, Eichenstraße 1, Tel. 55 49 10
Allgemeines Krankenhaus Wien; Planungs- und Errichtungs-Aktiengesellschaft, 9, Lazarettgasse 20, Tel. 43 89 51
Austrian Airlines – Österreichische Luftverkehrs-Aktiengesellschaft, 3, Salesianergasse 1, Tel. 73 65 65
Austria Ferngas Ges. m. b. H., 4, Gußhausstraße 30, Tel. 65 17 57
Chemosan-Union AG, 3, Kölblgasse 10, Tel. 73 25 21
Flughafen Wien Betriebsges. m. b. H., Schwechat, NÖ, Tel. 77 70*
Gaskoks-Vertriebs-Ges. m. b. H., 1, Oppolzergasse 6, Tel. 63 76 86, 63 07 96
Gemeinnützige Wohnungs- und Siedlungsgesellschaft der Wiener städtischen Unternehmungen, Gesellschaft m. b. H., 1, Schottenring 30, Ringturm, Tel. 63 66 06
Importkohle Gesellschaft m. b. H., 4, Brucknerstraße 8, Tel. 65 15 82
Internationales Amtssitz- und Konferenzzentrum Wien-Aktiengesellschaft, 22, Kaisermühlen, Wagramer Straße Nr. 23–29, Tel. 23 45 67
Kapital-Beteiligungs-Aktiengesellschaft, 3, Am Modenapark 1–2, Tel. 72 52 59
Österreichische Donaukraftwerke AG, 1, Parkring 12, Tel. 52 66 71
Österreichisches Verkehrsbüro, Ges. m. b. H., 1, Friedrichstraße 7, Tel. 57 96 57
Payer, Schmutzer & Co. Ges. m. b. H., 12, Migazziplatz 4, Tel. 83 46 70
Tauernkraftwerke AG, Salzburg, Rainerstraße 29, Tel. 0 62 22/72 5 01
Teerag-Asdag AG, 3, Marxergasse 25, Tel. 72 61 71
Verkehrsverbundorganisationsgesellschaft m. b. H., 7, Neubaugasse 2, Tel. 93 76 70
Wiener Innovationsgesellschaft m. b. H., 3, Untere Viaduktgasse 16, Tel. 72 92*, 540
Wiener Kreditbürgschaftsgesellschaft m. b. H., 3, Am Modenapark 1–2, Tel. 72 52 59
WIST – Standortberatungsgesellschaft m. b. H., 9, Berggasse 16, Tel. 31 26 01

b) unter Beteiligung der Wiener Allgemeinen Beteiligungs- und Verwaltungsges. m. b. H.*

Bank der Zentralsparkasse der Gemeinde Wien Gesellschaft m. b. H., 1, Operngasse 6, Tel. 52 65 05
Biomull-Gesellschaft zur Verwertung städtischer Abfallstoffe Ges. m. b. H., 11, Alberner Hafenzufahrtstraße 31, Tel. 76 23 34
Ekazent Bau-, Immobilienmakler- und Werbeges. m. b. H., 9, Nußdorfer Straße 38, Tel. 34 05 47
Ekazent Realitätenges. m. b. H., 9, Nußdorfer Straße 38, Tel. 34 05 47
Entsorgungsbetriebe Simmering Ges. m. b. H., 11, Alberner Hafenzufahrtstraße 31, Tel. 76 16 26
Fertigteilbau Wien Ges. m. b. H., 22, Kagran, Polgarstraße Nr. 30, Tel. 22 15 74
„GESIBA“ gemeinnützige Siedlungs- und Baugesellschaft m. b. H., 1, Rudolfsplatz 13a, Tel. 63 77 11
GEWISTA-Werbeges. m. b. H., 3, Döblerhofstraße 6, Tel. 72 66 81
GUSTANA Menü-Service Ges. m. b. H., 3, Viehmarktgasse 5–7, Tel. 75 56 01
Heizbetriebe Wien Ges. m. b. H., 9, Spittelauer Lände 45, Tel. 31 15 11*
Jugend & Volk Verlagsges. m. b. H., 1, Tiefer Graben 7–9, Tel. 63 07 71*
Kabel-TV-Wien Ges. m. b. H., 19, Gunoldstraße 14, Tel. 36 34 24
Kahlenberg Ges. m. b. H., 1, Rathausstraße 4, Tel. 42 23 83
Kurbetrieb-Heilquelle (Thermalschwefelquelle) Oberlaa Ges. m. b. H., 10, Kurbadstraße, Tel. 68 16 11
J. Odelga ärztlich-technische Industrie Ges. m. b. H., 16, Koppstraße 103, Tel. 95 25 36
Österreichische Viehverwertung „Austrovieh“ Ges. m. b. H., 3, St. Marx, Tel. 72 16 41
Serotherapeutisches Institut Wien Ges. m. b. H., 10, Triester Straße 50, Tel. 64 13 56
Schloß Laxenburg Betriebsges. m. b. H., Laxenburg, Schloßplatz 10, NÖ, Tel. 0 22 36/72 26
Theater a. d. Wien Betriebsges. m. b. H., 6, Lehargasse 5, Tel. 57 96 32
Tierkörperverwertung und Thermochemische Fabrik Ges. m. b. H., 11, Simmeringer Lände 208, Tel. 77 61 95
Wiener Baustoff- und Beton-Steinwerke Ges. m. b. H., 23, Inzersdorf, Ober-Laaer Straße 272, Tel. 67 16 46*, 36
Wiener Betriebs- und Bauges. m. b. H. „WIBEBA“, 1, Wallnerstraße 4, Tel. 63 82 50
Wiener Betriebsansiedlungsges. m. b. H., 6, Windmühlgasse Nr. 26, Tel. 57 03 35, 57 02 26
Wiener Hafenbetriebsges. m. b. H., 2, Seitenhafenstraße 15, Tel. 74 16 61
Wiener Hafen- und Lagerbetrieb; Planungs-, Ausbau- und Koordinationsges. m. b. H., 2, Seitenhafenstraße 15, Tel. 74 16 61
Wiener Kühlhaus – Frigoscandia Ges. m. b. H., 2, Handelskai 269, Tel. 24 15 61
Wiener Messe AG, 7, Messeplatz 1, Tel. 93 15 24
Wiener Porzellanmanufaktur Augarten AG, 2, Schloß Augarten, Tel. 33 45 81
Wiener Stadthalle-Kiba Betriebs- und Veranstaltungsges. m. b. H., 15, Vogelweidplatz 14, Tel. 92 66 01*
Wiener Städtische Lager- und Kühlhaus Ges. m. b. H., 2, Handelskai 269, Tel. 24 15 61
Wiener Verkehrsverein Ges. m. b. H., 15, Hollergasse Nr. 22–26
Wiental-Sammelkanal Ges. m. b. H., Purkersdorf, An der Stadlhütte 29, NÖ, Tel. 57 75 75*, 348, 0 22 36/84 6 01
WIGAST Gaststättenbetriebsges. m. b. H., 5, Gassergasse Nr. 19, Tel. 55 15 82, 55 15 70, 55 44 40

* Wiener Allgemeine Beteiligungs- und Verwaltungsges. m. b. H., 9, Spittelauer Lände 45, Tel. 31 46 46*

II. Teil

WIEN
aktuell

STADTERNEUERUNG IN WIEN

Von Stadtbaurat Architekt Dipl.-Ing. Wilhelm Kainrath

Der Begriff der Stadterneuerung

Seit etwa Mitte der sechziger Jahre wurde in Wien die Diskussion um eine Intensivierung der Stadterneuerung lebhafter. Mit Beginn der siebziger Jahre wurde konkret an der Schaffung eines Stadterneuerungsgesetzes gearbeitet, das dann nach ausführlichen Erörterungen 1974 vom Nationalrat beschlossen werden konnte[1]). Will man jedoch als Stadterneuerung nur Vorgänge im Sinne des Stadterneuerungsgesetzes bezeichnen, dann ist das eine relativ eng begrenzte Sicht. Nicht so sehr, weil die in diesem Gesetz angesprochenen städtebaulichen Mißstände zu eng definiert wären – das ist keineswegs der Fall –, sondern vielmehr deshalb, weil Stadterneuerung nur für räumlich ganz genau beschriebene – in der Regel sehr kleine – Teile des Gemeindegebietes in Frage kommt. Darüber hinaus sind auch die möglichen Erneuerungsmaßnahmen – Anbotsverpflichtung (§ 8), Genehmigung von Rechtsgeschäften (§ 9), Erneuerungsgemeinschaften (§ 12), Enteignung (§ 10) – nur auf die in diesem Gesetz genannten Gebiete beschränkt. Tatsächlich gibt es darüber hinaus eine Fülle von bereits gehandhabten und möglichen Maßnahmen, die durch viele andere Gesetze geregelt sind oder Gesetze gar nicht bedürfen, die aber unbedingt zum Komplex der Stadterneuerung zu zählen sind. Es erscheint daher wenig sinnvoll, den Begriff der Stadterneuerung nur im Zusammenhang mit dem „Stadterneuerungsgesetz" gelten zu lassen.

Vielfach wird unter Stadterneuerung jegliche Investition verstanden, die innerhalb einer bestimmten Entfernung vom Stadtzentrum auftritt – etwa innerhalb jenes Gebietes, das durch die Aufschließung und die dichte Bebauung aus der Gründerzeit umrissen ist. Aus Gründen der leichten Faßlichkeit und der Datenvergleichbarkeit hat eine solche Betrachtung viele praktische Vorteile, wenngleich zu berücksichtigen ist, daß auch innerhalb des sogenannten „dichtbebauten Stadtgebietes" Entwicklungen auf noch unbebauten Grundstücken vor sich gehen können, die besser als „innere Stadterweiterung" zu beschreiben wären.

Versucht man, von starren räumlichen Grenzen innerhalb der Stadt abzusehen und die Ziele einer humanen Stadtentwicklung im Auge zu behalten, dann sind unter Stadterneuerung alle jene Vorgänge zu verstehen, die geeignet erscheinen, die qualitativen Lebensbedingungen der städtischen Bevölkerung zu verbessern.

Zum besseren Verständnis einzelner oft gewählter Begriffe sollen folgende Inhalte unterschieden werden:

Instandhaltung, Instandsetzung, Erhaltung:

Darunter sollen Tätigkeiten verstanden werden, die überwiegend zur Erhaltung bzw. Wiederherstellung jenes Zustandes dienen, der schon vorhanden war. Es ist dabei keine Qualitätsverbesserung sondern eine Qualitätserhaltung angestrebt.

Verbesserung, Modernisierung:

Es werden davon alle Maßnahmen umfaßt, die zu einer Anhebung der vorhandenen Qualität führen, also z. B. Einleitung von sanitären Anlagen etc. Streng genommen ist die Verbesserung von der Erhaltung getrennt (so sieht auch das Wohnungsverbesserungsgesetz vor, daß Förderungen zur Wohnungsverbesserung nur dann gewährt werden, wenn vorher oder gleichzeitig – aber aus anderen Quellen finanziert – die notwendigen Erhaltungsarbeiten durchgeführt werden), es muß jedoch darauf hingewiesen werden, daß die Grenzziehung sehr schwierig ist und auch das allgemeine Verständnis in die Verbesserung die Erhaltung der vorhandenen Substanz einschließt.

Stadterneuerung:

Stadterneuerung ist als umfassendster Begriff anzusehen, der alle Vorgänge dieses Themas beinhaltet. Er beschränkt sich nicht auf die Erhaltung, die Verbesserung, den Abbruch oder den Neubau der Wohnsubstanz, sondern schließt in seine Betrachtung das Wohnungswesen an sich, die Wohnumwelt und alle anderen städtischen Nutzungen und Funktionen ein. Der Begriff hat ferner neben den physischen auch die juristischen, wirtschaftlichen, sozialen und kulturellen Aspekte zum Inhalt.

Revitalisierung:

Revitalisierung ist wie Stadterneuerung umfassend auszulegen, wird aber in der Regel nur für Fragen der Erneuerung in historisch und kulturell wertvoller Substanz verwendet.

Probleme der Wiener Stadtstruktur

Es ist eine allgemeine Erscheinung der Stadtgeschichte der letzten 100 bis 200 Jahre, daß sich die gesellschaftliche Entwicklung rascher vollzieht, als die notwendige Anpassung der Stadtstruktur an dieselbe erfolgen kann. Die dynamischen Veränderungen der Gesellschaft stellen Anforderungen im Produktions- und Konsumbereich, denen die historisch gewachsene Stadtstruktur eine gewisse Resistenz entgegensetzt. Diese Resistenz hat natürlich auch sehr liebenswerte Aspekte, sie beschert uns jene historischen Gebäude, Straßen und Plätze, an denen nicht nur die Besucher Wiens, sondern die Wiener selbst sehr hängen. Trotzdem erscheint, im ganzen gesehen, das historische Erbe der Bausubstanz als „Strukturproblem", das nach der Stadterneuerung ruft. Die Strukturprobleme sind vielfältiger Natur und erweisen sich nicht nur im äußeren Bild sanierungswürdiger Stadtteile, sondern können auch in weniger sichtbaren Erscheinungen der Sozialstruktur der Bevölkerung, der inneren Wohnungsstruktur, der Wirtschaftsstruktur, der Grünraumversorgung, des Straßennetzes, der Baublockgliederung und der Grundstücksverhältnisse abgelesen werden. Wir verfügen nicht in allen relevanten Bereichen über gleichzeitig detaillierte und zusammenfaßbare Erkenntnisse. So ist es zum Beispiel ungemein aufwendig, über jedes einzelne Haus in Wien gesammelte Angaben über den Bauzustand zu führen. In Zukunft wird zwar das elektronische Daten- und Informationswesen so weit ausgebaut werden, um dies zu ermöglichen, vorerst müssen jedoch viele solcher Informationsbedürfnisse am gewaltigen Erhebungs- und Auswertungsaufwand scheitern. Die Stadtplanung ist daher veranlaßt, vor allem mit den Informationen der alle zehn Jahre bundesweit durchgeführten Zählungen zu operieren. Die neuesten Daten dieser Art sind jene der Volkszählung 1971 und der Häuser- und Wohnungszählung 1971, die vom Österreichischen Statistischen Zentralamt ermittelt wurden.

Auf der Grundlage dieser Daten wurde der Versuch unternommen, ein möglichst kleinräumig differenziertes Bild über städtebauliche Problemgebiete zu erhalten. Die Methode, die dazu angewandt wurde, sei wie folgt in Kürze beschrieben[2]):

[1]) Bundesgesetz vom 3. Mai 1974, BGBl. Nr. 287, betreffend die Assanierung von Wohngebieten (Stadterneuerungsgesetz).

[2]) Vgl. Leitner, K.; Schmeikal, B.:
Gesellschaftliche Daten zur Beschreibung der sozialen Situation Wiens – Wohnen, i. A. d. MA 18, Wien 1977.

– Die Daten wurden auf die bis jetzt kleinstmöglich erfaßbare Raumeinheit ausgerichtet, das ist das Zählgebiet (Wien gliedert sich statistisch in 23 Bezirke, in 230 Zählbezirke und in 1.276 Zählgebiete. Der Aufbau eines EDV-Datensystems auf 9.620 Baublöcke ist zwar bereits in Ausarbeitung, aber noch nicht abgeschlossen).
– Jene Zählgebiete, in denen sich weniger als zehn mangelhaft ausgestattete Wohnungen pro Hektar befinden, wurden als „problemlose" Gebiete aus der weiteren Betrachtung ausgeschieden. Mangelhaft ausgestattete Wohnungen sind solche ohne WC oder Wasser innerhalb der Wohnung (Ausstattungstyp IV und V der Häuser- und Wohnungszählung 1971).
– Sodann wurden jene verfügbaren Informationen zusammengestellt, die als Indiz für städtebauliche Strukturprobleme gelten können:
1. Ausstattungsdichte – mangelhaft ausgestattete Wohnungen pro Hektar
2. Wohnungsausstattung – Anteil mangelhaft ausgestatteter Wohnungen an allen Wohnungen in Prozenten
3. Wohnungsdichte – Anzahl der Wohnungen pro Hektar
4. Wohnungsgröße – durchschnittliche Wohnnutzfläche pro Wohnung in m^2
5. Baualter – Anteil der vor 1919 errichteten Gebäude an allen Gebäuden in Prozenten
6. Neubautätigkeit – Anteil der 1961 oder später errichteten Gebäude an allen Gebäuden in Prozenten
7. Überalterung der Wohnbevölkerung – Anteil der Bewohner im Alter von 60 und mehr Jahren an der Wohnbevölkerung.
– Die Angaben für die einzelnen Merkmale wurden sodann für alle nicht als „problemlos" ausgeschiedenen Zählgebiete ermittelt. Die Ergebnisse wurden in jeweils fünf gleichmäßige Qualitätsklassen unterteilt und mit Schlechtpunkten von 1 bis 5 bewertet. Schließlich wurden die Schlechtpunkte aller Einzelmerkmale zusammengezählt.
– Die solcherart entstandene Gruppierung verschiedener Qualität wurde auf einer Karte aufgetragen. Die Karte zeigt die räumliche Verteilung der unterschiedlich guten bzw. schlechten Zählgebiete in Wien.

Die Methode ist insofern bemerkenswert, als die Qualität der einzelnen Gebiete nicht an irgendeinem idealgedachten Normzustand gemessen wird (über den man ja sehr unterschiedlicher Meinung sein könnte), sondern bloß deren Relation untereinander herstellt. Oder anders ausgedrückt: die Probleme werden an den durchschnittlichen Wiener Verhältnissen gemessen.

Erwartungsgemäß zeigt die Karte der Strukturmängel, daß die Problembereiche nicht gleichmäßig über Wien verstreut sind, sondern sich im Besiedlungsraum aus der Gründerzeit der zweiten Hälfte des 19. Jahrhunderts konzentrieren. Nicht so sehr die Bezirke innerhalb des Gürtels, sondern vor allem die gründerzeitlichen Rasterviertel außerhalb des Gürtels sind am stärksten sanierungswürdig.

Dieser Umstand wird auch durch eine Studie bestätigt, die im Auftrag des Bundesministeriums für Bauten und Technik durchgeführt wurde[1]). Darin wurde ermittelt, daß der Sanierungsbedarf in Österreich eine Größenordnung von rund 85 Mrd S erfordern würde. Über 80% dieses Sanierungsbedarfes fällt in Wien an. Die föderative Verteilung der Bundesmittel ist allerdings wesentlich ungünstiger für Wien ausgefallen. Erstaunlicherweise ergibt sich, daß nur knapp 2% des Sanierungsbedarfes für historisch und kulturell wertvolle Bausubstanz anfällt. Unsere großen Sanierungsprobleme liegen also nicht so sehr in der Stadtbildpflege barocker Viertel, sondern darin, das gründerzeitliche Erbe den zeitgemäßen Vorstellungen anzupassen.

Instrumente der Stadterneuerung

Allgemeine Gliederung

Die Möglichkeiten der öffentlichen Hand zur Beeinflussung der Stadterneuerung sind vielfältig und können hier nur stichwortartig angeführt werden. Trotzdem muß betont werden, daß die wenigsten dieser Instrumente eine absolute Steuerung zulassen, sondern entweder nur den Rahmen für Privatinitiativen abstecken oder höchstens fördernde Impulse und Hilfen für privates Handeln darstellen können. Ein weiteres Problem bei der Beurteilung der Stadterneuerungsmaßnahmen ist der Umstand, daß diese Fülle kleinerer und größerer Einzelaktionen aus unterschiedlichsten Perioden stammen, aufgrund verschiedenster Probleme und Anlässe erarbeitet wurden und von vielen getrennten Stellen und Bereichen des öffentlichen Sektors betrieben werden. Die Koordination all dieser Instrumente und ihr konzentrierter Einsatz für Stadterneuerungsfragen ist daher von entscheidender Bedeutung für die Effizienz der Stadterneuerungspolitik. Grundsätzlich lassen sie sich folgendermaßen gliedern:

Ordnungsinstrumente

Darunter sind im wesentlichen Gesetze und Verordnungen zu verstehen, die einen relativ starren und verbindlichen legistischen Rahmen für alle weiteren Tätigkeiten abgeben.
– Bundesgesetze und -verordnungen:
  Stadterneuerungsgesetz, Mietengesetz, Wohnbauförderungsgesetz, Wohnungsverbesserungsgesetz, Denkmalschutzgesetz, Bundesstraßengesetz, Straßenverkehrsordnung u. a.
– Landesgesetze und -verordnungen:
  Bauordnung für Wien samt Nebengesetzen, Garagengesetz, Baumschutzgesetz, Verordnung des Wiener Magistrates betreffend die Reinhaltung von Verkehrsflächen und Privatgrundstücken.

Finanzielle Förderungen

Ebenfalls durch Gesetze und Verordnungen geregelt, gehen finanzielle Förderungen über die passive Rahmensetzung hinaus und stellen wesentliche Einflußfaktoren dar:
– Wohnbauförderungsdarlehen für Wohnungsneubauten samt begrenzter Nahversorgungseinrichtungen für umfangreiche Haussanierungen.
– Wohnungsverbesserungskredite für kleinere Verbesserungen innerhalb und außerhalb der Wohnung.
– Subjektförderung – Eigenmittelersatzdarlehen und Wohnbauhilfen – für Wohnungsneubauten, große und kleine Wohnungsverbesserungen, gestaffelt nach Familiengröße und Familieneinkommen.
– Mietzinsbeihilfen für Instandsetzungsarbeiten nach dem Mietengesetz.
– Mittel aus dem Altstadterhaltungsfonds für Erhaltungsarbeiten innerhalb von Schutzzonen und für andere historisch und kulturell wertvolle Gebäude.
– Förderungsaktion zum Ausbau von Dachböden.
– Förderungsaktion zur Umgestaltung und Entwicklung von Betrieben.
– Förderungsaktion für Klein- und Mittelbetriebe.
– Förderungsaktion für Baumpflanzungen auf Privatgrundstücken.

[1]) Bramhas, E.; Riccabona, C.; Schmidl, W.:
Althaussubstanz im Röntgenbild. Strukturelle Analyse des Althausbestandes.
Forschungsgesellschaft für Wohnen, Bauen und Planen, Wien 1977.

Planung

Vielfältige Formen kommunaler und bundesstaatlicher Planungen nehmen auf die Stadterneuerung Einfluß. Insbesondere sollen hier genannt werden: Stadtentwicklungs- und Bezirksentwicklungsplanung, Flächenwidmungs- und Bebauungsplanung, Wirtschafts- und Budgetplanung, Wohnbauplanung, Straßenplanung, Planung der Verkehrsorganisation, Planung im Bereich der technischen und sozialen Infrastruktur.

Liegenschaftswesen

Die direkte Tätigkeit der Gemeinde Wien auf dem Liegenschaftssektor übt in ihren verschiedenen Formen einen bestimmenden Einfluß auf die Stadterneuerungstätigkeit der Stadt selbst, aber auch indirekt auf die Stadterneuerung insgesamt aus. Dazu zählt die Kontrolle von Bodenpreisen in Assanierungsgebieten und im Rahmen der Vergabe öffentlicher Wohnbaudarlehen sowie die indirekte Preisstabilisierung des Wiener Bodenmarktes durch die eigene Ankaufspolitik.

Zusätzlich kann die Verwaltung im Zuge von Abteilungs- und Umlegeverfahren, durch das Abgabenwesen und die Flächenwidmung bedeutenden Einfluß ausüben.

Ausbau der technischen und sozialen Infrastruktur

Investitionen in die technische und soziale Infrastruktur machen in der Regel die umfangreichsten finanziellen Aufwendungen der öffentlichen Hand erforderlich. Es handelt sich dabei auch um die stärkste Form der Beeinflussung städtischer Strukturen. Dieser Bereich ist sowohl nach Sachgebieten wie nach Kompetenzen vielfach gegliedert und auch zwischen Stadt Wien einerseits und Bund andererseits in komplexer Weise geteilt. Neben der Errichtung und Pflege von Einrichtungen soll hier auch die Gestaltung und Organisation des gesamten öffentlichen Raumes hervorgehoben werden.

Gemeinwesenarbeit

Was traditionellerweise Sozialfürsorge hieß, wuchs sich inzwischen zu einer komplexen Tätigkeit der Öffentlichkeit aus. Die eigentliche Sozialfürsorge selbst wurde immer vielschichtiger und umfangreicher. Vor allem aber ist bedeutsam, daß die Bevölkerung insgesamt – ihre schwächsten und benachteiligsten Teile vornehmlich – der intensiveren Betreuung bedarf. Die öffentliche Hand hat daher ein ausgedehntes Beratungs-, Informations- und Betreuungssystem neben dem klassischen Fürsorgesystem aufgebaut. Gerade für Stadterneuerungsvorgänge bedarf es des konzentrierten Einsatzes solch umfassender Gemeinwesenarbeit. Man spricht hier auch häufig vom erforderlichen „Sozialplan".

In Wien wurden hier erste Erfahrungen mit der „Gebietsbetreuung" im Stadterneuerungsgebiet Ottakring gewonnen.

Ausgewählte Instrumente der Stadterneuerung in Wien

Aufbauend auf der allgemeinen und systematischen Gliederung von Stadterneuerungsinstrumenten soll in der Folge eine Reihe konkreter Maßnahmen besprochen werden, die in Wien derzeit angewandt werden. Es wurden allerdings nur die wichtigsten ausgewählt und vor allem solche, die als eng beschreibbare Maßnahmen ansprechbar sind. Die Fülle sonstiger kleiner koordinierender Schritte im Zuge der Stadtplanung oder der Gemeinwesenarbeit wäre in der gebotenen Kürze gar nicht so ohne weiteres vermittelbar.

Stadterneuerungsgesetz 1974

Unter den Instrumenten zur Beeinflussung der Stadterneuerung nimmt das Stadterneuerungsgesetz (STEG) eine Sonderstellung ein. Es ist das einzige Gesetz, das dezidiert und ausschließlich auf die Stadterneuerung eingeht und dessen Entstehung beträchtliche Diskussion ausgelöst hatte. Das Stadterneuerungsgesetz wurde 1974 vom Nationalrat beschlossen. In einigen Teilen Österreichs hat man auf der Grundlage des Gesetzes mit Vorbereitungsarbeiten begonnen – so auch in Ottakring, wo im Juni 1978 ein „Assanierungsgebiet" von der Wiener Landesregierung verordnet wurde.

Die wesentlichen Bestimmungen des STEG sind:

- Festlegung von Assanierungsgebieten (§§ 5 und 7):
  Auf Vorschlag der Gemeinde kann das Land eine Verordnung erlassen, mit der Gemeindegebiete oder Teile davon zum Assanierungsgebiet erklärt werden. Alle weiteren Bestimmungen beziehen sich dann nur auf diese räumliche Einheit.
- Anbotsverpflichtung (§ 8):
  Will jemand ein Grundstück verkaufen, dann muß er es in der Regel der Gemeinde zuerst anbieten.
- Preiskontrolle (§ 9):
  Alle Grundtransaktionen werden von einer Gutachterkommission auf ihre Angemessenheit überprüft. Überhöhte Preissteigerungen sollen dadurch vermieden werden.
- Enteignung (§ 10):
  Zwei Jahre nach Inkrafttreten der Verordnung können assanierungswürdige Gebäude enteignet werden. Die Enteignung ist nicht möglich, wenn der Eigentümer selbst die erforderlichen Sanierungsmaßnahmen betreibt oder eine Erneuerungsgemeinschaft gebildet wird.
- Erneuerungsgemeinschaft (§ 12):
  Zur besseren Durchführung der Stadterneuerung können Erneuerungsgemeinschaften gebildet werden, die nach durchgeführter Sanierung wieder aufzulösen sind.
- Absiedlungsverfahren (§ 21):
  Im Falle von Enteignungen können Bestandnehmer (Mieter) von Wohnungen oder Lokalen analog dem Mietengesetz gekündigt werden, es müssen ihnen aber zwei entsprechende Entschädigungs-Angebote gemacht werden.
- Abschreibung (§ 34):
  Assanierungsvorhaben können bis zu 50% vorzeitig von der Steuer abgeschrieben werden.
- Eigentumswohnungen (§ 25a):
  Von jenen Wohnungen, die auf enteigneten Grundstükken durch die Wohnbauförderung entstehen, müssen mindestens die Hälfte Eigentumswohnungen werden.

Wohnungsverbesserungsgesetz 1969

(„Kleine Wohnungsverbesserung")

Mit dem Wohnungsverbesserungsgesetz sollen Modernisierungsarbeiten innerhalb der einzelnen Wohnungen und kleinere Verbesserungsarbeiten innerhalb des Wohnhauses geregelt werden. Gefördert wird bis zu 25% vergleichbarer Neubaukosten. Gleichzeitig wird eine Höchstgrenze von 100.000 S je Darlehen eingeführt, um so eine bessere Streuung der Mittel zu erwirken. Die Förderung sieht vor, daß das Land Wien 40% eines privat aufgenommenen Bankkredites refundiert, was etwa auf die Abgeltung der gesamten Zinsbelastung hinausläuft. Das Darlehen muß innerhalb von zehn Jahren zurückgezahlt werden. Gefördert werden Wohnungen bis zu 150 m², die vor 1948 errichtet wurden. Das Wohnungsverbesserungsgesetz kennt auch eine Subjektförderung. Danach übernimmt das Land Wien jenen Wohnungsaufwand, der als unzumutbar hoch gilt, wobei die Zumutbarkeitsgrenzen nach Haushaltsgröße und Familieneinkommen gestaffelt sind.

In seiner ursprünglichen Fassung aus dem Jahr 1969 wurde das Gesetz nicht sehr wirksam. Die Bankkredite mußten als Hypothekarkredite vom Hauseigentümer aufgenommen werden, was zu unerwünschten Grundbelastungen führte. Erst durch die Gesetzesnovellierung 1971 war es möglich, daß auch Mieter Kredite erhielten und das Land Wien die Bürgschaft übernahm. Damit wurde eine Lawine an Förderungsansuchen losgetreten. Zwischen 1972 und 1976 verdoppelte sich jährlich die Zahl der geförderten Wohnungsverbesserungen. 1976 wurden in Wien 13.000 Wohnungen mit öffentlichen Mitteln verbessert. In den letzten Jahren konnten rund 40.000 Wohnungen saniert werden.

Wohnbauförderungsgesetz 1968

(„Große Wohnungsverbesserung")

Für umfangreiche Wohnhaussanierungen, die mit der „kleinen Wohnungsverbesserung" nicht mehr finanzierbar sind, kann nach dem Wohnbauförderungsgesetz 1968 vorgegangen werden. Diese günstigere Förderungsform, die ursprünglich nur für die Errichtung von Neubauwohnungen gedacht war, kann seit der Gesetzesnovelle 1974 auch für Sanierungen herangezogen werden. Bis zu 80% vergleichbarer Neubaupreise darf die Sanierung nach der „großen Wohnungsverbesserung" kosten.

Das Finanzierungssystem sieht folgendermaßen aus:

10% Eigenleistung,
45% öffentliches Darlehen, langfristig (50 Jahre) und niedrig verzinst (1% Zinssatz),
45% Kapitalmarktkredite, die in den ersten fünf Jahren zu 50% der Annuitäten gestützt werden, dann abnehmende Zuschüsse.

Zusätzlich gibt es zwei Formen der Subjektförderung:

- Ein Eigenmittelersatzdarlehen für junge Haushalte und einkommensschwache Familien.
- Wohnbeihilfen, gestaffelt nach der Haushaltsgröße und dem Familieneinkommen.

Die „große Wohnungsverbesserung" hat die Anlaufphase noch nicht überwunden. Ihre Anwendung setzt sowohl das Engagement des Hauseigentümers wie die Kooperation zwischen Bewohnern und Hauseigentümern voraus. Bis Ende 1977 wurden nur 5 Mio S an Darlehen für solche Sanierungen ausgeschüttet.

Altstadterhaltungsgesetz 1972

Altstadterhaltungsfonds 1972

Zwecks Erhaltung der historisch und kulturell wertvollen Stadtsubstanz wurde 1972 das Altstadterhaltungsgesetz als Novelle zur Wiener Bauordnung beschlossen. Darin ist die Festlegung von Schutzzonen im Flächenwidmungs- und Bebauungsplan vorgesehen. Innerhalb dieser Gebiete können besondere Auflagen zur Sicherung der Ensemblewirkung gemacht werden. Zwischen 1973 und 1976 wurden zwei Drittel der vom Kulturamt der Stadt Wien vorgeschlagenen Schutzzonen in 41 Plandokumenten vom Gemeinderat beschlossen. Diese Auflagen können manchmal zu großen finanziellen Mehrbelastungen für den Hauseigentümer führen. Deshalb wurde die Unterschutzstellung durch die Schaffung des Wiener Altstadterhaltungsfonds ergänzt. Der Fonds, gespeist durch Zuwendungen aus dem Erträgnis nach dem Wiener Kulturschillinggesetz 1972, wird vom Kulturamt der Stadt Wien verwaltet. Das Kulturschillinggesetz sieht eine Abgabe von 10% der Fernseh- und Rundfunkgebühren vor.

1965 wurden drei Objekte mit 278.000 S gefördert, 1976 bereits 214 Objekte mit 50 Mio S. Neben den Mitteln aus dem Altstadterhaltungsfonds gibt es noch eine Reihe anderer Förderungsaktionen.

Seit Bestehen der konzertierten Altstadterhaltung wurden folgende Beträge ausgeworfen:

Altfassadenaktion	6 Mio S
Beiträge im Wege über das Bundesdenkmalamt	3 Mio S
Altstadterhaltungsfonds	82 Mio S
Förderung außerhalb des Altstadterhaltungsfonds	69 Mio S
	160 Mio S
besondere Aufwendungen für die Stephanskirche, Karlskirche, etc.	13 Mio S

Mit der Schutzzonenregelung und den diversen Zuschüssen und Förderungen konnten tatsächlich wirksame Instrumente geschaffen werden.

Dachbodenausbauaktion

Die besondere Förderung zum Ausbau von Dachgeschossen ist als Initiative zu werten, die im dichtbebauten Stadtgebiet verfügbare Bausubstanz in optimaler Weise für die Wohnbevölkerung zur Verfügung zu stellen. Die Abwanderung der Bevölkerung aus dem Stadtkern sollte dadurch etwas gebremst werden. Grundsätzlich kann der Dachbodenausbau auf zwei Arten gefördert werden:

a) Nach dem Wohnbauförderungsgesetz 1968:
Danach wird der Dachbodenausbau wie ein Neubau bzw. eine „große Wohnungsverbesserung" gehandhabt (von den Bestimmungen her könnte auch die „kleine Wohnungsverbesserung" herangezogen werden, sie wird jedoch aufgrund der höheren Ausbaukosten in der Regel nicht zweckmäßig sein). Das Problem bei der Anwendung des Wohnbauförderungsgesetzes liegt in der Notwendigkeit zur Aufnahme von Hypothekarkrediten. Diese Grundstücksbelastungen sind häufig nicht möglich oder vom Hauseigentümer unerwünscht.
Um diese Schwierigkeiten zu umgehen, wurde im Dezember 1976 eine spezielle Förderungsaktion der Gemeinde Wien ins Leben gerufen.

b) Förderungsaktion der Gemeinde Wien 1976:
Die Finanzierung wird danach folgendermaßen geregelt:
30% Eigenmittel,
20% Baukostenzuschuß der Gemeinde Wien,
50% Bankdarlehen, für das auf Wunsch des Institutes die Stadt Wien die Bürgschaft übernimmt.
Für diese Aktion stehen 40 Mio S zur Verfügung, es wird von ihr vorerst noch nicht im erwünschten Ausmaß Gebrauch gemacht. Bisher wurden erst 25 bis 30 Dachbodenausbauten gefördert.

Gartenhofförderung 1976

Wien verfügt über eine Reihe von reizvollen Innenhöfen innerhalb der geschlossenen Baublockbebauung. Diese sind eine wichtige Ergänzung zur Sicherung der Naherholungsflächen im dichtbebauten Stadtgebiet. Sie zu aktivieren und für die Bewohner nutzbar zu machen, ist Ziel der Aktion, die vor zwei Jahren ins Leben gerufen wurde. Diese Förderung wird dann gegeben, wenn bestehende Höfe im Inneren der Häuserblöcke für die Bewohner der Häuser geöffnet werden. Vorgesehen ist ein Zuschuß von 2.000 S für jeden neugesetzten Baum. Bisher wurden rund 70.000 S für 18 Gartenhöfe ausgeworfen. Offensichtlich ist auch diese Aktion noch nicht im vollen Umfang wirksam. Die Privatinitiative, die sich zwischen Bewohnern und Hauseigentümern herauskristallisieren müßte, muß sich erst in ausreichendem Maß entfalten.

Wirtschaftsfördernde Aktionen in Wien

Es gibt für Wien eine Fülle verschiedenartiger Wirtschaftsförderungsmaßnahmen, die in flexibler Weise auf

Probleme des Wirtschaftslebens eingehen. Zwar gibt es keine Förderungsaktion, die ausdrücklich nur für die Belange der Stadterneuerung eingesetzt wurde, doch werden einige davon auch in dieser Richtung wirksam.

- *Kleinbetriebezuschußaktion*
  Neben der bundesweiten BÜRGES-Kredit-Aktion (Kleingewerbekreditaktion des Bürgschaftsfonds Ges. m. b. H.) zur Förderung der Kleingewerbetreibenden hat die Stadt Wien eine zusätzliche Förderung für Investitionen dieses Bereiches geschaffen. Neben einer allgemeinen 10%igen Subvention gibt es zusätzliche Zuschüsse für Neugründungsinvestitionen, für Betriebe der Nahversorgung und für besonders förderungswürdige Branchen. Solcherart können gerade jene Kleinbetriebe gestützt werden, die charakteristisch für innerstädtische Gebiete sind.
- *Gemeinsame Kreditaktion für Klein- und Mittelbetriebe der gewerblichen Wirtschaft*
  Die gemeinsam von der Wiener Handelskammer, dem Handelsministerium und der Gemeinde Wien durchgeführte Kreditaktion ist für Investitionen und Liquiditätsschwierigkeiten gedacht und geht bis zu einer Kredithöhe von 30.000 S.
- *Ersatzlokal- und Betriebsübernahmeaktion der Kammer der gewerblichen Wirtschaft für Wien*
  Bei Betriebsstättenräumungen durch außerbetriebliche Umstände – etwa einen Hausabbruch – kann diese Aktion bei Übersiedlungen helfen. Die Förderung besteht in Zinszuschüssen für Kredite bis zu 200.000 S.
- *Aktion Baurechtsgründe*
  Klein- und Mittelbetriebe im dichtbebauten Stadtgebiet können häufig nur deshalb konkurrenzfähig arbeiten, weil die Belastungen durch Pacht und Miete im Altbaubestand niedrig sind. Um die mit dem Ankauf von neuen Betriebsstandorten verbundenen hohen Belastungen zu reduzieren, wurden folgende Unterstützungen eingerichtet: Baurechtsverträge, Optionen auf Kaufverträge, Bauzinszuschüsse, Grundpreisermäßigungen.
- *Garagenförderungsaktion*
  Die Garagenförderungsaktion sieht die Förderung von Tiefgaragen mit mindestens 300 Stellplätzen vor, wobei je nach Stadtgebiet unterschiedliche Zuschüsse gegeben werden. Im 1. Bezirk werden 10% Baukostenzuschüsse erteilt, in den Bezirken 3 bis 9 14% und in den Bezirken 2 und 10 bis 23 18%. Mit Juli 1978 wurde diese Aktion auch auf Hochgaragen ausgedehnt, die im Einzugsbereich (300 m) von Geschäftsstraßen liegen und fallweise auch weniger als 300 Stellplätze aufweisen können. Bisher wurden im Rahmen dieser Förderungsaktion 44 Mio S aufgewendet, wodurch die Schaffung von 3.550 Stellplätzen in fünf Garagen unterstützt werden konnte.
- *Geschäftsstraßenförderungsaktion*
  Um im Konkurrenzkampf gegen die sich vermehrenden Einkaufszentren am Stadtrand bestehen zu können, wurde die Bildung von Werbegemeinschaften innerstädtischer Geschäftsstraßen gefördert. Die Förderung kann bis zu einer Höhe von 200.000 S erfolgen.
- *U-Bahn-Aktion*
  Gewerbetreibende, die im Zuge des U-Bahn-Baues in ihrer Existenz bedroht sind, erhalten durch diverse Hilfsmaßnahmen Unterstützungen. Diese sind natürlich unabhängig von etwaigen direkten Schäden durch die Bautätigkeit zu sehen.

  Übrigens wurde eine ähnliche Aktion für jene Gewerbetreibenden ins Leben gerufen, die durch den Einsturz der Reichsbrücke in ihrer Existenz gefährdet waren.

Ausgewählte Stadterneuerungsprojekte

Die Stadterneuerung in Wien läßt sich nicht nur am Umfang der eingesetzten Instrumente ablesen und an den statistisch erfaßbaren Strukturdaten verfolgen, sondern wird auch unmittelbar an einzelnen Stadterneuerungsprojekten erfaßbar, wo konzentriert und umfassend verschiedene Maßnahmen gleichzeitig angewendet werden. Drei solche integrierte Stadterneuerungsprojekte sollen modellhaft vorgestellt werden.

Revitalisierung Spittelberg

Der Spittelberg liegt im 7. Bezirk in der ehemaligen Vorstadt nahe dem Stadtzentrum, das in der Barockzeit aus spekulativen Gründen besonders kleinteilig parzelliert und von Bewohnern der sozialen Unterschichten besiedelt worden war. Daher hat dieses Viertel einen regelmäßigen und engen Straßenraster und sehr schmale, langgestreckte Baublöcke. Im Herzen des Gebietes findet sich noch ein einheitlicher Baubestand aus niedrigen Barockhäusern. Gegen den Rand des Spittelberges, den Hauptstraßen zu, entstanden bereits in der Gründerzeit vier- bis fünfgeschossige Bebauungen.

Dieses charakteristische, historisch und baukünstlerisch überaus reizvolle Gebiet verfiel in den letzten Jahrzehnten zusehends. Schon in den sechziger Jahren entstanden Sanierungsprojekte, ohne aber verwirklicht zu werden. In der Folge erregte der Spittelberg immer wieder die Aufmerksamkeit von Kunsthistorikern, Architekten und Studenten. Gleichzeitig ging der Verfall des Stadtviertels rapide weiter. Viele Häuser wurden unbewohnbar, einige mußten gepölzt werden. Bauspekulanten begannen, sich im Gebiet einzukaufen und den Verfall der historischen Bausubstanz zu beschleunigen. Die Proteste verstärkten sich. Es kam anfangs der siebziger Jahre zu einer festen Gruppierung dieses Protestes und zur Gründung der Interessengemeinschaft IG-Spittelberg, die sich nicht nur gegen den Verfall der Haussubstanz, sondern auch gegen die Verdrängung der dort wohnhaften Bevölkerung aus diesem Gebiet wandte. Sie entwickelte ein Modell von Gemeinwesenarbeit, das, außerhalb der Institutionen unbürokratisch und lokal verankert, sich der Intimität der historischen Bausubstanz bedienen sollte. Die IG-Spittelberg forderte Mittel und Unterstützung zur Sanierung und zur Betreuung der ansässigen Bevölkerung.

Mitte der siebziger Jahre entschloß sich die Stadtverwaltung, ein umfassendes Sanierungsprogramm auszuarbeiten. 1973 wurde der Spittelberg zur Schutzzone erklärt und dadurch die Gefahr weiterer spekulativer Zerstörung eingedämmt. Das Sanierungsprogramm sah in der ersten Phase die gründliche Revitalisierung der barocken Haussubstanz, die Schaffung umfangreicher Fußgängerzonen, kleinere Park- und Platzflächen sowie Querdurchgänge vor, während in der zweiten Phase die Erneuerung der peripheren gründerzeitlichen Bausubstanz und Hofzusammenlegungen vorgesehen waren.

Die Gemeinde Wien hatte im Laufe der Jahre einen Großteil der barocken Häuser aufgekauft. Als Bauträger wurde vor allem die Gesiba eingesetzt. Einige Häuser wurden vom Magistrat selbst saniert, davon zwei im Auftrag der Stadt Wien durch die IG-Spittelberg. Das sogenannte „Amerlinghaus" wurde als Kommunikationszentrum ausgestaltet und in Teilen der IG-Spittelberg zur Betreuung anvertraut. Das Erneuerungskonzept sah eine lebendige städtische Nutzungsmischung vor, um Gettobildungen zu vermeiden. Deshalb sind auch Geschäftslokale eingeplant. Die Kosten sollen niedrig gehalten werden, um solcherart soziale Segregationstendenzen zu vermeiden.

Die erste Phase der Sanierung ist zur Zeit im wesentlichen abgeschlossen, wenngleich die Schaffung der Fußgängerzonen noch nicht in Angriff genommen werden konnte. Es lassen sich daher bereits einige Besonderheiten und Probleme des Stadterneuerungsprojektes erkennen:

- Untypisch für andere Erneuerungsvorhaben ist der Umstand, daß hier ein besonderes denkmalpflegerisches Interesse im Vordergrund stehen müßte. Daraus erklären sich auch die aufwendigen und umfangreichen Erhaltungs- und Sanierungsmaßnahmen sowie die relativ hohen Sanierungskosten (12.000 bis 14.000 S/m²).
- Der langjährige Verfall des Spittelberges, die spekulativen Verwertungsinteressen und der Konflikt um das richtige Sanierungskonzept führte dazu, daß schließlich kaum noch Menschen in diesem Gebiet wohnten. Die spezifischen Probleme der Sanierung mit einer ansässigen Bevölkerung entfielen daher. Bei der Neubesiedlung soll darauf geachtet werden, daß die Bildung „sozialer Gettos" vermieden wird. Trotz der hohen Sanierungskosten ist es gelungen, die Wohnungsaufwandsbelastungen dem Niveau des üblichen sozialen Wohnbaues anzugleichen. Die Gemeinde Wien mußte dazu umfangreiche Zuschüsse aus dem Altstadterhaltungsfonds tätigen. Im Gegensatz zum „Blutgassenviertel" (einer Sanierung im 1. Bezirk der frühen sechziger Jahre) sind damit von der Preisseite her die Voraussetzungen geschaffen worden, um ein Nobelviertel zu vermeiden.

Die Sanierungstätigkeit der privaten Hauseigentümer setzte erst mit deutlicher Verzögerung ein; schien es vorerst, daß daran überhaupt kein Interesse bestünde, so ist jetzt erkennbar, daß sie doch zustande kommt. Die Verzögerungen dürften darauf zurückzuführen sein, daß angesichts der langjährigen Stagnation und Verunsicherung vorerst abgewartet wurde, wie sich die Aktivität der Verwaltung anläßt bzw. auf die Privaten auswirkt. Nun, da eine Aufwertung des Gebietes unübersehbar geworden ist, beginnt sich eine positive Wirkung auf die Sanierungsfreudigkeit der Privaten abzuzeichnen. Es ist eine allgemeine Erkenntnis, daß es in Erneuerungsgebieten des deutlich sichtbaren Engagements der öffentlichen Hand bedarf, bevor merkbare Impulse auf die private Initiative spürbar werden.

Projekt Planquadrat

Das Projekt Planquadrat – die Sanierung eines Häuserblocks im 4. Bezirk – ist vor allem durch die Besonderheit gekennzeichnet, daß ein Fernsehteam des ORF die Entstehung und Durchführung des Projektes über einen Zeitraum von mehr als einem Jahr kontinuierlich und aus der Nähe beobachtete und in einer Reihe von Sendungen darüber berichtete.

Das Planquadrat ist ein fast quadratischer Häuserblock im 4. Bezirk nahe dem Stadtzentrum. Die Haussubstanz ist gemischt, etwa zur Hälfte aus der Mitte des 19. Jahrhunderts, zum Teil sind aber gerade die alten Wohnungen groß und angenehm. Die Gemeinde Wien hatte schon in den sechziger Jahren einige Grundstücke bebaut und damit gleichzeitig zur Vergrößerung der unbebauten Hoffläche beigetragen. Die Bevölkerung ist erwartungsgemäß stark überaltert. Die Häuser sind im Erdgeschoß großteils – besonders in der Margaretenstraße – kommerziellen Nutzungen zugeführt. Hinter dem Haus Margaretenstraße 30 befand sich ein kleiner öffentlicher Park, der allerdings Gegenstand einiger Konflikte zwischen jüngeren und älteren Bewohnern war. 38% der Häuser waren bereits im Eigentum der Gemeinde Wien und sogar 75% der Freiflächen.

Die Projektsplanung bestand aus folgenden Einzelelementen:

Bebauungsplan: Der Flächenwidmungs- und Bebauungsplan aus dem Jahr 1966 sah einen großen Park vor, der an die Mühlgasse angrenzen sollte und einen Kindergarten beinhaltete. Dieses Konzept wurde dahingehend modifiziert, als die Häuser an der Mühlgasse erhalten bleiben sollten und die Grünfläche ihren internen Charakter inmitten der Häuser beibehalten konnte.

Revitalisierung der Häuser: Die Häuser insbesondere an der Mühlgasse wurden auf ihre Sanierbarkeit untersucht und außer einem kleinen freistehenden Trakt erhalten. Mit der Revitalisierung der Häuser wurde auch ein Umsiedlungsprogramm für die Bewohner ausgearbeitet.

Gartenhof: Anhand der Auswertung ihrer Wünsche wurde in Zusammenarbeit mit den Bewohnern die Ausgestaltung der Hofflächen geplant. Die Einbeziehung privater Hofflächen konnte vorerst nicht erreicht werden, sie ist jedoch nach Ausführung der ersten Etappe da und dort zu erwarten.

Gemeinschaftseinrichtungen: Für die Erdgeschosse der zu revitalisierenden Häuser wurden Gemeinschaftsnutzungen gesucht. So wird ein Kindergarten eingeplant. Andere Hausgemeinschaftsräume sind ermöglicht. Eine vorhandene ebenerdige Garage wird in eine ausgedehnte Tiefgarage umgewandelt, die so freiwerdenden Flächen werden dem Hof als Grünzone zugeschlagen.

Am Modellfall Planquadrat konnten folgende Projektserfahrungen gesammelt werden:

- Im Gegensatz zur Stadterneuerung Ottakring lag das organisatorische Schwergewicht des Projektes Planquadrat in den Anfangsphasen – insbesondere den Planungsphasen – nicht innerhalb des Magistrats. Es hatte dies den Vorteil eines intensiven Kontaktes zwischen Planung und Bevölkerung. Es kam dabei jedoch zu Brüchen zwischen der Planung außerhalb und der Durchführung innerhalb des Magistrats. Insbesondere die Präsenz des ORF eskalierte da und dort Konflikte. Andererseits garantierte die Berichterstattung des ORF die kontinuierliche Fortsetzung des Projektes.
- Der Informationsstand der Bevölkerung ist relativ niedrig. Ihre Möglichkeit zur Eigeninitiative ist daher gering. Die vorhandenen Instrumente und Förderungen zur selbsttätigen Stadterneuerung können demnach nicht optimal ausgeschöpft werden. Es herrscht ein Bedarf an Animationstätigkeit, sei es durch positive Aktionen der Verwaltung selbst, sei es durch das Auftreten anderer Initiativgruppen. Stadterneuerung ohne Mitsprache der ansässigen Bevölkerung (Eigentümer, Bewohner, Unternehmer) ist schwer vorstellbar, ihre Einbeziehung verspricht allerdings, Konflikte heraufzubeschwören. Völlig problemlose Stadterneuerung ist tatsächlich illusorisch. Die partizipative Sanierung kann die Konflikte immerhin in geordnete Bahnen lenken und verringern. Alles hängt jedoch von der Art und Weise ab, mit der die Verwaltung der Bevölkerung gegenübertritt. Im Planquadrat hat sich sowohl die positive Lernfähigkeit der Bevölkerung als auch die Ungeübtheit der Verwaltung in Fragen der Mitbestimmung erwiesen.
- Die Bildung des Planquadrat-Vereins und der besondere Öffentlichkeitscharakter des Gartenhofes verdient Beachtung. Der Verein entstand durch Eigeninitiative und Selbstorganisation der Bewohner und bietet Chancen zur Stimulierung brachliegender privater Eigenleistung für viele Sanierungsfragen. Diese Wirkung wäre bei entsprechender öffentlicher Förderung sicher noch zu steigern. Der Öffentlichkeitscharakter der Hofflächen gab häufig Anlaß zu Mißverständnissen. So wurde vielfach unterstellt, die Planquadratbewohner hätten nichts anderes im Sinn, als die relativ großen Hofflächen gänzlich exklusiv und privat für sich zu beanspruchen.

Das wäre angesichts des Mangels an Naherholungsflächen in der Umgebung unvertretbar. Tatsächlich hat es anfangs solche Privatisierungstendenzen gegeben, die durch die nächtliche Unsicherheit und die Angst vor jugendlichen Rowdies verstärkt wurden. Sobald diese Ängste eingedämmt werden konnten – es wurden Tore zum nächtlichen Absperren montiert und dem Verein das Recht auf eine eigene „Hofordnung" zugebilligt –, war auch der Drang nach Exklusivität abbaubar. Wie selbstverständlich wurden auch Bewohner aus der Umgebung akzeptiert und begrüßt. Sicher muß man aber einer öffentlichen Grünfläche im Inneren eines Häuserblocks ein besonderes Naheverhältnis zu den unmittelbaren Anrainern zubilligen. Dieser halböffentliche Charakter ist allerdings etwas anderes als die völlig exklusive Nutzung einiger Höfe, die von privaten Eigentümern gehütet werden.

Stadterneuerung Ottakring

Das Projekt in Ottakring stellt den ersten Versuch in Wien dar, das Stadterneuerungsgesetz für ein begrenztes Teilgebiet der Stadt anzuwenden. Darüber hinaus gilt es als Modellbeispiel für eine integrierte Gebietssanierung, bei dem zeitgemäße Erkenntnisse über eine humane Form der Erneuerung zur Anwendung kommen sollen.

Das zu behandelnde Viertel besteht aus acht unterschiedlich großen Häuserblöcken und liegt im Herzen des 16. Bezirkes, eines Arbeiterbezirkes im gründerzeitlichen Bebauungsring außerhalb des Gürtels. Das Gebiet wird an drei Seiten von verkehrsreichen Straßen, auf der vierten von dem großen Fabriksgelände der Ottakringer Brauerei begrenzt. Die Nutzung ist gemischt; neben dichten, hochgründerzeitlichen „Bassenahäusern" stehen niedrige, vorgründerzeitliche Häuser, einzelne Neubauten, Klein- und Mittelgewerbe. Einzelne Baublöcke sind schmal, andere groß und innen mit Gebäuden verstellt. In einem Block befindet sich auch eine größere, weitgehend unbebaute Fläche. Die Planung mußte auf zwei Ebenen konkretisiert werden. Als Basis aller weiteren Schritte wurde ein detaillierter Flächenwidmungs- und Bebauungsplan erstellt. Gleichzeitig wurde ein Erneuerungskonzept ausgearbeitet, das in minutiöser Weise auf die Probleme des Gebietes und jedes Hauses eingeht. Einzelne Maßnahmen der Erneuerung wurden bereits während der Planungsphase eingeleitet (Gehsteigreparaturen, Baumsetzungen, Schaffung eines kleinen Erholungsparkes).

Auf Antrag des Gemeinderates wurden im Juni 1978 Teile des Erneuerungsgebietes von der Landesregierung formell zum Assanierungsgebiet erklärt. Alle weiteren Bestimmungen des Stadterneuerungsgesetzes können in der Folge auf dieses Gebiet Anwendung finden.

Das Stadterneuerungsgebiet Ottakring wurde von Beginn an mit großer Sorgfalt und viel Engagement von seiten des Magistrats behandelt. Im Vordergrund stand die Zielsetzung, eine vorsichtige und integrative Vorgangsweise zu wählen, bei der die vorhandene Substanz weitgehend geschont, die Wohn- und Arbeitsbevölkerung einbezogen und möglichst alle städtischen Funktionen und sozialen Aspekte beachtet werden.

Die Initiative für diese Art der Stadterneuerung ging vom Magistrat aus. Das organisatorische Zentrum lag ebenfalls dort, wobei großer Wert darauf gelegt wurde, zu einem möglichst frühen Stadium breite Konsensbildung und sach- und kompetenzübergreifende Arbeitsgruppen zu etablieren. Dazu gehörte selbstverständlich die Einbeziehung der Bezirksvertretung, aber auch die frühzeitige Information und Einschaltung der ansässigen Bevölkerung. Sie wurde zu einem Zeitpunkt befragt, als es innerhalb des Magistrats noch keinerlei Gebietsplanungen gab. Wesentlich für den Kontakt zwischen Verwaltung und Bevölkerung war die relativ frühe Beratung einzelner Mieter, Eigentümer und Betriebe über mögliche, unmittelbar wirksame Sanierungsmaßnahmen und öffentliche Förderungen (z. B. Wohnungsverbesserungskredite). Gleichzeitig wurden Sofortmaßnahmen eingeleitet, die sowohl die Präsenz als auch die Absicht der Verwaltung dokumentieren sollten, daß das Gebiet in seiner Substanz erhalten und verschönert werden soll. Dies war als Garantie gegenüber Sanierungs- bzw. Abbruchängsten und als Impuls zur Eigeninitiative der Bevölkerung gedacht.

Als organisatorische Besonderheit kann der Versuch gewertet werden, eine „Gebietsbetreuung" einzusetzen. Diese Stelle – im Falle Ottakring betraute die Verwaltung ein gemeinnütziges Bau-, Wohnungs- und Stadterneuerungsunternehmen – hat die Aufgabe, „hautnah" im Erneuerungsgebiet die Gebietsverbesserung zu betreuen, zu initiieren, zu koordinieren und den Kontakt sowohl zur Bevölkerung als auch zur Verwaltung zu pflegen. Die Gebietsbetreuung ist vorerst für zwei Jahre beabsichtigt, kann jedoch verlängert werden. Wird der bisher eingeschlagene Weg der vorsichtigen Erneuerung beibehalten, dann wird die Sanierung nicht bis 1980 abgeschlossen sein können. Stadterneuerung ist ein kontinuierlicher Prozeß, der in kleinen Schritten zu einer umfassenden Verbesserung der inneren Struktur des Gebietes führen soll.

DIE ENERGIEVERSORGUNG DER STADT WIEN

Von Obermagistratsrat Ing. Robert Eisnecker

Bei der Vielfalt der kommunalen Aufgaben einer Großstadt kommt der Energieversorgung eine immer größer werdende Bedeutung zu. Das fortschreitende Eindringen der Technik in alle Lebensbereiche zeigt besonders in den Ballungszentren mit ihren hohen Anteilen im Haushaltssektor einen seit Jahren zunehmenden Energiebedarf. Vor allem bei Strom, Erdgas und Fernwärme ist die Nachfrage auf Versorgung mit diesen umweltfreundlichen leitungsgebundenen Energieträgern ständig im Steigen begriffen. Ausgehend von der historischen Entwicklung werden in der Folge die Energieversorgung der Bundeshauptstadt, ihre aktuellen Probleme und die Zukunftsperspektiven dargestellt. Die Ausführungen beziehen sich auf die leitungsgebundenen Energien, da nur diese dem unmittelbaren Einflußbereich der Stadtverwaltung unterstehen.

Historischer Rückblick

Gasversorgung

Am 8. Juli 1818 wurde in Wien die erste Straßenbeleuchtung mit Gas in Betrieb genommen. Dieses Gas wurde aus der Steinkohledestillation gewonnen und dem Verwendungszweck entsprechend als „Leuchtgas" bezeichnet. Von privaten Gesellschaften wurden ab 1839 mehrere Gaserzeugungsanlagen errichtet und regionale Versorgungen aufgenommen. Die finanzkräftige englische „Imperial Continental Gas Association" konnte mit der Zeit auf Grund ihrer versorgungstechnischen Überlegenheit eine fast uneingeschränkte Monopolstellung in der Gasversorgung Wiens erreichen. Die rücksichtslose Ausnützung dieser Verhältnisse führte häufig zu Mißständen, sodaß schließlich der Wiener Gemeinderat 1872 beschloß, die Gasbeleuchtung ab 1877 in die Stadtverwaltung einzugliedern. Unklare Rechtsverhältnisse und liberalistisches Denken brachten die dazu erstellten Projekte aber zum Scheitern, 1875 kam es zwischen der Gemeinde Wien und dem englischen Unternehmen zum Abschluß eines Vertrages, wobei eine Vertragsdauer bis 1899 vorgesehen wurde. Infolge neuer Unzulänglichkeiten hat letztlich der Wiener Gemeinderat 1896 den Beschluß gefaßt, für 30 Millionen Gulden ein eigenes städtisches Gaswerk zu errichten und ein neues Rohrnetz im Gemeindegebiet von Wien zu legen.

Damit stand man vor der schwierigen Aufgabe, bis zum Vertragsende im Jahr 1899 dieses kommunale Großbauvorhaben zu realisieren. Innerhalb dieser drei Jahre wurden das städtische Gaswerk Simmering mit einer Kapazität von 432.000 m^3/Tag errichtet, ein Straßenrohrnetz von insgesamt 960 km Länge verlegt und die öffentliche Straßenbeleuchtung neu eingerichtet. Am 26. September 1899 konnte das Werk Simmering als größtes kommunales Gaswerk Europas den Betrieb aufnehmen. Die gleichzeitig errichteten vier Gasbehälter sind in Simmering heute noch zu sehen. Der Gasbedarf der Stadt Wien erreichte im Jahr 1899 bereits 101, 6 Mio m^3. Einer gerichtlichen Entscheidung folgend mußte der „Imperial Continental Gas Association" trotz Eingemeindung der von ihr beleuchteten Vororte eine Versorgung bis 1911 zugestanden werden. Zu jener Zeit wurde zur Deckung des Raumwärmebedarfes vor allem Kohle verheizt. Sie diente aber auch beim Kochen als Wärmequelle, industriell wurde sie zur Dampferzeugung und mit Hilfe der Dampfmaschine zur Erzeugung von mechanischer, aber auch bereits elektrischer Energie eingesetzt. Das Leuchtgas für Beleuchtungszwecke wurde immer mehr von der ebenfalls aus der Kohle gewonnenen Elektrizität verdrängt. In späterer Folge löste der „Gasrechaud" das Kochen am Herd mit Kohle ab, das Gasbackrohr trat seinen Siegeszug an und die ersten Gasheizöfen wurden installiert.

1910 erreichte der Gasbedarf schon 162,7 Mio m^3, sodaß infolge der vorgesehenen Übernahme der privaten Gasnetze im Jahr 1911 die Errichtung eines zweiten städtischen Gaswerkes geplant werden mußte. Diese Anlage in Leopoldau mit ihrem Gasbehälter und einem weiteren Gasbehälter in der Brigittenau, das zugehörige Rohrsystem und die Verbindung der beiden Gaswerke über eine Hauptrohrleitung konnten zu Weihnachten 1911 eröffnet werden. Wien beschritt dabei durch die sinnvolle Kombination von Gaswerk und Kokerei technisches Neuland. Die Gasausbeute belief sich auf max. 230.000 m^3 Gas/Tag, der anfallende Koks dominierte in den Folgejahren immer mehr als Brennstoff für die Raumheizung.

Die soziale Tarifbildung der Gemeinde Wien nach dem Ersten Weltkrieg bewirkte ein rasches Vordringen der Wärmeversorgung in den Haushalten mit Gas für Kochzwecke, zumal die große Anzahl der von der Gemeinde errichteten Wohnungen fast ausschließlich mit Gasgeräten ausgestattet wurde. Als Folge davon stieg der Gasbedarf im Jahr 1928 auf ca. 200 Mio m^3 an. Dieser Entwicklung entsprechend wurden die beiden Gaswerke, die Behälteranlagen und das Rohrnetz samt den Förder- und Regeleinrichtungen erweitert. Die Wirtschaftskrise der dreißiger Jahre führte zu einem erheblichen Bedarfsrückgang, der erst kurz vor Beginn des Zweiten Weltkrieges beendet war. Das letzte private Gasversorgungsunternehmen, die „Österreichische Gasbeleuchtungs Actiengesellschaft", wurde 1940 von der Gemeinde Wien übernommen. Damit wurden auch die südlichen Vororte Wiens in die städtische Versorgung einbezogen. Während der Kriegszeit trat die Gaswirtschaft in eine neue Phase der Entwicklung. Ab 18. Jänner 1943 wurde erstmals Erdgas aus dem benachbarten Aderklaa dem Stadtgas in Leopoldau als neue Komponente beigemischt, ein Jahr später folgte auch das Gaswerk Simmering. In den Jahren 1944/45 wurden sowohl die beiden Werke als auch die übrigen Anlagen und das Rohrnetz durch Bombenangriffe und Artillerietreffer erheblich beschädigt. Trotzdem konnte die Gasversorgung Wiens durch den besonderen Einsatz aller Bediensteten bis auf eine relativ kurze Unterbrechung am Kriegsende aufrechterhalten werden. Nach Beendigung der Kampfhandlungen wurden die Instandsetzungsarbeiten vorangetrieben und die Gasversorgung mit Unterstützung von Erdgasbezügen aus Aderklaa und St. Marx wieder aufgenommen. Im August 1948 konnten die bis dahin notwendig gewesenen Gassperrzeiten aufgehoben werden.

Von 1943 bis 1952 wurde dem Kohlen- und Generatorgas Erdgas zur Heizwerterhöhung des Stadtgases in steigendem Umfang beigemischt. Auf Grund eigener Entwicklungsarbeiten konnte 1952 im Gaswerk Simmering die erste Erdgas-Luftspaltgasanlage zur Erzeugung von Stadtgas den Betrieb aufnehmen. 1954 folgte die erste derartige Anlage im Gaswerk Leopoldau. In beiden Werken wurden weitere Anlagen auf dieser Basis errichtet, um dem steigenden Gasbedarf gerecht zu werden. Ergänzend dazu kamen ab 1958 Erdgas-Wasserdampf-Spaltanlagen zum Einsatz, die immer mehr an Bedeutung gewonnen haben. In der Folge wurde die Kohlengaserzeugung laufend reduziert und 1966 zur Gänze eingestellt, sodaß die Stadtgaserzeugung nur mehr in Spaltanlagen erfolgte. Der Gasabsatz hatte zu diesem Zeitpunkt fast 300 Mio m^3/Jahr erreicht und 1968 bereits die 400 Mio m^3/Jahr-Grenze überschritten. 1968 wurde in Simmering der größte Behälter der Gaswerke mit einem Fassungsraum von 300.000 m³ in Betrieb genommen.

Der ständig steigende Heizgasanteil hatte dazu geführt, daß die Gaswerke in den Wintermonaten weitaus größere Gasmengen als während der Sommermonate benötigten. Diese Entwicklung brachte Probleme im Hinblick auf den jahresdurchgängig konstanten Bezug des Rohstoffes Erdgas mit sich. Seitens der Wiener Stadtwerke, die ab 1. Jänner 1949 die Elektrizitätswerke, Gaswerke und Verkehrsbetriebe zusammenfassen (ab Dezember 1952 gehört auch die Städtische Bestattung dazu), wurde daher im Jahr 1966 ein Erdgaslastverteiler mit Sitz im Gaswerk Simmering geschaffen, der den Querverbund zwischen den Dampfkraftwerken der Elektrizitätswerke mit Rücksicht auf den jeweiligen Erdgasbedarf der Gaswerke koordiniert. Dabei werden in den Kraftwerken zur wirtschaftlichen Betriebsführung vor allem in den wärmeren Jahreszeiten aus dem Bandbezug größere Erdgasmengen eingesetzt, während den Gaswerken in der Heizperiode – dem Bedarf entsprechend – das erforderliche Erdgas vorrangig zur Verfügung steht. Darüber hinaus wurden mit den Industrie- und Gewerbebetrieben auch Lieferverträge abgeschlossen, die eine Reduzierung der Gasmengen in den Wintermonaten ermöglichen, wobei die Betriebe an Stelle dieser Gasmengen einen anderen Brennstoff einsetzen.

Bei der anhaltenden Entwicklung auf dem Heizgassektor wäre es notwendig geworden, für die Wintermonate zusätzliche Spaltanlagen zur Stadtgaserzeugung zu bauen, die dann sehr unrationell gewesen wären. Außerdem war das bestehende Rohrnetz an der Grenze der Belastbarkeit angelangt, sodaß ein Ausbau der gesamten Verteilersysteme in Erwägung gezogen werden mußte. Der internationalen Entwicklung folgend wurde von den Gaswerken untersucht, ob eine Umstellung der Versorgung auf eine direkte Erdgasabgabe an die Kunden nicht wirtschaftlicher durchgeführt werden könnte, als die Realisierung der vorerwähnten Maßnahmen, die beim Rohrnetz jahrelang zusätzliche Erschwernisse durch Aufgrabungen im gesamten Stadtbereich mit sich gebracht hätten. Unter Berücksichtigung aller Vor- und Nachteile wurde entschieden, die Versorgung aller Abnehmer auf Erdgas in die Wege zu leiten. Nach sorgfältiger Ausarbeitung eines Umstellplanes wurde am 7. September 1970 mit der gebietsweisen Umstellung auf Erdgas begonnen. Der ursprünglich dafür veranschlagte Zeitplan von zwölf bis 15 Jahren konnte durch Beschleunigungsmaßnahmen bei der Geräteumstellung auf etwa acht Jahre reduziert und die Umstellungsarbeiten im September 1978 abgeschlossen werden.

Stromversorgung

Ähnlich der Gasversorgung verlief auch die Entwicklung im Bereich der Elektrizität. Auf der Weltausstellung in Wien im Jahr 1873 wurden neben Telegrafeneinrichtungen auch die Gleichstrom-Bogenlampe und -Motore sowie Dynamomaschinen gezeigt, aber erst 1878 wurde in Wien die erste elektrische Beleuchtung auf dem Eislaufvereinsplatz in Betrieb genommen, der weitere vereinzelte Anlagen folgten. 1880 wurde im Prater anläßlich einer Ausstellung versuchsweise eine 300 m lange Schmalspurbahn mit Gleichstrom betrieben. Ab 21. August 1885 versorgte eine Eigenanlage im Wiener Rathaus u. a. auch die Beleuchtung des Gemeinderatssitzungssaales mit elektrischem Strom. Die erste Konzession für die Errichtung und den Betrieb einer elektrischen Kraftzentrale in Wien wurde am 24. Oktober 1885 an Ing. Franz Fischer erteilt, der sie 1886 an die Firma Siemens & Halske AG-Wien übertragen hat.

Entgegen dem Vorschlag des Wiener Stadtbauamtes entschloß sich 1887 der Wiener Gemeinderat – trotz zunehmenden Interesses an der Versorgung mit elektrischer Energie –, diese Aufgabe privaten Unternehmungen zu überlassen. Im gleichen Jahr wurde dann zwischen Gemeinde Wien und Siemens & Halske ein Vertrag bezüglich der Verlegung elektrischer Leitungen abgeschlossen. Am 14. September 1889 ging die erste elektrische Zentralstation für die öffentliche Stromversorgung in der Neubadgasse mit einer Gesamtleistung von 400 PS in Betrieb. Später übernahm die „Allgemeine Österreichische Elektrizitätsgesellschaft" diesen Vertrag. Schon 1892 folgte mit 1.500 PS die zweite Kraftzentrale Leopoldstadt. 1903 umfaßte das Verteilernetz bereits zwölf Bezirke mit einer Gesamtlänge von 123,3 km und 2.890 Hausanschlüssen mit einem Anschlußwert von 15.000 kW. Zur Spannungsanhebung in den weiter entfernten Gebieten mußten bereits Unterstationen errichtet werden. Von 1897 bis 1902 erfolgte die Traktionsstromversorgung der elektrifizierten Straßenbahn mit 600 V-Gleichstrom allein durch die Zentrale Leopoldstadt. Für den Betrieb der Linie nach Simmering-Zentralfriedhof wurde zum Bahnhof Simmering das erste 5 kV-Drehstromkabel (1 kV = 1.000 V) verlegt.

Die Zentrale Kaunitzgasse der „Wiener Elektrizitätsgesellschaft" ging 1890 mit einer 60 PS-Dampfmaschine in Betrieb; die Versorgung der Bezirke Mariahilf, Margareten und Neubau erforderte deren raschen Ausbau. Das dritte private Stromversorgungsunternehmen in Wien, die „Internationale Elektrizitätsgesellschaft", nahm kurz nach 1889 provisorisch die Tätigkeit nahe der Reichsbrücke auf. 1890 wurde das Kraftwerk Engerthstraße mit 1.440 PS in Betrieb genommen. Das Versorgungsgebiet umfaßte die Bezirke 1 bis 10, 13, 18 und 19.

Am 5. Mai 1899 beschloß der Wiener Gemeinderat, „zum Zwecke des Baues und Betriebes städtischer Elektrizitätswerke" eine Anleihe aufzunehmen, um den immer größer werdenden Bedarf an elektrischer Energie bei Industrie, Gewerbe und Haushalt zu decken, den unerträglichen sozialen Zuständen bei den privaten Tramwaygesellschaften ein Ende zu setzen sowie die Straßenbahnen technisch zu modernisieren und auf elektrischen Betrieb umzustellen. Am 16. April 1900 wurde der Gemeinde Wien eine Konzession zum gewerbsmäßigen Betrieb von Anlagen zur Erzeugung und Leitung von Elektrizität zu Zwecken der Beleuchtung, der Kraftübertragung und sonstiger gewerblicher und häuslicher Anwendung verliehen. Der Wiener Gemeinderat faßte am 11. Mai 1900 den Baubeschluß für ein Kraftwerk an der Simmeringer Lände, wobei die Firma „Gemeinde Wien – Städtisches Elektrizitätswerk" den Bau und Betrieb dieses Werkes durchführen sollte. Die erste Stromabgabe an das öffentliche Netz erfolgte bereits am 26. Mai 1902 aus dem Bahnwerk. Ab 7. Oktober 1902 erfolgte die Lieferung des gesamten Bahnstromes für die Wiener Straßenbahn. Das Bahnwerk hatte eine installierte Leistung von 5 × 3.000 PS, das Lichtwerk eine solche von 3 × 3.000 PS. Die Erzeugung und Primärverteilung waren mit 5.000 V-Drehstrom, die Verbrauchernetze mit Gleichstrom 2 × 220 V und die Traktionsstromversorgung mit 550 V vorgesehen. Die dazu erforderlichen Verteilsysteme und Unterwerke wurden dementsprechend aufgebaut. Wie richtig die getroffene Entscheidung für eine kommunale Stromversorgung war, zeigte die Verbrauchsentwicklung. 1903 wurden vom Kraftwerk Simmering fast 35 Mio kWh erzeugt, gegenüber 1902 eine Steigerung auf das Dreieinhalbfache, die Zahl der Konsumenten erhöhte sich um 65%, der Anschlußwert um 235%.

Die städtischen Elektrizitätswerke standen in harter Konkurrenz zu den privaten Gesellschaften, die sich auch gegenseitig bekämpften. 1907 wurden die Anlagen der

„Wiener Elektrizitätsgesellschaft" und 1908 jene der „Internationalen Elektrizitätsgesellschaft" übernommen, erst 1914 folgten auch die Anlagen und Netze der „Allgemeinen Österreichischen Elektrizitäts-Gesellschaft". Nach den Übernahmen mußte versucht werden, die nunmehr bei den städtischen Elektrizitätswerken liegende Gesamtversorgung einheitlich auszurichten, da die einzelnen Gesellschaften verschiedene Systeme und Spannungen verwendet hatten.

Der weitere Ausbau von Erzeugungsanlagen führte bereits 1904 zum Kraftwerk Simmering, der 1906 durch den Einbau von Dampfturbogeneratoren anstelle der bisher verwendeten Dampfdynamomaschinen fortgesetzt und 1908 mit der dritten Ausbaustufe abgeschlossen wurde. Dieser Teil bildete das Werk I, während 1907 mit dem Bau des Werkes II für eine zusätzliche Kapazität von 50.000 PS begonnen wurde. Gleichzeitig mußten alle Neben- und Hilfseinrichtungen ebenfalls erweitert oder neu gebaut werden. Dem Leistungszuwachs entsprechend erfolgte auch der Aus- und Neubau der Unterstationen und Verteilnetze, wobei im Jahr 1911 erstmalig eine höhere Spannungsebene, nämlich 35.000 V, infolge der großen Entfernungen verwendet werden mußte. Daneben mußten organisatorische und verwaltungstechnische Maßnahmen Platz greifen, da das Aufgabengebiet durch die Zunahme der öffentlichen Beleuchtung eine Ausweitung erfuhr. Immerhin war 1909 eine Lampenzahl von 2.300 zu verzeichnen.

Auch das Kraftwerk Engerthstraße mußte erweitert werden. 1909 wurde die Leistung auf 26.200 PS erhöht, 1912 folgten weitere 7.000 PS. Im November 1913 konnte mit der Aufnahme der Drehstromerzeugung begonnen werden. Ergänzend dazu wurden 1912 bis 1914 sechs kleine Wasserkraftwerke zur Ausnützung der Gefällstufen zwischen der I. und II. Hochquellenleitung errichtet. Während des Ersten Weltkrieges wurde im Kraftwerk Simmering die Leistung erhöht, 1915 das Kraftwerk Ebenfurth mit 10.000 kW in Betrieb genommen und im Herbst 1917 um 9.000 kW aufgestockt.

Die Nachkriegszeit mit ihrer wirtschaftlichen Rezession brachte auch große Versorgungsprobleme bei den städtischen Elektrizitätswerken. Der Ausbau der Dampfkraftwerke wurde in der Folge weitergeführt, wobei die installierte Leistung in Ebenfurth ab 1926 max. 35 MW (1 Megawatt = 1.000 kW) erreichte. Infolge der Wirtschaftskrise ging der Strombedarf ab 1932 so zurück, daß das Werk 1934 stillgelegt werden mußte. Im Kraftwerk Engerthstraße wurde die Kesselfeuerung auf heimische Braunkohle umgestellt, nach Abschluß der Modernisierungsarbeiten hat die Leistung 57 MW betragen. Ebenso wurde in Simmering durch Modernisierung aller Anlageteile bis 1926 die Leistung auf 60 MW erhöht, eine zusätzliche Reserveleistung von 20 MW stand zur Verfügung. Bis 1930 wurden im Werk I moderne 37 atü-Kessel mit Kohlenstaubfeuerung installiert, ebenso drei Turbogeneratoren mit einer Gesamtleistung von 55 MW. 1937 wurde die 37 atü-Anlage erweitert und ein Turbogenerator für die Eigenbedarfsdeckung mit 5 MW aufgestellt.

Ergänzend dazu haben die Elektrizitätswerke Wasserkraftanlagen gebaut, und zwar 1924 das Werk Opponitz mit 10 MW und 1926 das Werk Gaming mit 4 MW verfügbarer Leistung.

Das Umspannwerk Süd wurde 1923 von 35 kV auf 70 kV umgestellt, 1930 wurde die 110 kV-Freiluftanlage als Verbindung zum steirischen Hochspannungsnetz in Betrieb genommen. Bereits 1924 wurde die 110/28 kV-Freiluftanlage des Umspannwerkes Nord als Ende der aus Gresten kommenden 110 kV-Freileitung als erste derartige Anlage in Österreich fertiggestellt. Zur Schließung des Ringes für das 28 kV-Trägernetz wurden bis 1926 zwei weitere Umspannwerke errichtet und dem Bedarfsanstieg entsprechend der Bau weiterer Anlagen durchgeführt. Für die Elektrifizierung der Wiener Stadtbahn, die den Dampfbetrieb im Jahr 1924 einstellte, mußten zusätzliche Gleichrichterstationen als Unterwerke gebaut werden.

Die Leitungsnetze mußten infolge der steigenden Leistungen und größer werdenden Entfernungen mit höheren Spannungen errichtet werden. 1916 wurde die erste österreichische 70 kV-Freileitung von Ebenfurth zum Umspannwerk Süd installiert, jedoch zunächst mit 35 kV betrieben, ab 1923 aber auf 70 kV umgestellt. Die erste 110 kV-Freileitung Opponitz-Wien wurde 1924 fertiggestellt, 1925 die Verbindung Wegscheid-Gresten und 1929 Ternitz-Umspannwerk Wien Süd. Das Trägernetz der Elektrizitätswerke blieb als Mittelspannungsnetz mit 28 kV bis 1938 praktisch unverändert. Als weitere Spannungsebenen dienten 20 kV-, 16 kV- und 2 kV-Systeme. Nach Übernahme der privaten Gesellschaften mußten die städtischen Elektrizitätswerke ein 2 × 110 V-Gleichstromnetz, ein 2 × 2.000/110 V-Wechselstromnetz und ein 4 × 110 V-Gleichstromnetz als Niederspannungsnetze betreiben. Die Umschaltungen auf 2 × 220 V-Gleichstromnetze erforderte längere Zeit. Ergänzend wurden die Drehstromnetze 3 × 380/220 V, 3 × 220 V und 3 × 110 V ausgebaut.

Während des Zweiten Weltkrieges war eine erhebliche Bedarfszunahme an elektrischer Energie festzustellen, von 1937 bis 1944 stieg der Strombedarf von 518 GWh (Gigawattstunde = 1 Mio kWh) auf 1.047 GWh an. Eine beschleunigte Ausbautätigkeit aller Einrichtungen der Elektrizitätswerke war die Folge. Vor allem wurde das Dampfkraftwerk Simmering zum Hauptstützpunkt der Versorgung Wiens auf eine Leistung von 110 MW ausgebaut. Durch die Kriegsereignisse wurden die Elektrizitätswerke ab Herbst 1943 schwer in Mitleidenschaft gezogen. Neben den Kraftwerken waren auch die Verteilanlagen betroffen. Infolge der Kampfhandlungen mußten die beiden Kraftwerke Simmering und Engerthstraße Mitte April 1945 den bis dahin aufrechterhaltenen Betrieb einstellen. Damit war der gesamte Wiener Versorgungsbereich ohne Strom. Durch die auch in dieser Phase bewiesene Einsatzbereitschaft der Bediensteten konnte innerhalb von zehn Tagen in Simmering der Betrieb wieder aufgenommen werden, vier Wochen später folgte die Engerthstraße.

Der Strombedarf nahm in den Nachkriegsjahren bald wieder zu, sodaß eine Erweiterung des Kraftwerkes Simmering notwendig war, die 1956/57 im Werk I mit einer installierten Leistung von 116 MW abgeschlossen wurde. In der alten 37 atü-Anlage stand überdies noch eine Leistung von 35 MW zur Verfügung. Netzseitig wurde bereits 1942 mit dem Bau eines 110 kV-Netzes in Wien begonnen, das dem 28 kV-Netz überlagert werden sollte. Nach Abschluß von Instandsetzungsarbeiten wurde dieses Netz – vor allem als Verbindung zwischen den größeren Umspannwerken und dem Dampfkraftwerk Simmering – erweitert.

Ab 1959 begann der Ausbau der Simmeringer Anlage zu einem Großkraftwerk. Im Gegensatz zu der bisherigen Bauweise wurden alle neuen Anlagen als wirtschaftlichere und moderne „Blockkraftwerke" geplant, bei denen Kessel, Dampfturbinenaggregat und Transformator jeweils eine Einheit = Block bilden. Das Blockkraftwerk 3 hat 1962 mit einer Leistung von 64 MW den Betrieb aufgenommen, etwa zur gleichen Zeit wurde die überalterte 37 atü-Anlage stillgelegt. Die Blockanlage 4 mußte schon mit einer Leistung von 110 MW errichtet und 1965 in Betrieb genommen werden. Beide Anlagen waren mit Kesselfeuerungen für Braun- und Steinkohle, Heizöl und Erdgas ausgestattet. Die Schornsteine erreichen aus Gründen des Umweltschutzes eine Höhe von 75 m bzw. 120 m.

300.000 m^3-Schraubengasbehälter im Gaswerk Simmering

Blockkraftwerk 1/2 des Dampfkraftwerkes Simmering

Fernwärmewerk Spittelau

Ferner waren ihnen noch Elektrofilter vorgeschaltet. Mit dem Ausbau der Kraftwerke mußten auch die Hilfsanlagen, wie Wasseraufbereitung, Kühlwasserversorgung, Heizöltanklager samt Entladeeinrichtungen für Schiffs-, Bahn- und Lkw-Transporte und Zentrale Ölstation, Erdgas-Regelstationen, Freiluft-Schaltanlagen, Umspannwerk usw., errichtet werden. Infolge Überalterung wurde 1966 das Kraftwerk Engerthstraße stillgelegt und der Standort, der wegen seiner zentralen Lage im Stadtkern für Wohnbauzwecke bestens geeignet war, aufgelassen. 1967 konnte in Simmering neben dem Blockkraftwerk 5 mit 110 MW auch die Heizölfernleitung von der Raffinerie Schwechat der ÖMV-AG nach Simmering den Betrieb aufnehmen. Aus Platzgründen mußte die Kesselanlage des Blockkraftwerkes 6 als Turmkessel ausgeführt werden, wobei eine Schornsteinhöhe von 200 m erreicht wurde. Die Leistung beträgt wie beim Block 5 110 MW, ebenso wurde die Feuerung nur für Heizöl und Erdgas ausgelegt. Die Inbetriebsetzung erfolgte 1970. Nach Umbau der Kesselanlagen des Werkes I auf Heizöl- bzw. Erdgasfeuerung konnte der Kohlebetrieb eingestellt werden, der bereits zu Schwierigkeiten beim Ascheabtransport geführt hatte.

Nach eingehenden Untersuchungen konnte für Wien ein neuer zweiter Kraftwerksstandort festgelegt werden, und zwar im 22. Bezirk Donaustadt. Dem Beschluß des Gemeinderates folgend wurden zwei gleiche Kraftwerksblökke mit einer Leistung von je 162 MW errichtet, die einen gemeinsamen Schornstein von 150 m besitzen. Gleichzeitig mußten alle erforderlichen Hilfsanlagen gebaut werden, vor allem die Kühlwasserentnahme aus der Donau, die Verlängerung der Heizölfernleitung von Simmering und die Anlagen zum Stromabtransport. Das Blockkraftwerk 1 nahm 1973 den Betrieb auf, 1975 folgte der Block 2. Parallel dazu wurde mit dem Bau einer Spitzen- und Reserveanlage als Gasturbinenkraftwerk mit einer Leistung von max. 100 MW mit allen Nebenanlagen in Leopoldau begonnen und ebenfalls 1975 eröffnet. Die Anlage wird vom Dampfkraftwerk Donaustadt ferngesteuert und kann netzunabhängig über ein Notstromdieselaggregat innerhalb von 5,5 Minuten gestartet werden. Die installierte Leistung aller Kraftwerke der Elektrizitätswerke hat zu diesem Zeitpunkt 964 MW betragen (inkl. Wasserkraftanlagen).

Zur Deckung des steigenden Leistungsbedarfes wurde 1975 mit dem Bau einer noch größeren Anlage in Simmering auf Basis Heizöl/Erdgas begonnen. Dieses Blockkraftwerk 1/2 weist als kombinierte Gasturbinen-/Dampfturbinenanlage eine elektrische Leistung von 380 MW und eine Wärmeleistung von 280 MW auf, die Schornsteinhöhe beträgt 200 m. Durch diese brennstoffsparende Kraft-Wärme-Kupplung wird die Kapazität für die Fernwärmeversorgung wesentlich erweitert. Im Herbst 1978 hat diese derzeit größte thermische Stromerzeugungsanlage Österreichs ihren Betrieb aufgenommen.

Dem Ansteigen der Leistung entsprechend mußten auch die Verteilungsanlagen – Umspann- und Unterwerke, Leitungsnetze – ausgebaut oder erweitert werden. Mit dem 1952 errichteten Umspannwerk West standen insgesamt vier Einspeisestellen aus dem 110 kV-Netz zur Verfügung (Umspannwerke Nord und Süd sowie Kraftwerk Simmering). Der 110 kV-Ring um Wien wurde 1953 endgültig fertiggestellt. In der Folge mußten die einzelnen Umspannwerke auf 110 kV umgeschaltet werden, sodaß diese Spannungsebene zum Trägernetz für Wien ausgebaut wurde. Gleichzeitig wurde begonnen, die Umspannwerke von einigen Schaltstellen aus fernzusteuern. Neben der Errichtung weiterer 110 kV-Umspannwerke ist die 1963 in Betrieb genommene 110 kV-Schaltstation im Rahmen des von der Verbundgesellschaft gebauten Umspannwerkes Wien-Südost als weitere Verbindung zum Verbundnetz zu erwähnen. Für die Entwicklung des 110 kV-Netzes ist eine Einspeisung in dieses Netz im Westen des Stadtgebietes erforderlich. Mit Rücksicht auf die zunehmende Leistungsübertragung mußte die Höchstspannungsebene mit 380 kV für dieses zukünftige Grundnetz gewählt werden. Als erste Ausbaustufe ist die 380 kV-Kabelverbindung zwischen dem Dampfkraftwerk Simmering und dem Umspannwerk Kendlerstraße im Bau, mit deren Fertigstellung im Herbst 1979 gerechnet wird.

Wärmeversorgung

Der dritte leitungsgebundene Energieträger – die Fernwärme – blickt in Wien auf eine relativ kurze Entwicklungsgeschichte zurück. Die ersten Anlagen für eine regionale Fernwärmeversorgung wurden von der MA 32 geplant und ausgeführt. So ist unter anderem 1956/57 das Blockheizwerk Hütteldorfer Straße mit anfänglich ca. 12 MW Wärmeleistung (1 MW Wärmeleistung = 860.000 Kilokalorien/Stunde) vor allem für die Beheizung der Stadthalle und des 2. Zentralberufsschulgebäudes gebaut worden. Ab 1965 konnten durch Erhöhung der Leistung das Elisabeth-Spital, das Sophien-Spital und weitere Objekte in die Versorgung einbezogen werden. Die zentrale Wärmeversorgung für das Hochhaus am Matzleinsdorfer Platz wurde 1958 in Betrieb genommen. 1960 setzte der Wiener Gemeinderat eine Studiengesellschaft ein, um die wirtschaftlichen und technischen Grundlagen für die Herstellung von Fertigteilbauten einschließlich der dazu notwendigen Energieversorgung zu erstellen. Im Zusammenhang mit der Gründung der Montagebau GesmbH wurde erstmalig in Wien ein Fernheizwerk von der MA 32 errichtet, das auch die Wärmeversorgung des Gebietes Neu-Kagran/Stadlau übernehmen sollte. Im Oktober 1963 nahm das Fernheizwerk Kagran seinen Betrieb auf und wurde in der Folge durch den Neubau von Anlagen mit Leistungen von 52 und 105 MW wesentlich erweitert. Für die Wärmeversorgung der Wohngebiete Per Albin Hansson-Siedlung, Bereich Grenzackerstraße, sowie des Großgrünmarktes und Blumenmarktes östlich der Laxenburger Straße wurde 1969 das Fernheizwerk Süd mit einer Leistung von 47 MW errichtet und inzwischen auf 64 MW aufgestockt. Für die Versorgung der Satellitenstadt Großfeldsiedlung wurde 1968 ein örtliches Fernheizwerk mit einer Wärmeleistung von 47 MW gebaut, wobei eine Erhöhung auf 58 MW bereits realisiert wurde. Schon bei der Planung dieser Fernheizwerke wurde auf den Umweltschutz Rücksicht genommen und die Rauchgasabführung in Schornsteinen mit Höhen bis zu 85 m vorgesehen. Neben diesen Fernheizwerken entstanden auch eine Reihe weiterer Blockheizwerke sowie größere Zentralheizungsanlagen für das Rathaus, Krankenanstalten, Schulen und andere öffentliche Gebäude.

Für die weitere Entwicklung der Wärmeversorgung erfolgte im Jahr 1958 eine bedeutende Weichenstellung, da ab diesem Zeitpunkt alle kommunalen Wohnbauvorhaben mit Zentralheizungen errichtet werden. Infolge der regen Bautätigkeit und der daraus resultierenden Aufgabenstellung wurde es notwendig, im Jahr 1969 die Heizbetriebe Wien GesmbH zu gründen. Bereits 1967 hatte der Gemeinderat beschlossen, für den Neubau des Allgemeinen Krankenhauses ein Fernheizwerk in der Spittelau zu errichten. Neben dieser Aufgabe sollten auch die angrenzenden Bezirke mit Wärme versorgt und eine Müllverbrennungsanlage in dieses Konzept einbezogen werden. 1970 erfolgte die Betriebsaufnahme mit den Heißwasserkesseln (105 MW) und 1971 mit den Müllkesseln (70 MW), zwischenzeitlich eine Aufstockung der Wärmeleistung um weitere 55 MW. Wie bei allen anderen Anlagen waren auch in der Spittelau die Brennstoff- und Wasserversorgung sowie die erforderlichen Nebenanlagen zu errichten.

Dabei wurde im Hinblick auf den Standort dem Umweltschutz besonders Rechnung getragen und der Abgaskamin mit 120 m Höhe errichtet sowie Rauchgasfilter eingebaut. Darüber hinaus werden bei Inversionswetterlagen schwefelarme Heizöle verfeuert.

Schon vorher wurde am Flötzersteig die erste Müllverbrennungsanlage der Stadt Wien errichtet, die ihren Betrieb im Jahr 1963 aufnahm. Mit der anfallenden Wärme werden unter anderem das Psychiatrische Krankenhaus, das Wilhelminenspital und eine städtische Großwäscherei versorgt.

Auch der Bund, dessen Gebäude in Wien von Eigenanlagen mit Wärme versorgt wurden, hat zu Beginn der fünfziger Jahre in der Hofburg ein Fernheizkraftwerk errichtet, an das die Staatsoper, das Burgtheater, das Bundeskanzleramt, die Albertina, die Nationalbibliothek usw. angeschlossen waren. Die Anlage auf Basis Braunkohle/Heizöl schwer war mit einer Gegendruck-Dampfturbine für eine elektrische Leistung von ca. 1 MW und für ca. 16 MW Wärmelieferung ausgelegt. Eine ähnliche Anlage wurde 1956 auf dem Gelände des Arsenals von der Bundesversuchs- und Forschungsanstalt zur Beheizung von Objekten im Arsenal sowie des Südbahnhofes und des Werkes Simmering der Simmering-Graz-Pauker AG in Betrieb genommen. Ebenfalls auf Basis Kohle/Heizöl betrug die elektrische Leistung fast 10 MW und ca. 72 MW Wärmeleistung. Die Keimzelle dieser Anlage bestand aus einer zentralen Kesselanlage, die in den Jahren 1940 bis 1945 die im Arsenal untergebrachten Rüstungsbetriebe mit Wärme versorgte. Daneben wurden auch bei anderen Bundesobjekten im Stadtbereich Zentralheizungsanlagen betrieben. Im Jahr 1971 hat die Republik Österreich, vertreten durch das Bundesministerium für Bauten und Technik, mit der Heizbetriebe Wien GesmbH einen Rahmenvertrag abgeschlossen, der die Belieferung der Bundesobjekte im Stadtgebiet mit Fernwärme vorsieht. Darüber hinaus haben die Heizbetriebe ab 1976 den Bereich des Fernheizkraftwerkes Hofburg an ihr Rohrnetz angeschlossen, was zu einer spürbaren Verbesserung der Luftqualität in diesem Gebiet geführt hat. Ferner haben die Heizbetriebe das Fernheizkraftwerk Arsenal ab 1975 in Pacht nehmen können. Damit waren die Voraussetzungen geschaffen worden, um in Wien den Ausbau einer kommunalen Fernwärmeversorgung in Abstimmung mit der Strom- und Gasversorgung auf eine breitere Basis stellen zu können.

Die Energieversorgung heute und in Zukunft

Die Energieversorgung der Stadt Wien kann nur im Zusammenhang mit den österreichischen und damit auch den internationalen Verhältnissen betrachtet werden. Seit der Energiekrise der Jahre 1973/74 wird die Energiesituation in den Industrieländern einschneidend beeinflußt. Neben dem Anstieg des Preisniveaus aller Energien, vor allem beim Rohöl, wurde durch den weltweit zunehmenden Energieverbrauch auch die Frage der Verfügbarkeit von Rohöl, Erdgas und Kohle, aber auch Uran, und deren mögliche Nutzungsdauer aktuell. Bei der 10. Weltenergiekonferenz 1977 in Istanbul wurde die Zuwachsrate beim Weltenergiebedarf bis 1990 mit etwa 3,3%/Jahr genannt. Bis zum Jahr 2020 könnte sich der Weltbedarf im Extremfall auf das Siebenfache des Jahres 1975, d. s. ca. 44 Milliarden Tonnen Öleinheiten (= Mrd t ÖE), erhöhen (1975 etwa 6 Mrd t ÖE). Unter Berücksichtigung aller Umstände wird es wahrscheinlich möglich sein, einen Bedarf von etwa 19 Mrd t ÖE zu decken. Derzeitige Schätzungen der gesicherten Weltenergiereserven belaufen sich auf rund 500 Mrd t ÖE. Die Größe der Gesamtproblematik bezüglich einer langfristigen Sicherstellung der Weltenergieversorgung wird aus diesen Verhältnissen deutlich.

Der Energieverbrauch in Österreich hat 1976 etwa 18,82 Millionen Tonnen Öleinheiten (= Mio t ÖE) betragen. Die gesicherten Energievorräte Österreichs von insgesamt 55,5 Mio t ÖE werden zu 36% der Braunkohle, 42% dem Rohöl und 22% dem Erdgas zugeschrieben. Diese mengenmäßige Begrenzung der Energievorräte im eigenen Land und der ständig steigende Energiebedarf haben jährlich zunehmende Energieimporte zur Folge, die 1976 bereits einen Anteil von 68,1% des Gesamtbedarfes erreicht haben.

Eine Energiebilanz für Wien zeigte für 1975 einen *Bruttobedarf* von insgesamt 3,2 Mio t ÖE. Davon entfielen auf Heizöl 38,7%, Erdgas 30,5%, Treibstoffe 17,2%, elektrische Energie (Fremdstrombezug) 5,2%, Kohle 6,5%, Müll 1,2% und Wasserkraft 0,7%. Nach Abzug der Verluste im Umwandlungsbereich (z. B. Stromerzeugung, Fernwärme, Raffinerie usw.) standen dem *Endverbrauch* Energien in der Größenordnung von 2,55 Mio t ÖE zur Verfügung.

An diesem Verbrauch waren die Sektoren Haushalt und Kleinverbrauch mit 65%, die Industrie mit 12,8% und der Verkehr mit 22,2% beteiligt. Damit konnte ein Bedarf von 1,02 Mio t ÖE in diesen Sektoren nach entsprechender Umwandlung der Energien (z. B. Gas in Wärme für Heizzwecke) gedeckt werden. Die Verluste beim Verbraucher erreichten dabei fast 60%. Vom Gesamtbedarf entfielen 48,5% auf die Raumheizung, 23,6% auf Prozeßwärme (im Sektor Industrie und Gewerbe) und 27,9% auf Licht und Kraft.

Im österreichischen Durchschnitt entfallen lediglich 38,4% des Endverbrauches auf Haushalt und Kleinverbrauch. Im Ballungszentrum Wien erreichen diese Sektoren jedoch einen Anteil von 65% und damit fast ein Drittel des gesamtösterreichischen Verbrauches. Entsprechend der Größenordnungen kommt auch diesen beiden Bereichen im Rahmen der Energieversorgung der Stadt Wien besondere Bedeutung zu.

Zur Koordinierung der leitungsgebundenen Energieversorgung wurde 1972 von der Generaldirektion der Wiener Stadtwerke ein Arbeitskreis (AKE) geschaffen, dem unter Vorsitz des Energiewirtschaftlichen Referates der Generaldirektion Vertreter der Elektrizitätswerke, Gaswerke und Heizbetriebe Wien GesmbH angehören. Durch die Tätigkeit des AKE soll unter anderem der Ausbau zukünftiger Anlagen für die Erzeugung und Verteilung der einzelnen Energieträger so aufeinander abgestimmt werden, daß dem möglichen Einsatz finanzieller Mittel eine optimale Bedarfsdeckung gegenübersteht. Diesen Planungen entsprechend wurden bereits 1975 dem Gemeinderat die „Grundlagen für ein Energiekonzept der Stadt Wien" vorgelegt und von diesem einstimmig angenommen. Nach Abschluß der umfangreichen Detailuntersuchungen stellten in Weiterführung dieser Arbeiten die Wiener Stadtwerke im Juni 1978 das „Energiekonzept der Stadt Wien" fertig, sodaß es durch den Herrn amtsführenden Stadtrat für Verkehr und Energie, Franz Nekula, dem Wiener Gemeinderat vorgelegt werden konnte. Zielsetzung des Energiekonzeptes ist die Schaffung der Voraussetzungen für eine langfristig bedarfsdeckende, sichere und wirtschaftliche Versorgung der Stadt Wien und der Versorgungsgebiete der Wiener Stadtwerke mit Strom, Erdgas und Fernwärme sowie mit flüssigen und festen Brennstoffen und Treibstoffen.

Die *Elektrizitätswerke* hatten 1977 in ihrem Versorgungsgebiet einen Strombedarf von ca. 5.500 GWh zu decken, wobei die Stromaufbringung zu 65% durch Erzeugung in eigenen Kraftwerken und zu 35% durch Fremdstrombezug, vor allem von der Verbundgesellschaft, erfolgte. Die höchste Belastungsspitze wurde am 9. Jänner

1978 mit 1.042 MW verzeichnet. Etwa 1,275.000 Kunden werden mit Strom versorgt. Das neue Blockkraftwerk 1/2 wurde im September 1978 in Betrieb genommen, sodaß das Dampfkraftwerk Simmering mit einer installierten elektrischen Leistung von 764 MW und einer Wärmeleistung von 280 MW aus der Kraft-Wärme-Kupplung zum größten kalorischen Kraftwerk Österreichs geworden ist. Die Elektrizitätswerke verfügen somit einschließlich des Dampfkraftwerkes Donaustadt (324 MW), des Gasturbinenkraftwerkes Leopoldau (100 MW) und der Wasserkraftwerke (14 MW) über eine installierte elektrische Gesamtleistung von mehr als 1.200 MW. Die Anspeisung des 110 kV-Netzes als derzeitigen Trägernetzes erfolgt in den eigenen Kraftwerken und in den Umspannwerken Bisamberg und Südost von der Verbundgesellschaft über die 220 kV-Ebene. Die derzeitige Bedarfsentwicklung läßt auf einen weiterhin zunehmenden Anteil des Haushaltssektors gegenüber einem geringen Rückgang bei Gewerbe und Landwirtschaft sowie auf einen leichten Anstieg bei der Industrie schließen. Die Verbrauchswerte für die öffentliche Beleuchtung und den Verkehr bleiben absolut etwa konstant und ergeben daher infolge des steigenden Gesamtbedarfes sinkende Anteile. Dabei ist der Bedarf an elektrischer Energie nicht mit dem Gesamtenergiebedarf aller Energieträger zu verwechseln. Der Stromanteil an der Deckung des gesamten Endenergiebedarfes hat in Wien im Jahr 1975 etwa 14,1% betragen.

Die *Gaswerke* haben 1977 rund 1.172 Millionen m^3 Erdgas bezogen, wovon 692 Millionen m^3 im Bereich der Gaswerke und 480 Millionen m^3 in den kalorischen Kraftwerken und Elektrizitätswerken eingesetzt wurden. Die Gasaufbringung erfolgt derzeit im wesentlichen durch die im Inland gewonnenen Erdgasmengen sowie durch die Importe aus der UdSSR. Ab 1978 ist eine stufenweise Reduzierung der Inlandsförderung eingetreten, die aber durch erhöhte Importverträge kompensiert wird. Seit September 1978 beliefern die Gaswerke nach Abschluß der 1970 begonnenen Umstellung von Stadtgas auf Erdgas ihre 774.000 Kunden ausschließlich mit Erdgas. Ab diesem Zeitpunkt haben die beiden Werke Simmering und Leopoldau die Funktionen der Übernahme, Messung, Regelung und Verteilung des Erdgases zu erfüllen. Dem Erdgaslastverteiler im Gaswerk Simmering kommt im Rahmen des Querverbundes zwischen Gas- und Elektrizitätswerke mit den steigenden UdSSR-Erdgaslieferungen eine erhöhte Bedeutung zu. Vor allem der enorme Anstieg des Erdgasverbrauches für die Raumheizung im Haushaltssektor mit einem Anteil von mehr als 87% gegenüber 57% im Jahr 1960 stellt wachsende Anforderungen an den Querverbund, der auch in Zukunft die Basis für eine wirtschaftliche Gasversorgung bildet.

Die *Heizbetriebe Wien GesmbH* verfügt neben den Fernwärme- und Blockheizwerken mit einer installierten Wärmeleistung von 688 MW noch über 53 Hauszentralen mit insgesamt 100 MW. Der Wärmeverkauf erreichte 1977 bereits 944,5 GWh, wovon 49,2% auf öffentliche Gebäude, 41,5% auf Haushalte und 9,3% auf Industrie und Gewerbe entfallen.

Für das *Energiekonzept* konnte erstmalig für Wien ein Wärmebedarfskataster erstellt werden, der als Ausgangsbasis der wirtschaftlichen Abgrenzung der Gebiete für eine Gas- oder Fernwärmeversorgung mit Hilfe eines EDV-Rechenmodells diente. Von den verschiedenen Lösungsmöglichkeiten wird jener Variante der Vorzug eingeräumt, die bei einem maximalen Versorgungsanteil von Gas und Fernwärme eine bessere Wirtschaftlichkeit ergibt. Dabei wird innerhalb eines möglichen Realisierungszeitraumes bis etwa 1990 beim Erdgas mit einem Anschlußleistungszuwachs von fast 2.000 MW und bei der Fernwärme mit ca. 1.650 MW gerechnet, sodaß sich gegenüber 1975 das untenstehende Bild darstellt.

Wie aus der Tabelle entnommen werden kann, wird angestrebt, die Anteile der umweltfreundlichen, leitungsgebundenen Energieträger zu Lasten der flüssigen und festen Brennstoffe zu erhöhen. Die positiven Auswirkungen auf die Luftreinhaltung werden dadurch bestätigt, daß sich die Schwefel- und Feststoffemissionen im Jahr 1990 auf weniger als 60% ihrer Werte von 1975 reduzieren.

Bei den *Elektrizitätswerken* ist die Grundlage für alle Planungen ein Fremdstrombezug von der Verbundgesellschaft im Ausmaß von 35% der Gesamtaufbringung im Versorgungsgebiet. Die Eigenaufbringung kann durch den Neubau eigener Kraftwerke oder durch Beteiligungen an Gemeinschaftskraftwerken erfolgen. Im Rahmen des gesamtösterreichischen Kraftwerks-Ausbauprogrammes wird die derzeit installierte Leistung der Elektrizitätswerke und der vertraglich vereinbarte Fremdstrombezug von der Verbundgesellschaft zur Deckung des Leistungsbedarfes bis etwa Mitte des kommenden Jahrzehnts reichen. Etwa ab 1984 wäre dann die Inbetriebnahme eines zweiten 100 MW-Gasturbinenkraftwerkes und zwei Jahre später die eines weiteren 380 MW-Gas-/Dampfturbinenkraftwerkes mit Kraft-Wärme-Kupplung erforderlich. Mit diesem Ausbau der Eigenanlagen und einem entsprechenden Fremdstrombezug kann auch arbeitsmäßig der zukünftige Strombedarf bis etwa Ende der achtziger Jahre gedeckt werden. Bei den langfristigen Planungen darf auch die Beteiligung an Gemeinschaftskraftwerken, der weiteren Entwicklung in Österreich folgend, nicht außer acht gelassen werden, obwohl im Hinblick auf die Versorgungssicherheit die energiesparenden Kraft-Wärme-Kupplungen für Wien als Ballungszentrum optimale Lösungen darstellen. Neben dem Ausbau der Erzeugungsanlagen sind auch die notwendigen Erweiterungen bei den Verteilungsanlagen durchzuführen. Das neue 380 kV-Grundnetz der Elektrizitätswerke sieht vorerst eine Verbindung zwischen dem Dampfkraftwerk Simmering und dem Umspannwerk Kendlerstraße in Ottakring vor, das in der Folge zwischen dem Umspannwerk Südost und Simmering erweitert wird und später durch Einbeziehung weiterer Umspannwerke vergrößert werden kann. Bei dem Bau von Umspannwerken wird die platzsparende SF_6-Schaltanlagentechnik (Schwefelhexafluorid als Schutzgas) angewendet.

Die *Gaswerke* haben die Primärenergie Erdgas nicht nur für ihre unmittelbaren Versorgungsaufgaben bereitzustellen, sondern auch die kommunalen Energieversorgungsun-

Energieträger	1975		1990	
Erdgas	2.017 MW	21,8%	4.016 MW	39,5%
Fernwärme	656 MW	7,1%	2.307 MW	22,7%
Nachtstrom-Speicherheizung	479 MW	5,2%	573 MW	5,6%
Leitungsgeb. Energieträger	3.152 MW	34,1%	6.896 MW	67,8%
Flüssige und feste Brennstoffe	6.089 MW	65,9%	3.270 MW	32,2%
Gesamtversorgung	9.241 MW	100,0%	10.166 MW	100,0%

ternehmen Elektrizitätswerke und Heizbetriebe zu beliefern. Derzeit sind die Erdgasbezüge durch Inlandgas von der ÖMV-AG sowie durch Importe aus der UdSSR gesichert. Zukünftig kommen iranisches Erdgas, weitere Aufstockungen und Verlängerung bestehender UdSSR-Verträge und algerisches Erdgas über das italienische Pipelinesystem als zusätzliche Importe für Österreich in Frage. Die steigenden Heizgasanteile können nur dann wirtschaftlich angeboten werden, wenn auch die Gesamtgasmengen für die Gaswerke größer werden und das bestehende Querverbundsystem weiterhin zum Tragen kommen kann. Dabei müssen die im Rahmen der Austria Ferngas GesmbH im Speicherpool zusammengefaßten Untertagespeicher in Anspruch genommen werden, um den überproportionalen Winterbedarf infolge der Heizgasspitzen decken zu können. Darüber hinaus planen die Gaswerke die Errichtung von zwei Kugelgasbehältern von je 115.000 m³ Inhalt. Trotz abgeschlossener Erdgasumstellung ist in manchen Bereichen das Potential der Wiener Gasversorgungsnetze durch die ständig wachsende Anzahl der Heizgaskunden wieder an die Kapazitätsgrenze gebracht worden. Durch diesen Spitzenbedarf werden die Transportleitungen schon heute weitgehend ausgelastet, sodaß bei weiter steigendem Gasabsatz die Leistungsfähigkeit der Mittel- und Niederdruckrohrnetze den Erfordernissen entsprechend erhöht werden muß.

Die *Heizbetriebe Wien GesmbH* geht davon aus, daß die Bereitstellung von Fernwärme in größerem Umfang derzeit am wirtschaftlichsten in Anlagen mit Kraft-Wärme-Kupplung erfolgen kann, da eine gemeinsame Erzeugung von Strom und Wärme den hiefür eingesetzten Brennstoff optimal ausnützt. Zur Erzielung der im Energiekonzept vorgesehenen Ausweitung der Versorgungsaufgaben sollten alle Voraussetzungen geschaffen werden, damit die unvermeidbaren Anlaufphasen gekürzt und die installierten Erzeugungs- und Verteilungsanlagen in den dafür vorgesehenen Gebieten so rasch wie möglich voll genutzt werden können. Dafür steht vorerst im Einzugsbereich „Mitte" die Kraft-Wärme-Kupplung des Blockkraftwerkes 1/2 des Kraftwerkes Simmering zur Verfügung, wobei die Wärme über die 1980 fertiggestellte Haupttransportleitung über das Arsenal zur Innenstadt gebracht und die Verbindung zum Fernwärmewerk Spittelau hergestellt wird. Im Norden Wiens kann zunächst der Zusammenschluß der beiden Netze „Kagran" und „Großfeldsiedlung" geplant werden, der auch eine der Voraussetzungen für die wirtschaftliche Abwärmenutzung des Gasturbinenkraftwerkes Leopoldau mit etwa 140 MW darstellen würde. Durch die Fernwärmeversorgung des Internationalen Amtssitz- und Konferenzzentrums Wien (UNO-City) reicht das Netz bis an die Donau, sodaß bei einer Ausdehnung des Netzes „Mitte" bis zum Mexikoplatz eine Verbindung dieser beiden Netze über die im Bau befindliche Reichsbrücke zu erwägen wäre. Alternativ dazu wäre der Bedarfsentwicklung entsprechend der Wärmebezug aus einer zu errichtenden Kraft-Wärme-Kupplung im Dampfkraftwerk Donaustadt zu untersuchen. Neben diesen großen Schwerpunktgebieten zeichnen sich vor allem im Einzugsbereich Süd und Südost weitere Fernwärmestützpunkte mit größeren Leistungen ab. Die Heizbetriebe Wien GesmbH und die MET-Wärmedienstges. mbH haben 1978 die Wärmeversorgungsbetriebe GesmbH gegründet, die im Rahmen des Energiekonzeptes die Heizbetriebe Wien GesmbH vor allem bei der Planung, Errichtung und Betriebsführung von Blockheizwerken und Zentralheizungsanlagen auf Erdgas- und/oder Heizölbasis unterstützen soll.

Der *Finanzierungsbedarf* der Energieversorgungsunternehmen wird ansteigen, da Sicherheit und Umweltschutz zunehmend in den Vordergrund rücken und somit die Kosten zwangsläufig erhöhen. Eine gesicherte und ausreichende Energieversorgung Wiens stellt eine der wichtigsten kommunalen Aufgaben dar, sodaß die Unternehmen umfangreiche Investitionen tätigen müssen, um diesen Zielsetzungen nicht nur in der Gegenwart, sondern auch in Zukunft gerecht zu werden. Die kommunalen Energieversorgungsunternehmen werden daher bis 1985 rund 22,5 Milliarden Schilling in Erfüllung ihrer Ausbaukonzepte zu investieren haben, wobei auch Fremdmittel im erforderlichen Ausmaß aufgenommen werden müssen. Bei der Überprüfung der bestehenden Tarifstrukturen im Hinblick auf den Einbau energiesparender Elemente ist zu beachten, daß die Energiepreise eine volks- und betriebswirtschaftliche Funktion aufweisen, sodaß versucht werden muß, eine Optimierung aller beeinflussenden Komponenten zu erreichen.

Eine *rationelle Energieverwendung* ergibt sich vor allem aus der weltweiten Begrenzung der fossilen Brennstoffe, wobei das Wirtschaftswachstum der Industrieländer, aber insbesondere der ungleich stärker ansteigende Nachholbedarf der Entwicklungsländer zu einer erhöhten Nachfrage führen wird, die einen rascheren Abbau der nutzbaren Vorräte bewirkt. Darüber hinaus bedeutet jede Form des Energieumsatzes eine Umweltbelastung, die das Ausmaß der Nutzung der einzelnen Energieträger begrenzen kann. Eine rationelle Energienutzung im Umwandlungsbereich erfolgt in Wien schon seit geraumer Zeit in den Müllverbrennungsanlagen Flötzersteig und Spittelau, wo die anfallende Wärme für Heizzwecke verwendet wird. Dabei werden etwa 40.000 Tonnen Heizöl/Jahr erspart und die Schwefelemissionen um ca. 1.840 Tonnen/Jahr verringert. Mit der im Bau befindlichen Entsorgungsbetriebe Simmering GesmbH & Co. KG wird eine zentrale Sonderabfall- und Schlammbeseitigungsanlage errichtet, bei der die erforderliche Energie für die Aufbereitung des Schlammes aus der thermischen Umsetzung der Sonderabfälle gewonnen werden kann. Darüber hinaus wird untersucht, ob die Restwärme für Heizungszwecke eingesetzt werden kann. Einen weiteren Beitrag leistet die Kraft-Wärme-Kupplung des Kraftwerkes Simmering bei der kombinierten Erzeugung von Strom und Wärme, mit der zukünftig eine Reduzierung des Brennstoffeinsatzes bis zu 66.200 Tonnen/Jahr erzielt werden kann und sich die Schwefelemissionen entsprechend verringern. Ebenso kann das Gasturbinenkraftwerk Leopoldau nach Einbau eines Abgaswärmetauschers für Wärmelieferungen an die Heizbetriebe adaptiert und damit eine weitere rationelle Energienutzung im Umwandlungsbereich ausgeschöpft werden. Die Umstellung auf eine direkte Erdgasversorgung muß ebenfalls als Beitrag zur rationellen Energienutzung erwähnt werden, da bedeutende Energiemengen, die seinerzeit für den Umwandlungsprozeß von Erdgas in Stadtgas notwendig waren, nunmehr eingespart werden können. Neben dem Bereich der Energieumwandlung ergeben sich aber auch im Energieanwendungsbereich bedeutende Möglichkeiten für eine Reduzierung der Energieverluste. Die absolut größten Verluste treten in den Sektoren Haushalt und Kleinverbrauch, die relativ höchsten Verluste im Verkehrssektor bei den Kraftfahrzeugen auf. Hier können durch das energiebewußte Verhalten der Verbraucher vor allem beim Heizen und Autofahren erhebliche Einsparungen erzielt werden, ohne daß vom bisherigen Komfort wesentlich abgewichen werden muß. Die technischen Einrichtungen und die Fahrzeuge sollten jedoch seitens der Hersteller mit Blickrichtung auf einen geringstmöglichen Energieverbrauch erzeugt und vom Benützer auch gewartet werden. Dazu darf auf das schon im Jahr 1975 vom Verein für Konsumenteninformation herausgegebene „Energiesparbuch" sowie auf die Aktivitäten der Energieverwertungsagentur verwiesen werden. In diesem Zusammenhang ist darauf hinzuweisen, daß im Rahmen des Wohnungsverbesserungsgesetzes von der Magistratsabteilung 50 (MA 50) auf Ansuchen Kredite für die Verbesserung der Wärmedämmung in Altbauten, aber auch für die Errichtung von Zentralheizungen mit den umweltfreundlichen leitungsgebundenen Energieträgern oder zum Anschluß an die Fernwärmeversorgung vergeben werden. Darüber hinaus werden derzeit im Auftrag des Herrn Bürgermeisters von der Arbeitsgruppe „Unkonventionelle Energieträger – Rationelle Energienutzung" die entsprechenden Anwendungsmöglichkeiten für den Bereich der Stadt Wien untersucht.

Die leitungsgebundenen Energieträger leisten einen ausschlaggebenden Beitrag zur Verbesserung der *Umweltbedingungen* im Bereich der Stadt Wien. Bereits im Wiener Umweltbericht wurde empfohlen, als wesentliche Maßnahme zur Reduzierung der Belastung der Stadtatmosphäre durch Schwefeldioxid und Ruß die sukzessive Umstellung auf Versorgung der Haushalte, Industrie- und Gewerbebetriebe mit sauberer Energie, d. h. mit Gas, Fernwärme und Elektrizität, durchzuführen. Dieser für die Lebensqualität der Stadt notwendigen Forderung wurde in der Verordnung der Wiener Landesregierung vom 30. Mai 1972 Rechnung getragen, mit der die Durchführungsbestimmungen zum Wohnbauförderungsgesetz 1968 im Hinblick auf den Umweltschutz ergänzt wurden. In Zusammenarbeit mit der MA 50 hat der Arbeitskreis für die Koordinierung der Energieversorgung (AKE) einen Fragebogen bezüglich Kochen, Raumheizung und Warmwasserbereitung ausgearbeitet, der dem Ansuchen um Kreditzuteilung im Rahmen des Wohnbauförderungsgesetzes beizulegen ist. Der AKE gibt für diese projektierten Bauvorhaben eine Empfehlung für die Versorgung mit Strom, Erdgas oder Fernwärme ab, deren Einhaltung u. a. als Voraussetzung für eine positive Beurteilung des Ansuchens dient. Daneben erstattet der AKE auch für andere Bereiche Vorschläge für die Nutzung von leitungsgebundener Energie für projektierte, im Bau befindliche oder bestehende Objekte. Von 1972 bis Mitte 1978 wurden insgesamt 700 Empfehlungen für einen Wärmeleistungsbedarf von 1.347 MW beschlossen, darunter Bauvorhaben mit etwa 63.000 Wohnungen, aber auch Großprojekte, wie das Internationale Amtssitz- und Konferenzzentrum Wien (UNO-City), Überbauung des Franz Josephs-Bahnhofes, Hotel Hilton u. v. a. m. Die Analyse der abgegebenen Empfehlungen zeigt, daß die Fernwärme mit einem Anteil von 54,3% (732 MW) und das Erdgas mit 39,8% (535 MW) dominieren. Der Anteil der elektrischen Heizungen liegt bei 3% (ca. 40 MW). Der Verwendung anderer Brennstoffe, vor allem „Heizöl leicht" und „Heizöl mittel", wurde nur dann zugestimmt, wenn eine Versorgung mit leitungsgebundenen Energien aus zeitlichen oder lagemäßigen Gründen nicht durchführbar war. Die positiven Auswirkungen der Forcierung von Erdgas und Fernwärme auf den Wärmemarkt zeigen die damit erreichten Verbesserungen der Luftqualität im Stadtbereich deutlich an.

Unkonventionelle Energiequellen waren aus preislichen Gründen bis vor wenigen Jahren praktisch vom Energiemarkt mit dem Ergebnis ausgeschlossen, daß deren Entwicklung ziemlich langsam voranging. Heute werden bedeutende Summen in die Forschung und Entwicklung für eine wirtschaftliche Nutzung dieser Energieformen investiert und die Anwendung der Sonnenenergie, Windenergie, Gezeiten- und Wellenenergie, geothermischen Energie, Biomasse usw. wird weltweit diskutiert. Im Bereich der Stadt Wien wird die Sonnenenergie in einzelnen Bädern probeweise zur Warmwasseraufbereitung verwendet, weitere Projekte sind in Vorbereitung. Ein wesentlicher Beitrag zur Deckung des Weltenergiebedarfes wird aber erst am Ende dieses Jahrhunderts erwartet. Derzeit betrachtet man als realistische Möglichkeiten für eine langfristige Energieversorgung vor allem die Kohle, die Sonnenenergie und die Kernenergie. Das Hauptproblem dabei liegt vorerst in der Entscheidung, welche der unkonventionellen Energiequellen in welcher Größenordnung und mit Hilfe welcher Technologien genutzt werden sollten. Die besondere Schwierigkeit ist dabei, daß alle in diesem Zusammenhang auftretenden Fragen generell und gleichzeitig beantwortet werden müssen. Voraussichtlich kann eine langfristige Energieversorgung nur durch Kombinationen der dafür in Frage kommenden Energiequellen realisiert werden, wobei sich aber das grundsätzliche Problem der damit verbundenen Umstellung der bestehenden Infrastrukturen stellt. Die Gestaltung des Überganges vom heutigen Energiesystem auf das zukünftige ist für die weitere Entwicklung der globalen Energieversorgung von besonderer Bedeutung. In den kommenden Jahrzehnten werden die Weichen für die notwendigen Umstrukturierungen im Hinblick auf die zukünftigen Energiestrategien zu stellen sein. Das Internationale Institut für angewandte Systemanalyse (IIASA) in Laxenburg hat dafür unter Mitwirkung der Wiener Stadtwerke ein Energie-Umwelt-Modellsystem modifiziert. Mit Hilfe dieses Rechenmodells ist es möglich, speziell auf Wien bezogene Einflüsse und deren Auswirkungen auf die Energieversorgung bis zum Jahr 2015 aufzuzeigen, sodaß sie bei den langfristigen Versorgungsstrategien berücksichtigt werden können.

Die Stadtverwaltung und die kommunalen Energieversorgungsunternehmen werden weiterhin in ihren Bemühungen fortfahren, um eine umweltfreundliche Energieversorgung der Stadt Wien auch in Zukunft sicherzustellen. Dazu wird es aber genauso der verständnisvollen Mithilfe und der Unterstützung aller Mitbürger bedürfen.

Literaturhinweise:

50 Jahre Fortschritt in der Gaserzeugung – Gaswerk Leopoldau WStW-GW; 1961

75 Jahre städtisches Gaswerk Wien-Simmering WStW-GW; 1974

75 Jahre stadteigene Stromversorgung WStW-EW; 1977

Der Aufbau; 32. Jahrgang, Heft 5/1977

Energiekonzept der Stadt Wien WStW-GD/Energiewirtschaftliches Referat; 1978

DER ÖFFENTLICHE VERKEHR IN WIEN

Von Techn. Oberamtsrat Ing. Alois Hautzenberger

Mit diesem Artikel wird nicht über die Notwendigkeit oder Bevorrangung des öffentlichen Verkehrs in Wien gesprochen, das ist dem Leser vorbehalten, sondern über den Beitrag des öffentlichen Verkehrs im Leben einer Großstadt.

Geschichtliche Entwicklung des öffentlichen Verkehrs

1865 Erste Pferdebahnlinie Schottenring–Hernals
1868 Erweiterung des Pferdebahnnetzes im Stadtgebiet durch die „Wiener Tramway-Gesellschaft"
1872 Gründung der „Neuen Wiener Tramway-Gesellschaft" zum Aufbau eines Liniennetzes in den Vororten
1881 Gründung der Ersten Pferdestellwagen-Gesellschaft „Vienna General Omnibus Co. Ltd."
1892 Österreichische Staatsbahnen beginnen mit Bau der Stadtbahn
1897 Erste elektrische Straßenbahnlinie Mariahilf–Prater
1898 Österreichische Staatsbahnen eröffnen erste Teilstrecke der Stadtbahn im Dampfbetrieb
1899 Konzessionserteilung zum elektrischen Betrieb von Straßenbahnen an die Gemeinde Wien; beginnende Elektrifizierung des Netzes durch die „Bau- und Betriebsgesellschaft für städtische Straßenbahnen"
1902 Gründung der „Gemeinde Wien – Städtische Straßenbahnen"
1903 Kommunalisierung der meisten Straßenbahnlinien und Übernahme durch die Gemeinde Wien; Einstellung der letzten Pferdebahnlinie
1907 Gemeinde Wien erwirbt die letzten Dampftramwaylinien, erste Kraftstellwagenlinie Simmeringer Hauptstraße–Kaiser-Ebersdorf
1908 Gemeinde Wien erwirbt die „Vienna General Omnibus Co. Ltd."
1922 Elektrifizierung der letzten Dampftramwaystrecken, beginnender Ausbau des Kraftstellwagennetzes
1924 Gemeinde Wien erwirbt und elektrifiziert die Stadtbahn
1949 Gründung der „Wiener Stadtwerke" (Elektrizitätswerke-Gaswerke-Verkehrsbetriebe)
1961 Einheitstarif zwischen Straßenbahn-Stadtbahn und den meisten Autobuslinien, Tarifgemeinschaft mit der Schnellbahn der Österreichischen Bundesbahnen
1966 Inbetriebnahme der unterirdischen Trasse der Straßenbahnlinie 2
1967 Ausdehnung der Tarifgemeinschaft auf die erweiterte Schnellbahn und die nichtstädtischen Autobusunternehmungen innerhalb der Stadtgrenzen
1969 Inbetriebnahme der unterirdischen Trasse der Straßenbahnlinien 18, 62 und 65, U-Bahn-Baubeginn am Karlsplatz
1976 Aufnahme des U-Bahn-Betriebes (Linie U4) auf der früheren Stadtbahnstrecke Heiligenstadt–Friedensbrücke
1978 Aufnahme des U-Bahn-Betriebes (Linie U1) vom Reumannplatz bis Stephansplatz
1978 Aufnahme des U-Bahn-Betriebes (Linie U4) von Heiligenstadt bis Karlsplatz

Wie sind die Verkehrsmittel gekennzeichnet?

U-Bahn

Das Grundnetz umfaßt die Linien
U1 (ca. 10 km, 14 Stationen)
U2 (3,5 km, 7 Stationen)
U4 (16,3 km, 18 Stationen)

Das Grundnetz wird mit der Fertigstellung eine Länge von 25,8 km haben.

Bis jetzt ist der Betrieb auf zwei Linien, und zwar U1 und U4, aufgenommen worden, wobei die Linie U1 vom Reumannplatz bis Stephansplatz und die Linie U4 von Heiligenstadt bis Karlsplatz reicht.

Um den Fahrgästen die Orientierung zu erleichtern, hat jede Linie eine eigene „Leitfarbe", jedoch verfügen alle über ein gemeinsames Leitsystem.
Die Leitfarbe für die Linie U1 „rot"
Die Leitfarbe für die Linie U2 „violett"
Die Leitfarbe für die Linie U4 „grün"

In den jeweiligen Stationen der einzelnen Linien sind in den Zwischengeschossen und Bahnsteigen Über-Kopf-Transparente montiert.

Es gilt dabei der Grundsatz, das schwarze Symbole auf weißem Feld aus der Station führen oder daß man die symbolisierte Einrichtung in der Station oder im Zwischengeschoß findet. Weiße Symbole auf schwarzem Feld führen in die Station bzw. zum Bahnsteig.

Die U1 ist als Durchmesserlinie konzipiert. Sie steht derzeit zwischen Reumannplatz und Stephansplatz in Betrieb und weist sechs Haltestellen auf. In absehbarer Zukunft wird diese Linie bis zum Praterstern bzw. bis Kagran verlängert, es werden dann 14 Stationen angefahren werden.

Die Linie U2 wird vom Karlsplatz bis zum Schottenring geführt werden. Sie wird zwischen Secession und Landesgerichtsstraße die bestehenden Anlagen der Unterpflaster-Straßenbahn (Ustrab) befahren; von der Landesgerichtsstraße über das Schottentor und die Maria Theresien-Straße bis Schottenring ist eine neue Trasse im Bau. Die Linie U2 wird beim Schottenring in die U4 einmünden.

Die Linie U4 bedient derzeit die Strecke zwischen Heiligenstadt und Karlsplatz, sie wird im Endstadium bis Hütteldorf geführt werden.

Auf den U-Bahn-Linien gilt der Einheitstarif mit Kurzstrecken.

Die U-Bahn-Stationen sind in ihrer Architektonik möglichst organisch in das Stadtbild eingefügt. Die Stationseingänge werden mit dem bereits international festgelegten, gut sichtbaren und beleuchteten Symbol „U" mit Stationsnamen gekennzeichnet. In größeren Stationen, wie z. B. Karlsplatz, Reumannplatz und Stephansplatz, erleichtern Rolltreppenanlagen das Überwinden des Höhenunterschiedes, wobei einzelne Aufgänge nur aufwärtsführende Rolltreppen aufweisen. In einigen Stationen sind auch Aufzüge installiert.

Jede Station verfügt über ein Passagengeschoß, fallweise auch über ein Zwischengeschoß, von dem aus die einzelnen Linien erreichbar sind.

Die meisten Stationen besitzen Aufgänge an beiden Bahnsteigenden. Durch die Passagengeschosse wird erreicht, daß vielfach das Überqueren von Fahrbahnen vermieden wird, durch Aufgänge an beiden Bahnsteigenden verkürzen sich die Fußwege der Fahrgäste. In

Informationsvitrinen sind die wichtigsten Angaben über Liniennetz, Verkehrsrelationen, Umsteigemöglichkeiten usw. enthalten. Die Durchgänge zu den Bahnsteigen sind mit Fahrscheinentwertern, die Zwischengeschosse mit Fahrscheinausgabeautomaten ausgerüstet. Um das Aus- und Einsteigen zu erleichtern und zu beschleunigen, weisen die Bahnsteige praktisch die gleiche Höhe auf wie die Böden der U-Bahn-Garnituren.

Auf den Bahnsteigen der einzelnen Haltestellen ist eine Notsignaleinrichtung vorgesehen. Dadurch wird den Fahrgästen auch am Bahnsteig die Möglichkeit gegeben, einen Notbremsgriff in ähnlicher Ausführung wie in den Wagen zu betätigen. Bei Erkennen einer Gefahr bei der Ein- oder Ausfahrt eines Zuges (z. B. Stürzen einer Person in den Kuppelraum zwischen den Wagen) kann er auf kürzestem Weg angehalten werden. Die Notbremseinrichtung wirkt direkt auf die Zugsautomatik. Außerdem ist in jeder Station eine Notrufeinrichtung installiert, mit der der Fahrgast im Notfall die Leitstelle rufen kann. Fernsehkameras und Monitore auf den Bahnsteigen dienen zur Überwachung der Stationen und für die Zugsabfertigung.

Da jeder Zug bei der Fahrt durch den Tunnel einen Luftpolster vor sich herschiebt, wäre ohne entsprechende Vorkehrungen eine Belästigung der in den Stationen wartenden Fahrgäste durch den Luftschwall gegeben. Um diesen Luftschwall in den Stationen zu verhindern, sind vor den Stationsbereichen die Tunnelröhren für die beiden Fahrtrichtungen miteinander verbunden. Der Luftschwall der einfahrenden Garnitur wird mittels mechanischer Einrichtungen in die Gegenröhre umgeleitet. Die Stationen werden außerdem mit Frischluft versorgt. Schließlich sind zwischen den Stationen Notausstiege errichtet, die mit den Lüftungsanlagen gekoppelt sind. Bei Unfällen können die Fahrgäste mühelos den Tunnel auf einem eigenen Fluchtweg verlassen.

Jede Station ist mit einer Stationsaufsicht besetzt, die für die Auskunftserteilung, Überwachung der Rolltreppenanlagen und Lifte, der Heizungs-, Belüftungs- und Pumpenanlagen, der Bahnsteige sowie für das Eingreifen bei Unfällen und Störungen verantwortlich ist.

Stadtbahn

Das Liniennetz der Stadtbahn besteht derzeit aus den Linien

W zwischen Karlsplatz und Hütteldorf mit neun Stationen,

G zwischen Heiligenstadt und Meidlinger Hauptstraße mit neun Stationen und

GD zwischen Meidlinger Hauptstraße und Friedensbrücke mit neun Stationen.

Auf den Linien der Stadtbahn gilt der Einheitstarif mit Kurzstrecken. Fahrscheine können in den Stationen zu 10 oder 4 S bei den Schaltern bzw. beim Fahrscheinausgabeautomaten gekauft werden. Fahrausweise im Vorverkauf sind nur bei den Vorverkaufsstellen in einzelnen Stationen erhältlich.

Straßenbahn

Das organische, konzentrierte Wachstum der Stadt Wien bot die Voraussetzungen dafür, daß ein logischer Aufbau der Linienbezeichnung grundsätzlich analog dem Aufbau der Numerierungen des Straßennetzes erfolgen konnte. So wurden jene Linien in der Zahlengruppe 1 bis 20 als Rundlinien, von 21 bis 80 als Radiallinien vom Zentrum nach außen sowie Buchstabenlinien A, Ak, B, Bk, D, E2, G2, H2, J, O, T als Durchgangslinien gekennzeichnet, wobei die Buchstabenlinien Ak und Bk radial zum Ring fahren. Der Zusatzbuchstabe „k" ist der Hinweis, daß die Linien zuerst über den Kai und dann über den Ring fahren, bei den A- und B-Linien erfolgt die Fahrt zuerst über den Ring und dann über den Kai.

Die Durchgangslinien E2, G2 und H2 sind Buchstaben- und Zahlenlinien, die radial zur Stadt, jedoch nicht bis zum Ring, sondern parallel zum Ring und wieder radial vom Ring nach außen fahren.

Auf den Straßenbahnen gilt der Einheitstarif mit Kurzstrecken.

Autobus

Die Kennzeichnung erfolgt durch Ziffern und das Zusatzzeichen A, B oder S.

Autobuslinien mit dem Zusatzzeichen „A"

Solche Linien werden entweder betriebseigen oder privat betrieben. Auf ihnen gilt der Einheitstarif mit Kurzstrecken.

Alle Wagen, die nicht mit Schaffner besetzt sind, verfügen über eine Türschließautomatik, die entweder durch bewegliche Trittstufen oder durch Lichtschranken gesteuert wird. Außerdem sind die Türkanten mit Fühlerleisten ausgestattet.

Autobuslinien mit dem Zusatzzeichen „B"

Auf den Autobuslinien mit dem Zusatzzeichen „B" können nur Fahrscheine erworben werden, die nicht zum Umsteigen auf Verkehrsmittel des Einheitstarifes berechtigen. Dagegen sind alle Fahrausweise des Einheitstarifes auf diesen Linien gültig, ausgenommen Kurzstreckenfahrscheine.

Autobuslinien mit dem Zusatzzeichen „S"

Auf diesen Linien gilt ein Sondertarif.

Betriebsmöglichkeiten bei den Verkehrsmitteln

Straßenbahn

Schaffnerlose Beiwagen

Züge, die einen oder zwei Beiwagen ohne Schaffner mitführen, haben an der rechten Bugseite auf blauem Grund die weiße Beschriftung „schaffnerlos" und tragen bei den Einstiegen auf blauem Grund mit weißer Schrift den Hinweis „Entwerter". Der Triebwagen ist mit einem Schaffner besetzt.

In den so gekennzeichneten Wagen sind ein oder zwei Entwerter (blau gestrichen) im Wageninneren montiert. Hier besteht die Möglichkeit, einen nicht markierten Fahrschein mit dem Aufdruck „Entwerter" selbst zu markieren. Kurzstrecken-Fahrscheine können vom Schaffner bzw. auf jenen Wagen, die beim Einstieg an der Außenseite mit der Aufschrift „In diesem Wagen können 4-Kurzstrecken-Fahrscheine derzeit nicht entwertet werden" gekennzeichnet sind, auch vom Fahrgast entwertet werden.

Der Triebwagen trägt an der Bugseite den grünen Hinweis „Mit markierten Fahrscheinen und Zeitkarten".

Schaffnerlose Züge

Solche Züge haben weder am Triebwagen noch am Beiwagen eine Schaffnerbesetzung. Im Triebwagen ist hinter dem Fahrer ein Fahrscheinausgabeautomat aufgestellt, bei dem sich der Fahrgast einen markierten Fahrschein zu 10 oder 4 S selbst lösen kann. Am Triebwagen ist beim vorderen Einstieg auf einem gelben Feld mit schwarzer Schrift „Fahrscheinautomat" und die Ankündigung „Kassa" angebracht.

Außerdem sind zwei Entwerter für Vorverkaufsfahrscheine aufgestellt. Im Beiwagen sind ein bis zwei Entwerter montiert. Auf den Zügen findet sich kein besonderer Hinweis darauf, daß auf der ganzen Garnitur kein Schaffner eingesetzt ist, außer der Aufschrift „schaffnerlos".

Autobus

Schaffnerloser Wagen

Diese Wagen sind an der Bugseite neben dem Einstieg entweder mit der Aufschrift „Für Barzahler und Kurzstreckenfahrer" oder „Kassa" gekennzeichnet. Bei solchen Wagen verkauft bzw. markiert der Lenker die Fahrscheine. Hat der Wagen jedoch einen Fahrscheinausgabeautomaten und einen Fahrscheinentwerter, trägt die Bugseite den Hinweis „Entwerter – Fahrscheinautomat" oder nur „Fahrscheinautomat". Auf solchen Wagen kann ein Fahrgast seinen Fahrschein selbst entwerten oder beim Fahrscheinausgabeautomaten einen Fahrschein (zu 10 oder 4 S) kaufen.

Schaffnerbesetzte Wagen

Diese sind an der grünen, an der Bugseite angebrachten Aufschrift „Einstieg mit markierten Fahrscheinen und Zeitkarten" zu erkennen. Der Fahrscheinverkauf oder das Entwerten eines Fahrscheines erfolgt beim Schaffner.

Wo bekommt man einen Fahrausweis?

Fahrausweise erwirbt man am zweckmäßigsten im Vorverkauf. Sie sind aber auch in den Verkehrsmitteln erhältlich.

Der Fahrgast hat die Möglichkeit, bei den betriebseigenen Vorverkaufsstellen – diese Stellen tragen die Aufschrift „Vorverkauf" – sowie in den besonders gekennzeichneten Trafiken folgende Fahrausweise zu kaufen:

Vorverkaufsfahrscheine zu 7,20 S
Kindervorverkaufsfahrscheine zu 3 S
4-Kurzstrecken-Fahrscheine zu 14 S
24-Stunden-Netzkarte zu 36 S
Pensionistenfahrscheine zu 4,50 S

Wertmarken für alle Arten von Zeitkarten werden nur von den betriebseigenen Vorverkaufsstellen geführt. Trafiken geben lediglich Wertmarken für fünf, sechs oder sieben Tage ab.

Auf Wagen, die mit einem Schaffner besetzt sind, oder auf Autobussen mit dem Zusatzzeichen „A" können folgende Fahrscheine gekauft werden:

Fahrschein mit Ausgabezuschlag zu 10 S
Kinderfahrschein zu 4 S

In schaffnerlosen Wagen erhält man die Fahrscheine beim Fahrscheinausgabeautomaten.

Für Fahrten mit der U-Bahn sind Fahrscheine nur bei den Fahrscheinausgabeautomaten, die in den Stationen vor der Bahnsteigsperre montiert sind, zu erwerben, und zwar:

Fahrschein mit Ausgabezuschlag zu 10 S
Kinderfahrschein zu 4 S

Restgeld bei Überzahlungen wird hier zurückgegeben.

In Autobussen mit Schaffnerbesetzung können Fahrausweise wie bei der Straßenbahn gekauft werden, in schaffnerlosen Wagen entweder beim Lenker oder beim Fahrscheinausgabeautomaten. Man erhält je nach Wahl einen Fahrschein mit Ausgabezuschlag (10 S) oder einen Kinderfahrschein (4 S), auf den Autobuslinien 1 S, 2 S und 3 S zum Preis von 2 S, für Kinder von 1 S. Die zuletzt genannten Linien werden nur mit Fahrscheinausgabeautomaten geführt.

In Autobussen mit dem Zusatzzeichen „B" werden keine Fahrscheine zum Einheitstarif verkauft. Zur Benützung des Verkehrsmittels berechtigt nur ein bereits gültig markierter Fahrschein, ein vom Lenker markierter Vorverkaufsfahrschein zu 7,20 S oder zu 3 S (Kinder-Vorverkaufsfahrschein) oder eine gültige Zeitkarte.

Auf der Kahlenberg-Autobuslinie 38 S (Sondertarif) kann ausschließlich beim Lenker oder Standschaffner bezahlt werden.

Verhalten in den Verkehrsmitteln

Ein- und Aussteigen bei Straßenbahnzügen ohne Schaffnerbesetzung

Einsteigen

Züge kommen in der Zusammenstellung als Dreiwagenzug oder als Triebwagenzug entweder mit oder ohne Schaffner zum Einsatz. Hat der Fahrgast einen gültigen Fahrausweis, kann er bei einem schaffnerlosen Wagen überall ein- oder aussteigen, er braucht nur abzuwarten, bis das neben der Tür befindliche Transparent „Einsteigen bitte Knopf drücken" aufleuchtet, sodann ist die Taste beim Türtransparent zu betätigen, damit sich die Tür öffnet. Solange ein Fahrgast eine der beweglichen Trittstufen belastet, bleibt die Tür offen. Sollte ein Fahrgast jedoch eingeklemmt werden, genügt die Berührung der Gummileiste an den Türflügeln und die Tür öffnet sich selbsttätig wieder.

Steht ein Zug ohne Schaffner bei einer gesperrten Straßenkreuzung, der Ein- und Aussteigevorgang ist bereits beendet und die Türen sind geschlossen, ist das Zusteigen nur noch beim Triebwagen möglich.

Aussteigen

Bei den schaffnerlosen Wagen sind zwei Ausführungen in Betrieb, die unterschiedliche Türsteuerungen aufweisen. Je nach Wagentype kann die Türbetätigung mit oder ohne Voranmeldung erfolgen. Bei Garnituren, die über dem Türkasten die Aufschrift „Wollen Sie aussteigen? Bitte rechtzeitig den Druckknopf betätigen" tragen, öffnen sich die Türen nach Voranmeldung.

Wird in solchen Garnituren der Türdruckknopf bei unbeleuchtetem Transparent gedrückt, bestätigt das Türtransparent durch Aufleuchten im roten Feld „Zug hält, Tür öffnet selbsttätig" den Aussteigewunsch. Die Tür öffnet sich dann ohne weiteres Zutun der Fahrgäste, nachdem sie der Fahrer in der Haltestelle freigegeben hat.

Hat der Fahrgast jedoch den Aussteigewillen nicht rechtzeitig bekanntgegeben, kann er bei Aufleuchten des weißen Türtransparentes „Aussteigen bitte Knopf drükken" die Tür durch Betätigung der gleichen Taste öffnen. Das Schließen erfolgt in beiden Fällen selbsttätig.

Bei den Ausführungen, die über dem Türkasten keine Aufschrift tragen, kann der Fahrgast seinen Aussteigewunsch nicht voranmelden. Er muß die Türtaste bei Aufleuchten des Türtransparentes „Aussteigen bitte Knopf drücken" betätigen, damit sich die Tür öffnet.

Ein- und Aussteigen bei Straßenbahnzügen mit Schaffnerbesetzung

Bei diesen Wagen öffnet und schließt der Schaffner die Türen.

Notsignaltaste und Notbremsgriff

In jedem schaffnerlosen Wagen sind Notbremsgriffe und Notsignaltasten montiert, die eigens bezeichnet sind. Wenn ein Fahrgast die Notsignaltaste betätigt, ertönt beim Fahrer und bei bestimmten Wagen auch am Dach des Fahrzeuges ein Alarmsignal. Wird jedoch ein Notbremsgriff gezogen, löst der Fahrgast am ganzen Zug eine Notbremsung aus.

Ein großer Teil der Straßenbahn- und Autobuswagen sowie der gesamte Stadt- und U-Bahn-Betrieb ist mit Funkeinrichtungen ausgerüstet, sodaß eine rasche Hilfeleistung bei Bedrohung, Unfällen und Wagengebrechen gewährleistet ist.

Fahrscheinausgabeautomat

Auf Zügen, die auch am Triebwagen nicht mit einem Schaffner besetzt sind, kann sich der Fahrgast einen

Fahrschein an einem Automaten lösen (Fahrschein mit Ausgabezuschlag zu 10 S oder Kinderfahrschein zu 4 S), wobei zu beachten ist, daß Restgeld nicht zurückgegeben werden kann. Das Fahrgeld muß also in Münzen zu 10, 5, 1 S oder 50 g abgezählt beim Fahrgeldschlitz eingeworfen werden. Wenn der Betrag von 10 oder 4 S erreicht wurde, leuchtet die zugehörige Taste auf. Diese Taste muß nun gedrückt werden, und sodann kann der gewählte Fahrschein beim Fahrscheinschlitz – bereits markiert – entnommen werden. Hat sich ein Fahrgast jedoch beim Einwerfen der Münzen geirrt, bekommt er, bevor die Fahrscheintaste gedrückt wurde, durch Betätigung der „Retourtaste" die eingeworfenen Münzen wieder zurück.

Entwerter

Steigt ein Fahrgast mit einem unmarkierten Vorverkaufsfahrschein in einen schaffnerlosen Wagen ein, kann er den Fahrschein mit dem im Inneren angebrachten Entwerterautomaten selbst markieren. Der Entwertungsvorgang ist abgeschlossen, wenn beim Einschieben des Fahrscheines in den Automaten ein Klingelzeichen ertönt.

Jene Beiwagen, in denen 4-Kurzstrecken-Fahrscheine vom Entwerter nicht angenommen werden können, sind an der Außenseite, neben dem hinteren Einstieg, mit der Aufschrift „In diesem Wagen können 4-Kurzstrecken-Fahrscheine derzeit nicht markiert werden" gekennzeichnet.

Bei solchen Zügen wird der 4-Kurzstrecken-Fahrschein vom Triebwagenschaffner entwertet.

Informationsdienst

Dem Kunden- und Informationsdienst der Verkehrsbetriebe obliegt die gesamte Öffentlichkeitsarbeit. Derzeit sind zwei Außenstellen, und zwar im Rathaus bei der Stadtinformation (Montag bis Freitag von 7.30 bis 15.30 Uhr, Tel. 43 89 89) und am Karlsplatz (Montag bis Freitag von 7 bis 18 Uhr, Samstag von 7 bis 14 Uhr, Tel. 57 31 86), besetzt. Eine dritte Stelle ist in der Direktion der Verkehrsbetriebe, 4, Favoritenstraße 9 (Montag bis Freitag von 7.30 bis 15.30 Uhr, Tel. 65 36 91*, 284), installiert.

Bei den Außenstellen und in der Direktion erhält man Auskunft über Linienführung, Intervalle der einzelnen Linien, Störungen im Verkehrsablauf sowie über sonstige Angelegenheiten, die die Verkehrsbetriebe betreffen. Wenn Beschwerden über die Verkehrsbetriebe vorliegen oder Vorschläge vorgebracht werden, können diese mündlich oder schriftlich an eine dieser drei Stellen gerichtet werden. Jeder Fall wird mündlich oder schriftlich beantwortet.

In den Haltestellen mit einer Wartehalle sind Fahrpläne, Liniennetzpläne und Hinweise über die ersten und letzten Züge angebracht. Sämtliche Haltestellentafeln sind mit der Skizze der jeweiligen Linie, Zielschildern und Liniensignalen ausgerüstet. An den großen Umsteigstellen oder Endstellen jeder Linie sind Informationslautsprecher montiert, die den Fahrgast über Störungen der betroffenen oder angrenzenden Linie informieren. Die Haltestellen, die mit Lautsprecher ausgerüstet sind, haben am Haltestellenständer das Informationssymbol „Informationslautsprecher der Verkehrsbetriebe" angebracht.

DAS WIENER VIZEBÜRGERMEISTERAMT UND SEINE VERTRETER

Ein Beitrag zur Verwaltungsgeschichte*

Von Archivdirektor Dr. Felix Czeike

1. Teil: Die absolutistische Ära (1783–1861)[1])

Unmittelbar nach dem Ende des Österreichischen Erbfolgekrieges konnte Maria Theresia 1749, unterstützt von Haugwitz und Kaunitz, auf staatlicher Ebene jene einschneidenden Reformen in den Bereichen der Verwaltung (Trennung von Justiz und Verwaltung, Vereinigung der böhmischen und österreichischen Hofkanzlei, Schaffung eines Staatsrats), des Rechtswesens und der Finanzverwaltung in Angriff nehmen, die darauf abzielten, aus der vom Landesfürsten absolut, jedoch mit Hilfe der Stände – gewissermaßen also dualistisch – regierten Monarchie einen einheitlich zentralistisch gelenkten, im absolutistischen Sinn „modernen" Staat, das heißt: einen der Macht der Stände entzogenen Beamtenstaat, zu machen und damit aus der Haupt- und Residenzstadt Wien den eigentlichen Mittelpunkt eines im Entstehen begriffenen habsburgischen Großreichs[2]). Die Hebung der staatsrechtlichen Bedeutung Wiens änderte nichts daran, daß das politische Leben der Stadt selbst weiterhin verkümmerte und daß es keinerlei Möglichkeit gab, den mittelalterlichen Zustand mit seinem ausgeprägten bürgerlichen Standesbewußtsein und dem unangefochtenen Mitspracherecht der Bürger auch nur annähernd wiederherzustellen. Deutlich vollzog sich auf dem gesellschaftlich-sozialen Sektor ein Wandel, der die Stellung der Stadtbewohner merklich beeinflußte, ihre Rechte beschnitt und ihren Bewegungsspielraum einengte. Die Entstehung eines sich im Laufe der folgenden Jahrzehnte immer stärker ausprägenden „Untertanenbewußtseins" führte aber auch zu einer erkennbaren Minderung der politischen Ambitionen der Bürger, und ermöglichte es der Herrscherin, verhältnismäßig leicht den von ihr angestrebten Einfluß auf die Besetzung aller jener Ämter zu nehmen, die seinerzeit ausschließlich und unwidersprochen den Angehörigen des Bürgerstandes offengestanden waren. Am Ende der nach rund zwei Jahrzehnten praktisch abgeschlossenen strukturellen Veränderung steht die Installierung einer umfassenden staatlichen Verwaltung, die so gut wie alle Lebensbereiche des Bürgertums erfaßte und reglementierte.

Die Reformen Josephs II. (1765–1790)

Auf der Basis dieser Reformen konnte Maria Theresias Sohn und Nachfolger Joseph – nach dem Tode seines Vaters Franz Stephan (des Kaisers Franz I.) seit 1765 als Joseph II. römisch-deutscher Kaiser, seit demselben Jahr Mitregent Maria Theresias in den Erblanden (bei besonderer Betrauung mit militärischen und fiskalischen Belangen) und nach ihrem Tod (1780) bis 1790 auch Landesherr in Österreich – darangehen, die Verfassung und Verwaltung der Haupt- und Residenzstadt Wien von Grund auf zu reorganisieren. Der Ausgangspunkt war eine grundsätzliche Umgestaltung des Gerichtswesens. Bereits die Bestellung Josephs zum Mitregenten ist als eine so deutliche Zäsur anzusprechen, daß damit zumindest im Bereich der Staatsverwaltung das Ende der maria-theresianischen Ära signalisiert wurde; dies umso mehr, als die in der europäischen Aufklärung wurzelnden Umwälzungen auch in Österreich ihre Schatten vorauszuwerfen begannen.

Will man die siebziger Jahre des 18. Jahrhunderts richtig beurteilen, so muß man berücksichtigen, daß sich damals auf den verschiedensten Sektoren nachhaltige Veränderungen anbahnten. So stehen wir beispielsweise ökonomisch am Beginn jenes Zeitraums, den man in der Wirtschaftsgeschichte nach dem Abklingen des Merkantilismus als Manufakturzeitalter im engeren Sinn dieses Wortes zu bezeichnen pflegt. Wien war seither nicht allein Kaiserresidenz und Verwaltungsmittelpunkt einer militärisch konsolidierten und staatlich gefestigten Monarchie, sondern auch unangefochten der zentrale Sitz für Großhandel und Hochfinanz, deren Vertreter sich zu einem erheblichen Teil aus dem nobilitierten Bürgertum rekrutierten. In den Jahrzehnten des Vormärz sollte deren Position voll zum Tragen kommen und die weitere Entwicklung Wiens maßgeblich beeinflussen. Im künstlerischen Bereich versandete der Spätbarock in einer letzten Blüte, im verspielten Rokoko. Die Architektur der josephinischen Zeit, die im barocken Klassizismus wurzelt, setzte mit ihren schlichten Fassaden sowohl für das sakrale wie für das profane Bauwerk neue Maßstäbe und leitet allmählich über zu der die franziszeische Zeit prägenden Hofbauarchitektur.

Die räumliche Entwicklung Wiens war gekennzeichnet durch eine vor allem wirtschaftlich begründete stärkere Verdichtung des Baubestands der Vorstädte, in denen sich in steigendem Maße Produktionsbetriebe niederließen, und durch das beginnende Ausufern der urbanen Agglomeration über den Linienwall hinaus in die Vororte. Die Konjunktur belebte sich infolge des Durchbruchs von technologischen Neuerungen (1769 erfand James Watt die Dampfmaschine), durch das Anwachsen der Betriebsgrößen und den höheren Produktionsausstoß (auch in bis dahin vernachlässigten Wirtschaftszweigen). Der sich zögernd entwickelnde Monopolkapitalismus und die deutlich erkennbare Zusammenballung von Arbeitskräften innerhalb der „Linie" lösten allerdings auch soziale Spannungen aus, die sich – da weder von unternehmerischer noch von öffentlicher Seite Maßnahmen ergriffen wurden – sehr bald zu echten Krisen ausweiteten.

Auf dem Boden all dieser Veränderungen kam es zu einer obrigkeitlich initiierten Reorganisation von Stadtverfassung und Stadtverwaltung.

Von der Magistratsreform bis zum Tod Kaisers Franz II. (1783–1835)

Kaiser Joseph II., einer der Hauptvertreter des europäischen aufgeklärten Absolutismus, ist mit seiner in den achtziger Jahren des 18. Jahrhunderts auf dem Kulminationspunkt angelangten österreichischen Spielart der Aufklärung, dem „Josephinismus", in die Geschichte eingegangen. Innenpolitisch realisierte Zielsetzungen seines Wirkens waren neben der Beseitigung der letzten Reste der alten ständischen Verfassung (an deren Stelle endgültig die schon seit Jahrzehnten unaufhaltsam im Vordringen begriffene staatliche Beamtenverwaltung mit ihren fachlich vorgebildeten qualifizierten Kräften trat) die Inkraftsetzung einer neuen Gerichtsordnung, die Abschaffung der Folter, die Milderung der Zensur, die Einführung einer allgemeinen Grundsteuer (erstmals auch für den Adel), das Verbot jeglichen Zunftzwangs sowie die (nicht problemlos verlaufende) Neuregelung des Verhältnisses zwischen Staat und Kirche (Verbot des Jesuitenordens, Toleranzedikt, Klosteraufhebungen), die 1782 sogar den Heiligen Vater veranlaßte, dem kaiserlichen Hof in Wien einen Besuch abzustatten (ohne daß es ihm gelungen wäre, in den Gesprächen konkrete Ergebnisse zu erzielen).

Am Beginn der den kommunalen Bereich erfassenden Reformbestrebungen Josephs II. sehen wir den Wunsch des Monarchen, das Justizwesen in absolutistischem Sinne neu zu ordnen. Daß dies geradezu zwangsläufig eine grundlegende Umgestaltung der Stadtverfassung nach sich ziehen mußte, erklärt sich aus der engen Verknüpfung von Recht und Verwaltung. Seit bereits zweieinhalb Jahrhunderten stand die „Stadtordnung" Erzherzog Ferdinands vom 12. März 1526 in Geltung. Die im frühen 16. Jahrhundert unter damals gänzlich andersartigen politischen Voraussetzungen oktroyierte landesfürstliche Verfassung hatte im Gegensatz zu mittelalterlichen Gepflogenheiten eine Zweiteilung in Stadtrat und Stadtgericht verfügt.

Anläßlich der Ratswahlen des Jahres 1731 traf Kaiser Karl VI. insofern eine neue Regelung, als er dekretierte, Bürgermeister und Stadtrichter hätten alle zwei Jahre ihre Stellen miteinander zu wechseln. Gleichzeitig ordnete er an, beide hätten in gemeinschaftlichem Einvernehmen das städtische Wirtschaftswesen zu lenken – im selben Jahr wurde zwar die Stadt Wiener Wirtschaftskommission installiert, doch mangelte es ihr noch an effizienter Aktivität –, dem Stadtbanko zu präsidieren und die städtischen Ämter zu kontrollieren. Am 3. August 1737 kam es zum Widerruf dieser Bestimmung. Mit der endgültigen Aufnahme der Geschäfte seitens der Stadt Wiener Wirtschaftskommission nach dem Amtsantritt von Bürgermeister Johann Adam von Zahlheim wurde dem Stadtrichter in wirtschaftlichen Fragen der Gemeinde kein Mitspracherecht mehr eingeräumt, sodaß seither Bürgermeister und Rat die ausschließliche Verantwortung für ökonomische und politische Angelegenheiten zu tragen hatten, wogegen der Stadtrichter – ebenso ausschließlich – für strafgerichtliche Erkenntnisse zuständig war. Diese Kompetenzentrennung muß als ein bedeutsamer Schritt in der Wiener Verfassungsentwicklung angesehen werden; er war auch im Hinblick auf damals noch fehlende staatliche Regelungen ähnlicher Art bemerkenswert (Justiz und Verwaltung wurden dort erst 1749, also zwölf Jahre später, getrennt).

Ab diesem Zeitpunkt verlor das Stadtgericht allmählich seine Laienelemente und entwickelte sich unter Maria Theresia zu einer aus rechtskundigen Beamten zusammengesetzten landesfürstlichen Behörde. In der personellen Besetzung der Posten des Bürgermeisters und Stadtrichters spiegelt sich auch weiterhin der enge wechselseitige Kontakt: abwechselnd übte etwa Andreas Ludwig Leitgeb jeweils vier Jahre eines der beiden höchsten kommunalen Ämter aus. Bis zum Tode Maria Theresias ergab sich beim Stadtgericht keine weitere Veränderung mehr.

Als Kaiser Joseph II. die ihm vordringlich erscheinende Strafrechtsreform in Angriff nahm, mußten zunächst die entsprechenden organisatorischen Voraussetzungen geschaffen werden[3]). Das Ideal für den Kaiser wäre es – den Grundsätzen seiner Regierungspolitik entsprechend – gewesen, die Gerichte schon damals zur Gänze zu verstaatlichen; die Realisierung scheiterte jedoch an den gewaltigen finanziellen Mitteln, welche ein derartiges Vorgehen erfordert hätte. Joseph mußte allerdings unter allen Umständen trachten, die unaufhörlichen Streitigkeiten zwischen Hoch- und Niedergerichten bzw. Nieder- und Grundgerichten zu beenden, welche das Gerichtswesen ebenso belasteten wie die übergeordneten staatlichen Behörden, bei denen dauernd Beschwerden einliefen, die entschieden werden mußten. Zweifelsohne war es ein Gebot der Stunde, das Recht der Burgfriedensinhaber, demzufolge die Landrichter die exempten Bezirke nicht betreten durften, zu beschneiden. Es darf nicht übersehen werden, daß – auf den heutigen Gebietsumfang bezogen – weit über hundert Grundherrschaften ihre eigene Gerichtsbarkeit ausübten, woraus sich hinderliche und zeitraubende Kompetenzstreitigkeiten mit den Stadtbehörden, aber auch ungleichmäßige Urteilsfindungen ableiteten.

Vergegenwärtigen wir uns die Gerichtsorganisation, wie sie in Wien bis zum Jahre 1782 bestanden hat[4]). In erster Instanz wurden die Urteile vom kaiserlichen Stadt- und Landgericht gefällt, an dessen Spitze der Stadt- und Landrichter stand und dessen Kompetenzbereich räumlich mit dem Burgfriedensrayon übereinstimmte; dieser Jurisdiktionsbezirk war seinerzeit im sogenannten Burgfriedensprivileg Kaiser Leopolds I. vom 15. Juli 1698 fixiert und am 1. Juni 1699 durch einen vom Kaiser bestätigten Vergleich der Stadt Wien mit dem Domkapitel von St. Stephan erweitert worden. In zweiter Instanz sprach – soweit kein gesonderter Instanzenzug vorgeschrieben war – die nö. Regierung Recht.

Das Stadtgericht war für die städtischen Bürger und ihre persönlichen Klagen zuständig, das Landgericht hingegen für alle im Landgerichtsbezirk verübten Straftaten. Ausgenommen von der Zuständigkeit des Stadt- oder Landgerichts waren alle jene Personen, die den Gerichten der Universität, des Obersthofmarschalls, des Landmarschalls oder der Militärbehörden unterstanden. Dem Stadtrichter wurde Jahr für Jahr – jeweils anläßlich der Erneuerung des Stadtratsmandats – durch die nö. Regierung „Bann und Acht" verliehen, d. h. er erhielt das Recht, über Blut und Leben zu richten. Es standen ihm zwölf durch die Bürgerschaft gewählte Gerichtsbeisitzer, ein Urteilschreiber, ein Schrannenschreiber und ein Unterrichter sowie das erforderliche Kanzleipersonal zur Seite. Die Gerichtsbeisitzer wurden ebenso wie der Stadtrichter von der nö. Regierung besoldet und bedurften einer bescheidenen juridischen Vorbildung, jedoch keines akademischen Grades[5]). Der Stadtrichter hatte zwar Sitz und Stimme im Stadtrat, wurde aber durch den Landesfürsten ernannt, ohne daß dem Bürgermeister eine Einflußnahme gestattet gewesen wäre; anfangs auf ein Jahr bestellt, wurde seine Amtsdauer alsbald auf zwei Jahre erweitert, wobei Verlängerungen der Amtszeit möglich waren. Merkwürdigerweise hatte der Stadtrichter trotz seiner unabhängigen Stellung die von ihm gefällten Strafurteile dem Bürgermeister und Stadtrat zur (wenn auch nur formalen) Bestätigung vorzulegen.

Die Justizverfassung, die mit Patent vom 11. April 1782 für Österreich unter der Enns erlassen wurde, brachte zunächst eine Erweiterung des Wirkungsbereichs des Stadtgerichts mit sich. Am 1. Mai kam es zur Einstellung der Justiztätigkeit der nö. Regierung, am selben Tag nahmen Appellationsgerichte für Österreich unter und ob der Enns ihre Arbeit auf, während alle übrigen Appellations- und Rekursinstanzen aufgehoben wurden.

Nachdem bereits mit Hofresolution vom 22. März 1753 Niederösterreich in vier Kreise eingeteilt worden war, deren jedem ein Kreishauptmann vorstand – womit ein von den Grundherrschaften unabhängiges, im Sinne des Staates wirkendes Amt geschaffen und der erste Schritt zum Aufbau einer politischen Behörde I. Instanz getan worden war, die letztlich die Grundherrschaften entbehrlich machen sollte –, brachte der Regierungsantritt Kaiser Josephs II. am 29. November 1780 weitere einschneidende Neuerungen in bezug auf die künftige Entwicklung dieser Kreisämter. Mit Hofdekret vom 12. April 1782 wurde die Justizverwaltung endgültig von der politischen Landesverwaltung getrennt und die nö. Landesregierung mit dem ständischen Verordneten-Kollegium vereinigt. Außerdem kam es zur Einrichtung von Appellationsgerichten als Gerichten I. Instanz; als Sitz des Appellationsgerichts für Niederösterreich wurde Wien bestimmt (wirksam ab 1. Jänner 1783). Für Wien wurde eine den Kreisämtern entsprechende Behörde in der Stadthauptmannschaft geschaffen; am 22. Mai 1782 wurde verfügt, daß der neue Stadthauptmann zu Wien der fünfte Kreishauptmann in Niederösterreich sei, wobei sein Amtsgebiet die Haupt- und Residenzstadt Wien und den ganzen Raum innerhalb der Linien umfassen sollte[6]).

Die Stadthauptmannschaft bildete demnach eine Mittelinstanz zwischen Stadtrat und nö. Regierung. Dem Stadthauptmann – als erstem wurde Wolfgang Augustin Graf Auersperg diese Funktion übertragen (er blieb bis 1789 im Amt) – fiel die Aufgabe zu, dafür zu sorgen, daß alle „in publicis et politicis" bestehenden Verordnungen der Hofstellen und der nö. Landesregierung genau befolgt würden, außerdem hatte er die Stadtverwaltung in allen ihren Amtsverrichtungen zu kontrollieren. Berichte an die Regierung waren dieser ausschließlich über den Stadthauptmann vorzulegen, ebenso empfing die Stadt nunmehr über ihn alle Befehle und Verordnungen der Landesregierung. Da auch die Geschäfte der Stadt Wiener Wirtschaftskommission auf den Stadthauptmann übergingen, war die Stadt in praktisch allen politischen und wirtschaftlichen Belangen an ihn gebunden und somit stärker bevormundet denn je. Obwohl sich die Einrichtung eigentlich von Anfang an nicht bewährte, hielten sowohl Joseph wie seine beiden Nachfolger Leopold II. und Franz II. an dieser Institution fast vier Jahrzehnte fest.

Mit Hofdekret vom 29. November 1782 erfolgte eine nochmalige Kompetenzerweiterung: auch dem Stadtgericht wurde die Stadthauptmannschaft als eine für alle Polizei- und Gerichtsangelegenheiten zuständige landesfürstliche Behörde übergeordnet. Die Kompetenz der Stadthauptmannschaft war von Anfang an schon allein deshalb viel umfassender als jene des städtischen Amtes, weil sich ihr Wirkungskreis – ohne Beeinträchtigung der unangetastet bleibenden grundherrschaftlichen Gliederung und der Rechte bestehender fremder (sowohl geistlicher wie weltlicher) Grundherrschaften – über das gesamte Gebiet bis zum Linienwall erstreckte, also über die Stadt samt ihren 34 Vorstädten.

Josephs letzte und entscheidende Reform beseitigte im darauffolgenden Jahr jede Sonderstellung des Wiener Stadtgerichts; dem neugeschaffenen „Magistrat" wurde auch die Gerichtsbarkeit übertragen. Bereits 1778 hatte der Kaiser erste Kontakte zum Wiener Bürgermeister aufgenommen – seit 1773 war Josef Georg Hörl[7]) im Amt – und diesen schließlich in den frühen achtziger Jahren mit der Ausarbeitung von Vorschlägen für eine Neuformulierung der Stadtverfassung beauftragt. Daß Hörl den Kaiser offenbar nicht nur weisungsgemäß, sondern auch aus innerer Überzeugung unterstützte, wirft ein bezeichnendes Licht auf die damaligen politischen Verhältnisse, im besonderen auf die Kooperationswilligkeit bürgerlicher Funktionäre der Stadt, die in einer Verstärkung der Machtposition des absoluten Herrschers offenbar keine Gefahr erblickt haben dürften.

Am 12. Mai 1783 legte Hörl, der bereits 1780 mit dem Titel eines „k. k. Rats" ausgezeichnet worden war, den gewünschten Organisationsentwurf vor. Am 21. Juli desselben Jahres befaßten sich die Oberste Justizstelle, die Compilation-Hofkommission und die Vereinigte Hofstelle in einer gemeinsamen Sitzung mit Hörls Memorandum. Ihre Mitglieder akzeptierten im wesentlichen den Entwurf des Bürgermeisters und empfahlen denselben, abgesehen von geringfügigen Abänderungsvorschlägen, dem Kaiser zur Annahme. Zu den Änderungen gehörte es, daß der Bürgermeister nach Meinung der höfischen Gutachter nicht durch den Rat, sondern durch die Bürgerschaft oder einen Ausschuß derselben gewählt werden sollte, und die Magistratsräte das „Breve eligibilitatis" (Wahlfähigkeitszeugnis) der Regierung erwerben sollten (eine allerdings recht problematische Bestimmung, weil der Mangel an qualifizierten Bewerbern noch fast drei Jahrzehnte lang immer wieder Ausnahmen erzwang).

Am 16. August 1783 unterzeichnete der Kaiser jenes Dekret, mit welchem „der Magistrat der Stadt Wien als das allgemeine hierortige forum non nobilium" systemisiert wurde; am 21. August durch Regierungsdekret publiziert, erlangte das Verfassungsgesetz am 1. November 1783 Rechtskraft[8]). Schon seine äußerliche Aufmachung in einfacher Aktenform ohne jede feierliche Ausstattung und Besiegelung, wie sie bei mittelalterlich-frühneuzeitlichen Verfassungsurkunden selbstverständlich war, entspricht seinem Inhalt. Das Gesetz ordnete die Eliminierung der bisherigen Einrichtungen des Stadtrats, des Stadtanwalts und des Stadtgerichts an und verfügte, „alle Geschäfte der Stadt Wien sowohl in Ansehung der der alleinigen Besorgung des Stadtrichters bisher obgelegenen Criminalien, als auch in publico-politicis et oeconomicis mit dem foro non nobilium in eine Stelle unter der einfachen Benennung des Magistrates zu vereinigen", wobei aufgrund sachlicher Erwägungen Unterabteilungen geschaffen wurden.

Damit waren für Wien verfassungs- und verwaltungsmäßig die Weichen bis in die Mitte des 19. Jahrhunderts gestellt. Der Magistrat sollte „nicht als eine landesfürstliche Stelle, sondern in der Eigenschaft einer bürgerlichen Behörde bestehen, unter der Benennung ‚der Magistrat der kaiserlichen Residenz Stadt Wien' die seiner Wirksamkeit anvertrauten Geschäfte verwalten" und „eine dreyfache Bestimmung haben, nemlich die politisch-oekonomischen Geschäfte der Stadt, die Zivilgerichtsbarkeit, endlich die Kriminal-Gerichtsbarkeit" ausüben. „In diesen dreyen Bestimmungen", heißt es weiter, „soll der Magistrat nur einen Körper ausmachen, unter einem Bürgermeister mit Zugebung zweyer Vize-Bürgermeister stehen" und die Geschäfte in drei abgeteilten Senaten besorgen. Das „Magistratsdekret" ist nicht nur eine für die weitere Entwicklung von Verfassung und Verwaltung wichtige Urkunde, sondern zugleich auch die Geburtsurkunde des Vizebürgermeisteramtes. Seit diesem Tag stehen dem Bürgermeister – wenn auch in wechselnder Zahl, unter verschiedenen Bezeichnungen und nicht zuletzt mit sehr unterschiedlichen Aufgabenbereichen – Vizebürgermeister zur Seite. Hinsichtlich der Wahl des Bürgermeisters und der beiden Vizebürgermeister hatte sich Joseph II. den Vorschlägen seiner Berater angeschlossen und verfügt, diese habe durch einen Bürgerausschuß zu erfolgen.

So logisch die gesamte Neuordnung bei rein administrativer Betrachtung und unter Berücksichtigung des erkennbaren politischen Trends anmutet, zog sie doch unausgesprochene, wenn auch bewußt angestrebte und genau kalkulierte Folgeerscheinungen nach sich. Als erwiesen darf erachtet werden, daß die Meinungsverschiedenheiten, die allenthalben in den Diskussionen zwischen der nö. Regierung und der Vereinigten Hofstelle zu erkennen sind, durchwegs unwesentliche Details betrafen; im Kernpunkt war man sich völlig einig – und dieser Kernpunkt ist gleichzusetzen mit der Tendenz, den landesfürstlichen Einfluß auf die Stadtverwaltung unter allen Umständen maßgeblich zu verstärken. Es kam schließlich sogar so weit, daß untergeordnete Dienststellen in ihrer Beflissenheit, die Interessen des Monarchen optimal zu vertreten, wesentlich zielstrebiger und kompromißloser vorgingen als es dessen Wünschen entsprach; so war der Kaiser beispielsweise nicht gesonnen, an der Wählbarkeit des Bürgermeisters, der Vizebürgermeister und der Magistratsräte durch die Bürgerschaft rütteln zu lassen. Es wäre jedoch eine Fehleinschätzung der Situation, wollte man daraus den Schluß ziehen, Joseph wäre in der Frage der Magistratsordnung auf der Seite der Bürgerschaft gestanden. Seine diplomatische Zurückhaltung verfolgte lediglich den Zweck, die angestrebte straffe Führung unter tunlichster Mitarbeit der Bürger abzuwickeln; ein solches für ihn sowohl politisch wie ökonomisch bedeutsames Zusammenwirken konnte er nur erwarten, wenn er der Bürgerschaft das Gefühl beließ, sie besäße wenigstens in einigen Fragen Entscheidungsfreiheit.

Fast sieben Jahrzehnte lang – bis zur Erlassung der

Provisorischen Gemeindeordnung am 9. März 1850 – war der Magistrat als Organ der Stadtverwaltung unter der gemeinsamen Oberleitung des Bürgermeisters in drei voneinander unabhängig amtierende Senate gegliedert: der Senat „in publico-politicis et oeconomibus“ war für die Verwaltung im engeren Sinn (einschließlich der Finanzgebarung) zuständig, der Senat „in judicialibus civilibus“ für die Zivilgerichtsbarkeit und der Senat „in judicialibus criminalibus“ für die Strafgerichtsbarkeit. Dem erstgenannten Senat stand der Bürgermeister persönlich vor, den beiden anderen je einer der beiden Vizebürgermeister, die damit von Anfang an fest umrissene Aufgabenbereiche hatten. Stadtgericht und Stadtrat gingen im neugeschaffenen Magistrat auf, einer Behörde, die zwar dem Wortlaut des Gesetzes nach nicht „landesfürstlich“ war, de facto aber doch keine andere Bezeichnung verdient. Aufgrund einer am 25. August 1783 von der Regierung erlassenen Manipulationsordnung gehörten zum Geschäftskreis des Politisch-ökonomischen Senats Markt- und Gesundheitswesen, Bau- und Feuerpolizei, Konskriptions- und Gewerbewesen, Straßenerhaltung, Mitwirkung im Schulwesen, Steuerwesen, Vermögens- und Wirtschaftsverwaltung. Der Senat für Ziviljustiz übernahm teilweise Aufgaben des früheren Stadtrats, teilweise solche des aufgelassenen Stadtgerichts (Rechtsprechung über nichtadelige Personen, soweit sie nicht der Gerichtsbarkeit eines Sondergerichts oder einer fremden Grundherrschaft unterstanden). Das eigentliche Erbe des Stadtgerichts, die Rechtsprechung in Kriminalangelegenheiten, trat jedoch der Senat für Kriminaljustiz an. Die beiden Justizsenate erhielten gesonderte Instruktionen.

Die Wahl der höchsten städtischen Funktionäre – zu denen auch die beiden Vizebürgermeister zählten – sowie der Räte, welche den einzelnen Magistratssektionen vorstanden, blieb, wie bereits erwähnt, der „Bürgerschaft oder deren Ausschuß“ vorbehalten, also gewissermaßen dem bisherigen Äußeren Rat, der nun allerdings unter dem Vorsitz eines Appellationsrates der nö. Regierung oder dem eines Regierungskommissärs tagte. Als sich hinsichtlich der Kompetenzen dieses Gremiums Zweifel einstellten, erläuterte die Hofkanzlei mit Erlaß vom 11. September 1783 das Magistratsdekret in der Weise, daß der Äußere Rat die Wahl vorzunehmen habe. Nach einigen Jahren ergab sich insofern eine neue Situation, als der Äußere Rat ergänzungsbedürftig geworden war; auf Anfrage erklärte die nö. Regierung mit Erlaß vom 6. April 1787, daß es dem Magistrat unbenommen bleibe, an besonders verdienstvolle Männer den Titel „Äußerer Rat“ zu verleihen; es sei lediglich alljährlich eine Liste jener Personen vorzulegen, denen dieser Titel verliehen worden sei. Da der Einfluß auf die Zusammensetzung bzw. Ergänzung des Äußeren Rats damit unbeschränkt in den Händen des Magistrats lag, kann er demnach keinesfalls als Ausschuß der Bürgerschaft angesehen werden, weil diese auf seine personelle Struktur überhaupt keinen Einfluß nehmen konnte; der ursprüngliche Reformwille Josephs II. war damit in einem nicht unwesentlichen Punkt grundlegend verändert.

Voraussetzung für eine Kandidatur – anfangs als Bürgermeister oder Vizebürgermeister, später auch als Magistratsrat – war die Erlangung des „Breve eligibilitatis“, des Wahlfähigkeitszeugnisses. Aufgrund einer Hofentschließung vom 13. Oktober 1788 sollten Bürgermeister und Vizebürgermeister nach Ablauf von jeweils vier Jahren durch „eminenter majora“ (deutliche Mehrheit) der Stimmen neu gewählt werden; die Wahl bedurfte der kaiserlichen Bestätigung. Eine Verlängerung der Amtszeit der Bürgermeister und Vizebürgermeister wurde durch die am 13. August 1790 erlassene Hofresolution bei Bewährung im Amt ohne neuerliche Wahl durch bloße Wiederholung der Bestätigung ermöglicht. Wörtlich heißt es: „Von der Vorschrift, daß der Bürgermeister und Vicebürgermeister nur vier Jahre im Amt sein sollen und dann neu zu wählen wären, hat es sein Bewenden. Wenn sich einer im Laufe seines Amtes besonders ausgezeichnet hat, dann kann er ohne neue Wahl durch Bestätigung in seinem Amt erhalten bleiben.“ Diese Entscheidung bedeutete zweifelsohne, daß der Kaiser darauf bedacht war, ihm genehme Persönlichkeiten nicht der Gefahr einer Abwahl auszusetzen. Die Wahl der Magistratsräte durch den Magistrat bzw. deren Bestellung durch den Kaiser erfolgte hingegen auf Lebenszeit. Der Bestätigung des Monarchen bedurften im übrigen auch die Wahl des Magistrats durch den „Bürgerausschuß“ (Äußeren Rat) und jene des „Bürgerausschusses“ durch den Magistrat: diese Verklammerung von wechselseitigen Wahlen und vorgeschriebenen Bestätigungen bildete zwar einen wesentlichen Faktor der obrigkeitlichen Überwachung der Kommunalverwaltung, sollte sich aber im Laufe der Zeit als verhängnisvolle Entscheidung erweisen.

Um den reibungslosen Übergang in der Verwaltung zu gewährleisten, wurde 1783 trotz aller organisatorischen und gesetzlichen Veränderungen die Kontinuität im personellen Bereich gewahrt: Friedrich Ignaz von Maurer, der als Vizebürgermeister den Kriminaljustizsenat übernahm, war zuvor Stadtrichter gewesen, Dr. Leopold Edler von Moßbach, der den Ziviljustizsenat übernahm, hatte das Amt des Stadtsyndicus ausgeübt. Dennoch war die Schlußfolgerung für die Stadt, rückblickend beurteilt, äußerst deprimierend: der Bürgermeister verlor jede wie immer geartete politische Bedeutung und war praktisch zu einem landesfürstlichen Beamten degradiert, die Vizebürgermeister hatten zwar festumrissene Funktionen, aber kaum einen Entscheidungsspielraum, der Magistrat war in den straffen Behördenapparat des Absolutismus eingebaut, die Gerichtsbarkeit lag in den Händen besoldeter Beamter. und der Bürgerstand verlor jeden Einfluß auf die Rechtsprechung.

Betrachten wir die Organisation des Magistrats, so arbeiteten unter der Leitung des Bürgermeisters und der beiden Vizebürgermeister in den drei Senaten insgesamt 42 systemisierte Räte, von denen zwölf (mit drei Sekretären und Hilfspersonal) dem Politisch-ökonomischen Senat, ebenfalls zwölf (mit drei Sekretären und zwei Ratsprotokollisten) dem Kriminaljustizsenat, die restlichen achtzehn (mit sechs Sekretären und drei Ratsprotokollisten) hingegen dem stark frequentierten Ziviljustizsenat angehörten. Trotz dieser zahlenmäßigen Überlegenheit läßt sich eine dominierende Position des diesem Senat vorstehenden Vizebürgermeisters nicht nachweisen; es wurde – möglicherweise schon von Anfang an – zur Gewohnheit, daß der an Lebensjahren ältere Vizebürgermeister den Bürgermeister im Verhinderungsfall vertrat, ohne daß sich aus dieser Regelung jedoch ein ius successionis (Recht auf Nachfolge) ergeben hätte. Wenngleich sich natürlich die Vizebürgermeister regelmäßig um freigewordene Bürgermeisterstellen bewarben, hatten nur zwei von ihnen – Lumpert und Czapka – tatsächlich Erfolg; Wohlleben war Oberkämmerer, Leeb Geschäftsleiter des Senats für schwere Polizeiübertretungen gewesen, bevor sie das höchste städtische Amt übertragen erhielten. Jeder Senat erhielt eine eigene Instruktion, in welcher seine Aufgaben umrissen wurden[9]). Für alle drei Senate gemeinsam waren die Beamten der sogenannten Hilfsämter, des Protokolls, der Registratur und des Expedits tätig. Neben den 42 Räten zählten zum Magistratspersonal insgesamt (laut kaiserlicher Entschließung von 1783) zwölf Sekretäre, fünf Ratsprotokollisten, ein „Protokollist Exhibitorum“ mit drei Adjunkten, ein Expeditor mit zwei Adjunkten, ein Registrator mit acht Registranten, 30 Kanzlisten und 20 Gerichtsdiener. Eine Reorganisation der bestehenden städtischen Ämter wurde

1784 in Angriff genommen und aufgrund magistratischer Vorschläge am 21. August 1785 von der Regierung genehmigt. Seither bestehen folgende Hilfs- und Nebenämter: Oberkammeramt, Depositen- und Pupillar-Taxamt, Tazamt, Musikimpostamt, Grundbuchsamt, Metzenleiheramt, Kastenamt, Inslichtamt, Mautämter, Buchhalterei, Steueramt und Quartierbuch, Konskriptionsamt, Totenbeschreibamt, Unterkammeramt, Scardiener, Marktaufseher, Fleisch- und Fischbeschauer.

Das Berufsbeamtentum bedingte auch eine strengere Ausbildung der Kandidaten; dies galt in besonderem Maße für die juridischen Senate. Da die Vizebürgermeister aus dem Kollegium der Räte aufstiegen, ist die Ausbildung derselben von wesentlicher Bedeutung. Räte, aber auch Bewerber für das Bürgermeister- und Vizebürgermeisteramt, mußten das Breve eligibilitatis besitzen, das die Räte jedoch erst nach Ablegung einer Prüfung erhielten. Obwohl die Beibringung dieses Wahlfähigkeitszeugnisses bereits in der allgemeinen Gerichtsordnung von 1781 festgelegt und später in der Resolution vom 21. Jänner 1791 erneuert worden war, ging der Wandel zum vorgebildeten Beamtentum nur langsam vor sich. So besagte noch ein Hofdekret vom 4. September 1801, daß die am Stichtag bestellten Richter von der Erbringung der Studienzeugnisse und jeder weiteren Prüfung zu entheben seien, sofern sie ihre Fähigkeit in praktischer Arbeit unter Beweis gestellt hätten. Lange Zeit hindurch war es nämlich so, daß weniger Bewerber als freie Stellen vorhanden waren und man daher des öfteren gezwungen war, Dispense zu erteilen.

Am 1. Juni 1803 verfügte die Regierung, daß „bey Vornehmung der Rathswahlen für das Untersuchungsgeschäft der politischen Verbrecher" nur Anwärter zu berücksichtigen wären, die durch das Breve ihre Wahlfähigkeit unter Beweis zu stellen vermochten. Erst 1808 hatten sich jedoch die Verhältnisse so weit normalisiert, daß tatsächlich genügend Auskultanten mit dem Breve zur Auswahl standen. Die Probleme beschränkten sich nicht auf die Räte; so gab es bei der Bürgermeisterwahl am 28. Juni 1804 (Wahl Stephan v. Wohllebens) Schwierigkeiten und auch der spätere Vizebürgermeister Joseph Hollan hatte 1801 eine Dispens vom Wahlfähigkeitszeugnis erhalten, weil er die entsprechende praktische Erfahrung nachzuweisen vermochte. Hingegen hat der spätere Vizebürgermeister Joseph Anton Macher ein solches Zeugnis bereits am 11. September 1783 erworben.

Die Besoldung der Magistratsbeamten übernahm das Ärar; andererseits waren die eingehenden Taxen an die Hofkammer abzuführen. 1783 bezogen die Vizebürgermeister jährlich je 3.000 fl. Laut Regierungsdekret vom 25. August 1783 waren je 14 Ratsposten mit 1.000, 1.200 bzw. 1.500 fl dotiert, die Actuarii erhielten 800 bis 1.200 fl. 1813 bekamen die Vizebürgermeister nach wie vor 3.000 fl, wogegen das Salär der Räte auf 1.400 bis 2.000 fl verbessert worden war[10]).

Aufgrund des Pensionsnormales vom 23. März 1781 hatten die Bediensteten Anspruch auf eine prozentuell festgelegte Pension[11]), welche die bis dahin üblich gewesene freiwillige Leistung „ex gratia Majestatis" ablöste. Bei einer Dienstzeit bis zu zehn Jahren hatten die Beamten Anspruch auf eine Abfertigung in der Höhe eines Jahresgehaltes, bei einer Dienstzeit zwischen zehn und 25 Jahren erhielten sie lebenslänglich ein Drittel ihrer Aktivbezüge, bei einer Dienstzeit zwischen 25 und 40 Jahren die Hälfte derselben und bei einer Dienstzeit, die 40 Jahre überschritt, wurde ihnen das Gehalt in voller Höhe weiterbezahlt. Im Falle von Wahnsinn, Erblindung oder Unfall gab es eine begünstigte Regelung. Diese Pensionsbestimmungen galten sinngemäß auch für die Vizebürgermeister, wobei ihnen die Anrechnung aller ihrer magistratischen Dienstzeiten gesichert war. Witwen hatten Anspruch auf Pension nur dann, wenn der verstorbene Gatte bereits pensionsberechtigt gewesen war; die Witwenpension betrug 50 Prozent der Pension des Gatten (wenn diese unter 600 fl lag) bzw. ein Drittel bei einer Pension zwischen 600 und 1.000 fl; darüberliegende Pensionen waren einer Sonderregelung vorbehalten, die vom jeweiligen Rang des Beamten abhängig war. Eine Ratswitwe erhielt im Durchschnitt eine Pension in der Höhe von 400 bis 500 fl[12]). Keine Witwenpension durfte unter 100 fl liegen; eine Heirat erst während des Ruhestandes schloß den Pensionsanspruch der Witwe allerdings aus. Prinzipiell ist zu berücksichtigen, daß die Beamten, da ihre Bestellung auf Lebenszeit erfolgte, d. h. ihre Dienstleistung im Regelfall erst mit dem Tode endete, nur in seltenen Fällen in den Genuß einer solchen Pension kamen.

Mit Hofdekret vom 27. September 1783 erweiterte Joseph II. die Kompetenz des Wiener magistratischen Gerichts. Das Dekret kennt nur mehr zwei Gerichtsstände: für adelige Personen das Landrecht, für nichtadelige Personen das magistratische Gericht bzw. die Patrimonialgerichte. Alle Sondergerichte – ausgenommen die Militär-, Merkantil- und Wechsel- sowie Berggerichte – wurden aufgehoben (so u. a. auch das Universitätsgericht).

Die Verwaltung bis zum Tode des Kaisers Franz (1790–1835)

Die Neuorganisation der Wiener Verwaltung – welche mit Hofdekret vom 19. Dezember 1785 zum Vorbild für die Verwaltung der Provinzialhauptstädte bestimmt wurde – unterlag von Anfang an starker Kritik in bezug auf die Effizienz der Abwicklung; vor allem die Einbeziehung der dem Vizebürgermeister Maurer unterstehenden Kriminalsachen in den Gesamtverband des Magistrats war seit 1784 heftigen Angriffen ausgesetzt; eine Besserung konnte dennoch nicht erzielt werden. Mit Organisationspatent vom 20. August 1787 wurde die allgemeine Kriminalgerichtspflege unter eigenen Kriminalgerichten verteilt; jedem derselben wurde ein fest umgrenzter Gerichtsbezirk zugewiesen. Für Wien blieb jedoch nach wie vor der Magistrat zuständige Instanz. Auf das Projekt, für jedes Viertel ein Kriminalgericht einzurichten, gehen die späteren Kreisgerichte Wiener Neustadt, St. Pölten, Korneuburg und Krems zurück. Als sich nach Josephs Tod die Stände gegen diese Verfügung im Sinne der Gesamtstaatsidee auflehnten, hob Leopold II. mit Hofdekret vom 29. September 1790 die Neuordnung wieder auf; nur die Wiener Kriminalverfassung (ebenso jene von Triest und Görz) blieb in der bestehenden Form unverändert erhalten[13]).

In bezug auf das dem einen der beiden Vizebürgermeister unterstehende Kriminalgericht kam es – gegen den Widerstand des Kriminaljustizsenats – dauernd zu Kompetenzerweiterungen[14]). Von Anfang an (1785) gab es aber auch Kompetenzschwierigkeiten zwischen dem Kriminaljustizsenat und dem Politisch-ökonomischen Senat wegen der Fälle schwerer Polizeiübertretungen. Das Kriminalgericht suchte diese aus seinem Zuständigkeitsbereich abzuschieben. Dies ist bei Betrachtung der Statistik durchaus verständlich: im Schnitt der Jahre 1782 bis 1784 wurden insgesamt 6.408 Personen wegen der verschiedensten Delikte in Kriminaluntersuchung gezogen, aber rund 6.000 von ihnen hatten sich lediglich Polizeivergehen zuschulden kommen lassen[15]). In Zweifelsfällen nahm der Kriminaljustizsenat aus Gründen der Arbeitsersparnis stets das Vorliegen einer Polizeiübertretung an und übermittelte die Akten dem Politisch-ökonomischen Senat – in dessen Rahmen 1804 eine eigene Abteilung für schwere Polizeiübertretungen geschaffen wurde – zur Überprüfung; da die Zahl der schweren Polizeiübertretungen bei diesen Abtretungen naturgemäß jene der Kriminaldelikte bei weitem überstieg, endete der Kompetenzstreit in den meisten Fällen zugunsten des Vizebürgermeisters des Kriminaljustizsenats[16]). Im Laufe der Jahrzehnte entwickelte sich bis 1830 die Usance, daß bei mittelschweren Verbrechen nur die unbedingt erforderliche Mindestzahl an Räten anwesend war (das Strafgesetz von 1803 schrieb drei Räte mit Breve und zwei beeidete Beisitzer vor); in der Praxis kam man von der Beiziehung von Beisitzern allerdings ab und beschränkte sich auf ein Dikasterium von fünf Räten, dem der Vizebürgermeister oder der rangälteste Magistratsrat vorsaß[17]).

Josephs zweiter Nachfolger, sein im Alter von 24 Jahren auf den Thron gekommener Neffe Franz II., zog einen vorläufigen Schlußstrich unter die Reformen, als er kurz nach seinem Regierungsantritt mit Hofdekret vom 14. Jänner 1793 die Durchführung der Wahl der Magistratsräte, Vizebürgermeister und Bürgermeister neu regelte[18]). Jede Innung hatte zwei Deputierte zu nominieren, die bei der Wahl Stimmrecht haben sollten, der Magistrat sechs Deputierte, und zwar je zwei Räte aus jedem Senat (die wiederum aus einer Wahl innerhalb des Senats mit einfacher Stimmenmehrheit hervorgingen), und der Äußere Rat ebenfalls sechs Deputierte (auf gleichem Weg ermittelt); gemeinsam mit dem Bürgermeister und den beiden Vizebürgermeistern bildeten diese das Wahlgremium. Um den Posten konnten sich geeignete Beamte bewerben. Die Wahl erfolgte dann in der Weise, daß die Deputierten „geschriebene und unterfertigte (!) Wahlzetteln" persönlich überreichten. Mit Patent vom 25. April 1793 verordnete der Kaiser, die Bürgermeister aller landesfürstlichen Städte hätten in Hinkunft ohne weitere Wahl oder Bestätigung so lange im Amte zu verbleiben, als es ihre körperliche und geistige Leistungsfähigkeit zulasse, gegebenenfalls also ihr Amt lebenslänglich auszuüben. Der Magistrat verlor das Ernennungsrecht für Beamte. Der Versuch, bei dieser Gelegenheit die Bürgermeisterwahl überhaupt abzuschaffen, scheiterte allerdings an einem – selbst den Herrscher überraschenden – Widerstand der Bürgerschaft, die damit zwar einen bescheidenen Erfolg erzielen, am Prinzipiellen jedoch überhaupt nichts ändern konnte. Immerhin ist es beachtenswert, daß die Bürgerschaft damit einen Funken von Mitbestimmungswillen bekundete; hatte sie doch an Verwaltung und Gerichtsbarkeit keinerlei Anteil mehr, seit besoldete Beamte die Geschäfte führten.

Am 7. Jänner 1803 wurde die Wahl auf Lebenszeit auch auf die Vizebürgermeister ausgedehnt. Der absolutistische Staat befand sich positionsmäßig weiter im Vordringen. Am 27. März 1808 verlor der Äußere Rat auf Anordnung der nö. Regierung das Wahlrecht für die Magistratsräte des Kriminal- und Ziviljustizsenats sowie der Vizebürgermeister und Oberkämmerer; nur die Räte des Politisch-ökonomischen Senats wurden weiterhin gewählt. Die Vorschläge waren der Landesstelle und dem Appellationsgericht zu unterbreiten und von diesem erfolgte dann die Ernennung. Zu dieser Entwicklung trug offensichtlich der Tatbestand bei, daß der Äußere Rat damals keineswegs mehr die Auslese städtischer Intelligenz, sondern eher eine harmlose Versammlung von Persönlichkeiten war, die sich um die Armenpflege oder sonstige Belange von untergeordneter Bedeutung verdient gemacht hatten. Schon im Regierungserlaß vom 10. Mai 1784 waren Richtlinien festgelegt worden, nach denen die Ergänzung des Äußeren Rates vorzunehmen war: das Hauptaugenmerk war danach auf die beim Armeninstitut als Armenväter und Rechnungsführer mindestens drei Jahre hindurch tätigen Personen zu lenken, später – ab 19. Mai 1818 – wurde der Titel nach fünfjähriger Amtsführung auch an Kriminalgerichtsbeisitzer verliehen.

Inzwischen hatten sich innerhalb des Magistrats verschiedene Veränderungen ergeben. Sie reichen zum Teil schon in das ausgehende 18. Jahrhundert zurück und wurden überwiegend durch Regierungsweisungen ausgelöst. Das Ziel war stets das gleiche: eine noch stärkere Einengung des kommunalen Wirkungskreises zu erreichen. 1790 wurde dem Magistrat das Recht der Besetzung der städtischen Buchhaltung entzogen, die in der Folge trotz wiederholten bürgermeisterlichen Einspruchs von Hof- und Regierungsstellen abhängig blieb und schließlich sogar dem Generalrechnungsdirektorium untergeordnet wurde. 1800 wurde dem Magistrat lediglich das Recht belassen, sein „niederes" Personal selbst zu bestellen; Sekretäre waren nicht mehr inbegriffen. Nach dem „Bäckerrummel" des Jahres 1805, der die in den unteren Volksschichten herrschende Unruhe (vor allem hinsichtlich der Marktversorgung und des Preisanstiegs) hatte erkennen lassen, wurde dem Magistrat vorübergehend auch die Ausübung der Marktpolizei entzogen und diese der Polizeioberdirektion übertragen (1807 kamen Teilrechte wieder an den Magistrat zurück). 1807 wurde dem Magistrat eingeschärft, die Protokolle ordentlich zu führen, 1809 von der Landesregierung eine neue Manipulationsordnung erlassen, und seit 1810 war überhaupt die Frage einer Magistratsreorganisation im Gespräch, wobei es im besonderen um die Absicht ging, das Zivil- und Kriminalgericht von der politisch-ökonomischen Verwaltung zu trennen.

Bereits mit Regierungsdekret vom 6. April 1808[19]) war es zu einer Veränderung im Modus der Besetzung von Ratsstellen bei den Zivil- und Kriminalbehörden gekommen. Die Wahlen wurden durch Vorschläge an die Landesstelle und das Appellationsgericht ersetzt, die ihrerseits die Ernennungen vornehmen sollten. Den Bürgermeister, die Vizebürgermeister und den Oberkämmerer ernannte der Kaiser aufgrund ihm unterbreiteter Vorschläge. Hinsichtlich der Räte für den Politisch-ökonomischen Senat wurde die Wahl zunächst noch beibehalten; am 25. August 1808 verfügte dann die Regierung, daß die Ratsstellen dieses Senats durch Ausschreibung der freien Posten besetzt werden sollten. Der Wirkungsbereich der beiden Vizebürgermeister blieb unverändert erhalten. Nach mehrfachen Kontrollen der städtischen Vermögensgebarung seit dem Jahre 1811 wurde diese schließlich 1819 einer ständigen Regierungsaufsicht unterworfen; selbst belanglose Vorhaben durften nunmehr ohne vorherige Genehmigung seitens der nö. Regierung nicht mehr in Angriff genommen werden. Die finanzielle Belastung, der die Stadt während der Amtszeit Bürgermeister Wohllebens ausgesetzt wurde, stieg beträchtlich an, als man 1817 die Armenpflege zu einer Gemeindeangelegenheit bestimmte – obwohl die Gemeinde die erforderlichen Mittel aufzubringen hatte, behielt sich die Regierung die Verwaltung vor! – und im gleichen Jahr der Stadt auch die Last der Polizeiausgaben, die bis dahin zur Gänze vom Staat getragen worden waren, aufgebürdet wurde.

Zur Erhöhung des Ansehens bewilligte der Kaiser den Magistratsbeamten mit ah. Entschließung vom 15. April 1815 ein eigenes Amtskleid, das sich jedoch vom Amtskleid der Hofbeamten merklich unterscheiden sollte; die Grundfarbe war dunkelkastanienbraun (im Gegensatz zum Dunkelgrün der Staatsbeamten), Beinkleider und Weste waren aus weißem Kaschmir gefertigt; die silbernen Knöpfe auf Rock und Weste trugen die Prägung des Stadtwappens, die Schnallen waren ebenfalls silbern. Dazu kamen ein dreieckiger Hut mit schwarzer Kokarde und einem Uniformknopf mit Stadtwappen, eine aus Silber und Seide gewirkte Hutschlinge, aber keine Feder. Die Stickerei aus Silber und weißer Seide blieb auf Kragen und Aufschläge beschränkt, auf den Taschen war sie nicht zulässig. Als sich die Honoratioren an den Beschränkungen hinsichtlich der Hutfeder und der Stickereien stießen, gestattete der Kaiser mit Hofdekret vom 4. März 1817 „dem Bürgermeister, Vicebürgermeistern und den Räten des Stadtmagistrates die Tragung gestickter Rocktaschen zu der Amtskleidung, und wenn dem Bürgermeister und Vicebürgermeister der Charakter eines landesfürstlichen Rates beigelegt worden ist, diesen auch das Tragen der Hüte mit schwarzen Federn". Es gab allerdings nur selten Gelegenheit, diese feierliche Amtstracht auch in der Öffentlichkeit zu zeigen; der Fronleichnamstag mit seiner pompösen Stadtprozession bildete eine der Ausnahmen.

Unter der Leitung von Bürgermeister Lumpert, dem es nicht gelang, mit der Bürgerschaft in einen nennenswerten Kontakt zu treten, nahm der Magistrat keine günstige Entwicklung. Dies wird verständlich, wenn man bedenkt, daß der Bürgermeister wegen seiner Unerfahrenheit in den Geschäften ängstlich jedes entschiedene Auftreten vermied und daher – teils aus grundsätzlicher Überzeugung, teils als Ergebnis rationaler Überlegung – seinen Posten ausschließlich als den eines landesfürstlichen Beamten betrachtete (wie man dies von ihm allerdings seitens der Regierung auch erwartete). Was viele an Wohlleben, der sich eine Zeitlang einer bescheidenen Popularität erfreute, in Ansätzen erkannt, aber gerade noch toleriert hatten, wollten sie an Lumpert nicht mehr übersehen und schon gar nicht gutheißen. Der nicht aufzuhaltende Imageverlust des Magistrats mußte sich zwangsläufig auch auf die Justizsenate und damit auf die Positionen der beiden Vizebürgermeister auswirken.

Die Amtsführung des Magistrats wurde schleppend, er verlor als Behörde unter der Bevölkerung noch mehr als bisher an Rückhalt, Ansehen und Unterstützung, die Klagen der Bewohner über die Geschäftsführung wurden, wenn auch nicht immer berechtigt, lauter und häufiger. Da in Lumperts Bürgermeisterzeit Mißbräuche und Unregelmäßigkeiten in der Verwaltung auftraten, griff die Regierung in Form immer schärfer werdender Bevormundung und Kontrolle des Magistrats und der leitenden städtischen Funktionäre ein, was für die Wiener Bevölkerung, welche die Entwicklung sehr aufmerksam verfolgte, Grund genug war, sich in ihrem Mißtrauen bestätigt zu sehen und sich noch entschiedener gegen den Magistrat und den diesen präsidierenden Bürgermeister zu wenden.

So sehr die Schwächen Lumperts offen zutage traten, billigten ihm die Zeitgenossen doch auch positive Eigenschaften zu; größtenteils fügen sich diese aber bei näherer Betrachtung in sein Charakterbild ein. Wenn wir von seinem Biographen hören, den alten Herrn habe leidenschaftslose Überlegung und Ruhe, Genauigkeit und Klarheit, unbeugsame Gerechtigkeit und gediegene Vollendung im Vortrag beim Kaiser in besonderem Maße ausgezeichnet, so stehen diese Eigenschaften zu den bekannten Wesenszügen der Entscheidungsunlust, der übertriebenen Vorsicht, des bedenkenlosen Anklammerns an bestehende Gesetze und der bedingungslos-loyalen Haltung gegenüber dem Herrscher in keinem Widerspruch. Die Frage, ob ein stärkerer Bürgermeister in den Jahren des Vormärz dem Magistrat größeren Entscheidungsspielraum gesichert hätte, wird wohl unbeantwortet bleiben müssen.

Die Regierungszeit Kaiser Ferdinands I. (1835–1848)

Der Tod des Kaisers Franz bedeutete zwar für die Staatspolitik keinen nachhaltigen Einschnitt, da das Metternichsche System seine Regierungszeit überdauerte, wohl aber ergaben sich in Verfassung und Verwaltung der Stadt Wien grundlegende Änderungen.

Als sich die Kritik an der Amtsführung Bürgermeister Lumperts immer mehr verdichtete und Kaiser Franz I. schließlich dem damals bereits Siebenundsiebzigjährigen im September 1834 nahelegen ließ, von seinem Amt freiwillig zurückzutreten, dürfte dies nicht zuletzt in der Absicht geschehen sein, einen fähigen Beamten der jüngeren Generation an seine Stelle zu setzen. Der Niedergang des Ansehens des Wiener Magistrats in der Öffentlichkeit, an dem trotz aller Überwachungs- und Einschüchterungstendenzen selbst Hof und Regierung in diesem Maße nicht interessiert sein konnten, weil dadurch oppositionelle Regungen in der Bürgerschaft geradezu herausgefordert wurden, hatte den Kaiser ungeachtet seiner bekannten prinzipiellen Scheu vor Neuerungen veranlaßt, die Angelegenheit persönlich in die Hand zu nehmen. Sein Augenmerk richtete sich dabei auf einen der Magistratsräte, den erst 44jährigen Ignaz Czapka, von dem man sich wegen seiner großen Rührigkeit, seines Ideenreichtums in Fragen der Magistratsreform, seiner Energie bei der Lösung spezieller Aufgaben und seines anerkannten Organisationstalents für die Zukunft viel versprach. Der Magistrat schloß sich – möglicherweise aus Überzeugung, viel eher aber aus Liebedienerei gegenüber dem Hof – der Ansicht des Monarchen an, und so kam es, daß Czapka, als man Anfang 1835 den obligaten „Fünfervorschlag" zu erstellen hatte, von der Majorität der drei Senate in denselben Aufnahme fand. Noch bevor jedoch der Kaiser, dem dieser Vorschlag vorschriftsgemäß zur Entscheidung vorgelegt wurde, eine – aller Voraussicht nach für Czapka positive – Wahl treffen konnte, starb er am 2. März 1835, erst im 67. Lebensjahr stehend.

Die politischen Ratgeber seines ihm auf den Thron folgenden Sohnes Ferdinand I. – eines Monarchen von beschränkter geistiger Potenz und unbedeutender persönlicher Aktivität, für den eine „Geheime Staatskonferenz" die Regierungsgeschäfte führen mußte – hielten es unter den gegebenen Umständen für zweckmäßiger, nicht Czapka, sondern – um allen eventuellen Komplikationen mit Sicherheit aus dem Wege zu gehen – den ranghöheren Anton Joseph Edlen v. Leeb auf den vakanten Bürgermeisterposten zu berufen: einen Mann von immerhin ebenfalls bereits 66 Jahren, der bis dahin als Geschäftsleiter der im Rahmen des Politisch-ökonomischen Senats arbeitenden Abteilung für schwere Polizeiübertretungen tätig gewesen war. Die beiden Vizebürgermeister, die sich neben anderen um das Amt beworben hatten, kamen – hauptsächlich wohl, weil sie jünger waren (Hollan zählte 63, Ripelly sogar erst 48 Jahre) – nicht zum Zug. Sollte man unbewußt eine Übergangslösung angestrebt haben?

Betrachtet man die nun folgende Verwaltungsreform, so drängt sich bei ihr der Gedanke auf, daß eine „Lex Czapka" geschaffen wurde: da die beiden Vizebürgermeisterposten besetzt waren – jener für Kriminaljustiz seit 1824 mit Joseph Hollan, jener für Ziviljustiz seit 1826 mit Johann Baptist Ripelly – und der Kaiser keinen der beiden ernannt hatte, entschloß man sich im Zuge der am 31. März 1835 erfolgten Bestellung Leebs zum Bürgermeister, eine dritte Vizebürgermeisterstelle zu systemisieren und diese Ignaz Czapka zu verleihen[20]). Man erzielte damit auch den – möglicherweise beabsichtigten – Nebeneffekt einer Schwächung der bürgermeisterlichen Position; der Bürgermeister leitete nämlich seither keinen der drei Senate mehr persönlich, sondern der Politisch-ökonomische Senat war nun ebenfalls, wenn auch weisungsabhängiger als die Justizsenate, einem Vizebürgermeister unterstellt.

Die Schaffung des dritten Vizebürgermeisterpostens erforderte selbstverständlich eine Kompetenzabgrenzung gegenüber dem Bürgermeister und Erläuterungen hinsichtlich der künftigen Amtsobliegenheiten. Die nö. Landesregierung, zu einem Gutachten aufgefordert, richtete diesbezüglich am 30. Mai 1835 ein Schreiben an Bürgermeister Leeb[21]), das dieser am 2. Juni Czapka zur Kenntnis brachte. Es heißt darin, der Vizebürgermeister habe im Sinne der Hofverordnung vom 21. August 1783 unter

Zugrundelegung der Hofkanzleiverordnung vom 14. Mai 1835 den Bürgermeister „in allen bei dem politisch-oekonomischen Senate vorkommenden Dienstesangelegenheiten ... nach dessen Anleitung zu vertreten".

Gelegentlich der Amtseinführung Czapkas als Vizebürgermeister hat sich in den Akten auch der Eid erhalten, den derselbe zu leisten hatte[22]):

„Eidespflicht eines Vicebürgermeisters des Wiener Stadt Magistrates.

Sie werden einen Eid zu Gott dem Allmächtigen schwören, und bei Ihrer Ehre und Treue geloben, dem Allerdurchlauchtigsten Fürsten und Herrn, Herrn Ferdinand I., Kaiser von Oesterreich, zu Hungarn und Böhmen König, Erzherzog zu Oesterreich, als Ihren rechtmässigen Erblandesfürsten und Herrn, und nach demselben dem aus dero Geblüte und Geschlecht nachkommenden Erben, auch der k. k. nö. Landesregierung getreu und gehorsam zu seyn; – Seiner Majestät Ehre, Nutzen und Frommen bestens zu befördern; – Schaden und Nachtheil, so viel an Ihnen ist, hintanzuhalten und zu verhüten; – dem Ihnen anvertrauten Amt eines Vicebürgermeisters des politisch ökonomischen Senates des Wiener Stadtmagistrates nach Ihrer besten Einsicht mit Redlichkeit, Fleiße und Wachsamkeit obzuliegen; – Ihrem vorgesetzten Bürgermeister die gebührende Achtung und in Dienstes-Sachen Folgsamkeit zu bezeigen; – die an den Magistrat gelangenden Geschäfte mit aller Verläßlichkeit und Beschleunigung nach Recht und Ordnung zu berichtigen; – ohne wichtige Ursache nichts zurückzuhalten; – den Armen so wie den Reichen nach den Rechten und Gesetzen gleiches unpartheyisches Recht zu ertheilen; – hierin keiner, wie immer gearteten Rücksicht, die Sie von dem Wege der Gerechtigkeit entfernte, Statt zu geben; – die Raths-Geheimnisse oder die Ihnen anvertrauten geheimen Geschäfte bis in Ihr Grab zu verschweigen; – dasjenige, was im Rathe beschlossen wird, genauestens zu vollziehen, und vollziehen zu lassen; – zugleich aber auch jeden Ihnen untergeordneten Rath oder sonstigen Beamten zur Befolgung seiner Schuldigkeit, ohne persönliche Rücksicht, mit Anstand, aber auch mit Nachdruck anzuhalten, und dadurch auch die Ihnen obliegenden Pflichten eines Vorstehers zu erfüllen, und hievon sich weder durch Gunst oder Ungunst – noch durch Freund- oder Feindschaft, am allerwenigsten durch Geschenke davon abwendig machen zu lassen. – Endlich werden Sie auch schwören, daß Sie mit keiner geheimen Gesellschaft weder im Inn- noch Auslande dermal verflochten sind, noch fürs Künftige sich in dergleichen geheime Verbindungen, unter was immer für einem Vorwande, einlassen werden."

Daß es sich bei der Schaffung der dritten Vizebürgermeisterstelle zunächst allein um eine für Czapka getroffene Lösung gehandelt hat, erhärtet auch aus der Tatsache, daß nach seiner mit ah. Entschließung vom 30. Juni 1838 erfolgten Ernennung zum Bürgermeister – Leeb war am 6. Dezember 1837 gestorben, Hollan hatte als Dienstältester die Vertretung übernommen – sogleich an deren Abschaffung gedacht wurde. Doch die Lage hatte sich inzwischen geändert; im Zuge allgemeinerer Reformen setzte sich daher allmählich die Überzeugung durch, daß es sinnvoll sei, den Dienstposten zu erhalten[23]).

Die Debatten um eine weiterreichende Magistratsreform, an denen sich von Hof- und Regierungsstellen bis zu Bürgermeister und Senatsvorständen alle interessierten Persönlichkeiten beteiligten, füllten nahezu drei Jahre aus. Die Gründe dafür, daß man gerade zu diesem Zeitpunkt eine umfassendere Lösung anstrebte, waren verschiedener Natur. Grundsätzlich dürfte der Umstand, daß man in Czapka endlich einen reformwilligen Bürgermeister gefunden hatte, den letzten Anstoß gegeben haben. Seine relative Jugend – und der daraus resultierende Schluß, daß die beiden (an Lebensjahren älteren) amtierenden Vizebürgermeister für sich selbst keinerlei Aufstiegschancen mehr sahen – dürfte Hollan und Ripelly veranlaßt haben, ihre schon lange gehegten Selbständigkeitsgedanken nachdrücklicher zu artikulieren; sie stießen damit durchaus auf eine positive Resonanz seitens der Regierung, die sich ja – wie den Vizebürgermeistern bekannt gewesen sein dürfte – auch ihrerseits bereits Gedanken in dieser Richtung machte. Tatsächlich war es doch so, daß der Bürgermeister damals auf die beiden Justizsenate erwiesenermaßen keinen echten Einfluß mehr ausübte; deren eigenständige Entwicklung liegt einerseits in ihrer fachlichen Spezialisierung begründet, andererseits aber auch in der Überbürdung des Politisch-ökonomischen Senats, der des Bürgermeisters Kräfte voll in Anspruch nahm. Diese Geschäftsüberlastung und die aus ihr erklärbare zu geringe Kontrolle aller übrigen magistratischen Ämter waren auch für die wachsenden Mißstände in der Verwaltung verantwortlich: umso mehr als Bürgermeister wie Lumpert oder Leeb nicht in der Lage waren, energisch durchzugreifen und von sich aus zielführende Maßnahmen einzuleiten. Alles in allem versprach man sich daher bei Hof und Regierung nur aus einer möglichst radikalen Reform des Magistrats eine fühlbare Besserung. Das vornehmlichste Ziel war es, den beiden Vizebürgermeistern der Justizsenate auch formal die selbständige Führung ihrer Senate zu übertragen, um es dadurch dem Bürgermeister zu ermöglichen, seine Arbeitskraft ausschließlich den politisch-administrativen und den ökonomisch-finanziellen Belangen der Stadt zu widmen.

Hofkanzlei und Oberste Justizstelle befaßten sich gemeinsam mit dem gesamten Problemkreis, insbesondere auch mit der Stellung der Justizsenate zum Politisch-ökonomischen Senat. Als die Verhandlungen und Überlegungen weit genug gediehen waren, wurde auch der Staatsrat eingeschaltet[24]). Der oberste Kanzler, Graf Mittrowsky, vertrat von Anfang an prinzipiell den Standpunkt, der Bürgermeister könne in Hinkunft nur dem Namen nach Chef des gesamten Magistrats bleiben. Durch eine Verfassungsänderung sollte – seiner Meinung nach – der Magistrat dahingehend reorganisiert werden, daß er nicht mehr aus drei Senaten bestehe – Mittrowsky sprach schlichtweg von einem „dreiköpfigen Ungeheuer", als das ihm der Magistrat erschien –, sondern unter einem Bürgermeister und einem Vizebürgermeister allein die politisch-ökonomischen Geschäfte besorge. Neben dem Magistrat sollte ein Stadtgericht in Zivil- und Kriminalangelegenheiten unabhängig bestehen, dessen Leitung einem mit dem Titel „Präses des Stadtgerichts" versehenen Vizebürgermeister übertragen werden sollte (diese Regelung erfuhr jedoch eine Modifizierung). Damit wurde, wenn auch mit gewissen Einschränkungen, eine Gliederung angestrebt, wie sie vor der josephinischen Magistratsreform von 1783 durch die dualistische Stellung von Bürgermeister und Stadtrichter bestanden hatte.

Ein grundsätzlicher Schritt wurde mit der die Magistratsreform einleitenden ah. Entschließung vom 30. Juni 1838 getan[25]): durch sie wurde die Trennung der drei Senate ausgesprochen und der Bürgermeister der Oberaufsicht über dieselben enthoben. Jeder der Vorstände hatte nunmehr für die ordnungsgemäße Geschäftsführung seines Senats eigenverantwortlich zu sorgen und seiner vorgesetzten Behörde unmittelbar Rechenschaft zu geben: der Vorstand des Politisch-ökonomischen Senats der niederösterreichischen Landesregierung, der des Ziviljustizsenats dem niederösterreichischen Appellationsgericht und jener des Kriminaljustizsenats dem Kriminalobergericht. Die Senatsvorstände legten weisungsgemäß auch jeder für sich ein Gutachten für die weitere Magistratsreform vor und äußerten in diesem Zusammenhang den Wunsch, selbst den Titel „Bürgermeister" zu erhalten. Da dem nicht Rechnung getragen wurde, erhielt Wien – im Gegensatz zu zahlreichen Städten Deutschlands – keinen Oberbürgermeister. Ein zweites Mal stand ein solcher Titel, allerdings unter anderen Voraussetzungen, 1849 zur Debatte: Stadion hatte nämlich den Titel „Bürgermeister" anfangs für die (späteren) Bezirksvorsteher vorgesehen (noch in jüngster Zeit wählte übrigens 1945 die russische Besatzungsmacht den Titel „Bezirksbürgermeister").

Am 13. Juli 1838 legte Czapka dem Präsidium der niederösterreichischen Landesregierung einen „die hochaufgetragene Erörterung der Frage wegen Wiederbesetzung der politischen Vice-Bürgermeisterstelle" betreffenden „Amtsbericht"[26]) vor, in welchem er einleitend zur „Trennung der hierortigen Senate" Stellung nahm; sie bewirke seiner Meinung nach nichts anderes, als daß die „so lange unter einem gemeinschaftlichen Vorstande vereint bestandenen Senate" voneinander gelöst würden, wogegen Bedenken anzumelden seien. Anschließend widmet sich Czapka dem dritten Vizebürgermeister. Er erinnert daran, daß „es sich hier um die Frage über das Fortbestehen einer Stelle handelt, welche offenbar in gerechter Berücksichtigung der wahrhaft ungeheuren Geschäftsüberhäufung des Bürgermeisters zu dessen Erleichterung und eben deßhalb zur Förderung des Dienstes huldvoll geschaffen worden" war. Die Ausführungen Czapkas in seinem Amtsbericht beleuchten die allgemeine Situation der Verwaltung am Ende des Vormärz in so aufschlußreicher und kompetenter Weise, daß es berechtigt erscheint, sie hier ausführlicher zu zitieren. War doch Czapka – auch bei Berücksichtigung aller seiner späteren Fehler – gewiß ein Mann, auf dessen Urteil man sich verlassen darf und dessen Bericht daher eine über den unmittelbaren Anlaß hinausgehende Bedeutung zukommt. Unter anderem schreibt er wörtlich:

„Da die beiden Justiz-Senate stets unter der unmittelbaren Leitung geschäftserfahr'ner und rechtlicher Männer gestanden sind, so verursachte dem Bürgermeister, der auf die dortige Geschäftsbehandlung selbst zu keiner Zeit einen bestimmten Einfluß genommen hat, die ihm obgelegene Uiberwachung derselben nie einen besonders bemerkenswerthen Zeitverlust; wohl aber wurde der Bürgermeister als Praesidium des politischen Senates jederzeit ganz und gar in Anspruch genommen und selbst der letztverstorbene Bürgermeister hatte die Leitung des politisch-ökonomischen Senates selbst nach Creirung dieser Vizebürgermeisterstelle beibehalten, indem dem . . . Vicebürgermeister in Gemäßheit der . . . Hofkanzleientscheidung . . . kein anderer Wirkungskreis, als in allen bei dem politisch-ökonomischen Senate vorkommenden Dienstesangelegenheiten den Bürgermeister nach dessen Anleitung zu vertreten, zugewiesen war, lag die Revision des politisch-ökonomischen Senates dem Bürgermeister allein ob, welche ihn wegen der stets wachsenden Menge dieser Arbeiten so beschäftigte, daß es ihm nicht möglich war, die verschiedenen wichtigen Departements und ihre untergeordneten Ämter gehörig zu überwachen und die Aufmerksamkeit auf selbst höchst dringende Abhilfe oder Vorkehrungen mit Erfolg zu richten, geschweige die oft in den Ämtern und bei ihrer auswärtigen Wirksamkeit sowohl in Polizeirücksicht als auch im Interesse des städtischen Aerars so nothwendigen persönlichen Nachsichten zu pflegen. Die hieraus entstandenen bedeutenden Nachtheile sind der hohen Aufmerksamkeit Euer Excellenz gewiß nicht entgangen, sowie es hohen Orts noch im frischen Andenken seyn dürfte, daß diese Nachtheile, von welchen besonders die Anhäufung ungeheurer Geschäftsrückstände, die voluminöse Untersuchung der im Steueramte eingeschlichenen Gebrechen, die theilweise schläfrige und unzweckmäßige Behandlung der Amtsgeschäfte und allerlei Mißbräuche zeugten, bald nach Creirung der Vice-Bürgermeisterstelle beseitigt werden konnten und wirklich beseitigt wurden. Der gehorsamst Unterzeichnete kann nicht verhehlen, daß es bei der ausgebreiteten Wirksamkeit des politischen Magistrates noch vieles gibt, was der besonderen Aufmerksamkeit und Sorgfalt des hierortigen Praesidiums bedarf . . ."

Czapka erklärte, er befände sich „nun in Geschäftshinsicht in derselben Zwangslage, in welcher die früheren Bürgermeister vor Creirung der politischen Vice-Bürgermeistersstelle waren", und er sähe sich „während der gewöhnlichen Amtsstunden beinahe ununterbrochen durch die mannigfaltigsten Anfragen von Seite der Beamten, von Parteien und Honoratioren, die doch nicht schicklich weggewiesen werden können, in Anspruch genommen". Da sich der Geschäftsumfang in den letzten zwei Jahrzehnten so gut wie verdoppelt habe, der Vizebürgermeisterposten bereits systemisiert sei und daher einer Wiederbesetzung keinerlei Hindernis entgegenstünde, so ersucht Czapka abschließend, man möge „schleunig" einen neuen Vizebürgermeister ernennen. Er läßt es nicht an deutlichen Hinweisen fehlen, daß die von ihm erwartete Magistratsreform ohne diese personelle Hilfestellung beeinträchtigt, wenn nicht überhaupt in Frage gestellt wäre.

Die Senatsvorstände hatten, wie erwähnt, zur Frage der Magistratsreform auftragsgemäß eigene Äußerungen abgegeben. Czapka schloß sich keiner derselben an, sondern legte am 10. Oktober 1838 ein eigenes Gutachten vor[27]), in welchem er eine durchgreifende Reform sämtlicher magistratischen Ämter für zweckmäßig erklärte; er wiederholte diese Forderung in einem Präsidialbericht vom Dezember desselben Jahres. Czapkas Vorschläge kamen der Regierung entgegen: der Stadt Wien sollte die Patrimonialgerichtsbarkeit abgenommen, der Ziviljustizsenat mit einem landesfürstlichen Gericht vereint und der Kriminaljustizsenat zum landesfürstlichen Gericht erklärt werden.

Am 1. Jänner 1839 verfügte der Magistrat über folgende systemisierte Dienstposten für leitende Beamte[28]): ein Bürgermeister, drei Vizebürgermeister, 23 Räte des Kriminalsenats, 24 Räte des Zivilsenats und 29 Räte des Politisch-ökonomischen Senats (davon 16 in der Abteilung für schwere Polizeiübertretungen). Die Besoldung dieser insgesamt 76 Räte – 1783 waren es nur 42 gewesen! – erfolgte in drei Gebührenklassen: 25 Räte erhielten je 1.800 fl, 26 je 1.600 fl und 25 je 1.400 fl jährlich. Die Vorrückung in die nächsthöhere Gehaltsklasse erfolgte nach dem Alter. Die beiden an Lebensjahren ältesten Räte jeden Senats erhielten, um den Räten „nicht alle Hoffnung auf eine noch höhere Besoldung zu benehmen", eine „Personalzulage" von 200 fl, welche auch in die Pension eingerechnet wurde (also eine „Dienstalterszulage"). Alle Räte bezogen ein Quartiergeld in Höhe von 120 fl jährlich, das ihnen die Möglichkeit geben sollte, einigermaßen standesgemäß zu logieren; die seit Beginn des 19. Jahrhunderts erkennbaren, teilweise maßlosen Mietensteigerungen hatten den Beamtenstand des öfteren in eine äußerst mißliche Lage gebracht[29]). Von den in früheren Jahrzehnten zahlreichen Naturalzulagen hatte sich nur eine einzige erhalten: die kostenlose Zulieferung von jährlich 18 Klaftern Brennholz für die Vizebürgermeister.

Die – noch bestehenden – drei Senate waren räumlich getrennt untergebracht. Der Magistrat hatte seine Amtsräume, soweit dies möglich war, im Rathaus in der Wipplingerstraße, wo auch die Ratsversammlungen abgehalten wurden; der Ziviljustizsenat befand sich (nach Absiedlung des Kriminaljustizsenats allein) in der Schranne am Hohen Markt (heute 1, Hoher Markt 5 – Tuchlauben 22; das Gebäude wurde 1855 abgebrochen), der Kriminaljustizsenat bezog am 13. Mai 1839 das neu erbaute Kriminalgerichts- und Gefangenenhaus in der Alservorstadt (heute 8, Landesgerichtsstraße 11).

Bevor noch über die Gesamtreform des Magistrats

entschieden wurde, kam es am 15. Juni 1840 zur Besetzung des vakanten dritten Vizebürgermeisterpostens: Andreas Lanser, ein durch jahrzehntelange Tätigkeit mit den Arbeiten des Politisch-ökonomischen Senats wohl vertrauter Beamter, wurde zum Nachfolger Czapkas bestellt[30]). Am 26. April 1841 erließ das nö. Appellationsgericht Durchführungsbestimmungen für die Tätigkeit dieses Senats und damit war die Debatte um dessen Fortbestand auch formal abgeschlossen[31]).

Mit Hofdekret vom 30. März 1841[32]) erfolgte die endgültige Entscheidung hinsichtlich der bestehenden Magistratssenate. Der bisherige Politisch-ökonomische Senat wurde in den Magistrat der Residenzstadt Wien, der bisherige Ziviljustizsenat in das (magistratische) Zivilgericht, der bisherige Kriminaljustizsenat in das (magistratische) Kriminalgericht übergeleitet. Vorstand des Magistrats war der Bürgermeister, der zugleich den Titel „Nö. Regierungsrat" führte; er wurde der Oberleitung der beiden Gerichte enthoben und besaß in einem „Vizebürgermeister des politischen Senats" entsprechende Unterstützung. Die Vorstände der beiden Gerichte waren „Nö. Appellationsräte" mit dem Titel „Präses des Zivilgerichts" bzw. „Präses des Kriminalgerichts"; ihre Ernennung erfolgte über Vorschlag des nö. Appellationsgerichts durch den Kaiser. In der Praxis bürgerte sich für sie – wenn auch nicht ganz korrekt – der Titel „Präses-Vizebürgermeister" ein[33]). Eine völlige Trennung der Rechtspflege von der Kommunalverwaltung erfolgte allerdings erst, als am 1. Juli 1850 die Gerichtsbarkeit den neuerrichteten staatlichen Gerichten übertragen wurde.

Aus einem Bericht, den der Magistrat am 15. Februar 1843 an die Regierung erstattete[34]), entnehmen wir, daß die politisch-ökonomische Verwaltung zu diesem Zeitpunkt in 17 Departements (Referate) eingeteilt war; diese Gliederung fand allerdings in den zeitgenössischen Schematismen keinen Niederschlag, die bis 1848 daran festhielten, die Beamten den jeweiligen „Ämtern" (etwa Oberkammeramt, Taxamt) zuzuordnen. Fünf der Departements befaßten sich mit Gewerbeangelegenheiten, je eines bestand für das Sanitätswesen, das Finanzwesen (Oberkammeramt), das Konskriptions-, Rekrutierungs- und Zuständigkeitswesen (Konskriptionsamt), das Markt- und Approvisionierungswesen (Marktamt), den Handel, die Baupolizei (einschließlich der Jurisdiktion), das Kanzleireferat (mit Grundbuchsamt, Taxamt und Referat für kommunale Auszeichnungen), das Steuerreferat (Steueramt), das Armenwesen (seit April 1842 magistratischer Aufgabenbereich), das Unterkammeramt, das Magistratsbüro und die Senatsabteilung zur Untersuchung schwerer Polizeiübertretungen.

Am 20. Februar 1847[35]) wurde mit ah. Entschließung eine Teilung des Politisch-ökonomischen Senats verfügt. Die schon seit Jahrzehnten unter einem eigenen Geschäftsleiter arbeitende Senatsabteilung für schwere Polizeiübertretungen erfuhr eine Aufwertung; der die Abteilung leitende Josef Mader führte seitdem den Titel eines „zweiten Vizebürgermeisters" des Politisch-ökonomischen Senats. Als er 1855 starb, wurden die beiden Abteilungen wieder vereinigt und blieben sodann bis 1861 unter gemeinsamer Leitung bestehen.

Am Vorabend der Revolution von 1848, in deren Gefolge Verfassung und Verwaltung eine grundlegende Veränderung erfuhren, gliederte sich demnach der Magistrat folgendermaßen[36]): ein Bürgermeister, ein Präses des städtischen Kriminalgerichts, ein Präses des städtischen Zivilgerichts, zwei Vizebürgermeister des Magistrats, ein Stadtoberkämmerer (Finanzverwaltung), 76 Räte (30 Magistratsräte, 24 Räte des Zivilgerichts und 22 Räte des Kriminalgerichts), 30 Sekretäre (18 im Magistrat, neun im Zivilgericht, drei im Kriminalgericht), 39 Aktuare, 18 Büroakzessiten im Magistrat, 32 Auskultanten in den Gerichten (25 Ratsauskultanten im Zivilgericht, sieben Kriminalgerichtsauskultanten), dazu das erforderliche subalterne Personal.

Von der Revolution zum konstitutionellen Gemeinderat (1848–1861)

Die unmittelbare Forderung der Zeit, bereits am Vorabend der Revolution immer wieder artikuliert, war die nach einer neuen Gemeindeordnung. Als sich die Studentenschaft am 13. März 1848 nach ergebnislosen Verhandlungen entschloß, die Hilfe der niederösterreichischen Stände anzurufen, spitzte sich die Lage zwar zu, doch hätte wohl das Ärgste noch verhindert werden können, wäre nicht durch ein Zusammentreffen von Schlamperei, Entschlußunfähigkeit und ungeschicktem Säbelgerassel jene Stimmung erzeugt worden, die zu der von Metternich anbefohlenen „Räumung der Herrengasse" führte und das Militär dabei von der Schußwaffe Gebrauch machen ließ.

Von Bürgermeister Czapka hören wir zu Beginn der Revolution nur wenig. Da er es nicht über sich brachte, die Führung gegen den Kaiser, dem er treu ergeben war, in die Hand zu nehmen, sah er sich bald einer tiefgreifenden Mißstimmung gegenüber. Er entschloß sich deshalb am 16. März, seinen alten Plan eines „Bürgerausschusses" wieder aufzugreifen, verlor jedoch auf diesen bald jede Einflußnahme. Der Bürgerausschuß konstituierte sich gegen seinen Willen und die meisten seiner Mitglieder rieten Czapka zum Rücktritt. Erst am folgenden Tag, als sich der Bürgermeister völlig isoliert sah und keinem seiner Proteste mehr Gehör geschenkt wurde, ja, der Bürgerausschuß – nachdem er sich demonstrativ entfernt hatte – unter dem Vorsitz von Vizebürgermeister Bergmüller seine Beratungen fortsetzte, zog er die Konsequenz, reichte zunächst um einen dreimonatigen Urlaub ein, verließ jedoch, als sich die Lage weiter zuspitzte, am Abend desselben Tages fluchtartig die Stadt. Bergmüller behielt die Leitung des Ausschusses bis zu dessen Auflösung am 19. Mai 1848 in seiner Funktion als Vizebürgermeister bei; die – nicht öffentlichen – Sitzungen fanden im magistratischen Sitzungssaal des Rathauses statt. In der Zeit seines Wirkens erfuhr der Bürgerausschuß eine wesentliche Erweiterung seines ihm ursprünglich zugedachten Aufgabenbereichs, insbesondere als ihm mittels kaiserlichen Dekrets vom 17. März 1848 aufgetragen wurde, die Wahl eines Gemeindeausschusses vorzubereiten und eine entsprechende Wahlordnung auszuarbeiten. Der Bürgerausschuß war zwar nicht Vollzugsorgan der Verwaltung – dieses blieb weiterhin der Magistrat –, doch hat er dessen Entscheidungen in nachhaltiger Weise beeinflußt; in der Person des Vizebürgermeisters Bergmüller bestand eine Personalunion, deren Bedeutung nicht unterschätzt werden sollte. In seiner politischen Haltung war der Bürgerausschuß gemäßigt-liberal.

Dem Gemeindeausschuß, der ersten gewählten Gemeindevertretung Wiens, sollte der Auftrag zufallen, eine neue Gemeindeordnung zu entwerfen. Die Tätigkeit des Bürgerausschusses ist daher in dieser Richtung als erster Schritt zu einer verfassungsmäßigen Neugestaltung der Stadtverwaltung zu betrachten. Mit Hofdekret vom 18. März wurde Vizebürgermeister Bergmüller aufgefordert, unter Zuziehung des provisorischen Bürgerausschusses die Wahlordnung für den künftigen Gemeindeausschuß in schleunige Beratung zu ziehen. Tatsächlich konnten Bürgerausschuß und Magistrat bereits Ende März in gemeinsamer Arbeit einen derartigen Entwurf fertigstellen. Fünf Vertreter des Bürgerausschusses – unter ihnen neben Dr. Bach auch der damals als gemäßigt-liberal geltende spätere Bürgermeister Dr. Johann Kaspar v. Seiller – und zwei Magistratsräte hatten das entsprechende Komitee gebildet. Der Entwurf wurde von der Regierung am 19. April 1848 als Provisorium mit dem Vorbehalt der Änderung durch ein künftiges Gemeindegesetz genehmigt[37]). Der im Entwurf vorgesehene hohe Zensus beeinträchtigte allerdings die Wahlfähigkeit so sehr, daß die breite Masse der Bevölkerung von jedem Mitspracherecht ausgeschlossen blieb und sich vom projektierten Gemeindeausschuß nicht vertreten sehen konnte.

Bereits am 20. Mai waren die Wahlen zum Gemeindeausschuß abgeschlossen; damit war auch die Tätigkeit des Bürgerausschusses, der am 19. Mai zu seiner letzten Sitzung zusammengetreten war, beendet[38]). Die Wahlbeteiligung lag bei nur 70 Prozent; gewählt wurden 20 Ausschußmitglieder für die Stadt und 80 für die Vorstädte, überwiegend Konservative. Die soziale Schichtung wird aus der Berufsgliederung ersichtlich: 79 Gewerbetreibende, 17 Angehörige des Handels und vier Vertreter aus Intelligenzberufen. Zwölf der 36 Mitglieder des Bürgerausschusses wurden auch in den neuen Gemeindeausschuß gewählt, unter ihnen Dr. Seiller. Trotz aller ihm anhaftenden Mängel war der Gemeindeausschuß doch die erste freigewählte Vertretung der Wiener Bürgerschaft seit Jahrhunderten. Die konstituierende Sitzung wurde am 25. Mai im Großen Saal des Rathauses abgehalten, den Vorsitz führte Vizebürgermeister Bergmüller. In einer Proklamation wurde am 30. Mai 1848 verankert, daß der Gemeindeausschuß an den Errungenschaften der konstitutionellen Entwicklung festzuhalten gedenke und in diesem Sinne eine Durchführung der Gemeindereform anstrebe. Am 2. Juni wurde die Wahl des Vorsitzenden vorgenommen: sie fiel zunächst auf Theodor Hornbostel, nach dessen Berufung zum Handelsminister auf Dr. Seiller, der bis zum 5. Oktober 1848 die Präsidentenstelle innehatte. Der Präsident des Gemeindeausschusses war de facto – nicht aber de jure – Bürgermeister (zwischen dem 16. März 1848, dem Tag der Flucht Czapkas, und dem 11. Februar 1851, der Wahl Seillers, war nämlich Wien infolge der Umgestaltung der Gemeindeverfassung ohne Bürgermeister). Durch eine Geschäftsordnung wurden die dem Gemeindeausschuß zugewiesenen Agenden in neun permanent tagenden Sektionen vorberaten, deren jeder neun Mitglieder und ein Vorsitzender angehörten. Unter anderem befaßte sich der Gemeindeausschuß mit der Beratung der Wahlordnung für einen künftigen Gemeinderat; diese wurde schließlich am 27. August von Minister Doblhoff als Provisorium genehmigt. Die Zahl der Mandate wurde zugunsten der Vorstädte auf 150 erhöht, wahlberechtigt waren alle männlichen Staatsbürger nach Vollendung ihres 24. Lebensjahres.

Bis zum 5. Oktober 1848 erfolgte die Wahl des neuen Gemeinderats; damit konnte der alte Gemeindeausschuß, dessen Ansehen in der Bevölkerung aus verschiedenen Gründen schwer erschüttert war, seine Tätigkeit einstellen. Bereits am folgenden Tag brach die sogenannte Oktoberrevolution aus. Wieder einen Tag später, am 7. Oktober, faßte der Reichsrat deshalb den Beschluß, der neugewählte Gemeinderat habe sofort in Aktion zu treten, weil er das Vertrauen der Wähler genieße und man erwarten dürfe, daß seinen Anordnungen Folge geleistet werde. Vier spätere Bürgermeister befanden sich damals in seinen Reihen: Dr. Johann Kaspar v. Seiller, Dr. Andreas Zelinka, Dr. Cajetan Felder und Eduard Uhl. Am 12. Oktober wählte der Gemeinderat Ignaz Bondi, den Leiter einer Erziehungsanstalt, zu seinem Präsidenten.

Nachdem Wien am 31. Oktober 1848 von den unter der Führung Alfreds Fürst Windisch-Graetz stehenden Truppen erstürmt worden war und alle Errungenschaften der Märztage, darunter auch die Presse- und Vereinsfreiheit, eingebüßt hatte, stand selbst die Konstitution nur noch auf dem Papier. Einzig der Gemeinderat blieb bestehen und vermochte ein – wenn auch bescheidenes – Dasein zu fristen. Männer, die sich in den Oktobertagen exponiert hatten – wie Bondi –, mußten ausscheiden. Der alte Gemeinderat wurde am 16. November aufgelöst und durch einen neugewählten ersetzt, der am 11. Dezember 1848 Dr. Johann Kaspar v. Seiller, welcher sich dem konservativen Flügel angeschlossen hatte, zu seinem neuen Präsidenten wählte; Seiller behielt den Posten mit kurzer Unterbrechung bis zur Auflösung des ersten Gemeinderats im Herbst 1849.

Mit Ministerialerlaß vom 17. März 1848 war das Justizministerium geschaffen worden; die Oberste Justizstelle verlor die Aufgaben der Justizverwaltung, übte jedoch die Tätigkeit als oberstes Gericht weiterhin aus. Am 7. September 1848 kam es zur Aufhebung des Untertänigkeitsverbandes und der obrigkeitlichen Jurisdiktionsrechte, d. h. der patrimonialen Gerichtsbarkeit. Mit ah. Entschließung vom 14. Juni 1849 (RGBl. Nr. 278) wurden die Grundzüge einer neuen Gerichtsverfassung genehmigt und unter anderem Bezirksgerichte, Landesgerichte und Oberlandesgerichte geschaffen; damit wurde die Trennung der Justiz von der Verwaltung schon in erster Instanz vorgenommen. Der Beginn der Wirksamkeit der neu installierten Gerichte wurde mit Erlaß des Justizministeriums vom 18. Juni 1849 (RGBl. Nr. 234) mit dem 1. Juni 1850 festgelegt. Ein Teil des Personals wurde übernommen, die Ämter der beiden Präses-Vizebürgermeister wurden allerdings durch die Neuregelung überflüssig. Einer von ihnen – Florian Philipp – erreichte im Verlaufe seiner weiteren Dienstzeit den Rang eines Senatspräsidenten des k. k. Landesgerichts. Für die Bevölkerung ergaben sich aus der Reorganisation keine nennenswerten Veränderungen, weil das magistratische Gericht seinem Wesen nach bereits einem staatlichen Gericht nahegekommen war: es judizierte unabhängig von der Bürgerschaft und war auch finanziell selbständig gewesen. Das kais. Patent vom 28. Juni 1850 (RGBl. Nr. 258), mit dem provisorisch ein „Organisches Gesetz für die Gerichtsstellen" erlassen wurde, bedeutete mit seinen Bestimmungen das Ende des Wiener Kriminalgerichts.

Die Stellung des Magistrats hatte sich inzwischen gewandelt; er wurde zum Vollzugsorgan der autonomen Gemeindevertretung. Der Unterschied zeigte sich auch auf dem personellen Sektor: hatte im Bürgerausschuß noch Vizebürgermeister Bergmüller als Vertreter des Magistrats den Vorsitz geführt, so leitete bereits den Gemeindeausschuß ein gewählter Vorsitzender, d. h. der Gemeindeausschuß dominierte den Magistrat. Bei den Beratungen über die neue Gemeindeordnung zeigte sich deutlich das Bestreben der Kommissionsmitglieder, die autoritative Stellung des Magistrats zu beschränken und seinen Wirkungskreis zu schmälern. Nur der Umstand, daß Bergmüller Vizebürgermeister war, sicherte dem Leiter des Magistrats auch weiterhin diesen Titel. Schwierigkeiten ergaben sich vor allem auch daraus, daß die Kompetenzen nicht säuberlich voneinander getrennt waren und daher viele Entscheidungen um des Prestiges willen ohne hinreichende sachliche Begründung zu bloßen Machtdemonstrationen wurden.

Die „oktroyierte" Verfassung vom 4. März 1849 bestätigte der Stadt Wien ihren Rang als „Mittelpunkt des Reiches und als Sitz der Zentralverwaltung", aber nicht sehr viel mehr. Das am 17. März 1849 beschlossene „Provisorische Gemeindegesetz" bildete die vorläufige Grundlage für die weitere Entwicklung. Bereits drei Tage später, am 20. März 1849, übermittelte der Minister des Innern, Franz Graf Stadion, ein Vertreter der konstitutionellen Politik, dem Gemeinderat eine von ihm ausgearbeitete „Skizze zu einem Entwurfe der städtischen Verfassung für die k. k. Haupt- und Residenzstadt Wien", deren Grundsätze er bei der Beratung einer künftigen Gemeindeordnung berücksichtigt und deren Anregungen er in ihr verwertet wissen wollte. Der Beratungsausschuß des Gemeinderats, der die „Grundzüge" der neuen Ordnung festlegen sollte, schob jedoch Stadions „Skizze" ebenso beiseite, wie dies das Plenum tat, welches in dreimonatigen Verhandlungen einen eigenen „Entwurf" formte und diesen dem Ministerium vorlegte.

Am 6. März 1850 sanktionierte Kaiser Franz Joseph I., der nach der Abdankung seines Onkels Ferdinand seit 2. Dezember 1848 die Geschicke der Monarchie lenkte, die „Provisorische Gemeindeordnung" für Wien; am 9. März trat sie mit der Gegenzeichnung durch den Minister des Innern in Kraft[39]). Den Wünschen der Gemeindevertretung, den im Gemeindegesetz abgesteckten Wirkungsbereich auf Angelegenheiten des Schul-, Kirchen- und Gewerbewesens auszudehnen, wurde darin allerdings nicht Rechnung getragen. Wohl aber sah die Gemeindeordnung die Eingemeindung der 34 Vorstädte vor: zwischen dem äußeren Rand des Glacis und dem Linienwall sowie zwischen Donaukanal und Donauhauptstrom (in seinem Laufe vor der Regulierung, d. h. bis zum Bogen der heutigen Alten Donau) entstanden sieben Gemeindebezirke, deren Grenzen aus praktischen Erwägungen entlang der wichtigsten Hauptstraßen gezogen wurden (nur die Bezirke 3 und 4 ragten über den Linienwall hinaus).

Aufgrund der Bestimmungen der Provisorischen Gemeindeordnung (§ 41) hatte der Gemeinderat den Vorstand (bzw. Präsidenten), der zugleich Bürgermeister war, nach erfolgter Konstituierung aus seiner Mitte zu wählen; gleichzeitig wählte er zwei Vorstands-Stellvertreter (bzw. Stellvertretende Präsidenten), von denen einer den Bürgermeister „in Fällen zeitweiser Verhinderung zu vertreten" hatte. Während der Vorstand (Bürgermeister) auf drei Jahre gewählt wurde (wobei es gemäß § 42 ohne Belang war, ob in diesem Zeitraum sein Gemeinderatsmandat auslief), wurden seine beiden Stellvertreter nur auf jeweils ein Jahr bestellt (§ 41). Der Magistrat bestand aus dem Bürgermeister, einem rechtskundigen Vizebürgermeister, der nötigen Anzahl rechtskundiger Räte und dem erforderlichen Hilfspersonal (§ 47). Demgemäß wurde bei der Erörterung der Aufgaben des Bürgermeisters festgelegt, daß dieser im Falle seiner Verhinderung den Vorsitz bei den „collegialischen Sitzungen des Magistrates" an den Vizebürgermeister – es war nach wie vor Ferdinand Bergmüller – oder einen der Magistratsräte übertragen dürfe. Der Posten des Vizebürgermeisters entsprach damit schon damals dem Funktionsumfang des späteren Magistratsdirektors (dessen Posten allerdings erst nach dem Tode Bergmüllers am 22. Februar 1870 systemisiert wurde).

Im Oktober 1850 gingen die etwa 6.000 wahlberechtigen männlichen Bürger – die vermögende bzw. gebildete Oberschicht einer bereits über 431.000 Köpfe zählenden Bevölkerung – zur Wahlurne. In den drei nach sozialen Schichten gegliederten Wahlkörpern wurden insgesamt 120 Gemeinderäte gewählt, welche aufgrund des § 40 der Gemeindeordnung drei Jahre hindurch ihr Amt ausüben sollten; in jährlichen Ergänzungswahlen mußten jeweils 40 Gemeinderäte neu bestellt werden. Da der nach der Oktoberrevolution verhängte Belagerungszustand noch nicht aufgehoben war und so mancher Bürger die Wahl deshalb für zwecklos halten mochte, erreichte die Wahlbeteiligung kaum 60 Prozent. Das Ergebnis der Wahl, an der sich somit nicht mehr als 0,8 Prozent der Bevölkerung beteiligten, war ein teils konservativ-liberal, teils gemäßigt-liberal orientierter Gemeinderat, dessen politische und ökonomische Prinzipien für die Gemeindeverwaltung der nächsten viereinhalb Jahrzehnte – gewandelt lediglich durch die im Laufe der Zeit unterschiedliche Klubbildung mit ihren veränderten Zielsetzungen – ausschlaggebend blieben. Wirklich zum Tragen kamen die Entscheidungen allerdings erst nach dem Ende der neoabsolutistischen Ära und den Gemeinderatswahlen von 1861, die auch in den uns interessierenden Belangen zu wesentlichen Veränderungen führten.

Die Provisorische Gemeindeordnung von 1850 führte zu einer Neuorganisation in Verfassung und Verwaltung; politische und administrative Leitungsgremien (Gemeinderat bzw. Magistrat) standen gleichberechtigt nebeneinander, verbunden durch die Person des Vorstands (Bürgermeisters), der sowohl im Gemeinderat wie im Magistrat präsidierte. Titel und Aufgabenbereiche seiner Stellvertreter differierten seither: im Gemeinderat vertraten ihn damals zwei Vorstands-Stellvertreter, im Magistrat fungierte ein rechtskundiger Vizebürgermeister als sein Stellvertreter (§§ 41 bzw. 47 der Gemeindeordnung). Die Kontinuität im Magistrat war dadurch gesichert, daß der bisherige Vizebürgermeister des Politisch-ökonomischen Senats, Ferdinand Bergmüller, unter Beibehaltung seines Titels die Geschäfte weiterführte. Unverändert blieb ihm – bis zum Tod Joseph Maders am 26. Jänner 1855 – das Referat für schwere Polizeiübertretungen untergeordnet.

Aufgrund der Gemeindeordnung bestellte der Gemeinderat am 11. Februar 1851 seinen bisherigen Präsidenten Dr. Seiller zum Bürgermeister, womit das Interregnum ein Ende fand. Der wesentlichste Unterschied gegenüber der Zeit vor der Revolution lag darin, daß der Bürgermeister nun nicht mehr als landesfürstlicher Beamter, sondern als freigewählter Vertreter des im Gemeinderat vertretenen Bürgertums sein Amt versah. Die parteimäßige Gliederung – allerdings innerhalb des Liberalismus – wurde erstmals erkennbar: die konservativ eingestellten Gemeinderäte stimmten für Seiller, die liberaler Denkenden votierten für seinen Gegenkandidaten Zelinka. Seiller erhielt 64, Zelinka 54 Stimmen; damit war Dr. Seiller der erste freigewählte Bürgermeister Wiens.

Als am 1. September 1853 der seit Ende 1848 bestehende Belagerungszustand aufgehoben und das Militärgouvernement in die Stadtkommandantur umgewandelt wurde (sie wurde im Dezember 1855 gänzlich abgeschafft), besaß Wien wieder in allen Bereichen eine bürgerliche Verwaltung und wurde der Zuständigkeit des Innenministers unterstellt. Dennoch kann während der Jahre des Neoabsolutismus von keiner echten Mitverantwortung der Bürgerschaft in der Verwaltung die Rede sein; wohl aber sind die fünfziger Jahre für die weitere Entwicklung Wiens von großer Bedeutung[40]).

Die auf dem Stadionschen Gemeindegesetz beruhende Wiener Gemeindeordnung blieb während der fünfziger Jahre in Geltung; die von fortschrittlich-liberalen Kreisen schon im Zeitpunkt ihrer Veröffentlichung angestrebte Reform (oder wenigstens Revision) stand nicht mehr zur Diskussion. Der Nachfolger Stadions, Bach, führte das von seinem Vorgänger begonnene Verfassungswerk zwar weiter, konnte sich jedoch gegenüber den Einflüssen der absolutistischen Strömung in der Regierung keineswegs durchsetzen. Dies ist nicht zuletzt daraus erklärbar, daß der Kaiser selbst eine der positiven Entwicklung abträgliche Meinung in Fragen des Städtewesens vertrat; so erklärte er beispielsweise in der Sitzung des Ministerrats am 23. Jänner 1850[41]), die Städter seien zu sehr von „demokratischen Tendenzen" erfüllt und er halte es daher für günstig, die Landbevölkerung im Landtag stärker zu favorisieren. Von der Entlassung des stärksten liberalen Vertreters im Kabinett Schwarzenberg, Schmerling, zu Beginn des Jahres 1851 bis zum „Silversterpatent" vom 31. Dezember desselben Jahres schien damit der Weg vorgezeichnet; das Ergebnis – eine verstärkte Abhängigkeit des Gemeindewesens von Herrscher und Regierung und der weitgehende

Verlust der zugesicherten Autonomie – bestimmte die Politik der folgenden Jahre. Wenn man es auch vermied, das Gemeindegesetz und die Gemeindeordnung formal aufzuheben, so gelang es doch, die gewährten Rechte im Wege der Verwaltung zu eliminieren und die kommunale Selbstverwaltung praktisch unmöglich zu machen. Erst am 24. April 1859 kam es durch ein kais. Patent zur Sanktionierung eines neuen Gemeindegesetzes, demzufolge die Verwaltung durch den Magistrat unter Mitwirkung des Gemeinderats erfolgen sollte.

Anhang

1783 – 1835

Zwei Vizebürgermeister als Vorstände des Kriminaljustizsenats bzw. des Ziviljustizsenats

1. Vizebürgermeister (Kriminaljustizsenat)	2. Vizebürgermeister (Ziviljustizsenat)
1. 11. 1783[42]) – 22. 2. 1787[43]): (Friedrich) Ignaz v. Maurer	1. 11. 1783[42]) – 22. 3. 1795[44]): Dr. Leopold Edler v. Moßbach
5. 3. 1787[45]) – 2. 10. 1800[46]): Johann Georg Augusti	23. 3. 1795[47]) – 24. 3. 1804[48]): Dr. Johann Joseph Edler v. Pilgram
1801[49]) – 22. 7. 1811[50]): Joseph Anton Macher	12. 9. 1804[51]) – 19. 7. 1815[52]): Balthasar Weber
13. 1. 1812[53]) – 23. 3. 1814[54]): Vinzenz Weiner[55])	1816[56]) – 31. 7. 1825[57]): Josef Anton v. Hober
29. 9. 1814[58]) – 8. 12. 1823[59]): Anton Lumpert[60])	
Ab 18. 10. 1824[61]): Joseph Hollan	Ab 21. 7. 1826[62]): Johann Baptist Ripelly

1835 – 1850

Drei Vizebürgermeister als Vorstände des Kriminaljustizsenats (seit 30. März 1841 Präses des Kriminalgerichts bzw. Präses-Vizebürgermeister), des Ziviljustizsenats (seit 30. März 1841 Präses des Zivilgerichts bzw. Präses-Vizebürgermeister) und des Politisch-ökonomischen Senats. Seit 20. Februar 1847 neben den beiden Gerichtspräsides zwei Vizebürgermeister des Politisch-ökonomischen Senats (der zweite als Vorstand der seit 1804 innerhalb des Senats bestehenden und nun selbständig gewordenen Senatsabteilung zur Untersuchung schwerer Polizeiübertretungen).

1. Vizebürgermeister (Kriminaljustizsenat bzw. Kriminalgericht)	2. Vizebürgermeister (Ziviljustizsenat bzw. Zivilgericht)	3. Vizebürgermeister (Politisch-ökonomischer Senat)
Bis 13. 2. 1844[63]): Joseph Hollan	Bis 13. 3. 1847[64]): Johann Baptist Ripelly	13. 4. 1835[65]) – 9. 7. 1838[66]): Ignaz Czapka[67])
18. 7. 1844[68]) – 1850[69]): Florian Philipp	11. 5. 1847[70]) – 1850[71]): Carl Kratky	15. 6. 1840[72]) – 21. 5. 1845[73]): Andreas Lanser
		Ab 14. 7. 1845[74]): Ferdinand Bergmüller

Als 4. Vizebürgermeister wurde am 20. Februar 1847 Joseph Mader[75]) eingesetzt. Die Senatsabteilung zur Untersuchung schwerer Polizeiübertretungen stand vom 18. April 1835 bis 15. Juni 1840 unter Leitung von Andreas Lanser[76]), vom 15. Juni 1840 bis 1. April 1845 unter Leitung von Matthäus Reichel[77]) und seit 14. Mai 1845 unter Leitung von Joseph Mader[75]); der Titel war Direktor oder Geschäftsleiter.

1851 – 1861

Funktionstrennung in der Stellvertretung des Bürgermeisters im Gemeinderat bzw. im Magistrat.

Gemeinderat:	Magistrat:
26. 1. 1851[78]) – 1861: Dr. Andreas Zelinka	Bis 25. 5. 1868[79]): Ferdinand Bergmüller

Anmerkungen

*) Die Entwicklung des Bürgermeisteramtes wurde vom Verf. an anderer Stelle behandelt (Wien und seine Bürgermeister. Sieben Jahrhunderte Wiener Stadtgeschichte, Wien – München 1974, bes. 11 ff.); dort finden sich auch biographische Angaben zu den Bürgermeistern. Im Zuge der archivalischen Vorarbeiten zu dieser Publikation – zu der ein eigener Quellenband in Vorbereitung ist – zeigte sich, daß die seit 1783 amtierenden Vizebürgermeister in der bisherigen Literatur nicht nur völlig vernachlässigt geblieben sind, sondern daß sogar Auflistungen mit richtigen Angaben über die Amtsdauer fehlen. Selbst der ansonsten verläßliche Karl Weiß (Geschichte der Stadt Wien, Wien ^{2}1883) veröffentlicht nur eine sehr fehlerhafte Namensliste (II, 643 f.). – Die vorliegende Skizze will als eine Ergänzung der obgenannten Veröffentlichung des Verf. und als Beitrag zur Verwaltungsgeschichte der Stadt Wien verstanden werden. Sie stützt sich überwiegend auf bisher nicht veröffentlichte archivalische Unterlagen, die erstmals ausgewertet wurden. Sofern nicht anders angegeben, befinden sich alle handschriftlichen Quellen im Wiener Stadt- und Landesarchiv.

1) Um die Gliederung nicht über Gebühr zu komplizieren, wurde hier bewußt in Kauf genommen, daß sich durch die Revolution des Jahres 1848 und die unmittelbaren Auswirkungen zwischen 1848 und 1851 Veränderungen ergeben haben. Von 1851 bis 1861 amtierte zwar ein frei gewählter Gemeinderat, doch ließ ihm der sog. Neoabsolutismus der Franzisko-Josephinischen Ära keinen sonderlichen Handlungsspielraum.

2) Über die architektonisch-künstlerischen, städtebaulich-planerischen und ökonomisch-sozialen Zusammenhänge vgl. die Ausführungen des Verf. in: Felix Czeike/Walther Brauneis, Wien und Umgebung. Kunst, Kultur und Geschichte der Donaumetropole, Köln ^{2}1978, 126 ff.

3) Für die folgenden Ausführungen diente teilweise das Werk von Friedrich Hartl, Das Wiener Kriminalgericht. Strafrechtspflege vom Zeitalter der Aufklärung bis zur österreichischen Revolution, Wien – Köln – Graz 1973 (Wiener Rechtshistorische Arbeiten, Band X), 35 ff., als Grundlage.

4) Ebenda, 29 ff.

5) Ebenda, 30 f.; die Besoldung betrug jährlich 800 fl (ebenda, 31).

6) Franz Stundner, Die Kreisämter als Vorläufer der politischen Behörden I. Instanz, in: Johannes Gründler (Hg.), 100 Jahre Bezirkshauptmannschaften in Österreich. Festschrift, Wien 1970, 11 ff.

7) Vgl. Felix Czeike, Wien und seine Bürgermeister. Sieben Jahrhunderte Wiener Stadtgeschichte, Wien – München 1974, 251 ff.; Constant von Wurzbach, Biographisches Lexikon des Kaiserthums Oesterreich, IX, 124 f.; Österreichische National-Enzyklopädie (Hg. Gräffer-Czikann), II, 596.

8) H. A.-Akten, 1/1783; Libell mit Aufdrucksiegel des nö. Appellationsgerichts unter Papier.

9) Rudolf Till, Geschichte der Wiener Stadtverwaltung in den letzten zweihundert Jahren, Wien o. J. (1957), 22.

10) Hs. A 70/2, fol. 210 f.; Hartl (Anm. 3), 84 f.

11) Ebenda, fol. 83 f.

12) Hs. A 70/3.

13) Ebenda, fol. 38 f.

14) Ebenda, fol. 43 f.

15) Ebenda, fol. 42.

16) Ebenda, fol. 75; hier genaue Zahlen für 1806.

17) Ebenda, fol. 80.

18) Hs. B 71/1, fol. 59.

19) Ebenda, fol. 136^v f.

20) Czeike, (Anm. 7), 272 ff.; H. A.-Akten, Offic. 9/1835.

21) Ebenda, Offic. 12/1835.

22) Ebenda, Offic. 13/1835.

23) Ebenda, Offic. 6/1838.

24) Till (Anm. 9), 36.

25) StR, 1719/1838.

26) H. A.-Akten, Offic. 6/1838.

27) Ebenda, Offic. 1/1838.

28) Hs. B 71/4, fol. 8^v.

29) Vgl. Josef Karl Mayr, Wien im Zeitalter Napoleons. Staatsfinanzen, Lebensverhältnisse, Beamte und Militär, in: Abhandlungen zur Geschichte und Quellenkunde, 6 (1940).

30) Hs. B 71/4, fol. 6.

31) Ebenda, fol. 68^v.

32) H. A.-Akten, Offic. 1/1841.

33) Vgl. die Eintragungen in den Hof- und Staatsschematismen.

34) H. A.-Akten, Offic. 9/1843.

35) Ebenda, Offic. 3/1847.

36) Till (Anm. 9), 36.

37) H. A.-Akten, Offic. 2/1848 bzw. Regierungspräsidialerlaß vom 19. April 1848.

38) Zum folgenden vgl.: Till (Anm. 9), 45 ff.; Czeike (Anm. 7), 291 ff.; Hartl (Anm. 3), 48 f.

39) Provisorische Gemeindeordnung für die Stadt Wien, Wien 1850, in: Landesgesetz- und Regierungsblatt für das Kronland Oesterreich unter der Enns, V. Stück. Ausgegeben und versendet am 23. März 1850. Nr. 21: Kundmachung der k. k. Statthalterei und Kreisregierung von Niederösterreich v. 20. März 1850, Zl. 12.590, womit die Verordnung des Ministers des Innern v. 9. März 1850, Zl. 1286-M. I., wegen Erlassung der prov. Gemeindeordnung für die Stadt Wien zur allgemeinen Kenntniß gebracht wird.

40) Felix Czeike, Liberale, christlichsoziale und sozialdemokratische Kommunalpolitik. Dargestellt am Beispiel der Gemeinde Wien, Wien 1962, 27 ff.

41) Österreichisches Staatsarchiv, HHStA, Ministerrat, 348/1850.

42) Inkrafttreten des Dekrets Josephs II. v. 16. August 1783. – Karl Weiß, Geschichte der Stadt Wien, Wien ^{2}1883, 643 f., gibt irrtümlich das Jahr 1782 an.

43) Anton Ferdinand v. Geusau, Geschichte der Haupt- und Residenzstadt Wien in Österreich, Wien 1792–1810, V, 366.

44) Ebenda, V, 365.

45) Hs. B 71/1, fol. 35; Weiß (Anm. 42) irrig 1788.

46) Totenbeschauprotokoll (in der Folge kurz: TBP), A, fol. 52; Weiß (Anm. 42) irrig 1801.

47) Geusau (Anm. 43), V, 365.

48) TBP, Bd. 117, B/P, fol. 28.

49) Hof- und Staatsschematismus, 1801, 193; nicht genauer feststellbar. Die Befugnis für die Bewerbung wurde am 18. Februar erteilt.

50) Hs. B 71/1, fol. 157^v; Weiß (Anm. 42) irrig 1812.

51) Hs. B 71/1, fol. 116; Geusau (Anm. 43), V, 365 (28. Juni 1804).

52) TBP, 1815, W, fol. 26.

53) Hs. B 71/2, fol. 9; Weiß (Anm. 42), irrig Weber bzw. 1813.

54) TBP, 1814, W, fol. 20; Hs. B 71/2, fol. 39^v.

55) In der Literatur (Geusau, Weiß u. a.) durchwegs fälschlich als „Weber" verzeichnet.

56) Nicht genau feststellbar.

57) Hs. B 71/2, fol. 134^v.

58) Ebenda, fol. 39; Weiß (Anm. 42) irrig 1815.

59) Tag der Bestellung zum Bürgermeister.

60) Vgl. Czeike (Anm. 7), 268 ff.; Wurzbach (Anm. 7), XVI, 160 f.; Felix Czeike, Das Große Groner Wien Lexikon, Wien 1974, 222.

61) Hs. B 71/2, fol. 129 (Vereidigung).

62) Hs. B 71/4, fol. 5^v.

63) TBP, 1844, H, unfol.; Hs. 87/2, fol. 47.

64) Hs. B 71/4, fol. 5^v.

65) Ebenda, fol. 6; neu systemisiert mit ah. Entschließung v. 31. März 1835.

66) Tag der Vereidigung als Bürgermeister.

67) Czapka wurde im Jänner 1838 vom Äußeren Rat zum Bürgermeister gewählt (vgl. Gertrud Maria Hahnkamper, Der Wiener Gemeinderat zwischen 1861 und 1864, phil. Diss. Wien 1973, 335); die Ernennung durch den Kaiser erfolgte am 30. Juni 1838.

68) Hs. B 71/4, fol. 7 (13. Juli); Hartl (Anm. 3), 87.

69) Aufgrund des Erlasses des Justizministeriums v. 18. Juni 1849 (RGBl. Nr. 234) nahmen die staatlichen Gerichte am 1. Juni 1850 ihre Tätigkeit auf.

70) Hs. B 71/4, fol. 5^v.

71) Vgl. Anm. 69.

72) Hs. B 71/4, fol. 6.

73) Ebenda, fol. 6.

74) Ebenda, fol. 6.

75) Ebenda, fol. 6; Mader war zuvor vom 6. März 1840 bis 14. Mai 1845 Stadtoberkämmerer (ebenda, fol. 6^v), seit 1830 Rat (ebenda, fol. 7^v) und seit 1. März 1847 zweiter Vizebürgermeister des Politisch-ökonomischen Senats (ebenda, fol. 6) mit einem Jahresgehalt von 2.500 fl zuzüglich 400 fl Quartiergeld.

76) Hs. B 71/4, fol. 6.

77) Ebenda, fol. 6; Reichel war danach ab 30. Jänner 1846 Stadtoberkämmerer (ebenda, fol. 6^v).

78) Vgl. Czeike (Anm. 7), 304 ff.; Wurzbach (Anm. 7), LIX, 304 ff.; Felix Czeike (Hg.), Cajetan Felder. Erinnerungen eines Wiener Bürgermeisters, Wien 1964, 144 ff.

79) Seit der Neuwahl des Gemeinderats 1851 und endgültig seit 1861 übte Ferdinand Bergmüller sein Amt in anderer Funktion aus.

INDEX

GESETZBLATT DER STADT WIEN UND LANDESGESETZBLATT FÜR WIEN VOM 30. OKTOBER 1945 BIS 31. DEZEMBER 1978

*) Das Gesetzblatt der Stadt Wien erhielt ab 14. Februar 1946 infolge des Überganges der Verfassung 1920 wieder den Namen Landesgesetzblatt für Wien.

LGBl. Nr.

LGBl. Nr.

DER AMTSSCHIMMEL HILFT!

RAT UND AUSKUNFT

DER AMTSSCHIMMEL HILFT!

In diesem Abschnitt zeigt sich der Amtsschimmel nur von seiner guten Seite. Er galoppiert nicht, er bockt nicht, er ist nicht eigensinnig, hier will er nichts anderes als helfen, raten und führen. Zugleich will er zeigen, daß er besser ist als sein Ruf.

In den vielen Lebenslagen, die den Menschen von heute nötigen, ein Amt, eine Behörde aufzusuchen, bietet er seine hilfreiche Hand, um überflüssige Wege zu ersparen und sofort den richtigen Weg zu finden. Er gibt Anleitung, welche Unterlagen zu beschaffen oder mitzubringen sind, er gibt Aufklärung über die Leistungen der Gemeinde Wien auf den verschiedensten Gebieten.

Der Amtsschimmel ist auch nicht böse darüber, wenn ein eifriger Leser dieses Handbuches Druckfehler und andere Ungereimtheiten feststellt, denn davor ist auch der Amtsschimmel nicht gefeit. Es macht ihm nichts aus, wenn ihm Vorschläge für eine bessere Gestaltung dieses Buches gemacht werden. Auch der Amtsschimmel kann noch lernen! Die Leser werden daher ersucht, Anregungen und Vorschläge zur Gestaltung dieses Buches an die Redaktion des Handbuches der Stadt Wien, Büro des Magistratsdirektors, Rathaus, 1082 Wien, zu senden.

Hier ist der Amtsschimmel nicht das vielgelästerte ungebärdige Vieh, als das er dem einzelnen bisweilen entgegentritt und für das er dann verallgemeinernd gehalten wird, hier gibt er sich, wie er wirklich und normalerweise ist, wie er zehntausendfach täglich und stündlich in treuer Pflichterfüllung seinen Dienst versieht, als Diener am Menschen, als Diener am gemeinsamen Werk. Möge dieser Abschnitt seine Mission erfüllen: den Rat- und Hilfesuchenden nützen! Dann wiehert befriedigt

der Amtsschimmel

PRESSE- UND INFORMATIONSDIENST DER STADT WIEN

(MA 53)

Der Presse- und Informationsdienst (MA 53) hat die Aufgabe, die Öffentlichkeit über die Tätigkeit der Wiener Stadtverwaltung zu informieren. Dies betrifft nicht nur die einzelnen Entscheidungen, sondern auch die Entscheidungsgründe.

Die täglich erscheinende „Rathaus-Korrespondenz" versorgt die Massenmedien mit Nachrichten aus der Wiener Stadtverwaltung. Eine wöchentliche Zusammenfassung der Meldungen unter dem Titel „RK-intern" gibt einen stichwortartigen Überblick über die Ereignisse der Woche.

Zeitschrift „wien aktuell"

Die kommunale Monatszeitschrift „wien aktuell" erscheint seit 1975 im Vierfarbdruck. Sie bringt in erster Linie Berichte über Themen aus dem Bereich der Kommunalverwaltung, darüber hinaus aber auch über alle übrigen, allgemein interessierenden Aspekte des wirtschaftlichen und kulturellen Lebens in der Bundeshauptstadt. Dazu kommen heimatkundliche, kulturgeschichtliche und lokalhistorische Berichte sowie vornehmlich auf Viennensia ausgerichtete Buch- und Zeitschriften-Rezensionen. Ein eigener Dokumentations- und Diskussionsteil umfaßt Berichte, Kommentare und Meinungen über kommunale und kommunalpolitische Themen aller Art. Die Redaktion ist unter Tel. 42 8 00*, 2972 und 2961, zu erreichen.

Als Sonderdruck von „wien aktuell" erschien 1978 zweimal die Zeitschrift „Wien – unsere Stadt", die allen Wiener Haushalten mit der Post zugesandt wurde. Monatlich wird die Wandzeitung „wien aktuell" herausgegeben.

Das Amtsblatt der Stadt Wien wird wöchentlich herausgegeben. Darin werden alle amtlichen Verlautbarungen veröffentlicht, soweit sie den Bereich der Wiener Stadtverwaltung betreffen, und zwar im einzelnen: Landtag, Gemeinderat, Landesregierung, Stadtsenat, Gemeinderatsausschüsse (Sitzungsprotokolle), Vergabe von Arbeiten (Ausschreibungen), Kundmachungen der Stadt- und Landesplanung (Bausperren, Flächenwidmungs- und Bebauungspläne usw.), Gewerbeanmeldungen, Konzessionsverleihungen, Bauansuchen, Standesamtliche Aufgebote, Ehrungen und Personelles. Die Redaktion ist unter Tel. 42 8 00*, 2973, zu erreichen.

Prospekte und Broschüren

Der Presse- und Informationsdienst hat in der letzten Zeit folgende Prospekte und Broschüren herausgegeben:

Die Stadt Wien hilft – Ein Ratgeber für jedermann (7. Auflage)
Pensionistenheim Rosenberg
Wien kurzgefaßt (8. Auflage)
Budget 1978
Drei neue Bezirkshallenbäder
Hernalser Badezentrum
Wohnhausanlage Rennbahnweg
Wiener U-Bahn 1978
Wiener U-Bahn „U 2"
Krankenanstalt Rudolfstiftung – Das neue Haus
Wiener Seniorenbericht 1978
Gesundheitsplan für Wien
Bezirksbroschüren (Bezirke 1–23)
Wie verbessere ich meine Altbauwohnung
Ratgeber der Stadt Wien für Wirtschaftstreibende
Wien lädt ein . . . Rundfahrten „Modernes Wien"
St. Marx
Wien – Eine Chance für die Frau

Die Prospekte und Broschüren sind – solange der Vorrat reicht – in der Stadtinformation (Rathaus, Eingang Friedrich Schmidt-Platz) erhältlich.

Wünsche, Anregungen, Beschwerden

Der Presse- und Informationsdienst ist für alle Wünsche, Anregungen und Beschwerden zuständig, die die Wiener Stadtverwaltung betreffen (ausgenommen davon ist nur die Wohnungsvergabe). Die Stadtinformation ist Tag und Nacht unter der *Nummer* 43 89 89 zu erreichen; außerhalb der Dienststunden nimmt ein Tonband die Anrufe auf. Der Anrufer wird vom Auskunftsbeamten zurückgerufen oder schriftlich über seine Angelegenheit verständigt. Persönliche Auskunft und Beratung in der Stadtinformation (Rathaus, Eingang Friedrich Schmidt-Platz) ist Montag bis Freitag von 8 bis 18 Uhr und in der Außenstelle am Karlsplatz Montag bis Freitag von 7.30 bis 15.30 Uhr möglich. Bei komplizierten Angelegenheiten bitte allfällige schriftliche Unterlagen, Dokumente u. dgl. mitzubringen, in die der Auskunftsbeamte Einsicht nehmen kann, um den Fall zu klären.

Brieflich wendet man sich an die MA 53 unter der Postadresse Rathaus, 1082 Wien. Solche Briefe sind stempelmarkenfrei und werden so rasch als möglich beantwortet, wenn die notwendigen Erhebungen angestellt und Auskünfte eingeholt worden sind (anonyme Schreiben bleiben unbeachtet). Briefe können auch in die Beschwerdebriefkästen eingeworfen werden, die bei den Rathauseingängen Lichtenfelsgasse und Felderstraße angebracht sind.

Rundfahrten „Modernes Wien"

Die von der MA 53 durchgeführten Rundfahrten „Modernes Wien" geben einen Überblick über die neuen Planungen und Bauvorhaben der Stadt Wien. Der Fahrplan ist in der Stadtinformation erhältlich und wird auf Wunsch gern zugesandt. Für Gruppen werden nach Möglichkeit auch fremdsprachenkundige Rundfahrtenführer beigestellt; die Routen können frei vereinbart werden. Anmeldungen schriftlich oder telefonisch unter 42 8 00*, 2950. Für Schulklassen u. ä. werden diese Fahrten im allgemeinen kostenlos durchgeführt.

EINGABEN BEI BEHÖRDEN

Die Kanzleiordnung regelt die Abwicklung der Kanzleigeschäfte in den Dienststellen des Magistrats der Stadt Wien. Sie enthält auch Vorschriften, deren Kenntnis für einen Antragsteller von Vorteil ist, weil dadurch Ärger vermieden sowie Geld und Zeit erspart werden können.

Wo kann ein Ansuchen eingebracht werden?

Ansuchen können mit der Post übermittelt oder in der betreffenden Dienststelle abgegeben werden. Wenn man nicht weiß, welche Dienststelle des Wiener Magistrats für die Erledigung des Ansuchens zuständig ist, wird darüber die Magistratsdirektion mündlich oder telefonisch Auskunft geben. An den Magistrat der Stadt Wien gerichtete Schriftstücke ohne nähere Bezeichnung werden von der Magistratsdirektion an die nach der Geschäftseinteilung zuständige Dienststelle weitergeleitet.

Wann kann man ein Ansuchen einbringen?

Mündliche Anträge können während der für den Parteienverkehr vorgesehenen Zeiten, die bei den einzelnen Dienststellen unterschiedlich sind, gestellt werden. In der Regel sind die Vormittagsstunden dem Parteienverkehr vorbehalten. Schriftliche Eingaben können auch außerhalb des Parteienverkehrs innerhalb der Amtsstunden abgegeben werden. Bei Gefahr im Verzug werden Mitteilungen jederzeit entgegengenommen. In dringenden Fällen können Anträge auch telegrafisch oder mit Fernschreiben eingebracht werden.

Ist eine Eingabe mit Kosten verbunden?

Im allgemeinen sind für Ansuchen Gebühren zu entrichten, die gesetzlich vorgeschrieben sind. Es ist daher zu empfehlen, die Höhe der Gebühren zu erfragen. Der Beamte wird die Partei einladen, die Stempelmarken beizubringen. Wenn dem Ersuchen zur Beibringung der Stempelmarken nicht nachgekommen wird, muß der Beamte eine Meldung an das Finanzamt für Gebühren und Verkehrssteuern erstatten, das den Betrag in mindestens der doppelten Höhe vorschreibt.

Amtssprache

Da die Amtssprache deutsch ist, sind die Eingaben in dieser Sprache abzufassen. Bei fremdsprachigen Schriftstücken ist die Beibringung einer beglaubigten Übersetzung erforderlich. Eine Ausnahme bilden Urkunden in lateinischer Sprache, bei denen eine beglaubigte Übersetzung nicht notwendig ist.

Kann die Partei eine Eingangsbestätigung verlangen?

Die Behörde ist verpflichtet, auf Verlangen eine Bestätigung auszustellen, daß und wann bei ihr ein Schriftstück eingelangt ist. Dies kann bei der Einhaltung einer Frist wichtig sein.

Was geschieht mit Ansuchen, die bei einer unzuständigen Dienststelle einlangen?

Anträge, die an eine für die Erledigung einer Angelegenheit nicht zuständige Dienststelle gerichtet sind, werden auf Gefahr des Einschreiters der zuständigen Stelle übermittelt.

Kann Akteneinsicht gewährt werden?

Bei Nachweis eines rechtlichen Interesses kann den Parteien vom Leiter der Dienststelle Akteneinsicht gewährt werden.

Was ist bei der Berechnung von Fristen nach den Bestimmungen des Allgemeinen Verwaltungsverfahrensgesetzes zu beachten?

Bei der Berechnung einer Frist, die nach Tagen bestimmt ist, wird der Tag nicht mitgerechnet, in den der Zeitpunkt oder das Ereignis fällt, wonach sich der Anfang der Frist richten soll.

Nach Wochen, Monaten oder Jahren bestimmte Fristen enden mit dem Ablauf desjenigen Tages der letzten Woche oder des letzten Monates oder Jahres, der durch seine Benennung oder Zahl dem Tag entspricht, an dem die Frist begonnen hat. Fehlt dieser Tag in dem letzten Monat, so endet die Frist mit Ablauf des letzten Tages dieses Monates.

Der Beginn und Lauf einer Frist wird durch Sonn- oder Feiertage nicht behindert.

Der Ablauf einer Frist wird durch einen Samstag, Sonntag, gesetzlichen Feiertag oder durch den Karfreitag gehemmt. In diesem Fall endet die Frist mit Ablauf des nächsten Werktages.

Wie erfolgt die Zustellung einer schriftlichen Ausfertigung an die Partei?

Art der Zustellung

Die schriftlichen Ausfertigungen werden durch die Post oder durch Organe des Magistrats zugestellt.

Ort der Zustellung

Die Zustellung hat in der Wohnung, in der gewerblichen Betriebsstätte, im Geschäftsraum oder am Arbeitsplatz der Person, der zugestellt werden soll (Empfänger), und bei Anwälten und Notaren in deren Kanzlei zu erfolgen; eine außerhalb dieser Räume vorgenommene Zustellung ist nur gültig, wenn die Annahme des Schriftstückes nicht verweigert wurde.

In Ermangelung einer Wohnung (gewerbliche Betriebsstätte, Geschäftsraum, Arbeitsplatz) können Zustellungen vorgenommen werden, wo der Empfänger angetroffen wird.

Ersatzzustellung

Wird der Empfänger nicht angetroffen, so kann an jeden dem Zusteller bekannten erwachsenen Angestellten oder zur Familie gehörigen Hausgenossen des Empfängers zugestellt werden.

Werden auch solche Personen nicht angetroffen, so kann das zuzustellende Schriftstück dem in demselben Haus wohnenden Vermieter oder einer von diesem bestellten, ebenfalls dort wohnenden Aufsichtsperson eingehändigt werden, wenn diese Personen zur Annahme bereit sind.

Ist die Zustellung auf diesem Wege nicht möglich, so wird das zuzustellende Schriftstück, wenn die Zustellung durch die Post zu vollziehen war, bei dem zuständigen Postamt, in allen anderen Fällen aber bei der Bezirksvertretung hinterlegt. Diese Hinterlegung wird durch eine an der Tür der Wohnung (Kanzlei) oder an der Eingangstür der gewerblichen Betriebsstätte (Geschäftsraum) befestigte schriftliche Anzeige und nach Tunlichkeit auch durch mündliche Mitteilung an die Nachbarn bekanntgemacht.

Die vorschriftsmäßige Hinterlegung des zuzustellenden Schriftstückes hat die Wirkung der Zustellung. Die Beschädigung oder das Abreißen der Anzeige hat auf die Gültigkeit der Zustellung keinen Einfluß.

Wenn der Empfänger seinen gewöhnlichen Aufenthaltsort nur vorübergehend verlassen hat und ihm das zuzustellende Schriftstück nicht rechtzeitig nachgesendet werden kann, so wird es der Behörde zurückgestellt.

Wird die Annahme eines Schriftstückes von einer Person, der gültig zugestellt werden kann, verweigert, so wird das Schriftstück am Zustellungsort zurückgelassen oder, falls dies nicht möglich ist, bei dem zuständigen Postamt oder bei der Bezirksvertretung hinterlegt. Die Zurücklassung oder Hinterlegung hat die Wirkung der Zustellung.

Zustellung zu eigenen Handen

Bei Schriftstücken von besonderer Wichtigkeit ist die vorhin erwähnte Ersatzzustellung nicht erlaubt. Diese Schriftstücke dürfen nur dem Empfänger ausgehändigt werden (Zustellung zu eigenen Handen).

Öffentliche Bekanntmachung

Zustellungen an Personen, deren Wohnung unbekannt ist, oder an Personen, die der Behörde nicht bekannt sind, können, wenn kein Vertreter bestellt ist, durch öffentliche Bekanntmachung erfolgen und gelten, sofern in den Verwaltungsvorschriften nichts anderes bestimmt ist, als vollzogen, wenn seit dem Anschlag an der Amtstafel der Behörde zwei Wochen verstrichen sind.

Wohnungswechsel

Eine Partei, die während eines Verfahrens ihren Wohnsitz verlegt, hat dies in ihrem eigenen Interesse der Behörde mitzuteilen.

BAUWESEN

Wo kann gebaut werden?

Im Interesse eines geordneten Ausbaues der Stadt nach modernen städtebaulichen Gesichtspunkten werden vom Gemeinderat für die verschiedenen Teile des Stadtgebietes besondere Widmungen festgesetzt. Der Gemeinderat kann aber auch einzelne Gebiete als Schutzzonen erklären, das sind jene Gebiete, die wegen ihres örtlichen Stadtbildes in ihrem äußeren Erscheinungsbild erhaltungswürdige Gebiete als in sich geschlossenes Ganzes bilden. Diese Widmungen und Schutzzonen sind Inhalt des Flächenwidmungsplanes, der festlegt, welchen Verwendungen die im Gemeindegebiet gelegenen Liegenschaften zugeführt werden können. Die Bauordnung kennt folgende Widmungsarten der Grundstücke, welche Unterscheidung nach der Art der zugelassenen Nutzung getroffen wird:

A. Grünland:
- a) ländliche Gebiete;
- b) Erholungsgebiete, und zwar:
  1. Parkanlagen,
  2. Kleingartengebiete,
  3. Sport- und Spielplätze,
  4. Freibäder,
  5. Zeltplätze,
  6. Grundflächen für Badehütten und
  7. sonstige für die Volksgesundheit und Erholung der Bevölkerung notwendige Grundflächen;
- c) Schutzgebiete, und zwar:
  1. der Wald- und Wiesengürtel,
  2. Parkschutzgebiete;
- d) Friedhöfe.

B. Verkehrsbänder (Straßenzüge und Verkehrswege übergeordneter Bedeutung).

C. Bauland:
- a) Wohngebiete;
- b) Gartensiedlungsgebiete;
- c) gemischte Baugebiete;
- d) Industriegebiete;
- e) Lagerplätze und Ländeflächen.

D. Sondergebiete:
- a) Ausstellungsgelände;
- b) Grundflächen für Klär- und Rückstauanlagen;
- c) Grundflächen für Wasserbehälter;
- d) Freistreifen;
- e) Sonstige Grundflächen.

Grundsätzlich darf nur im Bauland gebaut werden. Der Bebauungsplan, der vom Gemeinderat auf Grund des Flächenwidmungsplanes erstellt wird, enthält jene Bestimmungen, wie in den einzelnen Teilen des Baulandes gebaut werden darf. So dürfen im Wohngebiet nur Wohngebäude und Nebengebäude errichtet werden sowie öffentlichen Zwecken dienende Gebäude, Hotels und Bürohäuser, Werkstätten kleineren Umfanges und Geschäftshäuser dann, wenn keine Umweltbeeinträchtigung eintritt. Der Ausbau der Dachgeschosse ist nunmehr ohne Einschränkung dann zulässig, wenn der Fußboden aller Aufenthaltsräume nicht höher liegt als die für die Beurteilung der zulässigen Gebäudehöhe maßgebende Ebene und die verglichene lichte Raumhöhe mindestens 2,50 m beträgt. Es kann jedoch mit Zustimmung der örtlich zuständigen Bezirksvertretung von der Forderung, daß der Fußboden unterhalb der für die Beurteilung der zulässigen Gebäudehöhe maßgebenden Ebene liegen muß, Abstand genommen werden. Einschränkend dürfen in Schutzzonen als Wohnungen verwendete Aufenthaltsräume nicht als Büro- oder Geschäftsräume verwendet werden, und es ist der Ausbau von Dachgeschossen von in Schutzzonen bestehenden Gebäuden, in denen die Zahl der Wohnungen die der Büro- oder Geschäftsräume überwiegt, nur für Wohnungen, Hauswaschküchen und die dazugehörigen Nebenräume sowie für Triebwerksräume zulässig, und es können Anordnungen getroffen werden, einzelne Baukörper, wie Brunnen, Säulen usw., zu erhalten. Auch die Errichtung von Einstellräumen für Kraftfahrzeuge der Bewohner des Wohngebietes und der dort Beschäftigten ist gestattet. Hingegen dürfen in Industriegebieten nur Gebäude oder Anlagen für Betriebs- oder Geschäftszwecke aller Art mit Ausnahme von Beherbergungsbetrieben errichtet werden. Lediglich im gemischten Baugebiet dürfen Wohnungen und andere Anlagen nebeneinander errichtet werden, sofern letztere beim Betrieb nicht umweltverschmutzend wirken und Gefahren oder unzumutbare Belästigungen für die Nachbarschaft herbeiführen. Außerhalb des Baulandes dürfen nur solche Bauten errichtet werden, die der jeweiligen Widmung entsprechen. So ist im ländlichen Gebiet die Errichtung solcher baulicher Anlagen gestattet, die land- und forstwirtschaftlichen oder berufsgärtnerischen Zwekken dienen; hiezu gehören auch die erforderlichen Wohnbauten. Ebenso können Bauten für öffentliche Zwecke, wie Amtsgebäude, Schulen u. dgl., errichtet werden. Im Kleingartengebiet ist die Errichtung von Sommerhütten im Ausmaß von höchstens 25 m^2 und einer Höhe von 5 m bei Satteldächern, einer solchen von 3,50 m bei Zelt- oder Pultdächern, gemessen bis zum Dachfirst, zulässig. Die näheren Bestimmungen darüber können dem Wiener Kleingartengesetz vom 6. März 1959, LGBl. für Wien Nr. 11, entnommen werden. Im Gartensiedlungsgebiet dürfen nur Wohngebäude, Sommerhäuser und Gebäude mit Geschäftsräumen für Geschäfte des täglichen Bedarfes, Gaststätten und Gemeinschaftsanlagen, die öffentlichen Zwecken dienen, errichtet werden. Beim Sommerhaus darf die bebaute Fläche das Ausmaß von 35 m^2 nicht überschreiten, und es ist eine Gebäudehöhe von 3,50 m bzw. bei Geländeneigungen über 10% eine solche von 5 m zulässig. Im Parkschutzgebiet dürfen Springbrunnen, Wetterhäuschen u. dgl., nicht jedoch z. B. Badeanstalten errichtet werden. In einem Weingartengebiet wird der Bau einer Weinhauerhütte, im Waldgebiet der Bau eines Forsthauses mit den Widmungsbestimmungen im Einklang stehen.

Über die für die einzelnen Teile des Stadtgebietes geltenden Bestimmungen kann sich jedermann bei der MA 21 (1, Rathaus, 5. Stiege, 2. Stock, Tür 406–413) an den für den Parteienverkehr bestimmten Tagen (Dienstag und Donnerstag von 8 bis 12.30 Uhr) durch Einsichtnahme in die Evidenzblätter der Stadtkarten informieren. Geringe Restflächen der äußeren Bezirke der Stadt sind von diesen Plänen noch nicht erfaßt, und es herrscht innerhalb dieser Gebiete generelle Bausperre. In der MA 21 wird auch Auskunft darüber erteilt, ob für ein bestimmtes Gebiet der Stadt Abdrucke der Regulierungsbestimmungen (Plandokumente) vorhanden sind und unter welcher Plannummer diese im städtischen Drucksortenverschleiß in der Stadthauptkasse (1, Rathaus, 7. Stiege, Hochparterre, Tür 103) käuflich erworben werden können.

Der Gemeinderat bzw. bei unwesentlichen Abänderungen und Ergänzungen die örtlich zuständige Bezirksvertretung hat auch die gesetzliche Möglichkeit, die für ein bestimmtes Gebiet geltenden Widmungen und Bebauungsbestimmungen abzuändern. In der Regel wird hiebei eine zeitlich befristete Bausperre in der Dauer von längstens zweimal zwei Jahren verhängt, innerhalb welcher Neu-, Zu- oder Umbauten sowie Grundabteilungen in dem von der Bausperre betroffenen Gebiet nur dann durchgeführt werden dürfen, wenn sie der beabsichtigten Änderung nicht zuwiderlaufen.

Die Festsetzung und Abänderung der Flächenwidmungs- und Bebauungspläne durch den Gemeinderat bzw. die örtlich zuständige Bezirksvertretung sind Verordnungen, die durch kein Rechtsmittel angefochten werden können.

Vor der Vorlage der Anträge an den Gemeinderat werden die Entwürfe für wesentliche Abänderungen oder Neufestsetzungen der Bebauungspläne durch vier Wochen zur öffentlichen Einsicht in der MA 21 aufgelegt. Die Zeit der Auflegung wird durch Veröffentlichung im Amtsblatt „Stadt Wien", im Amtsblatt der Wiener Zeitung und an den Amtstafeln des Rathauses und des Amtshauses des in Betracht kommenden Bezirkes kundgemacht. Innerhalb der Auflagefrist können schriftliche Stellungnahmen zu dem Entwurf bei der MA 21 eingebracht werden, denen jedoch nicht der Charakter von Rechtsmitteln zukommt. Neu beschlossene Abänderungen bzw. Neufestsetzungen des Flächenwidmungs- und Bebauungsplanes werden ebenfalls in den oben erwähnten Plandokumenten festgehalten.

Welche Voraussetzungen muß ein Grundstück aufweisen, damit gebaut werden darf?

Bei der Schaffung oder Veränderung eines Bauplatzes, Bauloses (im Gartensiedlungsgebiet) oder einer Kleingartenfläche sind die Bestimmungen der Bebauungspläne einzuhalten. Ein Bauplatz oder eine Kleingartenfläche muß unmittelbar an die vorgesehene öffentliche Verkehrsfläche angrenzen und eine solche Gestalt und Größe aufweisen, daß darauf ein Gebäude errichtet werden kann, das den Bestimmungen der Bauordnung und des Wiener Kleingartengesetzes entspricht. Ein Baulos muß unmittelbar oder mittelbar über Aufschließungswege an eine öffentliche Verkehrsfläche angrenzen. Die seitlichen Grenzen des Bauplatzes, des Bauloses oder der Kleingartenfläche sollen möglichst senkrecht zur öffentlichen Verkehrsfläche bzw. zum Aufschließungsweg verlaufen. Durch die Verbauung der Liegenschaft darf auch nicht die Bebaubarkeit der unmittelbar angrenzenden oder benachbarten Liegenschaften beeinträchtigt werden. Die Größe des Bauplatzes soll mindestens 500 m^2, die eines Bauloses muß mindestens 250 m^2 und die einer Kleingartenfläche muß mindestens 250 m^2 und darf höchstens 650 m^2 betragen. Bauplätze oder Kleingartenflächen müssen zumindest durch einen Streifen von 3 m Breite an das öffentliche Verkehrsnetz angrenzen. Dieser Verbindungsstreifen muß einen Anschluß an den Straßenkanal ermöglichen. Die Aufschließungswege im Gartensiedlungsgebiet müssen mindestens 4 m breit, wenn befahrbar mindestens 6 m breit sein. Außerdem muß der Bauplatz die entsprechende Anbaureife besitzen, d. h. die vor dem Bauplatz gelegene öffentliche Verkehrsfläche muß befestigt und die unterirdischen Einbauten, wie Kanal und Wasserleitung, hergestellt sein. Allerdings kann von diesem Bauverbot unter gewissen Voraussetzungen Abstand genommen werden. Kleingartenflächen innerhalb einer Kleingartenanlage genügen jedoch schon dann den gesetzlichen Anforderungen, wenn sie durch in gemeinschaftlicher Benützung stehende, mindestens 2½ m breite Zugangswege erreichbar sind, deren Herstellung, Erhaltung, Beleuchtung und Betreuung den Anliegern (Eigentümern der einzelnen Kleingartenlose) obliegt.

Kann auch auf einer Grundfläche, die nicht an das öffentliche Straßennetz angrenzt, gebaut werden?

Die Eigentümer derartiger Grundstücke haben dann die Möglichkeit, diese Grundflächen zu bebauen, wenn auf ihren Antrag im Bebauungsplan eine neue Verkehrsfläche festgesetzt wird. Dient diese lediglich der besseren Aufschließung des Grundes, so kann anläßlich der Festsetzung des Bebauungsplanes bestimmt werden, daß diese Verkehrsfläche von den Eigentümern der anliegenden Bauplätze nach Anordnung der Gemeinde hergestellt, erhalten, gereinigt, beleuchtet und mit den notwendigen Einbauten versehen wird. Diese Verpflichtung wird auch grundbücherlich sichergestellt. Im Gartensiedlungsgebiet genügt, wie schon erwähnt, ein an das öffentliche Verkehrsnetz angebundener Aufschließungsweg.

Was ist bei einem Grundkauf zu überlegen?

Vor Erwerb einer Grundfläche muß sich der Käufer über den Verwendungszweck, der seinen Absichten entspricht, im klaren sein. Wegen der Vielfalt der Widmungen und der darauf gegründeten Nutzungsbeschränkungen empfiehlt es sich, vor Abschluß eines Grundkaufes bzw. vor der Realisierung eines Projektes bei der MA 21 und sodann bei der Baubehörde (Vermessungsreferate der MA 36 und 37 bzw. wegen Bauplatzgenehmigung bei der MA 35, alle 17, Kalvarienberggasse 33) anzufragen, ob und in welcher Art (im Hinblick auf die Widmung und die Bebaubarkeit) das geplante Vorhaben realisierbar ist. Es ist vor allem zu bedenken, daß anläßlich der Genehmigung einer Grundfläche als Bauplatz oder der Bewilligung zur Errichtung einer Baulichkeit Grundflächen zu den Verkehrsflächen abzutreten sind. Bei erstmaliger Abtretung hat diese im allgemeinen unentgeltlich zu erfolgen. Auf die Straßenbreite ist insofern Bedacht zu nehmen, als bei einer Abtretung von Grundflächen für das öffentliche Straßennetz der verbleibende Rest der Liegenschaft seine selbständige Bebaubarkeit deswegen verlieren kann, weil die in der Bauordnung geforderte Mindestgröße für einen Bauplatz nicht mehr vorliegt. Auch der Höhenlage der Straße kommt deswegen Bedeutung zu, weil für den Projektanten der Umstand wichtig sein kann, ob sein Grundstück die gleiche Höhe wie das Straßenniveau aufweist oder nicht. Die Bestimmungen über die Bauklasse (Gebäudehöhe) und die Bauweise, die mögliche Ausnutzbarkeit des Grundes sowie die besondere Ausgestaltung der zu errichtenden Baulichkeit sind ebenfalls Umstände, die schon vor der Projektierung entsprechend beachtet werden sollen.

Es kann möglich sein, daß bestimmte Grundflächen als Grundflächen für öffentliche Zwecke gewidmet sind. Derartige Grundflächen werden für einen privaten Interessenten in der Regel kein Interesse besitzen, da sie den Zweck haben, Bauland für Versorgungseinrichtungen der Gemeinde und des Bundes (Schulen, Amtsgebäude, Krankenhäuser, Bäder, Kindergärten u. dgl.) sicherzustellen. Für solche Flächen besteht auch ein Enteignungsrecht zugunsten der genannten Gebietskörperschaften ebenso wie für Friedhöfe und öffentliche Erholungsflächen.

Was ist im Zuge einer Bauführung zu erwirken?

A) Die behördliche Bekanntgabe der Bebauungsbestimmungen

Soll nun eine Grundfläche als Bauplatz genehmigt werden oder soll auf einem solchen ein Neu-, Zu- oder Umbau errichtet werden, hat der Abteilungs- bzw. Bauwerber vorher bei der MA 36 (für die Bezirke 1 bis 9 und 20) bzw. der MA 37 (für alle übrigen Bezirke) um die Bekanntgabe der Bebauungsbestimmungen gemäß dem geltenden Bebauungsplan anzusuchen. Er hat dabei den Nachweis des Eigentums bzw. die Zustimmung des Grundeigentümers (aller Miteigentümer) und einen Lageplan (in zweifacher Ausfertigung), aus dem die Situierung der eigenen und der angrenzenden Liegenschaften samt der darauf befindlichen Baubestände sowie Name und Wohnort der Liegenschaftseigentümer ersichtlich sind, dem Ansuchen anzuschließen. Dabei gelten die Gegenüberliegenden ebenfalls als Anrainer.

Die zuständigen Stellen (Vermessungsreferate) der vorgenannten Magistratsabteilungen befinden sich in 17, Kalvarienberggasse 33.

Die Bekanntgabe der Bebauungsbestimmungen enthält:

a) sämtliche die Grundstücke und deren unmittelbare Umgebung berührenden Angaben des Bebauungsplanes;
b) die Kennzeichnung der nach den Fluchtlinien ins öffentliche Gut abzutretenden oder vom öffentlichen Gut einzubeziehenden Grundflächen;
c) wenn das Grundstück in einer Schutzzone liegt, diese Tatsache und die sich daraus allenfalls ergebenden Beschränkungen und sonstige besondere Bestimmungen, wie Höhen- und Flächenbeschränkungen, Ein- und Ausfahrtsverbot, Verbot der Herstellung von Erkern u. a. m.

Bei Gebieten, für die noch kein Flächenwidmungs- und Bebauungsplan besteht, oder über die eine Bausperre verhängt wurde, findet keine Bekanntgabe der Bebauungsbestimmungen und Höhenlagen statt. Die Gültigkeitsdauer der Bekanntgabe der Bebauungsbestimmungen beträgt ein Jahr. Wenn sich jedoch nach Ablauf dieser Frist die Verhältnisse nicht geändert haben, kann die weitere Gültigkeitsdauer ebenfalls wieder für ein Jahr bestätigt werden.

B) Grundabteilung

Im Fall der Schaffung eines oder mehrerer Bauplätze, Baulose oder Kleingartenflächen oder Teilen von solchen ist eine Grundabteilung durchzuführen. Das gleiche gilt auch für die Veränderung eines Bauplatzes, eines Bauloses, einer Kleingartenfläche, Teilen von solchen oder einer sonstigen bebauten Liegenschaft sowie für die Übertragung von Grundstücken in das öffentliche Gut und die Veränderung von Grundstücken im Wald- und Wiesengürtel. Sonstige Veränderungen des Gutsbestandes eines Grundbuchskörpers sind anzuzeigen. Der Einschreiter, auch Abteilungswerber genannt, hat die auf Grund der Bekanntgabe der Bebauungsbestimmungen erstellten Abteilungspläne in mindestens siebenfacher Ausfertigung bei gleichzeitiger Beibringung der Grundbuchsauszüge der betroffenen Liegenschaften, des Bescheides über die Bekanntgabe der Bebauungsbestimmungen samt zugehörigem Plan sowie der Zustimmung aller unmittelbar betroffenen Grundeigentümer (an die allenfalls Grundstücksflächen abzugeben oder von denen Grundstücksflächen zu übernehmen und in den Bauplatz einzubeziehen sind) bei der MA 64, 3, Am Modenapark 1–2, 4. Stock, zur Genehmigung einzureichen. Zur Herstellung von Grundabteilungsplänen sind grundsätzlich nur die Ingenieurkonsulenten für Vermessungswesen befugt. Ist die Stadt Wien mitbetroffener Grundstückseigentümer, so sind, abgesehen vom Fall der unentgeltlichen Grundabtretung in das öffentliche Gut, die Kaufs- bzw. Verkaufsverhandlungen über abzutretende bzw. einzubeziehende Grundstücksteile mit der MA 69, 1, Ebendorferstraße 1, 3. Stock, zu führen. Befinden sich zwischen einer Verkehrsfläche und einem Grundstück nicht bebaubare Grundstücksflächen (Ergänzungsflächen) oder liegt ein selbständig nicht bebaubarer Grund zwischen zwei selbständig bebaubaren Bauplätzen (Ergänzungsflächen), so werden diese selbständig nicht bebaubaren Grundstücksteile anläßlich einer Bauplatzbeschaffung zum Bauplatz einzubeziehen sein. Scheitern Vergleichsverhandlungen mit den Eigentümern derartiger Teilflächen, so kann die Enteignung beantragt werden, vorausgesetzt, daß die Liegenschaft nicht bebaut bzw. die darauf befindlichen Baulichkeiten abbruchsreif sind oder deren Abtragung aus Verkehrsrücksichten notwendig ist. Es kann auch die Enteignung solcher Grundstücksflächen beantragt werden, deren Übertragung in das öffentliche Gut anläßlich des Abteilungs-(Bau-)Falles notwendig ist.

Die Gültigkeitsdauer eines Grundabteilungsbescheides beträgt zwei Jahre vom Tag der Zustellung des Bescheides an gerechnet; der Bescheid tritt außer Kraft, wenn nicht innerhalb dieser Zeit seine grundbücherliche Durchführung erfolgte oder mit der Bebauung noch nicht begonnen wurde.

C) Baubewilligung

Bei folgenden Bauführungen ist vor Beginn die Bewilligung der Behörde zu erwirken:

a) Neu-, Zu- oder Umbauten;
b) Errichtung aller sonstigen baulichen Anlagen über und unter der Erde, zu deren Herstellung ein wesentliches Maß bautechnischer Kenntnisse erforderlich ist, die mit dem Boden in eine kraftschlüssige Verbindung gebracht werden und wegen ihrer Beschaffenheit geeignet sind, öffentliche Rücksichten zu berühren;
c) Änderungen oder Instandsetzungen von Gebäuden und baulichen Anlagen, wenn diese von Einfluß auf die Festigkeit, die gesundheitlichen Verhältnisse, die Feuersicherheit oder auf die subjektiv öffentlichen Rechte der Nachbarn sind oder durch sie das äußere Ansehen oder die Raumeinteilung geändert wird sowie jede Änderung der bewilligten Raumwidmungen oder des bewilligten Fassungsraumes eines Gebäudes oder einer baulichen Anlage;
d) der Abbruch von Gebäuden oder baulichen Anlagen. Für Gebäude in Schutzzonen darf jedoch nur mit Zustimmung des zuständigen Gemeinderatsausschusses die Abbruchsbewilligung erteilt werden, wenn an der Erhaltung des Gebäudes infolge seiner Wirkung auf das örtliche Stadtbild kein Interesse besteht, ansonsten die Bewilligung zu versagen ist. Zu versagen ist die Abbruchsbewilligung auch dann, wenn sich das Gebäude wohl nicht in einer schon beschlossenen Schutzzone, aber in einem, wegen seines örtlichen Stadtbildes in seinem äußeren Erscheinungsbild erhaltungswürdigen Gebiet befindet;
e) Änderungen an Gebäuden in Schutzzonen, die die äußere Gestaltung, den Charakter oder den Stil eines Gebäudes beeinflussen;
f) Veränderungen oder Beseitigungen von das örtliche Stadtbild oder die äußere Gestaltung, den Charakter oder den Stil eines Gebäudes beeinflussenden baulichen Ziergegenständen in Schutzzonen;
g) die Veränderung der Höhenlage einer Grundfläche, soweit sie von Einfluß auf bestehende bauliche Anlagen auf eigenen oder benachbarten Grundflächen oder deren widmungsgemäße Verwendung ist;
h) das Anlegen von Steinbrüchen, Schotter-, Sand-, Lehm- und Tongruben sowie anderer Anlagen zur Ausbeutung des Untergrundes, ferner das Anlegen von Schlacken-, Schutt- und Müllhalden;
i) die Aufstellung von Motoren und Maschinen mit motorischem Antrieb, wenn dadurch die Festigkeit des Gebäudes beeinflußt wird.

Für alle nicht genannten baulichen Maßnahmen ist keine Bewilligung der Behörde erforderlich. Jedoch bedürfen Anlagen (Be- und Entlüftungsanlagen, maschinelle Einrichtungen u. dgl.), die geeignet sind, eine Gefahr für das Leben oder die Gesundheit von Menschen herbeizuführen oder die Nachbarschaft in einer das örtlich zumutbare Ausmaß übersteigenden Weise unter Berücksichtigung der Bestimmungen über die Flächenwidmung und der für das entsprechende Widmungsgebiet zulässigen Nutzungen zu belästigen, einer Bewilligung.

Um die Bewilligung ist bei der zuständigen Baubehörde (für die Bezirke 1 bis 9 und 20 die MA 36 in 17, Kalvarienberggasse 33, für alle anderen Bezirke die Außenstellen der MA 37 in den einzelnen Bezirken am Sitz der magistratischen Bezirksämter) anzusuchen. Dem Gesuch um Baubewilligung hat der Bauwerber einen entsprechenden Grundbuchsauszug über die Liegenschaft, die Zustimmung des Grundeigentümers (auch aller Miteigentümer), sofern dieser eine vom Bauwerber verschiedene Person ist, sowie die amtliche Bekanntgabe der Bebauungsbestimmungen samt dazugehörigem Plan anzuschließen. Ansuchen um Baubewilligungen im Namen dritter Personen müssen mit einer Vollmacht belegt sein. Nicht eigenberechtigte Personen können nur durch ihren gesetzlichen Vertreter einschreiten. Die Baupläne, die gleichfalls anzuschließen sind, müssen im Maßstab 1 : 100 verfaßt sein; sie sind in dreifacher Ausfertigung vorzulegen und haben insbesondere zu enthalten:

a) den Lageplan, der die betroffenen Grundstücke der zu bebauenden Liegenschaften, deren Nummern, die Zahlen der Einlagen und das Flächenausmaß dieser Grundstücke, die Umrisse der darauf bestehenden und geplanten baulichen Anlagen, deren Ausmaße und die Höhenlage des anschließenden Geländes ausweisen muß; ferner sind im Lageplan die Grundstücke der unmittelbar angrenzenden und direkt gegenüberliegenden Liegenschaften, deren Nummern, die Zahlen der Einlagen und Orientierungsnummern, die Namen und Anschriften aller ihrer Eigentümer sowie die Umrisse des Baubestandes auf diesen Liegenschaften, die angrenzenden öffentlichen Verkehrsflächen samt deren Abmessungen und Höhenlagen unter maßgerechter Eintragung von Gleisen, Alleebäumen, Gehsteigen, Banketten und Masten sowie die Nordrichtung einzutragen;
b) die Grundrisse sämtlicher Geschosse, die notwendigen Schnitte und Ansichten;
c) bei Bauführungen, durch die Nutzraum neu geschaffen oder aufgelassen wird, das Ausmaß dieser Flächen;
d) die Spielplätze für Kinder;
e) die Aufstellplätze der Müllgefäße;
f) bei Häusern mit mehr als einer Wohnung oder Betriebseinheit den für die Hausbriefanlagen vorgesehenen Platz.

Sollten auf Grund der zu erteilenden Baubewilligung Bäume im Sinne des Gesetzes LGBl. für Wien Nr. 27 vom 7. Mai 1974 zum Schutze des Baumbestandes in Wien gefällt werden müssen, ist im Sinne des vorangeführten Gesetzes die Bewilligung hiefür beim zuständigen magistratischen Bezirksamt zu erwirken und diese dem Gesuch um Baubewilligung anzuschließen.

Die Baupläne und Beschreibungen müssen vom Bauwerber, vom Eigentümer (allen Miteigentümern) der Liegenschaft, vom Verfasser und vom Bauführer oder deren berechtigten Vertretern unter Beisetzung ihrer Eigenschaft unterfertigt sein. Wird eine mündliche Verhandlung anberaumt, so sind neben dem Bauwerber, dem Grundeigentümer und dem Planverfasser insbesondere auch die Nachbarn (Anrainer) zur Geltendmachung ihrer Rechte und rechtlichen Interessen zu laden, sofern nicht von vornherein feststeht, daß eine Verletzung ihres Anrainerrechtes ausgeschlossen ist. Einem Mieter kommt im Bauverfahren grundsätzlich keine Parteistellung zu; er ist daher auch nicht zur Bauverhandlung einzuladen. Es sei denn, er tritt selbst als Bauwerber auf. Nach durchgeführtem Verfahren erkennt die Behörde über die Zulässigkeit der Bauführung durch schriftlichen Bescheid. Gegen den Bescheid kann binnen zwei Wochen nach Zustellung die Berufung an die Bauoberbehörde für Wien eingebracht werden, welche endgültig entscheidet. Die Berufung ist bei der Behörde einzubringen, die den Bescheid erlassen hat.

Die Gültigkeit der erteilten Baubewilligung wird unwirksam, wenn binnen zwei Jahren, vom Tag der Rechtskraft an gerechnet, mit dem Bau nicht begonnen wurde oder wenn die Bauführung nicht innerhalb zweier Jahre nach Baubeginn vollendet ist. Diese Fristen können in begründeten Ausnahmefällen unter Bedachtnahme auf Änderungen des Flächenwidmungs- und Bebauungsplanes vor Ablauf jedoch verlängert werden, wenn öffentliche Rücksichten nicht entgegenstehen; insbesondere zählt als solcher Grund der Mangel finanzieller Mittel, sofern rechtzeitig um die Gewährung eines Kredites angesucht wurde und begründete Aussicht auf Gewährung eines solchen besteht.

Vor Rechtskraft einer Baubewilligung darf jedoch auf keinen Fall mit dem Bau begonnen werden. Die erteilte Baubewilligung kann entweder auf unbestimmte Zeit oder auf bestimmte Zeit bzw. gegen jederzeitigen Widerruf erteilt worden sein. Die letzteren beiden Fälle werden dann in Betracht kommen, wenn ein Bau nur vorübergehenden Zwecken dient oder nicht dauernd bestehen bleiben kann, sei es, weil die Baulichkeit in begründeten Ausnahmefällen den Bestimmungen der Bauordnung nicht voll entspricht, sei es wegen des bestimmungsgemäßen Zweckes des Grundes.

D) Abweichungen von bewilligten Bauvorhaben

Von dem behördlich genehmigten Bauplan darf nur nach Genehmigung der Änderung abgegangen werden. Es ist vor Durchführung der Änderung unter Vorlage eines neuen Bauplanes um Genehmigung der Änderung anzusuchen. Für das durchzuführende Verfahren gilt das unter C) Gesagte.

E) Benützungsbewilligung

Sofern nicht von der Benützungsbewilligung im Baubewilligungsbescheid Abstand genommen wurde, ist vor Benützung eine Benützungsbewilligung zu erwirken. In einem solchen Fall ist eine Augenscheinsverhandlung zur Feststellung der bauordnungsgemäßen Ausführung durchzuführen. Das Ansuchen um Benützungsbewilligung ist gleichfalls bei der Baubehörde (MA 36 bzw. 37) nach Fertigstellung der Baulichkeit einzubringen. Der hierüber ausgestellte Bescheid ist deswegen von Bedeutung, weil dadurch erst die Erlaubnis zur Benützung der Wohnung bzw. des Hauses, zum Abschluß von Mietverträgen, zur Aufnahme von Darlehen, Steuererleichterungen, Abschreibungen u. dgl. gegeben ist.

Ist eine Bauführung beabsichtigt, wird es für den Bauwerber zweckmäßig sein, sich schon vor der Erstellung der Pläne von der zuständigen Baudienststelle über die Zulässigkeit des Projektes unverbindlich beraten zu lassen. Insbesondere wird es auch vorteilhaft sein, bei Errichtung von Geschäftsportalen, Werbeanlagen und Gestaltung von Fassaden eine unverbindliche Äußerung der MA 19 im Hinblick auf die Stadtbildpflege einzuholen. Die MA 19 befindet sich in 12, Niederhofstraße 23, 5. Stock, Tür 504 bis 541.

Mit welchen wesentlichen finanziellen Belastungen durch die Behörde anläßlich der Herstellung eines Bauwerkes hat der Bauwerber zu rechnen?

A) Kanaleinmündungsgebühr

Von Baulichkeiten auf Bauplätzen oder sonstigen bebauten Flächen müssen alle Abwässer unterhalb der Verkehrsfläche in den Kanal geleitet werden, wenn der Bauplatz oder die bebaute Fläche von einem bei der Bauführung bereits bestehenden Straßenkanal ohne Verbindung über eine andere Liegenschaft nicht mehr als 30 m entfernt ist. Ausnahmen von dieser Verpflichtung können zugelassen werden, wenn hiedurch keine Schädigung öffentlicher Interessen und kein Nachteil für die Nachbarschaft entstehen. Bei erstmaligem unmittelbarem oder mittelbarem Anschluß an den Straßenkanal ist eine Kanaleinmündungsgebühr zu entrichten. Für den Fall der Vergrößerung des Bauplatzes, der Errichtung eines weiteren Neubaues oder eines Zubaues in waagrechter Richtung oder bei Umwandlung einer bisherigen Teilkanalisation in eine Vollkanalisation (Regen- und Schmutzwässer) sind Ergänzungsgebühren zu entrichten.

Die Höhe der Gebühr ist in den einzelnen Widmungsgebieten unterschiedlich. Sie wird von der zuständigen Baubehörde (MA 36 für die Bezirke 1 bis 9 und 20, für alle anderen Bezirke die Außenstellen der MA 37) festgesetzt, die auch über die Höhe und Einzahlungsart Auskunft erteilt.

B) Gehsteigherstellung

Jeder Eigentümer eines Neu-, Zu- oder Umbaues ist verpflichtet, entlang der Baulinien seines Bauplatzes einen Gehsteig nach den Anordnungen der Behörde in der vorgeschriebenen Breite herzustellen, wobei es gleichgültig ist, ob an oder hinter der Baulinie gebaut wird (siehe hiezu Abschnitt „Straßenverwaltung und Straßenbeleuchtung“).

Vor Ausführung des Gehsteiges ist um die Bekanntgabe der Breite und Bauart und um die Aussteckung der Höhenlage anzusuchen. Diese Ansuchen sind für die Bezirke 1 bis 9 und 20 an die MA 36, für die übrigen Bezirke an die MA 37, 17, Kalvarienberggasse 33, zu richten.

Der Beginn der Gehsteigherstellung ist der Behörde rechtzeitig anzuzeigen. Um die dazu erforderliche Aufgrabungsbewilligung ist bei der MA 28, 17, Lienfeldergasse 96, anzusuchen. Nach Fertigstellung des Gehsteiges ist um die Feststellung der ordnungsgemäßen Herstellung bei der MA 28 einzukommen, wobei von der Behörde eine Haftungszeit festgesetzt wird.

Bei Portalentfernungen ist der freiwerdende Teil des Gehsteiges in jenen Zustand zu versetzen, der dem unmittelbar angrenzenden Gehsteig entspricht.

Granitpflaster- und Klinkergehsteige, die vor Ende des Jahres 1929 ordnungsgemäß hergestellt wurden, gelten als generell in die Erhaltung der Stadt Wien übernommen.

Andere Gehsteige, die noch nicht ausdrücklich in die Erhaltung der Stadt Wien übernommen wurden, es wäre denn, daß sie schon vor 1883 hergestellt worden sind, stehen in der Erhaltungspflicht des Liegenschaftseigentümers, der für die Instandhaltung zivil- und strafrechtlich verantwortlich ist. Solche noch nicht übernommene Gehsteige können nach Ablauf der Haftungszeit, im allgemeinen fünf Jahre nach dem Bau, nur dann über ausdrückliches schriftliches Ansuchen in die Erhaltung der Stadt Wien übernommen werden, wenn sie sich in gutem, ordnungsgemäßem, den Vorschriften entsprechendem Zustand befinden. Ansuchen sind an die MA 28 zu richten. Auf schriftliches Ansuchen werden von der MA 28 auch Bestätigungen über solche Übernahmen von Gehsteigen in die Erhaltung der Stadt Wien gegeben.

Gehsteigauf- und -überfahrten

Gehsteigauf- und -überfahrten zur Ausfahrt aus einer Liegenschaft dürfen nur mit Bewilligung der Behörde hergestellt werden. Um diese Bewilligung ist bei der MA 28 anzusuchen (siehe hiezu Abschnitt „Straßenverwaltung und Straßenbeleuchtung“).

C) Beitrag zu den Kosten der Herstellung von Verkehrsflächen

Die Gemeinde ist berechtigt, bei erstmaligem Anbau an Verkehrsflächen einen Beitrag zu den Kosten der Herstellung dieser Flächen von den Anliegern einzuheben. Auch für schon bestehende Verkehrsflächen kann vor erstmaligem Anbau auf bisher unbebauten Bauplätzen dieser Betrag eingehoben werden.

Die Höhe des Betrages ergibt sich aus der anrechenbaren Breite der Fahrbahn, der anrechenbaren Frontlänge des Bauplatzes und den für den Quadratmeter festgesetzten Einheitssatz, der derzeit 260 S beträgt.

D) Wasseranschluß

Bei jedem Gebäude, das Aufenthaltsräume (Wohn- und Arbeitsräume und Küchen) enthält, muß eine hinreichende Versorgung mit Genußwasser gesichert sein. Wo ein Rohrstrang des städtischen Wasserversorgungsnetzes nicht mehr als 30 m von der Bauplatzgrenze entfernt liegt, ist anläßlich des Baues eine Zuleitung in das Haus herzustellen und für einen Wasserauslauf in jeder Wohnung sowie außerdem für einen allgemein zugänglichen Auslauf im Keller oder Erdgeschoß vorzusorgen. Diese Verpflichtung besteht auch dann, wenn der städtische Rohrstrang gelegt wird, die Baubewilligung für das gegenständliche Haus jedoch erst nach dem 2. Mai 1930 erteilt worden ist.

Wird ein städtischer Wasserrohrstrang auf Antrag von Interessenten verlegt, so haben diese allein, soweit nicht öffentliche Interessen gegeben sind, die gesamten Kosten der Verlegung zu tragen. Handelt es sich dabei um die Versorgung mit Wasser zu Trink- und Haushaltszwecken, so kann der Kostenersatz bis auf 20 v. H. ermäßigt werden.

In jedem Fall sind jedoch die Kosten der Herstellung der Abzweigleitung vom städtischen Rohrstrang bis zum Wasserzähler, die durch die Gemeinde Wien erfolgt, vom Wasserabnehmer zu tragen. Dieser hat vor Beginn der Arbeiten eine Vorauszahlung in der Höhe der voraussichtlichen Kosten zu entrichten.

An dauernd auflaufenden Gebühren sind die Wasserbezugsgebühr für das abgegebene Wasser und die Wasserzählergebühr für die Beistellung und laufende Instandhaltung der Wasserzähler zu erwähnen.

Die Wasserabgabe aus dem städtischen Wasserversorgungsnetz bedarf einer schriftlichen Anmeldung des Wasserabnehmers. Näheres siehe unter Abschnitt „Wasserversorgung“.

E) Schaffung von Stellplätzen

(Wiener Garagengesetz in der gültigen Fassung)

Bei Neu- und Zubauten sind in Ansehung des künftigen Bedarfes Anlagen zum Einstellen von Kraftfahrzeugen zu schaffen (Pflichtstellplätze).

Die Anzahl der erforderlichen Stellplätze richtet sich nach der Art bzw. Widmung des Bauvorhabens.

Diese Verpflichtung kann

a) auf dem eigenen Bauplatz oder
b) auf einem anderen Bauplatz, der nicht mehr als 500 m entfernt ist, jedoch mit Ersichtlichmachung der öffentlich-rechtlichen Verpflichtung im Grundbuch,

erfüllt werden. Wenn die Verpflichtung zur Schaffung von Einstellplätzen oder Garagen nach den Varianten a) oder b) nicht oder nicht voll erfüllt wird, so kann eine entsprechende Ausgleichsabgabe an die Stadt Wien entrichtet werden.

Die Ausgleichsabgabe beträgt derzeit 50.000 S je Stellplatz.

Für die Errichtung von Garagen bzw. Schaffung von Einstellplätzen für Kraftfahrzeuge ist eine baubehördliche Bewilligung im Sinne der §§ 60 und 70 oder 71 der Bauordnung erforderlich. Davon ausgenommen sind Einstellplätze für höchstens zehn Krafträder oder zwei Kraftwagen mit einem höchstzulässigen Gesamtgewicht von je 3.500 kg auf einer unbebauten Liegenschaft oder in einem nicht allseits durch Gebäudemauern umschlossenen Hof von mindestens 80 m² Grundfläche, weiters in der Abstandsfläche gegen Nachbarliegenschaften, wenn diese mindestens 3 m breit ist.

Sollen die im vorigen Absatz genannten Kraftfahrzeuge in Räumen, die für andere Zwecke gewidmet sind, abgestellt werden, ist mindestens eine Woche vorher der Behörde die Anzeige zu erstatten. Das Einstellen in solchen Räumen ist u. a. unzulässig, wenn der Raum den einzigen oder einen durch besondere Vorschriften geforderten Ausgang von Aufenthaltsräumen bildet, eine benützte Feuerstätte enthält oder eine unmittelbare Verbindung zu Räumen mit einer benützten Feuerstätte aufweist. Auch für solche Anlagen gelten die im Garagengesetz enthaltenen Vorschriften.

Welche Folgen bringt unbefugtes Bauen mit sich?

Ohne rechtskräftig erlangte Baubewilligung dürfen keine bewilligungspflichtigen Bauführungen vorgenommen werden. Derartige Baulichkeiten gelten rechtlich als nicht bestehend. Es wird daher, falls eine nachträgliche rechtliche Sanierung infolge Unvereinbarkeit mit den Bestimmungen der Bauordnung nicht möglich erscheint, ihre Abtragung angeordnet und auch zwangsweise von der Behörde durchgeführt. Daneben haben die Personen, die für die Errichtung eines nicht bewilligten Bauwerkes einzustehen haben, mit empfindlicher Bestrafung zu rechnen.

Wo kann eine unzumutbare Belästigung durch Baulärm angezeigt werden?

Unzumutbare Lärmbelästigungen durch Baumaschinen können auf Grund des Gesetzes vom 26. Jänner 1973 zum Schutz gegen Baulärm jederzeit angezeigt werden. Solche Anzeigen nimmt täglich Montag bis Freitag von 7.30 bis 16 Uhr ein eigener Baulärm-Ombudsmann der MA 39, 11, Rinnböckstraße 15, Tel. 74 53 93, und außerhalb der Dienstzeit, also auch nachts und am Wochenende, der Permanenzingenieur, 1, Am Hof 10, 5. Stock, Tür 511, Tel. 42 8 00*, 2941 oder Tel. 63 66 71*, 398, entgegen. Alle Lärmanzeigen werden sofort überprüft.

Im Rahmen der vorgenannten gesetzlichen Bestimmungen wird bei unzumutbarer Lärmbelästigung mit einer Betriebseinstellung der zu lauten Maschine vorgegangen.

Welche Verwertungsmöglichkeiten bieten Grundstücke im Wald- und Wiesengürtel?

Im Interesse der gesamten Bevölkerung muß der Wald- und Wiesengürtel als wichtigstes Erholungsgebiet unversehrt erhalten bleiben. Bauführung und Parzellierung für Kleingartenzwecke im Wald- und Wiesengürtel sind daher allgemein verboten. Gegen Zuwiderhandelnde wird unnachsichtig eingeschritten.

Der Eigentümer eines im Wald- und Wiesengürtel gelegenen Grundstückes hat jedoch jederzeit die Möglichkeit, ein derartiges Grundstück der Stadt Wien zum Kauf anzubieten. Die Stadt Wien ist zur Einlösung verpflichtet.

Besteht eine Verpflichtung, Instandhaltungsarbeiten an der Baulichkeit vorzunehmen?

Jeder Eigentümer einer Baulichkeit hat dafür zu sorgen, daß die Baulichkeit und die dazugehörigen Anlagen (Vorgärten, Hofanlagen, Einfriedungen u. dgl.) in gutem, der Baubewilligung und den Vorschriften der Bauordnung entsprechendem Zustand erhalten werden. Für Gebäude in Schutzzonen besteht darüber hinaus die Verpflichtung, das Gebäude und die dazugehörigen Anlagen und baulichen Ziergegenstände in stilgerechtem Zustand und nach den besonderen Bestimmungen im Aufbauplan zu erhalten. Die Behörde hat notwendigenfalls den Hauseigentümer zur Behebung von Baugebrechen unter Gewährung einer angemessenen Frist zu verhalten. Im Zuge der Instandsetzung des Baukörpers eines Gebäudes oder eines baulichen Ziergegenstandes kann die Behörde dessen stilgerechte und nach den besonderen Bestimmungen im Aufbauplan festgesetzte Ausgestaltung oder dessen Angleichung in Stil, Bauform, Dachform u. dgl. an die benachbarten Gebäude in derselben oder gegenüberliegenden Häuserzeile verfügen. Sie ordnet erforderlichenfalls aber auch Sicherungsmaßnahmen, die Räumung oder den Abbruch von Gebäuden oder Gebäudeteilen an.

Der Hauseigentümer ist verpflichtet, den Bauzustand seiner Baulichkeit zu überwachen und es erst gar nicht auf einen derartigen Auftrag der Behörde ankommen zu lassen. Er haftet für Beschädigungen zivil- und strafrechtlich; er kann jedoch auch von Mietern auf Zuhaltung des Mietvertrages geklagt werden. Schließlich kann ihm nach den Vorschriften des § 8 des Mietengesetzes auf Antrag der Mieter die Schlichtungsstelle den Auftrag zur ordnungsgemäßen Erhaltung des Hauses oder zur Durchführung von Verbesserungen am Haus erteilen, wenn eine ausreichend große Hauptmietzinsreserve dafür Deckung bietet.

Die Behörde kann schließlich auf Grund der Bauordnung wegen Vernachlässigung des konsensmäßigen Zustandes der Baulichkeit ein Verwaltungsstrafverfahren durchführen und nach den Bestimmungen des Verwaltungsvollstreckungsgesetzes die Instandsetzung (oder die Abtragung) der Baulichkeit auf Gefahr und Kosten des Eigentümers im Wege der Ersatzvornahme durchführen.

Was sind notstandspolizeiliche Maßnahmen?

Bei unmittelbar drohender Gefahr kann die Behörde auch ohne Anhörung des Eigentümers einer Baulichkeit erforderliche Sicherungsmaßnahmen zur Hintanhaltung einer Gefährdung der Gesundheit von Menschen oder der Schädigung ihres Eigentums auf Gefahr und Kosten des Eigentümers anordnen und sofort vollstrecken lassen.

Wo kann eine unmittelbare, akute Gefährdung durch einen Bauschaden angezeigt werden?

Bei plötzlichem Eintritt der Gefahr und wenn die Durchführung von Sicherungsmaßnahmen keinen Aufschub duldet (auch am Wochenende oder zur Nachtzeit), ist die Anzeige beim Permanenzingenieur (1, Am Hof 10, 5. Stock, Tür 511, Tel. 42 8 00*, 2941 oder Tel. 63 66 71*, 398) zu erstatten, der alles zur Beseitigung der akuten Gefahr Erforderliche durch die Feuerwehr oder einen befugten Gewerbetreibenden oder, wenn das nicht ausreichen würde, die Räumung der gefährdeten Verkehrsflächen veranlaßt, im übrigen aber die notwendige Meldung an die zuständige Baupolizeiabteilung weiterleitet.

Wo kann ein Mieter Auskunft über ein vom Abbruch gefährdetes Haus erhalten?

Zu dieser Auskunftserteilung steht täglich von Montag bis Freitag in der Zeit von 7.30 bis 12 Uhr ein eigener Beamter zur Verfügung, der seinen Sitz im Amtsgebäude 17, Kalvarienberggasse 33, Erdgeschoß, Zimmer 4a, hat und der unter Tel. 43 81 14 zu erreichen ist.

Was ist eine Ersatzvornahme?

Wenn der Gebäudeeigentümer einer ihm nach den Bauvorschriften obliegenden Verpflichtung nicht, nicht vollständig oder nicht zur gehörigen Zeit nachgekommen ist, so kann die mangelnde Leistung nach vorheriger Androhung durch die Behörde auf Gefahr und Kosten des Verpflichteten vollstreckt werden. Wenn der Eigentümer einer Baulichkeit nicht zugleich Grundeigentümer ist, so haftet auch letzterer für die Erfüllung aller sich aus dem Bestand der Baulichkeit ergebenden Verpflichtungen.

Wie erfolgt das Verfahren zur Durchführung der Ersatzvornahme?

Zunächst wird dem Verpflichteten die Ersatzdurchführung der notwendigen Maßnahmen angedroht, wobei die Behörde auf den Bescheid verweist, in dem die Verpflichtung ausgesprochen wurde. Wird der Verpflichtete auf Grund dieser Androhung nicht tätig, erläßt die Vollstreckungsbehörde einen Bescheid zur Vorauszahlung der Kosten gegen nachträgliche Verrechnung. Sodann ergeht eine Vollstreckungsverfügung des Inhaltes, daß die durchzuführenden Arbeiten nunmehr im Auftrag der Behörde durch eine von ihr bestellte Privatfirma durchgeführt würden. Nach Durchführung der Arbeiten werden die Kosten im Wege des Kostenersatzbescheides hereingebracht. Gegen die Androhung der Ersatzmaßnahme ist kein Rechtsmittel, gegen den Auftrag zur Vorauszahlung der Kosten und die Vollstreckungsverfügung beschränkte, gegen den Kostenersatzbescheid volle Berufung zulässig.

Für alle Kosten, die der Stadt Wien für eine im Wege der Ersatzvornahme in Vollstreckung des baupolizeilichen Auftrages bewerkstelligte Leistung erwachsen, besteht an der Liegenschaft ein gesetzliches Vorzugspfandrecht für die Stadt Wien. Das gleiche gilt im übrigen auch für die Kosten notstandspolizeilicher Maßnahmen. Eine Zwangsversteigerung auf Grund eines solchen Pfandrechtes kann jedoch erst drei Jahre nach Vorschreibung der Kosten an den Verpflichteten beantragt werden.

Vollstreckungsbehörden der Stadt Wien zur Durchführung der Ersatzvornahme sind die MA 25, 17, Kalvarienberggasse 33, und die MA 64, 3, Am Modenapark 1–2, 4. Stock, welche auch die näheren Auskünfte anläßlich eines anhängigen Verfahrens erteilen.

Wie erfolgt die Instandsetzung von Baulichkeiten, die dem Mietengesetz bzw. dem Zinsstoppgesetz unterliegen?

Soweit derartige Baulichkeiten instandsetzungsbedürftig sind, sind die Bestimmungen des § 7 Mietengesetz anzuwenden; wenn daher die ordnungsgemäßen Erhaltungsauslagen die von den Mietern zu entrichtenden Hauptmietzinse übersteigen, kann der Vermieter oder mindestens ein Drittel der Mieter oder auch die Gemeinde gemäß § 7 des Mietengesetzes eine Erhöhung der Hauptmietzinse um den Fehlbetrag bei der Schlichtungsstelle des zuständigen magistratischen Bezirksamtes beantragen. Die Erhöhung des

Hauptmietzinses ist unter Berücksichtigung einer siebenjährigen Zinsreserve und eines angemessenen Zeitraumes, höchstens jedoch zehn Jahre, für die Deckung der Instandsetzungskosten zu bemessen. Wenn eine Partei sich mit der Entscheidung der Schlichtungsstelle nicht zufrieden gibt oder wenn das Verfahren vor dieser nicht binnen vier Wochen zum Abschluß gebracht ist, kann das zuständige Bezirksgericht zur Entscheidung angerufen werden. Vor Entscheidung über den Antrag ist die Stellungnahme der für Bauangelegenheiten zuständigen Stelle (MA 25) über die erforderlichen Erhaltungsarbeiten und die Angemessenheit der Preise über die Bestandsdauer der Instandsetzung einzuholen.

Bei Objekten, die dem Zinsstoppgesetz unterliegen, ist die Mietzinserhöhung analog den Bestimmungen des § 7 des Mietengesetzes zu berechnen. Die zuständige Stelle in Wien ist die MA 50, Zentrale Schlichtungsstelle, 1, Doblhoffgasse 6.

Bei Objekten, die weder dem Mieten- noch dem Zinsstoppgesetz unterliegen, sind Beiträge zum Erhaltungsaufwand nur im ordentlichen Rechtsweg durchzusetzen.

In welchem Umfang ist bei Erhaltungsarbeiten eine Baubewilligung erforderlich?

Bei der Renovierung eines Gebäudes werden in der Regel nicht nur Baumeister-, sondern auch Schlosser-, Tischler-, Maler-, Anstreicher-, Installateurarbeiten u. dgl. notwendig sein. Einer Baubewilligung durch die Baubehörde bedarf es jedoch nur insoweit, als dadurch der Bauzustand an sich betroffen wird. Zur Erlangung einer Baubewilligung ist jedoch, wie schon oben angeführt, ein normales Bauverfahren durchzuführen. Oftmals werden sich für den Liegenschaftseigentümer insofern Schwierigkeiten ergeben, als er insbesondere dann, wenn er das Grundstück bereits mit der erbauten Liegenschaft erworben hat, nicht über die nötigen Unterlagen verfügt.

Es besteht für ihn jederzeit die Möglichkeit, in den bei der Stadt Wien einliegenden Akten Einsicht zu nehmen, Abschriften und Ablichtungen anzufertigen.

Wo liegen die Bauunterlagen bestehender oder bereits abgetragener Gebäude zur Einsicht auf?

In der MA 20, 1, Rathaus, 7. Stiege, Halbstock, Tür Nr. 216, liegen die Baueinlagen der Bezirke 1 bis 9 und 20 auf, die Baueinlagen der übrigen Bezirke liegen in den Außenstellen der MA 37.

Sind die Baupläne allgemein zugänglich?

Nein, nur der Hausbesitzer (Hausverwalter) oder ein von ihm Bevollmächtigter hat das Recht zur Einsichtnahme bzw. Ablichtung. Ferner besteht dieses Recht anläßlich der Verfassung von Bauplänen bezüglich der berührten Nachbarliegenschaften im notwendigen Umfang.

Welche Gebühr ist für die Einsichtnahme zu entrichten?

Das Ansuchen um die Bewilligung der Einsichtnahme ist mit 70 S zu stempeln, die Verwaltungsabgabe beträgt 10 S. Insgesamt sind also 80 S zu entrichten.

Wie hoch ist die Gebühr für das Recht, eine Plankopie anfertigen zu dürfen?

Außer dem Bundesstempel von 70 S ist eine Verwaltungsabgabe von 10 S + 80 S zu entrichten, insgesamt also 160 S.

Worin besteht der Unterschied zwischen Einsichtnahme und Ablichtung?

Bei einer Einsichtnahme dürfen lediglich Notizen aus den in der Baueinlage befindlichen Bescheiden gemacht und unmaßstäbliche Strichskizzen der Baupläne angefertigt werden; das Merkmal der Ablichtung ist, daß ein Plan oder auch nur ein Teil eines Planes nach Auflegen eines transparenten Papieres nachgezeichnet oder eine Fotokopie bestellt wird.

Was kostet die Anfertigung einer Fotokopie?

Für eine Xeroxkopie werden 2.50 S berechnet; für Kopien über Mikrofilm sind 3.50 S je Negativ (Mikrofilm) und 10 S für Rückstrahlungen über Mikrofilm und für das Positiv A 4 (für jeden Plan bis zum Ausmaß von 70 × 90 cm ist eine Aufnahme – Mikrofilm – notwendig; für jeden Ausschnitt ist eine eigene Aufnahme erforderlich) zu bezahlen. Für Lichtpausen im Format A 4 wird eine Gebühr von 1 S eingehoben, für Transparentpausen im Format A 4 (inkl. Aufnahme) sind 20 S zu bezahlen.

Größere Pläne werden als Vielfaches des Normformates A 4 ausgewertet. Die Verwaltungsabgabe von 10 S + 80 S und der 70 S-Bundesstempel sind auch in diesem Fall zu entrichten.

Wann sind die Gebühren fällig?

Sämtliche Gebühren sind im vorhinein zu entrichten; auch die Kosten für die Anfertigung von Fotokopien.

Generalstadtplan, Stadtkarte Wien 1 : 2000 und Behelfskarte von Wien

Der Generalstadtplan ist ein Plan im Maßstab 1 : 2500, der die vom Gemeinderat beschlossene Regulierung enthält. Vom Wiener Stadtgebiet existieren 153 Blätter, die zum Stückpreis von 20 S in der MA 20, 1, Rathaus, 7. Stiege, Halbstock, Tür 216, an Interessenten abgegeben werden.

Seit Juni 1962 werden die Nachdrucke der Generalstadtplanblätter als Zweifarbendrucke herausgebracht. Der Rotaufdruck enthält die nach der Bauordnung geltenden Bebauungsbestimmungen und die Angabe über die Flächenwidmung. Der Preis für ein Blatt des Zweifarbendrukkes beträgt 50 S.

An Stelle des Generalstadtplanes, der nicht mehr evidentgehalten wird, tritt die neue Wiener Stadtkarte im Maßstab 1 : 2000. Diese Karte wird von der MA 41 hergestellt. Das gesamte Wiener Stadtgebiet wird auf ca. 400 Blättern dargestellt werden. Bisher liegen 291 Blätter der neuen Stadtkarte vor, die das Stadtgebiet etwa östlich der Linie Kahlenberg–Inzersdorf umfassen. Darin sind nicht nur alle topografischen Einzelheiten des Stadtgebietes mit großer Genauigkeit, sondern auch sämtliche rechtskräftigen Bebauungsbestimmungen dargestellt. Die bereits ausgedruckten Blätter der neuen Stadtkarte 1 : 2000, welche von hoher Präzision ist und die außer der Situation auch die Angabe des „Regulierungsplanes" enthält, werden für die Situation zum Blattpreis von 25 S und für die Situation mit der Regulierung zum Blattpreis von 40 S in der MA 20 an Interessenten abgegeben.

Die Behelfskarte ist eine Darstellung der Verhältnisse in der Natur (Situation) und vornehmlich für Planungsarbeiten geeignet. Die Behelfskarte wurde in den Maßstäben 1 : 10.000 (23 Blätter) und 1 : 5000 (90 Blätter) aufgelegt. Sie kann ebenfalls in der MA 20 zum Blattpreis von 15 S erworben werden.

Baugrundkataster

Wo ist etwas über Baugrundverhältnisse in Wien (guter oder schlechter Baugrund) zu erfahren?

In der MA 29, Unterabteilung Grundbau, 12, Niederhofstraße 23, besteht ein Baugrundkataster, auf Grund dessen Baugrundverhältnisse beurteilt werden können. Es sind Aufzeichnungen vorhanden über Bohr-, Brunnen- und Schachtprofile, Baulichkeiten mit besonderen Gründungen, alte Einbauten, Gerinne, Ziegel- und Schottergruben. Ferner können bodenphysikalische Kennziffern und chemische Grundwasseranalysen eingesehen werden.

Für die Benützung des Baugrundkatasters wird auf Grund des Beschlusses des Gemeinderates vom 26. Juni 1959, Pr.Z. 1494, eine Gebühr erhoben.

Die Gebühr beträgt 85 S je Benützung von Aufzeichnungen, welche die gleiche Baugrundkatasterzahl tragen, oder für jede Benützung einer in den Lageplänen unmittelbar aufscheinenden Eintragung ohne Baugrundkatasterzahl.

Die Gebühr ist noch vor Benützung in Bargeld zu begleichen. Von der Entrichtung sind u. a. Personen ausgenommen, welche Unterlagen aus dem Baugrundkataster nachweisbar für eine wissenschaftliche Arbeit (z. B. Dissertation) benötigen, sowie Personen und Firmen, welche Aufzeichnungen für den Baugrundkataster in wesentlichem Umfang freiwillig zur Verfügung stellen.

BESTATTUNGS- UND FRIEDHOFSWESEN

(Städtische Bestattung, MA 43)

Die Bestattung der Toten erfolgt in Wien durch das der Stadt Wien gehörige Unternehmen „Städtische Bestattung", das es sich zur Aufgabe gemacht hat, den Hinterbliebenen in den schweren Tagen nach dem Tode eines Angehörigen mit Rat und Hilfe zur Seite zu stehen.

Wenn in einer Familie ein Todesfall eintritt, wende man sich unverzüglich an die Städtische Bestattung, wo geschulte und erfahrene Beamte zur Verfügung stehen. Die Städtische Bestattung übernimmt alle im Zusammenhang mit der Totenbestattung stehenden Leistungen, wie Erd- und Feuerbestattung, Aufbahrungen in besonders hiefür eingerichteten Räumen auf den Wiener Friedhöfen, Beistellung von Särgen oder Urnen, Trauerfeiern, Vermittlung von Aufträgen für Parten und Danksagungen, Traueranzeigen in den Tageszeitungen, musikalische und gesangliche Leistungen bei Trauerfeiern, Anmeldung bei den Religionsgesellschaften usw., Überführungen im In- und Ausland, Exhumierungen, Begräbnisbestellungen bei Lebzeiten und alle mit der Bestattungsdurchführung verbundenen Besorgungen.

Bei Eintritt eines Sterbefalles ist unverzüglich nachstehendes zu veranlassen:

Bei Eintritt eines Todesfalles im Wohnhaus

1. Vom behandelnden Arzt den „Ärztlichen Behandlungsschein" besorgen.
2. Den Todesfall der Städtischen Bestattung (siehe Magistrat, Geschäftsgruppe Straße, Verkehr und Energie) bekanntgeben.
3. Den Todesfall zwecks Vornahme der Totenbeschau unverzüglich anzeigen.

Die Anzeige wird entgegengenommen:

a) beim Bezirksgesundheitsamt Montag bis Freitag von 8 bis 15.30 Uhr (siehe Magistrat, MA 15); Montag bis Freitag in der Zeit von 15.30 bis 16 Uhr wird die Anzeige beim zuständigen Totenbeschauarzt entgegengenommen; welcher Totenbeschauarzt Dienst hat, ist aus einer Hinweistafel am magistratischen Bezirksamt zu entnehmen;
b) beim Zentralen Totenbeschaudienst, 5, Am Hundsturm Nr. 18, Tel. 55 55 66, Samstag, Sonntag und Feiertag sowie am 24. und 31. Dezember von 8 bis 16 Uhr.

Am Karfreitag und am 2. November (Allerseelen) ist die Anzeige beim Bezirksgesundheitsamt bzw. Totenbeschauarzt vorzunehmen.

Die Anzeige des Todesfalles und die Totenbeschau sind gesetzlich vorgeschrieben. Die Todesfallanzeige hat in der Regel mündlich zu erfolgen; dabei sollen der „Ärztliche Behandlungsschein" und womöglich Personaldokumente des Verstorbenen vorgewiesen werden. Die Städtische Bestattung ist bereit, Todesfallanzeigen entgegenzunehmen und an die zuständige Stelle telefonisch weiterzuleiten.

Die Totenbeschau wird noch am gleichen Tag der Todesfallanzeige vorgenommen. Es ist dafür zu sorgen, daß der Totenbeschauarzt freien Zutritt zum Verstorbenen hat. Vor der Totenbeschau darf an dem Verstorbenen keine Änderung, insbesondere keine Umkleidung, vorgenommen werden. Für den Totenbeschauarzt sind der „Ärztliche Behandlungsschein" und die Personaldokumente des Verstorbenen bereitzuhalten. Der Totenbeschauarzt nimmt den „Ärztlichen Behandlungsschein" an sich und stellt nach der Totenbeschau die „Todesbescheinigung" und den „Leichenbegleitschein" aus.

Von der erfolgten Totenbeschau ist die Städtische Bestattung durch die Hinterbliebenen sofort zu verständigen, worauf die Abholung des Verstorbenen vorgenommen wird. Bei der Abholung ist der „Leichenbegleitschein" zu übergeben. Nach den geltenden Bestimmungen muß die Abholung noch am Tag der Totenbeschau durchgeführt werden.

4. Nach der Totenbeschau, spätestens aber an dem dem Sterbetag folgenden Werktag, ist bei dem für den Sterbeort zuständigen Standesamt (siehe Magistrat, MA 61) die Eintragung im Sterbebuch vornehmen zu lassen. Bei Totgeburten mit einer Körperlänge von weniger als 35 cm ist zwar die Totenbeschau, nicht aber die Anmeldung beim Standesamt erforderlich. Für die Durchführung der Bestattung genügt in diesen Fällen der vom Totenbeschauarzt ausgestellte „Leichenbegleitschein", der der Städtischen Bestattung zu übergeben ist.

Die Anzeige beim Standesamt hat werktags, Montag bis Freitag, in der Zeit von 7.30 bis 14.30 Uhr zu erfolgen. Zur Anzeige beim Standesamt sind in folgender Reihenfolge verpflichtet:

a) der Ehegatte, sonst der nächste Familienangehörige,
b) derjenige, in dessen Wohnung sich der Sterbefall ereignet hat,
c) jede Person, die bei dem Tod zugegen war oder von dem Sterbefall aus eigener Wissenschaft unterrichtet ist.

Dem Standesamt ist die vom Totenbeschauarzt ausgestellte „Todesbescheinigung" zu übergeben. Ferner sollen folgende Personaldokumente des Verstorbenen (soweit vorhanden) vorgelegt werden: Geburtsurkunde, Staatsbürgerschaftsnachweis oder Heimatschein (Heimatrollenauszug), Heiratsurkunde, Meldezettel. Bei Verwitweten oder Geschiedenen außerdem: Sterbeurkunde des Ehegatten (der Ehegattin), Scheidungsurteil.

Der Anmeldende muß sich mit einem Personalausweis (möglichst mit Lichtbild) ausweisen. Er soll dem Standesamt über die Person des Verstorbenen folgende Angaben machen: Beruf, Religion, Familienstand, Kinder (Namen und Alter), Pensionsbezug.

Nach Eintragung des Sterbefalles folgt der Standesbeamte eine „Mitteilung an die Magistratsabteilung 43 – Städtische Friedhöfe" („Bescheinigung über die Eintragung eines Sterbefalles") sowie die „Sterbeurkunde" und einen „Auszug aus dem Sterbebuch" aus. Für die Behebung des Krankenkassensterbegeldes, Geltendmachung von Versicherungsansprüchen usw. wird je ein „Auszug aus dem Sterbebuch" benötigt. Es empfiehlt sich, eine entsprechende Anzahl solcher „Auszüge aus dem Sterbebuch" ausstellen zu lassen.

5. Die vom Standesamt ausgefertigte „Mitteilung an die Magistratsabteilung 43 – Städtische Friedhöfe" („Bescheinigung über die Eintragung eines Sterbefalles") muß sofort der Anmeldestelle der Städtischen Bestattung übergeben werden, da ohne dieses Dokument die Durchführung der Bestattung oder Überführung unzulässig ist.

Bei Eintritt eines Todesfalles im Krankenhaus

1. Nach Erhalt der Todesnachricht den Todesfall der Städtischen Bestattung (siehe Magistrat, Geschäftsgruppe Straße, Verkehr und Energie) bekanntgeben. Falls die Verwaltung des Krankenhauses innerhalb von 48 Stunden von der Städtischen Bestattung keine Verfügung über den Verstorbenen erhält, erfolgt die Bestattung von Amts wegen.

2. Kleider für den Verstorbenen müssen in der Totenkammer des Krankenhauses innerhalb von 24 Stunden nach Erhalt der Todesnachricht abgegeben werden. Im Krankenhaus vorhandene Kleider des Verstorbenen werden von der Verwaltung des Krankenhauses nur an die nächsten Angehörigen (Eltern, Kinder, Gatte, Geschwister) ausgefolgt. Schmuck, Bargeld usw. verbleibt bis zur Verlassenschaftsabhandlung im Depot des Krankenhauses.

3. Die Anzeige des Sterbefalles bei dem für den Sterbeort zuständigen Standesamt (siehe Magistrat, MA 61) erfolgt durch die Krankenanstalt. Die Städtische Bestattung gibt bekannt, wann die Hinterbliebenen wegen allfälliger Ergänzung dieser Anzeige beim Standesamt vorsprechen müssen. Die Vorsprache beim Standesamt hat werktags, Montag bis Freitag, in der Zeit von 7.30 bis 14.30 Uhr zu erfolgen. Bei dieser Vorsprache sollen dem Standesamt folgende Personaldokumente des Verstorbenen (soweit vorhanden) vorgelegt werden: Geburtsurkunde, Staatsbürgerschaftsnachweis oder Heimatschein (Heimatrollenauszug), Heiratsurkunde, Meldezettel. Bei Verwitweten oder Geschiedenen außerdem: Sterbeurkunde des Ehegatten (der Ehegattin), Scheidungsurteil.

Dem Standesamt sollen über die Person des Verstorbenen folgende Angaben gemacht werden: Beruf, Religion, Familienstand, Kinder (Namen und Alter), Pensionsbezug.

Nach Eintragung des Sterbefalles folgt der Standesbeamte eine „Mitteilung an die Magistratsabteilung 43 – Städtische Friedhöfe" („Bescheinigung über die Eintragung eines Sterbefalles") sowie die „Sterbeurkunde" und einen „Auszug aus dem Sterbebuch" aus. Für die Behebung des Krankenkassensterbegeldes, Geltendmachung von Versicherungsansprüchen usw. wird je ein „Auszug aus dem Sterbebuch" benötigt. Es empfiehlt sich, eine entsprechende Anzahl solcher „Auszüge aus dem Sterbebuch" ausstellen zu lassen.

4. Die vom Standesamt ausgefertigte „Mitteilung an die Magistratsabteilung 43 – Städtische Friedhöfe" („Bescheinigung über die Eintragung eines Sterbefalles") muß sofort der Anmeldestelle der Städtischen Bestattung übergeben werden, da ohne dieses Dokument die Durchführung der Bestattung oder Überführung unzulässig ist.

Weitere Hinweise für die Anmeldung bei der Städtischen Bestattung

Die Anmeldung kann in jeder Anmeldestelle (siehe Magistrat, Geschäftsgruppe Straße, Verkehr und Energie) erfolgen.

Die Städtische Bestattung steht für die Anmeldung eines Todesfalles auch am Wochenende und an Feiertagen in der Filiale, 4, Goldeggasse 19, von 7.30 bis 15.30 Uhr zur Verfügung.

Zur Anmeldung des Sterbefalles empfiehlt sich die Mitnahme von Dokumenten über einen etwa bestehenden Sterbegeldanspruch gegen Versicherungsanstalten, Krankenkassen usw., damit den Hinterbliebenen die mit der Flüssigmachung dieser Beträge verbundenen Wege nach Möglichkeit erspart werden können. Solche Dokumente sind: Ablebensversicherungspolizzen und Zusatzversicherungspolizzen sowie die zugehörigen Zahlungsabschnitte der letzten drei Monate, Arbeits- und Lohnbestätigung, ausgestellt vom Dienstgeber, Pensionsbescheid und letzter Postzahlungsabschnitt, Mitgliedskarte der Krankenfürsorgeanstalt der Bediensteten der Stadt Wien (KFA) usw.

Bestattungskosten sind im allgemeinen vor Durchführung der Bestattungsfeier zu erlegen. Die Städtische Bestattung verfügt jedoch über eine eigene Kreditstelle, die in der Zentrale des Unternehmens ihren Sitz hat. Hier werden bei Vorliegen der für die Kreditgewährung üblichen Voraussetzungen die Bestattungskosten gestundet bzw. Ratenvereinbarungen getroffen.

Wahl des Friedhofes und der Grabstelle

Wegen der Auswahl des Friedhofes bzw. der Grabstelle in dem gewünschten Friedhof wende man sich am zweckmäßigsten direkt an die MA 43, 1, Werdertorgasse 6, Tel. 63 66 76, bzw. an die Verwaltung des betreffenden Friedhofes. Es empfiehlt sich unbedingt, die gewählte Grabstelle vor dem endgültigen Erwerb selbst zu besichtigen.

Erdbestattung

Für die Erdbestattung stehen zur Verfügung:

1. **Einfache Gräber** für einen Verstorbenen, Laufzeit zehn Jahre, ohne Möglichkeit der Laufzeitverlängerung.
2. **Familiengräber** in laufender Reihe und in ausgesuchter Lage für vier Verstorbene; Laufzeit zehn Jahre, jeweils um weitere zehn Jahre verlängerbar.
3. **Gruftartige Gräber** mit Steindeckel für vier Verstorbene; Laufzeit 20 Jahre, jeweils um zehn Jahre verlängerbar.
4. **Grabkammern,** das sind ausgemauerte gruftartige Gräber für vier Verstorbene; Laufzeit 60 Jahre, jeweils um zehn Jahre verlängerbar.
5. **Grüfte** für sechs oder neun Verstorbene mit den gleichen Rechten, wie sie für Grabkammern gelten.

EINTEILUNG DER FRIEDHÖFE

a) Hauptfriedhöfe

In den Hauptfriedhöfen sind sämtliche Grabstellentypen vorhanden.

Alle Hauptfriedhöfe haben bestimmte Zuweisungsbereiche, das heißt, daß für die aus dem Zuweisungsbereich stammenden Verstorbenen in dem betreffenden Hauptfriedhof Grabstellen zu den einfachen Entgelten abgegeben werden.

Wiener Zentralfriedhof

Der Zuweisungsbereich umfaßt die Bezirke 1 bis 23.

Stammersdorfer Zentralfriedhof

Der Zuweisungsbereich umfaßt den 20. und 21. Bezirk.

Asperner Zentralfriedhof

Der Zuweisungsbereich umfaßt den 22. Bezirk.

Liesinger Zentralfriedhof

Der Zuweisungsbereich umfaßt den 23. Bezirk.

b) Wahlfriedhöfe

In den übrigen Friedhöfen gibt es nur Grabstellen in ausgesuchter Lage, die für Verstorbene, die innerhalb eines bestimmten Stadtgebietes (Zone) gewohnt haben, zu den hiefür bestimmten Entgelten, die außerhalb davon gewohnt haben, zu erhöhten Entgelten überlassen werden. Auch die Hauptfriedhöfe gelten dann als Wahlfriedhöfe mit doppelten Entgelten, wenn dort Verstorbene bestattet werden sollen, die nicht aus dem Zuweisungsbereich des Hauptfriedhofes stammen.

Feuerbestattung

Die Einäscherung von Verstorbenen findet in der Simmeringer Feuerhalle, gegenüber dem 2. Tor des Wiener Zentralfriedhofes sowie in der Stammersdorfer Feuerhalle statt.

1. Grabstellen für Urnenbestattung

Urnengräber für acht Aschenurnen in laufender Reihe oder in ausgesuchter Lage; Laufzeit zehn Jahre.

Die Bestattung von Urnen ist ferner in Nischen von hiezu bestimmten „Urnenmauern", in Nischen von Grabsteinen sowie in Erdgräbern, in denen bereits Erdbestattungen stattgefunden haben, zulässig.

2. Urnenhaine

Urnenbestattungen können in den Urnengrabstellen des Urnenhaines der Simmeringer Feuerhalle und in denen der innerhalb des Südwestfriedhofes, des Stammersdorfer Zentralfriedhofes und der Friedhöfe Meidling, Ober-St. Veit, Baumgarten, Hütteldorf, Hernals, Ottakring, Dornbach, Pötzleinsdorf, Neustift, Grinzing, Sievering, Groß-Jedlersdorf, Jedlesee, Kagran, Aspern, Mauer, Liesing, Atzgersdorf, Erlaa und Inzersdorf gelegenen Urnenhaine vorgenommen werden.

Allgemeines

1. Besuchszeiten

Die Friedhöfe sind in den Monaten

Jänner, Februar, November und Dezember von 8 bis 17 Uhr,

März, April, September und Oktober von 7 bis 18 Uhr,

in den übrigen Monaten von 7 bis 19 Uhr geöffnet.

2. Ordnungsbestimmungen

Das Verhalten während des Aufenthaltes ist dem Ernst, der Weihe und der Widmung des Friedhofs entsprechend anzupassen. Insbesondere ist untersagt, Friedhofsanlagen, Gräber oder Grabmäler zu verunreinigen oder zu beschädigen, Pflanzen und Erdmaterial von fremden Anlagen zu entfernen, im Friedhof zu lärmen, zu betteln, Waren zum Verkauf anzubieten, zu werben oder Reklame zu entfalten.

Abfälle aller Art, wie z. B. Unkraut, alte Kränze, Blumenspenden oder überschüssige Erde, sind in Abfallbehälter oder auf Ablagerungsplätze zu schaffen.

Die Mitnahme von Tieren ist nur dann zulässig, wenn diese für gewerbliche Arbeiten benötigt werden und ihre Verwendung von der Friedhofsverwaltung zugelassen worden ist.

Die Verwendung von Kinderwagen und Invalidenfahrzeugen für Einzelpersonen ist zulässig. Für Fahrzeuge der Gewerbetreibenden gilt eine Sonderregelung. Im Wiener Zentralfriedhof können Personenkraftwagen einfahren, wenn ein Einfahrtsschein gelöst und ein Entgelt für die Einfahrt bezahlt wird. Es dürfen jedoch nur die bezeichneten Straßen benützt werden. Die Höchstgeschwindigkeit beträgt 20 Stundenkilometer.

3. Gesperrte Friedhöfe

In den Friedhöfen Kaiser-Ebersdorf, Meidling, Altmannsdorf, Hetzendorf, Lainz, Hadersdorf, Gersthof, Pötzleinsdorf, Heiligenstadt, Stammersdorf-Ort, Leopoldau, Hirschstetten, Stadlau, Erlaa, Siebenhirten und Kalksburg werden keine neuen oder heimgefallenen Grabstellen abgegeben. Beilegungen in bestehenden Gräbern sind nur bis zum 31. Dezember 1985 möglich.

Grabrechtsangelegenheiten

1. Benützungsrecht

Das Recht an einer Grabstelle ist ein privatrechtliches Benützungsrecht eigener Art. Als Benützungsberechtigter gilt der Erleger des ersten Grabstellenentgeltes. Das Benützungsrecht umfaßt das Recht zur Beisetzung der zulässigen Anzahl von Särgen und Aschenkapseln, zur gärtnerischen Ausgestaltung und schließlich das Recht zur Aufstellung eines Gedenkzeichens am Kopfende der Grabstelle. Alle sonstigen Vorhaben bedürfen einer besonderen Vereinbarung mit der MA 43.

Das Benützungsrecht geht im Erbweg über. Es kann durch Rechtsgeschäfte auf den Todesfall oder unter Lebenden nicht übertragen werden.

2. Friedhofstarife

Für Entgelte wird grundsätzlich die Vorauszahlung vereinbart. Streichungen, Ermäßigungen, Stundungen oder Teilzahlungen sind nicht vorgesehen.

a) Grabstellenentgelte:

Die Höhe der Entgelte richtet sich nach dem Friedhof und nach der jeweiligen Lage einer Grabstelle.

Hauptfriedhöfe:

Familiengrab in laufender Reihe
für vier Leichen auf zehn Jahre 280 S

Familiengrab in ausgesuchter Lage für vier Leichen auf zehn Jahre 580 bis 1.460 S

Wahlfriedhöfe:

Familiengrab in ausgesuchter Lage
für vier Leichen auf zehn Jahre 1.160 bis 2.920 S

In einzelnen Friedhöfen kann ein Familiengrab schon bei Lebzeiten, also ohne Bestattung eines Verstorbenen, erworben werden. In diesem Fall erhöhen sich die Entgelte um 100%.

Entgelt für ein Urnengrab:

1 m² für acht Aschenkapseln
auf zehn Jahre 280 bis 1.460 S

b) Arbeitsentgelte:
Beisetzung einer Leiche 1.455 bis 2.630 S
Beisetzung einer Aschenkapsel 390 bis 1.365 S
Enterdigung einer Leiche 1.540 bis 2.685 S
Enterdigung einer Aschenkapsel 160 bis 1.390 S
Einäscherung einer Leiche 400 S

3. Erlöschen des Benützungsrechtes an Grabstellen

Das Benützungsrecht erlischt nach Ablauf der Zeitdauer, für welche die Grabstelle erworben worden ist. Diese Zeitspanne ist auf der Quittung über den Erwerb der Grabstelle angegeben. Innerhalb eines Jahres nach dem Erlöschen des Benützungsrechtes wird das Benützungsrecht über Verlangen um jeweils zehn Jahre erneuert, wenn die Grabausgestaltung zu diesem Zeitpunkt der Friedhofsordnung entspricht.

4. Erhaltung der Grabstellen

Die Grabstellen müssen stets in gutem und gepflegtem Zustand erhalten werden. Wird dieser Verpflichtung trotz schriftlicher Aufforderung durch die MA 43 nicht entsprochen, erlischt das Benützungsrecht. Der Benützungsberechtigte kann nach Einholung der Zustimmung der MA 43 Gedenkzeichen entfernen. Die MA 43 ist berechtigt, Gedenkzeichen nach dem Erlöschen des Benützungsrechtes zu entfernen und darüber frei zu verfügen, wenn der Benützungsberechtigte sich nicht verpflichtet hat, innerhalb einer angemessenen Frist die Gedenkzeichen selbst zu entfernen.

Die Stadt Wien haftet nicht für den Bestand der auf den Grabstellen befindlichen Gedenkzeichen, Bepflanzung und sonstigen Grabausstattung.

5. Auskünfte

a) Über Lage oder Laufzeit eines Grabes (nur bei Angabe des Namens und der Sterbedaten eines darin beerdigten Verstorbenen) bei der Verwaltung des betreffenden Friedhofes.

b) Grabrechtsfragen bei der MA 43, 1, Werdertorgasse 6, Tel. 63 66 76.

c) Herstellung von Fundamenten, Grabausmauerungen, Grüften und sonstige technische Angelegenheiten, wie unter b).

6. Einzahlung von Entgelten

Bei Erwerb einer Grabstelle, Verlängerung oder Erneuerung des Benützungsrechtes sind die Entgelte für die Wiener Friedhöfe in der Tarifstelle der MA 43, 1, Werdertorgasse 6, Tel. 63 66 76, einzuzahlen.

Bei Erwerb einer Grabstelle, Verlängerung oder Erneuerung des Benützungsrechtes anläßlich einer Bestattungsdurchführung übernimmt die Städtische Bestattung die Einzahlung der Entgelte.

Grabausstattung

1. Ausschmückung

Die Ausschmückung von Grabstellen kann den örtlichen Filialen der Städtischen Friedhofsgärtnerei bzw. den Friedhofsmeistern (Kontrahenten) oder anderen Privatgärtnern übertragen werden; im Friedhof Baumgarten besorgen die Grabausschmückung nur private Gärtner.

2. Gedenkzeichen

Die Städtische Steinmetzwerkstätte, 11, Simmeringer Hauptstraße 339, gegenüber dem 2. Tor des Wiener Zentralfriedhofes (Tel. 74 12 01) nimmt Bestellungen auf Grabsteine, Einfassungen, Grabdeckplatten, Gruftbeläge und alle sonstigen Grabausstattungsgegenstände entgegen.

3. Fundamente

Im Wiener und Stammersdorfer Zentralfriedhof, im Südwestfriedhof und in den Friedhöfen Hietzing, Baumgarten, Ottakring, Hernals und Neustift sowie im Urnenhain der Simmeringer Feuerhalle können Fundamente für Grabsteine und Grabeinfassungen nur bei den jeweiligen Verwaltungen bestellt werden. In allen übrigen städtischen Friedhöfen können sie von jedem befugten Baugewerbetreibenden ausgeführt werden.

BEVÖLKERUNGSWESEN

(MA 61)

Staatsbürgerschaftsnachweis

Zur Ausstellung des Staatsbürgerschaftsnachweises ist jene Gemeinde (jener Gemeindeverband) zuständig, in deren Bereich die Person, auf die sich der Staatsbürgerschaftsnachweis bezieht, ihren ordentlichen Wohnsitz hat. Für in Wien wohnhafte Personen und verstorbene Personen, die im Zeitpunkt ihres Todes den ordentlichen Wohnsitz in Wien hatten, wird der Staatsbürgerschaftsnachweis von der MA 61, 1, Rathaus, 8. Stiege, Parterre (Parteienverkehr Montag bis Freitag von 8 bis 12 Uhr), ausgestellt. Die vor dem Inkrafttreten des Staatsbürgerschaftsgesetzes 1965, demnach vor dem 1. Juli 1966, ausgestellten Staatsbürgerschaftsnachweise sind weiterhin gültig.

Zur Ausstellung des Staatsbürgerschaftsnachweises sind folgende Dokumente vorzulegen:

Personaldokumente (wie Geburts-, Heiratsurkunde), Meldenachweis, gegebenenfalls Nachweis über den Erwerb akademischer Grade und bei Beantragung und Behebung durch eine Mittelsperson eine Vollmacht; weiters wären womöglich alte Staatsbürgerschaftsnachweise, Auszüge aus der Heimatrolle, Heimatscheine, Einbürgerungsurkunden und -bescheide sowie Bescheinigungen und Bescheide über den Erwerb der Staatsbürgerschaft durch Erklärung, und zwar sowohl eigene wie auch solche des Ehemannes, des ehelichen Vaters oder der unehelichen Mutter, mitzubringen.

Auszug aus der Heimatrolle

Personen, die am 13. März 1938 in einer österreichischen Gemeinde heimatberechtigt waren, können die Ausstellung eines Auszuges aus der Heimatrolle bei ihrer früheren Heimatgemeinde beantragen. Der Auszug aus der Heimatrolle wird jedoch nicht als Nachweis über den Besitz der Staatsbürgerschaft anerkannt.

Für die Ausstellung des Heimatrollenauszuges sind dieselben Personaldokumente wie für die Ausstellung eines Staatsbürgerschaftsnachweises (siehe vorstehende Rubrik „Staatsbürgerschaftsnachweis"), allenfalls auch Nachweis über den Erwerb akademischer Grade und Vollmacht der Mittelsperson erforderlich.

Was ist zu tun, um heiraten zu können?

Zuständig für das Aufgebot ist das Standesamt, in dessen Bezirk einer der beiden Verlobten Wohnsitz oder gewöhnlichen Aufenthalt hat. Wenn keiner der beiden Verlobten Wohnsitz oder gewöhnlichen Aufenthalt im Inland hat, ist das Standesamt Wien-Innere Stadt zuständig. Bei der Bestellung des Aufgebotes sind von beiden Verlobten vorzuweisen:

1. die beglaubigten Abschriften aus dem Geburtenbuch des Standesamtes,
2. die Heiratsurkunden der Eltern, bei unehelich Geborenen die Geburtsurkunden der Mütter,
3. die Staatsbürgerschaftsnachweise,
4. die Meldezettel,
5. Lichtbildausweise.

Eheunmündig sind männliche Personen vor Vollendung des 19. und weibliche Personen vor Vollendung des 16. Lebensjahres. Für die Eheschließung benötigen daher:

A) Männliche Personen zwischen dem vollendeten 18. und 19. Lebensjahr

1. eine mit der Rechtskraftbestätigung versehene Ehemündigkeitserklärung des Vormundschaftsgerichtes;
2. entweder die Einwilligung des gesetzlichen Vertreters (Vater, Vormund) und des Sorgeberechtigten (Vater, Mutter) **oder** eine mit der Rechtskraftbestätigung versehene Volljährigkeitserklärung des Vormundschaftsgerichtes.

B) Weibliche Personen

1. Zwischen dem vollendeten 15. und 16. Lebensjahr
   a) eine mit der Rechtskraftbestätigung versehene Ehemündigkeitserklärung des Vormundschaftsgerichtes und
   b) die Einwilligung des gesetzlichen Vertreters (Vater, Vormund) und des Sorgeberechtigten (Vater, Mutter).
2. Zwischen dem vollendeten 16. und 19. Lebensjahr nur die Einwilligung des gesetzlichen Vertreters (Vater, Vormund) und des Sorgeberechtigten (Vater, Mutter).
3. Zwischen dem vollendeten 18. und 19. Lebensjahr die Einwilligung des gesetzlichen Vertreters (Vater, Vormund) und des Sorgeberechtigten (Vater, Mutter **oder** eine mit der Rechtskraftbestätigung versehene Volljährigkeitserklärung des Vormundschaftsgerichtes).

Unter gewissen Umständen kann die verweigerte Zustimmung des gesetzlichen Vertreters oder des Sorgeberechtigten zur Eingehung der Ehe durch Beschluß des Vormundschaftsgerichtes ersetzt werden.

Nähere Auskünfte erteilt das Standesamt.

Bereits verheiratet gewesene Personen müssen die Nachweise über Eingehung und Auflösung ihrer Vorehen erbringen. Es sind dies Heiratsurkunden und Sterbeurkunden bzw. die mit der Rechtskraftbestätigung versehenen Urteile über Scheidung oder sonstige Auflösung der früheren Ehen.

Frauen, deren Vorehe noch nicht zehn Monate aufgelöst ist, bedürfen der Befreiung vom Eheverbot der Wartezeit. Auskunft darüber erteilt das Standesamt.

Ausländer müssen ein Ehefähigkeitszeugnis, das ist ein Zeugnis der zuständigen inneren Behörde ihres Heimatstaates oder dessen Vertretungsbehörde in Österreich darüber beibringen, daß der beabsichtigten Ehe ein in den Gesetzen des Heimatstaates begründetes Ehehindernis nicht entgegensteht. Kann das Ehefähigkeitszeugnis nicht beigebracht werden, so darf das Standesamt die Trauung nur auf Grund einer Befreiung von der Beibringung des ausländischen Ehefähigkeitszeugnisses durch den Oberlandesgerichtspräsidenten vornehmen. Dies gilt auch für Staatenlose. Nähere Auskunft erteilt das Standesamt.

Können Eheleute ihren gemeinsamen Familiennamen wählen?

Österreichische Ehegatten führen den gleichen Familiennamen, der grundsätzlich jener des Mannes ist, es sei denn, die Verlobten bestimmen beim Standesamt vor der Eheschließung den Familiennamen der Frau als gemeinsamen Familiennamen (auf dieses Recht werden die Verlobten anläßlich der Aufgebotsbestellung beim Standesamt hingewiesen). Ist der gemeinsame Familienname derjenige des Mannes, hat jedoch die Frau das höchstpersönliche Recht, diesem Namen ihren bisherigen Familiennamen unter Setzung eines Bindestriches nachzustellen, und sie kann diesen Doppelnamen insbesondere auch im Verkehr mit Behörden führen und verlangen, daß sie in Urkunden aller Art damit bezeichnet wird. Dies gilt jedoch nicht für die Führung der Personenstandsbücher und die Ausstellung von Personenstandsurkunden durch das Standesamt. Ein Familienname, der von einer früheren geschiedenen oder aufgehobenen Ehe abgeleitet wird, darf nicht als gemeinsamer Familienname geführt, bestimmt oder von der Frau dem gemeinsamen Familiennamen nachgestellt werden.

Wie kommt man zu einer Geburts-, Heirats- oder Sterbeurkunde?

Geburts-, Heirats- und Sterbeurkunden, ebenso beglaubigte Abschriften aus dem Geburten-, Familien- oder Sterbebuch, stellt jenes Standesamt aus, in dessen Amtsbezirk sich die Geburt oder der Sterbefall ereignet hat bzw. vor dem die Ehe geschlossen wurde (die Standesämter und ihre Amtsbezirke sind im Abschnitt „Magistrat der Stadt Wien" bei der MA 61 angeführt). Diese Personenstandsurkunden und beglaubigten Abschriften können aber nur von den Personen verlangt werden, auf die sich die Eintragung bezieht, sowie von deren Ehegatten, Vorfahren und Abkömmlingen (Eltern, Großeltern bzw. Kinder, Enkelkinder usw.); andere Personen erhalten diese Urkunden nur, wenn sie hiefür dem Standesamt ein berechtigtes Interesse glaubhaft machen können.

Über die Anzeige eines Sterbefalles beim Standesamt und die anschließende Ausstellung von Sterbeurkunden bzw. Abschriften aus dem Sterbebuch lesen Sie bitte die entsprechenden Absätze im vorigen Kapitel „Bestattungs- und Friedhofswesen" nach.

Welchen Einfluß hat die Eheschließung auf die österreichische Staatsbürgerschaft?

Die österreichische Staatsbürgerschaft wird seit dem 1. Juli 1966 durch Eheschließung weder erworben noch verloren. Eine Österreicherin, die einen Ausländer heiratet, verliert daher dadurch nicht die österreichische Staatsbürgerschaft, selbst wenn sie durch die Heirat die Staatsbürgerschaft ihres Mannes erwirbt. Ebensowenig erwirbt eine Fremde durch Heirat mit einem österreichischen

Staatsbürger die österreichische Staatsbürgerschaft. Sie kann aber durch Abgabe einer Staatsbürgerschaftserklärung österreichische Staatsbürgerin werden. Solche Staatsbürgerschaftserklärungen sind schriftlich bei der MA 61, 1, Rathaus, 8. Stiege, Parterre (Parteienverkehr Montag bis Freitag von 8 bis 12 Uhr), abzugeben. Ein entsprechendes Formular steht bei dieser Dienststelle zur Verfügung. Dies gilt für in Wien wohnhafte Frauen, außerdem aber auch für Frauen, die zwar nicht in Wien wohnen, jedoch in Wien geheiratet haben, wenn sie noch am Tag der Eheschließung die Staatsbürgerschaftserklärung abgeben. Wenn die Ausländerin, die diese Erklärung abgibt, noch nicht eigenberechtigt ist, bedarf sie der Zustimmung ihres gesetzlichen Vertreters oder allenfalls des Gerichtes.

Anläßlich der Abgabe dieser Erklärung sind folgende Dokumente persönlich vorzulegen:

Personaldokumente (wie Geburts-, Heiratsurkunde), Meldenachweis, Nachweis über die bisherige Staatsbürgerschaft, Staatsbürgerschaftsnachweis des Gatten, gegebenenfalls Nachweis über den Erwerb akademischer Grade und Nachweis über die Zustimmung des gesetzlichen Vertreters oder des Gerichtes.

Nähere Auskünfte erteilt die MA 61.

Wie bekommt man die österreichische Staatsbürgerschaft?

Das Gesuch um die Verleihung der österreichischen Staatsbürgerschaft ist schriftlich abzufassen und vom eigenberechtigten Bewerber persönlich zu unterfertigen. Ist der Bewerber nicht eigenberechtigt, so ist das Ansuchen für ihn entweder von seinem gesetzlichen Vertreter persönlich oder mit dessen schriftlicher Zustimmung von ihm selbst oder einer dritten Person zu unterfertigen. In bestimmten Fällen kann die fehlende Zustimmung des gesetzlichen Vertreters durch das Gericht ersetzt werden. Soll sich die Einbürgerung auf Rechtsnachfolger (Gattin, Kinder, allenfalls auch Enkel) erstrecken, dann ist das nur möglich, wenn die Erstreckung von diesen Personen schriftlich beantragt wird. Hiebei gilt bezüglich der Unterfertigung der Erstreckungsanträge das gleiche, was bezüglich der Unterfertigung des Einbürgerungsansuchens ausgeführt wurde. Anträge auf Erstreckung der Einbürgerung sind dem Einbürgerungsansuchen anzuschließen und mit diesem zugleich einzureichen; sie können aber auch nachgereicht werden, solange das Einbürgerungsverfahren noch nicht abgeschlossen ist.

Zunächst ist die Verleihung der Staatsbürgerschaft von einer Anzahl allgemeiner Voraussetzungen abhängig, wie z. B. einer bejahenden Einstellung zur Republik Österreich, Unbescholtenheit, dem Nichtbestehen von Aufenthaltsverboten, der Sicherung des Lebensunterhaltes u. a. Sodann ist die Dauer des der Einbürgerung unmittelbar vorangehenden ununterbrochenen ordentlichen Wohnsitzes in Österreich von großer Bedeutung. Im allgemeinen wird die Einbürgerung erst möglich sein, wenn der Bewerber einen mindestens zehnjährigen ordentlichen Wohnsitz in Österreich aufweist. Hat ein Fremder zwar noch nicht seit zehn, aber mindestens seit vier Jahren seinen Wohnsitz in Österreich, kann ihm die Staatsbürgerschaft nach Anhörung des Bundesministeriums für Inneres nur verliehen werden, wenn hiefür ein besonders berücksichtigungswürdiger Grund vorliegt, wie z. B. engste familiäre Bindungen zu österreichischen Staatsbürgern oder der Umstand, daß es sich um einen Konventionsflüchtling handelt. An Personen, die noch keinen vierjährigen ordentlichen Wohnsitz in Österreich aufweisen, kann die österreichische Staatsbürgerschaft nur dann verliehen werden, wenn die Bundesregierung bestätigt, daß die Verleihung wegen der von diesen Personen bereits erbrachten oder von ihnen noch zu erwartenden außerordentlichen Leistungen im Interesse der Republik Österreich liegt oder wenn es sich um einen Minderjährigen handelt und ein besonders berücksichtigungswürdiger Grund für die Verleihung vorliegt. In allen bisher angeführten Einbürgerungsfällen haben die Bewerber keinen Anspruch auf die Verleihung der Staatsbürgerschaft. Diese Einbürgerungen liegen vielmehr im freien Ermessen der Behörde, wobei sich diese von Rücksichten auf das allgemeine Wohl, die öffentlichen Interessen und das Gesamtverhalten der Bewerber leiten zu lassen hat.

Ein Anspruch auf die Verleihung der österreichischen Staatsbürgerschaft ist jedoch bei Erfüllung der allgemeinen und in einzelnen Fällen auch noch bestimmter zusätzlicher spezieller Einbürgerungsvoraussetzungen in folgenden Fällen gegeben:

1. wenn der Bewerber einen der Verleihung der Staatsbürgerschaft unmittelbar vorangehenden ununterbrochenen 30jährigen ordentlichen Wohnsitz in Österreich aufweist;
2. wenn die Bewerberin die österreichische Staatsbürgerschaft durch einen der folgenden Umstände verloren hat und binnen zwei Jahren nach Auflösung des Ehebandes um die Wiedererlangung der österreichischen Staatsbürgerschaft ansucht:
   a) Verehelichung mit einem Ausländer,
   b) Erwerb derselben fremden Staatsangehörigkeit gleichzeitig mit dem Ehegatten oder
   c) Erwerb der fremden Staatsangehörigkeit des Ehemannes während der Ehe;
3. wenn der Bewerber die österreichische Staatsbürgerschaft durch Erwerb einer fremden Staatsangehörigkeit während der Zeit, in der er noch nicht eigenberechtigt war, verloren hat, sofern er binnen zwei Jahren nach Erlangung der Eigenberechtigung darum ansucht;
4. wenn der Bewerber minderjährig und ledig ist, ein Elternteil die österreichische Staatsbürgerschaft bereits besitzt und er diesem Elternteil – wäre dieser Ausländer – im Falle der Verleihung der Staatsbürgerschaft folgen könnte;
5. wenn der Bewerber schon früher einmal durch mindestens zehn Jahre ununterbrochen die österreichische Staatsbürgerschaft besessen hat, sofern er einen mindestens einjährigen ununterbrochenen, der Einbürgerung unmittelbar vorangehenden Wohnsitz in Österreich aufweist;
6. wenn der Bewerber in Österreich geboren, seit Geburt staatenlos ist und einen ordentlichen Wohnsitz von mindestens zehn Jahren in Österreich aufweist, wobei ununterbrochen mindestens fünf Jahre unmittelbar vor der Verleihung der Staatsbürgerschaft liegen müssen. In diesem Fall kann die Verleihung innerhalb einer Frist beantragt werden, die mit der Vollendung des 18. Lebensjahres beginnt und spätestens zwei Jahre nach dem Eintritt der Volljährigkeit endet.

Kraft Gesetzes erwirbt ein Fremder – bei Erfüllung der allgemeinen Einbürgerungsvoraussetzungen – die österreichische Staatsbürgerschaft, wenn er sie durch mindestens zehn Jahre ununterbrochen besessen hat und Österreich aus rassischen oder politischen Gründen verlassen mußte, während seines Aufenthaltes im Ausland eine fremde Staatsangehörigkeit durch Einbürgerung erworben hat, zum zeitlich unbeschränkten Aufenthalt im Bundesgebiet berechtigt ist, seinen ordentlichen Wohnsitz im Gebiet der Republik Österreich begründet und dies der zuständigen Behörde (Amt der Landesregierung) anzeigt.

Ansuchen um die Verleihung der Staatsbürgerschaft können von in Wien wohnhaften Personen bei der MA 61 eingereicht werden, wo für diesen Zweck auch ein Formular zur Verfügung steht. Für die Einbürgerungsansuchen im Ausland wohnhafter Bewerber ist das Amt der Wiener

Landesregierung (MA 61) nur dann zuständig, wenn der Bewerber in Wien oder im Ausland geboren ist, sonst das Amt der Landesregierung, in dessen Bereich der Bewerber geboren ist.

Über die Möglichkeit des Erwerbes der Staatsbürgerschaft für Ausländerinnen, die mit Österreichern verheiratet sind, gibt der Abschnitt „Welchen Einfluß hat die Eheschließung auf die österreichische Staatsbürgerschaft?" Aufschluß.

Nähere Auskünfte erteilt die MA 61.

Kann man die österreichische Staatsbürgerschaft beibehalten, wenn man eine fremde erwirbt?

Die Bewilligung hiefür ist möglich, wenn die Beibehaltung der österreichischen Staatsbürgerschaft wegen der vom Bewerber bereits erbrachten oder von ihm zu erwartenden Leistungen oder aus einem besonders berücksichtigungswürdigen Grund im Interesse der Republik Österreich liegt und wenn der fremde Staat, dessen Staatsangehörigkeit er anstrebt, der Beibehaltung zustimmt, sofern eine solche Zustimmung in zwischenstaatlichen Verträgen vorgesehen ist (derzeit besteht ein Vertrag mit den Staaten BRD, Dänemark, Frankreich, Italien, Luxemburg, Norwegen und Schweden). Die Bewilligung kann nur wirksam werden, wenn der diesbezügliche schriftliche Bescheid vor dem Erwerb der fremden Staatsangehörigkeit zugestellt wurde.

Ansuchen um Bewilligung der Beibehaltung der Staatsbürgerschaft können von in Wien wohnhaften Personen schriftlich bei der MA 61 eingereicht werden. Für die Beibehaltungsansuchen im Ausland wohnhafter Bewerber ist das Amt der Wiener Landesregierung (MA 61) nur dann zuständig, wenn der Bewerber in Wien oder im Ausland geboren ist, sonst das Amt der Landesregierung, in dessen Bereich der Bewerber geboren ist.

Nähere Auskünfte erteilt die MA 61.

Kann man auf die österreichische Staatsbürgerschaft verzichten?

Ein österreichischer Staatsbürger kann auf die österreichische Staatsbürgerschaft verzichten, wenn er eine fremde Staatsbürgerschaft besitzt und bestimmte weitere gesetzliche Bedingungen erfüllt. Die schriftlichen Verzichtserklärungen können von in Wien wohnhaften Personen bei der MA 61 eingereicht werden. Für die Verzichtserklärungen im Ausland wohnhafter Personen ist das Amt der Wiener Landesregierung (MA 61) nur dann zuständig, wenn der Verzichtende in Wien oder im Ausland geboren ist, sonst das Amt der Landesregierung, in dessen Bereich der Verzichtende geboren ist.

Nähere Auskünfte erteilt die MA 61.

Bescheinigungen über das Ausscheiden aus dem Staatsverband

Strebt ein Staatsbürger eine fremde Staatsangehörigkeit an und ist ihm die Beibehaltung der Staatsbürgerschaft nicht bewilligt worden, so hat ihm die Behörde auf seinen Antrag zu bescheinigen, daß er im Falle des Erwerbes der fremden Staatsangehörigkeit aus dem österreichischen Staatsverband ausscheidet.

Anträge auf Ausstellung solcher Bescheinigungen sind von in Wien wohnhaften Personen bei der MA 61, 1, Rathaus, 8. Stiege, Hochparterre (Parteienverkehr Montag bis Freitag von 8 bis 12 Uhr), einzubringen. Für die Anträge der im Ausland lebenden Bewerber um solche Bescheinigungen sind die österreichischen Berufskonsulate, wo jedoch solche nicht bestehen, die österreichischen diplomatischen Vertretungsbehörden zuständig, in deren Bereichen diese Personen ihren ordentlichen Wohnsitz haben.

Nähere Auskünfte erteilt die MA 61.

Kann man seinen Namen ändern lassen?

Familien- und Vornamen von österreichischen Staatsbürgern und Staatenlosen mit Wohnsitz oder gewöhnlichem Aufenthalt in Österreich können aus wichtigen Gründen geändert werden, Familiennamen besonders dann, wenn sie zum Beispiel anstößig oder lächerlich wirken oder das wirtschaftliche Fortkommen des Antragstellers untragbar gefährden. Ein wichtiger Grund ergibt sich auch, wenn für ein Pflege- oder ein Stiefkind der Familienname des Pflege- oder des Stiefvaters erbeten wird.

Ansuchen um Namensänderung sind schriftlich abzufassen, ausführlich zu begründen und persönlich zu unterfertigen. Allenfalls können derartige Anträge bei der Behörde niederschriftlich aufgenommen werden. Ist der Namensänderungswerber nicht eigenberechtigt, ist das Ansuchen von seinem gesetzlichen Vertreter (ehelicher Vater, Vormund mit Einwilligung des Vormundschaftsgerichtes) einzubringen.

Ansuchen um Änderung des Familiennamens sind von in Wien wohnhaften Namensänderungswerbern bei der MA 61, 1, Rathaus, 8. Stiege, Hochparterre (Parteienverkehr Montag bis Freitag von 8 bis 12 Uhr), einzubringen, Ansuchen um Änderung des Vornamens bei der Bundespolizeidirektion Wien, Administrationsbüro, 1, Schottenring 7–9.

Nähere Auskünfte erteilt die MA 61.

BILDUNG UND AUSSERSCHULISCHE JUGENDBETREUUNG

(MA 13)

Landesjugendreferat

Das Landesjugendreferat Wien ist mit der außerschulischen Jugendarbeit beauftragt und daher für den Freizeitbereich von rund 250.000 Kindern und Jugendlichen (von sechs bis 19 Jahren) zuständig.

In Zusammenarbeit mit Schule, Elternhaus und Jugendorganisationen werden Aktionen und Veranstaltungen durchgeführt, werden Einrichtungen, wie Jugendleiterschule und Jugendzentren, geschaffen und betreut, die der Förderung der musischen und sportlichen Anlagen, der Weckung von Kreativität und Fantasie, der Kommunikation und einer gesunden Persönlichkeitsentwicklung der Kinder und Jugendlichen dienen sollen.

Um dieses Ziel zu erreichen, führt das Landesjugendreferat Wien in Zusammenarbeit mit Schule, Jugendorganisationen, verschiedenen Magistratsabteilungen und vielen anderen Institutionen folgende Aktionen und Veranstaltungen durch:
Redewettbewerb mit der Österreichischen Liga der Vereinten Nationen
Bezirksjugendsingen im Rahmen der Wiener Festwochen, Landessingen (jedes dritte Jahr)
Dichterlesungen an Wiener Pflichtschulen
„Maifest" auf dem Rathausplatz und im Rathaus
„Volkstanzfest vor dem Schloß Schönbrunn"
Medienerziehung, Schulung der Lehrer und Jugendleiter, Führung eines Medienzentrums, Symposien
Filmdiskussionen
„Wiener Ferienspiel" für alle Wiener Schulkinder
„pop-odrom", ein Bandwettbewerb in den Gruppen Rock, Jazz und Folk
Schikurse während der Weihnachts- und Semesterferien
„wiener ferien club", Freizeitangebote für junge Leute ab 15 Jahren
„Schultheater-Festival", für Spielgruppen an Wiener Schulen
„Treffpunkt Schule", Spielnachmittage in 5 „offenen Schulen"
Kurse in Modellbau, Zeichnen und Malen usw.
Freizeitaktionen zum Nulltarif während der Semesterferienwoche
Sportaktionen in Zusammenarbeit mit der MA 51, z. B. „Fahrt zum Spiel", „Schwimmen" usw.
weiters betreut das Landesjugendreferat Wien in Zusammenarbeit mit den Vereinen „Wiener Jugendkreis" bzw. „Jugendzentren der Stadt Wien"
die Jugendleiterschule der Stadt Wien, 8, Zeltgasse 7, und derzeit 21 Jugend- und Kommunikationszentren, und zwar
Jugendzentrum Leopoldstadt
2, Wehlistraße 178, Tel. 26 61 64
Kulturelles Jugendzentrum Erdberg
3, Gestettengasse 14, Tel. 73 77 755
Haus der Jugend am Matzleinsdorfer Platz
5, Grünwaldgasse 4, Tel. 55 14 784
Haus der Wiener Jugend
8, Zeltgasse 7, Tel. 42 14 35
Jugendzentrum Alsergrund
9, Marktgasse 35, Tel. 31 42 70
Jugendzentrum Wendstattgasse
10, Wendstattgasse 3, Tel. 68 16 58
Club „Bassena"
10, Per Albin Hansson-Siedlung Ost, Ada Christen-Gasse 2/A/2/16
Jugendzentrum Simmering
11, Pantucekgasse 13, Tel. 76 28 253
Jugendzentrum Kaiser-Ebersdorf
11, Kaiser-Ebersdorfer Straße 67, Tel. 74 61 924
Jugendclub 328
11, Kaiser-Ebersdorfer Straße 328, Tel. 77 93 82
Jugendzentrum Hietzing
13, Eduard Klein-Gasse 2, Tel. 82 12 05
Musisches Zentrum
15, Schwendergasse 41, Tel. 83 82 29
Jugendzentrum Rudolfsheim
15, Hollergasse 22–26, Tel. 85 81 13
Jugendzentrum Währing
18, Weimarer Straße 8–10, Tel. 43 99 39
Jugendzentrum Floridsdorf
21, Prager Straße 20, Tel. 30 13 04
Jugendzentrum Großfeldsiedlung
21, Meistergasse 1, Tel. 38 71 19
Jugendzentrum Strebersdorf
21, Dr. Albert Geßmann-Gasse 38, Tel. 39 14 37
Jugendzentrum Donaustadt
22, Kagran, Bernoullistraße 1, Tel. 23 31 49
Jugendzentrum Prinzgasse
22, Breitenlee, Prinzgasse 3, Tel. 22 61 46
Jugendzentrum Rennbahnweg
22, Kagran, Lieblgasse 3, Tel. 23 61 08
Jugendzentrum Liesing
23, Liesing, Gatterederstraße 10, Tel. 88 42 86

Das Landesjugendreferat Wien organisiert die Jungbürgerfeiern (Jungbürgerbuch), führt die Subventionierung der Wiener Jugendorganisationen und anderer Organisationen durch und unterstützt diese Organisationen durch Verleih von Filmgeräten und Filmen und stellt Diskussionsleiter zur Verfügung.

Städtische Büchereien

Zentrale: Haus des Buches, 8, Skodagasse 20, Tel. 42 61 63

Die Wiener Städtischen Büchereien sind öffentliche Leihbüchereien, die bestrebt sind, jedem Wiener den Lesestoff, den er benötigt oder der ihm Freude und Entspannung bringt, zu günstigen Bedingungen zur Verfügung zu stellen. Das Angebot an Büchern und Zeitschriften reicht vom Bilderbuch für das Vorschulkind über alle Gattungen der Unterhaltungsliteratur bis zum Sachbuch der einzelnen Wissenschaftsdisziplinen. In den Städtischen Büchereien werden damit jedem Interessierten Mittel zur Selbstbildung, Information, Unterhaltung und Entspannung angeboten. Die Benützung ist für Kinder und Jugendliche gratis, für Erwachsene beträgt die Gebühr 2 S pro Buch bei drei Wochen Entlehnfrist. Es gibt in Wien ein Netz von 56 Städtischen Büchereien, sodaß jeder Wiener seine Bücherei in einer zumutbaren Entfernung findet. In den dünn besiedelten Außenbezirken, wo eine eigene Zweigstelle nicht mehr rentabel geführt werden kann, bringen Bücherbusse die Bücher regelmäßig als mobile Büchereien zu den Interessenten. In der Zentrale der Städtischen Büchereien gibt es das besonders reichhaltige Buchangebot der Hauptbücherei mit ca. 70.000 Bänden und eine Musikbücherei, in der an Abhörtischen Musik nach Wunsch gratis gehört werden kann. Seit Oktober 1977 werden dort auch Musikkassetten verliehen. (Siehe das Verzeichnis der Büchereistellen beim Magistrat, MA 13.)

Musiklehranstalten der Stadt Wien

Die Stadt Wien hat mit der Errichtung der Musiklehranstalten eine Bildungseinrichtung geschaffen, die vom elementaren Musikunterricht bis zur Ausbildung hochqualifizierter Berufsmusiker reicht.

Die breite Basis des Bildungsangebotes stellt die Kindersingschule dar, in der in dreijährigen Kursen im Rahmen Städtischer Volksschulen Gesang und Blockflöte unterrichtet wird.

Hier wird die Grundlage für eine lebenslange innige Beziehung zur Musik gelegt, auf der nicht nur ein weiterführendes Fachstudium aufbauen kann, sondern mit der auch ein wesentlicher Beitrag zur Heranbildung eines fachkundigen musikverständigen Publikums geleistet wird. Damit wird in beiden Richtungen der Ruf Wiens als Stätte der Musik gesichert, der nur in einer Atmosphäre eines breitgestreuten Musikverständnisses gedeihen kann.

16 Bezirksmusikschulen bieten die Möglichkeit eines Übertritts in das Konservatorium der Stadt Wien und damit die Voraussetzung für ein Berufsstudium, das sowohl zu einer Fachreife- bzw. Diplomprüfung als auch zur staatlichen Lehrbefähigung als Musikerzieher führen kann. (Siehe das Verzeichnis der Musikschulen beim Magistrat, MA 13.)

Institutionen der Erwachsenenbildung

Die Institutionen der Erwachsenenbildung in Wien bieten ein umfassendes Lernangebot in allen Wissensgebieten mit modernen, audio-visuell unterstützten Lehrmethoden an.

Folgende Einrichtungen der berufsbildenden und der allgemeinbildenden Erwachsenenbildung stehen zur Verfügung:

Berufsförderungsinstitut: 1, Wipplingerstraße 33, Tel. 63 37 11

Wirtschaftsförderungsinstitut: 18, Währinger Gürtel 97, Tel. 34 66 22

Wiener Volkshochschulen: Die Wiener Volkshochschulen bieten in zahlreichen Arbeitsstellen (siehe Abschnitt Kultur, Freizeit und Sport) Weiterbildung auf allen Wissensgebieten, in Fremdsprachen, künstlerischen Fertigkeiten und berufsförderndem Allgemeinwissen. Die Kurse beginnen jeweils im September und im Februar, Auskünfte erteilt der Verband Wiener Volksbildung, 2, Ferdinandstraße 16 bis 18, Tel. 26 25 46.

Bildungswerke: Katholisches Bildungswerk der Erzdiözese Wien, 1, Stephansplatz 6, Tel. 52 55 31
Evangelisches Bildungswerk, 5, Hamburger Straße 3, Tel. 56 37 99

Verband Wiener Volksbildungswerk: 8, Auerspergstraße 7, Tel. 43 33 14

Auskünfte über Fragen der Erwachsenenbildung erteilt das Volksbildungsreferat der MA 13, 8, Friedrich Schmidt–Platz 5, Tel. 42 8 00*, 2729.

Landesbildstelle Wien

7, Zieglergasse 49, Tel. 93 32 24

Medien-Verleihstellen:

Mitte, 7, Zieglergasse 49
Nordost, 21, Angerer Straße 14
Südost, 3, Reisnerstraße 43
Südwest, 14, Penzinger Straße 59

Der Landesbildstelle obliegt die Versorgung der Wiener Pflichtschulen mit audio-visuellen Medien und Geräten, die technische Betreuung dieser Geräte, die Beschaffung und Selbstproduktion von Unterrichtsfilmen, Diaserien und anderer audio-visueller Lehrmittel sowie die audio-visuelle umfassende Fachberatung; weiters die Beschaffung audio-visueller Medien und Geräte für Dienststellen und Institutionen des Magistrats sowie die fotografische und filmische Dokumentation wichtiger Ereignisse der Wiener Stadtverwaltung.

In den angeführten Medien-Verleihstellen können von den Wiener Bildungseinrichtungen Filme und audio-visuelle Lehrmittel – vor allem für den Unterrichtsgebrauch – entlehnt werden. Die Entlehnung an Wiener Pflichtschulen erfolgt kostenlos. Die Entlehnung von Filmen und Filmprojektoren an Privatpersonen und Privateinrichtungen ist an den Nachweis der Befähigung, Filmprojektoren ordnungsgemäß bedienen zu können, gebunden. Dieser Nachweis kann bei allen Landesbildstellen sowie bei der Bundesstaatlichen Hauptstelle für Lichtbild und Bildungsfilm erworben werden.

Im Fotoarchiv der Landesbildstelle, in dem Fotos von Wiener Persönlichkeiten, Gebäuden, wichtigen Ereignissen sowie Flugbilder vorhanden sind, kann man gegen Leistung einer entsprechenden Gebühr Kopien dieser Archivstücke erwerben.

Die Landesbildstelle dient unter Bedachtnahme auf die Gegebenheiten und Erfordernisse der Gegenwart mit ihren Facheinrichtungen als audio-visuelle Servicestelle allen Bildungseinrichtungen, Dienststellen und Institutionen des Wiener Magistrats.

Modeschule der Stadt Wien

12, Hetzendorfer Straße 79

Die Wiener Modeschule im Schloß Hetzendorf hat die Aufgabe, den Nachwuchs für die kreativen Modeberufe auszubilden. Sie vermittelt eine gründliche technisch-gewerbliche Fachbildung, die mit allgemeinbildendem Unterricht und einer modisch-künstlerischen Schulung verbunden ist. Die Absolventen können die Berufe des Modezeichners, der Modelldirektrice, des Modellisten ausüben oder nach einer Praxiszeit die Meisterprüfung ablegen und selbständige Unternehmer werden.

Um Aufnahme können sich Mädchen und Burschen nach erfolgreicher Absolvierung der achten Schulstufe bewerben. Bei der Aufnahmsprüfung werden die modisch-künstlerische Begabung, das Geschick für Handwerksarbeit und das Intelligenzniveau als Voraussetzung für das fünfjährige Studium getestet. Die erste Klasse gilt als neuntes Pflichtschuljahr. Für Maturanten verkürzt sich die Studienzeit um ein Jahr.

Den Studierenden stehen fünf Fachabteilungen mit Lehrwerkstätten zur Wahl: „Modeentwurf und Damenkleidermachen", „Modell-Modisterei", „Modell-Lederwaren", „Strick- und Wirkmode" und „Textilentwurf und -druck". Die Ausbildung umfaßt auch die Teilnahme an Ausstellungen und Wettbewerben sowie die Mitarbeit an der Kollektionsgestaltung für Modeschauen von internationalem Ruf.

Studium: kostenlos
Materialkosten: jährlich ca. 3.000 S
Werkstättenbeitrag ab dem dritten Studienjahr jährlich 250 S

Konservatorium der Stadt Wien

Das Studium am Konservatorium der Stadt Wien ist ein berufsbildendes Fachstudium. Daher werden Studierende im Pflichtschulalter nur bei außergewöhnlicher Begabung aufgenommen, im allgemeinen aber an eine der 16 Städtischen Musikschulen verwiesen.

Aufnahmebedingung ist der Nachweis der Musikalität und der Eignung für das gewählte Studienfach im Rahmen einer Aufnahmsprüfung. Zur Wahl stehen sämtliche Instrumentalfächer, Gesang, alle musiktheoretischen Fächer sowie Opernstudium, Lied und Oratorium, Operette und Musical, die Abteilung für tänzerische Erziehung, eine Kapellmeister- und Dirigentenklasse.

Seit einigen Jahren gibt es auch eine eigene Jazzabteilung, in der Schüler neben der Ausbildung zu Jazzmusikern auch theoretisches Fachwissen erwerben können. Konservatoriumsschüler schließen ihr Studium mit einer Reife- bzw. darüber hinausgehend mit der Diplomprüfung ab, die sie sowohl für die Laufbahn als Orchestermitglied als auch für eine Karriere als Chorsänger, Gesangssolist für Oper, Oratorium oder Konzert qualifiziert.

Schüler, die eine pädagogische Laufbahn anstreben, können die staatliche Lehrbefähigungsprüfung ablegen, die zum Instrumentalunterricht an Oberstufengymnasien und Musikschulen sowie als Lehrer im freien Beruf berechtigt.

In der Abteilung für tänzerische Erziehung reicht die Ausbildung von Kursen für Rhythmik und Gymnastik für Vorschulkinder bis zur Bühnenreife bzw. zur Ausbildung als Tanzpädagoge, ein Fachstudium, das drei Jahre dauert.

Als Alterslimit gilt für Neueintretende das mit der Ausbildungsstufe korrespondierende Alter, ganz allgemein als Höchstaltersgrenze für Sänger 22 Jahre, in allen übrigen Fächern bei entsprechenden Vorstudien 20 Jahre.

Da die Stadt Wien für alle Ausgaben des Konservatoriums voll aufkommt, sind ordentliche Schüler, d. h. solche, die außer dem jeweiligen Hauptfach die theoretischen Ergänzungsfächer und als Nebenfach Klavier belegen, von Studiengebühren gänzlich befreit. Außerordentliche Schüler zahlen je nach Fach durchschnittlich 500 S pro Schuljahr.

Die Fachbibliothek des Konservatoriums steht unentgeltlich zur Verfügung. Aus dem Instrumentenarchiv können von Musikschülern nach Maßgabe des Fundus Leihinstrumente gegen eine geringe Leihgebühr entlehnt werden.

Die Anmeldungen sind jeweils in der ersten Septemberwoche für den Schulbeginn, in der letzten Jännerwoche für das Sommersemester möglich.

DAMPFKESSELÜBERWACHUNG

(MA 32)

Pflichten der Benützer von Hochdruckkesseln, Dampfgefäßen und Druckbehältern

Dem zuständigen Überwachungsorgan, das ist entweder der Dampfkesselprüfungskommissär des Bundeslandes Wien (8, Friedrich Schmidt-Platz 5) oder der Dampfkesselinspektor des Technischen Überwachungs-Vereines (1, Krugerstraße 16), muß schriftlich angezeigt werden:

a) die Aufstellung und die Absicht der Benützung einer Dampfkesselanlage, eines Dampfgefäßes oder eines Druckbehälters, damit vorher die Erprobung oder Betriebsprüfung vorgenommen werden kann,
b) die Bereitstellung eines Kessels, eines Dampfgefäßes oder eines Druckbehälters zu den wiederkehrenden Untersuchungen (alle drei Jahre innere Untersuchung und alle sechs Jahre zusätzlich Druckprobe),
c) alle Veränderungen und größeren Ausbesserungen,
d) die beabsichtigte Änderung der Ausrüstung, z. B. Feuerungsanlage, Sicherheitsventile oder Speisevorrichtung,
e) der Standortwechsel oder die Außerbetriebnahme eines Kessels, eines Dampfgefäßes oder eines Druckbehälters,
f) der Verkauf eines Kessels, eines Dampfgefäßes oder eines Druckbehälters unter Angabe des Käufers.

Wartung von Dampfkesseln und Wärmekraftmaschinen

Zur selbständigen Wartung (Bedienung) von konventionell beheizten Dampfkesseln (nicht nuklear beheizten Dampfkesseln) sowie zur selbständigen Wartung (Bedienung, Führung) von Wärmekraftmaschinen dürfen nur solche Personen (Betriebswärter) zugelassen werden, die

a) mindestens 18 Jahre alt sind,
b) nüchternes und verläßliches Verhalten aufweisen und die erforderliche Vertrauenswürdigkeit besitzen,
c) die erforderlichen Kenntnisse und Fertigkeiten sich angeeignet haben und
d) ihre Befähigung durch das Zeugnis über die mit Erfolg abgelegte fachtechnische Prüfung nachweisen.

Für die Abnahme dieser Prüfung sind die Dampfkesselprüfungskommissäre des Bundeslandes Wien und die Dampfkesselinspektoren des Technischen Überwachungs-Vereines zuständig.

Um zur Prüfung als Betriebswärter zugelassen zu werden, muß der Bewerber nachweisen, daß er die erforderlichen Kenntnisse und Fertigkeiten beim Betrieb eines Dampfkessels oder jener Gattung von Wärmekraftmaschinen, für deren Wartung er die Berechtigung anstrebt, sich durch eine in der Regel nicht unter neun Monate dauernde praktische Verwendung unter Aufsicht eines geprüften Betriebswärters angeeignet hat.

Befreit von der Ablegung der Prüfung sind Personen für die Wartung von

a) Niederdruckdampfkesseln, das sind Dampfkessel mit einem Betriebsdruck bis 0,5 bar,
b) Dampfkesseln bis 1 bar und Heißwasserkesseln bis 120°C, sofern der Rauminhalt 50 m³ nicht überschreitet,
c) Zwergkesseln, das sind Dampfentwickler, bei denen das Produkt aus dem Betriebsdruck in bar und dem gesamten Rauminhalt in Liter die Zahl 20 nicht überschreitet,
d) Dampfkesseln, bei denen der zulässige Betriebsdruck 6 bar und das Produkt aus dem zulässigen Betriebsdruck und dem Wasserinhalt in Liter die Zahl 600 nicht übersteigt (z. B. ein Kessel mit einem Betriebsdruck von 4 bar und einem Inhalt von 150 Liter),
e) elektrisch beheizten Dampfkesseln,
f) ortsfeste Dampfkraftmaschinen mit einer Dauerleistung bis 150 kW,
g) ortsfeste Verbrennungskraftmaschinen bis 370 kW.

AUFGABEN DER FEUERWEHR

(MA 68)

Welche Hilfeleistungen der Feuerwehr der Stadt Wien sind unentgeltlich?

Die Feuerwehr leistet bei öffentlichen Notständen innerhalb Wiens im allgemeinen kostenlos Hilfe. Ein öffentlicher Notstand in diesem Sinne liegt dann vor, wenn dem einzelnen oder der Allgemeinheit augenblicklich schwerwiegende Gefahr für Leben, körperliche Sicherheit, Freiheit von Menschen oder für wertvolle Sachgüter drohen, die mit anderen zur Verfügung stehenden Mitteln nicht abgewendet werden können.

Solche öffentliche Notstände sind: Brände, drohende oder vermutete Brandgefahr, Ausströmen von Giftgasen, Entwicklung feuer- oder explosionsgefährlicher Dämpfe, Explosionen, Einsturz von Gebäuden, Gerüsten, Elementarereignisse, wie Hochwasser, Sturm, außergewöhnliche Niederschläge. In diesen Fällen – die Aufzählung ist selbstverständlich nicht vollständig – erfolgt die Hilfe der Feuerwehr kostenlos. Voraussetzung ist aber, daß die Feuerwehraktion nicht durch vorsätzliches oder grob fahrlässiges Verhalten verursacht wurde. Ein Beispiel für ein vorsätzlich schuldhaftes Verhalten ist Brandlegung, etwa zum Zweck des Versicherungsbetruges. Ein grob fahrlässiges Verhalten (sogenannte auffallende Sorglosigkeit) liegt z. B. dann vor, wenn ein Brand in einer gewerblichen Betriebsanlage verursacht wurde, weil rechtskräftige Betriebsbedingungen nicht beachtet wurden.

Bei Verkehrsunfällen leistet die Feuerwehr dann kostenlos Hilfe, wenn Verletzte oder Tote geborgen werden müssen. Die nach einem solchen Verkehrsunfall notwendigen Aufräumungsarbeiten sind jedoch kostenpflichtig.

Versperrte Räume werden von der Feuerwehr kostenlos geöffnet, wenn dies zur Behebung eines feuer- oder explosionsgefährlichen oder sicherheitsgefährdenden Zustandes notwendig ist. Dies trifft z. B. zu, wenn in dem versperrten Raum ein Gasgerät, ein Petroleumofen in Betrieb, ein elektrisches Bügeleisen eingeschaltet, ein Kind oder eine hilfsbedürftige erwachsene Person eingeschlossen ist. Das Schließen offengelassener Wasserläufe in versperrten Räumen ist unter allen Umständen kostenersatzpflichtig.

Bei mißbräuchlichem Herbeirufen der Feuerwehr können dem Täter die Kosten der Ausrückung auferlegt werden. Der Tatbestand des mißbräuchlichen Herbeirufens der Feuerwehr ist außer bei Mystifikationen auch dann gegeben, wenn die Ausfahrt der Feuerwehr durch bewußt unrichtige Angaben zu dem Zweck bewirkt wird, eine nicht in den Wirkungskreis der Feuerwehr fallende oder gebührenpflichtige Leistung kostenlos zu erreichen.

Für dringende Hilfeleistungen, die nicht der Behebung eines öffentlichen Notstandes dienen, sowie für die Beistellung von Personal, Fahrzeugen, Geräten, Ausrüstungsgegenständen der Feuerwehr der Stadt Wien sind die festgesetzten Gebühren zu entrichten oder Kosten zu ersetzen. Dies gilt insbesondere für das Beseitigen von Verkehrshindernissen, Entfernen falsch geparkter PKWs und das Abschleppen solcher Fahrzeuge auf einen Lagerplatz der Stadt Wien. Schriftliche Ansuchen um gebührenpflichtige Hilfeleistungen oder Beistellungen sind stempelpflichtig.

Wie verhält man sich bei einem Brand?

Das Verhalten bei Entstehung oder Entdeckung eines Brandes ist für das Ausmaß des Schadens von wesentlicher Bedeutung. Je früher die Feuerwehr mit der Brandbekämpfung einsetzen kann, umso geringer wird der Schaden sein. Jedermann, der einen Brand wahrnimmt, muß daher auf raschestem Wege die Feuerwehr verständigen (Tel. 122). In Objekten, die eine Brandmeldeanlage mit Anschluß an das Feuerwehr-Fernmeldenetz besitzen, ist der Brandmelder zu betätigen. Nach erfolgter Verständigung der Feuerwehr sind die Löschkräfte in der Nähe des Brandobjektes – falls es sich um eine größere Betriebsanlage handelt, beim Einfahrtstor – zu erwarten und zur Brandstelle zu weisen.

Wenn – unabhängig von der sofortigen Verständigung der Feuerwehr – die Möglichkeit besteht, erste Löschversuche vorzunehmen, ist zu beachten, daß

Löschwasser nicht in Rauch und Flammen, sondern direkt auf die brennenden Gegenstände geschleudert werden soll,

zum Löschen brennender Flüssigkeiten kein Wasser, sondern feiner Sand oder ein für Flüssigkeitsbrände geeigneter Handfeuerlöscher zu verwenden ist,

leicht brennbare Gegenstände aus der Nähe des Brandes entfernt oder, wenn dies nicht möglich ist, mit Wasser bespritzt werden müssen.

Sind die ersten Löschversuche erfolglos, muß getrachtet werden, dem Feuer durch rasches Schließen von Türen und Fenstern die Luftzufuhr abzusperren.

Stiegenhäuser und Fluchtwege für Menschen sind vor Verqualmung durch Schließen der einmündenden Türen und Öffnen der Fenster zu schützen.

Menschen, die infolge verqualmter Fluchtwege nicht mehr ins Freie gelangen können, sollen sich – die Türen hinter sich schließend – in die nächstgelegenen Räume begeben, dort die Fenster öffnen und sich der Feuerwehr durch Zuruf bemerkbar machen. Bei Nacht sind diese Räume zu beleuchten.

Bei Wohnungsbränden sollen nach Möglichkeit in der über der brennenden Wohnung liegenden Wohnung die Vorhänge vor den Fenstern abgenommen und leicht brennbare Gegenstände aus der Fensternähe entfernt werden, ebenso auf Balkonen.

Die Gefahr einer schlagartigen Brandausbreitung bei Zimmerbränden ist vor allem in neueren Wohnhausanlagen sehr gering. Es besteht somit in diesen Fällen keinerlei Grund zur Panik.

Abschließend soll noch erwähnt werden, daß die Tätigkeit der Löschmannschaften selbstverständlich nicht durch Neugierige behindert werden darf und die Anordnungen zur Freihaltung des erforderlichen Platzes beachtet werden müssen.

Was darf auf Dachböden gelagert werden?

Auf Dachböden dürfen leicht entzündliche zündschlagfähige oder schwer löschbare Stoffe, insbesondere brennbare Flüssigkeiten, Brennstoffe, Reisig, Heu, Stroh, Seegras, brennbares Verpackungsmaterial oder brennbare Abfälle, nicht gelagert werden. Von diesem Verbot ist unter bestimmten Voraussetzungen die Lagerung von Erntegütern in landwirtschaftlichen Betrieben ausgenommen. Alle auf Dachböden gelagerten Gegenstände müssen leicht zugänglich sein, Rauchfänge und Dachbodenfenster müssen von jeder Lagerung frei bleiben.

Im Sinne dieser Vorschrift dürfen also in Dachböden Möbel, unter Ausschluß von Polstermöbeln, die mit Seegras, Afrik oder dgl. gefüllt sind, sowie Kisten, Koffer u. ä. gelagert werden, wenn sie in einer dem Bodenausmaß angemessenen Menge geordnet und übersichtlich untergebracht werden. In den Möbelstücken, Kisten und Koffern dürfen auch Schriften, Bücher, Kleider, Wäsche u. dgl. verwahrt werden.

Wie müssen Dachbodenabteile beschaffen sein?

Dachbodenabteile müssen so beschaffen sein, daß die in ihnen untergebrachten Gegenstände auch dann als zugänglich anzusehen sind, wenn die Abteile versperrt sind. Dies trifft dann zu, wenn

1. die Dachbodenabteile so angeordnet und bemessen sind, daß in allen allgemein zugänglichen Teilen des Dachbodens Verkehrswege von mindestens 1 m Breite freibleiben,
2. die Abteile durch Lattenwände mit möglichst großem Lattenabstand unter Ausschluß von Drahtgitter gebildet sind, wobei die Höhe der Lattenwände 2 m nicht überschreiten soll und an den Wänden Stacheldraht oder ähnliche Hindernisse unter keinen Umständen angebracht werden dürfen.

Überdies müssen Dachfenster und Rauchfänge außerhalb der Abteile bleiben und dürfen die Dachbodenabteile nicht an Rauchfängen anliegen.

Das Herstellen von Dachbodenabteilen bedarf der Zustimmung des Hauseigentümers und muß vor Inangriffnahme der Arbeit der zuständigen Baubehörde angezeigt werden.

Wie vermeidet man Brände durch elektrische Anlagen?

Alle Arbeiten an elektrischen Anlagen und Geräten dürfen nur von einem Elektrofachmann ausgeführt werden.

Zur Vermeidung von Feuer und sonstigen Gefahren sind die elektrischen Anlagen in ordnungsgemäßem Zustand zu erhalten. Es empfiehlt sich, die Anlagen in regelmäßigen Zeiträumen durch einen Sachverständigen überprüfen zu lassen. Festgestellte Mängel sind durch einen Elektrofachmann beseitigen zu lassen.

Das Verwenden geflickter oder überbrückter Sicherungen ist verboten. Sicherungen in richtig bemessener Stärke sind stets erreichbar und in genügender Zahl vorrätig zu halten. Löst eine Sicherung, z. B. ein Selbstschalter, wiederholt aus, so ist ein Elektrofachmann zuzuziehen und zunächst der Fehler zu beheben. Besonders wichtig ist die Kennzeichnung der einzelnen Stromkreise, damit im Fehlerfall bzw. im Brandfall die betroffenen Räume oder Gebäude rasch spannungslos gemacht werden können.

Werden an elektrischen Anlagen ungewöhnliche Erscheinungen, wie z. B. Lichtbögen, Funken, brenzlicher Geruch, auffallende Geräusche, festgestellt, so sind die elektrischen Anlagen sofort abzuschalten. Ein Elektrofachmann ist beizuziehen, der den Mangel beseitigt. Erst dann darf die Anlage wieder unter Spannung gesetzt werden.

Alle ortsveränderlichen Geräte, insbesondere Elektrowärmegeräte, wie z. B. Bügeleisen, Heizkissen, Elektrokocher, Tauchsieder, Heizgeräte, sind so aufzustellen und zu betreiben, daß sie keinen Brand verursachen können. Sie sind nach Gebrauch vom Netz zu trennen. Sind elektrische Heizgeräte längere Zeit nicht betrieben worden, so sind sie vor ihrer Inbetriebnahme gründlich von Staubablagerungen zu reinigen.

Bewegliche Leitungen für ortsveränderliche Elektrogeräte sind besonders pfleglich zu behandeln, bei Benützung so zu verlegen und nach Gebrauch so aufzubewahren, daß sie nicht geknickt oder verletzt werden. Sie sind zu schützen, z. B. vor Betreten, besonders jedoch vor Überfahren. Beschädigte bewegliche Leitungen, vor allem bei Anschluß- und Einführungsstellen, dürfen nicht weiter benützt werden. Insbesondere ist bei mehrtägiger Abwesenheit (Urlaub) folgendes dringendst zu empfehlen: Fernsehapparate, Kühlschränke, Barbeleuchtungen sowie überhaupt sämtliche E-Geräte vom Netz trennen bzw. die betreffenden Sicherungen abheben.

Was muß beachtet werden, wenn Gegenstände offen verbrannt oder Bodenflächen abgesengt werden sollen?

Das offene Verbrennen von Gegenständen mit erheblicher Entwicklung von Flammen oder Flugfeuer sowie das Absengen von Bodenflächen ist nur mit Bewilligung des zuständigen magistratischen Bezirksamtes zulässig. Die Bewilligung wird im allgemeinen – sofern sie nicht aus besonderen Gründen versagt werden muß – unter nachstehenden Bedingungen erteilt:

1. Das Verwenden brennbarer Flüssigkeiten zum Anfachen des Feuers ist verboten;
2. das Feuer muß in sicherer Entfernung von Baulichkeiten sowie brennbaren Lagerungen angelegt und ständig durch eine erwachsene, dazu befähigte Person überwacht werden;
3. das offene Verbrennen von Gegenständen oder das Absengen von Bodenflächen darf nicht bei starkem Wind vorgenommen werden;
4. bei Auftreten eines die Umgebung gefährdenden Funkenfluges ist das Feuer sofort zu löschen;
5. nach dem Verbrennen oder Absengen sind alle glimmenden Reste abzulöschen. Hiefür sind vor dem Anlegen des Feuers entsprechende Vorkehrungen zu treffen, insbesondere Löschmittel bereitzustellen;
6. das Verbrennen oder Absengen darf nur in Teilstücken erfolgen. Durch entsprechende Maßnahmen, wie Umpflügen eines genügend breiten Streifens, sind solche Teilstücke zu schaffen;
7. der Zeitpunkt des Verbrennens oder Absengens ist zeitgerecht der MA 68 (Tel. 63 66 71) anzuzeigen.

Das Verbrennen von Laub, Reisig oder anderen pflanzlichen Abfällen in geringen Teilmengen (maximal $^1/_2$ m^3) auf landwirtschaftlich oder gärtnerisch benützten Flächen bedarf keiner Bewilligung, doch sind dabei die nötigen Sicherheitsvorkehrungen zu treffen.

Was soll man über den Rauchfangkehrer wissen?

Das Reinigen der Rauchfänge von den Ablagerungen Ruß, Pech, Asche u. dgl. darf nur von befugten Rauchfangkehrern besorgt werden. Am Kehrtag haben die Wohnparteien im Haus anwesend zu sein und dem Rauchfangkehrer Zutritt in die Wohnungen zu gestatten, damit er die Ablagerungen bei den Putztürchen entnehmen kann.

Das Wegtragen der entfernten Ablagerungen aus den einzelnen Wohnungen oder Geschäftslokalen ist nicht Pflicht des Rauchfangkehrers, sondern obliegt den Mietern, das Wegschaffen der Ablagerungen aus allen übrigen Räumen des Hauses dem Hauseigentümer, der auch dafür zu sorgen hat, daß die Ablagerungen bis zu ihrer Abfuhr gefahrlos verwahrt werden.

Das Reinigen der eisernen Öfen und kleinen verschiebbaren Herde sowie der Kachelöfen kann der Wohnungsmieter selbst ausführen oder ausführen lassen. Durch die Kehrarbeiten darf die gewöhnliche Benützung der Feuerstätten nicht behindert und eine vermeidbare Belästigung nicht verursacht werden. In der Zeit von 17 bis 6.30 Uhr darf nur mit Zustimmung des Hauseigentümers und der Mieter gekehrt werden. Ausgenommen sind Gewerbebetriebe, in denen die Kehrung wegen der besonderen Betriebsverhältnisse nur in dieser Zeit vorgenommen werden kann.

Der Hauseigentümer sowie die Mieter haben dafür zu sorgen, daß dem Rauchfangkehrer an den verlautbarten Kehrtagen (Anschlag im Haus) wie auch anläßlich der jährlichen Überprüfung sämtliche Kehrgegenstände und Rauchfangputztürchen leicht und gefahrlos zugänglich sind und daß die Kehrung sowie die Entnahme der Ablagerungen ungehindert vorgenommen werden können. Die Rauchfangputztürchen dürfen (z. B. durch Möbel) nicht verstellt werden.

Kann die Kehrung an den verlautbarten Kehrtagen durch Verschulden des Hauseigentümers oder einer Mietpartei nicht vorgenommen werden, so hat der Schuldtragende die Kehrung unverzüglich auf seine Kosten zu veranlassen.

Was hat bei der Aufstellung eines Ofens zu geschehen?

Derjenige, der eine neue Einmündung in einen Rauchfang oder in eine ähnliche Abgasleitung einer Feuerstätte herstellen will, hat dem für das Haus bestellten Rauchfangkehrer vorher davon Mitteilung zu machen.

Was ist bei der Aufstellung eines Ölofens zu beachten?

Vor Aufstellung eines Ölofens unbedingt den zuständigen Rauchfangkehrer zu Rate ziehen (es muß die Eignung des Rauchfanges festgestellt werden). Die Aufstellung sollte nach Möglichkeit nur von einem Fachkundigen vorgenommen werden. Zumindest wäre nach den Richtlinien der Österreichischen Brandverhütungsstellen – Merkblatt BV/106 – Zentralstelle für Brandverhütung, 3, Schwarzenbergplatz 7/4, vorzugehen.

Ohne Genehmigung dürfen Ölöfen für Einzelheizung nur dann verwendet werden, wenn sie in allen Teilen nach den Erfahrungen der technischen Wissenschaft hergestellt sind, d. h. mit einem Geräteschild mit dem Namen des Herstellers, der Typenbezeichnung, der Fabriksnummer, der Nennleistung in kcal/h, einem Brenner, der sich gefahrlos zünden und leicht reinigen läßt, einer Regeleinrichtung, einer Überlaufsicherung, einem Zugbegrenzer sowie einer Tropftasse unterhalb der ölführenden Teile des

Ölofens versehen sind. Zur Inbetriebsetzung dürfen nur die von der Erzeugerfirma angegebenen Heizölsorten sowie die in der Betriebsanleitung angeführten Zündmittel verwendet werden. Die Benützung von Spiritus, Benzin, Benzol u. dgl. ist höchst gefährlich und streng verboten! Bei Betriebsunterbrechung darf erst nach Abkühlen wieder gezündet werden.

In Wohnungen dürfen in freistehenden Behältern höchstens 300 l oder in Kanistern 60 l Heizöl gelagert werden, wenn ein Ausfließen und Überlaufen in andere Bestandsobjekte oder Wohnungen wirksam verhindert wird.

Behälter mit einem Inhalt bis 300 l sind in einem waagrechten Abstand von mindestens 2 m von der Feuerstätte unterzubringen und gegen gefahrbringende Erwärmung entsprechend zu sichern.

Der Seitenabstand kann bis auf 1 m verringert werden, wenn gegen Strahlungswärme eine Dämmwand aus nicht brennbaren Baustoffen zwischen Wärmeerzeugern bzw. ihren Rauchrohren und den Behältern errichtet wird.

Empfohlen wird, vor Anschaffung eines Ölofens den zu seinem Anschluß vorgesehenen Rauchfang vom zuständigen Rauchfangkehrermeister auf seinen baulichen Zustand und seine Eignung zum Ölofenanschluß, Ölheizgeräte vor jeder Heizperiode durch einen Fachkundigen, überprüfen zu lassen.

Außerdem empfiehlt es sich, bei der Verwendung von Ölheizgeräten einen Pulverlöscher, geeignet für die Brandklasse B mit einem Mindestfüllgewicht von 6 kg (P 6), in der Wohnung bereitzuhalten.

Wie heizt man richtig?

Ofen und Rauchfanganlage bilden eine Einheit. Auch der modernste Ofen kann nicht gut funktionieren, wenn er an einen baulich mangelhaften, versotteten (nasses Mauerwerk) oder für diesen Ofen ungeeigneten Rauchfang angeschlossen ist. Deshalb ist vor dem Aufstellen eines neuen Ofens der Rauchfangkehrer zu fragen, ob der vorhandene Rauchfang zum Anschluß geeignet ist.

Auch später, während der Heizperiode, ist auf die richtige Funktion des Rauchfanges zu achten. Damit der richtige „Zug" entsteht und aufrechterhalten wird, ist zu beachten:

1. Den Ofen nur mit dem Brennmaterial heizen, für das er vorgesehen ist.
2. Bei der Bedienung nach der Heizanleitung des Ofenherstellers vorgehen!
3. Zu Beginn der Heizperiode vorerst wenig Brennmaterial auf einmal, dafür aber ungedrosselt brennen lassen. Dadurch wird das Mauerwerk des Rauchfanges erwärmt und der richtige „Auftrieb" hergestellt.
4. Brennmaterialien nicht mischen! Jeder Brennstoff braucht eine andere Luftmenge, um einwandfrei abzubrennen. Daher bei festen Brennstoffen im Dauerbrand: entweder nur Holz, nur Kohlen, nur Briketts oder nur Koks!
5. Die Wohnung nicht völlig gegen Zugluft abdichten; der Ofen braucht Verbrennungsluft.
6. Mit dem Brennmaterial (auch flüssigem oder Gas) nicht zu sehr sparen, der Rauchfang funktioniert so besser. Zu frühes Drosseln lohnt nicht, weil der Rauchfang darunter leidet und dann – früher oder später – kostspielig repariert werden muß.
7. Am Anfang und am Ende der Heizperiode starkes Drosseln überhaupt meiden – es besteht Lebensgefahr durch eindringende Rauchgase!

Was hat bei Rauchgasbeschwerden zu geschehen?

Es ist sofort der zuständige Rauchfangkehrer zu benachrichtigen. Ist dieser nicht erreichbar oder muß Vergiftungsgefahr befürchtet werden, ist die Feuerwehr der Stadt Wien (Tel. 122) zu verständigen.

Bei Stadtgasgeruch (Vergiftungsgefahr) sind die Wiener Stadtwerke – Gaswerke (Tel. 43 09*, 113–119) sogleich zu benachrichtigen.

FÖRDERUNGSAKTIONEN DER STADT WIEN

(MA 4, 5, 50)

Wiener Strukturverbesserungsaktion

Maßnahmen, die sehr entscheidenden Einfluß auf die Investitionstätigkeit in Wien genommen haben, waren die seinerzeitige Industrieansiedlungsaktion und die Großhandelsaktion. Diese Aktionen, die ursprünglich Zinsenzuschußaktionen darstellten, waren im Jahr 1975 auf die Gewährung einmaliger Baukostenzuschüsse umgestellt worden. Die Stadt Wien hat diese beiden Aktionen Ende 1976 zur „Wiener Strukturverbesserungsaktion" zusammengefaßt und folgende Schwerpunkte gesetzt:

Schaffung neuer Arbeitsplätze, Rationalisierung ohne Verringerung der Zahl der qualifizierten Arbeitsplätze oder Sicherung bestehender Arbeitsplätze, Schaffung von Forschungs- und Entwicklungseinrichtungen, Verbesserung der Umweltsituation am alten Betriebsstandort oder Berücksichtigung sonstiger wesentlicher öffentlicher Interessen, insbesondere der Freimachung von Betriebsflächen am alten Standort für Zwecke kommunaler Versorgungseinrichtungen.

Die Baukostenzuschüsse betragen für die Errichtung neuer Betriebsobjekte an einem neuen Standort für Produktions- und Forschungszwecke 10%, für die Errichtung neuer Betriebsobjekte an einem neuen Standort für Großhandelszwecke 7% und für die Errichtung neuer Betriebsobjekte an einem bestehenden Standort und den Ankauf sowie die Adaptierung von Altobjekten für Produktions-, Forschungs- oder Großhandelszwecke 5% der Bemessungsgrundlage.

An Eigenmitteln fordert die Stadt Wien bei neuen Betriebsobjekten für Produktions- und Forschungszwecke mindestens 20%, bei den übrigen Vorhaben mindestens 30% der förderbaren Baukosten. Der Rest kann anderweitig finanziert werden.

Gemeinsame Kreditaktion für die Wiener Klein- und Mittelbetriebe

Diese Aktion wird unter Beteiligung des Bundesministeriums für Handel, Gewerbe und Industrie, der Kammer der gewerblichen Wirtschaft für Wien und der Stadt Wien durchgeführt. Der Bund, die Kammer und die Stadt Wien stellen je ein Drittel der erforderlichen Kreditmittel zur Verfügung. Die Kredithöhe beträgt maximal 50.000 S, die Verzinsung 4% und die Laufzeit vier Jahre. Die Kredite werden für Investitionen oder für Betriebsmittelverstärkung gewährt.

Wiener Kleinbetriebezuschußaktion für Neugründungen und Modernisierungen (Kleinbetriebezuschußaktion)

Diese Aktion der Stadt Wien ermöglicht direkte Barzuschüsse, deren Höhe von Investitionen bestehender oder neu zu gründender Kleinunternehmungen abhängig ist. Kleinbetriebe im Sinne dieser Aktion sind solche, deren Umsatz 10 Mio S pro Jahr, die Bilanzsumme 3 Mio S bzw. die Beschäftigtenzahl 40 nicht überschreitet. (Die Überschreitung eines dieser drei Grenzwerte wird toleriert.)

Durch die Schaffung einer Positivliste – die hier aus Platzgründen nicht abgedruckt, aber beim Kreditverein der Zentralsparkasse der Gemeinde Wien oder bei anderen Kreditinstituten eingesehen werden kann –, in der alle förderbaren Branchen konkret angeführt sind, wird eine Konzentration der Förderung erreicht.

Die Förderung ist dreistufig aufgebaut, wobei neben einer allgemeinen Investitionsförderung, die sich auf 10% der für die Bemessung maßgeblichen Investitionskosten (d. s. maximal 2 Mio S) beläuft, bei Neugründungen eines Betriebes zusätzlich eine Neugründungsförderung in der Höhe von 5% der Investitionskosten gewährt werden kann. Neben diesen beiden Förderungen können im Rahmen der Schwerpunktförderung Nahversorgung zusätzliche Prämien in der Höhe von 3% bzw. 5% oder 10% der geförderten Investitionskosten in Anspruch genommen werden.

Aktion zur Förderung wassersparender Investitionen

Im Rahmen dieser Aktion fördert die Stadt Wien Investitionen, die eine Einschränkung des industriellen Wasserverbrauches bzw. Abwasseranfalles bewirken. Der nicht rückzahlbare Investitionszuschuß, den die Stadt Wien gewährt, beträgt 10% der förderbaren Investitionshöhe und kann bis zu 500.000 S pro Betrieb erreichen. Als Eigenmittel sind mindestens 20% der Investitionssumme vorgeschrieben. Förderungsanträge, die im übrigen vor Durchführung der Investitionen bzw. vor Baubeginn gestellt werden müssen, können über ein Kreditinstitut oder direkt an den Magistrat der Stadt Wien gerichtet werden.

Aktion Baurechtsgründe

Zur Förderung von kleinen und mittleren Betrieben unterhält die Stadt Wien eine Aktion, in deren Rahmen Liegenschaften im Baurecht zu günstigen Konditionen zur Verfügung gestellt werden und die zu einem für den Betrieb günstigen Zeitpunkt von diesem erworben werden können. Im Rahmen dieser Aktion werden voll aufgeschlossene Liegenschaften nach Beratung im Wirtschaftsbeirat für Wien den aus gesamtwirtschaftlicher Sicht am meisten förderungswürdigen Betrieben zur Verfügung gestellt. Die Gewährung der Vergünstigungen ist von der korrekten Durchführung des Investitionsvorhabens und der Einhaltung der Vertragsbestimmungen abhängig.

Die Ermäßigung kann beim Bauzins bis zu 90%, beim Kaufpreis bis zu 60% betragen.

Refundierung von Anliegerleistungen

Diese Aktion, in deren Rahmen förderungswürdigen Unternehmungen ein Teil der im Zuge von Betriebsansiedlungen und Betriebsverlagerungen entstandenen und oft bedeutenden Anliegerleistungen refundiert werden kann, ist als Ausgleich für jene Unternehmungen gedacht, die durch eine ungünstige Form oder Situierung des Grundstückes besonders betroffen sind. Bei der Berechnung der Höhe des Betrages, der im Rahmen der Aktion refundiert wird, wird von einer „Normbelastung" je m^2 Grundfläche ausgegangen. Bis zu der durch die Normbelastung festgelegten Grenze sind die Anliegerleistungen (Anliegerbeitrag, Gehsteigherstellung und Kanaleinmündungsgebühr) als zumutbar zu bezeichnen; es können also nur die Normbelastungen überschreitende Anliegerleistungen refundiert werden.

Wiener Fremdenverkehrskreditaktion 1970

Die Stadt Wien und die Kammer der gewerblichen Wirtschaft für Wien haben gemeinsam diese Kreditaktion zur Leistungssteigerung, Modernisierung und Rationalisierung von Wiener Beherbergungsbetrieben, Heilbade- und Kuranstalten sowie Privatbädern geschaffen. Derartige Kredite können bei der Zentralsparkasse der Gemeinde Wien und der Ersten österreichischen Spar-Casse angesprochen werden. Die Stadt Wien und die Kammer Wien gewähren zu den Sparkassenkrediten Zinsenzuschüsse von insgesamt 3,5% p. a., 30% des gesamten Investitionsvorhabens müssen durch Eigenmittel finanziert werden. Die maximale Kredithöhe beträgt 2,5 Mio S, die Laufzeit höchstens zehn Jahre.

Sonderkreditaktion Privatbäder im Rahmen der Wiener Fremdenverkehrskreditaktion

Im Rahmen der Wiener Fremdenverkehrskreditaktion wurde eine Sonderquote mit einem Gesamtkreditrahmen von 7 Mio S zur Förderung der Wiener Privatsommerbäder eingerichtet. Zu diesem Kredit, der eine Laufzeit von 15 Jahren erreichen kann, schießen Stadt Wien und Kammer Wien gemeinsam 6% p. a. zu den Zinsen zu. Finanziert werden bis zu 30% der Investitionen, die vor allem im Hinblick auf das neue Bäderhygienegesetz 1976 zur Sanierung des Bades vorgenommen werden müssen.

Aktion zur Förderung von betrieblichen Infrastrukturinvestitionen von Wiener Beherbergungsbetrieben

Die Stadt Wien gewährt zum Zweck der Modernisierung, Erweiterung oder Errichtung von Beherbergungsbetrieben einmalige Investitions- bzw. Baukostenzuschüsse. Im Falle eines bestehenden Beherbergungsbetriebes muß der Förderungswerber im Besitz der Zusicherung eines Kredites im Rahmen der Wiener Fremdenverkehrskreditaktion sein. Beim Neubau eines Beherbergungsbetriebes muß es sich um einen Betrieb der Kategorie B mit mindestens 150 Betten handeln. Für bestehende Beherbergungsbetriebe werden einmalige nicht rückzuerstattende Investitionszuschüsse, und zwar für die Installation von Abwassersträngen 40% dieser Investition, maximal jedoch 600 S/Bett, Verstärkung von Steigleitungen für Gas, Wasser und Heizung 40% dieser Investitionen, maximal 300 S/Bett, Verstärkung von Stromleitungen 40% dieser Investitionen, maximal 120 S/Bett, Herstellung von Aufzügen 25% dieser Investition, maximal 4.500 S/Bett, Errichtung eines Fernschreibers 20% dieser Investition, maximal 1.000 S/Bett und Installation einer neuen Telefonanlage 15% dieser Investition, maximal 1.500 S/Bett gewährt. Für die Errichtung von Beherbergungsbetrieben gewährt die Stadt Wien einen einmaligen nicht rückzuerstattenden Baukostenzuschuß im Ausmaß von 7% der förderbaren Baukosten, maximal jedoch 23.000 S/Bett. Der Förderungsantrag ist mit den erforderlichen Unterlagen beim Magistrat der Stadt Wien zu erstellen.

Aktion zur Förderung der Wiener Privatbäder

Im Rahmen dieser Aktion sind private Unternehmen, die im Besitz einer aufrechten Gewerbeberechtigung sind und in Wien gegen Entgelt allgemein zugängliche Schwimmbäder betreiben, antragsberechtigt. Nicht gefördert werden Gemeinschaftsbadeanlagen in/bei Wohnhausanlagen, Strandbäder sowie Bäder, die unmittelbar oder im Wege von Beteiligungsgesellschaften usw. mittelbar von Gebietskörperschaften betrieben werden.

Gefördert werden können für den Weiterbestand des Bades unbedingt erforderliche und insbesondere aufgrund des neuen Bäderhygienegesetzes vom 6. Mai 1976, BGBl. Nr. 254, unerläßliche Sanierungsmaßnahmen. Dazu gehören u. a. Schwimmbeckensanierungen, Sanierung oder Errichtung von Durchschreite- und Kinderfreibecken, von Reinigungs- und Wärmeanlagen für das Badewasser, Brauseanlagen, WCs und Umkleideanlagen. Das Ansuchen um Förderung muß vor Baubeginn gestellt werden. Die Preisangemessenheit der Investition muß von einem beeideten Zivilingenieur bestätigt werden. Der Förderungswerber muß darüber hinaus eine Kreditzusage aus der Sonderaktion für Privatsommerbäder im Rahmen der Wiener Fremdenverkehrskreditaktion haben. Er darf mit dieser genannten Aktion 30% der förderungswürdigen Investitionen finanzieren, für 10% müssen Eigenmittel vorhanden sein und die restlichen 60% bekommt er im Rahmen der Aktion zur Förderung der Wiener Privatbäder in Form eines einmaligen nicht rückzuerstattenden Investitionszuschusses. Dieser darf für die jeweilige Investition nur einmal gewährt werden. Allerdings ist die Inanspruchnahme für verschiedene Investitionsvorhaben zu verschiedenen Zeitpunkten zulässig, wobei die Zuschüsse aber insgesamt die Summe von 3 Mio S je Bad nicht überschreiten dürfen.

Ärztekreditaktion

Um die ausreichende Versorgung der Wiener Bevölkerung durch praktische Ärzte sicherzustellen, wird die erstmalige Niederlassung von praktischen Ärzten unter Berücksichtigung des örtlichen Bedarfes in Form zinsgünstiger Kredite bis zu einer maximalen Höhe von 300.000 S, welche bei der Zentralsparkasse der Gemeinde Wien, der Ersten österreichischen Spar-Casse und der Creditanstalt-Bankverein angesprochen werden können, gefördert. Die Verzinsung dieser Kredite beträgt 4% p. a., die Laufzeit zehn Jahre (davon zwei Jahre rückzahlungsfrei). Der Abschluß eines Vertrages mit der Wiener Gebietskrankenkasse ist u. a. eine wesentliche Voraussetzung für die Gewährung eines solchen Kredites.

Kreditaktion zur Renovierung und Modernisierung von Wiener Kinos

Im Rahmen dieser Aktion werden Kredite von maximal 1 Mio S zu derzeit 9% und einer fünfjährigen Laufzeit gewährt. Der Gesamtrahmen beträgt 50 Mio S. Die Stadt Wien haftet bis zur Höhe dieses Betrages und verzichtet auf die Vergnügungssteuer für einen Teil der Kinoeinnahmen, um die Rückzahlung der Kredite zu erleichtern.

U-Bahn-Aktion

Es handelt sich bei dieser Aktion um eine gemeinsame Hilfsaktion der Stadt Wien und der Kammer der gewerblichen Wirtschaft für Wien für die durch den U-Bahn-Bau in ihrer Existenz bedrohten Gewerbebetriebe. Die Hilfsmaßnahmen umfassen:

1. Gewährung von Zinszuschüssen zu Bankkrediten,
2. Übernahme der teilweisen oder gänzlichen Bürgschaft für Kredite,
3. Gewährung von Bargeldzuwendungen, wenn der Betrieb noch während der Bauzeit und für immer eingestellt werden muß,
4. kostenlose Betriebsberatung.

Die Förderungshöhe beträgt mindestens 5.000 S und maximal 2 Mio S und wird in jedem Einzelfall gemeinsam von der Stadt Wien und der Kammer festgelegt.

Garagenförderungsaktion

Eine Aktion, der gerade in der heutigen Zeit, in der gewachsene Geschäftsstraßen durch Einkaufszentren und Verbrauchermärkte am Stadtrand bedroht werden, besondere Bedeutung zukommt, stellt die Garagenförderungsaktion dar. Ein bedeutender Vorteil der Einkaufszentren am Stadtrand ist in dem großzügigen Parkplatzangebot zu sehen. Durch die Garagenförderungsaktion können nunmehr gewerbliche Tiefgaragen mit mindestens 300 Stellplätzen gefördert werden, wenn die Errichtung der Garage mit besonderen Erschwernissen (Einbautenverlegungen, Oberflächengestaltung) verbunden ist oder wenn über die normalen Anlaufschwierigkeiten hinaus beim Garagenbetrieb kein positives Ergebnis zu erwarten ist.

Die Förderung besteht in der Gewährung von einmaligen Baukostenzuschüssen in der Höhe von maximal 18% der Baukosten bei einem Garagenstandort in den Bezirken 2 und 10 bis 23, von maximal 14% in den Bezirken 3 bis 9 und von maximal 10% bei einem Standort im 1. Bezirk. An Eigenmitteln müssen mindestens 25% der Baukosten aufgebracht werden. Die Förderung von Hochgaragen erfolgt im nahen Einzugsbereich von Geschäftsstraßen. Der Baukostenzuschuß beträgt maximal 10%.

Förderungsaktion zum Ausbau von Dachböden für Wohnzwecke

Zur Förderung des Ausbaues von Dachböden zwecks Schaffung von Wohnungen leistet die Stadt Wien unter bestimmten Voraussetzungen nicht rückzahlbare Baukostenzuschüsse. Außerdem kann die Stadt Wien für Kredite, die von Kreditinstituten oder anderen Unternehmen nach den in dieser Aktion festgelegten Bedingungen gewährt werden, die Haftung gemäß § 1357 ABGB übernehmen. Die Förderung stellt eine freiwillige Maßnahme der Stadt Wien dar. Ein Rechtsanspruch auf diese Förderung besteht nicht. Anträge um Förderung sind an die MA 50, 1, Doblhoffgasse 6, zu richten.

Zinsenfreie Darlehen zur Herstellung von Kanalanschlüssen

Im Rahmen dieser Aktion werden seitens der Stadt Wien unverzinsliche Darlehen zur Herstellung von baubehördlich vorgeschriebenen Kanalanschlüssen von Häusern mit mehreren Mietern und Eigenheimen an das öffentliche Kanalnetz gewährt.

Die Laufzeit beträgt in der Regel fünf Jahre, in sozialen Härtefällen zehn Jahre.

Fonds zur Beratung und Betreuung von Zuwanderern nach Wien

(Wiener Zuwanderer-Fonds)

Der Wiener Zuwanderer-Fonds wurde im Jahr 1972 gegründet. In ihm sind die Stadt Wien und die Sozialpartner vertreten. Ziel des Fonds ist es, die Zuwanderer aus dem In- und Ausland nach Wien zu fördern. Dies geschieht durch breit gestreute Information ebenso wie durch mehrfach gestaffelte Wohnraum-Beschaffungsprogramme.

In den österreichischen Bundesländern wird mit einer eigenen Zeitschrift für den Arbeitsmarkt und Lebensraum Wien geworben. Wohnplätze und Startwohnungen erleichtern den Österreichern aus den Bundesländern die Arbeitsaufnahme und die Integration in die Bundeshauptstadt.

Für ausländische Arbeitnehmer gibt es nicht nur eine Reihe von Beratungsstellen, sondern auch tägliche Hörfunksendungen und telefonische Nachrichtendienste in serbokroatischer und türkischer Sprache.

Geschäftsstelle des Fonds: 1, Schottenring 25, Tel. 31 21 60.

Bürozeiten: Montag bis Donnerstag von 7.30 bis 11.30 Uhr und von 12 bis 16 Uhr,
Freitag von 7.30 bis 11.30 Uhr und von 12 bis 15.30 Uhr.

Informationszentrum: 10, Hofherrgasse 1, Tel. 64 21 51.

Öffnungszeiten: Montag bis Freitag von 17 bis 22 Uhr.

FORSTWIRTSCHAFT, LANDWIRTSCHAFT, JAGD UND FISCHEREI, NATURSCHUTZ

(MA 22, 47, 49, 58)

Welche Bedeutung hat der Wald für den Großstädter?

Die Pflege und Erhaltung des Waldes ist für die Landeskultur im allgemeinen und für die Großstadt im besonderen lebenswichtig. Der Wald bildet nicht nur ein Luftreservoir zur Erneuerung bzw. Verbesserung der durch den Staub und die Abgase der Großstadt verpesteten Luft, er dient auch als Ausflugsgebiet für die erholungsbedürftige Großstadtbevölkerung. Seine wasserrückhaltende Kraft verhindert weitgehend Überschwemmungen bei länger anhaltenden Niederschlägen; die Filterwirkung eines gesunden Waldbodens garantiert eine kontinuierliche Schüttung geringen Temperaturschwankungen unterworfenen und hygienisch einwandfreien Quellwassers. Gerade letzterer Umstand ist für die Stadt Wien von besonderer Bedeutung, kommt doch der größte Teil des weltbekannten Wiener Trinkwassers aus den stadteigenen Quellenschutzgebieten, zu denen auch im Wiener Bereich mit Wald bestockte Erholungsgebiete hinzukommen.

In Erkenntnis der Wohlfahrtswirkungen des Waldes führt die Stadt Wien auch innerhalb bereits verbauten Gebietes Neuaufforstungen durch, im flugsandgefährdeten Ostrand der Stadt werden Windschutzstreifen zur Verhinderung von Flugerdebildungen errichtet. Da sich der Großteil der Wälder Wiens im Landschaftsschutzgebiet (Wald- und Wiesengürtel) befindet und zahlreiche Einzelnaturdenkmäler aufweist, finden auch unter diesem Gesichtspunkt Erhaltungsarbeiten statt.

Was ist zum Schutz des Waldes zu beachten?

Zum Schutz des Waldes gegen Übergriffe werden gemäß den forstrechtlichen Bestimmungen Forstschutzorgane bestellt, die von der Behörde als solche vereidigt sind und denen die Rechte und Pflichten von öffentlichen Wacheorganen zukommen. In Ausübung ihres Dienstes haben sie gesetzwidrige Handlungen gegen das Waldeigentum zu verhindern bzw. zur Anzeige zu bringen. Solche sind z. B. Anhacken, Anplätzen, Ringeln von Bäumen, Abhauen, Abschneiden von Wipfeln, Ästen und Zweigen, Ausgraben von Bäumen und Sträuchern, Abstellen von Fahrzeugen im Wald, Beschädigungen von Saaten und Kulturen, Ablagern von Mist und Unrat in den Wäldern, Anzünden von Feuern, Holzdiebstähle usw. Lediglich einzelne kleine Zweige dürfen ohne wesentliche Beschädigung der Pflanze abgerissen werden. Übertretungen der forstrechtlichen Bestimmungen können von der Verwaltungsbehörde je nach den Umständen mit Strafen bis zu 60.000 S oder Arrest bis zu vier Wochen belegt werden. Die Forstschutzorgane haben bei kleineren Übertretungen (Forstfrevel) die Befugnis, ähnlich wie die Polizei, Strafmandate zu erteilen. Die Forstschutzorgane dürfen in Ausübung ihres Dienstes gegebenenfalls auch von ihren Waffen Gebrauch machen und Gesetzesübertreter zum Zweck ihrer Vorführung vor die Behörde auch festnehmen. Im Landschaftsschutzgebiet sorgen auch Naturwachtorgane für die Einhaltung der gesetzlichen Bestimmungen.

Wie verhält man sich bei Waldbränden?

Grundsätzlich ist jedermann verpflichtet, ein im Wald oder in dessen Gefährdungsbereich unbeaufsichtigt oder verlassen angetroffenes Feuer oder auch ein Schadensfeuer nach Kräften zu löschen bzw. auf schnellstem Wege der Polizeidienststelle oder dem Gemeindeamt zu melden. Zur Löschung eines Waldbrandes ist jedermann verpflichtet.

Wer erteilt Auskünfte in Forstangelegenheiten?

Innerhalb der Landesgrenzen von Wien befinden sich 7.596 ha Wald, das sind 18,5% der Landesfläche.

Als Forstbehörden fungieren in Wien in der Bezirksverwaltungsinstanz die zuständigen magistratischen Bezirksämter, in deren Amtsbereich die Forste gelegen sind, in der Instanz des Landeshauptmannes ist die MA 58, 1, Volksgartenstraße 3, 2. Stock (Tel. 42 8 00*, 4212), als Forstbehörde zuständig. Die Wahrung aller Naturschutzbelange obliegt der MA 22, 1, Bartensteingasse 13 (Tel. 42 8 00*, 2007 oder 2018).

Den Forstbehörden stehen als forstfachliche Organe die Bezirksforstinspektion und die Landesforstinspektion Wien zur Seite, die ihren Sitz im Amtsgebäude der MA 49, 1, Volksgartenstraße 3, Tel. 42 8 00*, 4118, haben. Diesen Dienststellen obliegt die staatliche Forstaufsicht über alle innerhalb des Bundeslandes Wien gelegenen Forste, wie z. B. Überprüfung der Zulässigkeit von Schlägerungen, Rodungen von Waldböden, Überwachung des Vollzuges der forstgesetzlichen Bestimmungen, Begutachtung von

Wirtschaftsplänen, Anordnung und Überwachung von Maßnahmen zur Bekämpfung forstlicher, tierischer und pflanzlicher Schädlinge, forstfachliche Beratung der Waldbesitzer usw.

Die MA 49, 1, Volksgartenstraße 3, Tel. 42 8 00*, 4111, verwaltet den gesamten im Eigentum der Stadt Wien stehenden Forstbesitz, der ein Ausmaß von rund 40.000 ha umfaßt. Der MA 49 unterstehen im Wienerwaldbereich die städtische Forstverwaltung Lainz (13, Lainzer Tiergarten, Hermesvilla, Tel. 82 54 10), die Forstverwaltung Lobau (Groß-Enzersdorf, Elisabethstraße 17, Tel. 0 22 49/353), ferner die Quellenschutzforste der 1. Wiener Hochquellenwasserleitung, und zwar die städtischen Forstverwaltungen Hirschwang, Naßwald und Stixenstein, Niederösterreich, schließlich im Bereich der 2. Wiener Hochquellenwasserleitung die städtische Forstverwaltung Wildalpen, Steiermark. Der Forstverwaltung Hirschwang ist ein modern eingerichtetes Sägewerk als forstlicher Nebenbetrieb angeschlossen, in welchem der Großteil der aus den Quellenschutzforsten der 1. Wiener Hochquellenwasserleitung anfallenden Rundhölzer eingeschnitten wird.

Die im Rahmen dieser Bewirtschaftung sich ergebenden Holzverkäufe (Schnittholz, Rundholz, Faserholz, Grubenholz, Brennholz usw.) größeren Umfangs werden zentral durch die MA 49 bearbeitet, der auch die Verwaltung der Jagd- und Fischereieigenreviere wie auch jene der Gemeindejagdgebiete und Fischereipachtreviere im Land Wien obliegt.

Landwirtschaft

Die neue Geschäftseinteilung für den Magistrat der Stadt Wien sieht eine Trennung des Forstamtes vom Landwirtschaftsbetrieb vor. Die Agenden des Landwirtschaftsbetriebes gingen auf die neu geschaffene MA 47 über.

Im Jahr 1919 gründete die Stadt Wien im Verein mit der damaligen amtlichen Übernahmsstelle für Vieh und Fleisch sowie der Habsburg-Lothringischen Vermögensverwaltung (später Kriegsgeschädigten-Fonds) die Land- und Forstwirtschaftliche Betriebsgesellschaft m. b. H., an welcher die drei genannten Gesellschafter zu je einem Drittel beteiligt waren. Im Jahr 1926 erwarb die Stadt Wien den Anteil der amtlichen Übernahmsstelle für Vieh und Fleisch zur Gänze und den des Kriegsgeschädigten-Fonds zum größeren Teil, so daß sie 90% der Anteile in ihrem Besitz vereinigte. Nach Auflösung des Kriegsgeschädigten-Fonds kaufte die Gemeinde Wien im Jahr 1941 vom Rechtsnachfolger des Ersteren, dem Deutschen Reich (Reichsdomänenverwaltung), die restlichen 10% der Anteile und wurde damit Alleininhaberin der Gesellschaft. Nach Ausscheiden der Forstverwaltung Lobau und des Nebenbetriebes Säge- und Sperrholzwerk Orth an der Donau entschloß sich die Gemeindeverwaltung im Jahr 1942, von der bisherigen Gesellschaftsform abzugehen und den nunmehr rein landwirtschaftlichen Betrieb in ein städtisches Unternehmen mit der Bezeichnung „Landwirtschaftsbetrieb der Stadt Wien" umzuwandeln.

Die zentrale Verwaltung der landwirtschaftlichen Betriebe hat ihren Sitz in 3, Vordere Zollamtstraße 11 (Tel. 72 24 99, 73 22 87); von dieser Stelle werden die stadteigenen Höfe Lobau, Laxenburg, Wallhof, Vösendorf sowie die Weingüter Cobenzl und Magdalenenhof mit einer Fläche von ca. 1.600 ha, ferner die von der Republik Österreich, Bundesministerium für Land- und Forstwirtschaft, gepachteten ehemaligen Fondsgüter Eßling, Rutzendorf, Orth und Schloßhof mit einer Fläche von ca. 1.400 ha, somit insgesamt ca. 3.000 ha, verwaltet.

Der MA 47 obliegt die Verwaltung der stadteigenen Höfe und des landwirtschaftlich nutzbaren Streubesitzes der Stadt Wien, um der Stadtverwaltung im Bedarfsfall jederzeit Grundstücke zur Verfügung stellen zu können. Weiters haben die landwirtschaftlichen Betriebe die Aufgabe, die Versorgung städtischer Einrichtungen, wie Spitäler, Anstalten usw., in Krisenzeiten sicherzustellen.

Wer darf in Wien jagen?

Jeder der im Besitz einer gültigen Wiener Jagdkarte ist und dem von einem Jagdpächter oder -eigentümer die Erlaubnis hiezu erteilt wurde, sofern er nicht selbst Jagdpächter oder Eigenjagdbesitzer ist.

Die Jagdkarte erhält er über Ansuchen bei dem zuständigen magistratischen Bezirksamt.

Die Landes- und Revierjagdkarte gilt nur für das jeweilige Kalenderjahr.

Wie komme ich zu einer Jagdkarte?

Die *Landesjagdkarten* für das ganze Gebiet der Stadt Wien werden von dem *magistratischen Bezirksamt* ausgestellt, in dessen Amtsgebiet der Antragsteller seinen *Wohnsitz* hat. Für Personen, die in Wien keinen Wohnsitz haben, ist das Magistratische Bezirksamt für den 1., 8. Bezirk zuständig.

Die *Revierjagdkarten* mit Gültigkeit für ein bestimmtes Jagdgebiet werden von dem nach seinem Geltungsbereich zuständigen magistratischen Bezirksamt ausgestellt.

Die *Tagesjagdkarten* mit Gültigkeit für ein bestimmtes Jagdgebiet werden von jedem magistratischen Bezirksamt in Wien sowie von den Forstverwaltungen Lainz und Lobau der MA 49 für acht aufeinanderfolgende Tage an Personen ausgestellt, die eine gültige Jagdkarte, gleichgültig welchen Bundeslandes, besitzen.

Voraussetzungen für die Ausstellung einer Jagdkarte sind:

a) der Nachweis einer Jagdhaftpflichtversicherung und
b) der Nachweis der jagdlichen Eignung des Bewerbers.

Beide Nachweise werden durch eine entsprechende Bescheinigung des Wiener Landesjagdverbandes, 4, Prinz Eugen-Straße 44, erbracht. Für das Bundesland Niederösterreich werden Jagdkarten an in Wien wohnhafte Personen von der Bezirkshauptmannschaft Wien-Umgebung, 9, Alserbachstraße 41, ausgestellt.

Was ist zum Schutz des Wildes zu beachten?

Jeder Hundehalter hat seinen Hund so zu halten, daß er dem Wildstand keinen Schaden zufügen kann. Erforderlichenfalls muß der Hund im oder beim Haus entsprechend verwahrt, außerhalb des Hauses an der Leine geführt werden. Alleinjagende Hunde können von jedem Jagdaufsichtsorgan erschossen werden. Jede Beunruhigung und Verfolgung von Wild, wie auch das Fangen und Aneignen von Wild (Wilddiebstahl!), sowie das Aufstellen von Fallen – ausgenommen durch den Jagdausübungsberechtigten im Rahmen der jagdgesetzlichen Bestimmungen – sind verboten.

Zur Überwachung der Einhaltung der jagdrechtlichen Vorschriften sind für jedes Jagdgebiet beeidete Jagdaufseher bestellt, die als öffentliche Wache gelten. Sie sind mit einem Dienstabzeichen, welches das von einem Hirschgeweih umrahmte Wappen der Stadt Wien zeigt, sowie mit einem Dienstausweis versehen.

Wer erteilt Auskünfte über Jagdangelegenheiten?

Das Wiener Jagdgebiet umfaßt 22 Eigenjagdgebiete und 15 Gemeindejagden. Als Bezirksjagdbehörde fungiert das *magistratische Bezirksamt,* in dessen Sprengel sich ein

Jagdgebiet befindet, *Landesjagdbehörde* ist die MA 58, 1, Volksgartenstraße 3. Die fachliche Beratung des Wiener Magistrats wird durch den *Landesjagdbeirat* durchgeführt. Jeder Bezirk hat einen *Bezirksjagdbeirat.* Sämtliche Jagdkartenbesitzer in Wien gehören dem *Wiener Landesjagdverband,* 4, Prinz Eugen-Straße 44, an. Auskünfte in Jagdangelegenheiten für Wien erteilen die MA 49 und 58.

Wer darf in Wien fischen?

Personen, die im Gebiet der Stadt Wien die Fischerei ausüben wollen, benötigen hiezu:

1. *Eine Fischereilizenz.* Diese wird vom Eigentümer, Pächter oder Bewirtschafter eines Wiener Fischereirevieres oder eines Wiener Fischwassers, das nicht in die Revierbildung einbezogen ist, ausgestellt;
2. *eine gültige Fischerkarte.* Diese wird vom Wiener Fischereiausschuß, 3, Am Modenapark 1–2, 3. Stock, jeden Montag, Mittwoch und Freitag in der Zeit von 8 bis 12 Uhr ausgegeben. Für das Bundesland Niederösterreich werden die Fischerkarten an die in Wien wohnhaften Personen von der Bezirkshauptmannschaft Wien-Umgebung, 9, Alserbachstraße 41, von Montag bis Freitag von 8 bis 12 Uhr ausgegeben. Es gibt einjährige und dreijährige Fischerkarten, die für die betreffenden Kalenderjahre gültig sind.

Personen, die um Ausstellung einer Fischerkarte beim Wiener Fischereiausschuß ansuchen, haben entweder eine Fischerkarte vom Vorjahr oder eine Fischereilizenz für ein Wiener Fischereirevier bzw. Wiener Fischerwasser vorzuweisen, die von dem betreffenden Fischereiausübungsberechtigten gefertigt sein muß. Personen unter 14 Jahren darf keine Fischerkarte ausgestellt werden. Jugendliche zwischen 14 und 18 Jahren haben die schriftliche Zustimmung des gesetzlichen Vertreters (Vater oder Vormund) zur Ausübung der Fischerei beizubringen.

Welche Hilfsmittel dürfen zum Fischfang nicht verwendet werden?

Sprengstoffe, Gifte, Betäubungsmittel sowie elektrischer Strom dürfen zum Fischfang nicht verwendet werden. Auch das Fischen mit Schlingen, Legschnüren und mit Licht sowie das Prellen, Stechen und Beschießen der Fische (Harpunen!) ist verboten. Desgleichen dürfen in fließenden Gewässern keine stehenden Fangvorrichungen (Fischwehren) angebracht werden.

Zur Überwachung der Einhaltung der fischereirechtlichen Vorschriften, zu welchen außer den genannten Verboten insbesondere auch die Bestimmungen über die Schonzeiten und Brittelmaße (Körperlänge) der Fische zählen, sind für jedes Fischereirevier Fischereiaufseher bestellt, die als öffentliche Wache gelten. Sie sind mit einem Dienstabzeichen mit der Aufschrift „Beeidete Wache" und einem Dienstausweis versehen.

Was bezweckt der Naturschutz?

Das Naturschutzgesetz und die Naturschutzverordnungen (LGBl. für Wien Nr. 1/1955, 5/1955, 6/1955 und 13/1957) haben die öffentliche Obsorge für die Erhaltung der heimatlichen Natur in allen ihren Erscheinungsformen zum Ziel.

Insbesondere werden geschützt:

a) Einzelschöpfungen der Natur als Naturdenkmäler (Naturdenkmalschutz);
b) wildwachsende Pflanzen und freilebende Tiere bestimmter Arten (Schutz des Pflanzen- und Tierreiches);
c) räumlich abgegrenzte Naturgebiete als Naturschutzgebiete (Naturgebietsschutz);
d) die Landschaft als bildhafte Gesamterscheinung der Natur (Landschaftsschutz).

Gegenwärtig verfügt Wien über 450 Naturdenkmäler, die wegen ihrer Eigenart bzw. Seltenheit oder wegen ihres kulturellen bzw. wissenschaftlichen Wertes oder weges des besonderen Gepräges, das sie dem Landschaftsbild verleihen, mit Bescheid zu Naturdenkmälern erklärt wurden. Neben Bäumen, Baum- oder Gehölzgruppen zählen dazu Standorte seltener Pflanzen (z. B. Orchideen, Schneerosen), geologische Aufschlüsse (z. B. Vulkangestein, neolithischer Feuer- und Hornsteinbergbau), Teiche, Quellen, Weiher und Relikte bereits seltener autochtoner Waldgesellschaften. Eine dendrologische Attraktion ersten Ranges (auch international gesehen) stellt eine Ansammlung von mehr als 700 Gehölzen (114 Spezies aus 59 Gattungen und rund 75 Varietäten, davon Nadelhölzer 53/15/67) auf einer 5 ha großen Liegenschaft in Neuwaldegg dar. Die Wiener Naturdenkmäler sind durch Metallplaketten mit dem Wiener Wappen, in besonderen Fällen auch durch Tafeln oder Pultsteine mit erläuterndem Text, gekennzeichnet.

19 Pflanzenarten sind gänzlich und 34 Pflanzenarten teilweise geschützt. Gänzlich geschützt sind u. a. Aurikel, Diptam, Küchenschelle, Ragwurz, Seidelbast, Steinröserl und Waldhyazinthe. Der Handel mit vollkommen oder teilweise geschützten Pflanzen ist grundsätzlich verboten; teilweise geschützte Pflanzen können fallweise für den Handel freigegeben werden. Außerhalb von Pflanzenschutzgebieten ist das Pflücken von Pflanzen, die nicht gänzlich geschützt sind, für den persönlichen Bedarf nur in einer Menge gestattet, die leicht von Daumen und Zeigefinger einer Hand umfaßt werden kann (Handstrauß).

Ohne Genehmigung der Naturschutzbehörde ist in der freien Natur verboten:

a) Einzelgehölze oder Hecken zu roden, zu schlägern, kahlzuschneiden oder abzubrennen;
b) Rasenflächen, Rohr- und Schilfbestände abzubrennen.

Das Entfernen oder Zerstören von Brutstätten oder Nestern aller freilebenden geschützten Tiere, auch wenn sie keine Jungtiere enthalten, ist untersagt.

Ähnliche Schutzbestimmungen gelten auch für die gänzlich und teilweise geschützten Tiere. Zu den gänzlich geschützten Tierarten gehören u. a. alle einheimischen, nicht jagdbaren freilebenden Vogelarten mit Ausnahme von Feld- und Haussperling sowie der verwilderten Haustaube, ferner einzelne Säugetiere (Fledermäuse, Igel, Spitzmäuse), Reptilien, Amphibien, Insekten; teilweise geschützt sind die Weinbergschnecken und die Rote Waldameise.

Wien besitzt zwei große Naturschutzgebiete. Den Lainzer Tiergarten mit ca. 2.300 ha und die 1978 zum Naturschutzgebiet erklärte Lobau mit ca. 2.000 ha Fläche. Im Westen und Nordwesten der Lobau schließen ca. 460 ha Landschaftsschutzgebiete an.

Als Bestandteil des 1905 geschaffenen Wald- und Wiesengürtels genießen der Wienerwald, der Prater und Teile des Laaer bzw. des Wienerberges Schutz als Landschaftsschutzgebiete. Endlich unterliegen auch Grün- und Parkanlagen, die zu Parkschutzgebieten gehören, nicht nur den Bestimmungen der Bauordnung, sondern gelten gleichzeitig auch als Landschaftsschutzgebiete im Sinne des Naturschutzgesetzes.

Vorhaben, deren Durchführung schädigende Rückwirkungen auf das Landschaftsbild oder auf das innere Gefüge des Landschaftshaushaltes (Klima, Bodenbildung, Grundwasserführung, Pflanzenkleid, Tierleben) zur Folge haben, können auch außerhalb der geschützten Flächen vom Magistrat untersagt werden.

Wer beschäftigt sich mit Naturschutz?

In erster Linie ist die MA 22, 1, Bartensteingasse 13 (Tel. 42 8 00*, 2007 oder 2018), als Naturschutzbehörde mit Angelegenheiten des Naturschutzes befaßt. Die Organe des öffentlichen Sicherheitsdienstes sowie Marktaufsichts-, Forst-, Jagd- und Fischereiorgane haben bei der Vollziehung des Naturschutzgesetzes mitzuwirken. Zu ihrer Unterstützung können mit den einschlägigen Bestimmungen vertraute Personen als ehrenamtliche Naturschutzorgane herangezogen werden, die nach Prüfung und Bestellung, wenn sie in Ausübung ihres Dienstes handeln und das vorgeschriebene Dienstabzeichen tragen, als öffentliche Wache anzusehen sind.

Das Naturschutzgesetz sieht für Übertretungen Geldstrafen bis zu 30.000 S oder Arreststrafen bis zu drei Monaten vor, die bei erschwerenden Umständen nebeneinander verhängt werden können.

Was ist der Zweck des Wiener Baumschutzgesetzes?

Durch dieses Gesetz sollen im Gebiet der Stadt Wien alle Laub- und Nadelbäume mit einem Stammumfang von mindestens 40 cm, gemessen in 1 m Höhe vom Beginn der Wurzelverzweigung, einschließlich ihres Kronen- und Wurzelbereiches geschützt werden, um für die Wiener Bevölkerung eine gesunde Umwelt zu erhalten. Dabei ist es belanglos, ob sich die Bäume auf öffentlichem oder privatem Grund befinden. Der Grundeigentümer ist daher prinzipiell verpflichtet, den Baumbestand zu erhalten.

Was verbietet das Gesetz?

Es ist verboten, Bäume durch chemische, mechanische oder andere Einwirkungen zu schädigen, im Wuchs zu hemmen oder zum Absterben zu bringen. Weiters Bäume, die vom Gesetz geschützt sind, zu fällen, auszugraben, auszuhauen oder sonstwie zu entfernen.

Nicht verboten ist jedoch das Schneiden (Stutzen) von Bäumen, welches ohne Gefährdung ihres Bestandes lediglich Verschönerungs-, Veredelungs- oder Pflegezwecken dient.

Auf welche Bäume findet dieses Gesetz keine Anwendung?

a) Auf Bäume, die in Baumschulen, Gärtnereien oder sonstigen landwirtschaftlichen Betriebsstätten produktions- oder nutzungsbedingt entfernt werden müssen;
b) auf Bäume in Wäldern im Sinne des Forstgesetzes;
c) auf Obstbäume;
d) auf Bäume in Kleingartenanlagen und
e) auf Bäume, die auf Grund behördlicher Anordnungen (Wasserrechtsgesetz, Kulturpflanzenschutzgesetz) entfernt werden müssen.

Was ist zu tun, wenn ein geschützter Baum entfernt werden muß?

Vor allem ist um die behördliche Bewilligung beim zuständigen magistratischen Bezirksamt anzusuchen. Dem Ansuchen sind Pläne oder Skizzen, aus denen der gesamte Baumbestand und der Standort der zu entfernenden Bäume hervorgeht, in vierfacher Ausfertigung anzuschließen. Die Behörde kann unter bestimmten, im Gesetz genannten Voraussetzungen die Bewilligung erteilen. Grundsätzlich muß als angemessener Ausgleich für die durch die Bewilligung erfolgte Verminderung des Baumbestandes pro angefangenen 15 cm Stammumfang ein Ersatzbaum mittlerer Baumschulqualität mit einem Stammumfang von 8 bis 15 cm gepflanzt werden. Es muß daher bereits das Ansuchen um Bewilligung der Entfernung von Bäumen Angaben über entsprechende Ersatzpflanzungen enthalten.

Wem obliegt die Ersatzpflanzung und wo ist sie vorzunehmen?

Primär ist der Inhaber der Bewilligung zur Entfernung der Bäume zur Ersatzpflanzung verpflichtet. Soweit es die örtlichen Verhältnisse zulassen, hat die Ersatzpflanzung auf derselben Liegenschaft oder im Umkreis von höchstens 300 m vom Standort des zu entfernenden Baumes auf eigenem oder fremdem Grund in der Art und Weise zu erfolgen, wie es im Bescheid vorgeschrieben wird. Ist eine Ersatzpflanzung auf fremdem Grund geplant, muß der Grundeigentümer vorher zustimmen.

Was geschieht, wenn die Ersatzpflanzung nicht oder nicht vollständig vorgenommen werden kann?

In einem solchen Fall tritt der Magistrat in die Verpflichtung der Ersatzpflanzung ein, welche in erster Linie auf öffentlichem Gut oder sonstigen im Eigentum der Gebietskörperschaften stehenden Grundflächen im Umkreis von höchstens 300 m vom Standort des zu entfernenden Baumes, ansonsten möglichst im verbauten Gebiet, erfüllt werden soll.

Zur Deckung der der Stadt Wien aus diesen Ersatzpflanzungen erwachsenden Kosten oder auch zur Beschaffung der hiefür geeigneten Grundflächen ist vom Bewilligungsinhaber eine Ausgleichsabgabe zu entrichten, die pro Ersatzbaum 8.000 S beträgt.

Auskünfte in allen Angelegenheiten des Wiener Baumschutzgesetzes erteilen die zuständigen magistratischen Bezirksämter und die MA 58, 1, Volksgartenstraße 3 (Tel. 42 8 00*, 4219).

ÖFFENTLICHES GARTENWESEN UND AMTLICHER PFLANZENSCHUTZDIENST

(MA 42)

Was ist zu tun, wenn durch zu groß gewordene Alleebäume Wohnungen oder Geschäftslokale verdunkelt werden?

Man wendet sich an die MA 42, 3, Am Heumarkt 2b, Tel. 72 21 71, die für die Pflege aller städtischen Gärten und Baumpflanzungen zuständig ist.

Wo erhalten Gartenbesitzer Auskunft über Krankheiten und Schädlinge, die in ihrem Garten auftreten?

Sie wenden sich unter Mitnahme einer frischen Pflanzenprobe an den amtlichen Pflanzenschutzdienst der MA 42, 3, Am Heumarkt 2b, Tel. 72 21 71, der die Pflanzen untersucht und die Gartenbesitzer über Art und Bekämpfbarkeit der Krankheit oder des Schädlings aufklärt.

Verwahrlosung des Nachbargartens

Wenn ein Nachbargarten sehr verwahrlost ist und die Gefahr besteht, daß tierische und pflanzliche Schädlinge die eigenen Pflanzenkulturen oder die der Nachbarn schädigen können, wenn Schädlinge in Massen auftreten, z. B. San José-Schildlaus, wende man sich an die MA 42, 3, Am Heumarkt 2b, Tel. 72 21 71, die im Land Wien auch den amtlichen Pflanzenschutzdienst besorgt, Schädlingsbekämpfungsmaßnahmen anordnet –, die Durchführung der Pflanzenschutzgesetze und der Magistratskundmachung, betreffend die Winterspritzung der Obstgehölze, überwacht sowie über die offiziell anerkannten Spritzmittel und deren Verwendung Auskunft gibt.

Was hat der Absender von Obst, Pflanzen, Pflanzenteilen usw. bei Sendungen in das Ausland zu tun?

Er wendet sich an den amtlichen Pflanzenschutzdienst der MA 42, 3, Am Heumarkt 2b, Tel. 72 21 71, der nach einer Beschau der zu versendenden Ware ein Pflanzenschutzzeugnis für die Ausfuhr ausstellt, vorausgesetzt, daß die Ware den gesetzlichen Vorschriften entspricht.

Was hat der Empfänger ausländischer Sendungen von Obst, Pflanzen und Pflanzenteilen usw. zu tun?

Er verständigt ebenfalls den amtlichen Pflanzenschutzdienst der MA 42, 3, Am Heumarkt 2b, Tel. 72 21 71, der im Sinne der Pflanzeneinfuhrverordnung und Qualitätsklassenverordnung nach Beschau der Sendung eine Freigabe veranlaßt.

GEMEINDEVERMITTLUNGSÄMTER

(MA 62)

Wegen Geldforderungen, sonstiger Ansprüche auf bewegliche Sachen, bei Streitigkeiten über Liegenschaftsgrenzen, über Servituten sowie in Besitzstreitigkeiten empfiehlt es sich, vor Anrufung des Gerichtes bei dem Gemeindevermittlungsamt, in dessen Sprengel ein Streitteil seinen Wohnsitz hat, die Vornahme eines Vergleichsversuches zu beantragen. Die Gemeindevermittlungsämter sind in Wien in jedem Gemeindebezirk bei der Bezirksvorstehung eingerichtet. Auf Grund eines solchen Antrages wird der Gegner für einen bestimmten Tag zum Gemeindevermittlungsamt vorgeladen. Die Vertrauensleute dieses Amtes werden sich bemühen, zwischen den beiden Streitteilen einen Vergleich herbeizuführen. Wenn eine Einigung zustande kommt, wird der Inhalt des Vergleiches schriftlich niedergelegt und auf Verlangen den Parteien eine Amtsurkunde darüber ausgefertigt. Von besonderer Bedeutung ist, daß diese Urkunde die Wirkung eines gerichtlichen Vergleiches hat, so daß die gerichtliche Zwangsvollstrekkung durchgeführt werden kann, wenn eine Partei die übernommenen Verpflichtungen nicht einhält. Aber auch dann,wenn sich die Parteien schon außergerichtlich geeinigt haben, können sie Geld ersparen, wenn sie derartige Einigungen als Vergleich in das Amtsbuch des Gemeindevermittlungsamtes eintragen lassen. Auch in diesen Fällen wird den Parteien, die den Vergleich vor dem Gemeindevermittlungsamt abschließen, eine Amtsurkunde ausgefertigt, die, wie oben dargelegt, die Wirkung eines gerichtlichen Vergleiches hat.

In Ehrenbeleidigungsangelegenheiten ist die Vornahme eines Sühneversuches durch das Gemeindevermittlungsamt gesetzlich vorgeschrieben. Der Beleidigte wird sich daher zweckmäßigerweise noch vor der Einbringung der Ehrenbeleidigungsklage an das Gemeindevermittlungsamt wenden, in dessen Sprengel der Beleidiger seinen Wohnsitz hat, und die Anberaumung einer Sühneverhandlung beantragen. Auch in diesen Fällen werden die Vertrauensleute des Amtes bestrebt sein, dem Beleidigten Genugtuung zu verschaffen, indem sie den Beleidiger je nach der Sachlage zur Abgabe einer mündlichen, schriftlichen oder öffentlichen Ehrenerklärung, unter Umständen auch zur Leistung einer Geldbuße für einen wohltätigen Zweck, veranlassen werden. Sollte der Sühneversuch jedoch erfolglos bleiben, erhält der Beleidigte darüber eine Bescheinigung, welche er der Ehrenbeleidigungsklage beilegen muß.

Da das Einschreiten der Gemeindevermittlungsämter mit keinen Kosten verbunden ist, können auf diese Weise in vielen Fällen die nicht unbedeutenden, mit gerichtlichen Verfahren zusammenhängenden Kosten erspart werden.

GESUNDHEITSWESEN

(MA 14, 15, 17)

An wen wendet man sich bei einer Geruchs- oder Lärmbelästigung durch einen gewerblichen Betrieb?

An das zuständige magistratische Bezirksamt. Sanitäre Übelstände anderer Art, die als solche empfunden werden, sind gleichfalls dem zuständigen magistratischen Bezirksamt bekanntzugeben.

An wen wendet man sich bei Rattenplage?

Bei Rattenplage wende man sich gleichfalls an das zuständige magistratische Bezirksamt; Namen und Anschriften der Eigentümer oder des Verwalters des Hauses bzw. Grundstückes sind anzugeben.

Wer führt die Rattenbekämpfung durch?

Die auf Grund der Verordnung vom 12. August 1964 in der Fassung der Verordnung vom 18. Dezember 1969 mit Bescheid des Magistrats der Stadt Wien mit der Durchführung der Rattenbekämpfung betrauten gewerbeberechtigten Schädlingsbekämpfer.

Jeder Eigentümer (Nutznießer, Pächter, Mieter) ist auf Grund dieser Verordnung des Wiener Magistrats *verpflichtet,* den Angestellten des Schädlingsbekämpfungsunternehmens (den einzelnen Firmen wurden Rayons zugewiesen) das Betreten aller in Betracht kommenden Grundstücke, Häuser und Räume zu *gestatten* und die Nachschau sowie die Rattenbekämpfung (Köderauslegung) durch diese Personen zu dulden.

Wer dieser Verpflichtung nicht nachkommt, gewärtigt *Bestrafung* durch das zuständige magistratische Bezirksamt.

Die Nachschau erfolgt sechsmal, in bestimmten, aus der Verordnung ersichtlichen Randgebieten dreimal jährlich.

Ergibt die Nachschau Rattenbefall oder die Gefahr eines solchen, müssen Bekämpfungsmaßnahmen (Auslegung von Rattenködern) so lange und so oft als notwendig durchgeführt werden!

Die Kosten der regelmäßigen Nachschau *und* Rattenbekämpfung sind vom Eigentümer (Pächter, Nutznießer) des Grundstückes zu tragen. Bei Häusern mit vermieteten Wohnungen gehören diese Kosten zu den Betriebskosten.

Vergiftungsinformation

Sei November 1973 ist an der I. Medizinischen Universitätsklinik (Vorstand Prof. Dr. Deutsch) eine *„Vergiftungsinformationszentrale"* errichtet, die Auskünfte über Gegenmaßnahmen bei Vergiftungen erteilt. Diese Auskunftsstelle ist durchlaufend von einem entsprechend ausgebildeten Arzt besetzt. Telefonisch erreichbar ist diese „Vergiftungsinformation" unter 42 89 (Allgemeines Krankenhaus), Kl. 4266, oder in besonders dringenden Fällen unter der sogenannten Alarmnummer 43 43 43.

Vernichtung giftiger und gifthältiger Stoffe

Bei der MA 39 ist seit 1969 eine Koordinationsstelle zur Vernichtung von giftigen und gifthältigen Stoffen und Abfällen eingerichtet. Diese Stelle erteilt jegliche Auskünfte und ist unter Tel. 73 11 41 während der Dienststunden erreichbar.

Verdacht auf Gesundheitsschädigung durch Lebensmittel

Da Vergiftungen durch Lebensmittel lebensgefährlich sein können, ist zunächst für sofortige *ärztliche Behandlung* des Erkrankten zu sorgen. Dann ist sofort das zuständige Bezirksgesundheitsamt mündlich oder telefonisch zu verständigen. Reste von Lebensmitteln, Erbrochenes u. dgl. sind für eine allfällige Untersuchung sicherzustellen.

Schutzimpfungen

Schutzimpfungen können von jedem praxisberechtigten Arzt vorgenommen werden. Die meisten Schutzimpfungen können jedoch ohne Formalitäten in den *Bezirksgesundheitsämtern* vorgenommen werden, und zwar jeden Dienstag und Freitag von 9 bis 11 Uhr.

Auch in den Mutterberatungsstellen können vorschulpflichtige Kinder geimpft werden.

Ein wesentlicher Teil des Impfprogramms findet in den *Schulen* statt; die verschiedenen Schutzimpfungen werden hier von den Schulärzten planmäßig vorgenommen.

Für *Auslandsreisende* besteht im Gesundheitsamt, 1, Schottenring 24, 2. Stock, Tür 215, eine Impfstelle, die Montag bis Freitag von 8 bis 12 Uhr geöffnet ist.

Nähere Einzelheiten über die verschiedenen Schutzimpfungen siehe die Tabelle „Das Wichtigste über Schutzimpfungen!"

Gesundheitspaß und Notfallskarte

Bei plötzlichen Erkrankungen und bei Unfällen kann es von größter Bedeutung, ja sogar lebensrettend sein, daß der Arzt sofort über die wichtigsten medizinischen Daten des Patienten unterrichtet ist. Zu diesem Zweck wird in Wien an allen geburtshilflichen Stationen bzw. von den freipraktizierenden Hebammen den Eltern ein *Gesundheitspaß* für das Neugeborene übergeben, worin zunächst Blutgruppe, Rhesusfaktor, Geburtsgewicht usw., später aber auch Impfungen, Seruminjektionen, Kinderkrankheiten, Stoffwechselkrankheiten und andere medizinisch notwendige Informationen vom Arzt eingetragen werden. Der Gesundheitspaß ist auch in den städtischen Mutterberatungsstellen, Kindergärten und Bezirksgesundheitsämtern kostenlos erhältlich und soll von den Eltern sorgfältig aufbewahrt werden.

Für Erwachsene werden in allen Bezirksgesundheitsämtern kostenlos sogenannte *Notfallskarten* (in handlichem Führerscheinformat) ausgegeben, die dem gleichen Zweck dienen und es dem Arzt ermöglichen, bei Unfällen sowie bei plötzlichen Erkrankungen mit Bewußtlosigkeit rasche und wirksame Hilfe zu leisten, ohne Schaden anzurichten. Es wird allen Wienerinnen und Wienern empfohlen, sich solche Karten zu besorgen, die nötigen Eintragungen – Impfzustand (insbesondere bezüglich Tetanus), Allergiehinweise, Blutgruppe, Unverträglichkeit bestimmter Medikamente, Diabetes usw. – durch den Hausarzt vornehmen zu lassen und die Karte *ständig bei sich zu tragen.* Auf die Möglichkeit, sich die Blutgruppe kostenlos bei Blutspendeaktionen bestimmen zu lassen, wird aufmerksam gemacht.

Mutter-Kind-Paß

Schwangere und Ärzte erhalten den vom Bundesministerium für Gesundheit und Umweltschutz herausgegebenen Mutter-Kind-Paß in jedem Bezirksgesundheitsamt oder im Gesundheitsamt, 1, Gonzagagasse 23, 2. Stock, Tür 255 (siehe auch Abschnitt Steuern, Abgaben und Gebühren, Geburtenbeihilfe).

Risikokinder

Das Gesundheitsamt der Stadt Wien hat in Zusammenarbeit mit der Universitäts-Kinderklinik ein Zentrum für Entwicklungsdiagnostik und cerebrale Bewegungsstörungen eingerichtet.

Kinder, deren psychologische oder motorische Entwicklung abweichend von der Norm erscheint, werden dort nach Anmeldung zur Diagnosestellung und fallweise auch zur Therapie angenommen. Die Anmeldung kann durch den Arzt oder die Eltern des Kindes erfolgen:

Universitäts-Kinderklinik Wien,
Zentrum für Entwicklungsdiagnostik und cerebrale Bewegungsstörungen, Oberarzt Dr. Lesigang, Tel. 42 89*, 4307.

Beratungsstelle für Übergewicht bei Kindern

Ebenfalls gemeinsam mit der Universitäts-Kinderklinik führt das Gesundheitsamt auch eine „Beratungsstelle für fettsüchtige Kinder", und zwar in 9, Währinger Gürtel 74 bis 76 (Universitäts-Kinderklinik), Tel. 42 89*, 4321.

Gehörtestungen bei Kindern

Bei Vorschulkindern werden ab dem fünften Lebensjahr außer in Kindergärten auch im Gesundheitsamt der Stadt Wien, 1, Zelinkagasse 3, jeden Montag von 8 bis 11 Uhr kostenlose Untersuchungen des Gehörs durchgeführt. Bei Schulkindern werden diese Untersuchungen vom Schulärztlichen Dienst veranlaßt.

Sehtests bei Kleinkindern

Das Gesundheitsamt führt in allen Wiener Kindergärten Sehtests für Kinder ab dem dritten Lebensjahr durch. Für Kinder, die keinen Kindergarten besuchen, besteht ebenfalls die Möglichkeit, eine Testung auf Augenfehler im Gesundheitsamt kostenlos durchführen zu lassen (1, Zelinkagasse 3, Montag von 8 bis 11 Uhr).

Jugendzahnkliniken

Für Kinder und Jugendliche werden konservierende und chirurgische Zahnbehandlungen in den Jugendzahnkliniken kostenlos durchgeführt:

9, Salzergasse 28, Tel. 31 53 34, Montag bis Freitag von 8 bis 15 Uhr, kieferorthopädische Behandlung Donnerstag von 13 bis 14 Uhr;

10, Erlachgasse 100, Tel. 62 48 435, Montag bis Freitag von 8 bis 16 Uhr;

15, Geyschlägergasse 2–12, Tel. 92 79 183, Montag bis Freitag von 12.30 bis 15.30 Uhr;

21, Am Spitz 1, Tel. 38 15 04, Montag und Freitag von 8 bis 11 Uhr für vorschulpflichtige Kinder und Montag bis Freitag von 13 bis 15 Uhr für Schulkinder bis 18 Jahre.

Wo und wie kann man sich auf Tuberkulose untersuchen lassen?

Auf Tuberkulose kann sich *jeder* ohne irgendwelche Formalitäten in der für seinen Wohnbezirk zuständigen städtischen Tuberkulose-Fürsorgestelle untersuchen lassen. Er wird dort von einem Facharzt untersucht und über seinen Gesundheitszustand unterrichtet. Diese Klarheit zu schaffen, ob man gesund oder krank, vielleicht sogar infektiös erkrankt ist, liegt in jedermanns eigenem Interesse, vor allem aber im Interesse seiner Familie und seiner Mitmenschen.

In den Tuberkulosefürsorgestellen der Stadt Wien werden alle Personen kostenlos untersucht, auch dann, wenn sie Mitglied einer Krankenkasse oder bemittelt sind.

Tuberkulosekranke und auch Krankheitsverdächtige sind nach den Bestimmungen des Tuberkulosegesetzes verpflichtet, den Einladungen zu ärztlichen Aussprachen und Untersuchungen Folge zu leisten. (Siehe das Verzeichnis der Tbc-Fürsorgestellen beim Magistrat, MA 15.)

Röntgenreihenuntersuchungen

Für Röntgenuntersuchungen größerer Personengruppen, wie Betriebsuntersuchungen, steht ein fahrbares Schirmbildgerät zur Verfügung. Mit diesem können an Ort und Stelle bis zu 400 Personen in einem halben Tag untersucht werden. Für solche Untersuchungen ist ein Kostenbeitrag zu leisten. Nähere Informationen im Gesundheitsamt (Tel. 66 14*, 551).

Tuberkulosehilfe

Tuberkulosekranken kann entsprechend den Bestimmungen des Tuberkulosegesetzes Tuberkulosehilfe gewährt werden. Der Antrag ist in der zuständigen Tuberkulosefürsorgestelle des Wohnbezirkes einzureichen. Dort werden auch die näheren Auskünfte erteilt (siehe Magistrat, MA 15). Die wirtschaftliche Tuberkulosehilfe kann jenen Patienten verweigert werden, die den der Heilung und Besserung ihres Leidens dienenden Anordnungen der Amtsärzte nicht nachkommen.

Wie kommt man in eine Heilstätte für Tuberkulosekranke?

Jeder Kranke, der eine Heilstättenbehandlung anstrebt, wende sich an die für seinen Wohnbezirk zuständige *Tbc-Fürsorgestelle* (siehe Magistrat, MA 15). Dort wird er ärztlich untersucht und seine Einweisung veranlaßt.

Das Wichtigste über Schutzimpfungen

Schutzimpfung gegen	Wird empfohlen für	Zahl der Einzelimpfungen	Wird durchgeführt in folgenden städtischen Dienststellen	Impfzeiten	Anmerkung
Tuberkulose (BCG-Impfung)	Neugeborene, Kinder, Jugendliche, Krankenpflegepersonal, ansteckungsgefährdete Personen	1	Geburtshilfliche Krankenanstalten, Schulen (3. und 4. Volksschulklasse) Tuberkulosereferat des Gesundheitsamtes, 1, Zelinkagasse 5, 2. Stock, Tür 264	Tuberkulosereferat: Auskunft Tel. 66 14*, 551	Außer bei Neugeborenen wird vor der Impfung eine Tuberkulinprobe durchgeführt; bei positivem Ausfall derselben erübrigt sich die Impfung
Poliomyelitis (Kinderlähmung) A) **Schluck**impfung	Kinder (ab 4. Lebens**monat),** Jugendliche, Erwachsene	3	Bezirksgesundheitsämter, Mutterberatungsstellen, Kindergärten, Schulen		Die Schluckimpfung darf n u r während der öffentlich angekündigten Impftermine durchgeführt werden
B) Impfung nach **Salk** (Injektion)	Kinder und Jugendliche, falls Schluckimpfung aus Termingründen nicht möglich	3–4	Bezirksgesundheitsämter	Dienstag und Freitag 9 bis 11 Uhr	
Pocken (Blattern)	Kleinkinder im 2. oder 3. Lebensjahr (freiwillige Erstimpfung); im 12. Lebensjahr Wiederimpfung (freiwillig ab 1. Jänner 1979) vor Reisen in pockengefährdete Gebiete; Krankenpflegepersonal	1	Bezirksgesundheitsämter Schulen Impfstelle für Auslandsreisende, 1, Schottenring 24, 2. Stock, Tür 215, Tel. 66 14*, 548	Dienstag und Freitag 9 bis 11 Uhr Montag bis Freitag 8 bis 12 Uhr	**Erst**impfungen nach dem 3. Lebensjahr sollen nur bei dringender Notwendigkeit und unter besonderen, vom Arzt zu erfragenden Schutzmaßnahmen durchgeführt werden

Schutzimpfung gegen	Wird empfohlen für	Zahl der Einzelimpfungen	Wird durchgeführt in folgenden städtischen Dienststellen	Impfzeiten	Anmerkung
Tetanus (Wundstarrkrampf)	Jugendliche, Erwachsene, insbesondere Arbeiter, Sportler, Gärtner, Soldaten, Kraftfahrer usw.	3	Bezirksgesundheitsämter Impfstelle für Auslandsreisende	Dienstag und Freitag 9 bis 11 Uhr Montag bis Freitag 8 bis 12 Uhr	
Diphtherie–Tetanus	Kinder ab 2. Lebensjahr	3	Bezirksgesundheitsämter Mutterberatungsstellen, Schulen	Dienstag und Freitag 9 bis 11 Uhr	
Diphtherie–Tetanus–Pertussis (Keuchhusten)	Kinder ab 3. Lebensmonat bis zur Vollendung des 1. Lebensjahres. Im 2. Lebensjahr Diphtherie-Tetanus	3 1	Bezirksgesundheitsämter Mutterberatungsstellen	Dienstag und Freitag 9 bis 11 Uhr, jeweilige Beratungszeiten	
Röteln	Frauen im Wochenbett 13- bis 14jährige Mädchen Risikogruppen (Lehrerinnen, Kindergärtnerinnen usw.), sofern ihr Rötelnantikörpertiter 1 : 16 oder weniger beträgt	1	Geburtshilfliche Abteilungen, Universitäts-Kinderklinik, 9, Lazarettgasse 14, Schulen	Mittwoch 14 bis 16 Uhr	Darf keinesfalls *während* einer Schwangerschaft erfolgen
Masern und Mumps	Kinder ab dem 2. Lebensjahr	1	Bezirksgesundheitsämter	Dienstag und Freitag 9 bis 11 Uhr	
FSME („Zeckenkrankheit")	gefährdete Berufe, Reisende in Zeckengefahrengebiete (Kinder erst ab dem 4. Lebensjahr)	3	Bezirksgesundheitsämter Impfstelle für Auslandsreisende	Impftermine werden öffentlich angekündigt	Ist der Zeckenbiß bereits erfolgt, so kann FSME-*Immunglobulin* verabreicht werden, Auskunft: Tel. 66 14*, 526
Typhus–Paratyphus	Auslandsreisende in Gefahrengebiete	3	Bezirksgesundheitsämter (für Kinder), Impfstelle für Auslandsreisende	Dienstag und Freitag 9 bis 11 Uhr Montag bis Freitag 8 bis 12 Uhr	Neuerdings ist auch eine *Schluck*impfung auf ärztliche Verschreibung verfügbar
Cholera	Auslandsreisende in Gefahrengebiete	2			
Gelbfieber	Auslandsreisende in Gefahrengebiete	1	Impfstelle für Auslandsreisende	Montag bis Freitag 8 bis 12 Uhr	
andere Infektionskrankheiten (gegen Voranmeldung)	Auslandsreisende in Gefahrengebiete				

An wen wendet man sich bei Anzeichen einer Geschlechtskrankheit?

Bei den allerersten Anzeichen einer Geschlechtskrankheit, so geringfügig sie auch sein mögen, wende man sich sofort an einen Arzt bzw. Facharzt oder an die städtische „Geschlechtskrankenberatungsstelle“, 1, Neutorgasse 20 (Ecke Schottenring), wo täglich von 8 bis 11 Uhr ohne irgendwelche Formalitäten kostenlose Beratung und Behandlung durch Fachärzte stattfindet.

Gesundenuntersuchungsstellen

Gesundenuntersuchungen finden statt in 3, Hainburger Straße 57 (Dienstag, Mittwoch und Freitag vormittag sowie Montag und Dienstag nachmittag für Frauen, Donnerstag vormittag und Mittwoch nachmittag für Männer), 9, Lazarettgasse 14, I. Medizinische Universitäts-Klinik, Ambulanz (Dienstag und Donnerstag nachmittag für Frauen), 10, Per Albin Hansson-Siedlung Ost, Ada Christen-Gasse Nr. 2 C (Dienstag und Mittwoch vormittag für Frauen, Montag und Donnerstag vormittag für Männer), 15, Sorbaitgasse 3 (Montag und Dienstag ganztägig, Donnerstag vormittag für Frauen, Mittwoch vormittag, Donnerstag und Freitag nachmittag für Männer), 16, Montleartstraße 37, Wilhelminenspital, 1. Medizinische Abteilung, Pavillon 23 (Montag, Dienstag und Donnerstag nachmittag für Frauen, Mittwoch nachmittag für Männer, Montag ab 16.30 Uhr für Frauen und Männer).

Außerdem besteht eine spezielle *Brustambulanz* in der Gesundenuntersuchungsstelle, 15, Sorbaitgasse 3 (Montag von 10 bis 11 Uhr), gegen telefonische Voranmeldung in der Zentrale der Gesundenuntersuchungsstellen, 1, Schottenring 24, Tel. 66 14*, 574.

Die Anmeldung für die Gesundenuntersuchung erfolgt von Montag bis Freitag in der Zeit von 8 bis 11 Uhr *persönlich* in der Zentrale, 1, Schottenring 24, 4. Stiege, Parterre, Tür 18, mit den Markierungsbögen der Krankenkassen oder dem letzten Befundschein der Gesundenuntersuchung bzw. mit einem Personalausweis.

Da eine beginnende Krebserkrankung vollkommen beschwerdefrei verläuft, ist eine frühzeitige Erkennung derselben nur durch eine jährliche Vorsorgeuntersuchung bei sich völlig gesund fühlenden Personen möglich. Bei diesen Untersuchungen können auch vorkrebsige Erkrankungen, welche unbehandelt später zu einem Krebsleiden führen könnten, aber auch andere chronische Krankheiten aufgedeckt und einer frühzeitigen Behandlung zugeführt werden.

Die Beratungsstelle für *Raucher* soll entwöhnungswilligen Rauchern und Raucherinnen Rat und Hilfe geben. Die Anmeldung hiezu muß, ebenso wie zur Gesundenuntersuchung, *persönlich* Montag bis Freitag von 8 bis 11 Uhr im Gesundheitsamt der Stadt Wien, 1, Zelinkagasse 5, Parterre, Tür 18, erfolgen.

Alle Untersuchungen sind kostenlos.

Worauf soll man vor einer Reise in tropische Länder achten?

Tropenreisen werden immer häufiger, erfordern jedoch gewisse gesundheitliche Vorsichtsmaßnahmen. Wer einen Tropenaufenthalt von mehr als einen Monat plant, sollte sich auf Tropentauglichkeit ärztlich untersuchen lassen.

Eine solche Untersuchungsstelle besteht im Gesundheitsamt der Stadt Wien, 1, Schottenring 24, 2. Stock, Tür 215, und kann gegen telefonische Voranmeldung (66 14*, 547 oder 548) in Anspruch genommen werden. Hier werden auch Ratschläge für kürzere Aufenthalte erteilt und Merkblätter mit den wichtigsten Verhaltensmaßnahmen ausgegeben. So erfährt man alles Wissenswerte über die notwendigen Medikamente, die Kleidungs- und Ernährungshygiene, über die sonstige persönliche Hygiene in den Tropen sowie über die vor Antritt der Reise durchzuführenden Schutzimpfungen (siehe auch Abschnitt „Schutzimpfungen“, Impfstelle für Auslandsreisende).

Diabetiker-Beratungsstelle

Diabetiker und ihre Angehörigen können die Beratungsstelle des Österreichischen Diabetikerverbandes in Anspruch nehmen. Sie befindet sich im Amtshaus 1, Schottenring 22–24 (Eingang Zelinkagasse 5, Parterre, Tür 20), und ist Dienstag von 16 bis 18 Uhr geöffnet.

Was kann bei Trunksucht unternommen werden?

Alkoholismus ist ein Symptom einer ihm zugrunde liegenden seelischen, geistigen, körperlichen oder sozialen Krankheit. Wenn ein Mensch immer wieder in alkoholisiertem Zustand angetroffen wird oder während desselben selbst- und gemeingefährlich ist, ist die Krankheit schon weit fortgeschritten und bedarf ärztlicher oder fürsorgerischer Betreuung.

Man kann Alkoholismus daran erkennen, daß ein Mensch genötigt ist, eine bestimmte Menge Alkohol zu sich zu nehmen. Dazu werden viele Gründe angeführt, die das Trinkenmüssen erklären sollen. Es ist krankhaft, wenn immer häufiger oder regelmäßig eine immer größere Menge Alkohol konsumiert werden muß oder wenn nach einer bestimmten Menge das Trinken nicht mehr beendet werden kann.

Es soll nicht zugewartet werden, bis das Stadium des chronischen Alkoholismus erreicht ist. Dieses ist an körperlichen, geistigen und seelischen Störungen zu erkennen, welche auch nach jahrelanger Behandlung oder Internierung nicht in jedem Fall völlig behoben werden können.

Es empfiehlt sich, dem Kranken zur freiwilligen Vorsprache bei der Beratungsstelle des Gesundheitsamtes der Stadt Wien des Referates Psychohygiene in 2, Kleine Sperlgasse 2b, Tel. 24 64 24, zu raten. Die Sprechstunden werden Montag und Donnerstag von 16 bis 19 Uhr abgehalten. An jedem Montag und Donnerstag von 18 bis 19 Uhr sind Sprechstunden der Ärzte bzw. es finden zu diesen Zeiten gruppenpsychotherapeutische Behandlungen statt. Die Beratungen sind unentgeltlich.

Es bestehen weitere Beratungsstellen für Alkoholkranke:

Arbeiter-Abstinentenbund, 15, Hackengasse 13, Tel. 92 33 67, und der Beratungsdienst der Caritas Wien, 5, Wiedner Hauptstraße 105, Tel. 55 43 76 (Montag, Dienstag und Freitag von 17 bis 20 Uhr).

Anton Proksch-Institut (Stiftung Genesungsheim Kalksburg), 23, Mackgasse 7–9, Tel. 88 41 37, 88 41 38 (Montag, Mittwoch und Samstag von 16 bis 20 Uhr).

Beratungsstelle des Genesungsheimes Kalksburg für Alkoholabhängige:

3, Hainburger Straße 68–70, Tel. 72 29 552 (Montag, Mittwoch und Donnerstag von 16 bis 19 Uhr).

In allen diesen Beratungsstellen werden ausschließlich freiwillige Patienten beraten, behandelt und fürsorgerisch betreut. Die *Aufnahme in das Genesungsheim Kalksburg* erfolgt ausschließlich freiwillig über die Beratungsstellen des Referates Psychohygiene der Stadt Wien (siehe oben) oder über die Ambulanz der Psychiatrischen Universitäts-Klinik, 9, Spitalgasse 23.

Für solche Kranke, die selbst- oder gemeingefährlich sind, die dem Unterhalt der Familie nicht nachkommen, deren Alkoholismus weit fortgeschritten ist oder bei denen der Verdacht einer alkoholischen Geistesstörung besteht, ist der Polizeiarzt am Polizeikommissariat des Wohnbezirkes zuständig.

Auf Antrag der Angehörigen kann beim zuständigen Bezirksgericht die Einleitung eines Entmündigungsverfahrens beantragt und über die Bundespolizeidirektion kann ein Gasthausverbot erwirkt werden.

Wie verhält man sich bei Verdacht einer Geisteskrankheit?

Wenn das Verhalten eines Mitmenschen den Verdacht erweckt, daß es sich um Anzeichen einer Geisteskrankheit handelt, ist zunächst die Frage von Bedeutung, ob und von wem er betreut wird. Viele Geisteskranke finden sich durchaus zurecht und sind von ihren Angehörigen leicht zu beraten. Die Anweisungen des behandelnden Arztes sind natürlich genau zu beachten; die Einnahme vorgeschriebener Medikamente muß eventuell von den Angehörigen überwacht werden.

Geisteskranke, die aus einer psychiatrischen Station wieder nach Hause entlassen sind, sollen die Mithilfe der Beratungsstellen des Gesundheitsamtes der Stadt Wien *(Referat Psychohygiene)* ansprechen, um wieder richtigen Anschluß im sozialen Leben zu finden und Rückfällen vorzubeugen.

Zentrale und Auskunft: 1, Schottenring 24, 2. Stock, Tür 225, Tel. 66 14*, 543 (Montag bis Freitag von 7.30 bis 15.30 Uhr).

Die Beratungsstellen befinden sich in 2, Kleine Sperlgasse 2b, Tel. 24 64 24 (Dienstag und Freitag von 15 bis 19 Uhr), 3, Hainburger Straße 68–70, Tel. 72 29 552 (Dienstag und Freitag von 15 bis 19 Uhr), 9, Borschkegasse 1, Tel. 42 67 86 (Dienstag, Donnerstag und Freitag von 15 bis 19 Uhr), 10, Per Albin Hansson-Siedlung Ost, Ada Christen-Gasse 2/G, Tel. 68 36 95 (Dienstag und Donnerstag von 15 bis 19 Uhr), 12, Längenfeldgasse 20, Tel. 83 76 15 (Montag und Dienstag von 9 bis 19 Uhr, Donnerstag von 14 bis 19 Uhr), 22, Kagran, Steigenteschgasse Nr. 142, Tel. 23 12 32 (Dienstag und Donnerstag von 15 bis 20 Uhr).

In den Beratungsstellen findet auch eine Beratung für *Angehörige* statt, die insbesondere dann in Anspruch genommen werden soll, wenn sich bei der häuslichen Pflege Schwierigkeiten ergeben. Auch Betriebe, die ehemals Geisteskranke eingestellt haben, können sich zu ihrer Beratung der Mithilfe des Referates Psychohygiene bedienen.

Für *Alterspatienten,* die psychische Schwierigkeiten haben, steht der geriatrische Dienst des Referates Psychohygiene zur Beratung ihrer Probleme zur Verfügung. Auch dieser kann selbstverständlich von Angehörigen oder der mit der Pflege solcher Patienten befaßten Personen zur Beratung herangezogen werden.

Nur bei Gefahr im Verzug, insbesondere bei Verdacht der Selbst- oder Gemeingefährlichkeit, ist im Wege der Polizei (Wachzimmer oder Kommissariat) der zuständige *Polizeiarzt* zu verständigen, dessen Entscheidung es obliegt, ob die Einweisung in eine geschlossene Anstalt zur Beobachtung des Geisteszustandes erforderlich ist.

Was ist bei Drogenabhängigkeit oder Sucht zu veranlassen?

Für Personen, die in Abhängigkeit von einem Suchtmittel (z. B. Haschisch, Opiate usw.) geraten sind, bestehen ebenfalls Beratungsmöglichkeiten in der Beratungsstelle des Referates Psychohygiene für Drogenabhängige in 2, Kleine Sperlgasse 2b (Mittwoch und Donnerstag von 16 bis 19 Uhr).

Diese Beratungsstelle ist auch für Angehörige und Freunde der Betroffenen, die dem abhängig Gewordenen aus seiner Situation helfen wollen, zugänglich. Überdies obliegt dieser Stelle die Beurteilung der medizinisch erforderlichen Maßnahmen im Falle des Aussetzens einer Strafverfolgung nach der Suchtgiftgesetznovelle 1971.

Für stationäre Entziehungskuren steht die Drogenstation des Genesungsheimes Kalksburg in 23, Breitenfurter Straße 517, zur Verfügung (Aufnahme über die Ambulanz der Psychiatrischen Universitätsklinik, 9, Spitalgasse 23). Überdies besteht im Rahmen der Caritas eine Beratungsstelle für drogengefährdete Jugendliche unter fachlicher Leitung in 17, Schellhammergasse 3 (Montag bis Freitag von 19 bis 22 Uhr), im Rahmen eines Klubs.

Wie kommt man zu einem Spitalsbett?

Für die Aufnahme in ein öffentliches Krankenhaus stellt der behandelnde Arzt einen *„Spitalszettel"* aus.

Die *Sicherung des Spitalsbettes* und die *Beistellung eines Krankenwagens* für nicht gehfähige Patienten besorgt die nächste Polizeiwachstube. Die Spitalseinweisung ist vorzuweisen.

Gehfähige Patienten können sich um ein freies Spitalsbett direkt an die *Aufnahmekanzlei* bzw. *Ambulanz* eines öffentlichen Krankenhauses wenden.

Über die Notwendigkeit der Aufnahme entscheidet allein die Krankenanstalt.

Zur Spitalsaufnahme sind folgende *Dokumente* mitzubringen: Meldezettel, Nachweis der Staatszugehörigkeit, Geburts-(Tauf-)Schein, Trauschein. Selbstzahlende Patienten haben die Pflegegebühren für einen bestimmten Zeitraum im voraus zu erlegen. Krankenversicherte Patienten bringen ihre Mitgliedskarte und nach Möglichkeit auch einen Kostenverpflichtungsschein ihrer Krankenkasse mit.

Spitalsombudsmann

Er nimmt Verbesserungsvorschläge und Beschwerden in Spitalsangelegenheiten für die Wiener Kranken- und Pflegeanstalten entgegen und überprüft jeden einzelnen Beschwerdefall und jede Anregung. Telefonisch erreichbar unter 63 21 37, Montag von 13 bis 15.30 Uhr und Donnerstag von 9 bis 12 Uhr. Persönliche Vorsprachen jeden Donnerstag von 9 bis 12 Uhr, 1, Schottenring 24, 3. Stock, Tür 363. Briefe sind an dieselbe Adresse zu richten.

In welchen Fällen interveniert der Rettungsdienst der Stadt Wien?

Die „Rettung" interveniert bei allen Unfällen und Vergiftungen sowie bei plötzlichen lebensbedrohlichen Erkrankungen außerhalb der Wohnung. Befindet sich der Patient in der eigenen Wohnung, so obliegt bei Erkrankungen die dringliche ärztliche Hilfe grundsätzlich dem praktischen Arzt (an Samstagen und Sonntagen dem ärztlichen Notdienst, Tel. 55 46 46).

Der Interventionsbereich der Rettung erstreckt sich über alle 23 Wiener Bezirke.

Die Rettung kann von jedermann über Tel. 144 in Anspruch genommen werden.

Hiebei beachten: Kurze, aber klare Angaben am Telefon, Bekanntgabe der eigenen Telefonnummer, Erwarten des Ambulanzwagens am Interventionsort oder – wenn nötig – an einer vereinbarten Stelle, von der die Einweisung zum Interventionsort erfolgt!

In welchen Fällen kann der Krankenbeförderungsdienst der Stadt Wien in Anspruch genommen werden?

Der Krankenbeförderungsdienst, auch kurz „Sanität" genannt, führt die Transporte Kranker in die Spitäler, Heimtransporte aus den Spitälern sowie Verlegungen in andere Anstalten durch.

Voraussetzung für die Inanspruchnahme der Sanität zum Transport eines Patienten in das Krankenhaus ist die *vorherige* Sicherstellung eines Spitalsbettes und die ärztlich bestätigte Notwendigkeit des Transportes mittels Sanitätswagens. (Die Sicherstellung des Spitalsbettes kann durch den behandelnden Arzt oder mit dem von ihm ausgestellten Spitalszettel durch die Polizei über die Bettenzentrale erfolgen.) Die Anforderung des Krankenbeförderungsdienstes erfolgt durch die Polizei.

Für Heimtransporte ist die anstaltsärztliche Bestätigung, daß der Patient *liegend* mittels Sanitätswagens transportiert werden muß, nötig!

Bei Anforderung beachten: Angaben, ob Infektionskrankheit, Diagnose; Personaldokumente, Nachweise über Krankenkassenzugehörigkeit, Rentenbescheide usw. bereithalten!

Während welcher Tages- und Nachtzeiten kann man in einer öffentlichen Apotheke Wiens Arzneimittel kaufen?

Von Montag bis Freitag von 8 bis 12 Uhr und von 14 bis 18 Uhr sowie an Samstagen von 8 bis 12 Uhr. Außerhalb dieser Betriebszeiten können Arzneimittel in den im Bereitschaftsdienst stehenden Apotheken bezogen werden, die aus der neben der Eingangstür jeder Apotheke angebrachten Aufschriftstafel zu ersehen sind.

Wie spreche ich eine Verdienstentgangsvergütung bei Maßnahmen nach dem Epidemiegesetz an?

Bei dem magistratischen Bezirksamt, das die Verfügung erlassen hat, muß *binnen sechs Wochen nach Aufhebung der Verfügung der Anspruch schriftlich* geltend gemacht werden. (Formulare liegen bei den magistratischen Bezirksämtern auf; das Ansuchen ist stempelfrei.)

GEWERBEWESEN

(MA 63, MBÄ)

Was ist ein Gewerbe?

Eine nicht gesetzlich verbotene Tätigkeit, die selbständig, regelmäßig und in der Absicht betrieben wird, einen Ertrag oder sonstigen wirtschaftlichen Vorteil zu erzielen, und die von der Anwendung der Gewerbeordnung 1973 nicht ausgeschlossen ist.

Auf welche Tätigkeiten ist die Gewerbeordnung 1973 nicht anzuwenden?

Alle dem Erwerb dienenden Tätigkeiten, die im § 2 GewO 1973 aufgezählt sind, z. B. die Land- und Forstwirtschaft und ihre Nebengewerbe, der Bergbau, die literarische Tätigkeit, die häusliche Nebenbeschäftigung, die zur Berufsausübung zählenden Tätigkeiten der Rechtsanwälte, Notare, Ziviltechniker, Wirtschaftstreuhänder, Ärzte, Dentisten, Hebammen, die Ausübung der Erwerbszweige des Privatunterrichtes und der Erziehung, der Betrieb von Bank- und Versicherungsgeschäften, der Betrieb von Unterhaltungsunternehmen (Theater, Kino usw.).

Wie teilt man die Gewerbe ein?

Die GewO 1973 teilt die Gewerbe in freie und gebundene Gewerbe, Handwerke und konzessionierte Gewerbe ein. Eine besondere Art der Gewerbeausübung stellt der Industriebetrieb dar, der insbesondere durch hohen Kapitaleinsatz und organisatorische Trennung in eine technische und kaufmännische Führung gekennzeichnet ist.

Wie wird das Recht zur Ausübung eines Gewerbes begründet?

Bei den freien und gebundenen Gewerben und bei den Handwerken durch die vorschriftsmäßige Anmeldung des Gewerbes bei der Gewerbebehörde, das ist in Wien beim magistratischen Bezirksamt des Gewerbestandortes. Bei den konzessionierten Gewerben durch Erteilung der Konzession, um die beim magistratischen Bezirksamt – bei manchen konzessionierten Gewerben beim Landeshauptmann (MA 63) oder beim Bundesministerium für Handel, Gewerbe und Industrie – anzusuchen ist.

Wer kann ein Gewerbe anmelden bzw. um die Erteilung einer Konzession ansuchen?

Derjenige, der die von der GewO 1973 aufgestellten allgemeinen und besonderen Voraussetzungen erfüllt. Zu den allgemeinen Voraussetzungen, die ohne Rücksicht auf die Art des angestrebten Gewerbes, also von jedem Gewerbeanwärter erfüllt werden müssen, zählen:

a) die Eigenberechtigung, die grundsätzlich mit der Vollendung des 19. Lebensjahres, also mit der Volljährigkeit, eintritt;
b) die Freiheit von Ausschließungsgründen, die dann vorliegt, wenn der Gewerbeanwärter nicht wegen gewisser, durch die Strafgerichte zu ahndender Delikte verurteilt wurde (vorsätzliche strafbare Handlungen, die mit mehr als einjähriger Freiheitsstrafe bedroht sind oder sonstige strafbare Handlungen, die aus Gewinnsucht begangen wurden oder gegen die öffentliche Sittlichkeit verstoßen; Finanzvergehen) und über sein Vermögen nicht schon einmal der Konkurs oder zweimal das Ausgleichsverfahren eröffnet worden ist. Bei Vorliegen solcher Ausschließungsgründe hat die Gewerbebehörde den Anmelder zwingend von der Ausübung des Gewerbes auszuschließen;
c) die österreichische Staatsbürgerschaft.
Angehörige eines Staates, mit dem ein Gegenseitigkeitsverhältnis besteht (derzeit z. B. mit der Bundesrepublik Deutschland, Italien, Belgien, den Niederlanden und den USA) oder solche, die vom Landeshauptmann (MA 63) die Gleichstellung mit Inländern erhalten

haben, sind den österreichischen Staatsbürgern in dieser Hinsicht gleichgestellt. Für die Ausübung von Waffengewerben ist eine solche Gleichstellung mit Inländern nicht möglich.

Den besonderen Voraussetzungen hat der Gewerbeanwärter je nach der Art des Gewerbes zu entsprechen; sie betreffen vor allem den Befähigungsnachweis, das ist der Nachweis, daß der Einschreiter die fachlichen einschließlich der kaufmännischen Kenntnisse, Fähigkeiten und Erfahrungen besitzt, um die dem betreffenden Gewerbe eigentümlichen Tätigkeiten selbständig ausführen zu können. Die Befähigung für ein gebundenes Gewerbe ist durch Belege der folgenden Art nachzuweisen:

Zeugnis über eine erfolgreich abgelegte Lehrabschlußprüfung oder Nachweis einer schulmäßigen Ausbildung; Zeugnis über eine fachliche Tätigkeit; Zeugnis über eine erfolgreich abgelegte Prüfung; Zeugnis über den erfolgreichen Besuch einer Schule; Zeugnis über den erfolgreichen Besuch eines Lehrganges. Der Befähigungsnachweis für ein Handwerk ist durch die Vorlage des Zeugnisses über die erfolgreich abgelegte Meisterprüfung zu erbringen.

Gewerbeberechtigungen für konzessionierte Gewerbe, bei denen der Befähigungsnachweis sehr unterschiedlich gestaltet ist, können nur dann erteilt werden, wenn bei Erfüllung der allgemeinen Voraussetzungen für die Ausübung von Gewerben gegen den Bewerber keine Tatsachen vorliegen, die es zweifelhaft machen, ob er die für die Ausübung des Gewerbes erforderliche Zuverlässigkeit besitzt. Auf den Bedarf nach der beabsichtigten Gewerbeausübung ist im Gegensatz zur früheren Rechtslage nur noch bei Erteilung einer Konzession für die Ausübung des Rauchfangkehrer- oder Bestattergewerbes Rücksicht zu nehmen. Die Voraussetzungen für die Ausübung von Gewerben sind von der Behörde in bestimmten Fällen nachzusehen, und zwar ist eine Nachsicht unter bestimmten Bedingungen sowohl vom Ausschluß von der Gewerbeausübung als auch vom Befähigungsnachweis zu erteilen. Zuständig für die Nachsichtserteilung ist nach der Art der zu erteilenden Nachsicht entweder die Gewerbebehörde erster Instanz (in Wien die magistratischen Bezirksämter), der Landeshauptmann (in Wien die MA 63) oder der Bundesminister für Handel, Gewerbe und Industrie.

Anträge betreffend Mietwagengewerbe mit Personenkraftwagen, Taxigewerbe, Hotelwagengewerbe oder Fiakergewerbe sind beim MBA 1/8, 1, Wipplingerstraße 8, einzubringen, für alle anderen Konzessionen nach dem Gelegenheitsverkehrsgesetz bei der MA 63, 1, Wipplingerstraße 8.

Können nur physische (Einzel-)Personen ein Gewerbe anmelden?

Nein, auch juristische Personen (wie die Gebietskörperschaften, Bund, Länder und Gemeinden; die Kapitalgesellschaften, Aktiengesellschaft und Gesellschaft m. b. H.; Vereine usw.) und Personengesellschaften des Handelsrechtes (offene Handelsgesellschaft und Kommanditgesellschaft) können Gewerbe ausüben, müssen jedoch einen Geschäftsführer bestellt oder die Ausübung einem Pächter übertragen haben.

Welche Angaben hat die Gewerbeanmeldung bzw. das Konzessionsansuchen zu enthalten?

Die persönlich oder schriftlich zu erstattende Anmeldung hat die genaue Bezeichnung des Gewerbes und des für die Ausübung in Aussicht genommenen Standortes zu enthalten. Der Anmeldung sind die Urkunden über Vor- und Familiennamen, Wohnung, Alter und Staatsangehörigkeit (Geburtsurkunde, Meldezettel, Staatsbürgerschaftsnachweis) und – soweit ein Befähigungsnachweis für das Gewerbe vorgeschrieben ist – die entsprechenden Zeugnisse oder der Bescheid über die erteilte Nachsicht anzuschließen.

Darf ein Gewerbetreibender auch Tätigkeiten anderer Gewerbe ausüben?

Ja, zur Ausübung von Handwerken befugte Gewerbetreibende dürfen auch Leistungen verwandter Handwerke erbringen, sofern hiedurch der sich aus der Gewerbeberechtigung ergebende Charakter des Gesamtbetriebes gewahrt bleibt.

Allen Gewerbetreibenden steht außerdem das Recht zu, ihre Betriebseinrichtungen, sonstigen mechanischen Einrichtungen, Betriebsmittel, sonstigen Betriebsbehelfe und Betriebsgebäude instandzuhalten und instandzusetzen. Soweit es aus Gründen der Sicherheit notwendig ist, haben sie sich bei Ausübung dieser Rechte entsprechend ausgebildeter und erfahrener Fachkräfte zu bedienen. Darüber hinaus stehen sowohl den Erzeugern und Dienstleistungsgewerbetreibenden als auch den Händlern in der Gewerbeordnung erschöpfend aufgezählte spezifische Rechte zu. Dazu gehört insbesondere für die Erzeuger das Recht, Arbeiten, die im zulässigen Umfang ihrer Gewerbeausübung liegen, zu planen sowie alle jene Vorarbeiten und Vollendungsarbeiten vorzunehmen, die dazu dienen, ihre Erzeugnisse absatzfähig zu machen. Daneben steht ihnen auch das Recht zu, die dem marktmäßigen Verkauf ihrer Erzeugnisse dienenden Verpackungen herzustellen und zu bedrucken sowie neben den Waren eigener Erzeugung auch fremde Erzeugnisse gleicher Art und entsprechendes Zubehör zu verkaufen. Den Händlern steht insbesondere das Recht zum Verkauf gebrauchter Waren, zum Vermieten von Waren und zur Vermittlung des Kaufes und Verkaufes von Waren, jedoch ohne ständig damit betraut zu sein, zu. Außerdem dürfen sie die Waren an die Bedürfnisse des Marktes anpassen, die gelieferten Waren an Ort und Stelle montieren und die regelmäßige Wartung (Service) der verkauften Waren vornehmen. In diesem Zusammenhang steht ihnen auch der Austausch schadhaft gewordener Bestandteile zu. Desgleichen sind die Händler berechtigt, Bestellungen auf Waren, zu deren Verkauf sie befugt sind, zu übernehmen und diese Waren auch durch befugte selbständige Erzeuger herstellen zu lassen. Sie sind auch berechtigt, zu diesem Zweck Maß zu nehmen. Den Dienstleistungsgewerbetreibenden stehen die den Erzeugern eingeräumten Rechte sinngemäß zu, wenn der Charakter des Betriebes als Dienstleistungsbetrieb gewahrt bleibt.

Wer ist zur Führung eines Nebenbetriebes berechtigt?

Gewerbetreibende, die Handwerke, gebundene oder konzessionierte Gewerbe ausüben, dürfen gewerbliche Tätigkeiten, die den Gegenstand eines gebundenen Gewerbes oder eines Handwerkes bilden und im wirtschaftlichen und fachlichen Zusammenhang mit der Tätigkeit des Hauptbetriebes stehen, ausführen, wenn sie dabei eine Person, die den Befähigungsnachweis für das betreffende Gewerbe erbringt, hauptberuflich beschäftigen. Die Führung eines solchen Nebenbetriebes bedarf in jeder Betriebsstätte einer Bewilligung durch die Gewerbebehörde. Nicht als Nebenbetrieb darf das Gewerbe der Spediteure geführt werden.

Was versteht man unter einer weiteren Betriebsstätte?

Unter einer weiteren Betriebsstätte ist jede standortgebundene Einrichtung zu verstehen, die zur regelmäßigen Entfaltung einer gewerblichen Tätigkeit in einem anderen Standort als dem, auf den die Gewerbeanmeldung oder die Konzession lautet, bestimmt ist. Eine weitere Betriebsstätte liegt nicht vor, wenn es sich um eine Tätigkeit von nicht mehr als drei Tagen handelt. Wird eine solche Tätigkeit jedoch mehr als einmal innerhalb eines Zeitraumes von vier Monaten ausgeübt, liegt ein nicht zulässiges Feilbieten im Umherziehen vor.

Wann darf ein Gewerbe in einer weiteren Betriebsstätte ausgeübt werden?

Ein Gewerbe darf in einer weiteren Betriebsstätte innerhalb wie außerhalb der Standortgemeinde dann ausgeübt werden, wenn die Ausübung im Standort der weiteren Betriebsstätte nach den in Betracht kommenden Rechtsvorschriften zulässig ist und der Gewerbeinhaber hievon bei der Behörde die Anzeige erstattet hat bzw. bei konzessionierten Gewerben die Bewilligung der Behörde erhalten hat. Für die Ausübung des Gewerbes in der weiteren Betriebsstätte kann vom Gewerbetreibenden ein Filialgeschäftsführer bestellt werden, der dann der Behörde gegenüber für die Einhaltung der gewerberechtlichen Vorschriften in der weiteren Betriebsstätte verantwortlich ist.

Dürfen außerhalb von Betriebsstätten gewerbliche Tätigkeiten verrichtet werden?

Ja, Gewerbetreibende dürfen insbesondere im Rahmen ihres Gewerbes Waren, Roh- und Hilfsstoffe sowie Betriebsmittel überall einkaufen und einsammeln, Waren auf Bestellung überall hinliefern, bestellte Arbeiten überall verrichten, Tätigkeiten des Gewerbes, die ihrer Natur nach nur außerhalb von Betriebsstätten vorgenommen werden können, überall verrichten, auf Märkten Waren verkaufen und Bestellungen entgegennehmen, auf Messen Waren verkaufen, Bestellungen entgegennehmen und Kostproben verabreichen oder ausschenken, unentgeltlich Kostproben in den zum Verkauf bestimmten Räumen eines anderen Gewerbetreibenden verabreichen oder ausschenken, sofern letzterer zum Verkauf der betreffenden Waren berechtigt ist, und bei Festen, sportlichen Veranstaltungen oder sonstigen Anlässen, die mit größeren Ansammlungen von Menschen verbunden sind, den Kleinverkauf von Lebens- und Genußmitteln und sonstigen Waren, die zu diesen Gelegenheiten üblicherweise angeboten werden, vorübergehend ausüben, jedoch nicht im Umherziehen von Ort zu Ort oder von Haus zu Haus.

Was versteht man unter der Verlegung des Betriebes?

Unter der Verlegung des Betriebes ist die Änderung des Standortes der Gewerbeausübung sowohl innerhalb als auch außerhalb der Standortgemeinde zu verstehen. Sie ist bei Anmeldungsgewerben der Gewerbebehörde (in Wien dem magistratischen Bezirksamt des neuen Standortes) anzuzeigen, bei konzessionierten Gewerben ist um die Bewilligung der Verlegung anzusuchen.

Ist der Standort des Gewerbes und der weiteren Betriebsstätten zu kennzeichnen?

Die Gewerbetreibenden sind verpflichtet, ihre Betriebsstätten mit einer äußeren Geschäftsbezeichnung zu versehen. Die äußere Geschäftsbezeichnung hat zumindest den Namen des Gewerbetreibenden und einen im Rahmen der Gewerbeberechtigung gehaltenen unmißverständlichen Hinweis auf den Gegenstand des Gewerbes in gut sichtbarer Schrift zu enthalten.

Muß das Gewerbe vom Gewerbeinhaber persönlich ausgeübt werden?

Es steht ihm frei, für die Ausübung seines Gewerbes einen Geschäftsführer zu bestellen, der der Behörde gegenüber für die Einhaltung der gewerberechtlichen Vorschriften verantwortlich ist. Er kann jedoch auch die Ausübung des Gewerbes einem Pächter übertragen, der es auf eigene Rechnung und im eigenen Namen ausübt. Geschäftsführer und Pächter müssen den für die Ausübung des Gewerbes vorgeschriebenen persönlichen Voraussetzungen entsprechen. Der Geschäftsführer muß außerdem seinen Wohnsitz im Inland haben und in der Lage sein, sich im Betrieb entsprechend zu betätigen. Der Gewerbeinhaber hat die Bestellung des Geschäftsführers oder die Übertragung der Ausübung des Gewerbes an den Pächter beim magistratischen Bezirksamt anzuzeigen, bei konzessionierten Gewerben hat er dafür die Bewilligung der Behörde einzuholen.

Was sind Fortbetriebsrechte?

Darunter versteht man das Recht der Verlassenschaft nach dem Gewerbeinhaber, des überlebenden Ehegatten, der Kinder und Wahlkinder, des Masseverwalters, des gerichtlich bestellten Zwangsverwalters oder Zwangspächters, einen Gewerbebetrieb auf Grund der von einer anderen Person erstatteten Gewerbeanmeldung oder der dieser erteilten Konzession fortzuführen. Der Fortbetrieb ist von den Fortbetriebsberechtigten dem magistratischen Bezirksamt anzuzeigen. Die Fortbetriebsberechtigten haben ohne unnötigen Aufschub einen Geschäftsführer zu bestellen, wenn sie die für die Ausübung des betreffenden Gewerbes vorgeschriebenen persönlichen Voraussetzungen nicht nachweisen. Die zur Nachsichtserteilung zuständige Gewerbebehörde kann jedoch auf deren Antrag die Bestellung eines Geschäftsführers nachsehen, wenn mit der Ausübung des Gewerbes ohne Geschäftsführer keine Gefahren für das Leben oder die Gesundheit der Menschen verbunden sind.

Wann liegt eine genehmigungspflichtige gewerbliche Betriebsanlage vor?

Eine gewerbliche Betriebsanlage darf nur mit Genehmigung der Behörde errichtet oder betrieben werden, wenn sie wegen der Verwendung von Maschinen und Geräten, wegen ihrer Betriebsweise, wegen ihrer Ausstattung oder sonst geeignet ist, das Leben oder die Gesundheit des Gewerbetreibenden, der mittätigen Familienangehörigen, der Nachbarn oder der Kunden, die die Betriebsanlage aufsuchen, oder das Eigentum oder sonst dingliche Rechte der Nachbarn zu gefährden, die Nachbarn durch Geruch, Lärm, Rauch, Staub, Erschütterung oder in anderer Weise zu belästigen, die Religionsausübung in Kirchen, den Unterricht in Schulen, den Betrieb von Kranken- und Kuranstalten oder die Verwendung oder den Betrieb anderer öffentlichen Interessen dienender benachbarter Anlagen oder Einrichtungen zu beeinträchtigen, die Sicherheit, Leichtigkeit und Flüssigkeit des Verkehrs an oder auf Straßen mit öffentlichem Verkehr wesentlich zu beeinträchtigen oder eine nachteilige Einwirkung auf die Beschaffenheit der Gewässer herbeizuführen. Die Genehmigungspflicht besteht auch dann, wenn die Gefährdungen, Belästigungen, Beeinträchtigungen oder nachteiligen Einwirkungen nicht durch die Inhaber der Anlage oder seine Erfüllungsgehilfen, sondern durch Personen bewirkt werden, die die Anlage der Art des Betriebes gemäß in Anspruch nehmen. Um die Genehmigung der Betriebsanlage hat der Unternehmer des Gewerbebetriebes anzusuchen. Vor der Genehmigung der Betriebsanlage darf mit der Errichtung oder mit dem Betrieb derselben nicht begonnen werden. Ein Wechsel in der Person des Gewerbeinhabers bedingt keine neue Genehmigung der Betriebsanlage. Die von der Behörde für den Betrieb der genehmigten Anlage vorgeschriebenen Auflagen gelten auch für den neuen Gewerbeinhaber. Wird eine genehmigte Anlage so geändert, daß sich neue oder größere Gefährdungen, Belästigungen, Beeinträchtigungen oder nachteilige Einwirkungen ergeben können, so bedarf auch die Änderung der Anlage einer Genehmigung.

Wann endigt eine Gewerbeberechtigung?

Mit dem Tod der natürlichen Person, im Falle von Fortbetrieben erst mit der Endigung des Fortbetriebsrechtes;
mit dem Untergang der juristischen Person;
mit der Änderung des Wirkungsbereiches der juristischen Person;
mit der Versagung der Eintragung einer Personengesellschaft des Handelsrechtes in das Handelsregister oder, wenn die Personengesellschaft der Gewerbebehörde nicht innerhalb der gesetzten Frist die Eintragung in das Handelsregister nachgewiesen hat, mit Fristablauf;
mit dem Ausschluß von der Ausübung des Gewerbes;
mit der Zurücklegung der Gewerbeberechtigung;
mit der Entziehung der Gewerbeberechtigung durch die Behörde;
durch das Urteil eines Gerichtes;
mit Zeitablauf oder mit Eintritt einer auflösenden Bedingung.

Was versteht man unter dem Ruhen der Gewerbeberechtigung?

Hier handelt es sich um die Nichtausübung der Gewerbeberechtigung. Das Ruhen und die Wiederaufnahme der Gewerbeausübung ist vom Gewerbetreibenden binnen drei Wochen der Landeskammer der gewerblichen Wirtschaft anzuzeigen. Diese Anzeige bewirkt nicht wie die bei der Gewerbebehörde zu erklärende Zurücklegung des Gewerbes den gänzlichen und unwiderruflichen Verzicht auf das Gewerberecht.

Was geschieht bei Übertretung gewerbegesetzlicher Vorschriften?

Verstöße gegen gewerberechtliche Vorschriften, die von der GewO 1973 für strafbar erklärt wurden, bilden Verwaltungsübertretungen und werden mit Geldstrafen bis zu 30.000 S oder mit Arreststrafen bis zu sechs Wochen geahndet. Wenn ein Gewerbeinhaber mindestens dreimal wegen Übertretung von gewerberechtlichen Vorschriften, die die Ausübung seines Gewerbes regeln, bestraft worden und ein weiteres vorschriftswidriges Verhalten zu befürchten ist, hat die Behörde seine Gewerbeberechtigung zu entziehen.

Ist die gewerbliche Sonntagsarbeit gestattet?

Nein, an Sonntagen hat grundsätzlich alle gewerbliche Arbeit zu ruhen. Die Nichteinhaltung der Sonntagsruhevorschriften wird nach den Strafbestimmungen der GewO 1973 geahndet.

Gibt es Ausnahmen vom Sonntagsruhegebot?

a) Auf Grund des Sonntagsruhegesetzes sind die an Gewerbelokalen und Werksvorrichtungen vorzunehmenden Säuberungs- und Instandhaltungsarbeiten, die ohne wesentliche Störung des Betriebes oder ohne Gefahr für Leben und Gesundheit der Arbeiter an Wochentagen nicht verrichtet werden können, die erforderliche Bewachung der Betriebsanlagen, die Arbeiten zur Vornahme der Inventur, und zwar einmal im Jahr, unaufschiebbare Arbeiten vorübergehender Natur, welche entweder aus öffentlichen, insbesondere aus sicherheitspolizeilichen Rücksichten oder in Notfällen vorgenommen werden müssen und schließlich die persönlichen Arbeiten des Gewerbeinhabers, insoweit dieselben ohne Verwendung eines Hilfsarbeiters und nicht öffentlich verrichtet werden, erlaubt.
b) Darüber hinaus wurde durch Verordnungen bei einzelnen Kategorien von Gewerben, bei denen ihrer Natur nach eine Unterbrechung des Betriebes oder ein Aufschub der betreffenden Arbeit untunlich (z. B. bei Hochöfen) oder bei denen der Betrieb an Sonntagen im Hinblick auf die täglichen oder an Sonntagen – allenfalls auch nur in bestimmten Gebieten – besonders hervortretenden Bedürfnisse der Bevölkerung (z. B. Gastgewerbe, Schwimmbäder, Kleinverkauf gewisser Waren im Prater und im Ausflugsgebiet) oder des öffentlichen Verkehrs (z. B. Taxi) erforderlich ist, die Sonntagsarbeit gestattet.

Müssen an Sonntagen die Geschäftsräume geschlossen sein?

In den Stunden, während welcher die Sonntagsarbeit für den Handelsbetrieb nicht gestattet ist, müssen die Geschäftsräumlichkeiten geschlossen gehalten werden. Auch jene Inhaber von Handelsgewerben, die keine Dienstnehmer beschäftigen, dürfen den Geschäftsbetrieb nicht ausüben und müssen die Geschäftsräumlichkeiten geschlossen halten.

Welche Regelung gilt an gesetzlichen Feiertagen?

Nach dem Feiertagsruhegesetz gelten die Vorschriften über die Sonntagsruhe sinngemäß für die gesetzlichen Feiertage, das sind: 1. und 6. Jänner, Ostermontag, 1. Mai, Christi-Himmelfahrt, Pfingstmontag, Fronleichnam, 15. August, 26. Oktober, 1. November, 8., 25. und 26. Dezember.

Für welche Gewerbebetriebe gilt das Ladenschlußgesetz?

Die Bestimmungen des Ladenschlußgesetzes gelten für alle ständigen und nichtständigen für den Kleinverkauf von Waren bestimmten Betriebseinrichtungen (Läden und sonstige Verkaufsstellen); der Geltungsbereich dieses Gesetzes erfaßt daher z. B. nicht die Geschäfte der Friseure und Mietwaschküchen.

Hingegen gelten als Betriebseinrichtungen im Sinne des Ladenschlußgesetzes auch alle Einrichtungen und Veranstaltungen (Werbevorführungen) von gewerblichen Unternehmungen, bei denen Warenbestellungen im Kleinverkauf entgegengenommen werden.

Ausgenommen sind: die Warenabgabe aus Automaten, der Warenverkauf im Rahmen eines Gastgewerbes, der Marktverkehr, Marketendereien im Kasernenbereich und Tankstellen.

Für welche Tage gilt das Ladenschlußgesetz?

Das in Rede stehende Gesetz gilt *nur für Werktage.*

Wie sind die Geschäftszeiten geregelt?

Nach der auf Grund des Ladenschlußgesetzes ergangenen Wiener Ladenschlußverordnung dürfen die Verkaufsstellen für den Kleinverkauf von Lebensmitteln von Montag bis Freitag in der Zeit von 7 bis 18.30 Uhr, an Samstagen in der Zeit von 6.30 bis 14 Uhr und die Geschäfte für den Kleinverkauf von anderen Waren als Lebensmitteln von Montag bis Freitag in der Zeit von 8 bis 18 Uhr und an Samstagen in der Zeit von 8 bis 13 Uhr offengehalten werden. Den Einkaufsbedürfnissen der Bevölkerung Rechnung tragend, ist auf Grund von Sonderbestimmungen das längere Offenhalten von Süßwarenfachgeschäften, Blumengeschäften, Verkaufsstellen auf Bahnhöfen usw. gestattet.

Besteht eine Offenhaltepflicht?

Die Gewerbetreibenden sind nach dem Ladenschlußgesetz zum Offenhalten ihrer Verkaufsstellen während der zulässigen Geschäftszeiten nicht verpflichtet; sie müssen aber bei Eintritt des Ladenschlusses die Geschäfte schließen und während der ganzen Ladenschlußzeit geschlossen halten.

Ist die Nichteinhaltung der Ladenschlußbestimmungen strafbar?

Wer entgegen den Ladenschlußvorschriften seine Verkaufsstelle nicht geschlossen hält, Waren verkauft oder Bestellungen entgegennimmt, ist nach den Bestimmungen der GewO 1973 zu bestrafen. Kunden, die zu Beginn der Ladenschlußzeit im Geschäft anwesend sind, dürfen noch bedient werden.

GLÜCKSSPIELBEWILLIGUNGEN

(MA 62)

Das Bundesgesetz vom 27. Juni 1962, BGBl. Nr. 169, zuletzt geändert durch BGBl. Nr. 626/1976, regelt das Glücksspielwesen. Dem Bund kommt grundsätzlich das Recht zur Durchführung von Glücksspielen zu (Glücksspielmonopol). In bestimmten Fällen kann dieses Recht auf Einzelpersonen oder juristische Personen übertragen werden. Von den in Betracht kommenden Ausspielungen werden hier die sogenannten Glückshäfen und Juxausspielungen behandelt.

Was ist ein Glückshafen?

Glückshafen ist eine Ausspielung, bei welcher die Spieler durch Ziehung die auf ihre Loszettel (Spielanteile) entfallenden Treffer oder Nieten ermitteln oder zur Ermittlung beitragen. Die Anzahl der Treffer muß mindestens 1% der aufgelegten Loszettel betragen.

Was ist eine Juxausspielung?

Juxausspielungen sind solche Ausspielungen, bei denen auf jeden Spielanteil ein Treffer entfällt und die Spieler durch Ziehung die auf ihren Loszettel entfallenden Treffer ermitteln. Der Gesamtwert der Treffer muß mindestens 25% des Spielkapitals (Anzahl × Preis der Loszettel) betragen.

Erteilung der Bewilligung

Um die Bewilligung ist mindestens zwei Wochen vor dem Termin beim Magistrat der Stadt Wien, MA 62, 1, Rathausstraße 9, einzureichen. Für die Abfassung des Ansuchens können bei dieser Dienststelle Formulare verlangt werden. Das Ansuchen und die Bewilligung sind im bestimmten Ausmaß gebühren- und verwaltungsabgabepflichtig.

Glücksspielapparate

Ausnahmslos verboten sind die vom Glücksspielgesetz erfaßten Glücksspielapparate. Hiefür gibt es daher keine Bewilligung.

GRUNDSTÜCKSANGELEGENHEITEN

(MA 69)

Was mache ich, wenn ich der Stadt Wien einen Grund verkaufen will?

Zuständig für die Grunderwerbungen der Stadt Wien ist die MA 69, 1, Ebendorferstraße 1, 3. Stock. Liegenschaften können der Stadt Wien schriftlich oder mündlich angeboten werden. Zur raschen Behandlung eines Anbotes ist die Angabe der Grundbuchs-Einlagezahl, der Katastralgemeinde des Grundbuches und die Grundstücksbezeichnung sowie auch die Bekanntgabe der Nutzungsverhältnisse (z. B. Eigennutzung, Vermietung oder Verpachtung) erforderlich. Auch der erwartete Kaufpreis soll nach Möglichkeit angegeben werden.

Wie ist die weitere Vorgangsweise?

Ergibt die Prüfung des Anbotes, daß für die Stadt Wien Interesse an dieser Liegenschaft besteht, werden die Kaufverhandlungen aufgenommen und stellt, kann volle Übereinstimmung über den abzuschließenden Kaufvertrag erzielt werden, die MA 69 an den zuständigen Gemeinderatsausschuß bzw. an den Gemeinderat den Antrag auf Genehmigung des Vertrages. Mit der Verständigung des Vertragspartners über die Genehmigung wird dann der Vertrag für beide Teile rechtsverbindlich. Vor der Genehmigung durch die zuständige Körperschaft tritt eine Bindung der Stadt Wien nicht ein.

Was geschieht nach der Genehmigung des Vertrages?

Nach der Vertragsgenehmigung wird – wenn nichts anderes vereinbart wurde – von der Magistratsdirektion – Zivil- und Strafrechtsangelegenheiten, 1, Rathaus, 4. Stiege, Hochparterre, Tür 110, die Kaufvertragsurkunde errichtet und die grundbücherliche Durchführung des Rechtsgeschäftes veranlaßt.

Was mache ich, wenn ich von der Stadt Wien ein Grundstück mieten oder pachten will?

Zuständig für die Vermietung und Verpachtung von unbebauten Grundstücken – ausgenommen landwirtschaftlich nutzbare Äcker –, die der Stadt Wien gehören, ist die MA 69, 1, Ebendorferstraße 1.

Wer sich für ein bestimmtes Grundstück interessiert, kann sein Ansuchen unter näherer Bezeichnung der gewünschten Fläche (z. B. EZ., Adresse, Grundstücksnummer, Katastralgemeinde, Ausmaß) und Bekanntgabe der angestrebten Nutzung schriftlich oder mündlich einbringen.

Wie ist die weitere Vorgangsweise?

Ergibt die Prüfung des Ansuchens, daß die Stadt Wien die angestrebte Fläche nicht selbst benötigt, so erhält der Bewerber einen unverbindlichen Vertragsentwurf mit dem Ersuchen, diesen zu unterschreiben und an die MA 69 rückzusenden. Nach Rücklangen werden die Vertragsbedingungen dem nach der Wiener Stadtverfassung jeweils zuständigen Organ zur Genehmigung vorgelegt. Vor der Genehmigung tritt eine Bindung der Stadt Wien nicht ein.

Wird die Genehmigung erteilt, so wird der Bewerber hievon schriftlich verständigt.

Wann hat die MA 69 bei Grundabteilungen mitzuwirken?

Falls im Zuge einer Grundabteilung (Bauplatzschaffung oder bewilligungspflichtige Bauführung) dem Abteilungswerber von der Baubehörde der Erwerb von Grundflächen, die im Eigentum der Stadt Wien stehen oder im öffentlichen Gut verbüchert sind, vorgeschrieben wird, so sind die entsprechenden Kaufverhandlungen mit der MA 69 zu führen. Erforderlich ist ein Ansuchen um Verkauf dieser Flächen und die Beilage von drei Gleichstücken des Abteilungsplanes. Alle Eingaben und Beilagen an die MA 69 sind stempelfrei.

Auch diese Transaktionen bedürfen zu ihrer Rechtswirksamkeit der Genehmigung durch die nach der Verfassung der Bundeshauptstadt Wien zuständigen Organe, das sind die Gemeinderatsausschüsse, der Stadtsenat und der Gemeinderat.

Technische Beratung von Siedlern und Kleingärtnern

Wenn der Inhaber einer Siedlerstelle oder eines Kleingartenloses ein Bauvorhaben ausführen will, kann er bezüglich der Bauberatung bei der MA 69 – Kleingarten- und Siedlungsangelegenheiten, 1, Ebendorferstraße 1, 1. Stock, Dienstag und Donnerstag in der Zeit von 8 bis 12 Uhr vorsprechen.

Gebührenfreiheit von Eingaben

Alle Eingaben und Ansuchen an die MA 69 betreffend Grundstücksangelegenheiten sind stempelfrei.

KANALISATION

(MA 30)

Wem gehört der auf Straßengrund liegende Teil eines Hauskanals?

Die Hauskanäle bilden einschließlich der Einmündung in den öffentlichen Straßenkanal einen Bestandteil des Hauses. Ihre Instandhaltung obliegt daher dem Hauseigentümer. Er hat sich hiezu eines konzessionierten Baugewerbetreibenden zu bedienen. Die Baupläne der Hauskanalanlagen für die Bezirke 1 bis 9 und 20 erliegen bei der MA 20, 1, Rathaus, 7. Stiege, Halbstock, Tür 216, in allen anderen Fällen bei der betreffenden Außendienststelle der MA 37, 17, Kalvarienberggasse 33.

Wie verhält man sich bei Abort- oder Hauskanalverstopfungen?

Abort- und Hauskanalverstopfungen können für ganz Wien telefonisch der zentralen Funkleitstelle der MA 30 bekanntgegeben werden: Von Montag bis Freitag in der Zeit von 7 bis 17 Uhr sowie Samstag von 7 bis 12 Uhr, unter Tel. 57 75 75*, 455, in der übrigen Zeit sowie an Sonn- und Feiertagen unter Tel. 57 75 75*, 462 und 485. Die Funkleitstelle der MA 30 in 6, Grabnergasse 2 bzw. 6, hat Tag- und Nachtbetrieb.

Die Gebührenverrechnung erfolgt auf Grund von Arbeitsbestätigungen. Diesbezügliche Auskünfte erteilt die MA 30, 6, Grabnergasse 6, Tel. 57 75 75*, 453. Die aufgelaufene Gebühr ist mit Erlagschein an die zuständige Stadtkasse einzuzahlen.

Wie verhält man sich, wenn man durch Abwasser von Industrie- und Gewerbebetrieben gestört wird (z. B. Geruchsbelästigung)?

Hiebei genügt es, telefonisch die Funkleitstelle der MA 30, 57 75 75*, 455, Montag bis Freitag von 7 bis 17 Uhr und an Samstagen von 7 bis 12 Uhr, zu allen übrigen Zeiten 57 75 75*, 462, anzurufen. Außerdem kann, ohne jeden Bundesstempel, darüber eine Anzeige in schriftlicher Form an die MA 30, Kanalisation, in 6, Grabnergasse 4–6, gemacht werden. Diese Anzeigen werden dann durch das Referat Chemie der MA 30 weiterverfolgt.

Wie bestellt man die Räumung von Senk- und Sickergruben und von Hauskläranlagen?

Senkgruben-, Sickergruben- und Hauskläranlagen-Räumungen sind für die Bezirke 1 bis 3, 11 und 20 bis 22 im Betriebslokal 22, Stadlau, Waldrebengasse 2, Tel. 22 16 97, für die Bezirke 4 bis 6, 10, 12 und 23 in 10, Windtenstraße 1, Tel. 62 02 24, für die Bezirke 7 bis 9 und 13 bis 19 in 14, Hackinger Straße 3, Tel. 94 32 62, von Montag bis Freitag in der Zeit von 7 bis 16 Uhr anzumelden, ausgenommen, wenn einer dieser Tage ein Feiertag ist. Schriftliche Anmeldungen sind mit einem 70 S-Bundesstempel zu versehen.

Die Verrechnung erfolgt wie bei Verstopfungen.

Kann eine Senkgrube durch den Hauseigentümer oder Benützer selbst geräumt werden?

Um die Selbsträumung einer Senkgrube ist beim zuständigen magistratischen Bezirksamt anzusuchen, das eine schriftliche Erledigung im Einvernehmen mit der MA 30 hinausgibt. Das Gesuch ist mit einem 70 S-Bundesstempel zu versehen. Die Bedingungen, unter denen eine positive Erledigung erfolgen kann, können bei dieser Abteilung erfragt werden.

Wie verhält man sich im Falle von Gebrechen an den Hauskanalanlagen (Rohrbrüche, Rohrundichtheit, Rattenwühlungen und sonstige Kanalgebrechen) bzw. bei Kellerüberflutungen?

Hauskanalgebrechen können beim zuständigen Bezirksbetriebslokal, beim Bereitschaftsdienst oder schriftlich in gleicher Weise wie Hauskanalverstopfungen angezeigt werden. Sie werden an die zuständige Baupolizeiabteilung zur Ausstellung eines befristeten Instandsetzungsauftrages weitergeleitet.

In besonderen Fällen kann die Gruppe Baupolizei der MA 30, 6, Grabnergasse 6, Tel. 57 75 75*, 427, 428, 429 und 476, während der Amtsstunden Auskunft geben.

Bei Kellerüberflutungen kann eine Untersuchung Aufschluß geben, ob die Überflutung durch Bauschäden im Kanal verursacht wurde. Hauskanaluntersuchungen werden über schriftliches Ansuchen des Hauseigentümers oder dessen Bevollmächtigten durchgeführt. Ansuchen sind mit zweimal 70 S-Bundesstempel zu versehen. Die Gebührenverrechnung erfolgt auf Grund von Arbeitsbestätigungen.

Wer bemißt die Gebühr für die Benützung und Räumung von Unratsanlagen und wer schreibt sie vor?

Die Gebühr für die Benützung und Räumung von Unratsanlagen, die nicht nur die Kosten der Räumung der schliefbaren Hauskanalanlagen, sondern auch jene der Straßenkanäle decken soll, wird durch die MA 4, Ref. 5, 1, Rathaus, 8. Stiege, 2. Stock, Tel. 42 8 00*, 2447, festgesetzt und mit Erlagschein durch die zuständige Stadtkasse vorgeschrieben. Ansuchen um Abschreibung der Gebühr für die Benützung und Räumung von Unratsanlagen (z. B. im Falle von Demolierungen) sind gleichfalls an die MA 4, Ref. 5, zu richten. In der jährlichen Gebühr für die Benützung und Räumung von Unratsanlagen ist die Räumung von Rohr-Hauskanälen und Regenwasserabläufen *nicht* inbegriffen. Diese ist in gleicher Weise wie die Behebung von Verstopfungen zu bestellen und zu vergüten.

Wer erteilt die Baubewilligung zum Neu- oder Umbau einer Hauskanalanlage?

Die baupolizeilichen MA 36 (für die Bezirke 1 bis 9 und 20) und 37 (für die Bezirke 10 bis 19 und 21 bis 23), 17, Kalvarienberggasse 33, Tel. 43 16 51*, 271, und deren Außenstellen. Die für den Entwurf einer Hauskanalanlage erforderlichen Unterlagen können, soweit sie das öffentliche Kanalnetz betreffen, vom Bauherrn oder Bauunternehmer in der MA 30, 6, Grabnergasse 6, 2. Stock, Tür 471, von Montag bis Freitag in der Zeit von 8 bis 13 Uhr eingesehen werden. Telefonische Auskünfte werden nicht erteilt.

Die technische Begutachtung größerer Entwürfe für Hauskanalanlagen erfolgt in der selben Abteilung, Gruppe für baupolizeiliche Angelegenheiten (1., 4., 6. bis 11. und 19. Bezirk, 2. Stock, Tür 478; 13., 21. und 22. Bezirk, 2. Stock, Tür 477; 14. und 23. Bezirk, 2. Stock, Tür 479; 2., 3., 5., 12., 15. bis 18. und 20. Bezirk, 2. Stock, Tür 452a).

Sprechtage Dienstag und Donnerstag von 8 bis 12.30 Uhr.

Wer schreibt die Kanaleinmündungsgebühr vor?

Die Kanaleinmündungsgebühr bzw. eine allfällige Ergänzungsgebühr wird durch die zuständige Baupolizeiabteilung festgesetzt, die auch über die Höhe und Einzahlungsart Auskunft erteilt. Die Vormerkung über bezahlte bzw. vorgeschriebene Kanaleinmündungsgebühren führt die MA 6, Buchhaltungsabteilung VIII, Kanalisation und Wasserwerke, 6, Grabnergasse 6, Tel. 57 75 75*, 338. Diesbezügliche Auskünfte sind dort einzuholen.

Welche Stoffe dürfen in Kanäle nicht hineingeschüttet werden?

Feuergefährliche, explosive, heiße, stark säure-, fett- oder ölhältige, schädliche oder widerliche Dämpfe entwikkelnde Flüssigkeiten, feste Stoffe, wie Asche u. dgl., auch im zerkleinerten Zustand, sowie Abluft und Gase, dürfen in Kanäle nicht hineingeschüttet bzw. hineingeleitet werden, weil sie den Bestand und den Betrieb der Kanalisationsanlagen gefährden.

Darf ein Privater Schnee in das städtische Kanalnetz einleeren?

Die Bewilligung zum Einleeren von Schnee in das städtische Kanalnetz kann in besonderen berücksichtigungswürdigen Fällen über mündliches oder schriftliches, mit 70 S gestempeltes Ansuchen bei der MA 30 unentgeltlich erteilt werden. Eigenmächtiger Schnee-Einwurf ist verboten.

Wer stellt Kanal- und Senkgrubenbefunde aus?

Für baubehördliche Zwecke eines Bauwerbers, Haus- bzw. Liegenschaftseigentümers werden Befunde über Hauskanalanlagen, Senk- und Sickergruben von der MA 30, Gruppe für baupolizeiliche Angelegenheiten, 6, Grabnergasse 6, 2. Stock, ausgestellt (1., 4., 6. bis 11. und 19. Bezirk, 2. Stock, Tür 478; 13., 21. und 22. Bezirk, 2. Stock, Tür 477; 14. und 23. Bezirk, 2. Stock, Tür 479; 2., 3., 5., 12., 15. bis 18. und 20. Bezirk, 2. Stock, Tür 452a). Ein mit einem 70 S-Bundesstempel versehenes Ansuchen ist beizubringen, auf das Verwaltungsabgabemarken im Betrag von 200 S für Hauskanäle, von 120 S für Senk- oder Sickergruben bzw. 200 S für Senk- *und* Sickergruben aufzukleben sind. Außerdem ist ein nicht aufgeklebter 70 S-Bundesstempel beizulegen, der für die Befundausfertigung dient.

KRAFTFAHRWESEN UND STRASSENVERKEHR

(MA 35, 46, 70)

Umbau von Kraftfahrzeugen

Auskunft über die technischen Vorschriften, die beim Umbau von Kraftfahrzeugen einzuhalten sind, erhält man bei der MA 46, 12, Niederhofstraße 23, oder in der Prüfstelle für Kraftfahrzeuge, 3, Schlechtastraße 4.

Wie bewirbt man sich um einen Führerschein?

Die Anmeldung zum Erwerb eines Führerscheines erfolgt mittels eines Formblattes, das bei allen Bezirkspolizeikommissariaten und auch beim Verkehrsamt der Bundespolizeidirektion Wien, 9, Türkenstraße 22a, erhältlich ist. Dem Ansuchen sind 70 S-Bundesstempel, zwei Paßbilder, ein Personalausweis, die Geburtsurkunde und der Meldezettel des Führerscheinwerbers anzuschließen. Die Einreichung muß beim Polizeikommissariat des Wohnsitzes erfolgen; sie kann auch durch einen Bevollmächtigten (z. B. durch die Fahrschule) vorgenommen werden. Bei Vorliegen des Mindestalters von 18 Jahren (für Kleinkrafträder 16 Jahren) und der erforderlichen Verkehrszuverlässigkeit (siehe Punkt Führerscheinentzug) wird nach amtsärztlicher Untersuchung hinsichtlich der körperlichen und geistigen Eignung und bestandener Lenkerprüfung der Führerschein vom Verkehrsamt der Bundespolizeidirektion Wien ausgestellt.

Aus welchen Gründen kann der Führerschein entzogen werden?

Der Führerschein kann wegen Verlustes der körperlichen oder geistigen Eignung, wegen Krankheit oder Invalidität entzogen werden. Weitaus häufiger erfolgt jedoch der Führerscheinentzug, weil die Verkehrszulässigkeit nicht mehr gegeben ist. Die Dauer der Entziehung richtet sich nach der Schwere der begangenen Rechtsverletzung. Solche Entziehungsgründe sind z. B. alkoholisiertes Lenken, Fahrerflucht, strafgerichtliche Verurteilungen größeren Ausmaßes oder zu wiederholten Malen, vor allem Gefährdung der körperlichen Sicherheit, Sittlichkeitsdelikte, zahlreiche oder besonders schwere Verwaltungsstrafen in Verkehrssachen usw. Der Führerscheinentzug wird vom Verkehrsamt der Bundespolizeidirektion Wien ausgesprochen. Gegen dessen Bescheid kann an den Landeshauptmann (MA 70) und bei einer Entziehung über fünf Jahre an das Bundesministerium für Verkehr berufen werden.

Wie bewirbt man sich um eine Fahrschullehrer- oder eine Fahrlehrer-Berechtigung?

Auch hier sind die Personaldokumente und die erforderlichen Verwendungszeugnisse (dreijähriger Besitz des Führerscheines und insgesamt dreijährige Fahrpraxis für die im Ansuchen angestrebten Führerscheingruppen), bei Fahrschullehrer-Ansuchen überdies der Nachweis der gesetzlich geforderten besonderen schulmäßigen Ausbildung dem Ansuchen an die MA 70, 9, Viriotgasse 8, anzuschließen. Nach bestandener Prüfung und bei Vorhandensein der Vertrauenswürdigkeit wird die Bewilligung zur Ausübung der Lehrtätigkeit als Fahrschul- oder Fahrlehrer in entsprechendem Umfang erteilt. Der mit einem Lichtbild versehene Fahrlehrerausweis wird erst nach Eingehen eines Dienstverhältnisses mit einer Fahrschule auf deren Ansuchen ausgestellt.

Wie bewirbt man sich um eine Konzession für den Linienverkehr oder für den Betrieb einer Fahrschule?

Der Antrag auf Verleihung einer Konzession zum Betrieb einer Kraftfahrlinie oder für eine Fahrschule kann bei der MA 70, 9, Viriotgasse 8, eingebracht werden.

Wie bewirbt man sich um die kraftfahrrechtliche Ermächtigung als Prüfstelle für die wiederkehrende Begutachtung?

Zur Reparatur von Kraftfahrzeugen berechtigte Gewerbetreibende können sich dann, wenn ihre Werkstätte über eine entsprechende technische Ausstattung, unter anderem über einen Bremsprüfstand oder ein Bremsmeßverzögerungsgerät mit Schreiber sowie einen Infrarot-Abgastester verfügt, unter Bekanntgabe der für die Begutachtung verantwortlichen geeigneten Personen (Kraftfahrzeugmechanikermeister, Kraftfahrzeugmechanikergeselle mit nachgewiesener dreijähriger Praxis, Gerichtssachverständiger für das Kraftfahrzeugwesen oder dgl.) bei der MA 70, 9, Viriotgasse 8, um die Ermächtigung zur wiederkehrenden Begutachtung von Krafträdern (darunter fallen auch die Motorfahrräder), von Personenkraftwagen, außer solchen zur entgeltlichen Personenbeförderung, von Kombinationskraftwagen, außer solchen zur entgeltlichen Personenbeförderung, oder zur Beförderung gefährlicher Güter und von leichten Anhängern bewerben.

Diesem Ansuchen sind die Konzessionsurkunde bzw. der Gewerbeschein, bei protokollierten Firmen ein Handelsregisterauszug und die Zeugnisse der für die Begutachtung verantwortlichen Personen beizulegen. Die als Nachweis für die vorgenommene Begutachtung bzw. zur Feststellung des nächsten Begutachtungstermines vorgesehenen Begutachtungsplaketten sind beim Verkehrsamt der Bundespolizeidirektion Wien und die Begutachtungsformblätter bei der Österreichischen Staatsdruckerei zu beziehen.

Welche Dienststelle ist für die Erlassung dauernder oder vorübergehender Verkehrsverbote oder Verkehrsbeschränkungen (z. B. Einbahnstraßen, Halte- oder Parkverbote, Ladezonen) zuständig?

Die MA 46, 12, Niederhofstraße 23, Tel. 83 66 16, erläßt auf Grund des Ergebnisses eines behördlichen Ermittlungsverfahrens die notwendigen Verordnungen.

Wer ist für die Anbringung und Instandhaltung von Einrichtungen zur Regelung und Sicherung des Verkehrs (z. B. Verkehrsampeln, Straßenverkehrszeichen, Bodenmarkierungen usw.) verantwortlich?

a) Einrichtungen zur Kennzeichnung dauernder Verkehrsverbote oder Verkehrsbeschränkungen werden von der MA 46 angebracht (Tel. 83 66 16);

b) Einrichtungen zur Regelung und Sicherung des Verkehrs aus Anlaß von Arbeiten auf oder neben der Straße oder von Veranstaltungen sind vom Bauführer bzw. Veranstalter auf Grund einer bei der MA 46 einzuholenden Bewilligung anzubringen und zu erhalten.

Ausnahmen von Verkehrsbeschränkungen

Anträge auf Ausnahmen von Verkehrsbeschränkungen jeder Art sind bei der MA 46, 12, Niederhofstraße 23 (schriftlich mit 70 S-Bundesstempel versehen), einzubringen.

Ist die Absperrung einer Privatstraße durch den Grundeigentümer oder Verwalter zulässig?

Dient eine Privatstraße dem öffentlichen Verkehr, kann sie also von jedermann unter den gleichen Bedingungen benützt werden, dann darf sie nur von der Behörde gesperrt oder sonstwie für den Verkehr beschränkt werden (Einbahnstraßen, Gewichtsbeschränkungen u. a.). Straßen ohne öffentlichen Verkehr können vom Grundeigentümer oder Verwalter unter Beachtung der sonstigen Rechtsvorschriften gesperrt oder auch auf bestimmte Fahrzeuge beschränkt werden.

Erlaubnis zur Benützung von Verkehrsflächen zu besonderen Zwecken

Für den Gebrauch von öffentlichen Verkehrsflächen samt den dazugehörigen Anlagen einschließlich des Untergrundes und des darüber befindlichen Luftraumes zu verkehrsfremden Zwecken, z. B. zu gewerblichen Tätigkeiten oder zur Werbung, ist eine Erlaubnis zu erwirken.

Ansuchen sind bei der MA 35 – G (Gebrauchserlaubnisse), 12, Theresienbadgasse 3, einzubringen. Soweit durch den angestrebten Gebrauch das Privatrecht eines Dritten berührt wird, ist dessen Zustimmung anläßlich des Antrages nachzuweisen.

Für die erteilte Erlaubnis ist, wenn die Verkehrsfläche öffentlicher Gemeindegrund ist, eine Gebrauchsabgabe zu entrichten. Die Höhe dieser Abgabe richtet sich nach dem einen Bestandteil des Gebrauchsabgabegesetzes bildenden Tarif.

KULTURAMT

(MA 7)

Studienförderung

Welche Arten von Beihilfen und Stipendien gibt es?

Im Rahmen des Stipendienwerkes der Stadt Wien können aus den vom Gemeinderat hiefür jeweils genehmigten Budgetmitteln Schülerbeihilfen, Studienbeihilfen, Abschlußstipendien für Dissertanten und Habilitanten, Arbeitsstipendien für Wissenschaftler und Künstler, Auslandsstipendien, Anerkennungsstipendien und Stiftungsstipendien gewährt werden. Eingereicht wird beim Kulturamt der Stadt Wien – MA 7, 8, Friedrich Schmidt-Platz 5, 3. Stock, Tür 316/317, wo auch die hiefür erforderlichen Formulare erhältlich sind.

Wer erhält eine Schulbeihilfe, unter welchen Voraussetzungen und in welcher Höhe?

Für Schülerinnen und Schüler an den von der Stadt Wien geführten Schulen und Lehranstalten, wie der Bildungsanstalt für Kindergärtnerinnen, der Lehranstalt für gehobene Sozialberufe (Vorbereitungslehrgang), des Institutes für Heimerziehung, des medizinisch-technischen Fachdienstes, sowie für Schülerinnen und Schüler der öffentlichen und mit dem Öffentlichkeitsrecht ausgestatteten privaten, allgemeinbildenden und berufsbildenden mittleren und höheren Schulen ab der neunten Schulstufe kann, sofern vom Bund (Studienbeihilfekommission des Bundes) kein Anspruch besteht, eine Schulbeihilfe genehmigt werden. Bei den Schülerinnen der Bildungsanstalt für Kindergärtnerinnen der Stadt Wien ist lediglich die Würdigkeit (guter Lernerfolg) – nicht die Bedürftigkeit – nachzuweisen. Die monatlichen Beihilfen betragen im ersten Schuljahr 300 S, im zweiten Schuljahr 400 S, im dritten Schuljahr 500 S und im vierten Schuljahr 600 S. Bei der Vergabe der weiteren Schulbeihilfen wird neben dem Lernerfolg (Notendurchschnitt 2,8) auch das elterliche Einkommen nach dem jeweils geltenden Einkommensteuergesetz (das Jahresnettofamilieneinkommen darf 70.000 S nicht übersteigen) berücksichtigt. Die Höhe der Schulbeihilfen reicht von 1.000 bis 6.400 S.

Wer erhält eine Studienbeihilfe, unter welchen Voraussetzungen und in welcher Höhe?

Die allgemeinen Voraussetzungen für die Gewährung von Studienbeihilfen sind:

1. es darf kein Anspruch auf Ausbildungsbeiträge, Studienbeihilfen oder Stipendien vom Bund (Studienbeihilfekommission des Bundes) bestehen,
2. österreichische Staatsbürgerschaft des Bewerbers,
3. Wohnort Wien,
4. Bedürftigkeit,
5. günstiger Studienerfolg (Notendurchschnitt 2,8).

Für die Beurteilung der Bedürftigkeit sind die Einkommen des Studenten, die Einkünfte seiner Eltern bzw. der für ihn unterhaltspflichtigen Personen im abgelaufenen Kalenderjahr heranzuziehen. Die Höhe der möglichen Studienbeihilfe resultiert aus der Berechnung des Jahresnettofamilieneinkommens und kann bis zu 27.000 S betragen.

Als Nachweis eines normal verlaufenen positiven Studienfortganges gelten Prüfungszeugnisse über die bisherigen Studiensemester innerhalb der von der österreichischen Hochschülerschaft für die einzelnen Fakultäten und Fachrichtungen auf Grund der tatsächlichen Verhältnisse angegebenen Studienzeiten.

Anträge auf Gewährung von Schulbeihilfen und Studienbeihilfen können bis zum 15. Mai des laufenden Studienjahres eingebracht werden.

Welche Arten von Arbeitsstipendien für Künstler gibt es und was ist für den Erhalt eines Arbeitsstipendiums erforderlich?

Das Kulturamt der Stadt Wien vergibt jährlich eine begrenzte Anzahl von Arbeitsstipendien für Literaten, Komponisten, Maler und Grafiker sowie Bildhauer und angewandte Künstler. Die Höchstgrenze beträgt 25.000 S. Der Bewerber hat nachstehende Voraussetzungen zu erfüllen:

1. österreichische Staatsbürgerschaft,
2. Arbeitsstätte und Wohnsitz in Wien,
3. Altersgrenze 40 Jahre,
4. er soll bereits:
   a) eigene Werke bei einem renommierten Verlag bzw. in angesehenen Literaturzeitschriften veröffentlicht haben,
   b) mindestens ein eigenes Werk bei einem Musikverlag veröffentlicht haben,
   c) in der Öffentlichkeit durch Ausstellungen Erfolge erzielt haben oder durch künstlerische Arbeiten seine Würdigkeit belegen (Finanzierung von Ausstellungen oder Druckkosten von Katalogen können nicht unterstützt werden),
5. das Arbeitsstipendium soll für die Fertigstellung eines konkreten, bereits begonnenen literarischen, kompositorischen bzw. künstlerischen Werkes oder für künstlerische Experimente, die zu einem Ergebnis führen, gewidmet sein.

Einsendetermine sind der 28. Februar und der 31. August des laufenden Kalenderjahres. Über die Vergabe von Arbeitsstipendien entscheidet der zuständige amtsführende Stadtrat. Er bedient sich dabei einer Jury von fachlich qualifizierten, magistratsunabhängigen Persönlichkeiten.

Wer erhält ein Wissenschafts- bzw. ein Forschungsstipendium?

Das Kulturamt der Stadt Wien vergibt jährlich ca. 30 Wissenschaftsstipendien in der Höhe von 10.000 bis 25.000 S zur Fertigstellung bzw. Durchführung von wissenschaftlichen Arbeiten bzw. Forschungsvorhaben. Für die Bewerbungen – diese können laufend gestellt werden – sind nachstehende Voraussetzungen erforderlich:

1. österreichische Staatsbürgerschaft,
2. Arbeitsstätte und Wohnsitz in Wien,
3. Altersgrenze 40 Jahre,
4. abgeschlossene Hochschulbildung,
5. die Bewerber müssen über die dem betreffenden Thema entsprechende wissenschaftliche Qualifikation verfügen,
6. das Bewerbungsprojekt muß klar als aktuelles wissenschaftliches Vorhaben erkennbar sein,
7. Angabe von Referenzen durch Nennung von anerkannten Fachleuten (z. B. Universitätsprofessoren), Beigabe von mindestens einer schriftlichen Referenz.

Verwaltungs-, Druck- und Reisevorhaben sowie Ankauf von Geräten können finanziell nicht unterstützt werden. Vor der Antragstellung ist eine Aussprache mit dem Fachreferenten erforderlich.

Fremdenverkehr

Das Kulturamt der Stadt Wien ist mit den behördlichen Agenden des Fremdenverkehrs betraut.

Um dem Bedürfnis der ausländischen Gäste nach besonders preiswerten Quartieren entgegenzukommen und um vor allem dem Trend „Zurück zur Natur“ gerecht zu werden, hat die Stadt Wien im Westen und Süden der Stadt Campingplätze angelegt, die sich lebhafter Frequenz erfreuen.

Aus denselben Gründen wurden von der Stadt Wien vor allem für die jüngeren Besucher Jugendgästehäuser geschaffen.

Das internationale Studentenheim der Stadt Wien wird während der Ferienzeit als Hotel der Kategorie B geführt und dient somit einerseits dem Fremdenverkehr und ermöglicht andererseits durch den Ertrag eine geringere Miete für das Studentenheim.

Jugendgästehaus der Stadt Wien, 13, Schloßberggasse 8, Tel. 82 15 01
Jugendgästehaus der Stadt Wien, 18, Geymüllergasse 1, Tel. 47 13 12
Städtischer Campingplatz Wien–West I, 14, Hüttelbergstraße 40, Tel. 94 23 14
Städtischer Campingplatz Wien–West II, 14, Hüttelbergstraße 80, Tel. 94 23 14
Städtischer Campingplatz Wien–Süd, 23, Atzgersdorf, Gerbergasse 2, Tel. 86 92 18
Internationales Studentenheim der Stadt Wien, 19, Gymnasiumstraße 85, Zufahrt Vegagasse 20, Tel. 34 26 73, 34 26 74

Förderung der Altstadterhaltung

Aus den Erträgnissen des durch Landesgesetz im Jahr 1972 geschaffenen Zuschlags zu den Fernsehgebühren („Kulturschilling“) werden vornehmlich Zuschüsse zur Durchführung von Restaurierungsarbeiten an Altstadtobjekten vergeben. Die Objekte müssen innerhalb der vom Gemeinderat ausgewiesenen „Schutzzonen“ liegen oder sonst von besonderer Bedeutung für das Stadtbild sein (z. B. unter Denkmalschutz stehen). Gefördert wird die Erhaltung des äußeren Erscheinungsbildes, d. h. Fassaden, Dächer, Durchfahrten, Höfe. Der Zuschuß soll ein Beitrag zu jenen Mehrkosten sein, die dem Eigentümer durch den Besitz eines für das Stadtbild bedeutenden Gebäudes bei Restaurierungen entstehen, und wird von Fall zu Fall je nach den notwendigen Arbeiten und der sozialen Lage des Bewerbers bemessen. Die Einreichung erfolgt beim Kulturamt der Stadt Wien (MA 7, 8, Friedrich Schmidt-Platz Nr. 5, Referat für Stadtbild- und Denkmalpflege).

LEBENSMITTEL- UND MARKTWESEN

(MA 59)

Das Marktamt der Stadt Wien hat seinen Sitz in 3, Am Modenapark 1–2, Tel. 72 36 31. Überdies sind auf allen größeren Märkten oder in den magistratischen Bezirksämtern Außenstellen eingerichtet, die die Bezeichnung „Marktamtsabteilung“ tragen. Im Amtlichen Telefonbuch Wien sind die Dienststellen der MA 59 unter „Marktamt Städt.“ zu finden.

Verdacht der übermäßigen Preisforderung für Lebensmittel und mangelhafte Preisauszeichnung

Für Lebensmittel bestehen nur noch zum Teil amtlich festgesetzte Höchstpreise (z. B. für Mehl, Schwarzbrot, Zucker, Vollmilch und für verschiedene Rind- und Selchfleischarten sowie für insgesamt 14 Wurstsorten). Aber auch der freien Preiserstellung sind durch das Preisgesetz Grenzen gesetzt. So ist eine erhebliche Überschreitung des im ordentlichen Geschäftsverkehr jeweils üblichen Preises für Bedarfsgegenstände oder Bedarfsleistungen gleicher Art und Beschaffenheit unzulässig.

Die in Geschäftslokalen zum Verkauf an Letztverbraucher feilgehaltenen und die in Schaufenstern (Schaukästen) sichtbar ausgestellten Waren müssen mit Preisschildern versehen sein. Die Preise für Waren, die zum baldigen Verkauf bestimmt sind, können auch in Preisverzeichnissen, die an leicht sichtbarer Stelle angebracht sein müssen, ausgewiesen werden. In Gastgewerbebetrieben aber müssen die Preise für die jeweils angebotenen Speisen und Getränke in Preisverzeichnissen (Speise- und Getränkekarten) enthalten sein. Außerdem sind die Speisekarten jener Betriebe, in denen regelmäßig warme Speisen verkauft werden, zusätzlich außen neben der Eingangstür gut lesbar anzubringen.

Bei Verdacht einer überhöhten Preisforderung oder bei Feststellung einer unterlassenen oder mangelhaften Preisauszeichnung wende sich der Verbraucher an die Marktamtsabteilung des Bezirkes.

Wo können sich Verbraucher, Gewerbetreibende und Produzenten über Preise und Zufuhren von Lebensmitteln eingehend informieren?

Das Marktamt erhebt wöchentlich die Preise für Fleisch, Fleischwaren, Eier und Viktualien und veröffentlicht diese in einem Wochenausweis. Ergänzend dazu werden monatlich auch die Preise der anderen wichtigen Lebensmittel festgestellt und in einem Monatsausweis veröffentlicht. Diese Marktamtsausweise können in der Kanzlei des Marktamtes in 3, Am Modenapark 1–2, Tel. 72 36 31*, 254, sowohl in Einzelexemplaren als auch im Abonnement erworben werden.

Beschwerden über Qualitätsmängel bei Lebensmitteln oder bei Verdacht der Gesundheitsschädlichkeit oder des Verdorbenseins

Man wende sich *ehestens* an die zuständige *Marktamtsabteilung,* welche die Begutachtung der Ware und die Überprüfung des Falles durchführt.

Was hat im Falle des Verdachtes der Gesundheitsschädigung durch den Genuß eines verdorbenen Lebensmittels zu geschehen?

Sofern eine ernstliche Störung der Gesundheit auftritt, die auf den Genuß eines nicht mehr einwandfreien Lebensmittels zurückgeführt wird, nehme man sofort *ärztliche Hilfe* in Anspruch. Etwa noch vorhandene *Speisenreste sind aufzubewahren.* Möglichst bald ist sodann die zuständige *Marktamtsabteilung zu verständigen,* damit eine Überprüfung des Speisenrestes bzw. des im Bezugsgeschäft vorhandenen Vorrates an der betreffenden Ware durchgeführt wird, um den Fall klarzustellen und den weiteren Verkauf dieses Lebensmittels zu verhindern.

Pilzberatung und Pilzbeschau

Es wird empfohlen, nur solche Pilze zu sammeln und zu genießen, die man einwandfrei als genußtauglich erkannt hat. Auf den Märkten dürfen nur Pilze verkauft werden, die von den Organen des Marktamtes beschaut wurden. Jedermann hat aber die Möglichkeit, selbstgesammelte Pilze in den Marktamtsabteilungen oder im Marktamt kostenlos beschauen zu lassen. Zur exakten Pilzbestimmung sind nur ganze unverletzte Exemplare geeignet!

Im Marktamt, 3, Am Modenapark 1–2, 2. Stock, ist eine ständige Pilzschau eingerichtet, die an Wochentagen von 8 bis 18 Uhr frei zugänglich ist und die wichtigsten genußtauglichen und auch giftigen Pilze zeigt.

Muß meine Waage, mein Metermaß geeicht sein?

Nach dem Maß- und Eichgesetz, BGBl. Nr. 152/1950, in der Fassung des Bundesgesetzes vom 20. März 1973, BGBl. Nr. 174/1973, sind alle Meßgeräte (Maße, Meßwerkzeuge, Waagen, Gewichte, Abfüllmaschinen, Fässer, Personenwaagen, Fieberthermometer), wenn sie im öffentlichen Verkehr verwendet oder bereitgehalten werden, zu eichen und zeitgerecht nachzueichen. Von einer Verwendung spricht man nicht nur, wenn die Meßgeräte für den An- und Verkauf verwendet werden, sondern auch dann, wenn sie zur Überprüfung der Lieferungen, zur Bestimmung des Arbeitslohnes, zur Kontrolle von Arbeitsleistungen und zur Messung von Sachentschädigungen gebraucht werden. Bereitgehalten ist ein Meßgerät dann, wenn die äußeren Umstände erkennen lassen, daß es ohne besondere Vorbereitung in Gebrauch genommen werden kann (überzählige Waagen in Verkaufslokalen!).

Die MA 59 verlautbart alljährlich in der Tagespresse und in den Fachzeitschriften, welche Meßgeräte nachzueichen sind, um Beanstandungen der Handels- und Gewerbetreibenden wegen Nichtbeachtung der Eichvorschriften zu vermeiden.

In dieser alljährlichen Verlautbarung wird u. a. bezüglich der Nacheichpflicht ausgeführt:

Der Nacheichung unterliegen alle eichpflichtigen Gegenstände mit Ausnahme von Meßgeräten, die nur aus Glas, Porzellan oder Steingut bestehen sowie Flüssigkeitsmaße aus Metall bis zu 2 Liter Inhalt und emaillierte Flüssigkeitsmaße.

Die Nacheichfrist beträgt grundsätzlich zwei Jahre. Es gibt aber auch längere Nacheichfristen.

Die eichamtliche Überprüfung erfolgt in Wien beim Eichamt Wien, 20, Gasteigergasse 2–4. Feststehende oder schwer transportierbare Eichobjekte können nach Anmeldung beim Eichamt (Tel. 33 55 01*, 223) auf dem Verwendungsplatz nachgeeicht werden. Auskünfte, insbesondere über Nacheichfristen, erteilt auch jede Marktamtsabteilung.

Wie kann ich einen Marktstand erlangen?

Auf jedem Lebensmittelmarkt in Wien befinden sich entweder transportable oder stabile Marktstände. Die Zuweisung der Marktplätze für diese Marktstände erfolgt durch die MA 59, 3, Am Modenapark 1–2, 2. Stock, über Vorschlag der jeweils örtlich zuständigen Marktamtsabteilung nach den Bestimmungen der Marktordnung 1976 in der jeweils geltenden Fassung.

Da Marktplätze nur selten frei sind und die Marktstände meistens durch Rechtsgeschäfte unter Lebenden mit Zustimmung des Marktamtes weitergegeben werden, empfiehlt es sich, vorerst mit der zuständigen Marktamtsabteilung Rücksprache zu nehmen, die mit den örtlichen Verhältnissen vertraut ist und den Bewerber um einen Marktstand rechtzeitig beraten und vor Schaden bewahren kann.

Die Marktplätze (Marktstände) werden auf bestimmte oder unbestimmte Zeit zugewiesen. Die marktamtliche Zuweisung bildet die Grundlage für die Erlangung einer entsprechenden Gewerbeberechtigung.

Auf größeren Märkten bestehen überdies *Landparteienplätze.*

Zum Besuch der Landparteienplätze werden nach Maßgabe der frei verfügbaren Plätze zugelassen:

Landwirtschaftliche Produzenten, Marktfahrer und sogenannte Waldgeher.

Für die Benützung von Marktplätzen (Marktständen) werden amtlich festgesetzte Marktgebühren eingehoben.

Auskünfte erteilt jeweils die örtlich zuständige Marktamtsabteilung, bei welcher auch Ansuchen um Zuweisung eines Marktplatzes (Marktstandes) einzureichen sind. Die Zuweisung liegt im freien Ermessen der Stadt Wien.

Welche Personen können den Blumengroßmarkt beziehen?

Landwirtschaftliche Produzenten, Gewerbetreibende, die zum Großhandel mit Blumen und Bedarfsartikeln für die Blumenbinderei berechtigt sind, gewerbliche Gärtner, auf den Landparteienplätzen des Blumengroßmarktes landwirtschaftliche Produzenten, Marktfahrer und sogenannte Waldgeher.

Wie erlange ich ein Produzentenvormerkbuch?

Landwirtschaftliche Produzenten, welche beabsichtigen, Marktplätze auf Landparteienplätzen der Wiener Märkte zu beziehen, müssen zum Nachweis ihrer Produzenteneigenschaft ein Produzentenvormerkbuch besitzen, das die Personaldaten des Inhabers und die Lage, Art und Größe des landwirtschaftlichen Betriebes zu enthalten hat. Die Produzentenvormerkbücher werden gegen Ersatz der Selbstkosten von jener Marktamtsabteilung ausgegeben, in deren Bereich sich der landwirtschaftliche Betrieb befindet, bzw. – wenn es sich um einen außerhalb Wiens gelegenen landwirtschaftlichen Betrieb handelt – von jener Marktamtsabteilung, in deren Bereich der Landparteienplatz, den die zukünftige Marktpartei zu beziehen beabsichtigt, liegt. Die im Produzentenvormerkbuch enthaltenen Angaben müssen von der gesetzlichen Interessenvertretung und der zuständigen Gemeinde bestätigt sein. In Wien gibt derartige Bestätigungen die zuständige Marktamtsabteilung aus. Sie dürfen nicht älter als ein Jahr sein.

Wie und wo bekomme ich als Marktfahrer, der keine Lebensmittel führt, ein Vormerkbuch?

Das Vormerkbuch für Marktfahrer, welche andere Waren als Lebensmittel führen, ist nach Vorweisung des

Gewerbescheines gegen Ersatz der Selbstkosten in der MA 59, 3, Am Modenapark 1–2, erhältlich. Das Vormerkbuch hat die Personaldaten und ein Lichtbild des Inhabers zu enthalten.

Warum besuchen die Wiener Hausfrauen gerne die Märkte?

1. Weil dort die Auswahl an Lebensmitteln, besonders an Gemüse und Obst, groß ist;
2. weil durch die freie Auslegung der Waren den Käufern ohne jeglichen Kaufzwang die Besichtigung sowie der Qualitäts- und Preisvergleich möglich ist;
3. weil sich infolge des gehäuften gleichzeitigen Angebotes gleichartiger Waren eine für den Verbraucher günstige Preisbildung ergibt;
4. weil die dort gegebene ständige lebensmittel- und preispolizeiliche Kontrolle durch das Marktamt den Verbraucher wirksamer vor Schädigung zu wahren vermag;
5. weil das vielfältige Angebot eine raschere Erledigung des Einkaufes ermöglicht und daher Zeit sparen hilft.

Marktplatzzuweisungen auf temporären Märkten

Die an verschiedenen Stellen des Stadtgebietes errichteten temporären Märkte – sie sind nur für solche Stadtteile vorgesehen, in denen die Bevölkerung mit Lebensmitteln nicht ausreichend versorgt werden kann – erfreuen sich zunehmender Beliebtheit, sodaß derzeit schon sechs solche Markteinrichtungen geschaffen wurden. Während die temporären Märkte in der Per Albin Hansson-Siedlung, in der Thürnlhofstraße, in der Bernoullistraße und auf den Trabrennvereinsgründen jeden Dienstag und Freitag von 14 bis 18.30 Uhr abgehalten werden, findet der temporäre Markt in der Quadenstraße jeden Mittwoch von 14 bis 18.30 Uhr und Samstag von 7 bis 12 Uhr statt. Auf dem temporären Markt in Liesing wurden die Verkaufszeiten an jedem Dienstag und Freitag von 14 bis 18.30 Uhr und Samstag von 7 bis 12 Uhr festgesetzt. Die Zuweisung von Marktplätzen auf temporären Märkten erfolgt durch die MA 59, 3, Am Modenapark 1–2.

Wann und wo wird der Flohmarkt abgehalten?

Der Flohmarkt wird an jedem Samstag, ausgenommen an Feiertagen, in der Zeit von 8 bis 18 Uhr im 6. Bezirk auf dem oberen Naschmarkt bei der Stadtbahnstation Kettenbrückengasse abgehalten. Es gibt Dauerplätze für Gewerbetreibende und Tagesplätze für Amateure.

Die Dauerplätze werden von der MA 59, 3, Am Modenapark 1–2, 2. Stock, zugewiesen. Die Zuweisung der Tagesplätze – solche dürfen von Amateuren nur dreimal je Kalenderjahr in Anspruch genommen werden – erfolgt durch die Marktamtsabteilung für den 4. bis 7. Bezirk im Amtsgebäude gegenüber der Stadtbahnstation Kettenbrückengasse jeweils zwei Stunden vor Marktbeginn und gegen Vorweis eines Lichtbildausweises.

Marktgegenstände des Flohmarktes sind handgefertigte kunstgewerbliche Gegenstände, Kunstgegenstände geringeren Wertes, antiquarische Bilder, Schriften, Fotos, Altwaren kleineren Ausmaßes, gebrauchte Textilien und Schuhe sowie alte Münzen und Medaillen.

Aufstellung von Verkaufsständen aus besonderen Anlässen

Auskünfte über die Aufstellungsmöglichkeiten aus besonderen Anlässen (z. B. Allerheiligenmarkt, Christkindlmarkt, Fastenmarkt, Kirchweihmärkte, Christbaummarkt usw.) erteilen die örtlich zuständigen Marktamtsabteilungen, welche nach Prüfung der Verhältnisse auch die Marktplätze zuweisen, die Einhebung der Marktgebühren besorgen und den Marktverkehr auf solchen Gelegenheitsmärkten überwachen.

Die Marktzeiten sind in der Marktordnung für die Stadt Wien, Marktordnung 1976 in der jeweils geltenden Fassung, festgelegt.

Marktplätze für Weihnachtsbäume

Marktplätze auf öffentlichen Straßen und Plätzen sowie in städtischen Parkanlagen und in Alleen (Baumstraßen) werden durch die örtlich zuständigen Marktamtsabteilungen vergeben.

Jeder Christbaumverkauf muß entweder durch einen *Produzentennachweis* oder durch einen *Gewerbeschein* und außerdem durch einen Ursprungsschein bzw. bei Tannen durch eine Plombe, die im obersten Drittel der Tanne am Stamm angebracht sein muß, gedeckt sein.

Wie bekomme ich eine Bewilligung (Gebrauchserlaubnis) zur Aufstellung eines transportablen Straßenstandes?

Ansuchen um die Bewilligung (Gebrauchserlaubnis) zur Aufstellung eines transportablen Straßenstandes, ausgenommen Zeitungsverkaufsständen, sind an die MA 59, 3, Am Modenapark 1–2, mit möglichst genauer Angabe des gewünschten Standortes (Planskizze) zu richten. An der gleichen Stelle oder telefonisch unter der Nummer 72 36 31*, 251 und 252, werden auch Auskünfte über die zulässigen Standtypen und die Voraussetzungen für eine Gebrauchserlaubnis erteilt.

Wann und wie lange dürfen Geschäfte offenhalten?

Lebensmittelkleinhandelsgeschäfte dürfen (werktags) Montag bis Freitag von 7 bis 18.30 Uhr und an Samstagen von 6.30 bis 14 Uhr, Kleinhandelsgeschäfte mit anderen Waren als Lebensmittel (werktags) Montag bis Freitag von 8 bis 18 Uhr, an Samstagen von 8 bis 13 Uhr offenhalten. Innerhalb dieser genannten Zeitspannen bleibt es dem einzelnen Gewerbetreibenden überlassen, seine Offenhaltezeit selbst zu bestimmen. Die Ladenschlußzeiten für einige Gewerbezweige sind abweichend davon geregelt. Auskünfte darüber erteilen die MA 59, 3, Am Modenapark 1–2, Tel. 72 36 31*, 251, sowie alle Marktamtsabteilungen.

Städtische Brückenwaagen

5, Siebenbrunnenfeldgasse
Tragkraft: 25 t, Ausmaß: 8,00 × 2,80 m
11, Simmeringer Markt
Tragkraft: 25 t, Ausmaß: 8,00 × 2,80 m
12, Meidlinger Markt
Tragkraft: 25 t, Ausmaß: 8,00 × 2,80 m
15, Meiselmarkt
Tragkraft: 25 t, Ausmaß: 8,00 × 2,75 m
20, Hannovermarkt
Tragkraft: 25 t, Ausmaß: 8,00 × 2,80 m
23, Großmarkt Wien-Inzersdorf, Laxenburger Straße 365
Tragkraft: 50 t, Ausmaß: 2 × 2 Waagtische je 10,00 × 3,00 m

Wie wirkt das Marktamt bei Gewerberechtsüberschreitungen und unbefugtem Gewerbebetrieb?

Dem Marktamt obliegt auch die Ausübung der gewerbepolizeilichen Überwachung und Überprüfung von Unternehmen im Sinne der Gewerbeordnung. Beschwerden sind an das örtlich in Frage kommende magistratische Bezirksamt oder an die zuständige Marktamtsabteilung zu richten.

Wo kann sich der Verbraucher beim Lebensmitteleinkauf beraten lassen?

Groß- und Einzelverbraucher erhalten für den Lebensmitteleinkauf über jeweils günstige Kaufgelegenheiten, über die Preislage oder über die Verwendungsmöglichkeiten noch nicht allgemein bekannter Waren bei den Marktamtsabteilungen oder in der MA 59 (beim Referat Konsumentenberatung), 3, Am Modenapark 1–2 (Tel. 72 36 31*, 252), Auskunft.

LEHRLINGE

Bürokaufmannslehrlinge

Beim Magistrat der Stadt Wien werden alljährlich Bürokaufmannslehrlinge, bekannter unter dem Ausdruck „Rathauslehrlinge“, aufgenommen.

Rathauslehrling bedeutet nicht, nur im Rathaus tätig zu sein und zu lernen, sondern in den städtischen Dienststellen, die über das ganze Stadtgebiet verteilt sind, mitzuarbeiten.

Die Ausbildung als Bürokaufmannslehrling dauert drei Jahre. Der Lehrvertrag wird in der Kammer der gewerblichen Wirtschaft protokolliert. Neben der praktischen Ausbildung in mehreren Dienststellen ist die Kaufmännische Berufsschule zweimal wöchentlich je einen halben Tag zu besuchen.

Nach dem ordnungsgemäßen Abschluß der Lehre ist eine Anstellung als Kanzleibeamter bei der Stadt Wien möglich. Jeder Lehrling kann auch die Lehrabschlußprüfung (§ 21 Berufsausbildungsgesetz) ablegen.

Wer kann Bürokaufmannslehrling werden?

Jeder, der die gesetzliche Schulpflicht erfüllt hat und Interesse für diese Ausbildung und die für diesen Beruf erforderliche geistige und körperliche Eignung hat. Der Antrag auf Aufnahme als Bürokaufmannslehrling kann schon während des neunten Schuljahres nach Erhalt des positiven Semesterzeugnisses, etwa ab Februar, gestellt werden und ist an die MA 2, Personalamt, Aufnahmedienst, zu richten.

Dem Aufnahmeansuchen mit Lebenslauf ist das Abschlußzeugnis des achten Schuljahres sowie das Halbjahrszeugnis des neunten Schuljahres anzuschließen. Mitte Mai wird bei einem schriftlichen Test die Eignung des Bewerbers festgestellt und die Aufnahme, die im August stattfindet, in die Wege geleitet.

Bautechnische Zeichnerlehrlinge

In den Bauabteilungen des Magistrats der Stadt Wien werden auch alljährlich einige bautechnische Zeichnerlehrlinge (bisher Lehrlinge des technischen Dienstes) aufgenommen.

Die Ausbildung dauert drei Jahre. Der Lehrvertrag wird in der Kammer der gewerblichen Wirtschaft protokolliert.

Neben der praktischen Ausbildung in mehreren Dienststellen ist einmal wöchentlich einen ganzen Tag die Berufsschule für Baugewerbe zu besuchen.

Nach dem ordnungsgemäßen Abschluß der Lehre erfolgt die Anstellung als technischer Zeichner oder als Beamter des technischen Dienstes bei der Stadt Wien. Jeder Lehrling kann auch die Lehrabschlußprüfung (§ 21 Berufsausbildungsgesetz) ablegen.

Hinsichtlich der Aufnahme gelten die oben für die Bürokaufmannslehrlinge angeführten Bedingungen sinngemäß.

LIEGENSCHAFTSERWERB DURCH AUSLÄNDER

(MA 62)

Nach dem Ausländergrunderwerbsgesetz vom 16. Juni 1967, LGBl. für Wien Nr. 33, können Ausländer das Eigentum und bestimmte andere Rechte an Wiener Grundstücken in der Regel nur mit behördlicher Genehmigung erwerben.

Wer gilt als Ausländer?

Ausländer im Sinne des Gesetzes sind alle natürlichen Personen, die nicht österreichische Staatsbürger sind, sowie Gesellschaften, die ihren Sitz im Ausland haben. Gesellschaften mit dem Sitz im Inland gelten dann als Ausländer, wenn an ihnen Nichtösterreicher oder ausländische Gesellschaften überwiegend beteiligt sind. Die Bestimmungen über die Genehmigung finden keine Anwendung, wenn zwischenstaatliche Verträge entgegenstehen oder wenn fremde Staaten bzw. bestimmte internationale Organisationen als Erwerber auftreten. Auch der Erwerb einer Liegenschaft im Erbweg bedarf keiner Genehmigung.

Auf welche Rechte bezieht sich das Gesetz?

Grundsätzlich ist der Erwerb des Eigentums, des Miteigentums (auch Eigentumswohnungen), eines Baurechtes oder einer persönlichen Dienstbarkeit an die behördliche Genehmigung gebunden, desgleichen der Erwerb von Miet- und Pachtrechten, die im Grundbuch eingetragen werden sollen. Andere Miet- und Pachtverträge sind nicht genehmigungspflichtig.

Wer entscheidet über das Genehmigungsansuchen?

Die Genehmigung erteilt nach Anhörung der zuständigen gesetzlichen Interessenvertretung die Wiener Landesregierung. Das Ansuchen ist beim Amt der Wiener Landesregierung, MA 62, 1, Rathausstraße 9, einzubringen, wobei der Antragsteller seine Staatsbürgerschaft und die Geburtsdaten anzugeben und eine Begründung des Erwerbes beizufügen hat. Im Falle von Gegenseitigkeit mit dem Heimatstaat des Antragstellers auf Grund zwischenstaatlicher Verträge ist die Staatsbürgerschaft nachzuweisen.

Unter welchen Voraussetzungen wird die Genehmigung erteilt?

Ein Anspruch auf Genehmigung besteht grundsätzlich nur dann, wenn am Zustandekommen des Rechtsgeschäftes ein volkswirtschaftliches oder soziales Interesse besteht. Aber selbst bei Vorliegen eines solchen Interesses muß die Genehmigung versagt werden, wenn andere öffentliche Interessen, z. B. solche militärischer oder sicherheitspolizeilicher Natur, entgegenstehen. Die Durchführung des Rechtsgeschäftes im Grundbuch ist nur zulässig, wenn der Erwerber den Bescheid über die Genehmigung vorlegt.

Strafbestimmungen

Wer eine Genehmigung durch bewußt falsche Angaben oder durch Verschweigung von Tatsachen erschleicht oder wer eine Verabredung zur Umgehung des Gesetzes trifft, begeht eine Verwaltungsübertretung, die mit Geldstrafen bis 300.000 S geahndet werden kann. Der gleichen Strafe unterliegen vorsätzliche falsche Angaben über die Beteiligung von Ausländern an einer inländischen Gesellschaft.

MUSEEN DER STADT WIEN

(MA 10)

Was sind die Museen der Stadt Wien und was sieht man dort?

Das Historische Museum der Stadt Wien, das sich seit 1959 im neuerbauten Haus auf dem Karlsplatz befindet, zählt zu den bedeutendsten Stadtmuseen Europas. Die nach modernen Grundsätzen aufgestellte Schausammlung bietet einen Überblick über den Werdegang Wiens, von der frühesten Besiedlung des heimischen Bodens in vorgeschichtlicher Zeit über das römische Vindobona und die aufstrebende mittelalterliche Stadt bis zur Entstehung der heutigen Großstadt. In enger Verflechtung mit der geschichtlichen Dokumentation wird die Kunst und Kultur Wiens in einer Vielfalt verschiedenartiger Objekte dargestellt und anschaulich gemacht. Zu den größten Schätzen des Museums gehören die steinernen Bildwerke und Glasgemälde aus St. Stephan und die Bestände aus dem Städtischen Zeughaus; eine Sehenswürdigkeit besonderer Art ist die mitten im Museum völlig unverändert wiedererstandene Wohnung Franz Grillparzers.

Jeder Wiener kennt das Historische Museum, zumindest von außen, aber wahrscheinlich kennt so mancher nicht die zum Historischen Museum gehörenden Musiker-Gedenkstätten der Stadt Wien. Unter diesem Sammelbegriff verbergen sich weltberühmte Sehenswürdigkeiten: die Mozart-Erinnerungsräume in Mozarts Wohnhaus, 1, Domgasse 5, das Johann Strauß-Museum in der Johann Strauß-Wohnung, 2, Praterstraße 54, das Haydn-Museum in Haydns Wohnhaus, 6, Haydngasse 19, die Beethoven-Erinnerungsräume in Beethovens Wohnhaus, 1, Mölkerbastei 8, das Schubert-Museum in Schuberts Geburtshaus, 9, Nußdorfer Straße 54, dessen Generalinstandsetzung den alten Bauzustand wiederherstellte, und schließlich das ergreifend schlichte Sterbezimmer Franz Schuberts im Haus 4, Kettenbrückengasse 6. Die kleinen Museen, die in diesen denkwürdigen Räumen eingerichtet wurden, sind eigentlich Dependancen des Hauptmuseums, ihr Eigendasein entspricht der hohen Bedeutung der Musik innerhalb der Kulturgeschichte Wiens. Dazu gehören auch die beiden, der biografischen Dokumentation gewidmeten Beethoven-Gedenkstätten in den Wohnhäusern 19, Probusgasse 6, und 19, Döblinger Hauptstraße 92.

Ähnlich verhält es sich mit den Gedenkräumen in der Villa Wertheimstein, am Rand des schönen Wertheimsteinparks, 19, Döblinger Hauptstraße 96, wenngleich die Bedeutung dieser Gedächtnisstätte mehr lokaler Art ist. Der im ursprünglichen Zustand erhaltene Salon der Villa, ein typisches Interieur aus der zweiten Hälfte des 19. Jahrhunderts, war zu seiner Zeit ein Treffpunkt berühmter Gelehrter und Künstler. Daneben sind für die Dichter Eduard von Bauernfeld und Ferdinand von Saar, die zu den ständigen Gästen der Villa gehörten, Gedenkzimmer eingerichtet.

Auch die museal ausgestatteten Ausgrabungsstätten „Römische Ruinen unter dem Hohen Markt" und „Römische Baureste" (in der Feuerwehrzentrale Am Hof) sind Dependancen des Historischen Museums. Hingegen sind – im Verband des Historischen Museums – das Uhrenmuseum, 1, Schulhof 2, und das Pratermuseum, das sich im neuen Planetariumsgebäude am Eingang zum Volksprater befindet, echte Spezialsammlungen, die aber auch für ein breites Publikum von besonderem Interesse sind. Beide Museen sind aus Privatsammlungen hervorgegangen. Das Uhrenmuseum, eine der bedeutendsten Sammlungen dieser Art, gibt in der neuen systematischen Aufstellung einen Überblick über die geschichtliche Entwicklung der Uhr. Weniger methodisch geht es im Pratermuseum zu, wo in einer Fülle von buntestem Allerlei verklungene Pratertage wieder lebendig werden; ein Besuch dieser reizenden Sammlung ist ebenso vergnüglich wie lokalgeschichtlich aufschlußreich.

Alle Museen der Stadt Wien sind ganzjährig geöffnet. Die Besuchszeiten siehe Magistrat, MA 10. In allen Museen bzw. Gedenkstätten der Stadt Wien wird freier Eintritt gewährt.

Sonderausstellungen des Historischen Museums der Stadt Wien

Alljährlich werden im Museum auf dem Karlsplatz Sonderausstellungen in den dafür bestimmten Räumen veranstaltet. Sie bleiben im allgemeinen durch drei Monate geöffnet. Es wird entweder ein aktuelles Thema behandelt oder ein in der Schausammlung nur in großen Zügen behandelter Geschichtsabschnitt breit dokumentiert. Dadurch werden Teile der für kulturgeschichtliche Museen unerläßlichen Studiensammlung der Öffentlichkeit wenigstens kurzfristig zugänglich gemacht. Obwohl der Themenkreis der Ausstellungen nach Art und Zweck des Museums begrenzt ist, ist die Themenzahl praktisch unerschöpflich. So wird es immer etwas Neues im Historischen Museum der Stadt Wien zu sehen geben. Die Ausstellungen, zu denen ausführlich kommentierende, illustrierte Kataloge erscheinen, werden durch Plakate und in Presse, Rundfunk und Fernsehen angekündigt. Ein gesonderter Eintrittspreis wird nicht eingehoben.

Wie kommt man zu einer Führung im Historischen Museum?

Das Historische Museum der Stadt Wien verlautbart allmonatlich sein Führungsprogramm. Dieses sieht in der Hauptsache Führungen an Samstagen sowie Sonn- und Feiertagen vor. Es wird von Fachbeamten des Museums in leicht faßlicher Weise durch die gesamte Schausammlung geführt, auch durch einzelne Abteilungen, wobei auf die Dinge genauer eingegangen werden kann, und natürlich auch durch die Sonderausstellungen. Ferner finden Führungen statt in den beiden Ausgrabungsstätten und im Uhrenmuseum. Außer Programm werden nach entsprechender Vereinbarung für geschlossene Gruppen auch Sonderführungen veranstaltet. Diese können telefonisch (42 8 04/46) angemeldet werden. Alle Führungen sind kostenlos.

Was sind die Studiensammlungen des Historischen Museums?

Freilich kann in den Schauräumen nur ein Teil der vorhandenen Bestände ausgestellt werden, nicht nur aus Platzmangel, sondern auch um das besonders Wichtige nicht in der Fülle des weniger Wichtigen untergehen zu lassen. Der andere Teil der Bestände findet seinen Platz in den Depots, die somit die Studiensammlung umfassen, zum Unterschied von der Schausammlung.

Hier ist an erster Stelle die Grafiksammlung des Historischen Museums der Stadt Wien zu nennen, die nach verschiedenen sachlichen Gesichtspunkten geordnet in Mappen und Kassetten aufbewahrt wird. Der Schwerpunkt dieser großen, sehr wertvollen Sammlung von Zeichnungen, Aquarellen, Druckgrafik und Fotografien liegt im 19. Jahrhundert. In der Sekundär-Galerie des Museums befinden sich noch einige tausend Ölgemälde, die zum Teil von erster Qualität sind. Die Hauptmasse der Zeughausbestände ist in der Waffenkammer übersichtlich aufgestellt. Im Lapidarium des Museums befinden sich noch viele Funde aus der römischen Zeit, ferner Plastiken, steinerne Hauszeichen, Epitafe u. dgl. Schließlich beherbergen die Depots des Museums noch kostbare Miniaturen, eine große Münzensammlung, zahlreiche Totenmasken sowie eine Unzahl von kunsthandwerklichen Erzeugnissen und kulturgeschichtlich wichtigen Objekten. Auch das Uhrenmuseum hat nur einen Teil seiner Bestände ausgestellt; in seinem Depot finden sich zahlreiche, oft sehr wertvolle Stücke. Das Depot des Pratermuseums enthält u. a. interessante Archivalien zur Geschichte des Volkspraters. Schließlich sind die Modesammlungen des Historischen Museums der Stadt Wien, Schloß Hetzendorf, 12, Hetzendorfer Straße 79, zu nennen. Dort befindet sich eine reichhaltige Sammlung von Bekleidungsstücken aus verflossenen Zeiten und eine ansehnliche (auch öffentlich zugängliche) Fachbibliothek. Eine dauernde Ausstellung ist aber dort aus Platzmangel leider nicht möglich. Die Modesammlungen im Schloß Hetzendorf sind zur Gänze deponiert und daher ausschließlich als Studiensammlung zu betrachten.

Die Studiensammlungen können aus naheliegenden Gründen nicht allgemein zugänglich sein. Eine Ausnahme bildet nur die Grafiksammlung, für die den wissenschaftlich Interessierten der Studiensaal des Museums zur Verfügung steht.

Hier soll noch auf die „Wiener Bezirksmuseen" hingewiesen werden, die – von eigenen Museumsvereinen getragen – sich in allen Gemeindebezirken Wiens gebildet haben. Dem Historischen Museum der Stadt Wien obliegt die fachliche Aufsicht über die an sich selbständigen Bezirksmuseen, die der intensiven Pflege der heimatlichen Bezirksgeschichte gewidmet sind.

Welche Wünsche kann das Historische Museum der Stadt Wien noch erfüllen?

Es bleibt die erste und wichtigste Aufgabe eines Museums, das Vergängliche, soweit es für die Nachwelt auch nur von einigem Interesse sein kann, zu bewahren. Wenn daher Kunstwerke oder irgendwelche andere geschichtlich oder kulturgeschichtlich bemerkenswerte Objekte, die in irgendeinem Zusammenhang mit Wiens Geschichte stehen, in Gefahr geraten, vernichtet oder verschleudert zu werden, so möge die Direktion des Historischen Museums schriftlich oder mündlich unverzüglich verständigt werden. Auch wenn es sich herausstellen sollte, daß der Gegenstand nicht bewahrenswert ist, schadet ein blinder Alarm nichts, wohl aber können im gegenteiligen Fall der Allgemeinheit unersetzliche Werte verlorengehen. Dies ist eine Bitte, die sich an jeden, der Wien liebt, richtet.

Das Historische Museum erteilt im Rahmen seiner Möglichkeiten Auskünfte, aber es darf weder Expertisen ausstellen noch Schätzungsgutachten abgeben. Das Historische Museum will jede einschlägige Forschungsarbeit gerne mit Rat und Tat unterstützen, aber es kann unmöglich die Arbeit selbst liefern. Das Historische Museum beteiligt sich gerne an den volksbildenden Aufgaben von Presse, Film, Rundfunk und Fernsehen, indem es die entsprechenden Teile seiner Sammlungen zugänglich macht, aber es kann nicht als Requisitenkammer benützt werden. In den Schauräumen des Museums darf fotografiert werden, aber nur ohne Gebrauch von Stativ und Blitzlicht; ferner ist die Verwendung dieser Aufnahmen für die Reproduktion im Druck grundsätzlich untersagt. Hiefür werden Fotos von allen Objekten gegen Kostenersatz jedermann überlassen. Reproduktionsgenehmigungen werden gegen begründetes, schriftliches Ersuchen in großzügiger Weise erteilt, für wissenschaftliche Zwecke kostenlos, ansonsten gegen Vorschreibung einer angemessenen Gebühr. In jedem Fall wird eine kurze schriftliche Anfrage an das Historische Museum rasch Klarheit schaffen.

MUSTERSCHUTZ

Was ist ein Muster?

Muster oder Modell ist ein Vorbild, das sich auf die Form eines Industrieerzeugnisses bezieht und zur Übertragung auf ein solches Erzeugnis geeignet ist.

Welche Rechte ergeben sich aus einem Muster?

Der Musterinhaber ist allein berechtigt, das Muster auf Industrieerzeugnisse anzuwenden; er kann dieses Recht auch ganz oder teilweise an andere übertragen.

Wie wird der Musterschutz erworben?

Durch Hinterlegung des Musters in zwei Stücken bei der Kammer der gewerblichen Wirtschaft, in deren Bezirk der Hinterleger seinen Wohnsitz oder seine Niederlassung hat. Das Muster wird in ein Register eingetragen.

Wie lange gilt der Musterschutz?

Höchstens drei Jahre vom Zeitpunkt der Registrierung des Musters. Eine Verlängerung ist nicht möglich.

Wann ist die Registrierung ungültig?

Die Registrierung ist nichtig und ohne Wirkung, wenn bewiesen wird:

a) daß nach dem Muster verfertigte Industrieerzeugnisse schon vor der Hinterlegung des Musters im In- oder Ausland im Verkehr waren;
b) daß das Muster schon früher in einem veröffentlichten Druckwerk erschienen ist;
c) daß das Muster schon früher auf den Namen eines Anderen im Inland registriert worden ist;
d) daß der Hinterleger das Muster widerrechtlich an sich gebracht hat.

Über die Ungültigkeit der Hinterlegung entscheidet das magistratische Bezirksamt.

Sind Eingriffe in das Musterrecht verfolgbar?

Jeder Eingriff in das Musterrecht durch unbefugte Übertragung oder Nachbildung eines geschützten Musters oder durch den Verschleiß der nach dem Muster verfertigten Waren begründet für den Verletzten das Recht, auf die Einstellung der Eingriffe zu dringen. Auch kann er die Unbrauchbarmachung der zur Nachbildung dienlichen Werkzeuge und Hilfsmittel verlangen. Diesbezügliche Anträge sind beim zuständigen magistratischen Bezirksamt einzubringen.

Wurde der Eingriff wissentlich begangen, so ist der Schuldige mit Geld oder Arrest zu bestrafen, jedoch nur dann, wenn der Verletzte binnen sechs Wochen von dem Zeitpunkt an, in dem er von der Übertretung und der Person des Täters Kenntnis erlangt hat, bei der zuständigen Behörde (magistratisches Bezirksamt) einen Strafantrag stellt.

Schadenersatzansprüche sind bei Gericht geltend zu machen.

OPFERFÜRSORGE

(MA 12)

Opferfürsorge – Anspruchsberechtigung und Begünstigungen

Als Opfer im Sinne des Opferfürsorgegesetzes 1947 gelten Personen, die infolge ihres Kampfes um ein freies, demokratisches Österreich oder infolge politischer oder rassischer Verfolgung in der Zeit vom 6. März 1933 bis zum 9. Mai 1945 gewisse Schädigungen erlitten haben. Als Schädigungen sind anzusehen der Tod, schwere Gesundheitsschädigung, Haft von mindestens drei Monaten, Verlust oder Minderung des Einkommens in der Dauer von mindestens dreieinhalb Jahren, Abbruch oder Unterbrechung des Studiums oder einer Berufsausbildung in der Dauer von mindestens dreieinhalb Jahren, Emigration in der Dauer von mindestens dreieinhalb Jahren, Leben im Verborgenen im Mindestausmaß von sechs Monaten (ab dem sechsten Lebensjahr), Tragen des Judensterns in der Dauer von mindestens sechs Monaten oder eine Freiheitsbeschränkung von mindestens sechsmonatiger Dauer in Deutschland oder den von Deutschland besetzten Gebieten. Je nach der Art und der Schwere der Schädigung erhalten die Opfer selbst oder ihre Hinterbliebenen einen Opferausweis oder eine Amtsbescheinigung.

Die Inhaber von *Opferausweisen* und *Amtsbescheinigungen* erhalten *Begünstigungen*
1. auf dem Gebiet der Renten- und Unfallversicherung;
2. bei Gründung, Wiederaufrichtung oder Stützung der wirtschaftlichen Existenz;
3. bei Vergebung von Geschäftsstellen der Klassenlotterie, Lottokollekturen und Tabakverschleißgeschäften;
4. bei Vergebung und Zuweisung von Wohnungen, Siedlerstellen und Kleingärten;
5. auf den Gebieten der Steuer- und Gebührenpflicht;
6. durch Nachlaß und Ermäßigung von Studien- und Prüfungsgeldern;

ferner *Entschädigungen* für
1. erlittene Haft;
2. entstandene Haft- und Gerichtskosten;
3. politische Maßregelungen im öffentlichen Dienst;
4. erlittene Freiheitsbeschränkungen und Berufsschäden (Internierungen, Konfinierungen, Zwangsaufenthalte in einem Getto, Leben im Verborgenen, Judensterntragen, Einkommensminderungen um mindestens 50% von mindestens 3½ Jahren, Abbruch bzw. eine mindestens 3½jährige Unterbrechung der Berufsausbildung).

Die Inhaber von *Amtsbescheinigungen* bzw. deren Hinterbliebene haben überdies Anspruch auf
1. Rentenfürsorge- und Witwen- und Waisenbeihilfen, Sterbegeld;
2. Heilfürsorge.

Schriftliche Anträge um Anerkennung als Opfer sind bei der MA 12, 1, Schottenring 24, einzubringen.

Aushilfen nach dem Opferfürsorgeabgabegesetz

Die Erträge der Abgabe nach diesem Gesetz sind der Fürsorge für Kriegsbeschädigte und deren Hinterbliebene, den Opfern politischer Verfolgung und des Kampfes um ein freies, demokratisches Österreich und ihren Hinterbliebenen sowie den Zivilinvaliden gewidmet.

Die hier gewährten Aushilfen stellen keine regelmäßigen Leistungen dar, sie werden nur in besonderen Notstandsfällen gewährt.

Kriegsversehrte bzw. ihre Hinterbliebenen richten ihre diesbezüglichen Ansuchen zweckmäßigerweise an den Kriegsopferverband, 8, Lange Gasse 53, der mit der Ausgabe von finanziellen Unterstützungen betraut ist. Eine Mitgliedschaft bei diesem Verband ist hiezu nicht nötig. Solche Ansuchen können aber auch bei der Behindertenhilfe der MA 12, 1, Schottenring 24, 1. Stock, Tür 111, eingebracht werden.

Opfer politischer Verfolgung und des Kampfes um ein freies, demokratisches Österreich und deren Hinterbliebene richten entsprechende Ansuchen an die MA 12, Referat Opferfürsorge, 1, Schottenring 24.

Für Zivilinvalide ist in der gleichen Sache das Referat Behindertenhilfe der MA 12, 1, Schottenring 24, 1. Stock, Tür 111, zuständig.

PRÄSENZDIENER UND ZIVILDIENSTLEISTENDE

(MA 62)

Wehr- und Zivildienstpflichtige haben neben anderem auch Anspruch auf Familienunterhalt und Mietzinsbeihilfe nach den entsprechenden Vorschriften des Heeresgebührengesetzes. Bei der Einreichung im zuständigen magistratischen Bezirksamt haben Wehrpflichtige den Einberufungsbefehl, Zivildienstpflichtige den Zuweisungsbescheid des Bundesministeriums für Inneres vorzuweisen. Gegebenenfalls haben Zivildienstpflichtige auch die Familienbeihilfekarte beizubringen. Nähere Auskünfte erteilen die zuständigen magistratischen Bezirksämter.

REITSPORT IM PRATER

(MA 62)

Die Ausübung des Reitsportes in den allgemein zugänglichen Gebieten des Praters ist seit 1. Mai 1977 außerhalb von Straßen mit öffentlichem Verkehr im Sinne der Straßenverkehrsordnung 1960 nur auf den beschilderten Reit- und Zureitwegen gestattet. Die Pferde sind dabei mit einer beiderseits am Kopfgestell angebrachten Nummer zu kennzeichnen. Die Nummer wird vom Magistratischen Bezirksamt für den 2. Bezirk zugewiesen (Amtsblatt der Stadt Wien, Heft 18 vom 28. April 1977).

SCHIFFAHRT

(MA 45, 58)

Wer darf Motorboot fahren?

Zur selbständigen Führung von Wasserfahrzeugen mit Motoren von einer Leistung über 3,68 kW (früher 5 PS) auf der Donau und den österreichischen Seen mit Ausnahme des Bodensees ist ein Schiffsführerpatent notwendig.

Wie und wo bekommt man ein Schiffsführerpatent?

Das Schiffsführerpatent erhält man über Ansuchen bei den Ämtern der Landesregierungen (in Wien: MA 58, 1, Volksgartenstraße 3, in Niederösterreich: Landesamt III/1, 1, Teinfaltstraße 9, und in Oberösterreich: Verkehrsreferat, Linz, Landhaus).

Voraussetzung ist die Vollendung des 18. Lebensjahres. Dem Ansuchen sind die Personaldokumente sowie der Nachweis einer insgesamt mindestens sechsmonatigen zufriedenstellenden Betätigung im praktischen Schiffsdienst auf Motorschiffen auf der Donau bzw. auf den österreichischen Seen oder das Zeugnis über den Besuch einer Schiffsführerschule sowie zwei Lichtbilder anzuschließen.

Bei Vorhandensein der persönlichen Verläßlichkeit und der körperlichen und geistigen Eignung wird die bescheidmäßige Zulassung zur Schiffsführerprüfung ausgesprochen. Nach bestandener Prüfung wird das Schiffsführerpatent ausgestellt.

Wann darf ein Motorboot in Verkehr gesetzt werden?

Motorboote dürfen auf österreichischen Binnengewässern nur in Verkehr gesetzt werden, sofern sie sich in einem die volle Verkehrssicherheit gewährleistenden Zustand befinden.

Darüber hinaus wird gefordert:

1. Jedes Motorboot muß gemäß der Verordnung betreffend die Einführung des Nummernzwanges für Motorfahrzeuge auf den österreichischen Binnengewässern, BGBl. Nr. 352/1927, mit einem Kennzeichen versehen sein, welches aus einem großen lateinischen Buchstaben und aus einer danebengestellten Ordnungszahl in arabischen Ziffern besteht. Der Buchstabe bezeichnet das Bundesland, in dem das Kennzeichen zugeteilt wurde, die Ordnungszahl bezeichnet die Nummer, unter der das Boot bei der Schiffahrtsbehörde erster Instanz, in deren Bereich der Standort des Fahrzeuges gelegen ist, vorgemerkt ist. Motorboote mit dem Standort Wien erhalten den Kennzeichenbuchstaben „A".

2. Motorboote, deren Motoren eine Leistung über 14,71 kW (früher 20 PS) besitzen, müssen gemäß der Schiffspatentverordnung, BGBl. Nr. 120/1936, mittels Bescheid zum Verkehr zugelassen sein und ein Schiffspatent besitzen.

Die Kennzeichenzuweisung bzw. Ausstellung der Schiffspapiere erfolgt über Antrag durch die MA 58. Erforderlich ist der Nachweis des rechtmäßigen Eigentums des Fahrzeuges.

Was ist bei Feststellung der Motorleistung zu beachten?

Für die Beurteilung der Motorleistung eines Motorschiffes ist ausschließlich die typenmäßige kW-Zahl maßgebend. Eine von wem immer bestätigte Motordrosselung bleibt bei der Beurteilung der Voraussetzungen für die Ausstellung eines Schiffspatentes (über 14,71 kW, früher 20 PS) oder die Notwendigkeit des Besitzes eines Schiffsführerpatentes (über 3,68 kW, früher 5 PS) außer Betracht.

Wo dürfen Schiffe verheftet werden oder anlegen?

Außer in Notfällen dürfen Schiffe nur an den hiefür bestimmten und von der Schiffahrtsbehörde genehmigten Länden und Landungsplätzen verheftet werden. Auch das Anlegen außerhalb der hiefür bestimmten Uferstrecken ist anderen als dem Sport dienenden oder den Uferbewohnern gehörenden Ruderschiffen nur mit besonderer schiffahrtsbehördlicher Bewilligung gestattet.

Sondervorschriften für die Befahrung des Wiener Donaukanals durch Sportboote

Die Überleitung des Donauverkehrs auf den Wiener Donaukanal ist nicht ohne weiteres möglich, da das enge Fahrwasser, die scharfen Krümmungen und die verhältnismäßig starke Strömung einer freizügigen Ausübung der Schiffahrt, wie sie auf dem Donaustrom möglich ist, hindernd im Wege stehen.

Diesen Schwierigkeiten wird durch eine Sonderregelung der Schiffahrt im Donaukanal in der „Wasserstraßen-Verkehrsordnung" aus dem Jahr 1971 Rechnung getragen. Nach diesen Vorschriften ist Sportmotorbooten das Befahren des Donaukanals verboten. Nicht durch Maschinenkraft angetriebene Sportboote dürfen den Donaukanal befahren. Es ist jedoch zu beachten, daß bei unsichtigem Wetter die gesamte Schiffahrt auf dem Donaukanal verboten ist.

Die Durchfahrt durch die Schleuse Nußdorf ist Sportbooten, die über Land getragen werden können, auch dann nicht gestattet, wenn das Nußdorfer Wehr geschlossen ist. Diese Boote haben vielmehr bei geschlossenem Wehr die Umsetzanlage am rechten Kanalufer zu benützen.

Die unmittelbare schiffahrtspolizeiliche Aufsicht im Wiener Donaukanal wird von den Stromaufsichten „Nußdorf" und „Praterkai" besorgt, die mit je einem Strommeister als Schiffahrtspolizeiorgan besetzt sind.

Dürfen Sportboote in öffentlichen Häfen fahren?

Sportboote dürfen öffentliche Häfen nur insoweit befahren, als dies zum Anlaufen oder Verlassen ihres Liegeplatzes erforderlich ist.

SCHULWESEN

(MA 56)

Gesetzliche Grundlagen

Der Wiener Landtag hat am 30. Juni 1976 das Gesetz über die äußere Organisation der öffentlichen Pflichtschulen und der öffentlichen Schülerheime im Land Wien und über die Zusammensetzung des Kollegiums des Stadtschulrates für Wien (Wiener Schulgesetz) beschlossen. Dieses Gesetz wurde im LGBl. für Wien Nr. 20/1976 verlautbart. Neben den darin enthaltenen Bestimmungen, die im wesentlichen für die Wiener Schulorganisation von Bedeutung sind, müssen noch das Schulunterrichtsgesetz, BGBl. Nr. 139/1974 in der Fassung BGBl. Nr. 231/1977, und das Schulpflichtgesetz, BGBl. Nr. 241/1962 in der Fassung des BGBl. Nr. 322/1975, erwähnt werden.

Mit dem Wiener Schulgesetz wurde die gesamte Materie der Wiener Schulorganisation in einem Gesetz zusammengefaßt. Das Gesetz enthält alle Wien betreffenden Regelungen über Aufbau, Organisationsformen, Klassenschülerzahlen, Errichtung, Erhaltung, Auflassung und Sprengel sowie über die Schulzeit der Pflichtschulen. Darüber hinaus ist darin auch die Zusammensetzung des Kollegiums des Stadtschulrates für Wien geregelt.

Neben der Zusammenfassung der geltenden Rechtslage bringt jedoch das Wiener Schulgesetz auch inhaltlich Neuerungen, die durch die 5. Schulorganisationsgesetz-Novelle, BGBl. Nr. 323/1975, ausgelöst wurden.

Die wichtigsten Neuerungen seien in der Folge kurz dargestellt:

1. Koedukative Führung der Schule

Die Pflichtschulen sind allgemein ohne Unterschied der Geburt, des Geschlechtes, der Rasse, des Standes, der Klasse, der Sprache und des Bekenntnisses zugänglich. Eine getrennte Unterrichtserteilung für Knaben und Mädchen ist auch vom Gesetz her nicht mehr vorgesehen. Lediglich im Unterrichtsgegenstand Leibesübungen ist an der Hauptschule, an der Oberstufe der Sonderschule, am Polytechnischen Lehrgang und an der Berufsschule die Geschlechtertrennung angeordnet.

2. Schülerzahlen

Für bestimmte Arten von Gegenständen, für die Einrichtung von alternativen Pflichtgegenständen, Freigegenständen und unverbindlichen Übungen sowie für die Einführung eines Förderunterrichtes sind nunmehr Mindestzahlen festgelegt, ab denen das zusätzliche Unterrichtsangebot an der Schule eingerichtet wird. Zur Verbesserung der Unterrichtsorganisation in einzelnen Unterrichtsgegenständen ist der Unterricht statt für die gesamte Klasse in Schülergruppen zu erteilen. Die Gruppenteilung ist in allen Schularten für jene Gegenstände vorgesehen, die eine besonders intensive Beschäftigung des Lehrers mit dem Schüler erfordern (z. B. Lebende Fremdsprache, Werkstättenunterricht in der Berufsschule).

3. Schulversuche

Nunmehr wird die Möglichkeit von Schulversuchen zur Differenzierten Sonderschule und zur Integrierten Grundschule geschaffen. Auch an den Berufsschulen sollen Schulversuche möglich sein. In den Berufsschulen können nun im Wege dieser Schulversuche Schüler in einzelnen Unterrichtsgegenständen nach ihren Leistungen in Leistungsgruppen im Klassenverband oder klassenübergreifend zusammengefaßt werden. Zur Förderung des Übertrittes in höhere Leistungsgruppen oder zur Vermeidung des Übertrittes in tiefere Leistungsgruppen sind erforderlichenfalls Förderkurse einzurichten; für die leistungsfähigeren Schüler können zusätzliche Unterrichtsgegenstände vorgesehen werden.

Durch die 4. Schulorganisationsgesetz-Novelle, BGBl. Nr. 234/1971, wurden bereits Schulversuche zur Schulreform auf breiter Basis ermöglicht. Nunmehr wurde der Schulversuchszeitraum verlängert. Schulversuche an den Berufsschulen können in den Schuljahren bis 1981/82, alle anderen Schulversuche in den Schuljahren bis 1979/80 begonnen werden; sie sind je nach der Zahl der in Betracht kommenden Schulstufen auslaufend abzuschließen.

Schulorganisation in Wien

Volksschulen

Volksschulen werden in Wien nur als vierklassige Volksschulen für die erste bis vierte Schulstufe geführt. Die Volksschule ist die Schule der Sechs- bis Neunjährigen.

Mit 209 öffentlichen Volksschulen im Schuljahr 1977/78 erreicht Wien einen hohen Versorgungsgrad, sodaß jeder Schulpflichtige eine Volksschule bei einem ihm zumutbaren Schulweg erreichen kann.

Schulen der Zehn- bis Vierzehnjährigen

Nach Abschluß der Volksschule stehen dem Schüler grundsätzlich zwei Schultypen zu Verfügung: die Hauptschule und die allgemeinbildende höhere Schule.

Die Hauptschule schließt an die vierte Schulstufe der Volksschule an und vermittelt in einem vierjährigen Bildungsgang den Schülern eine über das Lehrziel der Volksschule hinausreichende Allgemeinbildung. Sie befähigt sie für das praktische Leben und für den Eintritt in berufsbildende Schulen und soll überdies geeigneten Schülern den Übertritt in allgemeinbildende höhere Schulen ermöglichen. Hauptschulen sind zweizügig zu führen. Der erste Klassenzug ist gegenüber dem zweiten Klassenzug durch erhöhte Anforderungen gekennzeichnet. Im ersten Klassenzug ist als Pflichtgegenstand eine lebende Fremdsprache vorgesehen (zumeist Englisch). Im ersten Klassenzug der Hauptschule besteht die Möglichkeit, als Freigegenstand Latein zu belegen, um den Übertritt in die allgemeinbildende höhere Schule zu erleichtern.

Die allgemeinbildenden höheren Schulen schließen an die vierte Schulstufe der Volksschule an und umfassen acht Schulstufen. Sie gliedern sich in eine vierjährige Unterstufe und eine vierjährige Oberstufe. Abgesehen von den Sonderformen gibt es folgende Formen der allgemeinbildenden höheren Schulen:

1. das Gymnasium mit Unterstufe und folgenden Formen der Oberstufe:
   a) Humanistisches Gymnasium,
   b) Neusprachliches Gymnasium,
   c) Realistisches Gymnasium;
2. das Realgymnasium mit Unterstufe und folgenden Formen der Oberstufe:
   a) Naturwissenschaftliches Realgymnasium,
   b) Mathematisches Realgymnasium;
3. Wirtschaftskundliches Realgymnasium für Mädchen mit Unter- und Oberstufe;
4. das Oberstufenrealgymnasium.

Im Unterstufenbereich unterscheiden sich Gymnasium und Realgymnasium dadurch, daß im Gymnasium Latein ab der 3. Klasse und im Realgymnasium Geometrisches Zeichnen in der Unterstufe unterrichtet wird.

Das Humanistische Gymnasium hat in der 5. bis 9. Klasse Griechisch, das Neusprachliche Gymnasium eine zweite lebende Fremdsprache und das Realistische Gymnasium Darstellende Geometrie in der Oberstufe. Im Naturwissenschaftlichen Realgymnasium wird Latein in der 5. bis 9. Klasse unterrichtet; ferner erfolgt in der Oberstufe alternativ ein Unterricht in Darstellender Geometrie oder ein ergänzender Unterricht in den Unterrichtsgegenständen Biologie und Umweltkunde, Physik und Chemie. Im Mathematischen Realgymnasium wird in der Oberstufe eine zweite lebende Fremdsprache und Darstellende Geometrie unterrichtet.

Eine vorerst nur als Schulversuch bestehende Form für die Schulen der Zehn- bis Vierzehnjährigen ist die Integrierte Gesamtschule.

In der Integrierten Gesamtschule ist die 5. bis 8. Schulstufe ohne Trennung in Hauptschule und allgemeinbildende höhere Schule zusammengefaßt. Das Grundmodell der Wiener Schulversuche mit der Integrierten Gesamtschule sieht vor, daß abweichend von der herkömmlichen Form des Unterrichts im Verband der Jahrgangsklassen in den Pflichtgegenständen Deutsch, Mathematik und Lebende Fremdsprache ein Unterricht in fachspezifischen Leistungsgruppen eingerichtet wird, wobei eine Differenzierung nach drei Niveaus erfolgt. In allen übrigen für die Mittelstufenschulen gesetzlich vorgesehenen Pflichtgegenständen wird der Unterricht weiterhin im Klassenverband in den sogenannten Stammklassen erteilt. Zur Begünstigung von Aufstufungen und zur Vermeidung von Abstufungen wird den Schülern ein zeitlich begrenzter Intensivunterricht in Förder- und Stützkursen angeboten. Integrierte Gesamtschulen sind an den folgenden städtischen Hauptschulen eingerichtet:

10, Herzgasse 27/I
10, Per Albin Hansson-Siedlung Ost, Wendstattgasse 5/I
11, Enkplatz 4
14, Spallartgasse 18
21, Pastorstraße 29
22, Hirschstetten, Plankenmaisstraße 30
22, Kagran, Anton Sattler-Gasse 93
23, Atzgersdorf, Steinergasse 25
23, Inzersdorf, Anton Baumgartner-Straße 119
23, Liesing, Dirmhirngasse 29

In Wien befindet sich aber auch die erste Integrierte Gesamtschule Österreichs, die an einem Bundesgymnasium an Stelle der Unterstufe der allgemeinbildenden höheren Schule geführt wird (Bundesrealgymnasium, 23, Mauer, Anton Krieger-Gasse 25).

Sonderschulen

Schulpflichtige Kinder, die infolge physischer oder psychischer Behinderung dem Unterricht in der Volks- oder Hauptschule nicht zu folgen vermögen, aber dennoch bildungsfähig sind, haben ihre allgemeine Schulpflicht in einer ihrer Eigenart und Bildungsfähigkeit entsprechenden Sonderschule zu erfüllen.

Sehr zu Unrecht hat die Sonderschule in den Augen der Bevölkerung eine Abwertung erfahren, die sie nicht verdient. Sie ist eine Bildungseinrichtung, die auf die speziellen Bedürfnisse der Schüler in weit größerem Maß Rücksicht nehmen kann, als dies in den allgemeinen Volks- und Hauptschulen möglich ist. Das weit ausgebaute Wiener Sonderschulwesen umfaßt neben der Allgemeinen Sonderschule auch Spezialeinrichtungen, wie die Sonderschulen für schwerstbehinderte Kinder, für körperbehinderte Kinder, für schwerhörige Kinder, für sehgestörte Kinder und für sprachgestörte Kinder, die Sondererziehungsschule und die Heilstättensonderschule. Besondere Betreuung des Schülers ergibt sich allein schon aus den Klassenschülerzahlen; während sie an der Volks- und Hauptschule höchstens 36 und durchschnittlich 30 beträgt, übersteigt die Zahl der Schüler in einer Klasse der Sonderschule für blinde Kinder, einer Sonderschule für taubstumme Kinder oder einer Sonderschule für schwerstbehinderte Kinder nicht zehn, die Zahl der Schüler in einer Klasse einer Sonderschule für sehgestörte Kinder nicht zwölf und die Zahl der Schüler in einer Klasse einer sonstigen Sonderschule nicht 18. Daraus ergibt sich, daß sich der Lehrer dem einzelnen Schüler doppelt bis dreimal soviel widmen kann als an den anderen Schulen.

Über die Aufnahme eines Kindes in eine Sonderschule entscheidet der Stadtschulrat für Wien auf Ansuchen der Eltern oder sonstigen Erziehungsberechtigten des Kindes oder auf Antrag des Leiters der Schule, dem das Kind zur Aufnahme vorgestellt worden ist oder dessen Schule es besucht.

Ganztagsschulen

Die vorläufig nur als Schulversuch geführten Ganztagsschulen stellen keine eigene Schultype dar; es handelt sich bei ihnen um Volksschulen, Hauptschulen oder Sonderschulen mit Ganztagsbetrieb. Mit der Einrichtung dieses Schulversuches im Herbst 1974 setzt die Stadt Wien einen neuen Akzent im Schulwesen. Im Schuljahr 1978/79 werden folgende Schulen als Ganztagsschulen geführt:

Volksschulen:
2, Aspernallee 5
10, Carl Prohaska-Platz
20, Spielmanngasse 1
21, Dopschstraße
21, Irenäusgasse
23, Wohnpark Alt-Erlaa

Hauptschulen:
11, Hasenleitengasse 9
14, Hochsatzengasse 22–24
16, Roterdstraße 1
22, Kagran, Anton Sattler-Gasse 93 (auch Integrierte Gesamtschule)

Unter Ausnützung der in der Ganztagsschule gegebenen günstigeren Möglichkeiten der Stundenplangestaltung werden in Verbindung mit einem sinnvollen Wechsel von Unterrichts-, Lern- und Übungszeit einerseits und Freizeit andererseits durch effektivere Lernorganisation Unterrichts- und Arbeitsformen entwickelt, die insgesamt eine Verbesserung der gesamten schulischen Bildungsarbeit bewirken und zu einer Steigerung der Bildungserfolge führen sollen. Eine tägliche Lern- und Übungsstunde gibt dem Schüler die Möglichkeit des individuellen Lernens und der Festigung des erarbeiteten Lehrstoffes unter der pädagogischen Leitung von Lehrern und Erziehern. Ein umfangreiches und vielfältiges Freizeitkursangebot bietet dem Schüler Möglichkeiten eines sinnvollen Freizeiterlebens. Dabei werden möglichst viele Bereiche der Persönlichkeit angesprochen, um Gelegenheit zum aktiven Tun und schöpferischen Gestalten sowie zu gesundheitsfördernder körperlicher Betätigung angeboten.

Die Schulzeit beginnt in der Regel um 8 Uhr und endet für Volksschüler um 15.30 Uhr, für Hauptschüler um 17.30 Uhr. Für Volksschüler besteht die Möglichkeit des Verbleibens an der Ganztagsschule unter Aufsicht von Lehrern oder Erziehern bis 17.30 Uhr.

Polytechnischer Lehrgang

Der Polytechnische Lehrgang hat im neunten Schuljahr der allgemeinen Schulpflicht jenen Schülern, die weder eine mittlere oder höhere Schule besuchen noch in der Volks-, Haupt- oder Sonderschule verblieben sind, die allgemeine Grundbildung im Hinblick auf das praktische Leben und die künftige Berufswelt zu festigen, bei Mädchen insbesondere die hauswirtschaftliche Ausbildung zu fördern sowie durch eine entsprechende Berufsorientierung die Berufsentscheidung vorzubereiten. Der Polytechnische Lehrgang umfaßt ein Schuljahr und ist in Wien, abgesehen von einigen an Sonderschulen angeschlossenen Klassen, eine selbständige Schule.

Berufsschulen

Die Berufsschule hat die Aufgabe, in einem berufsbegleitenden, fachlich einschlägigen Unterricht den berufsschulpflichtigen Personen die grundlegenden theoretischen Kenntnisse zu vermitteln, ihre betriebliche Ausbildung zu fördern und zu ergänzen sowie ihre Allgemeinbildung zu erweitern. Die Berufsschule umfaßt so viele Schulstufen (Schuljahre) wie es der Dauer des Lehrverhältnisses entspricht.

Berufsbildende mittlere und höhere Schulen

Die berufsbildenden mittleren Schulen haben die Aufgabe, den Schülern jenes fachlich grundlegende Wissen und Können zu vermitteln, das unmittelbar zur Ausübung eines Berufes auf gewerblichem, technischem, kunstgewerblichem, kaufmännischem, wirtschaftlich-frauenberuflichem oder sozialem Gebiet befähigt. Zugleich haben sie die erworbene Allgemeinbildung in einer der künftigen Berufstätigkeit des Schülers angemessenen Weise zu erweitern und zu vertiefen. Die berufsbildenden mittleren Schulen schließen an die achte Schulstufe an und umfassen je nach ihrer Art ein bis vier Schulstufen.

Berufsbildende mittlere Schulen sind:

a) gewerbliche, technische und kunstgewerbliche Fachschulen,
b) Handelsschulen,
c) Fachschulen für wirtschaftliche Frauenberufe,
d) Fachschulen für Sozialberufe.

Die berufsbildenden höheren Schulen haben die Aufgabe, den Schülern eine höhere allgemeine und fachliche Bildung zu vermitteln, die sie zur Ausübung eines gehobenen Berufes auf technischem, gewerblichem, kaufmännischem oder wirtschaftlich-frauenberuflichem Gebiet befähigt und ihnen das Studium der gleichen oder einer verwandten Fachrichtung an einer Hochschule ermöglicht. Die berufsbildenden höheren Schulen schließen an die achte Schulstufe an und umfassen fünf Schulstufen. Die Ausbildung wird durch die Reifeprüfung abgeschlossen.

Berufsbildende höhere Schulen sind:

a) höhere technische und gewerbliche Lehranstalten,
b) Handelsakademien,
c) höhere Lehranstalten für wirtschaftliche Frauenberufe.

Voraussetzung für die Aufnahme in eine berufsbildende höhere Schule ist die erfolgreiche Erfüllung der ersten acht Jahre der allgemeinen Pflichtschule sowie die erfolgreiche Ablegung einer Aufnahmsprüfung, durch welche die geistige und körperliche Eignung des Schülers für die betreffende Fachrichtung festzustellen ist.

Schulpflicht

Für alle Kinder (auch Kinder von Ausländern), die sich in Österreich dauernd aufhalten, besteht allgemeine Schulpflicht. Die allgemeine Schulpflicht beginnt mit dem auf die Vollendung des sechsten Lebensjahres folgenden 1. September und dauert neun Schuljahre. Die allgemeine Schulpflicht wird durch den Besuch von allgemeinbildenden Pflichtschulen erfüllt, wobei es gleichgültig ist, ob es sich um öffentliche Pflichtschulen oder private Pflichtschulen mit Öffentlichkeitsrecht handelt:

In den ersten vier Schuljahren der allgemeinen Schulpflicht durch den Besuch einer Volksschule, im 5. bis 8. Schuljahr der allgemeinen Schulpflicht durch den Besuch einer Hauptschule, im neunten Schuljahr der allgemeinen Schulpflicht durch den Besuch eines Polytechnischen Lehrganges oder durch den Weiterbesuch einer Hauptschule, in allen Schuljahren erforderlichenfalls durch den Besuch einer Sonderschule.

Ab dem fünften Schuljahr kann die allgemeine Schulpflicht auch durch den Besuch einer allgemeinbildenden höheren Schule (Gymnasium, Realgymnasium und Wirtschaftskundliches Realgymnasium für Mädchen) erfüllt werden. Nach Beendigung der Hauptschule kann die Schulpflicht im neunten Schuljahr an Stelle des Polytechnischen Lehrganges auch durch den Besuch einer Handelsschule, einer Fachschule, einer Handelsakademie oder einer sonstigen berufsbildenden mittleren oder höheren Schule erfüllt werden. Berufsbildende mittlere Schulen sind z. B. die beiden Fachschulen der Stadt Wien für wirtschaftliche Frauenberufe, 9, Hahngasse 35, und 12, Dörfelstraße 1. An diesen beiden Schulen werden eine einjährige Haushaltungsschule und eine dreijährige Fachschule geführt. Durch den Besuch beider Schultypen wird die allgemeine Schulpflicht im neunten Schuljahr erfüllt.

Schließlich steht den Schülern, die innerhalb der acht Jahre das Lehrziel der Hauptschule nicht erreicht haben, das Recht zu, an Stelle des Polytechnischen Lehrganges die Hauptschule ein Jahr weiter zu besuchen.

Aufnahme in die Volksschule

Die schulpflichtig gewordenen Kinder sind von ihren Eltern oder sonstigen Erziehungsberechtigten zur Schülereinschreibung bei jener Volksschule anzumelden, die sie besuchen sollen. Hiebei sind die Kinder nach Tunlichkeit persönlich vorzustellen. Für die Schülereinschreibung ist zumeist ein Zeitraum von 14 Tagen in der ersten Hälfte des Monats April durch Verordnung des Stadtschulrates für Wien festgesetzt. Diese Frist und die vorzulegenden Personalurkunden sind durch Anschläge an der Schule ersichtlich.

Kinder, die noch nicht schulpflichtig sind, sind auf Ansuchen ihrer Eltern oder sonstigen Erziehungsberechtigten zum Anfang des Schuljahres in die Volksschule aufzunehmen, wenn sie bis zum Ende des laufenden Kalenderjahres das sechste Lebensjahr vollenden und schulreif sind. Schulreif ist ein Kind, wenn begründete Aussicht besteht, daß es dem Unterricht in der Volksschule zu folgen vermag, ohne körperlich oder geistig überfordert zu werden. Das Ansuchen der Eltern oder sonstigen Erziehungsberechtigten ist innerhalb der Frist für die Schülereinschreibung beim Leiter jener Volksschule, die das Kind besuchen soll, schriftlich einzubringen. Der Schulleiter hat zur Feststellung der Schulreife vor der Aufnahme die persönliche Vorstellung des Kindes zu verlangen. Nach Ablegung eines pädagogisch-psychologischen Tests entscheidet der Schulleiter über die Aufnahme des Kindes in die Schule.

Hat der Schulleiter die vorzeitige Aufnahme abgelehnt, so können die Eltern innerhalb von 14 Tagen beim Stadtschulrat für Wien ein Ansuchen um Entscheidung über die vorzeitige Aufnahme einbringen. Das gleiche gilt, wenn der Schulleiter über das bei ihm eingebrachte Ansuchen nicht innerhalb von vier Wochen entschieden hat. Die Entscheidung des Schulleiters wird erst mit Ablauf der Antragsfrist wirksam; so lange die Entscheidung des Schulleiters nicht wirksam ist oder keine gegenteilige Entscheidung des Bezirksschulrates vorliegt, darf das Kind die Schule besuchen.

Stellt sich nach Schuleintritt eines vorzeitig aufgenommenen Kindes heraus, daß die Schulreife doch nicht gegeben ist, so ist die vorzeitige Aufnahme des Kindes zu widerrufen. Aus dem gleichen Grund können auch die

Eltern oder sonstigen Erziehungsberechtigten das Kind vom Schulbesuch abmelden. Der Widerruf oder die Abmeldung sind jedoch nur bis zum Ende des laufenden Kalenderjahres zulässig.

Zurückstellung schulpflichtiger Kinder vom Schulbesuch

Schulpflichtige Kinder, die noch nicht schulreif sind, sind auf Ansuchen ihrer Eltern oder sonstiger Erziehungsberechtigten oder von Amts wegen für das erste Jahr ihrer allgemeinen Schulpflicht vom Schulbesuch zurückzustellen, wenn keine Schuleinrichtungen zu ihrer Förderung bestehen und sie nicht in eine Sonderschule eingewiesen werden. Die Zurückstellung vom Schulbesuch darf nur vor Beginn des Schuljahres oder nach erfolgtem Schuleintritt vor dem Ende des laufenden Kalenderjahres ausgesprochen werden.

Die Zeit, während der ein schulpflichtiges Kind vom Schulbesuch zurückgestellt war, ist in die Dauer der allgemeinen Schulpflicht einzurechnen.

Vorschulklassen

Mit der Einrichtung von Vorschulklassen, vorerst noch als Schulversuch, wurde ein Weg beschritten, den vom Schulbesuch zurückgestellten Kindern wesentliche Impulse für die Erlangung der Schulreife zu geben. Neben den vom Schulbesuch zurückgestellten Kindern können dort auch Kinder aufgenommen werden, deren vorzeitige Aufnahme in die Schule widerrufen wurde. Vorschulklassen bestehen in jedem Bezirk an mehreren Schulen. Ihr Besuch ist freiwillig.

Fernbleiben von der Schule

Pflichtschüler dürfen nur im Fall gerechtfertigter Verhinderung der Schule fernbleiben. Als Rechtfertigungsgründe für die Verhinderung gelten insbesondere:

a) Erkrankung des Schülers,
b) mit der Gefahr der Übertragung verbundene Erkrankungen von Hausangehörigen des Schülers,
c) Erkrankung der Eltern oder anderer Angehöriger, wenn sie der Hilfe des Schülers bedürfen,
d) außergewöhnliche Ereignisse im Leben des Schülers, in der Familie oder im Hauswesen des Schülers,
e) Ungangbarkeit des Schulweges oder schlechte Witterung, wenn die Gesundheit des Schülers dadurch gefährdet ist.

Die Eltern oder sonstigen Erziehungsberechtigten des Kindes haben den Klassenlehrer (Klassenvorstand) oder den Schulleiter von jeder Verhinderung des Schülers ohne Aufschub mündlich oder schriftlich unter Angabe des Grundes zu benachrichtigen. Auf Verlangen des Schulleiters hat die Benachrichtigung jedenfalls schriftlich und bei einer länger als einer Woche dauernden Erkrankung oder Erholungsbedürftigkeit allenfalls unter Vorlage eines ärztlichen Zeugnisses zu erfolgen.

Berufsschulpflicht

Alle Lehrlinge im Sinne des Berufsausbildungsgesetzes, BGBl. Nr. 142/1969, sowie Personen, die in einem Lehrberuf in besonders selbständigen Ausbildungseinrichtungen ausgebildet werden, haben die Berufsschule zu besuchen. Die Berufsschulpflicht beginnt mit dem Eintritt in ein Lehrverhältnis oder in ein Ausbildungsverhältnis gemäß § 30 des Berufsausbildungsgesetzes und dauert bis zu dessen Ende, längstens aber bis zum erfolgreichen Abschluß der letzten lehrplanmäßig vorgesehenen Schulstufe.

Berufsschüler, deren Lehrverhältnis oder Ausbildungsverhältnis während eines Schuljahres geendet hat, können bis zum Ende dieses Schuljahres die Berufsschule weiter besuchen.

Regelung der Schulzeit für die öffentlichen Pflichtschulen Wiens

Gesetzliche Grundlagen: Schulzeitgesetz, Bundesgesetz vom 16. Juli 1964, BGBl. Nr. 193, in der Fassung des BGBl. Nr. 468/1974 und BGBl. Nr. 142/1978, und Wiener Schulgesetz, Landesgesetz vom 30. Juni 1976, LGBl. für Wien Nr. 20.

In den öffentlichen allgemeinbildenden Pflichtschulen (Volks-, Haupt-, Sonderschulen, Polytechnischer Lehrgang) sowie in den berufsbildenden Pflichtschulen (Berufsschulen) in Wien beginnt das Schuljahr am ersten Montag im September. Die Hauptferien beginnen in diesen Schulen an dem Samstag, der frühestens am 28. Juni und spätestens am 4. Juli liegt; sie enden mit dem Beginn des nächsten Schuljahres.

An den Pflichtschulen sind folgende Tage schulfrei:

a) die Sonntage und die gesetzlichen Feiertage, der Allerseelentag sowie der 15. November;
b) die Tage vom 24. Dezember bis einschließlich 6. Jänner (Weihnachtsferien); überdies können der 23. Dezember sowie der 7. Jänner, wenn es für einzelne Schulen aus Gründen der Ab- und Anreise der Schüler zweckmäßig ist, vom Stadtschulrat für Wien durch Verordnung schulfrei erklärt werden;
c) der einem schulfreien Freitag unmittelbar folgende Samstag;
d) die Tage von Montag bis einschließlich Samstag der Semesterferien. Die Semesterferien beginnen am ersten Montag im Februar;
e) die Tage vom Samstag vor dem Palmsonntag bis einschließlich Dienstag nach Ostern (Osterferien);
f) die Tage vom Samstag vor bis einschließlich Dienstag nach Pfingsten (Pfingstferien);
g) für Schüler, die der evangelischen Kirche A. B. und H. B. angehören, der 31. Oktober und für Schüler, die der israelitischen Religionsgesellschaft angehören, die Feiertage ihres Bekenntnisses (Offenbarungsfest, Neujahrsfest usw.).

Der Stadtschulrat für Wien kann zur Abhaltung von Elternsprechtagen in jedem Unterrichtsjahr zwei Tage und aus anderen besonderen Anlässen des schulischen oder sonstigen öffentlichen Lebens bis zu zwei weitere Tage durch Verordnung schulfrei erklären.

Darüber hinaus kann bei Unbenützbarkeit des Schulgebäudes, in Katastrophenfällen oder aus sonstigen zwingenden oder aus im öffentlichen Interesse gelegenen Gründen die unumgänglich notwendige Zeit vom Stadtschulrat für Wien durch Verordnung schulfrei erklärt werden.

In den allgemeinbildenden Pflichtschulen darf die Zahl der Unterrichtsstunden an einem Tag für Schüler der 1. und 2. Schulstufe höchstens vier, für Schüler der 3. und 4. Schulstufe höchstens fünf, für Schüler der 5. und 6. Schulstufe höchstens sieben und für Schüler ab der 7. Schulstufe höchstens neun betragen. Zur Abhaltung des Unterrichtes im Pflichtgegenstand Leibesübungen, in Freigegenständen und in unverbindlichen Übungen sowie zur Abhaltung des Förderunterrichtes darf diese Stundenanzahl um höchstens eine Stunde täglich überschritten werden. Weiters hat in diesen Schulen der Unterricht in der Regel um 8 Uhr zu beginnen. Mit Zustimmung des Stadtschulrates für Wien kann jedoch aus wichtigen Gründen der Unterrichtsbeginn auf frühestens 7 Uhr oder spätestens auf 9 Uhr verlegt werden. Der Unterricht darf nicht nach 17 Uhr enden. Nur in Ausnahmefällen (z. B. Handarbeits- und Werkstättenunterricht) darf er ab der 5. Schulstufe bis 18 Uhr dauern. Am Samstag darf der Unterricht höchstens fünf Unterrichtsstunden, längstens aber bis 12 Uhr dauern.

An Berufsschulen mit ganztägigem Unterricht darf die Zahl der Unterrichtsstunden nicht mehr als zehn, an

Berufsschulen mit halbtägigem Unterricht nicht mehr als sechs betragen. Bezüglich des Unterrichtsbeginnes gelten die gleichen Bestimmungen wie bei den allgemeinbildenden Pflichtschulen. Das Unterrichtsende darf nicht nach 18 Uhr liegen.

Eine Unterrichtsstunde hat in allen Pflichtschulen 50 Minuten zu dauern. In Einzelfällen kann jedoch der Stadtschulrat für Wien aus zwingenden Gründen die Dauer einer Unterrichtsstunde mit 45 Minuten festsetzen.

Bezüglich der Pausen gilt für die allgemeinbildenden Pflichtschulen folgende Regelung:

Zwischen den einzelnen Unterrichtsstunden sind Pausen vorzusehen. Jede Pause, ausgenommen die Pause nach der zweiten Unterrichtsstunde am Vormittag, dauert zehn Minuten. Nach der zweiten Unterrichtsstunde am Vormittag ist eine Pause von 15 Minuten festzusetzen. Jede Pause am Nachmittag dauert fünf Minuten.

In den Berufsschulen ist während des Vormittagsunterrichtes spätestens zwischen der dritten und vierten Unterrichtsstunde eine Pause von 15 Minuten, während des Nachmittagsunterrichtes eine Pause von zehn Minuten vorzusehen. Bei ganztägigem Unterricht ist außerdem zwischen dem Vormittagsunterricht und dem Nachmittagsunterricht eine Mittagspause in der Dauer von einer Stunde vorzusehen.

Der Beginn des Schuljahres sowie der Beginn und die Dauer der Hauptferien sind für die allgemeinbildenden und berufsbildenden mittleren und höheren Schulen in Wien (Gymnasien, Realgymnasien, Fachschulen, Handelsschulen, Handelsakademien, höhere technische und gewerbliche Lehranstalten u. dgl.) in gleicher Weise wie für die Pflichtschulen geregelt. Bezüglich der übrigen Regelungen (schulfreie Tage, tägliche Unterrichtszeit usw.) gibt es bei diesen Schulen einige geringfügige Abweichungen bzw. Sonderregelungen für bestimmte Schultypen.

Fachschulen der Stadt Wien

Fachschule der Stadt Wien für Damenkleidermacher, 15, Siebeneichengasse 17, Tel. 83 54 30

Die Fachschule bildet junge Mädchen in einem vierjährigen Bildungsgang zur Kleidermachergehilfin aus. In der Ausbildung nimmt die Arbeit in der Werkstätte einschließlich der Fachkunde und der Modetechnik breiten Raum ein. Der Lehrplan umfaßt darüber hinaus Schnittzeichnen und Modellarbeit, Entwurf- und Modezeichnen, Materialienkunde und Textilchemie. Neben allgemeinbildenden Gegenständen werden die Mädchen auch in kaufmännischen Gegenständen auf ihr künftiges Berufsleben vorbereitet. Das Ziel der Schule ist eine gründliche praktische und theoretische Ausbildung für eine Reihe von Berufen.

Das Zeugnis über die mit Erfolg absolvierte Schule ersetzt die Lehrzeit und die Lehrabschlußprüfung in den Lehrberufen Bürokaufmann, Damenkleidermacher, Einzelhandelskaufmann, Großhandelskaufmann, Herrenkleidermacher und Industriekaufleute. Nach einjähriger Praxis berechtigt das Zeugnis weiters zur Zulassung zur Meisterprüfung für das Damenkleidermacher- und Herrenkleidermachergewerbe. Für den Antritt der anderen Gewerbe gelten ebenfalls eine Reihe von Begünstigungen.

Aufnahmsvoraussetzung ist die Absolvierung von acht Pflichtschuljahren. Durch den Besuch der Schule wird die Schulpflicht im neunten Schuljahr erfüllt.

Fachschulen der Stadt Wien für wirtschaftliche Frauenberufe, 9, Hahngasse 35, Tel. 34 92 96; 12, Dörfelstraße 1, Tel. 83 62 52

Die beiden Fachschulen bieten Mädchen eine fundierte praktische und theoretische Ausbildung für ihre Tätigkeit als Hausfrau im eigenen Haushalt, für hauswirtschaftliche Frauenberufe in großen Familienhaushalten sowie in Anstalts- und Fremdenverkehrsbetrieben.

An beiden Schulen werden eine einjährige Haushaltungsschule und eine dreijährige Fachschule für wirtschaftliche Frauenberufe geführt.

Die Schulen bieten eine gediegene praxisbezogene Ausbildung in Weißnähen, Kleidermachen und Hauswirtschaft. Dazu kommen allgemeinbildende und kaufmännische Fächer, sodaß die Schule auch eine gute Berufsvorbildung für eine Reihe von Berufen ist. Das Zeugnis der dreijährigen Fachschule für wirtschaftliche Frauenberufe ersetzt die Lehrzeit und die Lehrabschlußprüfung in den Lehrberufen Bürokaufmann, Einzelhandelskaufmann, Großhandelskaufmann, Hotel- und Gastgewerbeassistent und Industriekaufmann.

Aufnahmevoraussetzung ist die Absolvierung von acht Pflichtschuljahren. Durch den Besuch dieser Schulen wird die Schulpflicht im neunten Schuljahr erfüllt.

Für den Besuch der Fachschulen der Stadt Wien ist kein Schulgeld zu entrichten. Alle näheren Auskünfte erteilen die Schuldirektionen.

Uhrmacherlehrwerkstätte der Stadt Wien

Die Uhrmacherlehrwerkstätte im 1. Zentralberufsschulgebäude, 6, Mollardgasse 87, wurde im Jahr 1903 von der damaligen Uhrmachergenossenschaft gegründet und wird seit 1925 von der Stadt Wien geführt.

Die Uhrmacherlehrwerkstätte der Stadt Wien wurde vom Bundesministerium für Handel, Gewerbe und Industrie als besondere selbständige Ausbildungseinrichtung im Sinne des Berufsausbildungsgesetzes BGBl. Nr. 142/1969 anerkannt.

Ihr Besuch ersetzt die Lehrzeit für das Uhrmachergewerbe. Nach Ablauf der Ausbildungszeit haben die Absolventen das Recht, bei der Kammer der gewerblichen Wirtschaft die Gesellenprüfung abzulegen. Die Ausbildungszeit dauert vier Jahre und ist ebenso lang wie die Lehrzeit im Uhrmachergewerbe. Nach Ablegung der Gesellenprüfung und dreijähriger Tätigkeit als Geselle kann die Meisterprüfung abgelegt und das Uhrmacherhandwerk selbständig ausgeübt werden. Nähere Auskünfte über die Aufnahme in die Uhrmacherlehrwerkstätte werden in der MA 56, 6, Mollardgasse 87, erteilt.

SOZIALHILFE UND FÜRSORGE FÜR JUGEND, FAMILIE UND ALTER

(MA 11, 12, 15)

Beratung für Schwangere

Je früher Schwangere ärztliche Beratung aufsuchen, desto erfolgreicher können Ärzte raten und helfen. Der regelmäßige Besuch der Beratungsstelle soll spätestens im dritten Schwangerschaftsmonat einsetzen.

In den Schwangerenberatungsstellen der Stadt Wien erfolgt die Untersuchung und Beratung durch Fachärzte. Es werden dort alle notwendigen Untersuchungen einschließlich der Blutuntersuchungen vorgenommen. Es ist sehr wichtig, während der Schwangerschaft ständig unter ärztlicher Beratung zu stehen, denn nur dann kann bei dem geringsten Anzeichen einer gesundheitlichen Gefährdung rechtzeitig die entsprechende Behandlung einsetzen. Auch die im Mutter-Kind-Paß vorgesehenen Untersuchungen werden dort vorgenommen.

Die Schwangerenberatungsstellen der Stadt Wien befinden sich: 10, Kundratstraße 3 (Franz Josef-Spital), 13, Wolkersbergenstraße 1 (Krankenhaus Lainz), 15, Huglgasse 1–3 (Elisabeth-Spital), 16, Montleartstraße 37 (Wilhelminenspital).

Auskünfte für Schwangere

Auskünfte und Ratschläge werden auch in den Wiener Entbindungsanstalten und in den gynäkologischen Abteilungen der Krankenhäuser gegeben (telefonische oder persönliche Voranmeldung wegen der Dienststunden und der eventuellen Bedingungen notwendig!): Rudolfstiftung, 3, Boerhaavegasse 13, I. und II. Universitäts-Frauenklinik des Allgemeinen Krankenhauses, 9, Alser Straße 4, Sanatorium Hera, 9, Löblichgasse 14, Krankenanstalt Goldenes Kreuz, 9, Lazarettgasse 16, Franz Josef-Spital, 10, Kundratstraße 3, Krankenhaus Lainz, 13, Wolkersbergenstraße 1, St. Josef-Krankenhaus, 13, Auhofstraße 189, Hanusch-Krankenhaus, 14, Heinrich Collin-Straße 30, Elisabeth-Spital, 15, Huglgasse 1–3, Wilhelminenspital, 16, Montleartstraße 37, Krankenanstalt des Göttlichen Heilandes, 17, Dornbacher Straße 20–26, Ignaz Semmelweis-Frauenklinik, 18, Bastiengasse 36–38, Rudolfinerhaus, 19, Billrothstraße 78.

Schwangerenturnen

Wenn der behandelnde Arzt nicht anders entscheidet, sollen Frauen in der Schwangerschaft ein Schwangerenturnen besuchen.

Schwangerenturnen wird an folgenden Krankenhäusern veranstaltet:

I. und II. Universitäts-Frauenklinik des Allgemeinen Krankenhauses, 9, Alser Straße 4, Franz Josef-Spital, 10, Kundratstraße 3, St. Josef-Krankenhaus, 13, Auhofstraße Nr. 189, Hanusch-Krankenhaus, 14, Heinrich Collin-Straße 30, Elisabeth-Spital, 15, Huglgasse 1–3, Wilhelminenspital, 16, Montleartstraße 37, Ignaz Semmelweis-Frauenklinik, 18, Bastiengasse 36–38.

Elternschulen

Mütter und Väter werden in Elternschulen mit den Grundsätzen moderner Säuglingspflege vertraut gemacht.

Die Kurse dauern sechs bis sieben Wochen und sind unentgeltlich. Sie werden von Gynäkologen, Kinderfachärzten, Psychologen, Sozialarbeitern, Referenten der Kammer für Arbeiter und Angestellte und teilweise von Konsumentenberatern abgehalten. Es gibt auch in den Volksbildungsinstituten Mütterschulen, die ebenfalls empfohlen werden. (Vor allem soll jede Frau, die ihr erstes Kind erwartet, rechtzeitig vor der Entbindung eine Elternschule besuchen!)

Elternschulen der Stadt Wien: 2, Obere Augartenstraße Nr. 14, 3, Sechskrügelgasse 11, 5, Schönbrunner Straße 54, 6, Amerlingstraße 11, 8, Schlesingerplatz 4, 10, Gudrunstraße 128, 10, Per Albin Hansson-Siedlung Ost, Ada Christen-Gasse 2/H, 11, Enkplatz 2, 12, Tivoligasse 4–6, 13, Hietzinger Kai 1–3, 15, Rosinagasse 4, 16, Arnethgasse Nr. 84, 17, Rhigasgasse 4, 19, Billrothstraße 42, 20, Pappenheimgasse 27–31, 21, Freytaggasse 32, 22, Kagran, Schrödingerplatz 1.

Mutterberatung

Die Beratungstage und -stunden sind bei den Mutterberatungsstellen angekündigt. In den Mutterberatungsstellen werden nur gesunde Säuglinge und Kleinkinder bis zu sechs Jahren betreut. Die Kinder werden dort auf ihr Gewicht geprüft, vom Arzt auf den Gesundheitszustand untersucht und geimpft. Die im Mutter-Kind-Paß vorgesehenen Untersuchungen werden durchgeführt. Die Mütter werden in allen Fragen der Pflege, Ernährung und Erziehung des Kindes beraten. Der Rachitis der Kinder wird durch Verabreichung von Vitamin D-Präparaten vorgebeugt.

Die Anschriften der Mutterberatungsstellen siehe Magistrat, MA 11.

Wie hilft die Stadt Wien den Müttern?

Jede Frau, die in Wien ihren gewöhnlichen Aufenthalt hat und sich vor der Geburt des Kindes bei dem nach ihrem Aufenthalt zuständigen Bezirksjugendamt unter Vorlage des Meldezettels sowie des Mutter-Kind-Passes mit den Ergebnissen der ersten und zweiten Untersuchung anmeldet, erhält nach Entbindung eines lebenden Kindes, nach freier Wahl, eine Säuglingsausstattung oder eine Ausstattung für Kleinkinder unentgeltlich beigestellt. Die Anmeldung kann von Montag bis Freitag in der Zeit von 8 bis 15 Uhr im Jugendamt des Wohnbezirkes durchgeführt werden.

Eine zukünftige Wahlmutter hat mit der Übernahme eines Kindes in unentgeltliche Pflege vor Vollendung des 18. Lebensmonates Anspruch auf Säuglingsausstattung oder Ausstattung für Kleinkinder; mit diesem Zeitpunkt erlischt ein allfälliger Anspruch der leiblichen Mutter.

Die Säuglingsausstattung besteht aus 15 Windeln, 5 Strickwindeln, 3 Hemdchen, 3 Jäckchen, 1 Strampelsack, 1 Frottee-Strampelanzug, 1 Latzhose, 1 Macco-Hemdchen, 1 Decke, 1 Häubchen, 1 Windelhöschen, 1 Flaschensauger, 1 Spielzeugkalender und Pflegemittel, alles verpackt in einer Plastiktasche.

Die Ausstattung für Kleinkinder enthält 5 Windeln, 2 Strickwindeln, 2 Windelhöschen, 1 Strumpfhose, 1 Latzhose, 1 Frottee-Pulli, 1 Frottee-Nachthemd, 1 Overall, 1 Wäschegarnitur, 1 Badetuch, 1 Waschhandschuh, 1 Spielzeugkalender und 1 Kinderspielzeug.

Obdachlose Schwangere und Mütter können vor und nach ihrer Entbindung im Zentralkinderheim der Stadt Wien, falls sie noch minderjährig sind, auch im Mutter- und Kind-Heim, 11, Pleischlgasse 2, für einige Zeit wohnen. Die Aufnahme erfolgt über das Bezirksjugendamt des letzten Aufenthaltes in Wien.

Informationskurse für Wöchnerinnen

An allen Entbindungsabteilungen Wiens werden Wöchnerinnen vom Kinderarzt und der Kinderschwester über die wichtigsten Belange des Säuglings unterrichtet. Eine Sozialarbeiterin spricht über mögliche Hilfen. Diese Kurzinformationen ersetzen nicht die so wichtige Elternschule.

Sozialhilfeleistungen für werdende Mütter und Wöchnerinnen

Werdende Mütter und Wöchnerinnen, denen kein Anspruch auf Zuerkennung der Wochenhilfe durch eine Krankenkasse zusteht, wenden sich, wenn sie die sozialhilferechtliche Wochenhilfe anstreben, an das Jugendamt ihres Wohnbezirkes. Vorzuweisen sind Personaldokumente, Meldezettel, Einkommensnachweise der Haushaltsangehörigen sowie eine Bestätigung über den voraussichtlichen Tag der Entbindung. Das Bezirksjugendamt nimmt das Ansuchen entgegen und leitet den Akt an das zuständige Sozialreferat. Von der Erledigung wird die Gesuchstellerin schriftlich in Kenntnis gesetzt.

Säuglinge, Kleinkinder und Schulkinder in den Tagesheimen der Stadt Wien

Säuglingskrippen, Kleinkinderkrippen, Kindergärten und Horte

In den Säuglingskrippen werden Kinder im Alter von acht Wochen bis zu einem Jahr, in Kleinkinderkrippen Kinder vom ersten bis zum dritten Lebensjahr, in Kindergärten Kinder ab dem dritten Lebensjahr bis zum Schulalter betreut. Für behinderte Kleinkinder werden Sondergruppen geführt.

In den Hort- und Tagesheimschulhortgruppen werden Schulkinder betreut, die unter fachkundiger Anleitung ihre Schulaufgaben erledigen und ihre Freizeit sinnvoll gestalten können.

Die Anmeldung erfolgt bei dem für den Wohnort des Kindes zuständigen Bezirksjugendamt. Auskünfte erteilen die Leiter der Kindertagesheime.

Kinder in den Erholungsheimen der Stadt Wien

In den Kindererholungsheimen der Stadt Wien werden erholungsbedürftige Kinder im Alter von drei bis 15 Jahren aufgenommen. Einige dieser Heime sind während des ganzen Jahres in Betrieb.

Die **Anmeldung** der Kinder erfolgt im Bezirksjugendamt des Wohnsitzes.

Voraussetzung für die Aufnahme von Kindern ist die durchgeführte Tetanus-Schutzimpfung.

Grundsätzlich wird der volle Ersatz der Fahrt- und Verpflegskosten durch Einhebung entsprechender Beiträge der Eltern oder sonstigen Leistungsverpflichteten (Krankenkassen u. a.) angestrebt. Die Bezirksjugendämter gewähren Ermäßigungen, die bis zu Freiplätzen reichen können.

In den Kindererholungsheimen der Stadt Wien finden im Rahmen der Schullandheimaktion auch ganze Schulklassen in geschlossenen Turnussen Aufnahme. In einer idealen Verbindung von naturnahem Unterricht und Erholung finden Kinder und Lehrkräfte zu einer fruchtbaren Gemeinschaft zusammen. Bei Vorliegen sozialer Bedürftigkeit gewähren die Bezirksjugendämter den Kindern der Schulklassen Ermäßigungen und in besonderen Fällen auch Freiplätze.

Kindertelefon

Das Kindertelefon – 63 53 64 – steht Kindern, Eltern sowie allen an Kinderproblemen Beteiligten von Montag bis Freitag von 8 bis 18 Uhr als Serviceeinrichtung zur Verfügung. In den übrigen Stunden läuft ein Tonband.

Ein Sozialarbeiter nimmt die Anrufe entgegen, beantwortet Fragen und geht auf Wünsche und Problemstellungen der Kinder ein, allenfalls informiert er über weiterführende Hilfen oder geeignete Kontaktstellen.

Erziehungsproblematische und gefährdete Kinder und Jugendliche: Beratung und Betreuung

Bei Erziehungsproblemen und in Fragen der Gefährdung von Kindern und Jugendlichen stehen die Bezirksjugendämter und spezielle Beratungsstellen mit Rat und Hilfe zur Verfügung. In den Bezirksjugendämtern beraten und betreuen Sozialarbeiter Familien mit Kindern, die Fragen oder Probleme haben (Sprechstunden Montag, Dienstag, Donnerstag, Freitag von 8 bis 9 Uhr, allgemeine Auskünfte Montag bis Freitag von 8 bis 15 Uhr). In den ambulanten Erziehungsberatungsstellen der Bezirksjugendämter stehen Psychologen zur Verfügung. Der Psychologische Dienst bietet außerdem stationäre Beobachtungsmöglichkeiten an.

Neben ambulanter Beratung und Hilfestellung können spezielle Einrichtungen empfohlen und für die Unterbringung in geeigneten Therapie- oder Erziehungseinrichtungen gesorgt werden, wenn dies zur Lösung der Probleme erforderlich ist.

Kinder- und Jugendpsychologische Beratungsstellen

2, Karmelitergasse 9 (Montag und Freitag von 13 bis 15.30 Uhr)
3, Baumgasse 12 (Montag von 16.30 bis 19.30 Uhr)
3, Sechskrügelgasse 11 (Freitag von 13 bis 15.30 Uhr)
4, Favoritenstraße 18 (Mittwoch von 16 bis 19 Uhr)
6, Linke Wienzeile 82 (Donnerstag von 13 bis 15.30 Uhr)
9, Sobieskigasse 28–30 (Mittwoch von 16.30 bis 19.30 Uhr)
9, Währinger Straße 39 (Freitag von 13 bis 15.30 Uhr)
10, Laxenburger Straße 43 (Donnerstag von 13 bis 15.30 Uhr)
10, Per Albin Hansson-Siedlung Ost, Ada Christen-Gasse Nr. 2/F/2 (Montag von 16.30 bis 19.30 Uhr und Freitag von 13 bis 15.30 Uhr)
10, Puchsbaumgasse 30–36 (Mittwoch von 16.30 bis 19.30 Uhr)
11, Enkplatz 2 (Montag von 13 bis 15.30 Uhr)
12, Hufelandgasse 2 (Mittwoch von 13 bis 15.30 Uhr)
14, Linzer Straße 251 (Dienstag von 16.30 bis 19.30 Uhr)
15, Gasgasse 8–10 (Dienstag von 13 bis 15.30 Uhr)
16, Ottakringer Straße 217 (Montag von 13 bis 19.30 Uhr, Mittwoch von 13 bis 16.30 Uhr)
17, Leopold Ernst-Gasse 22 (Mittwoch von 13 bis 15.30 Uhr)
19, Billrothstraße 42–48 (Donnerstag von 13 bis 15.30 Uhr)
21, Floridsdorfer Hauptstraße 12 (Dienstag und Mittwoch von 16.30 bis 19.30 Uhr)
21, Freytaggasse 32 (Montag von 11 bis 12 und von 16 bis 19 Uhr)
21, Großfeldsiedlung, Kürschnergasse 9 (Montag von 13 bis 19 Uhr)
22, Kagran, Schrödingerplatz 1 (Mittwoch von 13 bis 15.30 Uhr)
23, Liesing, Haeckelstraße 4 (Mittwoch von 13 bis 19.30 Uhr)

Diese Kinder- und Jugendpsychologischen Beratungsstellen stehen unentgeltlich zur Verfügung. Sie garantieren dem Ratsuchenden Vertraulichkeit und Unverbindlichkeit der Inanspruchnahme. Sie übernehmen auch längerdauernde ambulante Betreuungen.

Telefonische Erziehungsauskunft

Für dringende Fälle steht den Ratsuchenden die telefonische Erziehungsauskunft zur Verfügung. Montag bis Freitag von 8 bis 11 Uhr gibt eine Psychologin unter der Nummer 63 35 33 Auskunft. In allen Erziehungsbelangen werden Informationen über einschlägige Beratungsstellen und Institutionen, nach Möglichkeit aber auch konkrete Kurzberatungen geboten.

Institute für Erziehungshilfe

5, Siebenbrunnenfeldgasse 7, Tel. 55 13 20, 55 27 51
14, Mühlbergstraße 7, Tel. 97 15 70, 97 22 34 („Stadt des Kindes")
19, Heiligenstädter Straße 82/14, Tel. 36 12 35, 36 31 12
21, Patrizigasse 2, Tel. 38 63 28, 38 62 55

Die Institute für Erziehungshilfe arbeiten auf tiefenpsychologischer Basis und behandeln insbesondere neurotische Kinder, die Anpassungsschwierigkeiten haben. Jedes vorgestellte Kind wird nach der telefonischen Voranmeldung zu einem Intelligenz- und Persönlichkeitstest eingeladen. Die Eltern werden erzieherisch beraten. Alle Leistungen sind kostenlos.

Sonderpädagogische Ambulanzen für behinderte Kleinkinder

12, Endergasse 1, Tel. 85 21 17
14, Auer-Welsbach-Park, Tel. 83 92 03 (Spielzeugberatung für behinderte Kinder)
21, Franklinstraße 28, Tel. 38 41 10

Eltern behinderter Kleinkinder können sich an die Sonderpädagogischen Ambulanzen des Jugendamtes wenden. Fachleute gehen dort auf ihre Probleme ein und bieten kostenlos Hilfen an.

Institute für Sozialtherapie

2, Im Werd 19, Tel. 33 42 66
Anmeldung Montag von 12 bis 19 Uhr
Dieses Institut betreut verhaltensschwierige Kinder und deren Bezugspersonen, insbesondere aus dem 2. Bezirk.

9, Lustkandlgasse 50, Tel. 34 65 35*, 234
Anmeldung Montag von 12 bis 19 Uhr
Dieses Institut betreut verhaltensschwierige Kinder und deren Bezugspersonen, insbesondere aus den umliegenden Bezirken.

10, Puchsbaumgasse 30–36, Tel. 62 83 245
Anmeldung Montag von 10 bis 19 Uhr
Dieses Institut bietet tiefenpsychologisch orientierte Lebenshilfe, insbesondere für Jugendliche mit sozialen Schwierigkeiten.

Sozialpädagogische Beratungsstellen

10, Zohmanngasse 28, Tel. 62 62 02
Dieser Beratungsstelle ist außerdem eine Kriseninterventionsstation für abgängige Kinder und Jugendliche angeschlossen.

20, Wasnergasse 33, Tel. 35 55 30
Anmeldung Montag von 8 bis 17 Uhr
Lernhilfen sowie Angebote für interessante Freizeitgestaltung und Beratung der Eltern dienen dazu, Schulkinder aus dem Bezirk bei schwierigen sozialen Verhältnissen wirksam ambulant zu betreuen, um Konflikte in Schule und Elternhaus zu bessern und eventuell sonst notwendigen Heimunterbringungen vorzubeugen.

Jugendinformationszentren

Einen für Österreich ganz neuen Weg in der Jugendarbeit ging das Jugendamt der Stadt Wien mit den Jugendinformations- und Beratungszentren, kurz „info-centers" genannt: Info-center 1, 6, Damböckgasse 1, Tel. 57 72 21, Info-center 2, 17, Rötzergasse 29, Tel. 46 86 69, Info-center 3, 21, Prager Straße 20, Tel. 30 33 89. Sie sind Montag bis Freitag von 12 bis 19 Uhr geöffnet und bieten allen jungen Leuten im Alter von etwa 15 bis 25 Jahren kostenlose Beratung auf allen Gebieten, die sie bewegen. Diese Beratung erstreckt sich von der Information über Sport und andere Freizeitmöglichkeiten bis zu Gesprächen mit einem Psychiater über höchst persönliche Probleme. Das „info-center" gleicht äußerlich mehr einem Klub als einer amtlichen Einrichtung: neben dem großen Raum mit bequemen Fauteuils, in dem Jugendzeitschriften aufliegen und musikalische Untermalung geboten wird, gibt es auch ein Aussprachezimmer, in dem sich der Ratsuchende mit dem Fachmann unter vier Augen unterhalten kann. Als Mitarbeiter stehen Sozialpädagogen, Sozialarbeiter, Jugendrechtler, Jugendpsychologen und ein Jugendpsychiater zur Verfügung. Fragen im psychischen Bereich (z. B. Gefühl der Einsamkeit und Isolation, Minderwertigkeitsgefühl, Aggression, Depression usw.), im sozialen Bereich (z. B. Konflikte mit Eltern, Freunden und Vorgesetzten, Schulprobleme usw.) und auf juristischem Gebiet (z. B. Arbeitsrecht, Eherecht, Strafrecht) werden ohne Zeitdruck mit dem anonym bleibenden Besucher erörtert.

Rechtshilfe für Kinder und Jugendliche

Die Bezirksjugendämter geben Auskunft in allen Rechtsfragen, die Kinder und Jugendliche betreffen. Neben der Führung der Amtsvormundschaften über uneheliche Kinder oder Waisen übernehmen sie insbesondere auch die Durchsetzung von Unterhaltsansprüchen für uneheliche Kinder – auch dann, wenn die Mutter oder ein Anderer Vormund ist – und für eheliche Kinder, wenn die Ehe geschieden wurde oder sonst zerrüttet ist.

Adoptionsstelle des Jugendamtes der Stadt Wien

Die Stadt Wien hat eine Adoptionsvermittlungsstelle (1, Neutorgasse 18, 3. Stock, Tel. 66 14*, 454, 455, 451) eingerichtet, die es sich zur Aufgabe stellt, Kinder, die für eine Adoption freigegeben wurden, an geeignete Adoptionseltern zu vermitteln.

Wie hilft die Stadt Wien Lehrlingen?

Das Jugendberufsfürsorgereferat des Jugendamtes der Stadt Wien, 1, Neutorgasse 18, 3. Stock, Tel. 66 14*, 458, hilft Eltern und Lehrlingen bei Schwierigkeiten in der Lehr- bzw. Arbeitsstelle. In diesen Angelegenheiten sowie bei familiären Schwierigkeiten können sich Lehrlinge und Eltern aber auch an die in den Berufsschulen tätigen Sozialarbeiter wenden.

In Berufsausbildung stehende Jugendliche können bei Bedürftigkeit Lehrlingsbeihilfen und Berufskleidung erhalten. Die Anmeldung erfolgt in den Bezirksjugendämtern.

Ehe- und Familienberatung

Die Stadt Wien unterhält zwei Ehe- und Familienberatungsstellen in 1, Gonzagagasse 23, 1. Stock, und in 12, Meidlinger Hauptstraße 2 (Ecke Schönbrunner Straße), zu denen auch je eine Familienplanungsstelle gehört. Die Familienplanungsstelle, die der Ehe- und Familienberatungsstelle in 1, Gonzagagasse 23, angeschlossen ist, befindet sich in 1, Neutorgasse 18/Hof. Die Beratungsstunden sind in der Gonzagagasse Montag und Donnerstag und in der Meidlinger Hauptstraße Mittwoch von 16 bis 18.30 Uhr. Familienplanungsstellen (ohne Eheberatung) gibt es in 15, Huglgasse 1–3 (Elisabeth-Spital), in 16, Montleartstraße 37 (Wilhelminenspital), in 18, Bastiengasse 36–38 (Ignaz Semmelweis-Frauenklinik), und in 22, Kagran, Schrödingerplatz 1. Die Beratungsstunden in der Familienplanung sind in der Huglgasse Montag von 13 bis 16 Uhr, in der Montleartstraße Dienstag und Donnerstag von 13.30 bis 15.30 Uhr, in der Bastiengasse Montag, Mittwoch und Freitag von 8 bis 12 Uhr, Dienstag von 16 bis 18 Uhr und am Schrödingerplatz Mittwoch von 17 bis 19 Uhr. Die Mitarbeiter bestehen aus besonders erfahrenen Ärzten (Psychiatern und Gynäkologen), Juristen und diplomierten Sozialarbeitern. Alle Probleme, die das Ehe- und Familienleben berühren, können zur Sprache gebracht werden. Vollste Diskretion und, soweit gewünscht, auch Anonymität wird zugesichert. Die Beratungen erfolgen völlig kostenlos. Um Voranmeldung jeden Montag und Donnerstag von 13.30 bis 15.30 Uhr unter Tel. 63 89 96 wird gebeten.

Sozialberatung

Die MA 12 hat in den Wiener Bezirken Sozialberatungsstellen eingerichtet.

Die Wiener Sozialberatung steht jedermann kostenlos, streng diskret und unverbindlich offen, der in persönlichen oder familiären Angelegenheiten Auskünfte, Rat oder Hilfe sucht. Die Beratung erfolgt auf Wunsch auch ohne Namensnennung. Keine andere Stelle erfährt, was dem Sozialberater oder Juristen anvertraut wird – ganz egal, was es ist.

Die Beratungsstellen sind regelmäßig an dem angegebenen Wochentag in der Zeit von 15 bis 18.30 Uhr geöffnet.

1, Gonzagagasse 23 (im Amtshaus), Montag und Donnerstag; 2, Karmelitergasse 9 (im Amtshaus), Dienstag; 3, Landstraßer Hauptstraße 127 (Eingang Baumgasse 12), Donnerstag; 4, Favoritenstraße 18 (im Amtshaus), Mittwoch; 5, Am Hundsturm 18, Donnerstag; 6, Magdalenenstraße 13, Mittwoch; 7, Hermanngasse 26 (im Amtshaus), Mittwoch; 8, Schlesingerplatz 4 (im Amtshaus), Mittwoch; 9, Galileigasse 8 (in der Volkshochschule), Montag; 10, Arthaberplatz 18 (in der Volkshochschule), Mittwoch; 11, Enkplatz 2 (im Amtshaus), Mittwoch; 12, Schönbrunner Straße 259 (im Sozialreferat), Mittwoch; 13, Hietzinger Kai 1–3 (im Amtshaus), Dienstag; 14, Dreyhausenstraße 29 (im Pensionistenheim), Dienstag; 15, Schwendergasse 41 (im Haus der Begegnung), Donnerstag; 16, Richard Wagner-Platz 19 (im Amtshaus), Dienstag; 17, Elterleinplatz 14 (im Amtshaus), Donnerstag; 18, Martinstraße 100 (im Amtshaus), Mittwoch; 19, Gatterburggasse 2a (im Haus der Begegnung), Donnerstag; 20, Brigittaplatz 10 (im Amtshaus), Donnerstag; 21, Großfeldsiedlung, Kürschnergasse 9 (im Haus der Begegnung), Dienstag; 22, Kaisermühlen, Schüttaustraße 2 (in der Volkshochschule), Mittwoch; 23, Liesing, Perchtoldsdorfer Straße 2 (im Amtshaus), Donnerstag.

Sozialer Notruf

In der MA 12 ist ein „Sozialer Notruf" installiert, ein von der Rathausvermittlung unabhängiger Telefonanschluß. Durch die Wahl der Rufnummer

63 11 77

ist der Hilfesuchende direkt mit dem diensthabenden Sozialbeamten verbunden.

Diese Einrichtung steht der Wiener Bevölkerung, im besonderen alten, gebrechlichen Menschen für dringende Auskünfte oder für die Vermittlung dringender Hilfeleistungen von Montag bis Freitag von 7.30 bis 20 Uhr und an Samstagen, Sonn- und Feiertagen von 8 bis 20 Uhr zur Verfügung. Außerhalb der Dienststunden getätigte Anrufe werden auf Tonband gespeichert und am darauffolgenden Werktag beantwortet.

Wer hat Anspruch auf Hilfe zur Sicherung des Lebensbedarfes?

Anspruch auf Hilfe zur Sicherung des Lebensbedarfes hat, wer den Lebensbedarf für sich und die mit ihm in Familiengemeinschaft lebenden unterhaltsberechtigten Angehörigen nicht oder nicht ausreichend aus eigenen Kräften und Mitteln beschaffen kann und ihn auch nicht von anderen Personen oder Einrichtungen erhält.

Zum Lebensbedarf gehören: der Lebensunterhalt, insbesondere Unterkunft, Nahrung, Bekleidung; Körperpflege, Hausrat, Beheizung und andere persönliche Bedürfnisse, inklusive der Pflege der Beziehungen zur Umwelt und die Teilnahme am kulturellen Leben in angemessenem Ausmaß; Krankenhilfe; Hilfe für werdende Mütter und Wöchnerinnen; Hilfe zur Erziehung und Erwerbsbefähigung.

Wie erlangt man eine Geldleistung?

Man wendet sich mit allen *Personaldokumenten* und dem *Meldezettel* (Meldeabschnitt) an das Sozialreferat des Wohnbezirkes, wo über den Antrag entschieden wird. Kann über einen Antrag nicht sofort entschieden werden (weil Erhebungen notwendig sind), gewährt das Sozialreferat in dringenden Fällen eine vorläufige *Sofortleistung.*

Wie bekommt man eine Dauerleistung der Sozialhilfe?

Anspruchsberechtigte Personen, die nachweisbar zumindest auf die Dauer von sechs Monaten arbeitsunfähig sind, können sich um eine Dauerleistung bewerben. Der Nachweis der Arbeitsunfähigkeit entfällt bei Frauen, wenn sie das 60., bei Männern, wenn sie das 65. Lebensjahr überschritten haben.

Der Hilfesuchende begibt sich mit *allen Personaldokumenten,* dem *Meldezettel* (Meldeabschnitt) und allen *Nachweisen,* die über Familien-, Wohnungs- und Einkommensverhältnisse Aufschluß geben, in das Sozialreferat seines Wohnbezirkes und bringt dort sein Ansuchen vor. Dieses Amt überprüft die Angaben über die wirtschaftlichen und Familienverhältnisse und trifft seine Entscheidung. Von der Erledigung erhält der Bewerber um eine Dauerleistung einen *schriftlichen Bescheid.* Ist in der *Zwischenzeit* bis *zur Erledigung* Hilfe erforderlich, gewährt das Sozialreferat *einmalige Aushilfen.*

Wie erhält man Hilfe in besonderen Lebenslagen?

Hilfe in besonderen Lebenslagen kann Personen gewährt werden, die auf Grund ihrer besonderen persönlichen, familiären oder wirtschaftlichen Verhältnisse oder infolge außergewöhnlicher Ereignisse einer sozialen Gefährdung ausgesetzt sind und der Hilfe der Gemeinschaft bedürfen, um in die Gesellschaft und das Erwerbsleben eingegliedert zu werden. Die Hilfe in besonderen Lebenslagen besteht in Hilfen zum Aufbau und zur Sicherung der wirtschaftlichen Lebensgrundlage und wirtschaftlichen Hilfen zur Überbrückung außergewöhnlicher Notstände. Die Hilfe in besonderen Lebenslagen kann unabhängig von einem Anspruch auf Hilfe zur Sicherung des Lebensbedarfes gewährt werden. Die Hilfe in besonderen Lebenslagen erbringt der Sozialhilfeträger als Träger von Privatrechten. Auf die Leistungen besteht kein Rechtsanspruch.

Der Hilfesuchende begibt sich mit allen Personaldokumenten, dem Meldezettel (Meldeabschnitt) und allen Nachweisen, die über seine Familien-, Wohnungs- und Einkommensverhältnisse sowie über die die soziale Gefährdung bedingenden außergewöhnlichen Ereignisse Aufschluß geben, in das Sozialreferat seines Wohnbezirkes und bringt dort sein Ansuchen vor. Das Amt überprüft die vorgelegten Unterlagen und trifft sodann seine Entscheidung. Von der Erledigung erhält der Hilfesuchende eine schriftliche Mitteilung. Hilfe in besonderen Lebenslagen kann in Form von Geldleistungen, Sachleistungen oder persönlicher Hilfe erbracht werden.

Wer bekommt kostenlos ärztliche Hilfe, Arzneien, Heil- und Hilfsmittel, Heilbäder und Strahlentherapie?

Wer krankenversichert ist, wendet sich an seine Krankenkasse. Nur für jene unbemittelten Personen, die keine Krankenkassenleistungen beanspruchen können, übernimmt die Sozialhilfe die Kosten für ärztliche Behandlung, Arzneien, Heil- und Hilfsmittel.

Wer also *kein* Krankenkassenmitglied und auch *nicht* familienversichert ist, wendet sich, wenn er Heilbehandlung benötigt, an das Sozialreferat seines Wohnbezirkes. Hier erhält er einen *Krankenschein,* der für das laufende Kalendervierteljahr gilt. Mit diesem Schein kann er sich in die *unentgeltliche* Behandlung eines praktischen Kassenarztes *nach freier Wahl* begeben, der ihn an einen Kassenfacharzt nach freier Wahl oder an ein Ambulatorium überweisen kann.

Werden vom Arzt *Medikamente* verordnet, können diese aus einer Apotheke nach freier Wahl auf Kosten des Sozialhilfeträgers bezogen werden. Gewisse Spezialitäten bedürfen allerdings vor ihrer Abgabe der Genehmigung durch den Amtsarzt des Bezirksgesundheitsamtes.

Hält der behandelnde Arzt ein Hilfsmittel für notwendig (z. B. *Einlagen, orthopädische Schuhe, Prothesen, Stützapparat* usw.), fertigt er einen Verordnungsschein für Heil- und Hilfsmittel aus, der – nach Einholung eines Kostenvoranschlages – bei dem nach dem Wohnort des Patienten zuständigen Sozialreferat einzureichen ist. Dauerkrankenhilfeempfänger mit Ausweis können kleine Heilbehelfe (Brillen, Bandagen) ohne Genehmigung direkt bei Optikern und Bandagisten beziehen. Nach Genehmigung kann der Heilbehelf bei einem der zugelassenen Vertragslieferanten nach freier Wahl auf Rechnung des Sozialhilfeträgers bezogen werden.

Sind zur Durchführung der Heilbehandlung *physikalische Leistungen* (Höhensonne, Kurzwellen, Bestrahlungen mit Sollux- oder Profunduslampen, Galvanisationen usw.) oder *Heilbäder* (Schwefelbäder, Moorbäder, Schlammpackungen u. ä.) oder *Röntgenleistungen* erforderlich, stellt der behandelnde Arzt einen für diese Zwecke vorgesehenen Verordnungsschein aus. Der Genehmigung durch den Amtsarzt des Gesundheitsamtes bedürfen nur die Verordnungen für Mammographie und Tomographie.

Wer bekommt kostenlose Zahnbehandlung?

Wer unbemittelt ist und eine *Zahnbehandlung* benötigt, *ohne* Anspruch auf Kassenleistungen zu haben, beantragt beim Sozialreferat seines Wohnbezirkes die Ausstellung eines *Zahnbehandlungsscheines.* Mit diesem Schein kann er sich in *unentgeltliche* Behandlung eines Vertragszahnarztes oder Vertragsdentisten nach *freier* Wahl begeben.

Behindertenhilfe

Personen, die infolge eines Leidens oder Gebrechens daran gehindert sind, eine ihren Fähigkeiten entsprechende Schulbildung, Erziehung oder Berufsausbildung zu erlangen oder beizubehalten, können Behindertenhilfe bekommen, sofern sie österreichische Staatsbürger sind, ihren Wohnsitz in Wien und nicht auf Grund anderer Rechtsvorschriften die Möglichkeit haben, eine solche Leistung zu bekommen. Die Leiden bzw. Gebrechen, die zu einer solchen Hilfe führen, können Fehlformen und Funktionsstörungen jeglicher Art sein, auch psychische Erkrankungen und Anfallsleiden zählen dazu.

Als Hilfeleistungen kommen in Betracht:

Eingliederungshilfe, Hilfe zur Unterbringung, geschützte Arbeit, Beschäftigungstherapie, Übernahme von Fahrt- und Transportkosten und persönliche Hilfe. Dauernd bettlägerige Personen bzw. solche, die ununterbrochene, nachhaltige Pflege durch eine andere Person benötigen, können ein monatliches Pflegegeld erhalten, sofern sie das 15. Lebensjahr vollendet haben.

Anträge sind in der MA 12, Referat Behindertenhilfe, 1, Schottenring 24, 1. Stock, Tür 111, oder 1, Gonzagagasse 21, Parterre, Tür 6, vom Behinderten selbst oder einem hiezu von ihm schriftlich Bevollmächtigten zu stellen.

Für Auskünfte und individuelle Beratungen dient die Montag und Donnerstag jeweils von 15 bis 18.30 Uhr geöffnete Beratungsstelle für Behinderte, 1, Gonzagagasse 21, Parterre, Tür 7.

Außerdem kümmert sich das Referat Körperbehindertenbetreuung und orthopädische Angelegenheiten im Gesundheitsamt der Stadt Wien, 1, Zelinkagasse 5, Parterre, Tür 10, Tel. 66 14*, 563, um alle Körperbehinderten, läßt sie durch ihre Fachärzte untersuchen, ist ihnen bei der Aufnahme in Spitäler und Heilstätten behilflich und unterstützt sie bei der Versorgung mit orthopädischen Heilbehelfen (Prothesen, Stützmiedern, Stützapparaten, orthopädischen Einlagen und orthopädischen Schuhen).

Überdies sorgt die Ärztliche Körperbehindertenbetreuung durch ständige fachärztliche Überwachung aller Kinder in den städtischen Schulen vorbeugend gegen jede Gefahr der Entwicklung von Behinderungen, z. B. einer Rückgratverkrümmung durch schlechte Haltung der Kinder (Sonderturnen).

Untersuchungen nur gegen Voranmeldung. Sprechstunden der Fürsorgerinnen Mittwoch von 8 bis 12 Uhr.

Berufseingliederungs- und Beschäftigungstherapiekurse für Behinderte

Für Behinderte aller Altersstufen, insbesondere aber für Jugendliche, werden Berufseingliederungs- und Beschäftigungstherapiekurse geführt.

Kurszeit: Montag bis Donnerstag von 8 bis 15.30 Uhr, Freitag von 8 bis 15 Uhr. Die Kursteilnehmer werden je nach der Schwere ihrer Behinderung bzw. nach ihren Fähigkeiten erprobt, trainiert und für verschiedene Arbeiten angelernt. Ziel der Kurse ist es, die Behinderten ganz oder zumindest teilweise ins Erwerbsleben einzugliedern. Kann dieses Ziel nicht erreicht werden, soll die Beschäftigung mit produktiver Arbeit im Rahmen der Kurse den Behinderten einen sinnvollen Lebensinhalt geben.

Die Aufnahme in die Kurse ist vom Ergebnis einer eingehenden allgemein ärztlichen und fachärztlichen Untersuchung abhängig. Ungestempelte Aufnahmeansuchen können *jederzeit* schriftlich an die Behindertenhilfe der Stadt Wien, Berufseingliederungs- und Beschäftigungstherapiekurse, 16, Seeböckgasse 12–14, gerichtet werden.

Fahrbegünstigungen für Behinderte

Anträge auf Gewährung von Fahrbegünstigungen für die Benützung der Straßen-, Stadt-, Schnell- und U-Bahn sind in der MA 12, 1, Gonzagagasse 21, Parterre, Tür 8, einzubringen.

Die *Voraussetzungen* für eine Verleihung sind:
schwere Gehbehinderung,
wirtschaftlich beengte Lage und
ein nachgewiesen erhöhter und dauernder Bedarf. (Als solcher wird anerkannt: Aufsuchen eines entfernt gelegenen Arbeitsplatzes oder der ständige, wöchentlich mehrmals notwendige Besuch eines entfernt gelegenen Spitalambulatoriums bzw. Facharztes oder einer Kuranstalt.) Blinde erhalten die Fahrbegünstigung ohne den Nachweis der Fahrtnotwendigkeit und der schweren Gehbehinderung, die übrigen Verleihungsbestimmungen gelten sinngemäß wie für die anderen Bewerber. Die Verleihung ist bei Blinden an keine Einkommensgrenze gebunden.

Zur Ausgabe gelangen – je nach der Lage des Falles – Frei-Netzkarten für den Hilfsbedürftigen, wenn nötig, auch für eine Begleitperson; ermäßigte Netzkarten, für die der Beteilte einen monatlichen Beitrag von derzeit 208 S durch Aufkleben einer Wertmarke auf die Fahrlegitimation beizutragen hat.

Alle diese Fahrbegünstigungen werden für einen längeren Zeitraum, gewöhnlich für einige Monate, vergeben. Sie gelten für die Straßen-, Stadt-, Schnell- und U-Bahn sowie für Autobuslinien, die frühere Straßenbahnlinien ersetzen. Die Benützung der innerstädtischen Autobusse ist in die Begünstigung nicht eingeschlossen.

Ausflugsaktion für Behinderte

Mit Hilfe des Wiener Roten Kreuzes wird Rollstuhlfahrern ermöglicht, in der Zeit vom April bis Oktober Ausflüge in die nähere Umgebung Wiens zu machen. Zwei eigens dafür adaptierte Fahrzeuge mit Begleitpersonal können je sechs Behinderte mit ihrem Rollstuhl befördern. Die Teilnahme ist kostenlos, für die entstehenden Kosten kommt das Sozialamt auf. Anmeldungen für die Halbtagsausflüge nimmt der Landesverband Wien vom Roten Kreuz, 5, Am Hundsturm 18, unter Tel. 55 46 46 jeweils Montag bis Donnerstag von 8 bis 17 Uhr sowie Freitag von 8 bis 14 Uhr entgegen.

Wie kommt man in ein Pflegeheim?

Voraussetzung für die Aufnahme in ein Pflegeheim ist vor allem ein höherer Grad von Pflegebedürftigkeit. Nicht aufgenommen werden Infektions- und Geisteskranke.

Der Antrag ist beim Sozialreferat des Wohnbezirkes (des Aufzunehmenden) zu stellen. In besonders dringenden Fällen kann die Antragstellung auch in der MA 12 – Aufnahmestelle erfolgen. Erforderlich sind:

1. Ein ärztlicher Antrag (jeder praktische Arzt hat die erforderlichen Formulare);
2. falls der Aufzunehmende nicht selbst beim Amt erscheinen kann, seine Erklärung, daß er mit einer Einweisung in ein Pflegeheim einverstanden ist; kann er diese Erklärung nicht selbst unterschreiben, muß seine Bereitschaft zum Pflegeheimeintritt von zwei Zeugen bestätigt sein; im Falle seiner Entmündigung hat der Kurator das Einverständnis zu geben;
3. Personaldokumente und Meldezettel (Meldeabschnitt);
4. Einkommensnachweise des Einzuweisenden bzw. seiner unterhaltspflichtigen Angehörigen.

Bei Lebensgefahr kann von den unter Punkt 4 angeführten Erfordernissen *vorerst* Abstand genommen werden. Ausländer sind den österreichischen Staatsbürgern gleichgestellt.

Grundsätzlich wird der Pflegling einen Tag vor der Aufnahme verständigt. Die Abholung selbst erfolgt mit dem Sanitätswagen.

Geriatrischer Dienst

Für Alterspatienten, die seelische Schwierigkeiten haben, sowie für ihre Angehörigen oder Pflegepersonen steht der „Geriatrische Dienst" des Gesundheitsamtes zur Verfügung.

Auskunft und Beratung in 2, Kleine Sperlgasse 2b, Tel. 24 64 24.

Wie bekommt man Hauskrankenpflege?

Hauskrankenpflege umfaßt die fachliche Krankenpflege, im unbedingt notwendigen Ausmaß auch Heimhilfe bzw. Familienhilfe. Sie wird je nach Bedarf bei vorübergehender Erkrankung einer Person gewährt, wenn die Aufnahme derselben in ein Krankenhaus nicht unbedingt erforderlich ist. Voraussetzung ist, daß keine nahen Angehörigen vorhanden sind, welchen eine Pflegeleistung zuzumuten ist.

Hauskrankenpflege wird allgemein auf die Dauer der jeweiligen Erfordernisse gewährt.

Beizubringen ist ein vom behandelnden Arzt ausgestellter Befund, aus dem die Pflegebedürftigkeit und die Notwendigkeit einer Pflegeperson hervorgeht.

Die erkrankte Person oder nahe Angehörige wenden sich an das Sozialreferat ihres Wohnbezirkes. Neben dem Befund des Arztes sind sämtliche Personaldokumente sowie die Einkommensnachweise des Antragstellers beizubringen. In nachweisbar dringlichen Fällen können die Einkommensnachweise nachgebracht werden. (Die Beibringung des Einkommensnachweises entfällt bei Personen, die bereit und imstande sind, die vollen Kosten zu tragen.) Betreute Personen, die hiezu nicht imstande sind, haben zu den Kosten der Hauskrankenpflege einen Beitrag zu leisten, der nach sozialhilferechtlichen Grundsätzen berechnet wird.

In den Fällen der Hauskrankenpflege wird eine Krankenschwester des Vereins „Wiener Sozialdienste" beigestellt, die nach den Anweisungen des Arztes die Pflege leistet.

Personen, die für die Kosten einer Hauskrankenpflege selbst aufkommen, wenden sich direkt an den Verein „Wiener Sozialdienste", 15, Camillo Sitte-Gasse 6–8, Tel. 95 25 96. Eine Pflegestunde kostet derzeit 84 S zuzüglich 8% Mehrwertsteuer.

Mobile Krankenschwestern

Für Kranke, die in häuslicher ärztlicher Behandlung stehen, gibt es neuerdings auch die Möglichkeit, vom Gesundheitsamt kostenlos über Anforderung des Arztes eine „Mobile Krankenschwester" zu ihrer Unterstützung beigestellt zu bekommen. Diese Einrichtung läuft derzeit im 2. Bezirk und in den Bezirken 10 bis 23.

Auskunft (für alle diese Bezirke) beim Bezirksgesundheitsamt 22, Kagran, Schrödingerplatz 1, Tel. 23 35 61*, 291.

Wie bekommt man Heimhilfe?

Voraussetzung für die Bewilligung einer Heimhilfe ist, daß die den Haushalt führende Person, obwohl nicht einer Krankenpflege bedürftig, doch an der Führung der Wirtschaft gehindert ist, und sich niemand in der Wohnung befindet, der diese Arbeit übernehmen könnte. Heimhilfe umfaßt die Körperpflege und Haushaltsführung, und zwar: Einkaufen, Kochen, Betten machen und andere laufende häusliche Arbeiten.

Sie wird gewährt bei bloßer Pflegebedürftigkeit alter und behinderter Personen, die keiner Krankenpflege bedürfen, wenn dadurch eine Unterbringung in einer Anstalt vermieden werden kann. Heimhilfe für pflegebedürftige Personen wird im allgemeinen nur im Ausmaß von zwei Stunden täglich bzw. bis drei Stunden (dreimal wöchentlich) jedoch ohne Beschränkung der Dauer gewährt.

Die Beitragsleistung zu den Kosten der Heimhilfe erfolgt in gleicher Weise wie in den Fällen der Hauskrankenpflege.

Auch die übrigen Erfordernisse (ärztliches Attest, Personaldokumente, Einkommensnachweise) sind die gleichen wie bei Hauskrankenpflege. Die Anträge sind ebenfalls beim zuständigen Sozialreferat des Wohnbezirkes zu stellen.

Familienhilfe

Die Familienhilfe bezweckt die Erhaltung der Familieneinheit, wenn durch den zeitweisen Ausfall der Mutter (Erkrankung, Anstaltsaufenthalt, Entbindung usw.) ansonsten eine Heimunterbringung der Kinder notwendig wäre.

Die Dauer der Familienhilfe richtet sich nach der jeweiligen Situation. Die tägliche Einsatzdauer kann bis zu acht Stunden betragen (jedoch niemals nachts).

Essenszustelldienst

Den Essenszustelldienst können behinderte, insbesondere alte und gebrechliche Personen in Anspruch nehmen, die nicht in der Lage sind, eine Mahlzeit selbst zuzubereiten oder die dazu nötigen Einkäufe zu machen, und denen auch keine Hilfe durch Dritte (Angehörige) zur Verfügung steht. Diesen Personen wird täglich von Montag bis Freitag, auf Wunsch auch Samstag und Sonntag, eine fertige Mittagsmahlzeit in die Wohnung zugestellt. Der Essensempfänger hat nur die Kosten der Mahlzeit, d. s. derzeit 31,50 S, und zwar wöchentlich im voraus, d. s. 157,50 S, für das Samstag- und Sonntagmenü je 35 S zu bezahlen, während die Zustellkosten zur Gänze von der Stadt Wien getragen werden. Für Essensempfänger, die eine Diätkost benötigen, ist der Bezug eines Diabetiker-Menüs für Zukkerkranke oder einer Diät für Magen-, Galle- und Leberleidende (Schonkost ohne Schweinefleisch, fett- und salzarm) möglich. Eine Diät-Mahlzeit kostet derzeit 37,50 S, d. s. pro Woche 187,50 S, Samstag und Sonntag ebenfalls je 37,50 S. Der Bezug ist an ein ärztliches Attest gebunden. Essensbezieher mit geringem Einkommen haben die Möglichkeit, um Ermäßigung des Essenspreises anzusuchen. Die dafür notwendigen Anträge werden von den Essenszustellern abgegeben und sind mit dem letzten Pensionsabschnitt an das zuständige Sozialreferat einzusenden.

Anmeldung zum Essensbezug:

MA 12, 1, Schottenring 24, Tel. 66 14*, 252, sowie Sozialreferat des Wohnbezirkes.

Wohnungsreinigungsdienst

Personen, die nicht mehr in der Lage sind, selbst oder mit Hilfe von Angehörigen eine gründliche Wohnungsreinigung durchzuführen, steht ein Wohnungsreinigungsdienst zur Verfügung. Die Anmeldung erfolgt in den Sozialreferaten, in der MA 12, Tel. 66 14*, 243 oder 240 (Heimhilfereferat), und beim Notruf für Soziales und Gesundheit, Tel. 63 11 77. Der Dienst ist bis zu einem Einkommen von 3.029 S für Alleinstehende bzw. von 4.319 S bei Ehepaaren kostenlos. Bei höherem Einkommen werden die Kostenbeiträge gestaffelt verrechnet. Der Einsatz erfolgt höchstens dreimal pro Jahr.

Wäschepflegedienst

Der Wäschepflegedienst umfaßt das Abholen, Zustellen und allfällige Ausbesserungsarbeiten an der Wäsche. Die Betreuten haben nur die Kosten der Wäscherei zu tragen, die Zustellung und Ausbesserung der Wäsche ist kostenlos. Die Anmeldung erfolgt bei den in der Rubrik „Wohnungsreinigungsdienst" angeführten Stellen.

Besuchsdienst

Der Besuchsdienst kann von Personen in Anspruch genommen werden, die aufgrund ihres Alters oder einer Behinderung menschliche Kontakte entbehren müssen. Die Besucher kommen ein- bis dreimal wöchentlich und stehen für Unterhaltung, Spaziergänge sowie Arztbesuche und Behördenwege zur Verfügung. Der Besuch ist kostenlos und dauert ca. zwei Stunden. Die Anmeldung erfolgt bei den in der Rubrik „Wohnungsreinigungsdienst" angeführten Stellen.

Reparaturdienst

Der Reparaturdienst wird vom Verein Wiener Volkshilfe im Auftrag der Stadt Wien besorgt. Es werden notwendige Instandsetzungsarbeiten in der Wohnung durchgeführt, deren Ausübung nicht an eine Konzession gebunden ist. Der Dienst ist bis zu einem Einkommen von 3.029 S für Alleinstehende bzw. von 4.319 S für Ehepaare kostenlos. Bei höherem Einkommen werden gestaffelte Kostenbeiträge verrechnet. Anmeldung beim Verein in 10, Senefeldergasse 11, Tel. 62 92 31/26, und bei der MA 12, Tel. 66 14*, 252.

Wer erhält Blindenbeihilfe?

Personen, die blind oder schwerst sehbehindert sind, haben Anspruch auf eine Blindenbeihilfe, wenn sie die österreichische Staatsbürgerschaft besitzen (oder Volksdeutsche sind), das 15. Lebensjahr vollendet und in Wien ihren Wohnsitz haben. Ein Anspruch auf Blindenbeihilfe besteht jedoch nicht, wenn der Blinde oder schwerst Sehbehinderte aus dem Grund der Blindheit bzw. der Sehbehinderung als Selbstgeschädigter einen gleichen Anspruch nach dem Kriegsopferversorgungsgesetz, dem Heeresversorgungsgesetz oder dem Opferfürsorgegesetz hat.

Die Blindenbeihilfe wird ferner nicht ausbezahlt, und sie wird eingestellt, wenn sich der Blinde oder schwerst Sehbehinderte auf Kosten des Sozialhilfeträgers in einer Heil- und Pflegeanstalt oder in einer Anstalt des Sozialhilfeträgers befindet.

Der Antrag auf Gewährung der Blindenbeihilfe ist bei der MA 12, 1, Gonzagagasse 21, einzubringen. Es sind dort die Voraussetzungen der Anspruchsberechtigung nachzuweisen. Die Blindenbeihilfe gebührt von dem auf die Antragstellung folgenden Monat an und wird in den Monaten Juni und Dezember in doppelter Höhe ausbezahlt.

Wie erhält man einen Nachweis über die Familien- und Einkommensverhältnisse zur Erlangung von Begünstigungen (früher Mittellosigkeitszeugnis)?

Der Bewerber behebt im Sozialreferat seines Wohnbezirkes den entsprechenden *Vordruck* und füllt ihn *wahrheitsgetreu* mit deutlicher Schrift aus. Unter Vorlage von

Personaldokumenten und *Einkommensnachweisen* wird die Richtigkeit der Angaben durch das Amt geprüft und das Zeugnis bzw. die Bestätigung, wenn die Voraussetzungen erfüllt sind, an den Bewerber ausgehändigt.

Armenrechtszeugnisse werden nicht mehr ausgegeben. Wer kein entsprechendes Einkommen bezieht, kann bei Gericht einen Antrag auf Verfahrenshilfe stellen.

Eine Stempelgebühr ist für die Ausfertigung solcher Zeugnisse *nicht* zu entrichten.

Pensionistenausweis

Alle Dauersozialhilfebezieher und Empfänger von Ausgleichszulage–Pensionen mit ständigem Wohnsitz in Wien, die die österreichische Staatsbürgerschaft besitzen, haben Anspruch auf Ausstellung eines Pensionistenausweises. Mit diesem Ausweis ist die Inanspruchnahme folgender Begünstigungen möglich:

a) Ermäßigte Benützung öffentlicher Verkehrsmittel,
b) ermäßigter Besuch der städtischen Bäder,
c) ermäßigter Besuch des Tiergartens Schönbrunn,
d) ermäßigter Besuch des Hauses des Meeres.

Seniorenwochen

Die Stadt Wien veranstaltet jedes Jahr im Herbst eine Seniorenwoche, in deren Rahmen den Senioren Wiens neben einem Unterhaltungsprogramm spezielle Informationen über das Angebot der sozialen Hilfen der Stadtverwaltung sowie Hinweise für eine problemlose Lebensführung im Alter geboten werden.

Weihnachtspakete

Sämtliche Dauersozialhilfebezieher und alle Empfänger einer wirtschaftlichen Tbc-Hilfe erhalten von der Stadt Wien jedes Jahr ein Lebensmittelpaket als Weihnachtsgeschenk überreicht, dessen Inhalt je nach Normal-, Diät- und Diabetikerkost verschieden ist.

Pensionistenklubs

Die von der Stadt Wien geführten Pensionistenklubs sind während der Wintermonate (ab 25. September bis Mitte April) im wahrsten Sinne des Wortes eine „Heimstätte" für unsere alten Mitbürger. Sie sind von Montag bis Freitag von 13 bis 18 Uhr geöffnet. Die alten Leute finden in gemütlichen, warmen Räumen nicht nur das beliebte Schalerl Kaffee und des öfteren eine gute Mehlspeise, sondern auch Zerstreuung, geselligen Anschluß und fürsorgerische Betreuung. Es stehen den Besuchern Tageszeitungen, Bücher, Zeitschriften, Radioapparate und diverse Spiele zur Verfügung; Lichtbildervorträge, Verkehrserziehungsvorträge, Filmvorführungen und künstlerische Veranstaltungen bringen Abwechslung in die Pensionistenklubs. Außerdem erhalten die Besucher zweimal monatlich neben der täglichen Jause ein vollständiges Mittagessen. Diese Einrichtungen erfreuen sich immer größerer Beliebtheit (im Betriebsjahr 1978/79 163 Klubs). Die Anmeldungen erfolgen im Sozialreferat des Wohnbezirkes oder im Klub selbst. Aufgenommen werden Sozialhilfebezieher und Pensionisten mit kleineren Pensionen, nach Maßgabe der freien Plätze auch Personen mit höherem Einkommen.

Landaufenthaltsaktion

Von der Stadt Wien wird in der Zeit von Mai bis September die Landaufenthaltsaktion durchgeführt. Teilnahmeberechtigt sind alle Dauersozialhilfeempfänger und Pensionistenklubbesucher. Die Urlauber sind in Vertragspensionen der Stadt Wien im Burgenland, in Niederösterreich und in der Steiermark untergebracht. Den Gästen werden drei Mahlzeiten geboten. Für Schonkost steht eine eigene Pension in Niederösterreich zur Verfügung. Jeder Pension ist eine Betreuerin zugeteilt, die sich um das Wohl der Urlauber, insbesondere um ärztliche Hilfe, kümmert, die Qualität und Menge der Mahlzeiten überprüft sowie Unzukömmlichkeiten abstellt.

Für den 14tägigen Urlaub ist ein dem Einkommen des Teilnehmers entsprechender Kostenbeitrag zu leisten.

Mütterurlaub

Alleinstehende Mütter, die Dauersozialhilfe beziehen, haben in den Sommermonaten die Möglichkeit, entweder gemeinsam mit ihren Kindern oder alleine einen 14tägigen Erholungsaufenthalt in einer Vertragspension der Stadt Wien zu verbringen. Im letzteren Fall werden die Kinder in einem Heim des Wiener Jugendhilfswerkes untergebracht.

Für diesen Urlaub ist von den Müttern ein geringer Kostenbeitrag zu leisten.

Fahrt ins Grüne

Erstmalig im Jahr 1973 wurde in den Monaten Juli und August von der Stadt Wien die Aktion „Fahrt ins Grüne" durchgeführt. Diese Aktion im Rahmen der sozialen Dienste verfolgt den Zweck, älteren Mitbürgern der Bezirke 1, 4, 5, 6, 7, 8 und 9 täglich von Montag bis Freitag Halbtagsfahrten (13.30 bis 18 Uhr) per Autobus zu am Stadtrand gelegenen Erholungsstätten zu ermöglichen, damit sie dort in frischer Luft Erholung und Entspannung genießen. Die Kosten dieser der Gesundheit und dem Wohlergehen der älteren Mitbürger gewidmeten Aktion trägt die Stadt Wien.

Die Abfahrt der Autobusse erfolgt für den 4., 5., 7. und 9. Bezirk vor den magistratischen Bezirksämtern, für den 6. Bezirk vor dem Amtshaus in der Amerlingstraße, für den 8. Bezirk vor dem Amtshaus am Schlesingerplatz und für den 1. Bezirk Ecke Schwertgasse/Wipplingerstraße.

Ausflugsaktion

In der Zeit von April bis Oktober wird die Ausflugsaktion durchgeführt. Teilnahmeberechtigt sind hier alle Dauersozialhilfeempfänger, Pensionistenklubbesucher und Pfleglinge der Wiener Pflegeheime. Die Aktion umfaßt fünf kleine bzw. zwei oder drei größere Ausflugsfahrten. Geboten wird ein komplettes Mittagessen und eine Jause. Die Fahrten werden mit modernen Autobussen durchgeführt.

Pensionistenheime

Der Fonds „Kuratorium Wiener Pensionistenheime" hat sich die Aufgabe gestellt, Pensionistenheime zu errichten und zu führen, in die rüstige alte Menschen, die seit mindestens zwei Jahren ihren ordentlichen Wohnsitz in Wien haben, aufgenommen werden können. Da die Pensionistenheime als reine Wohnheime geführt werden und nicht als Pflegeheime oder Altersspitäler, *können dauernd pflegebedürftige Personen weder aufgenommen noch weiter belassen werden.*

Der Fonds hat derzeit dreizehn Heime in Betrieb, und zwar:

Pensionistenheim „Augarten", 2, Rauscherstraße 16, 273 Heimplätze
Pensionistenheim „Erdberg", 3, Würtzlerstraße 25, 229 Heimplätze
Pensionistenheim „Laaerberg", 10, Per Albin Hansson-Siedlung Ost, Ada Christen-Gasse 3, 232 Heimplätze

Pensionistenheim „Haidehof", 11, Rzehakgasse 4, 264 Heimplätze
Pensionistenheim „Föhrenhof", 13, Dr. Schober-Straße 3, 232 Heimplätze
Pensionistenheim „Rosenberg", 13, Rosenhügelstraße Nr. 192, 300 Heimplätze
Pensionistenheim „Penzing", 14, Dreyhausenstraße 29 (Ecke Ameisgasse), 258 Heimplätze
Pensionistenheim „Schmelz", 15, Ecke Schanzstraße – Ibsenstraße, 250 Heimplätze
Pensionistenheim „Liebhartstal", 16, Thaliastraße 157, 245 Heimplätze
Pensionistenheim „Döbling", 19, Pfarrwiesengasse 23, 270 Heimplätze
Pensionistenheim „Leopoldau", 21, Großfeldsiedlung, Kürschnergasse 10, 260 Heimplätze
Pensionistenheim „Sonnenhof", 22, Stadlau, Viktor Kaplan-Straße 6–8, 166 Heimplätze
Pensionistenheim „Atzgersdorf", 23, Gatterederstraße 12, 240 Heimplätze

Um den Heimbetrieb kennenzulernen, können Pensionisten nach Voranmeldung einen Monat in einem Pensionistenheim probewohnen.

Urlaub im Pensionistenheim ist in solchen Fällen möglich, in denen Angehörige einen Pensionisten in der Zeit, in der sie selber Urlaub machen, im Pensionistenheim versorgt wissen wollen.

Um z. B. alleinstehenden Personen nach einem Krankenhausaufenthalt eine entsprechende Betreuung zu ermöglichen oder um den Angehörigen vom Pflegebedürftigen einen Urlaub zu ermöglichen, ist eine vorübergehende Aufnahme in eine Abteilung für besondere Betreuung eines Pensionistenheimes für pflegebedürftige mobilisierbare Pensionisten (im Rahmen der Sozialindikation) möglich.

Vormerkungen bzw. Anmeldungen für ein Wiener Pensionistenheim können nur in der Geschäftsstelle des Fonds, 1, Schottenring 25, in der Zeit von Montag bis Freitag zwischen 8 und 11 Uhr erfolgen. Folgende Unterlagen sind erforderlich: Staatsbürgerschaftsnachweis, Meldezettel, letzter Pensionsabschnitt (ohne Sonderzahlung).

Kuratorium Wiener Jugendheime

Das Kuratorium Wiener Jugendheime dient dem Ziel, Pflegekinderheime, Wohn- und Tagesheime, sonstige Heime sowie Rehabilitationseinrichtungen für Kinder und Jugendliche und für Arbeitnehmer bis zum vollendeten 27. Lebensjahr mit ordentlichem Wohnsitz, gewöhnlichem Aufenthalt oder aufrechtem Lehr- oder Dienstverhältnis in Wien zu errichten und zu führen.

Am 1. Juli 1976 wurde das in zweijähriger Bauzeit in 13, Amalienstraße 51, errichtete Jugendwohnheim Ober-St. Veit eröffnet. Dieses Heim dient der Unterbringung von je 140 männlichen und weiblichen Arbeitnehmern in 280 Wohneinheiten, wobei auch die Möglichkeit zur Freizeitgestaltung geboten wird.

Ein zweites Wohnheim in 23, Gatterederstraße (Jugendwohnheim Atzgersdorf), steht kurz vor der Eröffnung und wird 192 männlichen Lehrlingen und 167 männlichen ausgebildeten Arbeitnehmern einen Wohnplatz bieten.

Mietzinsbeihilfe

Für Mieter von Wohnungen, die dem Mietengesetz oder dem Zinsstoppgesetz unterliegen und für welche der Hauptmietzins infolge von Reparaturarbeiten gemäß § 7 des Mietengesetzes erhöht wurde, ist die Gewährung einer Mietzinsbeihilfe im Rahmen der Sozialen Wohnbauförderung der Stadt Wien möglich.

Für die Bemessung der Mietzinsbeihilfe ist nur das monatliche Familieneinkommen (netto) maßgebend.

Eine Mietzinsbeihilfe wird in der Regel gewährt, wenn der Hauptmietzins auf mehr als das Sechsfache erhöht wurde und die Entscheidung der Schlichtungsstelle (des Gerichtes) vor dem 1. August 1974 ergangen ist. Bei Hauptmietzinserhöhungen ab dem 1. August 1974 besteht Anspruch auf Mietzinsbeihilfe des Bundes. Die Anträge sind beim zuständigen Wohnsitzfinanzamt einzubringen.

In sozialen Härtefällen kann Mietzinsbeihilfe auch bei einer geringeren Zinserhöhung sowie zusätzlich zu der seitens des Bundes gewährten Mietzinsbeihilfe gegeben werden. Auch ist die Gewährung eines Vorschusses auf die beim Finanzamt beantragte Beihilfe bis zu deren Auszahlung möglich.

Anträge können schriftlich oder mündlich bei der MA 12, 1, Schottenring 24, 1. Stock, Tür 102, 102a, 167 und 195, Referat Soziale Mietzinsbeihilfe, eingebracht werden (Vorsprache nach Wohnadressen, Tel. Leiter 66 14*, 244, Referenten 253, 257, 268, 275, 283, 295).

SOZIALVERSICHERUNG

(MA 14)

Allgemeine Sozialversicherung

Die Allgemeine Sozialversicherung der unselbständig Erwerbstätigen wird durch das Allgemeine Sozialversicherungsgesetz (ASVG), BGBl. Nr. 189/1955, in der jeweils geltenden Fassung geregelt. Sie umfaßt als Vollversicherung die Kranken-, Unfall- und Pensionsversicherung sowie als Teilversicherung auch einzelne der genannten Versicherungszweige für sich allein. Zur Vollversicherungspflicht tritt in der Regel auch Arbeitslosenversicherungspflicht nach den Bestimmungen des Arbeitslosenversicherungsgesetzes (AlVG), BGBl. Nr. 199/1958.

Versicherungspflicht

Der Vollversicherung unterliegen alle Dienstnehmer und Lehrlinge einschließlich der Heimarbeiter sowie bestimmte Gruppen von Schülern und Personen, die eine Ausbildung im Rahmen der Berufsfürsorge erhalten. Ebenso sind bestimmte Gruppen von selbständig Erwerbstätigen, die den Dienstnehmern gleichgestellt werden, wie z. B. Hebammen, hauptberuflich tätige Lehrer und Erzieher sowie Musiker, wenn sie in keinem Dienstverhältnis stehen, selbst keine Angestellten beschäftigen und wenn die Beschäftigung ihren Hauptberuf und die Hauptquelle ihrer Einnahmen bildet, vollversichert. Wenn das Entgelt (Einkommen) aus der Beschäftigung bei für kürzere Zeit als eine Woche vereinbarten Dienstverhältnissen höchstens 123 S täglich, bei für mindestens eine Woche oder auf unbestimmte Zeit vereinbarten Dienstverhältnissen höchstens 369 S wöchentlich oder höchstens 1.604 S monatlich beträgt, liegt Geringfügigkeit der Beschäftigung vor, und es besteht nur Teilversicherungspflicht in der Unfallversicherung. Handelt es sich jedoch um eine Beschäftigung als Lehrling oder als Hausbesorger, so gilt eine solche nicht als geringfügig, wenngleich die angeführten Entgeltgrenzen nicht erreicht werden. Ebenso gilt eine Beschäftigung dann nicht als geringfügig, wenn ein die obigen Ansätze übersteigendes Entgelt nur deshalb nicht erreicht wird, weil im Betrieb wegen Arbeitsmangels Kurzarbeit eingeführt wurde oder weil die Beschäftigung im Laufe des betreffenden Monats oder der betreffenden Woche begonnen hat, geendet hat oder unterbrochen wurde.

Die im Betrieb als Dienstnehmer oder Lehrlinge beschäftigten Angehörigen des Dienstgebers sind wie betriebsfremde Personen vollversichert, es sei denn, daß es sich um den land-(forst-)wirtschaftlichen Betrieb eines selbständigen Landwirtes handelt und die Beschäftigung hauptberuflich ausgeübt wird. In einem solchen Fall sind die Kinder, Enkel, Wahlkinder, Stiefkinder und Schwiegerkinder des Dienstgebers von der Vollversicherung des ASVG ausgenommen, unterliegen dann jedoch der Unfallversicherungspflicht sowie der Versicherungspflicht in der Bauernkrankenversicherung und Bauernpensionsversicherung.

Dienstnehmer und Heimarbeiter sind arbeitslosenversicherungspflichtig, wenn sie krankenversicherungspflichtig sind, Lehrlinge sind erst im letzten Lehrjahr arbeitslosenversicherungspflichtig.

Freiwillige Versicherung

Personen, die keiner gesetzlichen Krankenversicherung unterliegen oder die aus einer Pensionsversicherung ausgeschieden sind, können sich in der Kranken- bzw. Pensionsversicherung freiwillig versichern. Wird ein Antrag auf freiwillige Selbstversicherung in der Krankenversicherung innerhalb von sechs Wochen nach dem Ausscheiden aus einer vorangegangenen Pflichtversicherung gestellt, so beginnt die Selbstversicherung unmittelbar im Anschluß an die Pflichtversicherung, in allen anderen Fällen erst mit dem Antrag. Im Gegensatz zur freiwilligen Weiterversicherung in der Pensionsversicherung sind für die Selbstversicherung in der Krankenversicherung vorangegangene Versicherungszeiten nicht erforderlich.

Das Recht auf Weiterversicherung in der Pensionsversicherung muß bis zum Ende des sechsten, auf das Ausscheiden aus der Pflichtversicherung folgenden Monates geltend gemacht werden. Die Weiterversicherung in der Pensionsversicherung ist zulässig, wenn der Antragsteller in den letzten zwölf Monaten vor dem Ausscheiden aus der Pflichtversicherung mindestens sechs oder in den letzten 36 Monaten mindestens zwölf oder in den letzten fünf Jahren jährlich mindestens drei Versicherungsmonate einer gesetzlichen Pensionsversicherung aufweist. Hat der Antragsteller insgesamt jedoch mindestens 120 Versicherungsmonate in einer gesetzlichen Pensionsversicherung erworben, so kann er sich jederzeit und ohne Bindung an eine Antragsfrist weiterversichern.

Eine freiwillige Weiterversicherung ist bei gleichzeitigem Bestehen einer gesetzlichen Pflichtversicherung im gleichen Versicherungszweig grundsätzlich ausgeschlossen.

Eine Sonderform der freiwilligen Versicherung stellt die Möglichkeit des nachträglichen Einkaufes von Versicherungszeiten in der Pensionsversicherung dar. Personen, die im Zeitraum vom 1. Jänner 1939 bis 31. Dezember 1978 mindestens 180 Pflichtbeitragsmonate oder vom 1. Jänner 1956 bis 31. Dezember 1978 mindestens 60 Pflichtbeitragsmonate in einer gesetzlichen Pensionsversicherung erworben haben und noch keine Pension beziehen, können für die im Zeitraum vom 1. Jänner 1956 bis 31. Dezember 1976 gelegenen Monate, während derer sie nicht versichert waren, durch Entrichtung von Beiträgen Versicherungszeiten einkaufen. Hiebei ist für jeden einzukaufenden Monat für Männer ein Beitrag von 1.000 S, für Frauen ein solcher von 700 S zu entrichten. Diese Beiträge erhöhen sich pro Jahr um 8,5 v. H., soweit sie nach dem 31. Dezember 1977 entrichtet werden. Die Beiträge sind innerhalb von sechs Monaten nach Bewilligung des Einkaufes für sämtliche im angeführten Zeitraum gelegenen, versicherungsfreien Monate zu entrichten, eine Auswahl nur einzelner Monate ist nicht möglich. In Härtefällen kann jedoch eine Ratenzahlung bewilligt werden.

Sozialversicherungsbeiträge

Die Bemessung der Sozialversicherungsbeiträge erfolgt vom Entgelt (einschließlich der Sachbezüge), auf das der Dienstnehmer Anspruch hat oder das er darüber hinaus vom Dienstgeber oder einem Dritten erhält, d. h. es unterliegen also auch vom Dienstgeber über den Anspruch hinaus freiwillig gewährte Zuwendungen ebenso wie z. B. Trinkgelder der Beitragspflicht. Beitragsfrei hingegen sind z. B. Aufwandentschädigungen und Spesenersätze, die Abfertigung bei Angestellten, Wohnungsbeihilfe, Familienbeihilfe u. dgl. Eine Aufzählung der beitragsfreien Entgeltteile findet sich im § 49 Abs. 3 ASVG.

Die Bemessung der Beiträge ist durch eine Höchstbeitragsgrundlage begrenzt. Diese ist jeweils in der Krankenversicherung und in der Arbeitslosenversicherung sowie in der Unfall- und Pensionsversicherung gleich hoch, wobei in der Unfall- und Pensionsversicherung die Höchstbeitragsgrundlage jährlich neu bemessen wird. Die Höchstbeitragsgrundlage in der Kranken- und Arbeitslosenversicherung beträgt ¾ hievon.

Für Sonderzahlungen, wie z. B. ein 13. und 14. Monatsgehalt, Urlaubs- und Weihnachtsgeld, sind ebenfalls Sozialversicherungsbeiträge zu entrichten, jedoch nur bis zum Zweifachen der jeweiligen monatlichen Höchstbeitragsgrundlage im Jahr, wobei für die Arbeitslosenversicherung nur das Einfache heranzuziehen ist.

Die Beitragssätze betragen in der Krankenversicherung 5% für Angestellte, 7,5 % für Arbeiter, in der Arbeitslosenversicherung 2,1 % für Arbeiter und Angestellte, in der Unfallversicherung 1,5 % sowie in der Pensionsversicherung 17,5 %. Von den Beiträgen entfallen bis auf die Unfallversicherungsbeiträge, die der Dienstgeber zur Gänze allein zu tragen hat, jeweils die Hälfte auf den Dienstgeber und den Dienstnehmer (in der Pensionsversicherung entfallen auf den Versicherten 9,25% und auf den Dienstgeber 10,25%). Für Arbeiter, die im Erkrankungsfall Anspruch auf Weiterzahlung der Bezüge (Entgeltfortzahlungsgesetz) haben, ermäßigt sich der Krankenversicherungsbeitrag auf 6,3 %.

Leistungen

Aus der Krankenversicherung gebühren als wichtigste Sachleistungen Krankenbehandlung einschließlich allfällig notwendiger Anstaltspflege, Heilmittel und Heilbehelfe, Zahnbehandlung und Zahnersatz, Hilfe bei körperlichen Gebrechen sowie vorbeugende Jugendlichen- und Gesundenuntersuchungen. Als Barleistungen sind Krankengeld, Wochengeld, Entbindungsbeitrag und Bestattungskostenbeitrag vorgesehen.

Aus der Pensionsversicherung gebührt eine Alterspension, wenn die versicherte Person

1. das 65. Lebensjahr (Männer) bzw. das 60. Lebensjahr (Frauen) vollendet hat,

2. am nächsten Monatsersten nach der Vollendung dieses Alters oder – falls der Pensionsantrag später gestellt wird – nach der Stellung des Antrages nicht eine pensionsversicherungspflichtige Beschäftigung ausübt, aus der ein Entgelt von mehr als 2.435 S im Monat gebührt, und

3. 180 anrechenbare Versicherungsmonate, hievon zwölf in den letzten 36 Monaten, aufzuweisen hat.

Die vorzeitige Alterspension bei Arbeitslosigkeit gebührt, wenn der Versicherte nach Vollendung des 60. Lebensjahres (die Versicherte nach Vollendung des 55. Lebensjahres) innerhalb der letzten 15 Monate vor dem Stichtag (das ist der dem Pensionsantrag folgende Monatserste) mindestens 52 Wochen eine Geldleistung aus der Arbeitslosenversicherung bezogen hat, für die weitere Dauer der Arbeitslosigkeit. Für diesen Anspruch ist ebenfalls erforderlich, daß mindestens 180 Versicherungsmonate, hievon zwölf in den letzten 36 Monaten, nachgewiesen werden.

Die vorzeitige Alterspension bei langer Versicherungsdauer (Frühpension) gebührt männlichen Versicherten, wenn sie das 60. Lebensjahr erreicht haben bzw. weiblichen Versicherten bei Erreichung des 55. Lebensjahres. Voraussetzung für den Anfall dieser Pension ist, daß außer der Erfüllung der Wartezeit von 180 Monaten insgesamt mindestens 420 für die Bemessung der Leistung anrechenbare Versicherungsmonate erworben sind, hievon innerhalb der letzten 36 Monate vor dem Stichtag 24 Pflichtbeitragsmonate der Pensionsversicherung. Ferner darf der Versicherte am Stichtag weder selbständig noch unselbständig erwerbstätig sein.

Übt ein ASVG-(GSPVG-)Pensionist wieder eine pensionsversicherungspflichtige Beschäftigung aus, so gebührt ihm (für höchstens 36 Monate) nach Erwerbung von je zwölf Beitragsmonaten ein Zuschlag zur Alterspension. Dieser beträgt für zwölf Beitragsmonate 1,5 % des vierzehnten Teiles der Summe der auf diese Monate entfallenden Beiträge.

Anspruch auf eine erhöhte Alterspension hat derjenige, der trotz Berechtigung die Alterspension noch nicht beansprucht. Die Erhöhung beträgt für je weitere zwölf Versicherungsmonate, abgestuft nach dem Lebensalter (61. Lebensjahr bis ab 71. Lebensjahr), 2 bis 5 % der Alterspension.

Wegen Berufsunfähigkeit eines Angestellten oder Invalidität eines Arbeiters gebührt eine Pension, wenn

1. die Berufsunfähigkeit (Invalidität) entweder dauernd oder zwar vorübergehend, aber länger als 26 Wochen anhaltend ist und
2. 60 anrechenbare Versicherungsmonate, hievon zwölf in den letzten 36 Monaten, vorliegen.

Bei Personen, die nach dem 31. Dezember 1955 erst nach Vollendung des 50. Lebensjahres erstmalig pensionsversicherungspflichtig werden, sind als Wartezeit für die Berufsunfähigkeits- bzw. Invaliditätspension 96 Monate erforderlich.

Die Witwe eines Versicherten sowie die Waisen bis zum 18. Lebensjahr – bei längerer beruflicher Ausbildung, z. B. Studium, auch länger – erhalten eine Pension, wenn der Verstorbene 60 (eventuell 96) anrechenbare Versicherungsmonate, hievon zwölf in den letzten 36 Monaten, erworben hatte. Eine solche Pension gebührt auch insbesondere dann, wenn der Verstorbene bereits selbst Pensionist war.

Die für sämtliche Arten von Pensionsansprüchen erforderliche Dritteldeckung, das ist das Erfordernis, daß in den letzten 36 Monaten zwölf Versicherungsmonate vorliegen müssen, entfällt, wenn die Zeit zwischen dem 1. Jänner 1939 oder vom späteren erstmaligen Eintritt in die Versicherung an bis zum Stichtag zu zwei Dritteln durch Versicherungsmonate gedeckt ist.

Wenn das Gesamteinkommen des Pensionsberechtigten einschließlich des Einkommens des Ehegatten nicht die Höhe des Richtsatzes erreicht, erhält er zur Pension eine Ausgleichszulage. Die Ausgleichszulage ist gleich dem Unterschied zwischen dem Gesamteinkommen einschließlich der Pension und dem Richtsatz. Die Höhe des Richtsatzes wird auf Grund der Pensionsanpassung (§ 293 ASVG) jährlich neu festgesetzt.

Pensionsbezieher, die auf Grund körperlicher oder geistiger Gebrechen der ständigen Wartung und Hilfe bedürfen, haben Anspruch auf einen Hilflosenzuschuß.

Die Bezieher von Pensionen aus der Pensionsversicherung sind krankenversichert, wenn und solange sie sich ständig im Inland aufhalten. Die Beiträge zu dieser Krankenversicherung werden überwiegend von den Pensionsversicherungsträgern geleistet, von den Pensionen selbst wird nur ein geringfügiger Anteil einbehalten.

Leistungen aus der Pensionsversicherung gebühren grundsätzlich nur über Antrag. Zur Antragstellung ist das hiefür aufliegende Formblatt zu verwenden, und es sind die entsprechenden Unterlagen und Urkunden beizuschließen. Der Antrag auf eine Pension ist grundsätzlich beim zuständigen Versicherungsträger zu stellen, kann jedoch, insbesondere in den Fällen, in denen der Versicherte etwa wegen der weiten Entfernung seines Wohnsitzes oder wegen körperlicher Gebrechen nicht ohne weiteres in der Lage ist, den Versicherungsträger selbst aufzusuchen, auch bei jedem anderen Versicherungsträger oder überhaupt bei jeder anderen Behörde, wie z. B. Bezirksverwaltungsbehörde, Gemeindeamt usw., eingebracht werden. Der Antrag wird dann von diesen Stellen an den zuständigen Versicherungsträger weitergeleitet, wobei als Tag der Antragstellung nicht erst das Einlangen beim zuständigen Versicherungsträger, sondern bereits der Zeitpunkt der Einbringung bei der betreffenden Behörde gilt.

Auf Leistungen aus der Unfallversicherung besteht Anspruch, wenn der Versicherte einen Arbeitsunfall oder eine Berufskrankheit erleidet. Als hauptsächliche Leistungen aus der Unfallversicherung gebühren als Sachleistung die Unfallheilbehandlung sowie als Barleistung die Versehrtenrente. Wird durch den Arbeitsunfall oder die Berufskrankheit der Tod des Versicherten verursacht, so gebühren neben einem Sterbegeld, Witwen- und Waisenrenten in bestimmten Fällen auch Eltern- und Geschwisterrenten. Für die Dauer der Unfallheilbehandlung kann auch eine besondere Unterstützung gewährt werden, bei Anstaltspflege gebührt Familien- und Taggeld. Ist nach einem Arbeitsunfall mit Dauerfolgen die Wiedergewinnung oder Erhöhung der Erwerbsfähigkeit im ursprünglichen oder einem zumutbaren neuen Beruf möglich, so werden Berufsfürsorgeleistungen (berufliche Ausbildungen sowie Hilfe zur Erlangung einer Arbeitsstelle oder einer anderen Erwerbsmöglichkeit) gewährt. Für die Dauer der Einarbeitung in einem neuen Beruf können Zuschüsse gewährt werden.

Aus der Arbeitslosenversicherung gebühren nach einer bestimmten Anwartschaft bei Arbeitslosigkeit das Arbeitslosengeld und die Notstandshilfe. Dienstnehmerinnen, die einen Karenzurlaub im Sinne des Mutterschutzgesetzes in Anspruch nehmen, erhalten Karenzurlaubsgeld.

Für Versicherte oder Bezieher einer Pension aus dem Versicherungsfall der geminderten Arbeitsfähigkeit, die an einer körperlichen oder geistigen Behinderung leiden, werden von den Pensionsversicherungsträgern überdies Leistungen zur Rehabilitation gewährt. Diese umfassen neben medizinischen Hilfen auch solche beruflicher und sozialer Art, wie Gewährung einer beruflichen Ausbildung, Hilfe zur Erlangung einer Arbeitsstelle, Gewährung von Übergangsgeld, Beitrag zu den Kosten des Unterhaltes des Versicherten und seiner Angehörigen während beruflicher Ausbildungsmaßnahmen.

Rechtsmittelverfahren

Im Bereich der Sozialversicherung ist grundsätzlich zwischen zwei Arten von Rechtsmittelverfahren zu unterscheiden, nämlich dem Verfahren in Verwaltungssachen und dem Verfahren in Leistungssachen, wobei als Verfahren in Verwaltungssachen jedes Verfahren gilt, bei dem es nicht um die Feststellung des Bestandes oder Umfanges einer Versicherungsleistung geht. Das Verfahren in Verwaltungssachen ist ein normales Verwaltungsverfahren mit Instanzenzug bis zum Landeshauptmann bzw. zum Bundesministerium für soziale Verwaltung, während das Verfahren in Leistungssachen ein gerichtliches Verfahren ist. Hat nun ein Versicherungsträger von Amts wegen oder über Antrag eines Versicherten oder seines Dienstgebers einen Bescheid erlassen, bei dem es sich um eine Angelegenheit des Verwaltungsverfahrens handelt (z. B. wenn die Versicherungspflicht oder die Versicherungsberechtigung einer Person strittig ist, wenn ein Dienstgeber für Beitragsschuldigkeiten haftbar gemacht wird, wenn die Beitragspflicht von Bezügen festgestellt wird oder der Versicherungsträger dem Dienstgeber Beiträge zur Nachzahlung vorschreibt usw.), so kann gegen einen solchen Bescheid binnen einem Monat nach der Zustellung ein Einspruch eingebracht werden. Der Einspruch ist schriftlich bei dem Versicherungsträger einzubringen, der den Bescheid erlassen hat. Eine unmittelbare Einbringung des Einspruches beim Landeshauptmann ist unzulässig und kann zu einer Versäumnis der Einspruchsfrist führen. Wurde der Einspruch ordnungsgemäß beim Versicherungsträger eingebracht, so wird er von diesem unter Anschluß der Akten und einer Stellungnahme zum Einspruchsvorbringen dem Landeshauptmann (Amt der Landesregierung) zur Entscheidung vorgelegt. Einsprüche haben grundsätzlich keine aufschiebende Wirkung, d. h. der Bescheid des Versicherungsträgers kann auch dann sofort vollstreckt werden, wenn er angefochten wurde. In besonderen Fällen kann der Landeshauptmann dem Einspruch jedoch aufschiebende Wirkung zuerkennen, und zwar dann, wenn durch eine vorzeitige Vollstreckung ein nicht wiedergutzumachender Schaden entstünde. Ein Antrag auf aufschiebende Wirkung ist gleichzeitig mit dem Einspruch einzubringen. Eine nachträgliche Einbringung ist nur innerhalb der Einspruchsfrist möglich.

Hat nun der Landeshauptmann auf Grund eines Einspruches über die Versicherungspflicht einer Person oder deren Berechtigung zur freiwilligen Weiterversicherung entschieden, so kann der Bescheid des Landeshauptmannes binnen zwei Wochen nach der Zustellung durch eine schriftlich beim Amt der Landesregierung einzubringende Berufung angefochten werden. Über die Berufung entscheidet als letzte Instanz das Bundesministerium für soziale Verwaltung. In allen anderen Angelegenheiten, z. B. Beitragspflicht, endet der Instanzenzug bereits beim Landeshauptmann, und es ist eine Berufung unzulässig.

Was die Kosten des Verfahrens in Verwaltungssachen betrifft, so ist das Verfahren von sämtlichen Gebühren und Abgaben befreit, und es trägt jede am Verfahren beteiligte Partei ihre Kosten selbst. Eine Verpflichtung zum Kostenersatz erfolgt nur dann, wenn eine Partei durch mutwillige Verschleppung des Verfahrens infolge irreführender Angaben oder ungerechtfertigter Aussageverweigerung zusätzliche Kosten verursacht. Wird der Bescheid eines Landeshauptmannes oder des Bundesministeriums für soziale Verwaltung infolge Erschöpfung des Instanzenzuges durch Beschwerde an den Verwaltungsgerichtshof angefochten, so ist die unterlegene Partei verpflichtet, der obsiegenden Partei auch deren Kosten zu ersetzen.

Gegen Bescheide der Versicherungsträger in einer Leistungssache (z. B. Krankengeld, Pension) findet ein Rechtsmittelverfahren im eigentlichen Sinne nicht statt. Solche Bescheide können binnen drei Monaten durch Klage an das zuständige Schiedsgericht der Sozialversicherung angefochten werden, wobei sie dann in dem Umfang, in dem die Klage erhoben wurde, automatisch außer Kraft treten und die Zuständigkeit zur Entscheidung an die gerichtlichen Instanzen übergeht.

Die Klage muß eine gedrängte Darstellung des Streitfalles, die Angabe der Beweismittel und ein bestimmtes Entscheidungsbegehren enthalten. Der Bescheid des Versicherungsträgers ist in Ur- oder Abschrift anzuschließen. Die Klage ist in zweifacher Ausfertigung beim zuständigen Schiedsgericht der Sozialversicherung oder beim Versicherungsträger selbst einzubringen. Beim Schiedsgericht kann die Klage auch mündlich zu Protokoll gegeben werden. Über die Klage entscheidet das Schiedsgericht in Form eines Urteiles oder Beschlusses. Gegen ein solches Urteil kann in der Unfall- und Pensionsversicherung in bestimmten Fällen, jedoch nur unter der Voraussetzung der Aktenwidrigkeit oder der unrichtigen rechtlichen Beurteilung, eine Berufung an das Oberlandesgericht Wien eingebracht werden.

Im Verfahren vor den Schiedsgerichten oder dem Oberlandesgericht Wien hat der Versicherungsträger dem Kläger jedenfalls die Zeugen-, Sachverständigen- und Beisitzergebühren, die Barauslagen (z. B. das Fahrgeld) sowie den Verdienstentgang zu ersetzen, und zwar auch dann, wenn der Kläger unterliegt. Die übrigen Auslagen des Klägers, z. B. Barauslagen bei Erhebung der Klage (Anwaltskosten), sind vom Kläger selbst zu tragen, können jedoch nach Billigkeit auch dem Versicherungsträger zum Ersatz auferlegt werden.

Ansprüche auf Arbeitslosengeld und Notstandshilfe sowie Karenzurlaubsgeld sind beim zuständigen Arbeitsamt geltend zu machen. Wird der Anspruch nicht anerkannt, so kann der Anspruchswerber gegen den ablehnenden schriftlichen Bescheid binnen zwei Wochen eine Berufung beim Arbeitsamt einbringen. Über diese Berufung entscheidet das Landesarbeitsamt.

Stempelgebühren und sonstige Abgaben

Alle Eingaben, wie Einsprüche, Klagen, sowie Vollmachten in Sozialversicherungsangelegenheiten sind stempel- und gebührenfrei, soweit und solange sie nur für Zwecke der Sozialversicherung verwendet werden. Wird davon jedoch auch ein anderer Gebrauch gemacht, so sind die in Betracht kommenden Abgaben nachträglich zu entrichten. Ausgenommen von der Gebührenfreiheit ist das Exekutionsverfahren zur Eintreibung nicht rechtzeitig entrichteter Beiträge.

Sozialversicherung der Gewerbetreibenden

Die Sozialversicherung der in der gewerblichen Wirtschaft selbständig erwerbstätigen Personen umfaßt die Krankenversicherung, Pensionsversicherung und Unfallversicherung. Es handelt sich hier allerdings nicht um eine einheitliche Vollversicherung wie bei den Unselbständigen, sondern es ist jeder Versicherungszweig durch ein eigenes Gesetz geregelt. Die gesetzlichen Grundlagen sind für die Krankenversicherung das Gewerbliche Selbständigen-Krankenversicherungsgesetz (GSKVG 1971), BGBl. Nr. 287, und für die Pensionsversicherung das Gewerbliche Selbständigen-Pensionsversicherungsgesetz (GSPVG), BGBl. Nr. 292/1957. Die Unfallversicherung ist eine Teilversicherung nach § 8 Abs. 1 Z. 3 lit. a ASVG. Die Durchführung der Versicherung obliegt der Sozialversicherungsanstalt der gewerblichen Wirtschaft.

Krankenversicherung

Diese Krankenversicherung (früher Meisterkrankenversicherung) umfaßt den Großteil aller selbständig Erwerbstätigen bzw. Gewerbetreibenden. Versicherungspflichtig sind die Mitglieder der Kammer der gewerblichen Wirtschaft, die den Sektionen Gewerbe, Handel, Verkehr oder Fremdenverkehr angehören, sowie die Bezieher einer Pension aus der Gewerblichen Selbständigen-Pensionsversicherung.

Ausgenommen von der Pflichtversicherung sind Personen, die einen Gewerbebetrieb als Deszendentenbetrieb weiterführen oder die auf Grund eines Pensionsbezuges aus einer ASVG-Pensionsversicherung nach dem ASVG krankenversichert sind.

Personen, die auf Grund einer Erwerbstätigkeit nach dem ASVG oder in der Beamtenkrankenversicherung pflichtversichert sind, können für die Dauer einer solchen Erwerbstätigkeit das Ruhen der Selbständigen-Krankenversicherung beantragen.

Als Leistungen aus der Selbständigen-Krankenversicherung gebühren Krankenbehandlung bzw. ärztliche Hilfe, allenfalls notwendige Anstaltspflege, Heilmittel und Heilbehelfe, Zahnbehandlung und Zahnersatz, Hilfe bei körperlichen Gebrechen und Gesundenuntersuchungen. Bei Todesfall gebührt ein Bestattungskostenbeitrag. Die Leistungen werden, abgesehen vom Begräbniskostenbeitrag, bis zu einer bestimmten Einkommensgrenze des Versicherten als Sachleistungen, darüber hinaus aber nur mehr als Barleistungen in Form eines Kostenersatzes auf Grund der vorgelegten Rechnungen gewährt. Hiebei werden bis höchstens 80 v. H. der Kosten vergütet. Bei Gewährung von Sachleistungen besteht eine Kostenbeteiligung des Versicherten von 20 v. H., die nachträglich eingehoben wird. Die für die Gewährung von Sachleistungen und Barleistungen maßgeblichen Einkommensgrenzen werden im jeweiligen Gesamtvertrag zwischen den Versicherungsträgern und den Ärzten festgelegt.

Anspruch auf Leistungen für Familienangehörige des Versicherten besteht nur dann, wenn diese im Rahmen der Familienversicherung mitversichert werden. Für eine solche Mitversicherung sind zusätzliche Beiträge zu entrichten. Kinder, Enkel, Wahlkinder, Stief- und Pflegekinder sind auch ohne Bestand einer Familienversicherung anspruchsberechtigt.

Das GSKVG sieht auch die Möglichkeit einer Zusatzversicherung vor, bei deren Abschluß dann neben den allgemeinen Leistungen auch Krankengeld, Taggeld und Wochengeld gebührt.

Pensionsversicherung

In der Gewerblichen Selbständigen-Pensionsversicherung sind ebenfalls die Mitglieder der Kammer der gewerblichen Wirtschaft, allerdings ohne Beschränkung auf bestimmte Sektionen, versicherungspflichtig, ebenso die Wirtschaftstreuhänder, Dentisten, freiberuflichen Journalisten und die freiberuflich tätigen bildenden Künstler.

Der Versicherungsbeitrag beträgt 8,75 v. H. der Einkünfte aus der versicherungspflichtigen Tätigkeit (nicht auch aus sonstigen Einkünften). Mindestbeitragsgrundlage sind 4.000 S. Die Höchstbeitragsgrundlage beträgt derzeit 19.600 S monatlich und wird jährlich neu festgesetzt. Die Leistungen entsprechen im Prinzip jenen der Pensionsversicherungen nach dem ASVG.

Unfallversicherung

Unfallversicherungspflichtig sind die Mitglieder der Kammern der gewerblichen Wirtschaft sowie die Mitglieder der Tierärztekammer und die freiberuflich tätigen bildenden Künstler, die überdies auch noch in der Krankenversicherung nach dem ASVG pflichtversichert sind.

Sozialversicherung der Bauern

Die Sozialversicherung der in der Land- und Forstwirtschaft selbständig Erwerbstätigen umfaßt ebenfalls drei Versicherungszweige, nämlich Kranken-, Pensions- und Unfallversicherung. Wie bei den selbständig Erwerbstätigen der gewerblichen Wirtschaft handelt es sich auch hier um keine einheitliche Vollversicherung, sondern es sind die einzelnen Versicherungszweige voneinander unabhängig und durch jeweils gesonderte Gesetze geregelt, so die Krankenversicherung durch das Bauern-Krankenversicherungsgesetz (B-KVG), BGBl. Nr. 219/1965, die Pensionsversicherung durch das Bauern-Pensionsversicherungsgesetz (B-PVG), BGBl. Nr. 28/1970, und die Unfallversicherung durch das ASVG (§ 8 Abs. 1 Z. 3 lit. b). Die Durchführung der Versicherung erfolgt einheitlich durch die Sozialversicherungsanstalt der Bauern.

Krankenversicherung

Versicherungspflichtig in der Bauern-Krankenversicherung sind die in der Land- und Forstwirtschaft selbständig erwerbstätigen Personen, ihre mittätigen Kinder, Enkelkinder, Wahl- und Stiefkinder sowie die Schwiegersöhne eines Landwirtes, sofern sie hauptberuflich im Betrieb beschäftigt sind und daraus überwiegend ihren Lebensunterhalt bestreiten. Ferner sind die Bezieher einer Pension aus der Bauern-Pensionsversicherung pflichtversichert.

Die Höhe der Versicherungsbeiträge hängt vom Einheitswert des Betriebes ab.

Als Leistungen werden Krankenbehandlung, Heilmittel, Heilbehelfe, Krankenpflege, Zahnbehandlung, Mutterschaftsleistungen und vorbeugende Jugendlichen- und Gesundenuntersuchungen gewährt. Als einzige Barleistung gebührt im Todesfall des Versicherten Bestattungskostenbeitrag.

Pensionsversicherung

Der Versicherungspflicht in der Bauern-Pensionsversicherung unterliegt im wesentlichen der gleiche Personenkreis wie bei der Bauern-Krankenversicherung, ausgenommen sind Personen, die auf Grund anderer gesetzlicher Vorschriften in einer anderweitigen Pensionsversicherung pflichtversichert sind, öffentlich Bedienstete, die Anspruch auf Ruhegenuß haben, Bezieher einer anderweitigen Alters- oder Erwerbsunfähigkeitspension oder eines Ruhegenusses, die mittätigen Ehegattinnen von Versicherten sowie Jagd- und Fischereipächter.

Die Beiträge richten sich nach dem Einheitswert des Betriebes und sind nach Versicherungsklassen gestaffelt. Die Beiträge für die ebenfalls versicherten Angehörigen eines Betriebsführers sind bis zu einem Einheitswert von 35.000 S gleich hoch wie die des Betriebsführers, in den höheren Versicherungsklassen jedoch niedriger. Versicherungsträger ist die Sozialversicherungsanstalt der Bauern.

Die Leistungen entsprechen im Prinzip denen des ASVG, vorzeitige Alterspensionen sind jedoch nicht vorgesehen. Für das Verfahren in Verwaltungs- und Leistungssachen gelten im wesentlichen die Verfahrensvorschriften des ASVG.

Unfallversicherung

Die Unfallversicherung ist eine Teilversicherung nach § 8 Abs. 1 Z. 3 lit. b ASVG.

Die Versicherung umfaßt im wesentlichen jenen Personenkreis, der auch in der Bauern-Krankenversicherung und in der Bauern-Pensionsversicherung pflichtversichert ist, einschließlich der im Einzelfall von der Kranken- oder Pensionsversicherung ausgenommenen Personen.

Beamten-Kranken- und Unfallversicherung

Die Kranken- und Unfallversicherung der öffentlich Bediensteten wird durch das Beamten-Kranken- und Unfallversicherungsgesetz (B-KUVG), BGBl. Nr. 200/1967, geregelt, welches an die Stelle des früheren Bundesangestellten-Krankenversicherungsgesetzes getreten ist. Der Versicherungspflicht unterliegen im wesentlichen die in einem öffentlich-rechtlichen Dienstverhältnis zum Bund, einem Bundesland, Gemeindeverband oder einer Gemeinde stehenden Beamten, die unkündbaren Dienstnehmer eines von diesen Körperschaften geführten Betriebes (öffentlichen Fonds, Anstalten, Stiftungen), ferner die Mitglieder der Bundesregierung, der Landesregierungen, der gesetzgebenden Körperschaften, des Verfassungsgerichtshofes, des Rechnungshofes usw., sofern diese Personen nicht der Pflichtversicherung nach dem ASVG unterliegen oder sofern ihnen nicht im Erkrankungsfall bzw. bei Dienstunfällen und Berufskrankheiten zumindest gleichwertige Leistungen auf Grund anderweitiger gesetzlicher Regelungen zustehen. Diese Ausnahme erstreckt sich je nach der Gleichwertigkeit der anderweitigen Leistungsansprüche entweder auf die Unfall- oder die Krankenversicherung oder beide zugleich.

Die Krankenversicherung umfaßt die Versicherungsfälle der Krankheit, der Mutterschaft und des Todes, die Unfallversicherung Berufskrankheiten, Dienstunfälle sowie durch Berufskrankheit oder Dienstunfall verursachte Todesfälle.

An Leistungen werden aus der Krankenversicherung Krankenbehandlung, Heilmittel und Heilbehelfe, Zahnbehandlung und Zahnersatz, Anstaltspflege, Hebammenbeistand, ärztlicher Beistand und Gesundenuntersuchungen als Sachleistungen, Wochengeld, Entbindungsbeitrag und Sterbegeld als Barleistungen gewährt. Aus der Unfallversicherung gebühren Unfallheilbehandlung, Körperersatzstücke und orthopädische Behelfe als Sachleistungen, Versehrtenrente, Versehrtengeld, Witwenbeihilfe, Sterbegeld und Hinterbliebenenrenten als Barleistungen.

SPORTFÖRDERUNG DER STADT WIEN

(MA 51)

Wie schon in den vergangenen Jahren bildete die rege Bautätigkeit einen der Schwerpunkte der Maßnahmen der MA 51 auf dem Sportsektor. Die Arbeiten an den großen Bauvorhaben „Hallenstadion im Prater" und „Sportzentrum West in Hütteldorf" stehen vor dem Abschluß. Für Inventaranschaffungen wurden zusätzlich rund 8 Mio S (Hallenstadion) bzw. 2,4 Mio S (Sportzentrum West) bereitgestellt. Leider mußte das Sportzentrum West anfangs November 1977 gesperrt werden, da sich an einem Pfeiler Risse zeigten. Eine aus internationalen Experten bestehende Kommission hat die Ursachen dieser Schäden untersucht und Sanierungsvorschläge ausgearbeitet. Die Sanierungsmaßnahmen wurden bereits abgeschlossen, sodaß der Sportbetrieb am 18. August 1978 wieder aufgenommen werden konnte. Die Bauarbeiten an der Bezirkssportanlage 20, Brigittenauer Lände 236–238, konnten so beschleunigt werden, daß die Eröffnung am 11. Juni 1978 möglich war. Auch der Umbau der Sportanlage 16, Kendlerstraße 38, ist abgeschlossen; sie steht für den Sportbetrieb seit 10. September 1978 zur Verfügung. Das Spielfeld der Jugendsportanlage in 15, Loeschenkohlgasse 8b, wurde mit einem neuen Belag ausgestattet. Das umfangreiche Investitionsprogramm in den von der Wiener Stadthalle-Kiba Betriebs- und Veranstaltungs Ges. m. b. H. verwalteten Anlagen wird schrittweise verwirklicht. Für bauliche Herstellungen wurden im Jahr 1977 insgesamt 84,5 Mio S aufgewendet. Die fachlichen Grundlagen für die einzelnen Baumaßnahmen wurden gemeinsam mit den zuständigen Fachabteilungen erarbeitet.

Über Wunsch berät die MA 51 auch die Wiener Sportorganisationen bei der Durchführung von Bauvorhaben. Seit dem Beitritt Wiens zum Österreichischen Institut für Schul- und Sportstättenbau ergibt sich die Möglichkeit zur Einsichtnahme in eine umfangreiche Sportdokumentation, sodaß durch Vereinheitlichung und Systemisierung bei der Errichtung von Sportbauten die Voraussetzungen für eine intensive Beratung der Bauwerber geschaffen werden konnten.

Zur Untersuchung der Wiener Fußballprobleme führte das Institut für empirische Sozialforschung über Auftrag der Stadt Wien eine Befragung von 600 Wienern und 150 Wienerinnen im Alter von 14 bis 50 Jahren durch. Der Katalog von Fragen wurde gemeinsam mit den Wiener Bundes- und Nationalligavereinen ausgearbeitet. Seminaristisch geschulte Interviewer haben diesen Fragenkomplex den als repräsentativen Querschnitt ausgewählten Versuchspersonen vorgelegt. Die einlangenden Interview-Belege wurden im Institut für empirische Sozialforschung geprüft, vercodet, auf Lochkarten verbracht und mittels einer EDV-Anlage ausgewertet.

Die Gremien der Wiener Landessportorganisation (Wiener Landessportrat und Wiener Landessportfachrat sowie deren Arbeits- und Fachausschüsse) stellen eine geeignete Plattform für alle zur Lösung der Probleme des Wiener Sports erforderlichen Beratungen dar.

Die Mitarbeit bei Maßnahmen zur widmungsgemäßen Vorsorge für Sport- und Erholungsflächen, der Kampf um die Sicherung von in ihrem Bestand gefährdeten Sportanlagen sowie die Ausarbeitung eines Wiener Sportstättenschutzgesetzes und die Erstattung von Vorschlägen zur Ausgestaltung der Donauinsel standen im Mittelpunkt der Tätigkeit. Dem Wiener Landessportrat obliegt weiters die Verteilung der Subventionsmittel für die Fachverbände und den Leistungssport. Zur Aufteilung der Förderungsmittel für den Fachverbandssport wurde wieder auf das schon bewährte Punktesystem zurückgegriffen, das die Zahl der Vereine und ihrer Mitglieder, die sportlichen Erfolge und Aktivitäten, die Durchführung von Lehrgängen, die Entsendung von Landesauswahlen zu internationalen Wettkämpfen und die Durchführung von Meisterschaften sowie nationalen und internationalen Wettkämpfen berücksichtigt. Aus den Mitteln der Leistungssportförderung wurden allen Vereinen, deren Mannschaften an in mehreren Phasen ausgetragenen gesamtösterreichischen Meisterschaften der beiden obersten Spielklassen teilnehmen, 75 % der Fahrtkosten rückvergütet (666.000 S). Bei der Teilnahme an Europacupbewerben wurde rund ein Drittel der Fahrtkosten ersetzt, wobei die Entschädigungssätze je nach Entfernung gestaffelt wurden (300.000 S). Für die Förderung der Tätigkeit von Verbandstrainern wurden weiters 300.000 S reserviert. Im Jahr 1977 wurde erstmalig eine Förderung von Spitzensportlern (Subjektförderung) ins Leben gerufen, für die 334.000 S aufgewendet wurden.

Im Jahr 1977 fanden vier Sitzungen des Wiener Landessportrates und zehn Sitzungen seines Arbeitsausschusses statt. Der Wiener Landessportfachrat hielt am 1. Juni 1977 seine Vollversammlung ab, während sein Fachausschuß achtmal zu Beratungen zusammentrat.

Die MA 51 betreibt derzeit 19 Jugendspielplätze und 38 öffentlich zugängliche Ball- und Kleinkinderspielplätze, die den städtischen Schulen, Kindergärten und Horten sowie privaten Jugend-, Turn- und Sportorganisationen kostenlos zur Benützung überlassen werden. Weitere sieben Spielplätze und 93 Sportanlagen wurden den Wiener Sportorganisationen zur Durchführung des Sportbetriebes in Bestand gegeben. Die Sportanlagen 10, Triester Straße 106, 10, Laxenburger Straße – Heuberggstättenstraße, 16, Kendlerstraße 38, und 20, Lorenz Müller-Gasse–Spielmanngasse 8, werden von der MA 51 selbst geführt. Seit dem Jahr 1966 werden die Anlagen zur künstlichen Erzeugung von Schnee sowie der Schlepplift in 14, Mauerbachstraße 172 (Hohe Wand-Wiese), betrieben. Diese Sportstätte im unmittelbaren Naherholungsbereich unserer Stadt erfreut sich bei den Wintersportlern größter Beliebtheit und hat sich im Sportleben unserer Stadt einen festen Platz gesichert. Auf dem Himmelhof in 13, Hagenberg, steht seit dem Jahr 1974 den weniger geübten Schifahrern ein Baby-Lift zur Verfügung. Auf dem Cobenzl wurde in Zusammenarbeit mit einer Versicherungsgesellschaft eine Fitneß-Strecke mit insgesamt 20 Stationen eingerichtet. Für die Benützer stehen Umkleideräume mit Kästchen sowie Brausen bereit. Die städtischen Turnsäle, Schwimmhallen und Spielplätze sowie die von der Wiener Stadthalle-Kiba Betriebs- und Veranstaltungs Ges. m. b. H. verwalteten Trainings- und Wettkampfanlagen werden den Sportvereinen kostenlos zur Verfügung gestellt.

Im Jahr 1977 konnten einschließlich des Sportgroschens und der Förderung aus dem Erträgnis der Vergnügungssteuer Beihilfen von 94,876.748 S gewährt werden (Sportgroschen 6,289.000 S, sonstige Sportförderung 83,925.040 S, Förderung aus der Vergnügungssteuer 4,662.708 S).

Auf Grund des Sportgroschengesetzes wurde im Jahr 1977 eine Einnahme von 8,514.998,28 S erzielt; ausgegeben wurden 6,289.000 S. Der Differenzbetrag von 2,225.998,28 S wurde der Rücklage zugeführt. Gemäß einer im Arbeitsausschuß für die Vergabe der Sportgroschenmittel getroffenen Vereinbarung erhalten die drei Wiener Dachverbände und der Wiener Fußball-Verband als größter Fachverband eine Unterstützung von je 75.000 S zur Deckung ihres Verwaltungsaufwandes. Der Restbetrag soll im Verhältnis 50 : 50 einerseits für bauliche Investitionen und Erhaltungsmaßnahmen, andererseits zur Deckung der Spesen für den Sportbetrieb verwendet werden. Die Sportverbände und -vereine haben bei der MA 51 287 Subventionsansuchen eingebracht, die in zehn Anträgen dem Gemeinderatsausschuß für Personal und Sport zur Beschlußfassung vorgelegt wurden.

Die Wiener Sportorganisationen werden bei der Errichtung von Baulichkeiten und der Durchführung von Sportveranstaltungen durch die Gewährung namhafter Subventionen unterstützt. Die Kultur- und Sportvereinigung der Wiener Elektrizitätswerke erhielt zur Errichtung einer neuen Sportanlage einen Beitrag in der Höhe von 20 Mio S. Weiters wurden die Durchführung der Weltmeisterschaften 1977 im Radsport für die Junioren sowie der Hallenhandball-Weltmeisterschaft 1977 der Gruppe B ermöglicht. Zur teilweisen Deckung der Aufwendungen für den Betrieb von Sportanlagen wurden 5 Mio S bereitgestellt. Für die Jugendsportaktionen der Stadt Wien einschließlich des Haltungsturnens wurden im Wege des Wiener Jugendkreises 3,350.000 S zur Verfügung gestellt. Zur Förderung der Fachverbände sowie des Leistungssports wurden insgesamt 3,400.000 S aufgewendet.

Den Veranstaltern sportlicher Darbietungen kann seit dem 1. Jänner 1971 über Ansuchen als Förderung aus der Vergnügungssteuer eine Subvention in der Höhe der im Vorjahr erbrachten Steuerleistung gewährt werden. Die Beihilfen müssen im Bundesland Wien für die Intensivierung der Nachwuchsbetreuung, die Instandhaltung von Sportstätten, die Beschaffung bzw. Erhaltung der Funktionsfähigkeit von Sportgeräten oder die Durchführung von Sportveranstaltungen verwendet werden. Aus diesem Titel wurden im Jahr 1977 Beihilfen im Gesamtbetrag von 4,662.708 S bereitgestellt. Ab 1. Jänner 1977 wurde der Stadtsenat gemäß § 37 Abs. 2 des Vergnügungssteuergesetzes für Wien 1963 in der Fassung des LGBl. Nr. 37/1976 ermächtigt, in Einzelfällen über schriftliches Ansuchen Veranstalter sportlicher Darbietungen für ein Kalenderjahr von der Entrichtung der Vergnügungssteuer zu befreien, wenn auf Grund der bisherigen Tätigkeit des Veranstalters die Gewähr gegeben ist, daß er die erlassene Vergnügungssteuer in der oben angeführten Art und Weise verwendet. Von dieser Regelung hat im Jahr 1977 eine Reihe von Sportvereinen Gebrauch gemacht, wobei die Ansuchen von der MA 4 vor der Behandlung im Stadtsenat der MA 51 zur Beurteilung der Voraussetzungen für die Inanspruchnahme der Sondergenehmigung übermittelt wurden.

Mit den Jugendsportaktionen „Sportplatz der offenen Tür“, „Jugendeislaufaktion“, „Fahrt zum Schnee“, Jugendschwimmaktion „Talent-Leistungsschwimmen“, „Talent-Turnen“ und „Talente für den Radsport“ wird der direkte Kontakt zur Wiener Jugend gesucht. Die MA 51 arbeitet hier in bewährter Form mit dem Verein Wiener Jugendkreis und diversen Fachverbänden zusammen. Sie stellt die benötigten Anlagen zur Verfügung oder mietet die erforderlichen Termine von den Betriebsführern, führt die organisatorischen Arbeiten (Anmeldung und Einteilung der Teilnehmer) durch und überwacht die Tätigkeit der vom Wiener Jugendkreis eingesetzten Mitarbeiter (Sportlehrer und -studenten sowie Verbandstrainer). Der Wiener Jugendkreis entlohnt die als freie Mitarbeiter geführten Fachkräfte aus den von der MA 51 bereitgestellten Subventionen. Die Aktionen wenden sich zum Teil an Anfänger, die zu regelmäßiger sportlicher Betätigung angeregt werden sollen, zum Teil aber auch an jugendliche Talente mit speziellen Begabungen für eine bestimmte Sportart. Das große Interesse an diesen Aktionen zwingt immer wieder zum Ausbau der vorgesehenen Maßnahmen. Beim „Sportplatz der offenen Tür“ wurden nicht nur Neigungsgruppen für Tischtennis eingerichtet, sondern auf einzelnen Sportanlagen auch Schwerpunkte für den Unterricht im Basketball, Handball, in der Leichtathletik und im Geräteturnen gebildet. Neben der schon zur Tradition gewordenen leichtathletischen Grundschulung im Lauf, Sprung und Wurf, die auf die Erlangung des „Wiener Sport- und Turnabzeichens für Schüler (WISTA)“ vorbereiten soll, wird nun alljährlich auch ein großes Fußballturnier durchgeführt, bei dem schon manches Talent entdeckt und dem Vereinssport zugeführt werden konnte. Bei der „Jugendeislaufaktion“ werden Normalkurse, Kleinkinderkurse für Kinder bis zum sechsten Lebensjahr, Mutter- und Kind-Kurse für Mütter mit ihren vorschulpflichtigen Kindern, ein Perfektionskurs und ein Eishockeykurs ausgeschrieben.

Die beliebten „Fahrten zum Schnee" sind aus dem Aktionsprogramm nicht mehr wegzudenken und finden jedes Jahr ihren Anhängerkreis. Für die nordischen Sportler wurde, einem langjährigen Wunsch des Landesschiverbandes Wien entsprechend, auf der Sportanlage 10, Laxenburger Straße–Heuberggstättenstraße, eine Langlaufloipe aus Kunststoff aufgelegt. Unter der Devise „Langläufer leben länger" wurde diese Einrichtung, deren Gebrauch wie keine andere Sparte des Schisports den gesamten Organismus gleichmäßig beansprucht, der Öffentlichkeit angeboten.

Haben sich die bisher erwähnten Aktionen in erster Linie an die Anfänger gerichtet, wurden in der Folge Aktionen für jugendliche Talente mit speziellen Begabungen für eine bestimmte Sportart eingerichtet. In Zusammenarbeit mit dem Landesschwimmverband Wien wurde die Jugendschwimmaktion „Talent-Leistungsschwimmen" durchgeführt, bei der die Kinder im Alter von sieben bis zwölf Jahren vor der Aufnahme ein gewisses Leistungslimit erbringen mußten, das jedoch bei einigem Talent erfüllbar war. Der Kursbetrieb wurde von Trainern des Landesschwimmverbandes Wien geleitet und findet jeweils vom November bis April an Montagen in drei Wiener Hallenbädern statt.

Mit dem Fachverband für Turnen wurde die Aktion „Talent-Turnen" aufgezogen. Die Aufnahme und Auswahl der Kinder in die Leistungsriegen erfolgt immer nach den Wiener Meisterschaften. Die Besten aus diesen Meisterschaften werden zum Training eingeladen. An diesem Training nehmen 20 Mädchen und 24 Knaben teil, die von vier Trainerinnen und Trainern betreut werden. Eine weitere Ausdehnung fand das gesamte Paket der Aktionen mit den Maßnahmen zum Aufspüren von „Talenten für den Radsport". Mit dem Landesradsportverband für Wien wurden in der Großfeldsiedlung, in der Ziegelhofstraße, in der Hasenleiten-Siedlung und in der Per Albin Hansson-Siedlung Ost Vorläufe und Sichtungsrennen veranstaltet. Die ersten Zehn jedes Rennens nahmen am Finale am Mildeplatz teil. Zwischen den einzelnen Rennen wurden die Fahrer von Fachleuten des Radsportverbandes Wien trainiert und betreut.

Das große Interesse der Jugend führte zur Überlegung, einen Teil dieser Aktionen auch auf Erwachsene auszudehnen. Anläßlich des Staatsfeiertages am 26. Oktober führte die Bundessportorganisation wieder in ganz Österreich Fit-Läufe und Fit-Märsche durch. Die MA 51 koordinierte gemeinsam mit den Dachverbänden diese Veranstaltung für den Wiener Bereich.

Die Wiener Landessportorganisation führte im Jahr 1977 erstmalig am 1. und 2. Oktober den „Tag des Sports" durch. Nach der Absolvierung von Fit-Übungen, für die 27 Standorte vorgesehen waren, konnte eine verbilligte Karte für die Spitzensportveranstaltung im Wiener Hallenstadion erworben werden, bei der in verschiedenen Sparten ein Hallencup der Stadt Wien ausgetragen wurde. Die Beteiligung erreichte zwar noch nicht das gewünschte Ausmaß, doch war die Begeisterung der Teilnehmer nicht zu übersehen. Die Form der Durchführung wird in Zukunft neuerlich zu überdenken sein.

Im Rahmen der Aktion „Sportplatz der offenen Tür" wurde der Betrieb auf mehreren Sportanlagen bis 19 Uhr ausgedehnt. Die bei den Erwachsenen-Sportaktionen eingesetzten Sportlehrer nahmen auch Leistungen für das „Österreichische Sport- und Turnabzeichen (ÖSTA)" ab.

Die kombinierte Schwimm- und Gymnastikaktion für Erwachsene in der Wiener Stadthalle wurde in der Zwischenzeit auf das ganze Jahr ausgedehnt. Sie wird dreimal wöchentlich in einem eigens adaptierten Gymnastikraum und dem Bad der Wiener Stadthalle durchgeführt und besteht jeweils aus einer Stunde Gymnastik und einer Stunde Schwimmtraining. Zum Abschluß konnte noch die Sauna besucht werden.

Neben 397 Turnsälen in den städtischen Pflichtschulen stehen den Wiener Sportlern auch sieben städtische Sporthallen zur Verfügung.

Der Wiener Landtag hat in seiner Sitzung am 27. Juni 1978 das Wiener Sportstättenschutzgesetz beschlossen. Wie die Vergangenheit gezeigt hat, ist der Schutz von Sportfreiflächen vor deren Auflassung im dichtverbauten Gebiet einer Großstadt wie Wien eine dringende Notwendigkeit. Die Beistellung einer Ersatzanlage oder die Schaffung einer neuen Sportanlage ist nicht nur ein finanzielles Problem, sondern oft in erster Linie eine Frage der Beschaffung geeigneter Flächen. Der fundamentale Satz, daß Grund und Boden nicht beliebig vermehrbar sind, gilt in besonderem Maß für den Ballungsraum einer Großstadt mit ihrem an sich relativ geringen Angebot an Freiflächen, die für die Sportausübung geeignet oder nutzbar zu machen sind. Das Wiener Sportstättenschutzgesetz sorgt daher dafür, daß die bestehenden Sportflächen behütet werden, daß mit ihnen hausgehalten wird und daß sie nicht ohne wirklich zwingenden Gründen anderen Interessen, wie z. B. Straßenbau, Errichtung von Wohnhausanlagen u. ä., geopfert werden. Vorher gab es keine rechtliche Handhabe, die einen wirksamen Schutz der Sportstätten vor deren Auflassung gewährleistet und die Errichtung einer Ersatzsportanlage sicherstellt, wenn die Auflassung einer Sportstätte unvermeidbar war.

Das Spielplatzschutzgesetz aus dem Jahr 1920, das als Bundesgesetz wohl noch in Geltung stand, bot kaum eine geeignete Rechtsgrundlage für einen wirksamen Schutz von Sportplätzen vor deren Auflassung. Es regelt im wesentlichen die Höhe des Bestandzinses und die Kündigung von Bestandverträgen über „Grundstücke, die als Spiel-, Sport- oder Turnplätze für den Betrieb von Körperpflege und Leibesübungen in gemeinnütziger Weise verwendet werden" und enthält eine Reihe von verfahrensrechtlichen Bestimmungen. Vor allem war es aber nur auf Grundstücke anzuwenden, die bereits bei Inkrafttreten des Gesetzes, also im Jahr 1920, für Sportzwecke Anwendung fanden und für die Bestandvereinbarungen abgeschlossen waren.

Durch das Wiener Sportstättenschutzgesetz werden Sportstätten, die der Ausübung des Körpersportes im Freien dienen, soweit sie vom Geltungsbereich des Gesetzes erfaßt sind, schlechthin unter Schutz gestellt, sofern sie eine nutzbare Freifläche von mehr als 500 m^2 aufweisen. Schulsportanlagen, Sportanlagen des Bundesheeres oder eines anderen Wachkörpers sowie gewerblich geführte Sportanlagen wurden aus verfahrensrechtlichen Gründen vom Geltungsbereich des Gesetzes ausgenommen.

Um jedoch zu verhindern, daß eine bestehende, nicht als Gewerbebetrieb geführte Sportstätte zum Zweck der Auflassung ohne der Verpflichtung zur Schaffung einer Ersatzsportanlage in eine gewerblich betriebene Sportstätte umgewandelt wird, wurde die Bestimmung aufgenommen, daß eine derartige Anlage jedenfalls fünf Jahre weitergeführt werden muß, bevor die für Gewerbebetriebe bestehende Ausnahmebestimmung auf sie Anwendung zu finden hat.

Die Kernstücke des Gesetzes stellen die §§ 3 und 4 dar. Durch diese Bestimmungen wird normiert, daß die Auflassung einer Sportstätte nur mit Bewilligung des Magistrats zulässig ist. Diese Bewilligung ist zu erteilen, wenn kein Bedarf nach der Anlage mehr gegeben ist, wobei die Beweislast dafür dem Bewilligungswerber obliegt. Weiters ist die Bewilligung zu erteilen, wenn der Antragsteller als Ersatz eine gleichwertige Sportstätte zur Verfügung stellt. Gleichwertigkeit im Sinne des Gesetzes ist dann gegeben, wenn durch die Ersatzsportstätte sowohl der örtliche Bedarf befriedigt, als auch durch zeitgerechte Fertigstellung der Sportbetrieb ohne wesentliche Unterbrechung weitergeführt werden kann. Die Auflassung einer Sportstätte ohne die vorherige Beistellung einer Ersatzanlage wird nur in besonderen Ausnahmefällen möglich sein. Liegt ein qualifiziertes höherwertiges öffentliches Interesse vor, daß die Verwendung der Liegenschaft zu einem anderen Zweck als ihre sportliche Nutzung unabdingbar erforderlich ist und die Schaffung einer gleichwertigen Ersatzsportanlage – also rechtzeitig und im Einzugsgebiet der aufzulassenden Sportanlage gelegen – nicht möglich ist, kann die Sportstätte aufgelassen werden. Aber auch in diesem Fall ist vom Bewilligungswerber eine Ersatzsportanlage beizustellen, durch die in einem anderen Gebiet von Wien der Bedarf befriedigt werden kann.

Da der Wiener Landessportrat mit dem Wiener Landessportgesetz 1972 als das Gremium des Wiener Sports zur Beratung der Landesregierung in allen wesentlichen Fragen des Sports geschaffen wurde, sieht das Gesetz seine Einbeziehung in das Bewilligungsverfahren vor. Der Magistrat hat vor der Erlassung eines Bescheides, mit dem die Auflassung einer Sportanlage bewilligt oder abgewiesen wird, jedenfalls ein Gutachten des Wiener Landessportrates einzuholen.

Um zu verhindern, daß eine Sportstätte unter Inkaufnahme des Risikos einer allfälligen späteren Bestrafung einfach deswegen aufgelassen wird, weil die Verwendung der Liegenschaft für andere Zwecke gewinnbringender erscheint und eine Geldstrafe womöglich als Kostenfaktor in der Kalkulation für eine anderweitige Verwendung berücksichtigt ist, wurde die Bestimmung vorgesehen, daß der Magistrat unbeschadet der Strafbarkeit die Wiederherstellung des früheren Zustandes einer Sportstätte vorschreiben kann, wenn sie ohne Bewilligung aufgelassen oder zweckentfremdet verwendet wurde. Wenn der Verpflichtete diesem Auftrag nicht nachkommt, kann der Magistrat nach den Bestimmungen des Verwaltungsvollstreckungsgesetzes die Wiederherstellung des früheren Zustandes im Wege der Ersatzvornahme durchführen.

Abschließend sei bemerkt, daß dieses Gesetz im wesentlichen eine Selbstbindung der Stadt Wien darstellt, da mehr als 70% der Sportanlagen bzw. der Liegenschaften, auf denen Sportanlagen errichtet wurden, im Eigentum der Stadt Wien stehen.

STÄDTISCHE BÄDER

(MA 44)

In welchen städtischen Bädern kann man „schwitzen"?

Sauna-Abteilungen und Dampfbadeinrichtungen gibt es im Dianabad, 2, Lilienbrunngasse 7–9, im Amalienbad, 10, Reumannplatz 9, im Theresienbad, 12, Hufelandgasse 3, im Jörgerbad, 17, Jörgerstraße 42–44, im Hallenbad Floridsdorf, 21, Franklinstraße 22, und im Weisselbad, 21, Weisselgasse 5.

Sauna-Abteilungen gibt es im Apostelbad, 3, Apostelgasse 18, im Hermannbad, 7, Hermanngasse 28, im Geiselbergbad, 11, Geiselbergstraße 54, im Hallenbad Simmering, 11, Simmeringer Hauptstraße 243, im Ratschkybad, 12, Ratschkygasse 26, im Hallenbad Hietzing, 13, Atzgersdorfer Straße–Feldkellergasse, im Penzinger Bad, 14, Hütteldorfer Straße 136, im Ottakringer Bad, 16, Johann Staud-Straße 11, im Währinger Bad, 18, Klostergasse 27, im Hallenbad Döbling, 19, Geweygasse–Stürzergasse, und im Bad Liesing, 23, Liesing, Perchtoldsdorfer Straße Nr. 14–16.

In welchen Sauna-Abteilungen können „Sie und Er" gemeinsam baden?

Familiensauna gibt es im Dianabad Dienstag von 13 bis 21.30 Uhr; im Apostelbad Mittwoch von 18.30 bis 21.30 Uhr; im Hermannbad Mittwoch von 18.30 bis 21.30 Uhr und Samstag von 15 bis 20 Uhr; im Amalienbad Donnerstag von 17 bis 21.30 Uhr (nur in Abteilung Männer); im Geiselbergbad Mittwoch von 18.30 bis 21.30 Uhr und Samstag von 15 bis 20 Uhr; im Hallenbad Simmering Samstag und Sonntag von 13 bis 18 Uhr; im Ratschkybad Mittwoch von 18 bis 21.30 Uhr; im Hallenbad Hietzing Samstag und Sonntag von 13 bis 18 Uhr; im Penzinger Bad Donnerstag von 9 bis 21.30 Uhr; im Thaliabad Freitag von 19 bis 21.30 Uhr; im Jörgerbad Mittwoch von 18.30 bis 21.30 Uhr; im Währinger Bad Samstag von 15 bis 20 Uhr; im Weisselbad Mittwoch und Donnerstag von 17 bis 21.30 Uhr und Samstag von 13 bis 20 Uhr; im Bad Liesing Samstag von 15 bis 20 Uhr.

Gemischte Sauna gibt es im Apostelbad Dienstag von 14 bis 21.30 Uhr und Samstag von 8 bis 20 Uhr; im Hallenbad Simmering Dienstag von 18.30 bis 21.30 Uhr und Donnerstag von 18 bis 21.30 Uhr; im Ratschkybad Dienstag von 18 bis 21.30 Uhr und Samstag von 8 bis 20 Uhr; im Hallenbad Hietzing Dienstag von 12 bis 21.30 Uhr und Donnerstag von 18.30 bis 21.30 Uhr; im Penzinger Bad Freitag von 9 bis 21.30 Uhr und Samstag von 8 bis 20 Uhr; im Ottakringer Bad Dienstag von 15 bis 21.30 Uhr; im Thaliabad Donnerstag von 18 bis 21.30 Uhr; im Währinger Bad Mittwoch von 16.30 bis 21.30 Uhr und Freitag von 18 bis 21.30 Uhr; im Hallenbad Döbling Dienstag von 12 bis 21.30 Uhr, Donnerstag von 16 bis 21.30 Uhr sowie Samstag und Sonntag von 13 bis 18 Uhr; im Bad Liesing Mittwoch von 13 bis 21.30 Uhr.

Kann man in einem städtischen Hallenbad „textilfrei" schwimmen?

Diese Möglichkeit besteht im Jörgerbad, 17, Jörgerstraße 42–44, Samstag von 18 bis 21.30 Uhr. Gäste der gemischten Sauna können während dieser Zeit die Schwimmhalle ebenfalls textilfrei benützen. Es gelten die normalen Sauna- bzw. Schwimmhallenpreise.

In welchen städtischen Bädern gibt es Wannenbäder?

Innerhalb der Volksbäder (vor allem Brausebäder) gibt es Wannenbäder *ohne* Ruhegelegenheit in 2, Vereinsgasse Nr. 31, und 22, Stadlau, Genochplatz 11; außerdem im Apostelbad, 3, Apostelgasse 18, im Hermannbad, 7, Hermanngasse 28, im Geiselbergbad, 11, Geiselbergstraße 54, im Thaliabad, 16, Friedrich Kaiser-Gasse 11, und im Bad Liesing, 23, Liesing, Perchtoldsdorfer Straße 14–16.

WARMBÄDER ab 1. März 1979		SCHWIMMHALLE Badezeit	Kabinen 1 Stk.	Kabinen 5 Stk.	Kabinen Erm. 1 Stk.	Kästchen 1 Stk.	Kästchen 5 Stk.	Kästchen Erm. 1 Stk.	Kästchen (**) Jugend 15–18 J. 1 Stk.	Kästchen Kinder 6–15 J. 1 Stk.	Nachzahlung je angef. Stunde (*)
Hallenbäder	Dianabad	2 Stunden	30,—	120,—	15,—	17,—	70,—	9,—	9,—	6,—	6,—
	Amalienbad		30,—	120,—	15,—	17,—	70,—	9,—	9,—	6,—	6,—
	HB Simmering					17,—	70,—	9,—	9,—	6,—	6,—
	Theresienbad		30,—	120,—	15,—	17,—	70,—	9,—	9,—	6,—	6,—
	HB Hietzing					17,—	70,—	9,—	9,—	6,—	6,—
	Ottakringerbad					17,—	70,—	9,—	9,—	6,—	6,—
	Jörgerbad		30,—	120,—	15,—	17,—	70,—	9,—	9,—	6,—	6,—
	HB Döbling					17,—	70,—	9,—	9,—	6,—	6,—
	HB Floridsdorf		30,—	120,—	15,—	17,—	70,—	9,—	9,—	6,—	6,—
Warmbäder	Apostelbad										
	Einsiedlerbad										
	Hermannbad										
	Geiselbergbad										
	Ratschkybad										
	Penzingerbad										
	Thaliabad										
	Währingerbad										
	Weisselbad										
	Liesingerbad										
	Volksbäder										

WARMBÄDER ab 1. März 1979		BRAUSEBAD Badezeit	Einzel Br. 1 Stk.	Einzel Br. Erm. 1 Stk.	Kinder 1 Stk.	Gemeins. Br. 1 Stk.	SONNENBAD Badezeit	Kabinen 1 Stk.	Kabinen Erm. 1 Stk.	Kästchen 1 Stk.	Kästchen Erm. 1 Stk.
Hallenbäder	Dianabad	1 Stunde					3 Stunden				
	Amalienbad		14,—	7,—	3,—	7,—		22,—	11,—	12,—	6,—
	HB Simmering										
	Theresienbad		14,—	7,—	3,—	7,—					
	HB Hietzing										
	Ottakringerbad										
	Jörgerbad		14,—	7,—	3,—	7,—				12,—	6,—
	HB Döbling										
	HB Floridsdorf										
Warmbäder	Apostelbad	1 Stunde	14,—	7,—	3,—	7,—					
	Einsiedlerbad		14,—	7,—	3,—	7,—					
	Hermannbad		14,—	7,—	3,—	7,—					
	Geiselbergbad		14,—	7,—	3,—	7,—					
	Ratschkybad		14,—	7,—	3,—	7,—					
	Penzingerbad		14,—	7,—	3,—	7,—					
	Thaliabad		14,—	7,—	3,—	7,—					
	Währingerbad		14,—	7,—	3,—	7,—					
	Weisselbad		14,—	7,—	3,—	7,—					
	Liesingerbad		14,—	7,—	3,—						
	Volksbäder		14,—	7,—	3,—	7,—					

WARMBÄDER ab 1. März 1979		SAUNA (DAMPFBÄDER) Badezeit	Kabinen 1 Stk.	Kabinen 5 Stk.	Kabinen Erm. 1 Stk.	Kästchen 1 Stk.	Kästchen 5 Stk.	Kästchen Erm. 1 Stk.	Kästchen Kinder 1 Stk.	Nachzahlung je angef. Stunde	Schwimmhalle
Hallenbäder	Dianabad	3 Stunden	70,—	280,—	35,—	55,—	220,—	28,—	28,—	15,—	Nach Möglichkeit Mitbenützung der Schwimmhalle
	Amalienbad		70,—	280,—	35,—	55,—	220,—	28,—	28,—	15,—	
	HB Simmering					55,—	220,—	28,—	28,—	15,—	
	Theresienbad		70,—	280,—	35,—	55,—	220,—	28,—	28,—	15,—	
	HB Hietzing					55,—	220,—	28,—	28,—	15,—	
	Ottakringerbad					55,—	220,—	28,—	28,—	15,—	
	Jörgerbad		70,—	280,—	35,—	55,—	220,—	28,—	28,—	15,—	
	HB Döbling					55,—	220,—	28,—	28,—	15,—	
	HB Floridsdorf		70,—	280,—	35,—	55,—	220,—	28,—	28,—	15,—	
Warmbäder	Apostelbad	3 Stunden				45,—	180,—	23,—	23,—	15,—	
	Einsiedlerbad					45,—	180,—	23,—	23,—	15,—	
	Hermannbad					45,—	180,—	23,—	23,—	15,—	
	Geiselbergbad					45,—	180,—	23,—	23,—	15,—	
	Ratschkybad					45,—	180,—	23,—	23,—	15,—	
	Penzingerbad					45,—	180,—	23,—	23,—	15,—	
	Thaliabad					45,—	180,—	23,—	23,—	15,—	
	Währingerbad					45,—	180,—	23,—	23,—	15,—	
	Weisselbad					45,—	180,—	23,—	23,—	15,—	
	Liesingerbad		50,—	200,—	25,—	45,—	180,—	23,—	23,—	15,—	
	Volksbäder										

WARMBÄDER ab 1. März 1979		WANNENBAD Badezeit	1 Stk.	5 Stk.	Erm. 1 Stk.
Hallenbäder	Dianabad	1 Stunde			
	Amalienbad		24,—	100,—	12,—
	HB Simmering				
	Theresienbad		24,—	100,—	12,—
	HB Hietzing				
	Ottakringerbad				
	Jörgerbad		24,—	100,—	12,—
	HB Döbling				
	HB Floridsdorf		24,—	100,—	12,—
Warmbäder	Apostelbad	1 Stunde	24,—	100,—	12,—
	Einsiedlerbad				
	Hermannbad		24,—	100,—	12,—
	Geiselbergbad		24,—	100,—	12,—
	Ratschkybad				
	Penzingerbad		24,—	100,—	12,—
	Thaliabad		24,—	100,—	12,—
	Währingerbad				
	Weisselbad		24,—	100,—	12,—
	Liesingerbad		24,—	100,—	12,—
	Volksbäder		24,—	100,—	12,—

SOMMERBÄDER ab 1. Mai 1979	KABINEN Tages-karte	KABINEN Tages-karte ermäs-sigt	KABINEN Nachm. karte ab 13 Uhr	KABINEN Nachm. karte ab 13 Uhr ermäßigt	KÄSTCHEN UND MITBENÜTZUNG Tages-karte	KÄSTCHEN UND MITBENÜTZUNG Tages-karte ermäß.	KÄSTCHEN UND MITBENÜTZUNG Halbtags-karte Vor- u. Nachm.	KÄSTCHEN UND MITBENÜTZUNG Halbtags karte ermäß.	KÄSTCHEN UND MITBENÜTZUNG (**) Jugend-liche 15–18 J.	KÄSTCHEN UND MITBENÜTZUNG Kinder 6–15 J.	KÄSTCHEN UND MITBENÜTZUNG ab 16 Uhr Mo–Fr.
	1 Stk.	1 Stk.	1 Stk.	1 Stk.	1 Stk.	1 Stk.	1 Stk.	1 Stk.	1 Stk.	1 Stk.	1 Stk.
Laaerbergbad	40,—	20,—	22,—	11,—	22,—	11,—	14,—	7,—	7,—	4,—	7,—
Theresienbad	40,—	20,—	22,—	11,—	22,—	11,—	14,—	7,—	7,—	4,—	7,—
HB Hietzing	40,—	20,—	22,—	11,—	22,—	11,—	14,—	7,—	7,—	4,—	7,—
Baumgarten (verp.)	32,—		20,—		20,—		12,—		7,—	4,—	
Hütteldorf	25,—	12,50	15,—	7,50	15,—	7,50	10,—	5,—	6,—	3,—	6,—
Hadersd.-Weidlingau	35,—	18,—	20,—	10,—	20,—	10,—	12,—	6,—	7,—	4,—	7,—
Ottakringerbad	40,—	20,—	22,—	11,—	22,—	11,—	14,—	7,—	7,—	4,—	7,—
Kongreßbad	40,—	20,—	22,—	11,—	22,—	11,—	14,—	7,—	7,—	4,—	7,—
Schafbergbad	40,—	20,—	22,—	11,—	22,—	11,—	14,—	7,—	7,—	4,—	7,—
Krapfenwaldlbad	40,—	20,—	22,—	11,—	22,—	11,—	14,—	7,—	7,—	4,—	7,—
Hohe Warte	35,—	18,—	20,—	10,—	20,—	10,—	12,—	6,—	7,—	4,—	7,—
Angelibad	35,—	18,—	20,—	10,—	20,—	10,—	12,—	6,—	7,—	4,—	7,—
Alte Donau	40,—	20,—	22,—	11,—	22,—	11,—	14,—	7,—	7,—	4,—	7,—
Gänsehäufel	40,—	20,—	22,—	11,—	22,—	11,—	14,—	7,—	7,—	4,—	7,—
Stadlau (verp.)	32,—		20,—		20,—		12,—		7,—	4,—	
Liesing	35,—	18,—	20,—	10,—	20,—	10,—	12,—	6,—	7,—	4,—	7,—
Höpflerbad	40,—	20,—	22,—	11,—	22,—	11,—	14,—	7,—	7,—	4,—	7,—

SAISONKARTEN

SOMMERBÄDER ab 1. Mai 1979	Kabinen	Käst-chen	Mitbenützer Erwachs.	Mitbenützer Kinder	tiefe Kästchen einfach	tiefe Kästchen Mit-benützer	Strand Kabine	Vorbau Kabine	Vorbau Kabine ab Baujahr 1971	große Kabine
	1 Stk.	1 Stk.	1 Stk.	1 Stk.	1 Stk.	1Stk.	1 Stk.	1 Stk.	1 Stk.	
Laaerbergbad	1000,—	500,—	400,—	140,—						
Theresienbad	1000,—	500,—	400,—	140,—						
HB Hietzing										
Baumgarten (verp.)	850,—	425,—	320,—	140,—						
Hütteldorf	600,—	300,—	250,—	120,—						
Hadersd.-Weidlingau	850,—	425,—	320,—	140,—						
Ottakringerbad	1200,—	600,—	500,—	140,—	750,—	500,—				
Kongreßbad	1000,—	500,—	400,—	140,—						2500,—
Schafbergbad	1200,—	600,—	500,—	140,—	750,—	500,—				
Krapfenwaldlbad	1000,—	500,—	400,—	140,—						
Hohe Warte	850,—	425,—	320,—	140,—						
Angelibad	850,—	425,—	320,—	140,—						
Alte Donau	1000,—	500,—	400,—	140,—						
Gänsehäufel	1000,—	500,—	400,—	140,—			2500,—	3000,—	3600,—	
Stadlau (verp.)	650,—	325,—	270,—	140,—						
Liesing	850,—	425,—	320,—	140,—						
Höpflerbad	1200,—	600,—	500,—	140,—	750,—	500,—				2500,—

JAHRESKARTEN

Ohne Zeiteinschränkung

	1979	ab 1980
Hallenbad		
Erwachsene	500,—	650,—
Jugendliche 15–18 J. **)	250,—	325,—
Kinder 6–15 J.	150,—	200,—
Hallenbad + Sommerbad		
Erwachsene	750,—	1000,—
Jugendliche 15–18 J.**)	380,—	500,—
Kinder 6–15 J.	220,—	300,—

SONSTIGES

Wertsachen – Aufbewahrung	10,—
Schlüsselersatz	100,—
Solarium	20,—
Münzhaartrockner	2,—
Leihgebüren	
Bademantel	12,—
Badeanzug	12,—
Leintuch	12,—
Badehose	8,—
Trockentuch	8,—

SCHWIMMUNTERRICHT

Erwachsene	
1 Lektion	30,—
5 Lektionen	120,—
Kinder	
1 Lektion	12,—
5 Lektionen	50,—

Nachzahlung für Badende, die ohne gültige Karte im Badebereich angetroffen werden: S 100,—

*) Gilt auch für Aufzahlung an Warmbadebetrieben.

**) Gilt für Jugendliche von 15–18 Jahren, Schüler, Berufsschüler und Hochschüler über 18 Jahre mit gültigem Schülerausweis ohne Beschränkung auf den Wohnsitz

Betriebszeiten in den städtischen Bädern

März 1979

Bad	Abteilung	Montag	Dienstag	Mittwoch	Donnerstag	Freitag	Samstag	Sonntag
Dianabad	Schwimmhalle	S 12–15 F 15–17 V 17–19 W 19–21.30	6.30–21.30	9–21.30	6.30–21.30	9–21.30	7–18	7–12
	Sauna/Dampfbad		13–21.30 Fam.	13–21.30	9–21.30	9–21.30	7–18	7–12
	Ambulatorium	7.30–12 13–18	7.30–12 13–18	7.30–12 13–18	7.30–12 13–18	7.30–12 13–16		
Amalienbad	Schwimmhalle		9–18	9–19	9–18	9–20.30	8–18	7–12
	Sauna/Dampfbad		13–19 M	9–21.30 F	9–17 F 17–21.30 Fam.	9–21.30 M	7–12 M 13–18 F	7–12 M
	Wanne/Brause				13–19	9–19	7–18	7–12
	Medizinalbad		8–19	8–19	8–19	8–19	8–13	
	Sonnenbad		9–18	9–18	9–18	9–18	9–18	8–12
Simmering	Schwimmhalle	S 12.30–17.30 W 17.30–21.30	9–21.30	6.30–21.30	9–21.30	6.30–21.30	8–18	8–18
	Sauna		12–18.30 18.30–21.30 Gem.	9–21.30	9–18.30 18–21.30 Gem.	9–21.30	8–13 13–18 Fam.	8–13 13–18 Fam.
Theresienbad	Schwimmhalle		9–19	9–19	9–20.30	9–21.30	7–18	7–12
	Sauna/Dampfbad			13–21.30	9–21.30	9–21.30	7–18	7–12
	Wannenbad			13–19	9–19	9–19	7–18	7–12
	Brausebad				9–19	9–19	7–18	7–12
Hietzing	Schwimmhalle	S 12.30–15 F 15–17.30	9–21.30	6.30–21.30	9–21.30	6.30–21.30	8–18	8–18
	Sauna		12–18.30 F 12–21.30 Gem.	9–21.30	9–18.30 18.30–21.30 Gem.	9–21.30	8–13 13–18 Fam.	8–13 13–18 Fam.
Ottakringerbad	Schwimmhalle		9–19	9–19	9–21.30	9–21.30	8–18	8–18
	Sauna		15–21.30 Gem.	13–21.30	9–21.30	9–21.30	8–18	8–18
Jörgerbad	Schwimmhalle		9–18	9–20.30	9–20.30	9–21.30	8–18 18–21 N	7–12
	Sauna/Dampfbad			9–18.30 18.30–21.30 Fam.	9–21.30	9–21.30	8–18	7–12
	Wanne/Brause			13–19	13–19	9–19	8–18	7–12
	Sonnenbad		9–17 F	9–17 F	9–17 M	9–17 F	9–13 M 13–17 F	9–12
Döbling	Schwimmhalle	V 12.30–15 S 15–17.30	9–21.30	6.30–21.30	9–21.30	6.30–21.30	8–18	8–18
	Sauna		12–21.30 Gem.	9–21.30	9–16 F 9–16 M 16–21.30 Gem.	9–21.30	8–13 13–18 Gem.	8–13 13–18 Gem.

Betriebszeiten in den städtischen Bädern

März 1979

Bad	Abteilung	Montag	Dienstag	Mittwoch	Donnerstag	Freitag	Samstag	Sonntag
Hallenbad Floridsdorf	Schwimmhalle		9–19	9–21.30	9–19	9–19	7–18	7–12
	Sauna/Dampfbad		16–21.30	13–21.30	9–21.30	9–21.30	7–18	7–12
	Wannenbad				13–19	9–19	8–18	8–12
Apostelbad	Sauna		14–21.30 Gem.	13–18.30 F 18.30–21.30 Fam.	9–21.30 F	9–21.30 M	8–20 Gem.	
	Wanne/Brause				12–19	9–19	8–18	
Hermannbad	Sauna			13–18.30 F 18.30–21.30 Fam.	9–21.30 F	9–21.30 M	8–15 M 15–20 Fam.	
	Wanne/Brause				12–19	9–19	8–18	
Geiselbergbad	Sauna		13–21.30 F	13–18.30 M 18.30–21.30 Fam.	9–21.30 F	9–21.30 M	8–15 M 15–20 Fam.	
	Wannenbad					13–19	8–18	
	Brausebad				12–19	9–19	8–18	
Ratschkybad	Sauna		13–18 F 18–21.30 Gem.	13–18 M 18–21.30 Fam.	9–21.30 F	9–21.30 M	8–20 Gem.	
	Brausebad				12–19	9–19	8–18	
Penzingerbad	Sauna		13–21.30 F	13–21.30 M	9–21.30 Fam.	9–21.30 Gem.	8–20 Gem.	
	Wanne/Brause				12–19	9–19	8–18	
Thaliabad	Dampfbad			13–21.30 F	9–18 M 18–21.30 Gem.	9–19 F 19–21.30 Fam.	8–18 M	
	Wanne/Brause				9–19	9–19	8–18	
Währingerbad	Sauna			13–16.30 F 16.30–21.30 Gem.	9–21.30 F	9–18 M 18–21.30 Gem.	8–15 M 15–20 Fam.	
	Brausebad				12–19	9–19	8–18	
Weisselbad	Sauna			13–17 M 17–21.30 Fam.	9–17 F 17–21.30 Fam.	9–21.30 M	8–13 M 13–20 Fam.	
	Wanne/Brause				12–19	9–19	8–18	
Bad Liesing	Sauna			13–21.30 Gem.	9–21.30 F	9–21.30 M	8–15 M 15–20 Fam.	
	Wannenbad					13–19	8–18	
	Brausebad				12–19	9–19	8–18	
Volksbad 22	Wanne/Brause					13–19	8–18	
Sonstige Volksbäder	Wanne/Brause				12–19	9–19	8–18	
Sommerbäder		9–19	9–19	9–19	9–19	9–19	8–19	8–19
Kinderfreibäder		10–12 13–17	10–12 13–17	10–12 13–17	10–12 13–17	10–12 13–17		

Erläuterungen: M = Männer; F = Frauen; S = Senioren; V = Versehrte; W = Warmbadebetrieb; Fam. = Familiensauna; Gem. = Gemischte Sauna; N = Nacktbaden

Wannenbäder *mit* Ruhegelegenheit gibt es im Amalienbad, 10, Reumannplatz 9, im Theresienbad, 12, Hufelandgasse 3, im Penzinger Bad, 14, Hütteldorfer Straße 136, im Jörgerbad, 17, Jörgerstraße 42–44, im Hallenbad Floridsdorf, 21, Franklinstraße 22, und im Weisselbad, 21, Weisselgasse 5.

In welchen städtischen Bädern kann man schon vor Eröffnung bzw. nach Schließung der Sommerbäder Sonnenbäder nehmen?

Im Amalienbad, 10, Reumannplatz 9, und im Jörgerbad, 17, Jörgerstraße 42–44.

Ist in den Kinderfreibädern Eintritt zu zahlen und welche Kinder dürfen dieselben besuchen?

Der Eintritt in ein städtisches Kinderfreibad ist nur Kindern im Alter von sechs bis 15 Jahren gestattet. Kindern im Alter von mehr als 15 Jahren sowie Erwachsenen (Angehörigen der Kinder usw.) ist der Aufenthalt im Bad nicht gestattet.

Der Eintritt ist frei.

Die Kinderfreibäder stehen in den Monaten Juni bis August Montag bis Freitag von 10 bis 12 Uhr und von 13 bis 17 Uhr, bei Schönwetter bis 18 Uhr offen.

In welchen städtischen Schwimmhallen besteht die Möglichkeit, abends baden zu gehen?

Im Hallenbad Simmering, 11, Simmeringer Hauptstraße Nr. 243 (Dienstag bis Freitag), im Theresienbad, 12, Hufelandgasse 3 (Freitag), im Hallenbad Hietzing, 13, Atzgersdorfer Straße–Feldkellergasse (Dienstag bis Freitag), im Ottakringer Bad, 16, Johann Staud-Straße 11 (Donnerstag und Freitag), im Hallenbad Döbling, 19, Geweygasse–Stürzergasse (Dienstag bis Freitag), und im Hallenbad Floridsdorf, 21, Franklinstraße 22 (Mittwoch), gibt es einen allgemein zugänglichen Abendbetrieb bis 21.30 Uhr, im Amalienbad, 10, Reumannplatz 9 (Freitag) bis 20.30 Uhr und im Jörgerbad (Mittwoch und Donnerstag) bis 20.30 Uhr und (Freitag) bis 21.30 Uhr zu normalen Schwimmhallenpreisen. An allen übrigen Abenden werden sie von Schwimmvereinen für Trainingszwecke genützt. Die Schwimmhalle im Dianabad, 2, Lilienbrunngasse 7–9, steht der Allgemeinheit (Montag bis Freitag) bis 21.30 Uhr zur Verfügung.

In den städtischen Schwimmhallen wird durch entsprechend ausgebildete Schwimmlehrer Schwimmunterricht erteilt.

In welchen städtischen Schwimmhallen besteht die Möglichkeit, morgens baden zu gehen?

Im Dianabad, 2, Lilienbrunngasse 7–9, Dienstag und Donnerstag ab 6.30 Uhr, im Amalienbad, 10, Reumannplatz 9, Sonntag ab 7 Uhr, im Hallenbad Simmering, 11, Simmeringer Hauptstraße 243, Mittwoch und Freitag ab 6.30 Uhr, im Theresienbad, 12, Hufelandgasse 3, Samstag und Sonntag ab 7 Uhr, im Hallenbad Hietzing, 13, Atzgersdorfer Straße–Feldkellergasse, und im Hallenbad Döbling, 19, Geweygasse–Stürzergasse, Mittwoch und Freitag ab 6.30 Uhr.

In welchen Sommerbädern stehen auch Becken mit erwärmtem Wasser zur Verfügung?

Die sehr beachtlichen Wassermengen in den Becken des Sommerbades Laaer Berg werden, wenn sie durch ungünstige Witterungseinflüsse abgekühlt sind, rasch durch eine Gasfeuerung wieder auf angenehme Badetemperatur gebracht. Gleiches geschieht auch im Schafbergbad. Die Kesselanlage des Bades in Liesing deckt witterungsbedingte Wärmeverluste im Becken ab. Im Ottakringer Bad sorgt die Wärme aus der Müllverbrennungsanlage am Flötzersteig für ein gleichmäßig temperiertes Beckenwasser. Weiters steht im Theresienbad ein von der Kesselanlage des Warmbades temperiertes Badewasser im Freien zur Verfügung. Im Strandbad Alte Donau kann man nicht nur im Naturwasser, sondern auch in drei Becken, die von einer Gaskesselanlage mit Wärme versorgt werden, baden. Im schön gelegenen Krapfenwaldlbad stehen drei Becken mit vorgewärmtem Wasser zur Verfügung. Wiens größtes Sommerbad, das Strandbad Gänsehäufel, hat ebenfalls neben dem alten Wellenbecken groß angelegte Beckenanlagen mit warmem Wasser erhalten. In den Sommerbädern dauert die Badesaison von etwa Anfang Mai bis etwa Mitte September.

Gibt es für die städtischen Bäder eine Jahreskarte?

Für Hallenbäder gibt es eine Jahreskarte (Bäderpaß H), welche zu allen Betriebszeiten ohne Zeiteinschränkung gültig ist. Das Theresienbad, das Hallenbad Hietzing und das Ottakringer Bad kann man mit dieser Jahreskarte vom 1. Mai bis 30. September nicht benützen. Eine kombinierte Jahreskarte (Bäderpaß HS) berechtigt zum Eintritt in alle Hallen- und Sommerbäder.

Die Jahreskarten (Ausweis mit Lichtbild) werden erstmalig in der MA 44, 7, Hermanngasse 24–26, Montag bis Freitag von 8 bis 13 Uhr, ausgestellt, in den Folgejahren ist die Wertmarke bei den Kassen der Hallenbäder zu erwerben.

Gibt es besondere Ermäßigungen für Pensionisten?

Für alle Dauersozialhilfebezieher und Empfänger von Ausgleichszulage-Pensionen mit ständigem Wohnsitz in Wien, die einen Pensionistenausweis besitzen, gibt es für die Schwimmhallen und Sommerbäder an allen Tagen Ermäßigungskarten, für die Sauna und Warmbäder an Werktagen, ausgenommen Samstag und Sonntag.

ELEKTRIZITÄT IN WOHNUNG UND BETRIEB

Anschluß gewerblicher Anlagen an das Netz der WStW-EW

A. Anschluß eines neu erbauten oder Verstärkung des Hausanschlusses eines bereits bestehenden Hauses

Der Bauherr (Anschlußwerber) hat in seinem eigenen Interesse, womöglich noch vor der Planung der Anlage, spätestens jedoch vor Inangriffnahme der Bauarbeiten, das Einvernehmen mit der zuständigen technischen Abnehmergruppe bzw. für in Überlandgebieten gelegene Anlagen bei der zuständigen Betriebsstelle der WStW-EW herzustellen und die dort erhältliche Anfragekarte sowie eine Bedarfsanmeldung mit den notwendigen Angaben auszufüllen.

Bei Neuanschluß eines Hauses wird sodann von den WStW-EW ein unverbindlicher Kostenvoranschlag für die durch den Neuanschluß bedingten Herstellungen (Kabelverlegungen, Transformatorenbeistellungen usw.) und den vom Anschlußwerber an die WStW-EW hiefür zu bezahlenden Baukostenzuschuß erstellt; bei gegebener technischer Notwendigkeit wird dem Anschlußwerber außerdem die Bedingung gestellt, einen für die Unterbringung einer Abspanneranlage geeigneten Raum den WStW-EW kostenlos zur Verfügung zu stellen.

Bei Erweiterung eines schon bestehenden Anschlusses können den Bewerbern hiefür je nach dem Umfang des zusätzlichen Energiebedarfes und der hiefür erforderlichen technischen Maßnahmen Anschlußbedingungen vorgenannter Art (Baukostenzuschuß, Raumbeistellung) von den WStW-EW gestellt werden.

Vor Durchführung der Anschlußarbeiten hat der Anschlußwerber eine diesbezügliche schriftliche Vereinbarung verbindlich zu unterzeichnen und den darin vorgeschriebenen Baukostenzuschuß zu erlegen.

B. Anschluß einer Abnehmeranlage in einem bereits bestehenden Objekt

a) Elektrizitätszähler noch nicht vorhanden

Der Inhaber (Mieter) der Räumlichkeiten, die von den WStW-EW versorgt werden sollen, hat hiezu einen behördlich konzessionierten Elektrotechniker zu beauftragen. Dieser stellt das Einvernehmen mit der zuständigen technischen Abnehmergruppe bzw. für im Überlandgebiet gelegene Anlagen bei der zuständigen Betriebsstelle der WStW-EW her und füllt die dort erhaltene Anfragekarte sowie eine Bedarfsanmeldung mit den notwendigen Angaben aus. Sodann wird von den WStW-EW ein Kostenvoranschlag für die durch den Neuanschluß bedingten Herstellungen (Kabelverlegung, Transformatorenbeistellung usw.) und den vom Anschlußwerber an die WStW-EW hiefür zu bezahlenden Baukostenzuschuß erstellt; bei gegebener technischer Notwendigkeit wird dem Anschlußwerber außerdem die Bedingung gestellt, einen für die Unterbringung einer Abspanneranlage geeigneten Raum den WStW-EW kostenlos zur Verfügung zu stellen.

Vor Durchführung der Anschlußarbeiten hat der Anschlußwerber eine diesbezügliche schriftliche Vereinbarung verbindlich zu unterzeichnen und den darin vorgeschriebenen Baukostenzuschuß zu erlegen. Der Elektrotechniker führt nun die notwendigen Installationsarbeiten entsprechend den Wünschen und Zwecken des Auftraggebers unter Einhaltung der bestehenden Sicherheitsvorschriften und Anschlußbedingungen aus und überprüft gegebenenfalls die vorhandenen Installationen auf ihren vorschriftsmäßigen Zustand. Danach hat der Elektrotechniker mit einem von ihm beschafften vorgeschriebenen Anmeldeformular die Anlage bei der für den betreffenden Bezirk zuständigen technischen Abteilung (im Überlandgebiet bei der zuständigen Betriebsstelle) der WStW-EW zum Anschluß anzumelden und den vom Stromabnehmer gewünschten Tarif bekanntzugeben.

Die WStW-EW lassen daraufhin nach Bezahlung eines allfälligen Baukostenzuschußpauschales für das vorgelagerte Hochspannungsnetz bzw. eines Baukostenzuschusses für Anschluß von Sauna, Nachtspeicherofen, Direktheizung usw. durch ihre Organe die Montage der Meßeinrichtung vornehmen.

b) Elektrizitätszähler bereits vorhanden

Ist hingegen in der Anlage bereits ein Elektrizitätszähler vorhanden, so hat der neue Anlageninhaber bei Übernahme der Räumlichkeiten sofort die Anmeldung bei der für den betreffenden Stadtbezirk zuständigen Abnehmerverrechnungsgruppe bzw. für in Überlandgebieten gelegene Anlagen bei der zuständigen Betriebsstelle der WStW-EW vorzunehmen (telefonisch, schriftlich oder durch persönliche Vorsprache) und den von ihm gewünschten Tarif bekanntzugeben sowie eine Bedarfsanmeldung auszufüllen. Sodann wird seitens der WStW-EW ein Kostenvoranschlag für die durch den Neuanschluß bedingten Herstellungen (Kabelverlegungen, Transformatorenbeistellung usw.) und dem vom Anschlußwerber an die WStW-EW hiefür zu bezahlenden Baukostenzuschuß erstellt. Bei gegebener technischer Notwendigkeit wird dem Anschlußwerber außerdem die Bedingung gestellt, einen für die Unterbringung einer Abspanneranlage geeigneten Raum den WStW-EW kostenlos zur Verfügung zu stellen. Vor Durchführung der Umschreibung der Anlage hat der Anschlußwerber eine diesbezügliche schriftliche Vereinbarung verbindlich zu unterzeichnen und den darin vorgeschriebenen Baukostenzuschuß zu erlegen. Die Übernahme der Anlage sowie die getroffene Tarifwahl sind den WStW-EW von neuen Abnehmern schriftlich zu bestätigen. Ist der neue Abnehmer (Anlageninhaber) der Rechtsnachfolger des früheren, so übernimmt er mit dessen Rechten auch dessen Verpflichtungen.

Erweiterungen von bereits in Benützung befindlichen Abnehmeranlagen (zusätzliche Installationen bzw. Änderungen des Anschlußwertes) sind vor Durchführung den WStW-EW anzumelden.

Anschlußwert einer Stromverbrauchseinrichtung

ist die zu deren Betrieb benötigte elektrische Nennleistung, die bei motorischen Geräten (Staubsauger, Bodenbürste usw.) und Wärmegeräten (Kochplatte, Bügeleisen usw.) auf dem Leistungsschild, bei Glühlampen auf dem Gewindesockel oder dem Glaskolben, in Watt (W) angegeben ist. An diesen Stellen ist auch die Spannung in Volt (V) angegeben, für die das betreffende Gerät bzw. die Lampe gebaut ist (vgl. den Abschnitt „Spannung“), ferner, und zwar bei motorischen Geräten, bei Rundfunkgeräten und bei manchen Wärmegeräten auch die Stromart (vgl. den Abschnitt „Stromarten“), an die das Gerät angeschlossen werden darf. Da sich (mit der später angeführten Einschränkung) die von einem Gerät aufgenommene Leistung (W) als Produkt der Betriebsspannung (V) mal der entsprechenden Stromstärke in Ampere (Amp. A) ergibt, kann letztere, sofern auf dem Leistungsschild nicht angegeben, durch Division der Leistung durch die Spannung ermittelt werden (Watt : Volt = Ampere). Ein Vergleich dieses Ergebnisses mit der auf dem Leistungsschild des Elektrizitätszählers angegebenen Stromstärke (A) zeigt, ob der Anschluß eines Gerätes oder der gleichzeitige Anschluß mehrerer Geräte (deren Leistungen bzw. Stromaufnahmen dann zu addieren sind) mit Rücksicht auf die Belastbarkeit des Zählers vorgenommen werden darf. Die entsprechende Überlegung gilt auch bezüglich der Belastbarkeit der vorgeschalteten Sicherungen (vgl. Abschnitt „Sicherungen").

Für größere Stromverbrauchseinrichtungen (Motoren, Heizungseinrichtungen u. dgl.) wird die Leistung (=Anschlußwert) fallweise in Kilowatt (kW) angegeben, wobei 1000 W = 1 kW.

Die oben angegebene einfache Berechnung: Volt × Ampere = Watt gilt bei Wechselstrom jedoch nur für Glühlampen und gewöhnliche Wärmegeräte. Für andere Geräte (z. B. Motoren) wird die Stromaufnahme in Ampere oder eine für ihre Berechnung geeignete andere Angabe zusätzlich auf dem Leistungsschild eingestempelt.

Kilowattstunde (kWh)

ist die Maßeinheit für die dem Stromverbraucher gelieferte elektrische Arbeit, mit anderen Worten, für den vom Elektrizitätszähler gemessenen und angezeigten Verbrauch an elektrischer Energie. Wie unter „Anschlußwert einer Stromverbrauchseinrichtung" erläutert ist, wird dieser Anschlußwert, d. h. die zum Betrieb einer Lampe oder eines Elektrogerätes benötigte elektrische Leistung, in Watt (W) bzw. in der größeren Einheit von 1000 W = 1 kW (Kilowatt) angegeben. Wird die Leistung von 1 kW während der Zeitdauer einer Stunde (abgekürzt h aus dem lateinischen hora = Stunde) aus der elektrischen Leitung entnommen, so wird 1 kW × 1 h = 1 kWh verbraucht und in Licht bzw. Wärme oder mechanische Arbeit umgewandelt.

Die so vom Stromverbraucher mit jeweils einem bestimmten Leistungsbedarf der in Betrieb befindlichen Lampen und Geräte verbrauchte elektrische Energie muß gleichzeitig und im gleichen Ausmaß im Kraftwerk durch die Stromerzeuger bzw. durch die von deren Antriebsmaschinen aufzubringende Arbeit gedeckt werden. Eine Lampe von 100 W = 0.1 kW verbraucht demnach in einer Stunde 0.1 kW × 1 h = 0.1 kWh, in 20 Stunden 0.1 kW × 20 h = 2 kWh.

Spannung

Die Spannung des elektrischen Stromes ist z. B. mit dem Druck des Wassers in einer Rohrleitung vergleichbar; sie wird in Volt (V) angegeben. Im Wiener Stromversorgungsgebiet beträgt die normale Netzspannung (siehe auch „Stromarten") bei Drehstrom 220 Volt (für Licht und die meisten Geräte) bzw. 380 Volt (vor allem für größere Motoren).

Lampen und Geräte jeder Art dürfen nur an jene Spannung (gegebenenfalls auch Stromart, siehe „Stromarten") angeschlossen werden, für die sie gebaut sind. Diese Spannung ist auf der Lampe bzw. dem Leistungsschild des Gerätes angegeben (vgl. auch „Anschlußwert einer Stromverbrauchseinrichtung"). Nichtbeachtung dieser Spannung führt, oft sofort, zur Zerstörung der betreffenden Lampen bzw. Geräte und verursacht vielfach weitere Schäden und Gefahren.

Stromarten

In Wien wird an die Verbraucher je nach Maßgabe der örtlichen Netzverhältnisse Drehstrom 220 V bzw. 380 V abgegeben. Abnehmeranlagen mit kleinerem Anschlußwert (Licht, kleinere Geräte) werden nur an zwei Leitungen des Drehstromsystems, solche mit größerem Anschlußwert an alle Leitungen desselben angeschlossen.

Sicherungen

sind Einrichtungen zum Schutz elektrischer Installationen und Stromverbrauchseinrichtungen. Ihre Wirkungsweise beruht darauf, daß ein dünner, für eine bestimmte Höchststromstärke bemessener Draht, der in einer quarzsandgefüllten Porzellanpatrone eingebettet ist, bei Überlastung durchschmilzt. Dadurch wird der an diese Sicherung angeschlossene Teil der Installation abgeschaltet, wodurch Schäden an diesem Installationsteil und den daran angeschlossenen Stromverbrauchseinrichtungen verhindert werden. Um Schäden jeder Art, vor allem Brandschäden, an Installationen und Geräten sicher zu vermeiden, muß die Sicherung so bemessen werden, daß sie bewußt den schwächsten Teil der Verbraucheranlage bildet; die Festsetzung ihrer Stärke ist daher Sache des Fachmannes. Es dürfen ausschließlich nur die jeweils von ihm vorgesehenen Sicherungspatronen verwendet werden, die immer in Vorrat zu halten sind. In Haushalten werden statt Sicherungen auch Leitungsschutzschalter verwendet.

Notbehelfe irgendwelcher Art („geflickte Sicherungen") gefährden nicht nur die elektrischen Einrichtungen, sie können auch Brände und Unfälle verursachen, weshalb solche Notbehelfe verboten sind.

Zählerablesung

Der an der Anzeigeeinrichtung eines Elektrizitätszählers ersichtliche Zählerstand ändert sich fortlaufend entsprechend dem Verbrauch in der Abnehmeranlage. Der in kWh (siehe „Kilowattstunde") gemessene Stromverbrauch der Anlage innerhalb eines beliebigen Zeitabschnittes wird als Differenz der am Beginn und am Ende dieses Zeitabschnittes abgelesenen Zählerstände ermittelt. Durch Multiplikation dieses in kWh ermittelten Verbrauches mit dem laut Tarif für 1 kWh zu zahlenden Arbeitspreis ergeben sich die Verbrauchskosten der Abnehmeranlage für diesen Zeitabschnitt.

Die von den WStW – EW verwendeten Zähler besitzen ein Fenster, in dem Ziffern zu sehen sind.

Stehen die Ziffern so, daß in einem Feld zwei Ziffern, jede aber nur zum Teil, sichtbar sind, so ist (immer von rechts nach links gelesen) in jedem Feld die niedrigere Ziffer abzulesen.

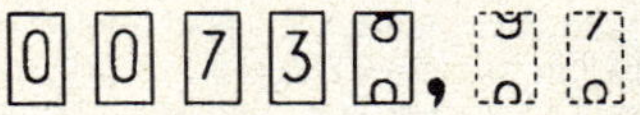

Da an der Hundertstelstelle, zweites Feld rechts vom Dezimalstrich, die zum Teil noch sichtbare 7 kleiner ist als die schon zum Teil sichtbare 8, an der Zehntelstelle analog die 9 kleiner als die 0 (die ja 10 Zehntel entspricht) und an der Einerstelle (links vom Dezimalstrich) analog die 8 kleiner ist als die erst zum Teil sichtbare 9, ist somit abzulesen: 0738.97 kWh.

Im allgemeinen genügt es jedoch, die der Angabe von ganzen kWh entsprechenden Ziffern abzulesen (739 kWh im Beispiel), wobei die letzte Stelle unter der Ziffer 5 der nächsten Stelle ab- und über der Ziffer 5 der nächsten Stelle aufzurunden ist.

Tarifwahl

Soweit mit Rücksicht auf die Bestimmungen der „Allgemeinen Tarife der WStW – EW" dem Abnehmer die Wahl des für ihn günstigsten unter mehreren Tarifen freisteht, erteilen die zuständigen Bezirksgruppen im Direktionsgebäude bzw. die Betriebsstellen im Überlandgebiet diesbezügliche Auskünfte und Ratschläge.

Jeder Abnehmer hat grundsätzlich den Tarif selbst zu wählen (Tarifwahlblatt bzw. Tarifwahlkarte). Er ist an den gewählten Tarif erstmalig bis zum 31. Dezember des Kalenderjahres gebunden. Die Bindung gilt jeweils für ein weiteres Verrechnungsjahr, wenn der Abnehmer nicht bis längstens einen Monat nach der Vorlage der Jahresabrechnung das Elektrizitätsversorgungsunternehmen (EVU) schriftlich von einer anderen Tarifwahl in Kenntnis setzt.

Neue Abnehmer oder Nachfolger in bestehenden Anlagen wählen einen der angeführten Tarife mittels eines Tarifwahlblattes bzw. einer Tarifwahlkarte, welche bei den einzelnen Abnehmergruppen in der Direktion der Wiener Stadtwerke-Elektrizitätswerke, bei den Beratungsstellen sowie den Betriebsstellen erhältlich sind.

Grundpreis, Meßpreis und Arbeitspreis

Diese Teilung des Entgeltes für den Strombezug erklärt sich aus folgendem:

Elektrizität läßt sich wirtschaftlich nur in sehr bescheidenem Maße speichern; es muß sich vielmehr in jedem Augenblick ihre Erzeugung dem jeweiligen Verbrauch anpassen.

Die Kraftwerke mit allen ihren vielfältigen Nebeneinrichtungen, die Umspann- und Unterwerke usw. müssen daher auch bei geringem Bedarf voll betriebsbereit gehalten werden. Dadurch entstehen dauernd, unabhängig vom jeweiligen Bedarf des Versorgungsgebietes, nicht unerhebliche, praktisch gleichbleibende *feste* Kosten, die den größten Teil der Gesamtkosten der Stromerzeugung ausmachen. Zu diesen festen Kosten gehören u. a. die Aufwendungen für Personal, Instandhaltung, Steuern, Versicherungen u. dgl., weiters die Zahlung des Leistungspreises für Fremdstrombezug, ferner der Aufwand für die Verzinsung und Tilgung des immer sehr bedeutenden Anlagenkapitals bzw. für die Erneuerung der Einrichtungen.

Der andere, wesentlich geringere Teil dieser Erzeugungskosten ist vom wechselnden Ausmaß der Energielieferung, also der Zahl der von den Abnehmern verbrauchten bzw. im Kraftwerk erzeugten kWh, abhängig und daher durch den Verbrauch von Brennstoff, Schmiermitteln usw. sowie durch die beträchtlichen Kosten der Fortleitung und Verteilung der elektrischen Energie bedingt (*bewegliche* Kosten).

Dementsprechend ist es durchaus begründet und daher auch vertretbar, daß wenigstens ein Teil der festen Kosten als fixer Teil des Stromentgeltes, also als Grundpreis, dem Stromverbraucher angelastet wird. Der Arbeitspreis hingegen berücksichtigt neben dem auf die abgegebene kWh bezogenen Rest der festen Kosten naturgemäß die beweglichen Kosten. Der Meßpreis ist das Entgelt für die jeweils notwendige Meßeinrichtung.

Gas- und Stromverrechnung

Die Durchführung der Jahresabrechnung geht so vor sich, daß zunächst der Jahresverbrauch des vergangenen Abrechnungszeitraumes vom Zähler des Kunden der Wiener Stadtwerke abgelesen wird. Der Vorjahrsverbrauch bildet (neben dem Grundpreis, der Zählergebühr sowie einem geschätzten durchschnittlichen Verbrauchsanstieg) die Grundlage für die Ermittlung des zu erwartenden Gesamtrechnungsbetrages für den voraussichtlichen Gas- und Stromverbrauch der folgenden zwölf Monate.

Dieser Gesamtrechnungsbetrag ist in fünf gleich hohen Teilbeträgen vom Kunden zu bezahlen, wobei bei der einmal jährlichen Endabrechnung die durch den tatsächlich erfolgten Gas- und Stromverbrauch sich ergebenden Mehr- oder Minderzahlungen berücksichtigt werden.

Anläßlich der Endabrechnung wird auch die vom Kunden zu leistende Anzahlung für die Vorauslieferung von Strom und Gas in der Höhe eines durchschnittlichen Monatsverbrauches für die abgelaufene Jahresperiode rückverrechnet und für die folgende Jahresperiode neu vorgeschrieben.

Diese neue Art der Verbrauchsabrechnung bringt besonders den Kunden eine Reihe von Vorteilen. Zufolge der fünfmal jährlich zu entrichtenden gleich hohen Teilbeträge wird die bisher besonders in den Wintermonaten fühlbare starke finanzielle Belastung vermieden und damit eine gleichmäßige Verteilung der Gas- und Strombezugskosten auf das ganze Jahr erzielt.

Die Möglichkeit, die jeweiligen Teilrechnungsbeträge in Form eines Einzugsauftrages bei dem entsprechenden Geldinstitut der Kunden bargeldlos zu begleichen, wirkt sich besonders für berufstätige Kunden vorteilhaft aus.

Durch diese Form der Jahresablesung ist die Zugänglichkeit zum Zähler nur noch einmal jährlich erforderlich.

Weiters kann, da die Teilbeträge im vorhinein bekannt sind, im Bedarfsfall leichter als bisher am Inkassotag die Begleichung durch einen Nachbarn, Angestellten, Portier usw. durchgeführt werden.

Die seit der Einführung der Jahresabrechnung gewonnenen praktischen Erfahrungen haben gezeigt, daß das neue Gas- und Stromverrechnungssystem der Wiener Stadtwerke bei der überwiegenden Anzahl der Kunden Anklang findet.

Abmeldung des Energiebezuges

Bei Abmeldung des Strom- und Gasbezuges infolge Übersiedlung, Todesfall, Geschäftsauflösung usw. ist eine schriftliche Mitteilung an die Gas- und Stromverrechnung zu richten. In Ausnahmefällen wird die Abmeldung auch telefonisch zur Kenntnis genommen. Insbesondere wird um die Bekanntgabe der neuen Wohnadresse gebeten. Sollte hingegen die Abmontierung eines Meßgerätes gewünscht werden, so ist die Gas- und Stromverrechnung unbedingt schriftlich davon in Kenntnis zu setzen. Ist dem Vormieter der Nachfolger bereits bekannt, so wird gebeten, diesen vom Abrechnungstermin zwecks Unterfertigung des Gas- und Stromlieferungsvertrages zu unterrichten.

Tarife für Haushaltabnehmer

(Stand 1. April 1978)

I. Haushalt-Tarif H 95

Arbeitspreis	95,1 g/kWh	
Jahresgrundpreis: für 1 oder 2 Tarifräume	66,— S	(5,50 S/Monat)
für 3 Tarifräume	171,60 S	(14,30 S/Monat)
für 4 Tarifräume	303,60 S	(25,30 S/Monat)
für 5 Tarifräume	448,80 S	(37,40 S/Monat)
für jeden weiteren Tarifraum	158,40 S	(13,20 S/Monat)
Jahresmeßpreis derzeit für den 2-Leiter-Zähler	92,40 S	(7,70 S/Monat)
3- oder 4-Leiter-Zähler	205,20 S	(17,10 S/Monat)

Als Tarifraum gilt unabhängig davon, ob in dem betreffenden Raum eine Elektroinstallation vorhanden ist oder nicht:
a) jeder bewohnbare Raum über 8,8 m² Grundfläche,
b) eine Grundfläche von je angefangenen weiteren 30 m² in einem Raum mit mehr als 30 m².

II. Kleinstabnehmer-Tarif K 454

Arbeitspreis	4,54 S/kWh	
Jahresmeßpreis derzeit für den 2-Leiter-Zähler	92,40 S	(7,70 S/Monat)
3- oder 4-Leiter-Zähler	205,20 S	(17,10 S/Monat)

III. Nachtstrom-Tarif N 47

für Heißwasserspeicher und Speicherheizgeräte Arbeitspreis	47,7 g/kWh	
Jahresgrundpreis für Speicheröfen je angefangene 500 W Anschlußwert	20,40 S	(1,70 S/Monat)
Jahresmeßpreis derzeit für den 2-Leiter-Zähler	92,40 S	(7,70 S/Monat)
3- oder 4-Leiter-Zähler	205,20 S	(17,10 S/Monat)
Steuergerät (bzw. Schaltbefehl)	156,— S	(13,— S/Monat)

IV. Pauschaltarif P

Für Kompressionskühlschränke und Tiefkühltruhen bis 100 l Nutzinhalt	346,80 S/Jahr	(28,90 S/Monat)
bis 150 l Nutzinhalt	420,— S/Jahr	(35,— S/Monat)
bis 200 l Nutzinhalt	519,60 S/Jahr	(43,30 S/Monat)
bis 250 l Nutzinhalt	607,20 S/Jahr	(50,60 S/Monat)

V. Sonderregelungen

1. Zusätzlicher Grundpreis für Geräte, die das übliche Ausmaß von Stromverbrauchseinrichtungen im Haushalt übersteigen
   a) Direktheizgeräte, Saunaöfen u. ä.; der zusätzliche Jahresgrundpreis beträgt je angefangene 500 W Anschlußwert . . . . 90,80 S (7,90 S/Monat)

b) Schwimmbeckenheizungen, Dachrinnenheizungen u. ä.; der zusätzliche Jahresgrundpreis beträgt für je angefangene 500 W Anschlußwert . . . . . . 283,20 S (23,60 S/Monat)

Je Haushaltanlage sind 2,2 kW grundpreisfrei.

2. Grundpreisfreistellung
Es erfolgt eine Grundpreisfreistellung für die unter Pkt. 1 a und 1 b genannten Stromverbrauchseinrichtungen, wenn eine Sperrschalteinrichtung (z. B. TFR-Empfänger) eingebaut wird.
Jahresmeßpreis hiefür . . . . . . 156,— S (13,— S/Monat)

Derzeit gelten folgende Sperrzeiten:
1. Oktober bis 31. März, Montag bis Freitag von 7 bis 9 Uhr und von 16 bis 20 Uhr.

3. Baukostenzuschüsse
Der einmalige, unverzinsliche und nicht rückzahlbare Baukostenzuschuß beträgt derzeit
a) für Direktheizungen und Saunen u. ä. je angefangene 500 W Anschlußwert . . . . . . 382,50 S

b) für Schwimmbeckenheizungen, Dachrinnenheizungen u. ä. . . . . . . 227,— S/kVA

Je Haushaltanlage sind 2,2 kW baukostenzuschußfrei.

VI. Nebengebühren

Mahnung oder Wiedervorlage von Rechnungen inkl. Porto	18,50 S
Wiederinbetriebsetzung stillgelegter Anlagen	92,60 S
Neuerliche Anlagenüberprüfung nach Mängeln	92,60 S
Prüfung erweiterter oder abgeänderter Anlagen	92,60 S
Änderung von Meßeinrichtungen	92,60 S
Für jede Aus- oder Einschaltung	46,30 S
Zwischenablesungen oder Plombierungen	46,30 S
Ein- oder Ausschaltung von Saisonanlagen	46,30 S
Für Abnehmerummeldungen	46,30 S

Zu allen Preisen kommen bei den Abrechnungen noch 8% Umsatzsteuer hinzu.

Verbrauch elektrischer Haushaltsgeräte

Geräte	Anschlußwert in Watt	Benützungsdauer in Stunden für den Verbrauch einer kWh
Glühlampen	25	40
	40	25
	60	16½
	100	10
Rasierapparat	6	167
Ventilator	20	50
Heizmatte	40	25
Heizkissen	60	16½
Radioapparat	60	16½
Kaffeemühle	80	12½
Handrührgerät	120	8½
Fernsehapparat	140	7
Bodenbürste	350	2¾
Brotröster	450	2¼
Haartrockner	450	2¼
Staubsauger	500	2
Rührgerät	500	2
Tauchsieder	700	1¼
Bügeleisen	1000	1
Heizgerät	1000	1
Einzelkochplatte	1200	¾
Doppelkochplatte	2000	½
Heizgerät	2000	½
Wäschetrockner	2000	½

ferner wird verbraucht für:

10 l Heißwasser 85° C . . . . 1 kWh
Elektrokochen pro Person und Tag etwa . . . . 1 kWh
Kühlschrank pro Tag . . . . 0,6–2 kWh

1 kg Wäsche in einer Waschmaschine waschen etwa . . . . 1 kWh
Geschirrspülmaschine (10–12 Maßgedecke) 1 komplettes Spülprogramm etwa . . . . 2,5 kWh
4 kg Wäsche mit der Bügelmaschine bügeln etwa . . . . 1 kWh

Laß das sein . . . . !

Klopfen Sie, bitte, nicht am Zähler herum, wenn er einmal nicht funktionieren sollte; ihn so zu behandeln, nützt nichts. Es ist viel ratsamer, auch zur Schonung Ihrer Brieftasche, die WStW–EW sofort zu verständigen.

Schaltern und Steckdosen tut es nicht gut, wenn sie als Kleiderhaken benützt werden; manchmal rächen sie sich dafür zu Ihrem Ärger!

Verdrehen, Verknoten und Knicken von Anschlußschnüren, auch ihre Benützung zum Herausziehen des Steckers aus der Steckdose (anstatt hiezu den Stecker selbst anzufassen), gibt zwar begründeten Anlaß zu Neuanschaffungen, aber auch zu Kurzschlüssen! Ebenso ist es keineswegs ratsam, die Anschlußschnur nach dem Bügeln um das noch heiße Bügeleisen zu wickeln.

Bei eingeschalteten Heizkissen einzuschlafen ist ebensowenig zu empfehlen, als sich mit der ganzen Körperschwere auf das Heizkissen zu legen oder es unbeaufsichtigt zum Aufwärmen des Bettes zu verwenden.

Das Bügeleisen bei wenn auch noch so kurzer Unterbrechung des Bügelns nicht auszuschalten, das Bügeleisen oder Glühlampen zum Anwärmen des Bettes, die elektrische Heizsonne zum raschen Trocknen leichter Stoffe zu benützen: lohnt sich das im Hinblick auf die damit verbundene Brandgefahr?

Kochplatten eignen sich nicht zur Raumbeheizung; sie werden bei solcher Fehlverwendung zwar rasch glühend, dadurch aber sehr bald schadhaft.

Elektrische Kochtöpfe (Teekocher, Kaffeekannen) sollen nicht ohne Inhalt eingeschaltet werden und bleiben; andererseits sollen sie beim Reinigen nicht ins Wasser getaucht werden. Letzteres gilt auch für Kochplatten, deren Oberfläche aber trotzdem immer peinlich sauber zu halten ist, weil deren Verschmutzung verlängerte Kochdauer und damit erhöhten Stromverbrauch bedingt.

Tauchsieder sollen vor dem Einschalten bis nach dem Ausschalten ins Wasser getaucht sein, ohne daß jedoch der Schnuranschluß benetzt wird.

Sparen wollen am falschen Platz bedeutet es, schadhaft gewordene Elektrogeräte, Schalter, Leitungen usw. nicht vom *Fachmann* reparieren zu lassen, desgleichen mit der fachgerechten Erneuerung abgenützter Kohlenbürsten am Motor des Staubsaugers, der Bodenbürste, des Ventilators usw. solange zu säumen, bis weitaus kostspieligere Schäden am Motor eingetreten sind.

Zu schwache oder nicht blendungsfreie Beleuchtung ist der größte Feind der Augen; Augenschäden, Kopfschmerzen, Unlustgefühle und nicht zuletzt schlechte Arbeitsergebnisse sind die Folgen. Doch nützt auch starke Beleuchtung dann nichts, wenn dort, wo Licht hinfallen soll, Schatten ist.

Zur Beratung in allen Fragen der Elektriziätsanwendung stehen den Abnehmern der WStW–EW die zuständigen technischen Abnehmergruppen, 9, Mariannengasse 4, die Beratungsstelle, 6, Mariahilfer Straße 41–43, die Betriebsstellen in Baden, Klosterneuburg, Liesing, Mödling, Purkersdorf, Schwechat und Stammersdorf zur Verfügung.

GAS IN WOHNUNG UND BETRIEB

Geschäftsstellen der Wiener Stadtwerke-Gaswerke und ihr Wirkungsbereich

Direktion: 8, Josefstädter Straße 10–12, Tel. 43 09, für die Bezirke 1, 3, 4, 6 bis 11, 16 bis 19 sowie für die Gemeinden Schwechat und Klosterneuburg; für den Gebrechenbehebungsdienst Tel. 43 09*, 517, 518, 519.

Geschäftsstelle Meidling: 12, Theresienbadgasse 3, Tel. 83 35 41, für die Bezirke 5, 12 bis 15, 23 sowie Purkersdorf.

Geschäftsstelle Brigittenau: 20, Denisgasse 39, Tel. 33 35 21, für die Bezirke 2, 20 bis 22 sowie die Gemeinden Bisamberg, Gerasdorf, Groß-Enzersdorf und Langenzersdorf.

Außenstelle Mödling: Mödling, Hauptstraße 68, Tel. 902*, 42 03, 0 22 36*, 42 03, für die Gemeinden Biedermannsdorf, Breitenfurt, Brunn am Gebirge, Gießhübl, Gumpoldskirchen, Guntramsdorf, Hennersdorf, Hinterbrühl, Kaltenleutgeben, Laxenburg, Maria Enzersdorf, Mödling, Perchtoldsdorf, Traiskirchen, Vösendorf und Wiener Neudorf.

Allgemeines

Die Lieferung von Gas erfolgt nach vorheriger Gasbezugsanmeldung auf Grund der „Allgemeinen Bedingungen für den Gasbezug aus den Wiener Stadtwerken-Gaswerke" nach Maßgabe der bestehenden Gaserzeugungs- und -verteilungsanlagen.

Das Gas darf nur für den eigenen Bedarf des Abnehmers verwendet werden. Die Versorgung Dritter, mit Ausnahme von Untermietern, ist nur mit schriftlicher Zustimmung der Gaswerke gestattet.

Die Lieferbereitschaft begründet keinen klagbaren Anspruch.

Der Gasabnehmer hat keinen Anspruch auf Entschädigung, wenn die Gaswerke aus irgendeinem Grund an der Lieferung des Gases verhindert sind oder eine Störung in der Gaslieferung eintritt. Bei Störungen in der Gaslieferung wird eine rasche Behebung zugesichert.

Die Gaswerke übernehmen für den Zustand der Gaszuleitungen und der Gasverteil- und -benützungsanlagen in den Räumlichkeiten der Gasabnehmer keine Haftung, sind aber über Wunsch bereit, die Gasanlagen unentgeltlich zu überprüfen und bei beabsichtigten Gaseinrichtungen beratend mitzuwirken.

Den mit einer amtlichen Dienstlegitimation (mit Lichtbild) versehenen Angestellten der Gaswerke muß jederzeit der ungehinderte Zutritt zu den Gaszählern und allen Gasverbrauchseinrichtungen gestattet werden.

Wie wird eine Gaszuleitung bestellt?

Die Herstellung, Änderung und Instandsetzung von Gaszuleitungen (Abzweigungen vom Straßenhauptrohr) führen ausschließlich die Gaswerke, und zwar über schriftliche Bestellung und auf Kosten des Bestellers, aus.

Von der zuständigen Geschäftsstelle (siehe vorstehend) kann zunächst mündlich, schriftlich oder fernmündlich ein unverbindlicher schriftlicher Kostenvoranschlag verlangt werden. Die Herstellungskosten einer Gaszuleitung richten sich nach dem Querschnitt und der Länge der Zuleitung sowie nach der Art der Straßendecke und den Verkehrsverhältnissen. Die Kosten erhöhen sich, wenn die Zuleitung in zwei Abschnitten bzw. verkehrsbedingt in den Nachtstunden hergestellt werden muß. Bei Erstellung des Kostenvoranschlages müssen die ungünstigsten Verhältnisse angenommen werden. Mit der Bestellung soll nicht bis zum Winter gewartet werden, da bei gefrorenem Boden ein Frostzuschlag verrechnet werden müßte. Die Bestellung erfolgt in der zuständigen Geschäftsstelle. Da die Gasleitung Eigentum des Liegenschaftsbesitzers (z. B. der Hausinhabung) bleibt, kann die Bestellung für die Neuherstellung oder Auswechslung der Leitung nur durch die Hausinhabung bzw. deren bevollmächtigten Stellvertreter (Hausverwaltungen usw.) erfolgen. Dies gilt auch für den Fall einer Beschädigung der Leitung durch Fremdeinwirkung. Bei der Bestellung ist eine Anzahlung zu leisten.

Wie wird die Aufstellung eines Gaszählers bestellt?

Die Zählung der abgegebenen Gasmenge erfolgt durch amtlich geeichte Gaszähler; die Anzeigen des Gaszählers werden der Verrechnung zugrunde gelegt.

Die Bestimmung der Größe, der Art und des Aufstellungsortes des Gaszählers ist den Gaswerken vorbehalten. Die Gaszähler einschließlich der Verbindungsstücke, soweit diese von den Gaswerken beigestellt werden, bleiben ihr Eigentum und werden von ihnen gewartet. Als teilweises Entgelt für die Beistellung und Wartung des Gaszählers sowie für die Kosten der Gasverrechnung wird eine nach dem Anschlußwert der Gaszähler abgestufte Gaszählergebühr in nachstehender Höhe eingehoben:

Type	NB 1,5	NB 2 u. 5 G4 u. 6	NB 7	NB 10 u. 15 G10 u. 16	NB 30 G25
Schilling Monat (ohne Umsatzsteuer)	2,90	5,60	8,50	20,40	34,–

Diese Gaszählergebühr wird gemeinsam mit den für die verbrauchten Gasmengen fälligen Beträgen im Rahmen des Jahresinkassos verrechnet.

Die Aufstellung eines Gaszählers wird in der zuständigen Geschäftsstelle bestellt, wobei eine Gebühr je nach Größe der Nennbelastung des Gaszählers zu entrichten ist. Vorher ist vom Eigentümer bzw. Benützer der Gasanlage über den Installateur, der die Gasanlage hergestellt hat, eine amtliche Überprüfung (Kommissionierung) zu beantragen. Umfaßt die Gasanlage auch Gasgeräte, die an einen Kamin angeschlossen werden müssen (Warmwassergeräte, Kessel, Einzelheizöfen – mit Ausnahme der sogenannten „Außenwandgeräte"), so ist spätestens mit der Bestellung des Gaszählers ein gültiger Kaminbefund auf dem Überprüfungsbefund abzugeben.

Was kostet das Erdgas?

1 m³ Erdgas entspricht 11,1648 kWh. Der Preis für eine Kilowattstunde (kWh) beträgt 30,10 g (ohne Umsatzsteuer) für Haushalte und für Raumheizung.

Über Ansuchen des Abnehmers kann hingegen der Gaspreis für gewerbliche und industrielle Verwendung auf 28,70 g/kWh (ohne Umsatzsteuer) ermäßigt werden.

Wenn ein gewerblicher oder industrieller Betrieb Gas nicht nur für den Produktionsprozeß, sondern auch zur Raumheizung benützt, so werden die für die erstgenannte Verwendung verbrauchten Gasmengen mit 28,70 g (ohne Umsatzsteuer), die für die Raumheizung verbrauchten Gasmengen mit 30,10 g (ohne Umsatzsteuer) in Rechnung gestellt.

Wo erfolgt die Beratung über die Einrichtung von Gasheizungsanlagen?

Eine fachkundige Beratung über die Einrichtung von Gasheizungsanlagen wird in den zuständigen Geschäftsstellen sowie in der Informationsstelle, 6, Mariahilfer Straße 63, Tel. 57 96 01, erteilt. Wärmebedarfsberechnungen für Objekte, die zentral beheizt werden sollen, erfolgen kostenlos in der Informationsstelle Mariahilfer Straße an Hand von mitgebrachten Bauplänen. Gleichzeitig ist in dieser Informationsstelle Montag bis Donnerstag von 8 bis 17.30 Uhr, Freitag von 8 bis 15.15 Uhr (Juli bis August Montag bis Freitag von 8 bis 15.15 Uhr) eine Heizgas-Geräteausstellung mit spezieller Heizungsberatung eingerichtet.

Vor der Ausführung einer Gasheizungsanlage ist vom Installateur oder der Heizungsfirma ein Antrag auf Anschlußgenehmigung bei den Wiener Stadtwerken-Gaswerke einzureichen.

Wo erhält der Gasabnehmer Auskünfte bezüglich Gasrechnungen?

Allgemeine Auskünfte über Gasrechnungen erteilt die Strom- und Gasverrechnung der Wiener Stadtwerke in der Direktion der Elektrizitätswerke, 9, Mariannengasse 4, Tel. 43 80, bzw. Wiener Stadtwerke-Gaswerke, Abteilung Großkonsumabrechnung, 8, Josefstädter Straße 10–12. System der Gasverrechnung siehe Abschnitt „Elektrizität in Wohnung und Betrieb".

Wie erfolgt die Abmeldung des Gasbezuges?

Im Normalfall (z. B. bei Wohnungswechsel) genügt eine zeitgerechte Vereinbarung (auch telefonisch) wegen der Schlußstandablese mit der verrechnenden Stelle (Strom- und Gasverrechnung der Wiener Stadtwerke in der Direktion der Elektrizitätswerke, 9, Mariannengasse 4, Tel. 43 80, bzw. Wiener Stadtwerke-Gaswerke, Abteilung Großkonsumabrechnung, 8, Josefstädter Straße 10–12, Tel. 43 09).

Soll der Gaszähler demontiert werden, so ist dies bei der zuständigen Geschäftsstelle der Wiener Stadtwerke-Gaswerke persönlich oder schriftlich zu beantragen.

Wie komme ich zu einem preiswerten Gasgerät?

Vor Ankauf eines neuen Gasgerätes können die Ausstellungen der Wiener Stadtwerke-Gaswerke, 6, Mariahilfer Straße 63, und 12, Theresienbadgasse 3, besichtigt werden.

Nach Wahl des zusagenden Gasgerätes kann dieses bei einem konzessionierten Installateur über die *„Gasgemeinschaft Wien"* bestellt werden. Die Gasgemeinschaft Wien ist eine Vereinigung, der die Wiener Stadtwerke-Gaswerke, konzessionierte Installateure Wiens und österreichische Gasgeräteerzeuger angehören. Sie bezweckt die Herstellung von Gasanlagen in den Wiener Häusern und die Belieferung der Wiener Haushalte mit guten und preiswerten inländischen Gasgeräten zu günstigen Teilzahlungsbedingungen. In Wien dürfen nur Gasgeräte und -feuerstätten mit Prüfzeichen der ÖVGW (Österreichische Vereinigung für das Gas- und Wasserfach) verwendet werden.

Wie kann ich mir zu günstigen Bedingungen ein Badezimmer bzw. eine Einzelraumheizung oder Etagenheizung einrichten?

Die Finanzierung durch die Gasgemeinschaft Wien ermöglicht es jedem Konsumenten im Versorgungsgebiet der Wiener Stadtwerke-Gaswerke, sich die nötigen Einrichtungen und die Installation eines Badezimmers, einer Etagenheizung oder einer Einzelraumheizung zu günstigen Teilzahlungsbedingungen anzuschaffen.

Ebenso werden Gas-Haussteigleitungen zu denselben günstigen Bedingungen durch die Gasgemeinschaft Wien finanziert.

Ein Teil des gesamten Betrages ist bei der Bestellung zu erlegen.

Nähere Auskünfte erteilt die „Gasgemeinschaft Wien", 6, Mariahilfer Straße 63, 1. Stock, Tel. 57 96 02.

Was mache ich, wenn mein Gasgerät nicht richtig funktioniert?

Falls kein Installateur erreichbar ist, kann die Direktion der Wiener Stadtwerke-Gaswerke, Tel. 43 09, Gebrechenbehebungsdienst, angerufen und der kostenlose Besuch eines Monteurs verlangt werden. Kleinere Mängel wird dieser selbst beheben, bei größeren Reparaturen allerdings erfolgt die Verweisung an einen befugten Installateur. Ein guter Rat: Nicht selbst Schäden reparieren, da dadurch der Schaden möglicherweise noch vergrößert werden kann; aber auch nicht an Pfuscher wenden, denn Pfuscherarbeiten kommen gewöhnlich teurer als die Arbeit des Fachmannes!

Wie verhält man sich bei Gasgebrechen?

Tritt Gasgeruch auf, so ist folgendes zu beachten:

1. Sämtliche Gashähne, soweit sie gefahrlos erreichbar sind, schließen.
2. Offene Flammen sofort löschen. Elektrische Schalter und Klingeln nicht betätigen. Zugehörige Sicherungen nur dann herausschrauben, wenn sie sich außerhalb des gaserfüllten Raumes befinden. Gas-Luft-Gemische stellen eine Explosionsgefahr dar!
3. Durch Öffnen der Fenster und Türen Durchzug herstellen, um die Räume gründlich zu lüften.
4. Sofortige telefonische Meldung an die Wiener Stadtwerke-Gaswerke, 8, Josefstädter Straße 10–12, Tel. 43 09*, 517, 518, 519, Gebrechenbehebungsdienst.

WIENER VERKEHRSBETRIEBE

Netz und Netzeinteilung

Das Verkehrsnetz der Wiener Stadtwerke-Verkehrsbetriebe umfaßt (ohne fallweise Einlage- und Verstärkungslinien)
38 Straßenbahnlinien,
und zwar 21 Radiallinien
6 Rundlinien
11 Durchgangslinien,
Gesamtbetriebslänge ca. 200 km.

3 Stadtbahnlinien,
Gesamtbetriebslänge ca. 22 km.

2 U-Bahn-Linien,
Gesamtbetriebslänge ca. 12 km.

37 Autobuslinien im Einheitstarif,
Gesamtbetriebslänge ca. 200 km.

3 Innerstädtische Autobuslinien sowie
1 Kahlenberglinie,
Gesamtbetriebslänge ca. 13 km (Sondertarif).

TARIFBESTIMMUNGEN

Die Tarifbestimmungen gelten für die Straßenbahn-, Stadtbahn-, U-Bahn- und Autobuslinien der Wiener Stadtwerke-Verkehrsbetriebe.

Sie gelten ferner für die in die Tarifgemeinschaft mit den Wiener Stadtwerken-Verkehrsbetriebe einbezogenen Strecken der Wiener Schnellbahn der ÖBB und auf den in die Tarifgemeinschaft einbezogenen Kraftfahrlinien der öffentlichen und privaten Autobusunternehmen. Sie regeln den Einheitstarif, den Sondertarif, den Gelegenheitsverkehr und die Gebühren.

I. EINHEITSTARIF

A. Allgemeines

Der Einheitstarif gilt auf allen Straßenbahn-, Stadtbahn- und U-Bahn-Linien sowie auf den Autobuslinien, für die nicht der Sondertarif gilt, ferner auf den in die Tarifgemeinschaft einbezogenen Strecken der Wiener Schnellbahn der ÖBB und auf den in die Tarifgemeinschaft einbezogenen Kraftfahrlinien der öffentlichen und privaten Autobusunternehmen.

Die Linien der Wiener Stadtwerke-Verkehrsbetriebe, auf denen der Einheitstarif gilt, sind in Kurzstrecken eingeteilt.

B. Fahrkarten

Alle Fahrkarten gelten für eine Fahrt ohne Fahrtunterbrechung auf der für die Erreichung des Fahrzieles zeitmäßig kürzesten Fahrstrecke.

Alle Fahrkarten mit Ausnahme des 4-Kurzstrecken-Fahrscheines sind unübertragbar, sobald mit ihnen eine Fahrt angetreten worden ist.

1. Fahrscheine
gelten für eine Fahrt mit oder ohne Umsteigen an allen Tagen von Betriebsbeginn bis Betriebsschluß.
Sie kosten
pro Stück beim Schaffner oder
beim Fahrscheinausgabeautomaten
mit Ausgabezuschlag . . . . 10 S
pro Stück im Vorverkauf . . . . 7,20 S.

Der Kindertarif
gilt für Kinder bis zum vollendeten 15. Lebensjahr; bei weiterhin nachgewiesenem Schulbesuch bis Ende des Unterrichtsjahres, in dem das 15. Lebensjahr vollendet wird, ausgenommen Schüler berufsbildender Pflichtschulen.

Bei Inanspruchnahme von Fahrscheinen für Kinder hat das Kind bis zum vollendeten 15. Lebensjahr auf Verlangen sein Alter mit einem Lichtbildausweis, aus dem sein Geburtsdatum hervorgeht, nachzuweisen. Eine Schülerstreckenkarte zum Schülertarif II (siehe E/Punkt 3/a) gilt gleichfalls als Nachweis zur Inanspruchnahme des Kindertarifes. Über das 15. Lebensjahr hinaus werden nur der von den Wiener Stadtwerken-Verkehrsbetriebe ausgestellte Kinderausweis mit Lichtbild und die Schülerstreckenkarte zum Schülertarif II (siehe E/Punkt 3/a) anerkannt.

Antragsformulare für die Ausstellung von Kinderausweisen sind in der Abteilung für Tarifangelegenheiten, Kartenausgabe und Fahrbegünstigungen, 6, Rahlgasse 3, und bei allen betriebseigenen Vorverkaufsstellen zum Preis von 20 S (Ausfertigungsgebühr) erhältlich.

Für die Ausstellung eines Kinderausweises ist eine Geburtsurkunde, ein Lichtbild (siehe E/Punkt 3/d) und bei Verlängerung über das vollendete 15. Lebensjahr eine Schulbesuchsbestätigung auf dem Antragsformular erforderlich.

Kinder bis zum vollendeten sechsten Lebensjahr werden unentgeltlich befördert. Ebenso werden Kinder bis zum vollendeten 15. Lebensjahr an Sonn- und Feiertagen sowie in den für die Wiener Schulen laut Schulzeitgesetz festgelegten Ferien unentgeltlich befördert.

Bei Inanspruchnahme der unentgeltlichen Beförderung hat das Kind auf Verlangen sein Alter mit einem Lichtbildausweis, aus dem sein Geburtsdatum hervorgeht, nachzuweisen.

Fahrscheine für Kinder kosten
pro Stück beim Schaffner oder
beim Fahrscheinausgabeautomaten
mit Ausgabezuschlag . . . . 4 S
pro Stück im Vorverkauf . . . . 3 S.

Nachttarif
Auf Wagen mit der Kennzeichnung „Nachttarif" gelten zwei Fahrscheine zu je 10 S für eine Fahrt mit oder ohne Umsteigen. Auf den genannten Wagen gelten weder der Kindertarif noch Zeitkarten (mit Ausnahme der 24-Stunden-Netzkarte) noch andere Fahrkarten. Ebenso haben im Tagesverkehr gelöste Fahrscheine keine Gültigkeit, doch kann eine auf solchen Wagen begonnene Fahrt, sofern die gelösten Fahrscheine noch zum Umsteigen berechtigen, auf einem im Fahrplan des nächsten Tages verkehrenden Wagen fortgesetzt und beendet werden.

2. 4-Kurzstrecken-Fahrscheine
sind nur im Vorverkauf erhältlich und gelten an Werktagen von Montag bis Freitag ab 8 Uhr bis Betriebsschluß, an Samstagen, Sonn- und Feiertagen ganztägig für 4-Kurzstrecken-Fahrten, die nicht an den Tag und die Person gebunden sind. Auf der Wiener Schnellbahn der ÖBB und den Autobuslinien in Tarifgemeinschaft sind sie nicht gültig, wenn auf diesen Wagen der entsprechende Hinweis angebracht ist.
Sie kosten pro Stück . . . . 14 S.

3. Pensionistenfahrscheine
sind nur im Vorverkauf erhältlich und gelten für eine Fahrt mit oder ohne Umsteigen an Werktagen von Montag bis Freitag von 8 Uhr bis Betriebsschluß, an Samstagen, Sonn- und Feiertagen ganztägig.
Sie kosten pro Stück . . . . 4,50 S.

Sie gelten nur in Verbindung mit einem Lichtbildausweis (Pensionistenausweis), der Beziehern von Dauerfürsorgeunterstützungen sowie Beziehern von Renten oder Pensionen und deren Ehegatten vom Magistrat der Stadt Wien (Sozialreferate in den magistratischen Bezirksämtern) ausgestellt wird, sofern deren Einkommen den Richtsatz der Ausgleichszulage gemäß §§ 292 ff. ASVG nicht übersteigt.

C. Zeitkarten

1. Netzkarten

a) 24-Stunden-Netzkarten
sind nur im Vorverkauf erhältlich und berechtigen zu beliebig vielen Fahrten innerhalb von 24 Stunden ab der markierten Uhrzeit.

Sie kosten pro Stück . . . . 36 S.

b) Netzkarten mit Wochen-, Monats- und Halbjahreswertmarken berechtigen zu beliebig vielen Fahrten an allen Tagen von Betriebsbeginn bis Betriebsschluß während des auf der Wertmarke ersichtlichen Gültigkeitszeitraumes.

Wochenwertmarken mit 5tägiger Gültigkeit gelten von Montag bis Freitag
Wochenwertmarken mit 6tägiger Gültigkeit gelten von Montag bis Samstag
Wochenwertmarken mit 7tägiger Gültigkeit gelten von Montag bis Sonntag
innerhalb einer Kalenderwoche,
Monatswertmarken gelten an allen Tagen innerhalb eines Kalendermonates
Halbjahreswertmarken gelten an allen Tagen innerhalb von sechs Kalendermonaten.

Fällt bei Monats- und Halbjahreswertmarken (ausgenommen Wertmarken für Schülerfreikarten) der letzte Tag der Gültigkeit auf einen Samstag, Sonn- oder Feiertag, so gilt als letzter Gültigkeitstag der darauffolgende Werktag; ist dieser ein Samstag, wird der nächstfolgende Werktag als letzter Tag der Gültigkeit angesetzt.

Der Preis beträgt für eine
Wochenwertmarke mit 5tägiger Gültigkeit . . . . . 58 S
Wochenwertmarke mit 5tägiger Gültigkeit für Lehrlinge . . . . 29 S
Wochenwertmarke mit 6tägiger Gültigkeit . . . . . 68 S
Wochenwertmarke mit 6tägiger Gültigkeit für Lehrlinge . . . . 34 S
Wochenwertmarke mit 7tägiger Gültigkeit . . . . . 79 S
Monatswertmarke .332 S
Monatswertmarke für Lehrlinge . . . . .166 S
Halbjahreswertmarke . . . . .1.800 S
Monatswertmarke für Schüler zum Schülertarif III (siehe E/Punkt 3/a) . . . . .221 S.

Alle Netzkarten mit ermäßigten Wertmarken für Lehrlinge gelten nur in Verbindung mit einem von der Direktion der Berufsschule oder der Abteilung für Tarifangelegenheiten, Kartenausgabe und Fahrbegünstigungen für das laufende Unterrichtsjahr ausgestellten Berufsschulausweis. Diese Ausweise müssen mit einem Lichtbild versehen sein, das den Inhaber des Ausweises leicht und zweifelsfrei erkennen läßt.

Schüler können den Gültigkeitsbereich ihrer Streckenkarte zum Schülertarif III auf eine Netzkarte durch Erwerb und Aufkleben einer Zusatzwertmarke erweitern. Die Karte berechtigt zu Fahrten auf der vorgeschriebenen Strecke entsprechend den Bestimmungen für Schülerstreckenkarten während der Gültigkeitsdauer der Streckenkarte und zu Fahrten entsprechend den Bestimmungen für Netzkarten während des auf der Zusatzwertmarke ersichtlichen Gültigkeitszeitraumes.

Der Preis der Zusatzwertmarke beträgt für
Schülertarif III . . . . 55 S.

2. Schülerstreckenkarten
berechtigen zu beliebig vielen Fahrten an Werktagen von Betriebsbeginn bis Betriebsschluß während des auf der Wertmarke ersichtlichen Gültigkeitszeitraumes.

Der Preis beträgt für
Schülertarif I . . . . 55 S
Schülertarif II . . . . 120 S
Schülertarif III . . . . 166 S.

D. Bestimmungen für Fahrkarten im Vorverkauf

Fahrkarten im Vorverkauf in Blöcken zu fünf Stück oder einem Vielfachen davon, 4-Kurzstrecken-Fahrscheine jedoch auch einzeln, sind in der Abteilung für Tarifangelegenheiten, Kartenausgabe und Fahrbegünstigungen, 6, Rahlgasse 3, ferner in den betriebseigenen Vorverkaufsstellen zu den angekündigten Verkaufszeiten und bei privaten Vorverkaufsstellen erhältlich. Bei Fahrpreisänderungen endet die Benützbarkeit mit dem Inkrafttreten des neuen Fahrpreises.

Fahrkarten, die im Vorverkauf erworben und nicht benützt wurden, werden, sofern nicht anläßlich von Tarifänderungen andere Verfügungen getroffen werden, weder zurückgekauft noch umgetauscht.

E. Bestimmungen für Zeitkarten

1. Allgemeine Bestimmungen

a) Alle Zeitkarten sind unübertragbar.
b) Sie sind mit Ausnahme der 24-Stunden-Netzkarte im Nachtverkehr ungültig.
c) Die Bediensteten der Wiener Stadtwerke-Verkehrsbetriebe bzw. die Bediensteten der in die Tarifgemeinschaft einbezogenen Verkehrsunternehmen sind berechtigt, Zeitkarten, ausgenommen die 24-Stunden-Netzkarten, abzunehmen, wenn
die Zeitkarte nicht mit einem Lichtbild versehen ist,
begründete Zweifel bestehen, daß der Zeitkartenbenützer die durch das Lichtbild dargestellte Person ist,
die Wertmarke nicht oder nicht vollständig aufgeklebt ist,
die Nummer der Netzkarte nicht auf der Wertmarke eingetragen ist bzw. mit ihr nicht übereinstimmt,
auf der Karte und Wertmarke Ausbesserungen oder Radierungen der Schrift vorgenommen sind,
die Karte in unstatthafter Weise benützt wird, durch Personen zu Zeiten oder auf Linien, für die sie nicht gilt.
Bei unstatthaftem Gebrauch verliert die Zeitkarte ihre Gültigkeit und wird eingezogen. Es besteht kein Anspruch auf irgendeine Entschädigung.
d) Beschädigte, abgenützte oder verschmutzte Netzkarten mit Wochen-, Monats- oder Halbjahreswertmarken werden von der Abteilung für Tarifangelegenheiten, Kartenausgabe und Fahrbegünstigungen, 6, Rahlgasse 3, kostenlos umgetauscht. Alle übrigen Zeitkarten werden gegen Entrichtung einer Gebühr von 20 S neu ausgestellt.
e) Die Bediensteten der Wiener Stadtwerke-Verkehrsbetriebe bzw. die Bediensteten der in die Tarifgemeinschaft einbezogenen Verkehrsunternehmen sind berechtigt, 24-Stunden-Netzkarten abzunehmen, wenn die Karte in unstatthafter Weise benützt wird, nach Ablauf der Gültigkeitsdauer oder auf Linien, für die sie nicht gilt.
f) Bei ungerechtfertigter Abnahme wird nur jener Teil des Kartenpreises zurückerstattet, der auf die Tage der Verkürzung der tarifmäßigen Geltungsdauer der Zeitkarte entfällt.

g) Für abhandengekommene Zeitkarten und Wertmarken (ausgenommen Schülerkarten) wird kein Ersatz geleistet.
h) Die Wiener Stadtwerke-Verkehrsbetriebe behalten sich das Recht vor, die Zeitkarten durch Verlautbarung in der „Wiener Zeitung" innerhalb der gesetzlichen Verlautbarungsfrist für Tarifmaßnahmen zu kündigen; sie zahlen in diesem Fall den Zeitkartenbesitzern über Verlangen und gegen Rückstellung der Zeitkarte innerhalb einer von den Wiener Stadtwerken-Verkehrsbetriebe zu bestimmenden angemessenen Frist den der restlichen Laufzeit der gekündigten Zeitkarte entsprechenden Teilbetrag vom Kartenpreis zurück.

2. Bestimmungen für Netzkarten
ausgenommen 24-Stunden-Netzkarte und Monatsnetzkarte zum Schülertarif III.
a) Netzkarten und Stammkundenkarten für Bonusmarken sind nur in Verbindung mit dem Kauf einer Wertmarke erhältlich.
b) Auf der Netzkarte sind Name und Anschrift des Benützers einzutragen, weiters ist auf der dafür vorgesehenen Stelle der Netzkarte ein Lichtbild fest anzubringen, das den Benützer zweifelsfrei erkennen läßt.
c) Vor Antritt der ersten Fahrt hat der Benützer die Wertmarke auf die dafür vorgesehene Stelle der Netzkarte voll aufzukleben und die Nummer der Netzkarte auf der Wertmarke einzutragen.
d) Alle Eintragungen sind entweder mit Tinte, Schreibmaschine, Filzstift oder Kugelschreiber vorzunehmen.
e) Wochenwertmarken für Netzkarten (ausgenommen die Wochenwertmarken für Lehrlinge) sind in der Abteilung für Tarifangelegenheiten, Kartenausgabe und Fahrbegünstigungen, 6, Rahlgasse 3, ferner in den betriebseigenen Vorverkaufsstellen zu den angekündigten Verkaufszeiten und bei privaten Vorverkaufsstellen erhältlich.
f) Monats- und Halbjahreswertmarken für Netzkarten sowie sämtliche Wertmarken für Lehrlinge sind nur in der Abteilung für Tarifangelegenheiten, Kartenausgabe und Fahrbegünstigungen, 6, Rahlgasse 3, und bei den betriebseigenen Vorverkaufsstellen zu den angekündigten Verkaufszeiten erhältlich. Bei letztgenannten Stellen findet der Verkauf der Monatswertmarken nur in der Zeit vom 20. eines jeden Monats bis einschließlich 5. des darauffolgenden Monats statt.
g) Um die Gültigkeit einer Netzkarte zu verlängern, genügt es, eine Wertmarke mit der gewünschten Gültigkeitsdauer zu kaufen, auf die dafür vorgesehene Stelle der Netzkarte voll aufzukleben und die Nummer der Netzkarte auf der Wertmarke einzutragen.
h) Monats- und Halbjahresnetzkarten können beim Kauf der Wertmarke bei den unter f) genannten Stellen und dort angegebenen Zeiten gegen Verlust versichert werden.

3. Bestimmungen für Schülerkarten
a) Schüler der öffentlichen oder mit Öffentlichkeitsrecht ausgestatteten Schulen erhalten bis Ende des Unterrichtsjahres bzw. ordentliche Hörer von Universitäten bis Ende des Sommersemesters im Studienjahr, in dem sie das 30. Lebensjahr vollenden, Schülerkarten. Für Abendkurse oder kurzfristige Kurse und für die Zeit der Sommerferien werden keine Schülerkarten ausgegeben.
Es erhalten Schüler berufsbildender Pflichtschulen
Schülerkarten zum Schülertarif I,
Schüler der allgemeinbildenden Pflichtschulen, der berufsbildenden mittleren und höheren Schulen und der allgemeinbildenden höheren Schulen bis Ende des Unterrichtsjahres, in dem sie das 15. Lebensjahr vollenden,
Schülerkarten zum Schülertarif II
sowie Schüler der gleichen Schultypen wie unter Schülertarif II, jedoch ab dem Unterrichtsjahr nach vollendetem 15. Lebensjahr und Schüler der Lehranstalten für gehobene Sozialberufe, der berufspädagogischen Lehranstalten und ordentliche Hörer der Universitäten,
Schülerkarten zum Schülertarif III.
b) Es werden ausgegeben:
Schülerstreckenkarten, die den Schüler berechtigen, auf der vorgeschriebenen Strecke zwischen polizeilich gemeldetem Wohnsitz und Schule (Universität, jedoch ohne Institute, und sonstige Unterrichtsanstalten) zu fahren.

Schülernetzkarten
c) Findet der lehrplanmäßige Unterricht nur während eines Teiles des Gültigkeitsmonats statt, so gilt die Schülerkarte nur für diesen Teil der Laufzeit entsprechend dem dann geänderten Aufdruck auf der Wertmarke. Ein Preisnachlaß für die allenfalls verkürzte Gültigkeitsdauer wird nicht gewährt.
d) Sämtliche Schülerkarten werden von der Abteilung für Tarifangelegenheiten, Kartenausgabe und Fahrbegünstigungen, 6, Rahlgasse 3, auf Grund von Schulbesuchsbestätigungen bis Ende des Unterrichtsjahres bzw. auf Grund des Inskriptionsnachweises bis Ende des Sommersemesters im laufenden Studienjahr ausgegeben. Bei der Einreichung ist ein Lichtbild, das den Schüler, für welchen die Schülerkarte ausgefertigt werden soll, leicht und unzweifelhaft erkennen läßt, erforderlich.
e) Jeder unstatthafte Gebrauch der Schülerkarte hat ebenso wie das Nichtbeachten der für die Aufrechterhaltung von Sicherheit und Ordnung ergehenden Anordnungen der Bediensteten der Wiener Stadtwerke-Verkehrsbetriebe die Abnahme der Karte und unter Umständen die Entziehung der Fahrbegünstigung für das laufende Unterrichtsjahr bzw. Winter- und Sommersemester des Studienjahres zur Folge.
Die Karte samt Lichtbild ist Eigentum der Wiener Stadtwerke-Verkehrsbetriebe und wird nur zur Benützung überlassen. Der Schüler hat bei Abnahme (Entzug) keinen Anspruch gegen die Wiener Stadtwerke-Verkehrsbetriebe auf Rückstellung der Karte oder des Lichtbildes. Ersätze für abhandengekommene Schülerkarten werden nur gegen Vorlage einer polizeilichen Meldung ausgegeben.
f) Antragsformulare für die Ausstellung von Schülerkarten sind in der Abteilung für Tarifangelegenheiten, Kartenausgabe und Fahrbegünstigungen, 6, Rahlgasse 3, und bei allen betriebseigenen Vorverkaufsstellen zum Preis von 20 S (Ausfertigungsgebühr) erhältlich.
g) Bei der Ausstellung einer Schülerkarte (Schülerfreikarte) ohne das unter f) genannte Antragsformular ist ebenso wie bei der Neuausstellung der Schülerkarte auf Grund einer Änderung des Namens oder der Anschrift des Schülers oder eines allfälligen Schulwechsels eine Gebühr von 20 S zu entrichten.
h) Wertmarken für Schülerkarten sind bei den unter Abschnitt E/Punkt 2/f genannten Stellen zu den dort angegebenen Zeiten erhältlich.

4. Bonus bei Monatswertmarken
a) Bei jedem Kauf einer Monatswertmarke zu 332 S erhält der Käufer eine der Monatswertmarke angeschlossene Bonusmarke, die, von der Wertmarke losgetrennt, auf die dafür vorgesehenen Felder der Stammkundenkarte geklebt werden kann.

b) Für zehn nicht entwertete, aufgeklebte Bonusmarken verschiedener Monate innerhalb eines Zeitraumes von zwei Jahren wird bei einer der unter Abschnitt E/ Punkt 2/f genannten Stellen zu den dort angegebenen Zeiten gegen Abgabe der Stammkundenkarte eine Monatswertmarke ohne Bonusmarke kostenlos ausgegeben.
c) Bonusmarken werden, sofern nicht anläßlich von Tarifänderungen andere Verfügungen getroffen werden, weder durch Bargeld noch durch andere Fahrausweise oder Wertmarken eingelöst.

5. Rückkauf von Wertmarken
a) Alle Arten von Wertmarken für Zeitkarten werden bis vor Beginn der Gültigkeit zum vollen Preis zurückgekauft.
b) Alle Arten von Wertmarken für Zeitkarten, deren Gültigkeit bereits begonnen hat, werden zurückgekauft, wobei für jeden Gültigkeitstag einschließlich des Tages der Rückgabe der Betrag von drei Fahrscheinen à 7,20 S in Abzug gebracht wird.
Bei Wertmarken für Schülerstreckenkarten zum Schülertarif II wird dafür der Betrag von drei Fahrscheinen à 3 S pro Gültigkeitstag in Abzug gebracht.
c) Alle Arten von Wertmarken für Zeitkarten, deren Gültigkeit bereits begonnen hat oder schon abgelaufen ist, werden bei Nachweis von Unfall, Krankheit oder Tod zurückgekauft. Hiebei wird für jeden Gültigkeitstag, für den dieser Nachweis nicht erbracht werden kann, der Betrag von drei Fahrscheinen à 7,20 S in Abzug gebracht. Bei Wertmarken für Schülerkarten zum Schülertarif II wird dafür der Betrag von drei Fahrscheinen à 3 S pro Gültigkeitstag in Abzug gebracht.
d) Monatswertmarken zu 332 S werden nur unter den in den Punkten a) bis c) genannten Bedingungen zurückgekauft, wenn entweder die Wertmarke mit Bonusmarke oder die Wertmarke mit dazugehöriger Stammkundenkarte, in die die entsprechende Bonusmarke eingeklebt ist, vorgelegt werden. Im Falle eines Rückkaufes wird die Bonusmarke entweder eingezogen oder entwertet und kann nicht auf die für den kostenlosen Erwerb einer Monatswertmarke notwendige Zahl von zehn Bonusmarken angerechnet werden.
e) Bei Rückkauf von Halbjahreswertmarken für Netzkarten werden für jeden bereits abgelaufenen Monat der Preis einer Monatswertmarke und für die abgelaufenen Monatsteile pro Tag der Betrag von drei Fahrscheinen à 7,20 S in Anrechnung gebracht.
f) Der Rückkauf aller Wertmarken für Zeitkarten kann in der Abteilung für Tarifangelegenheiten, Kartenausgabe und Fahrbegünstigungen, 6, Rahlgasse 3, und in der Dienststelle für Kunden- und Informationsdienst, 4, Favoritenstraße 9–11, erfolgen. Wird eine Zeitkarte mit Wertmarke auf dem Postweg zum Rückkauf eingereicht, so wird das Datum des Poststempels als Rückgabetag anerkannt.

6. Rückkauf von 24-Stunden-Netzkarten
Nicht benützte 24-Stunden-Netzkarten werden, sofern anläßlich von Tarifänderungen nicht andere Verfügungen getroffen werden, weder zurückgekauft noch umgetauscht.

F. Beförderung von Gepäck und Hunden

1. Für die Beförderung eines Gepäckstückes, das in einer Dimension das Maß von 60 cm überschreitet (Rohre, Platten, Rollen, Leisten u. dgl. über 150 cm) oder jedes Hundes (ausgenommen in geschlossenen Behältern) hat der Fahrgast, der das Gepäckstück oder den Hund mit sich führt, den jeweils für die Fahrstrecke entsprechenden Fahrpreis eines Fahrscheines zu 10 S bzw. im Vorverkauf zu 7,20 S, einer 24-Stunden-Netzkarte oder des entsprechenden Anteiles eines 4-Kurzstrecken-Fahrscheines zu entrichten.
Auf Netzkarten mit Wochen-, Monats- oder Halbjahreswertmarken (ausgenommen Schülernetzkarten) kann für die Beförderung eines Gepäckstückes oder jedes Hundes eine Wertmarke derselben Preislage auf der Netzkarte unterhalb des Lichtbildes aufgeklebt werden. Im übrigen gelten hiefür die Bestimmungen des Abschnittes E/Punkt 2 sinngemäß.
2. Unter der Voraussetzung ihrer Beförderungszulässigkeit entsprechend den Beförderungsbedingungen können folgende Gepäckstücke vom Fahrgast unentgeltlich mitgeführt werden:
1 Kinderwagen, 1 Puppenwagen, 1 Krankenfahrstuhl, 1 Kinderfahrzeug (z. B. Kinderdreirad, Kinderroller usw.), 1 Sportgerät, 1 Blumenkranz, 1 Christbaum (Äste zusammengebunden), 1 Fahrrad (zusammengeklappt), 1 Campingmöbelstück, 1 Einkaufstaschenroller, Musikinstrumente, Fahnenstangen, Transparente und ähnliche Gegenstände (einzeln oder gebündelt).

G. Wiener Schnellbahn der Österreichischen Bundesbahnen

1. Allgemeines
In eine Tarifgemeinschaft mit den Österreichischen Bundesbahnen sind die Strecken zwischen Liesing und Süßenbrunn bzw. Strebersdorf einbezogen. Als Schnellbahnzüge gelten alle als solche besonders gekennzeichneten Züge auf den genannten Strecken. Wenn als Schnellbahnzüge gekennzeichnete Züge auf anderen Strecken verkehren, kommen bei ihrer Benützung die Tarife gemäß dem Personen- und Reisegepäcktarif der Österreichischen Bundesbahnen zur Anwendung.
2. Gültigkeit der Fahrausweise
Alle zum Umsteigen gültigen Fahrausweise der Wiener Stadtwerke-Verkehrsbetriebe gelten ebenso wie die Bestimmungen über den Kindertarif auch im Bereich der Wiener Schnellbahn.
3. Fahrkartenausgabe
Bei den Schnellbahnkassen und in jenen ÖBB-Bahnhöfen, welche in den von den Österreichischen Bundesbahnen herausgegebenen Heftchen „Personen- und Gepäcktarif ÖBB – Wiener Stadtwerke – Verkehrsbetriebe" genannt werden, werden besonders gekennzeichnete Fahrscheine ausgegeben.
Sie kosten
pro Stück mit Ausgabenzuschlag . . . . 10 S
zum Kindertarif
pro Stück mit Ausgabezuschlag . . . . 4 S.

H. Kraftfahrlinien der öffentlichen und privaten Autobusunternehmen

1. Allgemeines
Die in die Tarifgemeinschaft einbezogenen Kraftfahrlinien der öffentlichen und privaten Autobusunternehmen sind mit Liniensignalen (mit Zusatzbuchstaben „B") und durch Tafeln besonders gekennzeichnet.
2. Fahrausweise
Alle Personen, die im Besitz eines innerhalb des Einheitstarifes zum Umsteigen gültigen Fahrausweises der Wiener Stadtwerke-Verkehrsbetriebe sind, werden un-

ter Berücksichtigung der Bestimmungen über den Kindertarif ohne Lösen einer zusätzlichen Fahrkarte auf den in die Tarifgemeinschaft einbezogenen Kraftfahrlinien der öffentlichen und privaten Autobusunternehmen befördert.
Von den Lenkern der öffentlichen und privaten Autobusunternehmen werden auf diesen Linien keine Fahrkarten der Wiener Stadtwerke-Verkehrsbetriebe ausgegeben.

3. Kahlenbergerdorf–Besonderer Tarif
Personen, die im Einzugsbereich der Heiligenstädter Straße zwischen Burgstall und Donauwarte wohnen und dort polizeilich gemeldet sind, ferner solche, die im Gemeindegebiet von Wien wohnen und im Einzugsbereich der Heiligenstädter Straße zwischen Burgstall und Donauwarte ständig beschäftigt sind, erhalten in der Abteilung für Tarifangelegenheiten, Kartenausgabe und Fahrbegünstigungen, 6, Rahlgasse 3, oder an der Vorverkaufsstelle der Wiener Stadtwerke-Verkehrsbetriebe im Bahnhof Heiligenstadt der Wiener Stadtbahn (U-Bahn) gegen Vorweis eines polizeilichen Meldezettels bzw. einer vom Dienstgeber ausgestellten Bestätigung, Beibringung eines Lichtbildes und Erlag der Ausfertigungsgebühr von 20 S eine auf Namen lautende Erkennungskarte mit sechsmonatiger Gültigkeit.
Gegen Vorweisung dieser Erkennungskarte können Autobuslinien der Firmen Dr. Richard, Verkehrsbetriebe, KG, und Franz Zuklin & Co., Reisebüro und Autobusunternehmen, mit Fahrausweisen des Einheitstarifes, ausgenommen 4-Kurzstrecken-Fahrscheine und Schülerkarten, unter Berücksichtigung der Bestimmungen über den Kindertarif zwischen Bahnhof Heiligenstadt der Wiener Stadtbahn (U-Bahn) und Donauwarte benützt werden. Führt ein Fahrgast ein Gepäckstück oder einen Hund mit sich, so gelten für die Beförderung gleichfalls die auf diesen Linien zulässigen Fahrausweise des Einheitstarifes.
Auf diesen Autobuslinien der Firmen Dr. Richard, Verkehrsbetriebe, KG, und Franz Zuklin & Co., Reisebüro und Autobusunternehmen, werden keine Fahrkarten der Wiener Stadtwerke-Verkehrsbetriebe ausgegeben.

II. SONDERTARIF

A. Allgemeines

Der Sondertarif gilt auf den innerstädtischen Autobuslinien und auf der Kahlenberg-Autobuslinie. Im Sondertarif werden keine Zeitkarten und keine Fahrkarten im Vorverkauf ausgegeben. Für die Beförderung zum Kindertarif gelten sinngemäß die Bestimmungen des Punktes I/B/1. Für die Beförderung eines Gepäckstückes oder eines Hundes gelten sinngemäß die Bestimmungen des Punktes I/F.

B. Innerstädtische Autobuslinien

Fahrscheine gelten für eine Fahrt mit oder ohne Umsteigen an den Betriebstagen von Betriebsbeginn bis Betriebsschluß.
Sie kosten
pro Stück . . . . .2 S
zum Kindertarif
pro Stück . . . . .1 S.

C. Kahlenberg-Autobuslinie

Die Kahlenberg-Autobuslinie ist für die Berechnung des Fahrpreises in Teilstrecken unterteilt.
Fahrscheine gelten für eine Fahrt ohne Umsteigen an allen Tagen von Betriebsbeginn bis Betriebsschluß.
Sie kosten
pro Stück für die Teilstrecke Grinzing–Krapfenwaldgasse, Berg- oder Talfahrt . . . . . . .7 S
für die Teilstrecke Krapfenwaldgasse–Kahlenberg, Berg- oder Talfahrt . . . . .7 S
für die Strecke Grinzing–Kahlenberg,
Berg- oder Talfahrt . . . . .9 S
Berg- und Talfahrt am selben Tag . . . . 16 S
zum Kindertarif
pro Stück für die Strecke Grinzing–Kahlenberg, Berg- oder Talfahrt . . . . .4 S.

Kahlenberg – Besonderer Tarif

Personen, die auf dem Kahlenberg, auf dem Cobenzl, in Josefsdorf oder auf dem Leopoldsberg wohnen und dort polizeilich gemeldet sind, ferner solche, die auf dem Kahlenberg, auf dem Cobenzl, in Josefsdorf oder auf dem Leopoldsberg ständig beschäftigt sind, erhalten in der Abteilung für Tarifangelegenheiten, Kartenausgabe und Fahrbegünstigungen, 6, Rahlgasse 3, gegen Vorweis eines polizeilichen Meldezettels bzw. einer vom Dienstgeber ausgestellten Bestätigung, Beibringung eines Lichtbildes und Erlag der Ausfertigungsgebühr von 20 S eine auf ihren Namen lautende Erkennungskarte mit sechsmonatiger Gültigkeit.

Gegen Vorweisung dieser Erkennungskarte kann die Kahlenberg-Autobuslinie mit Fahrausweisen des Einheitstarifes, ausgenommen 4-Kurzstrecken-Fahrscheine, unter Berücksichtigung der Bestimmungen über den Kindertarif benützt werden. Führt der Fahrgast ein Gepäckstück oder einen Hund mit sich, so gelten für die Beförderung gleichfalls die auf dieser Linie zulässigen Fahrausweise des Einheitstarifes. Für die Gültigkeit einer Schülerkarte mit der Vorschreibung Kahlenberg-Autobuslinie ist keine Erkennungskarte erforderlich.

Auf der Kahlenberg-Autobuslinie werden keine Fahrkarten des Einheitstarifes ausgegeben.

III. GELEGENHEITSVERKEHR (SONDERWAGEN)

Zur fallweisen Beförderung von Personen oder Gütern können Sonderwagen bestellt werden.

1. Der Sonderwagentarif für die Personenbeförderung mit Straßenbahnwagen oder Autobussen setzt sich aus einem Kilometerentgelt, den Personalkosten und allfälligen Regiezuschlägen zusammen.
2. Der Sonderwagentarif für die Güterbeförderung mit Lasttrieb- und Lastbeiwagen der Straßenbahn oder der Stadtbahn setzt sich aus einem Kilometerentgelt, den Personalkosten und allfälligen Regiezuschlägen zusammen.
3. Es wird jedenfalls ein Mindestentgelt verrechnet.
Wenn eine Sonderwagenbestellung bis 24 Stunden vor Fahrbeginn abgesagt wird, wird nichts verrechnet; erfolgt die Absage später, so ist eine Absageentschädigung in der Höhe des Mindestentgeltes zu entrichten, sofern sich nicht aus besonderen Umständen ein höherer Betrag ergibt.
4. Zu den nach den Punkten 1, 2 und 3 verrechneten Tarifen wird noch die jeweils gültige Umsatzsteuer in Rechnung gestellt.
5. Bei Sonderwagenbestellungen, die vorwiegend anderen Zwecken als der Personen- oder Güterbeförderung dienen, wird mit dem Auftraggeber eine Sondervereinbarung getroffen.

6. Nähere Auskünfte über die Bestellung, Bedingungen und Tarife für Sonderwagen der Straßenbahn oder der Stadtbahn werden
   a) zur Personenbeförderung vom Fahrplanbüro,
   b) zur Güterbeförderung von der Betriebsüberwachung,
   beide in 4, Favoritenstraße 9–11, erteilt.
7. Für Sonderautobusse zur Personenbeförderung werden derartige Auskünfte von der Abteilung für den Autobusbetrieb in 4, Favoritenstraße 9–11, erteilt.

IV. GEBÜHREN

1. Die Mehrgebühr beträgt bei Bezahlung innerhalb einer Woche 150 S, bei späterer Bezahlung 450 S.
2. Die Gebühr für Wagenreinigung beträgt 150 S.

Auskünfte

Auskünfte (Tel. 65 36 91)
über Linienführung
Fahrtzeiten
Fahrtziele
gibt: die Kundendienststelle, Klappe 275;
über Intervallzeiten
gibt: die Verkehrsabteilung, Klappe 233;
über Gültigkeit und Preis von Fahrscheinen
Fahrausweisen
Beförderungsbestimmungen
geben: die Abteilung für Tarifangelegenheiten, Kartenausgabe und Fahrbegünstigungen, Klappe 923, und die Kundendienststelle, Klappe 284;
über allgemeine Betriebsangelegenheiten
gibt: die Betriebsabteilung, Klappe 334;
über Wagentechnische Angelegenheiten
gibt: die Wagentechnische Abteilung, Klappe 619.

Kunden- und Informationsdienst

Der Kunden- und Informationsdienst der Verkehrsbetriebe befindet sich im Informationszentrum „Karlsplatz" (Fußgängerpassage; Tel. 57 31 86), Montag bis Freitag von 7 bis 18 Uhr, Samstag von 7 bis 14 Uhr, in der Außenstelle „Stadtinformation" (8, Friedrich Schmidt-Platz; Tel. 43 89 89), Montag bis Freitag von 7.30 bis 15.30 Uhr, und im „Kundendienstbüro" (4, Favoritenstraße 9–11; Tel. 65 46 81*, 284), Montag bis Freitag von 7.30 bis 15.30 Uhr.

Anliegen allgemeiner Art sind schriftlich an die Kundendienststelle, 4, Favoritenstraße 9–11, 2. Stock, Tür 455, zu richten und, wenn sie durch die Post zugestellt werden, auf alle Fälle mit einfachem Porto zu frankieren. Für unrichtig markierte Fahrscheine wird nur dann eine Vergütung geleistet, wenn der Ersatzfahrschein vorgelegt wird. Der Beschwerdeführer erhält bei berechtigten Fahrscheinreklamationen das ausgelegte *Porto rückerstattet.*

Fundgegenstände

Als Fundgegenstand gelten alle in den Wagen, Wartehallen, Haltestellengebäuden und Diensträumen der Straßenbahn, Stadtbahn und des Autobusses gefundenen Gegenstände. Die Angestellten des Betriebes sind verpflichtet, Fundgegenstände an sich zu nehmen bzw. von anderen Personen gefundene und ihnen übergebene Gegenstände zu übernehmen und noch am selben Tag in der zuständigen Verkehrskanzlei abzugeben.

Der Angestellte, dem ein Fundgegenstand übergeben wird, hat die Übernahme des Fundes zu bestätigen sowie den Namen und die Adresse des Finders aufzunehmen und diesen zu befragen, ob er Anspruch auf Finderlohn erhebt oder nicht und wie hoch er den Fundgegenstand bewertet. Wird die Angabe des Namens und der Anschrift verweigert, bedeutet dies Verzicht auf die Finderrechte (Finderlohn, Fundgegenstand bzw. Erlös).

Für vergessene Fundgegenstände besteht kein Anspruch auf Finderlohn.

Die Angestellten sind verpflichtet, Fundgegenstände vom Finder gegen Bestätigung abzuverlangen, wobei die Wahrung des Rechtes auf den Finderlohn gewährleistet ist. Bei Verweigerung der Ausfolgung des Fundgegenstandes an den Bediensteten hat dieser den Namen und die Adresse des Finders aufzunehmen. Die Angestellten sind berechtigt, Fundgegenstände auszufolgen, wenn der Verlustträger einerseits durch genaue Beschreibung des Fundgegenstandes, andererseits bezüglich seiner Anschrift sich hinreichend ausweisen kann.

Nicht abgeholte Fundgegenstände im Wert von mehr als 50 S werden dem Fundamt der Bundespolizeidirektion Wien, 1, Bräunerstraße 5, übermittelt und dem Verlustträger in den Dienststunden des Polizeifundamtes ausgefolgt, wogegen „Kleinstfunde" im Wert bis zu 50 S nach einer Woche dauernden Aufbewahrung in den Verkehrskanzleien von den Findern (Privatfindern oder Angestellten) durch drei Jahre hindurch verwahrt werden. Sie erwerben nach einem Jahr das Recht, den Fundgegenstand zu gebrauchen und nach weiteren zwei Jahren das Eigentumsrecht.

Leicht verderbliche Fundgegenstände werden am Tag des Fundes knapp vor Betriebsschluß bestmöglich veräußert. Der bei der Veräußerung erzielte Erlös wird wie ein gefundener Geldbetrag behandelt.

U-Bahn, Stadtbahn, Schnellbahn, Straßenbahn und Autobus

Betriebsbeginn und Betriebsschluß

1 = Pro Linie: Gesamtstrecke (bei Radiallinien zuerst stadtauswärts), darunter Teilstrecken in gleicher Fahrtrichtung; hierauf Gesamtstrecke retour und Teilstrecken retour
U = U-Bahn
S = Schnellbahn
Stb = Stadtbahn
Bhf. = Betriebsbahnhof der Straßenbahn
. . . – = Gleicher Streckenbeginn wie in Zeile darüber
– . . . = Gleiches Streckenende wie in Zeile darüber
2 = Fahrzeit
3 = Erster Zug bzw. Wagen
4 = Letzter Zug bzw. Wagen
MF = Montag bis Freitag (ausgenommen Feiertage)
MS = Montag bis Samstag (ausgenommen Feiertage)
Sa = Samstag (ausgenommen Feiertage)
So = Sonntag
SS = Samstag und Sonntag
Linien und Zeiten ohne zusätzliche Anmerkungen gelten täglich

U-Bahn

1	2	3	4
U1			
Stephansplatz–Reumannplatz	8	5.33	0.13
Karlsplatz **Stb**– . . .	6	5.35	0.15
Reumannplatz–Stephansplatz	8	5.20	0.00
. . . –Karlsplatz **Stb**	6	5.20	0.00
U4			
Karlsplatz **Stb**–Heiligenstadt **Stb**	11	5.28	23.48
Heiligenstadt **Stb**–Karlsplatz **Stb**	11	5.13	23.32
Stadtbahn			
W			
Karlsplatz **U**–Hütteldorf-Hacking	22	5.28	23.36
. . . –Meidling Hauptstraße	10		23.48
Meidling Hauptstraße–Hütteldorf-Hacking	12	5.17	
Hütteldorf-Hacking–Karlsplatz **U**	22	5.00	23.21
. . . –Meidling Hauptstraße	12		23.41
G			
Heiligenstadt **U**–Meidling Hauptstraße	20	5.20	20.00
. . .–Währinger Straße-Volksoper	6		20.10
Meidling Hauptstraße–Heiligenstadt **U**	20	5.23	19.43
Währinger Straße-Volksoper– . . .	6	5.07	
GD			
Friedensbrücke **U**–Meidling Hauptstraße	21	5.14	23.39
Alser Straße– . . .	11	5.02	
Friedensbrücke **U**–Währinger Straße-Volksoper	7		23.49
Meidling Hauptstraße–Friedensbrücke **U**	21	5.18	23.23
Währinger Straße-Volksoper– . . .	7	5.02	
Schnellbahn			
Liesing–Meidling–Floridsdorf	32	MS 4.36 So 5.29	23.29
Meidling–Floridsdorf–Süßenbrunn (–Gänserndorf)	33	5.00	23.30
Wien Mitte/Landstraße **U**–Süßenbrunn	21	4.42	23.42
Meidling–Floridsdorf–Strebersdorf (–Stockerau)	31	4.45	23.45
Meidling–Floridsdorf	23	4.45	0.30
Süßenbrunn–Floridsdorf–Meidling (von Gänserndorf)	33	4.52	23.52
Strebersdorf–Floridsdorf–Meidling (von Stockerau)	31	5.09	23.09
Strebersdorf–Wien Mitte/Landstraße **U** (von Stockerau)	19	5.09	0.09
Floridsdorf–Meidling–Liesing	33	5.02	23.02
Floridsdorf–Meidling	23	4.47	0.02
Floridsdorf–Wien Mitte/Landstraße **U**	10	4.47	0.17
Südbahnhof–Erzherzog Karl-Straße	16	MS 5.25 So 5.55	19.20

1	2	3	4
Südbahnhof–Stadlau	14		20.05
Erzherzog Karl-Straße–Südbahnhof	15	MS 5.45 So 6.15	20.04
Stadlau–Südbahnhof	13	MF 5.36	So 20.16
Wien Nord/Praterstern–Flughafen Wien (7.28–20.28 Intervall 60 Min.)	38	MS 5.15 So 6.15	21.18
Flughafen Wien–Wien Nord/Praterstern (8.18–21.18 Intervall 60 Min.)	32	MS 5.30 So 6.38	21.18
(Rennweg–Flughafen Wien: nicht im Einheitstarif)			
Straßenbahn			
A (Rundlinie über Ring, dann Kai)			
Stadlauer Brücke **S**–Ring–Kai		5.14	22.51
Bellariastraße–Kai–Stadlauer Brücke **S**	33	5.35	23.07
Reichsbrücke–Praterstern **S**	5	4.51	
Elderschplatz–Ring–Kai		5.11	
Bellariastraße–Kai–Elderschplatz	25		23.22
Stadlauer Brücke **S**–Praterstern **S**	15		23.42
Elderschplatz–. . .	5		0.06
Praterstern **S**–Stadlauer Brücke **S**	17	4.57	
. . . –Elderschplatz	6		0.01
Ak (Rundlinie über Kai, dann Ring)			
Stadion–Kai–Ring			22.45
Elderschplatz–Kai–Ring		5.16	
Bellariastraße–Ring–Stadion	29	5.39	22.14
B (Rundlinie über Ring, dann Kai)			
Kaisermühlen–Ring–Kai		5.05	23.44
Bellariastraße–Kai–Kaisermühlen	33	5.20	
Reichsbrücke–Ring–Kai		4.57	
Bellariastraße–Kai–Reichsbrücke	22		0.15
Bk (Rundlinie über Kai, dann Ring)			
Kaisermühlen–Kai–Ring		5.13	23.44
Bellariastraße–Ring–Kaisermühlen	34	5.28	23.06
Reichsbrücke–Kai–Ring		5.06	
Bellariastraße–Ring–Reichsbrücke	23		0.14
D (Börse–Schwarzenbergplatz: nicht an So)			
Nußdorf–Südbahnhof **S**	43	MS 5.29	MS 21.30

1	2	3	4
Augasse–. . .	28	MS 5.11	
Nußdorf–Schottenring, Börse	MS 23 So 21	5.24	23.45
Augasse–. . .	8	So 5.11	
Schwarzenbergplatz–Südbahnhof **S**	8	So 5.31	23.45
Nußdorf–Währinger Gürtel Bhf.	14		0.30
Südbahnhof **S**–Nußdorf	43	MS 5.08	MS 22.17
Währinger Gürtel Bhf.–. . .	16	MS 5.09	
Schottenring, Börse–. . .	MS 23 So 21	MS 5.47 So 5.28	0.09
Südbahnhof **S**–Schwarzenbergplatz	8	So 5.22	23.36
E_2			
Radetzkystraße–Gersthof, Herbeckstraße	42	5.35	23.23
Gersthof–. . .	5	5.22	
Gersthof, Herbeckstraße–Radetzkystraße	41	5.28	22.45
. . . –Gersthof	5		23.59
Währing Bhf.–Radetzkystraße	36	4.58	
G_2 (So ab und bis Schottentor)			
Radetzkystraße–Hohe Warte	42	MS 5.43	MS 23.00
Schottentor–Hohe Warte	19	So 5.45	So 23.19
Währinger Gürtel Bhf.–Hohe Warte	12	5.09	
Hohe Warte–Radetzkystraße	41	MS 5.25	MS 22.22
Hohe Warte–Schottentor	20	So 5.25	So 22.59
Währinger Gürtel Bhf.–Radetzkystraße	30	MS 5.11	
Hohe Warte–Währinger Gürtel Bhf.	11		23.41
H_2			
Prater, Hauptallee–Hernals, Wattgasse	MS 42 So 38	5.45	MS 21.53 So 22.53
. . . –Radetzkystraße	8	5.12	23.31
Hernals, Wattgasse–Prater, Hauptallee	MS 42 So 38	5.02	MS 21.12 So 22.12
Radetzkystraße–. . .	7		23.21
J			
Ottakringer Straße–Stadionbrücke	44	5.02	22.50
Radetzkystraße–. . .	14		23.26
Stadionbrücke–Ottakringer Straße	42	5.03	22.50
. . . –Marxerbrücke	11	4.52	
. . . –Radetzkystraße	12		23.11
O			
Floridsdorfer Brücke–Raxstraße	47	5.02	23.00
. . . –Matzleinsdorfer			

1	2	3	4
Platz **S**			23.48
Raxstraße–Floridsdorfer Brücke	46	5.04	23.44
Matzleinsdorfer Platz **S**– . . .		5.02	

T

1	2	3	4
Schottenring, Börse–St. Marx	31	5.42	23.57
Weiskirchnerstraße–St. Marx	13	5.17	
St. Marx–Schottenring, Börse	32	5.11	23.27

Straßenbahn, Autobus

Linien mit A, B oder S: Autobus. Andere: Straßenbahn.

1S (MS; Sondertarif)

1	2	3	4
Schottentor–Landstraße **U** (Wien Mitte **S**)	14	MS 6.12	MF 19.42 Sa 13.54
Landstraße **U** (Wien Mitte **S**)– Schottentor	13	MS 6.30	MF 20.00 Sa 14.12

2S (MS; Sondertarif)

1	2	3	4
Bellariastraße–Obere Donaustraße	16	MS 6.32	MF 20.00 Sa 14.04
Obere Donaustraße–Bellariastraße	12	MS 6.50	MF 20.18 Sa 14.23

3S (MS; Sondertarif)

1	2	3	4
Schottenring **U**–Graben, Petersplatz	7	MS 6.41	MF 19.45 Sa 13.59
Graben, Petersplatz–Schottenring **U**	8	MS 6.48	MF 19.52 Sa 14.08

5

1	2	3	4
Praterstern **S**–Westbahnhof **Stb**	36	5.17	20.01
. . . –Josefstädter Straße **Stb**	25		23.00
Wallensteinplatz–Westbahnhof **Stb**	27	5.11	
Westbahnhof **Stb**–Praterstern **S**	39	5.07	20.29
Josefstädter Straße **Stb**– . . .	27		22.30
Klosterneuburger Straße–Praterstern **S**	10	5.05	
Josefstädter Straße **Stb**–Wallensteinplatz	18		23.30

6

1	2	3	4
Westbahnhof **Stb**–Simmeringer Hauptstraße	33		23.05
Favoriten, Leebgasse– . . .	17	4.58	
Burggasse/Stadthalle **Stb**– . . .	35	5.15	
Westbahnhof **Stb**–Favoriten Bhf.	18		23.40
Simmeringer Hauptstraße–Westbahnhof **Stb**	31	5.19	23.05
Favoriten, Leebgasse–Burggasse/Stadthalle **Stb**	18	4.54	
Reumannplatz **U**–Westbahnhof **Stb**	19	MF 5.09	
Gräßlplatz– . . . (nur ein Zug)	26	MS 5.16	
Simmeringer Hauptstraße–Favoriten Bhf.	15		23.35

6A (an MS Rundlinie)

1	2	3	4
Simmeringer Hauptstraße, Krausegasse–Simmeringer Lände–Haidestraße–Simmeringer Hauptstraße	18	MF 5.25 Sa 5.28	MF 22.25 Sa 20.58
. . . –Simmeringer Lände	8	So 5.28	So 20.58
Simmeringer Lände–Simmeringer Hauptstraße, Krausegasse	7	So 5.36	So 21.06

8

1	2	3	4
Liechtenwerder Platz–Meidling **S**	39	5.26	23.58
Währinger Gürtel Bhf.– . . .	37	4.44	
Gumpendorfer Straße **Stb**– . . .	12	4.45	
Meidling **S**–Liechtenwerder Platz	40	4.57	0.07
. . . –Westbahnhof **Stb**	15		0.36

8A

1	2	3	4
Meidling **S**–Zanaschkagasse	12	MF 5.10 Sa 5.40 So 6.20	23.00
Zanaschkagasse–Meidling **S**	14	MF 4.55 Sa 5.53 So 6.33	23.13

9 (bei Bedarf Verlängerung bis/ab Meidling **S**)

1	2	3	4
Gersthof–Westbahnhof **Stb**	28	5.31	22.31
Währing Bhf.– . . .	24	MF 5.01	
Westbahnhof **Stb**–Gersthof	MF 27 SS 24	MF 5.36 SS 6.03	23.06
Johann Nepomuk Berger-Platz– . . .	13	MF 5.22	

10

1	2	3	4
Dornbach–Hietzing **Stb**	25	5.16	22.41
Ottakring Bhf.– . . .	17	5.02	
Dornbach–Ottakring Bhf.	9		23.34
Hietzing **Stb**–Dornbach	26	5.22	23.09
Ottakring Bhf.– . . .	8	5.04	

1	2	3	4
10A			
Dornbach–Traisengasse **S**	41	5.20	22.40
Traisengasse **S**–Dornbach	41	5.25	22.06
. . . –Heiligenstadt **U Stb**	15	MS 4.55	
Saarplatz–Dornbach	21	4.55	
Traisengasse **S**–Saarplatz	18		23.21
11A			
Elderschplatz–Griegstraße	17	5.23	23.25
Walcherstraße– . . .	12	4.54	
Elderschplatz–Reichsbrücke	4		23.52
Griegstraße–Elderschplatz	18	5.09	23.20
Reichsbrücke– . . .	4	5.16	
Griegstraße–Reichsbrücke	14		23.43
13A			
Alser Straße–Südbahnhof **S**	28	5.35	23.57
Pilgramgasse **Stb**– . . .	13	5.28	
Südtiroler Platz **U S**–Rudolfshügelgasse	9	MS 5.23	
Südbahnhof **S**–Alser Straße	28	5.08	23.30
Rudolfshügelgasse–Südtiroler Platz **U S**	11	MS 5.04	
14A			
Mariahilfer Straße, Amerlingstraße–Reumannplatz **U**	22	5.20	23.16
Reumannplatz **U**–Mariahilfer Straße, Amerlingstraße	22	5.01	22.57
15A			
Meidling **S**–Simmeringer Hauptstraße	31	5.18	23.14
Rudolfshügelgasse–Laaer Berg-Straße	8	4.54	
. . . –Simmeringer Hauptstraße	17	5.09	
Meidling **S**–Rudolfshügelgasse	13		23.59
Simmeringer Hauptstraße–Meidling **S**	33	5.27	23.22
Laxenburger Straße– . . .	13	5.01	
Laaer Berg-Straße– . . .	20	5.03	
Simmeringer Hauptstraße–Garage Raxstraße	19		23.47
18			
Burggasse/Stadthalle **Stb**–Stadionbrücke	32	5.22	0.24
Währinger Gürtel Bhf.– . . . (nur ein Zug)	50	MS 4.52	
Gumpendorfer Straße **Stb**– . . .	25	5.11	
Stadionbrücke–Burggasse/Stadthalle **Stb**	33	5.02	23.45
22B			
Schüttauplatz–Lobau	17	MF 5.30 SS 8.20	MF 18.20 SS 18.30
. . . –Biberhaufen	15	MF 4.35 Sa 5.40 So 7.00	22.00
Lobau–Schüttauplatz	17	MF 5.47 SS 8.37	MF 18.37 SS 18.45
Biberhaufen– . . .	15	MF 4.50 Sa 5.55 So 7.15	22.15
23B			
Schüttauplatz–Industriestraße	9	MS 5.40 So 7.20	20.20
Industriestraße–Schüttauplatz	9	MS 5.30 So 7.00	19.55
24B (MS)			
Stadlau **S**–Neu-Breitenlee	10	MF 4.45 Sa 5.30	MS 23.30
Neu-Breitenlee–Stadlau **S**	10	MF 4.55 Sa 5.40	MS 23.40
25 (MF in der Hauptverkehrszeit als 25R bzw. 25K Rundlinie von/bis Leopoldau über Ring bzw. Kai)			
Praterstern **S**–Leopoldau **S**	32	5.17	0.17
Reichsbrücke–Kagran	19	4.26	
. . . –Leopoldau **S**	25	4.40	
Leopoldau **S**–Praterstern **S**	30	5.06	23.48
Kagran–Praterstern **S**	22	4.46	
Leopoldau **S**–Reichsbrücke	24		0.46
25A			
Invalidensiedlung–Süßenbrunn **S**	15	MS 5.24 So 6.19	0.00
Süßenbrunn **S**–Invalidensiedlung	15	MS 5.17 So 7.05	23.05
25B			
Stadlau **S**–Wagramer Straße	7	MF 5.00 SS 6.00	20.00
Wagramer Straße–Stadlau **S**	7	MF 5.10 SS 6.10	20.10
26			
Schwedenbrücke–Stadlau	39	5.17	0.00
Reichsbrücke– . . .	24	4.30	
Praterstern **S**– . . .	28		0.18
Stadlau–Schwedenbrücke	37	4.56	23.25
Reichsbrücke– . . .	14	5.02	
Stadlau–Praterstern **S**	26		23.51
. . . –Reichsbrücke	22		0.46
26A			
Stadionbrücke–Groß-Enzersdorf	38	5.26	23.11

1	2	3	4
Wehlistraße–Eßling	26	4.41	
Stadlau **S**–Groß-Enzersdorf	20	4.59	23.59
Stadionbrücke–Wehlistraße	9		23.27
Groß-Enzersdorf–Stadionbrücke	35	5.22	22.52
Aspern– . . .	23	5.04	
Eßling– . . .	32	5.10	
Wehlistraße– . . .	8	5.15	
Groß-Enzersdorf–Wehlistraße	27		0.22
26B (MS)			
Eßling, Schule–Lehenstraße	8	MF 4.42 Sa 6.05	MS 19.24
Lehenstraße–Eßling, Schule	8	MF 4.50 Sa 6.15	MS 19.38
27A			
Floridsdorf **S**–Aspern	21	5.02	0.00
Kagraner Platz– . . .	11	4.52	
Aspern–Floridsdorf **S**	21	5.07	23.22
Kagraner Platz– . . .	11	MF 5.08	
Aspern–Kagraner Platz	11		0.22
28A			
Floridsdorf **S**–Großfeldsiedlung	25	5.12	0.12
Großfeldsiedlung–Floridsdorf **S**	23	5.06	23.36
29 (MF nach Bedarf)			
Schwedenbrücke–Floridsdorfer Brücke	16		
29B (MS)			
Floridsdorf **S**–Sandrockgasse	10	MS 5.35	MS 20.00
Sandrockgasse–Floridsdorf **S**	10	MS 5.45	MS 20.15
30A			
Groß-Jedlersdorf–Nordrandsiedlung, Leopoldau **S**	20	MS 4.59 So 6.31	22.31
. . . –Gerasdorfer Straße, Illgasse	13	MS 4.56	
Nordrandsiedlung, Leopoldau **S**–Groß-Jedlersdorf	20	MS 5.19 So 7.04	23.04
Gerasdorfer Straße, Illgasse– . . .	13	MS 5.11	
30A, 32A			
Groß-Jedlersdorf–Ruthnergasse	3	MS 5.24 So 6.24	23.24
Ruthnergasse–Groß-Jedlersdorf	4	MS 5.27 So 6.27	23.27

1	2	3	4
31			
Schottenring **U**–Stammersdorf	39	5.22	0.07
Floridsdorf, Peitlgasse– . . .	13	4.56	
Wallensteinplatz– . . .	29	5.12	
Stammersdorf–Schottenring **U**	39	5.09	23.28
Floridsdorf, Peitlgasse– . . .	23	4.56	
Groß-Jedlersdorf– . . .	29	5.05	
Stammersdorf–Floridsdorf **S**	17		23.57
. . . –Floridsdorf, Peitlgasse	13		0.42
31/5 (MS nach Bedarf)			
Josefstädter Straße **Stb**–Floridsdorf **S**	33		
31B (MF)			
Stammersdorf, Bahnhofplatz–Stammersdorf, Zentralfriedhof	4	MF 8.15	MF 17.45*
Stammersdorf, Zentralfriedhof–Stammersdorf, Bahnhofplatz	4	MF 8.20	MF 17.50*
* vom 3. November bis 31. März letzter Wagen eine Stunde früher			
32			
Schottenring **U**–Strebersdorf	42	5.38	0.01
Floridsdorf **S**– . . .	15	4.59	
Strebersdorf–Schottenring **U**	39	5.14	23.26
. . . –Floridsdorf **S**	12		0.36
32A (MS)			
Strebersdorf–Groß-Jedlersdorf	9	MS 6.23	MF 19.08 Sa 13.00
Groß-Jedlersdorf–Strebersdorf	8	MS 6.09	MF 18.54 Sa 12.46
32B			
Floridsdorf **S**–Schwarzlackenau	14	MS 5.00 So 7.00	21.00
Schwarzlackenau–Floridsdorf **S**	14	MS 4.45 So 7.15	21.15
34A			
Nußdorfer Straße **Stb**–Floridsdorf **S**	17	5.00	22.45
Floridsdorf **S**–Nußdorfer Straße **Stb**	20	5.20	23.00
35A			
Floridsdorfer Brücke–Salmannsdorf	32	5.20	23.22
. . . –Nußdorfer Straße **Stb**	10	5.10	

1	2	3	4
. . . –Glanzing	22		0.09
Nußdorfer Straße **Stb**– Glanzing	12		0.22
Salmannsdorf–Floridsdorfer Brücke	28	5.17	23.40
Nußdorfer Straße **Stb**– . . .	8	5.00	
Glanzing– . . .	22	MF 5.15	
Salmannsdorf–Nußdorfer Straße **Stb**	16		23.55
38			
Schottentor–Grinzing	22	5.31	0.12
Döblinger Gürtel– . . .	12	4.56	
Grinzing–Schottentor	22	5.08	23.48
. . . –Währinger Gürtel Bhf.	11		0.33
38S (Sondertarif)			
Grinzing–Kahlenberg	19	MS 6.50 So 8.00	20.00*
Kahlenberg–Grinzing	19	MS 7.10 So 8.20	20.20*
* im Sommer bei Bedarf längere Betriebsdauer			
39A			
Saarplatz–Sievering	11	5.11	23.22
Sievering–Saarplatz	9	5.26	23.13
. . . –Grinzinger Allee	8		23.40
40A			
Schottenring, Börse–Döblinger Friedhof	22	6.11	23.30
Währinger Gürtel– . . .	11	6.01	
Währinger Straße **Stb**– . . .	12		23.55
Döblinger Friedhof–Schottenring, Börse	20	5.50	23.08
. . . –Währinger Straße **Stb**	11		23.44
41			
Schottentor–Pötzleinsdorf	22	5.31	0.12
Pötzleinsdorf–Schottentor	23	5.16	23.49
Gersthof– . . .	15	5.16	
Pötzleinsdorf–Gersthof	6		0.31
41A			
Pötzleinsdorf–Neustifter Friedhof	7	6.20	19.00
Neustifter Friedhof–Pötzleinsdorf	5	6.30	19.10
42			
Schottentor–Antonigasse, Währing, Kreuzgasse Bhf.	17	5.38	23.23
Antonigasse–Schottentor	17	5.22	23.08
42B			
Hernals, Wattgasse–Schafberg	15	MS 6.15 So 7.00*	20.00**

1	2	3	4
Schafberg–Hernals, Wattgasse	15	MS 6.30 So 7.15*	20.15**
* Anfang Oktober bis Ende Mai eine Stunde später			
** Anfang Oktober bis Ende Mai 45 Minuten früher			
43			
Schottentor–Neuwaldegg	26	5.33	0.12
Hernals, Wattgasse– . . .	10	5.09	
Hernalser Gürtel– . . .	17	5.31	
Neuwaldegg–Schottentor	25	5.20	23.46
Hernals, Wattgasse– . . .	16	5.17	
Neuwaldegg–Hernals, Wattgasse	9		0.37
43B			
Neuwaldegg–Siedlung Waldandacht	15	MS 6.00 So 8.00	20.00
Siedlung Waldandacht–Neuwaldegg	15	MS 6.15 So 8.30	MS 20.15 So 20.30
44			
Schottentor–Dornbach	23	5.25	23.15
Johann Nepomuk Berger-Platz– . . .	10	MS 5.09	
Dornbach–Schottentor	22	5.34	22.55
Hernals, Wattgasse– . . .	17	5.04	
44B (vom 1. November bis 31. März nur bis Trenkgasse)			
Dornbach–Mitterberg	9	MF 5.30 Sa 6.00 So 7.30	20.00
Mitterberg–Dornbach	9	MF 5.45 Sa 6.15 So 7.45	20.15
46			
Dr. Karl Renner-Ring–Joachimsthalerplatz	20	5.26	0.16
Joachimsthalerplatz–Dr. Karl Renner-Ring	19	5.07	23.56
46B			
Maroltingergasse–Schloß Wilhelminenberg via Wilhelminenstraße	10	MF 5.45 SS 6.15	21.45
via Johann Staud-Straße	10	MF 6.00 SS 6.30	22.00
Schloß Wilhelminenberg–Maroltingergasse via Wilhelminenstraße	10	MF 5.55 SS 6.25	MF 22.00 SS 21.55
via Johann Staud-Straße	10	MF 6.10 SS 6.40	22.10
Maroltingergasse–Scheibenwiese	5	MF 6.05 Sa 6.35 So 7.50	20.20

1	2	3	4
Scheibenwiese–Maroltinger-gasse	5	MF 6.10 Sa 6.40 So 7.55	20.25
48A			
Dr. Karl Renner-Ring–Sanatoriumstraße	25	5.26	23.30
Joachimsthalerplatz– . . .	8	5.10	
Sanatoriumstraße–Dr. Karl Renner-Ring	26	5.20	23.01
Joachimsthalerplatz–	18	5.06	
Sanatoriumstraße–Gutrater-platz	7		23.58
49			
Dr. Karl Renner-Ring–Hütteldorf	33	5.27	0.16
Breitensee Bhf.– . . .	13	5.11	
Urban Loritz-Platz **Stb**– . . .	22	5.17	
Hütteldorf–Dr. Karl Renner-Ring	34	5.26	23.43
Baumgarten– . . .	28	MF 5.29	
Breitensee Bhf.–Urban Loritz-Platz **Stb**	8	5.06	
. . . –Dr. Karl Renner-Ring	19	5.08	
Hütteldorf–Breitensee Bhf.	13		0.47
49A			
Hütteldorf-Hacking **Stb**–Wolfersberg–Bierhäuselberg–Hütteldorf-Hacking **Stb**	17	5.02	21.10
49B			
Hütteldorf-Hacking **Stb**–Wolfersberg–Hainbach, Steinbachstraße	22	MS 5.55 So 6.35	23.30
Hainbach, Steinbachstraße–Wolfersberg–Hütteldorf-Hacking **Stb**	22	MS 5.20 So 6.01	MS 22.20 So 22.25
Bierhäuselberggasse/Mondweg– . . .	9		23.09
50B			
Hütteldorf-Hacking **Stb**–Weidlingau	15	MS 4.30 So 6.05	23.05
Weidlingau–Hütteldorf-Hacking **Stb**	10	MS 4.45 So 6.20	23.20
52			
Burgring–Baumgarten	32	5.26	22.23
Rudolfsheim Bhf.– . . .	15	5.18	23.30
Baumgarten–Burgring	33	5.33	21.53
Rudolfsheim Bhf.– . . .	17	5.06	

1	2	3	4
Baumgarten–Rudolfsheim Bhf.	14		23.44
52B			
Hütteldorf-Hacking **Stb**–Siedlung Jägerwald	10	MS 4.50 So 6.15	23.05
Siedlung Jägerwald–Hütteldorf-Hacking **Stb**	10	MS 5.00 So 6.30	23.20
53B			
Unter-St. Veit–Hackinger Kai	10	5.42	20.06
. . . –Ober-St. Veit	3	5.30	23.27
Unter-St. Veit–Jagdschloß-gasse bzw. Gemeindeberg	10	5.30	23.27
Hietzing **Stb**, Kennedy-brücke–Stock im Weg*	12	5.30	20.30
Hackinger Kai–Unter-St. Veit	10	5.53	20.17
Ober-St. Veit– . . .	3	5.48	23.37
Jagdschloßgasse bzw. Gemeindeberg–Unter-St. Veit	10	5.41	23.34
Stock im Weg–Hietzing **Stb**, Kennedy-brücke*	12	5.43	20.43
* Hietzing **Stb**–Unter-St. Veit: nicht im Einheitstarif!			
56B			
Hietzing **Stb**–Mauer via Speising	22	MS 5.15 So 7.15	23.20
via Rosenhügel	22	MS 5.00 So 7.00	23.45
. . . –Montecuccoliplatz	5	MS 5.00 So 7.00	MS 0.25 So 0.30
. . . –ORF-Zentrum Küniglberg	10	MF 6.05	MF 0.30
Mauer–Hietzing **Stb** via Speising	22	MS 5.22 So 7.37	0.07
via Rosenhügel	22	MS 5.37 So 7.37	23.42
Montecuccoliplatz– . . .	5	MS 4.55 So 7.10	0.20
ORF-Zentrum Küniglberg– . . .	10	MF 4.50	MF 20.20
57A			
Babenbergerstraße–Schwendergasse	18	6.00	23.00
Schwendergasse–Babenbergerstraße	18	5.40	22.40
58			
Burgring–Unter-St. Veit	30	5.45	0.16
Rudolfsheim Bhf.– . . .	12	5.28	
Unter-St. Veit–Burgring	32	5.42	23.46
Rudolfsheim Bhf.– . . .	17	5.28	
Unter-St. Veit–Rudolfsheim Bhf.	12		0.42

1	2	3	4
60			
Hietzing **Stb**–Rodaun	26	5.24	23.53
Speising Bhf.–Mauer	12	4.57	
. . . –Rodaun	16	5.01	
Hietzing **Stb**–Speising Bhf.	12		0.38
Rodaun–Hietzing **Stb**	27	5.20	0.10
Speising Bhf.– . . .	12	5.02	
Mauer– . . .	19	5.10	
Rodaun–Speising Bhf.	17		0.18
60/62 (nach Bedarf)			
Hietzing **Stb**–Lainz, Wolkersbergenstraße	18		
60A			
Liesing **S**–Maurer Berg	22	MS 5.10 So 6.10	22.30
Maurer Berg–Liesing **S**	22	MS 5.35 So 6.35	22.55
60B (vom 1. November bis Palmsonntag täglich erst ab 12 Uhr)			
Speising–Lainzer Tiergarten	10	MS 5.35 So 7.50	20.50
Lainzer Tiergarten–Speising	10	MS 5.50 So 8.00	21.00
61A			
Opernring–Meidling **S**	20	5.45	0.11
Meidling **S**–Opernring	20	5.25	23.51
62			
Kärntner Ring, Oper–Lainz, Wolkersbergenstraße	46	5.31	23.38
Meidling **S**– . . .	22	5.13	
Kärntner Ring, Oper–Speising, Fehlingergasse	36		0.11
Lainz, Wolkersbergenstraße–Kärntner Ring, Oper	44	5.14	23.29
Speising Bhf.– . . .	39	4.52	
Lainz, Wolkersbergenstraße–Meidling **S**	20		23.59
62B			
Meidling **S**–Liesing **S**	18	MF 5.00 Sa 5.30 So 6.00	0.00
Liesing **S**–Meidling **S**	18	MF 4.30 Sa 5.00 So 5.25	23.30
63A			
Wienerbergstraße–Südwestfriedhof	29	5.19	23.08
Meidling Hauptstraße **Stb**– . . .	17	5.20	
Wienerbergstraße–Meidling Hauptstraße **Stb**	10		23.23
Südwestfriedhof–Wienerbergstraße	29	5.41	22.57

1	2	3	4
Meidling Hauptstraße **Stb**– . . .	13	5.06	
Tivoli– . . .	24	5.32	
Südwestfriedhof–Meidling Hauptstraße **Stb**	15		23.42
64A			
Meidling Hauptstraße **Stb**–Liesing **S**			
via Siebenhirten	33	4.50	23.08
via Atzgersdorf	30	5.00	23.23
Liesing **S**–Meidling Hauptstraße **Stb**			
via Siebenhirten	33	5.30	23.51
via Atzgersdorf	30	5.20	23.40
Siebenhirten– . . .	26	5.09	
Atzgersdorf– . . .	20	5.05	
65			
Kärntner Ring, Oper–Stefan Fadinger-Platz	20	5.43	0.11
Stefan Fadinger-Platz–Kärntner Ring, Oper	20	5.24	23.51
. . . –Favoriten Bhf.	7		0.30
65A			
Stefan Fadinger-Platz–Inzersdorf, Industriegebiet Zetschegasse	13	5.08	23.52
Inzersdorf, Industriegebiet Zetschegasse–Stefan Fadinger-Platz	14	5.08	23.36
66A			
Reumannplatz **U**–Liesing **S**	36	5.19	21.56
Sahulkastraße–Siedlung Wienerfeld	4	4.49	
Raxstraße, Rudolfshügelgasse–Inzersdorf, Purkytgasse	15	5.06	
. . . –Wohnpark Alt-Erlaa	18	5.13	
Reumannplatz **U**–Atzgersdorf	24		22.14
. . . –Wohnpark Alt-Erlaa	22		23.26
. . . –Inzersdorf, Großmarkt	15	MF 5.26 Sa 5.51	MF 18.08 Sa 8.11
Liesing **S**–Reumannplatz **U**	37	5.55	22.33
Siedlung Wienerfeld–Raxstraße, Rudolfshügelgasse	6	4.56	
. . . –Reumannplatz **U**	9	5.05	
Inzersdorf, Purkytgasse– . . .	20	5.22	
Wohnpark Alt-Erlaa– . . .	24	5.33	23.49
Inzersdorf, Großmarkt– . . .	17	MF 5.42 Sa 6.08	MF 18.25 Sa 8.32
67			
Reumannplatz **U**–Kurzentrum Oberlaa	15	5.08	23.48

1	2	3	4
. . . –Rothneusiedl	11	4.54	
. . . –Per Albin Hansson-Siedlung Ost	13	5.00	0.30
Kurzentrum Oberlaa–Reumannplatz **U**	15	5.27	0.12
Rothneusiedl– . . .	11	5.07	
Per Albin Hansson-Siedlung Ost– . . .	12	5.18	0.41
Reumannplatz **U**–Raxstraße	10	5.18	0.30
Favoriten Bhf.– . . .	10	4.56	
Raxstraße–Reumannplatz **U**	8	5.08	0.22
. . . –Favoriten Bhf.	8		0.39
67A			
Siedlung Wienerfeld–Unterlaa	16	4.49	20.29
Rothneusiedl– . . .	11		22.34
Unterlaa–Siedlung Wienerfeld	16	5.05	20.25
. . . –Rothneusiedl	11		22.45
68A			
Reumannplatz **U**–Laaer Berg	12	5.11	0.30
Laaer Berg–Reumannplatz **U**	11	4.59	0.14
69A (MS)			
Südbahnhof **S**–Gräßlplatz	8	MS 5.10	MF 22.00 Sa 14.00
Gräßlplatz–Südbahnhof **S**	8	MS 5.21	MF 22.11 Sa 14.11
71			
Schwarzenbergplatz–Zentralfriedhof	30	5.24	23.45
Simmering Bhf.– . . .	8	5.07	
Schwarzenbergplatz–Simmering Bhf.	21		0.09
Zentralfriedhof–Schwarzenbergplatz	29	5.16	23.38
Simmering Bhf.– . . .	21	5.01	
Zentralfriedhof–Simmering Bhf.	7		0.13
71A			
Zentralfriedhof–Schwechat	6	5.00	0.00
Schwechat–Zentralfriedhof	6	5.06	0.05
72A			
Zentralfriedhof–Kaiser-Ebersdorf	7	MS 5.08 So 5.18	23.45
Kaiser-Ebersdorf–Zentralfriedhof	9	5.06	23.51
73A			
Simmeringer Hauptstraße **S**–Pantucekgasse	9	5.04	23.36

1	2	3	4
Pantucekgasse–Simmeringer Hauptstraße **S**	9	MF 5.06 SS 5.13	23.45
79B			
Stadionbrücke–Speicher Albern	MS 24 So 23	MS 5.45 So 6.00	MS 20.00 So 19.00
. . . –Kaiser-Ebersdorf	16	MS 5.20	MS 20.00
Speicher Albern–Stadionbrücke	23	MS 6.10 So 6.30	MS 20.30 So 19.30
Kaiser-Ebersdorf– . . .	16	MS 5.34	MS 20.38
80A			
Praterstern **S**–Lusthaus	21	MF 5.28 Sa 6.48 So 5.28	22.28
Praterstern **S**–Simmeringer Lände via Haidestraße	23	MF 5.18	MF 20.43
Praterstern **S**–Stadionbrücke	12	MF 4.50 SS 5.18	23.08
Stadionbrücke–Lusthaus	9	Sa 5.40	
Stadionbrücke–Simmeringer Lände via Haidestraße	11	SS 5.45	SS 20.55
Lusthaus–Praterstern **S**	19	MF 5.50 Sa 7.10 So 5.50	22.20
Simmeringer Lände–Praterstern **S**	19	MF 5.41	MF 21.04
Simmeringer Lände, E-Werk–Praterstern **S**	16	MF 5.36	
Stadionbrücke–Praterstern **S**	10	MF 5.05 SS 5.30	23.30
Lusthaus–Stadionbrücke	9		SS 22.50
Simmeringer Lände–Stadionbrücke	9	SS 5.56	SS 21.04
80B (MS)			
Stadionbrücke–Handelskai–Speicher Albern	24	MS 5.45	MS 18.30
Speicher Albern–Handelskai–Stadionbrücke	24	MS 6.18	MS 19.03
160A (MS)			
Liesing **S**–Siebenhirten, Triester Straße	15	MF 5.41 Sa 6.01	MS 20.45
Siebenhirten, Triester Straße–Liesing **S**	14	MF 5.06 Sa 5.42	MS 19.50
164A			
Liesing **S**–Kalksburg	14	MF 5.20 Sa 5.44 So 6.05	19.43
Kalksburg–Liesing **S**	14	MF 5.35 Sa 6.01 So 6.22	20.00

STATISTISCHES AMT DER STADT WIEN

(MA 66)

Welche Aufgaben hat das Statistische Amt der Stadt Wien?

Die Statistik soll die für das Studium von Entwicklungstendenzen und zur Fundierung von Entscheidungen notwendigen Daten in entsprechender Gliederung zur Verfügung stellen. Das Statistische Amt der Stadt Wien führt zur Erreichung dieses Ziels eigene Erhebungen durch, sammelt das von der städtischen Verwaltung, der Bundesstatistik und zahlreichen anderen Quellen zur Verfügung gestellte Zahlenmaterial, wertet es aus und bringt es in übersichtlicher Form in Publikationen zur Darstellung.

Die umfangreichste und ausführlichste dieser Veröffentlichungen ist das jährlich erscheinende „Statistische Jahrbuch der Stadt Wien". Es enthält in tabellarischer und grafischer Darstellung statistische Unterlagen über meteorologische und geografische Verhältnisse, Bevölkerungsstand, -struktur und -bewegung, Gesundheits- und Sozialwesen, Industrie, Gewerbe und Handel, Verkehr, Fremdenverkehr, Wohnungswesen, kommunale Einrichtungen, Beschäftigung und Arbeitsmarkt, Preise, Lebenshaltung und Löhne, Unterricht und Kultur, Kultuswesen, Sport, Verwaltung und Rechtswesen sowie Finanzen und Steuern. Ebenfalls jährlich, nur in geringerem Umfang, prägnant und kurz gefaßt, daher früher im Jahr, erscheint das „Statistische Taschenbuch der Stadt Wien". Die „Mitteilungen aus Statistik und Verwaltung der Stadt Wien" erscheinen vierteljährlich und enthalten neben Monatsübersichten nach dem neuesten Stand auch interessante statistische Ergebnisse und Untersuchungen, in ausführlicher Form dargestellt und kommentiert. Auch der jährliche Bericht über die Tätigkeit der Wiener Stadtverwaltung, Betriebe und städtischen Unternehmungen „Die Verwaltung der Stadt Wien" wird vom Statistischen Amt herausgegeben. Außerdem werden noch fallweise Sonderhefte veröffentlicht, die jeweils ein besonderes Thema behandeln.

Daten, die den Publikationen nicht zu entnehmen sind, können von Wissenschaftlern, Wirtschaftsexperten, Sozial- und Kommunalpolitikern, Studenten und anderen Interessenten aus dem im Archiv des Statistischen Amtes der Stadt Wien aufbewahrten Material ersehen werden. Durch den Anschluß an das Integrierte Statistische Informationssystem des Österreichischen Statistischen Zentralamtes (ISIS) steht überdies ein sachlich und regional tiefgegliedertes statistisches Datenmaterial für ganz Österreich zur Verfügung.

Bei periodisch wiederkehrenden Zählungen oder auch bei einmaligen Erhebungen obliegt dem Statistischen Amt neben der Vorbereitung und Organisation der Durchführung vor allem die zahlenmäßige Auswertung und Darstellung für das Wiener Stadtgebiet. Hiezu gehören die Volks-, Häuser-, Wohnungs- und Arbeitsstättenzählung, agrarstatistische Erhebungen, Verkehrszählungen und der Mikrozensus, bei dem vierteljährlich von über 100 Interviewern 3.500 Haushalte befragt werden.

In den letzten Jahren ist die zahlenmäßige Darstellung Wiens in Österreich und in der Ostregion, aber auch ein Vergleich mit anderen Städten, zu einem zentralen Aufgabenbereich des Statistischen Amtes geworden.

Als wertvoller und unentbehrlicher Arbeitsbehelf steht eine Fachbibliothek zur Verfügung, die sich vorwiegend aus statistischen, wirtschafts- und kommunalpolitischen Werken zusammensetzt und durch regen Publikationsaustausch mit verwandten Institutionen des In- und Auslandes ständig bereichert wird. Die Bestände der Bibliothek sind nicht nur für den internen Amtsgebrauch wichtig und für sämtliche Stellen des Magistrats zugänglich, sondern können auch von anderen Behörden, Instituten, Studierenden und fachlich Interessierten benützt werden.

STEUERN, ABGABEN UND GEBÜHREN

(MA 4, 6)

ANKÜNDIGUNGSABGABE

Von öffentlichen Ankündigungen innerhalb des Gebietes der Stadt Wien, die durch Druck, Schrift, Bild oder Ton an öffentlichen Verkehrsanlagen oder in öffentlichen Räumen angebracht, ausgestellt oder vorgenommen werden, ist eine Abgabe zu entrichten. Unter Ankündigungen sind auch alle fremden Ankündigungen durch Hörfunk und Fernsehen, die von Studios im Gebiet der Stadt Wien ihren Ausgang nehmen, zu verstehen.

Was sind öffentliche Verkehrsanlagen oder Räume?

Unter öffentlichen Verkehrsanlagen versteht man sowohl Verkehrs- oder Erholungsflächen als auch Eisenbahnen und Flußläufe. Erfolgt die Ankündigung auf Privatliegenschaften oder in Privaträumen, dann werden sie als öffentlich angesehen, wenn sie von öffentlichen Verkehrsanlagen aus wahrgenommen werden. Ebenso müssen Privaträume öffentlichen Räumen gleichgehalten werden, wenn sie dem allgemeinen Zutritt, auch gegen Entgelt oder nur vorübergehend, offenstehen. Genauso gelten die in Wien verkehrenden öffentlichen Verkehrsmittel als öffentliche Räume.

Welche Ankündigungen sind von der Abgabe befreit?

Ankündigungen, die von Ämtern des Bundes, der Stadt Wien, des Landes Niederösterreich sowie von gesetzlich anerkannten Kirchen und Religionsgesellschaften in Besorgung ihrer Aufgaben veranlaßt werden; ferner Ankündigungen von Wahlen sowie die Ankündigungen politischen Inhaltes der politischen Parteien.

Weiters sind von der Abgabe befreit: Ankündigungen des Geschäftsbetriebes des Ankündigenden vor oder in seinen Geschäftsräumen, an seinen Waren oder Betriebsmitteln oder an dem Gebäude, in dem sich sein Geschäftslokal befindet, sofern sie nur diesen Geschäftsbetrieb betreffen; alle Ankündigungen, die von den öffentlichen Verkehrsunternehmungen zur Belehrung des Publikums über ihre Verkehrs- und Beförderungsverhältnisse sowie ihre Verkehrsbedingungen erlassen werden und der Aushang von Tages- und politischen oder wirtschaftlichen Wochenzeitungen an öffentlichen Anschlagtafeln.

Überdies sind Ankündigungen, die ausschließlich oder vorwiegend und ohne Erwerbsabsichten wissenschaftlichen, gemeinnützigen oder Bildungszwecken dienen, über Ansuchen von der Abgabe zu befreien.

Wie hoch ist das Ausmaß der Abgabe?

Für Ankündigungen, für die ein Entgelt zu leisten ist, beträgt die Abgabe 10 v. H. des vereinnahmten Entgeltes unter Ausschluß der Abgabe und der Umsatzsteuer, die nicht zur Bemessungsgrundlage gehören. Wird aber die Ankündigung durch einen Vermittler besorgt, so gilt als Bemessungsgrundlage der vom Vermittler zu entrichtenden Abgabe das vom Ankündigenden an ihn zu leistende Entgelt, wobei jenes Entgelt, das dieser an den die Ankündigung unmittelbar besorgenden Unternehmer zu leisten hat, aus der Bemessungsgrundlage ausscheidet.

Wenn für eine Ankündigung kein Entgelt gefordert wird, ist die Bemessungsgrundlage vom Magistrat durch Vergleich mit Entgelten für ähnliche Ankündigungen festzusetzen.

Wer ist Abgabepflichtiger?

Wird die Ankündigung durch einen Vermittler besorgt, so hat dieser die Abgabe zu entrichten. Er kann jedoch die Abgabe vom Ankündigenden einziehen. Dieser haftet mit dem Vermittler zur ungeteilten Hand für die Abgabe.

Wird eine Ankündigung ohne Vermittler durchgeführt, so hat der Ankündigende die Abgabe zu entrichten.

Wird die Ankündigung durch den Rundfunk vorgenommen, so hat der Inhaber des Rundfunkunternehmens für die Abgabe aufzukommen. Er kann sie jedoch vom Ankündigenden einziehen. Dieser haftet mit dem Inhaber des Rundfunkunternehmens zur ungeteilten Hand für die Abgabe.

Wann ist die Abgabe zu erklären und zu entrichten?

Alle Personen, die Ankündigungen gegen Entgelt besorgen, haben dies erstmals innerhalb einer Woche dem Magistrat anzuzeigen und in der Folge für jeden Monat bis spätestens 10. des darauffolgenden Monats eine Abgabenerklärung vorzulegen und die Abgabe zu entrichten.

Will der Ankündigende die Ankündigung selbst vornehmen, so muß er die Abgabe vorher entrichten.

Bei Ankündigungen durch an Kraftfahrzeuge angebrachte Plakate (auch Angebote zum Autoverkauf) sind besondere Zahlscheine aufgelegt, die zur Vereinfachung der Abrechnung und Einzahlung bereits alle für die Selbstbemessung der Ankündigungsabgabe erforderlichen Angaben vorsehen. Diese Zahlscheine sind bei allen magistratischen Bezirksämtern (Einlaufstelle) sowie in der Stadtinformation (Rathaus) und in der Außenstelle Karlsplatz erhältlich.

Bemessung und Entrichtung der Abgabe

Bemessungsstelle ist die MA 4, Ref. 4, 1, Ebendorferstraße 1, 2. Stock (Tel. 42 8 00*, 2474 und 2437). Die Abgabe ist an die MA 6, Abgabenhauptverrechnung, 1, Volksgartenstraße 3 (Tel. 42 8 00*, 2633), zu entrichten. Dort ist auch die Abgabenerklärung einzubringen.

ANZEIGENABGABE

Für Anzeigen (Inserate), welche in die in Wien erscheinenden Druckwerke gegen Entgelt aufgenommen oder mit solchen ausgesendet oder verbreitet werden, ist eine Abgabe zu leisten.

Wann erscheint ein Druckwerk in Wien?

Als Erscheinungsort muß Wien dann angesehen werden, wenn die Verbreitung des Druckwerkes erstmalig von hier aus erfolgt. Hat der Unternehmer, der die Verbreitung des Druckwerkes besorgt, seinen Standort in Wien bzw. übt er die verwaltende Tätigkeit überwiegend in Wien aus, so ist Wien ebenfalls Erscheinungsort.

Welche Anzeigen sind von der Abgabe befreit?

Anzeigen, die von Ämtern des Bundes oder der Stadt Wien in amtlichen Blättern erlassen werden, ferner Anzeigen im Kleinen Anzeiger der Zeitungen, die lediglich Arbeits- oder Stellengesuche betreffen, jedoch nur unter der Voraussetzung, daß seitens des abgabepflichtigen Unternehmers von dem, der die Anzeige veranlaßt, nachweisbar um die Abgabe verminderte Tarife eingehoben werden, wenn die Tarife schon unter Einrechnung der Abgabe festgesetzt sind.

Weiters sind eigenwerbende Anzeigen der Verlage in von diesen veröffentlichten Zeitungen und Zeitschriften bei Anzeigentauschgeschäften und bei gegenseitigen Anzeigengeschäften befreit, soferne infolge Rabattgewährung ein gegenüber dem jeweiligen Verlagstarif vermindertes Entgelt vereinnahmt wird.

Wer ist abgabepflichtig?

Zur Entrichtung der Abgabe ist der Eigentümer des Unternehmens, das die Veröffentlichung oder Verbreitung der Anzeige besorgt, bzw. der Verleger oder Herausgeber des Druckwerkes verpflichtet. Sind dies verschiedene Personen, so ist jene abgabepflichtig, der die Zahlung des Entgeltes für die Veröffentlichung oder Verbreitung der Anzeige geleistet wird, während die übrigen zur ungeteilten Hand für die Entrichtung der Abgabe haften. Wird die Anzeige durch einen Vermittler veröffentlicht oder verbreitet, so ist dieser der Abgabepflichtige. Der Abgabepflichtige ist berechtigt, den Abgabebetrag von dem, der die Anzeige veranlaßt, einzuziehen.

Wie hoch ist die Abgabe?

Die Abgabe beträgt 10 v. H. des Entgeltes, das für die Vornahme bzw. Verbreitung der Anzeige geleistet werden mußte, unter Ausschluß der Abgabe und der Umsatzsteuer, die nicht zur Bemessungsgrundlage gehören.

Wann ist die Abgabe zu erklären und zu entrichten?

Der Abgabepflichtige hat erstmals innerhalb einer Woche von der Tatsache der Abgabepflicht dem Magistrat Mitteilung zu machen und in der Folge für jeden Monat bis längstens 14. des darauffolgenden Monats eine Abrechnung über die für die Vornahme bzw. Verbreitung von Anzeigen vereinnahmten Entgelte vorzulegen und auch innerhalb dieser Zeit die Abgabe zu entrichten.

Bemessung und Entrichtung der Abgabe

Bemessungsstelle ist die MA 4, Ref. 4, 1, Ebendorferstraße 1, 2. Stock (Tel. 42 8 00*, 2474 und 2437). Die

Abgabe ist an die MA 6, Abgabenhauptverrechnung, 1, Volksgartenstraße 3 (Tel. 42 8 00*, 2633), zu entrichten. Dort ist auch die Abgabenerklärung einzubringen.

AUSGLEICHSABGABE NACH DEM WIENER BAUMSCHUTZGESETZ

Das Wiener Baumschutzgesetz dient zur Erhaltung des Baumbestandes in Wien. Wird die Entfernung von Bäumen bewilligt, müssen für die gefällten Bäume neue als Ersatz gepflanzt werden.

Wann ist eine Ausgleichsabgabe zu entrichten?

Können Ersatzpflanzungen nicht oder nicht zur Gänze durchgeführt werden, ist eine Ausgleichsabgabe zu entrichten. Abgabepflichtig ist der Bewilligungsträger, der um die Genehmigung der Entfernung der Bäume angesucht hat.

Zweck der Ausgleichsabgabe

Die Erträgnisse der Ausgleichsabgabe werden zur Anpflanzung von Bäumen durch den Magistrat verwendet.

Wie hoch ist die Ausgleichsabgabe?

Die Höhe der Ausgleichsabgabe richtet sich nach der Anzahl der Ersatzpflanzungen, die nicht durchgeführt werden konnten. Für jede nicht durchgeführte Ersatzpflanzung sind 8.000 S zu entrichten.

Bemessung und Entrichtung der Abgabe

Die Ausgleichsabgabe wird auf Grund der im rechtskräftigen Bescheid des magistratischen Bezirksamtes enthaltenen Feststellung, wie weit der Verpflichtung zur Ersatzpflanzung nicht entsprochen werden kann, mit gesondertem Bescheid der MA 4, Ref. 5, 1, Rathaus, 8. Stiege, 2. Stock, Tür 430–433 (Tel. 42 8 00*, 2443), festgesetzt. Die Abgabe ist an die MA 6, Abgabenhauptverrechnung, 1, Volksgartenstraße 3 (Tel. 42 8 00*, 2655), zu entrichten.

Unter welchen Voraussetzungen kann die Ausgleichsabgabe rückerstattet werden?

Erlischt die Bewilligung nach dem Baumschutzgesetz durch ausdrücklichen Verzicht, so kann bis zum Ablauf des auf den Verzicht folgenden Kalenderjahres die Rückerstattung beantragt werden. Der Anspruch muß bei der MA 4, Ref. 5, geltend gemacht werden.

AUSGLEICHSABGABE NACH DEM WIENER GARAGENGESETZ

Bei Neu- und Zubauten sowie bei Widmungsänderungen sind in Ansehung des künftigen Bedarfes Anlagen zum Einstellen von Kraftfahrzeugen zu schaffen. Die Anzahl der zu errichtenden Stellplätze (Pflichtstellplätze) ist vom vorgesehenen Verwendungszweck und vom Ausmaß des Bauvorhabens abhängig.

Wann ist eine Ausgleichsabgabe zu entrichten?

Wird ein Bauvorhaben (eine Widmungsänderung) bewilligt, ohne daß die Verpflichtung zur Schaffung von Einstellplätzen oder Garagen überhaupt oder voll erfüllt wird, so ist an die Stadt Wien eine Ausgleichsabgabe zu entrichten. Abgabepflichtig ist der Bauwerber. Der Einheitssatz der Ausgleichsabgabe beträgt derzeit je Stellplatz 50.000 S.

Bemessung und Entrichtung der Abgabe

Die Ausgleichsabgabe wird auf Grund der im Baubescheid enthaltenen Feststellung, um wieviel die Zahl der vorgesehenen Stellplätze hinter dem gesetzlich geforderten Ausmaß zurückbleibt, mit gesondertem Bescheid von der MA 4, Ref. 1, 1, Rathaus, 4. Stiege, 2. Stock, Tür 451 (Tel. 42 8 00*, 2418), vorgeschrieben. Die Abgabe ist an die MA 6, Abgabenhauptverrechnung, 1, Volksgartenstraße 3 (Tel. 42 8 00*, 2655), zu entrichten.

Unter welchen Voraussetzungen kann die entrichtete Ausgleichsabgabe erstattet werden?

Erlischt die Baubewilligung durch Verzicht oder durch Zeitablauf, so steht ein Anspruch auf Erstattung des entrichteten Abgabebetrages zu. Dieser Anspruch muß jedoch spätestens bis zum Ablauf des Kalenderjahres, das auf das Erlöschen der Baubewilligung folgt, bei der MA 4, Ref. 1, geltend gemacht werden. Desgleichen besteht ein Erstattungsanspruch innerhalb einer Frist von fünf Jahren nach Rechtskraft der Baubewilligung bzw. drei Jahren nach Rechtskraft der Benützungsbewilligung, wenn fehlende Stellplätze nachträglich geschaffen werden.

DIENSTGEBERABGABE

Für das Bestehen eines Dienstverhältnisses in Wien ist vom Dienstgeber eine Abgabe zu entrichten, die zur Errichtung einer Untergrundbahn verwendet wird. Ein Dienstverhältnis liegt vor, wenn der Dienstnehmer dem Dienstgeber (öffentlich-rechtliche Körperschaft, Unternehmer, Haushaltsvorstand) seine Arbeitskraft schuldet. Dies ist der Fall, wenn die tätige Person in der Ausübung ihres geschäftlichen Willens unter der Leitung des Dienstgebers steht oder im geschäftlichen Organismus des Dienstgebers dessen Weisung zu folgen verpflichtet ist.

Wann besteht ein Dienstverhältnis in Wien?

Ein Dienstverhältnis besteht dann in Wien, wenn der Beschäftigungsort des Dienstnehmers in Wien liegt. Erfolgt eine Beschäftigung abwechselnd an verschiedenen Orten, aber von einer festen Arbeitsstätte aus, so gilt diese als Beschäftigungsort. Bei Beschäftigungen ohne feste Arbeitsstätte gilt der Wohnsitz des Dienstnehmers als Beschäftigungsort. Hausgehilfen, die beim Dienstgeber wohnen, haben dort ihren Beschäftigungsort. Hat der Dienstgeber mehrere Wohnsitze, so ist jener maßgebend, an dem er den überwiegenden Teil des Jahres verbringt.

Welche Dienstgeber bzw. welche Dienstverhältnisse sind von der Abgabe befreit?

Von der Abgabe sind befreit: Gebietskörperschaften mit Ausnahme der von ihnen verwalteten Betriebe, Unternehmungen, Anstalten, Stiftungen und Fonds; ferner die Österreichischen Bundesbahnen und die Post- und Telegrafenanstalt; Dienstverhältnisse, bei denen der Dienstnehmer das 55. Lebensjahr überschritten hat; Dienstverhältnisse im Sinne des Behindertengesetzes, des Opferfürsorgegesetzes und des Invalideneinstellungsgesetzes; Lehrverhältnisse im Sinne des Berufsausbildungsgesetzes; Dienstverhältnisse mit einer wöchentlich zu leistenden Arbeitszeit von höchstens zehn Stunden; Dienstverhältnisse mit Hausbesorgern; Dienstverhältnisse während der Dauer des Beschäftigungsverbotes für werdende Mütter und nach der Entbindung sowie während des anschließenden Karenzurlaubes; Dienstverhältnisse während der Zeit, in der der Dienstnehmer den ordentlichen oder außerordentlichen Präsenzdienst leistet.

Wie hoch ist die Abgabe?

Die Abgabe beträgt für jeden Dienstnehmer und für jede angefangene Woche eines bestehenden Dienstverhältnisses 10 S.

Wann ist die Abgabe zu erklären und zu entrichten?

Die Abgabe ist für jeden Monat bis zum 10. des folgenden Monats zu entrichten. Für jedes Kalenderviertel ist bis zum 10. des nächstfolgenden Monats eine Erklärung abzugeben. Wenn der vierteljährliche Abgabenbetrag nicht mehr als 400 S beträgt, kann die Abgabenerklärung für ein Kalenderjahr bis zum 10. Februar des folgenden Jahres abgegeben werden. Das Recht auf jährliche Abrechnung geht nicht verloren, wenn in einzelnen Kalendervierteln der Abgabenbetrag ausnahmsweise mehr als 400 S beträgt, sofern der Jahresbetrag der Abgabe 1.800 S nicht übersteigt.

Weiters besteht die Möglichkeit, diesen Abrechnungs- und Zahlungsvorgang durch Pauschalierung, Bewilligung monatlicher Akontozahlungen in Verbindung mit einer jährlichen Abrechnung sowie durch die Befreiung von der vierteljährlichen Erklärungspflicht für die Dauer des gleichbleibenden Beschäftigtenstandes zu vereinfachen, wenn dadurch ohne wesentliche Veränderung der Abgabenhöhe die Bemessung und Einhebung der Abgabe vereinfacht wird.

Wann wird die Abgabe rückerstattet?

Über Antrag wird Abgabepflichtigen die geleistete Dienstgeberabgabe rückerstattet, wenn die Summe der von ihnen aus Dienstverhältnissen geleisteten Entgelte (Arbeitslöhne) in jenem Kalenderjahr, für das die Rückerstattung begehrt wird, monatlich 3.000 S nicht erreicht und das steuerpflichtige Einkommen des Abgabepflichtigen im gleichen Zeitraum (Kalenderjahr) 30.000 S nicht überstiegen hat. Dieser Betrag erhöht sich für den Ehegatten um 20% und für jede weitere Person, für die der Abgabepflichtige kraft Gesetzes zu einer Unterhaltsleistung verpflichtet ist, um je weitere 10%.

Der Antrag auf Rückerstattung für ein Kalenderjahr ist bis zum Ablauf des nächstfolgenden Jahres einzubringen.

Bemessung und Entrichtung der Abgabe

Bemessungsstelle ist die MA 4, Ref. 4, 1, Ebendorferstraße 1, 2. Stock (Tel. 42 8 00*, 2296, 2434, 2438, 2472, 2473, 2484). Die Abgabe ist an die nach dem Standort (Wohnsitz) des Dienstgebers zuständige Stadtkasse zu entrichten. Dort ist auch die Abgabenerklärung einzubringen.

GEBRAUCHSABGABE

Für den Gebrauch von öffentlichem Gemeindegrund, der als Verkehrsfläche dem öffentlichen Verkehr dient, samt den dazugehörigen Anlagen einschließlich seines Untergrundes und des darüber befindlichen Luftraumes ist vorher eine Gebrauchserlaubnis zu erwirken, wenn der Gebrauch über die widmungsmäßigen Zwecke dieser Fläche hinausgehen soll.

Wie hoch ist die Abgabe und wie ist die Fälligkeit geregelt?

Die Höhe der Abgabe ist aus dem dem Gebrauchsabgabegesetz angeschlossenen Tarif zu entnehmen. Der Tarif unterscheidet zwischen einmaligen Abgaben, Jahresabgaben und Selbstbemessungsabgaben. Die einmaligen Abgaben sind innerhalb eines Monats nach Zustellung des Abgabenbescheides, die Jahresabgaben bis 2. Mai jeden Jahres im vorhinein und die Selbstbemessungsabgaben für jeden Kalendermonat bis zum 15. des darauffolgenden Monats zu entrichten.

Bemessung und Entrichtung der Abgabe

Eine Gebrauchserlaubnis wird nur auf Antrag von der MA 35-G, 12, Theresienbadgasse 3 (Tel. 83 16 01*, 284), erteilt. Diese ist auch die Bemessungsstelle für die Gebrauchsabgabe. Die Abgabe ist an die Stadtkasse, in deren Bereich sich das Objekt befindet, für das die Gebrauchserlaubnis erteilt wurde, zu entrichten. Ohne Rücksicht auf die Objektslage ist für Baustofflagerungen und bei Selbstbemessungsabgaben die Abgabe an die MA 6, Abgabenhauptverrechnung, zu entrichten, bei der bei Selbstbemessungsabgaben auch die Abgabenerklärungen innerhalb der gleichen Frist wie die Zahlung einzubringen sind. Für Jahresabgaben wird den Abgabepflichtigen im April jedes Jahres ein elektronisch erstellter, vollcodierter Zahlschein zugesandt. Die Abgabenhauptverrechnung ist in 1, Volksgartenstraße 3 (Tel. 42 8 00*, 2632).

GEBÜHREN FÜR DIE BENÜTZUNG UND RÄUMUNG VON UNRATSANLAGEN

A. ABWASSERGEBÜHR

Der an einen Straßenkanal angeschlossene Grundbesitz innerhalb der Stadt Wien unterliegt der Abwassergebühr.

Wann beginnt oder endet die Gebührenpflicht?

Die Gebührenpflicht beginnt bei Grundbesitz, der bei Inkrafttreten des Gesetzes bereits an einen Kanal angeschlossen ist, am 1. Jänner 1979. In allen anderen Fällen beginnt sie mit Ablauf des Kalenderviertels, in dem der Kanalanschluß hergestellt wurde. Die Gebührenpflicht endet mit Ablauf des Kalenderviertels, in dem der Kanalanschluß beseitigt wurde.

Wonach richtet sich die Höhe der Gebühr?

Die Höhe der Gebühr richtet sich nach der auf der Liegenschaft bezogenen Wassermenge. Es werden nicht nur die aus der städtischen Wasserleitung bezogenen Wassermengen, sondern auch die aus Brunnen gewonnenen Mengen zur Berechnung herangezogen.

Welche Ermäßigungen der Abwassergebühr gibt es?

1. Für Eigenheime und Kleingärten kann ein pauschaler Abzug für das zur Bewässerung von Grünflächen verwendete Wasser beantragt werden.

2. Werden mehr als 200 m^3 des bezogenen Wassers nachweislich nicht in den Kanal eingeleitet, kann bis zum Ende des folgenden Kalenderjahres für diese Wassermengen die Rückerstattung der Gebühr beantragt werden.

Bemessung und Entrichtung der Gebühr

Bemessungsstelle ist die MA 4, Ref. 6, 6, Grabnergasse 6 (Tel. 57 75 75*, 225). Die Gebührenbescheide werden von der EDV-Anlage ausgedruckt. Die Gebühren sind an die für die Liegenschaft zuständige Stadtkasse zu entrichten. Verfügt der Abgabepflichtige über ein Konto bei einem Geldinstitut, so kann die Gebühr auch im Lastschrifteinzugsverfahren durch Abbuchung von seinem Konto entrichtet werden.

B. SENKGRUBENRÄUMUNG UND SONSTIGE ARBEITSLEISTUNG

Für die Räumung von Senk- und Sickergruben, Hauskläranlagen und Abscheidern aller Art wird eine Gebühr je nach Menge des Aushubs vorgeschrieben.

Für besondere Arbeitsleistungen, wie die Behebung von Verstopfungen, sind Gebühren nach Maßgabe der aufgewendeten Arbeitsstunden und der eingesetzten Geräte zu bezahlen.

Wann entsteht die Gebührenpflicht?

Die Gebührenpflicht entsteht mit der Vornahme der Arbeitsleistung.

Wer ist Gebührenschuldner?

Wird die Räumung bei der MA 30 beantragt, ist der Antragsteller Gebührenschuldner. Muß im öffentlichen Interesse die Arbeitsleistung vorgenommen werden, so ist der Schuldner der Grundsteuer für den Grundbesitz, auf dem die Arbeitsleistung vorgenommen wurde, Gebührenschuldner.

Bemessung und Entrichtung der Gebühr

Die Gebühren werden von der MA 30 vorgeschrieben. Sie sind bei der für die Liegenschaft zuständigen Stadtkasse einzubezahlen.

GETRÄNKE- UND GEFRORENESSTEUER

Die entgeltliche Abgabe von Getränken mit Ausnahme von Milch an den Letztverbraucher (Konsumenten) unterliegt der Getränkesteuer. Die entgeltliche Abgabe von Gefrorenem an Verbraucher im Gebiet der Stadt Wien unterliegt der Gefrorenessteuer.

Wie hoch ist die Getränkesteuer?

Die Getränkesteuer beträgt 10 v. H. des Entgeltes, das dem Verbraucher für das Getränk ausschließlich der Getränkesteuer, der Umsatzsteuer, der Abgabe von alkoholischen Getränken und des Bedienungsgeldes in Rechnung gestellt wird (Kleinhandelspreis).

Wie hoch ist die Gefrorenessteuer?

Die Gefrorenessteuer beträgt 10 v. H. des Entgeltes für das Gefrorene einschließlich üblicher Beigaben (z. B. Waffeln), die nicht gesondert in Rechnung gestellt werden. Ein allfälliges Bedienungsgeld sowie die Umsatzsteuer gehören nicht zur Bemessungsgrundlage der Steuer.

Wer ist steuerpflichtig?

Steuerpflichtig ist, wer steuerpflichtige Getränke oder wer Gefrorenes entgeltlich abgibt.

Bemessung, Abrechnung und Entrichtung der Getränke- und Gefrorenessteuer

Der Steuerpflichtige hat bis zum 10. eines jeden Monats die Getränke und das Gefrorene (einschließlich der Beigaben), für die im Vormonat eine Steuerschuld entstanden ist, im allgemeinen bei der für seinen Betrieb örtlich zuständigen Stadtkasse nach Art, Menge und Kleinhandelspreisen abzurechnen und die Steuer hiefür zu entrichten. Befindet sich jedoch der Betrieb des Abgabepflichtigen außerhalb Wiens, ist die Abgabenerklärung (Abrechnung) bei der MA 6, Abgabenhauptverrechnung, 1, Volksgartenstraße 3 (Tel. 42 8 00*, 2659), einzubringen und dorthin auch die Steuer zu entrichten.

Unternehmer, die neu in die Steuerpflicht treten, haben ihren Betrieb binnen drei Tagen nach Eröffnung dem Magistrat (der örtlich zuständigen Stadtkasse) anzuzeigen. Bemessungsstelle ist die MA 4, Ref. 7, 1, Rathaus, 6. Stiege, 2. Stock, Tür 439 (Tel. 42 8 00*, 2450).

GRUNDBESITZABGABEN

Unter den von der Stadt Wien zur Vorschreibung und Einhebung gelangenden Grundbesitzabgaben versteht man die Grundsteuer und die Müllabfuhrabgabe.

A. GRUNDSTEUER

Die Grundsteuer ist eine Sach- und Realsteuer, der der inländische Grundbesitz unterliegt. Steuerschuldner ist der Eigentümer oder, wenn der Steuergegenstand ein grundstücksgleiches Recht ist (z. B. Baurecht), der Berechtigte. Ebenso sind Gebäude auf fremdem Grund und Boden (Superädifikate) selbständige Steuergegenstände und damit grundsteuerpflichtig. Gehört ein Steuergegenstand mehreren, so sind sie Gesamtschuldner, d. h. sie haften gemäß § 891 ABGB zur ungeteilten Hand. Diese Umstände werden vom Finanzamt nach den Vorschriften des Bewertungsgesetzes festgestellt. Für die Grundsteuer haftet auf dem Steuergegenstand ein gesetzliches Pfandrecht.

Wie wird die Grundsteuer festgesetzt?

Maßgebend für die Festsetzung der Grundsteuer ist der Einheitswert, der für den Steuergegenstand nach den Vorschriften des Bewertungsgesetzes von den Behörden der Abgabenverwaltung des Bundes (Lagefinanzamt) festgestellt wurde. Das Finanzamt setzt durch Anwendung einer Steuermeßzahl auf den Einheitswert den Steuermeßbetrag fest. Die Steuermeßzahl beträgt:

1. bei land- und forstwirtschaftlichen Betrieben für die ersten angefangenen oder vollen 50.000 S des Einheitswertes 1,6 v. T., für den Rest des Einheitswertes 2 v. T.;
2. bei Einfamilienhäusern für die ersten angefangenen oder vollen 50.000 S des Einheitswertes 0,5 v. T., für die weiteren angefangenen oder vollen 100.000 S des Einheitswertes 1 v. T. und für den Rest des Einheitswertes 2 v. T.;
3. bei Mietwohn- und gemischtgenutzten Grundstücken für die ersten angefangenen oder vollen 50.000 S des Einheitswertes 1 v. T., für die weiteren angefangenen oder vollen 50.000 S des Einheitswertes 1,5 v. T. und für den Rest des Einheitswertes 2 v. T.;
4. bei den übrigen Grundstücken für die ersten angefangenen oder vollen 50.000 S des Einheitswertes 1 v. T., für den Rest des Einheitswertes 2 v. T.

Der Steuermeßbetrag bildet die Bemessungsgrundlage für die Grundsteuer. Durch Anwendung von Hebesätzen wird der Jahresbetrag der Grundsteuer von der Stadt Wien errechnet und bescheidmäßig vorgeschrieben. In Wien beträgt der Hebesatz für das land- und forstwirtschaftliche Vermögen 500 v. H. und für das Grundvermögen 420 v. H. Der Grundsteuerbescheid ist ein Dauerbescheid und gilt bis zur Erlassung eines neuen Bescheides weiter.

Wie wirkt sich der Eigentumswechsel auf die Steuerpflicht aus?

Bei Eigentumswechsel (z. B. Verkauf, Schenkung, Erbweg) wirkt der Grundsteuerbescheid auch gegen den Rechtsnachfolger, auf den der Steuergegenstand nach dem Feststellungszeitpunkt übergegangen ist oder übergeht. Die Steuerpflicht geht erst mit dem der Änderung folgenden Kalenderjahr auf ihn über. Für das laufende Kalenderjahr bleibt daher der bisherige Eigentümer unbeschadet entgegenstehender privatrechtlicher Vereinbarungen steuerpflichtig. Der Eigentumswechsel ist grundsätzlich beim Finanzamt und nicht beim Magistrat der Stadt Wien zu melden.

Wann wird die Grundsteuer fällig?

Die Grundsteuer wird am 15. Februar, 15. Mai, 15. August und 15. November zu je einem Viertel ihres Jahresbetrages fällig. Liegt der Jahresbetrag unter 400 S, so ist die Abgabe bis 15. Mai zu entrichten. Nachzahlungen für vorangegangene Fälligkeitszeitpunkte sind innerhalb eines Monats nach Zustellung des Steuerbescheides zu leisten.

Wie kann die Steuerpflicht oder die Höhe der Bewertung angefochten werden?

Im Hinblick darauf, daß die Bewertung durch die Abgabenbehörden des Bundes (Finanzämter) erfolgt, sind Einwendungen, die sich gegen die Steuerpflicht oder die Höhe des Einheitswertes und Steuermeßbetrages richten, nicht erst gegen den von der Stadt Wien erlassenen Grundsteuerbescheid, sondern schon gegen den Einheitswert- und Grundsteuermeßbescheid des Finanzamtes zu richten. Der Grundsteuerbescheid kann hingegen mit einer solchen Begründung nicht angefochten werden.

Wie kann eine zeitliche Grundsteuerbefreiung erlangt werden?

In Wien werden für folgende Baulichkeiten, die unter bestimmten Voraussetzungen errichtet wurden, zeitlich begrenzte Befreiungen von der Grundsteuer gewährt:

1. wiederhergestellte Wohnhäuser, die durch Kriegseinwirkung zerstört oder beschädigt waren;
2. Wohnhäuser, die an Stelle des Wiederaufbaues eines durch Kriegseinwirkung zerstörten oder beschädigten Wohnhauses an einem anderen Ort errichtet worden sind, und für die eine Hilfe aus dem Wohnhaus-Wiederaufbaufonds gewährt worden ist;
3. Klein- und Mittelwohnungen, die durch Neu-, Zu-, Um-, Auf- und Einbauten neu geschaffen wurden;
4. Klein- und Mittelwohnungen, die durch Umbau von Baulichkeiten errichtet worden sind, deren Erhaltung auf Grund landesgesetzlicher Bestimmungen zur Wahrung des Stadtbildes in Altstadtkernen oder auf Grund des Denkmalschutzgesetzes vorgeschrieben ist;
5. Baulichkeiten, deren Errichtung nach dem Wohnbauförderungsgesetz 1954 gefördert worden ist;
6. Baulichkeiten, deren Errichtung nach dem Wohnbauförderungsgesetz 1968 gefördert worden ist;
7. Heime für Ledige, Schüler, Studenten, Lehrlinge und jugendliche Arbeitnehmer sowie für betagte Menschen, wenn die Heime durch Neu-, Zu-, Um-, Auf- und Einbauten errichtet wurden.

Die Befreiung dauert bei rechtzeitigem Ansuchen 20 Jahre, gerechnet vom Beginn des Kalenderjahres an, das der Bauvollendung folgt. Das Ansuchen ist in der MA 4, Ref. 5, 1, Ebendorferstraße 1, 2. Stock, Tür 303, einzubringen; dem Ansuchen sind die Baubewilligung samt Plänen, die Benützungsbewilligung und die Bezeichnung der Räume, für die die Befreiung beantragt wird, unter Anführung der topografischen Nummern und Angabe der Nutzfläche beizuschließen.

Die MA 4, Ref. 5, setzt das Ausmaß der Befreiung in einem Hundertsatz fest und berücksichtigt diesen Hundertsatz bei der Bemessung der Grundsteuer.

Bemessung und Entrichtung der Grundsteuer

Die Grundsteuerbescheide werden von der EDV-Anlage ausgedruckt. Die für die Liegenschaft zuständige Stadtkasse hält den gespeicherten Datenbestand auf dem aktuellen Stand. Adreßänderungen, Änderungen des Zustellungsbevollmächtigten, Namensänderung durch Eheschließung usw. sind daher der für die Liegenschaft zuständigen Stadtkasse bekanntzugeben. Anfragen in rechtlicher Hinsicht sind an die MA 4, Ref. 5, 1, Rathaus, 8. Stiege, 2. Stock, Tür 430–433 (Tel. 42 8 00*, 2443), zu richten.

Die Grundsteuer ist zu den Fälligkeitsterminen an die zuständige Stadtkasse bargeldlos zu überweisen. Zur Erleichterung der bargeldlosen Überweisung werden vierteljährlich elektronisch erstellte Lastschriftanzeigen mit einem Zahlschein als Allonge übermittelt. Ferner kann die Entrichtung der Grundbesitzabgaben mittels Bankeinzuges erfolgen.

B. MÜLLABFUHRABGABE

Die Abgabe wird für die Bereitstellung der Einrichtungen der öffentlichen Müllabfuhr bzw. deren Benützung eingehoben. Die Abgabepflicht besteht ohne Rücksicht darauf, ob die öffentliche Müllabfuhr tatsächlich benützt wird oder nicht. Abgabeschuldner ist der Eigentümer der Liegenschaft.

Wie erfolgt die Abfuhr des Mülls?

Die Stadt Wien stellt derzeit zur Aufnahme des anfallenden Mülls folgende Arten von Sammelgefäßen bei:

Kleingefäße mit 35 l Inhalt, Kunststoffgefäße mit 50 l Inhalt, Normalgefäße mit 110 l Inhalt und Großgefäße mit 220 l, 770 l und 1.100 l Inhalt. Die Art und Zahl der Sammelgefäße wird jeweils nach den sanitären und betriebsmäßigen Erfordernissen bescheidmäßig festgesetzt. Ein Rechtsanspruch auf eine bestimmte Art von Sammelgefäßen besteht nicht. Der Inhalt der Sammelgefäße wird in der Regel jährlich 52mal eingesammelt. Eine Ausnahme bilden z. B. die in Kleingartenanlagen gelegenen Kleingartenflächen (Lose), die im Sinne des Wiener Kleingartengesetzes benützt werden. Für diese kann beantragt werden, der Jahresvorschreibung eine 30malige Einsammlung zugrundezulegen.

Wie wird die Höhe der Abgabe errechnet?

Die als Jahresabgabe zu erhebende Abgabe ist durch Multiplikation der Zahl der für die Liegenschaft festgesetzten Sammelgefäße mit der Zahl der jährlichen Einsammlungen und mit dem Grundbetrag zu errechnen. Der Grundbetrag ist derzeit für Kleingefäße mit 35 l und 50 l Inhalt mit 5 S, für Normalgefäße mit 110 l Inhalt mit 13 S, für Großgefäße mit 220 l Inhalt mit 26 S, für

Großgefäße mit 770 l Inhalt mit 91 S und für Großgefäße mit 1.100 l Inhalt mit 130 S festgesetzt. Die jährliche Abgabe wird durch schriftlichen Bescheid festgelegt und wirkt auch gegen alle späteren Liegenschaftseigentümer. Die Müllabfuhrabgabe wird wie die Grundsteuer zu je einem Viertel am 15. Februar, 15. Mai, 15. August und 15. November ihres Jahresbetrages fällig. In der Abgabe ist die Umsatzsteuer in Höhe von 8% bereits enthalten.

Die Vorgangsweise bei Änderung der Zahl der Sammelgefäße siehe „Der Amtsschimmel hilft!“, Abschnitt Straßenreinigung, Müll-(Hauskehricht-)Abfuhr und Fuhrpark.

Bemessung und Entrichtung der Abgabe

Die Feststellungs- und Abgabenbescheide werden von der EDV-Anlage ausgedruckt. Die für die Liegenschaft zuständige Stadtkasse hält den gespeicherten Datenbestand auf dem aktuellen Stand. Adreßänderungen, Änderungen des Zustellungsbevollmächtigten, Namensänderung durch Eheschließung usw. sind daher der für die Liegenschaft zuständigen Stadtkasse bekanntzugeben. Anfragen in rechtlicher Hinsicht sind an die MA 4, Ref. 5, 1, Rathaus, 8. Stiege, 2. Stock, Tür 430–433 (Tel. 42 8 00*, 2443), zu richten.

Die Müllabfuhrabgabe ist zu den Fälligkeitsterminen an die örtlich zuständige Stadtkasse zu entrichten.

HUNDEABGABE

Für das Halten von Hunden im Gebiet der Stadt Wien wird eine Abgabe eingehoben.

Ab wann ist für das Halten eines Hundes die Hundeabgabe zu entrichten?

Die Abgabepflicht entsteht, sobald der Hund das Alter von drei Monaten erreicht bzw. sobald er in das Gebiet der Stadt Wien gebracht wird.

Wann und wo hat die Anmeldung des Hundes zu erfolgen?

Die Anmeldung hat innerhalb von 14 Tagen nach Eintreten der Abgabepflicht bei der Stadtkasse jenes Bezirkes, in dem der Hund gehalten wird, zu erfolgen.

Wie hoch ist die Abgabe und welche Begünstigungen sind vorgesehen?

Die Abgabe beträgt einheitlich 100 S jährlich für jeden Hund. Gänzlich befreit sind Blinde und Invalide, die den Hund infolge ihres Gebrechens unbedingt benötigen. Diese Befreiung erstreckt sich allerdings nur auf einen Hund. Ermäßigungen auf die Hälfte sind vorgesehen für je einen Wachthund in einem land- oder forstwirtschaftlichen Betrieb sowie in beschränktem Ausmaß für Wachthunde, die in Siedlungen oder Kleingärten ganzjährig gehalten werden. Wenn ein Hund nachweislich verendet oder getötet wird, so kann der Besitzer an Stelle dieses Hundes einen anderen Hund halten, ohne daß für diesen im selben Kalenderjahr noch einmal die Abgabe zu leisten ist. Ein Besitzwechsel während des Abgabejahres begründet beim Erwerber des Hundes keine neue Abgabepflicht. Keinen Ermäßigungs- oder Befreiungsgrund bildet es, wenn der Hund nicht das ganze Jahr gehalten wurde; auch kann eine in einer anderen Gemeinde gelöste Marke in Wien nicht das Entstehen der Abgabepflicht hindern.

Wann und wo ist ein Befreiungs- oder Ermäßigungsgrund geltend zu machen?

Innerhalb der Anmeldungsfrist bei der zuständigen Stadtkasse. Ansuchen von Siedlern oder Kleingärtnern sind jedoch im Wege der Verbände der Siedler und Kleingärtner einzubringen.

Wie ist die Abgabe zu entrichten und wie kommt der Hundebesitzer in den Besitz der Marke?

Die Abgabe ist an die nach dem Wohnort zuständige Stadtkasse bargeldlos zu entrichten. Zu diesem Zweck wird dem Hundebesitzer bei der Anmeldung des Hundes ein Zahlschein ausgefolgt. Ebenso wird jährlich immer im Dezember für das folgende Jahr ein elektronisch erstellter, vollcodierter Zahlschein zugeschickt. Nach Einlangen der Zahlung erhält der Hundebesitzer die Hundemarke per Post übermittelt.

Wann ist die Abgabe zu entrichten?

Die Hundeabgabe ist spätestens bis Ende April des laufenden Jahres zu entrichten.

Welche Pflichten hat der Hundebesitzer nach dem Hundeabgabegesetz?

Neben der Pflicht zur An- bzw. Abmeldung des Hundes hat der Besitzer dafür Sorge zu tragen, daß der Hund außerhalb des Hauses die Marke sichtbar trägt.

LOHNSUMMENSTEUER

Jeder Gewerbetreibende hat für seine in Wien beschäftigten Arbeitnehmer die Lohnsummensteuer in der Höhe von 2% der in einem Monat bezahlten Lohnsumme (Löhne und Gehälter) zu entrichten. Abgabepflichtiger Gewerbetreibender ist jeder, der vom Finanzamt zur Gewerbesteuer veranlagt wird.

Was versteht man unter Lohnsumme?

Die Lohnsumme ist die Summe der Vergütungen, die der Arbeitgeber an die Arbeitnehmer in einer Betriebsstätte gezahlt hat. Als solche Vergütungen gelten grundsätzlich alle Arbeitslöhne, soweit sie nicht von der Lohnsteuer befreit sind (z. B. sonstige Bezüge bis 8.500 S pro Kalenderjahr sowie bestimmte Zulagen und Zuschläge – dazu gehören Schmutz-, Erschwernis- und Gefahrenzulagen, in Überstundenentlohnungen enthaltene Zuschläge für Mehrarbeit und Zuschläge für Sonntags-, Feiertags- und Nachtarbeit –, soweit sie den Freibetrag von 5.070 S monatlich oder 1.170 S wöchentlich bzw. 195 S täglich nicht übersteigen). Es gehören daher alle Bruttoentgelte oder Sachleistungen im Ausmaß, in dem sie Arbeitslohn darstellen, zur Lohnsumme.

Was gehört nicht zur Lohnsumme?

Lehrlingsentschädigungen zählen nicht zur Lohnsumme. Ebenso gehören Bezüge von Arbeitnehmern, die als begünstigte Personen nach den Bestimmungen des Invalideneinstellungsgesetzes beschäftigt werden, nicht zur Lohnsumme. Auch Entschädigungen als Ersatz für entgangene oder entgehende Einnahmen oder Kurzarbeiterunterstützungen gelten nicht als Lohnsumme.

Muß für jede Lohnsumme Lohnsummensteuer entrichtet werden?

Übersteigt die Lohnsumme des gesamten Betriebes im Kalendermonat nicht 15.000 S, so bleiben 10.000 S steuerfrei.

Wann ist die Lohnsummensteuer zu entrichten und zu erklären?

Die Lohnsummensteuer für einen Kalendermonat ist bis zum 15. des darauffolgenden Monats zu entrichten. Überdies muß für jedes abgelaufene Kalenderjahr bis Ende Februar des darauffolgenden Kalenderjahres eine Erklärung über die Berechnungsgrundlage abgegeben werden. Diese Erklärung ist nach Kalendermonaten aufzugliedern.

Bemessung und Entrichtung der Abgabe

Bemessungsstelle ist die MA 4, Ref. 4, 1, Ebendorferstraße 1, 2. Stock (Tel. 42 8 00*, 2296, 2434, 2438, 2472, 2473, 2484). Die Lohnsummensteuer ist bei der Stadtkasse des Bezirkes, in dem sich das Unternehmen befindet, zu entrichten. Dort ist auch die Lohnsummensteuererklärung abzugeben.

OPFERFÜRSORGEABGABE

Der Besuch von Filmvorführungen gegen Entgelt unterliegt der Opferfürsorgeabgabe.

Wie hoch ist die Abgabe und wie ist die Fälligkeit geregelt?

Die Opferfürsorgeabgabe beträgt, sofern der Preis für die Eintrittskarte zu einer Filmvorführung abzüglich der Umsatzsteuer und der Opferfürsorgeabgabe 10 S nicht übersteigt, 10 g, sonst 20 g. Sie ist gleichzeitig mit der Vergnügungssteuer, jedoch gesondert, beim Magistrat abzurechnen und zu entrichten (siehe unter „Vergnügungssteuer").

Wer ist abgabepflichtig?

Abgabepflichtig sind die Unternehmer der Filmvorführungen. Sie sind berechtigt, die Opferfürsorgeabgabe auf die Besucher der Filmvorführungen zu überwälzen. Die Abgabepflicht entsteht mit der Veräußerung der Eintrittskarte.

ORTSTAXE

Wer im Gebiet der Stadt Wien in einem Beherbergungsbetrieb gegen Entgelt Aufenthalt nimmt, hat die Ortstaxe zu entrichten. Zum Entgelt zählt nicht die Umsatzsteuer. Zum Entgelt zählen weiters nicht das Bedienungsgeld, ein allfälliger Heizzuschlag und das Entgelt für Frühstück, wenn diese in den vom Magistrat vidierten Zimmerpreistabellen gesondert ausgewiesen werden, jedoch nur bis zum ortsüblichen Ausmaß.

Wer ist von der Entrichtung der Ortstaxe befreit?

Minderjährige, die sich in Wien zum Schulbesuch oder zur Berufsausbildung oder in Jugendherbergen aufhalten, Studierende an Wiener Hoch- und Fachschulen sowie Personen, die für eine Beherbergung je Tag kein höheres Entgelt als 20 S zu entrichten haben. Ferner werden über Ansuchen diejenigen Personen, die im selben Beherbergungsbetrieb mehr als drei Monate ununterbrochen Aufenthalt nehmen und je Tag kein höheres Entgelt als 29 S zu leisten haben, von der Ortstaxe befreit. Die Befreiung wird frühestens ab dem vierten Aufenthaltsmonat, bei später einlangenden Ansuchen jedoch erst ab dem Einlangen des Ansuchens beim Magistrat wirksam.

Wie hoch ist die Ortstaxe?

Die Ortstaxe beträgt je Person und Beherbergung für höchstens 24 Stunden bei einem Beherbergungsentgelt

bis zu	50 S			2 S
über	50 S	bis zu	100 S	3 S
über	100 S	bis zu	150 S	4 S
über	150 S	bis zu	300 S	6 S
über	300 S	bis zu	400 S	8 S
über	400 S	bis zu	500 S	9 S
über	500 S	bis zu	600 S	10 S
über	600 S	bis zu	700 S	12 S
über	700 S	bis zu	800 S	13 S
über	800 S	bis zu	900 S	14 S
über	900 S	bis zu	1.000 S	15 S
über	1.000 S			18 S.

Wie, bis zu welchem Termin und an wen wird die Ortstaxe abgeführt?

Die Inhaber der Beherbergungsbetriebe haben die Ortstaxe von den Beherbergten einzuheben und dem Magistrat bis zum 14. des der Beherbergung nächstfolgenden Monats eine Abgabenerklärung einzureichen und die Abgabe zu entrichten. Die Erklärung sowie die Zahlung sind an die Abgabenhauptverrechnung, 1, Volksgartenstraße 3 (Tel. 42 8 00*, 2632), zu richten. Bemessungsstelle ist die MA 4, Ref. 1, 1, Rathaus. 4. Stiege, 2. Stock, Tür 451 (Tel. 42 8 00*, 2418).

PARKOMETERABGABE

Die Parkometerabgabe hat den Zweck, die Nachfrage nach den knappen Parkplätzen durch ein geringes Entgelt zu steuern.

Wann ist die Parkometerabgabe zu entrichten?

Wird ein mehrspuriges Fahrzeug in einer Kurzparkzone abgestellt, ist Parkometerabgabe zu bezahlen. Die Kurzparkzone ist zusätzlich durch ein Hinweisschild „Abstellen von mehrspurigen Fahrzeugen nur gegen Entgelt" gekennzeichnet. Der Begriff „Abstellen" umfaßt sowohl das Halten als auch das Parken.

Wie hoch ist die Parkometerabgabe?

Die Abgabe beträgt für eine Parkzeit von einer halben Stunde 2 S, für eine Parkzeit von einer Stunde 4 S und für eine Parkzeit von 1½ Stunden 6 S.

Wie wird die Parkometerabgabe entrichtet?

Zu Beginn des Abstellens des Fahrzeuges ist ein Parkschein zu entwerten. Die Parkscheine für halbstündiges, einstündiges und eineinhalbstündiges Parken sind bei Sparkassen und anderen Kreditinstituten, Trafiken, Tankstellen und den Vorverkaufsstellen der Wiener Stadtwerke-Verkehrsbetriebe erhältlich.

Wie wird der Parkschein richtig entwertet?

Die Entwertung des Parkscheines hat durch deutlich sichtbares und haltbares Ankreuzen des Beginnes der

Abstellzeit zu erfolgen, wobei angefangene Viertelstunden unberücksichtigt gelassen werden können. Bei Verwendung mehrerer Parkscheine sind auf jedem Parkschein übereinstimmend die gleichen, der Ankunftszeit entsprechenden Daten anzukreuzen.

Wo ist der Parkschein anzubringen?

Der Parkschein ist bei mehrspurigen Kraftfahrzeugen mit Windschutzscheibe hinter dieser und durch diese gut erkennbar, bei anderen mehrspurigen Fahrzeugen an einer sonst geeigneten Stelle gut wahrnehmbar anzubringen.

Wer ist von der Parkometerabgabe befreit?

Die Abgabe ist nicht zu entrichten für

1. Fahrzeuge, die für den Bund, eine andere Gebietskörperschaft oder die Österreichischen Bundesbahnen zugelassen sind, ausgenommen Personenkraftwagen;
2. Einsatzfahrzeuge;
3. Fahrzeuge, die von Ärzten bei einer Fahrt zur Leistung ärztlicher Hilfe von ihnen selbst gelenkt werden und die beim Abstellen mit einer Tafel „Arzt im Dienst" gekennzeichnet sind;
4. Taxis, die zum Zweck der Kundenaufnahme oder der Abfertigung anhalten;
5. Fahrzeuge, die von körperbehinderten Personen benützt werden, die gemäß § 2 Abs. 2 des Kraftfahrzeugsteuergesetzes von der Entrichtung der Kraftfahrzeugsteuer befreit sind, sowie Fahrzeuge, mit denen Inhaber eines Ausweises gemäß § 29 Abs. 4 der Straßenverkehrsordnung 1960 befördert bzw. vom Inhaber eines solchen Ausweises gelenkt werden.

Wer ist in Angelegenheiten der Parkometerabgabe zuständig?

Die MA 4, Ref. 5, 1, Rathaus, 8. Stiege, 2. Stock, Tür 430–433 (Tel. 42 8 00*, 2443), erteilt Auskünfte über die Parkometerabgabe, stellt Bescheinigungen über die Befreiung aus und führt bei Nichteinhaltung der Bestimmungen des Parkometergesetzes Strafverfahren durch.

SPORTGROSCHEN

Bei den im Gebiet der Stadt Wien gegen Entgelt zugänglichen Sportveranstaltungen wird der Sportgroschen eingehoben.

Wie hoch ist die Abgabe und wie ist die Fälligkeit geregelt?

Der Sportgroschen beträgt 10 v. H. des Entgeltes für die Teilnahme an der Veranstaltung ausschließlich der Umsatzsteuer. Er ist gleichzeitig mit der Vergnügungssteuer, jedoch gesondert, beim Magistrat abzurechnen und zu entrichten (siehe unter „Vergnügungssteuer").

Wer ist abgabepflichtig?

Abgabepflichtig ist der Veranstalter.

VERGNÜGUNGSSTEUER

Filmvorführungen, Theatervorstellungen, Konzerte und sonstige musikalische Darbietungen, Ausstellungen, Zirkusvorstellungen, Tanzbelustigungen, Varieté- und Kabarettveranstaltungen, Kartenspiele, Puppenspiele, sportliche Veranstaltungen, Tombolen, pratermäßige Volksbelustigungen, Spielautomaten, Musikautomaten an öffentlichen Orten, in Gast- und Schankwirtschaften unterliegen der Vergnügungssteuer. Diese Aufzählung ist nur beispielsweise zu verstehen und schließt nicht aus, daß andere Veranstaltungsarten ebenfalls der Vergnügungssteuer unterliegen können. Für die Steuerpflicht des Veranstalters ist es unerheblich, ob für die Teilnahme an den Veranstaltungen ein Entgelt verlangt wird oder nicht.

Wo und wann sind die Veranstaltungen anzumelden?

Der Unternehmer hat die Veranstaltung spätestens drei Werktage vor der Veranstaltung, und zwar für Einzelveranstaltungen (mit Ausnahme von Sportveranstaltungen, Kinos, Theatern, Konzerthäusern und Praterbetrieben) bei der MA 4, Ref. 7, Außenstelle, 1, Volksgartenstraße 3 (Tel. 42 8 00*, 2449, 2455, 2456), anzumelden. Täglich oder sonst regelmäßig wiederkehrende Veranstaltungen sowie für Einzelveranstaltungen im Rahmen der Dauerveranstaltungen und für Sportveranstaltungen, Kinos, Theater, Konzertdirektionen und Praterbetriebe sind bei der MA 4, Ref. 7, 1, Rathaus, 6. Stiege, 2. Stock, Tür Nr. 439–441, anzumelden. Für das Halten von Spiel-, Unterhaltungs- und Musikautomaten hat die Anmeldung spätestens innerhalb einer Woche nach der Aufstellung bei der MA 4, Ref. 7, 1, Rathaus, 6. Stiege, 2. Stock, Tür 439, zu erfolgen. Wird die Befreiung von der Steuer aus einem der im Gesetz genannten Gründe angestrebt, ist die Veranstaltung fünf Tage vor dem Veranstaltungstag anzumelden.

Wie hoch ist die Vergnügungssteuer?

Art und Höhe der Steuer richtet sich nach der Art der Veranstaltung. Anläßlich der Anmeldung ist eine Sicherheit in der voraussichtlichen Höhe der Steuer zu leisten.

Wer ist steuerpflichtig?

Steuerpflichtig ist der Unternehmer der Veranstaltung. Unternehmer der Veranstaltung ist jeder, in dessen Namen oder auf dessen Rechnung die Veranstaltung durchgeführt wird.

Abrechnung der Vergnügungssteuer

Der Unternehmer hat die Abrechnung bei einmaligen Veranstaltungen binnen zwei Wochen nach der Veranstaltung unter Anschluß der nicht verwendeten Karten, bei täglich oder sonst regelmäßig wiederkehrenden Veranstaltungen längstens am 10. des Folgemonats für den unmittelbar vorangehenden Kalendermonat dem Magistrat vorzulegen.

Bemessung und Entrichtung der Vergnügungssteuer

Bemessungsstelle ist die jeweilige Anmeldestelle. Einreichungsstelle für die Steuererklärungen ist für Dauerveranstaltungen die MA 6 – Abgabenhauptverrechnung, für alle anderen Veranstaltungen die jeweilige Anmeldestelle. Abrechnungen für Besucher- und Zählkarten sind gleichfalls bei der Abgabenhauptverrechnung einzubringen. Die Vergnügungssteuer ist an die Abgabenhauptverrechnung, 1, Volksgartenstraße 3 (Tel. 42 8 00*, 2632, 2639, 2656), zu entrichten.

WASSERGEBÜHREN

Für die Abgabe von Wasser aus städtischen Wasserversorgungsanlagen und für die Beistellung und laufende Instandhaltung der Wasserzähler sind Wasserbezugsgebühren und Wasserzählergebühren zu entrichten. Abgabepflichtig ist jeder Wasserabnehmer, der über eine selbständige Abzweigleitung Wasser aus der städtischen Wasserleitung entnimmt. Es sind dies:

1. der Hauseigentümer für die über den Wasserzähler seines Hauses bezogene Wassermenge;
2. der Bauherr für Bauzwecke;
3. der Nutzungsberechtigte von unbebauten Grundstücken;
4. der Betriebsinhaber;
5. der sonstige Wasserverbraucher.

Mehrere Miteigentümer haften zur ungeteilten Hand. Wasserverbraucher, die im Vergleich zu den übrigen an denselben Wasserzähler angeschlossenen Wasserverbrauchern übermäßig große Wassermengen beziehen, können zur Anmeldung eines eigenen Wasserzählers verhalten werden.

Höhe der Gebühren

Die Höhe der Wasserbezugsgebühr richtet sich nach der Menge des Wasserverbrauches.

Für jeden Kubikmeter abgegebenen Wassers ist eine Wasserbezugsgebühr von 6,60 S zu entrichten.

Die Höhe der Wasserzählergebühr richtet sich nach der Anschlußgröße des Wasserzählers (lichter Durchmesser des Anschlußrohres) und beträgt zwischen 240 S und 2.880 S jährlich. In den Wassergebühren ist die Umsatzsteuer in Höhe von 8% bereits enthalten.

Wann werden die Wasserbezugsgebühren und die Wasserzählergebühren fällig?

Die Wasserbezugsgebühr wird nach erfolgter Ablesung des Wasserzählers jährlich ermittelt und bescheidmäßig vorgeschrieben. Der Bescheid enthält die Angaben über den Wasserverbrauch und die für den Verbrauchszeitraum vorgeschriebenen Teilzahlungen. Die in der jährlichen Abrechnung eventuell ausgewiesene Nachzahlung ist bis zum 15. des der Zustellung des Wassergebührenbescheides folgenden Monats zu entrichten. Bis zu dieser Abrechnung sind vierteljährliche Teilzahlungen zum 15. Jänner, 15. April, 15. Juli und 15. Oktober zu leisten. Die Wasserzählergebühr ist eine Jahresgebühr, die zu je einem Viertel des Jahresbetrages zugleich mit der vorgeschriebenen Wasserbezugsgebühr fällig wird.

Bemessung und Entrichtung der Gebühren

Bemessungsstelle ist die MA 4, Ref. 6, 6, Grabnergasse 6 (Tel. 57 75 75*, 225). Die Gebühren sind an die zuständige Stadtkasse zu entrichten. Verfügt der Abgabepflichtige über ein Konto bei einem Geldinstitut, so kann die Gebühr auch im Lastschrifteinzugsverfahren durch Abbuchung von seinem Konto entrichtet werden.

Weitere Ausführungen über die Zuleitung und Abgabe von Wasser siehe „Der Amtsschimmel hilft!", Abschnitt Wasserversorgung.

ALLGEMEINES

Wo erhält der Abgabepflichtige Auskunft über die Höhe und Fälligkeit der von ihm zu entrichtenden städtischen Abgaben?

Im allgemeinen erhält der Abgabepflichtige Auskunft über die von ihm zu entrichtenden städtischen Abgaben bei den Stadtkassen bzw. bei der Abgabenhauptverrechnung. Die Zuständigkeit der einzelnen Stadtkassen oder der Abgabenhauptverrechnung ist aus den Bemessungsbescheiden zu ersehen oder richtet sich nach dem Wohnort oder Betriebsort des Abgabepflichtigen sowie bei Grundbesitz nach der Lage desselben. Die Anschriften der einzelnen Stadtkassen bzw. der Abgabenhauptverrechnung siehe Magistrat, MA 6.

Wer erhält Auskunft über den Kontenstand eines Abgabepflichtigen?

Nur die Abgabepflichtigen selbst oder die mit einer rechtsgültigen Vollmacht sich ausweisenden Personen sowie die Verpächter getränkesteuerpflichtiger Betriebe, sofern dies im Pachtvertrag vorgesehen ist, erhalten Auskunft über den Kontenstand.

Wie sind die städtischen Abgaben zu bezahlen?

Zur Vereinfachung der Verwaltung wurde in den Stadtkassen der bargeldlose Zahlungsverkehr eingeführt. Dies wird insbesondere durch Verwendung von einheitlichen Zahlscheinen ermöglicht. Mit den Zahlscheinen kann bei sämtlichen österreichischen Kreditinstituten (Sparkassen, Banken, Landeshypothekenanstalten, Raiffeisenkassen und Volksbanken) einbezahlt werden. Dadurch bieten sich den Steuerpflichtigen eine Vielzahl von Einzahlungsmöglichkeiten. Die Zahlscheine sind in der Abgabenhauptverrechnung, der Stadthauptkasse und in den Stadtkassen erhältlich und werden bei allen elektronisch verrechneten Abgaben automatisch zugesandt. Für alle jene, die ein Girokonto bei einem Kreditinstitut führen, besteht die Möglichkeit, mittels des Zahlscheines eine Überweisung bargeldlos über das Konto durchzuführen. Bei Überweisungen ist zu beachten, daß Abgaben erst am Tag der Gutschrift auf ein Konto der empfangsberechtigten Kasse als entrichtet gelten. Der Überweisungsauftrag soll daher eine angemessene Zeit vor dem Zahlungstermin erteilt werden, damit die Gutschrift bis zum Fälligkeitstag erfolgen kann und die im Überweisungsverkehr einen Säumniszuschlag ausschließende Nachfrist von zwei Werktagen nicht überschritten wird.

Die dritte Möglichkeit, Abgaben zu entrichten, ist der Bankeinzugsverkehr. Der Abgabepflichtige kann die Grundbesitzabgaben und die Wasserbezugsgebühren über

sein Geldinstitut einziehen lassen. Er erlangt dadurch folgende Vorteile:
keine Evidenthaltung der Zahlungstermine,
Abbuchung in genauer Höhe zum Fälligkeitstag,
Wege zum Geldinstitut und Wartezeiten entfallen.

Die einmalige Erteilung eines „Abbuchungsauftrages für Lastschriften" an das Geldinstitut genügt.
Es liegt im Interesse der Steuerpflichtigen, die Fälligkeitstermine einzuhalten, um den Anfall von Nebengebühren (Säumniszuschlag, Mahngebühr) zu vermeiden.

Was ist bei der Ausfüllung der Zahlscheine oder Erlagscheine zu beachten?

Um ohne schriftliche Rückfrage von Seite der Abgabenhauptverrechnung oder der Stadtkassen den eingezahlten Betrag der Verrechnung zuführen zu können und um den zahlenden Abgabepflichtigen selbst Ärger und Zeit zu ersparen, ist es notwendig, auf dem Einzahlungsbeleg den Widmungszweck, das ist die Steuerart, Kontonummer und Fälligkeit (Gebührenzeitraum), anzugeben. Weiters sind der Name und die Anschrift des Einzahlers anzuführen. Gelangen vorcodierte Zahlscheine zur Aussendung, so sollen nur diese zur Einzahlung verwendet werden. Die Einzahlung von mehreren Abgaben unterschiedlicher Art mit einem einzigen Einzahlungsbeleg führt zu unerwünschten Fehlbuchungen und ist daher zu vermeiden.

LOHNSTEUER

Wie und wo bekommt man eine Lohnsteuerkarte?

Jeder Arbeitnehmer wird im eigenen Interesse zum Beginn eines neuen Lohnsteuerkartenzeitraumes oder bei Antritt eines neuen Arbeitsplatzes dem Arbeitgeber seine Lohnsteuerkarte übergeben. Er würde sonst erhebliche Nachteile beim Lohnsteuerabzug zu tragen haben. Legt ein Arbeitnehmer seine Lohnsteuerkarte *nicht* vor oder verzögert die Rückgabe, so hat der Arbeitgeber zur Berechnung der Lohnsteuer dem tatsächlichen Arbeitslohn einen Zuschlag von monatlich 2.470 S oder wöchentlich 570 S oder täglich 95 S hinzuzurechnen und dürfen Absetzbeträge nicht angewendet werden.

Die Lohnsteuerkarten werden auf Grund der zur Personenstandsaufnahme abgegebenen Haushaltslisten für alle Arbeitnehmer, die in Wien ihren ordentlichen Wohnsitz haben, für drei Jahre ausgestellt. Alle Arbeitnehmer, die keine Lohnsteuerkarte erhalten haben, und solche, die im Laufe des Jahres ihren ersten Arbeitsplatz antreten, müssen die Ausstellung einer Lohnsteuerkarte beantragen, um steuerliche Nachteile zu vermeiden. Für die Ausstellung sind in Wien die magistratischen Bezirksämter zuständig, und zwar jeweils jenes Bezirksamt, in dessen Amtsbereich der Arbeitnehmer im Zeitpunkt der letzten Personenstandsaufnahme (10. Oktober 1976) seinen Wohnsitz hatte. Wenn ein Arbeitnehmer nach der Personenstandsaufnahme seinen Wohnsitz von einer anderen Gemeinde nach Wien verlegt hat, ist die Lohnsteuerkarte von der Gemeinde auszustellen, in der er im Zeitpunkt der Personenstandsaufnahme gewohnt hat.

Arbeitnehmer, die aus mehreren Dienstverhältnissen Arbeitslohn beziehen, benötigen für jedes Dienstverhältnis eine eigene Lohnsteuerkarte. Auch die Ausstellung dieser weiteren Lohnsteuerkarten ist beim zuständigen magistratischen Bezirksamt zu beantragen, soweit sie nicht bereits auf Grund der Personenstandsaufnahme ausgefertigt wurden.

Der Antrag auf Ausstellung einer Lohnsteuerkarte kann sowohl mündlich als auch schriftlich gestellt werden. Wird er mündlich eingebracht, so ist es zweckmäßig, folgende Personalpapiere mitzubringen: die Meldezettel für alle zum Haushalt gehörigen Familienmitglieder, die Heiratsurkunde sowie die Geburtsurkunden aller haushaltszugehörigen minderjährigen Kinder und gegebenenfalls die Lohnsteuerkarte des Ehegatten.

Welche Ereignisse können eine Änderung der Lohnsteuerkarte bewirken?

Da die Lohnsteuerkarten auf Grund der Haushaltslisten zur Personenstandsaufnahme ausgestellt werden, richten sich die darin enthaltenen Angaben nach den Familienverhältnissen am 10. Oktober des Jahres, in dem die Personenstandsaufnahme stattfand (Stichtag der Personenstandsaufnahme). Änderungen der Familienverhältnisse nach dem 10. Oktober 1976 müssen daher auch in die Lohnsteuerkarte eingetragen sein, um bei der Berechnung der Lohnsteuer berücksichtigt werden zu können. Solche Eintragungen sind vom Arbeitnehmer, sofern nur die Änderung seines Familienstandes (Verehelichung, Auflösung des Eheverbandes) ohne Auswirkungen auf den Vermerk von Kindern auf der Lohnsteuerkarte vorzunehmen ist, beim magistratischen Bezirksamt seines Wohnbezirkes, in allen anderen Fällen jedoch beim Wohnsitzfinanzamt zu beantragen.

Als Ereignisfälle für Änderungen auf der Lohnsteuerkarte durch das Finanzamt, die dort vom Arbeitnehmer in seinem Interesse zu beantragen sind, gelten:

1. wenn dem Arbeitnehmer zu seinem Haushalt nach dem Stichtag der Personenstandsaufnahme Kinder hinzukommen, für die ihm oder dem anderen nicht dauernd getrennt lebenden Ehegatten Familienbeihilfe auf Grund des Familienlastenausgleichsgesetzes 1967 oder eine gleichartige ausländische Beihilfe im Sinne des § 4 dieses Gesetzes gewährt wird;
2. wenn die aus der Berufs- bzw. Erwerbstätigkeit des anderen im gemeinsamen Haushalt lebenden unbeschränkt steuerpflichtigen Ehegatten zukommenden Bezüge oder dessen sonstige Einkünfte über 10.000 S jährlich (zuzüglich des Werbungskostenpauschbetrages von 4.914 S), was für den Anspruch des Alleinverdienerabsetzbetrages bisher hemmend war, nicht mehr bestehen oder in einem darunter liegenden Jahresbetrag zufließen, wodurch die Voraussetzung für den Alleinverdienerabsetzbetrag eintritt und dieser auf der Lohnsteuerkarte zu bescheinigen ist.

Eine Verpflichtung des Arbeitnehmers, beim Finanzamt die Berichtigung der Lohnsteuerkarte zu beantragen, besteht in den Fällen:

1. wenn der Anspruch auf Familienbeihilfe für Kinder wegfällt und damit die Voraussetzung zum Vermerk der Kinder auf der Lohnsteuerkarte des Arbeitnehmers und ebenso des im gemeinsamen Haushalt lebenden Ehegatten, sofern auch dieser lohnsteuerpflichtige Einkünfte hat und die Kinder auf der Lohnsteuerkarte vermerkt sind;
2. wenn der Alleinverdienerabsetzbetrag eingetragen ist, die Voraussetzungen hiefür aber weggefallen sind, da z. B. dem anderen Ehegatten nunmehr Einkünfte über 10.000 S jährlich (zuzüglich des Werbekostenpauschbetrages von 4.914 S) zufließen oder es ist eingetreten, daß die Ehegatten dauernd getrennt leben bzw. die Ehe getrennt wurde.

Der Arbeitnehmer hat den Antrag auf Berichtigung der Lohnsteuerkarte spätestens einen Monat nach Eintritt des Ereignisses beim Wohnsitzfinanzamt zu stellen.

Beim Wohnsitzfinanzamt kann die Ergänzung der Lohnsteuerkarte durch Eintragung eines Absetzbetrages bzw. von Freibeträgen für folgende Zwecke beantragt werden:

1. Werbungskosten, sofern sie den Jahrespauschbetrag von 4.914 S übersteigen (zu den Werbungskosten gehören hauptsächlich die Beiträge an Berufsverbände, die notwendigen Ausgaben für Fahrten zwischen Wohnung und Arbeitsstätte, die Ausgaben für Werkzeuge und Berufskleidung). Aufwendungen für Fahrten zwischen Wohnung und Arbeitsstätte mit eigenem Kraftfahrzeug werden über Antrag beim Dienstgeber durch diesen in Form eines Pauschbetrages berücksichtigt. Neben diesen Ausgaben gibt es aber noch erhöhte Werbungskosten für Reisende, besondere Werbungskosten für bestimmte Berufsgruppen und Aufwendungen zur Beseitigung von Schäden aus Naturkatastrophen, worüber das zuständige Finanzamt genaue Auskunft gibt;
2. Sonderausgaben (z. B. Renten und dauernde Lasten, Beiträge und Versicherungsprämien zu einer freiwilligen Kranken-, Unfall- und Pensionsversicherung, Lebensversicherung und zu freiwilligen Witwen-, Waisen-Versorgungs- und Sterbekassen, Beiträge zur Schaffung von Wohnraum, Beiträge für die Errichtung von Eigentumswohnungen und Eigenheimen und Darlehensrückzahlungen in Verbindung mit der Schaffung von Wohnraum), sofern diese Aufwendungen das Sonderausgabenpauschale von 3.276 S jährlich übersteigen. Die Gewährung des Absetzbetrages für Sonderausgaben ist an Jahreshöchstbeträge gebunden, die je nach Zweckbindung der Aufwendungen und dem Familienstand unterschiedlich hoch bestimmt sind;
3. außergewöhnliche Belastungen (hiefür kommen hauptsächlich Aufwendungen für mittellose Angehörige, körperlich und geistig behinderte Kinder und Aufwendungen für Spital, Heilbehelfe und Kurbehelfe in Betracht);
4. Freibetrag für Opfer der politischen Verfolgung (der Steuerpflichtige ist Inhaber eines Opferausweises oder einer Amtsbescheinigung);
5. Freibetrag für Körperbehinderte (Kriegsbeschädigung, Arbeitsunfall, Behinderung als Folge von Krankheit und als Opfer von Verbrechen).

Für alle Eintragungen von Freibeträgen auf der Lohnsteuerkarte ist unbedingt notwendig, daß der entsprechende Antrag bis spätestens 31. Jänner des Jahres, das dem Jahr folgt, in dem diese Ausgaben entstanden sind, gestellt wird. Der Antrag kann auch schriftlich beim Wohnsitzfinanzamt eingebracht werden. Neben der Lohnsteuerkarte sind auch die erforderlichen Unterlagen beizufügen, worüber die Auskunft des Finanzamtes einzuholen ist.

JAHRESAUSGLEICH

Was muß der Lohnsteuerpflichtige über den Jahresausgleich auf Antrag wissen?

Durch den Jahresausgleich wird die einbehaltene Lohnsteuer, die im Verlauf eines Jahres verschieden hoch sein kann, so berechnet, als ob in allen Lohnzahlungszeiträumen ein gleich hoher Arbeitslohn zugeflossen wäre. Dadurch kann eine Milderung der Progression der Lohnsteuer herbeigeführt werden.

Der Jahresausgleich kann vom Arbeitnehmer beantragt werden, wenn er in einem Kalenderjahr

1. Arbeitslöhne bezogen hat, die in den einzelnen Lohnzahlungszeiträumen nicht gleich hoch waren;
2. neben den laufenden Bezügen sonstige, insbesondere einmalige Bezüge erhalten hat;
3. nicht ständig beschäftigt war;
4. Freibeträge auf der Lohnsteuerkarte eingetragen hat, ohne daß dies vom Arbeitgeber beim Lohnsteuerabzug berücksichtigt wurde;
5. Anspruch auf den Alleinverdienerabsetzbetrag gehabt hat, dieser jedoch auf der Lohnsteuerkarte nicht eingetragen ist, oder im Laufe des Jahres rückwirkend gestrichen wurde (z. B. anläßlich der Ausschreibung einer Lohnsteuerkarte für die Ehegattin).

Der Jahresausgleich ist vom Arbeitgeber durchzuführen, wenn der Arbeitnehmer das ganze Jahr über nur bei einem Arbeitgeber beschäftigt war. War der Arbeitnehmer nicht ständig beschäftigt oder stand er in mehreren Arbeitsverhältnissen, dann ist für den Jahresausgleich das Wohnsitzfinanzamt zuständig. Wird der Jahresausgleich wegen des Alleinverdienerabsetzbetrages beantragt, ist hiefür ebenfalls das Wohnsitzfinanzamt zuständig.

Der Antrag auf den Jahresausgleich muß bis spätestens 31. März des folgenden Jahres gestellt werden. Nach diesem Zeitpunkt wird der Jahresausgleich wegen Fristversäumnis nicht mehr vorgenommen.

HAUSSTANDSGRÜNDUNG

Wer hat Anspruch auf den Erstattungsbetrag?

Hausstandsgründung ist ein Sonderfall der außergewöhnlichen Belastung. Steuerpflichtige, die erstmals eine Ehe schließen, haben Anspruch auf einen einmaligen Erstattungsbetrag von 7.500 S (für beide Ehegatten zusammen daher 15.000 S), wenn folgende Voraussetzungen gegeben sind:

1. es muß sich um die erste Ehe handeln;
2. die unbeschränkte Steuerpflicht muß bestehen;
3. ein inländischer Wohnsitz muß vorliegen;
4. der Mittelpunkt der Lebensinteressen muß im Inland liegen.

Der Antrag auf diesen Abgeltungsbetrag ist innerhalb von zwölf Monaten nach der Verehelichung beim zuständigen Wohnsitzfinanzamt zu stellen.

Hat ein verheirateter Steuerpflichtiger bereits einmal einen Hausstand, gleichgültig ob im Inland oder im Ausland, gegründet, dann kann er nach einer Scheidung seiner Ehe nicht noch einmal Kosten für eine Hausstandsgründung geltend machen.

Wenn sich der Steuerpflichtige erstmals allein eine Wohnung einrichtet, kann ein steuerlicher Absetzbetrag in Anspruch genommen werden. Dem ledigen Steuerpflichtigen kann ein Freibetrag von 2.500 S jährlich durch fünf Jahre oder im ersten Kalenderjahr einmal der fünffache Betrag, also 12.500 S, über Antrag zuerkannt werden. Ein Nachweis der angeschaffenen Gegenstände ist grundsätzlich nicht erforderlich.

FAMILIENBEIHILFE

Wer hat Anspruch auf Familienbeihilfe?

Personen österreichischer Staatsbürgerschaft, Staatenlose und Flüchtlinge diesen gleichgestellt, weiters Ausländer nach einem fünfjährigen ständigen Aufenthalt im Inland, die im Bundesgebiet einen Wohnsitz oder gewöhnlichen Aufenthalt haben, sowie ausländischen Arbeitnehmern dann, wenn sie im Inland bei einem Dienstgeber beschäftigt sind nach dreimonatiger bewilligter Beschäftigungsdauer, gebührt Familienbeihilfe,

1. für minderjährige Kinder (bis zur Vollendung des 19. Lebensjahres);
2. für volljährige Kinder, die das 27. Lebensjahr noch nicht vollendet haben und die für einen Beruf ausgebildet oder in einem erlernten Beruf in einer Fachschule fortgebildet werden, wenn ihnen durch den Schulbesuch die Ausübung ihres Berufes nicht möglich ist;
3. für volljährige Kinder, die wegen einer vor Vollendung des 19. Lebensjahres oder während einer späteren Berufsausbildung, jedoch spätestens vor Vollendung des 27. Lebensjahres, eingetretenen körperlichen oder geistigen Behinderung voraussichtlich dauernd außerstande sind, sich selbst den Unterhalt zu verschaffen und die nicht selbst über ein Gesamtvermögen von mehr als 240.000 S verfügen.

Anspruch auf Familienbeihilfe für ein unter 1. bis 3. genanntes Kind hat eine Person jedoch nur dann, wenn das Kind zu ihrem Haushalt gehört, die Unterhaltskosten von ihr überwiegend getragen werden und das Kind nicht verheiratet ist. Für die Elternteile besteht ein Wahlrecht bezüglich der Familienbeihilfe für haushaltszugehörige Kinder; begehren beide Elternteile die Familienbeihilfe, ist sie dem Elternteil zu gewähren, der das Kind überwiegend pflegt.

Unter denselben Voraussetzungen, nach denen für Kinder Familienbeihilfe gewährt wird, haben Vollwaisen einen selbständigen Beihilfenanspruch.

Wodurch wird der Anspruch auf Familienbeihilfe ausgeschlossen?

Kein Beihilfenanspruch besteht,
1. für Kinder, die das 18. Lebensjahr vollendet haben und selbst Einkünfte in einem monatlich 1.500 S übersteigenden Betrag beziehen, wobei Lehrlingsentschädigungen und steuerfreie Einkünfte nicht einzubeziehen sind. Vom Bruttoeinkommen aus unselbständiger Erwerbstätigkeit ist außerdem der Werbungskostenpauschalbetrag von 4.914 S jährlich für die Beurteilung, ob die Grenze der eigenen Einkünfte des Kindes überschritten wird, in Abzug zu bringen;
2. für Kinder, die das 18. Lebensjahr vollendet haben und im elterlichen Betrieb hauptberuflich tätig sind;
3. für Kinder, die verheiratet sind;
4. für Kinder eines ausländischen Arbeitnehmers, wenn dessen Beschäftigung nicht länger als drei Monate dauert und außerdem, wenn gegen die Vorschriften über die Beschäftigung ausländischer Arbeitnehmer verstoßen wurde;
5. für die Kinder ausländischer Arbeitnehmer, die ständig im Ausland sich aufhalten, kann die Familienbeihilfe nach Maßgabe zwischenstaatlicher Abkommen gewährt werden.

Höhe der Familienbeihilfe

Der einer Person zustehende Betrag an Familienbeihilfe bestimmt sich nach der Anzahl der Kinder, für die ihr Familienbeihilfe gewährt wird.

Die Familienbeihilfe beträgt

für ein Kind monatlich	910 S
für zwei Kinder monatlich	1.860 S
für drei Kinder monatlich	2.930 S
für vier Kinder monatlich	3.900 S

für jedes weitere Kind monatlich 1.010 S mehr.

Die Familienbeihilfe einer Vollwaise beträgt monatlich 910 S. Für jedes Kind, das erheblich behindert ist, erhöht sich die Familienbeihilfe monatlich um 1.100 S. Die Familienbeihilfe wird in zwölf gleichhohen Monatsbeträgen zur Auszahlung gebracht.

Wie wird der Anspruch auf Familienbeihilfe geltend gemacht?

Familienbeihilfe wird grundsätzlich nur auf Antrag gewährt. Der Antrag ist beim Finanzamt des Wohnsitzes einzubringen.

Der Anspruch auf Familienbeihilfe wird durch die Familienbeihilfenkarte bescheinigt, die entweder dem Dienstgeber bzw. der bezugsauszahlenden Stelle zu übergeben oder dem Finanzamt zu überlassen ist. Die Dienstgeber und die Bezüge auszahlenden Stellen haben die Familienbeihilfe gemeinsam mit den Bezügen anzuweisen; Anspruchsberechtigte, die die Familienbeihilfenkarte dem Finanzamt zu überlassen haben (Selbständige), erhalten die Familienbeihilfe im Wege des Österreichischen Postsparkassenamtes vierteljährlich ausgezahlt oder auf Antrag auf ihrem Abgabenkonto gutgeschrieben. Ein Anspruchsberechtigter kann zugunsten eines anderen Anspruchsberechtigten auf die Familienbeihilfe verzichten, wenn dieser die Familienbeihilfe begehrt; der Verzicht kann widerrufen werden.

Meldepflicht und Rückzahlung

Der Anspruch auf Familienbeihilfe erlischt mit Ablauf des Monats, in dem eine Anspruchsvoraussetzung wegfällt oder ein Ausschließungsgrund eintritt. Personen, denen Familienbeihilfe gewährt oder an Stelle des Anspruchsberechtigten ausgezahlt wird, sind verpflichtet, alle Tatsachen zu melden, welche ein Erlöschen des Anspruches bewirken. Ferner sind Änderungen des Namens und der Anschrift ihrer Person oder der Kinder, für die ihnen Familienbeihilfe gewährt wird, zu melden. Die Meldung hat binnen 14 Tagen beim Finanzamt zu erfolgen. Zu unrecht bezogene Familienbeihilfen sind zurückzuzahlen.

GEBURTENBEIHILFE

Wer hat Anspruch auf Geburtenbeihilfe?

Anspruch auf Geburtenbeihilfe hat eine Mutter für jedes von ihr geborene Kind, wenn sie im Bundesgebiet ihren Wohnsitz hat. Bei Müttern, die die österreichische Staatsbürgerschaft nicht besitzen, ist der Anspruch dann gegeben, wenn sie sich unmittelbar vor der Geburt des Kindes mindestens drei Jahre ständig im Bundesgebiet aufgehalten haben. Das Kind selbst hat Anspruch auf den ersten Teil der Geburtenbeihilfe, wenn die Mutter die Anspruchsvoraussetzungen erfüllt hat, jedoch noch vor Antragstellung gestorben ist, und sich das Kind im Inland aufhält.

Anspruch auf den zweiten Teil der Geburtenbeihilfe haben a) die Mutter, b) die Wahlmutter, c) die Pflegemutter, d) eine sonstige Person, bei der sich das Kind ständig in unentgeltlicher Pflege befindet, wenn das Kind im Zeitpunkt der Vollendung des ersten Lebensjahres bei ihr haushaltszugehörig ist, bei sonst gleichen Voraussetzungen wie für den ersten Teil der Geburtenbeihilfe. Den zweiten Teil der Geburtenbeihilfe können Ausländerinnen nur dann erhalten, wenn es sich um die Mutter handelt.

Höhe der Geburtenbeihilfe

Die Geburtenbeihilfe beträgt für jedes lebend- oder totgeborene Kind 2.000 S. Die Geburtenbeihilfe beträgt jedoch 8.000 S für jedes Kind, wenn sich die Mutter während der Schwangerschaft bestimmten ärztlichen Untersuchungen nach dem Mutter-Kind-Paß unterzogen und das Kind die erste Lebenswoche vollendet hat sowie ärztlich untersucht wurde.

Anspruch auf den zweiten Teil der Geburtenbeihilfe mit nochmals 8.000 S besteht, wenn das Kind das erste Lebensjahr vollendet hat und den ärztlichen Untersuchungen unterzogen wurde, die im Mutter-Kind-Paß bestimmt sind.

Den Mutter-Kind-Paß bekommt jede werdende Mutter kostenlos bei allen Gesundheitsämtern und zum Teil auch bei den Fachambulatorien der Krankenkassen, bei den praktischen Ärzten sowie bei Schwangeren- und Mutterberatungsstellen.

In Wien wird der Mutter-Kind-Paß auch bei der MA 15, Gesundheitsamt, 1, Gonzagagasse 23, 2. Stock, Tür 216, und in jedem Bezirksgesundheitsamt ausgegeben.

Wie wird der Anspruch auf Geburtenbeihilfe geltend gemacht?

Geburtenbeihilfe wird grundsätzlich nur auf Antrag gewährt. Der Antrag ist beim Finanzamt des Wohnsitzes innerhalb von zwei Jahren nach Geburt des Kindes einzubringen. Als Nachweis für die Geburt des Kindes ist die Geburtsurkunde, für die Totgeburt die Sterbeurkunde beizubringen. Die aus Anlaß der Vollendung des ersten Lebensjahres des Kindes vorgesehene Erhöhung der Geburtenbeihilfe ist gesondert zu beantragen. Die Geburtenbeihilfe wird in der Regel im Wege der Österreichischen Postsparkasse ausgezahlt. Erhält die anspruchsberechtigte Mutter jedoch Dienstbezüge oder einen Ruhe- und Versorgungsgenuß vom Bund, von einem Bundesland oder von einer Gemeinde mit über 2.000 Einwohnern, ferner von den Österreichischen Bundesbahnen oder der Post- und Telegrafenanstalt, dann erfolgt die Auszahlung von der bezugsliquidierenden Stelle auf Grund eines entsprechenden Bescheides des Finanzamtes. Eine zu Unrecht bezogene Geburtenbeihilfe ist zurückzuzahlen.

STRASSENREINIGUNG, MÜLL-(HAUSKEHRICHT-)ABFUHR UND FUHRPARK

(MA 48)

Wer ist zur Reinigung der Straßen verpflichtet?

Der städtischen Straßenreinigung obliegt die Reinigung der Fahrbahn einschließlich beider Rinnsale, während die Liegenschaftseigentümer bzw. deren Vertreter (Hauswarte) für die Reinigung der Gehsteige zu sorgen haben. Hiebei ist es verboten, den Schmutz von den Gehsteigen in das Rinnsal zu kehren. Der Kehricht ist auf andere, geeignetere Weise zu beseitigen, wie etwa dadurch, daß er in die Hausmüllgefäße eingebracht wird. Das Hinauskehren des Waschwassers auf den Gehsteig beim Reinigen von Hausfluren oder von sonstigen ebenerdigen Räumlichkeiten ist nur dann gestattet, wenn dies auf andere Weise nicht bewerkstelligt werden kann. Hiebei ist auf die Passanten Rücksicht zu nehmen und das Wasser vom Gehsteig unverzüglich wieder abzukehren sowie das Rinnsal zu reinigen (StVO 1960, Kundmachung des Wiener Magistrats vom 3. Juni 1966).

Wer ist zur winterlichen Betreuung der Gehwege und Gehsteige verpflichtet?

Grundsätzlich der anrainende Liegenschaftseigentümer bzw. dessen Vertreter (Hauswart). Diese Verpflichtung gilt jedoch nur bis zu zwei Drittel der Gehsteigbreite, mindestens aber bis 1,5 m, wenn es sich nicht um Haltestellen- oder Kreuzungsbereiche handelt (Verordnungen des Magistrats der Stadt Wien vom 16. November 1962, MA 70-II/195/62, und vom 14. Oktober 1965, MA 70-II/81/65). Der städtischen Straßenreinigung obliegt nur die Betreuung der Übergänge über die Fahrbahn. Die Verpflichtung der Liegenschaftseigentümer zur winterlichen Betreuung der Gehsteige besteht nur im Ortsgebiet in der Zeit von 6 bis 22 Uhr (StVO 1960, § 2 Abs. 1 Z. 15 und § 93 Abs. 1).

Dürfen die Müllgefäße der Straßenreinigung durch Private benützt werden?

Die an bestimmten Stellen in den Straßen aufgestellten Müllgefäße (110 l Rundtonnen und 1.100 l Großraumbehälter) dienen nur den Organen der Straßenreinigung zur Einbringung des von den Fahrbahnen eingesammelten Kehrichts. Eine Benützung dieser Gefäße durch Private ist verboten. Weiters ist auch das Ablagern von Hausmüll in die öffentlichen Abfallsammelkörbe verboten. Hiefür sind die in den Liegenschaften bereitgestellten Sammelgefäße für den Hausmüll zu verwenden (Müllabfuhrgesetz 1965). Es dürfen daher die öffentlichen Sammelkörbe nur für kleinere, im Freien anfallende Abfälle, wie Papier und

Speiserückstände, benützt werden. Das Wegwerfen von Papier (Zeitungsblättern, Ankündigungszetteln, Fahrscheinen, Papierabfällen u. dgl.) auf öffentliche Verkehrsflächen und allgemein zugängliche Grundstücke ist verboten. Diejenigen, die dabei betreten werden, haben mit Organstrafmandaten von seiten der Polizei zu rechnen.

Welche Bestimmungen bestehen gegen „wilde" Ablagerungen von Müll und auf welche Weise kann man kleinere und größere Mengen von Sperrmüll und Gerümpel loswerden?

Das Ablagern von Müll, Schutt und sonstigen Abfällen aller Art auf öffentlichen Straßen und Flächen, Gräben, Flußufern sowie auf fremden Privatgrundstücken ist nach der Kundmachung des Magistrats vom 3. Juni 1966 verboten. Gröbere Übertretungen dieser Bestimmungen werden mit Geldstrafen bis zu 2.000 S oder Arrest bis zu zwei Wochen geahndet.

Kleinere Mengen Gerümpel (kein Bauschutt) bis zum Inhalt eines Autokofferraumes sowie bis zu vier Autoreifen (nicht von Gewerbebetrieben) werden bei folgenden Ablagerungsstätten der MA 48 von Montag bis Freitag von 7 bis 15 Uhr und Samstag von 7 bis 11.30 Uhr (werktags) kostenlos übernommen:

2, Dresdner Straße 119; 2, Stoffellagasse 7a; 10, Sonnleithnergasse 30; 11, Simmeringer Hauptstraße 32; 12, Eichenstraße 1a; 14, Zehetnergasse 7; 16, Flötzersteig 12 – Müllverbrennungsanlage (Maximallänge 70 cm); 16, Kendlerstraße 37; 19, Grinzinger Straße 151; 19, Krottenbachstraße 6 (Zufahrt Leidesdorfgasse); 21, Fultonstraße Nr. 10; 22, Breitenlee, Breitenleer Straße 268; 23, Inzersdorf, Draschestraße (unter der Südautobahn).

Größere Mengen werden auf den städtischen Planierungen gegen Gebühr entgegengenommen. Auskünfte über Planierungen: MA 48, 5, Einsiedlergasse 2, Montag bis Freitag von 7 bis 15.30 Uhr, Tel. 55 16 11*, 288 oder 270.

Abholungen ab Haustor bzw. Gehsteig kosten 140 S pro Kubikmeter; für Abholungen vom Dachboden, Keller oder von der Wohnung müssen die Kosten gesondert vereinbart werden. Bestellungen: MA 48, Montag bis Freitag von 6 bis 10 Uhr, Tel. 55 16 11*, 288.

Wo und wie melde ich den Bedarf eines Müllgefäßes an?

Ein Ansuchen um erstmalige Beistellung von Müllgefäßen und Einbeziehung von Liegenschaften in die regelmäßige Müllabfuhr der Stadt Wien kann nur durch den Hauseigentümer oder dessen bevollmächtigten Vertreter (Hausverwalter) schriftlich unter Angabe von Anschrift, Grundbucheinlagezahl und Zahl der Mieteinheiten (Wohnungen, Geschäftslokale, Werkstätten u. a.) des Hauses bei der MA 48, 5, Einsiedlergasse 2, stempelfrei eingebracht werden.

Die leihweise Beistellung der Gefäße und Auf- oder Anhängevorrichtungen sowie deren Aufstellung erfolgt kostenlos durch die Stadt Wien.

Werden jedoch die Richtlinien zur Planung von Aufstellplätzen für Müllgefäße (MA 48/M 1-35/76 vom 26. November 1976) nicht eingehalten, so werden die Kosten für die Auf- oder Anhängevorrichtungen dem Hausbesitzer bzw. der Hausverwaltung in Rechnung gestellt.

Wo, wie und wann beantrage ich eine Veränderung der Zahl der vorhandenen Gefäße?

Wenn die vorhandenen Gefäße nicht ausreichen, kann jederzeit ein schriftliches Ansuchen um Vermehrung der Müllgefäße eingebracht werden.

In begründeten Fällen kann auch ein Antrag auf Verminderung der Zahl der Müllgefäße eingebracht werden; solchen Ansuchen wird allerdings nur dann entsprochen, wenn vom sanitären Standpunkt keine Bedenken dagegen bestehen.

Die beiden vorstehend angeführten Ansuchen können ebenfalls nur vom Hauseigentümer oder dessen bevollmächtigten Vertreter schriftlich eingebracht werden und sind mit einem 70 S-Bundesstempel und einer 15 S-Verwaltungsabgabemarke zu versehen; letztere ist bei den Stadtkassen in den magistratischen Bezirksämtern und bei der Betriebskasse der MA 48 erhältlich.

Die Anzahl der Einsammlungen der Müllgefäße wurde im Müllabfuhrgesetz 1965, LGBl. für Wien Nr. 19, für ganz Wien mit 52 (jede Woche einmal) festgesetzt. Gemäß § 8 Abs. 4 des obzitierten Gesetzes wird für die in Kleingartenanlagen gelegenen Kleingartenflächen (Lose), die im Sinne des Wiener Kleingartengesetzes benützt werden, über Antrag die Zahl der Einsammlungen mit 30mal je Kalenderjahr festgesetzt. Der Antrag bedarf der Bestätigung durch den Kleingartenverein oder dessen Verband auf die Richtigkeit der angegebenen Benützung im Sinne des Wiener Kleingartengesetzes.

Was darf ich *nicht* in die Müllgefäße einleeren:

Erde, Schlamm, Flüssigkeiten, landwirtschaftliche Abfälle, Fäkalien, Stallmist, Kadaver, Benzin- und Ölrückstände, heiße Asche oder Schlacke, weiters Abfälle, welche die zur Abfuhr verwendeten Einrichtungen beschädigen oder die mit der Abfuhr betrauten Organe gefährden können, wie z. B. explosive Gegenstände, ätzende Substanzen, Farb- und Karbidrückstände.

Eine Bitte:

Schont die Müllgefäße!

Haltet die Straßen rein!

Was geschieht mit Altöl und sonstigen Kohlenwasserstoffen?

Altöl, Benzinrückstände, Lösungsmittel sowie Lack- und Farbreste werden von der Firma EBS (vorm. BIA) Entsorgungsbetriebe Simmering Ges. m. b. H. u. CO KG., 11, Alberner Hafenzufahrtsstraße 31, Tel. 76 16 26, übernommen.

Ablieferungsort für solche Abfälle ist deren Betrieb im Ölhafen Lobau, Tel. 77 72 47.

Wer entfernt unbrauchbar gewordene Kraftfahrzeuge (Wracks) von öffentlichen Straßen und Plätzen?

Besitzer von Fahrzeugwracks oder von Fahrzeugen, die unbrauchbar geworden sind, können durch Abtretung ihres Fahrzeuges an die MA 48 aller Sorgen wegen der Abschleppung des Fahrzeuges ledig sein. In jedem Polizeiwachzimmer, auf jedem magistratischen Bezirksamt und bei den Dienststellen der Kraftfahrorganisationen (ARBÖ,

ÖAMTC) erhält man eine vorgedruckte Erklärung, die nur auszufüllen und mittels eines der Erklärung beiliegenden Kuverts portofrei der MA 48 einzusenden ist. Wem der Weg zu einer der angeführten Stellen zu weit ist, der kann auch telefonisch bei der MA 48 (Tel. 55 16 11*, 214) einen solchen Vordruck anfordern und erhält diesen dann ehestens zugesandt. Wichtig ist aber, daß die MA 48 nur solche Fahrzeuge abschleppen darf, die ordnungsgemäß bei der Zulassungsbehörde (Polizei) abgemeldet wurden und für die ein Besitznachweis (Typenschein, Einzelgenehmigung) beigeschlossen ist. Wer seinen Typenschein oder die Einzelgenehmigung aus irgendeinem Grund wieder benötigt (z. B. wenn man den Fahrzeugmotor ausbaut, um ihn weiter zu verwenden), kann das Dokument, nach Eintragung eines amtlichen Vermerkes durch die MA 48, wieder erhalten. Die MA 48 wird dann binnen weniger Tage für die Abschleppung des unbrauchbar gewordenen Fahrzeuges Sorge tragen.

Eine weitere Vereinfachung stellt ein im Verkehrsamt der Bundespolizeidirektion Wien, 9, Türkenstraße 22a, aufgestellter „Wrackbriefkasten" dar. Dort sind alle erforderlichen Unterlagen vorhanden, um in den Genuß der Vorteile der kostenlosen Abschleppaktion zu kommen. Die ausgefüllten Erklärungen können in den „Wrackbriefkasten" eingeworfen werden und werden auf kürzestem Weg in die MA 48 gebracht.

Wer sein Fahrzeug abmeldet und es dann der MA 48 überläßt, muß unbedingt bei jener Versicherungsgesellschaft, bei der er haftpflichtversichert ist, den Versicherungsvertrag kündigen, weil er sonst trotz Abmeldung des Fahrzeuges weiterhin seine Versicherungsprämie zu bezahlen hätte.

STRASSENVERWALTUNG UND STRASSENBELEUCHTUNG

(MA 28, 33, 64)

Gehsteigherstellung

Jeder Eigentümer eines Neu-, Zu- oder Umbaues im Bauland oder einer fundierten Einfriedung an einer Baulinie ist verpflichtet, wenn der Bebauungsplan im Querschnitt der Verkehrsfläche nichts anderes bestimmt, in der vollen Länge des Bauplatzes oder Bauloses nach den Angaben der Behörde einen Gehsteig herzustellen. Bei der Herstellung einer nicht fundierten Einfriedung an der Baulinie ist nach den gleichen Grundsätzen ein Gehsteig in vorläufiger Bauart herzustellen. Unter bestimmten Voraussetzungen hat die Behörde jedoch von der Verpflichtung zur Herstellung eines Gehsteiges abzusehen bzw. über Ansuchen die Herstellung des Gehsteiges zu stunden, wenn nicht öffentliche Interessen die Herstellung eines Gehsteiges verlangen.

Vor Ausführung des Gehsteiges ist um Bekanntgabe der Höhenlage, Breite und Bauart und um die Aussteckung der Höhenlage anzusuchen (70 S-Bundesstempel). Diese Ansuchen sind für die Bezirke 1 bis 9 und 20 an die MA 36, für die übrigen Bezirke an die MA 37, 17, Kalvarienberggasse 33, zu richten.

Gehsteigauf- und -überfahrten zur Einfahrt bzw. Ausfahrt aus einer Liegenschaft dürfen nur mit Bewilligung der Behörde hergestellt werden. Um diese Bewilligung ist bei der MA 28 anzusuchen. Das Ansuchen ist mit 70 S-Bundesstempel und 97 S-Verwaltungsabgabemarken (32 S für die Auffahrt und 65 S für die Überfahrt) zu belegen.

Für die Gehsteigherstellung ist auch eine Aufgrabungsbewilligung erforderlich, um die bei der MA 28 anzusuchen ist. Nach Fertigstellung des Gehsteiges ist um die Feststellung der vorschriftsmäßigen Herstellung bei der MA 28, 17, Lienfeldergasse 96, anzusuchen (70 S-Bundesstempel und 65 S-Verwaltungsabgabemarken), wobei von der Behörde die Haftungszeit festgesetzt wird.

Bei Portalentfernungen ist die freiwerdende Gehsteigfläche mit dem gleichen Belag, den der Gehsteig aufweist, zu versehen, also in den meisten Fällen 2 cm Gußasphalt auf 10 cm Unterlagsbeton.

Übernahme von Gehsteigen in die Erhaltung der Stadt Wien

Wer hat die Gehsteige instandzuhalten, welche Gehsteige sind in der Erhaltung der Stadt Wien, was ist zu tun, um noch nicht übernommene Gehsteige in die Erhaltung der Stadt Wien zu übergeben?

Granitpflaster- und Klinkergehsteige, die vor Ende des Jahres 1929 ordnungsgemäß hergestellt wurden, gelten als generell in die Erhaltung der Stadt Wien übernommen.

Andere Gehsteige, die noch nicht ausdrücklich in die Erhaltung der Stadt Wien übernommen wurden, es wäre denn, daß sie schon vor 1883 hergestellt worden sind, stehen in der Erhaltungspflicht des Liegenschaftseigentümers, der für die Instandhaltung zivil- und strafrechtlich verantwortlich ist. Solche noch nicht übernommenen Gehsteige können nach Ablauf der Haftungszeit, im allgemeinen drei Jahre nach dem Bau, nur dann über ausdrückliches schriftliches Ansuchen (70 S-Bundesstempel und 65 S-Verwaltungsabgabemarken) in die Erhaltung der Stadt Wien übernommen werden, wenn sie sich in gutem, ordnungsgemäßem, den Vorschriften entsprechendem Zustand befinden. Ansuchen sind an die MA 28, 17, Lienfeldergasse 96, zu richten. Auf schriftliches Ansuchen (zweimal 70 S-Bundesstempel, 8 S-Verwaltungsabgabemarken) werden von der MA 28 auch Bestätigungen ausgestellt, ob der Gehsteig in die Erhaltung der Stadt Wien übernommen wurde. Gehsteigauf- und -überfahrten werden nicht in die Erhaltung der Stadt Wien übernommen.

Aufgrabungen auf öffentlichen Straßen

Unter welchen Bedingungen kann in öffentlichen Straßen oder Plätzen aufgegraben werden?

Jede Aufgrabung in einer öffentlichen Straße oder einem öffentlichen Platz (Gehsteig oder Fahrbahn) bedarf der vorherigen Bewilligung der MA 28, 17, Lienfeldergasse 96, die nur unter bestimmten technischen Bedingungen erteilt werden kann. Es ist daher bei notwendigen Aufgrabungen, wie für Hauskanalanschlüsse, Einwurfschächte, Ölabfüll- und sonstige private Leitungen und Gehsteigherstellung, rechtzeitig bei der MA 28 um die Aufgrabungsbewilligung anzusuchen. Um Neuanschlüsse an das Gas-, Wasser-, Strom- und Fernsprechnetz ist vorher bei den Wiener Stadtwerken bzw. den Wasserwerken oder der Post- und Telegraphenverwaltung anzusuchen.

Für Termine der Wintermonate, das ist vom 1. Dezember bis 1. März, werden Aufgrabungen, außer bei Gebrechen, nicht bewilligt.

Wer behebt Straßen-(Fahrbahn- und Gehsteig-)Schäden?

Für die Behebung von Straßenschäden ist die MA 28, 17, Lienfeldergasse 96, Tel. 46 16 91, zuständig, die jede Mitteilung (schriftlich oder telefonisch) über schadhafte Fahrbahn- oder Gehsteig-Stellen entgegennimmt (Journaldienst). Außerhalb der Dienststunden sind telefonische Mitteilungen an den Permanenzingenieur, Tel. 42 8 00*, 2941, oder 63 66 71*, 398, zu richten.

Was ist zu tun, wenn in irgendeiner Gegend Straßenlampen nicht brennen?

Auf keinen Fall schimpfen und alles auf sich beruhen lassen, sondern den Störungsfall mit genauer Zeit- und Ortsangabe (z. B. seit gestern, dem 23. März, ist die elektrische Straßenlampe vor dem Haus, 16, Friedmanngasse 27, finster) so rasch als möglich melden, entweder:

a) einem Rayonssicherheitswachebeamten mit dem Ersuchen, die Meldung an die zuständige Stelle (Wiener Stadtwerke – Elektrizitätswerke, Betrieb und Erhaltung der öffentlichen Beleuchtung) weiterzugeben,

b) telefonisch unter 33 35 73 an die Wiener Stadtwerke-Elektrizitätswerke, Abteilung B 5 (Betrieb und Erhaltung der öffentlichen Beleuchtung), oder

c) unter 43 89 89 an die Stadtinformation täglich von 0 bis 24 Uhr.

Je schneller die *richtige* Meldung an die *richtige* Stelle kommt, desto rascher kann die Störung behoben werden.

Was soll man tun, wenn eine öffentliche Uhr falsche Zeit zeigt, stehengeblieben ist oder die Zifferblätter nachts schlecht oder gar nicht beleuchtet sind?

Den Störungsfall mit genauer Zeit- und Ortsangabe (z. B. die öffentliche Uhr auf dem Lichtmast Margaretenplatz steht seit heute früh 8.20 Uhr und ihre Zifferblätter waren gestern abends nicht beleuchtet) auf kürzestem Weg (am besten telefonisch)

a) unter 65 66 41*, 24, an die MA 33, 3, Senngasse 2, Montag bis Freitag von 7.30 bis 15.30 Uhr oder

b) unter 43 89 89 an die Stadtinformation täglich von 0 bis 24 Uhr

melden.

Je früher die Meldung einlangt, umso schneller kann die Störung behoben werden.

Ist eine kurzfristige Behebung der Störung nicht möglich, so wird dies dadurch kenntlich gemacht, daß die Uhr außer Betrieb genommen und von Hand aus auf 12 Uhr gestellt wird.

VERANSTALTUNGSWESEN

(MA 7)

Wann kommt das Wiener Veranstaltungsgesetz und wann das Wiener Kinogesetz zur Anwendung?

Das Wiener Veranstaltungsgesetz, welches mit Ausnahme des Kino- und Messewesens das gesamte Veranstaltungswesen zusammenfassend neu regelt, gilt für Theateraufführungen jeder Art und für öffentliche Schaustellungen, Darbietungen und Belustigungen. Die Bestimmungen dieses Gesetzes treten somit an Stelle der bisherigen Vorschriften des Wiener Theatergesetzes, des Wiener Ausstellungsgesetzes und der auf diese Gesetze gestützten Verordnungen, wobei allerdings nicht übersehen werden darf, daß die hierin enthaltenen technischen Bestimmungen bis zum Inkrafttreten eines Veranstaltungsstättengesetzes weiterhin aufrecht bleiben.

Das Wiener Veranstaltungsgesetz statuiert ausdrücklich, daß die erwähnten Veranstaltungen immer dann als öffentlich zu gelten haben, wenn sie allgemein zugänglich sind. Nicht allgemein zugängliche Veranstaltungen gelten dann als öffentlich, wenn an ihnen mehr als 20 Personen teilnehmen können; sie sind jedoch nicht öffentlich, wenn es sich um Familienfeiern oder um solche häusliche Veranstaltungen handelt, die in bestimmungsgemäßer Verwendung einer privaten Wohnung stattfinden.

Nach den Bestimmungen des Veranstaltungsgesetzes werden die danach zu beurteilenden Veranstaltungen in drei Gruppen eingeteilt, und zwar

1. in weder anmeldepflichtige noch konzessionspflichtige Veranstaltungen, d. h. in Veranstaltungen, welche abgehalten werden dürfen, ohne daß sie der Behörde zur Kenntnis gebracht werden müssen;
2. in anmeldepflichtige Veranstaltungen, für deren Durchführung keine Bewilligung, sondern lediglich eine rechtswirksame Anmeldung erforderlich ist;
3. in konzessionspflichtige Veranstaltungen, welche nur auf Grund einer vorherigen Bewilligung durchgeführt werden dürfen.

Die unter Punkt 1 und 2 fallenden Veranstaltungen sind im Gesetz taxativ aufgezählt.

Demnach bedürfen *weder einer Anmeldung noch einer Bewilligung:*

1. Veranstaltungen zum Empfang von Hörfunk- und Fernsehübertragungen;
2. der Betrieb von Musikautomaten;
3. Schallplatten- und Tonbandaufführungen;

4. andere musikalische Darbietungen, wenn sie in Gastgewerbebetrieben oder Buschenschenken durchgeführt werden;

5. sportliche Veranstaltungen mit Ausnahme des Betriebes von Sportstätten und der Berufssportveranstaltungen von Boxern, Ringern und ähnlichen Kampfsportlern;

6. Feuerwerke, wenn für die Verwendung der pyrotechnischen Gegenstände eine Bewilligung nach dem Pyrotechnikgesetz 1974 vorliegt.

Die Gruppe der *anmeldepflichtigen Veranstaltungen* umfaßt folgende Veranstaltungen:

1. Vorträge, Vorlesungen und musikalische Darbietungen, insbesondere Konzerte, Akademien, Instrumental- und Gesangsvorträge, wenn sie weder als anmeldepflichtige noch als konzessionspflichtige Veranstaltungen zu werten sind;
2. theater- und varietéartige Veranstaltungen folgender Art:
   a) Theateraufführungen und Varietévorführungen, wenn die Veranstaltungsstätte einen Fassungsraum von weniger als 50 Personen besitzt und keine ihrer Natur nach wilden Raub- oder Großtiere verwendet werden,
   b) Theateraufführungen und Varietévorführungen ohne Erwerbscharakter durch Dilettanten, ausgenommen Stripteasevorführungen,
   c) fallweise Theateraufführungen und Varietévorführungen ohne Erwerbscharakter als zusätzlicher Teil einer sonst nicht unter das Veranstaltungsgesetz fallenden Veranstaltung,
   d) Marionetten-, Puppen- und Schattenspiele,
   e) Vorführungen von Zauberkunststücken ohne bühnenmäßige Ausstattung,
   f) Tanzvorführungen ohne bühnenmäßige Ausstattung oder szenischen Aufwand, ausgenommen Stripteasevorführungen;
3. Tanzunterhaltungen und Feste:
   a) Bälle, Redouten, Kostümfeste, Kränzchen, Parties und sonstiger Publikumstanz, wenn der Tanz in der Zeit vom 1. Jänner bis zum Sonntag vor Ostern in einer Veranstaltungsstätte durchgeführt wird, die für diese Veranstaltungsart bereits bescheidmäßig für geeignet befunden wurde, oder wenn in der gleichen Veranstaltungsstätte nicht an mehr als an sechs Tagen eines Kalendermonats Publikumstanzveranstaltungen durchgeführt werden,
   b) Wohltätigkeitsfeste unter Ausschluß von konzessionspflichtigen Theateraufführungen, Zirkusvorführungen und Tierschauen,
   c) Umzüge zu Vergnügungszwecken und Eisfeste,
   d) jahreszeitlich bedingte oder im Zusammenhang mit Volksbräuchen stattfindende Feste;

4. Kinderunterhaltungsapparate;

5. pratermäßige Volksvergnügungen;

6. Betrieb von Eislauf- und Tennisplätzen sowie anderen Sportstätten;

7. Ausstellungen, ausgenommen Tierschauen;

8. Modeschauen mit künstlerischem Beiprogramm und alle anderen Modeschauen, die keine gewerblichen Vorführungen sind.

Einer *Konzession* bedürfen alle bisher nicht bezeichneten sonstigen Veranstaltungen, d. h. insbesondere Theater- und Varietéaufführungen, sofern sie nicht bloß der Anmeldepflicht unterliegen, ferner Veranstaltungen, wie Zirkusse, Tierschauen, Publikumstanz und Unterhaltungsspielapparate.

Die für die Anmeldung und Konzessionserteilung zuständige MA 7 nimmt Anmeldungen täglich von 8 bis 13 Uhr in ihrer Anmeldestelle, 1, Volksgartenstraße 1–3, 3. Stock, Tür 446 bzw. 412, entgegen, während Ansuchen um Erteilung einer Konzession in den Amtsräumen, 8, Friedrich Schmidt-Platz 5, 3. Stock, bzw. in der Kanzlei im 2. Stock einzureichen sind.

Nach der gesetzlichen Bestimmung muß die Anmeldung für eine Veranstaltung grundsätzlich spätestens *eine Woche* vor dem Tag der Veranstaltung bei der Behörde einlangen und ist nur in wenigen Ausnahmefällen noch bis zu dem der Veranstaltung vorangehenden Tag möglich.

Vor Erteilung einer Konzession bzw. Ausstellung einer Bescheinigung über eine rechtswirksame Anmeldung für eine dem Veranstaltungsgesetz unterliegende Veranstaltung muß die *Veranstaltungsstätte* in bau- und feuerpolizeilicher sowie betriebstechnischer Hinsicht entweder als geeignet angesehen werden können (falls die Nichteignung noch nicht festgestellt und die Eignungsfeststellung nicht zwingend vorgeschrieben ist, überdies kein Auftrag zur Erwirkung der Eignungsfeststellung erteilt wurde; ferner bei Bundesgebäuden für Theateraufführungen, in denen Private fallweise als Veranstalter auftreten) oder die Eignung bescheidmäßig festgestellt sein.

Zwingend erforderlich ist die Eignungsfeststellung jedenfalls bei konzessionspflichtigen und gewissen anmeldepflichtigen Theateraufführungen und Varietévorführungen, bei Zirkussen, Tierschauen, Feuerwerken, Schießbuden, gewissen pratermäßigen Volksvergnügungen, bei Ausstellungen, Marionetten-, Puppen- und Schattenspielen, Vorführungen von Zauberkunststücken ohne bühnenmäßige Ausstattung und Wohltätigkeitsfesten sowie bei Veranstaltungen, falls die Teilnehmerzahl 100 oder mehr Personen umfaßt, und zwar bei Vorlesungen, Vorträgen, musikalischen Darbietungen, Tanzvorführungen ohne bühnenmäßige Ausstattung und szenischen Aufwand, ferner bei fallweisen und bloß anmeldepflichtigen Tanzunterhaltungen und Publikumstanzunterhaltungen, Eisfesten, beim Betrieb von Sportstätten, bei Sportveranstaltungen und Modeschauen mit künstlerischem Beiprogramm.

Nach dem Wiener Kinogesetz 1955 in der Fassung der letzten Wiener Kinogesetznovelle 1969 ist für die öffentliche Aufführung von Filmen mit mehr als 10 mm Breite eine behördliche Bewilligung (Konzession) erforderlich. Einer behördlichen Bewilligung bedarf auch die öffentliche Aufführung anderer, durch Projektion oder auf ähnliche Weise erzeugter Bilder, die Aufführung von Stehbildern und von Schmalfilmen bis 10 mm Breite jedoch nur, wenn sie im Rahmen eines Erwerbsunternehmens stattfindet. Die Ansuchen sind ebenfalls bei der MA 7, 8, Friedrich Schmidt-Platz 5, einzureichen.

Bemerkt wird noch, daß eine Veranstaltung nach dem Wiener Kinogesetz dann *nicht* öffentlich ist, wenn sie in einem *privaten Haushalt ohne Erwerbsabsicht* stattfindet.

Vor Erteilung der behördlichen Bewilligung zur Aufführung von Filmen, Stehbildern u. dgl. ist die *Betriebsstätte* gleichfalls von der Behörde zu genehmigen.

Die Eignungsfeststellung (Genehmigung) der Veranstaltungs-(Betriebs-)Stätte in bau- und feuerpolizeilicher sowie betriebstechnischer Hinsicht erfolgt durch die MA 35 – Gruppe V (Technische Theater- und Kinopolizei, technische Sicherheitseinrichtungen bei Menschenansammlungen), 17, Kalvarienberggasse 33, 2. Stock. Diesbezüglichen Ansuchen an diese Abteilung sind Skizzen und Pläne im Maßstab 1 : 100 und auch Beschreibungen in drei Gleichschriften anzuschließen.

VETERINÄRWESEN

(MA 60)

Wer ist berechtigt, eine Hausschlachtung bzw. Fleischausschrotung durchzuführen und was ist dabei zu beachten?

Kleintiere, wie Kaninchen, Hühner, Enten, Gänse u. dgl., können ohne weiteres von der Hausfrau oder einer Hilfskraft geschlachtet bzw. gestochen werden (wobei allerdings die Bestimmungen der Verordnung über das Schlachten und Töten von Tieren zum Wiener Tierschutzgesetz zu beachten sind). Anders ist es mit der Schlachtung und Fleischausschrotung größerer Tiere, deren Fleisch nicht nur im Haus verwendet, sondern auch gegen Entgelt abgegeben werden soll. Es ist dies ein Recht des Fleischergewerbes, das durch eine besondere Ausnahmebestimmung der Gewerbeordnung unter bestimmten Voraussetzungen den Landwirten zukommt. Es gilt diese Ausnahme auch für solche Personen, die, ohne berufsmäßig Landwirte zu sein, außerhalb eines eigentlichen landwirtschaftlichen Betriebes in ihrer Hauswirtschaft Schweine gehalten, dieselben aufgezogen haben. Werden in solchen Fällen die Tiere infolge Notstandes oder auch zum Zweck einer besseren Verwertung des Tieres im Haus geschlachtet, sodann das gewonnene Frischfleisch stückweise im Gehöft gegen Entgelt abgegeben, so kann hiebei von einem unbefugten Gewerbebetrieb nicht die Rede sein. Für alle Hausschlachtungen gilt, daß sie nur vereinzelt, nicht regelmäßig, d. h. nicht gewerbsmäßig, dem Umfang der Landwirtschaft bzw. Tierhaltung in der Hauswirtschaft entsprechend, erfolgen dürfen. Die Verwendung fleischergewerblich ausgebildeter Arbeitskräfte ist, ebenso wie das Schlachten in eigenen Betriebsanlagen oder die Abgabe von Frischfleisch außerhalb des landwirtschaftlichen Betriebes (Gehöftes), verboten, da in diesen Fällen der Tatbestand des unbefugten Gewerbebetriebes gegeben wäre. Wie steht es nun hiebei mit der Beschaupflicht? Dies ist durch den § 13 des Tierseuchengesetzes und den § 1 der Vieh- und Fleischbeschauverordnung geregelt. Danach unterliegt alles Schlachtvieh (Einhufer, Rinder) und in gewerblichen Schlachtlokalitäten auch alles Stechvieh (Schweine, Kälber, Schafe und Ziegen) der Vieh- und Fleischbeschau. Alle Notschlachtungen – sowohl bei Schlacht- als auch bei Stechvieh – unterliegen ausnahmslos der Beschaupflicht. Wird das Fleisch aus einer Hausschlachtung von Stechvieh vom Erzeuger zerteilt und direkt an den unmittelbaren Verbraucher entgeltlich abgegeben (Ausschrotung), dann entfällt die Beschaupflicht. Diese ist aber vorhanden, wenn Fleisch – wenn auch nur teilweise – an gewerbliche Betriebe verkauft werden soll. Im Hinblick auf die gesundheitlichen Gefahren durch den Genuß unbeschauten Fleisches, das von anscheinend gesunden Tieren stammt (z. B. Finnenbefall), wird auch in den Fällen, in denen die Beschaupflicht von Stechvieh nicht obligatorisch ist, die Beschau dringend angeraten. Die Vornahme der Vieh- und Fleischbeschau ist bei den Veterinäramtsabteilungen der magistratischen Bezirksämter anzumelden.

Welche Begleitpapiere braucht man für Hunde oder Katzen, die zu Tierausstellungen gebracht werden?

Angaben über die veterinärpolizeilichen Erfordernisse für Hunde oder Katzen, die an Tierausstellungen, Tierschauen u. dgl. teilnehmen, sind in der Regel in den jeweiligen Ausschreibungen der Ausstellungsleitung enthalten.

Für Wien sind derzeit von seiten der Behörde ein amtliches Ursprungs- und Gesundheitszeugnis sowie der Nachweis einer gültigen Wutschutzimpfung vorgeschrieben.

Was hat man zu tun, wenn man mit einem Hund in das Ausland fahren will?

Man erkundigt sich vorerst bei der Vertretung (Gesandtschaft, Botschaft oder Konsulat) des Landes, in welches der Hund gebracht werden soll, welche Bedingungen bei der Einfuhr zu erfüllen sind: ob das Ursprungs- und Gesundheitszeugnis bezüglich seiner Echtheit z. B. von der Gesandtschaft beglaubigt werden muß; ob eine Schutzimpfung gegen die Wutkrankheit erforderlich ist.

Das Ursprungszeugnis wird, falls es die Seuchenverhältnisse erlauben, bei der Veterinäramtsabteilung des für den Wohnort des Hundebesitzers zuständigen magistratischen Bezirksamtes zwischen 8 und 9 Uhr bzw. zwischen 14 und 15 Uhr ausgestellt. Der Hund (mit Hundemarke) ist zur amtstierärztlichen Untersuchung mitzunehmen.

In Wien werden Schutzimpfungen gegen die Wutkrankheit bei Hunden und Katzen von jedem zur tierärztlichen Praxis zugelassenen Privattierarzt durchgeführt. Vor allem ist vom Tierbesitzer dabei zu beachten, daß nach den Bestimmungen der Einfuhrländer die Impfung mindestens 30 Tage vor dem Grenzübertritt vorgenommen werden muß.

Für die Einfuhr von Hunden oder Hauskatzen nach Österreich – wie auch für die vorübergehende Ausfuhr, etwa im Reiseverkehr – ist der Nachweis einer Schutzimpfung gegen die Wutkrankheit nötig. Diese Impfung muß ebenfalls zumindest 30 Tage vor dem Grenzübertritt erfolgt und darf nicht älter als ein Jahr sein.

Wer beseitigt verendete Tiere?

Verendete Tiere werden kostenlos von der Tierkörperverwertungsanstalt abgeholt. Der Tierbesitzer hat verendete Tiere ehestmöglich mündlich oder telefonisch beim magistratischen Bezirksamt, beim Amtstierarzt oder im nächsten Sicherheitswachzimmer anzumelden. Eigenmächtiges Eingraben von Tierleichen ist verboten. Einzelne kleinere Tiere, wie Hühner, Meerschweinchen u. dgl., können, wenn sie nicht unter Seuchengefahr gestorben sind, verbrannt werden.

Was müssen die Tierbesitzer von der Anzeige der Tierseuchen wissen?

Der Tierbesitzer hat den Verdacht auf eine Tierseuche unverzüglich, d. h. so rasch wie möglich, dem Amtstierarzt, dem magistratischen Bezirksamt oder der nächsten Polizeidienststelle mitzuteilen.

Die Anzeichen anzeigepflichtiger Tierseuchen sind in der Belehrung über Tierseuchen zu § 17 des Tierseuchengesetzes beschrieben.

Die Symptome der einzelnen Tierseuchen soll der Tierhalter kennen, um rechtzeitig den Ausbruch der Seuche festzustellen oder wenigstens Verdacht zu schöpfen. Er wird sich dadurch vor Schaden, vor einer Bestrafung und vor dem Verlust einer staatlichen Entschädigung wegen Unterlassung der rechtzeitigen Anzeige bewahren.

Auskünfte über die Erscheinungen bei Tierseuchen geben die Amtstierärzte, die praktischen Tierärzte und die Landwirtschaftskammer.

Wann ist ein Tierpaß erforderlich?

Für Haustiere, die zu den Wiederkäuern, Einhufern oder Schweinen gehören, sind Tierpässe beizubringen, wenn die Tiere:

a) auf einen Markt, eine Auktion, eine Ausstellung oder eine Tierschau;
b) anläßlich des Wechsels des ständigen Aufenthaltsortes in eine andere Gemeinde gebracht;
c) mittels Eisenbahn, Schiffen, Kraftfahrzeugen (Anhängern) oder Luftfahrzeugen über den Bereich einer Ortsgemeinde hinaus befördert;
d) ohne einen ständigen Aufenthaltsort zu haben, von Ort zu Ort getrieben werden.

Der Begriff „Gemeinde" im Sinne dieser Bestimmungen umfaßt in Wien das gesamte Gemeindegebiet, sodaß das Verbringen von Tieren von einem Wiener Gemeindebezirk in einen anderen ohne Beibringung eines Tierpasses erfolgen kann.

Anmeldungen für Tierpaßausstellungen sind in den Veterinäramtsabteilungen der magistratischen Bezirksämter schriftlich oder zwischen 8 und 9 Uhr bzw. 14 und 15 Uhr telefonisch oder mündlich zu machen.

Sollen Haustiere, die zur Gattung der Wiederkäuer, Einhufer und Schweine gehören, aus dem Wiener Stadtgebiet zur direkten Schlachtung in den Markt- und Schlachtbetrieb St. Marx gebracht werden, ist dies beim zuständigen Amtstierarzt wegen Ausstellung eines Abtriebscheines anzumelden.

Wie erfolgt eine Überprüfung des nach Wien eingebrachten Fleisches?

Alles Fleisch, das in das Gebiet der Stadt Wien eingeführt wird und zum gewerbsmäßigen Verkauf oder zur gewerbsmäßigen Verarbeitung bestimmt ist, unterliegt der amtstierärztlichen Überbeschau. Dies bezieht sich aber nicht nur auf das Fleisch selbst, sondern auch auf die daraus hergestellten Fleischwaren (Würste u. dgl.) sowie auf alle bei der Schlachtung gewonnenen und zum menschlichen Genuß geeigneten Produkte (Fett, Innereien, Därme u. dgl.).

Die Betriebe, die Fleisch- und Fleischwaren verarbeiten oder verkaufen (Fleischer, Gaststätten, Lebensmittelgeschäfte u. dgl.), haben die Verpflichtung, diese Waren bei ihrer Einbringung nach Wien sofort zur Überbeschau zu bringen. Die Überbeschau wird im Markt- und Schlachtbetrieb St. Marx, am Fleischdetailmarkt Wien 3, auf den Landparteienplätzen der Wiener Märkte – für das dort zu verkaufende Fleisch – und fallweise in genehmigten Betrieben (für die Waren dieser Betriebe) durch die zuständigen Veterinäramtsabteilungen der magistratischen Bezirksämter (MA 60) vorgenommen.

Was soll die Hausfrau bei verdorbenen Fleischwaren beachten?

Stellt die Hausfrau bei Aufbewahrung von Fleisch oder Fleischwaren Zeichen von Verderbnis, z. B. abweichenden Geruch und Geschmack oder abweichende Farbe, fest, so muß von dem Genuß solcher Ware ernstlich abgeraten werden. Will sie aber über die Genußtauglichkeit Gewißheit haben, dann kann sie sich an den Amtstierarzt des zuständigen magistratischen Bezirksamtes wenden, der ihr über die Verwendungsfähigkeit solchen Fleisches fachmännischen Rat erteilt. Ebenso kann sie auch dort Fleisch und Fleischwaren, die sie eben gekauft hat, auf ihre Genußfähigkeit und ihre Qualität beurteilen lassen. Bei berechtigter Beschwerde wird er veranlassen, daß ihr für die beanstandete Ware Ersatz gegeben wird, darüber hinaus aber wird er Vorsorge treffen, daß solche Ware aus dem Verkehr gezogen wird und damit andere Käufer vor Schaden bewahrt werden. Gleiches gilt für Geflügel, Wildbret und Fische sowie deren Zubereitungen. Werden beim Zerteilen Veränderungen, wie Knötchen, Geschwüre, parasitäre Gebilde, Verfärbungen, Geruchsabweichungen usw., gesehen, liegt es im Interesse des Konsumenten, den fachlichen Rat der Amtstierärzte über die Genußtauglichkeit dieser Waren einzuholen.

Bakterielle Lebensmittelvergiftungen

Unter einer bakteriellen Lebensmittelvergiftung versteht man eine unter Vergiftungserscheinungen beim Menschen auftretende Krankheit, die durch den Genuß bakterienhaltiger Lebensmittel entsteht und als Einzel- oder Massenerkrankung oder in ausgedehnten Epidemien vorkommt. Als Ursache kommen Lebensmittel tierischer und pflanzlicher Herkunft in frischem, zubereitetem und konserviertem Zustand in Betracht. Krankmachend wirkt das von den Bakterien gebildete Gift.

Wenige Stunden nach der Mahlzeit, in der Regel zwei bis acht Stunden, seltener erst nach einigen Tagen, stellen sich die ersten Krankheitserscheinungen ein. Diese beginnen mit allgemeiner Mattigkeit, Leibschmerzen, Aufstoßen, Kollern im Leib, Übelkeit und Erbrechen. Sehr bald folgen auch Durchfälle mit dünnen bis wässerigen Stühlen. Zuweilen treten Kopfschmerzen, Afterzwang und Wadenkrämpfe auf. Die Temperatur ist meistens nur wenig erhöht. In schweren Fällen kommen auch nervöse Symptome, wie Benommenheit, Störungen der Augenbewegungen und Akkomodation, bei Kindern auch Krämpfe, vor. Bei schwerem Verlauf kann die Erkrankung in ein bis vier Tagen unter Kreislaufschwäche zum Tod führen. Todesfälle sind aber selten. Der Verlauf ist in der Mehrzahl der Fälle leicht, Heilung erfolgt nach wenigen Tagen. Von den Patienten werden die Bakterien mit dem Stuhl und Urin ausgeschieden. Im allgemeinen hört die Ausscheidung mit der Genesung oder einige Tage danach auf. Die Ausscheidung der Keime kann aber auch Wochen und Monate, ja sogar jahrelang andauern. Solche Personen werden als Bakterienausscheider bzw. Dauerausscheider bezeichnet. Diese können die Quelle neuer Erkrankungen werden, indem sie unter Außerachtlassung der hygienischen Vorsichtsmaßnahmen Lebensmittel mit ihren Ausscheidungen verunreinigen.

Lebensmittelvergiftungen, die nach Genuß von Fleisch oder Fleischwaren entstehen, werden Fleischvergiftungen genannt. Der allergrößte Teil der Fleischvergiftungen wird durch den Genuß von rohem oder unvollkommen durchgebratenem oder nicht völlig durchgekochtem Fleisch verursacht. Dabei hängt die Schwere der Erkrankung in erster Linie von der Menge der aufgenommenen Bakterien und deren Giftgehalt ab. Bei höheren Außentemperaturen findet eine starke Vermehrung und Anreicherung der etwa vorhandenen Keime statt. Bei Kühlhaustemperaturen von nur wenigen Graden über dem Gefrierpunkt wird das Bakterienwachstum wohl verzögert, nicht aber aufgehoben. Es bleibt daher Fleisch im Kühlraum nur kurze Zeit frisch, nach einer mehrwöchigen Lagerung ist es nicht mehr unbedenklich. Bereits zerteiltes Fleisch soll rasch verbraucht werden. Besondere Vorsicht ist bei faschiertem Fleisch geboten. Dieses darf nur einige Stunden im Kühlschrank vorrätig gehalten werden und ist bis spätestens abends zuzubereiten und zu braten.

Schließlich sei noch auf die bakteriellen Lebensmittelvergiftungen hingewiesen, die nach dem Genuß von rohen Enten- und Hühnereiern oder mit solchen zubereiteten Speisen, wie Mayonnaisen, Salate, Puddings, Mehlspeisen und auch Faschiertem, zurückzuführen sind. In letzter Zeit hat auch aus dem Ausland eingeführtes Trockeneipulver Anlaß zu Beanstandungen gegeben.

Wenn Gesundheitsschädigungen durch Lebensmittel auftreten, ist sofort der zuständige Amtsarzt zu benachrichtigen. Dieser nimmt nach erfolgter Meldung an Ort und Stelle die Ermittlung über den Verlauf und die Ursache der Erkrankung auf. Vor allem entnimmt er auch Proben von Harn, Kot und sonstigen Ausscheidungen der Patienten und von verdächtigten Lebensmitteln. Handelt es sich bei solchen um Fleisch, Fleischwaren oder Eier, so sind diese Ermittlungen gemeinsam mit dem Amtstierarzt vorzunehmen, der seine Nachforschungen auch auf etwaige verdächtige Erkrankungen der Schlachttiere und des Geflügels ausdehnen muß.

Um Lebensmittelschädigungen zu vermeiden, sind zahlreiche gesetzliche Vorschriften erlassen worden. Aber auch die Beachtung der allgemeinen Hygiene in den Betrieben sowie beim Verbraucher ist zur Verhütung von Lebensmittelvergiftungen unbedingt notwendig.

Körung und Haltung von Vatertieren zur Zucht

Ab 1. Jänner 1964 dürfen nur nach den Bestimmungen des Wiener Tierzuchtförderungsgesetzes gekörte Vatertiere zur Zucht verwendet werden.

Vatertiere im Sinne dieses Gesetzes sind Hengste, Stiere, Eber, Schaf- und Ziegenböcke, die zur Zucht verwendet werden, sowie Zuchthähne von Haushuhnrassen in bestimmten Betrieben.

Anträge auf Körungen von Vatertieren sind von deren Haltern schriftlich beim Kammeramt der Wiener Landwirtschaftskammer, 6, Gumpendorfer Straße 15, einzubringen und müssen eine Beschreibung des Vatertieres, dessen Standort, die angestrebte Zuchtverwendung und Abstammungs- und Leistungsnachweise enthalten.

Unter welcher Voraussetzung dürfen Kraftfahrzeuge (Anhänger) zu Tiertransporten verwendet werden?

Kraftfahrzeuge (Anhänger), die zu Transporten von Wiederkäuern, Einhufern, Schweinen oder Geflügel verwendet werden sollen, müssen vorher beim zuständigen magistratischen Bezirksamt zwecks Überprüfung, ob das Fahrzeug für Tiertransporte geeignet ist, angemeldet werden. Die Fahrzeuge (Anhänger) müssen undurchlässige Böden aufweisen und so beschaffen sein, daß das Herausfallen von Streu und Exkrementen und das Abfließen von Harn und Sekreten nach Möglichkeit hintangehalten wird.

Bei erfolgter Genehmigung wird für das Fahrzeug (Anhänger) ein Kontrollbuch ausgestellt, das bei Transporten stets mitgeführt werden muß; vom Transportführer sind die einzelnen Tiertransporte jeweils in das Kontrollbuch einzutragen.

Wann müssen Kraftfahrzeuge desinfiziert werden?

Nach jedem Tiertransport sind die verwendeten Kraftfahrzeuge bzw. ihre Anhänger, bevor sie zu anderen Fahrten benützt werden, unter amtlicher Aufsicht zu reinigen und zu desinfizieren, z. B. auch alle jene Fahrzeuge, auf denen lebende Schweine in Fleischerbetriebe zur Schlachtung geführt werden. In Wien steht für diese Reinigung und Desinfektion die Wagendesinfektionshalle auf dem Zentralviehmarkt zur Verfügung. Die Verwendung nichtdesinfizierter Kraftwagen bzw. Anhänger wird nach dem Tierseuchengesetz bestraft. Denn werden auf nicht vorschriftsmäßig gereinigte und desinfizierte Wagen nach Beförderung lebender Tiere andere Güter verladen, so werden diese mit verschiedenen, darunter auch gesundheitsschädigenden Keimen verunreinigt und können so zum Ausbruch einer Krankheit bei Menschen oder Tieren führen.

Was hat der Tierbesitzer bei Erkrankungen des Geflügels oder der Schweine zu tun?

Vor allem soll nicht zugewartet werden, auch wenn angenommen wird, daß es sich nur um eine Magen-Darm-Störung, Erkältung, Vergiftung oder sonstige nicht anzeigepflichtige Krankheit handelt. Der Tierbesitzer soll zunächst den praktischen Tierarzt zu Rate ziehen. Bei unvorhergesehenen Todesfällen oder bei Verenden nach kurzer Krankheitsdauer ist dies dem Amtstierarzt unverzüglich anzuzeigen. Der Amtstierarzt veranlaßt die Abholung der Tierleichen oder bei Seuchenverdacht die Durchführung der Obduktion in der Tierärztlichen Hochschule. Beim Geflügel kommen zur Zeit an seuchenhaften Erkrankungen vor allem Geflügelpest und auch ansteckende Hühnerlähmung, bakterielle Kückenruhr und Hühnertyphus sowie Geflügelcholera vor. Unter den Schweinen tritt am häufigsten Rotlauf, seltener Schweinepest und vereinzelt ansteckende Schweinelähmung auf. Wie kann nun der Tierbesitzer dem Auftreten der Seuchen in seinem Tierbestand vorbeugen?

1. Neu angekaufte Tiere sind 14 bis 40 Tage getrennt vom alten Bestand zu halten.
2. Die Futteraufnahme und die Abgänge der Tiere sind zu beobachten.
3. Von den erprobten Schutzimpfungen gegen Geflügelpest und Rotlauf der Schweine soll unbedingt Gebrauch gemacht werden.
4. An die Hühner sollen nie rohe Eierschalen und Geflügelschlachtabfälle wegen Gefahr der Einschleppung von Geflügelseuchen verfüttert werden.
5. Bruteier, Eintagskücken und Zuchtgeflügel dürfen nur aus kontrollierten Betrieben gekauft werden. Auskünfte hierüber sind von den Amtstierärzten zu erhalten.
6. An Schweine soll Küchentrank nur nach zweistündigem Kochen verabreicht werden.

Schließlich soll sich der Tierbesitzer in allen Fragen der Seuchenvorbeugung, der Tierzucht, der Impfung und der Tierhaltung an den Amtstierarzt wenden, der in den magistratischen Bezirksämtern zwischen 8 und 9 Uhr und 14 bis 15 Uhr zu erreichen ist.

Untersuchung des Schweinefleisches oder Speckes auf Trichinen

Auf Grund des Fleischbeschau-Übergangsgesetzes 1971 (BGBl. Nr. 331 vom 24. Juni 1971) ist die Untersuchung auf Trichinen bei geschlachteten Schweinen, die der Beschau unterliegen, ab 1. Jänner 1972 obligatorisch durchzuführen; sie bildet einen Bestandteil der Beschau.

Städtische Freibank

Die Wiener Freibank ist eine Verkaufsstelle ausschließlich für minderwertiges und bedingt taugliches Fleisch. Letzteres muß, bevor es zum Verkauf gelangt, durch

Sterilisieren, und zwar durch Kochen oder Dämpfen, für den menschlichen Genuß brauchbar gemacht werden. Freibankwaren sind nicht gesundheitsschädlich, wohl aber im Nahrungs- und Genußwert herabgesetzt.

Der Fleischverkehr wird daselbst durch die Freibankordnung geregelt. An Fleischer, Selcher, Wirte u. dgl. sowie Wiederverkäufer darf kein Fleisch verabfolgt werden.

Die Freibank ist ein Teil des Schlachthofes St. Marx; sie steht unter der veterinärbehördlichen Aufsicht des Magistrats. Sie soll einerseits dem Tierbesitzer den bestmöglichen reellen Erlös bieten, andererseits den Käufer hinsichtlich Kaufpreis und Qualität der Ware vor Übervorteilung schützen.

Verhalten bei Bißverletzungen

1. Hunde und Katzen, aber auch andere Tiere, die Menschen gebissen oder sonstwie in beiß- oder angriffslustiger Art verletzt haben, dürfen nicht getötet werden, sondern müssen sicher verwahrt und tierärztlich beobachtet werden, da sie von vornherein als wutverdächtig anzusehen sind.
2. Die Dauer der ausbruchsicheren Verwahrung (Kontumazierung) und tierärztlichen Beobachtung solcher Tiere beträgt 14 Tage.
3. Tierärztliche Beobachtung:
   a) Die erste Untersuchung des betreffenden Tieres durch einen Tierarzt muß sofort nach der Verletzung erfolgen.
   b) Die zweite tierärztliche Untersuchung muß 14 Tage nach der Biß- oder sonstigen Verletzung stattfinden. Bei Bißwunden im Bereich des Kopfes jedoch sowie bei tiefen und schweren Bißwunden am Körper ist das Tier, das gebissen hat, bereits sieben Tage nach dem Biß zum zweiten Mal vom Tierarzt zu untersuchen. Nach weiteren sieben Tagen muß dann bei diesen Tieren eine dritte tierärztliche Untersuchung erfolgen.

   Erst wenn das fragliche Tier bei der tierärztlichen Untersuchung am 14. Tag nach der von ihm gesetzten Verletzung noch gesund befunden wurde, ist anzunehmen, daß die betreffende Person nicht mit dem Erreger der Wutkrankheit (Tollwut, Lyssa) angesteckt wurde.
4. Bis zum Abschluß der Untersuchungen ist das Tier kontumaziert, das ist seuchensicher, verwahrt zu halten:
   a) Das Tier ist so zu verwahren, daß es weder ausbrechen noch Personen oder Tiere verletzen kann.
   b) Wird ein Hund vorübergehend außer Haus gebracht, so ist er mit einem Maulkorb zu versehen und an der Leine zu führen.
   c) Die Tötung, der Abverkauf oder jede sonstige Veräußerung des kontumazierten Tieres ist verboten.
   d) Jede Erkrankung oder Veränderung im normalen Benehmen sowie ein etwa erfolgtes plötzliches Verenden (auch infolge äußerer Gewaltanwendung) des Tieres ist dem Untersuchungstierarzt sofort mitzuteilen. Als besonders auffallend ist zu beachten: Scheues Benehmen, verminderte oder aufgehobene Freßlust, Beißsucht, starrer Blick, Fressen von Holz, Stroh u. dgl., Lähmungen (besonders Unterkiefer und Hinterhand!)

Anzeigen in Tierschutzangelegenheiten

Anzeigen in Tierschutzangelegenheiten sind in Wien an die Dienststellen der Polizei oder an das zuständige magistratische Bezirksamt zu richten.

Tuberkulose- und Brucellosebekämpfung bei Haustieren

Die Bekämpfung der Tuberkulose der Rinder und Ziegen und der Brucellose (Abortus Bang) der Rinder ist gesetzlich angeordnet, demnach werden alle Rinder- und Ziegenbestände dem Bekämpfungsverfahren unterzogen. Nach Ausmerzung der mittels Tuberkulinisierung bzw. Blutuntersuchung als Reagenten festgestellten Tiere erfolgt nach zweimaliger negativer Untersuchung über Antrag des Tierhalters die Anerkennung der Tuberkulose- bzw. Brucellosefreiheit des Bestandes. In periodischen Abständen werden weiterhin Bestandsuntersuchungen vorgenommen. Zur Erhaltung der Seuchenfreiheit ist es vor allem notwendig, daß alle neueingestellten Rinder und Ziegen ebenfalls aus tuberkulose- und brucellosefreien Beständen stammen. Der Nachweis dafür ist durch vorschriftsmäßige und gültige Zeugnisse zu erbringen. Für genaue Auskünfte und Beratungen stehen die Dienststellen des Veterinäramtes der Stadt Wien zur Verfügung.

Verbot des Besitzes und der Haltung von bestimmten Tieren

Gemäß Magistratskundmachung vom 14. September 1964 ist der Besitz und die Haltung von lebenden echten Raubsäugetieren (ausgenommen Hauskatze und Haushund), Krokodilen, Großechsen und Schlangen verboten.

Diese Kundmachung findet keine Anwendung auf:

a) Hochschulen und deren Einrichtungen;
b) Erzeuger von Heilmitteln, soferne die Tiere zur Gewinnung von Heilmitteln dienen;
c) befugte Tierhändler;
d) öffentliche Tiergärten, Tierschauen, Zirkusse und Tierschutzhäuser;
e) Tiertransporte in ausbruchssicheren Käfigen bzw. Behältnissen.

Der Magistrat kann auf Antrag den Besitz und die Haltung obgenannter Tiere bewilligen, wenn deren sichere Verwahrung gewährleistet erscheint.

Jeder Verkauf eines solchen Tieres an andere als in oben angeführten Punkten a) bis d) aufgezählten Personen oder Einrichtungen ist dem Magistrat binnen drei Tagen anzuzeigen.

Lebensmitteluntersuchungsanstalt der Stadt Wien

Ein wesentlicher Bestandteil des von den MA 59 und 60 repräsentierten „Konsumentenschutzes" in der neuen Geschäftsgruppe „Städtische Dienstleistungen und Konsumentenschutz" ist die Lebensmitteluntersuchungsanstalt der Stadt Wien. Ihr Wirkungskreis geht weit über die vom Namen umfaßte Tätigkeit hinaus; er erstreckt sich grundsätzlich auf

– alle veterinäramtlichen Untersuchungen für die Veterinärämter in den Bezirken und auf den Markt- und Schlachtbetrieb in St. Marx, das sind alle bakteriologischen, pathologisch-anatomischen, serologischen und histologischen sowie chemischen Untersuchungen, die für die Fleischbeschau, Überbeschau, Auslandsfleischuntersuchung, Tierseuchenbekämpfung u. dgl. in Wien durchzuführen und im Fleischbeschauübergangsgesetz und Tierseuchengesetz geregelt sind;

– Lebensmitteluntersuchungen und Begutachtungen von Lebensmittelproben, und zwar Lebensmittel tierischer Herkunft mit Ausnahme von Milch und Milchprodukten, die vornehmlich das Marktamt der Stadt Wien einsendet bzw. Privatpersonen zur Untersuchung bringen, nach dem Lebensmittelgesetz;

– sonstige Untersuchungen und Begutachtungen für andere Dienststellen des Magistrats der Stadt Wien, des Bundes oder für Private, auf die Fortbildung der Amtstierärzte und Lebensmittelpolizeiorgane sowie auf die Verbreitung von einschlägigen wissenschaftlichen Arbeiten.

Die Anstalt ist den Bundesanstalten für Lebensmitteluntersuchung gleichgestellt, und sie ist an den Bundesgebührentarif gebunden.

Ziel der veterinärmedizinischen Untersuchungen, es handelt sich meist um bakteriologische Untersuchungen von Fleisch, ist es vor allem, sog. Fleischvergifter – Salmonellen – anläßlich der Fleischbeschau festzustellen. Natürlich werden auch Erreger von Tierseuchen sowie andere menschenpathogene Keime und Verderbniserreger bei dieser Gelegenheit nachgewiesen, und es läßt sich mit dieser auch in den anderen Kulturstaaten gebräuchlichen Untersuchungsmethode gesundheitsschädliches und verdorbenes Fleisch, soweit die Ursache bakterieller Natur ist, erkennen.

Zur Aufrechterhaltung der Versorgung der Bevölkerung müssen steigende Mengen von Fleisch, vor allem von Gefrierfleisch, als Verarbeitungsfleisch, vielfach aus fernen Ländern, über deren hygienische Bedingungen wir nicht ausreichend informiert sind, importiert werden. Auch dieses Fleisch wird im Rahmen der Ein- und Durchfuhrverordnung von der Anstalt untersucht.

Diese Untersuchungen haben den Zweck, den Menschen vor gesundheitlicher Gefährdung im Lebensmittelverkehr und den inländischen Tierbestand vor der Einschleppung von Seuchenerregern zu schützen. In der gewissenhaften Durchführung dieser Auslandsfleischuntersuchung besitzt Wien als Großverbrauchs- und Lebensmittelzentrum eine besondere Verpflichtung, der sich das Veterinäramt und die Untersuchungsanstalt stets bewußt waren. Die ständige Beschäftigung mit dem Salmonellennachweis hat auch bewirkt, daß die Lebensmitteluntersuchungsanstalt der Stadt Wien in der Salmonellendiagnostik die größten Erfahrungen auf diesem Fachgebiet und international einen hervorragenden Ruf besitzt.

Außer diesen genannten bakteriologischen Untersuchungen hat die Lebensmitteluntersuchungsanstalt noch eine Reihe anderer Untersuchungen für veterinäramtliche Zwecke u. a. auch auf Antibiotika und Chemotherapeutika im Fleisch durchzuführen. So werden alle in den Wirtschaftsbetrieben der Spitäler gehaltenen Schweine anläßlich der Schlachtung bakteriologisch auf Salmonellen untersucht und zahlreiche Untersuchungen zum Nachweis oder Ausschluß von Tierseuchen durchgeführt.

Bei den Lebensmitteluntersuchungen nach dem Lebensmittelgesetz 1975 handelt es sich um Untersuchungen und Begutachtungen vom Rang gerichtsmedizinischer oder gerichtschemischer Untersuchungen, daher ist es eine außerordentlich verantwortungsvolle und heikle Arbeit. Von der einwandfreien Arbeit der Untersuchungsanstalt ist die Effektivität der Lebensmittelkontrolle des Marktamtes und des Veterinäramtes der Stadt Wien in weitestgehendem Maß abhängig.

Alle Proben werden den notwendigen Untersuchungen, wie chemischen Untersuchungen auf Wasser, Fett, Eiweiß, Asche, Stärke und Bindegewebseiweiß unterzogen. Bei zahlreichen Proben kommen noch bakteriologische, histologische Gewebeuntersuchungen oder serologische Untersuchungen auf Milch-, Sojaeiweiß, auf Geflügel-, Schaf-, Pferdefleisch oder Blutplasma dazu. Alle Proben werden fotografiert und neuerdings werden auch komplizierte Untersuchungsverfahren zum Nachweis von Pflanzenschutzmitteln, wie DDT in Fleisch und anderen Lebensmitteln, durchgeführt. Untersucht werden hauptsächlich Proben von Fleisch, Fleischwaren, Fleischkonserven, Gasthausspeisen, Geflügel, Wild, Fische, einschließlich Zubereitungen und Konserven, Schmalz und tierisches Rohfett u. a. m. Gegenwärtig beläuft sich die untersuchte und begutachtete Probenzahl auf ca. 4.000 Proben, von denen rund 2.500 Proben vom Marktamt zur Untersuchung gebracht werden.

Es ist ein erklärtes Ziel der Anstaltsleitung, die vorhandene, durch Personal und Einrichtung bestimmte Untersuchungskapazität so einzusetzen, daß damit der größtmögliche Verbraucherschutz erreicht wird. Es ist selbstverständlich, daß ein präventiver Verbraucherschutz weitaus wirkungsvoller als eine bloß nachlaufende Strafjustiz ist, weil er eine viel größere Breitenwirkung besitzt. Auch das neue Lebensmittelgesetz 1975 fußt schließlich auf dieser Erkenntnis. Da unverhältnismäßig häufig Unkenntnis und Nachlässigkeit Ursache von Lebensmittelbeanstandungen sind, ist es ganz selbstverständlich, daß die Anstaltsleitung die Information und die Präventivkontrolle forciert. Privatproben werden als Beschwerden von Privaten, vornehmlich aber von der Fleischwarenindustrie, zur Untersuchung gebracht, wobei es sich um Gegenproben oder Betriebskontrollproben handelt. In zunehmendem Maß senden aber auch Importfirmen und Handelsketten Warenproben zur Untersuchung, wobei es den Firmen vor allem auf rasche Lieferung des Gutachtens und einwandfreie, sichere Begutachtung ankommt. Besonders begrüßt wird auch, daß in den Befunden Fotos jeder Ware enthalten sind.

Eine echte Präventivmaßnahme im Rahmen der Versorgung der Patienten in den Spitälern der Stadt Wien ist eine Vorbegutachtung von Fleischwaren, die der MA 17 für die Spitäler der Stadt Wien angeboten werden. Nicht zuletzt ist das neue Gütesiegel der Stadt Wien für Fleischwaren eine präventive Verbraucherschutzmaßnahme. Die Betriebe werden viermal jährlich vom Veterinäramt einer Hygienekontrolle unterworfen und viermal werden vom Marktamt Proben gezogen, die von der Lebensmitteluntersuchungsanstalt der Stadt Wien untersucht werden. Der Käufer hat bei mit dem Gütesiegel der Stadt Wien ausgezeichneten Produkten die Gewähr einer optimalen Kontrolle der Hygiene im Erzeugungsbetrieb und der Warenbeschaffenheit.

WÄHLEREVIDENZ

(MA 62)

Die Wählerevidenz wird mittels elektronischer Datenverarbeitungsanlage geführt. Sie bildet die Grundlage für das Wählerverzeichnis bei den Nationalrats- und Gemeinderatswahlen sowie bei der Wahl des Bundespräsidenten. Auch die für die Durchführung von Volksbegehren und Volksabstimmungen erforderlichen Stimmlisten werden auf Grund der Wählerevidenz hergestellt.

Für jeden Wahlberechtigten werden Vor- und Familienname und das Geburtsdatum in einer Personendatei gespeichert. Eine Adreßdatei erlaubt die Gliederung der Gesamtevidenz in Wahlsprengel und die Zuordnung jeder Person zur Adresse ihres ordentlichen Wohnsitzes.

Voraussetzung für die Aufnahme in die Wählerevidenz ist der Besitz des Wahlrechtes zum Nationalrat. Dieses Wahlrecht haben alle österreichischen Staatsbürger, die bis zum 31. Dezember des vergangenen Jahres das 19. Lebensjahr erreicht haben. Vom Wahlrecht ausgeschlossen sind jedoch Personen, die von einem Gericht wegen bestimmter strafbarer Handlungen verurteilt worden sind. Der Wahlausschluß endet in der Regel fünf Jahre nach dem Ende der Strafe. Auch Entmündigte sind vom Wahlrecht ausgeschlossen.

Die Wählerevidenz wird vom Magistrat ständig auf dem laufenden gehalten. Zu diesem Zweck müssen wahlberechtigte Personen bei Übersiedlungen anläßlich der polizeilichen Anmeldung auch einen zusätzlichen Meldezettel ausfüllen, der von der Meldebehörde an die MA 62 weitergeleitet wird. Bei Übersiedlungen von einer Gemeinde in eine andere besteht überdies eine Verständigungspflicht der Gemeinden untereinander, da jeder Wahlberechtigte nur einmal in den Wählerevidenzen eingetragen sein darf. Die Namen jener Personen, die das Wahlalter erreicht haben und damit im folgenden Jahr das Wahlrecht erlangen, werden von der Bundespolizeibehörde dem Magistrat mitgeteilt. Andere Veränderungen in der Wählerevidenz werden auf Grund amtlicher Mitteilungen der Gerichte und der Standesämter durchgeführt.

In der Wählerevidenz kann jedermann, der sich von ihrer Richtigkeit und Vollständigkeit überzeugen will, Einsicht nehmen. Österreichische Staatsbürger können auch im Wege eines Einspruches die Aufnahme eines Wahlberechtigten oder die Streichung eines nicht Wahlberechtigten begehren. Hat der Einspruch die Aufnahme eines Wahlberechtigten in die Wählerevidenz zum Gegenstand, so ist außer den notwendigen Belegen auch ein von dem Betroffenen eigenhändig gefertigtes Wähleranlageblatt anzuschließen. Über die Einsprüche entscheiden die nach der Nationalrats-Wahlordnung im Amt befindlichen Bezirkswahlbehörden.

In die Wiener Wählerevidenz kann bei der MA 62, 1, Rathausstraße 9, täglich außer Samstag und Sonntag von 8 bis 12 Uhr Einsicht genommen, und es können auch mündliche oder schriftliche Einsprüche gegen die Wählerevidenz eingebracht werden.

WASSERRECHT

(MA 45, 58)

Ableitung von Schmutzwässern in Gewässer oder sonstige Gefährdungen der Wasserbeschaffenheit

Alle Gewässer sind so rein zu halten, daß die Gesundheit von Menschen und Tieren nicht gefährdet ist, Grund- und Quellwasser als Trinkwasser verwendet, Tagwässer zum Gemeingebrauch sowie zu gewerblichen Zwecken benutzt, Fischwässer erhalten sowie Beeinträchtigungen des Landschaftsbildes und sonstige fühlbare Schädigungen vermieden werden können.

Die Einleitung von Abwässern ist nur auf Grund einer wasserrechtlichen Bewilligung (für Wien ist die MA 58 zuständig) in Gewässer (einschließlich des Grundwassers) zulässig. Eine Bewilligung hiezu erfolgt nur, wenn die Abwässer, je nach der Größe des Vorfluters, mechanisch oder biologisch gereinigt werden.

Auch sonstige Maßnahmen, welche die Verunreinigung eines Gewässers zur Folge haben können, bedürfen einer wasserrechtlichen Bewilligung. Hiezu zählen insbesondere die Ausbeutung von Sand- und Schottergruben und das Anlegen von Müll- und Schuttablagerungsplätzen.

Lagerung und Leitung wassergefährdender Stoffe

Die Lagerung und Leitung von Brenn- und Kraftstoffen auf Mineralölbasis einschließlich von Rohöl ist nur auf Grund einer wasserrechtlichen Bewilligung zulässig, es sei denn, daß die Anlagen zur Lagerung und Leitung dieser Stoffe nach den gewerberechtlichen Vorschriften genehmigungspflichtig sind oder dem Bergrecht oder dem Schifffahrtsrecht unterliegen und das Vorhaben außerhalb wasserrechtlich besonders geschützter Gebiete geplant ist. Ausgenommen von der Bewilligungspflicht sind überdies Brenn- und Kraftstoffe mit einem Stockpunkt von + 25° Celsius und darüber sowie alle übrigen Brenn- und Kraftstoffe, wenn die in Betracht kommende Menge 1.000 l nicht übersteigt. Für wasserrechtlich besonders geschützte Gebiete kann jedoch auch hinsichtlich dieser Stoffe eine Genehmigungspflicht vorgesehen werden. Auskunft über derartige Gebiete erteilt für Wien die MA 58.

Hochwasserschäden an privaten Liegenschaften

Nach dem Wasserrechtsgesetz hat der Eigentümer von durch Hochwasser bedrohten oder beschädigten Liegenschaften für deren Schutz oder Instandsetzung selbst aufzukommen.

Wenn ein Eigentümer einen auf seinem Grund entstandenen Hochwasserschaden nicht beheben läßt, kann der Nachbar zum Schutz seiner dadurch bedrohten Liegenschaft behördliche Hilfe in Anspruch nehmen, und zwar in Wien bei der MA 58, 1, Volksgartenstraße 3, 2. Stock.

Mit Bescheid kann der Eigentümer der beschädigten Liegenschaft gezwungen werden, die Ausführung der nötigen Schutzmaßnahmen auf Kosten derjenigen, von deren Liegenschaften die Gefahr abgewendet werden soll, entweder selbst vorzunehmen oder deren Vornahme zu gestatten und hiezu nach dem dabei erreichten eigenen Vorteil beizutragen.

Auskunft über Grundwasserstände

Die MA 45 unterhält in Wien ein ausgedehntes Netz von Grundwasserbeobachtungsstellen. Aus den mitunter langjährigen Beobachtungsdaten lassen sich oft gute Rückschlüsse auf die Grundwasserverhältnisse der Umgebung ziehen.

Die von der Abteilung gesammelten Beobachtungsergebnisse stehen der Öffentlichkeit bei der MA 45, 12, Niederhofstraße 23, 2. Stock, zur Verfügung.

WASSERVERSORGUNG

(MA 31)

Gesetzliche Grundlagen der Wasserversorgung

Die Wasserversorgung von Wien ist landesgesetzlich geregelt. Die bezüglichen Bestimmungen findet man

a) im Gesetz über die Zuleitung und Abgabe von Wasser (Wasserversorgungsgesetz 1960), LGBl. für Wien Nr. 10/1960, in der Fassung der LGBl. für Wien Nr. 13/1961, 21/1962, 18/1969, 3/1974, 16/1974, 5/1976 und 7/1977;
b) in der Verordnung zur Durchführung des Wasserversorgungsgesetzes, LGBl. für Wien Nr. 20/1960,
c) in der Wassergebührenordnung 1976, Amtsblatt der Stadt Wien Heft 49/1975, in der Fassung Amtsblatt der Stadt Wien Heft 49/1977;
d) in der Kundmachung vom 29. März 1974, betreffend Gebühren gemäß § 20 Abs. 5 des Wasserversorgungsgesetzes 1960, Amtsblatt der Stadt Wien Heft 17/1974;
e) in der Verordnung über Verwaltungsabgaben, Kommissionsgebühren, Überwachungsabgaben und Amtstaxen, LGBl. für Wien Nr. 11/1968;
f) in der Verordnung, womit bestimmte Ö-Normen für verbindlich erklärt werden, LGBl. für Wien Nr. 23/1960, 14/1963 und 16/1964.

Zum Schutz der Wasserversorgungsanlagen der Stadt Wien besteht eine Kundmachung des Wiener Magistrats vom 13. Juni 1952, M.Abt. 58-1127/52, bzw. vom 13. Juli 1964, M.Abt. 58-1024/64.

Wie vermeidet man einen Wassermehrverbrauch?

Wasser ist ein kostbares Gut, das nicht in unbeschränkter Menge vorhanden ist. Im Interesse aller liegt es daher, mit diesem Gut sparsamst umzugehen und *jede Wasserverschwendung zu vermeiden.*

Die Verluste durch undichte Auslaufventile und besonders durch Abortspüler übersteigen oft den nützlichen Verbrauch, da sie Tag und Nacht bestehen, während sich der normale Verbrauch nur auf wenige Stunden beschränkt. Dieser nutzlose Mehrverbrauch muß außerdem bezahlt werden.

Jeder Wasserabnehmer soll daher im eigenen Interesse Undichtheiten sofort beheben lassen.

Durch Beobachtung des Wasserzählers, besonders des Nachtverbrauches, läßt sich leicht erkennen, ob Undichtheiten bestehen.

Der Wasserabnehmer hat die Innenanlage in Abständen von mindestens drei Monaten auf ihre Dichtheit zu überprüfen. Diese Überprüfung kann erfolgen durch:

a) Überwachung des durchschnittlichen Tagesverbrauches durch monatliche Ablesung des Wasserzählers;
b) Sperre aller Entnahmestellen der Innenanlage, verbunden mit der Kontrolle des Wasserzählers;
c) Überprüfung der Dichtheit der Innenanlage durch einen hiezu nach den gewerberechtlichen Vorschriften befugten Gewerbetreibenden.

Der Nachweis der Dichtheit der Innenanlage gilt als erbracht, wenn der ermittelte durchschnittliche Tagesverbrauch von dem zuletzt festgestellten nicht abweicht bzw. die Abweichung des durchschnittlichen Tagesverbrauches mit Sicherheit auf ein geändertes Verbrauchsgeschehen zurückgeführt werden kann. Ferner gilt der Nachweis der Dichtheit als erbracht, wenn bei Sperre aller Entnahmestellen der Wasserzähler keinen Verbrauch anzeigt oder wenn der mit der Überprüfung der Innenanlage beauftragte Gewerbetreibende ihre Dichtheit bescheinigt.

Undichtheiten müssen unverzüglich von einem Installateur behoben werden, wie es das Wasserversorgungsgesetz vorschreibt.

Die regelmäßige und ungestörte Versorgung mit gutem und gesundem Trinkwasser ist ein *Lebensinteresse der Großstadt.* Unsere *Wasserleitung* ist daher ein *lebenswichtiges Organ.* Dieses muß mit der *gleichen Sorgfalt* gepflegt und betreut werden, wie alles übrige, von dem unser Leben abhängt.

Was macht man bei Wasserleitungsgebrechen?

Wahrgenommene Gebrechen an den öffentlichen Wasserleitungseinrichtungen (Straßenrohrsträngen, Auslaufbrunnen, Hydranten usw.) sind unverzüglich den Wasserwerken, 6, Grabnergasse 6, Tel. 57 75 75, anzuzeigen.

Das gleiche gilt auch bei Gebrechen an der Abzweigleitung, das ist die Leitung vom Straßenrohrstrang bis zum Wasserzähler, oder am Wasserzähler.

Die eigenmächtige Behebung von Gebrechen an der Abzweigleitung oder am Wasserzähler durch den Wasserabnehmer ist untersagt.

Der Wasserleitungsbereitschaftsdienst ist bei Tag und Nacht unter Tel. 57 75 75 erreichbar. Die Feuerwehr ist in solchen Fällen nicht zu alarmieren. Bei Gebrechen an der Innenanlage ist die Berufung eines Installateurs zu veranlassen und die Wasserleitungsbereitschaft nur dann anzurufen, wenn die Leitung aus irgendwelchen Gründen nicht abgesperrt werden kann und Gefahr im Verzuge ist. Für die im Interesse des Wasserabnehmers erfolgte Inanspruchnahme des Wasserleitungsbereitschaftsdienstes, soweit es sich nicht um Gebrechen an den im Eigentum der Stadt Wien stehenden Wasserversorgungsanlagen handelt, sind die jeweils festgesetzten Gebühren zu entrichten.

Bei Gebrechen und Undichtheiten an der Innenanlage, d. s. alle Wasserleitungsanlagen nach dem Wasserzähler, ist bis zu deren Behebung das der Gebrechensstelle nächstliegende Absperrventil vom Wasserabnehmer zu schließen, wobei die von der Absperrung betroffenen Wasserverbraucher nach Möglichkeit rechtzeitig vorher zu verständigen sind. Die Lage der Absperrvorrichtungen ist durch den Wasserabnehmer festzustellen und zu kennzeichnen. Gebrechen an der Innenanlage sind sowohl vom Wasserabnehmer als auch von den einzelnen Wasserverbrauchern (Mieter, Pächter usw.) hinsichtlich der innerhalb ihrer gemieteten Räume befindlichen Wasserversorgungsanlagen (Auslaufhähne, Klosettspülungen usw.) unverzüglich beheben zu lassen. Bei nicht rechtzeitiger Behebung derartiger Gebrechen kann gegen den Schuldtragenden die Strafamtshandlung eingeleitet werden.

Die Feststellung nicht sichtbarer Gebrechen an der Innenanlage ist durch Beobachtung des Wasserzählers in einer Zeit, in der keine Wasserentnahme stattfindet (Nachtzeit), möglich.

Die Behebung jeglichen Gebrechens an der Innenanlage, d. s. alle Wasserleitungsteile nach dem Wasserzähler, darf nur durch einen befugten Installateur erfolgen.

Für Kanal- und Abortverstopfungen, schadhafte Dachrinnen, eindringendes Regen- und Schmelzwasser sind die Wasserwerke überhaupt nicht zuständig; in solchen Fällen ist eine Verständigung derselben zwecklos und nur mit Kosten verbunden. Derartige Anzeigen sind an die zentrale Funkleitstelle der MA 30 zu richten. Diese hält Permanenzdienst und ist an Werktagen in der Zeit von 7 bis 17 Uhr sowie an Samstagen in der Zeit von 7 bis 11 Uhr unter Tel. 57 75 75*, 455, in der übrigen Zeit unter Tel. Nr. 57 75 75*, 262, erreichbar.

Besteht ein Anspruch auf Wasserlieferung?

Jeder an die städtischen Wasserleitungen angeschlossene Wasserabnehmer hat nach Maßgabe der allgemeinen örtlichen Versorgungsanlage Anspruch auf die Belieferung mit gesundheitlich einwandfreiem Wasser. Ein Anspruch auf eine bestimmte Wasserbeschaffenheit oder einen bestimmten Betriebsdruck besteht nicht. Ein Wasseranschluß ist nur dann möglich, wenn bis zu dem zu versorgenden Grundstück ein öffentlicher Rohrstrang verlegt ist.

Wie erfolgt die Anmeldung eines Wasseranschlusses?

Bei Anmeldung eines Wasseranschlusses ist vom Wasserabnehmer (Hauseigentümer, Bauherr, Nutzungsberechtigter, Betriebsinhaber und sonstiger Wasserverbraucher) ein bei den Wasserwerken erhältliches Anmeldeformular auszufüllen und gleichzeitig eine Vorauszahlung in der Höhe der voraussichtlichen Kosten zu erlegen. Hiebei sind auch die für den Wasserbezug maßgebenden Unterlagen (Grundbuchsauszug bzw. Grundbesitzbogen, Zustimmung des Haus- bzw. Grundeigentümers, Baubewilligung) zur Einsicht vorzulegen.

Änderungen in der Person des Wasserabnehmers sowie das Ende des Wasserbezuges sind der MA 4, Ref. 6, Wassergebühren, 6, Grabnergasse 6, binnen zwei Wochen schriftlich anzuzeigen.

Die Herstellung der Abzweigleitung erfolgt durch die Stadt Wien auf Kosten des Wasserabnehmers.

Die Kosten der Instandhaltung von Abzweigleitungen trägt die Stadt Wien, sofern das Gebrechen nicht vom Wasserabnehmer verschuldet wurde.

Der Wasserabnehmer hat außerdem die Kosten einer von ihm veranlaßten Änderung einer Abzweigleitung zu tragen.

Der Wasserzähler wird von der Stadt Wien beigestellt, verbleibt in deren Eigentum und wird von ihr instandgehalten. Die Behebung von Schäden an Wasserzählern, die nicht auf mangelhaftes Material, normale Abnützung, höhere Gewalt, auf Verschulden Dritter oder Verschulden der Organe des Magistrats zurückzuführen sind, erfolgt auf Kosten des Wasserabnehmers.

Der Wasserzähler kann jederzeit ausgewechselt werden. Sofern die Auswechslung auf Verlangen des Wasserabnehmers außerhalb der normalen Arbeitszeit erfolgt, hat dieser die hiefür auflaufenden Mehrkosten zu tragen.

Alle nach dem Wasserzähler anzuschließenden Rohrleitungen und Wasserleitungseinrichtungen dürfen nur von befugten Installateuren nach vorher eingeholter Genehmigung der Wasserwerke nach den hiefür bestehenden Vorschriften (Durchführungsverordnung zum Wasserversorgungsgesetz) ausgeführt werden.

Wie schütze ich Wasserleitungseinrichtungen gegen Frost?

Zur Verhinderung des Einfrierens der Wasserleitungseinrichtungen sind die Kelleröffnungen geschlossen zu halten. Die freiliegenden Wasserleitungsteile, wie Hauswechsel, Wasserzähler usw., sind in geeigneter und ausreichender Weise vor Frost zu schützen. Dies geschieht durch Umhüllung der betreffenden Wasserleitungsteile mit Stoffresten oder dgl.; Wasserzähler und Hauswechsel können auch in einem mit Sägespänen, Holzwolle oder ähnlichem Material ausgefüllten und mit einem leicht abnehmbaren Deckel versehenen Holzkasten untergebracht werden. Die zu diesem Zweck angebrachten Umhüllungen müssen derart beschaffen sein, daß sie vom Ableseorgan ohne Zeitverlust und ohne Anwendung von Gewalt entfernt werden können. Bei andauernder Kälte empfiehlt es sich, um ein Einfrieren der Stockwerksleitungen zu vermeiden, auch die Haustore und Gangfenster geschlossen zu halten und jene Leitungen, die der Frosteinwirkung ausgesetzt sind, während der Nachtzeit im Einvernehmen mit den Hausparteien abzusperren und zu entleeren, unter Umständen sogar tagsüber nur zeitweise in Betrieb zu nehmen und hierauf selbstverständlich wieder zu entleeren. Bei der Entleerung bzw. Füllung der Leitungen ist die höchstgelegene Wasserentnahmestelle jedes Steigstranges so lange geöffnet zu halten, bis die Leitung vollständig entleert ist bzw. bei Füllung, bis Wasser aus dieser austritt, sodann aber wieder zu schließen.

Keinesfalls darf man zur Verhinderung von Frostschäden die Wasserleitungsauslässe, Auslaufhähne, Klosette usw. rinnen lassen, weil dadurch bekanntlich große Wassermengen ungenützt verlorengehen. Außerdem besteht die Gefahr, daß hiedurch die Ablaufleitungen vereisen und gänzlich einfrieren.

Für jene Wasserabnehmer, welche ihre Gartengrundstücke nur in der schönen Jahreszeit nutzen, besteht die Möglichkeit, den Wasserzähler über die Wintermonate gegen Entrichtung der vorgesehenen Gebühren ausbauen zu lassen und somit die Frostbeschädigung des Wasserzählers überhaupt zu verhindern.

Die gewissenhafte Befolgung der angeführten Hinweise gibt die beste Gewähr für das einwandfreie Funktionieren der Wasserleitungseinrichtungen auch bei strengstem Frost.

Welche Vorschriften gelten sonst noch?

a) Zutritt zu den Wasserversorgungsanlagen, Hilfeleistungspflicht

Den mit Ausweiskarten versehenen behördlichen Organen ist der Zutritt zu allen Wasserversorgungsanlagen in Grundstücken, Gebäuden oder Teilen von solchen (Wohnungen, Geschäftslokale, Betriebe, Kellerabteilungen u. dgl.) vom Verfügungsberechtigten zu gestatten, der auch zum Öffnen verschlossener Türen und zu solchen Hilfeleistungen verpflichtet ist, die er ohne nennenswerten Einsatz seiner Arbeitskraft besorgen kann (Abheben und Auflegen von Schachtdeckeln u. dgl.); allenfalls vorhandenes Grundwasser ist aus dem Wasserzählerschacht zu entfernen.

b) Betätigung des Hauswechsels

Der Hauswechsel ist durch den Wasserabnehmer öfter vorsichtig zu schließen und wieder zu öffnen, um ihn gebrauchsfähig zu erhalten, wobei alle von der Absperrung betroffenen Wasserverbraucher vorher zu verständigen sind. Die Wasserzählerableseorgane sind nicht befugt, den Hauswechsel zu betätigen.

c) Wasserzähler

Der Aufstellungsplatz des Wasserzählers ist stets in gutem Zustand zu erhalten und die jederzeitige leichte Zugänglichkeit des Wasserzählers zu gewährleisten. Der Wasserzähler ist gegen Frost, von außen eindringendes Wasser und sonstige Beschädigung zu schützen. Die zu diesem Zweck angebrachten Umhüllungen müssen derart beschaffen sein, daß sie von den Ableseorganen ohne Zeitverlust und ohne Anwendung von Gewalt entfernt werden können.

Störungen, Unterbrechungen, Betriebsdruck, Wasserbeschaffenheit

Die Stadt Wien haftet nicht für Schäden, die durch Veränderungen der Druckverhältnisse oder der Wasserbeschaffenheit oder durch Störung oder Unterbrechung der Wasserversorgung eintreten.

Vorübergehende Absperrung des Wasserzuflusses

Bei einer aus Betriebsrücksichten notwendigen Absperrung des Wasserzuflusses ist der Wasserabnehmer verpflichtet, unverzüglich sämtliche von der Absperrung betroffenen Wasserverbraucher in Kenntnis zu setzen.

Eingaben in Wassergebührenangelegenheiten

Anfragen über die Höhe der Gebühren (Gebührenbemessung) sind an die MA 4, Ref. 6, 6, Grabnergasse 6, zu richten. Dabei ist die im Gebührenbescheid links oben angeführte Kontonummer anzugeben.

In Fragen der Entrichtung der Gebühr (Einzahlung, Rückstände, Guthaben) gibt die zuständige Stadtkasse Auskunft.

Öffentliche Wasserleitungseinrichtungen

Jede vorsätzliche Beschädigung, jede eigenmächtige Betätigung von städtischen Wasserversorgungsanlagen und jede unbefugte Entnahme von Wasser aus öffentlichen Auslaufbrunnen zu anderen als zu Trink- und Haushaltszwecken ist untersagt.

Verboten ist ferner jedes eigenmächtige Hantieren an den öffentlichen Feuerhydranten, wie das Abschrauben der Kappen und die Entnahme von Wasser, sowie die eigenmächtige Betätigung der Unterflurhydranten, Wasserleitungsschieber und sonstigen Einrichtungen der Wasserleitung sowie deren Beschädigung.

Dergleichen ist jede Verunreinigung der öffentlichen Auslaufbrunnen und deren Umgebung mit schmutzigem Wasser, Futterrückständen u. dgl., Verstopfung der Wasserläufe, die Entnahme von Wasser mit verunreinigten Gefäßen sowie die Aufstellung von Wassergefäßen bei Brunnen, insoweit hiedurch der Verkehr gehindert wird, untersagt. Ebenso ist die Beschädigung von öffentlichen Auslaufbrunnen verboten.

Schläuche aus Blech oder anderen Stoffen und Holzrinnen dürfen an den Auslauföffnungen der Brunnen nur während der Dauer des Füllens größerer Gefäße angebracht werden und sind hierauf sofort zu entfernen. Es ist nicht gestattet, die an den Auslauföffnungen der Brunnen angebrachten Selbstschlußhähne oder Druckhebel an den Ständern festzubinden.

Elektrische Erdung an Wasserleitungsanlagen

Das bisher verwendete System der Schutzerdung von elektrischen Geräten, Betriebsmitteln usw. ist nicht mehr im üblichen Ausmaß wirksam. Die Zunahme des elektrischen Konsums und der nicht in allen Gebietsteilen Wiens gleiche Erdungsübergangswiderstand von einigen Ohm lassen es fragwürdig erscheinen, Geräte, die mit mehr als 6 Ampere abgesichert sind, an die Wasserleitung zu erden.

Zufolge der technischen Entwicklung ist bei der Verlegung von Wasserleitungsrohren in zunehmendem Maß der Einsatz von schlecht oder nicht leitenden Werkstoffen erforderlich. Bei Abänderungen der Wasserleitungsinnenanlage unter Verwendung von nicht leitenden Werkstoffen verliert die Wasserleitungsanlage ihre Eigenschaft als Schutzerdung im Sinne der Vorschriften für Elektrotechnik. In diesem Fall ist es im Interesse der körperlichen Sicherheit notwendig, die für die in Verwendung stehenden Elektrogeräte, wie Elektroherde, Elektrospeicher, Waschmaschinen, Elektroöfen, Staubsauger, Mixer u. dgl., bisher vorgesehenen Schutzmaßnahmen durch einen befugten Fachmann dahin überprüfen zu lassen, ob sie den Vorschriften für Elektrotechnik noch entsprechen. Im gegebenen Fall sind geeignete Maßnahmen zu treffen und die Mieter des betreffenden Hauses in Kenntnis zu setzen.

Nach den Bestimmungen des Elektrotechnikgesetzes (BGBl. Nr. 57/1965) hat derjenige, der elektrische Anlagen bzw. elektrische Betriebsmittel errichtet, herstellt, instandhält oder betreibt, für die Instandhaltung der erforderlichen Schutz- und Sicherheitsvorkehrungen Sorge zu tragen.

WIENER STADT- UND LANDESARCHIV

(MA 8)

Das Stadtarchiv hat eine lange Tradition. Die Nachrichten über seine Existenz reichen ins 15. Jahrhundert zurück, das älteste erhaltene Stück – eine Babenbergerurkunde – stammt aus dem Jahr 1208. Durch Jahrhunderte hat das Archiv die für die Stadt wichtigen Urkunden, Aktenbestände, Protokolle, Verträge, Grundbücher usw. verwahrt. Mit der Erhebung Wiens zu einem Bundesland übernahm das Stadtarchiv im Jahr 1922 zugleich die Funktionen eines Landesarchivs und wurde damit auch für die Übernahme von bedeutsamen Registraturbeständen aus Teilen der staatlichen Verwaltung zuständig. Daneben wurden schon im vorigen Jahrhundert historische Sammlungen angelegt, die derzeit im Bereich der Dokumentation ausgebaut werden.

Was findet man im Archiv?

Politiker und Verwaltungsbeamte: Sie finden die Protokolle und Akten der Vertretungskörper (Gemeinderat, Landtag, Ausschüsse), der leitenden und zahlreicher nachgeordneter Dienststellen des Magistrats (besonders im rechtlichen und baupolizeilichen Bereich), die Vertragssammlung (Verträge der Stadt Wien, Schuldscheine), die Stiftbriefe, gerichtliche Unterlagen (Bezirksgerichte, Landesgerichte, Handelsgericht, Jugendgericht), amtliche Veröffentlichungen, von der Stadt vergebene Forschungsaufträge, Spezialkarteien (Ehrungen, Verkehrsflächenbenennungen) sowie in der Archivbibliothek kommunalpolitische und stadthistorische Werke. Eine im Aufbau befindliche „Dokumentation des 20. Jahrhunderts" erschließt die Sitzungsprotokolle von Gemeinderat und Landtag; außerdem befaßt sie sich mit Grundsatzerklärungen und Programmen politischer, wirtschaftlicher und kultureller Natur.

Ratsuchende in persönlichen Angelegenheiten: Viele, die nach einer Scheidung eine neue Ehe schließen, die um ihre Pension oder Rente einkommen, die ein Grundstück erwerben oder veräußern wollen, stellen plötzlich fest, daß alte Originaldokumente und Unterlagen verlorengegangen sind. Die angeführten Fälle sind zwar nicht die einzigen, in welchen das Archiv unter Umständen behilflich sein kann, aber bei weitem die häufigsten. Gerade hier ist das Archiv bemüht, die Anfragenden weitestgehend zu unterstützen, da sie sich zumeist auf dem Gebiet einer ihnen nicht vertrauten Materie bewegen.

Wissenschaftler und Heimatkundler: Die umfangreichen archivalischen Bestände bilden ein reiches Quellenmaterial für geschichtswissenschaftliche und heimatkundliche Arbeiten oder Dissertationen. Es sei hier nur auf die Urkunden, die bis ins 13. Jahrhundert, und die Grundbücher, die bis ins 14. Jahrhundert zurückreichen, verwiesen. Reiche Unterlagen sind zur Verwaltungs- (Alte Registratur, Hauptregistratur, städtische Ämter) und Personengeschichte, aber auch zur Zeitgeschichte (Verwaltungsunterlagen der Jahre 1934 bis 1945!) vorhanden. Den Heimatkundler werden vor allem die Bestände der ehemals selbständigen Gemeinden auf Wiener Boden oder die wertvollen historischen Pläne interessieren, ebenso die reichhaltigen Sammlungen verschiedenster Art. Wichtig sind für ihn auch bezirkskundliche Materialsammlungen, die nur handschriftlich vorliegen. Schließlich ist auf die Archivbibliothek zu verweisen, die neben zahlreichen historischen und archivalischen Fachzeitschriften aus vielen europäischen Ländern auch eine Spezialsammlung zur vergleichenden Städte- und Regionalgeschichte enthält. Außerdem wird an der Herausgabe eines Wiener historischen Atlasses gearbeitet.

Familienforscher und Genealogen: Der spezifische Aufbau der Verwaltung in der Zeit von 1783 bis 1848 hatte zur Folge, daß wertvollstes personengeschichtliches Material (Testamente und Verlassenschaftsabhandlungen) dieser Epoche fast geschlossen ins Archiv gelangt ist, wobei an ältere Bestände (Testamente sind schon aus dem 16., in Einzelstücken aus dem 14. Jahrhundert erhalten) angeknüpft werden kann. Diese Überlieferungstradition wird im Archiv auch für den Folgezeitraum der staatlichen Gerichtsverwaltung durch entsprechende Auswahlmethoden gewahrt. Eine überaus wichtige Quelle – vor allem in Anbetracht der dezentral verwahrten kirchlichen Matriken – sind die Totenbeschauprotokolle der Stadt Wien, die von 1648 bis 1920, in geänderter Form bis 1944, nahezu lückenlos im Archiv vorliegen. Auf wertvolle Unterlagen aus den Registraturen des einstigen Konskriptionsamtes, einen umfangreichen Bestand an Friedhofsbüchern, aber auch auf Innungsunterlagen sei nur hingewiesen, ebenso auf die in ständiger Erweiterung befindliche Biographisch-genealogische Sammlung. Gegen Gebühr werden auch Auskünfte aus den Meldeunterlagen der Bundespolizeidirektion aus den Jahren 1920 bis 1941 erteilt.

Es ist klar, daß eine kurze Skizzierung der Bestandsgruppen keine vollständige Aufzählung enthalten kann. So wäre u. a. noch auf die Gruppe „Persönlichkeiten" hinzuweisen, die so einzigartige Schätze enthält wie das letzte Testament Ludwig van Beethovens oder das Testament von Joseph Haydn, auf illustrierte mittelalterliche Handschriften, das Ehrenbürgerbuch oder auf Nachlässe von Politikern und Wissenschaftlern. Es gibt eben kaum ein Gebiet der Wiener Geschichte, das nicht in irgendeiner Form seinen Niederschlag in den Beständen des Archivs gefunden hätte.

Das Wiener Stadt- und Landesarchiv ist von Montag bis Freitag von 8 bis 18 Uhr geöffnet, sodaß auch im Beruf Stehenden die Möglichkeit geboten ist, an den unmittelbaren Quellen der Wiener Geschichte zu forschen. Während der Sommermonate gilt eine Sonderregelung. Zu bestimmten Themen werden auf dem Gang vor dem Archiv im Rathaus Kleinausstellungen gezeigt, zu denen Kataloge herausgegeben werden. Diese Ausstellungen werden zum Teil auch an anderen Orten Wiens präsentiert.

WIENER STADT- UND LANDESBIBLIOTHEK

(MA 9)

Wien besitzt in der Stadt- und Landesbibliothek eine eigene, allgemein zugängliche wissenschaftliche Bibliothek – als solche die drittgrößte Wiens und viertgrößte Österreichs. Sie wurde im Jahr 1856 wiedergegründet, nachdem sie schon zwischen etwa 1400 und 1780 (damals wurde sie für rund 6.500 fl an die Hofbibliothek verkauft) bestanden hatte. Ursprünglich als Handbibliothek des Rates der Stadt Wien und der Gemeindeverwaltung für deren juridische und kommunalpolitische Bedürfnisse angelegt, erweiterte sie sich im Laufe der Jahrzehnte zu einer großen, für jedermann frei benützbaren wissenschaftlichen Präsenzbibliothek, deren Bestände Mitte 1978 mehr als 300.000 Druckschriften, 200.000 Handschriften, rund 15.000 Musikhandschriften und mehr als 60.000 Notendrucke – in allen Sparten auch seltenste Weltraritäten – umfassen. Ihre Aufgabe ist es, alle jene Werke zu sammeln, die in alter und neuer Zeit über das Kulturleben, die Geschichte, Heimatkunde und Topographie unserer Stadt berichten, ebenso alle auch nur einigermaßen bedeutenden Bücher, die von Wienern oder namhaften österreichischen Dichtern, Schriftstellern und Fachgelehrten auf schöngeistigem, geistes- und rechtswissenschaftlichem Gebiet verfaßt werden und wurden. Von den Werken ausländischer Autoren sind in ihr nur die wichtigsten, für das geistige Leben Wiens wesentlichen oder für eine öffentliche Studienbibliothek mit der zentralen Aufgabe „Wien" notwendigen vertreten. Durch Vermächtnis wurden zusätzlich große Sammlungen philosophischer, pädagogischer und biographischer Literatur erworben. Hingegen findet man hier nur wenige naturwissenschaftliche und technische Werke. Wohl aber bewahrt die Wiener Stadt- und Landesbibliothek fast alle Wiener Tageszeitungen, Wochenblätter und literarischen oder geistes- und rechtswissenschaftlichen Zeitschriften auf; in ihrer Dokumentationsstelle, dem Zeitungs- und Zeitschriftenindex – dem einzigen auf diesem Gebiet –, in der Stadtchronik und im Gedenktagekataster hält sie alle kulturell und politisch bedeutsamen Ereignisse und Persönlichkeiten sowie die wichtigsten Pressestimmen, die darüber berichten, fest. Dazu kommen noch große Sammlungen von Zeitungsausschnitten, Plakaten aus Politik und Wirtschaft, Flugschriften aus dem Revolutionsjahr 1848, eine Erotica-Sammlung, Theaterzettel, einmalige Taschenbücher, eine Almanache-Sammlung usw.

Außerdem besitzt die Wiener Stadt- und Landesbibliothek ein Tonarchiv (derzeit etwa 100 Tonbänder und 600 Schallplatten), das die Stimmen, festgelegt in Ansprachen oder Werken ihrer Dichtung, von bedeutenden Wiener Persönlichkeiten sammelt, um auch diese für die Zukunft festzuhalten.

Die Handschriftensammlung und die Musiksammlung verwahren die Nachlässe und die Erwerbungen von Handschriften der großen österreichischen Dichter und Komponisten. Die Originalmanuskripte von Haydn, Beethoven, Schubert und Strauß, die umfangreiche Sammlung von Grillparzers Dramenentwürfen und Reinschriften, von Raimunds und Nestroys Dichtungen, sind von höchstem Wert, ebenso das „Karl Kraus-Archiv". Sie sind nicht nur Gegenstand der Verehrung für Besucher aus aller Welt, sondern vor allem auch die ursprünglichste Quelle für die musikalische und literarische Forschung. Beide Sammlungen können von Montag bis Freitag zwischen 9 und 15 Uhr benützt werden.

Der Lesesaal der Wiener Stadt- und Landesbibliothek befindet sich im Rathaus, 4. Stiege, 1. Stock, Tür 333. Einzeltische für jeden Leser bieten für insgesamt 30 Personen Platz, ein schallschluckender Bodenbelag und gute Beleuchtung sorgen für ein richtiges Studienklima. Auf dem Gang vor dem Lesesaal sind Vitrinen installiert, in welchen die Bibliothek in Wechselausstellungen (von 1950 bis Ende 1978 gab es 185) jeweils einen Teil ihrer Sammlungen über ein bestimmtes Thema oder eine bestimmte Persönlichkeit zur Schau stellt. Dank ihrer modernen Magazine und entsprechenden Behelfe ist die Bibliothek in der Lage, jedes gewünschte Buch – soweit vorhanden – innerhalb von etwa 15 Minuten für den Lesesaal bereitzustellen; Musikalien und Handschriften sind fast sofort zugänglich. Einzige Bedingung für die Benützung durch den Leser ist hiebei die – übrigens kostenlose – Lösung einer Lesekarte auf Grund einer Lichtbildlegitimation mit gültiger Adressenangabe. Zur Beratung der Leser bei der Buchauswahl macht im Katalogzimmer der Druckschriftensammlung während der Benützungszeiten von Montag bis Donnerstag von 9 bis 18.30 Uhr und Freitag von 9 bis 16.30 Uhr ständig ein Fachbeamter Dienst, unterstützt von Katalogen, die nach verschiedenen Gesichtspunkten angelegt – Autoren, Schlagwort- und Fachgruppenkatalog – Auskunft geben. Sofort erhältlich sind die Bücher des im Lesesaal aufgestellten „Handapparates", der etwa 6.000 Bände umfaßt und wichtige Nachschlagebücher sowie zusammenfassende Werke enthält.

Wer sich also rasch über einen Gegenstand informieren will – sei es für Beruf, Studium oder auch nur aus Interesse und Neigung –, kann dies durch einen Besuch in der Wiener Stadt- und Landesbibliothek tun. Die Werke sind allerdings grundsätzlich in der Bibliothek selbst zu benützen. Entlehnungen sind nur für den Dienstgebrauch des Magistrats in Ausnahmefällen möglich.

Seit 1960 steht den Lesern auch eine „Europa-Bibliothek" zur Verfügung. Sie umfaßt gegenwärtig etwa 2.000 Werke, alle Fragen der europäischen Einigung betreffend, vor allem politischer, wirtschaftlicher, statistischer und geisteswissenschaftlicher Art. Im Schlagwortkatalog ist sie durch eine eigene Schlagwortgruppe ausgeworfen und auf diese Weise leicht zu benützen. Ebenso wird durch Schlagwörter auf die mit den Europafragen zusammenhängenden Werke verwiesen, die nicht in der „Europa-Bibliothek" unmittelbar zu finden sind.

Ein Mikrofilmlabor und ein Xerox-Kopiergerät ermöglichen es, Kopien aller Art für den Bibliotheksbenützer zur Verfügung zu stellen.

Die Wiener Stadt- und Landesbibliothek bietet insbesondere den Studenten der rechts- und geisteswissenschaftlichen Fächer, den Juristen, den Lehrern an Pflicht- und Mittelschulen, den Heimatforschern, Musikwissenschaftlern und Journalisten reiches Studienmaterial. Sie gibt darüber hinaus aber auch allen an der Dichtung, Geschichte und dem geistigen und kulturellen Leben Wiens interessierten Personen Gelegenheit, ihr Wissen zu erweitern und verborgene Schätze kennenzulernen.

WIRTSCHAFTSFÖRDERUNG DURCH INSTITUTIONEN

(MA 4, 5)

Wiener Kreditbürgschaftsgesellschaft m. b. H.

3, Am Modenapark 2, Tel. 72 52 59

Wiener Unternehmungen, denen es für eine Kreditaufnahme lediglich an entsprechenden Sicherheiten in dem von den Kreditunternehmungen geforderten Ausmaß ermangelt, die also sonst kreditfähig und kreditwürdig wären, können die fehlenden Sicherheiten durch eine Bürgschaft der Wiener Kreditbürgschaftsgesellschaft, an der die Stadt Wien, die Kammer der gewerblichen Wirtschaft für Wien und Kreditinstitute beteiligt sind, ersetzen. Voraussetzung ist, daß die Kredite zur Finanzierung von Investitionen dienen, die eine Anpassung oder Umstellung der Produktionsstruktur, die Verbesserung der Regionalstruktur sowie die Rationalisierung oder eine Erweiterung des Unternehmens herbeiführen sollen. Forschungs- und Entwicklungsvorhaben werden ebenso gefördert wie Betriebsverlagerungen und Betriebsneugründungen in Wien sowie Betriebsmittelanschlußkredite. Die Kredithöhe liegt zwischen 200.000 und 2,5 Mio S.

Kapital – Beteiligungs Aktiengesellschaft

3, Am Modenapark 2, Tel. 72 52 59, 73 26 25

Die Geschäftstätigkeit dieser Gesellschaft, an der die Stadt Wien, die Kammer der gewerblichen Wirtschaft für Wien, Kreditinstitute und Versicherungen beteiligt sind, liegt vor allem in der Verbesserung der Eigenkapitalausstattung von Betrieben unter Beistellung von Risikokapital. Dieses Kapital soll vor allem zur Finanzierung von Investitionen zur Strukturänderung von Unternehmen und zur Neugründung von Unternehmen verwendet werden. Dabei sollen Beteiligungen an inländischen Unternehmungen der Industrie, des Gewerbes, des Verkehrs, des Handels und des Fremdenverkehrs übernommen werden. Ebenso ist die Übernahme von Beteiligungen an ausländischen Unternehmungen zum Zweck der Exportförderung unter Sicherstellung der Versorgung inländischer Unternehmungen mit Rohstoffen und Vorprodukten vorgesehen.

Wiener Betriebsansiedlungsgesellschaft m. b. H.

6, Windmühlgasse 26, Tel. 57 03 35, 57 02 26

Diese Gesellschaft hat die Aufgabe, das von der Stadt Wien erstellte Programm zur Schaffung von geeigneten Betriebsflächen für betriebliche Erweiterungen und Betriebsneuansiedlungen in Wien durchzuführen. In diesen Aufgabenbereich fällt die Beratung sowie die Herstellung von Kontakten zu den zuständigen Behörden, insbesondere die Bereitstellung geeigneter Betriebsflächen in den von der Stadt Wien neu erschlossenen Industriezonen.

Wiener Innovationsgesellschaft m. b. H.

3, Untere Viaduktgasse 16, Tel. 72 92*, 540

Zielsetzung dieser Gesellschaft, an der die Stadt Wien und die Zentralsparkasse der Gemeinde Wien beteiligt sind, ist die Förderung solcher Vorhaben, die der Entwicklung und Anwendung neuer Technologien, neuer Produkte und neuer Verfahren dienen, mit denen dem Wandel der Nachfragestruktur oder den Anforderungen nach höheren Qualitäten entsprochen oder eine Senkung der Produktionskosten erreicht werden kann, also der Entwicklung und Anwendung insbesondere von

a) Produkten und Verfahren mit hoher Wertschöpfung,
b) technischen Neuerungen bei Produkten und Produktionsverfahren, die auf neuen technologischen Erkenntnissen beruhen, insbesondere auch, wenn sie eine Verbesserung der Arbeitsplatzsituation bewirken, den Energieverbrauch senken, die Abhängigkeit von der Versorgung mit knappen Rohstoffen verringern oder den Austausch von Rohstoffen gegen geringwertige Rohmaterialien, insbesondere Abfallstoffe, ermöglichen,
c) zahlungsbilanzwirksamen Produkten, das sind solche, die entweder günstige Exportvoraussetzungen haben oder Importe substituieren können.

Informationszentrum für die Wiener Wirtschaft

4, Operngasse 20b, Tel. 57 25 75

Diese Einrichtung hat die Aufgabe, als zentrale Beratungsstelle insbesondere Wiener Klein- und Mittelbetrieben in allen relevanten wirtschaftlichen Fragen mit Rat und Tat zur Seite zu stehen. Die Tätigkeit umfaßt die eingehende Beratung und Information über die Finanzierungsmöglichkeiten im Rahmen von Förderungsaktionen und die Hilfestellung für die Kontaktaufnahme zu Fachleuten öffentlicher und privater Einrichtungen über Betriebsgrundstücke, Betriebsobjekte, Geschäftslokale, Export- und Innovationsfragen sowie weitere mit der Ausübung der wirtschaftlichen Tätigkeit im Zusammenhang stehende Fragen wie Bauvorschriften, Gewerberecht, Arbeitsmarkt und Arbeitsrecht sowie Betriebsvergleiche und Bilanzanalyse.

WOHNUNGSWESEN

(MA 50, 52)

In der MA 50 ist das Wohnungsberatungszentrum der Stadt Wien eingerichtet (1, Doblhoffgasse 6, Parterre). Das Wohnungsberatungszentrum umfaßt Auskunftsstellen über Gemeindewohnungen, Wohnbeihilfen, Wohnungsverbesserung, Genossenschaftswohnungen (Eigentumswohnungen) sowie Kredit- und Finanzierungsberatung.

Wie bewerbe ich mich um eine Gemeindewohnung?

Ansuchen um die Vermietung einer Gemeindewohnung sind mittels eines bei allen Außenstellen kostenlos erhältlichen Vordruckes, dem sog. Wohnungswerber-Aufnahmeblatt, bei der für den Wohnbezirk des Bewerbers zuständigen Außenstelle der MA 50 einzubringen. Das in allen Teilen genau auszufüllende Wohnungswerber-Aufnahmeblatt ist zweckmäßigerweise vom Antragsteller unter gleichzeitiger Vorlage aller Personaldokumente (d. s. Geburtsurkunde, Heiratsurkunde, Staatsbürgerschaftsurkunde oder Staatsbürgerschaftsnachweis, Meldezettel und Einkommensnachweis) aller mitziehenden Personen, womöglich *persönlich* (eventuell durch einen mit Vollmacht ausgestatteten Vertreter), zu überreichen.

Die Außenstellen, die die gemachten Angaben auf Grund der vorgelegten Dokumente usw. überprüfen und später auch eine Erhebung der Wohnverhältnisse des Einreichers an Ort und Stelle durchführen, befinden sich:

- 1., 9. Bezirk, 9, Währinger Straße 43, Tel. 42 35 75*, 233
- 2. Bezirk, 2, Karmelitergasse 9, Tel. 33 16 11*, 267
- 3. Bezirk, 3, Karl Borromäus-Platz 3, Tel. 72 51 71*, 290
- 4., 5. Bezirk, 5, Schönbrunner Straße 54, Tel. 55 45 85*, 278
- 6., 7., 8. Bezirk, 7, Hermanngasse 24–26, Tel. 93 76 46*, 255
- 10. Bezirk, 10, Laxenburger Straße 43–47, Tel. 64 36 31*, 273
- 11. Bezirk, 11, Enkplatz 2, Tel. 74 35 86*, 278
- 12. Bezirk, 12, Schönbrunner Straße 259, Tel. 83 16 01*, 288
- 13., 14. Bezirk, 13, Hietzinger Kai 1–3, Tel. 82 26 51*, 352
- 15. Bezirk, 15, Gasgasse 8–10, Tel. 83 36 11*, 248
- 16. Bezirk, 16, Richard Wagner-Platz 19, Tel. 92 26 96*, 248
- 17. Bezirk, 17, Elterleinplatz 14, Tel. 43 16 51*, 352
- 18. Bezirk, 18, Martinstraße 100, Tel. 34 25 20*, 292
- 19. Bezirk, 19, Gatterburggasse 14, Tel. 36 42 50*, 254
- 20. Bezirk, 20, Brigittaplatz 10, Tel. 33 35 11*, 242
- 21. Bezirk, 21, Am Spitz 1, Tel. 38 15 04*, 245
- 22. Bezirk, 22, Kagran, Schrödingerplatz 1, Tel. 23 35 61*, 207
- 23. Bezirk, 23, Liesing, Haeckelstraße 2, Tel. 86 96 17*, 48

Sie haben nur jeden Dienstag und Freitag in der Zeit zwischen 8 und 13 Uhr allgemeinen Parteienverkehr und stehen in dieser Zeit auch für telefonische Auskünfte zur Verfügung.

Auskünfte können auch persönlich oder telefonisch (Tel. 42 8 00*, 3346, 3347, 3348 und 3349) an jedem Werktag (außer Samstag) in der Zeit von 8 bis 13 Uhr bei der Zentralen Auskunftsstelle der MA 50, 1, Doblhoffgasse 6, eingeholt werden.

In Wien sind konstant rund 20.000 Wohnungssuchende vorgemerkt. Die große Zahl der Gründerzeit-Wohnungen, die den qualitativen Anforderungen von heute nicht mehr entsprechen, verhindert trotz der Bautätigkeit der Stadt Wien ein weiteres Absinken der Vorgemerkten. Es ist daher mit Ausnahme der Notstandsfälle noch immer mit längeren Wartezeiten zu rechnen.

Der Wohnbedarf eines Bewerbers wird im wesentlichen nach Richtlinien, die sich die Verwaltung der Stadt Wien selbst auferlegt hat, beurteilt.

Welche finanziellen und persönlichen Bedingungen muß ein Bewerber für eine Gemeindewohnung erfüllen?

Eigenberechtigte Personen, welche die österreichische Staatsbürgerschaft besitzen – Volksdeutsche, die staatenlos sind oder deren Staatsangehörigkeit ungeklärt ist, sind den österreichischen Staatsbürgern gleichgestellt – und deren jährliches Nettoeinkommen 70% des gemäß § 8 Abs. 3 Wohnbauförderungsgesetz 1968 in der jeweils geltenden Fassung festgelegten Jahreseinkommens (Familieneinkommen) nicht übersteigt, können sich bei Vorliegen einer dringenden Wohnbedürftigkeit um eine Gemeindewohnung bewerben. Ab Mitte des Jahres 1976 sind bei Zuteilung einer neugeschaffenen Gemeindewohnung 5% der Gesamtbaukosten als Baukostenbeitrag (Mietzinsvorauszahlung) zu entrichten. Mietzinsvorauszahlungen sind auch für freiwerdende Wohnungen der Stadt Wien zu leisten, wenn sie im Rahmen der Wohnbauförderung 1954 oder nach dem 7. November 1958 mit besserer Ausstattung errichtet wurden. Außerdem muß der in Aussicht genommene Benützer sich verpflichten, im Zeitpunkt der Überlassung der geförderten Wohnung bestehende Miet- oder sonstige Rechte an einer anderen Wohnung nachweislich aufzugeben.

Bei geringem Einkommen besteht die Möglichkeit, unter Berücksichtigung der Familien- und Vermögensverhältnisse ein zinsenloses Eigenmittelersatzdarlehen nach dem Wohnbauförderungsgesetz 1968 zu beanspruchen.

Wohnbeihilfen

Wohnbeihilfen sind laufende Zuschüsse für Wohnungsinhaber, die die ständigen Wohnkosten (Miete, Baurate, Nutzungsentgelt, Rückzahlungsrate des Eigenmittelersatzdarlehens oder Rückzahlungsrate des Verbesserungskredites) auf Grund ihres geringen Einkommens aus eigenem nicht tragen können.

Die Gewährung einer Wohnbeihilfe kann nur in der Höhe erfolgen, die sich aus dem Unterschied zwischen zumutbarem und anrechenbarem Wohnungsaufwand ergibt. Sie darf die Höhe des zu leistenden Annuitätendienstes bzw. des Hauptmietzinses nicht übersteigen. Die Bewilligung ist von der Haushaltsgröße, dem Familieneinkommen und einer angemessenen Nutzfläche abhängig. Die Wohnbeihilfe gibt es nur für jene Personen, die Hauptmieter, Eigentümer oder Nutzungsberechtigte einer aus Mitteln des Wohnbauförderungsgesetzes 1968, des Wohnungsverbesserungsgesetzes oder des Wiener Wohnbaufonds geförderten bzw. einer nach dem Wohnungsverbesserungsgesetz 1969 verbesserten Wohnung sind.

Der Antrag auf Gewährung einer Wohnbeihilfe ist unter Verwendung des hiefür aufgelegten Formblattes und unter Anschluß der in diesem Formblatt angeführten Nachweise über die Voraussetzungen an die MA 50, Referat Stundung, 1, Doblhoffgasse 6, Parterre (Parteienverkehr Montag bis Freitag von 8 bis 13 Uhr, Tel. 42 8 00*, 3301, 3302, 3307, 3332, 3338, 3383, 3335), zu richten. Er darf frühestens drei Monate vor Bezugsfertigstellung der Baulichkeit eingebracht werden. Die Beratungsstelle für Wohnbeihilfenwerber befindet sich ebenfalls in 1, Doblhoffgasse 6, Parterre, geöffnet Montag bis Freitag von 8 bis 13 Uhr.

Mietzinsbeihilfen

Zugleich mit der Novelle zum Mietengesetz, BGBl. Nr. 409/1974, wurde durch eine Novelle zum Einkommensteuergesetz der § 106a eingeführt. Nach dieser Bestimmung gewährt das örtlich zuständige Finanzamt eine Mietzinsbeihilfe, auf die ein gesetzlicher Anspruch besteht, unter folgenden Voraussetzungen:

Es muß eine Mietzinserhöhung gemäß § 7 des Mietengesetzes bzw. gemäß § 2 des Zinsstoppgesetzes für die Durchführung von ordnungsgemäßen Erhaltungsarbeiten vorliegen. Die Mietzinserhöhung muß *mehr* als das Vierfache des gesetzlichen Mietzinses betragen, d. h. die vierfache Erhöhung muß jeder Mieter selbst bezahlen und die Differenz zum Mehrbetrag erhält er, wenn sein Einkommen folgende Grenzen nicht übersteigt: für eine Person 60.000 S jährlich, für zwei Personen 77.000 S jährlich; für jede weitere Person erhöhen sich die vorgenannten Grenzen um je 5.000 S jährlich.

Das Formular für diese Mietzinsbeihilfe ist beim örtlich zuständigen Finanzamt in zweifacher Ausfertigung zu holen, und es ist von jener Stelle auszufüllen, die die rechtskräftige Entscheidung gemäß § 7 des Mietengesetzes bzw. § 2 des Zinsstoppgesetzes gefällt hat. Diese Stellen sind entweder das örtlich zuständige magistratische Bezirksamt bei Entscheidungen gemäß § 7 des Mietengesetzes, die MA 50 – Zentrale Schlichtungsstelle in 1, Bartensteingasse 9, 1. Stock, Tür 104, bei Entscheidungen gemäß § 2 des Zinsstoppgesetzes oder, wenn das Gericht angerufen wurde, das zuständige Bezirksgericht.

Für jene Fälle, bei denen eine Mietzinserhöhung vor dem 1. August 1974 bewilligt wurde, gilt folgendes (wenn beispielsweise ein Mieter erst jetzt eine solche Wohnung bezieht):

Die Mietzinsbeihilfe der Gemeinde Wien ist für sog. „Altwohnungen" vorgesehen, wenn der Hauptmietzins gemäß § 7 Mietengesetz rechtskräftig nach dem 20. Dezember 1967 auf mehr als das Sechsfache erhöht wurde. Wenn aber für das betreffende Haus von der Stadt Wien bereits ein zinsenfreies Instandhaltungsdarlehen gewährt wurde, das noch nicht zur Gänze zurückgezahlt ist, wird keine Mietzinsbeihilfe gegeben. Die Gewährung ist auch von dem Familieneinkommen, dem Familienstand und der Anzahl der bewohnten Räume abhängig.

Für die Behandlung von Anträgen auf Gewährung der Mietzinsbeihilfe ist die MA 12, Referat Soziale Mietzinsbeihilfen, 1, Schottenring 24 (Parteienverkehr Montag bis Freitag von 8 bis 13 Uhr, Tel. 66 14*, 244), zuständig.

Außerdem besteht in gewissen Einzelfällen noch die Möglichkeit, Beihilfen vom Sozialreferat der MA 12, das sich in den örtlich zuständigen magistratischen Bezirksämtern befindet, zu erhalten, wobei vorher mündlich vorzusprechen wäre.

Genossenschaftswohnungen

Die Gemeinde Wien hat in 1, Doblhoffgasse 6, das „Wohnungsberatungszentrum" (W.B.Z.) eingerichtet.

Aufgabe des W.B.Z. ist es, der wohnungssuchenden Bevölkerung einen Überblick über den öffentlich geförderten Wohnungsmarkt zu geben. Die im W.B.Z. aufliegenden Programme befassen sich grundsätzlich nur mit bereits förderungsmäßig zugesicherten und in Bau befindlichen Projekten. Der Wohnungssuchende erhält hier alle Angaben, wie Örtlichkeit, Beschaffenheit, Bezugstermin, Höhe der Eigenmittelaufbringung sowie die monatlichen Belastungen.

Die im W.B.Z. aufliegenden Bauvorhaben beinhalten jene Wohnungen, die entsprechend den Förderungsbestimmungen der Wiener Landesregierung der MA 50 zur Verfügung gestellt werden müssen.

Ferner hat die Stadt Wien im Rahmen des W.B.Z. auch eine Kreditberatungsstelle eingerichet, die dem Wohnungsinteressenten alle Möglichkeiten der Finanzierung seiner gewünschten Wohnung aufzeigt. Es besteht sogar die Möglichkeit, bei der Kreditberatungsstelle (Betreuung erfolgt durch die „Z") um die zinsenlosen Kredite im Rahmen der Wohnbauförderung einzureichen.

Die Dienststunden im W.B.Z. sind Montag bis Freitag von 8 bis 13 Uhr.

Wohnbauförderungsgesetz 1968

Nach dem Wohnbauförderungsgesetz 1968 in der geltenden Fassung besteht die Förderung in Gewährung eines mit 0,5% verzinslichen Darlehens mit 50jähriger Laufzeit im Ausmaß von 45 bzw. 50% der Gesamtbaukosten und in Gewährung eines Annuitätenzuschusses für ein weiteres Bankdarlehen gleichfalls bis zu 45% der Gesamtbaukosten. Für die Errichtung von Eigenheimen wird das Landesdarlehen mit einem Fixbetrag von 250.000 S pro Wohneinheit und zusätzlich 20.000 S für jedes im Haushalt lebende Kind gewährt.

10 bzw. 5% der Gesamtbaukosten, wofür bei zu niedrigem Einkommen ein zinsenfreies Eigenmittelersatzdarlehen angesprochen werden kann, sowie allfällige Grundkostenanteile hat der Förderungswerber selbst zu tragen.

Gefördert wird die Errichtung von Eigenheimen und von Wohnungen bis zu einem Gesamtausmaß von grundsätzlich 130 m^2 Wohnnutzfläche durch Neubau, Auf-, Zu- oder Einbauten in bestehenden Baulichkeiten und Umbau in verbesserungswürdigen bzw. denkmalgeschützten Baulichkeiten.

Die gleichen Förderungsmaßnahmen gelten nach dem Wohnbauförderungsgesetz 1968 auch für „Verbesserungen größeren Umfanges" in verbesserungswürdigen Baulichkeiten. Voraussetzungen sind hiefür, daß die Baugenehmigung vor dem 1. Juli 1948 (1. Jänner 1968) erteilt wurde, mindestens zwei Drittel der Gesamtnutzfläche Wohnzwecken dienen und mindestens die Hälfte der darin befindlichen Wohnungen nicht größer als jeweils 150 m^2 sind. Arbeiten, die der ordnungsgemäßen Erhaltung der Baulichkeiten dienen, können im Rahmen der Wohnbauförderung nicht finanziert werden.

Als Verbesserungen größeren Umfanges sind solche zu verstehen, deren veranschlagte Gesamtkosten je m^2 mindestens 25%, jedoch nicht mehr als 80% der zur Errichtung von Neubauwohnungen notwendigen angemessenen Gesamtbaukosten betragen.

Als Verbesserungsmaßnahmen gelten die Errichtung, Ausgestaltung und Umgestaltung von Gemeinschaftsanlagen, wie zentrale Waschküchen, Zentralheizungen, Personenaufzüge, der Anschluß an zentrale Wärmeversorgungsanlagen, die Errichtung oder Umgestaltung von Wasser-, Licht- und Gasleitungen und Beheizungsanlagen, die Vereinigung, Teilung sowie Änderung der Grundrißgestaltung von Wohnungen sowie Arbeiten, die der Erhöhung des Schall- und Wärmeschutzes dienen.

Mit dem Bau und mit den Verbesserungsarbeiten darf nicht vor schriftlicher Darlehenszusicherung begonnen werden.

Bei geringem Einkommen können Wohnbeihilfen in Anspruch genommen werden.

Darlehenswerber können Gemeinden, gemeinnützige Bauvereinigungen, andere juristische Personen und natürliche Personen sein, sofern sie hinsichtlich der Liegenschaft oder Baulichkeit Eigentümer, Wohnungseigentümer oder Bauberechtigte sind.

Die MA 50 ist Geschäftsstelle des Landeswohnbauförderungsbeirates für Wien.

Genaue Informationen erhält man bei der MA 50, 1, Doblhoffgasse 6, 1. Stock, Tel. 42 8 00*, 3387, 3392, 3395, 3396, 3398, 3399, 3319, 3390. Antragsformulare sind in der vorgenannten Dienststelle oder in der Drucksortenstelle des Rathauses, 7. Stiege, Hochparterre, erhältlich.

Förderungsaktion zum Ausbau von Dachböden für Wohnzwecke

Die Stadt Wien fördert den Ausbau von Dachböden zur Schaffung von Wohnungen durch Gewährung von nicht rückzahlbaren Baukostenzuschüssen in der Höhe von maximal 20% der angemessenen Baukosten und durch Übernahme der Bürgschaft für die zur Finanzierung des Bauvorhabens bei Kreditinstituten aufzunehmenden Darlehen. Förderungswerber im Rahmen dieser mit Gemeinderatsbeschluß vom 16. Dezember 1976, Pr. Z. 4426, geschaffenen Aktion können physische eigenberechtigte Personen österreichischer Staatsbürgerschaft und juristische Personen mit Sitz im Inland sein, die hinsichtlich der zu errichtenden Wohnung das Miet- oder Nutzungsrecht bzw. Wohnungseigentum erwerben. Besteht die Möglichkeit der Inanspruchnahme einer anderen öffentlichen Förderungsaktion (insbesondere Wohnbauförderung 1968), so findet diese Förderung keine Anwendung. Merkblätter, Antragsformulare und nähere Auskünfte sind in der MA 50, 1, Doblhoffgasse 6, erhältlich.

Privater Wohnungsmarkt

Bei Inanspruchnahme des privaten Wohnungsmarktes ist zu beachten, daß mit dem Inkrafttreten des Mietrechtsänderungsgesetzes (1. Jänner 1968) Vereinbarungen zwischen dem Hauseigentümer und dem Hauptmieter über die Höhe des Mietzinses zulässig sind (freie Mietzinsbildung). Ausgenommen hievon sind nur die mit Hilfe des Wohnhaus-Wiederaufbaufonds wiederhergestellten Mietwohnungen und sonstige Wohnungen mit gebundenen Mietzinsen (z. B. mit Hilfe der Wohnbauförderung 1954, Wohnbauförderung 1968 oder des Bundes-Wohn- und Siedlungsfonds errichtete Mietwohnungen).

Eine freie Mietzinsvereinbarung bei Neuvermietungen ist ab 1. August 1974 aber nur möglich, wenn Wasserentnahme und Abort in der Wohnung sind. Bei Nichtzutreffen ist im Fall einer Neuvermietung nach dem 1. August 1974 nur die Vereinbarung eines Hauptmietzinses von höchstens 4 S pro m^2 zulässig.

Für solche schlecht ausgestatteten Wohnungen (sog. Substandardwohnungen), die am 1. August 1974 vermietet sind, friert der Hauptmietzins in der am 1. August 1974 zulässigen Höhe ein, bzw. kann er bei Vorhandensein einer Indexklausel nur bis höchstens 4 S pro m^2 erhöht werden.

Mietwohnungen

Bei Mietwohnungen ist zu beachten, wann diese Wohnung errichtet und aus welchen Mitteln sie gebaut wurde; danach ergeben sich verschiedene Gruppen, die mietrechtlich verschieden zu behandeln sind.

Mieterschutzwohnungen

Für Wohnungen in vor dem Jahr 1917 gebauten Häusern beträgt die Höhe des gesetzlichen Zinses 1 S pro Friedenskrone 1914. Es ist aber bei der Neuvermietung, wenn die Wohnung binnen sechs Monaten nach Räumung durch den früheren Mieter vermietet wird, und bei einer Dauer des Mietverhältnisses von mehr als sechs Monaten eine freie Zinsvereinbarung zwischen dem Hauseigentümer und dem Mieter möglich. Der Kündigungsschutz des Mietengesetzes ist gegeben. Der Mieter kann sein Mietrecht an eintrittsberechtigte Personen im gemeinsamen Haushalt weitergeben, er hat dies nur dem Vermieter anzuzeigen. Nach seinem Tod treten diese Angehörigen (auch der Lebensgefährte), ohne daß es einer Anzeige an den Vermieter bedarf, in den Mietvertrag ein. Für eine Übertragung des Mietrechtes an andere Personen benötigt er die Zustimmung des Vermieters.

Zinsstoppwohnungen

Für alle Wohnungen in Häusern, die nach dem Jahr 1917 gebaut wurden, war ursprünglich die Höhe des Zinses nicht geregelt. Durch Verordnung im Jahr 1939 und das Zinsstoppgesetz des Jahres 1954 ist nun der Zins gesetzlich festgelegt. Es ist aber bei der Neuvermietung, wenn die Wohnung binnen sechs Monaten nach Räumung durch den früheren Mieter vermietet wird, und bei einer Dauer des Mietverhältnisses von mehr als sechs Monaten eine freie Zinsvereinbarung zwischen dem Hauseigentümer und dem Mieter möglich. Es gilt auch der Kündigungsschutz des Mietengesetzes.

Auch hier sind freie Mietzinsvereinbarungen bei Neuvermietungen ab 1. August 1974 nur mehr bei Wohnungen zulässig, die Wasserentnahme und Abort in der Wohnung besitzen. Bei allen anderen Wohnungen (sog. Substandardwohnungen) ist nur ein Hauptmietzins von höchstens 4 S pro m^2 zulässig.

Für bereits am 1. August 1974 vermietete Wohnungen friert der Mietzins in der an diesem Tag zulässigen Höhe ein, bzw. kann er bei Vorhandensein einer Indexklausel nur bis höchstens 4 S pro m^2 erhöht werden.

Wiederaufbauwohnungen

Soweit kriegszerstörte oder -beschädigte Wohnungen aus den Mitteln des Wohnhaus-Wiederaufbaufonds wiederhergestellt wurden, unterliegen sie gesetzlichen Zinsbeschränkungen sowie dem Kündigungsschutz des Mietengesetzes. Hier sind bis zur Rückzahlung des Wohnhaus-Wiederaufbaufondsdarlehens keine freien Mietzinsvereinbarungen möglich.

Mietwohnungen, die nach dem Jahr 1954 errichtet wurden

Hier gibt es wohl keine Vorschriften über die Höhe des Zinses, doch für alle vor dem Jahr 1968 fertiggestellten Wohnungen gilt der Kündigungsschutz des Mietengesetzes. Zinsbeschränkungen sind nur jene Wohnungen unterworfen, die mit öffentlichen Mitteln errichtet worden sind.

Mietwohnungen, die ab dem Jahr 1968 erbaut wurden

Für diese Wohnungen, sofern sie ohne öffentliche Mittel errichtet wurden, gibt es keine Vorschriften über Zinshöhe und keinen Kündigungsschutz. Bei Wohnungen, die mit öffentlichen Mitteln errichtet wurden, bestehen Vorschriften über die Höhe des Zinses, und sie unterliegen auch dem Kündigungsschutz.

Rechtsauskünfte in Mietrechtsangelegenheiten

Diese Auskünfte erhält man in der MA 50, 8, Buchfeldgasse 6, 2. Stock, Parteienverkehr Dienstag und Freitag von 8 bis 12 Uhr, Tel. 43 89 61/22, 31, 21.

Wie tausche ich meine Wohnung (Privat- oder Gemeindewohnung)?

Nach der derzeitigen Rechtslage ist ein Wohnungstausch nur mit Zustimmung der Hauseigentümer möglich.

Mieter von Gemeindewohnungen können bei Vorliegen triftiger Gründe die Wohnungen tauschen. Die Tauschpartner haben das beim zuständigen Hausinspektor aufliegende Formular auszufüllen und es zur Genehmigung der Städtischen Wohnhäuserverwaltung, 1, Doblhoffgasse 6, einzusenden.

Wenn einer der Tauschpartner Mieter in einem Privathaus ist, kann das Tauschansuchen erst dann behandelt werden, wenn der Eigentümer des Privathauses das Tauschformular mitunterfertigt hat. Bei einem Tausch einer Privatwohnung darf nicht übersehen werden, daß sich damit dem privaten Hauseigentümer die Möglichkeit der freien Mietzinsbildung eröffnet.

Hinsichtlich der eventuell bestehenden Verpflichtung zur Entrichtung eines Baukostenbeitrages für die Tauschwohnung wird das Zentralreferat der MA 52 in jedem konkreten Fall Auskunft geben.

Wie finde ich einen Tauschpartner?

Für alle jene Parteien, die aus irgendeinem Grund ihre Wohnung zu tauschen wünschen und noch keinen Tauschpartner haben, gibt die Stadt Wien als Beiblatt zum Amtsblatt „Stadt Wien" den „Amtlichen Wohnungstauschanzeiger" heraus, der das Auffinden geeigneter Partner ermöglicht.

Die Einrichtung des „Amtlichen Wohnungstauschanzeigers", der sich seit Jahren bei der Bevölkerung bestens bewährt hat, bietet hiezu die aussichtsreichsten Möglichkeiten. Jeder Interessent erwirbt schon durch eine einzige Einschaltung Anspruch auf dreimalige Aufnahme seines Angebotes im Abstand von sechs Wochen, also insgesamt während eines Zeitraumes von viereinhalb Monaten. Hiezu kommt noch die Zusendung der drei aufeinanderfolgenden Nummern des „Amtlichen Wohnungstauschanzeigers". Das Tauschangebot ist daher nicht auf eine einzige Einschaltung beschränkt, und es können innerhalb jener langen Zeitspanne mehrere Tauschwohnungen ausfindig gemacht werden. Auch kann der Leser des „Amtlichen Wohnungstauschanzeigers" alle Möglichkeiten in Erwägung ziehen, die sich ihm bieten, wie z. B.: Tausch von einer Wohnung auf zwei Kleinwohnungen und umgekehrt, Tausch von Dienstwohnungen, Eigentumswohnungen und Wohnungen in Siedlungshäusern in Wien, von und nach den Bundesländern, Ringtausch, wenn mehrere Wohnungsinhaber untereinander tauschen usw.

Viele Tauschwerber sind der irrigen Meinung, daß eine Einschaltung erfolglos bleiben muß, da doch nach ihrer Ansicht alle Bewerber, die im Tauschanzeiger aufscheinen, eine größere oder bessere Wohnung haben wollen. Tatsache ist, daß in den meisten Fällen jene Tauschwerber, die eine kleinere Wohnung anstreben, meistens ältere Leute, den Betrag für die Einschaltung nicht oder nur sehr schwer aufbringen können oder Angst vor dem Zulauf der Tauschlustigen haben, die auf Grund des Tauschangebotes die Wohnung besichtigen wollen. Sie lassen daher ihre Tauschabsicht nicht im Tauschanzeiger veröffentlichen und beschränken sich darauf, nur die Zeitung zu kaufen, um sich so die Wohnung auszuwählen, die sie anstreben. Dasselbe trifft beim Tausch Privatwohnungen gegen Hauswartwohnungen und umgekehrt zu.

Für jeden, der eine Veränderung seiner Wohnverhältnisse herbeiführen will, erscheint eine Einschaltung im „Amtlichen Wohnungstauschanzeiger" überaus zweckmäßig, um breiteren Interessentenkreisen bekanntzuwerden und auf diese Weise zu einer rascheren Lösung seines Wohnungsproblems zu gelangen.

Wie soll eine Tauschanzeige beschaffen sein?

Der „Amtliche Wohnungstauschanzeiger" enthält Einschaltungen von Personen, die ihre Wohnung innerhalb von Wien, aber auch von Wien in die Bundesländer und umgekehrt, tauschen wollen.

Die Einschaltungen sind übersichtlich nach den einzelnen Bezirken und innerhalb der Bezirke nach Wohnungsgrößen geordnet. Die Rubriken „Hauswartwohnung für Mietwohnung", „Mietwohnung für Hauswartwohnung", „Tauschangebote von Wien in die Bundesländer" und „Tauschangebote aus den Bundesländern nach Wien" sollen das rasche Auffinden des geeigneten Tauschpartners ermöglichen.

In der ersten Spalte wird die angebotene Wohnung angeführt. Das wichtigste Gebot bei der Einschaltung ist die wahrheitsgetreue Angabe aller Tatsachen, die das vorhandene Tauschobjekt betreffen. Der Interessent soll sich auf Grund des Tauschangebotes bereits ein ungefähres Bild über Zustand, Größe und Beschaffenheit der angezeigten Tauschwohnung machen können. Es wird dadurch vermieden, daß die Tauschwerber unnötig Zeit und Fahrtspesen für die Besichtigung der Tauschwohnung vergeuden. Der Leser soll aus der Anzeige schon entscheiden können, ob eine genaue Erkundigung und Besichtigung der Tauschwohnung überhaupt auf Grund der eigenen Wünsche in Frage kommt. Entspricht die angekündigte Wohnung den Vorstellungen des Interessenten, so soll dieser auf einfachste Art mit dem Tauschwerber in Verbindung treten können. Postlagernde Zuschriften und die Möglichkeit einer Besichtigung nach schriftlicher Verständigung soll daher nur in jenen Fällen angewendet werden, wo wirklich zwingende Notwendigkeiten eine solche verzögernde Fühlungnahme rechtfertigen. Das wird beispielsweise dann der Fall sein, wenn der Hauptmieter infolge seiner unregelmäßigen Berufsausübung nicht angeben kann, wann er in seiner Wohnung anzutreffen ist.

Die Tauschanzeige soll daher außer dem Namen und der Anschrift des Hauptmieters noch folgende Hinweise enthalten:

1. Größe der Tauschwohnung.
2. Angabe der Nebenräume:

Z. B. Vorzimmer, Badezimmer, Badenische, Kammer, Abstellraum, Erker, Balkon, Loggia usw.

3. Lage der Tauschwohnung:

Gassenseitig, kein Gegenüber, freie Aussicht und Bezeichnung des Stockwerkes.

4. Beschaffenheit der Tauschwohnung:

Parkettboden, gekachelte Kochnische, Terrazzoboden, Warmwasserspeicher, Telefonanschluß, Kachelofen, elektrischer Herd usw.

5. Gemeindebau, Gemeindealtbau, Gemeindesiedlung, Privathaus.
6. Besichtigungsmöglichkeit:

Angabe der Besichtigungszeit, telefonische Verständigung, schriftliche Verständigung, postlagernde Zuschriften.

7. Angabe des Gesamtzinses:

Um sich über die finanzielle Frage der Zinsleistung ein richtiges Bild machen zu können, soll nicht der Grundzins, sondern die Gesamtleistung angegeben werden, das ist Grundzins plus öffentliche Abgaben plus Betriebskosten. Das Reinigungsgeld ist in diesen Betrag nicht einzurechnen.

8. Sonstige Angaben:

Nur wenn sie mit der Wohnung in sinngemäßer Verbindung stehen, z. B. Siedlungshaus mit Obstgarten, 200 m², Zentralwaschküche, Bad im Haus, Nähe Westbahnhof, Nähe Schönbrunn usw. . . .

Alle anderen Einschaltungswünsche, die nicht mit der Deklaration der Wohnung in Einklang stehen, wie insbesondere „Wertausgleich", „Ablöse und Übersiedlungskosten werden ersetzt", können nicht berücksichtigt werden. Auch die Ankündigung, daß Gas und elektrisches Licht installiert sei, wird nur bei Wohnungen, die sich in den Bundesländern befinden, Berechtigung haben, da in Wien kaum eine Wohnung ohne diese Voraussetzung tauschfähig sein wird.

In der zweiten Spalte soll die gewünschte Tauschwohnung aufscheinen. Hier soll die Wohnungsgröße, der gewünschte Bezirk und die Stockhöhe der angestrebten Tauschwohnung angegeben werden. Im Gegensatz zur linken Rubrik, die präzise Angaben enthalten soll, wird die gewünschte Wohnung weniger detailliert anzuführen sein, es sollen jedoch die unbedingten Erfordernisse, um derentwillen ein Tausch angestrebt wird, hervorgehoben werden.

Erst durch die Ankündigung des Tauschwunsches besteht die Möglichkeit, daß ein Interessent dem Tauschangebot nähertreten kann. Je mehr Angebote und Zuschriften auf Grund der Veröffentlichung einlangen, desto größer wird die Auswahl der in Frage kommenden Tauschwohnungen sein und desto vollkommener wird sich die Vorstellung der zu erwerbenden Tauschwohnung realisieren lassen. Gerade aber für eine Wohnungsvergrößerung ist die Einschaltung unerläßlich, da diese ja die Auswahl für jene Hauptmieter bedeutet, die eine Wohnungsverkleinerung vornehmen wollen.

Änderungen des Wortlautes einer Tauschanzeige innerhalb einer dreimaligen Einschaltung können aus drucktechnischen Gründen nicht vorgenommen werden.

Wie treten die Tauschpartner in Verbindung?

Findet der Tauschwillige im „Amtlichen Wohnungstauschanzeiger" ein Tauschansuchen, das seinen Wünschen entspricht, dann soll er sich *sofort* mit dem Tauschwerber in Verbindung setzen, dessen Wohnung besichtigen sowie ihm Gelegenheit geben, auch seine eigene Wohnung in Augenschein zu nehmen. Eine genaue Prüfung der zum Tausch vorgesehenen Wohnung vermeidet nachträgliche Enttäuschungen.

Mitunter können nicht alle Wünsche in bezug auf Größe, Beschaffenheit u. a. der gewünschten Wohnung durch den Tausch von zwei Wohnungen erfüllt werden. Da ergibt sich aber die Möglichkeit, durch einen Ringtausch, bei dem mehrere Tauschwerber in Erscheinung treten, das Tauschvorhaben einer befriedigenden Lösung zuzuführen.

Für die Einschaltung, die in drei fortlaufend erscheinenden Nummern im „Amtlichen Wohnungstauschanzeiger" erfolgt, und die Zusendung dieser drei Nummern ist eine Gebühr von 55 S zu erlegen. Dieser Betrag kann auch mittels eines Zahlscheines der Zentralsparkasse der Gemeinde Wien mit Kontonummer 696 202 605 überwiesen werden. In der Rubrik „Empfänger" ist einzusetzen: Stadt Wien – Pressedienst, Rathaus. In der Rubrik „Verwendungszweck" ist einzusetzen: MA 50, Amtlicher Wohnungstauschanzeiger.

Wo kann der Wohnungstauschanzeiger bezogen werden?

Der „Amtliche Wohnungstauschanzeiger" ist im Wohnungstauschreferat der MA 50, 1, Rathausstraße 2, 1. Stock, Tür 166, in den Bezirksstellen des Wohnungsamtes und in den Trafiken zum Preis von 3 S erhältlich. Um den Tauschwerbern die Beschaffung des „Amtlichen Wohnungstauschanzeigers" zu erleichtern und gleichzeitig den Interessenten die regelmäßige Zustellung zu gewährleisten, ist der Bezug auch im Abonnement möglich. Nach Erlag oder Überweisung von 9 S plus 6 S Postgebühr = 15 S mittels eines Zahlscheines der Zentralsparkasse der Gemeinde Wien mit Kontonummer 696 202 605 werden die jeweils laufende Nummer und die zwei folgenden Nummern des „Amtlichen Wohnungstauschanzeigers" durch Postzustellung den Abonnenten übermittelt. Hiedurch wird insbesondere den Tauschinteressenten außerhalb Wiens die rechtzeitige Zustellung gewährleistet.

Wo kann die Einschaltung in den „Amtlichen Wohnungstauschanzeiger" vorgenommen werden?

Die Einschaltung in den „Amtlichen Wohnungstauschanzeiger" kann Montag bis Freitag von 8 bis 12 Uhr im Wohnungstauschreferat, MA 50, 1, Rathausstraße 2, 1. Stock, Tür 166, oder telefonisch unter Tel. 42 8 00*, 850, veranlaßt werden. Diese Dienststelle gibt auch über alle Fragen, die mit dem Wohnungstausch zusammenhängen, Auskünfte. Überdies werden Tauschanzeigen auch in den Außenstellen des Wohnungsamtes in den Bezirken (Dienstag und Freitag von 8 bis 13 Uhr) entgegengenommen.

Wer kann eine Wiederaufbauwohnung mieten?

Wohnungen, die unter Zuhilfenahme von Mitteln des Wohnhaus-Wiederaufbaufonds im wesentlich gleichen Umfang wie vor der Kriegseinwirkung wiederhergestellt wurden, können nur von demjenigen gemietet werden, der im Zeitpunkt der Kriegseinwirkung deren Hauptmieter war. Ist er seither verstorben, so geht das Anrecht auf die Miete (sog. Optionsrecht) auf die nach dem Mietengesetz eintrittsberechtigten Personen über; hiezu zählen sein überlebender Ehegatte, seine Verwandten in gerader Linie einschließlich der Wahlkinder oder seine Geschwister, vorausgesetzt jedoch, daß diese Personen schon zum Zeitpunkt der Kriegseinwirkung mit ihm im gemeinsamen Haushalt in der Wohnung gewohnt haben. Wurde jedoch die Wohnung nicht im wesentlich gleichen Umfang wiederhergestellt oder durch Aufstockung des Hauses neu geschaffen, so wird nur derjenige Mieter der Wohnung, dem sie von der Gemeinde (in Wien MA 50) rechtskräftig zugewiesen wurde. Hiefür kommt in erster Linie nur in Betracht, wer seine Wohnung durch Kriegseinwirkung verloren hat, es sei denn, daß er bereits Mieter (Inhaber) einer Wohnung oder Inhaber eines Eigenheimes oder einer Eigentumswohnung ist, die unter Berücksichtigung der allgemeinen Wohnverhältnisse des Familienstandes, der beruflichen und sonstigen besonderen persönlichen Verhältnisse seiner Person und der zu seinem Hausstand gehörigen Personen entspricht. Wenn aber kein sog. Ausgebombter die Wohnung annimmt, hat die Gemeinde dem Hauseigentümer unverzüglich nach Ablauf der Zuweisungsfrist nachweislich mitzuteilen, daß sie die Wohnung nicht zuweisen kann. Der Hauseigentümer hat hierauf das Recht, die Wohnung einem nach den Bestimmungen des § 1 Abs. 1 lit. a, b und c bzw. § 1 Abs. 2 lit. a und b des Neuvermietungsgesetzes, BGBl. Nr. 225/1956, vorgemerkten Wohnungssuchenden (also einem wegen Obdachlosigkeit oder wegen drohender Obdachlosigkeit, wegen Überbelages, wegen Gesundheitsschädlichkeit Vorgemerkten oder bei Ehepaaren nach mindestens einjähriger Dauer der Ehe, wenn die Ehepartner keinen gemeinsamen Haushalt führen können), binnen drei Wochen nach Erhalt der Mitteilung zu vermieten. Kann auch der Hauseigentümer die Wohnung innerhalb dieser Frist nicht vermieten, kann die Gemeinde sie einem vorgemerkten Wohnungssuchenden binnen längstens drei weiteren Wochen nach Erstattung eines sog. Fünfervorschlages (§ 6 Abs. 4 und 5 NVG.) zuweisen. Wenn auch dies nicht möglich ist, kann der Hauseigentümer nach Ablauf dieser Frist über die Wohnung frei verfügen (§ 8 NVG.).

Unrechtmäßige Bezieher einer mit Fondsmitteln wiederaufgebauten Wohnung müssen, abgesehen von dem verlorengegangenen Geldaufwand für gegebenenfalls durchgeführte Investitionen, nicht nur mit der zwangsweisen Räumung ohne Beistellung eines Ersatzquartiers, sondern auch, neben dem Hauseigentümer, mit einer empfindlichen Bestrafung rechnen.

Förderungsmaßnahmen nach dem Wohnungsverbesserungsgesetz

Auf Grund des Bundesgesetzes vom 22. Oktober 1969, BGBl. Nr. 426, zuletzt novelliert im BGBl. Nr. 337/1978, werden durch das Land Wien Verbesserungen an „verbesserungswürdigen" Wohnhäusern und in Klein- und Mittelwohnungen, sofern die baubehördliche Baubewilligung grundsätzlich vor dem 1. Juli 1948 (allenfalls 1. Jänner 1968) erteilt wurde, gefördert. Als Förderungswerber können der Eigentümer (bzw. Miteigentümer), der Wohnungseigentümer, der Bauberechtigte und der Mieter auftreten. Voraussetzung für die Gewährung von Förderungsmaßnahmen ist, daß sich die Baulichkeit in einem guten Zustand befindet und daß es sich um Klein- bzw. Mittelwohnungen bis zu einem Höchstausmaß von 150 m² handelt. Ferner muß die Baulichkeit ganzjährig bewohnbar und auch tatsächlich bewohnt sein.

Als Verbesserungen werden insbesondere die Errichtung oder die Ausgestaltung sowie Umgestaltung von Gemeinschaftsanlagen (z. B. Zentralheizungen, Personenaufzüge, zentrale Waschküchen, Anschluß an zentrale Wärmeversorgungsanlagen usw.), ferner in Einzelwohnungen die Errichtung oder die Umgestaltung von Wasserleitungs-, Lichtleitungs-, Gasleitungs-, Beheizungs- und sanitären Anlagen in normaler Ausstattung sowie Arbeiten, die der Erhöhung des Schall- und Wärmeschutzes oder der Verminderung des Energieverbrauches und des Energieverlustes von Zentralheizungs- und Warmwasseranlagen dienen, angesehen. Als Verbesserungen gelten auch die Vereinigung zweier oder mehrerer Kleinwohnungen zu einer normal ausgestatteten Klein- oder Mittelwohnung und die Teilung von Wohnungen in normal ausgestattete Klein- oder Mittelwohnungen sowie Änderung der Grundrißgestaltung zur Schaffung von Klein- oder Mittelwohnungen in normaler Ausstattung, desgleichen Maßnahmen, die den Wohnbedürfnissen von Behinderten und alten Menschen dienen. Die Förderung von energiesparenden Maßnahmen ist an Objekten mit einer behördlichen Baubewilligung vor dem 1. Jänner 1974 zulässig, die Förderung des Anschlusses von Zentralheizungsanlagen an Fernwärme auch in noch jüngeren Objekten.

Nicht gefördert werden Arbeiten zur Instandhaltung von Baulichkeiten. Vor Zusicherung der Förderungsmaßnahmen bzw. vor ausdrücklicher Erlaubnis durch die Fondsverwaltung darf mit den Verbesserungsarbeiten nicht begonnen werden.

Die Förderung besteht in der Gewährung von Annuitätenzuschüssen durch das Land Wien zur Tilgung von Darlehen, die bei Kreditunternehmen und Bausparkassen aufgenommen wurden. Der jährliche Zinsfuß darf nicht höher als 2½ v. H. über der im Zeitpunkt der Zusicherung bestehenden Nominalverzinsung der dem Zeitpunkt der Zusicherung unmittelbar vorangegangenen zur Zeichnung aufgelegten öffentlichen Anleihe liegen, die Dauer der Laufzeit nicht mehr als zwölf und nicht weniger als zehn Jahre betragen. Die Zuschußleistung des Landes beträgt 40 v. H. der Annuität.

Liegen die Gesamtbaukosten der Verbesserung je m² unter 25 v. H. der für die Neuerrichtung einer Wohnung festgesetzten angemessenen Gesamtbaukosten oder kann der Eigentümer eine der allgemeinen Voraussetzungen des Wohnbauförderungsgesetzes 1968 nicht erfüllen, so besteht wie für Mieter die Möglichkeit einer Förderung nach dem Wohnungsverbesserungsgesetz. In keinem Fall dürfen die Kosten das Limit von 80 v. H. der festgesetzten angemessenen Gesamtbaukosten für die Neuerrichtung einer Wohnung überschreiten.

Im Rahmen des Wohnungsberatungszentrums in 1, Doblhoffgasse 6, ist eine Auskunftsstelle über Verbesserungsfragen eingerichtet, bei der auch Anträge um Wohnungsverbesserung eingebracht werden können. Merkblätter und Antragsformulare sind bei der MA 50 sowie in der Drucksortenstelle des Rathauses, 7. Stiege, Hochparterre, erhältlich.

Wissenswertes für Mieter von Gemeindewohnungen

Mietvertrag

Die Städtische Wohnhäuserverwaltung (MA 52) schließt mit den Personen, die vom Wohnungsamt (MA 50) eine Zuweisung für eine städtische Wohnung erhalten haben, einen Mietvertrag ab.

Als Bestandteil dieses Vertrages gilt auch die

Hausordnung

Sie ist in jedem städtischen Wohnhaus angeschlagen. Die Nichtbeachtung der Hausordnung kann ebenso wie die Verletzung des Mietvertrages zur Auflösung des Mietverhältnisses führen.

Pflege der neuerrichteten Wohnung

Die bei Neubauten unvermeidliche Mauerfeuchtigkeit soll durch Heizen (Ausheizen der Wohnung) und gründliches Lüften beseitigt werden, weil sonst die im Raum befindlichen Holzfußböden und Möbel das Wasser aufnehmen und Schaden erleiden.

Zentralheizung

Viele städtische Wohnungen haben Zentralheizung. Die Heizungskosten werden entweder mit der monatlichen Miete in Form einer Vorauszahlung oder direkt durch die Heizbetriebe Wien Ges. m. b. H. zur Vorschreibung gebracht. Einmal jährlich wird der Wärmeverbrauch auf Grund der auf den Heizkörpern montierten Meßgeräte festgestellt. Auf Grund dieser abgelesenen Werte werden die tatsächlichen Heizungskosten ermittelt. Manche Mieter sind dann unangenehm überrascht, wenn sie zur Leistung von hohen Nachzahlungen aufgefordert werden. Diese Mieter haben übersehen, daß auch bei der Bedienung der Radiatoren gewisse Grundregeln des ökonomischen Heizens beachtet werden sollen:

1. Die Radiatoren sollen gedrosselt werden, wenn die gewünschte Raumtemperatur erreicht ist;
2. kurzzeitiges Vollüften vermeidet ein Auskühlen der Wände und kostet weniger Wärme.

Maschinelle Waschkücheneinrichtungen

Die Stadt Wien stattet die Waschküchen nur mehr mit vollautomatischen Waschmaschinen aus. Diese Waschmaschinen erledigen das eingestellte Waschprogramm ohne zusätzliche Steuerung. Allerdings ist jede komplizierte mechanische Einrichtung gegen Bedienungsfehler anfällig. Daher sollen nur Personen, die mit der Bedienung der Maschinen vollkommen vertraut sind, diese Einrichtungen benützen. Die Städtische Wohnhäuserverwaltung sorgt durch die Abhaltung von Waschvorträgen dafür, daß die Mieter mit der Bedienung der Maschinen vertraut werden.

Spielplätze

Auf den Spielplätzen der städtischen Wohnhausanlagen sind Turn- und Spielgeräte aufgestellt. Obwohl diese Geräte so konstruiert sind, daß bei widmungsgemäßem Gebrauch eine Gefährdung der Kinder nicht eintreten kann, obliegt es den Eltern zu entscheiden, ob ihre Kinder die notwendige Gewandtheit haben, um diese Geräte gefahrlos benützen zu können.

Die Benützung der Spielgeräte erfolgt auf Gefahr und Verantwortung der Eltern. Außerdem werden überall dort, wo es nach den örtlichen Gegebenheiten möglich ist, Grünflächen als Spielwiesen freigegeben und als solche gekennzeichnet.

Autoabstellplätze

Auf Grund des Wiener Garagengesetzes wird bei jeder Wohnhausanlage die vorgesehene Zahl von Autoabstellplätzen geschaffen. Es gibt Autoabstellplätze im Freien, in ein- oder mehrgeschossigen offenen Parkdecks oder in Tiefgaragen. Die Abstellplätze werden den Mietern gegen Entrichtung eines monatlichen Entgeltes zur Verfügung gestellt.

Veränderung in der Wohnung

Der Mieter muß die Zustimmung der Hausverwaltung einholen, wenn er bauliche Veränderungen in der Wohnung vornehmen will. Sind die geplanten Abänderungen so umfangreich, daß die Raumeinteilung abgeändert, Wände durchbrochen oder beseitigt werden sollen, so ist außer der Zustimmung des Hauseigentümers auch noch die Genehmigung der Baupolizei erforderlich. In diesen Fällen dürfen bauliche Veränderungen trotz des Einverständnisses der Hausverwaltung dann nicht durchgeführt werden, wenn die Bewilligung der Baupolizei nicht erreicht oder darum gar nicht angesucht wird.

Kündigung des Mietverhältnisses

Seitens der Wohnhäuserverwaltung wird ein Mieter nur aus wichtigen, im Mietengesetz angeführten Gründen gerichtlich aufgekündigt werden. Solche wichtigen Kündigungsgründe sind z. B. die Nichtbezahlung des Mietzinses, das grob ungehörige Verhalten des Mieters oder seiner Angehörigen gegen die übrigen Bewohner des Hauses, der erheblich nachteilige Gebrauch der Bestandssache (gemeint ist damit die grobe Vernachlässigung der Wohnung).

Der Mieter kann sein Mietverhältnis jedoch ohne Angabe von Gründen jederzeit aufkündigen. In beiden Fällen ist die vereinbarte Kündigungsfrist einzuhalten.

Beschwerden

Beschwerden können mündlich oder schriftlich beim zuständigen Hausinspektor sowie bei der MA 52 vorgebracht werden. Die Beschwerdeführer müssen sich jedoch darüber im klaren sein, daß gewissen Beschwerden auf jeden Fall der Erfolg versagt bleiben wird. Es ist z. B. nur schwer möglich, Beschwerden, die sich gegen den zumutbaren Lärm der im Hof oder auf der Straße spielenden Kinder oder gegen Straßenlärm überhaupt richten, zu entsprechen. In Extremfällen wird die Hausverwaltung selbstverständlich eingreifen.

An die Städtische Wohnhäuserverwaltung Beschwerden heranzutragen, deren Erledigung in die Kompetenz der Bundespolizeibehörden fällt, ist zwecklos. Dazu gehören z. B. alle die im Einführungsgesetz zum Verwaltungsverfahrensgesetz aufgezählten Tatbestände (Störung der Ordnung, Erregung ungebührlichen Lärms) sowie alle mit dem Betrieb von Kraftfahrzeugen zusammenhängenden Angelegenheiten.

Zentrale Schlichtungsstelle bei der MA 50

Die Zentrale Schlichtungsstelle, 8, Buchfeldgasse 6, 2. Stock, Tür 104, Parteienverkehr Dienstag und Freitag von 8 bis 12 Uhr, Tel. 43 89 61/22, 31, 21, ist zuständig für die:

I. Festsetzung oder Feststellung der Miteigentumsanteile zur Begründung von Wohnungseigentum, und zwar:

Festsetzung der Mindestanteile in Form von Nutzwerten gemäß § 5 des Wohnungseigentumsgesetzes 1975 – WEG 1975, BGBl. Nr. 417/1975, sofern an *keinem* auf der Liegenschaft befindlichen selbständigen Objekt vor dem 1. September 1975 (§ 29 Abs. 1 Z. 1 WEG 1975) das Wohnungseigentum erworben (grundbücherlich einverleibt) worden ist.

Für die Erledigung solcher Ansuchen sind folgende Unterlagen erforderlich:

Rechtliche Unterlagen:

Ein Ansuchen um die Festsetzung der Nutzwerte für alle Objekte auf der Liegenschaft mit Angabe der Anschrift (Straße, Hausnummer), Einlagezahl und Katastralgemeinde, da Wohnungseigentum begründet werden soll. Auch die Anschrift (sowie die Tel. Nr.) des Einschreiters wäre anzuführen.

Im Antrag wäre auch anzuführen, ob das Haus schon errichtet wurde oder nicht (§ 4 Abs. 1 WEG 1975).

Bei den sonstigen selbständigen Räumlichkeiten ist außer der bauplanmäßigen Widmung deren spezifischer Verwendungszweck (Büro, Espresso, Werkstätte, Kindergärten usw.) bekanntzugeben.

Das Ansuchen und die Beilagen sind gemäß § 36 Abs. 5 des Mietengesetzes gebührenfrei.

Im Antrag sind auch jene Teile der Liegenschaft, die in Form eines Zuschlages einzelnen Objekten zufallen sollen (§ 1 Abs. 2 WEG 1975: offene Balkone, Terrassen, Keller- oder Dachbodenräume, Hausgärten, Abstellplätze für höchstens zwei Kraftfahrzeuge je selbständige Wohnung oder sonstige selbständige Räumlichkeit der Liegenschaft), anzuführen und zuzuordnen.

Beizulegen sind:

1. **ein Grundbuchsauszug** (nicht älter als drei Monate);
2. **eine Liste,** in der enthalten sind:
der Liegenschaftseigentümer, die Mit- bzw. Wohnungseigentümer sowie die Wohnungseigentumsbewerber (im Streitfall unter Nachweis der Rechtsstellung durch Vorlage der schriftlichen Zusage des Wohnungseigentums an einem Objekt der Liegenschaft), nach Stiegen (Trakten, Hausteilen) und Türnummern geordnet mit Vor- und Zunamen jeder Partei (bei Ehegatten, die gemeinsam Wohnungseigentum begründen wollen, beide Vornamen bei einer Türnummer) sowie die Anschrift jeder Partei. Bitte auch bei jeder Partei deren Rechtsstellung anzuführen: Liegenschaftseigentümer = LE, Miteigentümer = ME, Wohnungseigentümer = WE, Wohnungseigentumsbewerber = WEB. Bei noch nicht vergebenen Objekten dazuschreiben: noch nicht vergeben.

3. **Allenfalls Vollmachten** der Parteien für einen Vertreter.

Diese Vollmachten müssen (gemäß § 10 AVG 1950) auf eine natürliche eigenberechtigte Person und dürfen nicht auf eine juristische Person lauten. Bei außerhalb Wiens wohnenden Parteien, die gemäß § 19 AVG 1950 nicht zu einer notwendigen Verhandlung geladen werden dürfen, empfiehlt sich zur Verwaltungsvereinfachung dringend, einen in Wien wohnenden Vertreter zu bestellen.

Diese Vollmachten können auch nur Spezialvollmachten für die Vertretung vor der Zentralen Schlichtungsstelle sein und sind dann gemäß § 36 Abs. 5 Mietengesetz gebührenfrei.

Es kann auch eine Sammelvollmacht vorgelegt werden mit etwa folgendem Wortlaut:

Spezialvollmacht

für Herrn, Frau . . . , per Anschrift . . . zur Vertretung vor der Zentralen Schlichtungsstelle – Magistrat der Stadt Wien MA 50 – in Wien 1, Bartensteingasse 9, 1. Stock, in Angelegenheit Nutzwertfestsetzung gemäß § 5 des Wohnungseigentumsgesetzes 1975 für das Haus Wien . . . , EZ . . ., Kat. Gem. . .

Wien, den . . .

Stiege 1

Tür Nr. 1 (sonst. Räumlichk.) Herbert Maier ME Unterschrift

Tür Nr. 2 Hauswartwohnung

Tür Nr. 3 Wohnung Walter Müller WE Unterschrift

Tür Nr. 4 Wohnung Rudolf Egert WEB Unterschrift

Tür Nr. 5 (sonst. Räumlichk.) Inge Buchner WE Unterschrift

Tür Nr. 6 (sonst. Räumlichk.) noch nicht vergeben

Technische Unterlagen:

Die MA 40 benötigt diese für die Nutzwertfestsetzung, sie sind aber mit dem Antrag bei der Zentralen Schlichtungsstelle einzureichen.

Für technische Auskünfte stehen die zuständigen Referenten der MA 40, 1, Rathausstraße 14–16, 3. Stock, Tür 409 p, zur Verfügung.

Referatsleiter: Tel. 42 8 00*, 3665.

Sachbearbeiter für alle Bezirke: Tel. 42 8 00*, 3652 und 3657

4. A) **1 Parie genehmigter Baupläne** (Maßstab 1 : 100) mit Lageplan (mit Nordpfeil), Schnitten und Ansichten.

Alle Pläne müssen baubehördlich genehmigt oder aber beglaubigt sein, d. h. sie müssen außer Stampiglie und Unterschrift eines Zivilingenieurs bzw. Zivilarchitekten zusätzlich eine Beglaubigungsklausel tragen (z. B.: „Dieser Plan stimmt mit dem am . . . baubehördlich genehmigt überein“). Sie müssen überdies dem letzten *Stand* der Planung bzw. dem *Bestand* entsprechen und vollständig kotiert sein, wobei die einzelnen Koten – auch bei Lichtpausen oder Fotokopien – deutlich lesbar sein sollen. Sofern in den Plänen die Türnummern und Abgrenzungen der Bestandsobjekte nicht gut sichtbar oder unrichtig sind (eine Änderung der baubehördlich genehmigten Pläne, die Urkunden sind, ist unzulässig), wären zusätzliche Planskizzen mit den erforderlichen Eintragungen (zweifach) vorzulegen.

B) **Wenn andere Teile der Liegenschaft einer selbständigen** Wohnung oder einer sonstigen selbständigen Räumlichkeit zugeschlagen werden sollen (§ 5 Abs. 1 WEG 1975), die nicht im baubehördlich genehmigten Plan enthalten sind (z. B. Hausgärten, zusätzliche Abstellplätze u. ä. m.), sind hiefür entsprechende Pläne, aus denen Lage, Umfang und Ausmaß dieser Liegenschaftsteile hervorgehen, vorzulegen; in besonderen Fällen sind diese Pläne über Aufforderung durch Geometerpläne zu ergänzen oder zu ersetzen.

5. **Rechtskräftiger Baubewilligungs- bzw. Benützungsbewilligungsbescheid** (mit Rechtsklausel).

6. A) **Nutzflächenaufstellung (§ 6 WEG 1975)** dreifach

Diese Aufstellung ist von einem für Hochbau zuständigen Ziviltechniker oder von einem für dieses Fach allgemein beeideten gerichtlichen Sachverständigen zu verfassen und hat die Nutzflächen aller selbständigen Wohnungen und sonstigen selbständigen Räumlichkeiten der Liegenschaft zu beinhalten.

Es sind jeweils Länge und Breite jedes einzelnen Raumes (übereinstimmend mit den im Plan eingetragenen Koten), dessen Fläche sowie die Gesamtfläche jedes einzelnen Objektes auszuweisen.

B) Die Flächen der im § 1 Abs. 2 WEG genannten Liegenschaftsteile (offene Balkone, Terrassen, Keller- oder Dachbodenräume, Hausgärten, Abstellplätze für höchstens zwei Kraftfahrzeuge je selbständige Wohnung oder sonstige selbständige Räumlichkeit der Liegenschaft), sofern sie sich aus den genehmigten oder anderen Plänen (Punkt 4 A und B) ergeben, sind ebenfalls in der unter A genannten Weise anzuführen; dabei ist gleichzeitig auch anzugeben, welchen selbständigen Objekten diese Teile zugeordnet werden sollen.

7. **Baubeschreibung** (dreifach)

Sie hat für diesen Zweck vor allem Angaben über
- die Lage des Hauses in bezug auf seine Umgebung (Garten- bzw. Parklage, Straßenhöfe, Verwertung der umliegenden Freiflächen usw.),
- die Ausstattung des Hauses (Anzahl und Höhe der Geschosse, Art und Ausgestaltung des Daches, Art, Zahl und Lage der Objekte, vorhandene Aufzüge – für welche Geschosse –, Sammelheizung, zentrale Warmwasserbereitung, Müllabwurfschächte usw.),
- die Ausstattung der einzelnen Objekte (bei Wohnungen z. B. Balkone, Terrassen, Bad, WC im Wohnungsverband, Art der Beheizung, Fußböden, Verfliesung, Belichtung, Gas- und Stromanschluß usw.) sowie
- die Verwendung und Ausgestaltung der unbebauten Flächen der Liegenschaft zu enthalten.

In der Baubeschreibung soll auch auf besondere Vor- und Nachteile der Verwertbarkeit von Flächen oder Objekten aufmerksam gemacht werden.

Außerdem ist anzugeben, ob eine Hauswartwohnung vorgesehen ist (Tür Nr. anführen!).

8. A) **Bescheinigung nach § 12 Abs. 2 Z. 2 WEG 1975**

Die Bescheinigung wird von der Baubehörde (MA 36 bzw. MA 37) ausgestellt.

Zuständig sind:

Für die Bezirke 1 bis 9 und 20

MA 36, 17, Kalvarienberggasse 33, Tel. 43 16 51;

für die übrigen Bezirke die Außenstellen der MA 37,

10, Laxenburger Straße 43–47, Tel. 64 36 31*, 236
11, Enkplatz 2, Tel. 74 35 86*, 282
12, Schönbrunner Straße 259, Tel. 83 16 01*, 252
13, Hietzinger Kai 1–3 (13. und 14. Bezirk), Tel. 82 26 51*, 312
15, Gasgasse 8–10, Tel. 83 36 11*, 257
16, Richard Wagner-Platz 19, Tel. 92 26 96*, 257
17, Kalvarienberggasse 33, Tel. 43 16 51*, 329
18, Martinstraße 100, Tel. 34 25 20*, 284
19, Gatterburggasse 14, Tel. 36 42 50*, 244
21, Am Spitz 1, Tel. 38 15 04*, 250
22, Kagran, Schrödingerplatz 1, Tel. 23 35 61*, 241
23, Liesing, Perchtoldsdorfer Straße 2, Tel. 86 96 17*, 46

Parteienverkehr Dienstag und Donnerstag vormittags.

B) **Festsetzung oder Feststellung der Eigentumsanteile in Form von Mietwerten 1914** (also in Kronen) gemäß § 2 des Wohnungseigentumsgesetzes – WEG, BGBl. Nr. 149/1948, sofern an mindestens *einem* selbständigen Objekt vor dem 1. September 1975 (§ 29 Abs. 1 Z. 1 WEG 1975) Wohnungseigentum erworben (grundbücherlich einverleibt) worden ist.
Für die Erledigung solcher Ansuchen sind folgende Unterlagen erforderlich:

Rechtliche Unterlagen: Ein Ansuchen um die Festsetzung von Jahresmietwerten für 1914 für alle Objekte auf der Liegenschaft mit Angabe von Einlagezahl und Anschrift (Straße, Hausnummer) mit dem Hinweis, daß Wohnungseigentum begründet werden soll. Auch die Anschrift des Einschreiters ist anzuführen.

Beizulegen sind: Ein Grundbuchsauszug, der nicht älter als drei Monate ist, und die Vollmachten sämtlicher Liegenschaftseigentümer.
Das Ansuchen und die Beilagen sind gemäß § 36 Abs. 5 Mietengesetz gebührenfrei (Vollmachten nur dann, wenn es sich um Spezialvollmachten für das Verfahren vor der Schlichtungsstelle handelt).

Technische Unterlagen:

1. Bescheinigung der Baupolizei MA 36 oder MA 37 nach § 5 Abs. 2 lit. a Wohnungseigentumsgesetz über die Anzahl der selbständigen Objekte, die geändert wurden.
2. Baubehördlich genehmigte Konsenspläne oder beglaubigte Kopien derselben mit Eintragung der Türnummern und der Abgrenzungen der Mietobjekte, die geändert wurden. Unter diesen Plänen soll sich nötigenfalls auch ein Schnitt befinden, der die Höhenlage der Geschosse angibt.
3. Eine detaillierte Flächenberechnung der Flächenmaße der geänderten Objekte unter Angabe der Länge und Breite jedes einzelnen Raumes ohne Tür- und Fensternischen, beginnend mit den Haupträumen Zimmer, Kabinett, Küche, Vorraum, Bad, Abort usw., in *dreifacher* Ausfertigung. Einzutragen sind die Mauerlichtmaße. Allenfalls kann die Drucksorte Nr. 1070, Verlag Sandner, 1, Franziskanerplatz 5, verwendet werden.
4. Eine kurze Baubeschreibung der geänderten Objekte, insbesondere mit Hinweis auf die Ausstattung des Hauses und der Wohnungen (Sammelheizung, Aufzüge), in dreifacher Ausfertigung.
5. Zur Begründung von Wohnungseigentum im Sinne des § 1 Abs. 2 des Wohnungseigentumsgesetzes an Keller- und Bodenräumen, Hausgärten, Garagen, Einstellplätzen im Hof u. a. m., zusammen mit dem Wohnungseigentum an selbständigen Objekten im Sinne des § 1 Abs. 1 Wohnungseigentumsgesetz (also zusätzlich mit einer Wohnung oder einem Geschäftsobjekt usw.), ist ein Bau- bzw. Lageplan (*letzterer* in zweifacher Ausfertigung) mit einer Flächenberechnung in zweifacher Ausfertigung und allenfalls mit den erforderlichen Baubewilligungen (z. B. bei Einstellplätzen im Hof, gewissen Verwendungszwecken des Dachbodens usw.) beizubringen[1]).

II. Erledigung von Anträgen nach § 2 des sog. Zinsstoppgesetzes (Bundesgesetz vom 29. Juni 1954, BGBl. Nr. 132/1954) auf Mietzinserhöhung im Sinne des § 7 des Mietengesetzes wegen Durchführung von unbedingt notwendigen Erhaltungsarbeiten für Mietobjekte, welche gemäß § 1 Abs. 2 des Mietengesetzes von dessen Bestimmungen ausgenommen sind, aber den bis 30. Juni 1954 in Geltung gestandenen preisrechtlichen Vorschriften unterlagen.

Die Zentrale Schlichtungsstelle ist auch für Mietzinserhöhungen in Häusern zuständig, in welchen sich sowohl Mietobjekte befinden, deren Mietzinsbildung dem Zinsstoppgesetz unterliegt, als auch Mietobjekte, deren Mietzinsbildung den Bestimmungen des Mietengesetzes unterliegt (Mischobjekte).

Diesen Anträgen sind bei Ansuchen um Grundsatzentscheidung nach § 28 Abs. 2 des Mietengesetzes folgende Unterlagen beizulegen bzw. Angaben zu machen (§ 27 Abs. 2 des Mietengesetzes):

a) Kostenvoranschläge in dreifacher Ausfertigung, von denen sowohl der Hauseigentümer als auch die Mieter je eine im Sinne der Streichungen und Anmerkungen durch die technische Fachabteilung (MA 25) geänderte Ausfertigung der Kostenvoranschläge vor der Verhandlung erhalten und sich bis zur Verhandlung mit den Professionisten besprechen können und dann in der Lage sind, bei der mündlichen Verhandlung die entsprechende Stellungnahme (bei den Mietern allenfalls verbindliche Gegenkostenvoranschläge) abzugeben;

b) eine Aufstellung über die Jahresmietzinse für 1914 (bei Bauten, bei denen die behördliche Baubewilligung vor dem 28. Jänner 1917 erteilt wurde), ansonsten eine Liste über die am 1. Juni 1954 bezahlten sog. Stoppzinse bzw. der Jahresmietwerte 1914, sofern sie im Sinne des § 19 Abs. 2 Z. 15 des Mietengesetzes vergleichsweise errechnet wurden, der einzelnen Mietgegenstände unter Angabe ihrer topografischen Bezeichnung (Türnummern) und des Vor- und Zunamens der Mieter sowie die Nutzfläche des Hauses, nach den einzelnen Bestandsobjekten gegliedert (in Anwendung des § 2 Abs. 2 Z. 7 des Mietengesetzes);

c) ein Nachweis (mit zweifacher Aufstellung) darüber, daß die Auslagen für das Haus auch unter Heranziehung der in den letzten sieben Jahren, jedoch erst ab 1. August 1969, nicht zu den im § 6 Abs. 1 des Mietengesetzes genannten Zwecken verwendeten Teile der Hauptmietzinse samt dem verrechnungspflichtigen Teil frei vereinbarter Hauptmietzinse (Art. II Z. 2 des Mietrechtsänderungsgesetzes, BGBl. Nr. 281/1967) nicht gedeckt sind (die sog. Mietzinsabrechnung der letzten sieben Jahre bzw. ab 1. August 1969, zurückgerechnet von dem Tag der Einreichung um die erste Grundsatzentscheidung bei der Schlichtungsstelle);

d) eine Berechnung der Beträge, auf welche die Hauptmietzinse unter Berücksichtigung der Deckung der Kosten der Erhaltungsarbeit zuzüglich einer angemessenen Verzinsung des aufgewendeten eigenen oder fremden Kapitals innerhalb eines Zeitraumes von längstens zehn Jahren zu erhöhen sind;

e) die Höhe der letzten jährlichen Betriebskosten, Grundsteuer und Verwaltungskosten;

f) allfälliger Jahresbetrag von 13 g pro Krone und Jahr gemäß § 9 des Wohnhaus-Wiederaufbaugesetzes;

g) allfälliger Jahresbetrag für die Vermögenssteuer vom Haus;

h) Verrechnung von 25% der Einnahmen aus der Vermietung von Reklameflächen am Haus u. ä. m.

Ferner ist nunmehr seit 1. August 1974 eine vorläufige Mietzinserhöhung zulässig, wenn sich der Vermieter nach der Grundsatzentscheidung oder anläßlich dieser verpflichtet, die Erhaltungsarbeiten innerhalb einer angemessenen Frist in Angriff zu nehmen und durchzuführen.

---

[1]) Wenn Wohnungseigentum am Zubehör (§ 1 Abs. 2 Wohnungseigentumsgesetz) nicht begründet werden soll, entfallen die Unterlagen nach Abs. 5.

Diese vorläufige Mietzinserhöhung soll die relativ hohen Zwischenzinsen zum Nachteil der Mieter verhindern.

Hält der Vermieter in der Folge, nachdem eine vorläufige Mietzinserhöhung bewilligt wurde, seine Zusage nicht ein, so hat er diese Beträge samt gesetzlichen Zinsen zurückzuerstatten.

Bei Ansuchen um Endentscheidung nach § 28 Abs. 3 Mietengesetz sind folgende Unterlagen beizulegen bzw. Angaben zu machen:

a) Durchschläge (nicht quittierte Originalrechnungen) der Rechnungen in einfacher Ausfertigung;
b) die gleichen Unterlagen wie bei den Anträgen auf Grundsatzentscheidung unter lit. b;
c) wenn in der Grundsatzentscheidung die Mietzinsabrechnung für sieben Jahre, zurückgerechnet vom Tag der ersten Einreichung bei der Schlichtungsstelle, durchgeführt wurde, *ist die Mietzinsabrechnung bis zum Tag der tatsächlichen Erhöhung der Mietzinse zu ergänzen;* wenn die Mietzinsabrechnung anläßlich der Grundsatzentscheidung unterblieb (sei es, weil das Ausmaß der Reparaturen jedenfalls eine Mietzinserhöhung auch ohne Mietzinsabrechnung rechtfertigte, sei es aber auch, weil die Mietzinsabrechnung der Endentscheidung vorbehalten wurde) oder wenn die Mietzinsabrechnung seinerzeit nur vorbehaltlich der Überprüfung bei der Endentscheidung anerkannt wurde, *ist sie für den gesamten Zeitraum* (sieben Jahre zurück vom Tag der Einreichung der Grundsatzentscheidung bei der Schlichtungsstelle bis zum Tag der tatsächlichen Mietzinserhöhung) *vorzulegen;*
d) eine Berechnung wie unter lit. d bei den Ansuchen um Grundsatzentscheidung;
e) die Höhe der letzten jährlichen Betriebskosten, Grundsteuer und Verwaltungskosten;
f) allfälliger Jahresbetrag von 13 g pro Krone und Jahr gemäß § 9 des Wohnhaus-Wiederaufbaugesetzes;
g) allfälliger Jahresbetrag für die Vermögenssteuer vom Haus;
h) Verrechnung von 25% der Einnahmen aus der Vermietung von Reklameflächen am Haus u. ä. m.

BÜRGERMEISTER DER STADT WIEN 1282–1978

1282	Konrad Poll
1285	Heinrich Hansgraf
1287	Konrad von Eslarn
1288 . . 1305	Konrad Poll
1305–1307	Heinrich Chrannest
1307	Dietrich von Kahlenberg
1308	Heinrich von der Neisse
1309	Niklas von Eslarn
1310	Heinrich von der Neisse
1310–1313	Niklas von Eslarn
1313–1315	Niklas Poll
1316	Hermann von Sankt Pölten
1316–1317	Niklas von Eslarn
1318	Hermann von Sankt Pölten
1319–1323	Otto Wilfleinstorfer
1324–1327	Niklas Poll
1327–1328	Stephan Chriegler
1329–1330	Heinrich Lang
1332–1333	Dietrich Urbetsch
1333–1334	Hermann Snaezl
1335–1337	Dietrich Urbetsch
1337–1338	Konrad von Eslarn
1338–1339	Berthold Poll
1340–1343	Konrad Wiltwerker
1344	Hagen von Spielberg
1345–1347	Reinprecht Zaunrüd
1348–1349	Friedrich von Tierna
1350–1351	Dietrich Flusthart
1352	Friedrich von Tierna
1353	Heinrich Würfel
1354	Dietrich Flusthart
1355	Leopold Polz
1356–1357	Heinrich Straicher
1357–1358	Haunold Schuchler d. Ä.
1358–1359	Leopold Polz
1359–1360	Heinrich Straicher
1360–1361	Haunold Schuchler d. Ä.
1362–1364	Hans von Tierna
1364	Friedrich Rüschl
1365–1366	Lukas Popfinger
1366–1367	Thomas Swaeml
1368–1370	Niklas Würfel
1370–1371	Thomas Swaeml
1372–1374	Ulrich Rößl
1374–1376	Jans am Kienmarkt
1376–1379	Paul Holzkäufl
1379–1381	Jans am Kienmarkt
1381–1386	Paul Holzkäufl
1386–1395	Michael Geukramer
1396	Paul Holzkäufl
1396–1397	Paul Würfel
1398	Jakob Dorn
1398–1399	Hans Rockh
1399–1400	Paul Holzkäufl
1401	Berthold Lang
1401–1402	Paul Würfel
1402–1403	Haunold Schuchler d. J.
1403–1404	Konrad Vorlauf
1404–1405	Paul Würfel
1405–1406	Rudolf Angerfelder
1406–1408	Konrad Vorlauf
1408–1409	Hans Feldsberger
1410	Paul Geyr
1410–1411	Albrecht Zetter
1411–1419	Rudolf Angerfelder
1420–1421	Hans Musterer
1422	Ulrich Gundloch
1423–1425	Konrad Holzler d. Ä.
1425–1426	Hans Scharffenberger
1427	Paul Würfel
1428–1429	Niklas Undermhimmel
1430–1433	Konrad Holzler d. Ä.
1434–1439	Hans Steger
1440–1441	Konrad Holzler d. J.
1442	Andre Hiltprant
1443	Hans Steger
1444–1446	Hans Haringseer
1447–1449	Hans Steger
1450–1451	Konrad Holzler d. J.
1452	Oswald Reicholf
1453	Niklas Teschler
1454	Oswald Reicholf
1455	Konrad Holzler d. J.
1456–1457	Niklas Teschler
1457	Thomas Schwarz
1457–1460	Jakob Starch
1461–1462	Christian Prenner
1462	Sebastian Ziegelhauser
1462–1463	Wolfgang Holzer
1463–1464	Friedrich Ebmer
1464–1466	Ulrich Metzleinstorffer
1467	Martin Enthaimer
1467–1473	Andreas Schönbrucker
1473–1479	Hans Heml
1479–1484	Laurenz Haiden
1485–1486	Stephan Een
1487–1489	Leonhard Radauner
1489–1490	Laurenz Taschendorfer
1490	Stephan Een
1490–1493	Paul Keck
1494–1496	Friedrich Geldreich
1497–1499	Paul Keck
1500–1501	Wolfgang Rieder
1502	Leonhard Lackner
1503	Wolfgang Zauner
1504–1507	Paul Keck
1507	Sigmund Pernfuß
1508	Paul Keck
1509–1510	Wolfgang Rieder
1511–1512	Hans Süß
1512	Leonhard Pudmannsdorfer
1513	Hans Kuchler
1514–1515	Friedrich Piesch
1515	Dr. Johann Kaufmann
1516	Hans Süß
1516–1517	Hans Rinner
1518	Leonhard Pudmannsdorfer
1519–1520	Wolfgang Kirchhofer
1520–1521	Hans Süß
1521	Dr. Martin Siebenbürger
1522–1524	Gabriel Guetrater
1524–1526	Hans Süß
1526	Roman Staudinger
1527	Sebastian Sulzbeck
1528–1530	Wolfgang Treu
1531	Sebastian Eysler
1532–1533	Wolfgang Treu
1534–1535	Dr. Johann Pilhamer
1536–1537	Wolfgang Treu
1538–1539	Hermes Schallautzer
1540–1541	Paul Pernfuß
1542–1546	Stephan Tenck

1547–1548	Sebastian Schrantz
1549–1550	Sebastian Hutstocker
1551–1552	Christoph Hayden
1553–1555	Sebastian Hutstocker
1556–1557	Hans Übermann
1558–1559	Georg Prantstetter
1560–1561	Thomas Siebenbürger
1562–1563	Hermann Bayr
1564–1565	Matthias Brunnhofer
1566–1567	Hans Übermann
1568–1569	Georg Prantstetter
1570–1571	Hanns vom Thau
1572–1573	Georg Prantstetter
1574–1575	Hanns vom Thau
1576–1577	Christoph Hutstocker
1578–1579	Hanns vom Thau
1580–1581	Bartholomäus Prantner
1582–1583	Hanns vom Thau
1584–1585	Bartholomäus Prantner
1586–1587	Oswald Hüttendorfer
1588–1589	Hanns vom Thau
1590–1591	Georg Fürst
1592–1595	Bartholomäus Prantner
1596–1597	Paul Steyrer
1598–1599	Oswald Hüttendorfer
1600–1601	Andreas Rieder
1602–1603	Georg Fürst
1604–1607	August Haffner
1608–1609	Lukas Lausser
1610–1613	Daniel Moser
1614–1615	Veit Resch
1616–1622	Daniel Moser
1623–1625	Paul Wiedemann
1626–1637	Daniel Moser
1638–1639	Christoph Faßoldt
1640–1645	Konrad Pramber
1646–1648	Caspar Bernhardt
1648–1654	Johann Georg Dietmayr
1654–1655	Dr. Thomas Wolfgang Puchenegger
1656–1659	Johann Georg Dietmayr von Dietmannsdorf
1660–1663	Johann Christoph Holzner
1664–1667	Johann Georg Dietmayr von Dietmannsdorf
1667–1669	Johann Christoph Holzner
1670–1673	Daniel Lazarus Springer
1674–1677	Dr. Peter Sebastian Fügenschuh
1678–1679	Daniel Lazarus Springer
1679–1683	Johann Andreas von Liebenberg
1683–1687	Simon Stephan Schuster
1688–1691	Daniel Fockhy
1692–1695	Johann Franz Peickhardt
1696–1699	Jakob Daniel Tepser
1700–1703	Johann Franz Peickhardt
1704–1707	Jakob Daniel Tepser
1708–1712	Johann Franz Wenighoffer
1713–1716	Johann Lorenz Trunck von Guttenberg
1717–1720	Dr. Josef Hartmann
1721–1724	Franz Josef Hauer
1725–1726	Dr. Josef Hartmann
1727–1728	Franz Josef Hauer
1729–1730	Johann Franz Purck
1731–1732	Dr. Franz Daniel Edler von Bartuska
1733–1736	Andreas Ludwig Leitgeb
1737–1740	Johann Adam von Zahlheim
1741–1744	Dr. Peter Joseph Kofler
1745–1751	Andreas Ludwig Leitgeb
1751–1764	Dr. Peter Joseph Edler von Kofler
1764–1767	Dr. Josef Anton Bellesini
1767–1773	Leopold Franz Gruber
1773–1804	Josef Georg Hörl
1804–1823	Stephan Edler von Wohlleben
1823–1834	Anton Lumpert
1834–1837	Anton Joseph Edler von Leeb
1838–1848	Ignaz Czapka (1843: von Winstetten)
1851–1861	Dr. Johann Kaspar Freiherr von Seiller
1861–1868	Dr. Andreas Zelinka
1868–1878	Dr. Cajetan (Frh. v.) Felder
1878–1882	Dr. Julius Ritter von Newald
1882–1889	Eduard Uhl
1889–1894	Dr. Johann Prix
1894–1895	Dr. Raimund Grübl
1895–1896	Dr. Hans von Friebeis (Regierungskommissär)
1896–1897	Josef Strobach
1897–1910	Dr. Karl Lueger
1910–1912	Dr. Josef Neumayer
1912–1919	Dr. Richard Weiskirchner
1919–1923	Jakob Reumann
1923–1934	Karl Seitz
1934–1938	Richard Schmitz*)
1938–1940	Dr. Ing. Hermann Neubacher*)
1940–1943	Philipp Wilhelm Jung*)
1943–1945	Hanns Blaschke*)
1945–1951	Dr. h. c. Theodor Körner
1951–1965	Dr. h. c. Franz Jonas
1965–1970	Bruno Marek
1970–1973	Dr. h. c. Felix Slavik
1973–	Leopold Gratz

*) Nicht durch demokratische Wahl, sondern durch Bestellung in dieses Amt berufen.

MAGISTRATSDIREKTOREN DER STADT WIEN

1870–1883	Wilhelm Grohmann
1884–1891	Alois Bittmann
1891–1896	Alexander Krenn
1896–1900	Viktor Tachau
1900–1903	Moritz Preyer
1903–1909	Dr. Richard Weiskirchner
1909–1914	Karl Appel
1914	Dr. Max Weiß
1914–1918	Dr. August Nüchtern
1918–1919	Karl Pawelka
1919–1934	Dr. Karl Hartl
1934–1938	Dr. Rudolf Hießmannseder
1938–1939	Dr. Rudolf Hornek
1945–1953	Dr. Viktor Kritscha
1953–1962	Dr. Walter Kinzl
1962–1975	Dr. Rudolf Ertl
1975–	Dr. Josef Bandion

EHRENBÜRGER DER STADT WIEN

Anton Friedrich Graf Mittrowsky von Mitrowitz auf Nemischl, Präsident der k. k. Studien-Hof-Kommission; ernannt am 17. Oktober 1801.

Josef Freiherr von Kielmannsegg, Erbherr auf Gföhl, k. k. n.-ö. Regierungsrat; ernannt am 17. Oktober 1801.

Ferdinand Edler von Hohenberg, Direktor der Baukunstschule der k. k. Akademie der bildenden Künste; ernannt am 15. Februar 1804.

Ludwig Montoyer, k. auch k. k. Hofarchitekt; ernannt am 25. September 1805.

Rudolf Graf von Wrbna, k. auch k. k. Hofkammer- und Münz- und Bergwesen-Vizepräsident, landesfürstl. Hofkommissär; ernannt am 16. Jänner 1806.

Dr. Josef von Sonnenfels, Hofrat der vereinigten Hofkanzlei; ernannt am 11. November 1806.

Leopold Freiherr von Haan, Hofrat der k. k. vereinigten böhmischen, österreichischen und galizischen Hofkanzlei, Beisitzer der Hofkommission in Gesetzessachen; ernannt am 15. November 1809.

Augustin Reichmann von Hochkirchen, Vizepräsident der k. k. n.-ö. Landesregierung; ernannt am 2. Jänner 1810.

Ferdinand Graf Bissingen von Nippenburg, Geheimer Rat und Kämmerer, bevollmächtigter Hofkommissär in Inner-Österreich; ernannt am 2. Jänner 1810.

Ferdinand von Fechtig, Geheimer Rat, Vizepräsident der obersten Justizstelle; ernannt am 4. Mai 1810.

Philipp Graf und Herr von Edling, Geheimer Rat und Kämmerer, gew. Obersthofmeister der Erzherzogin Maria Luise, späteren Kaiserin von Frankreich; ernannt am 6. Oktober 1810.

Karl Fürst zu Schwarzenberg, k. k. General-Feldmarschall, Geheimer Rat; ernannt am 24. Oktober 1813.

Clemens Lothar Fürst von Metternich-Winneburg, Haus-, Hof- und Staatskanzler; ernannt im November 1813.

Josef Freiherr von Haggenmüller zu Grünberg, k. k. n.-ö. Regierungsrat, außerordentlicher Rat der Akademie der bildenden Künste; ernannt am 2. November 1815.

Bernhard von Anders, k. k. wirkl. Hofrat, Beisitzer der Hofkommission in Tarifsachen; ernannt am 16. Mai 1816.

Dr. Johann Christian Schiffner, Sanitätsmagister und erster Stadtphysikus; ernannt am 22. September 1834.

Anton Graf von Kolowrat-Liebsteinsky, k. k. Staats- und Konferenzminister; ernannt am 2. April 1839.

Johann Talatzko Freiherr von Gestieticz, Präsident der k. k. n.-ö. Landesregierung; ernannt am 12. Februar 1840.

Johann Josef Knolz, k. k. Regierungsrat und Landesprotomedicus; ernannt am 10. Dezember 1840.

Josef Ritter von Spaun, k. k. Hofrat und Lottogefällsdirektor; ernannt am 18. Mai 1841.

Maximilian Freiherr von Wimpffen, kommandierender General; ernannt am 8. Juli 1841.

Josef Graf Sedlnitzky, Präsident der k. k. obersten Polizei- und Zensur-Hofstelle; ernannt am 24. März 1842.

Anton Gilbert Edler von Seydel, Realitätenbesitzer; ernannt am 6. Juli 1842.

Paul Sprenger, kais. Hofbaurat; ernannt am 24. Oktober 1842.

Josef Baumgartner, k. k. Architekt der n.-ö. Provinzial-Bau-Direktion; ernannt am 24. Oktober 1842.

Franz Graf von Hartig, Sektionschef im k. k. Staats- und Konferenzrate; ernannt am 15. Dezember 1842.

Salomon Mayer Freiherr von Rothschild, k. preuß. geheimer Kommerzienrat; ernannt am 9. Februar 1843.

Bartholomäus Graf von Stürmer, Internuntius und bevollmächtigter Minister; ernannt am 14. April 1843.

Karl Graf von Inzaghi, Oberster Kanzler der k. k. vereinigten Hofkanzlei, Präsident der Studien-Hofkommission; ernannt am 20. April 1843.

Franz Freiherr von Pillersdorf, Hofkanzler der k. k. vereinigten Hofkanzlei; ernannt am 20. April 1843.

Franz Graf von Kuefstein, k. k. Kämmerer, außerordentlicher Gesandter und bevollmächtigter Minister; ernannt am 4. Juli 1843.

Georg Graf Erdödy von Monyorókerék, Geheimer Rat, Erbobergespan der Varasdiner Gespanschaft; ernannt am 7. November 1843.

Ferdinand Leopold Graf Palffy von Erdöd, k. k. Kämmerer, Erbobergespan des Preßburger Komitates; ernannt am 14. Mai 1844.

Johann Freiherr Krticzka von Jaden, Vizekanzler der k. k. vereinigten Hofkanzlei; ernannt am 30. August 1845.

Dr. Anton Winter, Justizamtmann der fürstlich Liechtensteinischen Herrschaft in Lichtenthal in Wien; ernannt am 1. Dezember 1845.

Franz Freiherr von Buffa-Castellalto und Lilienberg, Herr und Landstand in Tirol, k. k. n.-ö. Regierungsrat; ernannt am 12. August 1846.

Johann Josef Prechtl, Direktor des k. k. polytechnischen Institutes in Wien; ernannt am 9. November 1846.

Dr. Ludwig Michael von Schwanthaler, Professor der Bildhauerei an der Akademie in München; ernannt am 3. Februar 1847.

Adam Burg, k. k. n.-ö. Regierungsrat, Professor; ernannt am 20. Mai 1847.

Anselm Salomon Freiherr von Rothschild, k. preuß. geheimer Kommerzienrat; ernannt am 2. August 1847.

Adolf Fürst zu Schwarzenberg, Mitglied des n.-ö. Gewerbevereines; ernannt am 26. Februar 1848.

Josef Graf von Radetzky, k. k. Feldmarschall; ernannt am 7. August 1848.

Josef Freiherr Jellačič von Buzim, k. k. Feldzeugmeister; ernannt am 4. September 1849.

Julius Freiherr von Haynau, Feldzeugmeister; ernannt am 4. September 1849.

Franz Josef Fürst von Dietrichstein, Generalmajor und Obersthofmeister des Erzherzogs Franz von Modena; ernannt am 25. Jänner 1850.

Felix Fürst zu Schwarzenberg, k. k. Feldmarschall-Leutnant und k. k. Ministerpräsident; ernannt am 7. Jänner 1851.

Maximilian Graf O'Donnel, k. k. Oberst, Flügeladjutant Sr. Majestät des Kaisers; ernannt am 19. Februar 1853.

Heinrich Freiherr von Heß, k. k. General-Feldzeugmeister, Generalstabschef der Armee; ernannt am 18. Dezember 1855.

Karl Ferdinand Graf Buol von Schauenstein, Präsident der Ministerkonferenz und Minister des Äußeren; ernannt am 29. April 1856.

Dr. Karl Freiherr von Krauß, Präsident des k. k. Obersten Gerichtshofes; ernannt am 8. April 1859.

Ludwig Ritter von Benedek, k. k. Feldzeugmeister; ernannt am 4. November 1859.

Johann Freiherr Kempen von Fichtenstamm, k. k. Feldzeugmeister; ernannt am 4. November 1859.

Dr. Franz Freiherr von Sommaruga, Zweiter Präsident des Obersten Gerichtshofes; ernannt am 18. Juli 1860.

Dr. Anton Ritter von Schmerling, k. k. Staatsminister; ernannt am 8. März 1861.

Karl Wilhelm Fürst von Auersperg, Präsident des Herrenhauses; ernannt am 18. Februar 1862.
Dr. Franz Hein, Präsident des Abgeordnetenhauses; ernannt am 18. Februar 1862.
Franz Grillparzer, Dichter; ernannt am 5. Jänner 1864.
Anton Alexander Graf Auersperg, als Dichter *Anastasius Grün,* Mitglied des Herrenhauses; ernannt am 8. April 1864.
Ludwig Freiherr von Gablenz, k. k. Feldmarschall-Leutnant; ernannt am 22. November 1864.
Wilhelm von Tegetthoff, Vizeadmiral; ernannt am 24. Juli 1866.
Josef Fürst Colloredo-Mannsfeld, Präsident der Staatsschulden-Kontrollkommission; ernannt am 25. Jänner 1867.
Friedrich Ferdinand Freiherr von Beust, k. k. Reichskanzler; ernannt am 27. Dezember 1867.
Matthias Konstantin Reichsgraf von Wickenburg, Präsident der Stadterweiterungs-Kommission; ernannt am 18. Jänner 1870.
Georg Sigl, Fabriksbesitzer; ernannt am 11. Februar 1870.
Dr. Karl Giskra, k. k. Minister des Innern; ernannt am 20. April 1870.
Ernst Karl Heinrich Graf von Hoyos-Sprinzenstein, Geheimer Rat und Kämmerer; ernannt am 17. Oktober 1873.
Dr. Eduard Sueß, k. k. Professor an der Wiener Universität; ernannt am 17. Oktober 1873.
Dr. Karl Freiherr von Rokitansky, Präsident der kaiserlichen Akademie der Wissenschaften; ernannt am 8. Jänner 1874.
Dr. Josef Hyrtl, Professor an der Wiener Universität; ernannt am 17. März 1874.
Franz Ritter von Khunn, Gemeinderat, vormals Bürgermeister-Stellvertreter; ernannt am 4. Februar 1875.
Josef Ritter von Führich, Professor an der Akademie der bildenden Künste; ernannt am 12. Februar 1875.
Dr. Josef Klucky, Gemeinderat; ernannt am 29. August 1876.
Dr. Cajetan Felder, gewesener Bürgermeister der Stadt Wien; ernannt am 5. Juli 1878.
Heinrich Ritter von Ferstel, k. k. Oberbaurat; ernannt am 21. April 1879.
Dr. Ignaz Kuranda, Publizist, Reichsrats-Abgeordneter, ehemaliger Gemeinderat; ernannt am 22. März 1881.
Adolf Ignaz Mautner Ritter von Markhof, Brauereibesitzer und Großindustrieller, Errichter des Kronprinz Rudolf-Kinderspitals; ernannt am 24. Juni 1881.
Eduard von Bauernfeld, Dichter; ernannt am 10. Jänner 1882.
Friedrich Schmidt, k. k. Oberbaurat; ernannt am 6. September 1883.
Hans Graf Wilczek, Geheimer Rat und Herrenhausmitglied; ernannt am 14. September 1883.
Dr. Theophil Ritter von Hansen, k. k. Oberbaurat; ernannt am 21. Dezember 1883.
Dr. Rudolf Eitelberger von Edelberg, k. k. Hofrat, Direktor des österr. Museums für Kunst und Industrie; ernannt am 3. März 1885.
Dr. Anton Freiherr Hye von Glunek, Geheimer Rat, Herrenhausmitglied, gewesener Rechtslehrer; ernannt am 25. Mai 1886.
Alfred Ritter von Arneth, Geheimer Rat, Direktor des geheimen Haus-, Hof- und Staatsarchives, Herrenhausmitglied, Präsident der kaiserlichen Akademie der Wissenschaften; ernannt am 10. Juni 1887.
Dr. Leopold Hasner Ritter von Artha, Geheimer Rat, Unterrichtsminister a. D.; ernannt am 25. Juni 1889.
Ludwig Lobmeyr, Herrenhausmitglied, k. k. Kommerzialrat; ernannt am 26. Juli 1889.
Eduard Uhl, gewesener Bürgermeister der Stadt Wien; ernannt am 14. November 1889.
Nikolaus Dumba, Herrenhausmitglied und Landtagsabgeordneter; ernannt am 25. Juli 1890.
Dr. Karl Lueger, Bürgermeister der Stadt Wien; ernannt am 3. Juli 1900.
Dr. Heinrich Ritter von Wittek, Geheimer Rat und Eisenbahnminister a. D.; ernannt am 5. Mai 1905.
Alois Prinz von und zu Liechtenstein, Landmarschall von Niederösterreich; ernannt am 23. November 1906.
Dr. Richard Graf von Bienerth-Schmerling, Geheimer Rat, k. k. Ministerpräsident a. D.; ernannt am 28. März 1916.
Dr. Richard Weiskirchner, Geheimer Rat, k. k. Minister a. D., Bürgermeister der Stadt Wien; ernannt am 2. Mai 1916.
Ottokar Graf Czernin, Minister des Äußern; ernannt am 2. Mai 1918.
Jakob Reumann, Bürgermeister; ernannt am 21. Dezember 1923.
Dr. Franz Klein, Universitätsprofessor für Zivilprozeßrecht; ernannt am 11. April 1924.
Dr. Richard Strauss, Komponist; ernannt am 16. Mai 1924.
Karl Seitz, Bürgermeister; ernannt am 6. September 1929.
Leopold Kunschak, Präsident des Nationalrates; ernannt am 8. November 1946.
Dr. h. c. General a. D. Theodor Körner, Bürgermeister; ernannt am 23. April 1948;
DDr. h. c. Karl Renner, Bundespräsident; ernannt am 28. Oktober 1948.
Dr. Adolf Schärf, Vizekanzler; ernannt am 15. April 1955.
Johann Böhm, Zweiter Präsident des Nationalrates, Präsident des Gewerkschaftsbundes; ernannt am 21. November 1958.
Oskar Kokoschka, akad. Maler; ernannt am 10. Februar 1961.
DDr. h. c. Ing. Julius Raab, Bundeskanzler; ernannt am 10. März 1961.
Dr. h. c. Franz Jonas, Bürgermeister; ernannt am 21. April 1961.
DDr. Franz König, Erzbischof, Kardinal; ernannt am 25. Oktober 1968.
Bruno Marek, Komm.-Rat, Bürgermeister; ernannt am 22. Jänner 1970.
Robert Stolz, Professor, Komponist; ernannt am 9. Juli 1970.
Dr. Bruno Kreisky, Bundeskanzler; ernannt am 11. Dezember 1975.
Dr. h. c. Felix Slavik, Bürgermeister und Landeshauptmann a. D.; ernannt am 28. Februar 1977.
Anton Benya, Präsident des Nationalrates und des Österreichischen Gewerkschaftsbundes; ernannt am 29. Juni 1977.
Herbert von Karajan, Dirigent; ernannt am 24. April 1978.
Dr. Dr. h. c. Karl Böhm, Professor, Generalmusikdirektor; ernannt am 12. September 1978.

Männer und Frauen, die sich um die Republik Österreich oder die Stadt Wien besonders verdient gemacht haben, kann der Gemeinderat zu Ehrenbürgern ernennen – § 7 der Verfassung der Bundeshauptstadt Wien.
In Wien wohnhafte österreichische Staatsbürger können vom Gemeinderat durch Ernennung zu Bürgern ausgezeichnet werden – § 6 der Verfassung der Bundeshauptstadt Wien.

BÜRGER DER STADT WIEN

Georg Philp, Gemeinderat; ernannt am 3. April 1919.
Heinrich Schmid, Stadtrat; ernannt am 3. April 1919.
Hans Arnold Schwer, Stadtrat; ernannt am 3. April 1919.
Johann Knoll, Stadtrat; ernannt am 15. April 1919.
Hans Schneider, Stadtrat; ernannt am 15. April 1919.
Gustav Hillinger, Stadtbuchhaltungsdirektor; ernannt am 11. Juni 1919.
Dr. Wilhelm Exner, Sektionschef; ernannt am 26. April 1920.
Carl Michael Ziehrer, Kapellmeister; ernannt am 9. Juli 1920.
Karl Kantner, freiw. Feuerwehrhauptmann; ernannt am 4. März 1921.
Dr. Johann Palisa, Hofrat, Astronom; ernannt am 4. März 1921.
Dr. Ernst Fuchs, Hofrat, Professor, Augenarzt; ernannt am 23. Juni 1921.
Edmund Hellmer, Hofrat, Professor, Bildhauer; ernannt am 30. September 1921.
Ludwig Basch, Redakteur; ernannt am 2. Dezember 1921.
Max Devrient, Burgschauspieler; ernannt am 16. Dezember 1921.
Anton Kreutzer, Gemeinderat; ernannt am 20. Jänner 1922.
Ferdinand Leißner, Bezirksrat; ernannt am 20. Jänner 1922.
Anton Amon, Schauspieler; ernannt am 7. April 1922.
Anton Hlawaček, Landschaftsmaler; ernannt am 12. Mai 1922.
Alfred Grünfeld, Pianist und Komponist; ernannt am 16. Juni 1922.
Dr. Lazar Rosenfeld, Polizei-Oberbezirksarzt; ernannt am 11. Juli 1922.
Josef Fuhrmann, freiw. Feuerwehrhauptmann; ernannt am 26. Juli 1922.
Karl Baumgartner, Burgschauspieler; ernannt am 10. Oktober 1922.
Karl Streitmann, Professor, Operettensänger; ernannt am 20. Oktober 1922.
Dr. Adam Müller-Guttenbrunn, Schriftsteller; ernannt am 17. November 1922.
Alois Rohrauer, Ehrenpräsident des Touristenvereines „Die Naturfreunde"; ernannt am 17. November 1922.
Josef Obrist, Gemeinderat; Obmann des Arbeiter-Sängerbundes; ernannt am 6. März 1923.
Viktor Keldorfer, Chormeister; ernannt am 13. April 1923.
Viktor Kutschera, Schauspieler; ernannt am 13. April 1923.
Auguste Wilbrandt-Baudius, Burgschauspielerin; ernannt am 29. Mai 1923.
Arnold Rosé, Konzertmeister; ernannt am 8. November 1923.
Dr. Rudolf Tyrolt, Schauspieler; ernannt am 22. Dezember 1923.
Dr. Robert Gersuny, Hofrat, Direktor des Rudolfinerhauses; ernannt am 25. Jänner 1924.
Dr. Sigmund Freud, Professor, Neurologe, Psychologe; ernannt am 22. April 1924.
Anton David, Gemeinderat; ernannt am 30. Mai 1924.
Eduard Zetsche, akad. Maler; ernannt am 23. Dezember 1924.
Karl Zewy, akad. Maler; ernannt am 24. April 1925.
Ludwig Wutschel, Gemeinderat; ernannt am 18. September 1925.
Georg Reimers, Burgschauspieler; ernannt am 9. Oktober 1925.
Heinrich Schoof, Professor, Lehrer und Mentor der Arbeitersänger; ernannt am 16. Oktober 1925.
Karl Führich, Professor, Ehrenchormeister, Komponist; ernannt am 20. November 1925.
Gustav Schäfer, ehem. Gemeinderat; ernannt am 23. Dezember 1925.
Dr. Friedrich Becke, Hofrat, Universitätsprofessor; ernannt am 29. Jänner 1926.
Edmund Melcher, ehem. Gemeinderat, Architekt und Stadtbaumeister; ernannt am 26. Februar 1926.
Dr. Karl Ornstein, Rechtsanwalt; ernannt am 7. Mai 1926.
Laurenz Widholz, Nationalrat; ernannt am 7. Mai 1926.
Raimund Körbler, Gemeinderat; ernannt am 10. September 1926.
Martin Spörr, Musikdirektor; ernannt am 26. November 1926.
Wenzel Jellinek, Obmann der Allg. Arbeiterkranken- und Unterstützungskasse; ernannt am 15. Dezember 1926.
Dr. Wilhelm Kienzl, Komponist; ernannt am 27. Dezember 1926.
Alexander Demetrius Goltz, Präsident der Genossenschaft der bildenden Künstler Wiens; ernannt am 11. Februar 1927.
Dr. Karl Schönherr, Dichter; ernannt am 4. März 1927.
Dr. Julius Wagner-Jauregg, Hofrat, Universitätsprofessor, Neurologe; ernannt am 27. Mai 1927.
Dr. Josef Meder, Hofrat; ernannt am 28. Juni 1927.
Hans Temple, akad. Maler; ernannt am 28. Juni 1927.
Dr. Eusebius Mandyczewski, Hofrat, Professor; ernannt am 2. August 1927.
Edmund Eysler, Operettenkomponist; ernannt am 7. Oktober 1927.
William Unger, Professor, Grafiker; ernannt am 7. Oktober 1927.
Albert Sever, Abgeordneter zum Nationalrat, Landeshauptmann a. D.; ernannt am 18. November 1927.
Albert Heine, Hofrat, Regisseur, Ehrenmitglied des Burgtheaters; ernannt am 24. Februar 1928.
Dr. Karl Glossy, Hofrat, Direktor der Städt. Sammlungen; ernannt am 9. März 1928.
Hedwig Bleibtreu, Hofschauspielerin; ernannt am 19. Oktober 1928.
Anna Kallina, Hofschauspielerin; ernannt am 19. Oktober 1928.
Rosa Mayreder, Schriftstellerin; ernannt am 19. Oktober 1928.
Willy Thaller, Burgschauspieler; ernannt am 19. Oktober 1928.
Karl Zeska, Hofschauspieler; ernannt am 19. Oktober 1928.
Johann Kremenezky, Seniorchef der Firma Kremenezky; ernannt am 8. Februar 1929.
Dr. Carl Stiaßny, Rechtsanwalt; ernannt am 8. Februar 1929.
Marianne Hainisch; ernannt am 12. April 1929.
Richard Waldemar, Schauspieler; ernannt am 31. Mai 1929.
Babette Devrient-Reinhold, Burgschauspielerin; ernannt am 22. November 1929.
Dr. Josef Redlich, Professor, Jurist; ernannt am 31. Jänner 1930.
Dr. Rudolf Beer, Theaterdirektor; ernannt am 14. März 1930.
Emil Ertl, Schriftsteller; ernannt am 14. März 1930.
Eduard Jordan, Bürgerschullehrer i. R.; ernannt am 14. März 1930.
Felix Salten, Schriftsteller; ernannt am 14. März 1930.
Franz Schalk, Professor, Direktor der Wiener Staatsoper i. R.; ernannt am 14. März 1930.

Georg Stern, Hofrat, Direktor der Länderbank i. R.; ernannt am 14. März 1930.
Dr. Richard Wettstein, Hofrat, Professor, Botaniker; ernannt am 14. März 1930.
Max Winter, Sozialpolitiker und Schriftsteller, Vizebürgermeister; ernannt am 14. März 1930.
Oskar Lehner, Kommerzialrat; ernannt am 25. April 1930.
Dr. Alfred Adler, Professor, Arzt; ernannt am 11. Juli 1930.
Dr. Michael Haberlandt, Hofrat, Professor, Ethnologe; ernannt am 3. Oktober 1930.
Hugo Darnaut, Professor, akad. Maler; ernannt am 5. Dezember 1930.
Dr. Josef Hoffmann, Professor, Architekt; ernannt am 23. Dezember 1930.
Emil Sauer, Hofrat, Professor, Geheimrat, Pianist; ernannt am 23. Dezember 1930.
Ernst Arndt, Professor, Kammerschauspieler; ernannt am 13. März 1931.
Viktor Zwilling, Fürsorgeamtsvorstand; ernannt am 15. März 1931.
Josef Jaksch, Hofrat, Vorstand des Schubertbundes; ernannt am 20. März 1931.
Michael Hackl, Leiter des Konsumvereines Niederösterreich; ernannt am 21. April 1931.
Otto Treßler, Burgschauspieler; ernannt am 8. Mai 1931.
Dr. Rudolf Larisch, Hofrat, Professor; ernannt am 10. Juli 1931.
Karl Moll, akad. Maler; ernannt am 10. Juli 1931.
Helene Richter, Schriftstellerin; ernannt am 10. Juli 1931.
Anton Hueber, Bundesrat; ernannt am 7. Oktober 1931.
Dr. Anton Eiselsberg, Univ.-Prof., Hofrat; ernannt am 26. Jänner 1932.
Dr. Markus Hajek, Univ.-Prof.; ernannt am 19. Februar 1932.
Dr. Karl Noorden, Univ.-Prof., Geheimrat; ernannt am 19. Februar 1932.
Josef Reiter, Tonkünstler; ernannt am 19. Februar 1932.
Johann Wancura, Komm.-Rat; ernannt am 19. Februar 1932.
Dr. Adolf Menzel, Hofrat; ernannt am 10. Mai 1932.
Dr. Hans Horst Meyer, Univ.-Prof.; ernannt am 3. Juni 1932.
Rudolf Slatin Pascha, Afrikaforscher; ernannt am 7. Juni 1932.
Wilhelm Johann Holczabek, Schulrat; ernannt am 1. Juli 1932.
Karl Lafite, Professor, Komponist; ernannt am 2. Oktober 1932.
Franz Cizek, Professor; ernannt am 23. November 1932.
Dr. Arnold Durig, Hofrat, Professor; ernannt am 23. November 1932.
Leopold Happisch, Obmann der Naturfreunde; ernannt am 31. März 1933.
Dr. Oswald Redlich, Hofrat, Professor, Historiker, Präsident der Akademie der Wissenschaften; ernannt am 14. Juli 1933.
Heinrich Glücksmann, Professor; ernannt am 3. November 1933.
Albert Bassermann, Schauspieler; ernannt am 7. November 1946.
Robert Stolz, Komponist; ernannt am 24. April 1947.
DDr. h. c. Joseph Marx, Hofrat, Professor, Komponist; ernannt am 19. Juni 1947.
Dr. Hans Finsterer, Professor, Chirurg; ernannt am 24. Juni 1947.
Paul Speiser, Vizebürgermeister; ernannt am 21. Juli 1947.
Conrad Lötsch, Gemeinderat; ernannt am 20. Februar 1948.
Gabriele Proft, Abgeordnete zum Nationalrat; ernannt am 18. Februar 1949.
Arnold Schönberg, Komponist; ernannt am 14. September 1949.
Dipl.-Ing. Dr. Karl Holey, Hofrat, Professor, Dombaumeister; ernannt am 17. Februar 1950.
Josef Enslein, Unterstaatssekretär a. D.; ernannt am 23. März 1950.
Hans Preyer, Bezirksvorsteher; ernannt am 27. April 1951.
Ferdinand Buchberger, Bezirksvorsteher; ernannt am 26. Oktober 1951.
Dr. Viktor Kritscha, Magistratsdirektor; ernannt am 14. Dezember 1953.
Dr. Leopold Zechner, Hofrat, Abgeordneter zum Nationalrat, 2. Präsident des Stadtschulrates; ernannt am 18. Juni 1954.
Johann Resch, Gemeinderat, amtsführender Stadtrat a. D.; ernannt am 14. November 1957.
Leopold Thaller, amtsführender Stadtrat a. D.; ernannt am 19. September 1958.
Dr. Lise Meitner, Professor, Atomphysikerin; ernannt am 24. Oktober 1958.
Karl Honay, Vizebürgermeister, posthum ernannt am 26. Juni 1959.
Karl Maisel, Bundesminister a. D.; ernannt am 11. November 1960.
Josef Afritsch, Bundesminister für Inneres; ernannt am 10. März 1961.
Karl Lakowitsch, Komm.-Rat, amtsführender Stadtrat, Landeshauptmann-Stellvertreter; ernannt am 16. Februar 1962.
Dr. Walter Kinzl, Magistratsdirektor; ernannt am 21. September 1962.
Hans Mandl, Hofrat, amtsführender Stadtrat, Vizebürgermeister; ernannt am 31. Juli 1964.
Franz Koci, amtsführender Stadtrat; ernannt am 31. Juli 1964.
Bruno Marek, Komm.-Rat, Erster Präsident des Wiener Landtages; ernannt am 29. Jänner 1965.
Dr. Max Neugebauer, Abgeordneter zum Nationalrat, amtsführender Präsident des Stadtschulrates für Wien; ernannt am 30. Juli 1965.
Franz Glaserer, Gemeinderat, amtsführender Stadtrat; ernannt am 22. November 1968.
Rudolf Sigmund, Komm.-Rat, Gemeinderat, amtsführender Stadtrat; ernannt am 22. November 1968.
Dr. Dr. h. c. mult. Clemens Holzmeister, Baurat h. c., em. Hochschulprofessor; ernannt am 14. Mai 1971.
Rosa Jochmann, Abgeordnete zum Nationalrat i. R.; ernannt am 18. Juni 1971.
Dipl.-Ing. Karl Waldbrunner, Erster Präsident des Nationalrates, Bundesminister a. D.; ernannt am 19. November 1971.
Dr. Wilhelm Stemmer, Erster Präsident des Wiener Landtages a. D.; ernannt am 27. September 1974.
Karl Mühlhauser, Komm.-Rat, Generaldirektor, Dritter Präsident des Wiener Landtages a. D., ernannt am 27. September 1974.
Maria Jacobi, Gemeinderat, amtsführender Stadtrat a. D.; ernannt am 25. April 1975.
Fritz Wotruba, Professor, akad. Bildhauer; posthum ernannt am 17. Oktober 1975.
Otto Probst, Dritter Präsident des Nationalrates; ernannt am 16. Dezember 1976.
Dr. Heinrich Drimmel, Bundesminister a. D., Landeshauptmann-Stellvertreter und Vizebürgermeister a. D.; ernannt am 28. Februar 1977.
Alfred Porges, Komm.-Rat, Vorsitzender des Bundesrates a. D., Direktor der Wiener Messe AG a. D.; ernannt am 29. Juni 1977.

EHRENRING DER STADT WIEN

Ergänzung zu den in den Jahrgängen 82 bis 92 veröffentlichten Listen

1978

keine Verleihung

EHRENMEDAILLE DER BUNDESHAUPTSTADT WIEN

Ergänzung zu den in den Jahrgängen 80 bis 92 veröffentlichten Listen

in Gold

1978

Benesch Senta, Prof., Cellistin
Bergner Elisabeth, Schauspielerin
Binder, Msgr. Dr. Karl, em. o. Univ.-Prof., Theologe
Bobek, Dr. Hans, em. o. Univ.-Prof., Wissenschaftler
Demus, Dr. Otto, em. o. Univ.-Prof., Präsident des Bundesdenkmalamtes i. R.
Fichtenau, Dr. Heinrich, o. Univ.-Prof., Historiker
Frey Erik, Prof., Schauspieler
Gabriel, DDr. Leo, em. o. Univ.-Prof., Philosoph
Goldinger, Dr. Walter, ao. Univ.-Prof., Hofrat, Generaldirektor des Österreichischen Staatsarchivs i. R.
Graf, Dr. Walter, em. ao. Univ.-Prof., Musikwissenschaftler
Haenel Günther, Prof., Kammerschauspieler
Hanslik, Dr. Rudolf, o. Univ.-Prof., Philologe
Harrer Heinrich, Prof., Schriftsteller
Heintel, Dr. Erich, o. Univ.-Prof., Philosoph
Höfler, Dr. Otto, em. o. Univ.-Prof., Sprachwissenschaftler
Hollreiser Heinrich, Prof., Dirigent
Husslein, Dr. Hugo, Univ.-Prof., Gynäkologe
Kaufmann Armin, Prof., Komponist
Klostermann, Dr. Ferdinand, o. Univ.-Prof., Theologe
Kornfeld, Dr. Walter, Prälat, Univ.-Prof., Theologe
Koziol, Dr. Herbert, em. o. Univ.-Prof., Wissenschaftler
Liess, Dr. Andreas, o. Hochschulprofessor, Musikwissenschaftler
Meinrad Josef, Kammerschauspieler
Meisel Kurt, Staatsintendant des Bayrischen Staatsschauspiels
Mikoletzky, Dr. Hanns Leo, ao. Univ.-Prof.
Nicoletti Susi, Prof., Kammerschauspielerin
Nowotny, Dr. Hans, o. Univ.-Prof., Chemiker
Pächt, Dr. Dr. h. c. Otto, em. o. Univ.-Prof., Kunsthistoriker
Plischke Ernst Anton, Hochschulprofessor, Architekt
Plöchl, Dr. Willibald M., o. Univ.-Prof., Kirchenrechtler
Reining Maria, Kammersängerin
Rethy Esther, Prof., Kammersängerin
Schischka, Dipl.-Ing. Dr. Ernst, o. Univ.-Prof.
Schnitzler, Dr. h. c. Heinrich, Prof., Schauspieler, Regisseur
Schollum Robert, o. Hochschulprofessor, Komponist, Kapellmeister
Strecker Heinrich, Prof., Komponist
Welitsch Ljuba, Kammersängerin
Werba, Dr. Erik, Prof., Pianist, Komponist
Zadek Hilde, Prof., Kammersängerin

in Silber

1978

Buchowiecki, Dr. Walter, ao. Univ.-Prof., Kunsthistoriker
Etti Karl, Prof., Dirigent, Komponist
Fiechtner, Dr. Helmut, Prof., Schriftsteller
Fochler Karl, Schauspieler
Grob-Prandl Gertrude, Kammersängerin
Hadraba Josef, Prof., Musiker, Komponist
Höchsmann Gertrude, em. ao. Hochschulprofessor, Kunstgewerblerin
Jüptner-Jonstorff Friedrich, Film- und Innenarchitekt
Luby Franz, Prof., akad. Maler und Bildhauer
Maly Karl Anton, Lyriker
Oerley Wilhelm Anton, Schriftsteller
Pilss Karl, Prof., Komponist
Reisch, Dkfm. Dr. Max, Schriftsteller
Schmid, Dr. Reinhold, Prof., Regierungsrat, Chordirigent
Suchy, Dr. Viktor, Prof., Schriftsteller und Literaturhistoriker
Tassié, Dr. Franz, Prof., Schriftsteller und Kulturredakteur
Tichy, Dr. Herbert, Prof., Reiseschriftsteller
Wesely, Msgr. Anton, Prof., Domkapellmeister von St. Stephan

PROFESSOR DR. JULIUS TANDLER-MEDAILLE DER STADT WIEN

Ergänzung zu den in den Jahrgängen 80 bis 92 veröffentlichten Listen

in Gold

1978

keine Verleihung

in Silber

1978

keine Verleihung

OTTO GLÖCKEL-MEDAILLE DER STADT WIEN

Ergänzung zu den in den Jahrgängen 91 und 92 veröffentlichten Listen

1978

Amler Emma, Pädagoge
Frassl Ernest, Pädagoge
Rausch Rosa, Pädagoge

VERDIENSTPLAKETTE DER STADT WIEN

Ergänzung zu den in den Jahrgängen 80 bis 92 veröffentlichten Listen

in Gold

1978

keine Verleihung

in Silber

1978

keine Verleihung

in Bronze

1978

keine Verleihung

JOSEF KAINZ-MEDAILLE DER STADT WIEN

Ergänzung zu den in den Jahrgängen 80 bis 92 veröffentlichten Listen

1978

Pluhar Erika, Schauspielerin
Muliar Fritz, Prof., Schauspieler
Hurwicz Angelika, Regisseurin
Kistner Bert, Bühnenbildner

Förderungspreise

1978

Bill Maria, Schauspielerin
Boettge Michael A., Schauspieler
Holy Fritz, Regisseur
Hoffer Hans, Bühnenbildner

JOHANN NESTROY-RING DER STADT WIEN

Ergänzung zu den in den Jahrgängen 91 und 92 veröffentlichten Listen

1978

Bronner Gerhard, Komponist und Kabarettist
Wehle, DDDr. Peter, Komponist und Kabarettist
Steinbrecher Alexander, Prof., Komponist und Kapellmeister

DR. KARL RENNER-STIFTUNG

Ergänzung zu den in den Jahrgängen 80 bis 92 veröffentlichten Listen

1978

keine Verleihung

PREISE DER STADT WIEN

Ergänzung zu den in den Jahrgängen 80 bis 92 veröffentlichten Listen

1978

Literatur: *Dor Milo,* Prof.
Publizistik: *Schmeller, Dr. Alfred,* w. Hofrat
Musik: *Leitermeyer Fritz,* Prof.
Malerei, Grafik und Bildhauerei:
Oberhuber Oswald, Hochschulprofessor,
Pongratz Peter, akad. Maler
Angewandte Kunst: *Skubic Peter,* akad. Metallbildhauer
Architektur: *Puchhammer, Dipl.-Ing. Hans,* Architekt
Geisteswissenschaften: *Verosta, Dr. Stephan,* Univ.-Prof.
Naturwissenschaften: *Broda, Dr. Engelbert,* Univ.-Prof.
Volksbildung: *Janitschek, Dr. Norbert,* Prof., Hofrat

FÖRDERUNGSPREISE DER STADT WIEN

Ergänzung zu den in den Jahrgängen 80 bis 92 veröffentlichten Listen

1978

Literatur:
Ujvary Liesl
Wolfgruber Gernot
Musik:
Freitag Erik
Gruber Heinz Karl
Bildende Kunst:
Angerer Walter
Blittersdorff, Dr. Tassilo
Wissenschaft:
Bröll, Dr. Johann Georg
Mang, Dipl.-Ing. Dr. techn. Herbert, Univ.-Doz.
Schmidt-Dengler, Mag. Dr. phil. Wendelin, Univ.-Doz.
Tunner, Dr. Heinz G.
Volksbildung:
Lenz, Dr. Werner

KINDER- UND JUGENDBUCHPREIS DER STADT WIEN

Ergänzung zu den in den Jahrgängen 80 bis 92 veröffentlichten Listen

1978

Kleinkinderbuch:
Lobe Mira („Dann rufen alle Hoppel popp" – Verlag Jugend und Volk)
Kinderbuch:
Welsh Renate („. . . und Terpsi geht zum Zirkus" – Verlag Jugend und Volk)
Jugendbuch:
Peter Brigitte („Der schlafende Bumerang" – Verlag Jugend und Volk)
Illustration:
Oppermann-Dimow Christine („Ein Vogel wollte Hochzeit machen" – Tyrolia-Verlag)

SPORTEHRENZEICHEN DER STADT WIEN

Ergänzung zu den in den Jahrgängen 80 bis 92 veröffentlichten Listen

1978

keine Verleihung

WIENER GRABSTÄTTEN BERÜHMTER FRAUEN UND MÄNNER

Ergänzung zu den in den Jahrgängen 80 bis 92 veröffentlichten Listen

1978

Zentralfriedhof

a) Ehrengräber

Czernetz Karl, Prof., Präsident der Parlamentarischen Versammlung des Europarates, Abgeordneter zum Nationalrat, gestorben 3. August 1978, 14 C-35

Lehmann Lotte, Kammersängerin, gestorben 26. August 1976, 32 C-49

Lingen Theo, Schauspieler, gestorben 10. November 1978, 32 C-46

Viertel Berthold, Schriftsteller und Regisseur, gestorben 21. September 1953, 01-104

b) Widmung von Gräbern in bevorzugter Lage

Short-Pichler Gusti, Primaballerina, gestorben 13. April 1978, 40-56

c) Inobhutnahme von Grabstellen

Améry Jean, Schriftsteller und Publizist, gestorben 17. Oktober 1978, 40-60

Probst Otto, Dritter Präsident des Nationalrates, gestorben 22. Dezember 1978, 14 C-36

Rudolf Leopold, Schauspieler, gestorben 4. Juni 1978, 40-57

Siegl Otto, Prof., Komponist, gestorben 9. November 1978, 40-59

Wagner, Dr. Richard, Univ.-Prof., Kinderfacharzt, gestorben 1974, 40-58

Friedhof Baumgarten

c) Inobhutnahme von Grabstellen

Tabarelli Hans, Schriftsteller, gestorben 29. Dezember 1956, J 1-170

Friedhof Döbling

c) Inobhutnahme von Grabstellen

Kratschmer-Forstburg, Dr. Florian, Univ.-Prof., Mediziner, gestorben 11. Juli 1922, XIX 6-11

Friedhof Grinzing

c) Inobhutnahme von Grabstellen

Ferstel Heinrich von, Architekt, gestorben 14. Juli 1883, alter Teil Nr. 46

Kolisch Rudolf, Prof., Musikwissenschaftler, gestorben 1. August 1978, 6-6-9

Friedhof Hietzing

b) Widmung von Gräbern in bevorzugter Lage

Hartl Karl, Prof., Filmregisseur, gestorben 29. August 1978, 65-2-3-4

c) Inobhutnahme von Grabstellen

Porges Alfred, Komm.-Rat, Bundesrat a. D., gestorben 7. Oktober 1978, 56-110

Treffz Henriette, erste Ehegattin von Johann Strauß, gestorben April 1878, 13-73

Zelibor Gustav, Komponist und Kapellmeister, gestorben 28. Dezember 1978, 49–31

Friedhof Jedlesee

c) Inobhutnahme von Grabstellen

Nack-Meyroser Hans R., Schriftsteller, gestorben 14. Juli 1976, 18-89

Friedhof Neustift a. W.

c) Inobhutnahme von Grabstellen

Balser Ewald, Prof., Kammerschauspieler, gestorben 17. April 1978, E 1-1

Kauer Willy, Dokumentarplastiker, gestorben 28. Februar 1976, G 8–23

Matzleinsdorfer Friedhof

c) Inobhutnahme von Grabstellen

Tesarek Anton, Prof., Senatsrat, Pädagoge, gestorben 20. November 1977, 12-14

Friedhof Penzing

c) Inobhutnahme von Grabstellen

Gurk Eduard, Maler und Kupferstecher, gestorben 31. März 1841, 1-21-15

EHRENZEICHEN FÜR VERDIENSTE UM DAS BUNDESLAND WIEN

Ergänzung zu den in den Jahrgängen 82 bis 92 veröffentlichten Listen

GROSSES GOLDENES EHRENZEICHEN MIT DEM STERN

1978

keine Verleihung

GROSSES GOLDENES EHRENZEICHEN

1978

Einem Gottfried von, em. o. Hochschulprofessor, Komponist und Ehrenpräsident der AKM
Fischer, Dr. Franz, Sektionschef i. R.
Moore, Dr. Dr. h. c. Henry, Bildhauer
Strasser, Dr. Rudolf, o. Univ.-Prof., Präsident der Ludwig Boltzmann-Gesellschaft

GROSSES SILBERNES EHRENZEICHEN

1978

Baumgartner Ulrich, Prof., ehem. Intendant der Wiener Festwochen
Haussmann, Dipl.-Ing. Raimund, Direktor der WStW-EW
Sipek Kurt G., Dentist, Präsident der Österreichischen Dentistenkammer
Skalnik, Dr. Kurt, Ministerialrat
Zorn Wilhelm, Prof., Hofrat, Senatsrat

GOLDENES EHRENZEICHEN

1978

Auer, Ing. Alfred, Direktor der Kurbetriebsges. Oberlaa
Bauer, Dr. Edgar, w. Hofrat
Bauer, Dr. Ernst, Univ.-Prof., Primarius i. R., ehem. ärztl. Abteilungsvorstand
Buchgraber, Dr. Walter, w. Hofrat
Catharin, Dkfm. Dr. Alfred
Cocron, Dr. Friedrich, w. Hofrat, Konsul
Czermak, Dr. Johann, Univ.-Prof., Primarius, ärztl. Abteilungsvorstand
Danilov, Dr. Victor J., Präsident des Museums of Science and Industry
Dorfwirth, Dipl.-Ing. Dr. Josef, o. Univ.-Prof.
Dubrovic Milan, Prof., Journalist
Engel, Dipl.-Ing. Dr. Edwin, o. Univ.-Prof.
Engelberger, Dipl.-Ing. Otto, Obersenatsrat
Giese Clarence, Mitglied des Instituts für Europäische Studien
Gillesberger, Dr. Hans, o. Hochschulprofessor, künstlerischer Leiter der Wiener Sängerknaben
Grimm, Dr. Kurt W., Präsident der Krankenanstalt Rudolfinerhaus
Gruber, Dr. Herbert, Generaldirektor
Gruen Victor, Architekt
Grundig, Dr. h. c. Max, Konsul, Industrieller
Heinz, Ing. Heinrich, Techn. Rat, Bezirksvorsteher
Hinteregger, DDr. Gerald, ao. u. bev. Botschafter Österreichs in Madrid
Holzbauer Wilhelm, Prof., Architekt
Horacek, Dr. Blanka, Univ.-Prof., Germanistin
Jablkovski, Dr. Margaretha, Primaria, ärztl. Leiterin der Krankenanstalt „Haus der Barmherzigkeit"
Jäger, Ing. Werner, Prof., Leiter des Österreichischen Instituts für Raumplanung
Kastner, Dipl.-Ing. Dr. Fritz, o. Univ.-Prof.
Kirchner Kurt, Generaldirektor
Kratky Josef, Abgeordneter zum Nationalrat a. D.
Kratky Paula, Gemeinderat a. D.
Kyrle, Dr. Paul, Univ.-Prof., ärztl. Leiter der Krankenanstalt Rudolfstiftung
Lang Hans, Prof., Komponist
Luger, Dr. Anton, ao. Univ.-Prof., ärztl. Direktor des Krankenhauses Lainz
Meissner Paul, Prof., Präsident der Wiener Secession
Moser, Ing. Peter, Hofrat, Landesschulinspektor i. R.
Nemschak, Dr. Franz, Prof., Leiter des Österreichischen Instituts für Wirtschaftsforschung
Noordhof, Dipl.-Ing. Dirk, Vizepräsident des Philips-Konzerns
Nordegg Sepp, Prof., Bühnenbildner
Ohlms Karl-Reimar, Generaldirektor
Pick, Dr. Anton, Präsident der Israelitischen Kultusgemeinde
Placheta-Philipp, Dr. Gunther, Schauspieler und Motorjournalist
Reich Josef, Regierungsrat, Generaldirektor-Stellvertreter
Reimer, Dr. Erich, ao. Univ.-Prof., ärztl. Abteilungsvorstand
Reisel, Dr. Ferdinand, w. Hofrat
Rennhofer, Dr. Friedrich, w. Hofrat, Bibliotheksdirektor der Universität Wien
Ritzer, Dr. Walter, Hofrat, Direktor i. R.
Rosenzweig, Dr. Wilhelm, Rechtsanwalt, Mitglied des Verfassungsgerichtshofes

Sacher, Dr. Friedrich, Prof., Schriftsteller
Scheidl, Dr. Franz, Vizepräsident des Landesgerichtes für ZRS Wien i. R.
Scheiner Otto, Komm.-Rat, Generaldirektor
Schickl, Dipl.-Ing. Dr. Rupert, Prof.
Schlauss, Dipl.-Ing. Dr. Kurt, Prof., Architekt
Schneider, Dr. Alfred, Generalsekretär des Presseclubs Concordia
Scholz, Dr. Friedrich, w. Hofrat
Schrack Eduard Harald, Generaldirektor
Schwarzrock Rudolf, Komm.-Rat, Ökonomierat
Solms-Rödelheim, Dr. Wilhelm, Univ.-Doz., ehem. ärztl. Direktor
Stadler, Dr. Karl Rudolf, Univ.-Prof., Historiker
Stuparek, Mag. Alois, w. Hofrat
Tintner, Dr. Dr. h. c. Gerhard, o. Univ.-Prof., Wissenschaftler
Titze Karl, Abgeordneter zum Nationalrat a. D., Direktor i. R.
Tuma Franz, General
Ungar, Dr. Leopold, Prälat, Direktor der Caritas der Erzdiözese Wien
Wallner, Dr. Leopold, w. Hofrat
Woloszczuk abs. jur. Ernst, Regierungsrat, Direktor
Wörle Eugen, Prof., Architekt, Präsident der Zentralvereinigung der Architekten Österreichs

SILBERNES EHRENZEICHEN

1978

Albrecht Kurt, Oberst
Bachlmayer Karl, Oberst
Barl Karl, Oberst
Biletti Hans, Komm.-Rat, Direktoriumsmitglied der „Österreichischen Blindenwohlfahrt"
Brauner, Dipl.-Vw. Wilhelm, Handelsdelegierter der Bundeswirtschaftskammer
Buschan, Dipl.-Ing. Günther
Christ, Dr. Herbert, Obermedizinalrat
David, Ing. Wolfgang
Dichtl-Mayenburg Ruth, Schriftstellerin
Dolinar, Dr. Johann, Obermedizinalrat, Vizepräsident der Ärztekammer für Wien
Ernst, Dkfm. Karl, Komm.-Rat, Präsident des Hauptverbandes der Wiener Messe-Interessenten
Fellner Josef, Komm.-Rat, Direktor
Gantar, Dipl.-Ing. Norbert, Architekt
Gilnreiner Gerhard, Verwaltungsoberkommissär
Goll Wilhelm, Kammerrat, Oberamtsrat
Grund Otto, Oberst
Harringer Olaf C., Architekt
Honsig, Dipl.-Ing. Heinz, Leiter des Ref. 3 der MD-BD
Immervoll Lea, Obmann-Stellvertreter
Jacobsen-Reingruber Victor, Prof., Publizist
Klein Erwin, Komm.-Rat
Köhler Karl, Oberamtsrat i. R., Vorstandsmitglied des Vereins „Lebenshilfe Wien"
Kratschmer, Dkfm. Alfred, Direktor
Ladstätter, Dipl.-Ing. Georg, Architekt
Leimser, Dr. Friedrich, Obermedizinalrat, Bezirksärztevertreter
Lukas, Dr. Klaus, Handelsdelegierter der Bundeswirtschaftskammer
Manhardt Johannes Peter, Geschäftsführer, Direktor
Marschalek, Dipl.-Ing. Heinz, Architekt
Muster Fritz, Oberamtsrat, Geschäftsführer des Vereins „Jugend am Werk"
Nehammer Margaretha
Östreicher, Ing. Friedrich, Komm.-Rat
Pal, Dipl.-Ing. Alfred, Baurat, Architekt
Patay Stefan, Oberst
Patzer Franz, Oberst
Pönninger Gertraud
Popa-Grama Georg, Prof., Präsident
Prochazka Karl, Bundesfeldmeister des Österreichischen Pfadfinderbundes
Ramharter Franz, Regierungsrat, Bezirksschulinspektor
Repa Franz, Oberamtsrat
Ribar Fritz, Direktor i. R.
Rosenberg Alice, Amtsrat i. R.
Schlossmann Hedwig
Stellamor, Dr. Kurt, Primarius, Vizepräsident
Stern, Dr. Wilhelm, Oberstarzt
Steyrer, Dr. Kurt, Obermedizinalrat, Vorstandsmitglied
Stockhammer-Kersten Peter Heinz, Unterhaltungskünstler
Vavra Johann, Techn. Fachinspektor, Vizepräsident
Wünschmann, Dipl.-Ing. Peter, Stadtbaurat

GOLDENES VERDIENSTZEICHEN

1978

Allmayer Friedrich, Leiter der Vivariumbühne Wien
Böhm Alfred, Schauspieler
Bronneck-Uhlenhuth Renée
Danzinger Michael, Kapellmeister
Dolezal Karl, Aufsichtsratsmitglied
Dolezal Rudolf
Dörre Peter, Regisseur
Fries Margarete, Schauspielerin
Gerzner Marianne, Schauspielerin
Graf Josef, Geschäftsführer des Sozialwerkes für österreichische Artisten
Grieb Johann, Brandrat i. R.
Hendrichs Joseph, Schauspieler
Hesel Heinz, Prokurist
Heyer Kurt, Oberschulrat, Hauptschuldirektor i. R.
Hladik, Ing. Ernst, Hauptmann
Hodina Karl, Wiener Liedersänger und Komponist, Maler und Grafiker
Hofstädter Franz, Amtsoberrevident
Kasper Hans, Betriebsrat
Kralik Willy, Moderator
Kratky Sr. M. Cantiana
Kratochvila Heinrich, Betriebsrat
Kroisenbauer Hugo
Laforêt Hermann, Schauspieler
Neumeier Christian, Prof., w. Amtsrat i. R., Volksbildner
Ocwirk Ernst, Sportfunktionär
Preissler Johann, Oberschulrat, Volksschuldirektor
Raab Ferdinand, Prof., Mitglied der Hofmusikkapelle Wien
Reschl Hilli, Schauspielerin
Rodt Friedrich, Polizeigruppeninspektor

Rossow, Dkfm. Hansjörg, Direktor
Sochor Hilde, Schauspielerin
Strobl Anton, Unterhaltungskünstler
Sturminger, Dr. Harald, ehem. Obmann der Musikalischen Jugend Österreichs
Süssenbeck Heinz R., Konservator und Restaurator
Tschunko Maxi, Bühnenbildnerin
Ungerböck Hermann, Obmann des Sängerbundes der Blinden
Zrost-Türmer Gernot, Unterhaltungskünstler

SILBERNES VERDIENSTZEICHEN

1978

Balogh Josef
Bauer Wilhelm
Blaschko Walter
Bohuslav Otto
Buchta Heinz
Czerny Franz, Bezirksinspektor
Dettmar Wilfried
Ditrich Kurt
Engelmaier Walter
Friedrich Erich
Gerersdorfer Gerhard, Offizierstellvertreter
Grünn Helene
Habermann Edeltraute
Hellmer Franz, Bezirksinspektor
Hintringer Alfred, Bezirksinspektor
Horak Wilhelm
Kornfeld Benedikt, Vizeleutnant
Koryta Franz
Krippel Johann, Bezirksinspektor
Laminger Helmut, Offizierstellvertreter
Landler Josef
Löffelmann Friedrich, Kanzleikommissär
Margo Erich, Regisseur
Pawlik Leopold, Abteilungsinspektor
Polixmair Josef, Abteilungsinspektor
Prentl Leopold, Bezirksinspektor
Rak Karl
Schiedlbauer Friedrich, Vizeleutnant
Schiffner Robert
Schilger Josef
Schott Johann
Staringer Johann
Stipani Gerhard, Kontrollor
Straka Johann, Abteilungsinspektor
Strasser Friedrich, Vizeleutnant
Strasser Rudolf
Stummerer Erwin
Sykora Herta
Urbanek Berti
Walla Agnes
Weber Franz
Wiedersheim Heinrich, Gruppeninspektor
Wukits Johann
Zimmel Othmar

EHRENZEICHEN FÜR DIE ERRETTUNG VON MENSCHEN AUS LEBENSGEFAHR

Ergänzung zu den in den Jahrgängen 82 bis 92 veröffentlichten Listen

1978

Krenn Heinrich, Brandmeister
Nordmann Gerhard, Inspektor
Scheidl Rudolf, Polizeiinspektor
Strak Johann, Polizeiinspektor

EHRENZEICHEN FÜR VERDIENSTE IM WIENER FEUERWEHR- UND RETTUNGSWESEN

Ergänzung zu den in den Jahrgängen 80 bis 92 veröffentlichten Listen

1978

Für 40jährige Tätigkeit:
Hammer Rudolf, Oberfeuerwehrmann
Zillinger Karl, Oberbrandmeister

Für 25jährige Tätigkeit:
Abulesz, Dipl.-Ing. Karl, Oberbrandrat
Ammerer Johann, Oberfeuerwehrmann
Bauer Alfred, Löschmeister
Bauer Herbert, Brandmeister
Bortoli Anton, Löschmeister
Holub Raimund, Brandmeister
Klos Johann, Löschmeister
Kreuz Josef, Löschmeister
Leimer Kurt
Maierhofer Leopold
Manschiebel Alfred, Oberbrandmeister
Menon Karl, Brandmeister
Michlovsky Johann, Löschmeister
Mutz Wilhelm, Löschmeister
Niedermayer Ferdinand, Löschmeister
Pinz Gerald, Brandmeister
Richter Gottfried, Oberbrandmeister
Sachini Paul, Brandmeister
Schmiedmeier Gertrude, Österreichisches Rotes Kreuz
Sixt Walter, Löschmeister

Smeykal Walter, Löschmeister
Tonner Othmar, Brandmeister
Unterberger Maria
Valenta Erika
Veszely Stefan, Oberbrandmeister
Walzek, Dipl.-Ing. Herbert, Oberbrandrat
Wolf Robert, Hauptbrandmeister
Zeitsek Walter, Löschmeister

EINSATZMEDAILLE DES LANDES WIEN

Ergänzung zu der im 92. Jahrgang veröffentlichten Liste

1978

Angerer Friedrich
Arthofer Werner
Aumann Ernst
Blasch Helmut
Böck Johann
Bodner, Ing. Karl, Senatsrat
Brunnbauer Johannes, Vizeleutnant
Brunner Erwin, Sanitätsrevisor
Chmela Kurt
Christanell Rupert
Danner, Dipl.-Ing. Wilhelm, Stadtbaurat
Deles Willibald
Devic Josef
Dokulil Josef
Eder, Dipl.-Ing. Alfred, Oberstadtbaurat
Eisner Michael
Fasching Eduard
Fauland, Dipl.-Ing. Adolf, Stadtbaurat
Fink Karl, Hauptmann
Forst Alexander, Techn. Oberoffizial
Georgiadis, Dipl.-Ing. Charalambos, Stadtbaurat
Gerstbauer Johann
Gilnreiner Gerhard, Verwaltungsoberkommissär
Graf Franz
Graf Karl
Gratzl Ernst
Hangel, Dipl.-Ing. Hans, Stadtbaukommissär
Hanl Claus
Hanusek Walter
Heger Leopold
Hinterplattner Walter
Hlinka August
Horvath Mihai
Hrusa Ferdinand
Huber Anton
Huber Hans, Offizierstellvertreter
Jäger Herbert
Jedlicka Walter
Jenko Herbert
Jerabek Friedrich
Jerabek Josef
Käfer Friedrich
Kaller Franz, Wachtmeister
Kaspar Walter
Kleindl Arnold, Vizeleutnant
Kodym Josef
Konvicka, Dipl.-Ing. Stefan, Stadtbaurat
Kovar Alfred
Krieger Alfred
Kristufek Viktor
Kronsteiner Johann
Lackner Ferdinand
Lazar Erwin
Loidolt Jakob, Sanitätsoberrevisor
Makovec Augustin
Mann Eduard
Massak Alois, Prof., Techn. Rat, Oberst
Martin Matthias
Mirkovic Aleksander
Mirkovic Milivoje
Mlekusch Josef, Vizeleutnant
Mück, Dipl.-Ing. Friedrich, Stadtbaurat
Nagl Johann
Neulinger Franz
Niesner, Dipl.-Ing. Ernst, Ministerialrat
Nikolic Slavoljub
Novotny Walter
Pattera, Dipl.-Ing. Karl-Heinz
Pauxberger Franz
Pertusini, Dipl.-Ing. Raimund, Ministerialrat
Petroczi Julius, Vizeleutnant
Pietsch Walter, Verwaltungsoberkommissär
Ratzer Werner
Reiter Friedrich
Resch Franz, Stabswachtmeister
Röhrich Nikolaus
Ruthner Helmuth
Sachata Franz
Sailler, Dipl.-Ing. Josef, Stadtbaurat
Scheidl Anton
Schimunek Alois, Offizierstellvertreter
Schmidt Eduard
Schmutzer Johann
Schröter Helmut
Schrutz Josef
Schuster Josef, Oberstleutnant
Schütz Johann
Schwateczky Karl
Seltenhammer, Dipl.-Ing. Ule
Siegl Robert
Solar Johann, Amtsrat
Spritzendorfer Franz, Kanzleikommissär
Steinegger Ernst
Steininger Friedrich
Temper Josef
Tiller Erwin
Toebich, Dipl.-Ing. Heinz
Valachovic Karl
Viktora Anton
Viktora Helmut
Wagner Oswald
Weittenhiller Adolf
Wiegand Kurt
Winter Anton
Wünschmann, Dipl.-Ing. Peter, Stadtbaurat
Wurzer Franz
Zahn Friedrich
Zechner Norbert
Zeiner Franz

CHRONIK DER STADT WIEN

1978

2. Jänner
Ausstellung: Museum des 20. Jahrhunderts – „Amerikanische Fotografen – American Photographers".

5. Jänner
Premiere: Volkstheater/Außenbezirke – „Einladung ins Schloß" von Anouilh.

6. Jänner
Todesfall: Gemeinderat a. D. Franz Haim (ÖVP, 84 Jahre).

8. Jänner
Ausstellung: Bezirksmuseum Alsergrund – „Alt-Wiener Häuser".

9. Jänner
Tagesgeschehen: Krankenhaus Lainz, 3. medizinische Abteilung – Inbetriebnahme der ersten künstlichen Bauchspeicheldrüse.
Ausstellung: Secession – „Logische Kunst".
Sondermarke: „100. Geburtstag Egon Friedell 1878–1938".

10. Jänner
Ausstellung: Wiener Stadt- und Landesbibliothek – „Alte schöne Kinderbücher".

11. Jänner
Ausstellung: Rathaus, Schmidt-Halle – Aquarien-Schau.
Premiere: Stadthalle – „Holiday on Ice".

12. Jänner
Ausstellung: Albertina – „David Hockney, Zeichnungen, Grafik".

13. Jänner
Ausstellung: Bezirksmuseum Döbling – „Der Mensch im Wandel der Zeiten".

16. Jänner
Tagesgeschehen: Lungenheilstätte Baumgartner Höhe – Umwandlung in ein Pulmologisches Zentrum.
Ausstellung: Kulturamt, Ausstellungsraum – „Radierungen aus den Beständen des Kulturamtes".
Auszeichnungen: ao. Univ.-Prof. Dr. Helmuth Denck, Prof. Dr. Walter Swoboda, ärztlicher Leiter, Dr. Mag. pharm. Franz Zeidler, Präsident der Österreichischen Apothekerkammer, ao. Univ.-Prof. Dr. Wilhelm Zischka-Konorsa – Goldenes Ehrenzeichen für Verdienste um das Land Wien.
Bestellung: Dr. Otto Hahn – Vorstand der geriatrischen Abteilung im Pulmologischen Zentrum.

19. Jänner
Tagesgeschehen: 14, Hickelgasse 5 – Eröffnung eines Wiener Ziegelmuseums.
Ausstellungen: Albertina – „Meisterzeichnungen aus zwei alten Sammlungen: Kupferstichkabinett Dresden und Albertina"; Akademie der bildenden Künste – „Realistische deutsche Kunst 1919–1933: Otto Dix und sein Kreis".

20. Jänner
Tagesgeschehen: 22, Biberhaufenweg – Grundsteinlegung für 84 Siedlungshäuser im Rahmen des Siedlungsprogrammes der Stadt Wien.
Auszeichnung: Hans Peter Krasa, Schauspieler und Regisseur – Goldenes Verdienstzeichen des Landes Wien.

22. Jänner
Ausstellung: Bezirksmuseum Floridsdorf – „Leben in Floridsdorf".
Premiere: Akademietheater – „Der Traum vom Glück" von Pevny.

23. Jänner
Tagesgeschehen: 2, Leopoldsgasse 13–15, Theodor Herzl-Hof – Enthüllung einer Gedenktafel für den Begründer des modernen Zionismus.
Tagung: Tagung des Verbandes Österreichischer Volksbüchereien.

24. Jänner
Auszeichnungen: Oberst Karl Gabriel, OberstdG Günther Hoy, Oberst Karl Hruska, Oberst Hans Seitz, Oberst Alfred Schirmbrand, Oberst Roman Schlauss, Oberst Franz Weichselbaum, Offiziere des Österreichischen Bundesheeres – Silbernes Ehrenzeichen für Verdienste um das Land Wien.
Empfang: Klassenmeister der Wiener Fußballmeisterschaft 1976/77.
Premiere: Staatsoper – „Fidelio" von Beethoven.

26. Jänner
Premiere: Theater in der Josefstadt – „Glaube, Liebe, Hoffnung" von Horváth.
Tagung: Sicherheitskonferenz.

27. Jänner
Tagesgeschehen: 1, Domgasse 5 – Wiedereröffnung der erweiterten und renovierten Mozart-Gedenkstätte.
Ausstellung: Österreichisches Museum für angewandte Kunst – „Heinrich Sussmann: Glasfenster".
Premiere: Volkstheater – „Die Wanze" von Majakowski.

28. Jänner
Ausstellung: Österreichisches Circus- und Clownmuseum – „Der österreichische Zirkus".

31. Jänner
Auszeichnungen: Generaldirektor i. R. Dipl.-Ing. Dr. h. c. Karl Rabus – Großes Silbernes Ehrenzeichen für Verdienste um das Land Wien; Generalsekretär Dipl.-Ing. Friedrich Smola – Goldenes Ehrenzeichen für Verdienste um das Land Wien.
Bestellung: Dr. Ottokar Beran – ärztlicher Leiter des Rettungs- und Krankenbeförderungsdienstes der Stadt Wien.

1. Februar

Tagesgeschehen: König Juan Carlos und Königin Sofia von Spanien – Besuch im Rathaus.
Ausstellung: Österreichische Nationalbibliothek – „Austria Renovata: 2. Republik Österreich – Politik und Kultur".
Premiere: Volkstheater/Außenbezirke – „August August, August" von Kohout.

2. Februar
Auszeichnungen: Senatsrat Dipl.-Vw. Dr. Alfons Krauss – Großes Ehrenzeichen für Verdienste um die Republik Österreich; Oberamtsrat i. R. Friedrich Engel, Oberamtsrat Johann Fuchs – Goldenes Ehrenzeichen für Verdienste um die Republik Österreich; Walter Malasek, Amtsoberrevident Alexander Ritter, Funktionäre des Vereins „Kameradschaft Feldmarschall Radetzky" – Goldenes Verdienstzeichen des Landes Wien.
Premiere: Raimundtheater – „Orpheus in der Unterwelt" von Offenbach.

3. Februar
Ausstellung: Rathaus, Schmidt-Halle – „Die Wiener U-Bahn".

4. Februar
Ausstellungen: Österreichisches Theatermuseum – „Die Thimigs – ihr Leben für das Theater"; Bezirksmuseum Penzing – „Willi Mayrl, Viennensia, Landschaften und Porträts".

6. Februar
Ausstellung: Frankfurt – „Kommunaler Wohnbau in Wien".
Premiere: Kammerspiele – „Sonnenfinsternis" von Hampton.

7. Februar
Todesfall: Dipl.-Ing. Dr. Oskar Weihs, Land- und Forstwirtschaftsminister i. R. (67 Jahre).

8. Februar
Auszeichnung: Univ.-Prof. DDr. Dr. h.c. Gottfried Haberler, Nationalökonom – Ehrenmedaille der Bundeshauptstadt Wien in Gold.

9. Februar
Auszeichnungen: Kindergarteninspektorin i. R. Wilhelmine Neuwirth – Silbernes Ehrenzeichen für Verdienste um das Land Wien; Josef Treitl, Autografensammler, Prof. Franz Zabusch, Vizepräsident der Wiener Bezirksmuseen – Goldenes Verdienstzeichen des Landes Wien; Eduard Oszwald, Hausinspektor der Volkshochschule Ottakring – Silbernes Verdienstzeichen des Landes Wien.
Premiere: Stadthalle – „ATA – Artisten, Tiere, Attraktionen".

10. Februar
Ausstellung: Niederösterreichisches Landesmuseum – „Der Beginn der Fliegerei in Niederösterreich".

11. Februar
Ausstellung: Secession – „Kunstmesse 78".
Premiere: Volksoper – „Preußisches Märchen" von Blacher.

12. Februar
Ausstellung: Museum des 20. Jahrhunderts – „Surrealismus – Bilder der klassischen Surrealisten des 20. Jahrhunderts".

13. Februar
Ausstellung: Bezirksmuseum Döbling – Kollektivausstellung.
Sondermarken: „U-Bahn 1978"; „Weltmeisterschaften im Biathlon 1978".

14. Februar
Ausstellung: Akademie der bildenden Künste – „Alle Rubens sind wieder da".

Auszeichnungen: Annemarie Düringer, Schauspielerin, Heinz Moog, Schauspieler, Peter Wood, Regisseur, Matthias Kralj, Bühnenbildner – Josef Kainz-Medaille der Stadt Wien 1977; Heidi Hagl, Schauspielerin, Peter Vilnai, Schauspieler, Eduard Steininger, Regisseur – Förderungspreis zur Josef Kainz-Medaille der Stadt Wien 1977.

15. Februar
Ausstellungen: Museum für Völkerkunde – „Hawai – gestern und heute"; Galerie Alsergrund – „Peter Kolovanyi, Wiener Motive"; Bezirksmuseum Brigittenau – „Die Floridsdorfer Brücke gestern, heute und morgen".
Bestellung: Kommerzialrat Josef Karrer – Bezirksvorsteher des 7. Bezirkes.

16. Februar
Tagesgeschehen: 7, Burggasse – Eröffnung des neuen Stadtbahnaufganges in Richtung Urban Loritz-Platz.
Ausstellung: Künstlerhaus – „K 45 – Internationale Messe für Kunst nach 1945".

17. Februar
Auszeichnungen: Oberschulrat Ernst Faseth, leitender Funktionär der Köche Österreichs – Silbernes Ehrenzeichen für Verdienste um das Land Wien; Hans Hofer, Helmut Misak, leitende Funktionäre der Köche Österreichs – Goldenes Verdienstzeichen des Landes Wien.
Bestellung: Dr. Michael Müller – Vorstand des medizinisch-physikalischen Instituts im Franz Josef-Spital.
Premiere: Volkstheater – „Gesellschaft" von Galsworthy.
Todesfall: Prof. Hans Figura, Maler und Radierer (81 Jahre).

18. Februar
Ausstellung: Messepalast – 3. Österreichische Ferienmesse.
Premiere: Burgtheater – „Irrtümer einer Nacht" von Goldsmith.

19. Februar
Ausstellungen: Bezirksmuseum Mariahilf – „Leo Pernau, Karikaturen"; Bezirksmuseum Simmering – „Fotografie und Malerei".
Premiere: Akademietheater – „Tabula rasa" von Sternheim.

20. Februar
Tagesgeschehen: 3, St. Marx – Eröffnung des ersten österreichischen Modegroßhandelszentrums.
Ausstellung: Wiener Stadt- und Landesarchiv – Neuerwerbungen des Archivs 1977.
Bestellung: Dr. Reinhard Barousch – Vorstand der 9. medizinischen Abteilung im Pflegeheim Lainz.

21. Februar
Auszeichnung: Techn. Oberamtsrat Ing. Rudolf Stenzel – Berufstitel „Regierungsrat".
Bestellung: Obermagistratsrat Dr. Alois Kuca – Leiter des Magistratischen Bezirksamtes für den 12. Bezirk.
Tagung: 8. Österreichische Konferenz für Sozialarbeit.

22. Februar
Auszeichnungen: em. Univ.-Prof. Dr. Charles A. Gulick – Ehrenmedaille der Bundeshauptstadt Wien in Gold; Architekt Prof. Eugen Wörle, Präsident der Zentralvereinigung der Architekten Österreichs – Goldenes Ehrenzeichen für Verdienste um das Land Wien; Baurat h. c. Dipl.-Ing. Architekt Alfred Viktor Pal, Ehrenobmann der Fachvereinigung der Ziviltechniker im Freien Wirtschaftsverband – Silbernes Ehrenzeichen für Verdienste um das Land Wien.

23. Februar

Tagesgeschehen: Pierre-Christian Taittinger, Vizebürgermeister von Paris – Besuch im Rathaus.
Ausstellung: Rathaus, Volkshalle – „Paris – gestern, heute, morgen".
Auszeichnungen: Prof. Adelbert Muhr, Schriftsteller (†) – Goldenes Ehrenzeichen für Verdienste um das Land Wien; Prof. Dimiter Tortschanoff, Mitglied der Wiener Symphoniker (†) – Goldenes Verdienstzeichen des Landes Wien.

25. Februar
Tagesgeschehen: Eröffnung Wiens erster U-Bahn-Linie U 1 zwischen Karlsplatz und Reumannplatz.
Sondermarken: „Leopold Kunschak 1871–1953"; „Jubiläumsausstellung des Museums für Völkerkunde".

26. Februar
Todesfall: Ludwig Blaha, Schauspieler (75 Jahre).

27. Februar
Ausstellung: Oslo – „Wien in Oslo".
Todesfall: Dr. Rudolf Weys, Publizist (80 Jahre).

28. Februar
Ausstellungen: Österreichisches Museum für angewandte Kunst – „Oswald Haerdtl, Architektur"; Secession – „Simplicissimus: eine satirische Zeitschrift"; Künstlerhaus – „Zürcher Helmhaus, Werke von Schweizer Künstlern".

1. März
Ausstellung: Bezirksmuseum Innere Stadt – „Wien – Innere Stadt im Jahre 1848".
Auszeichnungen: Stadtphysikus i. R. Dr. Peter Lorant, Obermedizinalrat Dr. Franz Motz, ehem. Chefarzt und ärztlicher Leiter des Rettungs- und Krankenbeförderungsdienstes der Stadt Wien, Dr. Heinrich Rode, ärztlicher Direktor des Allgemeinen Krankenhauses – Berufstitel „Hofrat"; Verleihung der Einsatzmedaille des Landes Wien an 107 Personen, die sich bei der Behebung der Folgen des Reichsbrückeneinsturzes besondere Verdienste erwarben.
Premiere: Volkstheater/Außenbezirke – „Frau Warrens Gewerbe" von Shaw.

2. März
Ausstellung: Künstlerhaus – „Wladyslaw Hasior, Skulpturen, Objekte".
Auszeichnungen: em. Univ.-Prof. Dr. Karl Holecek, Kammersängerin Wilma Lipp – Ehrenmedaille der Bundeshauptstadt Wien in Gold.

3. März
Ausstellungen: Bezirksmuseum Meidling – „Alt-Wiener Häuser"; Bezirksmuseum Döbling – „Leopold Bartl", Ölbilder, Aquarelle.
Auszeichnung: Sektionschef i. R. Dr. Roland Jiresch – Großes Goldenes Ehrenzeichen für Verdienste um das Land Wien.

4. März
Premiere: Volkstheater – „Madame sans Gêne" von Sardou.

5. März
Premiere: Akademietheater – „Frau von Kauenhofen" von Lange.

6. März
Todesfall: Prof. Dipl.-Ing. Janko Musulin, Schriftsteller und Journalist (62 Jahre).

7. März
Ausstellung: Akademie der bildenden Künste – „Max Weiler, Malerei".
Auszeichnungen: em. Univ.-Prof. Dr. Sylvia Bayr-Klimpfinger, Kinderpsychologin, em. Univ.-Prof. Dr. Karl Chiari, Orthopäde – Ehrenmedaille der Bundeshauptstadt Wien in Gold; DDDr. Karl Rössel-Majdan, Schriftsteller, Senatsrat Prof. Erwin Weiss, Direktor des Konservatoriums der Stadt Wien – Goldenes Ehrenzeichen für Verdienste um das Land Wien.

8. März
Tagesgeschehen: Eröffnung der Wiener Frühjahrsmesse.
Ausstellung: Kulturamt, Ausstellungsraum – „Spanische Kinder sehen Österreich und Wien".

9. März
Ausstellung: Museum für Völkerkunde – „Völker und Kulturen im Spiegel von Briefmarken – 50 Jahre Museum für Völkerkunde".
Sondermarke: „Suitbert Lobisser 1878–1943".

10. März
Tagesgeschehen: 22, Kagran, Anton Sattler-Gasse – Eröffnung Österreichs erster integrierter Gesamtschule mit Ganztagsbetrieb.
Ausstellungen: Rathaus, Schmidt-Halle – „1848–1918–1938 Dokumentation"; Österreichisches Museum für angewandte Kunst – „Franka Lechner, Gobelins".

12. März
Ausstellung: Bezirksmuseum Alsergrund – „Der Alsergrund auf Ansichtskarten".
Premiere: Volksoper – „Die vier Grobiane" von Wolf-Ferrari.

14. März
Todesfall: Prof. Florian Josephu, Bildhauer (92 Jahre).

15. März
Ausstellung: Bezirksmuseum Floridsdorf – „Zeitgeschichte in Zeitungen".

16. März
Ausstellungen: Berlin – „Kommunaler Wohnbau in Wien: Aufbruch – 1923 bis 1934 – Ausstrahlung"; Albertina – „Grafik aus Bulgarien".

17. März
Tagesgeschehen: Durchschlag des die Donau unterquerenden Dükers.
Ausstellungen: Heeresgeschichtliches Museum – „Belgier in kaiserlichen Diensten im 17. und 18. Jahrhundert"; Hermesvilla – „Der Wienerwald in Malerei und Grafik des 19. Jahrhunderts".

18. März
Premiere: Akademietheater – „Schmutzige Wäsche" und „Neu-Fund-Land" von Stoppard.
Sport: Stadthalle – Europameisterschaften in den Standardtänzen für Amateure und 12. Wiener Walzer-Konkurrenz.

21. März

Tagesgeschehen: Emil Wojtaszek, polnischer Außenminister – Besuch im Rathaus.

23. März
Auszeichnung: Dr. Alexandra Adler, Präsidentin der Internationalen Gesellschaft für Individualpsychologie in New York – Goldenes Ehrenzeichen für Verdienste um das Land Wien.
Premiere: Staatsoper – „Lucia di Lammermoor" von Donizetti.

28. März
Ausstellung: Wiener Stadt- und Landesarchiv – „Bedeutende Wiener Bürgermeister".
Auszeichnungen: ao. Univ.-Prof. Dr. Helmut Fanta, ao. Univ.-Prof. Dr. Georg Salem, ao. Univ.-Prof. Dr. Werner Weissel – Goldenes Ehrenzeichen für Verdienste um das Land Wien.

29. März
Auszeichnungen: Verleihung von Ehrenzeichen für eine 25jährige verdienstvolle Tätigkeit im Feuerwehrwesen an 21 Personen.

31. März
Tagesgeschehen: Oberbürgermeister Teuvo Aura, Helsinki – Besuch im Rathaus.
Bestellung: Primarius Dr. Edwin Twrdy – ärztlicher Leiter im Pflegeheim Baumgarten.

1. April
Tagesgeschehen: Eröffnung der „Kärntenwoche 1978 in Wien".

2. April
Tagesgeschehen: Inbetriebnahme der neuen Autobuslinie 10a von Dornbach bis zur Traisengasse.
Ausstellung: Historisches Museum – „125 Jahre Verein für die Geschichte Wiens – Wiener Geschichtsschreibung".
Premiere: Volkstheater – „Vergewaltigt am Abend" von Bruckner.

3. April
Auszeichnungen: em. o. Hochschulprofessor Gottfried von Einem, Komponist und Ehrenpräsident der AKM, Dr. Rudolf Fiedler, Generaldirektor der Österreichischen Nationalbibliothek – Großes Goldenes Ehrenzeichen für Verdienste um das Land Wien.

Ausstellungen: Wiener Stadt- und Landesbibliothek – „60 Jahre Republik – 1918 Jahr der Wende"; Bezirksmuseum Mariahilf – „Gumpendorfer Maler stellen aus".
Premiere: Theater an der Wien – „Die Gauneroper" von Havel.
Tagung: 14. Österreichischer Archivtag.

4. April
Tagesgeschehen: 3, Beatrixgasse 26 – Enthüllung einer Gedenktafel am Wohnhaus der Schriftstellerin Ingeborg Bachmann.
Auszeichnungen: Dr. John E. Leslie, Präsident, Direktor, zugl. Honorar-Generalkonsul – Goldenes Ehrenzeichen für Verdienste um das Land Wien; Senatsrat Dipl.-Ing. Johann Albrecht – Silbernes Ehrenzeichen für Verdienste um das Land Wien.
Tagung: 14. Österreichischer Historikertag.

5. April
Ausstellung: Rathaus, Schmidt-Halle – „Kinder sehen Wien".
Premiere: Volkstheater/Außenbezirke – „Theaterg'schichten durch Liebe, Intrige, Geld und Dummheit" von Nestroy.
Tagung: Jahrestagung der Österreichischen Vereinigung für das Gas- und Wasserfach.

6. April
Ausstellung: Secession – „Heinz Stangl und Helmut Degen, Malerei".
Premiere: Theater in der Josefstadt – „Tischmanieren" von Ayckbourn.

7. April
Ausstellungen: Budapest – „Wien grüßt Budapest"; Österreichisches Museum für angewandte Kunst – „Marianne Maderna, moderne Glasobjekte und Leuchten".

8. April
Tagesgeschehen: Inbetriebnahme der Autobuslinie 62b von Meidling-Schnellbahnhof zum Liesinger Platz-Schnellbahnhof; 1, Am Hof – Eröffnung des ersten „Bauernmarktes".
Ausstellung: Niederösterreichisches Landesmuseum – „Wolf-Dieter Winiwarter, Malerei, Grafik – Hans Hotzky, Keramiken".
Auszeichnung: Johanna Proksch-Steinhauser – Weltmeisterin im Maschinschreiben.

9. April
Ausstellung: Bezirksmuseum Simmering – „Vom Fetzenlaberl zum zeitgemäßen Fußballsport".

10. April
Tagesgeschehen: Veterinärmedizinische Universität – Eröffnung eines Boltzmann-Instituts für erbgenetische Forschung bei Haustieren.
Todesfall: Bezirksvorsteher a. D. Ernst Theumer (SPÖ, 88 Jahre).

11. April
Auszeichnungen: Prof. Gustav Manker, Direktor des Volkstheaters, Hans Weigel, Schriftsteller – Johann Nestroy-Ring der Stadt Wien 1977.

12. April
Ausstellung: Museum des 20. Jahrhunderts – „Retrospektive Prof. Karl Schwanzer".
Auszeichnungen: Abgeordneter zum Nationalrat a. D. Josef Kratky, Gemeinderat a. D. Paula Kratky – Goldenes Ehrenzeichen für Verdienste um das Land Wien.

(siehe 11. April)

Sport: Stadion – Europacupspiel Austria Memphis – Dynamo Moskau, 2 : 1.

13. April
Tagesgeschehen: Schloß Laxenburg – Vertragsunterzeichnung für die Errichtung einer Planungsgemeinschaft Ost zwischen den Ländern Wien, Niederösterreich und Burgenland.
Auszeichnungen: Polizeigruppeninspektor Friedrich Rodt, Obmann des ÖAMTC-Zweigvereines „Polizei-Motorsport Wien" – Goldenes Verdienstzeichen des Landes Wien; Josef Balogh, Wilhelm Bauer, Otto Bohuslav, Wilfried Dettmar, Erich Friedrich, Josef Landler, Karl Rak, Robert Schiffner, Josef Schilger, Johann Schott, Rudolf Strasser, Erwin Stummerer, Franz Weber, Johann Wukits, Othmar Zimmel, Funktionäre des ÖAMTC – Silbernes Verdienstzeichen des Landes Wien.
Bestellung: Univ.-Doz. Dr. Heinz Gabriel – ärztlicher Leiter im Psychiatrischen Krankenhaus Baumgartner Höhe.
Premiere: Theater in der Josefstadt – „Quer durch den Garten" von Ayckbourn.
Todesfall: Gusti Short-Pichler, Primaballerina (84 Jahre).

14. April

Auszeichnungen: Generalsekretär der UNO Dr. Kurt Waldheim, Prof. Karl Czernetz, Präsident der Parlamentarischen Versammlung des Europarates, Univ.-Prof. Dr. Karl Raimund Popper – Dr. Karl Renner-Preis 1977.
Premiere: Staatsoper – Ballettpremiere.

15. April
Tagesgeschehen: 2, Praterstern 1 – Eröffnung des „Hauses der Begegnung".

17. April
Sondermarken: „Europa CEPT 1978"; „Internationale Jagdausstellung Marchegg 1978"; „III. Interparlamentarische Konferenz über europäische Zusammenarbeit und Sicherheit".
Todesfall: Kammerschauspieler Ewald Balser (80 Jahre).

20. April
Auszeichnungen: Abgeordneter zum Nationalrat a. D. Kammerrat Kommerzialrat Hans Kulhanek – Goldenes Ehrenzeichen für Verdienste um das Land Wien; Senatsrat Dr. Richard Denscher – Berufstitel „Hofrat".

21. April
Premiere: Volkstheater – „Die Wiesenbraut" von Horváth.

22. April
Premiere: Akademietheater – „Die Dreigroschenoper" von Brecht/Weill.

25. April
Tagesgeschehen: II. Universitäts-Frauenklinik – Gründungsversammlung der Österreichischen Gesellschaft für Familie und Kind.
Auszeichnungen: Oberamtsrat Gertrud Bardach, Oberamtsrat Adolf Preisel – Berufstitel „Regierungsrat".
Geld: 100 S-Münze „700 Jahre Stadt Gmunden".

26. April
Tagesgeschehen: 9, Marktgasse 40 – Eröffnung eines Wiener Pfarrmuseums; 21, Am Hubertusdamm – Gleichenfeier der Wiener Moschee.
Auszeichnung: DDr. h. c. Henry Moore, Bildhauer – Großes Goldenes Ehrenzeichen für Verdienste um das Land Wien.

27. April
Ausstellung: Historisches Museum – „Johann Christian Schoeller – Karikatur und Satire im Biedermeier".
Auszeichnung: DDr. Gerald Hinteregger, ao. u. bev. Botschafter Österreichs in Madrid – Goldenes Ehrenzeichen für Verdienste um das Land Wien.
Premiere: Theater in der Josefstadt – „Sechs Personen suchen einen Autor" von Pirandello.

28. April
Tagesgeschehen: Hanusch-Krankenhaus – Eröffnung des ersten Zentrums für Bluterkrankungen in Österreich.
Ausstellungen: Österreichisches Museum für angewandte Kunst – „Carl Unger, Malerei, Grafik, Entwürfe"; Bezirksmuseum Döbling – „50 Jahre Karl Marx-Hof"; Westbahnhof, Halle – „Rudolfsheim-Fünfhaus – ein Bezirk stellt sich vor".

29. April
Tagesgeschehen: Eröffnung des 1. Wiener Straßentheaterfestivals.
Tagung: Österreichischer Städtetag 1978.

2. Mai
Ausstellung: Kulturamt, Ausstellungsraum – „Stadtidentität".

3. Mai
Auszeichnungen: Bedienstete des Wiener städtischen Rettungs- und Krankenbeförderungsdienstes – Silberne und Bronzene Verdienstmedaille des Landesverbandes Wien des Österreichischen Roten Kreuzes.

5. Mai
Ausstellung: Rathaus, Volkshalle – „Wien – eine Chance für die Frau".

6. Mai
Ausstellung: Bezirksmuseum Landstraße – „Hans Vogl, Grafiken und Malereien".
Premiere: Burgtheater – „Prinz Friedrich von Homburg" von Kleist.

8. Mai
Tagesgeschehen: Tang ke, Minister für Metallurgie der Volksrepublik China – Besuch im Rathaus.
Ausstellung: Naturhistorisches Museum – „Das Nordpolargebiet und seine Menschen".

9. Mai

Auszeichnung: Herbert von Karajan, Dirigent – Ehrenbürger der Stadt Wien.
Bestellung: Dr. Mathias Dorcsi – Vorstand des Instituts für physikalische Medizin im Krankenhaus Lainz.

11. Mai
Tagesgeschehen: 21, Brünner Straße 2–4 – Enthüllung einer Gedenktafel am Wohnhaus des ehemaligen Leiters des Floridsdorfer Bezirksmuseums, Schulrat Richard Gerlich.
Ausstellung: Albertina – „Biedermeier und Vormärz: Die Kammermaler Matthäus Loder und Eduard Gurk".

12. Mai
Tagesgeschehen: Eröffnung der Stadtautobahn von Inzersdorf nach Kaisermühlen.
Ausstellung: Österreichische Galerie im Oberen Belvedere – „Caspar David Friedrich und Philipp Otto Runge".
Auszeichnungen: Marianne Gerzner, Joseph Hendrichs, Hermann Laforêt, Maxi Tschunko, Mitglieder des Volkstheaters in den Außenbezirken – Goldenes Verdienstzeichen des Landes Wien; Walter Blaschko, Heinz Buchta, Walter Engelmeier, Helene Grünn, Erich Margo, Herta Sykora, Berti Urbanek, Agnes Walla, Mitglieder des Volkstheaters in den Außenbezirken – Silbernes Verdienstzeichen des Landes Wien.
Sondermarke: „Gotik in der Steiermark".
Todesfall: Kammersänger Alois Pernerstorfer (66 Jahre).

14. Mai
Tagesgeschehen: 4, Südtiroler Platz – Enthüllung eines Andreas Hofer-Denkmales.

16. Mai
Angelobung: Dipl.-Ing. Helmut Werner – Präsident der Ingenieurkammer für Wien, Niederösterreich und Burgenland.
Bestellung: Univ.-Doz. Dr. Kurt Summer – Vorstand der neurologischen Abteilung in der Krankenanstalt Rudolfstifung.

17. Mai

Tagesgeschehen: Buelent Ecevit, Ministerpräsident der Türkei – Besuch im Rathaus.
Ausstellungen: Secession – „Kunst in Kärnten ab 1910"; Messegelände „IFABO 78".
Tagungen: 62. Tagung der Deutschen Gesellschaft für Pathologie; Internationale Seilbahntagung.

18. Mai
Tagesgeschehen: 1, Am Hof – Blumenmarkt.
Ausstellungen: Akademie der bildenden Künste – „Malerei aus Rumänien: Corneliu Baba"; Messepalast – „Spiel 78".

19. Mai
Ausstellungen: Technisches Museum – „Der Automobilkonstrukteur Hans Ledwinka – zum 100. Geburtstag"; Zentralsparkasse – „Kunst als gesellschaftliche Herausforderung".
Premieren: Volkstheater – „Freiheit in Krähwinkel" von Nestroy; Raimundtheater – „Der Teufelsreiter" von Kálmán.
Sport: Radkriterium rund um das Rathaus, Sieger Rudolf Lauscha (Österreich).
Tagung: 2. Wiener Symposium über experimentelle Gerontologie.

20. Mai
Tagesgeschehen: Rathausplatz – Eröffnung der Wiener Festwochen; 7, Stiftgasse 8 – Eröffnung des „Zentrums Amerlinghaus".
Ausstellungen: Wiener Stadt- und Landesarchiv – „Margareten – von der Vorstadt zum Bezirk"; Bezirksmuseum Leopoldstadt – „Prof. Elis Stemberger, Malerei und Grafik".
Premiere: Akademietheater – „Hedda Gabler" von Ibsen.
Sport: Stadion – Sportpressefest, Fußballänderspiel Österreich – Holland, 0 : 1.

21. Mai
Ausstellungen: Bezirksmuseum Simmering – „Hillamaria Cislaghi, Fotos"; Bezirksmuseum Hietzing – „Die phantastische Welt des Luigi la Speranza".
Premiere: Theater an der Wien – Gastspiel des Opernhauses Zürich.

22. Mai
Premiere: Volksoper – „Die drei Pintos" von Weber/Mahler.

24. Mai
Tagesgeschehen: Freigabe eines Teilstückes der Flughafen-Autobahn.
Ausstellungen: Museum des 20. Jahrhunderts – „Foto Polke: Fotos-Multi-Vision"; Niederösterreichisches Landesmuseum – „Volksleben auf Schützenscheiben"; Bezirksmuseum Meidling – „Meidling im Vormärz und 1848".

25. Mai
Sport: 30. Österreich-Rundfahrt der Radamateure.

26. Mai
Ausstellung: Bezirksmuseum Hernals – „Aus dem Hernalser Schulleben".
Sondermarke: „700 Jahre Stadt Gmunden".

27. Mai
Ausstellungen: Akademie der bildenden Künste – „Künstler aus dem Schubert-Kreis"; Österreichisches Theatermuseum – „Wiener Theater des Biedermeier und Vormärz".
Todesfall: Kammerschauspieler Hanns Obonya (56 Jahre).

29. Mai
Ausstellung: Bezirksmuseum Brigittenau – „Brigittenauer Motive in Aquarell und Öl".
Premiere: Stadthalle – Gastspiel des Teatro Campesino, Mexiko.
Tagung: Tagung der Landeskulturreferenten der österreichischen Bundesländer.

30. Mai
Ausstellung: Wiener Stadt- und Landesbibliothek im Palais Harrach – „Schubert und seine Umwelt".
Bestellung: Mag. pharm. Gertrude Strauss – Vorstand der Anstaltsapotheke im Wilhelminenspital.

31. Mai
Ausstellung: Rathaus, Volkshalle – Fußballausstellung.
Premiere: Theater an der Wien – Gastspiel des Staatsopernballetts.

2. Juni
Ausstellungen: Österreichisches Museum für angewandte Kunst – „Herrn Biedermeiers Wunschbillett"; Niederösterreichisches Landesmuseum – „4000 Jahre Kulturgeschichte Vorarlbergs"; Messepalast – 8. Wiener Kunst- und Antiquitätenmesse.
Bestellung: Dr. Margarete Moritz – ärztlicher Abteilungsvorstand im Pflegeheim Liesing.
Premiere: Burgtheater – „Italienische Nacht" von Horváth.

3. Juni
Sport: Jostein Wilmann (Norwegen) – Sieger der 30. Österreich-Rundfahrt der Radamateure.

4. Juni
Tagung: Internationaler Schubert-Kongreß 1978.
Todesfall: Leopold Rudolf, Schauspieler (67 Jahre).

5. Juni
Tagesgeschehen: 2, Praterstraße 54 – Eröffnung eines Johann Strauß-Museums; Entsorgungsbetriebe Simmering – Grundsteinlegung für eine Sonderabfallbeseitigungs-Anlage.
Tagung: Werbewirtschaftliche Tagung.

6. Juni
Ausstellung: Bezirksmuseum Döbling – „Döbling im Revolutionsjahr 1848".
Premiere: Stadthalle – „Hölderlin" von Weiss.
Tagung: 3. Österreichischer Tierärztetag.

8. Juni
Tagesgeschehen: 3, Fleischzentrum St. Marx – Eröffnung der Lebensmitteluntersuchungsanstalt.
Ausstellung: Museum des 20. Jahrhunderts – „Schenkungen an das Museum".
Bestellung: Dr. Leopold Preier – Vorstand der chirurgischen Abteilung im Gottfried von Preyer'schen Kinderspital.

9. Juni
Tagesgeschehen: Rathaus – Concordia-Ball.
Premieren: Staatsoper – „Der junge Lord" von Henze; Theater an der Wien – Gastspiel des Württembergischen Staatstheaters Stuttgart.

10. Juni
Ausstellung: Österreichisches Circus- und Clown-Museum – „10 Jahre Circus- und Clown-Museum – 50 Jahre Sammlung Heino Seitler".
Premiere: Burgtheater – Gastspiel des Teatro Stabile di Trieste.

11. Juni
Tagesgeschehen: 20, Brigittenauer Lände – Eröffnung einer neuen Sportanlage.

12. Juni
Auszeichnungen: Senatsrat Dr. Heinrich Matzke, Oberamtsrat Herbert Dolejs, Verwaltungsoberkommissär Werner Kühtreiber, Verwaltungsoberkommissär Albert Rendl, Verwaltungsoberkommissär Robert Swoboda, Kanzleioberkommissär Otto Ladmann, Kanzleikommissär Franz Gestrab – Österreichische Olympiamedaille 1976; Ehrung der Sportler, welche 1977 den Titel eines Staatsmeisters erringen konnten.

13. Juni
Auszeichnung: Dr. Gunther Placheta-Philipp, Schauspieler und Motorjournalist – Goldenes Ehrenzeichen für Verdienste um das Land Wien.

14. Juni
Ausstellung: Historisches Museum – „Klassizismus in Wien".
Tagung: Internationale Schweißtechnische Tagung.
Todesfall: Kommerzialrat Leopold Millwisch, Generaldirektor i. R. des Österreichischen Verkehrsbüros (70 Jahre).

15. Juni
Ausstellung: Museum für Völkerkunde – „Volkskunst aus Tadschikistan".
Premiere: Theater in der Josefstadt – „Die gefesselte Phantasie" von Raimund.

16. Juni
Premiere: Volkstheater – „Ein Florentinerhut" von Labiche.
Sondermarke: „25 Jahre Sozialtourismus".

17. Juni
Ausstellung: Österreichische Nationalbibliothek – „Französische Gotik und Renaissance in Meisterwerken der Buchmalerei".

18. Juni
Ausstellung: Naturhistorisches Museum – Guppy-Schau, lebende Fische.
Premiere: Akademietheater – „Das weite Land" von Schnitzler.

19. Juni
Premieren: Burgtheater – Gastspiel des Berliner Ensembles; Volksoper – „Der Opernball" von Heuberger; Theater an der Wien – Gastspiel der Bühnen der Stadt Köln.

20. Juni
Geld: 100 S-Münze „700. Jahrestag der Schlacht Dürnkrut und Jedenspeigen".

21. Juni
Auszeichnung: Dipl.-Ing. Raimund Haussmann, Direktor der Wiener Stadtwerke – Elektrizitätswerke – Großes Silbernes Ehrenzeichen für Verdienste um das Land Wien.
Premiere: Staatsoper – „Jenufa" von Janáček.

22. Juni
Tagesgeschehen: 17, Jörgerstraße – Eröffnung des neuen Hernalser Badezentrums.
Auszeichnung: w. Hofrat Prof. Dr. Walter Zettl, Kulturattaché der Österreichischen Botschaft in Rom – Goldenes Ehrenzeichen für Verdienste um das Land Wien.
Premiere: Theater an der Wien – Gastspiel der Vereinigten Bühnen Graz.

23. Juni
Auszeichnungen: Prof. Milo Dor (Literatur), w. Hofrat Dr. Alfred Schmeller (Publizistik), Prof. Fritz Leitermeyer (Musik) – Preise der Stadt Wien 1978.

24. Juni
Tagesgeschehen: 1, Stephansplatz – Eröffnung des Fußgängerbereiches; 75jähriges Jubiläum der Wiener Verkehrsbetriebe.

26. Juni
Ausstellung: Wiener Stadt- und Landesarchiv – „Semmelweis in Wien".

27. Juni
Ausstellung: Naturhistorisches Museum – Eröffnung der neu aufgestellten anthropologischen Sammlung.

28. Juni
Ausstellungen: Kunsthistorisches Museum, Waffensammlung – „Kuriositäten und Inventionen aus den Hofsammlungen"; Stadtpark – „Grüne Galerie".

29. Juni
Ausstellung: Museum des 20. Jahrhunderts – „Missing Link, Objekte".
Premiere: Musikvereinssaal – Eröffnungskonzert „Musikalischer Sommer 1978".

30. Juni
Tagesgeschehen: 21, Carabelligasse – Grundsteinlegung für 188 Siedlungshäuser im Rahmen des Siedlungsprogrammes der Stadt Wien.
Ausstellung: Österreichisches Museum für angewandte Kunst – „Gobelins von Fritz Riedl".
Auszeichnungen: Dr. Franz Scheidl, Vizepräsident des Landesgerichtes für ZRS Wien i. R. – Goldenes Ehrenzeichen für Verdienste um das Land Wien; Univ.-Prof. Dr. Stephan Verosta (Geisteswissenschaften), Univ.-Prof. Dr. Engelbert Broda (Naturwissenschaften), Hofrat Prof. Dr. Norbert Janitschek (Volksbildung) – Preise der Stadt Wien 1978.
Sondermarke: „Internationaler Lehár-Kongreß in Bad Ischl 1978".
Premiere: Theater an der Wien – „Magie 78 – Show".

1. Juli
Tagesgeschehen: Eröffnung der Internationalen Jugendtheatertage; Eröffnung des Internationalen Jugendmusikfestivals.
Tagung: Enquete über Katastrophenmedizin.

2. Juli
Tagesgeschehen: Montreal – Eröffnung eines Wien-Pavillons „Schatzkammer Wien".

3. Juli
Tagesgeschehen: 3, Invalidenstraße – Gleichenfeier für das im Bau befindliche neue Zentrum Landstraße.
Ausstellungen: Albertina – „Meisterzeichnungen der Albertina – Facsimile", „Moderne Grafik".
Auszeichnungen: Hochschulprofessor Oswald Oberhuber, akad. Maler Peter Pongratz (Malerei, Grafik und Bildhauerei), akad. Metallbildhauer Peter Skubic (angewandte Kunst), Dipl.-Ing. Arch. Hans Puchhammer (Architektur) – Preise der Stadt Wien 1978.

4. Juli
Ausstellung: Rathaus, Arkadenhof – „Freunde und Zeitgenossen Schuberts".

5. Juli
Ausstellungen: Künstlerhaus – „Frans Masereel und Otto Rudolf Schatz"; Wiener Stadt- und Landesbibliothek – „Sammlung Pepi Treitl – Autogramme, Theaterprogramme, Zeitungsausschnitte".

6. Juli
Auszeichnungen: Prof. Alois Brunnthaler – Großes Ehrenzeichen für Verdienste um die Republik Österreich; Oberamtsrat Josef Donner – Berufstitel „Regierungsrat".

7. Juli
Ausstellungen: Secession – „Tendenzen und Wege: Malerei und Grafik Wiener Künstler unter 40", „Frühdrucke der Wiener Secession"; Messepalast – „Städtebauliche Entwicklung Wiens bis 1945".

10. Juli
Auszeichnungen: Mario Grininger, Polizeiwachmann, Georg Klippl, Polizeiwachmann, Günter Kotisch, Polizeirevierinspektor, Heinz Schliber, Polizeiwachmann – Rettungsmedaille des Landes Wien.

12. Juli
Ausstellung: Museum des 20. Jahrhunderts – „Neue Fotografie aus Japan".

13. Juli
Auszeichnung: Prof. Heinrich Lunardi, ehem. Kustos des Wiener Uhrenmuseums – Johann Strauß-Medaille in Silber für außerordentliche Verdienste um den Wiener Fremdenverkehr.

14. Juli
Tagesgeschehen: 150jähriger Bestand des Pflegeheimes St. Andrä a. d. Traisen.

19. Juli
Ausstellung: Museum des 20. Jahrhunderts – „Karl Anton Fleck, Plastiken".
Auszeichnung: Dr. Franz Zuleger, ehem. ärztlicher Direktor der Krankenanstalt Rudolfstiftung – Berufstitel „Hofrat".
Todesfall: Franz Elsner, Maler (79 Jahre).

22. Juli
Ausstellung: Österreichisches Museum für angewandte Kunst – „Chinesische Kunst: Die Sammlung des Königs Gustav VI. Adolf von Schweden".

28. Juli
Tagesgeschehen: 15. Europeade für Folklore.

30. Juli
Ausstellung: Künstlerhaus – „Indische Tantra-Kunst".
Todesfall: Univ.-Prof. Dr. Heinz Politzer, Lyriker und Literaturwissenschaftler (67 Jahre).

1. August
Bestellungen: Dipl.-Ing. Arnold Popper – Direktor der Wiener Stadtwerke – Elektrizitätswerke; Dr. Karl Lachnit – Vorstand der 4. medizinischen Abteilung im Pflegeheim Lainz; Dr. Erich Lhotka – Vorstand der 6. medizinischen Abteilung im Pflegeheim Lainz.
Todesfall: Prof. Rudolf Kolisch, Musikwissenschaftler (82 Jahre).

3. August
Bestellung: Univ.-Prof. Dr. Norbert Honetz – Vorstand der 3. medizinischen Abteilung im Franz Josef-Spital.
Todesfall: Prof. Karl Czernetz, Präsident der Parlamentarischen Versammlung des Europarates und Abgeordneter zum Nationalrat (69 Jahre).

7. August
Sondermarken: „Kongreß des internationalen Bundes der Bau- und Holzarbeiter"; „700. Jahrestag der Schlacht bei Dürnkrut und Jedenspeigen".

8. August
Bestellung: amtsführender Stadtrat o. Univ.-Prof. Dipl.-Ing. Dr. techn. Dr. h. c. Rudolf Wurzer – Präsident des Instituts für Stadtforschung.
Geld: 50 S-Münze „150. Todestag von Franz Schubert".

15. August
Tagesgeschehen: Eröffnung der U-Bahn-Linie U 4 zwischen Heiligenstadt und Karlsplatz.
Ausstellung: Historisches Museum im Otto Wagner-Pavillon am Karlsplatz – „Studien zur Wiener Stadtbahn".

17. August
Ausstellung: Bezirksmuseum Neubau – „Baulückenentwürfe für eine Spittelbergsanierung".

21. August
Sondermarken: „Schönes Österreich" (Oberwart, Burgenland); „1100 Jahre Villach".
Tagung: Kongreß des internationalen Bundes der Bau- und Holzarbeiter.

23. August
Tagesgeschehen: 18, Klostergasse 27 – Eröffnung der neuen städtischen Sauna.
Ausstellung: Rathaus, Volkshalle – „55 Jahre Gemeindewohnung – Sozialer Aufstieg durch kommunalen Wohnbau".

24. August
Auszeichnung: Generalkonsul Heinz Baar – Goldenes Ehrenzeichen für Verdienste um das Land Wien.

25. August
Tagesgeschehen: Konstituierende Sitzung des Kuratoriums des Medizinisch-wissenschaftlichen Fonds des Bürgermeisters der Stadt Wien.

26. August
Tagesgeschehen: 13, Atzgersdorfer Straße-Feldkellergasse – Eröffnung des städtischen Hallenbades Hietzing; 16, Sulmgasse – Grundsteinlegung zur 200.000. Wiener Gemeindewohnung.

29. August
Tagesgeschehen: 9, Areal des neuen Universitätszentrums – Gleichenfeier beim Bau des Zoologischen Instituts.
Ausstellung: Österreichische Galerie im Oberen Belvedere – „Rudolf Ribarz, Gemälde".
Todesfall: Prof. Karl Hartl, Filmregisseur (79 Jahre).

30. August
Premiere: Volkstheater – „Don Juan oder Die Liebe zur Geometrie" von Frisch.
Sondermarken: „850 Jahre Stadt Graz"; „Weltmeisterschaft im Sportangeln 1978".
Tagung: 6. Europäischer Kongreß für Perinatale Medizin.
Todesfall: Senatsrat Dipl.-Ing. Franz Rosenfeld, Leiter der Magistratsabteilung 25 (61 Jahre).

31. August
Tagesgeschehen: 13, Rosenhügelstraße 192 – Eröffnung des Pensionistenheimes „Rosenberg".
Premiere: Theater in der Josefstadt – „Leutnant Gustl" von Schnitzler.

1. September
Ausstellungen: Hamburg – „Wien in Hamburg"; Secession – „Marc Chagall".

2. September
Tagesgeschehen: 15, Oelweingasse 21–23 – Benennung der städtischen Wohnhausanlage in „Ernst Papanek-Hof".

3. September
Ausstellung: Bezirksmuseum Floridsdorf – „Stammersdorf – vom Weinort zum Bezirksteil".
Premiere: Volkstheater – „Wassa Schelesnowa" von Gorki.
Todesfall: Senatsrat Dipl.-Ing. Rudolf Paul, Geschäftsführer der Schloß Laxenburg Ges. m. b. H. (61 Jahre).

4. September
Tagesgeschehen: 22, Langobardenstraße 122 – Eröffnung der Krankenpflegeschule im Sozialmedizinischen Zentrum Ost.
Bestellung: Prof. Josef M. Müller – Direktor der Musiklehranstalten der Stadt Wien.

5. September
Ausstellung: Secession – „Secessionistinnen 1978".

6. September
Tagesgeschehen: 11, Rinnböckstraße 49–53 – Benennung der städtischen Wohnhausanlage in „Josef Haas-Hof".
Ausstellung: Museum des 20. Jahrhunderts – „Oskar Maria Graf: Ein Literat zwischen den Kriegen".
Premiere: Kammerspiele – „Nächstes Jahr zur gleichen Zeit" von Slade.

7. September
Auszeichnungen: Prof. Ulrich Baumgartner, ehem. Intendant der Wiener Festwochen – Großes Silbernes Ehrenzeichen für Verdienste um das Land Wien; Prof. Paul Meissner, Präsident der Wiener Secession – Goldenes Ehrenzeichen für Verdienste um das Land Wien; Ruth Dichtl-Mayenburg, Schriftstellerin – Silbernes Ehrenzeichen für Verdienste um das Land Wien.

8. September
Tagesgeschehen: 3, Arsenal – Eröffnung des Fernmeldegebäudes; 17, Alszeile 71–73, und 18, Türkenschanzplatz 6 – Grundsteinlegungen für neue Pensionistenheime.
Ausstellung: Messepalast – „Juwelia 78", Fachmesse Uhren, Schmuck, Juwelen.
Auszeichnungen: Hilli Reschl, Schauspielerin, Alfred Böhm, Schauspieler, Michael Danzinger, Kapellmeister, Willy Kralik, Moderator, Peter Dörre, Regisseur, Mitwirkende und Gestaltende der Fernsehsendung „Seniorenclub" – Goldenes Verdienstzeichen des Landes Wien.

10. September
Tagesgeschehen: 16, Helfort-Platz – Eröffnung der neuen Sportanlage.

12. September
Tagung: Internationales Symposium „Die Frau in den Arbeitsbeziehungen".

13. September
Ausstellung: Galerie Alsergrund – „Der Hof – mein Spielplatz".

14. September
Tagesgeschehen: St. Marx – Gleichenfeier für ein Großkühlhaus.
Ausstellung: Messepalast – „Lederwaren exquisit", Fachmesse für Lederwaren und Reiseartikel.
Auszeichnungen: Kurt G. Sipek, Präsident der Österreichischen Dentistenkammer – Großes Silbernes Ehrenzeichen für Verdienste um das Land Wien; Kommerzialrat Hans Biletti, Direktoriumsmitglied der „Österreichischen Blindenwohlfahrt", Obermedizinalrat Dr. Friedrich Leimser, Bezirksarzt – Silbernes Ehrenzeichen für Verdienste um das Land Wien; Josef Graf, Geschäftsführer des Sozialwerkes für österreichische Artisten – Goldenes Verdienstzeichen des Landes Wien.
Premiere: Theater in der Josefstadt – „Stella" von Goethe.

15. September
Tagesgeschehen: 15, Vogelweidplatz – Eröffnung eines neuen Parks.
Ausstellungen: Technisches Museum – „Vom Saumpfad zur Autobahn"; Bezirksmuseum Meidling – „Meidling – unser Bezirk", „70 Jahre Sportklub Wacker".

16. September
Tagesgeschehen: Eröffnung der Wiener Internationalen Herbstmesse; Tag des Sports.

Ausstellung: Messepalast – Österreichische Schuhmusterschau.
Sport: 21, Neue Donau – 25. Weltmeisterschaften im Sportangeln.

17. September
Tagesgeschehen: Stadthalle – Eröffnung der Senioren-Woche 1978; 21, Ringelseeplatz – Eröffnung einer Jugendsportanlage.

18. September
Bestellung: Dr. Ferdinand Pfeiler – Vorstand der VII. medizinischen Abteilung im Pflegeheim Lainz.

19. September
Geld: 100 S-Münze „1100 Jahre Villach".
Premiere: Akademietheater – „Gin-Rommé" von Coburn.

20. September
Ausstellung: Künstlerhaus – 4. Österreichischer Kulturmarkt.
Auszeichnungen: Vizepräsident Techn. Fachinspektor Johann Vavra, Landesleiter des Landesverbandes Wien der Österreichischen Wasserrettung – Silbernes Ehrenzeichen für Verdienste um das Land Wien; Brandrat i. R. Johann Grieb, Landesverbandsleiter-Stellvertreter des Landesverbandes Wien der Österreichischen Wasserrettung – Goldenes Verdienstzeichen des Landes Wien; Kurt Ditrich, Kontrollor Gerhard Stipani, Funktionäre des Landesverbandes Wien der Österreichischen Wasserrettung – Silbernes Verdienstzeichen des Landes Wien.
Sport: Stadion – Fußballänderspiel Österreich – Schottland, 3 : 2.

21. September
Ausstellungen: Österreichisches Museum für angewandte Kunst – „Design aus Schweden"; Künstlerhaus – „Krimobile – Der Kreislauf der Kriminalität".
Auszeichnungen: Eduard Harald Schrack, Generaldirektor der Firma E. Schrack Elektrizitäts-Aktiengesellschaft – Goldenes Ehrenzeichen für Verdienste um das Land Wien; Betriebsrat Heinrich Kratochvila, Betriebsrat Hans Kasper – Goldenes Verdienstzeichen des Landes Wien.
Premiere: Raimundtheater – „Der Bettelstudent" von Millöcker.
Sondermarken: „Den Behinderten Österreichs"; „9. Internationaler Kongreß der Beton- und Fertigteilindustrie".
Tagung: Internationales Symposium über Management im Krankenhaus.
Todesfall: Peter Vogel, Schauspieler und Regisseur (41 Jahre).

22. September
Auszeichnungen: „Uhu klebt wirklich alles", „Campari", „Buchwoche 77" – beste Plakate des Jahres 1977.
Premiere: Volkstheater – „Amerika" von Kohut/Klima.

23. September
Tagesgeschehen: Rathaus – Tag der offenen Tür; 13, Hietzinger Kai 1 – Eröffnung eines neuen Jugendzentrums.

24. September
Ausstellung: Messepalast – 49. Internationale Wiener Damenmode-Woche.

25. September
Tagesgeschehen: 21, Freytaggasse 32 – Eröffnung eines Ausbildungszentrums für Sozialberufe.
Ausstellung: Künstlerhaus – „Politano, Malerei".
Auszeichnungen: Primarius Dr. Friedrich Gnan, Senatsrat Dipl.-Ing. Richard Petryna, Senatsrat i. R. Dipl.-Ing. Leonhard Werner – Großes Ehrenzeichen für Verdienste um die Republik Österreich; Oberphysikatsrat Dr. Friedrich Brunner, Oberamtsrat Ludwig Peraus – Goldenes Ehrenzeichen für Verdienste um die Republik Österreich; Dr. Franz Biron – Silbernes Ehrenzeichen für Verdienste um die Republik Österreich.
Tagung: 8. Europäischer Kongreß für Verhaltenstherapie.

26. September
Tagesgeschehen: 10, Per Albin Hansson-Siedlung Ost, Wendstattgasse 3 – Eröffnung eines neuen Jugendzentrums.
Ausstellungen: Secession – „Oskar Höfinger, Skulpturen"; Künstlerhaus – „Luigi La Speranza, Malerei".

27. September
Tagesgeschehen: 16, Thaliastraße 44 – Eröffnung der neuen Musikschule Ottakring.
Ausstellungen: Museum des 20. Jahrhunderts – „Max Ernst, Grafiken, Buchillustrationen"; Secession – „Guido Kucznierz, Zeichnungen und Collagen", „Portfolios von 12 Künstlern".

28. September
Tagesgeschehen: 5, Stöbergasse 11–15 – Eröffnung des ersten Erwachsenenbildungszentrums Österreichs.

29. September
Tagesgeschehen: 11, Erste Haidequergasse 1 – Inbetriebnahme des Blockkraftwerkes I/2 im Dampfkraftwerk Simmering; 21, Leopoldauer Straße 70 – Benennung der städtischen Wohnhausanlage in „Rudolf Hitzinger-Hof".
Ausstellung: Österreichisches Museum für angewandte Kunst – „Wladimir Narbutt-Lieven, experimentelle Fotografie".
Auszeichnungen: Oberamtsrat Franz Pfundner, Oberamtsrat Heinrich Schmatzer – Berufstitel „Regierungsrat".

30. September
Tagesgeschehen: 11, Simmeringer Hauptstraße 243 – Eröffnung des Hallenbades Simmering.
Premiere: Burgtheater – „Der Schwierige" von Hofmannsthal.

1. Oktober
Tagesgeschehen: 22, Donaustadtstraße 30 – Einschaltung der ersten Anlage für das Kabel-Fernsehen.
Premieren: Staatsoper – „Die schweigsame Frau" von Strauss; Volkstheater/Außenbezirke – „3. November 1918" von Csokor.

2. Oktober
Tagesgeschehen: Eröffnung der neugebauten Philadelphiabrücke.
Ausstellungen: Wiener Stadt- und Landesarchiv – „Von der Vorstadt zum Bezirk: Margareten"; Wiener Stadt- und Landesbibliothek – „Glaube und Aberglaube im Wiener Volksbrauch".
Premiere: Theater an der Wien – „Die Gräfin vom Naschmarkt" von Halletz/Nachmann.

3. Oktober
Tagesgeschehen: Eröffnung der neugebauten Floridsdorfer Brücke.

4. Oktober
Ausstellung: Albertina – „Max Weiler, Zeichnungen, Grafiken".
Todesfall: Karl Zaruba, Komponist und Leiter des Schrammelquartetts (77 Jahre).

5. Oktober
Auszeichnungen: Oberamtsrat Kurt Penca – Berufstitel „Regierungsrat"; Ernst Meister, Schauspieler, Manfred Jaksch, Schauspieler, Rolf Langenfass, Bühnenbildner – Karl Skraup-Preis 1978 der BAWAG.

6. Oktober
Tagesgeschehen: 10, Per Albin Hansson-Siedlung Ost, Ada Christen-Gasse 2 – Eröffnung eines neuen Hauses der Begegnung.
Bestellung: Univ.-Prof. Dr. Kurt Keminger – Vorstand der Chirurgischen Abteilung im Elisabeth-Spital.

7. Oktober
Todesfall: Bundesrat a. D. Kommerzialrat Alfred Porges (SPÖ, 77 Jahre).

8. Oktober
Tagesgeschehen: Wiener Landtags- und Gemeinderatswahlen; Verteilung der Mandate: 62 Sozialistische Partei Österreichs, 35 Österreichische Volkspartei, 3 Freiheitliche Partei Österreichs.
Ausstellung: Bezirksmuseum Mariahilf – „Franz Lehár – zum 30. Todestag".

12. Oktober
Ausstellung: Historisches Museum – „Ferdinand Schmutzer, Grafiken".
Sondermarke: „Europäischer Familienkongreß 1978".

13. Oktober
Ausstellung: Niederösterreichisches Landesmuseum – „Zechyr: Höllental – Topografie einer wildromantischen Landschaft".

14. Oktober
Sport: Hallenstadion – Zehnkampf der Supersportler.

16. Oktober
Tagesgeschehen: Künstlerhaus-Kino – Eröffnung der „Viennale 1978".
Ausstellung: Creditanstalt-Bankverein – „Die Wiener Ringstraße und ihre Architektur seit 1857".
Tagung: 4. Konferenz der Europäischen Verfassungsgerichte.

17. Oktober
Ausstellung: Musikverein – „Franz Schubert und seine Zeit".

18. Oktober
Ausstellungen: Museum für Völkerkunde – „Die Kelten in Gallien"; Museum des 20. Jahrhunderts – „Toni Michlmayr, Fotoserie einer Zerstörung"; Galerie Alsergrund – „Eva Dobretsberger: Die Strudelhofstiege – Thema mit Variationen".

19. Oktober
Ausstellung: Naturhistorisches Museum – „Rasterelektronenmikroskope – Blick ins Unbekannte".
Auszeichnungen: o. Univ.-Prof. Dipl.-Ing. Dr. Josef Dorfwirth, o. Univ.-Prof. Dipl.-Ing. Dr. Edwin Engel, Obersenatsrat Dipl.-Ing. Otto Engelberger, Arch. Prof. Wilhelm Holzbauer, Prof. Dipl.-Ing. Dr. Rupert Schickl, Arch. Prof. Dipl.-Ing. Dr. Kurt Schlauss – Goldenes Ehrenzeichen für Verdienste um das Land Wien; Dipl.-Ing. Günther Buschan, Ing. Wolfgang David, Arch. Dipl.-Ing. Norbert Gantar, Verwaltungsoberkommissär Gerhard Gilnreiner, Arch. Dipl.-Ing. Georg Ladstätter, Arch. Dipl.-Ing. Heinz Marschalek, Stadtbaurat Dipl.-Ing. Peter Wünschmann – Silbernes Ehrenzeichen für Verdienste um das Land Wien.

20. Oktober
Ausstellungen: Akademie der bildenden Künste – „Roland Rainer – Architektur"; Secession – „Bernhard Luginbühl, Zeichnungen, Fotos"; Niederösterreichisches Landesmuseum – „Aquarien und Terrarien als Hifsmittel im modernen Naturkundeunterricht".
Auszeichnungen: Dipl.-Ing. Dirk Noordhof, Vizepräsident des Philips-Konzerns – Goldenes Ehrenzeichen für Verdienste um das Land Wien; Dipl.-Vw. Wilhelm Brauner, Handelsdelegierter der Bundeswirtschaftskammer – Silbernes Ehrenzeichen für Verdienste um das Land Wien.

21. Oktober
Ausstellung: Messegelände – Internationale Fachmesse für Hotel-, Gastgewerbe und Großküchen und Internationale Konditorei-Ausstellung.

22. Oktober
Ausstellung: Naturhistorisches Museum – „Gesehen, fotografiert, gestaltet", Fotoausstellung.
Premieren: Volksoper – „Der Fremdenführer" von Ziehrer; Theater in der Josefstadt – „Panoptikum" von Molnár.

23. Oktober
Auszeichnungen: o. Univ.-Prof. Dr. Heinrich Fichtenau, Historiker, o. Univ.-Prof. Dr. Rudolf Hanslik, Philologe, Prof. Heinrich Harrer, Schriftsteller, o. Univ.-Prof. Dr. Willibald M. Plöchl, Kirchenrechtler – Ehrenmedaille der Bundeshauptstadt Wien in Gold.
Sport: Stadthalle – Tennis-Grand-Prix.
Tagung: 32. Österreichischer Ärztekongreß – Van Swieten-Tagung.

25. Oktober
Ausstellung: Albertina – „Jungnickel – Zülow – Laske: drei österreichische Künstler der Jahrhundertwende und Zwischenkriegszeit".
Premiere: Akademietheater – „Der Pelikan" von Strindberg.
Todesfall: Kammersänger Herbert Alsen (73 Jahre).

26. Oktober
Tagesgeschehen: 2, Scherzergasse 1a – Eröffnung des Gustinus Ambrosi-Museums.
Premiere: Staatsoper – „Palestrina" von Pfitzner.
Tagung: 1. Internationaler Kongreß für Humanökologie.

29. Oktober
Premiere: Burgtheater – „Kampl" von Nestroy.

30. Oktober
Tagesgeschehen: 22, Kagran – Inbetriebnahme eines neuen Umspannwerkes.

31. Oktober
Tagesgeschehen: 12, Enderstraße 1 – Eröffnung der 3. Sozialpädagogischen Ambulanz für Kinder.
Ausstellungen: Chikago – „Wintertime in Vienna"; Künstlerhaus – „Schweizer Tapisserien".

1. November
Ausstellung: Hofburg – Österreichische Buchwoche.

2. November
Ausstellung: Heeresgeschichtliches Museum – „Kaiserliche Holzkriegsschiffe auf der Donau".
Bestellung: Senatsrat Dipl.-Ing. Helmut Kastl – Techn. Vizedirektor der Wiener Stadtwerke – Elektrizitätswerke.
Premiere: Volkstheater/Außenbezirke – „Der eingebildete Kranke" von Molière.

3. November
Premiere: Volkstheater – „Zur schönen Aussicht" von Horváth.
Sondermarke: „Franz Schubert 1797–1828".

4. November
Ausstellungen: Niederösterreichisches Landesmuseum – „Bürger und Bauern im Weitental"; Bezirksmuseum Margareten – „Margareten – ein Großstadtbezirk auf dem Weg zur Gegenwart"; Bezirksmuseum Döbling – „Zehn Jahre internationales Opern-Archiv".
Sport: Gerhard Freund, Behindertensportler – Weltrekord im 100 km-Rollstuhlfahren (6:58,43).

5. November
Tagesgeschehen: Volksabstimmung über die Inbetriebnahme des Atomkraftwerkes Zwentendorf – 50,47% Nein, 49,53% Ja.

6. November
Tagung: 25. Jugendamtspsychologen-Tagung.

7. November
Auszeichnungen: Sektionschef i. R. Dr. Franz Fischer, ehem. Leiter des Bundespressedienstes – Großes Goldenes Ehrenzeichen für Verdienste um das Land Wien; Ministerialrat Dr. Kurt Skalnik, Präsident des Presseclubs „Concordia" – Großes Silbernes Ehrenzeichen für Verdienste um das Land Wien; Dr. Alfred Schneider, Generalsekretär des Presseclubs „Concordia" – Goldenes Ehrenzeichen für Verdienste um das Land Wien.
Bestellung: Univ.-Doz. Dr. Bruno Tiso – Vorstand der 2. Medizinischen Abteilung in der Poliklinik.
Sondermarke: „Lise Meitner 1878–1968".

9. November
Ausstellung: Messegelände – „Schule 78", internationale Fachmesse.
Sport: Franz Dögl, Radrennfahrer – Weltrekord im Stundenfahren hinter Schrittmachern bei den Professionals (74.450 m).
Todesfall: Otto Siegl, Komponist und Musikpädagoge (82 Jahre).

10. November
Ausstellung: Messepalast – 9. Wiener Kunst- und Antiquitätenmesse 1978.
Auszeichnungen: Prof. Victor Jacobsen-Reingruber, Publizist, Prof. Georg Popa-Grama, Präsident, Karl Prochazka, Bundesfeldmeister des Österreichischen Pfadfinderbundes, Peter Heinz Stockhammer-Kersten, Unterhaltungskünstler – Silbernes Ehrenzeichen für Verdienste um das Land Wien; Karl Hodina, Wiener Liedersänger und Komponist, Maler und Grafiker, Gernot Zrost-Türmer, Unterhaltungskünstler – Goldenes Verdienstzeichen des Landes Wien.
Sondermarke: „Victor Adler 1852–1918".
Todesfall: Theo Lingen, Schauspieler (75 Jahre).

12. November
Tagesgeschehen: 60. Geburtstag der Republik Österreich.
Tagung: 1. Internationaler Kongreß über Medien und Pädagogik.

13. November
Tagesgeschehen: Konstituierende Sitzung des Wiener Gemeinderates: Bürgermeister – Leopold Gratz (SPÖ), Vizebürgermeister – Gertrude Fröhlich-Sandner (SPÖ), Dr. Erhard Busek (ÖVP); amtsführende Stadträte – Kurt Heller (Personal und Sport), Peter Schieder (Inneres und Bürgerservice), Hans Mayr (Finanzen und Wirtschaft), Gertrude Fröhlich-Sandner (Kultur, Jugend und Bildung), a. o. Univ.-Prof. Dr. Alois Stacher (Gesundheit und Soziales), o. Univ.-Prof. Dipl.-Ing. Dr. techn. Dr. h. c. Rudolf Wurzer (Stadtplanung), Hans Böck (Bauten), Hubert Pfoch (Wohnen), Heinz Nittel (Städtische Dienstleistungen und Konsumentenschutz), Franz Nekula (Verkehr und Energie), alle SPÖ; Stadträte – Dr. Erhard Busek, Dr. Günther Goller, Dr. Gertrude Kubiena, Dr. Jörg Mauthe, Wilhelm Neusser, alle ÖVP; konstituierende Sitzung des Wiener Landtages: Erster Präsident – Reinhold Suttner (SPÖ), Zweiter Präsident – Fritz Hahn (ÖVP), Dritter Präsident – Otto Schweda (SPÖ); 10, Oberlaa – Eröffnung der neuen AUA-Zentrale.
Ausstellung: Messepalast – Internationale Ausstellung für die dritte Welt.
Todesfall: Werner Kraut, Regisseur (67 Jahre).

14. November
Angelobung: Bürgermeister Leopold Gratz – Landeshauptmann von Wien.

15. November
Ausstellungen: Österreichische Nationalbibliothek – „60 Jahre Republik im Spiegel der Musik"; Messepalast – „Die städtebauliche Entwicklung Wiens bis 1945"; Museum des 20. Jahrhunderts – „Rudolf Kedl – Das plastische Werk von 1948–1978", „Karl Blossfeldt – Fotografieren, Urformen der Kunst".
Sport: Stadion – Fußballänderspiel Österreich – Portugal, 1 : 2.

16. November
Sondermarken: „Tag der Briefmarke 1978"; „Weihnachten 1978".

17. November
Auszeichnungen: Prof. Heinrich Holreiser, Dirigent, Kammersängerin Prof. Esther Rethy, Kammersängerin Prof. Hilde Zadek – Ehrenmedaille der Bundeshauptstadt Wien in Gold.
Sport: Stadthalle – 21. Internationales Hallen-Reit- und Springturnier.

18. November
Tagesgeschehen: Stephansplatz – Eröffnung der U-Bahn-Station.
Ausstellung: Rathaus, Volkshalle – 4. Weihnachtsausstellung des Kulturamtes der Stadt Wien.
Premiere: Burgtheater – „Der Zauberer von Oos" von Baum.

20. November
Auszeichnungen: em. o. Univ.-Prof. DDr. Leo Gabriel, Philosoph – Ehrenmedaille der Bundeshauptstadt Wien in Gold; Generaldirektor Dr. Herbert Gruber, Konsul Dr. h. c. Max Grundig – Goldenes Ehrenzeichen für Verdienste um das Land Wien; Kommerzialrat Dkfm.

Karl Ernst, Präsident des Hauptverbandes der Wiener Messe-Interessenten, Dipl.-Ing. Heinz Honsig, Leiter des Ref. 3 der MD-BD, Johannes Peter Manhardt, Geschäftsführer, Direktor – Silbernes Ehrenzeichen für Verdienste um das Land Wien.

21. November
Auszeichnungen: Überreichung von Ehrenzeichen für Verdienste um die Befreiung der Republik Österreich von der nationalsozialistischen Gewaltherrschaft an 357 Personen.
Tagung: Symposium über „Ursachen und Auswirkungen der Kinderdelinquenz".

22. November
Auszeichnungen: Liesl Ujvary, Gernot Wolfgruber (Literatur), Erik Freitag, Heinz Karl Gruber (Musik), Walter Angerer, Bildhauer und Grafiker, akad. Maler Dr. Tassilo Blittersdorff (bildende Kunst), Dr. Johann Georg Bröll, Univ.-Doz. Dipl.-Ing. Dr. techn. Herbert Mang, Univ.-Doz. Mag. Dr. phil. Wendelin Schmidt-Dengler, Dr. Heinz G. Tunner (Wissenschaft), Dr. Werner Lenz (Volksbildung) – Förderungspreise der Stadt Wien 1978.
Premiere: Kammerspiele – „Hurra, ein Junge" von Arnold/Bach.

23. November
Ausstellung: Messepalast – „Austro-Boot 78".
Premiere: Theater in der Josefstadt – „Der Meteor" von Dürrenmatt.
Sondermarken: „30 Jahre Allgemeine Erklärung der Menschenrechte"; „Moderne Kunst in Österreich" (Adam von Rudolf Hausner); „Schönes Österreich" (Bischofsmütze, Salzburg).

24. November
Tagesgeschehen: 14, Hütteldorfer Straße 136 – Eröffnung einer neuen Sauna im Penzinger Bad.
Auszeichnung: Senatsrat Hofrat Prof. Wilhelm Zorn – Großes Silbernes Ehrenzeichen für Verdienste um das Land Wien.

25. November
Premiere: Akademietheater – „Franziska" von Wedekind.

27. November
Ausstellung: Österreichisches Theatermuseum – „Japanisches Theater".

28. November
Ausstellung: Österreichische Galerie im Oberen Belvedere – „Arnulf Rainer, Totenmasken".
Auszeichnungen: o. Hochschulprofessor Dr. Hans Gillesberger, künstlerischer Leiter der Wiener Sängerknaben, Prof. Hans Lang, Komponist, Hofrat Ing. Peter Moser, Landesschulinspektor i. R., Prof. Sepp Nordegg, Bühnenbildner, Direktor i. R. Hofrat Dr. Walter Ritzer, Prof. Dr. Friedrich Sacher, Schriftsteller, Univ.-Prof. Dr. Karl Rudolf Stadler, Historiker – Goldenes Ehrenzeichen für Verdienste um das Land Wien; Überreichung von Ehrenzeichen für Verdienste um die Befreiung der Republik Österreich von der nationalsozialistischen Gewaltherrschaft an 353 Personen.

29. November
Auszeichnungen: Oberamtsrat Johann Eibl, Oberamtsrat Robert Kruthy, Oberstadtbaurat Dr. Edith Szoldatics – Goldenes Ehrenzeichen für Verdienste um die Republik Österreich.

30. November

Auszeichnungen: Generalmusikdirektor Prof. Dr. Dr. h. c. Karl Böhm, Dirigent – Überreichung der Ehrenbürgerurkunde der Stadt Wien; Mira Lobe (Kleinkinderbuch), Renate Welsh (Kinderbuch), Brigitte Peter (Jugendbuch), Christine Oppermann-Dimow (Illustration) – Kinder- und Jugendbuchpreis 1978.
Premiere: Raimundtheater – „Paganini" von Lehár.

1. Dezember
Tagesgeschehen: 16, Panikengasse 12–16 – Benennung der städtischen Wohnhausanlage in „August Scholz-Hof".
Ausstellungen: Kunsthistorisches Museum – „Giambologna – ein Wendepunkt der europäischen Plastik"; Österreichisches Museum für angewandte Kunst – „Marika Drechsler, Grafiken".
Auszeichnungen: em. a. o. Univ.-Prof. Dr. Walter Graf, Musikwissenschaftler, Prof. Armin Kaufmann, Komponist, o. Hochschulprofessor Dr. Andreas Liess, Musikwissenschaftler, em. o. Univ.-Prof. Dr. Dr. h. c. Otto Pächt, Kunsthistoriker, Prof. Dr. Erik Werba, Komponist und Pianist – Ehrenmedaille der Bundeshauptstadt Wien in Gold.
Geld: 100 S-Münze „Arlbergstraßentunnel erbaut 1974 bis 1978".
Premieren: Volkstheater/Außenbezirke – „Festival für einen Gauner" von Sauvajon; Stadthalle – „Der Schatz im Silbersee" von May.
Sport: Stadthalle – Internationale Meisterschaften von Österreich im Fechten.

2. Dezember
Tagesgeschehen: 19, Geweygasse/Stürzergasse – Eröffnung des Hallenbades Döbling.
Ausstellung: Bezirksmuseum Döbling – „Döblinger Veduten".

4. Dezember
Tagesgeschehen: St. Anna-Kinderspital – Eröffnung eines Zentrums für Bluterkrankungen im Kindesalter.

5. Dezember
Auszeichnungen: Prof. Karl Etti, Dirigent und Komponist, Kammersängerin Gertrude Grob-Prandl, Prof. Josef Hadraba, Komponist, Friedrich Jüptner-Jonstorff, Film- und Innenarchitekt, Prof. Karl Pilss, Komponist, Regierungsrat Prof. Dr. Reinhold Schmid, Chordirigent – Ehrenmedaille der Bundeshauptstadt Wien in Silber.

6. Dezember
Ausstellungen: Rathaus, Schmidt-Halle – „Spielzeug von gestern“; Museum des 20. Jahrhunderts – „Alternative Architektur“; Niederösterreichisches Landesmuseum – „Trachten in Niederösterreich“.

7. Dezember
Tagesgeschehen: Krankenhaus Lainz – Eröffnung der neuadaptierten Hals-Nasen-Ohren-Abteilung.
Ausstellungen: Österreichisches Museum für angewandte Kunst – „Friedensreich Hundertwasser, Bildteppiche“; Secession – „Amnesty International – Bilder“, „Neues Bauen in alter Umgebung“; Rathaus, Schmidt-Halle – Jubiläumsschau der Uhrmacher.
Auszeichnungen: em. o. Univ.-Prof. Dr. Otto Demus, Präsident des Bundesdenkmalamtes i. R., a. o. Univ.-Prof. Hofrat Dr. Walter Goldinger, Generaldirektor des Österreichischen Staatsarchivs i. R., o. Univ.-Prof. Dr. Erich Heintel, Philosoph, o. Univ.-Prof. Dr. Ferdinand Klostermann, Theologe, o. Univ.-Prof. Dr. Walter Kornfeld, Prälat – Ehrenmedaille der Bundeshauptstadt Wien in Gold.

8. Dezember
Ausstellung: Messepalast – „Niki Lauda-Show“.
Tagung: Jahrestagung der Internationalen Arbeitsgemeinschaft für Mikrochirurgie.

9. Dezember
Premiere: Staatsoper – „Carmen“ von Bizet.

10. Dezember
Ausstellung: Bezirksmuseum Landstraße – „Inge Naske, Emailbilder“.

11. Dezember
Auszeichnung: Dr. Anton Pick, Präsident der Israelitischen Kultusgemeinde – Goldenes Ehrenzeichen für Verdienste um das Land Wien.
Premiere: Volksoper – „Der Zarewitsch“ von Lehár.

12. Dezember
Tagesgeschehen: Neue Burg – Eröffnung des Ephesos-Museums.

13. Dezember
Tagesgeschehen: Taha Mohieddin Maaruf, Vizepräsident des Irak – Besuch im Rathaus.
Ausstellung: Technische Universität – „Wohnbau in Kanada“.
Auszeichnungen: Univ.-Prof. Dr. Hugo Husslein, Gynäkologe – Ehrenmedaille der Bundeshauptstadt Wien in Gold; Primarius i. R. Univ.-Prof. Dr. Ernst Bauer, Primarius Univ.-Doz. Dr. Johann Czermak, Primaria Dr. Margaretha Jablkovski, Primarius a. o. Univ.-Prof. Dr. Erich Reimer, ärztlicher Direktor i. R. Univ.-Doz. Dr. Wilhelm Solms-Rödelheim, Regierungsrat Direktor Ernst Woloszczuk – Goldenes Ehrenzeichen für Verdienste um das Land Wien.

14. Dezember
Ausstellung: Historisches Museum der Stadt Wien – „Fasching in Wien – Der Wiener Walzer – 1750–1850“.
Auszeichnungen: Dr. Kurt W. Grimm, Präsident der Krankenanstalt Rudolfinerhaus – Goldenes Ehrenzeichen für Verdienste um das Land Wien; Obermedizinalrat Dr. Johann Dolinar, Vizepräsident der Ärztekammer für Wien, Obermedizinalrat Dr. Herbert Christ, Primarius Dr. Kurt Stellamor, Obermedizinalrat Dr. Kurt Steyrer – Silbernes Ehrenzeichen für Verdienste um das Land Wien; Sr. M. Cantiana Kratky – Goldenes Verdienstzeichen des Landes Wien; Sanitätsoberrevisor Jakob Loidolt, Sanitätsrevisor Erwin Brunner – Einsatzmedaille des Landes Wien.

16. Dezember
Premiere: Volkstheater – „Meine Nichte Susanne“ von Adler/Steinbrecher.

17. Dezember
Premiere: Akademietheater – „Betrogen“ von Pinter.

18. Dezember
Empfang: Austria Memphis – Fußballmeister 1977/78.

19. Dezember
Auszeichnungen: amtsführender Stadtrat a. o. Univ.-Prof. Dr. Alois Stacher – Großes Ehrenzeichen der Ärztekammer für Wien; Prof. Dr. Helmut Fiechtner, em. a. o. Hochschulprofessor Gertrude Höchsmann, Kunstgewerblerin, Prof. Franz Luby, akad. Maler und Bildhauer, Wilhelm Anton Oerley, Schriftsteller, Prof. Dr. Viktor Suchy, Schriftsteller und Literaturhistoriker, Prof. Dr. Franz Tassié, Schriftsteller und Kulturredakteur, Prof. Dr. Herbert Tichy, Reiseschriftsteller – Ehrenmedaille der Bundeshauptstadt Wien in Silber.

21. Dezember
Premiere: Theater in der Josefstadt – „Ein idealer Gatte“ von Wilde.

22. Dezember
Auszeichnung: amtsführender Stadtrat Kurt Heller – Goldenes Ehrenzeichen des Bundes Österreichischer Fußball-Lehrer.
Premiere: Burgtheater – „Emilia Galotti“ von Lessing.
Todesfall: Otto Probst, Dritter Präsident des Nationalrates (SPÖ, 67 Jahre).

26. Dezember
Sport: Stadthalle – Hallenfußball-Turnier.

27. Dezember
Todesfall: Egon Jordan, Schauspieler (76 Jahre).

28. Dezember
Todesfall: Prof. Gustav Zelibor, Komponist und Kapellmeister (76 Jahre).

30. Dezember
Premiere: Volkstheater – „Heinrich IV.“ von Shakespeare.

KULTUR, SPORT UND FREIZEIT

Burgtheater

1, Dr. Karl Lueger-Ring 2
Direktion: Tel. 53 24*

Tageskassa
1, Goethegasse 1, Tel. 53 24*

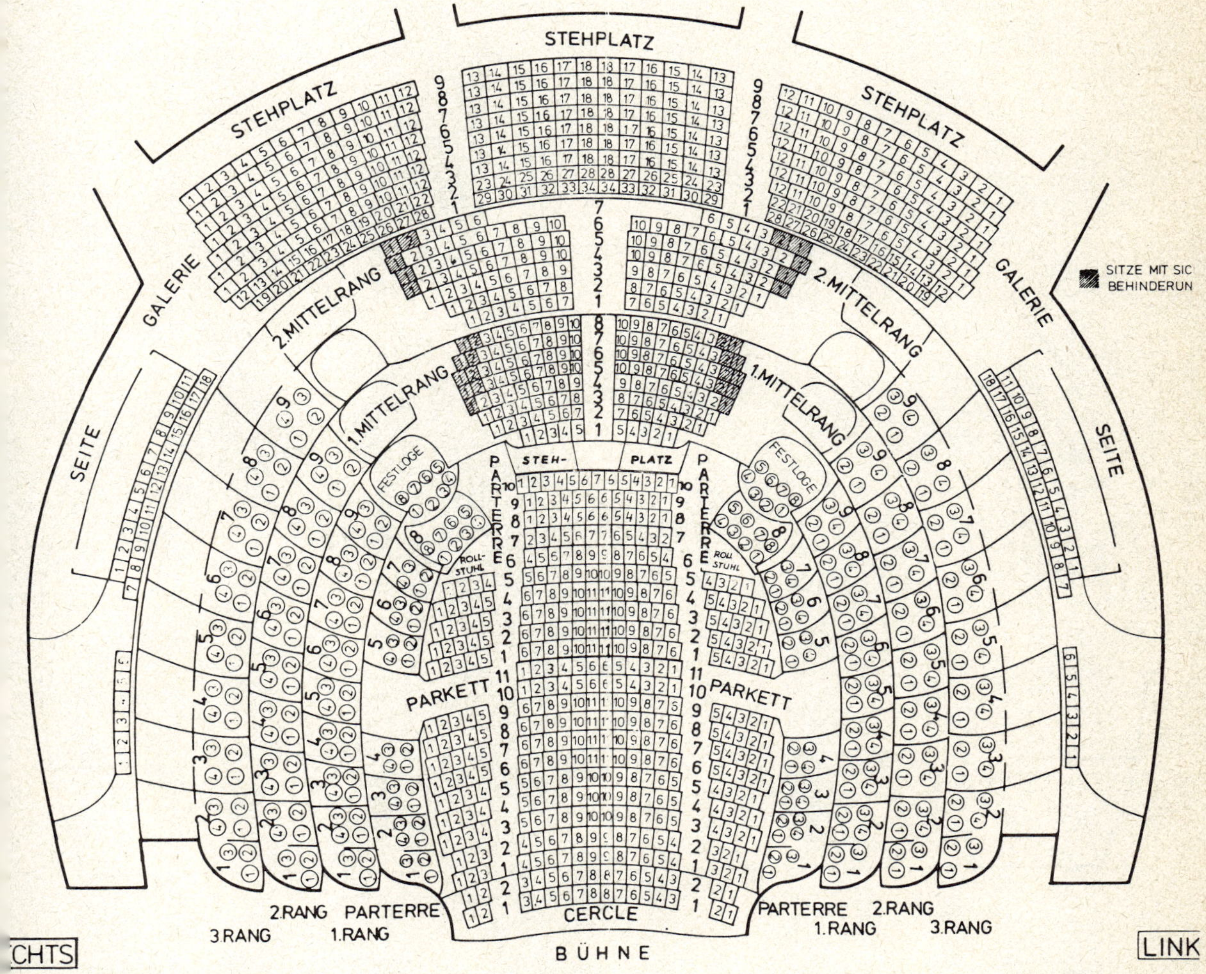

Fassungsraum: 1.511 Personen
(1.339 Sitzplätze, 172 Stehplätze)

Akademietheater

3, Lisztstraße 1
Direktion: Tel. 53 24*

Tageskassa
1, Goethegasse 1, Tel. 53 24*
Abendkassa, 3, Lisztstraße 1, Tel. 53 24*

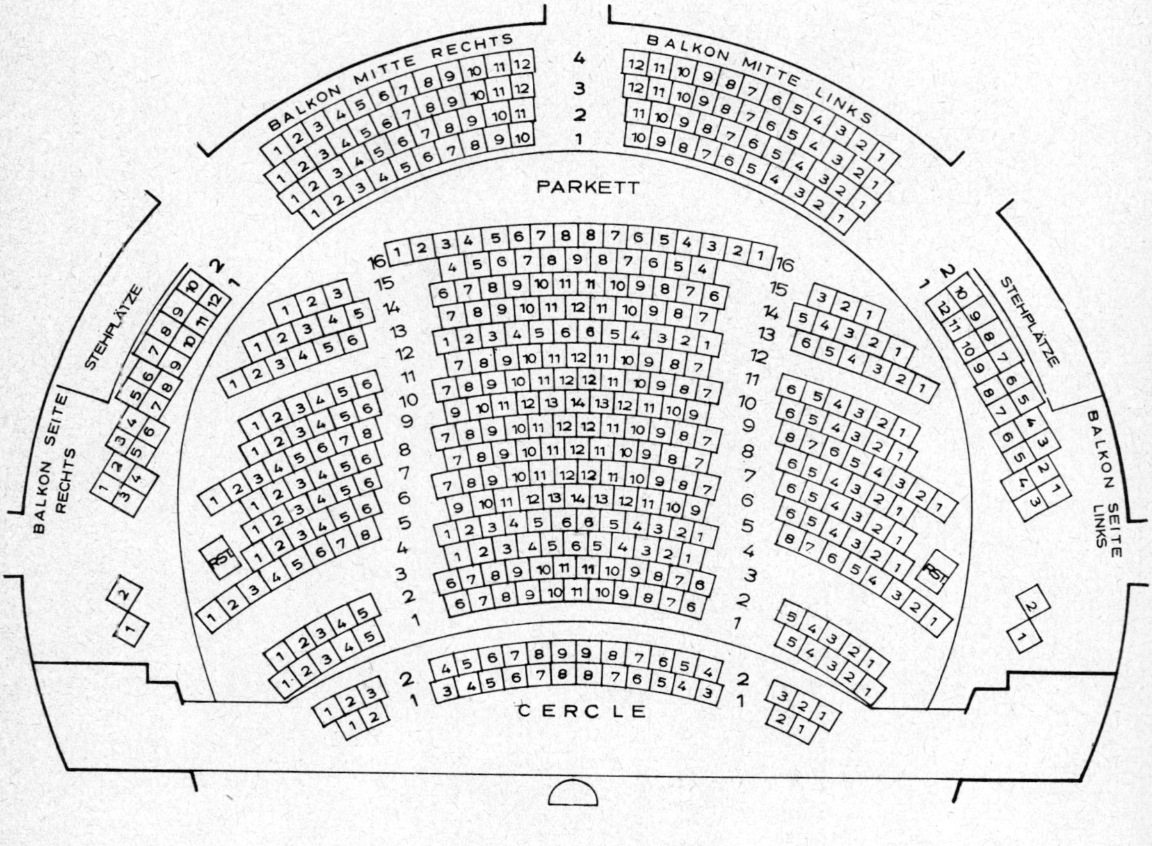

Fassungsraum: 528 Personen
(496 Sitzplätze, 32 Stehplätze)

Staatsoper

1, Opernring 2
Direktion: Tel. 53 24*

Tageskassa
1, Goethegasse 1, Tel. 53 24*

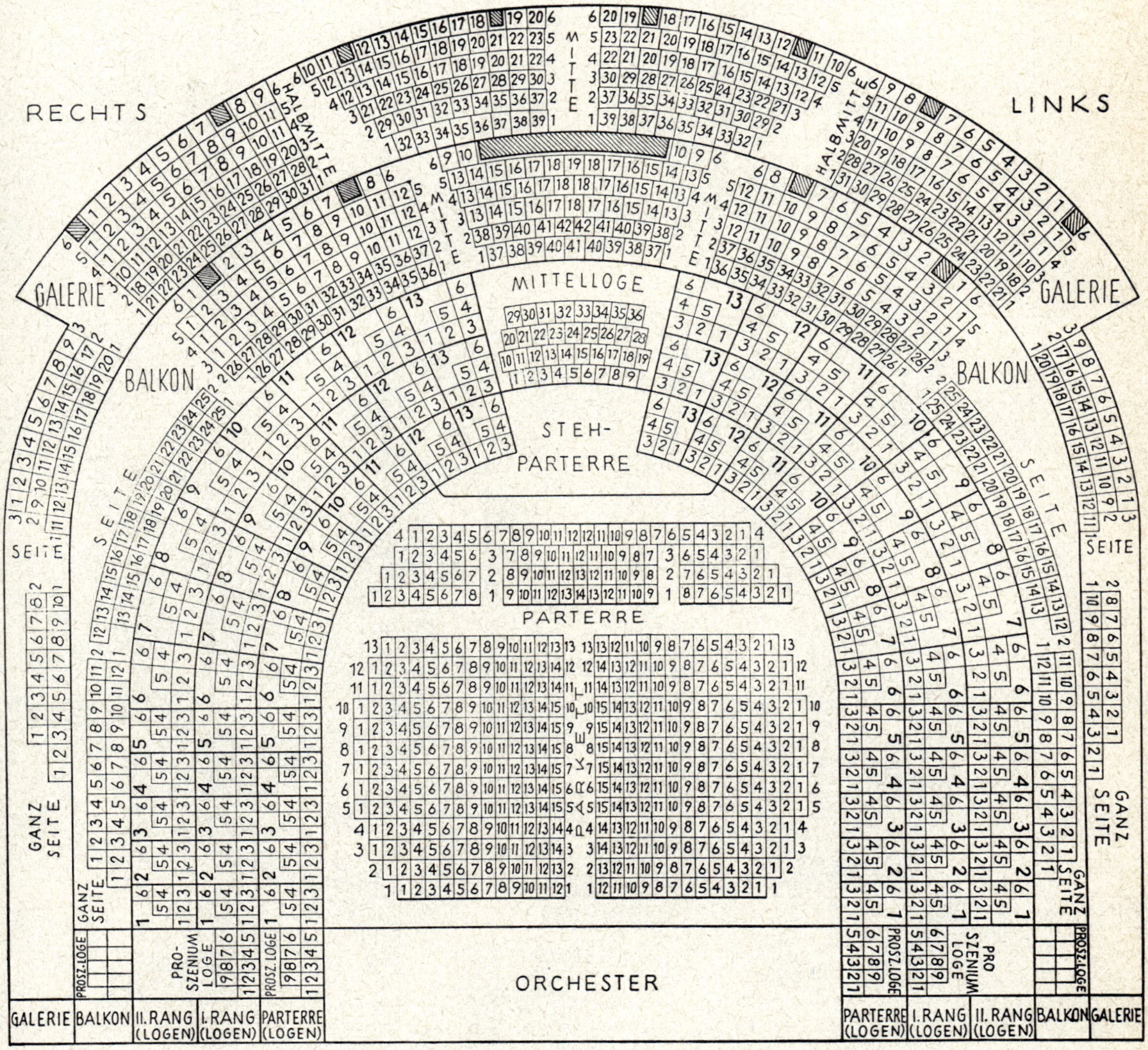

Fassungsraum: 2.209 Personen
(1.642 Sitzplätze, 567 Stehplätze)

Volksoper

9, Währinger Straße 78
Direktion: Tel. 53 24*

Tageskassa
1, Goethegasse 1, Tel. 53 24*, und
im Gebäude, Tel. 53 24*

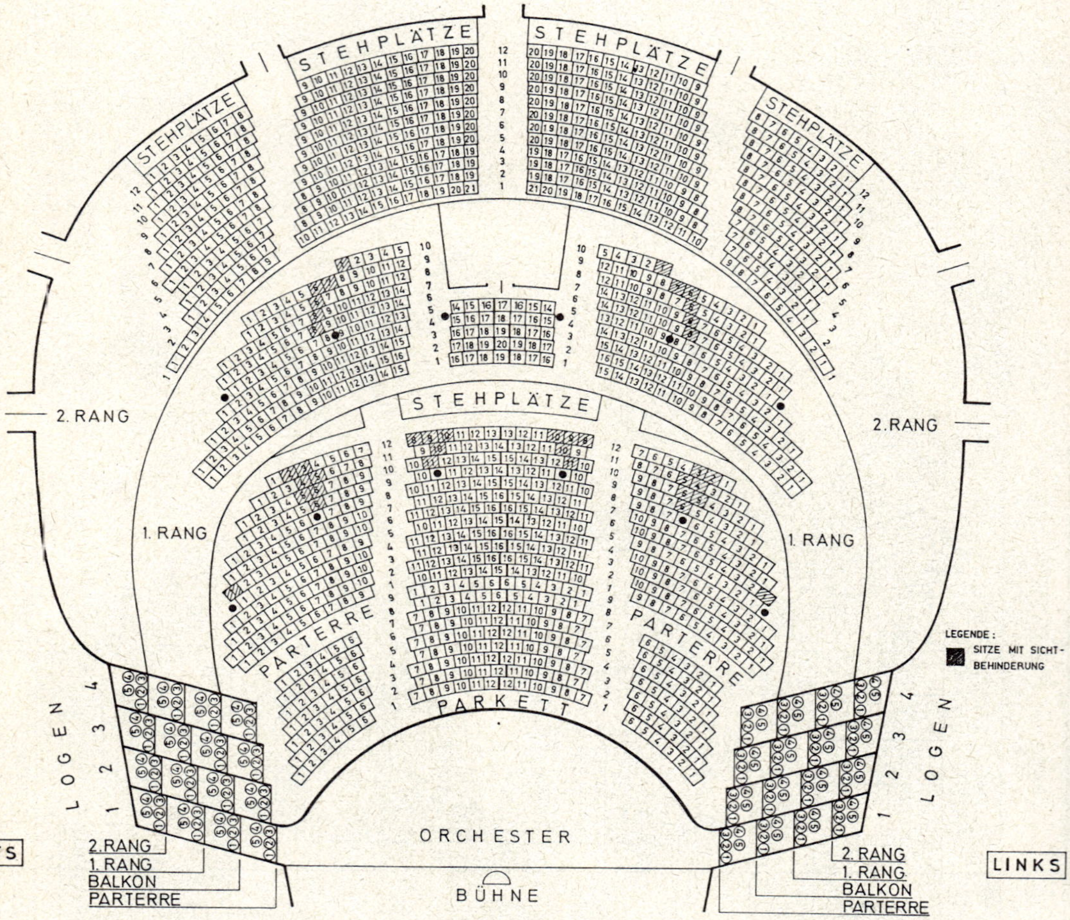

Fassungsraum: 1.589 Personen
(1.475 Sitzplätze, 114 Stehplätze)

Theater an der Wien

6, Linke Wienzeile 6
Direktion: 57 96 32*

Tageskassa im Gebäude
Tel. 57 71 51*

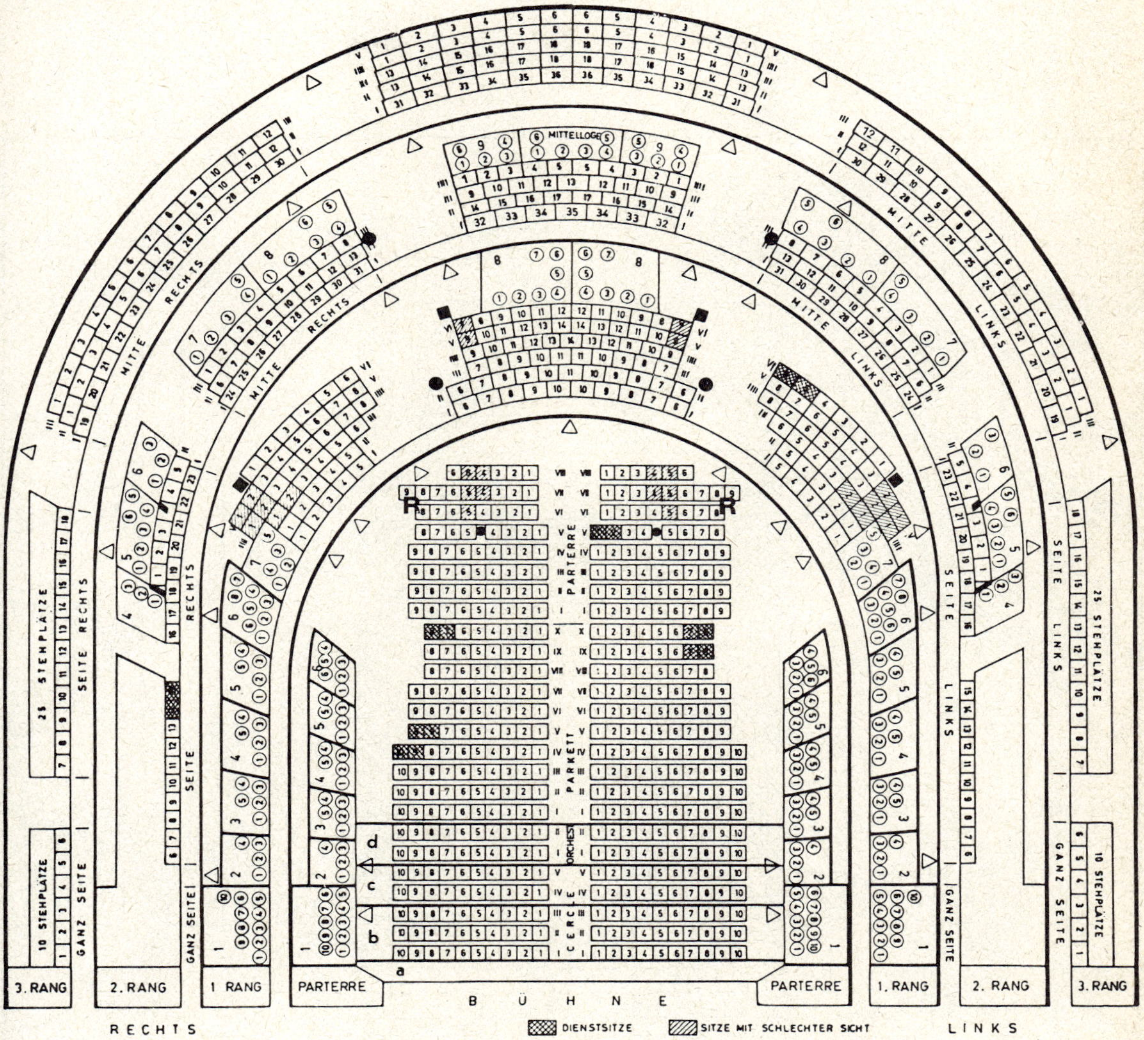

Fassungsraum:
ohne Orchesterraum: 1.124 Sitzplätze*
und 70 Stehplätze
mit kleinem Orchesterraum: 1.064 Sitzplätze*
und 70 Stehplätze
mit mittlerem Orchesterraum: 1.024 Sitzplätze*
und 70 Stehplätze
mit großem Orchesterraum: 984 Sitzplätze*
und 70 Stehplätze

* Bei Aufstellung für Rollstühle verringert sich die Zahl der Sitzplätze um jeweils 4 Plätze.

Theater in der Josefstadt

8, Josefstädter Straße 26
Direktion: Tel. 42 76 31, 42 23 41

Tageskassa im Gebäude
Tel. 42 51 27

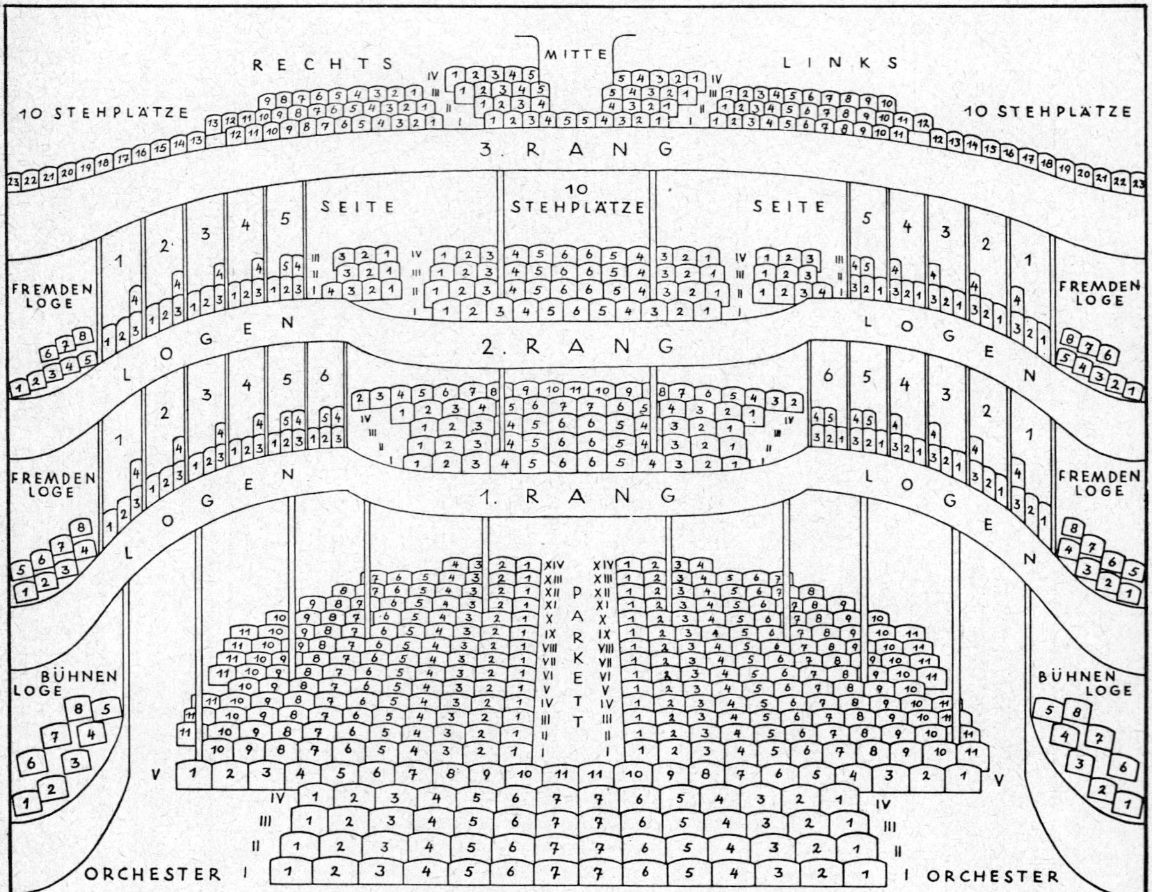

Fassungsraum: 785 Personen

Volkstheater

7, Neustiftgasse 1
Direktion: Tel. 93 21 48

Tageskassa im Gebäude
Tel. 93 27 76

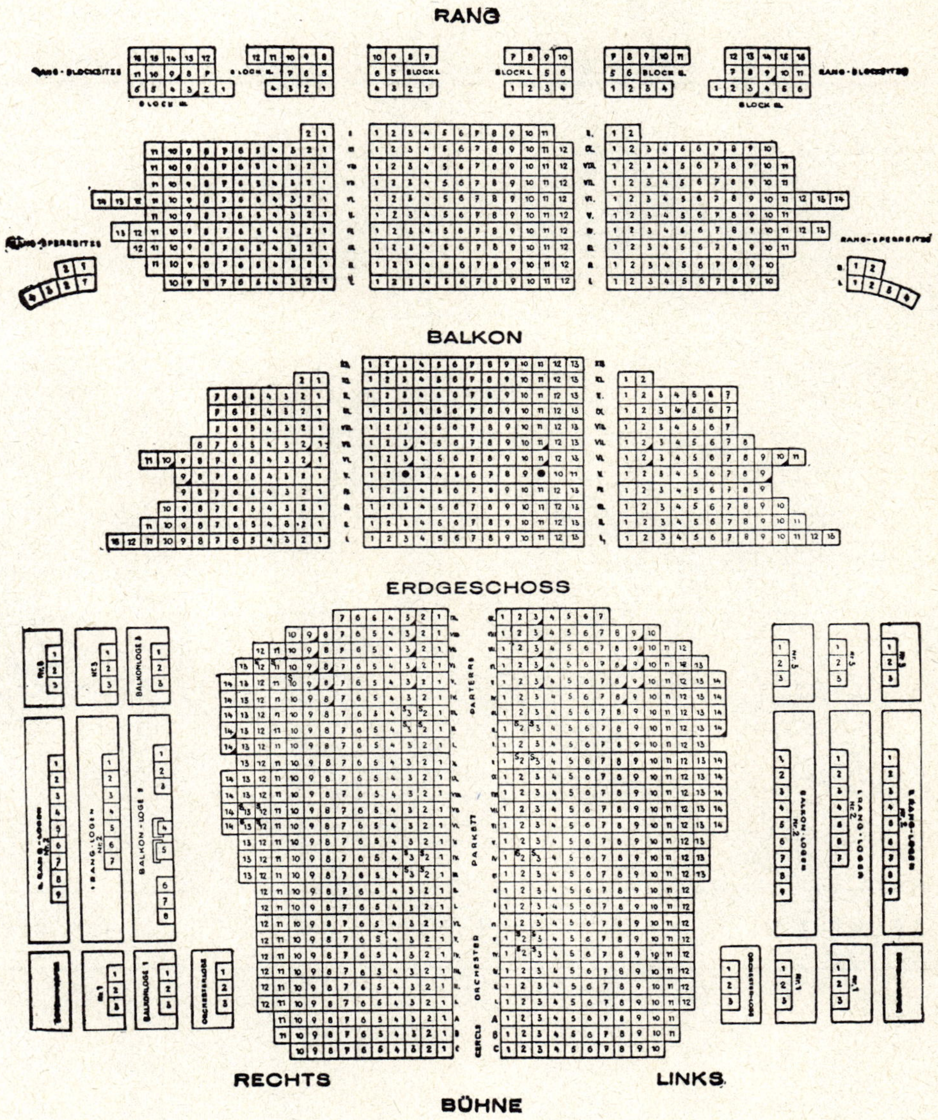

Fassungsraum: 1.539 Personen

Wiener Kammerspiele

1, Rotenturmstraße 20
Direktion: Tel. 63 29 97

Tageskassa im Gebäude
Tel. 63 28 33

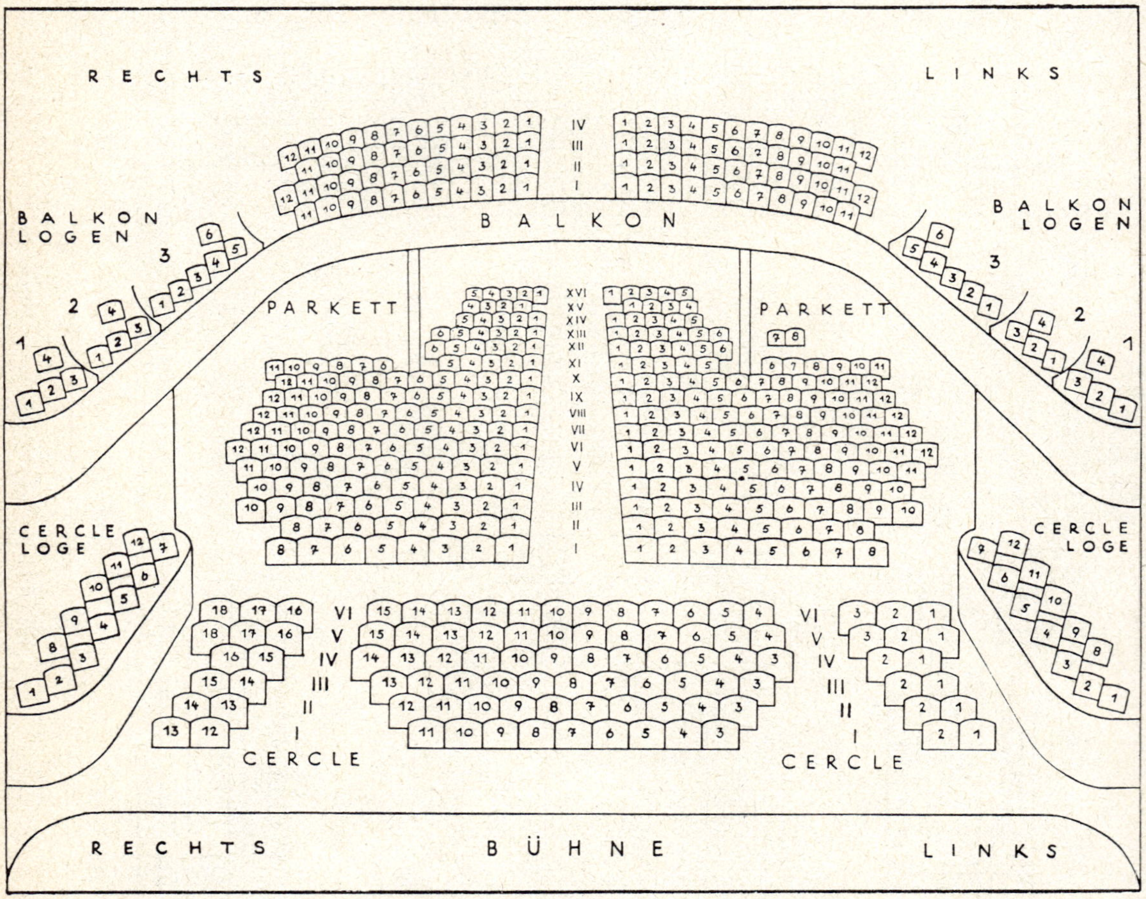

Fassungsraum: 528 Personen

Raimundtheater

6, Wallgasse 18–20

Tageskassa im Gebäude
Tel. 57 66 26

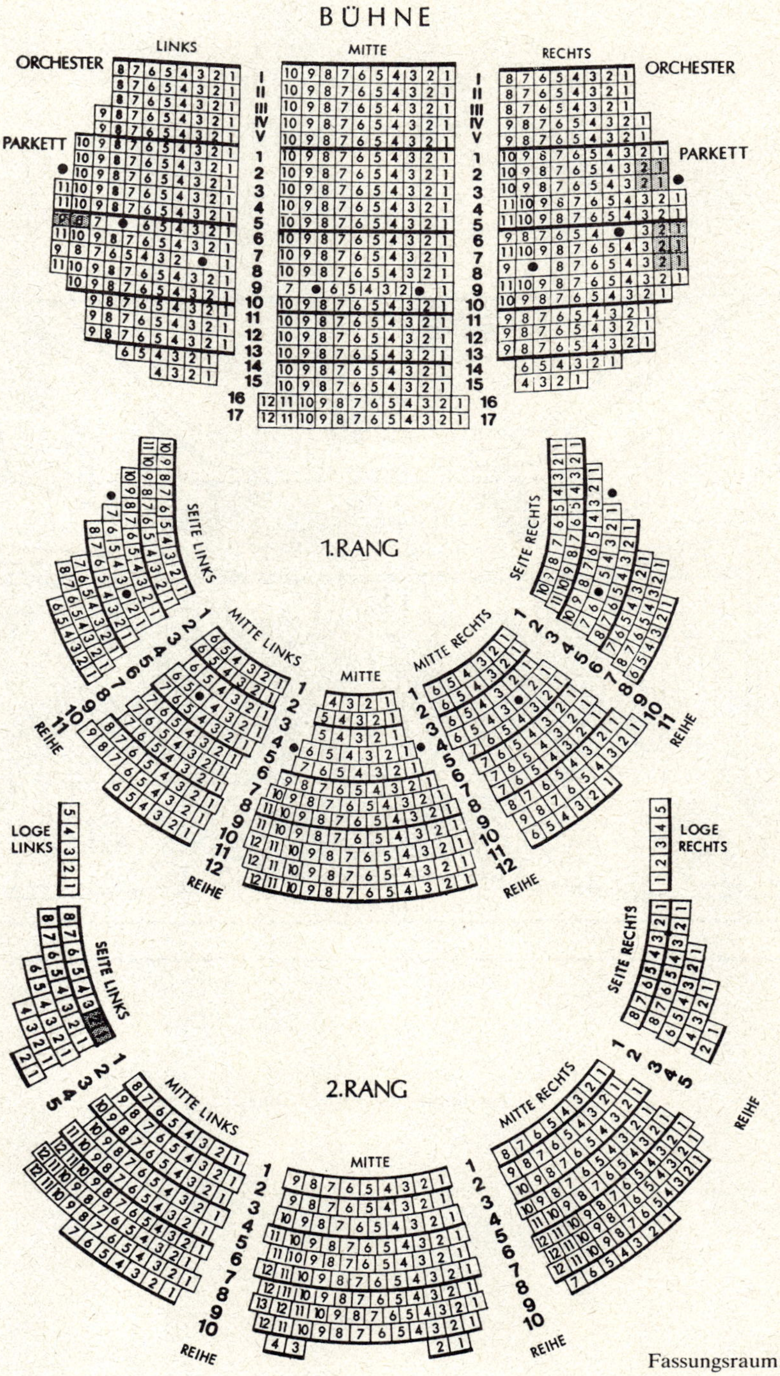

Fassungsraum: 1.333 Personen

Theater der Jugend – Renaissance-Theater

7, Neubaugasse 36
Tel. 93 23 94

Kartenverkauf 1, Hofburg, Batthyánystiege
Tel. 52 71 33

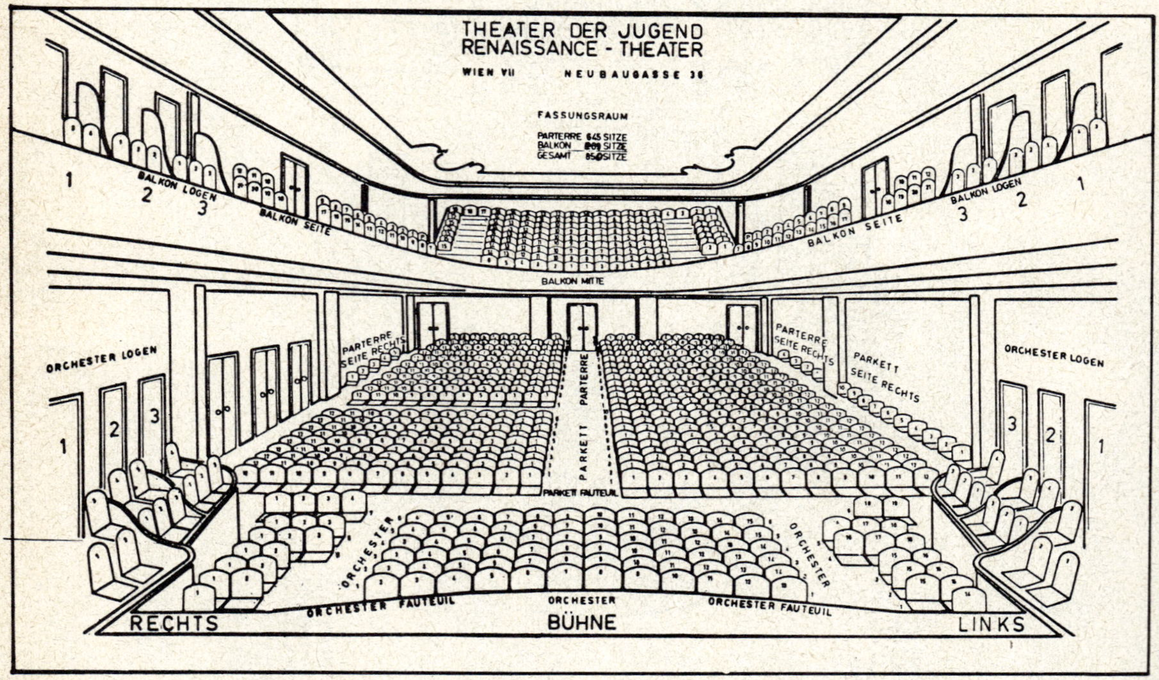

Fassungsraum: 850 Personen

Spanische Reitschule

1, Michaelerplatz, Hofburg, Kuppel

Tageskassa im Gebäude
Tel. 52 18 36, 52 18 17

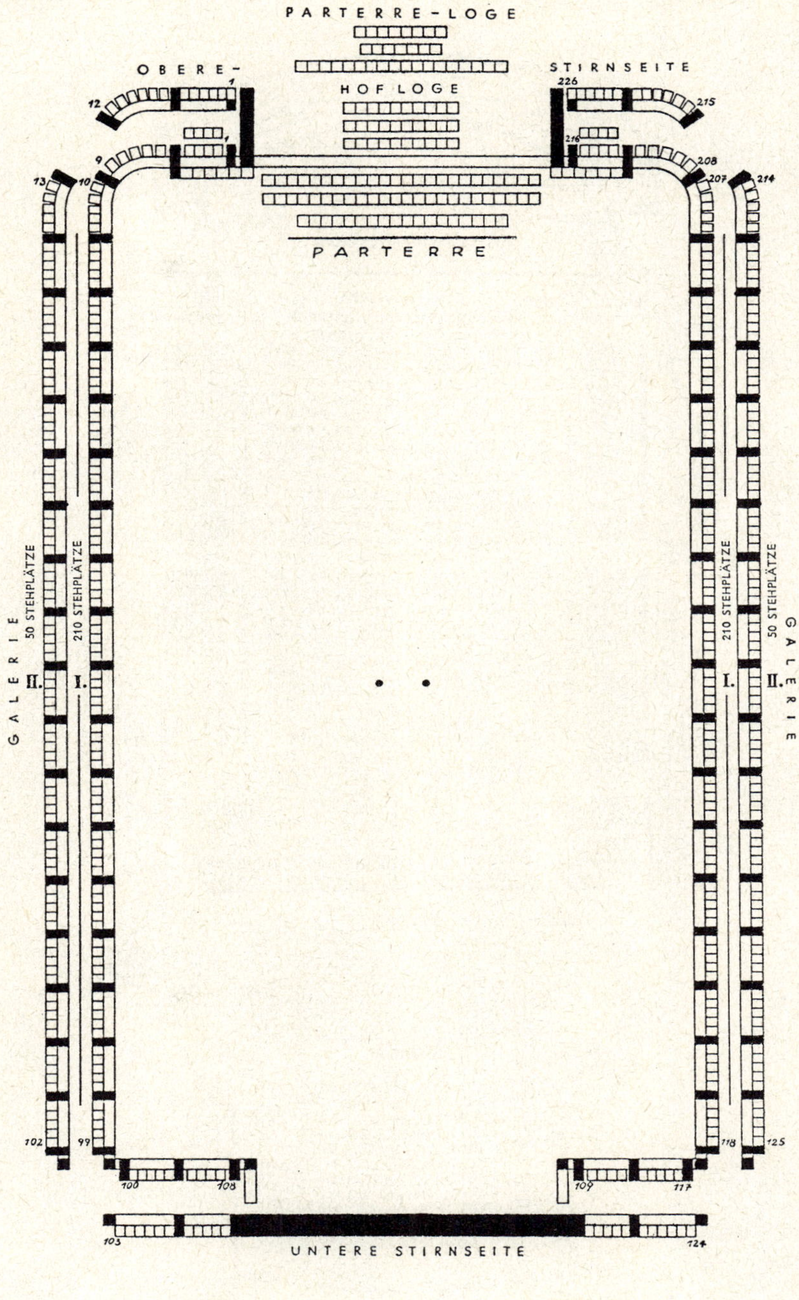

Fassungsraum: 1.093 Personen
(573 Sitzplätze, 520 Stehplätze)

Wiener Konzerthaus

(Großer Saal)

3, Lothringerstraße 20
Direktion: Tel. 72 46 86

Tageskassa im Gebäude
Tel. 72 12 11

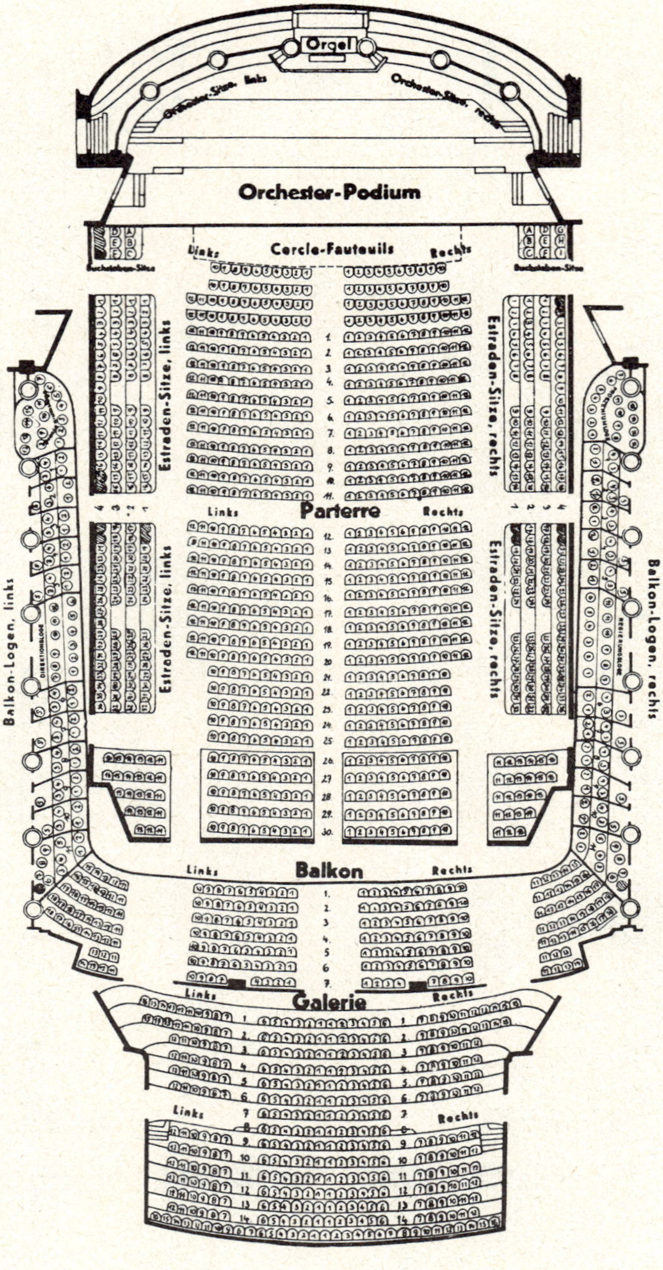

Fassungsraum: 1.840 Personen

Wiener Konzerthaus

Mittlerer (Mozart-)Saal

3, Lothringerstraße 20
Direktion: Tel. 72 46 86

Tageskassa im Gebäude
Tel. 72 12 11

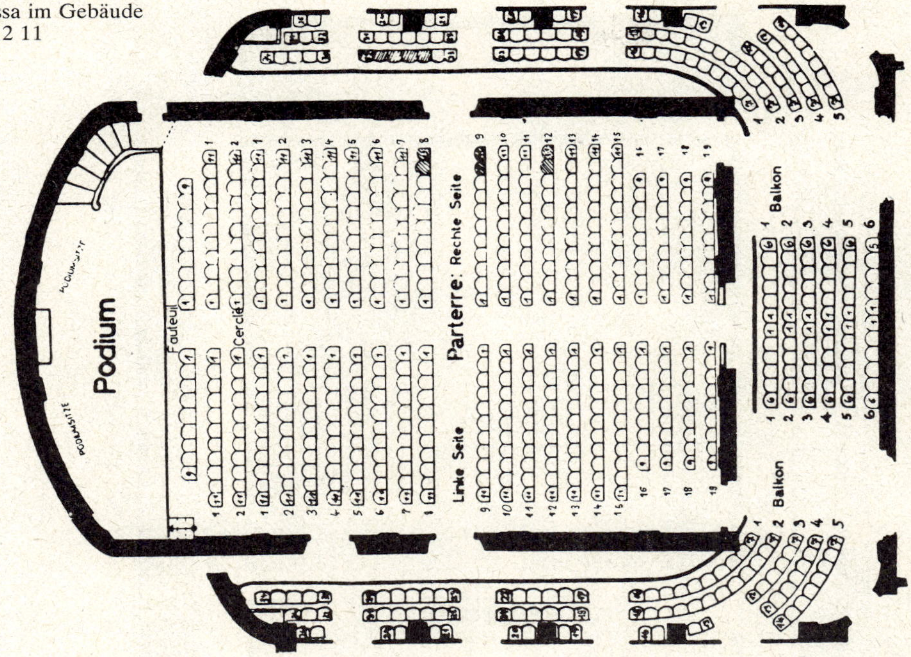

Fassungsraum: 706 Personen

Hugo Wolf-Saal:
Ensemble
Theater
im Konzerthaus
für 107 Personen

Kleiner (Schubert-)Saal

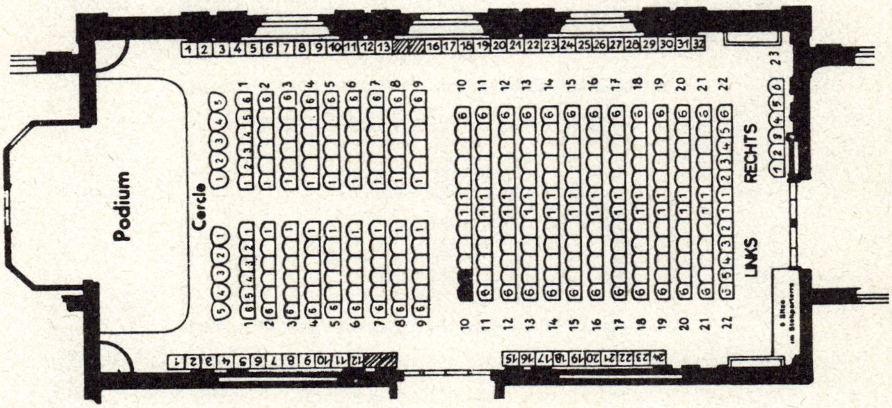

Fassungsraum: 341 Personen

Großer Musikvereinssaal

1, Bösendorferstraße 12
Direktion: Tel. 65 86 81

Tageskassa im Gebäude
Tel. 65 81 90

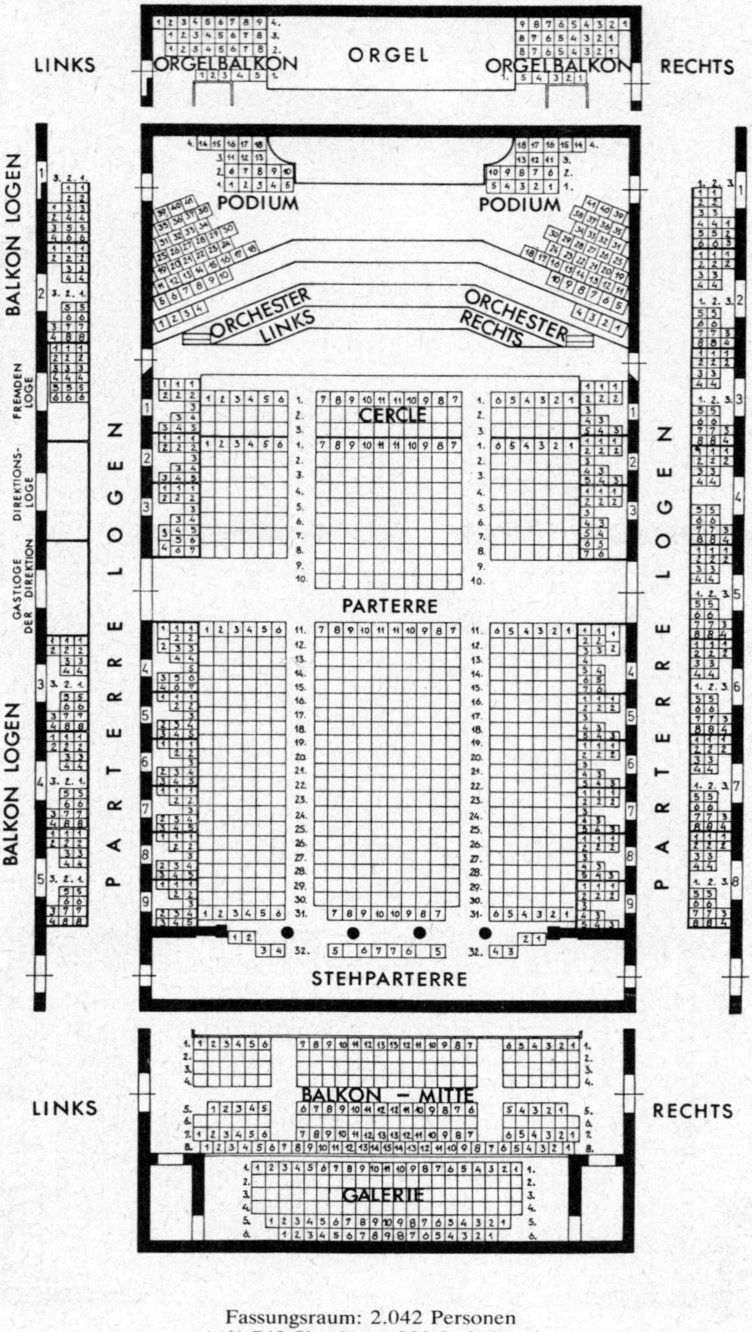

Fassungsraum: 2.042 Personen
(1.742 Sitzplätze, 300 Stehplätze)

Brahmssaal

1, Bösendorferstraße 12
Direktion: Tel. 65 86 81

Tageskassa im Gebäude
Tel. 65 81 90

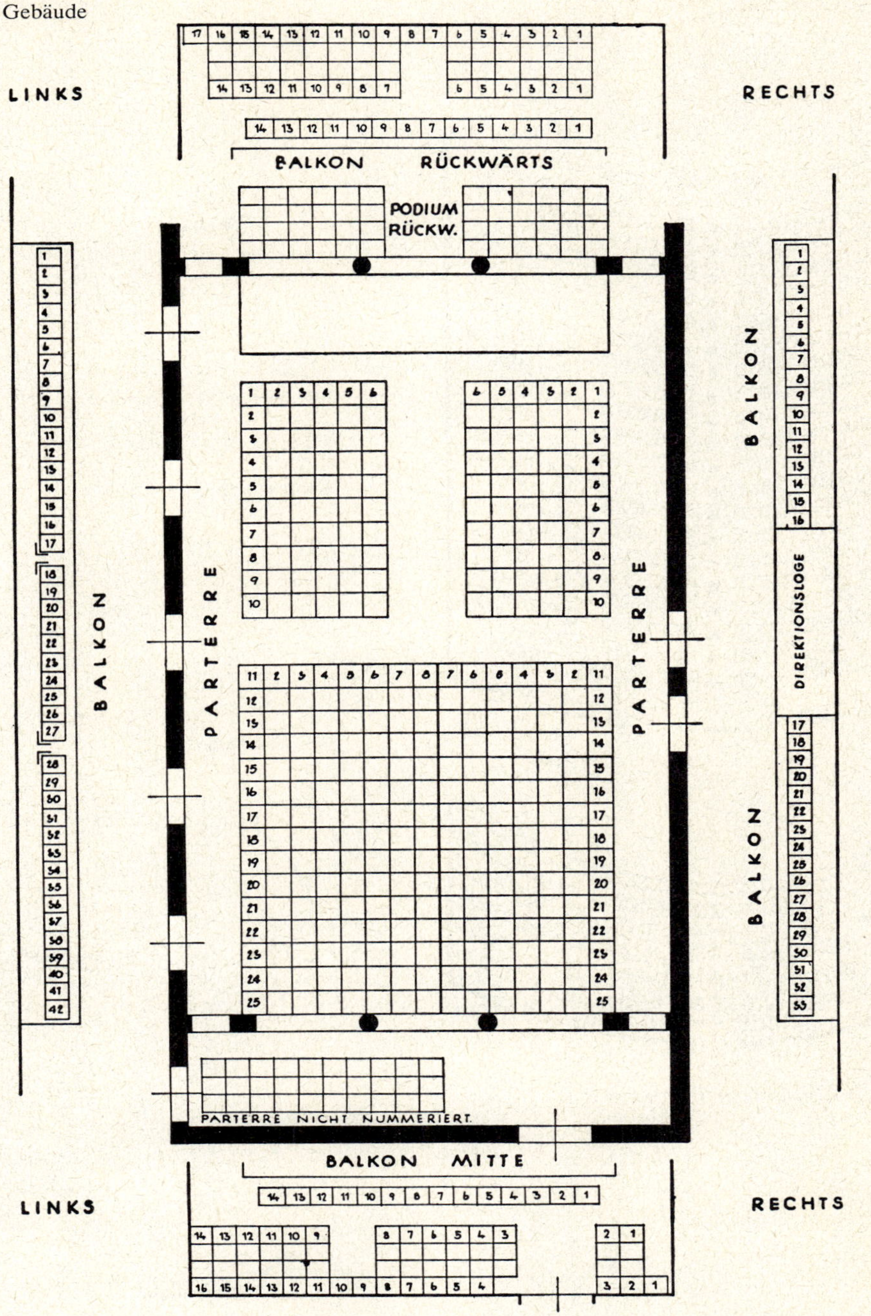

Fassungsraum: 643 Personen
Wagnersaal: 250 Personen
Kammersaal: 199 Personen

Wiener Urania

1, Uraniastraße 1

Tageskassa im Gebäude
Tel. 72 61 91*

Großer Saal

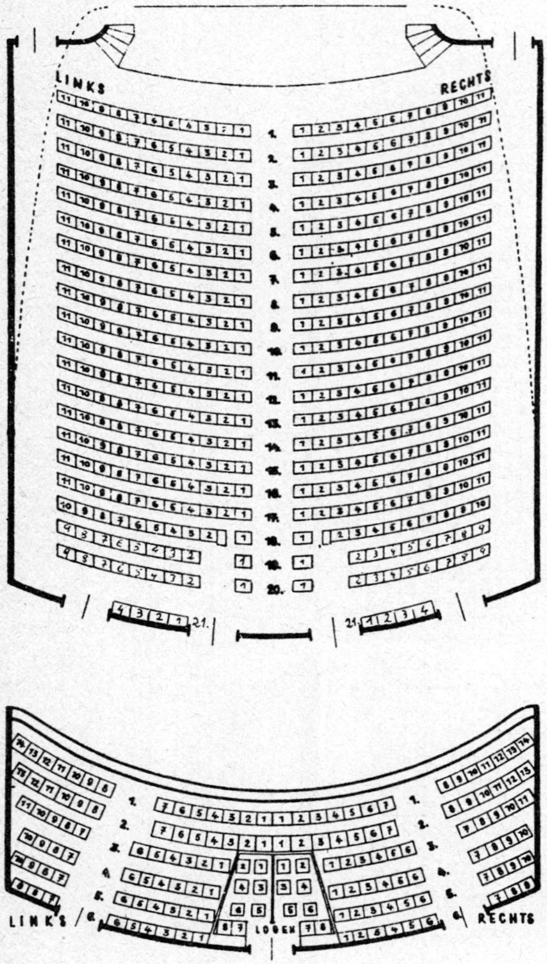

Fassungsraum: 587 Personen

Kleiner Saal: 160 Personen

Klubsaal: 100 Personen

Kammersaal: 16 Personen

Mittlerer Saal

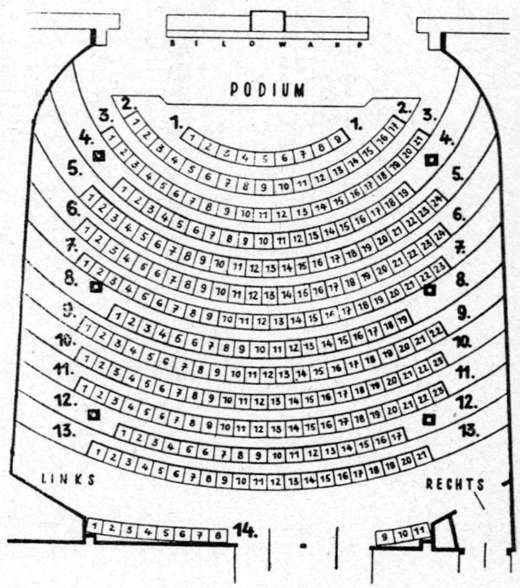

Fassungsraum: 273 Personen

Planetarium

2, Oswald Thomas-Platz 1

Tageskassa im Gebäude
Tel. 24 94 32

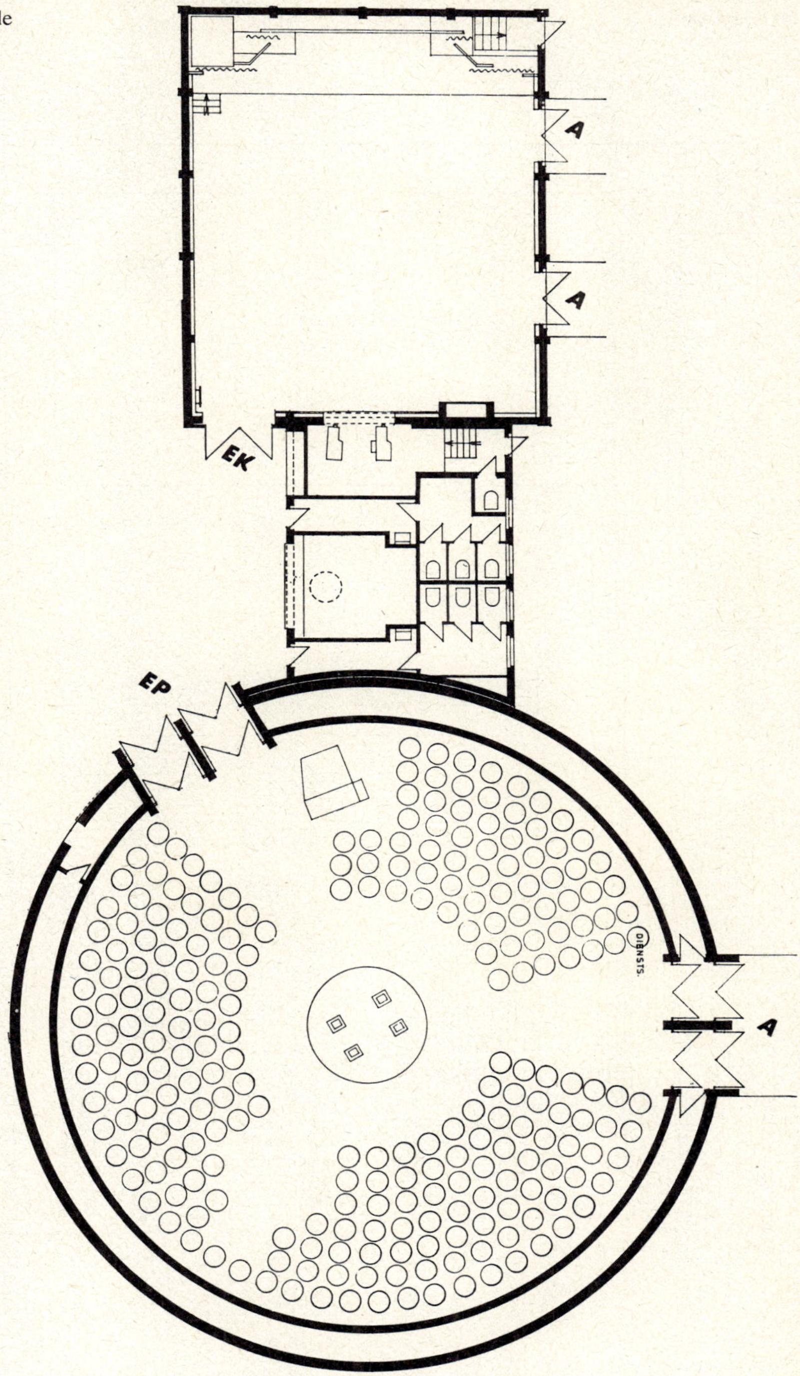

Fassungsraum Kuppelsaal: 240 Personen
Fassungsraum Vortragssaal: 186 Personen

Wiener Eislaufverein

3, Lothringerstraße 22

Tageskassa im Gebäude
Tel. 73 63 53

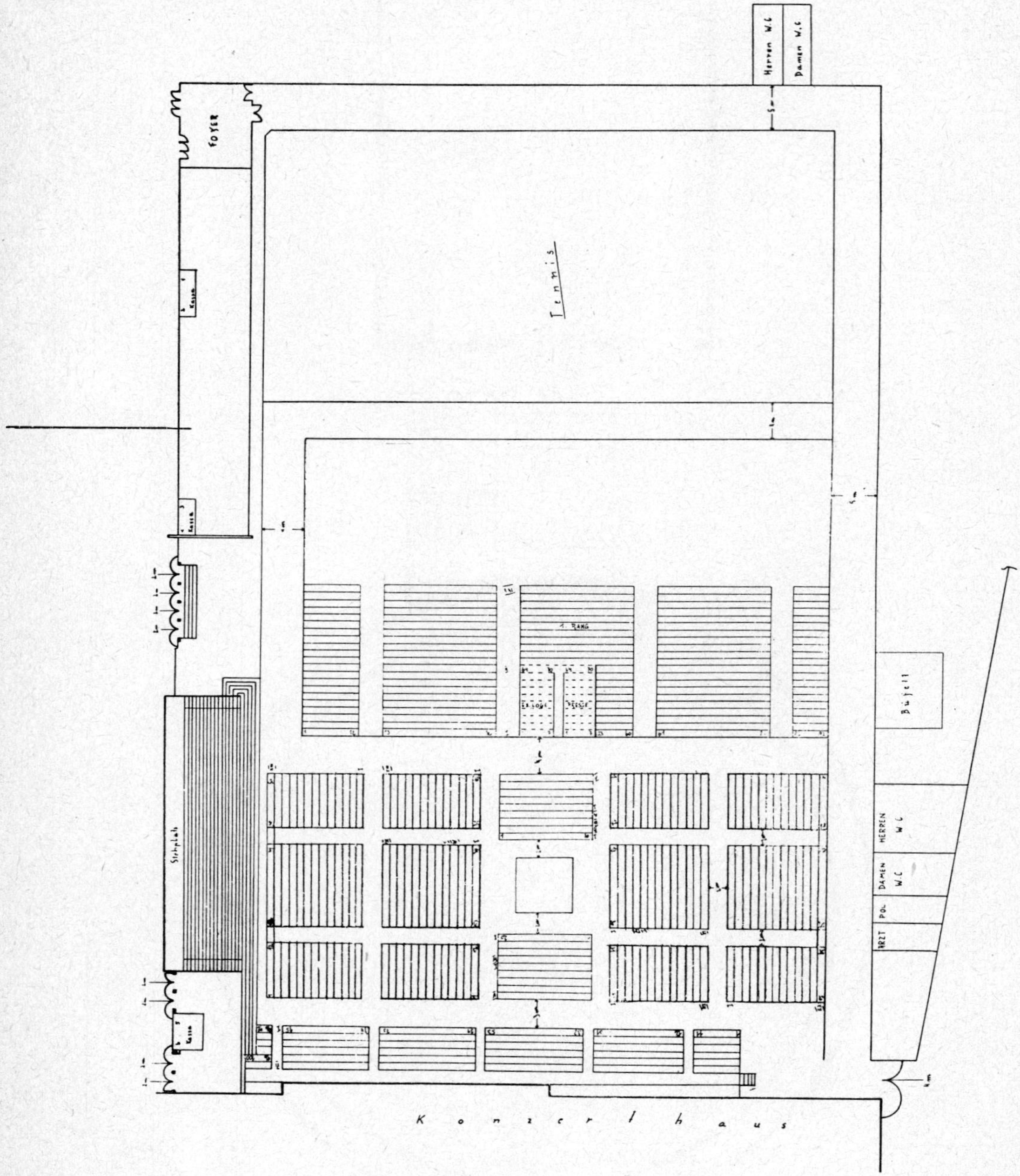

Fassungsraum: 6.278 Personen (5.178 Sitzplätze, 1.100 Stehplätze)
Obiger Plan gilt bei Ringkämpfen

Wiener Stadthalle

(Halle „A“)

15, Vogelweidplatz 14

Tageskassa im Gebäude
Tel. 92 66 01*

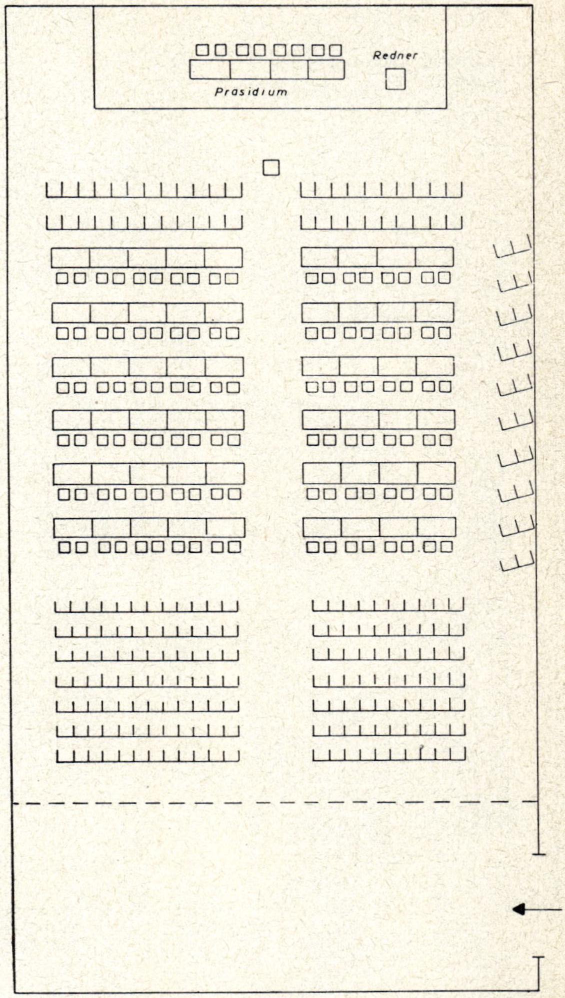

Fassungsraum: 326 Personen

Obiger Plan gilt bei kleineren Kongressen, Tagungen und Vorträgen.
Da nicht alle Sitzpläne für weitere Verwendungsmöglichkeiten der Halle „A“ abgedruckt werden können, findet sich nachstehend eine Zusammenstellung von Variationen.

Erläuterungen zu Halle A

Radball, Fechtmeisterschaften, Basketball, Badminton, kleinere Turnveranstaltungen

Fassungsraum: zirka 400 Personen
Sektoren A bis D (an den Längs- und Querseiten) mit je 2 Sitzreihen

Vorträge

Fassungsraum: zirka 440 Personen
22 Sitzreihen

In der Wiener Stadthalle befindet sich noch eine Eistrainingshalle (sogenannte Halle „C“), die primär dem ganzjährigen Hallentraining der Eiskunstläufer zu dienen hat, aber auch dem eislaufsporttreibenden Publikum, Eishokkeyspielern und den Freunden des Eisschießens zur Verfügung steht.
Weiters befinden sich in der Wiener Stadthalle noch ein Hallenschwimmbad mit Sauna, eine Bowlinghalle mit 12 Bahnen, eine Paddel- und Ruderhalle und eine Sportkegelhalle mit 7 vollautomatischen Kegelbahnen.

Wiener Stadthalle

(Halle „B“)

15, Vogelweidplatz 14

Tageskassa im Gebäude
Tel. 92 66 01*

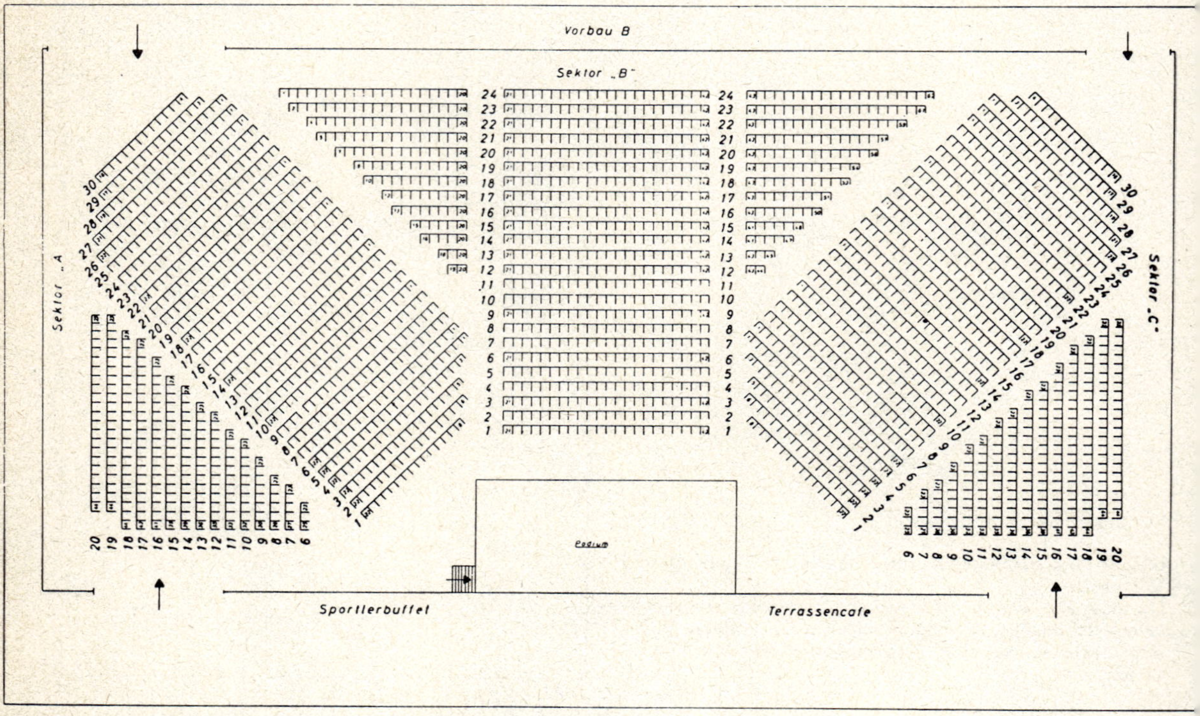

Fassungsraum: zirka 2.500 Personen

Obiger Plan gilt bei Kongressen, Tagungen und Vorträgen – Queraufstellung der Sitze.
Da nicht alle Sitzpläne für weitere Verwendungsmöglichkeiten der Halle „B“ abgedruckt werden können, findet sich nebenstehend eine Zusammenstellung von Variationen.

Erläuterungen zu Halle D

Boxen
Fassungsraum: zirka 16.000 Personen
Plan siehe nächste Seite (Änderung: Anstelle 1. und 2. Parkett Aufstellung der Tribüne West und 6 bis 10 Sitzreihen um den Ring)

Bühnenshow
Fassungsraum: zirka 12.000 Personen
Plan siehe nächste Seite (Änderung: Anstelle 1. und 2. Parkett Aufstellung von Tischen)

Eishockey, Fußball
Fassungsraum: zirka 10.000 Personen
Plan siehe nächste Seite (Änderung: 1. und 2. Parkett fällt weg, die Tribünen Ost, rechts und links sind verkürzt, dafür zusätzliche Aufstellung der Tribüne West)

Eisrevue
Fassungsraum: zirka 10.000 Personen
Plan siehe nächste Seite (Änderung: 1. und 2. Parkett fällt weg)

Hallenhandball, Basketball, Faustball
Fassungsraum: zirka 12.000 Personen
Plan siehe nächste Seite (Änderung: 1. und 2. Parkett fällt weg, dafür zusätzliche Aufstellung der Tribüne West)

Reiten
Fassungsraum: zirka 10.000 Personen
Plan siehe nächste Seite (Änderung: 1. und 2. Parkett fällt weg, die Tribünen Ost, rechts und links sind verkürzt)

Tennis
Fassungsraum: zirka 9.000 Personen
Plan siehe nächste Seite (Änderung: 1. und 2. Parkett fällt weg, die Tribünen Ost, rechts und links sind verkürzt, dafür zusätzliche Aufstellung der Tribüne West)

Turnen, Tanzen
Fassungsraum: zirka 8.500 Personen
Plan siehe nächste Seite (Änderung: 1. und 2. Parkett fällt weg)

Zirkus
Fassungsraum: zirka 11.000 Personen
Plan siehe nächste Seite (Änderung: 1. und 2. Parkett fällt weg, dafür zusätzliche Aufstellung der Tribüne West)

Die Tribünen sind je nach benötigter Aktionsfläche verkleinert oder vergrößert.
Die Anordnung der Sitze ist im 1. und 2. Rang bei jeder Veranstaltung die gleiche, im 2. Rang allerdings können die Sitzplätze fallweise als Stehplätze Verwendung finden.

Es gibt noch weitere Verwendungsmöglichkeiten, deren Aufzählung aber entbehrlich ist.

Erläuterungen zu Halle B

Basketball, Judo, Fechten
Fassungsraum: zirka 1.500 Personen
Sektoren A, B und C 3 Sitzreihen,
Sektor D 5 Sitzreihen

Boxen, Ringen
(Amateur- und kleinere Professionalkämpfe)
Fassungsraum: zirka 2.500 Personen
Sektoren A und C 12 Sitzreihen,
Sektoren B und D 9 Sitzreihen

Ehrungen, diverse Feierlichkeiten usw.
Fassungsraum: zirka 950 Personen bei Aufstellung von 115 Tischen

Handball, Volleyball
(Städte- und Länderspiele)
Fassungsraum: zirka 1.900 Personen
Sektoren A und C 7 Sitzreihen,
Sektoren B und D 5 Sitzreihen

Handball, Volleyball
(Abwicklung der Meisterschaften)
Fassungsraum: zirka 800 Personen
Sektoren B und D mit 2 bis 4 Sitzreihen

Konzerte, Vorträge, Kongresse usw.
Längsaufstellung der Sitze
Fassungsraum: zirka 2.500 Personen
58 Sitzreihen

Modeschau
Bei Queraufstellung der Sitze (Blick zum in der Hallenmitte befindlichen Laufsteg)
Fassungsraum: zirka 1.800 Personen
Rechts und links je 11 Reihen, Nord 6 Reihen
Bei Längsaufstellung der Sitze (Blick zur südseitig gelegenen Bühne)
Fassungsraum: zirka 1.900 Personen
51 Sitzreihen

Tanzen (Sporttanzen, Tanzmeisterschaften), **Turnen**
Fassungsraum: zirka 1.500 Personen
Sektoren A und C 10 Sitzreihen,
Sektoren B und D 7 Sitzreihen

Es gibt noch weitere Verwendungsmöglichkeiten, deren Aufzählung aber entbehrlich ist.

Wiener Stadthalle

(Halle „D“)

15, Vogelweidplatz 14

Tageskassa im Gebäude
Tel. 92 66 01*

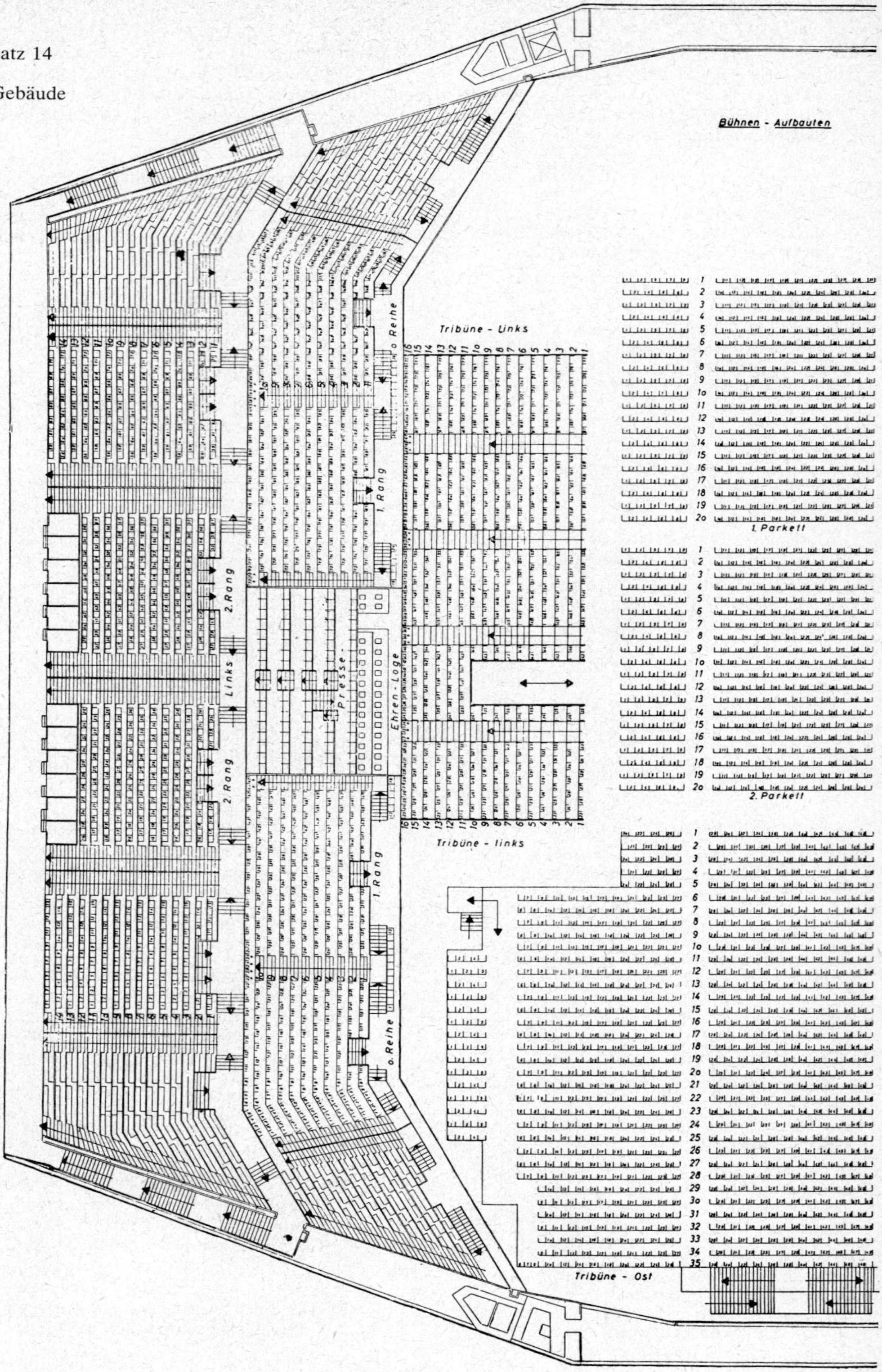

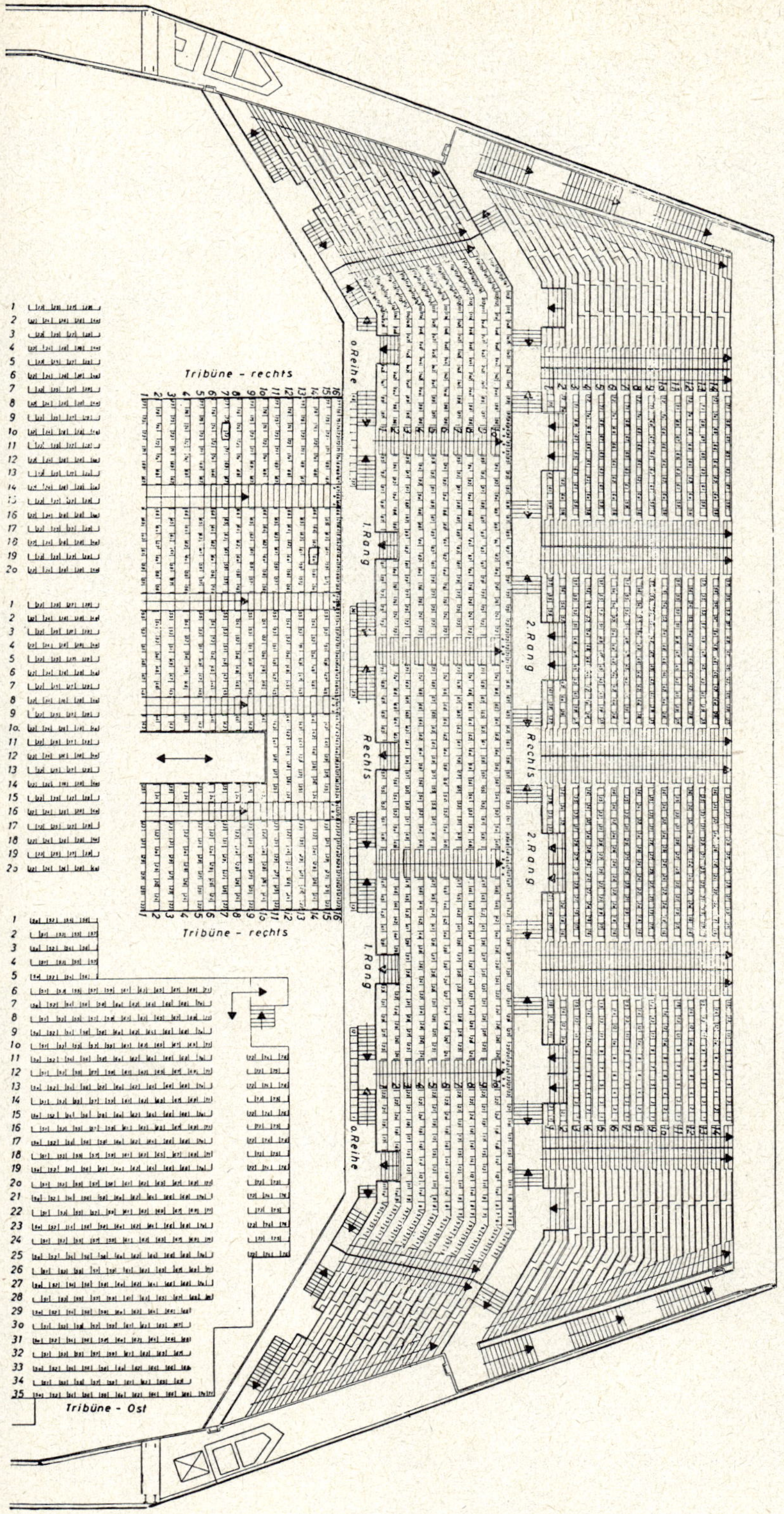

Fassungsraum:
zirka 12.000 Personen

Nebenstehender Plan gilt bei der Veranstaltung von Konzerten, Vorträgen, Kongressen und bunten Abenden. Da nicht alle Sitzpläne für weitere Verwendungsmöglichkeiten der Halle „D" abgedruckt werden können, findet sich auf dem Blatt vorher eine Zusammenstellung von Variationen.

Wiener Stadion

2, Prater, Krieau
Direktion: Tel. 26 21 01, 26 21 03

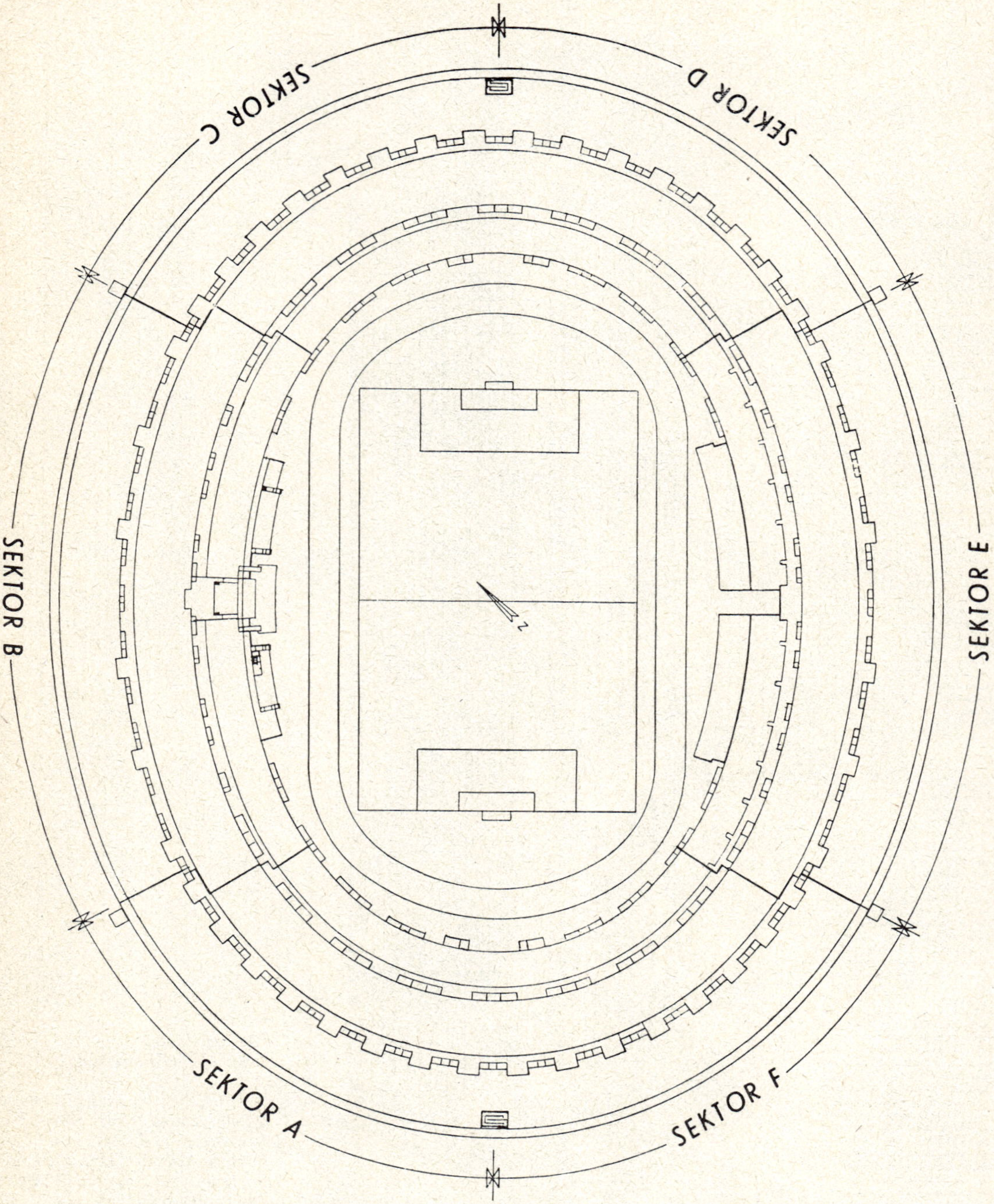

Fassungsraum: 72.243 Personen
(41.083 Sitzplätze,
31.160 Stehplätze im 3. Rang der Sektoren A, C, D und F)

Wiener Hallenstadion

2, Engerthstraße 267–269
Direktion: Tel. 24 05 32

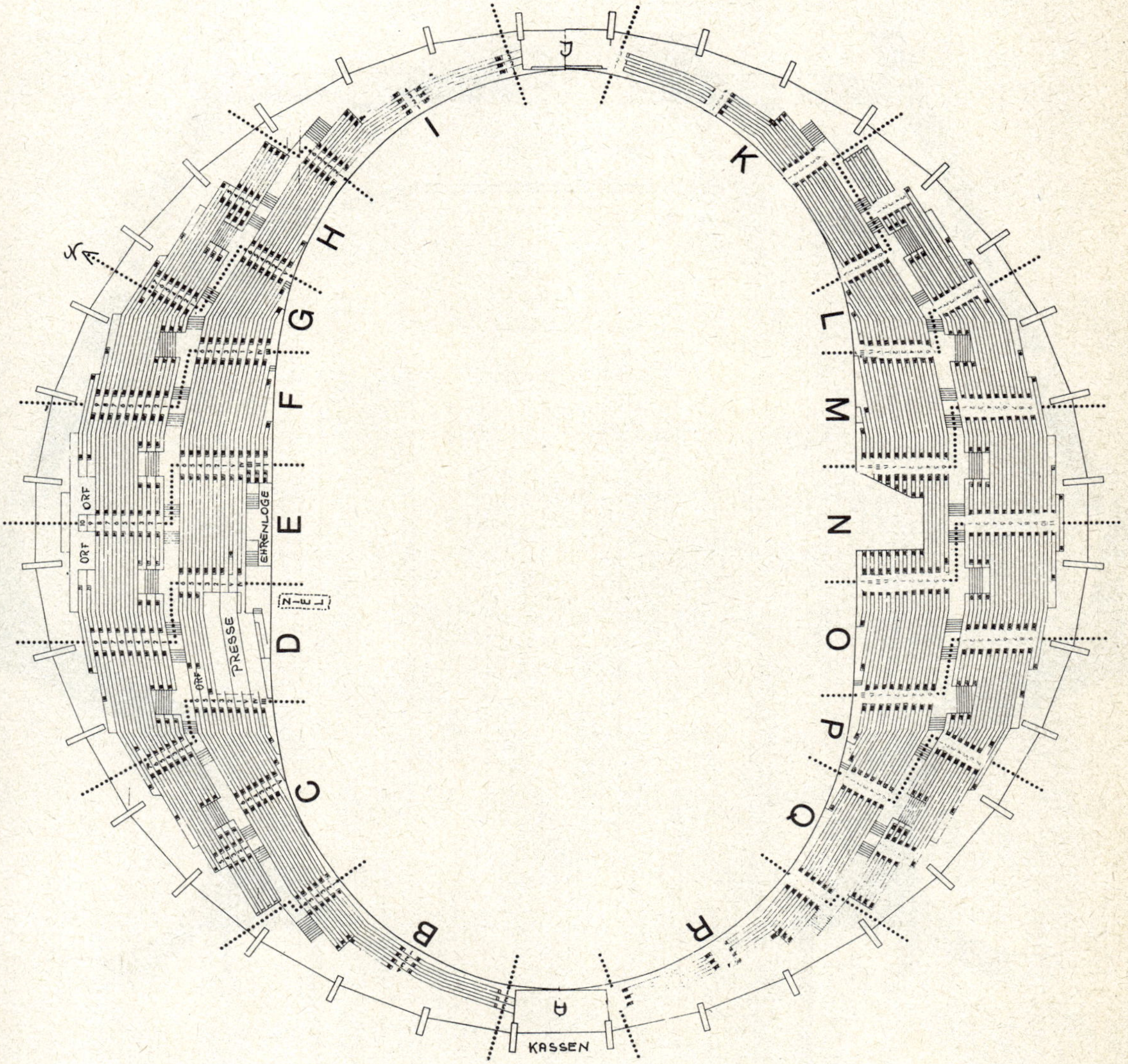

Fassungsraum: 5.354 Personen

Obiger Plan gilt bei Radrennen und Leichtathletikveranstaltungen.

Boxen
Fassungsraum: 8.500 Personen

Apollo

(Kino)

6, Gumpendorfer Straße 63

Tageskassa im Gebäude
Tel. 57 96 51

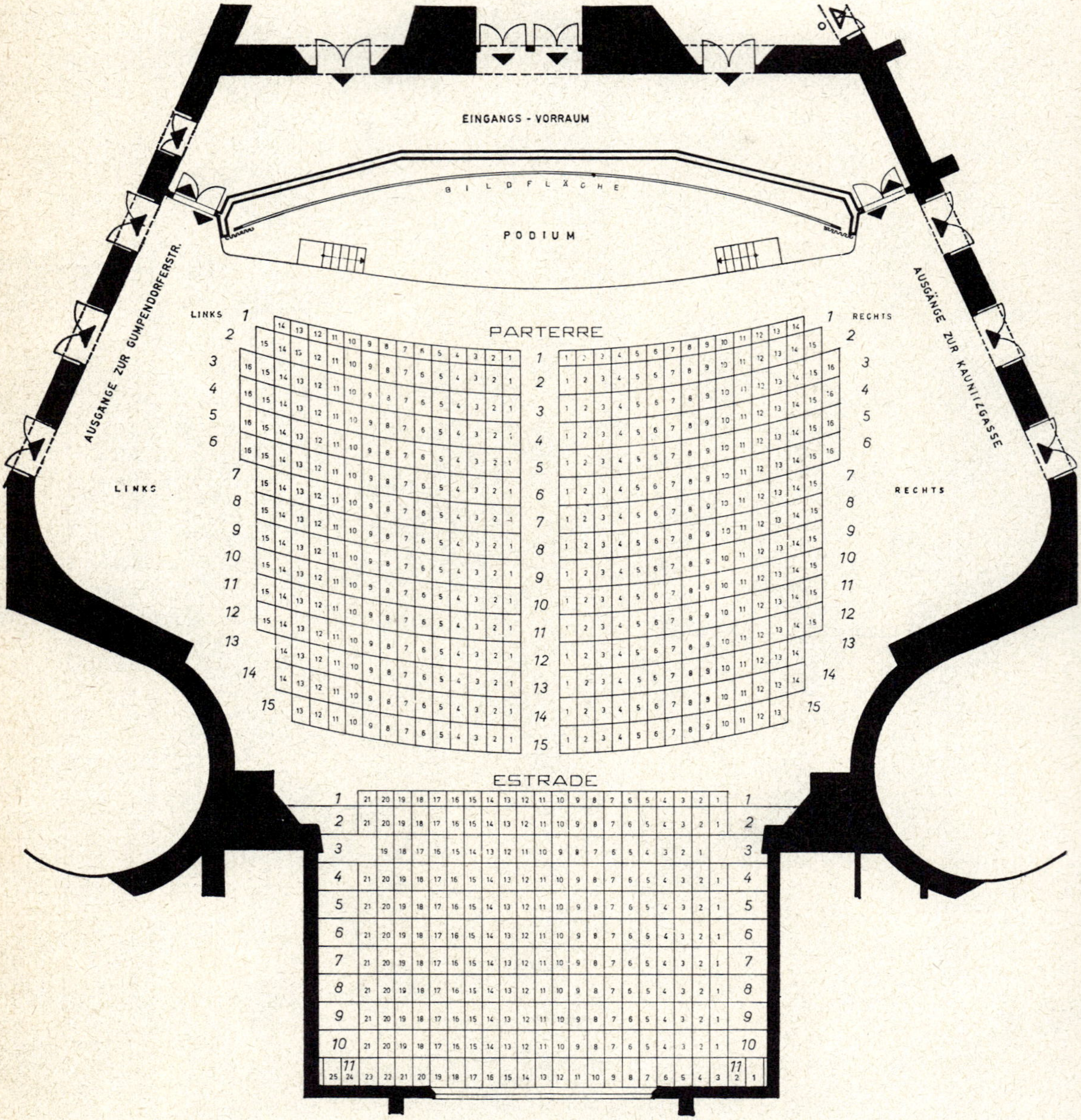

Fassungsraum: 681 Personen

Gartenbau-Kino

1, Parkring 12

Tageskassa im Gebäude
Tel. 52 23 54

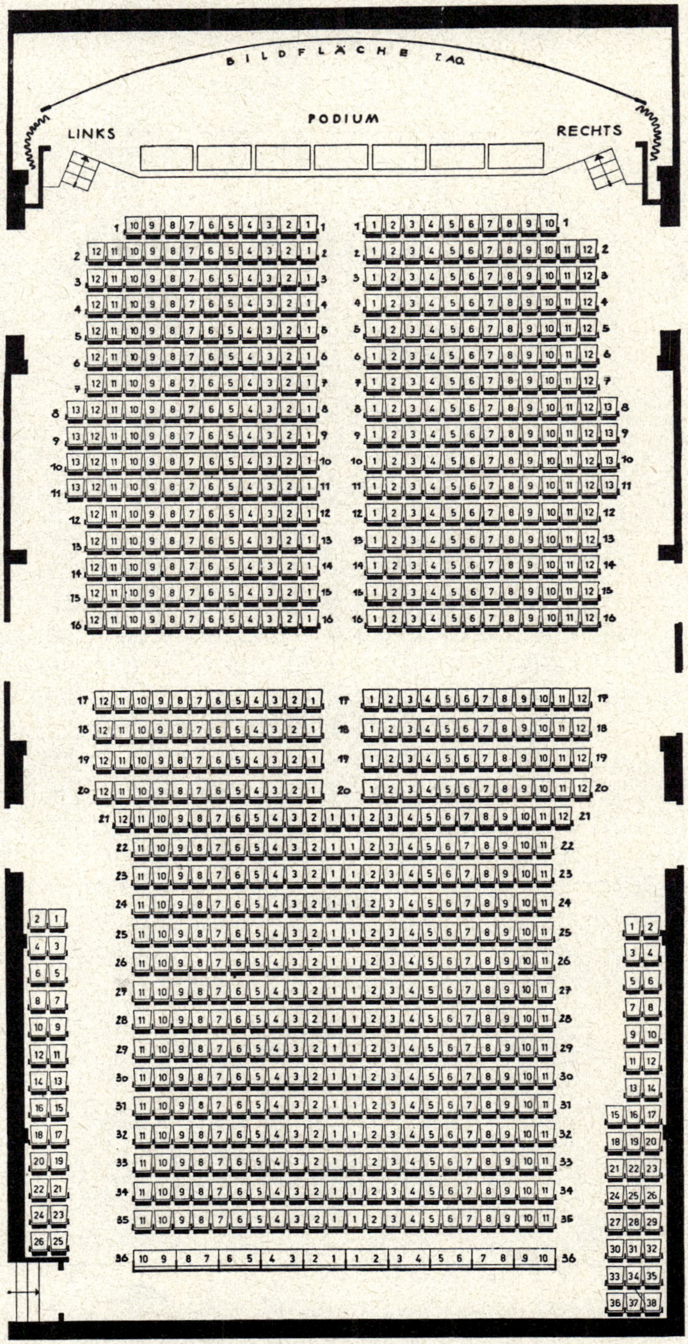

Fassungsraum: 900 Personen

Tabor-Kino

2, Taborstraße 8

Tageskassa im Gebäude
Tel. 24 61 15

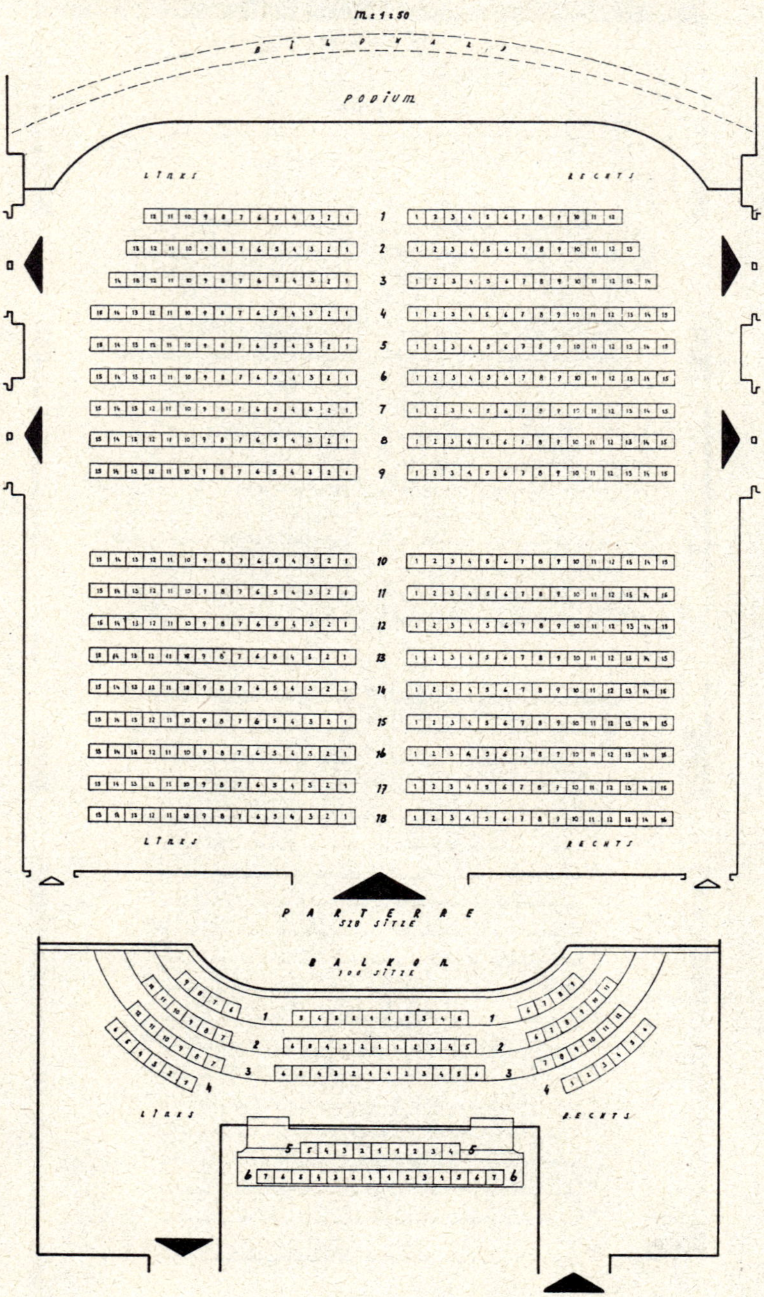

Fassungsraum: 628 Personen

WEITERE THEATER UND KABARETTS

Ateliertheater am Naschmarkt, 6, Linke Wienzeile 4, Tel. 57 82 14, Direktion: Dr. Peter Janisch, Fassungsraum: 94 Personen

Theater der Courage, 1, Franz Josefs-Kai 29, Tel. 63 24 34, Direktion: Stella Kadmon, Fassungsraum: 167 Personen

Ensemble Theater im Konzerthaus, 3, Lothringerstraße Nr. 20, Tel. 57 94 35, Tageskassa: Tel. 42 51 27, Direktion: Disponenten Josef Jusik, Dieter Haspel und Walter Spirba, Fassungsraum: 107 Personen

Experiment am Lichtenwerd, 9, Liechtensteinstraße 132, Tel. 31 41 08, Direktion: Ing. Mag. arch. Erwin Pikl, Fassungsraum: 49 Personen

Theater-Forum, 9, Porzellangasse 50, Tel. 31 54 21, Direktion: Frank Michael Weber, Fassungsraum: 399 Personen

„Freie Bühne Wieden“, 4, Wiedner Hauptstraße 60b, Tel. 56 21 22, Direktion: Topsy Küppers, Fassungsraum: 186 Personen

Theater der Jugend im Theater im Zentrum, 1, Liliengasse Nr. 3, Tel. 52 12 77, Fassungsraum: 335 Personen

Wiener Kammeroper, 1, Bäckerstraße 7, Tel. 52 24 61, Direktion: Dr. Peter Goetz, Fassungsraum: 302 Personen

„Kleine Komödie“ im Theater am Kärntnertor, 1, Walfischgasse 4, Direktion: Helmut Siderits, Fassungsraum: 272 Personen

Die Komödianten im Künstlerhaus, 1, Karlsplatz 5, Tel. 57 05 04, Direktion: Conny Hannes Mayer, Fassungsraum: 120 bis 150 Personen

Herbert Lederers Theater am Schwedenplatz, 1, Franz Josefs-Kai 21, Tel. 63 20 973, Direktion: Prof. Herbert Lederer, Fassungsraum: 49 Personen

Theater im Palais Erzherzog Karl, 1, Annagasse 20, Tel. 52 42 80, Direktion: Ing. Mag. arch. Erwin Pikl, Fassungsraum: 99 Personen

Pradler Ritterspiele, 1, Biberstraße 2, Tel. 52 54 00, Direktion: Gretl Höller, Fassungsraum: 145 Personen

Theater PupoDrom, 20, Wallensteinplatz 6, Tel. 33 42 31, Direktion: Erwin Piplits, Fassungsraum: 170 Personen

Wiener Schauspielhaus, 9, Porzellangasse 19, Tel. 34 01 01, Direktion: Hans Gratzer, Fassungsraum: 278 Personen

Schönbrunner Schloßtheater (Max Reinhardt-Seminar), 13, Schloß Schönbrunn, Tel. 82 45 66, Kanzlei: 14, Penzinger Straße 9, Tel. 82 21 88, Fassungsraum: 485 Personen

Son et Lumiere vor dem Schloß Belvedere, 3, Prinz Eugen-Straße 7, Tel. 52 56 81, Direktion: Österreichisches Kulturzentrum, Prof. Herbert Gaisbauer

Die Tribüne, Café Landtmann, 1, Dr. Karl Lueger-Ring 4, Tel. 63 84 85, Direktion: Prof. Otto Ander, Fassungsraum: 135 Personen

Stegreifbühne Tschauner, 16, Maroltingergasse 43, Tel. 92 47 05, Fassungsraum: 300 Personen

Urania-Puppentheater, 1, Uraniastraße 1, Tel. 72 61 94*, Fassungsraum: 273 Personen

Vienna's English Theatre, 8, Josefsgasse 12, Tel. 42 12 60, Direktion: Vienna's English Theatre Ges. m. b. H., Fassungsraum: 251 Personen

Kabarett „Der bunte Wagen“ im „Simpl“, 1, Wollzeile 36, Tel. 52 47 42, Direktion: Dr. Martin Floßmann, Fassungsraum: 235 Personen

Zentrum 22 – Theater an der Donau, 22, Kagran, Steigenteschgasse 94a, Tel. 23 12 54, Direktion: Jörg Maria Berg, Fassungsraum: 400 Personen

KONZERT- UND VERANSTALTUNGSSÄLE

Allgemein mietbar

Ehrbar-Säle, Konservatorium für Musik und dramatische Kunst, 4, Mühlgasse 28–30, Tel. 57 57 49

Hofburg, Festsäle, Wiener Kongreßzentrum, Hofburg-Betriebsgesellschaft m. b. H., 1, Heldenplatz, Tel. 57 36 66

Konzerthaus, Großer Saal, Mozart-Saal, Schubert-Saal, Wiener Konzerthausgesellschaft, 3, Lothringerstraße Nr. 20, Tel. 72 46 86

Landesinnung Wien der Bäcker, 8, Florianigasse 13, Tel. 42 53 96

Musikverein, Großer Saal, Brahmssaal, Gesellschaft der Musikfreunde, 1, Bösendorferstraße 12, Tel. 65 86 81

Palais Auersperg, Festsaal, Haus Arabia, 8, Auerspergstraße 1, Tel. 42 76 71

Palais Erzherzog Karl, Internationales Kulturzentrum, 1, Annagasse 20, Tel. 52 69 51

Palais Kinsky, Festsaal, Palaisverwaltung, 1, Freyung 4, Tel. 63 30 622

Palais Palffy, Beethoven-Saal, Figaro-Saal, Haydn-Salon, Österreich-Haus, Österreichisches Kulturzentrum, 1, Josefsplatz 6, Tel. 52 56 81

Palais Pallavicini, Festsaal, Wiener Rennverein, 1, Josefsplatz 5, Tel. 52 25 38

Palais Rasumofsky, Festsaal, Geologische Bundesanstalt, 3, Rasumofskygasse 23, Tel. 72 56 74

Palais Schwarzenberg, Marmor-Saal, Kuppelsaal, Verwaltung (Hotel), 3, Schwarzenbergplatz 9, Tel. 72 51 25

Porrhaus, 4, Treitlstraße 3, Tel. 57 36 84

Sofiensäle, 3, Marxergasse 17, Tel. 72 65 88, 72 21 98

Wiener Stadthalle, Halle D, Halle B, Wiener Stadthalle-Kiba Betriebs- und Veranstaltungs Ges. m. b. H., 15, Vogelweidplatz 14, Tel. 92 66 01*

WIG 74, Kurbetrieb Heilquelle (Thermalschwefelquelle) Oberlaa Ges. m. b. H., 10, Kurbadstraße 10, Tel. 68 16 11

Interne Veranstaltungssäle

Albertina, Graphische Sammlung, 1, Augustinerstraße 1, Tel. 52 57 69, 52 42 32

Atombehörde (International Atomic Energy Agency), 1, Kärntner Ring 11, Tel. 52 45 11

Collegium Hungaricum, Österreichisch-Ungarische Vereinigung, 2, Hollandstraße 4, Tel. 24 05 81, 24 69 832

Haydn-Haus, 6, Haydngasse 19, Tel. 56 13 07

Hochschule für Musik und darstellende Kunst in Wien, Konzertsaal, 1, Johannesgasse 8, Tel. 52 37 11

Hochschule für Musik und darstellende Kunst in Wien, Festsaal, 1, Seilerstätte 26, Tel. 52 05 05

Hochschule für Musik und darstellende Kunst in Wien, Vortragssaal, 3, Lothringerstraße 18, Tel. 56 16 85

Konservatorium der Stadt Wien, Großer Saal, Kleiner Saal, 1, Johannesgasse 4a, Tel. 52 77 47, 52 73 81

Musikhaus Doblinger, Barock-Saal, Musikverlag Ludwig Doblinger, 1, Dorotheergasse 10, Tel. 52 35 04

Österreichische Gesellschaft für Literatur, 1, Herrengasse 5, Tel. 63 81 59, 63 08 64

Österreichische Gesellschaft für Musik, 1, Hanuschgasse 3, Tel. 52 42 99, 52 31 43

Österreichischer Rundfunk, Großer Sendesaal, 4, Argentinierstraße 30a, Tel. 65 95*

Palais Lobkowitz, Eroica-Saal, Französisches Kulturinstitut, 1, Lobkowitzplatz 2, Tel. 52 49 71, 52 37 05

Palais Sternberg, Italienisches Kulturinstitut, 3, Ungargasse 43, Tel. 73 34 54, 73 46 57

Planetarium, Vortragssaal, 2, Oswald Thomas-Platz 1, Tel. 24 94 32

Schloß Schönbrunn, Große Galerie, 13, Tel. 83 36 46

Schubert-Geburtshaus, Konzertsaal, 9, Nußdorfer Straße Nr. 54, Tel. 34 59 924

Wiener Rathaus, Arkadenhof, Festsaal, Volkshalle, 1, Rathaus, Tel. 42 8 00*

Wiener Universität, Festsaal, Auditorium maximum, 1, Dr. Karl Lueger-Ring 1, Tel. 42 76 11

Zentralsparkasse, 3, Vordere Zollamtsstraße 13, Tel. 72 92*

(Außerdem finden in mehreren Kirchen Wiens laufend Konzerte statt.)

(Auch die Volksheime und Häuser der Begegnung vermieten Säle für Konzerte und Veranstaltungen.)

MUSIKLEHRANSTALTEN

(siehe unter Magistrat, MA 13)

WIENER VOLKSHOCHSCHULEN

Volksbildungshaus Wiener Urania, 1, Uraniastraße 1, Tel. 72 61 91*

Volkshochschule Margareten, 5, Stöbergasse 11–15, Tel. 55 31 82

Volkshochschule Wien-West, 7, Zollergasse 41, Tel. 93 05 55

Volkshochschule Wien-Nordwest, 9, Galileigasse 8, Tel. 34 52 43

Volkshochschule Favoriten, 10, Arthaberplatz 18, Tel. 64 32 43, 64 31 14

Volkshochschule Simmering, 11, Drischützgasse 1, Tel. 74 26 404

Volkshochschule Hietzing, 13, Hofwiesengasse 48, Tel. 82 03 53

Volkshochschule Ottakring, 16, Ludo Hartmann-Platz 7, Tel. 92 45 95, 92 45 99

Volkshochschule Brigittenau, 20, Raffaelgasse 13, Tel. 33 82 69, 33 21 95

Volkshochschule Wien-Nord, 21, Angerer Straße 14, Tel. 38 32 36

Volkshochschule Liesing, 23, Liesing, Perchtoldsdorfer Straße 1, Tel. 86 13 45

Volkshochschule für Hörbehinderte, 15, Sperrgasse 8–10, Tel. 83 71 71

Künstlerische Volkshochschule, 9, Lazarettgasse 27, Tel. 42 43 29

Gesellschaft der Kunstfreunde, 8, Neudeggergasse 8, Tel. 42 31 25

Planetarium, 2, Oswald Thomas-Platz 1, Tel. 24 94 32

Urania-Sternwarte, 1, Uraniastraße 1, Tel. 72 61 91*

Wiener Volkssternwarte, 16, Johann Staud-Straße 19, Tel. 92 34 76, 34 52 43

VOLKSHEIME UND HÄUSER DER BEGEGNUNG

Volksheim Per Albin Hansson-Siedlung, 10, Stockholmer Platz 18, Tel. 68 36 77

Volksheim Alt-Ottakring, 16, Ottakringer Straße 200, Tel. 46 53 98

Volksheim Heiligenstadt, 19, Heiligenstädter Straße 155, Tel. 37 31 62

Volksheim Krim, 19, Hutweidengasse 24, Tel. 36 56 06

Volksheim Groß-Jedlersdorf, 21, Siemensstraße 17, Tel. 38 16 54

Volksheim Kaisermühlen, 22, Kaisermühlen, Schüttaustraße 2, Tel. 23 23 59

Volksheim Inzersdorf, 23, Inzersdorf, Putzendoplergasse 4, Tel. 67 23 263

Haus der Begegnung Leopoldstadt, 2, Praterstern 1, Tel. 24 26 80

Haus der Begegnung Mariahilf, 6, Otto Bauer-Gasse 7, Tel. 56 14 56

Haus der Begegnung Per Albin Hansson-Siedlung Ost, 10, Ada Christen-Gasse 2, Tel. 68 57 124

Haus der Begegnung Simmering, 11, Lorystraße 40–42, Tel. 74 31 59

Haus der Begegnung Rudolfsheim, 15, Schwendergasse Nr. 41, Tel. 83 22 27

Haus der Begegnung Döbling, 19, Gatterburggasse 2a, Tel. 36 46 65

Haus der Begegnung Floridsdorf, 21, Angerer Straße 14, Tel. 38 62 16

Haus der Begegnung Großfeldsiedlung, 21, Kürschnergasse 9, Tel. 38 72 59

Haus der Begegnung Donaustadt, 22, Kagran, Bernoullistraße 1, Tel. 23 32 16

Haus der Begegnung Liesing, 23, Liesing, Perchtoldsdorfer Straße 1, Tel. 86 13 45

MUSEEN, SAMMLUNGEN UND SONSTIGE SEHENSWÜRDIGKEITEN

Akademie der bildenden Künste, Gemäldegalerie, Kupferstichkabinett, 1, Schillerplatz 3, Tel. 57 95 16 (Gemäldegalerie: Dienstag, Donnerstag, Freitag von 10 bis 14 Uhr, Mittwoch von 10 bis 13 Uhr und von 15 bis 18 Uhr, Samstag, Sonntag von 9 bis 13 Uhr; Kupferstichkabinett: Jänner, März bis Juni, Oktober bis Dezember Montag bis Freitag von 10 bis 12 Uhr und von 14 bis 16 Uhr, Februar, Juli bis September Montag bis Freitag von 9 bis 12 Uhr)

Albertina, Graphische Sammlung, 1, Augustinerstraße 1, Tel. 52 57 69, 52 42 32
Goethemuseum des Wiener Goethevereines
(Montag, Dienstag, Donnerstag von 10 bis 16 Uhr, Mittwoch von 10 bis 18 Uhr, Freitag von 10 bis 14 Uhr, Samstag, Sonntag von 10 bis 13 Uhr)

Alpengarten im Oberen Belvedere, 3, Landstraßer Gürtel 1, Tel. 75 21 49
(April bis September Montag bis Samstag von 9 bis 18 Uhr, Sonntag von 9 bis 19 Uhr)

Alsergrund, Bezirksmuseum, 9, Währinger Straße 43, Tel. 34 41 33
Gedenkraum für Heimito von Doderer
(Sonntag von 10 bis 12 Uhr)

Alte Backstube, Bäckerhandwerk und -brauchtum, 8, Lange Gasse 34, Tel. 43 11 01
(Dienstag bis Sonntag von 12 bis 24 Uhr)

Alte Schmiede, 1, Schönlaterngasse 9, Tel. 52 34 95
(Parterre: Dienstag bis Freitag von 11 bis 19 Uhr, Samstag von 10 bis 13 Uhr; 1. Stock: Montag bis Samstag von 10 bis 19 Uhr; 2. Stock: Montag bis Freitag von 10 bis 16 Uhr)

Auer von Welsbach-Erinnerungsraum siehe Technisches Museum

Bahr-Erinnerungsraum siehe Österreichische Nationalbibliothek

Bahr-Mildenburg-Erinnerungsraum siehe Österreichische Nationalbibliothek

Barockmuseum, Österreichisches, siehe Österreichische Galerie

Bauernfeld-Gedenkraum siehe Wertheimstein, Villa

Beethoven-Wohnung (Pasqualati-Haus), 1, Mölkerbastei Nr. 8, Tel. 63 70 665
Stifter-Museum
(Dienstag bis Freitag von 10 bis 16 Uhr, Samstag von 14 bis 18 Uhr, Sonn- und Feiertag von 9 bis 13 Uhr)

Beethoven-Wohnung (Eroica-Haus), 19, Döblinger Hauptstraße 92
(Dienstag bis Freitag von 10 bis 16 Uhr, Samstag von 14 bis 18 Uhr, Sonn- und Feiertag von 9 bis 13 Uhr)

Beethoven-Wohnung (Heiligenstädter Testament), 19, Probusgasse 6
(Dienstag bis Freitag von 10 bis 16 Uhr, Samstag von 14 bis 18 Uhr, Sonn- und Feiertag von 9 bis 13 Uhr)

Bergl-Zimmer siehe Schönbrunn, Schloß

Bestattungsmuseum, Städtisches, 4, Goldeggasse 19, Tel. 65 16 31
(Montag bis Freitag von 7.30 bis 15.30 Uhr, gegen vorherige Anmeldung)

Böhmerwaldmuseum für Wien, 3, Ungargasse 3, Tel. 52 13 71
(gegen vorherige Anmeldung)

Botanischer Garten der Universität Wien, 3, Rennweg 14
(15. April bis 15. Oktober täglich von 9 Uhr bis Einbruch der Dämmerung)

Brigittenauer Bezirksmuseum, 20, Raffaelgasse 13, Tel. 33 35 11*, 204
(Sonntag von 10 bis 12 Uhr)

Bundessammlung alter Stilmöbel siehe Sammlungen der Bundesmobilienverwaltung

Burgkapelle, 1, Hofburg, Schweizerhof, Tel. 52 12 86
(Dienstag, Donnerstag von 14.30 bis 15.30 Uhr)

Burgtheater, 1, Dr. Karl Lueger-Ring 2, Tel. 52 35 61
(Montag bis Samstag 9 und 15 Uhr, Sonntag 9 Uhr)

Circus-Museum, Österreichisches, siehe Leopoldstädter Bezirksmuseum

Clown-Museum, Österreichisches, siehe Leopoldstädter Bezirksmuseum

Döblinger Bezirksmuseum, 19, Döblinger Hauptstraße 96, Tel. 36 10 042
Weinbaumuseum
(Samstag von 15.30 bis 18 Uhr, Sonntag von 9.30 bis 12 Uhr)

Doderer-Gedenkraum siehe Alsergrund, Bezirksmuseum

Dokumentationsarchiv des österreichischen Widerstandes, 1, Wipplingerstraße 8, Tel. 63 07 31*, 332
Museum des österreichischen Freiheitskampfes
(Montag, Mittwoch, Donnerstag von 8 bis 17 Uhr)

Druckschriftensammlung siehe Österreichische Nationalbibliothek

Eisenbahnmuseum, Österreichisches, siehe Technisches Museum

Elektropathologische Sammlung, 15, Selzergasse 19, Tel. 92 72 72
(gegen vorherige Anmeldung)

Ephesos-Museum siehe Kunsthistorisches Museum

Erzbischöfliches Dom- und Diözesanmuseum, 1, Stephansplatz 6, Tel. 52 88 86
(Mittwoch bis Samstag von 10 bis 16 Uhr, Sonn- und Feiertag von 10 bis 13 Uhr)

Esperanto-Museum, Internationales, siehe Österreichische Nationalbibliothek

Feld- und Industriebahnmuseum, 13, Spohrstraße 20, Tel. 65 47 11/348, 95 17 454
(gegen vorherige Anmeldung)

Feuerwehr-Museum der Stadt Wien, 1, Am Hof 10, Tel. 63 66 71
(Sonn- und Feiertag von 9 bis 12 Uhr)

Fiakermuseum, 17, Veronikagasse 12, Tel. 43 88 52
(Mai bis August Mittwoch von 8 bis 13 Uhr, September bis April jeden ersten Mittwoch im Monat von 8 bis 13 Uhr)

Floridsdorfer Bezirksmuseum, 21, Prager Straße 33, Tel. 38 26 113
(Samstag von 16 bis 18 Uhr, Sonntag von 9.30 bis 12 Uhr)

Friedhof St. Marx, 11, Leberstraße 6–8, Tel. 74 44 273
(April bis November von 7 bis 18 Uhr, Juni, Juli von 7 bis 19 Uhr, Dezember bis März von 7 Uhr bis Einbruch der Dunkelheit)

Gedenkstätte für die Opfer des österreichischen Freiheitskampfes (Leopold Figl-Hof), 1, Salztorgasse 6
(Montag von 14 bis 18 Uhr, Donnerstag von 8 bis 12 Uhr, Samstag von 9 bis 12 Uhr und von 14 bis 17 Uhr)

Gendarmerie-Museum, 3, Oberzellergasse 1,
Tel. 73 35 81/228
(Mittwoch von 14 bis 16 Uhr)

Geymüller-Schlössel (Sammlung Dr. Sobek) siehe Österreichisches Museum für angewandte Kunst

Glockensammlung Pfundner, 10, Troststraße 38,
Tel. 64 25 43
(gegen vorherige Anmeldung)

Gloriette siehe Schönbrunn

Goethemuseum siehe Albertina

Graphiken und Plakate, Sammlung der Graphischen Lehr- und Versuchsanstalt, 14, Leyserstraße 6, Tel. 92 26 54
(während der Schulzeit Montag bis Freitag von 8 bis 16 Uhr)

Grillparzer-Erinnerungsraum siehe Historisches Museum der Stadt Wien

Grillparzer-Gedenkraum siehe Österreichisches Staatsarchiv

Gustinus Ambrosi-Museum siehe Österreichische Galerie

Handschriftensammlung siehe Österreichische Nationalbibliothek

Haus des Meeres, 6, Esterházypark, Tel. 57 14 17
(täglich von 9 bis 18 Uhr)

Haydn-Museum, 6, Haydngasse 19, Tel. 56 13 07
(Dienstag bis Freitag von 10 bis 16 Uhr, Samstag von 14 bis 18 Uhr, Sonn- und Feiertag von 9 bis 13 Uhr)

Heeresgeschichtliches Museum, 3, Arsenal, Tel. 65 06 59, 65 42 45
(täglich außer Freitag von 10 bis 16 Uhr)

Hermesvilla, 13, Lainzer Tiergarten, Tel. 84 13 24
(Mittwoch bis Sonntag von 10 bis 17 Uhr, nur während der Sommermonate)

Hernalser Bezirksmuseum, 17, Elterleinplatz 14,
Tel. 46 19 572
(Montag von 19 bis 21 Uhr)

Herzgruft der Habsburger, 1, Augustinerstraße 3,
Tel. 52 33 38
(täglich 9.30 Uhr)

Hietzinger Bezirksmuseum, 13, Am Platz 2, Tel. 82 26 51*, 260
(Sonntag von 10 bis 12 Uhr)

Historisches Museum der Stadt Wien, 4, Karlsplatz,
Tel. 42 8 04
Grillparzer-Erinnerungsraum, Loos-Erinnerungsraum
(Dienstag, Mittwoch, Freitag von 10 bis 16 Uhr, Donnerstag von 10 bis 19 Uhr, Samstag von 14 bis 18 Uhr, Sonn- und Feiertag von 9 bis 13 Uhr)
Modesammlungen im Schloß Hetzendorf, 12, Hetzendorfer Straße 79, Tel. 83 11 45
(Dienstag bis Freitag von 9 bis 15 Uhr)

Hofburg, 1, Michaelerplatz, Tel. 57 55 54
Schauräume (Kaiserappartements, Reichskanzlei und Amalientrakt)
(Montag bis Samstag von 8.30 bis 16.30 Uhr, Sonntag von 8.30 bis 13 Uhr)

Hoftafel- und Silberkammer siehe Sammlungen der Bundesmobilienverwaltung

Innere Stadt, Bezirksmuseum, 1, Wipplingerstraße 8,
Tel. 52 50 994
(Freitag von 15 bis 17 Uhr)

Johann Strauß-Wohnung, 2, Praterstraße 54, Tel. 24 01 21
(Dienstag bis Freitag von 10 bis 16 Uhr, Samstag von 14 bis 18 Uhr, Sonn- und Feiertag von 9 bis 13 Uhr)

Josefstädter Bezirksmuseum, 8, Zeltgasse 7, Tel. 42 97 263
(Mittwoch von 18 bis 21 Uhr, Sonntag von 10 bis 12 Uhr)

Jüdisches Museum, 19, Bauernfeldgasse 4, Tel. 36 16 55
(täglich)

Kainz-Erinnerungsraum siehe Österreichische Nationalbibliothek

Kaisergruft (Kapuzinergruft), 1, Tegetthoffstraße 2,
Tel. 52 68 53
(täglich von 9 bis 16 Uhr)

Kálmán-Erinnerungsraum siehe Österreichische Nationalbibliothek

Kartensammlung siehe Österreichische Nationalbibliothek

Kirche „Zur Heiligsten Dreifaltigkeit", 23, Mauer, Sankt Georgenberggasse, Tel. 88 51 12
(Dienstag bis Freitag von 11 bis 15 Uhr, Samstag, Sonntag von 10 bis 16 Uhr)

Konventmuseum der Barmherzigen Brüder, 2, Taborstraße 16, Tel. 26 25 24
(öffentlich nicht zugänglich)

Kunsthistorisches Museum, 1, Burgring 5, Tel. 93 25 66, 93 36 51
Ägyptisch-Orientalische Sammlung, Antikensammlung, Sammlung für Plastik und Kunstgewerbe, Gemäldegalerie, Sekundärgalerie, Sammlung von Medaillen, Münzen und Geldzeichen
(Dienstag, Freitag von 10 bis 15 Uhr und von 19 bis 21 Uhr, Mittwoch, Donnerstag von 10 bis 15 Uhr, Samstag, Sonntag von 9 bis 13 Uhr)
Ephesos-Museum, Waffensammlung, Sammlung alter Musikinstrumente, 1, Neue Burg, Tel. 57 62 11, 57 62 33
(Dienstag bis Freitag von 10 bis 15 Uhr, Samstag, Sonntag von 9 bis 13 Uhr)
Neue Galerie in der Stallburg, 1, Reitschulgasse 2,
Tel. 52 64 80
(Dienstag bis Donnerstag von 10 bis 15 Uhr, Samstag, Sonntag von 9 bis 13 Uhr)
Weltliche und Geistliche Schatzkammer, 1, Hofburg, Schweizerhof, Tel. 52 63 99
(Montag, Mittwoch, Freitag von 10 bis 15 Uhr, Dienstag, Donnerstag von 13 bis 17 Uhr, Sonntag von 9 bis 13 Uhr)

Kunstuhr (Ankeruhr), 1, Hoher Markt 10/11,
Tel. 63 67 71
(täglich 12 Uhr Figurenparade mit Musik)

Kupferstichkabinett siehe Akademie der bildenden Künste

Kynologisches Museum, 7, Karl Schweighofer-Gasse 3,
Tel. 93 22 94
(öffentlich nicht zugänglich)

Landstraßer Bezirksmuseum, 3, Sechskrügelgasse 11,
Tel. 72 51 71*, 215
(Sonntag von 10 bis 12 Uhr)

Lehár-Schlössel (Schikaneder-Schlössel), 19, Hackhofergasse 18, Tel. 37 18 213
(gegen vorherige Anmeldung)

Leopoldstädter Bezirksmuseum, 2, Karmelitergasse 9,
Tel. 33 16 11*, 229
Österreichisches Circus- und Clown-Museum
(Mittwoch von 17 bis 19 Uhr, Samstag von 14.30 bis 17 Uhr, Sonntag von 9 bis 12 Uhr)

Liesinger Bezirksmuseum, 23, Liesing, Perchtoldsdorfer Straße 2, Tel. 86 96 17*, 23
(Mittwoch und Samstag von 9 bis 12 Uhr)

Lobaumuseum, 22, Aspern, Lobau 256 (beim Forsthaus) (Sonn- und Feiertag von 13 Uhr bis Einbruch der Dunkelheit)

Loos-Erinnerungsraum siehe Historisches Museum der Stadt Wien

Mariahilfer Bezirksmuseum, 6, Gumpendorfer Straße 4, Tel. 57 99 965 (Sonntag von 9.30 bis 12 Uhr)

Medaillen-, Münzen- und Geldzeichen-Sammlung siehe Kunsthistorisches Museum

Medizinhistorisches Museum siehe Museum des Institutes zur Geschichte der Medizin

Meidlinger Bezirksmuseum, 12, Kobingergasse 7, Tel. 85 32 044 (Mittwoch von 17 bis 19 Uhr, Sonntag von 9 bis 12 Uhr)

Modesammlungen im Schloß Hetzendorf siehe Historisches Museum der Stadt Wien

Mozart-Wohnung (Figaro-Haus), 1, Domgasse 5 (Dienstag bis Freitag von 10 bis 16 Uhr, Samstag von 14 bis 18 Uhr, Sonn- und Feiertag von 9 bis 13 Uhr)

Museum der Mechitaristen-Congregation, 7, Mechitaristengasse 4, Tel. 93 64 17 (täglich von 8 bis 12 Uhr)

Museum des Blindenwesens, 2, Wittelsbachstraße 5, Tel. 24 45 67 (gegen vorherige Anmeldung)

Museum des Institutes für gerichtliche Medizin, 9, Sensengasse 2, Tel. 42 62 78 (öffentlich nicht zugänglich)

Museum des Institutes zur Geschichte der Medizin, 9, Währinger Straße 25, Tel. 43 21 54 Medizinhistorisches Museum, Sammlung anatomischer und geburtshilflicher Wachspräparate (Dienstag, Donnerstag von 9 bis 15 Uhr)

Museum des Landesgerichtes Wien, 8, Landesgerichtsstraße 11, Tel. 42 55 16 (Gefangenenhaus-Museum, öffentlich nicht zugänglich)

Museum des österreichischen Freiheitskampfes siehe Dokumentationsarchiv des österreichischen Widerstandes

Museum des Wiener Männergesangvereins, 1, Bösendorferstraße 12, Tel. 65 73 62 (gegen vorherige Anmeldung)

Museum des 20. Jahrhunderts, 3, Schweizer Garten, Tel. 65 51 21 (Montag, Donnerstag, Freitag, Samstag von 10 bis 16 Uhr, Mittwoch von 14 bis 19 Uhr, Sonntag von 10 bis 13 Uhr)

Museum für Hufbeschlag, Beschirrung und Besattlung, 3, Linke Bahngasse 11, Tel. 73 65 21 (Montag bis Freitag von 8 bis 12 Uhr und von 14 bis 16 Uhr)

Museum für moderne Kunst, 9, Fürstengasse 2, Tel. 34 12 59 (täglich außer Dienstag von 10 bis 18 Uhr)

Museum für Völkerkunde, 1, Neue Burg, Tel. 57 62 11, 57 62 33 (Montag, Donnerstag, Freitag, Samstag von 10 bis 13 Uhr, Mittwoch von 10 bis 17 Uhr, Sonntag von 9 bis 13 Uhr)

Museum mittelalterlicher österreichischer Kunst siehe Österreichische Galerie

Musikinstrumente, Sammlung alter, siehe Kunsthistorisches Museum

Musiksammlung siehe Österreichische Nationalbibliothek

Musiksammlung der Gesellschaft der Musikfreunde, 1, Bösendorferstraße 12, Tel. 65 86 81 (gegen vorherige Anmeldung)

Naturhistorisches Museum, 1, Burgring 7, Tel. 93 27 64, 93 27 54
Mineralogisch-Petrographische Abteilung, Geologisch-Paläontologische Abteilung, Botanische Abteilung, Zoologische Abteilung, Anthropologische Abteilung, Prähistorische Abteilung
(täglich außer Dienstag von 9 bis 13 Uhr)

Neher-Erinnerungsraum siehe Österreichische Nationalbibliothek

Neubau, Bezirksmuseum, 7, Hermanngasse 24–26, Tel. 93 76 46*, 224

Neue Galerie in der Stallburg siehe Kunsthistorisches Museum

Niederösterreichisches Landesmuseum, 1, Herrengasse 9, Tel. 63 57 11 (Dienstag bis Freitag von 9 bis 17 Uhr, Samstag von 9 bis 14 Uhr, Sonn- und Feiertag von 9 bis 12 Uhr)

Österreich-Abteilung siehe Österreichische Nationalbibliothek

Österreichische Galerie
Museum mittelalterlicher österreichischer Kunst in der Orangerie des Belvedere, 3, Rennweg 6a, Tel. 72 64 21, 72 43 58, 73 44 14
Österreichisches Barockmuseum im Unteren Belvedere, 3, Rennweg 6a
Österreichische Galerie des 19. und 20. Jahrhunderts im Oberen Belvedere, 3, Prinz Eugen-Straße 27
(Dienstag, Mittwoch, Donnerstag, Samstag von 10 bis 16 Uhr, Freitag von 10 bis 13 Uhr, Sonntag von 9 bis 12 Uhr)
Gustinus Ambrosi-Museum, 2, Scherzergasse 1a, Tel. 33 31 94
(Donnerstag von 10 bis 16 Uhr, Sonntag von 9 bis 12 Uhr)

Österreichische Nationalbibliothek
1, Josefsplatz 1, Tel. 52 16 84, 52 69 41
(Montag bis Samstag von 11 bis 12 Uhr)
Prunksaal, Handschriftensammlung, Kartensammlung
(Prunksaal: Juni bis Oktober von 10 bis 16 Uhr; Handschriftensammlung: Montag, Mittwoch, Freitag von 9 bis 13 Uhr, Dienstag, Donnerstag von 13 bis 19.45 Uhr; Kartensammlung: Montag, Dienstag, Mittwoch, Freitag von 8.30 bis 15.30 Uhr)
Druckschriftensammlung, Zeitschriftensaal, Porträtsammlung–Bildarchiv, 1, Neue Burg
(Druckschriftensammlung und Zeitschriftensaal: Montag bis Freitag von 9 bis 19.45 Uhr, Samstag von 9 bis 12.45 Uhr; Porträtsammlung – Bildarchiv: Montag, Mittwoch, Freitag von 8 bis 15 Uhr)
Musiksammlung, Papyrussammlung, 1, Augustinerstraße 1
(Musiksammlung: Montag, Mittwoch, Freitag von 9 bis 13 Uhr, Dienstag, Donnerstag von 12 bis 15.45 Uhr; Papyrussammlung: Montag bis Freitag von 9 bis 13 Uhr)
Theatersammlung, Österreich-Abteilung, 1, Hofburg
(Theatersammlung: Montag, Dienstag, Mittwoch, Freitag von 8.30 bis 15.30 Uhr; Österreich-Abteilung: Montag bis Freitag von 9 bis 15.30 Uhr)
Internationales Esperanto-Museum, 1, Hofburg, Tel. 52 10 415
(Montag, Mittwoch, Freitag von 9 bis 15.30 Uhr)
Gedenkräume für Anna Bahr-Mildenburg, Hermann Bahr, Josef Kainz, Emmerich Kálmán, Caspar Neher, Max Reinhardt, Hugo Thimig, Carl Michael Ziehrer, 1, Josefsplatz 1

(täglich von 11 bis 12 Uhr gegen vorherige Anmeldung)
Gedenkraum für Richard Teschner, 1, Hofburg
(täglich von 8.30 bis 15.30 Uhr nur für Fachleute)

Österreichisches Filmmuseum, 1, Augustinerstraße 1, Tel. 52 62 06, 52 34 26
(täglich Vorführungen klassischer Filme von Oktober bis Mai)

Österreichisches Gartenbaumuseum, 10, Kurpark Oberlaa, Tel. 68 11 70
(Mittwoch bis Freitag von 10 bis 17 Uhr, jeden ersten Samstag im Monat von 14 bis 17 Uhr, jeden ersten Sonntag im Monat von 10 bis 17 Uhr)

Österreichisches Gesellschafts- und Wirtschaftsmuseum, 5, Vogelsanggasse 36, Tel. 55 31 05, 55 21 40
(gegen vorherige Anmeldung)

Österreichisches Museum für angewandte Kunst, 1, Stubenring 5, Tel. 72 56 96
Europäisches Kunstgewerbe vom Mittelalter bis zur Gegenwart, Kunstgewerbe des Nahen und des Fernen Ostens
(Dienstag, Mittwoch, Freitag von 10 bis 16 Uhr, Donnerstag von 10 bis 18 Uhr, Sonntag von 10 bis 13 Uhr)
Geymüller-Schlössel (Sammlung Dr. Sobek), 18, Pötzleinsdorfer Straße 102, Tel. 47 31 39
(Besichtigung nach Vereinbarung Dienstag bis Freitag von 10 bis 16 Uhr, Führungen Sonntag 11 und 15 Uhr)

Österreichisches Museum für Volkskunde, 8, Laudongasse 15–19, Tel. 43 24 93, 43 41 54
Schausammlungen Österreich und Europa
(Dienstag bis Freitag von 9 bis 15 Uhr, Samstag von 9 bis 12 Uhr, Sonntag von 9 bis 13 Uhr)
Sammlung religiöser Volkskunst, 1, Johannesgasse 8, Tel. 52 13 37
(Mittwoch von 9 bis 15 Uhr, Sonntag von 9 bis 13 Uhr)

Österreichisches Staatsarchiv, 1, Minoritenplatz 1, Tel. 66 15*, 2516
Haus-, Hof- und Staatsarchiv
(Montag bis Donnerstag von 9 bis 16 Uhr, Freitag von 9 bis 12.30 Uhr)
Allgemeines Verwaltungsarchiv, 1, Wallnerstraße 6a, Tel. 66 15*, 2885
(Montag, Mittwoch, Freitag von 9 bis 16 Uhr)
Finanzarchiv, Grillparzer-Gedenkraum, 1, Himmelpfortgasse 8, Tel. 52 35 11
(Montag, Donnerstag von 8.30 bis 12.30 Uhr, Dienstag, Mittwoch von 12.30 bis 15.45 Uhr, Freitag von 8.30 bis 15.45 Uhr)
Hofkammerarchiv, 1, Johannesgasse 6, Tel. 52 54 34
(Montag von 12.30 bis 15.45 Uhr, Dienstag, Mittwoch von 8.30 bis 12.30 Uhr, Donnerstag, Freitag von 8.30 bis 15.45 Uhr)
Kriegsarchiv, 7, Stiftgasse 2, Tel. 93 14 83, 93 27 40, 93 61 82
(Montag bis Freitag von 8.15 bis 15.45 Uhr)
Verkehrsarchiv, 3, Aspangstraße 33, Tel. 73 36 31
(Montag bis Freitag von 8.30 bis 15.30 Uhr)

Österreichisches Tabakmuseum, 9, Porzellangasse 51, Tel. 34 26 00*
Prähistorische Sammlung von Tabakpfeifen, Dosen, Bildern, Dokumenten und Raucherrequisiten aller Art
(Montag von 14 bis 16 Uhr, Dienstag bis Freitag von 9 bis 12 Uhr und von 14 bis 16 Uhr)

*Österreichisches Theatermuseum,*1, Hanuschgasse 3, Tel. 52 24 27, 52 16 84/247
(Dienstag bis Samstag von 9.30 bis 17 Uhr, Sonntag von 9 bis 13 Uhr)

Ottakringer Bezirksmuseum, 16, Richard Wagner-Platz 19, Tel. 92 64 62
(Sonntag von 9 bis 11.30 Uhr)

Otto Wagner-Pavillon, 4, Karlsplatz

Palmenhaus siehe Schönbrunn

Papyrussammlung siehe Österreichische Nationalbibliothek

Parlament, 1, Dr. Karl Renner-Ring 3, Tel. 42 15 25
(Montag bis Freitag 9, 10, 11 und 15 Uhr)

Pathologisch-anatomisches Bundesmuseum, 9, Spitalgasse 2, Tel. 43 86 72
(Donnerstag von 8 bis 11.30 Uhr)

Penzinger Bezirksmuseum, 14, Penzinger Straße 59, Tel. 83 22 20
(Mittwoch von 17 bis 19 Uhr, Sonntag von 10 bis 12 Uhr)
Ziegelmuseum, 14, Hickelgasse 5
(jeden ersten und dritten Sonntag im Monat von 10 bis 12 Uhr)

Pfarrmuseum, 9, Marktgasse 40, Tel. 34 73 01
(Sonntag von 10 bis 12 Uhr)

Planetarium, 2, Oswald Thomas-Platz 1, Tel. 24 94 32
(Samstag, Sonn- und Feiertag von 14 bis 19 Uhr)

Polizeimuseum, 9, Roßauer Lände 7–9, Tel. 34 55 11
(öffentlich nicht zugänglich)

Porträtsammlung – Bildarchiv siehe Österreichische Nationalbibliothek

Post- und Telegraphenmuseum siehe Technisches Museum
Prägestempel siehe Sammlung historischer Prägestempel

Pratermuseum, 2, Oswald Thomas-Platz 1, Tel. 24 94 32
(Samstag, Sonn- und Feiertag von 14 bis 19 Uhr)

Privatgalerie Czernin, 8, Friedrich Schmidt-Platz 4, Tel. 42 78 424
(gegen vorherige Anmeldung)

Rathaus, 1, Lichtenfelsgasse 2, Tel. 42 8 00*
(Montag bis Freitag 11 Uhr)

Reinhardt-Erinnerungsraum siehe Österreichische Nationalbibliothek

Religiöse Volkskunst, Sammlung, siehe Österreichisches Museum für Volkskunde

Riesenrad, 2, Volksprater, Tel. 26 21 30
(März und Oktober täglich von 10 bis 22 Uhr, April bis September von 9 bis 23 Uhr)

Römische Baureste Am Hof, 1, Am Hof 9
(Sonntag von 10 bis 12 Uhr)

Römische Baureste unter der St. Jakobskirche, 19, Pfarrplatz 3, Tel. 37 13 43
(Sonn- und Feiertag von 15 bis 18 Uhr)

Römische Ruinen unter dem Hohen Markt, 1, Hoher Markt 3
(Dienstag bis Freitag von 10 bis 16 Uhr, Samstag von 14 bis 18 Uhr, Sonn- und Feiertag von 9 bis 13 Uhr)

Römische und mittelalterliche Baureste, Johanneskirche Unterlaa, 10, Klederinger Straße, Tel. 64 36 31*, 202, 205
(gegen vorherige Anmeldung)

Rudolfsheim-Fünfhaus, Bezirksmuseum, 15, Rosinagasse Nr. 4, Tel. 85 55 504
(jeden 1. und 3. Dienstag im Monat von 16 bis 18 Uhr)

Saar-Gedenkraum siehe Wertheimstein, Villa

Sammlung historischer Prägestempel im Hauptmünzamt, 1, Am Heumarkt 1, Tel. 73 55 25
(öffentlich nicht zugänglich)

Sammlungen der Bundesmobilienverwaltung
Bundessammlung alter Stilmöbel, 7, Mariahilfer Straße 88, Tel. 93 42 49, 93 42 40, 93 52 63
(Dienstag bis Freitag von 9 bis 12 Uhr und von 14 bis 16 Uhr, Samstag, Sonntag von 9 bis 12 Uhr)
Schausammlung der ehemaligen Hoftafel- und Silberkammer, 1, Hofburg, Tel. 52 23 45
(Dienstag, Freitag, Sonntag von 9 bis 13 Uhr)

Schatzkammer des Deutschen Ordens, 1, Singerstraße 7, Tel. 52 11 65
(täglich von 10 bis 12 Uhr, Dienstag, Mittwoch, Freitag, Samstag von 15 bis 17 Uhr)

Schatzkammer (Weltliche und Geistliche) siehe Kunsthistorisches Museum

Schikaneder-Schlössel siehe Lehár-Schlössel

Schloß Schönbrunn, 13, Schönbrunn, Tel. 83 36 46
Schauräume
(Oktober bis April täglich von 9 bis 12 Uhr und von 13 bis 16 Uhr, Mai bis September täglich von 9 bis 12 Uhr und von 13 bis 17 Uhr, Juni bis August zusätzlich Mittwoch, Donnerstag, Samstag von 19.30 bis 21.15 Uhr)
Bergl-Zimmer
(Mai bis September täglich von 9 bis 12 Uhr und von 13 bis 17 Uhr)
Gloriette
(Mai bis Oktober täglich von 8 Uhr bis Einbruch der Dunkelheit)
Tiergarten Schönbrunn, Tel. 82 12 36
(täglich von 9 Uhr bis längstens 18.30 Uhr)
Palmenhaus (derzeit im Sonnenuhrhaus)
(täglich von 9 bis 17 Uhr)

Schotten-Abtei, Sammlungen, 1, Freyung 6, Tel. 63 76 78
(Führungen jeden Samstag 14 Uhr)

Schubert-Museum, 9, Nußdorfer Straße 54, Tel. 34 59 924
(Dienstag bis Freitag von 10 bis 16 Uhr, Samstag von 14 bis 18 Uhr, Sonn- und Feiertag von 9 bis 13 Uhr)

Schuberts Sterbezimmer, 4, Kettenbrückengasse 6
(Dienstag bis Freitag von 10 bis 16 Uhr, Samstag von 14 bis 18 Uhr, Sonn- und Feiertag von 9 bis 13 Uhr)

Sigmund Freud-Museum, 9, Berggasse 19, Tel. 31 15 96
(Montag bis Freitag von 10 bis 13 Uhr, Samstag, Sonntag von 10 bis 16 Uhr)

Simmeringer Bezirksmuseum, 11, Enkplatz 2, Tel. 74 68 685
(Sonntag von 9 bis 12 Uhr)

Spanische Reitschule, 1, Hofburg, Reitschulgasse 1, Tel. 52 18 36
(Morgenarbeit: Dienstag bis Samstag von 10 bis 12 Uhr; Stallbesuch: Montag bis Samstag von 14 bis 16 Uhr, Sonn- und Feiertag von 10 bis 12 Uhr)

Staatsoper, 1, Opernring 2, Tel. 53 24*
(September bis Juni 14, 15 Uhr, Juli, August 9, 10, 11, 13, 14 und 15 Uhr)

Stadthalle, 15, Vogelweidplatz 14, Tel. 92 66 01*
(Samstag 14 Uhr, Sonntag 10, 11, 12 und 14 Uhr)

Stephansdom, 1, Stephansplatz, Tel. 52 26 01
(Dom: Montag bis Samstag 10.30, 15 Uhr; Katakomben: täglich von 10 bis 12 Uhr und von 14.30 bis 17 Uhr; Turm: täglich von 8.30 bis 12.30 Uhr und von 14 bis 16.30 Uhr; Pummerin: täglich von 8 bis 16.45 Uhr)

Stifter-Museum siehe Beethoven-Erinnerungsräume

Technisches Museum für Industrie und Gewerbe, 14, Mariahilfer Straße 212, Tel. 83 36 18, 83 36 19
Auer von Welsbach-Erinnerungsraum
(Dienstag bis Freitag von 9 bis 16 Uhr, Samstag, Sonntag von 9 bis 13 Uhr)
Österreichisches Eisenbahnmuseum, Tel. 56 50*, 5323
(Dienstag bis Freitag von 9 bis 16 Uhr, Samstag, Sonntag von 9 bis 13 Uhr)
Post- und Telegraphenmuseum, Tel. 83 23 06
(Dienstag bis Sonntag von 9 bis 13 Uhr)

Teschner-Erinnerungsraum siehe Österreichische Nationalbibliothek

Theatersammlung siehe Österreichische Nationalbibliothek

Thimig-Erinnerungsraum siehe Österreichische Nationalbibliothek

Tiergarten siehe Schönbrunn

Tramwaymuseum, Wiener (derzeit wegen Platzmangels geschlossen)

Uhrenmuseum der Stadt Wien, 1, Schulhof 2, Tel. 63 22 65
(Dienstag bis Freitag von 10 bis 16 Uhr, Samstag von 14 bis 18 Uhr, Sonn- und Feiertag von 9 bis 13 Uhr)

Urania-Sternwarte, 1, Uraniastraße 1, Tel. 72 61 91*
(Führung an sternklaren Abenden)

Waffensammlung siehe Kunsthistorisches Museum

Wagenburg des Kunsthistorischen Museums, 13, Schönbrunn, Tel. 82 32 44
Sammlung historischer Prunk- und Gebrauchswagen und Monturdepot
(Dienstag bis Sonntag von 10 bis 16 Uhr, Mai bis September täglich von 10 bis 17 Uhr)

Währinger Bezirksmuseum, 18, Martinstraße 100, Tel. 47 10 855
(Donnerstag von 18 bis 20 Uhr, Sonntag von 10 bis 12 Uhr)

Walter (Bruno)-Gedenkraum in der Akademie für Musik und darstellende Kunst, 3, Lothringerstraße 18, Tel. 56 16 85
(Montag bis Freitag von 9 bis 16 Uhr)

Weinbaumuseum siehe Döblinger Bezirksmuseum

Wertheimstein, Villa (mit dem Salon Wertheimstein und je einem Gedenkraum für Eduard von Bauernfeld und Ferdinand von Saar), 19, Döblinger Hauptstraße 96, Tel. 36 17 064
(Samstag von 15.30 bis 18 Uhr, Sonntag von 9.30 bis 12 Uhr)

Zeitschriftensaal siehe Österreichische Nationalbibliothek

Zentralfriedhof, 11, Simmeringer Hauptstraße 234, Tel. 74 35 41
Ehrengräber
(Jänner, Februar, November, Dezember von 8 bis 17 Uhr, März, April, September, Oktober von 7 bis 18 Uhr, Mai bis August von 7 bis 19 Uhr)

Ziegelmuseum siehe Penzinger Bezirksmuseum

Ziehrer-Erinnerungsraum siehe Österreichische Nationalbibliothek

GALERIEN, WEITERE AUSSTELLUNGSRÄUME USW.

Akademie der bildenden Künste, 1, Schillerplatz 3
Albertina, Graphische Sammlung, 1, Augustinerstraße 1
BAWAG Fondation, 1, Tuchlauben 5
Beethoven-Haus, 19, Probusgasse 6
Bezirksmuseum Alsergrund, 9, Währinger Straße 43
Bezirksmuseum Brigittenau, 20, Raffaelgasse 13

Bezirksmuseum Döbling, 19, Döblinger Hauptstraße 96
Bezirksmuseum Floridsdorf, 21, Prager Straße 33
Bezirksmuseum Hernals, 17, Elterleinplatz 14
Bezirksmuseum Hietzing, 13, Am Platz 2
Bezirksmuseum Innere Stadt, 1, Wipplingerstraße 8
Bezirksmuseum Josefstadt, 8, Zeltgasse 7
Bezirksmuseum Landstraße, 3, Sechskrügelgasse 11
Bezirksmuseum Leopoldstadt, 2, Karmelitergasse 9
Bezirksmuseum Liesing, 23, Liesing, Perchtoldsdorfer Straße 2
Bezirksmuseum Mariahilf, 6, Gumpendorfer Straße 4
Bezirksmuseum Meidling, 12, Kobingergasse 7
Bezirksmuseum Neubau, 7, Stiftgasse 8
Bezirksmuseum Ottakring, 16, Richard Wagner-Platz 19
Bezirksmuseum Penzing, 14, Penzinger Straße 59
Bezirksmuseum Rudolfsheim-Fünfhaus, 15, Rosinagasse Nr. 4–10
Bezirksmuseum Simmering, 11, Enkplatz 2
Bezirksmuseum Währing, 18, Martinstraße 100
EURO-Art-Stadtgalerie, 1, Führichgasse 6
Französisches Kulturinstitut, 1, Lobkowitzplatz 2
Galerie Alsergrund im Bezirksmuseum Alsergrund, 9, Währinger Straße 43
Galerie „Alte Schmiede“, 1, Schönlaterngasse 9
Galerie Ariadne, 1, Bäckerstraße 6
Galerie der Bank des Dorotheums, 1, Dorotheergasse 20
Galerie Bartenstein, 1, Bartensteingasse 6
Galerie Basilisk, 1, Schönlaterngasse 7
Galerie „Die Brücke“, 1, Bäckerstraße 5
Galerie C. F., 1, Sonnenfelsgasse 15
Galerie Contact bei der Oper, 1, Mahlerstraße 7
Galerie Contact im Tourotel, 10, Kurbadstraße 2
Galerie Curtze, 1, Grünangergasse 12
Galerie am Graben, 1, Graben 7
Galerie Gumpendorf im Bezirksmuseum Mariahilf, 6, Gumpendorfer Straße 1
Galerie Herzog im Pferdestall, 6, Getreidemarkt 17
Galerie Hilger, 1, Dorotheergasse 2
Galerie im Internationalen Kulturzentrum, 1, Annagasse 20
Galerie Klewan, 1, Dorotheergasse 14
Galerie Krugerstraße 12, 1, Krugerstraße 12
Galerie Kunst-Kontakte, 1, Ruprechtsplatz
Galerie Lang, 1, Grünangergasse 6
Galerie Mahlerstraße, 1, Mahlerstraße 13
Galerie Nagl, 1, Gluckgasse 3
Galerie Nebehay, 1, Annagasse 18
Galerie Pabst, 1, Habsburgergasse 10
Galerie Peithner-Lichtenfels, 3, Am Heumarkt 19
Galerie Pressehaus, 19, Muthgasse 2
Galerie Prisma, 1, Singerstraße 8
Galerie Rabensteig, 1, Rabensteig 3
Galerie Schwarzer, 1, Dorotheergasse 6–8
Galerie Spectrum, 1, Mahlerstraße 1
Galerie nächst St. Stephan, 1, Grünangergasse 1
Galerie in der Staatsoper, 1, Kärntner Straße
Galerie auf der Stubenbastei, 1, Stubenbastei 1
Galerie Ulysses, 1, Opernring 21
Galerie Wolfrum, 1, Augustinerstraße 10
Galerie Würthle, 1, Weihburggasse 9
Galerie ZB, Zentralbuchhandlung, 1, Schulerstraße 1–3
Galerie Zentrum, 1, Haarhof 1
Gesellschaft für Musiktheater, 7, Breite Gasse 12
Heeresgeschichtliches Museum, 3, Arsenal
Hermesvilla, 13, Lainzer Tiergarten
Historisches Museum der Stadt Wien, 4, Karlsplatz
Hochschule für angewandte Kunst, 1, Kopalplatz 2
Internationaler Künstlerclub, 1, Josefsplatz 6
Italienisches Kulturinstitut, 3, Ungargasse 43
Junior-Galerie, 1, Seilerstätte 22
Kleine Galerie, 8, Neudeggergasse 6 und 8
Kulturamt der Stadt Wien, Ausstellungsraum, 8, Friedrich Schmidt-Platz 5
Kunsthistorisches Museum, 1, Burgring 5
Kunstkabinett Riemergasse, 1, Riemergasse 14
Künstlerhaus, 1, Karlsplatz 5
Künstlerische Volkshochschule, 9, Lazarettgasse 27
H. Lederers Theater am Schwedenplatz, 1, Franz Josefs-Kai 21
Messepalast, 7, Messeplatz 1
Modern Art Galerie, 1, Köllnerhofgasse 6
Museum des 20. Jahrhunderts, 3, Schweizergarten
Museum für Völkerkunde, 1, Neue Burg
Naturhistorisches Museum, 1, Burgring 9
Niederösterreichisches Landesmuseum, 1, Herrengasse 9
Österreichische Galerie, 3, Prinz Eugen-Straße 27, und 3, Rennweg 6a
Österreichische Nationalbibliothek, Musiksammlung, Österreich-Abteilung, Prunksaal, 1, Augustinerstraße 1
Österreichisches Circus- und Clown-Museum, 2, Karmelitergasse 9
Österreichisches Museum für angewandte Kunst, 1, Weiskirchner Straße 3, und 1, Stubenring 5
Österreichisches Museum für Volkskunde, 8, Laudongasse 15–19
Österreichisches Theatermuseum, 1, Hanuschgasse 3
Palais Palffy, 1, Josefsplatz 6
Polnisches Institut, 1, Am Gestade 7
Rathaus
  Arkadenhof
  Schmidt-Halle, 1, Friedrich Schmidt-Platz
  Volkshalle, 1, Rathausplatz
  Wiener Stadt- und Landesarchiv
  Wiener Stadt- und Landesbibliothek
Secession, Wiener, 1, Friedrichstraße 12
Technisches Museum, 14, Mariahilfer Straße 212
Theseustempel, 1, Volksgarten
Volksheim Ottakring, 16, Ludo Hartmann-Platz 7
Volkshochschule Favoriten, 10, Arthaberplatz 18
Wiener Stadthalle, 15, Vogelweidplatz 14
Zentralsparkasse, Kassenhalle, 3, Vordere Zollamtsstraße 13 – Gigergasse 1

ARCHIVE, BIBLIOTHEKEN

Archiv der Wiener Philharmoniker, 1, Bösendorferstraße Nr. 12, Tel. 65 65 25
(gegen vorherige Anmeldung)

Bibliothek der Akademie der bildenden Künste, 1, Schillerplatz 3, Tel. 57 95 19/22
(Montag bis Freitag von 10 bis 12 Uhr und von 13 bis 17 Uhr, Samstag von 9 bis 12 Uhr)

Bibliothek der Albertina, 1, Augustinerstraße 1, Tel. 52 57 69, 52 42 32
(Montag bis Donnerstag von 13 bis 16 Uhr)

Bibliothek der Geologischen Bundesanstalt, 3, Rasumofskygasse 23, Tel. 72 56 74, 73 64 57
(Montag bis Freitag von 9 bis 12 Uhr und von 14 bis 16 Uhr nur für Fachleute)

Bibliothek der Gesellschaft der Musikfreunde, 1, Bösendorferstraße 12, Tel. 65 86 81
(Montag, Mittwoch, Freitag von 9 bis 13 Uhr)

Bibliothek der Hochschule für angewandte Kunst, 1, Kopalplatz 2, Tel. 72 21 91/458
(Montag bis Freitag von 9 bis 12 Uhr und von 13 bis 16 Uhr)

Bibliothek der Hochschule für Musik und darstellende Kunst in Wien, 3, Lothringerstraße 18, Tel. 56 16 85*, 32
(Lesesaal: Montag bis Freitag von 9 bis 16 Uhr; Leihstelle: Montag bis Freitag von 9 bis 12.30 Uhr)

Bibliothek der Kammer der gewerblichen Wirtschaft für Wien, 1, Stubenring 8–10, Tel. 52 65 65*, 370
(Montag bis Donnerstag von 8 bis 19 Uhr, Freitag von 8 bis 16 Uhr)

Bibliothek der Österreichischen Bundesbahnen, 2, Praterstern 3, Tel. 56 50*, 5210
(Montag bis Freitag von 9 bis 15 Uhr)

Bibliothek des Amerika-Hauses, 1, Friedrich Schmidt-Platz Nr. 2, Tel. 34 66 11/4621
(Montag bis Freitag von 13 bis 18 Uhr)

Bibliothek des Französischen Kulturinstituts, 1, Lobkowitzplatz 2, Tel. 52 49 71
(Montag bis Freitag von 10 bis 13 Uhr und von 14.30 bis 18.45 Uhr)

Bibliothek des Kunsthistorischen Museums, 1, Burgring 5, Tel. 93 25 66, 93 36 51
(Dienstag, Freitag von 10 bis 15 Uhr und von 19 bis 21 Uhr, Mittwoch, Donnerstag von 10 bis 15 Uhr, Samstag, Sonntag von 9 bis 13 Uhr)

Bibliothek des Museums für Völkerkunde, 1, Neue Burg, Tel. 57 62 33
(Montag bis Freitag von 9 bis 12 Uhr,
Montag bis Donnerstag von 14 bis 16.30 Uhr)

Bibliothek des Österreichischen Museums für angewandte Kunst, 1, Stubenring 5, Tel. 72 68 39
(Dienstag, Mittwoch, Freitag von 10 bis 16 Uhr, Donnerstag von 10 bis 18 Uhr, Sonntag von 10 bis 13 Uhr)

Bibliothek des Österreichischen Museums für Volkskunde, 8, Laudongasse 15–19, Tel. 43 12 59, 43 24 93
(Dienstag bis Freitag von 9 bis 15 Uhr)

Bibliothek des Österreichischen Patentamtes, 1, Kohlmarkt Nr. 8–10, Tel. 63 36 36*, 155
(Montag bis Freitag von 8 bis 14 Uhr)

Bibliothek des Technischen Museums für Industrie und Gewerbe, 14, Mariahilfer Straße 212, Tel. 83 36 18, 83 36 19
(Dienstag bis Freitag von 9 bis 12 Uhr und von 13.30 bis 15.30 Uhr)

Bibliothek des Technologischen Gewerbe-Museums, 9, Severingasse 9, Tel. 42 51 79
(Montag, Dienstag von 11.30 bis 16 Uhr, Donnerstag, Freitag von 9 bis 12.30 Uhr)

British Council Library, 1, Schenkenstraße 3, Tel. 63 26 16
(Montag bis Freitag von 9.30 bis 17 Uhr)

Dokumentationsarchiv des österreichischen Widerstandes, 1, Wipplingerstraße 8, Tel. 63 07 31*, 332
(Montag, Mittwoch, Donnerstag von 8 bis 17 Uhr)

Haus des Buches, 8, Skodagasse 20, Tel. 42 61 63
(Montag, Donnerstag von 10 bis 19.30 Uhr, Dienstag, Freitag von 14 bis 19.30 Uhr)

Niederösterreichische Landesbibliothek, 1, Teinfaltstraße 8, Tel. 63 57 11*, 2847
(Montag bis Freitag von 8 bis 15.30 Uhr)

Österreichische Nationalbibliothek, 1, Josefsplatz 1, Tel. 52 16 84, 52 23 08/238, 230
(Montag bis Samstag von 11 bis 12 Uhr)
Handschriftensammlung, Kartensammlung mit historischer Globus-Kollektion
(Handschriftensammlung: Montag, Mittwoch, Freitag von 9 bis 13 Uhr, Dienstag, Donnerstag von 13 bis 19.45 Uhr; Kartensammlung: Montag, Dienstag, Mittwoch, Freitag von 8.30 bis 15.30 Uhr)
Druckschriftensammlung, 1, Neue Burg, Tel. 52 16 84, 52 23 08/208, 202
Zeitschriftensaal, Porträtsammlung – Bildarchiv
(Druckschriftensammlung und Zeitschriftensaal: Montag bis Freitag von 9 bis 19.45 Uhr, Samstag von 9 bis 12.45 Uhr; Porträtsammlung – Bildarchiv: Montag, Mittwoch, Freitag von 8 bis 15 Uhr)
Musiksammlung, Papyrussammlung, 1, Augustinerstraße 1, Tel. 52 16 84, 52 23 08/257, 243
(Musiksammlung: Montag, Mittwoch, Freitag von 9 bis 13 Uhr, Dienstag, Donnerstag von 12 bis 15.45 Uhr; Papyrussammlung: Montag bis Freitag von 9 bis 13 Uhr)
Theatersammlung, Österreich-Abteilung, 1, Hofburg, Tel. 52 16 84, 52 23 08/245, 247
(Theatersammlung: Montag, Dienstag, Mittwoch, Freitag von 8.30 bis 15.30 Uhr; Österreich-Abteilung: Montag bis Freitag von 9 bis 15.30 Uhr)
Internationales Esperanto-Museum, 1, Hofburg, Tel. 52 10 415
(Montag, Mittwoch, Freitag von 9 bis 15.30 Uhr)

Österreichische Phonothek, 6, Webgasse 2a, Tel. 57 36 69, 57 36 60
(Montag bis Freitag von 8 bis 16 Uhr)

Österreichisches Staatsarchiv, 1, Minoritenplatz 1, Tel. 66 15*, 2516
Haus-, Hof- und Staatsarchiv
(Montag bis Donnerstag von 9 bis 16 Uhr, Freitag von 9 bis 12.30 Uhr)
Allgemeines Verwaltungsarchiv, 1, Wallnerstraße 6a, Tel. 66 15*, 2885
(Montag, Mittwoch, Freitag von 9 bis 16 Uhr)
Finanzarchiv, 1, Himmelpfortgasse 8, Tel. 52 35 11
(Montag, Donnerstag von 8.30 bis 12.30 Uhr, Dienstag, Mittwoch von 12.30 bis 15.45 Uhr, Freitag von 8.30 bis 15.45 Uhr)
Hofkammerarchiv, 1, Johannesgasse 6, Tel. 52 54 34
(Montag von 12.30 bis 15.45 Uhr, Dienstag, Mittwoch von 8.30 bis 12.30 Uhr, Donnerstag, Freitag von 8.30 bis 15.45 Uhr)
Kriegsarchiv, 7, Stiftgasse 2, Tel. 93 14 83, 93 27 40, 93 61 82
(Montag bis Freitag von 8.15 bis 15.45 Uhr)
Verkehrsarchiv, 3, Aspangstraße 33, Tel. 73 36 31
(Montag bis Freitag von 8.30 bis 15.30 Uhr)

Pädagogische Zentralbücherei der Stadt Wien, 7, Burggasse Nr. 14–16, Tel. 93 50 363
(Montag bis Freitag von 12 bis 17.30 Uhr)

Parlaments-Bibliothek, 1, Dr. Karl Renner-Ring 3, Tel. 42 15 25*, 285
(Montag bis Freitag von 9 bis 15.30 Uhr)

Phonogrammarchiv der Österreichischen Akademie der Wissenschaften, 1, Liebiggasse 5, Tel. 42 22 94
(Montag bis Freitag von 9 bis 11 Uhr)

Prof. Hans Pemmer-Bibliothek, 19, Döblinger Hauptstraße 96, Tel. 36 17 064 (Samstag von 15.30 bis 18 Uhr)

Sozialwissenschaftliche Studienbibliothek der Kammer für Arbeiter und Angestellte für Wien, 4, Prinz Eugen-Straße 20–22, Tel. 65 37 65
(Montag bis Freitag von 13 bis 19.30 Uhr, Samstag von 9 bis 12 Uhr)

Stadt- und Landesarchiv, Wiener, 1, Rathaus, Tel. 42 8 00*, 2707
(Montag bis Freitag von 8 bis 18 Uhr)

Stadt- und Landesbibliothek, Wiener, 1, Rathaus, Tel. 42 8 00*, 2777
(Montag bis Donnerstag von 9 bis 18.30 Uhr, Freitag von 9 bis 16.30 Uhr)

Studienbibliothek der Österreichisch-Sowjetischen Gesellschaft, 1, Himmelpfortgasse 13, Tel. 52 08 965
(Montag, Mittwoch von 9 bis 17 Uhr, Dienstag, Donnerstag von 9 bis 18 Uhr, Freitag von 9 bis 16.30 Uhr)

Universitätsbibliothek der Technischen Universität Wien, 4, Karlsplatz 13, Tel. 65 76 41*, 128
(Lesesaal: Montag bis Freitag von 9 bis 19 Uhr; Zeitschriftensaal: Montag, Mittwoch von 10.30 bis 19 Uhr, Dienstag, Donnerstag, Freitag von 10.30 bis 15.30 Uhr)

Universitätsbibliothek der Universität für Bodenkultur Wien, 19, Peter Jordan-Straße 82, Tel. 34 25 00/310
(Montag bis Freitag von 9 bis 17 Uhr)

Universitätsbibliothek der Veterinärmedizinischen Universität Wien, 3, Linke Bahngasse 11, Tel. 73 65 21, 73 55 81*, 240
(Montag bis Freitag von 9 bis 18 Uhr)

Universitätsbibliothek der Wirtschaftsuniversität Wien, 19, Franz Klein-Gasse 1, Tel. 34 75 41*, 480
(Lesesaal: Montag bis Freitag von 9 bis 19 Uhr; Zeitschriftensaal: Montag bis Freitag von 9 bis 16 Uhr)

Universitätsbibliothek Wien, 1, Dr. Karl Lueger-Ring Nr. 1, Tel. 42 76 11/372, 376
(Großer Lesesaal: Montag bis Freitag von 9 bis 21.45 Uhr, Samstag von 9 bis 12.45 Uhr; Kleiner Lesesaal: Montag bis Donnerstag von 9 bis 17.30 Uhr, Freitag von 9 bis 16 Uhr; Zeitschriftensaal: Montag bis Freitag von 9 bis 17.45 Uhr)

Zentralbibliothek der Physikalischen Institute der Universität Wien, 9, Boltzmanngasse 5, Tel. 34 11 68, 34 26 30/210
(Montag bis Freitag von 8 bis 17.30 Uhr)

STÄDTISCHE BÜCHEREIEN

(siehe unter Magistrat, MA 13)

SEHENSWÜRDIGKEITEN

(Auswahl historisch und künstlerisch bedeutender Bauten)

1. Bezirk

Akademie der bildenden Künste, Schillerplatz 3
Akademie der Wissenschaften (ehemalige Universitätsaula), Dr. Ignaz Seipel-Platz 2
Albertina, Augustinerstraße 1
Alte Universität, Dr. Ignaz Seipel-Platz – Bäckerstraße 20
Altes Rathaus, Wipplingerstraße 8
Andromedabrunnen, Wipplingerstraße 8 (Hof des Alten Rathauses)
Annakirche, Annagasse 3b
Augustinerkirche, Augustinerstraße bei 7
Austriabrunnen, Freyung
Basiliskenhaus, Schönlaterngasse 7
Böhmische Hofkanzlei, ehemalige (jetzt Verfassungs- und Verwaltungsgerichtshof), Wipplingerstraße 7 – Judenplatz 11
Bruckners Wohnhaus, Hessgasse 7
Bundeskanzleramt, Ballhausplatz 2
Bürgerhäuser:
- Am Gestade 3, 5 und 7 (frühneuzeitliche Häuser, 16. Jahrhundert)
- Am Hof 7 (ehemaliges Märkleinsches Haus)
- Am Hof 12 (barockes Bürgerhaus)
- Annagasse 8 (ehemaliger Deybel- oder Täuberlhof)
- Annagasse 14 (Haus „Zum blauen Karpfen“)
- Bäckerstraße 7 (Haus mit Renaissancehof)
- Bäckerstraße 12–16 (Bürgerhäuser des 15. bis 18. Jahrhunderts, mit später zum Teil veränderten Fassaden)
- Domgasse 6 (ehemaliger Kleiner Bischofshof, Haus zum Roten Kreuz)
- Fleischmarkt 9 (Zur Mariahilf)
- Griechengasse 7 und 9 (mit gotischem Wohnturm)
- Himmelpfortgasse 6 (Johann Lukas von Hildebrandt)
- Judenplatz 2 (Zum großen Jordan, ehemaliger Platz des Gettos)
- Kohlmarkt 11 (Großes Michaelerhaus)
- Kurrentgasse 2 (ehemaliger Pfarrhof der Kirche Am Hof, Stanislaus Kostka-Kapelle)
- Mölkerbastei 8 (Pasqualati-Haus, Beethoven-Haus, Stifter-Gedenkstätte)
- Naglergasse 13–27 (zum Teil spätmittelalterliche Häuser mit einzelnen barockveränderten Fassaden)
- Petersplatz (Pfarrhof der Peterskirche)
- Rauhensteingasse 8 (früher Kleines Kaiserhaus, Sterbehaus von Wolfgang Amadeus Mozart)
- Schönlaterngasse (revitalisierte Bürgerhäuser Nr. 2, 8 und 9)
- Schultergasse 5 (an Stelle des Sterbehauses von Fischer von Erlach)
- Schwertgasse 3 (barockes Haus „Zu den 7 Schwertern“)
- Seitenstettengasse 2 (Kornhäuselturm)
- Sonnenfelsgasse 15–19 (Häuser aus dem 16. bis 18. Jahrhundert, zum Teil noch mit Fassaden des Barock und der Renaissance)
- Sterngasse 3 (Wiener Neustädter Hof)
- Tuchlauben 5 (ehemaliger Hochholzerhof, Langenkellerhaus)
- Weihburggasse 14 (Haus mit schmiedeeisernen Balkonen)

Bürgerliches Zeughaus, ehemaliges (jetzt Feuerwehrzentrale), Am Hof 10
Burggarten, bei Hofburg
Burgkapelle, Hofburg, Schweizerhof
Burgtheater, Dr. Karl Lueger-Ring 2
Churhaus, Stephansplatz 3
Deutschmeisterpalais, Parkring 8
Deutschordenskirche, Singerstraße bei 7
Dominikanerkirche, Postgasse 4
Donner-Brunnen, Neuer Markt
„Dreimäderlhaus“, Schreyvogelgasse 10
Equitable-Palais, Stock im Eisen-Platz 3–4
Erzbischöfliches Palais, Rotenturmstraße 2
Evangelische Kirche A. B., Dorotheergasse 18
Evangelische Kirche H. B., Dorotheergasse bei 16
Fähnrichshof, Blutgasse 7
Figarohaus, Schulerstraße 8 – Domgasse 5
Franziskanerkirche, Franziskanerplatz
Griechische Kirche Hl. Barbara, Postgasse 10
Griechische Kirche Hl. Dreifaltigkeit, Fleischmarkt 15
Griechische Kirche Hl. Georg, Griechengasse 5

Grillparzers Geburtshaus, Bauernmarkt 10
Heiligenkreuzerhof, Schönlaterngasse 5 – Grashofgasse 3
Heiligenkreuzerhof-Kapelle, Schönlaterngasse 5 – Grashofgasse 3
Herzgruft der Habsburger in der Augustinerkirche, Augustinerstraße
Hildebrandthaus, Sonnenfelsgasse 3
Hofburg, Michaelerplatz – Augustinerstraße – Josefsplatz – Augustinerbastei – Heldenplatz – Ballhausplatz
Hofkammerarchiv, Johannesgasse 6 – Annagasse 5
Jesuitenkirche, Dr. Ignaz Seipel-Platz
Jesuitenkirche (ehemalige), Am Hof
Josefsbrunnen, Graben
Kaisergruft, Neuer Markt 2
Kapuzinerkirche, Neuer Markt 2
Katakomben, Stephansplatz
Kirche Maria am Gestade, Salvatorgasse 12
Kremsmünster Hof, Annagasse 4
Kriegsministerium, ehemaliges (jetzt Regierungsgebäude), Stubenring 1
Kunsthistorisches Museum, Burgring 5
Künstlerhaus, Karlsplatz
Kunstuhr am Hohen Markt, Hoher Markt 10–11
Landhaus, Herrengasse 13
Leopoldsbrunnen, Graben
Looshaus, Michaelerplatz 3
Malteserkirche, Kärntner Straße 37
Mariensäule, Am Hof
Melkerhof, Schottengasse 3
Michaelerkirche, Michaelerplatz
Minoritenkirche, Minoritenplatz
Mosesbrunnen, Franziskanerplatz
Musikvereinsgebäude, Bösendorferstraße 12
Naturhistorisches Museum, Burgring 7
Nestroys Geburtshaus, Bräunerstraße 3
Österreichisches Museum für angewandte Kunst, Stubenring 5
Österreichische Nationalbibliothek (ehemalige Hofbibliothek), Josefsplatz
Palais Bartolotti-Partenfeld (ehemaliges), Graben 11
Palais Batthyány, Bankgasse 2
Palais Caprara-Geymüller (ehemaliges), Wallnerstraße 8
Palais Collalto, Am Hof 13
Palais des Prinzen Eugen von Savoyen (jetzt Finanzministerium), Himmelpfortgasse 8
Palais Dietrichstein, Minoritenplatz 3
Palais Erdödy-Fürstenberg, Himmelpfortgasse 13
Palais Erzherzog Ludwig Viktor, Schwarzenbergplatz 1
Palais Esterházy, Wallnerstraße 4
Palais Fürstenberg, Grünangergasse 4
Palais Harrach, Freyung 3
Palais Kinsky (ehemaliges Palais Daun), Freyung 4
Palais Koburg, Seilerstätte 1
Palais Liechtenstein, Bankgasse 9
Palais Lobkowitz (ehemaliges Palais Dietrichstein), Lobkowitzplatz 2
Palais Modena (jetzt Innenministerium), Herrengasse 7
Palais Mollard-Clary, ehemaliges (jetzt Niederösterreichisches Landesmuseum), Herrengasse 9
Palais Neupauer-Breuner, Singerstraße 16
Palais Obizzi, ehemaliges (jetzt Uhrenmuseum), Schulhof 2
Palais Palffy, Josefsplatz 6
Palais Pallavicini (ehemaliges Palais Fries), Josefsplatz 5
Palais Porcia (ehemaliges), Herrengasse 23
Palais Questenberg-Kaunitz (ehemaliges), Johannesgasse 5 und 5a
Palais Rauchmiller (ehemaliges), Neuer Markt 14
Palais Rottal (ehemaliges), Singerstraße 17
Palais Schönborn-Batthyány, Renngasse 4
Palais Seilern (ehemaliges), Bäckerstraße 8
Palais Starhemberg, ehemaliges (jetzt Unterrichtsministerium und Wissenschaftsministerium), Minoritenplatz 5
Palais Strattmann-Windischgraetz, ehemaliges (jetzt Ungarische Botschaft), Bankgasse 4–6
Palais Wilczek, Herrengasse 5
Parlament, Dr. Karl Renner-Ring 3
Pestsäule, Graben
Peterskirche, Petersplatz 6
Postsparkasse, Georg Coch-Platz 2
Rathaus, Rathausplatz
Rathauspark, vor Rathaus
Ruprechtskirche, Ruprechtsplatz
Salvatorkapelle, Salvatorgasse 5
Savoysches Damenstift, Johannesgasse 15
Schottenkirche, Freyung 6
Schottenkloster, Freyung 6
Schwindhaus, Geburtshaus des Malers Moritz von Schwind, Fleischmarkt 15
Secession, Friedrichstraße 12
Spanische Reitschule, Hofburg
Staatsoper, Opernring 2
Stadtpark, Parkring
Stephansdom, Stephansplatz
„Stock im Eisen“, Kärntner Straße 2
Synagoge, Seitenstettengasse 2–4
Theseustempel, Volksgarten
Universität, Dr. Karl Lueger-Ring 1
Urania, Uraniastraße 1
Ursulinenkirche, Johannesgasse 8
Vermählungsbrunnen, Hoher Markt
Volksgarten, bei Hofburg

2. Bezirk

Augartenpalais, Obere Augartenstraße 1
Barockes Bürgerhaus, Taborstraße 23
Johannes von Nepomuk-Kirche, Praterstraße – Nepomukgasse 1
Karmeliterkirche, Karmeliterplatz
Kirche der Barmherzigen Brüder, Taborstraße bei 16
Leopoldskirche, Große Pfarrgasse bei 15
Lusthaus, Prater
Planetarium, Oswald Thomas-Platz 1
Prater
Riesenrad

3. Bezirk

Alpengarten im Oberen Belvedere, Landstraßer Gürtel 1
Arsenal, Arsenalstraße
Beethovenhaus, Ungargasse 5
Belvedere, Prinz Eugen-Straße 27 – Rennweg 6
Botanischer Garten der Universität, Rennweg 14
Elisabethinenkirche, Landstraßer Hauptstraße 4a
Gardekirche, Rennweg 5a
Hauptmünzamt, Am Heumarkt 1
Hochstrahlbrunnen, Schwarzenbergplatz
Hofmannsthals Geburtshaus, Salesianergasse 12
Konzerthaus, Lothringerstraße 20
Museum des 20. Jahrhunderts, Schweizer Garten
Palais Metternich, ehemaliges (jetzt Italienische Botschaft), Rennweg 27
Palais Rasumofsky (jetzt Geologische Bundesanstalt), Rasumofskygasse 23–25
Palais Schwarzenberg, Rennweg 2
Rochuskirche, Landstraßer Hauptstraße 45

Russisch-orthodoxe Kirche, Jaurèsgasse 2
Salesianerinnenkirche, Rennweg 10
St. Marxer Friedhof (Mozarts Begräbnisstätte), Leberstraße 6
Waisenhauskirche, Rennweg bei 91
Weißgerberkirche, Kolonitzplatz

4. Bezirk

Gartenpalais Schönburg, Rainergasse 11
Glucks Wohnhaus, Wiedner Hauptstraße 32
Historisches Museum der Stadt Wien, Karlsplatz
Karlskirche, Karlsplatz
Otto Wagner-Pavillon, Karlsplatz
Paulanerkirche, Wiedner Hauptstraße – Paulanergasse 6
Schuberts Sterbehaus, Kettenbrückengasse 6
Technische Hochschule, Karlsplatz 13
Theresianum, Favoritenstraße 15

5. Bezirk

Johann Nepomuk-Linienkapelle, Schönbrunner Straße – Sankt Johann-Gasse
Josefskirche, Schönbrunner Straße bei 71
Metzleinstalerhof, Margaretengürtel 90–98

6. Bezirk

Evangelische Kirche A. B., Gustav Adolf-Kirche, Gumpendorfer Straße bei 129
Gumpendorfer Pfarrkirche St. Ägyd, Gumpendorfer Straße – Brückengasse
Haus des Meeres, Esterházypark, Gumpendorfer Straße
Haydns Wohnhaus, Haydngasse 19
Jugendstilwohnhäuser von Otto Wagner, Linke Wienzeile 38 und 40
Mariahilfer Kirche, Mariahilfer Straße bei 55
Raimunds Geburtshaus, Mariahilfer Straße 45
Theater an der Wien, Linke Wienzeile 6

7. Bezirk

Altlerchenfelder Pfarrkirche, Lerchenfelder Straße 111
Amerlings Geburtshaus, Stiftgasse 8
Bürgerhäuser:
Burggasse 13 („Zum Heiligen Josef“)
Sankt Ulrichs-Platz 2 (barockes Haus)
Hofstallungen, ehemalige (jetzt Messepalast), Messeplatz 1
Lanners Geburtshaus, Mechitaristengasse 5
Lazaristenkirche, Kaiserstraße bei 7
Mechitaristenkirche, Neustiftgasse bei 4
Palais Trautson, Museumstraße 7
Stiftkirche, Mariahilfer Straße 24
Ulrichskirche, Sankt Ulrichsplatz
Wohnhäuser der ehemaligen barocken Vorstadt Spittelberg, Spittelberggasse

8. Bezirk

Alte Backstube, Lange Gasse 34
Beethovenhaus, Trautsongasse 2
Bürgerhaus, Lange Gasse 34 (barockes Haus „Zur heiligen Dreifaltigkeit“)
Dreifaltigkeitskirche, Alser Straße 17
Palais Auersperg, Auerspergstraße 1
Palais Schönborn, Laudongasse 15–19
Piaristenkirche, Jodok Fink-Platz
Theater in der Josefstadt, Josefstädter Straße 26

9. Bezirk

Allgemeines Krankenhaus, Alserstraße 4, mit „Narrenturm“ im Hof
Beethovens Sterbehaus, Schwarzspanierstraße 15 (Neubau)
Doderer-Gedenkraum, Währinger Straße 43 (Bezirksmuseum Alsergrund)
Josephinum, Währinger Straße 25
Lichtentaler Pfarrkirche, Marktgasse bei 40
Palais Liechtenstein, Fürstengasse 2
Schuberts Geburtshaus, Nußdorfer Straße 54
Servitenkirche, Servitengasse bei 9
Sigmund Freud-Wohnung, Berggasse 19
Volksoper, Währinger Straße 78
Votivkirche, Rooseveltplatz 8

10. Bezirk

Antonius-Pfarrkirche, Antonsplatz
„Arbeitercottage“, Kiesewettergasse
Friedenskirche, Quellenstraße 197
George Washington-Hof, Triester Straße 52–58
Johanneskirche, Unterlaa, Klederinger Straße
Spinnerin am Kreuz, Triester Straße bei 52
Waldmüllerpark (ehemaliger Katholischer Matzleinsdorfer Friedhof) mit Grabmalhain

11. Bezirk

Krematorium (im ehemaligen „Neugebäude“), Simmeringer Hauptstraße 337
Luegerkirche, Zentralfriedhof
Schloß Kaiser-Ebersdorf, Kaiser-Ebersdorfer Straße 297
Simmeringer Pfarrkirche, Kobelgasse bei 24
Zentralfriedhof (mit Ehrengräbern)

12. Bezirk

Altmannsdorfer Pfarrkirche, Khleslplatz
Altmannsdorfer „Schlößl“ (jetzt Dr. Karl Renner-Institut), Khleslplatz 12
Hetzendorfer Pfarrkiche, Marschallplatz
Schloß Hetzendorf, Hetzendorfer Straße 79

13. Bezirk

Hermesvilla, Lainzer Tiergarten
Hietzinger Pfarrkirche, Am Platz
Hofpavillon, bei Stadtbahnstation Hietzing
Lainzer Tiergarten
Schönbrunn
Werkbundsiedlung, Jagdschloßgasse

14. Bezirk

Otto Wagner-Villen, Hüttelbergstraße 26 und 28
Palais Zichy, Beckmanngasse 10–12
Pfarrkirche „Zum hl. Jakob“, Einwanggasse
Schloß Laudon, Mauerbachstraße
Schloß Miller von Aichholz, Linzer Straße 429
Steinhofkirche, Baumgartner Höhe
Villa Windischgraetz, Linzer Straße 452

15. Bezirk

Christkönig-Pfarrkirche, Kriemhildplatz
Pfarrkirche Maria vom Siege, Mariahilfer Gürtel
Stadthalle, Wiener, Vogelweidplatz 14
Zwinglikirche, Schweglerstraße 39

16. Bezirk

Alt-Ottakringer Pfarrkirche, Ottakringer Straße bei 215
Biologische Station Wilhelminenberg, Savoyenstraße
Schloß Wilhelminenberg, Savoyenstraße

17. Bezirk

Kalvarienbergkirche, Bartholomäusplatz
Schloß Schwarzenberg, Waldegghofgasse

18. Bezirk

Gersthofer Pfarrkirche (ehemalige), Gersthofer Straße bei Nr. 129
Schloß Pötzleinsdorf (jetzt Jugendgästehaus), Geymüllergasse 1
Schubertpark (ehemaliger Währinger Ortsfriedhof) mit Grabmalhain, Währinger Straße – Teschnergasse
Türkenschanzpark, Türkenschanzstraße
Währinger Park (ehemaliger Allgemeiner Währinger Friedhof) mit Grabmalhain, Gymnasiumstraße – Semperstraße

19. Bezirk

Beethoven-Grillparzer-Haus, Grinzinger Straße 64
Beethovenhäuser, Probusgasse 6, Pfarrplatz 2 und Döblinger Hauptstraße 92 (Eroica-Haus)
Daringerkreuz, Sieveringer Straße – Daringergasse
Grinzinger Pfarrkirche, Himmelstraße 26
Heiligenstädter Kirche, Pfarrplatz 3
Hochschule für Welthandel, Franz Klein-Gasse 1
Kahlenbergkirche, Kahlenberg
Karl Marx-Hof, Heiligenstädter Straße 82–92
Lehár-Schikaneder-Schlössel, Hackhofergasse 18
Leopoldskirche, Leopoldsberg
Sieveringer Pfarrkirche, Sieveringer Straße
Trummelhof, Cobenzlgasse 30
Villa Wertheimstein, Döblinger Hauptstraße 96 (Bezirksmuseum Döbling)
Wertheimsteinpark, Döblinger Hauptstraße 96
Zwettler Hof, Hackhofergasse 17

20. Bezirk

Brigittakapelle, Forsthausgasse
Brigittakirche, Brigittaplatz

21. Bezirk

Beethoven-Gedenkstätte (ehemaliges Erdödy-Schlössel), Jeneweingasse 17
Karl Seitz-Hof, Jedleseer Straße 64–94
Pfarrkirche Loretto, Lorettoplatz
Stammersdorf (alte Weinhauerhäuser und Keller)

22. Bezirk

Donauturm, Donaupark
Historischer Ortskern von Aspern (Kirche, Nepomuk- und Florianstatuen, „Löwe von Aspern")
Schloß Eßling und Schüttkasten (Franzosenkriege), Eßlinger Hauptstraße 81–87
Schloß Süßenbrunn, Süßenbrunner Hauptstraße

23. Bezirk

Hugo von Hofmannsthal-Schlößl, Rodaun, Ketzergasse Nr. 471
Kirche „Zur Heiligsten Dreifaltigkeit", Mauer, Sankt Georgenberggasse
Maurer Schlößl, Endresstraße 100
Pfarrkirche Mauer, Maurer Hauptplatz
Schloß Alt-Erlaa, Erlaaer Straße 54

WALD- UND NATURLEHRPFADE

Anlage	Ausmaß Einrichtung Fassungsraum	Eigentümer Verwalter Pächter
2. Bezirk		
Prater, entlang Heustadelwasser ab Stadion	0,8 km	MA 42 – Stadtgartenamt
13. Bezirk		
Lainzer Tiergarten, Lainzer Tor – Hermesvilla	1,5 km	MA 49 – Forstamt der Stadt Wien
14. Bezirk		
Sophienalpe		Österreichische Bundesforste
16. Bezirk		
Wilhelminenberg, entlang Savoyenstraße	1 km	MA 49 – Forstamt der Stadt Wien
18. Bezirk		
Schafberg	2,4 km	MA 49 – Forstamt der Stadt Wien

22. Bezirk

Lobau, entlang Eßlinger Furt bis Lobaumuseum	2 km	MA 49 – Forstamt der Stadt Wien

23. Bezirk

Maurer Wald, Rundkurs	2,7 km	MA 49 – Forstamt der Stadt Wien

SPORTPLÄTZE

Abkürzungen:

F	=	Fußballanlage	E	=	Eislaufanlage
Fa	=	Faustballanlage	B	=	Basketballanlage
L	=	Leichtathletikanlage	V	=	Volleyballanlage
H	=	Handballanlage	Ho	=	Hockeyanlage
T	=	Tennisanlage	Ü	=	Übungsanlage

Anlage	Ausmaß Einrichtung Fassungsraum	Eigentümer Verwalter Pächter
2. Bezirk		
Am Grünhaufen, Hafenzufahrtsstraße 60	13.670 m² F Ü	KSV ELAN, 1, Julius Raab-Platz 4, Tel. 52 26 31, Platz: Tel. 74 15 67
Engerthstraße 253	19.047 m² F Fa L H Ü 4.000 Personen	Sportvereinigung der Angestellten und Bediensteten der WStW-EW (FS Elektra), 9, Mariannengasse 4, Platz: Tel. 24 61 30
Freudenau, Aspernallee	9.556 m² F 200 Personen	Wiener Fußballverband, 6, Mariahilfer Straße 99 (SK Freudenau), Tel. 57 15 36, Platz: Tel. 74 48 015
Hauptallee 123a	29.700 m² L T Ho 500 Personen	Österreichischer Hockey-Verband, 2, Hauptallee Nr. 123a, Tel. 24 55 00
Krieau, Meiereistraße	55.710 m² F L T Ü 500 Personen	Vienna Cricket and Football-Club, Alfred Proksch, 3, Custozzagasse 11, Tel. 72 42 30, Platz: 24 02 75
Krieau, Stadion	455.483 m² F L H Ü 70.730 Personen	Wiener Stadthalle-Kiba Betriebs- und Veranstaltungs Ges. m. b. H., 15, Vogelweidplatz 14, Tel. 92 66 01*, Platz: Tel. 24 52 03
Prater, Spenadlwiese	41.274 m² F L H 500 Personen	ASKÖ Wien, 5, Bacherplatz 14, Tel. 55 73 03, Platz: Tel. 24 22 52
Rustenschacher Allee 5	39.824 m² F L H T Ü 500 Personen	Sportvereinigung der Angestellten der Stadt Wien (STAW), 9, Maria Theresien-Straße 11, Tel. 34 36 00, Platz: Tel. 24 25 62 (F), 24 51 88 (T)
Rustenschacher Allee 9	62.114 m² F L H T Ho Ü 500 Personen	Wiener Athletiksport-Club, 2, Rustenschacher Allee Nr. 9, Tel. 26 22 30
3. Bezirk		
Baumgasse – Nottendorfer Gasse	29.614 m² F H 500 Personen	Landstraßer Athletik-Club, 3, Baumgasse – Nottendorfer Gasse
Grasbergergasse 18	17.284 m² F L Ü 1.000 Personen	Rennweger Sportvereinigung, 3, Grasbergergasse 18, Tel. 74 44 274
10. Bezirk		
Absberggasse 189 (Favoriten I, II)	71.100 m² F L H Ü 4.950 Personen	Wiener Fußball-Verband, 6, Mariahilfer Straße 99, Tel. 57 15 36, Platz: Tel. 64 21 89

Anlage	Ausmaß Einrichtung Fassungsraum	Eigentümer Verwalter Pächter
Eibesbrunnergasse	22.040 m² F L H 200 Personen	ASK KDAG-Phönix, 12, Oswaldgasse 33, Tel. 83 55 11, Platz: Tel. 64 18 564
Grenzackergasse 23	50.525 m² F Fa L H V B 300 Personen	Bundesministerium für Unterricht und Kunst, Haus des Sportes, Verwaltung der Bundesspielplätze, 4, Prinz Eugen-Straße 12, Tel. 65 37 42
Kennergasse 3	20.766 m² F 3.000 Personen	Favoritner Athletiksport-Club, 10, Kennergasse 3, Tel. 64 56 965
Kundratstraße	22.874 m² F L 200 Personen	Priorat des Karmeliterklosters, 10, Stefan Fadinger-Platz 2 (Triester Sportklub), Tel. 64 34 61
Laaer Berg-Straße 143 (Laaerberg-Kuppe)	34.680 m² F L Ü 500 Personen	Bundesbahn-Sportreferat, 15, Neubaugürtel 1/I/6, Tel. 56 50*, 4905 (ESV Südost)
Laxenburger Straße 159 – Heuberggstättenstraße	48.552 m² F T 576 Personen	MA 51 – Sportangelegenheiten, 8, Friedrich Schmidt-Platz 4, Tel. 42 8 00*, 2797, Platz: Tel. 67 61 16
Oberlaa, Franzosenweg	13.209 m² F 2.000 Personen	Sport-Club Rapid-Oberlaa, Johann Hotzer, 10, Per Albin Hansson-Straße 27/1/3
Raxstraße 3	34.770 m² F L H Ü 500 Personen	Sportvereinigung der WStW-VB, 4, Favoritenstraße Nr. 9–11, Tel. 65 36 91*, Platz: Tel. 64 18 993
Triester Straße 106	62.864 m² F H T Ü 3.000 Personen	MA 51 – Sportangelegenheiten, 8, Friedrich Schmidt-Platz 4, Tel. 42 8 00*, 2797 (SV Wienerberger Baustoffe), Platz: Tel. 67 41 30
Windtenstraße – Raxstraße (Nothnagelplatz)	57.284 m² F Fa L H T E B V Ü 2.200 Personen	ASKÖ-Landesverband Wien, 5, Bacherplatz 14, Tel. 55 73 03, Platz: Tel. 64 44 43
11. Bezirk		
Haidestraße 10	28.501 m² F L Ü 500 Personen	Sportklub Mautner-Markhof, 11, Simmeringer Hauptstraße 101, Tel. 74 20 274
Hasenleitengasse 47–49, Aspangbahn	35.761 m² + 1.020 m² F L H Ü 500 Personen	ESV Ostbahn Olympia XI, 11, Grillgasse 48, Tel. 56 50*, 5678, Platz: Tel. 74 29 455
Leberstraße 84	15.324 m² F L B 1.000 Personen	SC Waggonfabrik Simmering, 11, Simmeringer Hauptstraße 38–40, Tel. 72 36 51, Platz: Tel. 74 31 68
Simmeringer Hauptstraße 207–211	38.346 m² F H T Ü 4.300 Personen	Wiener Fußball-Verband, 6, Mariahilfer Straße 99, Tel. 57 15 36 (SC Radio-Stollhofer Simmering), Platz: Tel. 74 13 36
Zinnergasse – Klebindergasse	14.697 m² F 100 Personen	Sportklub Kaiser-Ebersdorf, Wolfgang Merkl, 10, Landwehrstraße 3/1/10
12. Bezirk		
Hervicusgasse 13–15	13.220 m² F H T E Ü 200 Personen	FS Union XII, 12, Hervicusgasse 13–15, Tel. 83 40 593
Oswaldgasse	8.895 m² H T E Ü	WAT Zentrale, 5, Bacherplatz 14, Tel. 55 83 69
Rosasgasse 31–33	13.500 m² F 10.000 Personen	Sportklub Wacker, Maria Enzersdorf, Südstadt, Johann Steinböck-Straße 1, Platz: Tel. 83 52 44
Schneiderhangasse 3	12.160 m² F Ü 500 Personen	ASKÖ-Landesverband Wien, 5, Bacherplatz 14, Tel. 57 63 03 (ASC Wiener Viktoria)

Anlage	Ausmaß Einrichtung Fassungsraum	Eigentümer Verwalter Pächter
13. Bezirk		
Fasangarten, Gaßmannstraße 2	42.000 m² F Fa L H T V Ü 500 Personen	Bundesministerium für Landesverteidigung, Sportabteilung, 13, Fasangarten-Kaserne, Tel. 83 35 21, Platz: Tel. 83 88 222
Hörndlwald	12.500 m² F Fa L H Ü	ASKÖ-Landesverband Wien, 5, Bacherplatz 14, Tel. 55 73 03
Meillergasse – Riedelgasse	8.000 m² F H	Bundestaubstummeninstitut, 13, Speisinger Straße Nr. 105, Tel. 82 22 76
Schönbrunner Schloßstraße 4	13.000 m² Fa L H T B Ho Ü 1.000 Personen	Österreichische Turn- und Sportunion Wien, 1, Dominikanerbastei 6, Tel. 52 74 63, Platz: Tel. 83 53 01
Speisinger Straße – Linienamtsgasse	4.364 m² + 14.000 m² F Fa L H T Ü 500 Personen	ASVÖ-Landesverband Wien, 7, Neubaugasse 7, Tel. 93 74 96, Platz: Tel. 88 21 65
14. Bezirk		
Achtundvierzigerplatz	8.494 m² Fa T E B V	ASKÖ-Landesverband Wien, 5, Bacherplatz 14, Tel. 55 73 03 (SKSV Siedlung Flötzersteig)
Ameisgasse 61	8.500 m² F 500 Personen	SC Tlapa-Hütteldorfer AC, 14, Ameisgasse 61, Platz: Tel. 92 11 78
Baumgarten, Kinkplatz	17.780 m² F 200 Personen	ASKÖ-Landesverband Wien, 5, Bacherplatz 14, Tel. 55 73 03 (SV Austria XIII)
Cumberlandstraße	7.626 m² F E Ü 100 Personen	SK Westbahn, 14, Beckmanngasse 22
Mühlbergstraße – Hofjägerstraße	7.173 m² F H T B V 749 Personen	Kuratorium Wiener Jugendheime, 2, Ferdinandstraße Nr. 16–18, Tel. 24 82 63, Platz: Tel. 97 15 06
Sportzentrum Wien-West, Keißlergasse 6	81.690 m² F 19.938 Personen	Wiener Stadthalle-Kiba Betriebs- und Veranstaltungs Ges. m. b. H., 15, Vogelweidplatz 14, Tel. 92 66 01*, Platz: Tel. 94 55 19
Steinbruchstraße 7	13.336 m² F V 500 Personen	Sportklub Slovan Wien, 1, Drachengasse 3, Tel. 52 29 71, Platz: Tel. 92 40 582
Stockhammerngasse	3.244 m² + 11.763 m² F H Ü 12.000 Personen	Sportklub Rapid, 7, Urban Loritz-Platz 5, Tel. 93 16 95, Platz: Tel. 94 22 96
15. Bezirk		
Johnstraße	25.000 M² F L H Ü 500 Personen	ASKÖ-Landesverband Wien, 5, Bacherplatz 14, Tel. 55 73 03, Platz: Tel. 92 13 33 (ASK Graphia)
Possingergasse 4	14.400 m² L Ü	Bundesrealgymnasium und Wirtschaftskundliches Bundesrealgymnasium, 15, Possingergasse 4, Tel. 92 03 51
Possingergasse 6	39.800 m² Fa L H T B Ü 500 Personen	Universitäts-Sportzentrum Schmelz, 15, Possingergasse Nr. 6, Tel. 92 26 61
16. Bezirk		
Erdbrustgasse 4	48.177 m² + 3.924 m² F Fa L H T E Ü 3.000 Personen	ASKÖ-Landesverband Wien, 5, Bacherplatz 14, Tel. 55 73 03, Platz: Tel. 46 11 70 (Bez.-Verband Ottakring)
Kendlerstraße 38	18.590 m² F 3.000 Personen	Sportklub Auto und Red Star, 16, Kendlerstraße 38, Tel. 92 61 86, Platz: 95 45 11

Anlage	Ausmaß Einrichtung Fassungsraum	Eigentümer Verwalter Pächter
Kendlerstraße 48–50	28.178 m² F H Ü 2.000 Personen	Sportklub Helfort-Intact, 16, Kendlerstraße 48, Platz: Tel. 92 33 39
Paltaufgasse 14	6.230 m² F H Ü 50 Personen	Sportverein Tabakregie, 16, Paltaufgasse 14, Tel. 34 26 00*, 349, Platz: Tel. 92 16 71
17. Bezirk		
Franz Glaser-Gasse	17.143 m² F Fa L H T B 200 Personen	ASKÖ-Landesverband Wien, 5, Bacherplatz 14, Tel. 55 73 03 (SV Zentralsparkasse, 3, Vordere Zollamtsstraße 13, Tel. 72 92*, 461)
Hernalser Hauptstraße 214	14.134 m² F H 11.300 Personen	Wiener Sportklub, 17, Rötzergasse 6, Tel. 42 45 16, Platz: Tel. 46 15 20
Lidlgasse 10 – Roggendorfgasse 2 – Rosensteingasse 87 – Schumanngasse 107	100.000 m² F L H T Ho 3.000 Personen	Postsportverein Wien, 17, Roggendorfgasse 2, Tel. 46 23 23
Marswiese, Neuwaldegger Straße 57a	31.651 m² F Fa L H T B Ü 1.000 Personen	Union Katholische Jugend, 1, Stephansplatz 6/6, Tel. 52 46 01, Platz: Tel. 46 22 68
19. Bezirk		
Grinzinger Straße 111	20.700 m² F T E 2.000 Personen	Nußdorfer Athletiksport-Club, 19, Grinzinger Straße Nr. 111, Tel. 37 18 595
Hohe Warte	81.712 m² F L T Ü 16.000 Personen	First Vienna Footballclub, 19, Hohe Warte, Tel. 36 31 06
Krottenbachstraße 53	13.447 m² F H E 300 Personen	ASKÖ-Landesverband Wien, 5, Bacherplatz 14, Tel. 55 73 03, Platz: Tel. 36 10 192
20. Bezirk		
Brigittenauer Lände 236	36.936 m² F Fa L T E Ü 500 Personen	ASKÖ-Landesverband Wien, 5, Bacherplatz 14, Tel. 55 73 03, Platz: Tel. 33 51 88 (Bezirksgruppe Brigittenau)
Meldemannstraße 15 – Pasettistraße	12.406 m² F H 2.000 Personen	Sportclub Semperit, 4, Wiedner Hauptstraße 63, Tel. 65 47 51*, 439, Platz: Tel. 33 22 72
Spielmanngasse 8 (Lorenz Müller-Gasse)	36.450 m² F Fa L H T Ü 720 Personen	MA 51 – Sportangelegenheiten, 8, Friedrich Schmidt- Platz 4, Tel. 42 8 00*, 2797, Platz: Tel. 33 60 722
21. Bezirk		
Brünner Straße 72 – Shuttleworthstraße	18.500 m² F H 500 Personen	SC Österreichische Automobil-Fabrik, 21, Brünner Straße 72, Tel. 39 16 21
Brünner Straße – Jedlersdorfer Straße	12.445 m² F L 2.000 Personen	Sportklub Nord-Wien, Ernst Vögerle, 21, Baumergasse Nr. 41/29
Fännergasse 3	21.802 m² F H 300 Personen	SC Donaustadt-RAG, 21, Fännergasse 3, Tel. 38 18 194
Fultonstraße – Nordmanngasse	28.340 m² F Ü 680 Personen	Wiener Fußballverband, 6, Mariahilfer Straße 99, Tel. 57 15 36 (SR Donaufeld), Platz: Tel. 38 31 07
Hopfengasse 6–8	37.924 m² F H T Ü 12.000 Personen	Floridsdorfer Athletiksport-Club, 21, Floridsdorfer Hauptstraße 17, Tel. 38 14 49, Platz: Tel. 38 12 80

Anlage	Ausmaß Einrichtung Fassungsraum	Eigentümer Verwalter Pächter
Jochbergengasse	7.000 m² F H 200 Personen	Österreichische Turn- und Sportunion Wien, 1, Dominikanerbastei 6, Tel. 52 74 63 (Union Landhaus)
Leopoldauer Straße 77–79	22.000 m² F T Ü 300 Personen	Sportklub Shell, 21, Pilzgasse 31, Tel. 37 16 96
Schwarzlackenau, Christian Bucher-Gasse	34.347 m² F L H T E Ü 3.000 Personen	ASKÖ-Landesverband Wien, 5, Bacherplatz 14, Tel. 55 73 03, Platz: Tel. 38 22 19 (SV Columbia 21)
Siemensstraße 70 – Ruthnergasse	7.000 m² F 200 Personen	BSV Wiener Stark- und Schwachstromwerke, 21, Siemensstraße 88, Tel. 37 16 66, Platz: Tel. 37 36 32
Siemensstraße 89	16.400 m² F L H Ü 1.200 Personen	Sportverein Pauker Wien, 21, Siemensstraße 89, Tel. 37 35 81
Wasserpark, Am Hubertusdamm 2–7	16.970 m² F L H Ü 100 Personen	WAT Zentrale, 5, Bacherplatz 14, Tel. 55 83 69 (WAT Floridsdorf)
22. Bezirk		
Aspern, Biberhaufenweg 18	11.130 m² F 500 Personen	Sportvereinigung Aspern-Herzer, Firma Otto Herzer, 22, Aspern, Zachgasse 18, Tel. 22 24 38, Platz: Tel. 22 55 935
Eßling, Kirschenallee	16.000 m² F 200 Personen	Sportverein Eßling, 22, Eßlinger Hauptstraße 82, Gasthaus Müllner, Tel. 22 19 425
Hirschstetten, Spargelfeldstraße	36.030 m² F L H Ü 540 Personen	Wiener Fußballverband, 6, Mariahilfer Straße 99, Tel. 57 15 36, Platz: Tel. 22 58 725 (SV Kagran)
Kagran, Donaufelder Straße 243 – Anton Sattler-Gasse	7.538 m² F L H T	Turnverein Kagran, 22, Postfach 32, Tel. 23 16 625
Kagran, Natorpgasse 25	31.071 m² F L Ü 500 Personen	ASKÖ-Landesverband Wien, 5, Bacherplatz 14, Tel. 55 73 03
Kaisermühlen, Arbeiterstrandbadstraße 128	138.654 m² F Fa L T B V Ü	Bundesbahn Sportreferat, 15, Neubaugürtel 1/I/6, Tel. 56 50*, 5396, Platz: Tel. 56 50*, 4892
Kaisermühlen, Dampfschiffhaufen (Polizei-Strandbad)	14.932 m² F L H 200 Personen	Polizei-Sportvereinigung Wien, 1, Postgasse 7, Tel. 52 37 50
Kaisermühlen, Eiswerkstraße 20	25.000 m² F L H T Ü 500 Personen	Sportverein Länderbank, 1, Am Hof 2, Tel. 63 16 31, Platz: Tel. 24 55 70
Kaisermühlen	21.644 m² F L 500 Personen	ASKÖ-Landesverband Wien, 5, Bacherplatz 14, Tel. 55 73 03, Platz: Tel. 23 51 05 (Sportklub Donau)
Leopoldau, Josef Baumann-Gasse	7.988 m² F Ü	Union Landhaus-Vorwärts-Lehrer, 1, Herrengasse 11–13
Stadlau, Genochplatz 1	11.390 m² F H 200 Personen	Sportklub Waagner-Biro, 22, Stadlau, Erzherzog Karl-Straße 127, Tel. 22 15 41
Stadlau, Smolagasse	82.735 m² F L T V Ü 12.000 Personen	Fußball-Club ÖMV-Stadlau, 22, Stadlau, Smolagasse, Tel. 22 12 13
Stadlau, Stadlauer Straße – Wiedgasse	40.800 m² F H 500 Personen	ESV Stadlau, 22, Bahnhof Stadlau, Alois Haubelt, Tel. 56 50*, 4665
Süßenbrunn, Pehamgasse	7.856 m² F H 400 Personen	Sportclub Süßenbrunn Lohberger, 22, Süßenbrunn, Süßenbrunner Platz 10

Anlage	Ausmaß Einrichtung Fassungsraum	Eigentümer Verwalter Pächter
23. Bezirk		
Altmannsdorf, Altmannsdorfer Straße, In der Wiese (Freizeitsportanlage)	6.855 m²	im Bau
Atzgersdorf, Steinergasse 12	20.572 m² + 8.000 m² F Fa L H Ü 2.000 Personen	ASKÖ-Landesverband Wien, 5, Bacherplatz 14, Tel. 55 73 03, Platz: Tel. 86 92 59 (Landessportschule)
Erlaa, Meischlgasse 11	32.236 m² F L 500 Personen	Amateur-Sportklub Erlaa, 23, Erlaa, Altmannsdorfer Straße 208, Gasthaus Holzgruber, Tel. 86 90 213
Inzersdorf, Sterngasse 4a	20.323 m² F L H T 500 Personen	ASKÖ-Landesverband Wien, 5, Bacherplatz 14, Tel. 55 73 03, Platz: Tel. 67 17 784
Kalksburg	26.928 m² F 200 Personen	I. Sportklub Kalksburg, Franz Ries, 23, Rodaun, Kaiser Franz Josef-Straße 25, Tel. 86 05 772
Liesing, Franz Heider-Gasse	10.400 m² Fa L	Allgemeiner Turnverein Liesing, Dr. Herbert Bauer, 23, Perchtoldsdorf, Ketzergasse 329, Tel. 86 11 42
Liesing, Schartlgasse 10	10.225 m² F H T E Ü 100 Personen	WAT Zentrale, 5, Bacherplatz 14, Tel. 55 83 69 (WAT Liesing), Platz: Tel. 86 05 273
Liesing, Siebenhirtenstraße	20.878 m² F H 500 Personen	ASK Liesing, Albert Rohacek, 23, Liesing, Ketzergasse Nr. 312
Mauer, Erhardgasse 2	44.591 m² F L H T B Ü 500 Personen	Österreichische Turn- und Sportunion Wien, 1, Dominikanerbastei 6, Tel. 52 74 63, Platz: Tel. 86 03 95
Siebenhirten, Anton Freunschlag-Gasse	18.070 m² + 1.844 m² F 1.000 Personen	Sportklub Siebenhirten, Gasthaus Divis, 23, Siebenhirten, Ketzergasse 33

SPEZIALANLAGEN

Athletic-Center, 4, Mittersteig 15	ca. 1.000 m² 600 Personen	Wiener Stadthalle-Kiba Betriebs- und Veranstaltungs Ges. m. b. H., 15, Vogelweidplatz 14, Tel. 92 66 01*, Halle: Tel. 57 97 85
Bowlinghalle (32 Bahnen), 2, Hauptallee 124	4.500 m²	Brunswick Ges. m. b. H., 2, Hauptallee 124, Tel. 24 64 61
Bowlinghalle (12 Bahnen), 15, Hütteldorfer Straße 2		Wiener Stadthalle-Kiba Betriebs- und Veranstaltungs Ges. m. b. H., 15, Vogelweidplatz 14, Tel. 92 54 61
Bowlinghalle, Kraftsportzentrum, 17, Roggendorfgasse 2		Postsportverein Wien, 17, Roggendorfgasse 2, Tel. 42 23 23
Bowlinghalle (32 Bahnen), 17, Schumanngasse 107		Brunswick Ges. m. b. H., 17, Schumanngasse 107, Tel. 46 43 61
Bowlinghalle (32 Bahnen), 17, Syringgasse 6–10		Kunsteisbahn Engelmann-Verein, 17, Syringgasse Nr. 6–10, Tel. 42 14 25
Boxarena Märzring, 15, Brunhildengasse 2	2.687 m² Fa H B 1.500 Personen	ASKÖ Sportclub Schwarz-Weiß, 15, Brunhildengasse Nr. 2, Tel. 92 11 55
Eishalle Donaupark, 22, Kagran, Wagramer Straße 1	5.850 m² 4.000 Personen	Wiener Stadthalle-Kiba Betriebs- und Veranstaltungs Ges. m. b. H., 15, Vogelweidplatz 14, Tel. 92 66 01*, Halle: Tel. 24 75 08
Eishalle Stadthalle, 15, Vogelweidplatz 14		Wiener Stadthalle-Kiba Betriebs- und Veranstaltungs Ges. m. b. H., 15, Vogelweidplatz 14, Tel. 92 66 01*

Anlage	Ausmaß Einrichtung Fassungsraum	Eigentümer Verwalter Pächter
Eisschießanlage, 21, Oswald Redlich-Straße – Pastorstraße	2.768 m²	Eisschützen Leopoldau
Eisschießanlage, 22, Kaisermühlen, Arbeiterstrandbadstraße 31b	300 m²	Bundesbahn-Sportreferat, 15, Neubaugürtel 1/I/6, Tel. 56 50*, 5105
Eisschießanlage, 22, Kaisermühlen	300 m²	ASKÖ-Landesverband Wien, 5, Bacherplatz 14, Tel. 55 63 91 (ESV Gänsehäufel)
Fit-Parcours, 13, Grenzgasse, Lainzer Bach	600 m lang	MA 42 – Stadtgartenamt, 3, Am Heumarkt 2b, Tel. 72 21 71*
Fit-Parcours, 13, Küniglberg	1.200 m lang	MA 42 – Stadtgartenamt, 3, Am Heumarkt 2b, Tel. 72 21 71*
Fit-Parcours, 13, Speisinger Straße – Linienamtsgasse	700 m lang	MA 51 – Sportangelegenheiten, 8, Friedrich Schmidt-Platz 4, Tel. 42 8 00*, 4187, Parcours: ASVÖ-Platz, Tel. 88 21 65
Fit-Parcours, 14, Sophienalpe		Österreichische Bundesforste
Fit-Parcours, 17, Neuwaldegg, Schwarzenbergpark	2.500 m lang	MA 49 – Forstamt der Stadt Wien, 1, Volksgartenstraße 3, Tel. 42 8 00*, 4126
Fit-Parcours, Natur-Langlaufloipe, 19, Am Cobenzl 96a	Fit-Parcours 2.500 m lang Langlauf-Loipe 6 km lang	Wiener Skiverband, Nordische Sektion, 4, Prinz Eugen-Straße 12, Tel. 65 52 165, Sportanlage: Tel. 32 45 182
Galopprennbahn, 2, Freudenau	970.000 m² 12.000 Personen	Wiener Galopp-Rennverein, 1, Josefsplatz 5, Tel. 52 88 30, Gelände: Tel. 74 21 92
Golfplatz, Poloplatz, 2, Freudenau 65a	auf dem Gelände der Galopprennbahn	Österreichischer Golf-Verband, 4, Prinz Eugen-Straße Nr. 12, Gelände: Tel. 74 17 86 (Golf-Club Wien)
Kunsteisbahnanlage Engelmann, 17, Syringgasse 6–10	3.000 m² 2.500 Personen	Kunsteisbahn Engelmann-Verein, 17, Syringgasse Nr. 6–10, Tel. 42 14 25
Kunsteisbahnanlage Wiener Eislaufverein, 3, Lothringerstraße 22	6.100 m² 4.000 Personen	Wiener Eislaufverein, 3, Lothringerstraße 22, Tel. 73 63 53
Kunststoff-Langlaufloipe, 10, Laxenburger Straße – Heuberggstättenstraße		Wiener Landes-Skiverband, Nordische Sektion, 4, Prinz Eugen-Straße 12, Tel. 65 52 165
Mehrzweckhalle, 10, Kurbadstraße 14	2.500 m² F Fa L H T V B Boxen	Kurbetrieb Heilquelle (Thermalschwefelquelle) Oberlaa Ges. m. b. H., 10, Kurbadstraße 14, Tel. 62 91 77
Radrennbahn, Wiener Hallenstadion, 2, Engerthstraße 267–269	51.096 m² F Fa L H T B V Boxen, Rad 5.600 Personen	Wiener Stadthalle-Kiba Betriebs- und Veranstaltungs Ges. m. b. H., 15, Vogelweidplatz 14, Tel. 92 66 01*, Halle: Tel. 24 05 32
Reitschule, 3, Barmherzigengasse 17	1.200 m² 200 Personen	Wiener Reitklub, 3, Barmherzigengasse 17, Tel. 73 16 52, 73 51 11
Reitturnierplatz, 2, Hauptallee (Ameisenwiese)	50.000 m² 300 Personen	Landesfachverband für Reiten und Fahren Wien, 4, Prinz Eugen-Straße 12, Tel. 65 15 52
Reitturnierplatz, Reithalle, 2, Freudenau 555	97.033 m²	ASKÖ-Landesverband Wien, 5, Bacherplatz 14, Tel. 55 63 91, Gelände: Tel. 74 23 36 (Reitverein Freudenau)
Reitturnierplatz, Reithalle, 22, Süßenbrunn, Weingartenallee 18	16.000 m²	Union Reit- und Fahrverein St. Stephan, 1, Dominikanerbastei 6, Tel. 52 74 63
Rollschuhbahnanlage, 2, Ausstellungsstraße 40 – Perspektivstraße	4.343 m² E Rollschuh	SPÖ 2/Kinderfreunde (Rollschuhsportverband)

Anlage	Ausmaß Einrichtung Fassungsraum	Eigentümer Verwalter Pächter
Schleppliftanlage, 14, Hagenberg, Himmelhof	37.697 m²	MA 51 – Sportangelegenheiten, 8, Friedrich Schmidt-Platz 4, Tel. 42 8 00*, 2795, Skianlage: Tel. 82 08 233
Skianlage „Hohe Wand-Wiese", 14, Mauerbachstraße 172 (künstliche Erzeugung von Schnee)	41.907 m²	MA 51 – Sportangelegenheiten, 8, Friedrich Schmidt-Platz 4, Tel. 42 8 00*, 2775, Skianlage: Tel. 97 11 57
Skisprungschanze, 13, Hagenberg, Himmelhof	898 m²	Ski-Union Wien, 1, Dominikanerbastei 6, Tel. 52 74 63
Trabrennplatz, 2, Krieau	152.300 m² 7.000 Personen	Wiener Trabrennverein, 1, Nibelungengasse 3, Tel. 57 72 58, Gelände: Tel. 24 13 14
Trainingsstützpunkt für Skilauf und Radsport, 14, Mauerbachstraße – Greutberggasse	1.000 m²	Österreichische Turn- und Sport-Union Wien, 1, Dominikanerbastei 6, Tel. 52 74 63
Wiener Stadthalle, 15, Vogelweidplatz 14	36.280 m² F Fa L H T E B Kegelhalle Rudertrain. Schwimmh. + Sauna 23.600 Personen	Wiener Stadthalle-Kiba Betriebs- und Veranstaltungs Ges. m. b. H., 15, Vogelweidplatz 14, Tel. 92 66 01*

SPIELPLÄTZE

(mit mindestens 200 m² Fläche)

1. Bezirk

	m²	
Börsepark	400	MA 42 – Stadtgartenamt
Rathausplatz	880	MA 51 – Sportangelegenheiten
Rathauspark	200	MA 42 – Stadtgartenamt
Rudolfsplatz	432	MA 42 – Stadtgartenamt

2. Bezirk

Augarten Auwiese	8.100	Verwaltung der Bundesspielplätze
Augarten Jahnwiese	13.200	Verwaltung der Bundesspielplätze
Augarten Schloßwiese	6.800	Verwaltung der Bundesspielplätze
Augarten Sportwiese	10.032	Verwaltung der Bundesspielplätze
Ausstellungsstraße 40 – Perspektivstraße	4.343	Kinderfreunde Leopoldstadt
Elderschplatz	260	MA 42 – Stadtgartenamt
Handelskai nächst Mexikoplatz (3 Plätze)	1.142	MA 42 – Stadtgartenamt
Lassallestraße 40	350	MA 52 – Wohnhäuserverwaltung
Max Winter-Platz	1.650	MA 42 – Stadtgartenamt
Mexikoplatz I	904	MA 42 – Stadtgartenamt
Mexikoplatz II (DDSG)	480	MA 42 – Stadtgartenamt
Miesbachgasse 15	250	MA 52 – Wohnhäuserverwaltung
Obere Augartenstraße (2 Plätze)	1.595	MA 42 – Stadtgartenamt
Obere Donaustraße (Kienzl-Park)	1.106	MA 42 – Stadtgartenamt
Prater Birkenwiese	19.868	Verwaltung der Bundesspielplätze
Prater Jesuitenwiese	1.319	MA 42 – Stadtgartenamt
Prater Wasserwiese	4.032	Verwaltung der Bundesspielplätze
Schüttelstraße 9	250	MA 52 – Wohnhäuserverwaltung
Schüttelstraße 19	250	MA 52 – Wohnhäuserverwaltung
Untere Augartenstraße 15–17	350	MA 52 – Wohnhäuserverwaltung
Untere Donaustraße – Vorkai	616	MA 42 – Stadtgartenamt
Venediger Au	6.198	MA 51 – Sportangelegenheiten

Venediger Au (3 Plätze)	6.666	MA 42 – Stadtgartenamt
Vivariumstraße 6–10	322	MA 52 – Wohnhäuserverwaltung
Vivariumstraße 13–17	300	MA 52 – Wohnhäuserverwaltung
Wehlistraße 131–143 (3 Plätze)	850	MA 52 – Wohnhäuserverwaltung
3. Bezirk		
Arenbergpark (3 Plätze)	3.519	MA 42 – Stadtgartenamt
Baumgasse 29–41	400	MA 52 – Wohnhäuserverwaltung
Dietrichgasse 29a	7.603	WAT Landstraße
Dietrichgasse 44	1.000	Pfarre Neu-Erdberg
Erdberger Lände	592	MA 42 – Stadtgartenamt
Gänsbachergasse 3	450	MA 42 – Stadtgartenamt
Grasbergergasse 4 (2 Plätze)	645	MA 52 – Wohnhäuserverwaltung
Kardinal Nagl-Platz	854	MA 42 – Stadtgartenamt
Kleingasse 2	432	MA 52 – Wohnhäuserverwaltung
Klopsteinplatz	420	MA 42 – Stadtgartenamt
Landstraßer Hauptstraße 173	320	MA 52 – Wohnhäuserverwaltung
Ludwig Koeßler-Platz 4	300	MA 52 – Wohnhäuserverwaltung
Markhofgasse 12–18	285	MA 52 – Wohnhäuserverwaltung
Modenapark (2 Plätze)	2.200	MA 42 – Stadtgartenamt
Paulusplatz (2 Plätze)	475	MA 42 – Stadtgartenamt
Sankt Nikolaus-Platz	246	MA 42 – Stadtgartenamt
Schweizergarten	2.000	MA 51 – Sportangelegenheiten
Schweizergarten	780	MA 42 – Stadtgartenamt
Stadtpark (4 Plätze)	5.980	MA 42 – Stadtgartenamt
Viehmarktgasse 2	300	MA 42 – Stadtgartenamt
4. Bezirk		
Alois Drasche-Park	966	MA 42 – Stadtgartenamt
Phorusplatz	200	MA 42 – Stadtgartenamt
Rechte Wienzeile 25–27	389	MA 52 – Wohnhäuserverwaltung
Rubenspark	250	MA 42 – Stadtgartenamt
Schelleingasse 28	333	MA 52 – Wohnhäuserverwaltung
Waltergasse 5 (2 Plätze)	830	MA 52 – Wohnhäuserverwaltung
5. Bezirk		
Bacherplatz	1.644	MA 51 – Sportangelegenheiten
Bacherplatz (2 Plätze)	1.200	MA 42 – Stadtgartenamt
Einsiedlergasse	993	MA 42 – Stadtgartenamt
Kliebergasse 8	340	MA 52 – Wohnhäuserverwaltung
Klieberpark	616	MA 42 – Stadtgartenamt
Margaretengürtel I	627	MA 42 – Stadtgartenamt
Margaretengürtel II	430	MA 42 – Stadtgartenamt
Reinprechtsdorfer Straße 1c	330	MA 52 – Wohnhäuserverwaltung
Reinprechtsdorfer Straße, ehem. Heu- und Strohmarkt	703	MA 52 – Wohnhäuserverwaltung
Sankt Johann-Park	1.089	MA 42 – Stadtgartenamt
Siebenbrunnengasse – Einsiedlergasse	924	MA 42 – Stadtgartenamt
6. Bezirk		
Esterházypark (2 Plätze)	1.324	MA 42 – Stadtgartenamt
Loquaiplatz	1.324	MA 42 – Stadtgartenamt
7. Bezirk		
Josef Strauß-Park (2 Plätze)	1.800	MA 42 – Stadtgartenamt
Lindengasse 57	820	MA 52 – Wohnhäuserverwaltung
Urban Loritz-Platz	500	MA 42 – Stadtgartenamt
8. Bezirk		
Bennoplatz	300	MA 42 – Stadtgartenamt
Pfeilgasse 10–12	250	MA 52 – Wohnhäuserverwaltung
Schmidgasse 11	1.193	MA 51 – Sportangelegenheiten
Schönbornpark (3 Plätze)	2.609	MA 42 – Stadtgartenamt
9. Bezirk		
Arne Carlsson-Park (2 Plätze)	1.843	MA 42 – Stadtgartenamt
Augasse	576	MA 42 – Stadtgartenamt
Marktgasse – Wiesengasse	600	MA 42 – Stadtgartenamt

Rooseveltplatz	600	MA 42 – Stadtgartenamt
Roßauer Lände	280	MA 42 – Stadtgartenamt
Schlickplatz (2 Plätze)	1.528	MA 42 – Stadtgartenamt
Zimmermannplatz	200	MA 42 – Stadtgartenamt

10. Bezirk

Ahornhof	1.000	MA 52 – Wohnhäuserverwaltung
Antonsplatz	546	MA 42 – Stadtgartenamt
Arthaberplatz	314	MA 42 – Stadtgartenamt
Birkenhof	500	MA 52 – Wohnhäuserverwaltung
Bleigasse 19	600	Siedlungsgenossenschaft Altmannsdorf-Hetzendorf
Brunnweg	384	MA 42 – Stadtgartenamt
Ceralegasse 8	527	Siedlungsgenossenschaft Altmannsdorf-Hetzendorf
Eisenstadtplatz	1.500	MA 42 – Stadtgartenamt
Erlachplatz (2 Plätze)	900	MA 42 – Stadtgartenamt
Ettenreichgasse 25–27	500	SV Sokol Favoriten
Feuchterslebengasse 67	214	MA 52 – Wohnhäuserverwaltung
Fliederhof	1.350	MA 52 – Wohnhäuserverwaltung
Franz Josef-Spital (Anlage)	300	MA 42 – Stadtgartenamt
Graffgasse 7	240	MA 52 – Wohnhäuserverwaltung
Grenzackergasse – Anningerweg	19.600	MA 51 – Sportangelegenheiten
Gußriegelstraße 51–59 (2 Plätze)	864	MA 52 – Wohnhäuserverwaltung
Holzknechtstraße	900	MA 42 – Stadtgartenamt
Humboldtplatz	800	MA 42 – Stadtgartenamt
Knöllgasse 59	3.542	MA 56 – Schulverwaltung
Kundratstraße (2 Plätze)	600	MA 42 – Stadtgartenamt
Laaer Berg	2.400	MA 42 – Stadtgartenamt
Laimäckergasse – Gudrunstraße	1.218	MA 42 – Stadtgartenamt
Laubeplatz	875	MA 42 – Stadtgartenamt
Laxenburger Straße 12	200	MA 52 – Wohnhäuserverwaltung
Laxenburger Straße 203–217	800	MA 52 – Wohnhäuserverwaltung
Maiklgasse 5–7	550	Siedlungsgenossenschaft Altmannsdorf-Hetzendorf
Mundygasse – Steudelgasse	425	MA 42 – Stadtgartenamt
Paltramplatz	1.419	MA 42 – Stadtgartenamt
Per Albin-Hansson-Siedlung Nord (3 Plätze)	1.477	MA 52 – Wohnhäuserverwaltung
Per Albin-Hansson-Siedlung Ost (4 Plätze)	2.012	MA 52 – Wohnhäuserverwaltung
Per Albin Hansson-Siedlung Ost, Franz Koci-Straße 2–6	57.250	MA 51 – Sportangelegenheiten
Per Albin Hansson-Siedlung West, Olaus Petri-Gasse	1.580	MA 52 – Wohnhäuserverwaltung
Per Albin Hansson-Siedlung West, Rickard Lindström-Gasse	1.270	MA 52 – Wohnhäuserverwaltung
Pirchangasse – Bleigasse	1.350	Siedlungsgenossenschaft Altmannsdorf-Hetzendorf
Puchsbaumplatz	200	MA 42 – Stadtgartenamt
Quellenstraße 148	3.933	Pfarre „Königin des Friedens"
Raxstraße (2 Plätze)	585	MA 42 – Stadtgartenamt
Reumannplatz	500	MA 42 – Stadtgartenamt
Schrankenberggasse 19–23	300	MA 52 – Wohnhäuserverwaltung
Schrankenberggasse 34	2.152	MA 51 – Sportangelegenheiten
Schuppengasse – Kargergasse	280	Siedlungsgenossenschaft Altmannsdorf-Hetzendorf
Suchenwirtplatz	450	MA 42 – Stadtgartenamt
Troststraße 21–37	500	MA 52 – Wohnhäuserverwaltung
Waldmüllerpark (2 Plätze)	2.872	MA 42 – Stadtgartenamt
Washingtonhof	1.040	MA 42 – Stadtgartenamt
Weldengasse 26	400	Gemeinnützige Wohn- und Siedlungsgenossenschaft „Familie"
Wielandplatz	920	MA 42 – Stadtgartenamt
WIG-Gelände – Laaer Berg-Straße	17.000	MA 42 – Stadtgartenamt

11. Bezirk

Albern	9.840	MA 51 – Sportangelegenheiten
Am Kanal bei Herderpark	638	MA 51 – Sportangelegenheiten
Braunhubergasse	594	MA 42 – Stadtgartenamt
Brehmstraße 6	207	MA 42 – Stadtgartenamt
Dommesgasse 1–7	260	MA 52 – Wohnhäuserverwaltung
Dopplergasse (2 Plätze)	1.470	MA 42 – Stadtgartenamt

Dorfgasse 10 – Kopalgasse 4–28 (2 Plätze)	913	MA 52 – Wohnhäuserverwaltung
Eisteichstraße (2 Plätze)	1.500	MA 42 – Stadtgartenamt
Geiereckstraße	600	MA 42 – Stadtgartenamt
Geiselbergstraße 27–31 (2 Plätze)	600	MA 52 – Wohnhäuserverwaltung
Gräßlplatz	360	MA 42 – Stadtgartenamt
Haugerstraße (3 Plätze)	1.293	MA 42 – Stadtgartenamt
Hasenleitengasse 10	350	MA 42 – Stadtgartenamt
Herderpark	5.414	MA 51 – Sportangelegenheiten
Herderpark	900	MA 42 – Stadtgartenamt
Hyblerpark	571	MA 42 – Stadtgartenamt
Münnichplatz 1	500	MA 52 – Wohnhäuserverwaltung
Münnichplatz 6	4.407	MA 51 – Sportangelegenheiten
Ravelinstraße	200	MA 42 – Stadtgartenamt
Simmeringer Hauptstraße 60–64	360	MA 42 – Stadtgartenamt
Simmeringer Hauptstraße 190–192	1.198	MA 52 – Wohnhäuserverwaltung
Simoningplatz	275	MA 42 – Stadtgartenamt
Weißenböckstraße, Wohnsiedlung	720	MA 52 – Wohnhäuserverwaltung
Werkstättenweg 75	6.535	Kinderfreunde Simmering
Wilhelm Kreß-Platz 28–30	330	MA 52 – Wohnhäuserverwaltung

12. Bezirk

Akazienhof	1.320	MA 42 – Stadtgartenamt
Am Schöpfwerk (4 Plätze)	900	MA 52 – Wohnhäuserverwaltung
Arndtstraße 31–33	200	MA 52 – Wohnhäuserverwaltung
Böckhgasse 2–4	400	MA 52 – Wohnhäuserverwaltung
Dunklergasse	7.517	MA 51 – Sportangelegenheiten
Gaudenzdorfer Gürtel 11	420	MA 52 – Wohnhäuserverwaltung
Gaudenzdorfer Gürtel 15 (2 Plätze)	1.300	MA 52 – Wohnhäuserverwaltung
Haydnpark	7.104	MA 51 – Sportangelegenheiten
Hetzendorfer Straße 43–45	200	MA 52 – Wohnhäuserverwaltung
Hetzendorfer Straße 66	1.625	MA 51 – Sportangelegenheiten
Hoffingergasse 5	300	MA 52 – Wohnhäuserverwaltung
Hohenbergstraße 24–32	300	MA 52 – Wohnhäuserverwaltung
Hohenfelsplatz	810	MA 51 – Sportangelegenheiten
Jägerhausgasse 64	1.785	MA 51 – Sportangelegenheiten
Johann Hoffmann-Platz	11.358	MA 51 – Sportangelegenheiten
Koppreitergasse 8–10	360	MA 52 – Wohnhäuserverwaltung
Längenfeldgasse 16	500	MA 52 – Wohnhäuserverwaltung
Längenfeldgasse – Malfattigasse	5.620	MA 51 – Sportangelegenheiten
Lichtensterngasse 3–21 (2 Plätze)	1.900	MA 52 – Wohnhäuserverwaltung
Malfattigasse 27–31	540	MA 52 – Wohnhäuserverwaltung
Oswaldgasse 14–18	530	MA 52 – Wohnhäuserverwaltung
Pirkebnerstraße 1–3 (2 Plätze)	400	MA 52 – Wohnhäuserverwaltung
Rothenburgstraße	1.442	MA 51 – Sportangelegenheiten
Ruckergasse 54–58	300	MA 52 – Wohnhäuserverwaltung
Ruckergasse – Füchselhofgasse	300	MA 42 – Stadtgartenamt
Schwenkgasse 54–60 (2 Plätze)	600	MA 52 – Wohnhäuserverwaltung
Spittelbreitengasse	301	MA 42 – Stadtgartenamt
Stachegasse 1–3	400	MA 52 – Wohnhäuserverwaltung
Steinbauerpark	2.728	MA 51 – Sportangelegenheiten
Theergasse 3–5	650	MA 52 – Wohnhäuserverwaltung
Tivoli, Gartenstadt	884	MA 42 – Stadtgartenamt
Unter-Meidlinger Straße 16–22	600	MA 52 – Wohnhäuserverwaltung
Vivenotgasse	450	MA 42 – Stadtgartenamt
Wilhelmsdorfer Park	600	MA 42 – Stadtgartenamt

13. Bezirk

Amalienstraße – Hietzinger Kai	1.800	MA 51 – Sportangelegenheiten
Anton Langer-Gasse	497	MA 42 – Stadtgartenamt
Elisabethallee – Lorenzgasse	1.418	MA 51 – Sportangelegenheiten
Gemeindeberggasse	240	MA 42 – Stadtgartenamt
Goldmarkplatz	7.060	Kinderfreunde Hietzing
Grünbergstraße – Schönbrunn	12.200	Verwaltung der Bundesspielplätze
Hackinger Kai 15	495	MA 56 – Schulverwaltung
Hanselmayergasse	560	MA 42 – Stadtgartenamt
Hetzendorfer Straße 164–182	630	MA 52 – Wohnhäuserverwaltung
Josef Schuster-Gasse	525	MA 52 – Wohnhäuserverwaltung
Roter Berg – Gogolgasse 45	1.080	MA 52 – Wohnhäuserverwaltung

Roter Berg – Horeischygasse 5	376	MA 52 – Wohnhäuserverwaltung
Roter Berg – Nothartgasse 36	462	MA 52 – Wohnhäuserverwaltung
Speisinger Straße 84–98	260	MA 52 – Wohnhäuserverwaltung
Steckhovengasse 20	200	MA 52 – Wohnhäuserverwaltung
Waldvogelstraße 10–14	320	MA 52 – Wohnhäuserverwaltung
Wattmanngasse 58–66	300	MA 52 – Wohnhäuserverwaltung
Wolkersbergenstraße	311	MA 42 – Stadtgartenamt

14. Bezirk

Amortgasse 1–17	268	MA 52 – Wohnhäuserverwaltung
Auer-Welsbach-Park	22.500	MA 51 – Sportangelegenheiten
Baumgarten, Kasinopark (3 Plätze)	891	MA 42 – Stadtgartenamt
Breitenseer Straße 110–112	600	MA 52 – Wohnhäuserverwaltung
Breitnerhof (4 Plätze)	3.204	MA 52 – Wohnhäuserverwaltung
Cossmanngasse	2.592	MA 51 – Sportangelegenheiten
Cossmanngasse (Robinsonplatz)	2.500	Kinderfreunde Penzing
Deutschordenstraße 7–25	300	MA 52 – Wohnhäuserverwaltung
Flötzersteig, Sanatorium	785	MA 42 – Stadtgartenamt
Hackinger Straße 30–36	440	MA 52 – Wohnhäuserverwaltung
Hernstorferstraße 22–32 – Heinrich Collin-Straße 17–25 (2 Plätze)	600	MA 52 – Wohnhäuserverwaltung
Hüttelbergstraße 31	1.840	MA 51 – Sportangelegenheiten
Josef Prokop-Strasse	1.686	MA 56 – Schulverwaltung
Linzer Straße 429	7.000	Österreichische Jungarbeiter-Bewegung
Linzer Straße 431	2.000	Turn- und Sport-Union Wien
Niederpointenstraße 7	282	MA 52 – Wohnhäuserverwaltung
Ordeltpark	200	MA 42 – Stadtgartenamt
Penzinger Friedhof-Park – Matznergasse	1.352	MA 42 – Stadtgartenamt
Reinlpark	330	MA 42 – Stadtgartenamt
Schloßallee – Penzinger Straße	378	MA 42 – Stadtgartenamt
Schützplatz	550	MA 42 – Stadtgartenamt
Spallartgasse – Zennerstraße	3.539	MA 56 – Schulverwaltung

15. Bezirk

Henriettenplatz	396	MA 42 – Stadtgartenamt
Hütteldorfer Straße 81a – Meiselmarkt	300	MA 52 – Wohnhäuserverwaltung
Johnstraße – Forschneritschpark (2 Plätze)	1.000	MA 42 – Stadtgartenamt
Loeschenkohlgasse 8b	3.874	MA 51 – Sportangelegenheiten
Märzpark (2 Plätze)	1.210	MA 42 – Stadtgartenamt
Minciostraße 35	450	MA 52 – Wohnhäuserverwaltung
Oelweingasse 31 – Dreihausgasse	787	MA 51 – Sportangelegenheiten
Possingergasse 25	299	MA 52 – Wohnhäuserverwaltung
Reithofferplatz	1.760	MA 42 – Stadtgartenamt
Rohrauerpark	1.000	MA 42 – Stadtgartenamt
Viktoriagasse 4	1.043	MA 51 – Sportangelegenheiten
Wickhoffgasse	378	MA 42 – Stadtgartenamt
Wieningerplatz	525	MA 42 – Stadtgartenamt

16. Bezirk

Arltgasse 2–16	468	MA 52 – Wohnhäuserverwaltung
Gallitzinstraße 4	7.181	MA 51 – Sportangelegenheiten
Herbststraße – Koppstraße	1.664	MA 56 – Schulverwaltung
Hofferplatz	560	MA 42 – Stadtgartenamt
Karl Kantner-Park	540	MA 42 – Stadtgartenamt
Kongreßpark (3 Plätze)	2.072	MA 42 – Stadtgartenamt
Ludo Hartmann-Platz (2 Plätze)	2.640	MA 42 – Stadtgartenamt
Maroltingergasse – Horvathgasse 17	324	MA 52 – Wohnhäuserverwaltung
Mildeplatz (2 Plätze)	1.066	MA 42 – Stadtgartenamt
Musilplatz	1.260	MA 42 – Stadtgartenamt
Ottakringer Straße 200	1.778	MA 51 – Sportangelegenheiten
Pfenniggeldgasse	600	MA 42 – Stadtgartenamt
Possingergasse 12–26	350	MA 52 – Wohnhäuserverwaltung
Redtenbachergasse 40–44	929	MA 51 – Sportangelegenheiten
Reichmanngasse	508	MA 51 – Sportangelegenheiten
Richard Wagner-Platz	300	MA 42 – Stadtgartenamt
Steinbruchstraße 16–24	324	MA 52 – Wohnhäuserverwaltung
Stillfriedplatz	800	MA 42 – Stadtgartenamt

Stöberplatz (2 Plätze)	855	MA 42 – Stadtgartenamt
Thaliastraße 159	680	MA 52 – Wohnhäuserverwaltung
Wiesberggasse	510	MA 42 – Stadtgartenamt
Yppenplatz (2 Plätze)	800	MA 42 – Stadtgartenamt

17. Bezirk

Alszeile	200	Pfarre Dornbach
Am Heuberg	2.202	MA 51 – Sportangelegenheiten
Andergasse 12–22	300	MA 52 – Wohnhäuserverwaltung
Clemens Hofbauer-Platz (2 Plätze)	1.060	MA 42 – Stadtgartenamt
Diepoldplatz	532	MA 42 – Stadtgartenamt
Dr. Josef Resch-Platz	640	MA 42 – Stadtgartenamt
Güpferlingstraße 6a	200	MA 52 – Wohnhäuserverwaltung
Hansenwiese	2.000	Union Hernals
Lidlgasse (4 Plätze)	2.215	MA 42 – Stadtgartenamt
Pezzlpark – Jörgerstraße	800	MA 42 – Stadtgartenamt
Richthausenstraße (2 Plätze)	1.835	MA 42 – Stadtgartenamt
Rosensteingasse 48	225	MA 52 – Wohnhäuserverwaltung
Rupertusplatz	350	MA 42 – Stadtgartenamt
Urbangasse – Liebknechtgasse	627	MA 42 – Stadtgartenamt

18. Bezirk

Anton Baumann-Park	720	MA 42 – Stadtgartenamt
Bischof Faber-Platz	800	MA 42 – Stadtgartenamt
Czartoryskigasse 62–68	300	MA 52 – Wohnhäuserverwaltung
Ebner-Eschenbach-Park	864	MA 42 – Stadtgartenamt
Gersthofer Friedhof-Park	1.500	MA 42 – Stadtgartenamt
Pötzleinsdorfer Schloßpark	962	MA 42 – Stadtgartenamt
Schöffelgasse – Wielemansgasse	300	MA 42 – Stadtgartenamt
Schubertpark	565	MA 42 – Stadtgartenamt
Simonygasse	7.000	WAT Währing
Türkenschanzpark (8 Plätze)	5.848	MA 42 – Stadtgartenamt
Währinger Park	13.926	MA 51 – Sportangelegenheiten
Währinger Park (3 Plätze)	1.025	MA 42 – Stadtgartenamt
Wallrißstraße	2.500	Allgemeiner Turnverein Gersthof

19. Bezirk

Beethovengang	450	MA 42 – Stadtgartenamt
Beethovenpark – Kahlenberger Straße	1.120	MA 42 – Stadtgartenamt
Börnergasse 3	234	MA 42 – Stadtgartenamt
Celtesgasse – Hameaustraße	457	MA 56 – Schulverwaltung
Cottagegasse 65	300	MA 52 – Wohnhäuserverwaltung
Görgengasse 26	646	MA 52 – Wohnhäuserverwaltung
Greinergasse 7 (Robinsonplatz)	5.000	Kinderfreunde Nußdorf
Grinzinger Straße 54 (2 Plätze)	610	MA 52 – Wohnhäuserverwaltung
Heiligenstädter Park	625	MA 42 – Stadtgartenamt
Heiligenstädter Straße 82–92 (4 Plätze)	2.447	MA 52 – Wohnhäuserverwaltung
Hintergärtengasse (2 Plätze)	846	MA 52 – Wohnhäuserverwaltung
Hohe Warte (Parkplatz)	17.447	Fußballklub Vienna
Hugo Wolf-Park (2 Plätze)	905	MA 42 – Stadtgartenamt
In der Krim	330	MA 42 – Stadtgartenamt
Kreilplatz – Boschstraße	452	MA 42 – Stadtgartenamt
Krottenbachstraße – Kliergasse	260	MA 42 – Stadtgartenamt
Krottenbachstraße 108	3.456	MA 56 – Schulverwaltung
Krottenbachstraße 122	850	MA 42 – Stadtgartenamt
Lannerstraße	1.624	Bundesgymnasium 19
Obkirchergasse 16 (2 Plätze)	930	MA 52 – Wohnhäuserverwaltung
Osterleitengasse 14	1.960	MA 51 – Sportangelegenheiten
Paradisgasse – Formanekgasse	483	MA 51 – Sportangelegenheiten
Pötzleinsdorfer Straße 194	300	Siedlungsgenossenschaft „Neues Leben"
Saarplatz – Silbergasse	748	MA 42 – Stadtgartenamt
Schegargasse 13–15	550	MA 52 – Wohnhäuserverwaltung
Springsiedelgasse 32	250	MA 52 – Wohnhäuserverwaltung
Strauß-Lanner-Park – Billrothstraße	722	MA 42 – Stadtgartenamt
Trautenauplatz	2.452	MA 42 – Stadtgartenamt
Weilgasse	1.074	MA 42 – Stadtgartenamt
Weinberggasse 17 – Flotowgasse	350	MA 52 – Wohnhäuserverwaltung
Wertheimsteinpark	660	MA 42 – Stadtgartenamt

20. Bezirk

Adalbert Stifter-Straße 69–71	300	MA 52 – Wohnhäuserverwaltung
Allerheiligenplatz (3 Plätze)	5.522	MA 42 – Stadtgartenamt
Brigittaplatz 1–2 (3 Plätze)	990	MA 52 – Wohnhäuserverwaltung
Brigittaplatz 9	400	MA 52 – Wohnhäuserverwaltung
Brigittenauer Lände 148–154 (2 Plätze)	710	MA 52 – Wohnhäuserverwaltung
Engerthstraße 60–74	700	MA 52 – Wohnhäuserverwaltung
Friedrich Engels-Platz	300	MA 42 – Stadtgartenamt
Friedrich Engels-Platz 9 (2 Plätze)	710	MA 52 – Wohnhäuserverwaltung
Gaußplatz (2 Plätze)	991	MA 42 – Stadtgartenamt
Kapaunplatz (2 Plätze)	2.510	MA 42 – Stadtgartenamt
Leipziger Platz (3 Plätze)	940	MA 42 – Stadtgartenamt
Leipziger Straße – Hartlgasse	600	MA 42 – Stadtgartenamt
Leystraße 23	576	MA 52 – Wohnhäuserverwaltung
Leystraße 38 – Pasettistraße	570	MA 52 – Wohnhäuserverwaltung
Marchfeldstraße 16–18	228	MA 52 – Wohnhäuserverwaltung
Mortaraplatz	780	MA 42 – Stadtgartenamt
Robert Blum-Gasse – Wehlistraße	1.390	MA 51 – Sportangelegenheiten
Sachsenplatz (2 Plätze)	1.795	MA 42 – Stadtgartenamt
Spaungasse – Leipziger Straße (2 Plätze)	777	MA 42 – Stadtgartenamt
Stromstraße 2–16a (2 Plätze)	1.150	MA 52 – Wohnhäuserverwaltung
Stromstraße 36–38	300	MA 52 – Wohnhäuserverwaltung
Stromstraße 39–45 – Vorgartenstraße	300	MA 52 – Wohnhäuserverwaltung
Treustraße 55	3.202	MA 51 – Sportangelegenheiten
Treustraße 61–69	284	MA 52 – Wohnhäuserverwaltung

21. Bezirk

Autokaderstraße 3–7 (3 Plätze)	964	MA 42 – Stadtgartenamt
Berzeliusgasse – Carrogasse (3 Plätze)	1.324	MA 42 – Stadtgartenamt
Brünner Straße 57	2.000	Simmering-Graz-Pauker-Werke
Bubergasse	2.875	MA 51 – Sportangelegenheiten
Demmergasse	644	MA 42 – Stadtgartenamt
Donaufelder Friedhof-Park	359	MA 42 – Stadtgartenamt
Dr. Albert Geßmann-Gasse 39	2.460	ATV Strebersdorf
Dr. Skala-Straße	5.348	MA 56 – Schulverwaltung
Edisonstraße	375	MA 42 – Stadtgartenamt
Floridsdorfer Aupark	9.450	MA 42 – Stadtgartenamt
Franklinstraße	525	MA 42 – Stadtgartenamt
Freytaggasse	850	MA 42 – Stadtgartenamt
Fultonstraße	203	MA 42 – Stadtgartenamt
Galvanigasse (3 Plätze)	828	MA 42 – Stadtgartenamt
Inundationsgebiet (16 Plätze)	110.000	Verwaltung der Bundesspielplätze
Irenäusgasse	2.105	MA 56 – Schulverwaltung
Jedleseer Aupark	1.400	MA 42 – Stadtgartenamt
Jedleseer Straße 77	384	MA 52 – Wohnhäuserverwaltung
Justgasse 29	375	MA 42 – Stadtgartenamt
Karl Lothringer-Straße 26–32	2.000	Kinderfreunde Floridsdorf
Langfeldgasse, neben Pastorstraße 52	375	MA 42 – Stadtgartenamt
Leopoldau, Nordrandsiedlung	5.193	MA 51 – Sportangelegenheiten
Leopoldauer Platz	728	MA 42 – Stadtgartenamt
Mayerweckstraße 1–3	1.500	Pädagogische Akademie
Mayerweckstraße 2–8	448	MA 52 – Wohnhäuserverwaltung
Ödenburger Straße 73–85	704	MA 52 – Wohnhäuserverwaltung
Pastorstraße 29	2.030	MA 51 – Sportangelegenheiten
Paul Hock-Park	552	MA 42 – Stadtgartenamt
Pitkagasse – Werndlgasse 14–18	400	MA 52 – Wohnhäuserverwaltung
Prager Straße 31	570	MA 52 – Wohnhäuserverwaltung
Prager Straße 31	600	Kinderfreunde Floridsdorf
Prager Straße 93–99	200	MA 52 – Wohnhäuserverwaltung
Ringelseeplatz	8.172	MA 51 – Sportangelegenheiten
Rußbergstraße 24–32	435	MA 42 – Stadtgartenamt
Siemensstraße (Wohnhausanlage)	250	MA 52 – Wohnhäuserverwaltung
Stowassergasse	2.000	WAT Strebersdorf
Teslagasse	1.350	MA 42 – Stadtgartenamt
Überfuhrstraße	6.180	Allgemeiner Turnverein Jedlesee
Wasserpark – Alte Donau (3 Plätze)	2.836	MA 42 – Stadtgartenamt

22. Bezirk

Aspern, Schrödertor	3.000	Sportverein Lobau
Breitenlee, Agavenweg	3.358	MA 51 – Sportangelegenheiten
Donaufeld, Drygalskiweg	464	MA 42 – Stadtgartenamt
Eßling, Eßlinger Hauptstraße 76	530	MA 52 – Wohnhäuserverwaltung
Eßling, Kaschauerplatz	4.000	MA 42 – Stadtgartenamt
Hirschstetten, an der Ostbahn	2.875	MA 51 – Sportangelegenheiten
Hirschstetten, Aupark	200	MA 42 – Stadtgartenamt
Hirschstetten, Hartlebengasse 3–15	1.080	MA 52 – Wohnhäuserverwaltung
Hirschstetten, Plankenmaisstraße	8.270	MA 51 – Sportangelegenheiten
Hirschstetten, Quadenstraße (6 Plätze)	2.788	MA 52 – Wohnhäuserverwaltung
Hirschstetten, Wohnsiedlung	2.310	MA 52 – Wohnhäuserverwaltung
Kagran, Afritschgasse	6.544	MA 56 – Schulverwaltung
Kagran, Bernoullistraße 4–8	320	MA 52 – Wohnhäuserverwaltung
Kagran, Düsseldorfstraße 5–13	300	Siedlungsgenossenschaft „Siedlungs-Union“
Kagran, Erzherzog Karl-Straße 170	5.000	SKV Wiener Feuerwehr
Kagran, Kagraner Anger 20–22	260	Siedlungsgenossenschaft „Siedlungs-Union“
Kagran, Larwingasse, Wohnsiedlung	936	MA 52 – Wohnhäuserverwaltung
Kagran, Meißnergasse 3	5.140	MA 51 – Sportangelegenheiten
Kagran, Saikogasse 4 (2 Plätze)	656	MA 52 – Wohnhäuserverwaltung
Kagran, Schrickgasse	994	MA 42 – Stadtgartenamt
Kagran, Siebenbürgerstraße 4 (4 Plätze)	1.917	MA 52 – Wohnhäuserverwaltung
Kagran, Siebenbürgerstraße 48	450	MA 52 – Wohnhäuserverwaltung
Kaisermühlen, Am Gänsehäufel	300	STAW-Sektion Rudern
Kaisermühlen, Donaupark (2 Plätze)	6.000	Wiener Stadthalle-Kiba Betriebs- und Veranstaltungs Ges. m. b. H.
Kaisermühlen, Donaupark, Eingang B	2.815	MA 42 – Stadtgartenamt
Kaisermühlen, Donaupark, Sparefroh	17.670	MA 42 – Stadtgartenamt
Kaisermühlen, Schödelbergergasse	3.400	MA 51 – Sportangelegenheiten
Kaisermühlen, Schüttauplatz	470	MA 42 – Stadtgartenamt
Kaisermühlen, Stürzllacke	4.000	Allgemeiner Turnverein Favoriten
Kaisermühlen, Wagramer Straße 1 (Handball-Kleinfeld)	3.000	Wiener Stadthalle-Kiba Betriebs- und Veranstaltungs Ges. m. b. H.
Kaisermühlen, Wagramer Straße 55 bis 61	500	MA 52 – Wohnhäuserverwaltung
Leopoldau, Eipeldauerstraße 40 (6 Plätze)	4.056	MA 52 – Wohnhäuserverwaltung
Stadlau, Am Bahnhof	200	MA 42 – Stadtgartenamt
Stadlau, Konstanziagasse	3.943	MA 56 – Schulverwaltung
Stadlau, Rosmaringasse	2.975	MA 51 – Sportangelegenheiten
Stadlau, Rosmaringasse 26	2.400	MA 52 – Wohnhäuserverwaltung
Stadlau, Viktor Kaplan-Straße 1–9 (2 Plätze)	722	MA 52 – Wohnhäuserverwaltung

23. Bezirk

Atzgersdorf, Anton Heger-Platz	600	MA 42 – Stadtgartenamt
Atzgersdorf, Bahnhof – Vorplatz	200	MA 42 – Stadtgartenamt
Atzgersdorf, Breitenfurter Straße	2.000	MA 51 – Sportangelegenheiten
Atzgersdorf, Rudolf Zeller-Gasse 5	600	MA 52 – Wohnhäuserverwaltung
Atzgersdorf, Taglieberstraße 12–14	1.214	MA 51 – Sportangelegenheiten
Atzgersdorf, Ziedlergasse 28	240	MA 52 – Wohnhäuserverwaltung
Erlaa, Canevalegasse	3.415	MA 42 – Stadtgartenamt
Erlaa, Gregorystraße 35–37	600	MA 52 – Wohnhäuserverwaltung
Erlaa, Schloßpark	5.015	Kinderfreunde Erlaa
Inzersdorf, Altmannsdorfer Straße 162–184 (3 Plätze)	1.800	MA 52 – Wohnhäuserverwaltung
Inzersdorf, Hochwassergasse 58	400	MA 52 – Wohnhäuserverwaltung
Liesing, Elisenstraße	280	MA 42 – Stadtgartenamt
Mauer, Johann Hörbiger-Gasse	200	MA 52 – Wohnhäuserverwaltung
Mauer, Valentingasse	400	MA 42 – Stadtgartenamt
Rodaun, Ambrosweg	9.724	MA 51 – Sportangelegenheiten
Rodaun, Schreckgasse	800	Pfarre Rodaun
Siebenhirten, Basler Gasse	2.930	MA 51 – Sportangelegenheiten
Siebenhirten, Josef Endlweber-Gasse 3	288	MA 52 – Wohnhäuserverwaltung

Dazu kommen die nicht öffentlichen Spielplätze in Kindergärten, Horten und Tageserholungsstätten (MA 11), in Schulen (MA 56) und in Privatschulen und Lehranstalten.

WALDKINDERSPIELPLÄTZE

(Naturkinderspielplätze mit Holzgeräten, sämtliche in Verwaltung der MA 49 – Forstamt der Stadt Wien)

10. Bezirk

Laaerwald
- Böhmischer Prater
- Vogental

13. Bezirk

Lainzer Tiergarten
- Gütenbachtor
- Hackenbergwiese
- Hermesvilla
- Hirschgstemm
- Lainzer Tor
- Rohrhaus
- Rohrhaus (Fort und Indianerdorf)

14. Bezirk

Dehnepark

17. Bezirk

Rohrerbadgebäude
Schwarzenbergpark

19. Bezirk

Cobenzl, Luegerwiese
Gspöttgraben
Jägerwiese

21. Bezirk

Bisamberg
- Elisabethhöhe
- Gamshöhe
- Magdalenenhof

Schwarzlackenau

22. Bezirk

Eipeldauerstraße, bei Thonetgasse

23. Bezirk

Maurerwald
- Pappelteichwiese
- Schießstätte

EISLAUFPLÄTZE

2. Bezirk

Ausstellungsstraße 40 — Kinderfreunde Leopoldstadt

3. Bezirk

Lothringerstraße 22 (Kunsteis) — Wiener Eislaufverein

10. Bezirk

Laaer Berg-Straße 170 — Elternverein Schule Laaer Berg-Straße 170

11. Bezirk

Werkstättenweg 75 — Kinderfreunde Simmering

13. Bezirk

Geylinggasse 24 — Tennis-Club Blau-Weiß

14. Bezirk

Achtundvierzigerplatz — ASKÖ Wien

15. Bezirk

Vogelweidplatz–Stadthalle (Kunsteis – ganzjähriger Betrieb) — Wiener Stadthalle-Kiba Betriebs- und Veranstaltungs Ges. m. b. H.

16. Bezirk

Gallitzinstraße 4 — MA 51 – Sportangelegenheiten (nur für Schulen)

17. Bezirk

Syringgasse 6 (Kunsteis) — Kunsteisbahn Engelmann-Verein

19. Bezirk

Krottenbachstraße 53 — ASKÖ-Landesverband Wien
Osterleitengasse 14 — Kinderfreunde Döbling

20. Bezirk

Brigittenauer Lände 236	ASKÖ Brigittenau

21. Bezirk

Dr. Albert Geßmann-Gasse	ATV Strebersdorf

22. Bezirk

Kaisermühlen, Donaupark-Halle (Kunsteis)	Wiener Stadthalle-Kiba Betriebs- und Veranstaltungs Ges. m. b. H.

TENNISANLAGEN

2. Bezirk

Ausstellungsstraße 42 – Nordportalstraße	Turn- und Sportunion Prater
Hauptallee 5	Ing. Walter Paulus
Hauptallee 123a	Österreichischer Hockey-Verband
Ichmanngasse 1 (Tennishalle)	SC Finanzministerium
Krieau – Meiereistraße	Vienna Cricket and Footballclub
Rustenschacher Allee 1	Wiener Park-Club
Rustenschacher Allee 5	STAW Tennissektion
Rustenschacher Allee 7	Tennis-Club Schwarz-Blau
Rustenschacher Allee 9 (Rundhalle)	Wiener Athletiksport-Club
Spenadlwiese	ASKÖ Wien
Stadionbad	Walter Achatzi

3. Bezirk

Arsenalstraße 1, Objekt 3–5	Hans Girg – Hans Schermann
Hyegasse, Sporthalle	Sportklub Handelsministerium
Landstraßer Hauptstraße 63–65	Hans Stolberg
Lothringerstraße 22	Wiener Eislaufverein, Tennissektion
Prinz Eugen-Straße 25	TC-Belvedere
Sechskrügelgasse 4 (6 Plätze)	Ing. Walter Paulus

4. Bezirk

Favoritenstraße 15	Theresianum

7. Bezirk

Lindengasse 9 (2 Tennishallen)	Tennisclub Quisisana
Mariahilfer Straße 80	Fa. Brand & Lutz

8. Bezirk

Lerchenfelder Straße 66	Ing. Walter Paulus

9. Bezirk

Grünentorgasse 12	Ing. Walter Paulus
Porzellangasse 48	Hans Stolberg

10. Bezirk

Absberggasse 35	KSVg. Ankerbrot – Sektion Tennis
Gudrunstraße – Laimäckergasse	Hans Girg – Hans Schermann
Holzknechtstraße 17–19	Neuland-Schulsiedlung
Kurbadstraße 14 (Tennishalle)	Kurbetrieb Heilquelle (Thermalschwefelquelle) Oberlaa Ges. m. b. H.
Laxenburger Straße – Heuberggstättenstraße	Henriette Hager
Triester Straße 106	ASV Wienerberg
Windtenstraße – Nothnagelplatz	ASKÖ Wien

11. Bezirk

Leberstraße 82	ASKÖ-Landesverband Wien
Neugebäudestraße	SPV Siemens
Simmeringer Hauptstraße 207–211	Wiener Fußball-Verband

12. Bezirk

Gaßmannstraße 2	Bundesministerium für Landesverteidigung (Fasangarten-Kaserne)
Hervicusgasse 13	Turn- und Sport-Union Hetzendorf
Oswaldgasse 34	WAT Meidling (Tennisclub Meidling)
Tivoligasse 79	Tennisplätze Tivoli, Manfred Jakszus

13. Bezirk

Geylinggasse 20	Hietzinger Tennis-Vereinigung
Geylinggasse 24 – Gutzkowplatz	Tennis-Club Blau-Weiß
Goldmarkplatz	Sportvereinigung Städtische Versicherungsanstalt
Linienamtsgasse 8	ASVÖ-Landesverband Wien
Schönbrunner Schloßstraße	Turn- und Sport-Union Wien
Wlassakstraße	Ober-St. Veiter Tennis-Club

14. Bezirk

Achtundvierzigerplatz	ASKÖ Wien (SKVS Flötzersteig)
Bergmillergasse 8	Tennisschule Hütteldorf
Hauptstraße 57	Gustav Pokorny
Linzer Straße 431	Union West-Wien
Mauerbachstraße	Schloßhotel Laudon

15. Bezirk

Brunhildengasse 2	Sportvereinigung Schwarz-Weiß Westbahn
Possingergasse 6	Universitäts-Sportzentrum Schmelz
Vogelweidplatz, Wiener Stadthalle	Wiener Stadthalle-Kiba Betriebs- und Veranstaltungs Ges. m. b. H.

16. Bezirk

Erdbrustgasse 4	ASKÖ Wien (WAT Ottakring)

17. Bezirk

Franz Glaser-Gasse	ASKÖ Wien (SV Zentralsparkasse)
Marswiese, Neuwaldegg	Union Katholische Jugend
Roggendorfgasse 2 – Rosensteingasse 87 (Tennishalle)	Postsportverein Wien
Syringgasse 6–10	Kunsteisbahn Engelmann-Verein

18. Bezirk

Starkfriedgasse 15–17	Internationales Studentenheim der Bundeswirtschaftskammer
Sternwartestraße – Gustav Tschermak-Gasse	Sportverein Österreichische Tabakregie

19. Bezirk

Cobenzlgasse 106	TC-Grinzing
Döblinger Hauptstraße 48	Tennisclub Eden
Erbsenbachgasse – Börnergasse	Union Tennis-Club
Grinzinger Straße 111	Nußdorfer Athletiksport-Club
Heiligenstädter Lände 27b	Sportvereinigung Nationalbank
Hohe Warte	First Vienna FC (Tennissektion)
Leidesdorfgasse 6–10	Martino Tondolo
Starkfriedgasse 20	Cottage-Tennisclub Pötzleinsdorf
Unterer Schreiberweg 85	Univ.-Prof. P. u. H. Speiser

20. Bezirk

Brigittenauer Lände 236	ASKÖ Wien (WAT Brigittenau)
Lorenz Müller-Gasse	MA 51 – Sportangelegenheiten

21. Bezirk

An der Schanze 831	Tennisclub Aden
Anton Böck-Gasse 16	Schulbrüder
Berzeliusgasse 7	Anna Strobach
Brünner Straße 57	Wiener Lokomotivfabrik
Grabmayrgasse 13	Floridsdorfer Turnverein
Hopfengasse 8 (Tennishalle)	Floridsdorfer AC
Jeneweingasse 17	TC-Jenewein
Leopoldauer Straße 77	Sportklub Shell
Lorettoplatz 5	Helmut Riemer
Schwarzlackenau – Überfuhrstraße	ASKÖ-Landesverband Wien

22. Bezirk

Kagran, Anton Sattler-Gasse	TC-Equipe
Kagran, Donaufelder Straße 243–245	TV Kagran
Kaisermühlen, Am Gänsehäufel	Städtisches Strandbad
Kaisermühlen, Arbeiterstrandbadstraße 134–136	Bundesbahn-Sportreferat
Kaisermühlen, Eiswerkstraße 20	Sportklub Länderbank
Stadlau, Powolnygasse 4	Mag. pharm. Franz Saiko
Stadlau, Smolagasse	FC ÖMV-Stadlau

23. Bezirk

Atzgersdorf, Tullnertalgasse 1–3	Heinz Gruber
Atzgersdorf, Wiegelestraße 484	KSV Unilever Wien
Erlaa, Erlaaer Straße 54–56	Alt-Erlaaer Tennis- und Minigolf Anlage Ges. m. b. H.
Kalksburg, Promenadeweg 3	Jesuitenkollegium
Liesing, Schartlgasse 10	WAT Liesing
Liesing, Schartlgasse 11	TC Reifen Tree
Mauer, Erhardgasse 2	Turn- und Sport-Union Wien
Mauer, Kaserngasse 3	Tennis-Club Blau-Weiß

SCHWIMMBÄDER

Hallenschwimmbäder

4. Bezirk

Favoritenstraße 15 (nicht öffentlich)

5. Bezirk

Margaretenbad, Strobachgasse 7

7. Bezirk

Kenyongasse 4–8 (nicht öffentlich)

14. Bezirk

Stadt des Kindes, Mühlbergstraße – Hofjägerstraße

15. Bezirk

Stadthallenbad, Vogelweidplatz 14
Universitäts-Sportzentrum Schmelz, Possingergasse 6 (nicht öffentlich)

(Die städtischen Hallenschwimmbäder siehe unter Magistrat, MA 44)

Sommerschwimmbäder

2. Bezirk

Stadionbad, Krieau

13. Bezirk

Bundessportbad Schönbrunn

14. Bezirk

Edenbad, Amundsenstraße 2 (nicht öffentlich)

17. Bezirk

Neuwaldegg, Promenadegasse 58

19. Bezirk

Döblinger Hauptstraße 70
Grinzing, Cobenzlgasse 35
Sieveringer Straße 267

21. Bezirk

Birnerbad, An der oberen Alten Donau 21
Eisenbahnerbad, Arbeiterstrandbadstraße (nicht öffentlich)

22. Bezirk

Arbeiter-Strandbad, Arbeiterstrandbadstraße
Betriebsbad Firma Julius Meinl (nicht öffentlich)
Bundessportbad Alte Donau, Arbeiterstrandbadstraße 93
Dampfschiffhaufen, 1. Wiener Donau-Schwimmklub (nicht öffentlich)
Krankenkasse-Strandbad (nicht öffentlich)
Naturfreundebad, An der unteren Alten Donau 52 (nicht öffentlich)
Polizei-Strandbad (nicht öffentlich)
Siemens-Bad (nicht öffentlich)
Strandbad der WStW-EW (nicht öffentlich)
Strandbad Süßenbrunn, Wagramer Straße
Strandbad Wiener Ruderklub „Pirat“ (nicht öffentlich)
Straßenbahner-Bad (nicht öffentlich)

23. Bezirk

Atzgersdorf, Breitenfurter Straße 164 (nicht öffentlich)
Rodaun, An der Au 2

(Die städtischen Sommerschwimmbäder siehe unter Magistrat, MA 44)

Thermalbad

10. Bezirk

Heilquelle Oberlaa, Kurbadstraße 14

Kinderfreibäder

(siehe unter Magistrat, MA 44)

WILDBADEPLÄTZE

19. Bezirk

Kuchelau, an der Innenseite des Sporns	MA 42 – Stadtgartenamt und MA 49 – Forstamt der Stadt Wien

21. Bezirk

An der oberen Alten Donau	MA 42 – Stadtgartenamt
Obere Alte Donau – Angelibad	MA 42 – Stadtgartenamt
Obere Alte Donau – Dragonerhäufel	MA 42 – Stadtgartenamt

22. Bezirk

Badesee Hirschstetten	MA 42 – Stadtgartenamt
Badeteich Süßenbrunn	MA 42 – Stadtgartenamt
Lobau – Donau-Oder-Kanal, Becken 2	MA 49 – Forstamt der Stadt Wien
Lobau – Donau-Oder-Kanal, Becken 3	MA 49 – Forstamt der Stadt Wien
Lobau – Panozzalacke	MA 49 – Forstamt der Stadt Wien
Mühlwasser – Biberhaufen	MA 49 – Forstamt der Stadt Wien
Mühlwasser – Schilfweg	MA 49 – Forstamt der Stadt Wien
Neue Donau – Entlastungsgerinne	MA 45 – Wasserbau
Untere Alte Donau – Kaiserwasser	MA 42 – Stadtgartenamt
Untere Alte Donau – Rehlacke	MA 42 – Stadtgartenamt

BOOTSHAUSANLAGEN

19. Bezirk

Kuchelau	ATV Döbling
Kuchelau	ATV Nußdorf-Heiligenstadt
Kuchelau	Fischerei-Verein Heiligenstadt
Kuchelau	Naturfreunde Paddelsport-Sektion
Kuchelau	Sportvereinigung Schwarz-Weiß Westbahn
Kuchelau	Turn- und Sport-Union Wien
Kuchelau	WAT Gruppe Döbling
Kuchelau	WAT Zentrale
Kuchelau	Wiener Paddelsport-Club
Kuchelau	Wiener Ruderverein Austria
Muthgasse 127	Akademischer Faltboot-Club
Nußdorfer Sporn	Union Paddelsport-Heim
Nußdorfer Sporn	Wiener Ruderverein Donauhort

20. Bezirk

Handelskai 3a	ÖAV Paddlergruppe Edelweiß

22. Bezirk

Am Gänsehäufel	STAW Rudersektion
Am Kaisermühlendamm	Wiener Ruderklub „Pirat"
An der unteren Alten Donau 1	Wiener Regatta-Verein
An der unteren Alten Donau 3	Verwaltung der Bundesspielplätze
An der unteren Alten Donau 7	Ruderverein Elida
An der unteren Alten Donau 13	Wiener Ruderklub Donau
An der unteren Alten Donau 21	Wiener Ruderklub Argonauten
An der unteren Alten Donau 47	Ruderverein Friesen
An der unteren Alten Donau 49	1. Wiener Ruderklub Lia
Dampfschiffhaufen	Polizei-Sportvereinigung Wien
Dampfschiffhaufen	Wiener Ruderklub Donaubund

SPORTKEGELBAHNEN

1. Bezirk

Dr. Karl Lueger-Ring 14	3er-Asphaltbahn	SV Creditanstalt-Bankverein
Stubenring 1	3er-Asphaltbahn	SK Handelsministerium

2. Bezirk

Engerthstraße 257	3er-Asphaltbahn	SV Lagerhaus
Praterstraße Viadukt	4er-Asphaltbahn	Bundesbahn-Sportreferat

Rustenschacher Allee 5	3er-Asphaltbahn	STAW Kegelsektion
Stadionbad	2er-Asphaltbahn	Wiener Stadthalle-Kiba Betriebs- und Veranstaltungs Ges. m. b. H.
3. Bezirk		
Göllnergasse 15	3er-Asphaltbahn	KSV Siemens
Kardinal Nagl-Platz – Rüdengasse	2er-Asphaltbahn	Gertrude Nikula
Lothringerstraße 22	1er-Asphaltbahn	Wiener Eislaufverein
Schimmelgasse 11	2er-Asphaltbahn	Ing. Kocina
Schlachthausgasse 13	2er-Asphaltbahn	KSK „Gut Holz"
10. Bezirk		
Gudrunstraße 11	2er-Asphaltbahn	Sportverein Felten
Keplergasse 10	2er-Asphaltbahn	Polizei-Sportvereinigung
Südbahnhof, Wiedner Gürtel 1a	4er-Asphaltbahn	Postsportverein Wien
Südbahnhof, Wiedner Gürtel 1b	3er-Asphaltbahn	Bundesbahn-Sportreferat
11. Bezirk		
Grillgasse 48	2er-Asphaltbahn	ESV Ostbahn XI
Haidequerstraße 2	2er-Asphaltbahn	Sportvereinigung WStW-EW XI
Kaiser-Ebersdorfer Straße 26	2er-Asphaltbahn	Jakob Jungschaffer
Leberstraße 82	4er-Asphaltbahn	ASKÖ-Wien
13. Bezirk		
Altgasse	2er-Asphaltbahn	Union Wien
Linienamtsgasse 8	2er-Asphaltbahn	ASVÖ Wien
14. Bezirk		
Cumberlandstraße 31	3er-Asphaltbahn	Josef Steiner
Linzer Straße 105	2er-Asphaltbahn	Hotel Sitler
Mauerbachstraße 43–45	2er-Asphaltbahn	Schloßhotel Laudon
15. Bezirk		
Langauergasse 2	6er-Asphaltbahn	Bundesbahn-Sportreferat
Possingergasse 6	2er-Asphaltbahn	Universitäts-Sportzentrum Schmelz
Vogelweidplatz 14	7er-Asphaltbahn	Wiener Stadthalle-Kiba Betriebs- und Veranstaltungs Ges. m. b. H.
16. Bezirk		
Paltaufgasse 12	2er-Asphaltbahn	KSV Tabakregie
17. Bezirk		
Wattgasse – Remise	3er-Asphaltbahn	Sportvereinigung WStW-VB
20. Bezirk		
Pasettistraße 76	2er-Asphaltbahn	Sportklub Eisfabrik
21. Bezirk		
Brünner Straße 57	3er-Asphaltbahn	KSV Lokomotivfabrik
Gaswerk Leopoldau	2er-Asphaltbahn	Sportvereinigung WStW-GW
Großfeldsiedlung EKAZENT, Restaurant Wagenradl	3er-Asphaltbahn	EKAZENT
Jedlersdorfer Straße 147	4er-Asphaltbahn	Espresso „Zum Bettelstab"
Leopoldauer Straße 79	2er-Asphaltbahn	Sportklub Shell
Rußbergstraße 2–4	8er-Asphaltbahn	Melzer Sportbahnen
Shuttleworthstraße 8	2er-Asphaltbahn	KSK Hofherr-Schrantz
Stammersdorfer Straße 42	4er-Asphaltbahn	Gertraud Christ
22. Bezirk		
Aspern, Biberhaufenweg 21	2er-Asphaltbahn	Gasthaus M. Maier
Aspern, Kolonie Lobau 105	2er-Asphaltbahn	Ingeborg Veigl
Aspern, Wimpffengasse 7	2er-Asphaltbahn	Gasthaus Kurt Mayer
Aspern, Zachgasse 4	2er-Asphaltbahn	Marie Hollmann
Breitenlee, Breitenleer Straße 102	3er-Asphaltbahn	Gasthaus Pichler
Eßling, Eßlinger Hauptstraße 82	3er-Asphaltbahn	Gasthaus Müllner
Kagran, Donaufelder Straße 263	2er-Asphaltbahn	Anna Partik
Kagran, Erzherzog Karl-Straße 127	3er-Asphaltbahn	Waagner-Biro

Kaisermühlen, Eiswerkstraße 20	2er-Asphaltbahn	Sportklub Länderbank
Kaisermühlen, Polizeibad	4er-Asphaltbahn	Polizei-Sportvereinigung Wien
Kaisermühlen, Wagramer Straße 52	3er-Asphaltbahn	Gasthaus Watzal
Süßenbrunn, Bettelheimstraße 30	2er-Asphaltbahn	Eduard Brosch
Süßenbrunn, Süßenbrunner Platz 10	2er-Asphaltbahn	Franz Rohrer

23. Bezirk

Atzgersdorf, Breitenfurter Straße 164	2er-Asphaltbahn	KSV Unilever
Atzgersdorf, Ziedlergasse 2	3er-Asphaltbahn	Gasthaus Hobiger
Inzersdorf, Draschestraße 85	2er-Asphaltbahn	Gasthaus Koci
Liesing, Schartlgasse 10	2er-Asphaltbahn	WAT Liesing
Siebenhirten, Ketzergasse 8	4er-Asphaltbahn	Josef Buck

SCHIESS-STÄTTEN

LG = Luftgewehr
LP = Luftpistole
KK = Kleinkaliber

1. Bezirk

Postgasse 7	LG LP	Polizei-Sportvereinigung (PSV), Oberschießmeister Polizeibezirksinspektor Josef Polixmair, 21, Jedleseer Straße 79/5, Tel. 38 39 505, 38 36 31
Stubenring 1, Regierungsgebäude	LG LP	Sportklub Handelsministerium, Oberschießmeister Johann Schaffer, 2, Rotensterngasse 35/2/10, Tel. 24 19 534
Teinfaltstraße 8	LG LP	Hütteldorfer Schützenverein, Oberschießmeister Oberst Ing. Josef Patzer, 13, Adolfstorgasse 2c, Tel. 82 24 11
Universität	LG LP	Sportklub Außenamt (SCAA) , Oberschießmeister Ministerialrat Dr. Josef Wiesinger, 1, Ballhausplatz 2 (Bundesministerium für Auswärtige Angelegenheiten), Tel. 66 15*, 3464

3. Bezirk

Landstraßer Hauptstraße 9	LG LP	Wiener Schützenverein (WSV), Oberschießmeister Ing. Karl Hayder, 19, Krottenbachstraße 94/1, Tel. 36 38 603

4. Bezirk

Prinz Eugen-Straße 16	LG LP	Schwarzenberg'scher Schützenverein, Oberschießmeister Gernot Schild, 22, Kagran, Wagramer Straße 95/5/3, Tel. 23 34 102, 73 46 99

8. Bezirk

Josefstädter Straße 10–12	LG LP	Kultur- und Sportvereinigung der WStW, Oberschießmeister Gottfried Kainz, 15, Meiselstraße 11/3/4, Tel. 83 35 41/001

9. Bezirk

Franz Josefs-Bahnhof	LG LP	Eisenbahner-Schützenverein (ESV), Oberschießmeister Albert Kittel, 9, Wilhelm Exner-Gasse 15/31, Tel. 34 95 044
Spittelauer Lände 45	LG LP	Schützenverein Heizbetriebe Wien, Oberschießmeister Harald Wolf, 15, Schuselkagasse 10/6, Tel. 95 27 254

11. Bezirk

Simmeringer Hauptstraße 129	LG LP	Schützenverein Siegfried, Oberschießmeister Günter Pollitsch, 3, Riesgasse 5/16, Tel. 72 38 592

14. Bezirk

Breitenseer Straße 61 (Vega-Payer-Weyprecht-Kaserne)	LG LP	Heeressportverein Wien, Oberschießmeister Hauptmann Wolfgang Langecker, 3, Arsenalstraße 11a/4, Tel. 65 29 185, 23 22 36
Breitenseer Straße 88 (Kleine Breitenseer-Kaserne)	LG LP	Sportclub AUA, Oberschießmeister Felix Leithner, 10, Laxenburger Straße 126/3, Tel. 67 41 08, 77 70*, 506
Linzer Straße 297 (Baumgartner Kasino)	LG LP	Ober-St. Veiter Sportschützenverein, Oberschießmeister Robert Weber, 13, Preindlgasse 32/4/2, Tel. 82 46 912
Lorenz Stein-Straße 22	LG LP	Hütteldorfer Schützenverein, 13, Adolfstorgasse 2c (im Bau)

15. Bezirk		
Possingergasse 6	KK	Universitäts-Sportzentrum Schmelz, 15, Possingergasse 6, Tel. 92 26 61
16. Bezirk		
Lindauergasse 27–29	LG LP	Club Wiener Pistolenschützen, Oberschießmeister Hermann Klerings, 4, Argentinierstraße 31, Tel. 65 10 064
21. Bezirk		
Donaupark (Milchbar)	LG LP	Floridsdorfer Sportschießklub, Oberschießmeister Ernst Hoffmann, 21, Voltagasse 28–30/18/8, Tel. 38 32 60
Jedlersdorfer Straße 121	LG LP	Union Floridsdorfer Sportschützenverein (USV 21), Oberschießmeister Franz Casagrande, 21, Leopoldauer Straße Nr. 107/7, Tel. 38 47 945, 38 35 38
22. Bezirk		
Kagran, Kagraner Platz 28	LG LP	Sportvereinigung Finanz, Oberschießmeister Wolfram Gruber, 15, Goldschlagstraße 12/22, Tel. 92 88 985, 72 61 11/853
Kaisermühlen, Donaupark, Wagramer Straße 1	LG LP	ASKÖ Wien, 5, Bacherplatz 14, Floridsdorf-Sportschützenklub, Oberschießmeister Bababizky, 21, Jedleseer Straße 66–94/1, Tel. 43 80*, 3130
23. Bezirk		
Atzgersdorf, Erlaaer Straße 3	LG LP	ASKÖ Wien, 5, Bacherplatz 14 (Schützengilde Weidmannsheil Atzgersdorf), Tel. 55 63 91

RODELANLAGEN UND RODELSTRASSEN

Jugendrodelbahn

16. Bezirk
Gallitzinberg, Steinbruchwiese (600 m)

Kinderrodelhügel

2. Bezirk
Prater, Jesuitenwiese

10. Bezirk
Grenzackergasse – Anningerweg

22. Bezirk
Kaisermühlen, Donaupark
Kaisermühlen, Kaiserwasser

23. Bezirk
Erlaa, Altmannsdorfer Straße 164–182

Rodelstraßen

12. Bezirk
Schwenkgasse

15. Bezirk
Eduard Sueß-Gasse

18. Bezirk
Edmund Weiß-Gasse – Leschetitzkygasse

(Die Benützung der Rodelstraßen ist an die jeweilige Verfügung der Verkehrsbehörden gebunden)

SPORTHALLEN UND TURNSÄLE

Sporthallen

3. Bezirk	
Hyegasse	Österreichische Turn- und Sport-Union, Landesverband Wien, 1, Dominikanerbastei 6, Tel. 52 74 63, Halle: Tel. 72 12 13
10. Bezirk	
Kurbadstraße 14	Kurbetrieb Heilquelle (Thermalschwefelquelle) Oberlaa Ges. m. b. H., 10, Kurbadstraße 14, Tel. 62 91 77
Per Albin Hansson-Siedlung Ost, Wendstattgasse 5 (Rundhalle)	MA 51 – Sportangelegenheiten, 8, Friedrich Schmidt-Platz 4, Tel. 42 8 00*, 2796, Halle: Tel. 62 73 82

11. Bezirk
Florian Hedorfer-Straße 24 (Rundhalle)

MA 51 – Sportangelegenheiten, 8, Friedrich Schmidt-Platz 4, Tel. 42 8 00*, 2796,
Halle: Tel. 74 31 56

13. Bezirk
Altgasse 6

Österreichische Turn- und Sportunion, Landesverband Wien, 1, Dominikanerbastei 6, Tel. 52 74 63,
Halle: Tel. 82 32 01

15. Bezirk
Possingergasse 6

Universitäts-Sportzentrum Schmelz, 15, Possingergasse 6, Tel. 92 26 61

Vogelweidplatz 14

Wiener Stadthalle-Kiba Betriebs- und Veranstaltungs Ges. m. b. H., 15, Vogelweidplatz 14, Tel. 92 66 01*

21. Bezirk
Pastorstraße 29

MA 51 – Sportangelegenheiten, 8, Friedrich Schmidt-Platz 4, Tel. 42 8 00*, 2796, Halle: Tel. 38 21 36

22. Bezirk
Kagran, Steigenteschgasse 1

MA 51 – Sportangelegenheiten, 8, Friedrich Schmidt-Platz 4, Tel. 42 8 00*, 2796, Halle: Tel. 23 61 09

23. Bezirk
Atzgersdorf, Steinergasse 25 (Rundhalle)

MA 51 – Sportangelegenheiten, 8, Friedrich Schmidt-Platz 4, Tel. 42 8 00*, 2796, Halle: Tel. 86 92 09

Turnsäle in städtischen Schulen

1. Bezirk
Börsegasse 5 (2 Turnsäle)
Zedlitzgasse 9

2. Bezirk
Aspernallee 5
Blumauergasse 21
Czerninplatz 3
Darwingasse 14
Feuerbachstraße 1
Feuerbachstraße 3
Holzhausergasse 5
Holzhausergasse 7
Kleine Sperlgasse 2a (2 Turnsäle)
Leopoldsgasse 3 (2 Turnsäle)
Max Winter-Platz 2 (2 Turnsäle)
Novaragasse 30
Obere Augartenstraße 38
Pazmanitengasse 7
Pazmanitengasse 26 (2 Turnsäle)
Schönngasse 2
Schwarzingergasse 4
Vereinsgasse 29
Vorgartenstraße 191
Vorgartenstraße 210
Wittelsbachstraße 6 (2 Turnsäle)
Wolfgang Schmälzl-Gasse 13

3. Bezirk
Dietrichgasse 36 (2 Turnsäle)
Erdbergstraße 76
Eslarngasse 23
Hainburger Straße 40 (2 Turnsäle)
Hegergasse 20 (2 Turnsäle)
Hörnesgasse 12 (2 Turnsäle)
Kleistgasse 12 (Turnzimmer)
Kölblgasse 23
Kolonitzgasse 15
Löwengasse 12b (Turnzimmer)
Paulusgasse 9 (Turnzimmer)
Paulusplatz 4
Petrusgasse 10 (2 Turnsäle)
Reisnerstraße 43
Strohgasse 15

4. Bezirk
Phorusgasse 10 (2 Turnsäle)
Sankt Elisabeth-Platz 8
Schäffergasse 3 (2 Turnsäle)
Schaumburgergasse 7
Starhemberggasse 8
Waltergasse 16

5. Bezirk
Castelligasse 9 (Turnzimmer)
Castelligasse 25
Dielgasse 2
Einsiedlergasse 7
Embelgasse 46
Embelgasse 48
Gassergasse 44
Gassergasse 46
Margartenstraße 103
Stolberggasse 53
Viktor Christ-Gasse 24

6. Bezirk
Corneliusgasse 6
Gumpendorfer Straße 4

Hirschengasse 18
Loquaiplatz 4
Mittelgasse 24
Sonnenuhrgasse 3
Spalowskygasse 5

7. Bezirk

Burggasse 14–16
Neubaugasse 42
Neustiftgasse 100 (2 Turnsäle)
Stiftgasse 35
Zieglergasse 21

8. Bezirk

Lange Gasse 36
Pfeilgasse 42 (2 Turnsäle)
Zeltgasse 7

9. Bezirk

D'Orsaygasse 8
Galileigasse 3
Galileigasse 5
Gilgegasse 12
Glasergasse 8 (2 Turnsäle)
Grünentorgasse 9–11
Liechtensteinstraße 137
Marktgasse 31–33
Währinger Straße 43

10. Bezirk

Alxingergasse 82
Bernhardtstalgasse 19
Erlachgasse 91
Georg Wilhelm Pabst-Gasse (3 Turnsäle)
Hebbelplatz 1
Hebbelplatz 2
Herzgasse 27 (2 Turnsäle)
Herzgasse 87
Kempelengasse 20 (2 Turnsäle)
Keplergasse 11
Keplerplatz 7
Klausenburger Straße 25
Knöllgasse 59
Knöllgasse 61
Laaer Berg-Straße 170
Laimäckergasse 17
Leibnitzgasse 33 (2 Turnsäle)
Ober-Laaer Platz 1
Per Albin Hansson-Siedlung II A
Per Albin Hansson-Siedlung Ost, Ada Christen-Gasse 14
Per Albin Hansson-Siedlung Ost, Wendstattgasse 5 (3 Turnsäle)
Per Albin Hansson-Siedlung West, Selma Lagerlöf-Gasse Nr. 20
Pernerstorfergasse 30–32
Quellenstraße 52
Quellenstraße 54
Schrankenberggasse 32
Sonnleithnergasse 32
Triester Straße 114
Wienerfeld Ost, Josef Enslein-Platz
Wienerfeld West, Carl Prohaska-Platz (Turnsaal, Turnzimmer)

11. Bezirk

Braunhubergasse 3 (2 Turnsäle)
Brehmstraße 8
Enkplatz 4 (2 Turnsäle)
Florian Hedorfer-Straße (3 Turnsäle)
Haeckelplatz 1 (2 Turnsäle)
Hasenleitengasse–Hoefftgasse (2 Turnsäle)
Herderplatz 1 (2 Turnsäle)
Miltnerweg
Molitorgasse 11
Münnichplatz 6
Pachmayergasse 6
Simoningplatz 2
Wilhelm Kreß-Platz

12. Bezirk

Bischoffgasse 10
Deckergasse 1
Fockygasse 20
Haebergasse 1a
Herthergasse 28
Hetzendorfer Straße 79
Hetzendorfer Straße 138
Johann Hoffmann-Platz 19
Johann Hoffmann-Platz 20
Karl Löwe-Gasse 20
Längenfeldgasse 13–15
Malfattigasse 17
Marschallplatz (2 Turnsäle)
Nymphengasse 7
Rosasgasse 8
Rothenburgstraße 1
Ruckergasse 42
Ruckergasse 44
Singrienergasse 23
Steinbauergasse 27

13. Bezirk

Amalienstraße 31
Amalienstraße 33
Am Platz 2
Auhofstraße 49
Dr. Schober-Straße 1
Hackinger Kai 15
Hietzinger Hauptstraße 166 (Turnsaal, Turnzimmer)
Speisinger Straße 44
Steinlechnergasse 5–7
Veitingergasse 9

14. Bezirk

Diesterweggasse 30
Felbigergasse 97
Hauptstraße 70
Hauptstraße 80
Hochsatzengasse 22–24
Karl Toldt-Weg
Kienmayergasse 41 (Turnzimmer)
Linzer Straße 232
Linzer Straße 419
Lortzinggasse 2 (2 Turnsäle)
Märzstraße 178
Märzstraße 180
Mondweg 71
Spallartgasse 18
Zennerstraße 1

15. Bezirk

Benedikt Schellinger-Gasse 1–3
Diefenbachgasse 15
Friedrichsplatz 4
Friedrichsplatz 5
Friesgasse 10
Goldschlagstraße 14–16
Goldschlagstraße 113

Hütteldorfer Straße 7–17
Johnstraße 40
Kauergasse (2 Turnsäle)
Kröllgasse 20
Kröllgasse 26
Meiselstraße 19
Ortnergasse 4
Schweglerstraße 2–4
Sechshauser Straße 71 (2 Turnsäle)
Selzergasse 25
Zinckgasse 12–14

16. Bezirk

Gaullachergasse 49
Grubergasse 4 (2 Turnsäle)
Grundsteingasse 48–56 (2 Turnsäle)
Herbststraße 86 (2 Turnsäle)
Julius Meinl-Gasse 1
Koppstraße 75 (2 Turnsäle)
Landsteinergasse 4 (Turnsaal, Turnzimmer)
Liebhartsgasse 21
Lorenz Mandl-Gasse 56
Lorenz Mandl-Gasse 58
Odoakergasse 48
Roterdstraße 1
Savoyenstraße 2
Schinnaglgasse 3
Wiesberggasse 7
Wilhelminenstraße 94
Wurlitzergasse 59

17. Bezirk

Arzbergergasse 2
Geblergasse 29
Geblergasse 31
Halirschgasse 25
Kastnergasse 29
Kindermanngasse 1
Knollgasse 6
Pezzlgasse 29
Redtenbachergasse 79 (2 Turnsäle)
Rötzergasse 2–4
Wichtelgasse 67 (2 Turnsäle)

18. Bezirk

Alsegger Straße 45–47
Anastasius Grün-Gasse 10
Bischof Faber-Platz 1
Cottagegasse 17
Klettenhofergasse 3
Köhlergasse 7
Scheibenbergstraße 63
Schopenhauerstraße 79
Schopenhauerstraße 81
Schulgasse 57
Währinger Straße 173–181 (Turnsaal, Turnzimmer)

19. Bezirk

Celtesgasse 2
Flotowgasse 25
Grinzinger Straße 84–88
Grinzinger Straße 95 (2 Turnsäle)
In der Krim 6
Kreindlgasse 24
Krottenbachstraße 108
Mannagettagasse 1
Oskar Spiel-Gasse (2 Turnsäle)
Pantzergasse 25
Pyrkergasse 14
Pyrkergasse 16
Windhabergasse 2

20. Bezirk

Allerheiligenplatz 7
Gerhardusgasse 7 (2 Turnsäle)
Greiseneckergasse 29 (2 Turnsäle)
Leipziger Platz 1
Leipziger Platz 2
Leystraße 34
Leystraße 36
Pöchlarnstraße 12
Pöchlarnstraße 14
Spielmanngasse 1 (2 Turnsäle)
Staudingergasse 6 (2 Turnsäle)
Stromstraße 40
Treustraße 9
Vorgartenstraße 42
Vorgartenstraße 95 (2 Turnsäle)

21. Bezirk

Aderklaaer Straße 2 (Turnsaal, Turnzimmer)
Adolf Loos-Gasse (3 Turnsäle)
Autokaderstraße (Turnsaal, Turnzimmer)
Berzeliusgasse 2
Brünner Straße 139
Coulombgasse 9
Deublergasse 19
Deublergasse 21
Dopschstraße (2 Turnsäle)
Dr. Albert Geßmann-Gasse 32
Dr. Skala-Straße 43–45 (Turnsaal, Turnzimmer)
Dunantgasse 2
Franklinstraße 27–33
Herchenhahngasse
Herzmanovsky-Orlando-Gasse
Irenäusgasse
Jochbergengasse (2 Turnsäle)
Kinzerplatz 9
Leopold Ferstl-Gasse 9
Leopoldau, Nordrandsiedlung
Mengergasse 33
Pastorstraße 29 (3 Turnsäle)
Prießnitzgasse (2 Turnsäle)
Reisgasse 1
Roda-Roda-Gasse 21 (2 Turnsäle)
Schillgasse 31
Theodor Körner-Gasse 25
Wassermanngasse (3 Turnsäle)
Wenhartgasse 34

22. Bezirk

Aspern, Oberdorfstraße 2
Aspern, Schrebergasse 39
Aspern, Siegesplatz
Aspern, Ziegelhofstraße (2 Turnsäle)
Breitenlee
Eßling (Turnzimmer)
Hirschstetten, Plankenmaisstraße 30 (Turnsaal, Turnzimmer)
Kagran, Afritschgasse 56
Kagran, Georg Bilgeri-Straße 13 (2 Turnsäle)
Kagran, Klenaugasse 12
Kagran, Lorenz Kellner-Gasse 6
Kagran, Meißnergasse 1
Kagran, Natorpgasse 1
Kagran, Wintzingerodestraße 1–3 (2 Turnsäle)
Kaisermühlen, Schüttauplatz 18
Kaisermühlen, Schüttaustraße 42

Stadlau, Konstanziagasse 24–26
Stadlau, Konstanziagasse 50
Stadlau, Langobardenstraße 66
Stadlau, Stadlauer Straße 51
Stadlau, Steinbrechergasse

23. Bezirk

Atzgersdorf, Kirchenplatz 2–3
Atzgersdorf, Prückelmayrgasse 6 (2 Turnsäle)
Atzgersdorf, Steinergasse 25 (3 Turnsäle)
Erlaa, Erlaaer Straße 74
Inzersdorf, Anton Baumgartner-Straße 119 (3 Turnsäle)
Inzersdorf, Draschestraße 96
Inzersdorf, Triester Straße 199
Liesing, Dirmhirngasse 29
Liesing, Pülslgasse 28
Mauer, Bendagasse 1–2 (2 Turnsäle)
Mauer, Freisingergasse 8
Mauer, Speisinger Straße 258
Rodaun, Fürst Liechtenstein-Straße 2–4
Siebenhirten, Basler Gasse

Turnsäle in Bundesschulen

1. Bezirk

Beethovenplatz 1 (2 Turnsäle)
Hegelgasse 12
Hegelgasse 14 (2 Turnsäle)
Schottenbastei 7–9
Stubenbastei 6–8

2. Bezirk

Josef Gall-Gasse 2
Kleine Sperlgasse 2c (2 Turnsäle)
Vereinsgasse 21
Wittelsbachstraße 5
Wohlmutstraße 3 (2 Turnsäle)
Zirkusgasse 48

3. Bezirk

Boerhaavegasse 15
Hagenmüllergasse 30
Kundmanngasse 20–22 (2 Turnsäle)
Radetzkystraße 2
Schützengasse 31

4. Bezirk

Waltergasse 7 (2 Turnsäle)
Wiedner Gürtel 68 (2 Turnsäle)

5. Bezirk

Rainergasse 39 (2 Turnsäle)
Reinprechtsdorfer Straße 24
Spengergasse 20

6. Bezirk

Amerlingstraße 6 (2 Turnsäle)
Marchettigasse 3
Rahlgasse 4 (2 Turnsäle)

7. Bezirk

Kandlgasse 39
Neustiftgasse 95

8. Bezirk

Albertgasse 18–22
Albertgasse 38
Jodok Fink-Platz 2
Lange Gasse 47

9. Bezirk

Glasergasse 25
Wasagasse 10

10. Bezirk

Ettenreichgasse 41–43 (2 Turnsäle)
Laaer Berg-Straße 1

11. Bezirk

Gottschalkgasse 21

12. Bezirk

Erlgasse 32–34
Rosasgasse 1 (2 Turnsäle)
Singrienergasse 19 (2 Turnsäle)

13. Bezirk

Fichtnergasse 15 (2 Turnsäle)
Speisinger Straße 105 (Turnzimmer)
Wenzgasse 7 (2 Turnsäle)

14. Bezirk

Astgasse 3
Leyserstraße 6

15. Bezirk

Diefenbachgasse 19
Henriettenplatz 6
Possingergasse 4 (2 Turnsäle)
Possingergasse 6 (3 Turnsäle)

16. Bezirk

Maroltingergasse 69–71 (2 Turnsäle)
Schuhmeierplatz 7

17. Bezirk

Geblergasse 56 (2 Turnsäle)
Parhamerplatz 18 (2 Turnsäle)
Rosensteingasse 79

18. Bezirk

Haizingergasse 37
Klostergasse 25
Schopenhauerstraße 49

19. Bezirk

Billrothstraße 26–30 (2 Turnsäle)
Billrothstraße 73 (2 Turnsäle)
Gymnasiumstraße 79–83 (Turnsaal, Turnzimmer)
Krottenbachstraße 11 (2 Turnsäle)
Straßergasse 37–39 (2 Turnsäle)

20. Bezirk
Unterbergergasse 1

21. Bezirk
Franklinstraße 21 (2 Turnsäle)
Franklinstraße 26 (2 Turnsäle)

22. Bezirk
Kagran, Bernoullistraße 1–3 (2 Turnsäle)

23. Bezirk
Atzgersdorf, Anton Baumgartner-Straße (3 Turnsäle)

Turnsäle in Privatschulen und -lehranstalten

1. Bezirk
Akademiestraße 12
Freyung 6
Judenplatz 6

2. Bezirk
Leopoldsgasse 1a
Untere Augartenstraße 9

3. Bezirk
Erdbergstraße 70
Fasangasse 4 (2 Turnsäle)
Fasangasse 48
Jaurésgasse 3
Rennweg 31
Sebastianplatz 3

4. Bezirk
Favoritenstraße 15
Karlsplatz 14

6. Bezirk
Gumpendorfer Straße 129
Liniengasse 21

7. Bezirk
Burggasse 37
Kenyongasse 4–8

8. Bezirk
Hamerlingplatz 5–6 (2 Turnsäle)
Piaristengasse 43

9. Bezirk
Liechtensteinstraße 37a
Michelbeuerngasse 6–8

10. Bezirk
Alxingergasse 8
Ludwig von Höhnel-Gasse 17–19
Quellenstraße 87

13. Bezirk
Schloßberggasse

14. Bezirk
Breitenseer Straße 31
Leyserstraße 6

15. Bezirk
Friesgasse 4–8 (2 Turnsäle)
Gebrüder Lang-Gasse 6
Siebeneichengasse 17

16. Bezirk
Herbststraße 104
Possingergasse 28

18. Bezirk
Antonigasse 72
Lacknergasse 89
Scheidlstraße 2
Schopenhauerstraße 44–46
Schumanngasse 17
Semperstraße 45 (2 Turnsäle)

19. Bezirk
Alfred Wegener-Gasse 10–12
Döblinger Hauptstraße 83 (2 Turnsäle)
Stefan Esders-Platz 1

21. Bezirk
Franklinstraße 24
Freytaggasse 19
Lang-Enzersdorfer Straße 4 (3 Turnsäle)
Mayerweckstraße 1–3 (2 Turnsäle)

22. Bezirk
Aspern, Hardeggasse 65
Kaisermühlen, Schüttaustraße 41

23. Bezirk
Kalksburg (2 Turnsäle)
Mauer, Franz Asenbauer-Gasse 49 (2 Turnsäle)
Rodaun, Willergasse 55

Tischtennishallen und -übungsstätten

1. Bezirk

Drachengasse 3	TTC Slovan-Olympia
Fischhof 3	UHKA (Handelskammer)
Herrengasse 14	TTC Union Landhaus
Postgasse 7	Polizei-Sportvereinigung Wien
Renngasse 15	Wiener Gebietskrankenkasse
Schwarzenbergplatz 16	TTC Mobil
Stubenring 1	SK Handelsministerium
Stubenring 1	SV Sozialministerium

2. Bezirk

Czerningasse 21	Union Stern, Union Leopoldstadt
Große Stadtgutgasse 11	ÖMV Zentral-Sportvereinigung
Handelskai 269	TTSC Sturhof-Lagerhaus
Kleine Pfarrgasse 33	Gehörlosen-Sportverein Wien
Krummbaumgasse 8	SC Hakoah
Praterstern, Viadukt Hauptallee	Bundesbahn-Sportreferat

3. Bezirk

Arsenal, Objekt 1	SK Handelsministerium
Bayerngasse 2	SV Alpine
Dietrichgasse 4	SV Persil
Dietrichgasse 44	Union Katholische Jugend, Don Bosco
Döblerhofstraße 8	TTC Lagerhaus
Hagenmüllergasse 32	WStW-VB, Bahnhof Erdberg
Hainburger Straße – Leonhardgasse	Klub Kuju und SC Rennweg
Keinergasse 26	TTC Mindi
Leonhardgasse 1	TTC Rennweg
Lothringerstraße 22	Wiener Eislauf-Verein
Schützengasse 30	TTC Sonni
Traungasse 12	TTC IAEO

4. Bezirk

Argentinierstraße 30a	TTC ORF
Schönburgstraße 1	TTC Semperit

5. Bezirk

Grüngasse 14	Meinl SC
Grünwaldgasse 4	SJ Wien
Högelmüllergasse 7/13	TTC Richter

6. Bezirk

Windmühlgasse 3	UKJ Wien-Süd

7. Bezirk

Halbgasse 22	SV Allotria
Myrthengasse 11–13	Myrthle-Mill

8. Bezirk

Florianigasse 5a	TTC Herz
Lange Gasse 69	TTC Hans Bolena
Zeltgasse 7	WAT Jugendzentrum, WAT Mariahilf

9. Bezirk

Schlickplatz 6/II	Polizei-Sportvereinigung Wien

10. Bezirk

Inzersdorfer Straße 17	UKJ St. Anton
Karmarschgasse 32–40	HTBL Wien 10
Landgutgasse 3	TTC Rennweg
Schleiergasse 17	Elektro-Holly
Südbahnhof (Briefumleitung)	TTC Postsportverein Wien
Südbahnhof, Wiedner Gürtel 1b	Bundesbahn-Sportreferat

12. Bezirk

Marschallplatz 6	UKJ Hetzendorf

13. Bezirk

Altersheim Lainz, Pavillon 15	TTC Spitalsbedienstete

14. Bezirk

Flötzersteig 115 (Festsaal)	SKVS Flötzersteig
Goldschlagstraße 113	WAT Rudolfsheim
Mühlbergstraße – Hofjägerstraße	Jugendzentrum, Stadt des Kindes

15. Bezirk

Langauergasse 2	Sportvereinigung Schwarz-Weiß Westbahn
Pelzgasse 17	TV Sokol
Vogelweidplatz 7	UKJ Neufünfhaus

16. Bezirk

Grubergasse 6	Polizei-Sportvereinigung Wien
Grundsteingasse 37/2	UKJ Neulerchenfeld
Neulerchenfelder Straße 47 – Kirchstetterngasse 57	Union Katholische Jugend Wien
Paltaufgasse 14/1	SV Austria Tabak

17. Bezirk

Balderichgasse 2	TTC Decarn
Beheimgasse 39	TTC Herz
Geblergasse 29	Wiener Sportklub
Hernalser Hauptstraße 138	WStW-VB, Bahnhof Hernals

18. Bezirk

Gentzgasse 22–24/5	UKJ Währing
Währinger Gürtel 40	SKV WStW-VB

19. Bezirk

Döblinger Gürtel, Stadtbahnbogen 190	Union Döbling
Geistingergasse 1	SV Pressehaus

20. Bezirk

Höchstädtplatz 3	TTC Globus
Höchstädtplatz 5	SC NÖM
Lorenz Müller-Gasse 1	KSV Kontakt
Nordwestbahnstraße 6	TTC Postsparkasse
Pasettistraße 72–76	TTC Eisfabrik
Wasnergasse 33c	SC Spitalsbedienstete

21. Bezirk

Brünner Straße 72	TTC Österreichische Automobilfabrik
Prager Straße 31	TTC WStW-GW
Rußbergstraße 37	WAT Strebersdorf
Stammersdorfer Straße 354	TTC Drei Stern
Stowassergasse	WAT Strebersdorf

22. Bezirk

Kaisermühlen, Donaupark (Eishalle)	WAT Kaisermühlen
Kaisermühlen, Schüttaustraße 1–39/43	WAT Kaisermühlen
Stadlau, Wurmbrandgasse 20	WAT Stadlau

23. Bezirk

Atzgersdorf, Kirchenplatz 1/3	Union Atzgersdorf-Erlaa
Erlaa, Welingergasse 5	Union Atzgersdorf
Inzersdorf, Don Bosco-Gasse 14	UKJ Don Bosco
Mauer, Erhardgasse (Sportplatz)	Union Mauer

Sonstige Turnsäle

1. Bezirk

Biberstraße 5	Postsportverein Wien
Biberstraße 20	Sport- und Kulturverein Postsparkasse
Postgasse 7	Polizei-Sportvereinigung Wien
Renngasse	Union Fecht-Club Wien
Universität	Universitäts-Turnanstalt

2. Bezirk

Praterstern, Viadukt Hauptallee	Bundesbahn-Sportreferat

3. Bezirk

Am Heumarkt 4	Wiener Eislaufverein
Landstraßer Gürtel 27	Bundesbahn-Sportreferat

4. Bezirk

Phorusgasse 10	WAT Wieden
Schleifmühlgasse 23	Österreichischer Turnerbund
Theresianumgasse 16–18	Franz Domes-Lehrlingsheim

7. Bezirk

Zieglergasse 25	WAT Neubau

8. Bezirk

Fuhrmannsgasse 18	ASVÖ Wien
Fuhrmannsgasse 18a	Österreichischer Gymnastikbund
Lange Gasse 78	Bundesanstalt für Leibeserziehung

9. Bezirk

Porzellangasse 14–16	Turn- und Sport-Union Wien
Schlickplatz 6	PSV Wien

10. Bezirk

Fernkorngasse 134	Box-Club Union Favoriten
Südbahnhof, Wiedner Gürtel 1b	Bundesbahn-Sportreferat

11. Bezirk

Mailergasse 5	Union Kaiser-Ebersdorf

12. Bezirk

Schönbrunner Straße 152	Box-Club Austria Wien

14. Bezirk

Mühlbergstraße – Hofjägerstraße	Jugendzentrum, Stadt des Kindes

15. Bezirk

Goldschlagstraße 113	WAT Rudolfsheim
Neubaugürtel 1	Bundesbahn-Sportreferat

16. Bezirk

Grubergasse 6	Polizei-Sportvereinigung Wien
Lindauergasse 27–29	Diözesan-Sportgemeinschaft Katholische Jugend

17. Bezirk

Hernalser Hauptstraße 13	Österreichischer Gewichtheber-Verband
Rötzergasse 6	Wiener Sportclub

19. Bezirk

Döblinger Gürtel, Stadtbahnbogen 190	Union Döbling

20. Bezirk

Dammstraße 7–9	Union Alt-Brigittenau

21. Bezirk

Grabmayrgasse 13	Floridsdorfer Turnverein
Jedlesee, Gartenstadt	WAT Zentrale

22. Bezirk

Kaisermühlen, Schüttaustraße	Allgemeiner Turnverein Kaisermühlen

23. Bezirk

Liesing, Franz Heider-Gasse	Allgemeiner Turnverein Liesing

Privatlehranstalten für Gymnastik und Sport

1. Bezirk

Georg Coch-Platz 2	Bertina Ziska

3. Bezirk

Barmherzigengasse 8	Traudl Samesch-Hoppe
Linke Bahngasse 9	Dojo Sauna und Karate Aikido-Judo
Löwengasse 49	Sylphide, Gymnastik- und Ballettschule

4. Bezirk

Gußhausstraße 20	Prof. Erna Cieplik-Komora

5. Bezirk

Castelligasse 19	Hans Kres
Schönbrunner Straße 56	Hermann Vollhofer

6. Bezirk

Getreidemarkt 2	Dr. Susanne Schmida
Joanelligasse 10/6	Franz Sladek
Mariahilfer Straße 1b	Karl Herricht
Mariahilfer Straße 57	Hans Kulka
Mariahilfer Straße 85	Josef Brunnhuber
Mariahilfer Straße 89	Hildegard Pickerbach

7. Bezirk

Neubaugasse 36	Adalbert Riha

8. Bezirk

Josefstädter Straße 21	Hella Schoenig-Schreffel
Schmidgasse 3	Ilona Melas

9. Bezirk

Währinger Straße 28	Henriette Neumann

12. Bezirk

Grünbergstraße 31	Nora Kubanek

15. Bezirk

Neubaugürtel 29/18	Prosper Buchelle
Preysinggasse 37	M. Hofbauer

16. Bezirk

Neulerchenfelder Straße 53	Johann Herzog

18. Bezirk

Kreuzgasse 18	Karate Club (B. Zimmermann)

URAUFFÜHRUNGSKINOS

Apollo, 6, Gumpendorfer Straße 63, Tel. 57 96 51, Fassungsraum: 681 Personen

Art-Kino Studio I im Flotten-Kino, 6, Mariahilfer Straße Nr. 85–87, Tel. 56 51 52, Fassungsraum: 151 Personen

Burg-Kino, 1, Opernring 19, Tel. 57 84 06, Fassungsraum: 361 Personen

Elite-Kino, 1, Wollzeile 36, Tel. 52 21 76, Fassungsraum: 404 Personen

Flotten-Kino, 6, Mariahilfer Straße 85–87, Tel. 56 51 52, Fassungsraum: 384 Personen

Gartenbau-Kino, 1, Parkring 12, Tel. 52 23 54, Fassungsraum: 900 Personen

Haydn-Kino, 6, Mariahilfer Straße 57, Tel. 57 22 62, Fassungsraum: 460 Personen

Imperial-Kino, 1, Rotgasse 9, Tel. 63 32 23, Fassungsraum: 482 Personen

Kammerlichtspiele, 3, Schwarzenbergplatz 7–8, Tel. 72 62 76, Fassungsraum: 377 Personen

Kärntner-Kino, 1, Johannesgasse 3, Tel. 52 84 09, Fassungsraum: 298 Personen

Kolosseum-Kino, 9, Nußdorfer Straße 4, Tel. 34 81 06, Fassungsraum: 560 Personen

Kosmos-Kino, 7, Siebensterngasse 42–44, Tel. 93 12 26, Fassungsraum: 414 Personen

Kreuz-Kino, 1, Wollzeile 17, Tel. 52 67 16, Fassungsraum: 300 Personen

Kruger-Kino, 1, Krugerstraße 5, Tel. 52 87 67, Fassungsraum: 226 Personen

Künstlerhaus Filmtheater, 1, Akademiestraße 13, Tel. 65 43 28, Fassungsraum: 288 Personen

Maria Theresien-Kino, 7, Mariahilfer Straße 70, Tel. 93 64 70, Fassungsraum: 503 Personen

Metro-Kino, 1, Johannesgasse 4, Tel. 52 18 03, Fassungsraum: 223 Personen

Opern-Kino, 1, Friedrichstraße 4, Tel. 56 43 03, Fassungsraum: 350 Personen

Panorama Kino, 2, Praterstern 1, Tel. 24 72 42, Fassungsraum: 472 Personen

Rondell-Kino, 1, Riemergasse 11, Tel. 52 91 10, Fassungsraum: 314 Personen

Schäffer-Lichtspiele, 6, Mariahilfer Straße 37, Tel. 57 04 14, Fassungsraum: 464 Personen

Schottenring-Kino, 1, Schottenring 5, Tel. 34 52 36, Fassungsraum: 327 Personen

Tabor-Kino, 2, Taborstraße 8a, Tel. 24 61 15, Fassungsraum: 628 Personen

Tuchlauben-Kino, 1, Tuchlauben 7, Tel. 63 22 33, Fassungsraum: 392 Personen

Urania-Kino, 1, Uraniastraße 1, Tel. 72 61 94*, Fassungsraum: Großer Saal 587 Personen, Mittlerer Saal 273 Personen

Votivpark-Kino, 9, Währinger Straße 12, Tel. 34 35 71, Fassungsraum: 350 Personen

Wienzeile-Kino, 6, Linke Wienzeile 4, Tel. 57 22 75, Fassungsraum: 503 Personen

VERZEICHNIS VON LIEFERANTEN UND KONTRAHENTEN
DER HOHEITSVERWALTUNG, ANSTALTEN, BETRIEBE UND UNTERNEHMUNGEN DER STADT WIEN

Abbruchunternehmen

Aigner Josef Ges. m. b. H.
1040 Wien, Weyringergasse 28, 65 31 40, 65 82 402

Chvostal Josef, Baugesellschaft mbH.,
1140, Linzer Straße 26, 94 45 313

Akustik

Dewakustik Schallisolierungen Ges. m. b. H.
1070, Neustiftgasse 5, 96 17 91

Alteisen

Schneider S.,
1232 Wien, Triester Straße 228 bis 232, 67 26 67, Ein- und Verkauf

Anstriche

Anton Hochreiters Nachf. Dkfm. Bruno Hochreiter,
1060 Wien, Webgasse 10, 56 21 87

Georg Lamprecht
Gesellschaft m. b. H. & Co., KG
Maler- und Anstreicherbetrieb,
1120 Wien, Breitenfurter Straße
Nr. 8–10, Tel. 83 81 74/75,
Telex 07/7999 lampr

Arbeitskleiderstoffe u. Futterstoffe

SEIDENWEBEREI SILZ
Aktiengesellschaft
1061 Wien, Loquaiplatz 12
Tel. 57 55 35, FS.: 1-11571

Armaturen

Hübner-Vamag, Vereinigte Armaturenfabriken-Aktiengesellschaft
1190 Wien, Muthgasse 64

Gratz u. Böhm Ges. m. b. H.
Armaturenbau
2700 Wr. Neustadt, Hauptplatz 19
0 26 22/58 52

Seidl Karl, Aktiengesellschaft,
1171, Schumanngasse 79, 46 13 51, 46 13 52

Armierungen

SRB Stahlrohrbau
Ges. m. b. H., 1010, Naglergasse 2, 63 02 54

Asphaltierungen

Guckler Raimund,
Asphaltunternehmung, 1100 Wien, Ludwig von Höhnel-Gasse 11-15, 68 13 01 Serie

Aufzüge

Afag Aufzüge u. Förderanlagen Ges. m. b. H.
1200, Rauscherstr. 7, 33 65 76

Hanns Füglister, Ges. m. b. H.
1050 Wien V, Embelgasse Nr. 17-23, Tel. 57 11 36

Heißenberger Johann
1050, Fendigasse 7-9, 55 32 043, 55 11 04

Lödige A., Dipl.-Ing., GmbH.
1224, Siegesplatz 14, 22 11 66

Sowitsch Aktiengesellschaft
1233, Forchheimergasse 34, 86 43 51-59

Vosicky Rudolf
1041, Möllwaldplatz 4, 65 65 91

Wertheim-Werke A. G.,
1101, Wienerbergstraße Nr. 21-25, 64 36 11

FREISSLER-OTIS
Ges. m. b. H.
1101 Erlachgasse 116
Tel. 64 91 51

Auto-Elektrik

Ing. Franz Reinprecht
Ges. m. b. H.
1190 Wien, Heiligenstädter Straße Nr. 44, 36 44 12, 36 44 16

Automobile

Österr. Automobilfabrik ÖAF – Gräf & Stift
1210 Brünner Str. 72, 39 16 21-0
FS 07/4127 TA Afflo Wien

Autoreparaturwerk

Rudolf Trebitsch,
Autoreparaturwerk, 1040, Mommsengasse 26, 65 46 11 △

Bäckereimaschinen

Franz Krenn OHG
Bäckereimaschinenerzeugung
1140, Gusenleithnerg. 17
94 31 77
2540 Bad Vöslau
Wr. Neustädter Str. 86
0 22 52/74 76

Bandagisten

Karl Nowohracky OHG
Bandagist u. Orthopäde
1140 Wien, Penzinger
Straße 24, 82 23 12
Seit 1904
Modelleinlagen, Mieder,
Suspensorien, Bruch-Bänder
und Gummistrümpfe

Banken

Girozentrale und Bank der österreichischen Sparkassen, Aktiengesellschaft,
1010 Wien, Schubertring 5, (02 22) 72 94 Serie

Baugeräte

SRB Stahlrohrbau
Ges. m. b. H.
1010, Naglerg. 2, 63 02 54

Baumeister

Buchwieser Bruno, Techn. Rat,
Baumeister KG
1060, Mittelgasse 17, 57 95 95 Serie

Durst, Dipl.-Ing. Hugo,
Zivilingenieur und Baumeister, 1010, Postgasse 16, 66 17 66

GRASSI-BAU
Gesellschaft m. b. H.
1040 Wien, Theresianumg. 3/5
Tel. 65 88 65 od. 65 01 35

FRANZ HAUER OHG
Nfg. Leopold Mair
Stadtbaumeister
1100 Wien, Reumannplatz 19,
Tel. 64 17 75

Hazet Baugesellschaft m. b. H.
Wien-Vösendorf

Hörnlein, Ing. Viktor,
Hoch-, Tief- und Eisenbetonbau, 1140 Wien, Penzinger Straße 117, 82 53 92

Kraus, Ing. Karl, Wwe.,
1100, Remystraße 39, 68 51 98

Laska, Ing. J.,
Architekt und Stadtbaumeister, 1222, Arminenstraße 27
Tel. 23 12 96, 23 12 97

Albrecht Michlers Wwe.
1010, Wildpretmarkt 2, 63 71 99

Stadtbaumeister
Dipl.-Ing. Karl Nowak
1040, Viktorgasse 20
65 31 62

Sedlak, Ing. Wilhelm, Ges. m. b. H.
Hoch-, Tief-, Industrie- und Gleisbau, 1100, Quellenstraße Nr. 163, 64 32 82; Bauhof: 1100 Liesingbachstraße 223, 64 81 83

Simacek, Ing. Rudolf
Stadtbaumeister
1190, Scheibeng. 3, Tel. 36 32 26

Stippl Franz,
Baumeister, 1228, Gartenheimstr. 23, Tel. 22 11 57

Ing. Wozak, Ing. Werl
Architekten u. Stadtbaumeister
1110, Simmeringer Hauptstraße Nr. 495, 77 65 29, 77 65 31

Bau-, Möbel- und Portaltischlerei

Rafetseder Johann,
1150, Goldschlagstraße 47, 92 45 15

Runa Peter, vorm. Anton Runa
1210, Rautenkranzgasse 26, 38 22 49

Baumschulen

Bernhard Däneke,
1113, Paul Heyse-Gasse 5, Tel. 77 65 19

Schick Ferdinand,
1225 Wien, Hirschstetten, Tel. 22 16 36 Serie

Bauschlossereien

Kaller Matthias,
12, Breitenfurter Straße 6, Tel. 83 12 66

Bau- und Kunstschlosserei

Schulz Walter,
1050, Stauraczgasse 7 u. 11, Tel. 55 31 77

Bauspenglerei

Ertler Josef,
1030, Rüdengasse 19, 72 12 81/82

Grötzer Friedrich
1030, Barichgasse 12, 73 73 67, 73 09 912

Larisch Othmar Ges. m. b. H.,
1030, Lechnerstraße 18, 72 25 61

Bautenschutzmittel

Avenarius
Chemische Fabrik
Gesellschaft m. b. H.
1015 Wien, Burgring 1
57 57 83, FS.: 01/2581

Bau- und Lüftungsspenglerei

Prager Franz KG
1220, Faschinggasse 6, 22 23 40, 22 23 59

Bau- und Ornamentenspenglerei

Franz Kabrt
1210, Brünner Straße 45, 38 14 78

Bau- und Portalglaserei

JOSEF KAIN
Bau- und Portalglaserei
1090 Wien, Hahngasse 12
Tel. 34 72 51

Bauunternehmungen

Aktiengesellschaft für Bauwesen,
1041, Lothringerstraße 2,
65 36 26

Albert-Bau Gesellschaft m. b. H. & Co. KG,
1050, Johannag. 36/21, 55 75 03/4

Allgemeine Baugesellschaft - A. Porr,
Aktiengesellschaft, 1030, Rennweg12, Filialen: Salzburg, Linz, Bruck a. d. Mur, Innsbruck

Paco-Baugesellschaft P. Auteried & Co.
1070, Kaiserstraße 87,
93 12 08/09

Bau-Aktiengesellschaft „Negrelli",
1131, Hietzinger Hauptstraße Nr. 41, 82 36 31 △

Bayer, Ing. G. Ges. m. b. H.
1090, Säulengasse 21, 34 53 95

Beer & Ems, Ges. für Hoch-, Tief- und Stahlbetonbau m. b. H.,
Bauunternehmung
1050, Zentagasse 47, 55 63 66,
55 61 27

Beetz Wilhelm,
Bauunternehmung,
Gesellschaft m. b. H., 1030, Erdbergstraße 17,
Tel. 72 52 32

Besenhofer Hoch- u. Tiefbau Ges. m. b. H.
1120, Tivoligasse 22, 83 62 74

Bischoff & Co.,
Baugesellschaft m. b. H., 1040, Tilgnerstraße 4, 65 34 70

Gamper Baugesellschaft m. b. H.,
1030, Jacquingasse 15, 72 32 91

Grubits & Co., Ges. m. b. H.
1020, Obere Donaustraße 6,
33 81 44

Industriebau-Gesellschaft m. b. H.,
1040, Seisgasse 18, 65 18 81

Langfelder & Sohn,
1070, Hermanngasse 38, Kontrahent der Gemeinde Wien,
93 53 47

Liebe, Ing. Ernst Bauges. m. b. H.
1180, Sternwartestraße 73,
34 74 31, 34 82 78

Mayreder, Ing. Kraus & Co., Bau-GmbH.,
1090, Roßauer Lände 23,
34 76 24, 34 75 72, 34 98 494

Baugesellschaft G. u. H. Menzel A. G.,
1010, Löwelstraße 6,
Tel. 63 76 61

Neue Reformbaugesellschaft m. b. H.,
1090, Mariannengasse 3,
42 15 67

Petz Alois,
Baumeister,
1090, Grundlgasse 3, Tel.
34 01 54, 34 05 67

Prager, Ing. Manfred, Baumeister,
1130, Klitschgasse 2, 85 01 02

Schindler Eva u. Karl, Ing.
Franz Böcks Nachf.,
1120, Ruckergasse 22, 83 82 17,
85 51 14

Spezialbau Ges. m. b. H.,
1180, Gersthofer Straße 28,
47 43 38

Stockhammer und Bach
1050, Wiedner Hauptstraße 142,
55 83 04, 55 83 05

Dipl.-Ing. Wilhelm Stumvoll,
2380 Perchtoldsdorf, Theresiengasse Nr. 17, Tel. 86 04 53,
1100 Wien, Schröttergasse 27,
Tel. 64 11 44

Takács & Co., Josef,
1120, Schönbrunner Straße 244,
88 23 24 △

taucos-bau Ges. m. b. H.
1140, Pachmanngasse 17–21/5,
Tel. 94 48 944

Weidinger Josef, Stadtbaumeister
3100 St. Pölten, Stattersdorfer Hauptstraße 10, 0 27 42/34 16
1080 Wien, Josefstädter Straße Nr. 72, 42 72 28

Wiener Betriebs- und Baugesellschaft m. b. H.,
1014, Wallnerstraße 4,
63 16 95–97, 63 87 04–06

Dipl.-Ing. A. Winkler & Co.
Baugesellschaft m. b. H.,
1040, Wiedner Hauptstraße 52,
Tel. 57 74 63

Bestattung

Städtische Bestattung
1041, Goldeggasse 19, 65 16 31
Telegramm: Bestattung Wien

Bestattungsversicherung

Wiener Verein,
1030 Wien, Ungargasse 41,
Tel. 72 16 36

Bewachungsdienst

Bewachungsdienst Dr. Frisch,
1160, Wattgasse 20, 46 11 50,
46 11 57;
4020 Linz a. d. Donau, Mozartstraße Nr. 5/I, 22 2 07, 25 47 19;
8020 Graz, Stadlgasse 2, 91 24 29

Helwig & Co.,
1070, Burggasse 2, 93 72 47,
93 72 48

Blechwarenerzeugung undVerzinkerei

BBB
Brunner Verzinkerei Brüder Bablik
1181, Schopenhauerstr. 36
42 76 36

Bodenbeläge

Interplastic-Werk,
Gesellschaft m. b. H.,
4600 Wels, Franz-Fritsch-Straße Nr. 11, Tel.: (0 72 42) 69 56

Bodenbeschichtungen

ARCANOL
Dr. Manfred Ragg & Co.,
OHG, 1034 Wien,
Petrusgasse 1a, 73 36 33
München 13,
Habsburgerstraße 1, 39 00 16

Bodenmarkierungen

Otto Richter & Co.
Ges. m. b. H., 1160, Redtenbacherg. 43, 46 21 85, 46 12 05

Bohrunternehmungen

Insond Ges. m. b. H.
Salzburg, Elisabethkai 58
(0 62 22) 71 3 71, 75 1 55
Zweigniederlassung Wien:
1130, Gloriettegasse 8, 82 35 88

Ing. Alfred Vogel & Co.
Ges. m. b. H., 1230,
Schuhfabrikgasse 18, 83 25 01

Briefumschläge u. Versandtaschen

Malek F. C.
Papierverarbeitungswerk, 1071,
Neubaugasse 68, 93 47 61,
93 47 62

Brunnenbau

Bösenkopf Franz J.,
1030 Wien, Schnirchgasse 119,
73 39 022

Urban, Dipl.-Ing. Siegfried,
2325 Himberg, Hauptstraße 2a,
0 22 35/89 3 72

Buchbindereien

Hermann Becker
1080, Ledergasse 23, 42 11 05

Gerald Frauenberger
Pöttschinger Straße 19,
7201 Neudörfl/Leitha,
Tel. 0 26 22/57 50

Pitsch Konrad,
1090 Wien, Sobieskigasse 27,
34 52 82

Buchbinderei
Paul Veith Ges. m. b. H.
Geschäftsbüchererzeugung,
Verlagsarbeiten,
1120, Hofbauergasse 1,
83 75 23

Buchbinderei
Max Wursag
1090, Mariannengasse Nr. 13 und 21, 42 43 30

Buchbinderleinen

Raunegger Wilh.
1010, Börsegasse 12, 63 24 90

Buchdruckereien

Gerin Paul,
1021 Wien, Zirkusgasse 13,
24 85 45

Gutenberg
Druck- und Verlagsanstalt
Ges. m. b. H., 4010 Linz,
Anastasius-Grün-Straße 6,
Tel. (0 72 22) 55 2 11

Gutenberg
Gesellschaft m. b. H.,
Druck- und Verlagsanstalt,
Wiener Straße 66, 2700 Wiener Neustadt, 82 61 △

Libal Franz, KG
1100, Fernkorngasse 28–30,
64 43 95

Druckerei
LISCHKAR & CO.
Gesellschaft m. b. H.
1120 Wien XII, Migazziplatz 4
83 46 70, 83 46 28 △

Norbertus,
Buch- und Kunstdruckerei,
1030 Wien, Kollergasse 7,
73 43 27 und 73 43 28

Schwarcz Ernst,
1090 Wien, Sensengasse 4,
42 65 24

Buch- und Offsetdruckereien

Elbemühl
Graphische Industrie
Ges. m. b. H.
1232, Altmannsdorfer Straße Nr. 154–156, Tel. 67 25 11

Littera Druck
Panek & Rauch OHG
1120, Längenfeldgasse 68,
Tel. 83 62 39, 83 19 812

Pillerdruck,
Photo - Litho, Offsetdruck,
Buchdruck, 1170 Wien,
Neustiftgasse 73,
Tel. 93 76 41–45

STOLZENBERG & BENDA
1071 Wien
Neustiftgasse 32—34
93 27 52, 93 27 53

Werner Karl,
Buch- und Offsetdruckerei,
1071 Wien, Bandgasse 34,
93 36 63 Serie; 1070 Wien,
Lerchenfelder Str. 37,
93 81 75, 93 81 76

Büroartikel

BÜROBONA
Büroartikel-Verkaufsgesellschaft m. b. H.,
1025, Fach 38, Große Sperlgasse 40, Tel.: 33 24 76 △

Ulrich Papier-, Bürobedarfs-Handelsges. m. b. H.
1010 Seilerstätte 30, 52 39 57

■ Büromöbel

HALI-Büromöbel
Gesellschaft m. b. H. & Co., KG, Bürgerstraße 2–6, 4020 Linz, Tel. 63 2 11

HALI – Moderne Büroorganisation,
Handelsgesellschaft m. b. H., 1070 Wien, Breite Gasse 17, Tel. 93 06 81/82, 93 63 13

„Herok"
1230, Oberlaaer Str. 285, Tel. 67 45 11

Neudörfler Büromöbel,
Büroeinrichtungs-Center, 1070 Wien, Museumstraße 5, Tel. 93 72 85/86, Telex 01/23 79, 1010 Wien, Goldschmiedgasse Nr. 6, Tel. 63 4 51

■ Chem.-techn. Produkte

Lang & Co., KG
3001 Mauerbach bei Wien, Herzog-Friedrich-Platz 1, Tel. 97 15 86

■ Draht und Drahtwaren

Draht- und Drahtwarenhandelsgesellschaft,
m. b. H. Nachf. KG
1090, Berggasse 31, 34 34 99, 34 31 80

■ Düngemittel

Biomull Ges. z. Verwertung städt. Abfallstoffe GmbH.
1090, Lazarettg. 17, 43 51 77
Werk 1110, Albener Hafen, 77 81 34

Watzinger Otto Ges. m. b. H.
Generalvertrieb f. Österr. des Humusdüngers COFUNA, 1010, Herrengasse 6–8, Tel. 63 41 81

■ Durchlauferhitzer

Hermes-Werke, Leopold Hermann Gesellschaft m. b. H.
1211 Steinheilg. 3, 38 36 23 Serie

■ Eisen und Metall

Austria Email Aktiengesellschaft
1160 Wilhelminenstraße 80, Tel. 46 26 11, 46 26 01

■ Eisenhandel

Thyssen-Kontinentale
Eisenhandelsgesellschaft m. b. H., 1021, Rueppgasse 11, 24 75 91, 24 36 33–35

■ Eisen- und Schlosserwarenbedarf

Eles-Kleedorfer Sicherheitszentrum
1200 Engerthstraße 92, Tel. 33 43 97, 33 36 94

■ Eisen- und Stahlwerke

Schmidtstahlwerke Aktiengesellschaft
Stadtbüro:
1040, Schwindgasse 6
65 65 29, 65 85 62

VÖEST-ALPINE
Vereinigte Österr. Eisen- u. Stahlwerke – Alpine Montan AG
4010 Linz/Donau

■ Elektrische Anlagen und Einrichtungen

OESTERREICHISCHE BROWN BOVERI-WERKE AG,
1101 Wien, Postfach 184, Pernerstorfergasse 94, 64 26 31

Schmid & Poppenreiter Ges. m. b. H. & Co.,
4800 Attnang-Puchheim, 0 76 74/697, Telex 026/573

■ Elektrizitätswerke

Wiener Stadtwerke,
Generaldirektion, 1101 Wien, Schottenring 30, Ringturm

■ Elektrizitätszähler

DANUBIA,
Zähler, Meß- u. Regelanlagen Ges. m. b. H.
1190, Krottenbachstraße 82–88, 36 12 56

Reimer & Seidel
Meßapparate Bau- u. Vertriebs-Ges. m. b. H. u. Co., KG
1180, Riglergasse 6, Tel. 0 222/34 56 76

■ Elektroflaschenzüge

FREISSLER-OTIS
Ges. m. b. H.,
1101 Erlachgasse 116
Tel. 64 91 51

■ Elektrogeräte

ELEKTRA BREGENZ
Gesellschaft m. b. H., 1232 Wien, Zetschegasse 13, 67 45 10 Serie

■ Elektroindustrie

EHT – Gesellschaft für Elektro-Heizungstechnik, Ges. m. b. H.,
1052, Schönbrunner Straße 31, 57 95 01△

Österr. AEG-Telefunken Ges. m. b. H.,
1041 Wien, Schwarzenbergplatz 11, Tel. 65 57 11

Werk Floridsdorf:
1210 Wien, Brünner Straße 52, Tel. 38 15 11

Schrack
E. Schrack Elektrizitäts-AG
1120 Pottendorfer Straße 25 bis 27, Tel. 83 65 11

Siemens AG, Österreich,
Nibelungengasse 13–15, 1010 Wien

■ Elektroinstallationen

ELSONT Ges. m. b. H. & Co. KG
Elektroinstallationen
Marchettigasse 7
A-1060 Wien
Telefon 57 63 53 u. 57 14 63
Telex 07/7514

Fries Richard OHG
Gesellschaft f. Elektrotechnik 1035, Löwengasse 14–18 u. 29, 72 46 96

„Jirku" Elektroinstallationen Ges. m. b. H. & Co., KG
1160, Hasnerstraße 65 – Ganglbauergasse 25, 92 31 98

Rusker, Ing. Konrad,
1190, Pantzerg. 2. 34 81 48

Schmid, Ing. Leopold,
1170, Beheimg. 45, 42 65 68

■ Elektrotechnik

Knoblich Licht
Fabrik f. Elektrotechnik Ges. m. b. H.
1220, Puchgasse 2,
Tel. 23 35 01△
Telex 07/55 39

■ Estriche

Durament-Estrich-Baugesellschaft m. b. H.,
1100, Wien, Ettenreichgasse 38, 64 21 05

■ „ETERNIT"

ETERNIT-WERKE
LUDWIG HATSCHEK
4840 Vöcklabruck, OÖ.
Dachplatten, Wellplatten, Großtafeln, Fensterbänke, Abflußrohre, Lüftungs- und Abgasrohre, Müllabwurfanlagen, Druckrohre, Kanalrohre, Mantelrohre für Fernheizleitungen, Pflanzengefäße
1041 Wien, Prinz-Eugen-Straße 8,
65 58 77

■ Fahnen u. Fahnenstoffe

Erste österreichische Fahnenfabrik Paul Löb
1010 Wien, Am Hof 5
Tel. 02 22 – 63 25 82/83

■ Fahrkartenfabrik

E. Zawadil
1150 Stiegergasse 15–17, Tel. 83 11 50

■ Fahrzeugbau

Dlouhy OHG
1160, Friedrich Kaiser-Gasse 7, 46 15 77

■ Farben und Lacke

ARCANOL
Dr. Manfred Ragg & Co., OHG, 1034, Wien, Petrusgasse Nr. 1a,
73 36 33
München 13, Habsburgerstraße 1,
Telefon 39 00 16

Farbenkönig Ges. m. b. H.
Inh. Justine u. Reinhold König, 1090, Müllnerstraße 23, 0 222/34 22 80, 31 52 78

■ Fassaden

Lichtenegger
Chem. Farben- u. Lackfabrik, 5010 Salzburg, Basteig./Landhausg. 3, 43 6 68

Terranova-Industrie G. m. b. H.,
1011, Schwarzenbergplatz 16, 65 86 16

■ Fenster- und Türdichtungen

Perfekta Bauelemente-Vertriebsgesellschaft m. b. H.
1040, Schaumburgergasse 22, Tel. 0 222/65 18 87
Ein Unternehmen der Semperitgruppe

■ Fertighäuser

Weidinger Josef, Stadtbaumeister
3100 St. Pölten, Stattersdorfer Hauptstraße 10, 0 27 42/34 16
1080 Wien, Josefstädter Straße Nr. 72, 42 72 28

■ Fliesen und Platten

Keradekor
Fliesenverlegungs-GmbH, 1100, Favoritenstraße 137, 64 48 942

Kleiss Engelbert
1050, Schönbrunner Straße 73, 55 83 47, 55 83 49

Rudolf Lehner
1030, Reisnerstraße 18/II/6, Tel. 75 38 852, 73 56 82

Ruprechter Kurt
1100, Landgutgasse 12, 62 51 92

Rudolf Vintera Ges. m. b. H.
1080, Blindengasse 20, Tel. 43 25 79, 43 72 79

Förderanlagen

Wertheim-Werke AG
1101, Wienerbergstraße 21–25, 64 36 11

Folien

Interplastic-Werk, Gesellschaft m. b. H.
4600 Wels, Franz-Fritsch-Straße Nr. 11, Tel. (0 72 42) 69 56

Forstsamen und -pflanzen

Kluger Franz,
Ges. m. b. H. & Co. KG, Klenganstalt für Forstsamen, 1222, Schrickgasse 9, 23 61 28

Fotowerkstätte

Lichtbildwerkstätte „Alpenland“
(vorm. Österr. Lichtbildstelle) 1010, Naglergasse 1, (Graben 20), Tel. 63 33 79, 63 95 74

Funksprechsysteme

Autophon Gesellschaft m. b. H.
1010, Rudolfsplatz 2, 66 36 36 △, 66 12 45 △

Fußbodenbeläge

INKU Aktiengesellschaft
1190, Nußdorfer Platz 8, Tel. 37 16 21, FS 4393

Fußbodenleger

Atelier West, E. und B. Dvorsky
1150, Johnstraße 10, 92 44 44

Garten- und Grünflächengestalter

KOZAK
Garten- und Landschaftsgestaltung
ANTON KOZAK
Büro: 1190 Heiligenstädter Straße 76
Tel. 36 23 18
GARTENANLAGEN
Betriebsgeb.: 1210 Kugelfanggasse 45
Tel. 38 88 112

Ing. Raimund Niedermeyer, Ges. m. b. H.
Kulturtechnik, Sportanlagenbau, 1141, Zichygasse 13a, 82 22 22

Richter Wilhelm & Sohn
Ges. m. b. H., 1030 Wien, Hansalgasse 6, 22 32 24

Teubl, Ing. Peter, Ges. m. b. H.
1180, Cottagegasse 15, 34 31 06

Gärtnereien

Städtische Friedhofsgärtnerei,
1110, Hauptstr. 234, Wiener Zentralfriedhof, II. Tor, 74 35 41 △, 74 12 16

Gaswerke

Wiener Stadtwerke,
Generaldirektion, 1011 Wien, Schottenring 30, Ringturm

Gemüsekonserven

Max Helm & Söhne
Gemüsekonserven- und Essigfabrik
Konservierung von Gurken aller Art, Sauerkraut, Paprikaschoten, Erzeugung von reinem Gärungsessig
1111 Wien, Leberstraße 24
Postfach 137,
Telefon 74 17 41, 74 17 42

Gerüstbau

Meidlinger Gerüstbauanstalt
A. Schreiber & Co., 1120, Tivoligasse 35, 83 23 45

Gewächshäuser

HERRMANN Franz
1100, Davidgasse 95, 0 222/64 22 15

Gewürze

Kotányi Johann,
Paprikamühle, 1190 Wien, Heiligenstädter Straße 50–52, 36 13 50

Gipsinnenausbau

Schottwiener Gipswerke, Ges. m. b. H., 1010, Kärntner Straße 21–23, 52 76 24 △

Glasberatung

Beratungsbüro der österreichischen Flachglasindustrie
Feldstraße 12, 2345 Brunn/Geb., Tel. (0 22 36) 36 41, 81 5 81, 81 5 82

Glasspinnerei

Linzer Glasspinnerei, Franz Haider AG
4020 Technisches Büro: 1090 Wien, Spittelauer Lände 45, Tel. 34 81 38

Glas- und Eisenbau

LUXFER
Erste Österr. Glas- und Eisenbau Ges. m. b. H., 1092, Liechtensteinstraße 22, 34 45 30–39, FS 07/4195

Granitwerke

Poschacher Anton
1110, Simmeringer Hauptstraße Nr. 347, 74 71 71

Großküchenanlagen

Blumauer AG,
1010 Wien 1, Graben 20, Tel. 63 83 12, 63 81 17

Großwäscherei

WIRL, Chem. Putzerei, Färberei und Wäscherei
1190, Heiligenstädter Straße 89, Tel. 36 44 27, 1233, Altmannsdorfer Straße 202, Tel. 67 22 44

Gußabflußrohre

Wallner & Neubert,
1052, Schönbrunner Straße 13, 57 56 11 △, FS: 01/1134

Heizöl

„Wihoko“, Wiener Holz- und Kohlenverkauf, Ges. m. b. H.,
1010, Oppolzerg. 6, Tel. 63 37 51

Heizung

Hajek Adolf Ges. m. b. H.
1030, Ungargasse 3, 73 71 72

Hlobil Erwin
1235, Breitenfurter Straße 360, Tel. 86 02 51

Kraft & Wärme
1140, Linzer Straße 455, Tel. 94 32 54, FS 01/1056

Loyda Installations Ges. m. b. H.
1010, Landesgerichtsstraße 14, 42 66 92

Small
1100, Gudrunstraße 179, 64 16 06

Weibrich & Tutschek Ges. m. b. H.
1030, Trubelgasse 9, 73 62 34

Hoch-, Tief- und Straßenbau

Pfeiffer & Unger,
1060, Otto Bauer-Gasse 23, 57 73 08
Schwarzdeckenanlage: Wagramer Straße 269–271, Tel. 22 15 33

Wiebau Hoch-, Tief- u. Straßenbau Ges. m. b. H.
1070, Stiftgasse 15–17/11, Tel. 93 12 65

Hoch- und Tiefbau

Eberhardt Julius Bauges. m. b. H. & Co. KG
1010, Rudolfsplatz 5/19, 63 15 24

Uhl Johann,
Bauges. m. b. H. 2604 Theresienfeld, NÖ, Wiener Straße 6–12, 0 26 22/39 66, 59 64

„Universale“ Hoch- u. Tiefbau Aktiengesellschaft
1011 Wien, Renngasse 6, 63 06 61

Wiebau
Hoch-, Tief- und Straßenbau Ges. m. b. H. 1070, Stiftgasse 15–17/11, 93 12 65

Holz

„Wihoko“, Wiener Holz- und Kohlenverkauf, Ges. m. b. H.,
1010, Oppolzergasse 6,
Tel. 63 37 51
(Postfach 292)

Holzbearbeitungsmaschinen

Sondermaschinen für die Automation in der Holzbearbeitung
Maschinenfabrik ZUCKERMANN
Komm.-Ges.
1181, Anastasius Grün-Gasse 22
34 35 91, 34 35 92

Hydranten

Hawle E. & Co.,
Flanschen- u. Armaturenwerk, 4840 Vöcklabruck, OÖ. (0 76 72) 25 76–78

Installationsunternehmungen

Böhm J. Ges. m. b. H.
Gas – Wasser – Heizung
1050, Diehlgasse 23, 55 21 38
1140, Riedstraße 36, 97 25 50

Installationsunternehmen
RICHARD MARISCHKA
Gesellschaft m. b. H. & Co. KG
Gas – Wasser – Heizung
1200 Wien, Webergasse 3
Fernruf 33 34 45

Winkler Ges. m. b. H.
1080, Lederergasse 26, 42 71 19

Isolierungen

ALDACH-LENHARDT
Isolierungen, Asphaltierungen, Spenglerei, Stahlbau, Dachdeckerei
Dipl.-Ing. Anton Lenhardt
9, Maria-Theresien-Straße 19
Telefon 34 36 81/82 und 34 46 34 Serie

Guckler Raimund
Asphaltunternehmung
1100, Ludwig von Höhnel-Gasse 11–15, 68 13 01 Serie

HEGRO Ges. m. b. H.
1120, Karl Löwe-Gasse 27, 83 14 63

Dipl.-Ing. Josef Kleinmond & Co.,
1181 Wien, Währinger Straße 123, Tel. 42 11 59
Lager: 1200 Wien, Leithastraße Nr. 5, Tel. 33 32 35

Malinek, Ing. Adolf Ges. m. b. H.
Büro: 1100, Doerenkampgasse Nr. 7, 68 16 07 △

Vogel & Hofner Ges. m. b. H.
1214, Leopoldauer Straße Nr. 174–176, Tel. 38 13 08

Jalousien

Erste österreichische Metall-Jalousiefabrik FOLIFLEX Ges. m. b. H.
1070 Wien, Halbgasse 7
Telefon 93 32 22

Kaffee

ARABIA-MIKADO
Vereinigte Kaffee-Großröstereien
ARABIA-MIKADO
Gesellschaft m. b. H.
1153 Wien, Siebeneichengasse 2
Tel. 83 34 31, 83 25 38

Kanalisation

Hydro-Bau Gesellschaft m. b. H.,
1040, Prinz Eugen-Straße 74, 65 32 24

Kanalräumung

Anton Satorina KG
1110, Hallergasse 47, 74 23 40

Kanal- und Bauguß

Wallner & Neubert,
1052, Schönbrunner Straße 13, 56 56 11 △, FS.: 01/1134

Karosserie- und Fahrzeugbau

Dlouhy OHG,
1160, Friedrich Kaiser-Gasse 79, 46 15 77

Kegelbahnen

Schmid August
1010, Schwarzenbergstraße 8, 52 76 56, Telex 01-1940

Kehrmaschinen

Berimex Ges. m. b. H.
Industriebed.-Handelsges.
Wien 1190
Heiligenstädter Straße 47
Telefon 36 35 66

Kinotechnik

Eduard Uhl – Anton Zimmermann,
1070, Zieglergasse 29, 93 82 74

Klaviere

Klavierbau JOSEF BAUMBACH
Erzeugung von neuen Klavieren – Übernahme sämtlicher Reparaturen und Stimmungen – Umtausch – Miete
Ausstellung und Betrieb:
1060, Barnabitengasse 8
1060 Mariahilfer Straße 17
Telefon 57 72 67

Kleider-, Mantel- und Futterstoffe

Seidenwaren Ges. m. b. H.,
1221, Smolagasse 11, 22 16 39, FS.: 07/4910

Klima- und Lüftungsanlagen

Etna-Werke, Ing. Karl Wentzel,
1162, Lorenz Bayer-Platz 4, 46 15 31 Serie

Österreichische Rohrbau
Ges. m. b. H.
1232 Wien, Oberlaaer Straße 331, Tel. 67 36 11

Turbo Havlik KG,
1100, Joh.-Pölzer-Gasse 3, 68 36 61 △

Kohlenhandel

„Wihoko", Wiener Holz- und Kohlenverkauf, Ges. m. b. H.,
Oppolzergasse 6, 1011, Postfach 292

Kommunalfahrzeuge

Rosenbauer Konrad, KG
1170, Ferchergasse 5/7, 46 43 79
4020 Linz a. d. Donau, Raimundstraße 5

Korrosionsschutz

DENSO-CHEMIE GmbH & Co., KG
1010, Wollzeile 9, 52 24 29
DENSO-Produkte
für Korrosionsschutz und Abdichtung für Gas-, Wasser- und Elektrizitätswirtschaft – Bergbau – chemische Industrie – Schiffbau – Metallbau – Behälterbau – Waggonbau – Motorfahrzeugbau

Krankenhauseinrichtungen

SONETT

SONETT METALLMÖBEL
Karl Fostel KG
1180 Wien, Martinstraße 10
43 47 29 Serie

Kreditinstitute

Österr. Kommunalkredit Aktiengesellschaft
zur Aufschließung von Industriegelände, 1010 Wien, Hoher Markt 8, Tel. 63 98 81

Kunstharzplatten

„Isovolta" Österreichische Isolierstoffwerke AG,
2351 Wiener Neudorf, 0 22 36/36 51 Serie

Kunststein

Bautechnik, Baustoffhandels- und Verarbeitungsgesellschaft m. b. H. & Co., KG, 1050, Kliebergasse Nr. 5, 55 41 64/65

Kunststoffwerk

Koloseus Ges. m. b. H., Kunststoffwerk
Haiding 24, 4631 Krenglbach, 0 72 49/84 86 91 – 92

Lagerhäuser

Wiener Städtische Lager- und Kühlhaus-Gesellschaft m. b. H.
1021, Handelskai 269, 24 15 61, FS.: 07/4687

Landwirtschaftliche Produkte

Barnet & Fischer Ges. m. b. H.
1020, Taborstraße 11a, 24 05 85 bis 88 △ und 26 12 45, FS.: 4024, Telegramme: Getreidebarnet
1010, Schauflergasse 6, 63 37 91

Lastwagen

Steyr-Daimler-Puch AG,
1010 Wien, Kärntner Ring 7

Lebensmittelgroßhandlung

Konsumgenossenschaft, reg. Gen. m. b. H.,
1120, Wolfganggasse 58/60, 83 95 11 △

Lebens- und Bestattungsversicherung

Wiener Verein
1030, Ungargasse 41, Tel. 72 16 36

Leuchten

Berndeisel Joh. & Co.
Fabrik für elektrotechn. Artikel 1061, Gumpendorfer Straße 111, Tel. 56 35 97 △

Licht- und Fotopausen

Eisenbarth Johann,
1090, Liechtensteinstraße 20, 34 23 16

Lithoplan
1160, Hasnerstraße 93, 92 53 61

Riedmüller Paul,
1060, Theobaldgasse 7, 57 82 65, 57 86 10

Maler- und Anstreicher

Felsecker Franz
1020, Mexikoplatz 1/IV, 24 94 67

Kronfuhs Otto
1140, Missindorfstraße 17, 92 01 59

GEORG LAMPRECHT
Gesellschaft m. b. H. & Co., KG
Maler- und Anstreicherbetrieb,
1120 Wien, Breitenfurter Straße 8–10, Tel. 83 81 74/75
Telex 07/7999 lampr

Polleres Hans
1030, Erdbergstraße 47, 0 222/75 41 34

VIKTOR ROISL
Gesellschaft m. b. H. & Co. KG,
Malerei und Anstrich
1030 Wien, Rechte Bahngasse Nr. 30–32

Karl Renner
1120, Rotenmühlgasse 59, Tel. 85 12 28
1130, Tuersgasse 13, Tel. 82 02 46

Wiltschko Ges. m. b. H. & Co. KG
1100, Troststraße 77, Tel. 64 01 04

Margarine

Senna-Milla, Ebhart & Herout Ges. m. b. H.
1144, Stockhammerngasse 19, 94 42 51

Mauer-, Holz- und Rostschutzfarben

ARCANOL
Dr. Manfred Ragg & Co., OHG,
1034 Wien, Petrusgasse 1a, 73 36 33
München 13, Habsburgerstraße Nr. 1, Tel. 39 00 16

■ Meßapparate, Bau und Vertrieb

Reimer & Seidel
Meßapparate, Bau- und Vertriebsges. m. b. H. & Co. KG
1180, Riglergasse 6,
02 22/34 56 76

■ Messen

Wiener Messe Aktiengesellschaft,
1070, Messeplatz 1, △ 93 15 24

■ Metallwaren

Moldrich Metallwaren Gesellschaft m. b. H.,
1120, Gaudenzdorfer Gürtel 73a,
83 63 43, 83 34 29

■ Metallfassaden

Ing. Grill & Grossmann
4800 Attnang-Puchheim,
Tel. 0 76 74/581

■ Mikroskope

C. Reichert, Optische Werke
Aktiengesellschaft
1170, Hernalser Hauptstraße 219, Tel. 46 16 41

■ Milch- und Molkereiprodukte

Oemolk, Österreichischer Molkerei- und Käsereiverband, reg. Gen. m. b. H.,
1010 Wien, Werdertorgasse 5,
Tel. 63 36 31 △, 63 27 24 △

Schärdinger, Oberösterreichischer Molkereiverband, reg. Gen. m. b. H.,
Zentrale: 4782 Schärding am Inn

Wiener Molkerei, reg. Gen. m. b. H.
1020, Molkereistraße 1,
24 85 51 △

■ Mineralöle

ÖMV-Aktiengesellschaft
1091 Wien, Otto Wagner-Platz 5,
42 36 21, FS.:07-1801

■ Motoreninstandsetzung

Krause Ernst & Co.,
Zylinderschleifen, Kurbelwellenschleifen und Auswuchten
A-1181, Martinstraße
Nr. 57–61, 42 16 69

■ Nährmittel

Haas Ed., Nährmittelfabrik Ges. m. b. H.
1010, Parkring 10, 52 36 71

■ Notstromaggregate

Krause Ernst & Co.,
Dieselaggregate Ges. m. b. H.
1150 Wien, Clementineng. 9
Tel. 85 61 71 FS 34671

■ Optiker

Ecker, Komm.-Rat Franz,
1090, Nußdorfer Straße 54 und
56, 34 73 41

RUDOLF EIPELTAUER
Lieferant aller Kassen
1010 Wien, Wipplingerstraße 29,
63 73 80
2320 Schwechat,
Wiener Straße 3, 77 67 904

Kollmayer, Komm.-Rat Richard,
1210, Schloßhofer Straße 4,
37 23 69

Lang Wilhelm,
1030, Hainburger Straße 68–70,
73 77 323
1030, Erdbergstraße 84–86,
73 00 453

Podiwinsky Joh.,
1160, Ottakringer Str. 114,
46 31 57

Schleiffelder Otto,
Zentrale: 1014 Wien, Graben 22,
63 13 77

■ Panzerkassen

Wertheim-Werke AG,
1101, Wienerbergstraße 21–25,
64 36 11

■ Papier

Patria-Papier Gesellschaft m. b. H.
1091, Berggasse 7
Postfach 100, 34 65 46 Serie

■ Papiergroßhandel

EUROPAPIER, Handelsges. m. b. H. & Co. KG,
1210, Autokaderstraße 88,
Tel. 38 75 11

■ Papierwaren

KARL LUZANSKY
Papierniederlage
Buchdruckerei
1040 Wiedner Hauptstraße 17
Tel. 65 65 46, 65 56 90

■ Pflanzenschutzmittel

Avenarius
Chemische Fabrik
Gesellschaft m. b. H.
1015 Wien, Burgring 1
57 57 83, FS.: 01/2581

■ Plakatanschlag

GEWISTA
Werbegesellschaft m. b. H.
1031 Wien, Döblerhofstraße 6
72 66 81

■ Plandrucke

Riedmüller Paul,
1060, Theobaldgasse 7, 57 82 65,
57 86 10

■ Prüfmaschinen und -geräte

Urban & Co.,
1121, Oswaldgasse 73, 83 23 21

■ Radiatoren

AGA-Radiatoren-Werke Ges. m. b. H.,
Prinz Eugen-Straße 72,
1041 Wien

■ Registraturen

Miller Ernst,
1061, Mariahilfer Straße 93,
57 47 15, 57 64 03

■ Reinigungsanstalten

„Blitz-Blank“,
Glas- u. Gebäudereinigung,
1151, Goldschlagstraße 20,
92 31 96

Hudetz L. Ges. m. b. H.,
1060, Gumpendorfer Straße 32,
56 54 415, 57 54 55

Ernst Komarek Ges. n. bürg. R.
1020, Taborstraße 104, 24 64 32

Piwetz Heinz,
1070, Neubaugasse 73, 93 51 91

PRASCH FRANZ
1010, Ballgasse 4
52 78 05/06

Simacek L. A.
1020, Taborstraße 81,
33 71 91, 33 71 92

Schlesinger Gertrude
1030, Obere Viaduktg. 28,
72 25 75

Reinigungsanstalt Assanierung
Wilhelm Singer
1090, Sechsschimmelgasse 9
34 41 67, 34 02 91
Reinigungsarbeiten aller Art

■ Reproduktionen

C. Angerer & Göschl
1160 Ottakringer Straße 47–49
Tel. 43 26 29, 43 26 20,
42 31 99, Telex 75712

Schönwälder Reproduktionen
1140 Wien, Linzer Str. 22,
92 34 93

■ Rohre aller Art

Wallner & Neubert,
1052, Schönbrunner Straße 13,
57 56 11 △
FS.: 01/1134

■ Rohre aus Grauguß und Sphäro-Guß

TIROLER RÖHREN- UND METALLWERKE
Aktiengesellschaft, Postfach 62,
6060 Solbad Hall,
Tel. 0 52 23/77 77

■ Rohrleitungsbau

Österreichische Rohrbau Ges. m. b. H.
1232 Wien, Oberlaaer
Straße 331,
Tel. 67 36 11

VÖEST-Alpine-Montage Ges. m. b. H.,
vorm. Rumpel Ges. m. b. H.,
1010, Seilerstätte 16, 52 15 74 △

■ Rohr und Bast für Handarbeiten

Dieroff Nachf. G.,
1073 Wien Westbahnstraße 46,
93 75 58

■ Rolltreppen

FREISSLER-OTIS
Ges. m. b. H.
1101 Erlachgasse 116
Tel. 64 91 51

Wertheim-Werke AG,
1101, Wienerbergstraße 21–25,
64 36 11

■ Samenzucht

Robert und Walter Ziegler
1110 Simm. Hauptstraße 11,
Telefon 74 17 56

■ Sandstrahlentrostung

Meissl O. M. & Co.,
Gesellschaft m. b. H., 1030,
Marxergasse 39, 72 51 51

Österr. Rostschutzgesellschaft R. Schebesta & Co.
1104, Fernkorngasse 88,
Tel. 64 33 70, Telex 01/2823

■ Sanitär-, Elektro- und wärmetechnische Anlagen

SEW Gesellschaft m. b. H.
1080 Hamerlingplatz 2, 42 16 94

Wallner & Neubert,
1052, Schönbrunner Straße 13,
57 56 11 △
FS.: 01/1134

■ Saunabad

Josef Eller
1100 Wien, Alxingergasse 3–7,
Tel. 64 22 38, 64 24 24

■ Schädlingsbekämpfung

PRASCH FRANZ
1010, Ballgasse 4,
52 78 05/06

■ Schall- u. Wärmedämmung

Akustik-Blasch Ges. m. b. H. & Co., KG
1238, Maurer-Hauptplatz 12
88 61 72, 88 22 98

■ Schienenfahrzeuge

Knotz Franz KG.
Zentrale 1023, Winterhafen,
Hellingstraße, Tel. 74 15 71

■ Schiffahrt

Pumot, Purbacher Motorschiffahrtsges. m. b. H.
Purbach 7083, Türkenstraße 3,
0 26 83/238 u. 390

■ Schilder

FOIT Schilder u. Metallwarenfabrik
1120, Anton Scharff-Gasse 7–9,
83 86 23-0

■ Schlitzwände

Insond Ges. m. b. H.
Salzburg, Elisabethkai 58
(0 62 22) 71 3 71, 75 1 55
Zweigniederlassung Wien:
1130, Gloriettegasse 8,
82 35 88

■ Schotterwerke

Krcal Franz,
1220, Stralehnergasse 18,
22 21 92, 22 21 14

Wanko Hans,
Hartgesteinschotterwerk, 3511
Meidling im Tal, NÖ. 1031 Wien,
Sechskrügelgasse 12, 72 55 19

■ Schultafeln

Goblirsch, Heinrich & Co.,
1150 Wien, Meiselstraße 25,
92 44 25, 92 59 792

■ Schul- und Signierkreide

Frank Wihelm,
1232 Wien-Inzersdorf,
Draschestr. 10
67 12 10

■ Schwarzdeckungen

Guckler Raimund, Asphaltunternehmung,
1010 Wien, Ludwig von Höhnel-Gasse 11–15,
64 12 76, 64 12 77

Mödlhammer Hans Peter,
1190, Heiligenstädter Straße
Nr. 84/494, 37 38 785

■ Seilerwaren

Lotteraner Ludwig,
1010, Werdertorgasse 4, 63 55 10

Seilerwaren-Handelsgesellschaft m. b. H.,
1040, Rechte Wienzeile 19,
57 07 96 Serie

■ Signalanlagen

Gesig, Gesellschaft für Signalanlagen Ges. m. b. H.
1160, Wattgasse 20,
Tel. 45 52 06/07

■ Sitzmöbel

Gebrüder Thonet
1014, Kohlmarkt 6, 63 77 88

■ Spanisch-Rohr für Kanalsäuberung

Dieroff Nachf., G.,
1073 Wien, Westbahnstraße 46,
93 75 58

■ Sparkassen

Erste österreichische Spar-Casse
1011 Wien, Graben 21,
Tel. 63 47 61

Zentralsparkasse der Gemeinde Wien,
1030 Wien, Vordere Zollamtsstraße Nr. 13

■ Speisefette u. -öle

Senna-Milla Ebhart & Herout Ges. m. b. H.
1144, Stockhammerngasse 19,
94 42 51

■ Spenglereien

Novotny Gottlieb Ges. m. b. H.
1140, Märzstraße 130, 92 53 79

Schibich Hermann,
1150, Pouthongasse 19, 92 22 27,
Büro Schwechat: Karl Posch-Gasse 2a, 77 63 31

■ Spiel- u. Sportplatzanlagen

Markl Walter, Sportbau
1020, Ferdinandstraße 16–18
24 23 64, 24 31 94

Ing. Raimund Niedermeyer, Ges. m. b. H.,

Kulturtechnik, Sportanlagenbau, 1141, Zichygasse 13a,
82 22 22

Richter Wilhelm
1030 Wien, Hansalgasse 6
Tel. 72 65 18

■ Stadtpflastermeister

Hennig-Skok Peter
1200, Jägerstraße 89/3/17,
33 47 955

■ Stahlbau

Balaika Johann & Sohn
1040, Schaumburgergasse 1–3,
65 11 45

Birtner Ges. m. b. H. Stahlbau
1100, Leibnitzgasse 54, 64 33 47,
64 62 38

Fehrenbach & Co., Ges. m. b. H. & Co., KG
1100 Triester Straße 27–29,
64 35 01, 64 44 70

FOIT Schilder u. Metallwarenfabrik Stahl- u. Alubau
1120, Anton Scharff-Gasse 7–9,
83 86 23-0

Stahlbau Filzamer, Komm.-Ges.,
1101 Wien, Sonnleithnergasse
Nr. 20–24
Tel. 64 36 61 △

Hödl Siegfried G.
1100 Wien, Karmaschgasse 46,
Tel. 64 15 86

Horvath-Stahlbau
1222, Wagramer Straße 127,
23 21 45

Jergitsch-Gitter und Eisenkonstruktion GmbH,
1107, Liesingbachstr. 219,
68 15 48

Knotz Franz KG
Zentrale 1023 Winterhafen,
Hellingstraße, Tel. 74 15 71

Metall- und Stahlbau Weng
Stadtbüro 1010 Wien,
Schwarzenbergstraße 1–3,
52 53 48, 52 78 53

Probst Franz, Stahlbau
1020, Weintraubengasse 9,
24 01 67, 24 65 63

SK Stahlbau Katrycz & Co., KG
1170 Wien, Weidmanngasse 29,
Tel. 43 43 68, 43 34 74

Sommer Johann Ges. m. b. H.
1190, Nußdorfer Lände 13a,
36 34 58 △, FS.: 07/5186

Vucsina Erich, Stahlbau und Bauschlosserei
1020, Blumauer Gasse 18,
24 65 45

■ Stahlrohrgerüste

SRB Stahlrohrbau
Ges. m. b. H., 1010, Naglergasse
Nr. 2, 63 02 54

■ Stahlrohrmöbel

SONETT

METALLMÖBEL
Karl Fostel KG
1180 Wien, Martinstraße 10
43 47 29 Serie

■ Stahlrohrtribünen

SRB Stahlrohrbau, Ges. m. b. H.,
1010, Naglergasse 2, 63 02 54

■ Stahlspritzarbeiten

Krause Ernst & Co.,
Aufspritzen von Eisen und Nichteisenmetallen
A-1181, Martinstraße Nr. 57–61,
42 16 69

■ Stahl- und Röhrengroßhandel

Waldmann M. & Bruder KG,
1040, Südtiroler Platz 10,
65 36 71

■ Steinmetzwerkstätten

Städtische Steinmetzwerkstätte
1110, Hauptstraße 339,
gegenüber dem Wiener Zentralfriedhof,
II. Tor, 74 12 01

■ Stein- und Fassadenreinigung

Reinigungsanstalt Assanierung
Wilhelm Singer
1090, Sechsschimmelgasse 9
34 41 67, 34 02 91
Reinigungsarbeiten aller Art

■ Straßenbauunternehmungen

Guckler Raimund, Asphaltunternehmung, 1100 Wien. Ludwig von Höhnel-Gasse 11–15
64 12 76, 64 12 77

Kaspar Walter,
Straßenbauunternehmung,
1040, Weyringergasse 31,
65 23 14, 65 61 29; Betriebsstätte: 1230 Wien, Seybelgasse 17,
86 04 11

Teerag-Asdag Aktiengesellschaft,
1031, Marxergasse 25,
72 61 71 △

■ Tabakwaren

Austria Tabakwerke, Aktiengesellschaft,
vormals Österreichische Tabakregie, 1090 Wien, Porzellangasse
51

■ Tauchunternehmen

Lestin & Co,
Tauch-, Bergungs- u. Sprengunternehmen Gesellschaft m. b. H.
1040, Trappelgasse 3, 65 15 96,
65 21 28

■ Technische Überwachung

Technischer Überwachungs-Verein Wien,
Hauptverwaltung: 1015, Krugerstr. Nr. 16, 52 16 07 △, Drahtanschrift: TÜV, Wien

■ Telefonanlagen

ITT Austria Gesellschaft m. b. H.
1200, Dresdner Straße 75, 33 16 16/0

■ Transportunternehmungen

Anton Satorina KG
Betrieb: Wien 1110, Hallergasse Nr. 47, 74 23 40

Wanko Oskar,
1111, Simmeringer Hauptstraße Nr. 12, 74 13 71, 74 13 69, FS.: 01/2841

■ Verkehrsbetriebe

Wiener Stadtwerke,
Generaldirektion, 1011 Wien, Schottenring 30, Ringturm

■ Verkehrswerbung

Österr. Verkehrswerbung Gesellschaft m. b. H.,
1090 Wien, Währinger Straße Nr. 6/8, △ 34 75 07, 34 54 51

■ Vermessungsinstrumente

■ Versicherungen

Wiener Städtische Versicherung,
1011, Ringturm 63 97 50
Alle Versicherungszweige

■ Vorhänge

Englisch, Ed. Aug. Nachf.,
1010, Neuer Markt 1, 52 95 21

■ Warmwasserbereitungsanlagen

Schiff & Stern, KG
1021, Untere Donaustraße 41, 24 16 16 △

■ Wärmetechnische Anlagen

Hübl, Wärmetechnische Anlagen Ges. m. b. H.,
Zentralbüro: 1050, Embelgasse Nr. 31, 55 29 25, 55 41 00

■ Waschmaschinen

Felber A. & Co.,
1120, Schönbrunner Straße 287, Tel. 83 26 44

■ Waschmittel

Loba-Chemie, Dr. Paul Löw-Beer & Co.,
1191, Heiligenstädter Straße 63, 36 15 50

Persil-Gesellschaft m. b. H.,
Erdbergstraße 29, 1030 Wien, Tel.: 73 55 51, Lieferant der Gemeinde Wien

■ Wassererschließung

■ Werkstoffe f. d. Malerhandwerk

AGENA Klebstoffverkauf
1020, Hollandstraße 2, Tel. 26 25 32

■ Wirk- und Strickwaren

„Wiw", Schneider u. Oberbucher,
1062, Bürgerspitalgasse 7, 57 82 93

■ Zähler-, Meß- u. Regelanlagen

Danubia Zähler-, Meß- und Regelanlagen Gesellschaft m. b. H.,
1190, Krottenbachstraße 82–88, (0 222) 36 12 56

■ Zeitungen

Österreichische Staatsdruckerei – Wiener Zeitung,
1030 Wien, Rennweg 16, 72 61 51

■ Zementwerke

Perlmooser Zementwerke Aktiengesellschaft,
1040, Operngasse 11, 57 75 65 △

■ Zentralheizungen

Ing. F. Brandmayer
1180 Wien, Gentzgasse 57, Tel. 34 83 96

Fischer, Ing. Kurt, Ges. m. b. H.,
1020, Vorgartenstraße 192, 24 25 20

Hiebl H. & Co., KG,
1020, Vorgartenstraße 186, Büro: 26 23 23, Lager: 57 73 33

Kastl & Wentzke,
1050, Kleine Neugasse 23, 57 65 62 △

Offner, Dipl.-Ing. Alfred, vorm. Johannes Haag,
Zentralheizungen, 1070, Neustiftgasse 98, 93 37 19 △

Österreichische Rohrbau Ges. m. b. H.
1232 Wien, Oberlaaer Straße Nr. 331, Tel. 67 36 11

Plank & Dittrich,
1040, Gußhausstraße 14, 65 26 41 und 65 31 51

„Zenti", Zentralheizungs-Installations-Ges. m. b. H.
1140, Hütteldorfer Straße 124, 95 25 41 △

■ Zentralheizungskessel

Hoval-Verkaufs-Gesellschaft m. b. H.
1010, Eßlinggasse 13, Tel. 63 34 04

Ing. Egon Mühlberger
1070, Burggasse 21, Tel. 93 35 53, 93 43 04

■ Ziegel

Wienerberger Baustoffindustrie AG,
1102 Wien, Wienerbergstraße Nr. 11, 62 92 41

■ Zimmereien

Josef Eller
1100 Wien, Alxingergasse 3–7, Tel. 64 22 38, 64 23 24

■ Zwischenwände

Innenausbau Ges. m. b. H. & Co., KG,
1120, Bendlgasse 16, 85 51 60

INSERENTEN-VERZEICHNIS

SACHREGISTER

Vorbemerkung

Das nachfolgende Sachregister enthält sowohl Geschäfte des Wiener Magistrats nach der offiziellen Geschäftseinteilung als auch andere Schlagwörter, die auf andere Stellen des Handbuches hinweisen. Die erste Kolonne enthält die Dienststelle des Magistrats, die zweite Kolonne die Seite, auf der die Angelegenheit aufzufinden ist.

MA Seite